경찰학 개론: 미국의 이론과 실무

박준휘 · 조윤오 · 박현호 · 문준섭 · 강소영
이주락 · 강용길 · 한민경 · 김면기 · 장현석
이도선 · 박보라 · 라광현 · 강 욱 · 김도우 공역

Samuel Walker · Charles Katz 공저

The Police In America 10th edition

박영사

The Police in America: An Introduction, 10th Edition

1 2 3 4 5 6 7 8 9 10 PYP   20 22

Original: The Police in America: An Introduction, 10th Edition © 2022
         By Samuel Walker
         ISBN 978-1-26-023699-6

This authorized Korean translation edition is jointly published by McGraw-Hill Education Korea, Ltd., and Parkyoung Publishing Co. This edition is authorized for sale in the Republic of Korea.

This book is exclusively distributed by Parkyoung Publishing Co.

When ordering this title, please use ISBN 979-11-303-1156-2

Printed in Korea

경찰학개론: 미국의 이론과 실무

인쇄일 | 2022년 8월 25일
발행일 | 2022년 8월 30일

공저자 | Samuel Walker · Charles Katz
공역자 | 박준휘 · 조윤오 · 박현호 · 문준섭 · 강소영 · 이주락 · 강용길 · 한민경
　　　　김면기 · 장현석 · 이도선 · 박보라 · 라광현 · 강 욱 · 김도우
발행인 | 안종만 · 안상준
발행처 | (주) 박영사
　　　　서울특별시 금천구 가산디지털2로 53, 210호(가산동, 한라시그마밸리)
　　　　등록 1959. 3. 11. 제300-1959-1호(倫)
전　화 | 02)733-6771
팩　스 | 02)736-4818
이 메 일 | pys@pybook.co.kr
홈페이지 | www.pybook.co.kr

정 가　　47,000원　　　　ISBN　　979-11-303-1156-2　(93350)

저자 소개

사무엘 워커(Samuel Walker) 사무엘 워커 박사는 오마하시 소재 네브라스카대학교의 명예교수로, 2005년 퇴임 전 31년 동안 학생들을 가르쳤다. 그는 경찰활동, 형사사법정책, 시민의 자유 등에 관한 14권의 책을 저술하였다. 특히 경찰 조기 개입 시스템과 경찰비위에 대한 연방소송에 대해 특별한 관심을 갖고 경찰 책무성 분야에 대한 저술과 자문을 계속하고 있다.

찰스 캐츠(Charles Katz) 찰스 캐츠 박사는 애리조나주립대학교 범죄학 및 형사사법학과 학장(Watts Endowed Family Chair)이며 폭력예방 및 지역사회 안전 센터의 책임자이다. 1997년 오마하 소재 네브라스카대학교에서 형사사법학 박사 학위를 받았다. 그의 저술은 경찰개혁과 범죄에 대한 전략적 대응에 초점을 맞춘다. 그는 현재 사법지원국(BJA) 후원으로 피닉스경찰서 보디캠과 범죄총기정보센터 관련 평가연구를 진행 중이다. 캐츠 박사는 또한 미국 질병통제예방센터(CDC)가 후원하는 애리조나 폭력 사망 보고 시스템의 수석조사관이며, 국제경찰기관들을 개혁하기 위한 포괄적 전략계획을 개발하기 위하여 미국국제개발처(USAID) 및 유엔개발계획(UNDP)과 정기적으로 협력활동을 펼치고 있다. 캠브리지대 출판부 간행의 「미국 갱에 대한 경찰활동(Policing Gangs in America)」 등 경찰활동과 갱에 대한 많은 논문을 공저하고 있다.

대 목차
(Contents in Brief)

세부 목차
(Contents)

PART ▌▌ 경찰관과 경찰 조직 197

Chapter 04
경찰 조직 **199**

Chapter 05
경찰관의 채용과 훈련 **241**

PART Ⅲ　경찰 임무 371

PART IV　경찰활동의 문제 623

PART V　새로운 세기의 도전 907

서문

본서 「경찰학 개론: 미국의 이론과 실무(The Police in America: An Introduction)」은 오늘날 미국의 경찰활동 근간에 관한 포괄적인 소개를 하고 있다. 본서의 내용은 기술적이면서도 분석적이며, 학부생들을 대상으로, 경찰이란 누구이며 무엇을 하는지, 이들이 직면한 문제점은 무엇이고 현재 경찰활동에서 진행되고 있는 개혁과 혁신의 내용은 무엇인지에 대해 균형잡힌 최신의 시각을 제공한다. 본서는 경찰학개론, 경찰과 사회 혹은 법 집행체계 등 과목에서 처음으로 경찰 혹은 법 집행 분야를 수강하는 학생들을 우선적으로 고려하여 집필하였다.

▌제10판 개정 사항(Changes in the Tenth Edition)

본서 제10판에는 큰 수정이 있다. 독자들의 피드백에 힘입어 우리는 통계 정보를 업데이트하는 외에 교과서 전편에 걸쳐 중요한 이슈들에 대한 많은 새로운 예를 제공하였다. 우리는 또한 경찰활동에 대한 최근의 연구와 실무상 변화를 반영하였다. 제9판과 비교하여 가장 중요한 변화를 소개하면 아래와 같다.

- 제1장 "경찰과 사회"에서는 미국의 경찰을 이해하기 위한 분석틀로써 21세기 경찰활동에 관한 대통령직속 태스크포스 보고서를 활용하여 전면 개정하였다.
- 제2장 "미국 경찰의 역사"에서는 2014년 미주리州 퍼거슨市의 비극적 사건 이후 시작된 전국적인 경찰 위기에 대한 논의와 함께, 2020년 조지 플로이드(George Floyd) 사망에 따른 새로운 위기 국면에 이르기까지 논의를 확장하였다.
- 제3장 "현대 법 집행 산업"에서는 법 집행 조직에 대한 가장 최근 자료로의 개정 작업을 하였다.
- 제4장 "경찰관과 경찰조직"에서는 경찰노조를 둘러싼 최근 이슈를 포함하여 법 집행 조직에 관한 새로운 중요 연구결과들을 포함시켰다.
- 제5장 "경찰관의 채용과 교육"에서는 경찰훈련과 관련된 새로운 중요한 발전을 포섭하기 위해 전면 개정하였다. 본장은 또한 경찰서들이 직면하고 있는 채용과 양질의 경찰력 유지 문제인 경찰의 "인력위기(workforce crisis)"를 다룬다.
- 제6장 "경찰관의 근무"에서는 경찰관의 하위문화 및 하위문화의 경찰관 행태에 대한 영향에 대한 논의를 전면 개정하였다.

- 제7장 "순찰: 경찰활동의 주축"에서는 순찰경찰관의 배치 및 911 상황실의 운영에 대한 새로운 자료를 포함하며, 순찰 혁신에 대한 최근의 연구를 반영하였다.
- 제8장 "공공의 안녕과 질서유지"에서는 코로나19에 걸린 사람에 대한 경찰활동 섹션과 함께, 교통, 가정폭력 그리고 기타 사회 문제에 대한 새로운 경찰활동 연구를 포함시켰다.
- 제9장 "경찰과 범죄"에서는 형사 업무(detective work), 수사학(criminalistics), 갱·마약·테러리즘에 대한 경찰활동 등에 관한 최신 연구결과를 포함시켜 개정하였다.
- 제10장 "경찰활동 전략의 발전"에서는 시카고 대안적 경찰활동 전략(Chicago Alternative Policing Strategy, CAPS) 프로그램과 무관용 경찰활동에 대한 새로운 섹션을 포함시켜 개정하였다.
- 제11장 "경찰재량"에서는 경찰관 재량 행사의 복잡성에 관한 새로운 견해를 포함 시켰다. 효과적인 재량 통제 전략에 대한 새로운 내용들이 추가되었다.
- 제12장 "정당성과 경찰신뢰"에서는 2014–2016년 기간 동안의 전국적 경찰 위기(national police crisis)로 인한 정당성 관련 새로운 관심과 개혁 내용을 통합하여 개정하였다. 새로운 내용들은 경찰과 유색인종 지역사회 관계에 심각한 문제를 야기한 다양한 경찰 행위들에 추가되었다.
- 제13장 "경찰부패"에서는 경찰의 거짓말과 부정직성과 관련한 새로운 섹션이 추가되었으며, 경찰부패에 관한 새로운 관점과 연구가 통합되었다.
- 제14장 "경찰의 책무"에서는 내부 및 외부 책임 메커니즘과 관련한 내용과 전체 범위가 광범위하게 개정되었다.
- 제15장 "미국 경찰활동의 미래"에서는 빅데이터를 통한 범죄자 추격 시스템인 국립통합탄도정보네트워크(National Integrated Ballistic Information Network, NIBIN), 신체착용카메라인 보디캠과 구경꾼의 비디오 촬영(bystander videos), 시위 경찰활동(protest policing) 등에 대한 새로운 섹션이 추가되었다.

▌내용 개관(Overview of the Contents)

제1부 "기초(Foundations)"편은 학생들에게 미국의 경찰활동에 대한 개괄적 설명을 제공한다. 경찰업무의 현실과 경찰활동을 형성하는 많은 요인들과 함께 미국 내 경찰의 역할을 설명한다. 또한 최초의 현대 경찰서 창설로부터 오늘날 경찰활동에서 발견되는 많은 새로운 발전에 이르기까지 경찰 역사의 발자취를 쫓는다. 제1부는 국토안보부(Department of Homeland Security)를 포함하여 현행 법 집행 산업의 특징에 대한 논의로 마무리 한다.

제2부 "경찰관과 조직(Officers and Organizations)"편에서는 경찰조직의 특징, 경찰노조의 역할과 영향, 경찰조직의 행태적 특성에 대한 이론적 분석틀 등에 대한 설명으로 시작한다. 미국 경찰관의 일반적 특징은 물론 모집, 채용, 훈련 관행 등에 대해서도 논의한다. 본편에서는 경찰관이 업무를 처음 시작할 때 직면하는 현실충격(reality shock), 경찰의 태도(attitudes)와 행태(behavior) 간의 관계에 대해서도 다룬다.

제3부 "경찰 업무(Police Work)"편에서는 경찰이 무엇을 하며, 어떻게 하는지에 대해 설명한다. 순찰 기능, 서비스 전달, 전통적 경찰활동 전략의 효과성 등을 다룬다. 본편은 또한 업무 과정에서 직면하는 다양한 문제와 이러한 문제에 대응하기 위한 전략들에 대해 논의한다. 마지막으로 지역사회 경찰활동, 문제지향 경찰활동, 무관용 경찰활동과 같은 경찰전략 발전에 대한 논의로 마무리한다.

제4부 "경찰활동 이슈(Issues in Policing)"편에서는 경찰관과 경찰조직이 직면하는 다양한 문제를 다룬다. 경찰재량 장에서는 경찰재량의 성격, 재량의 원천, 그리고 경찰조직의 재량통제 방안 등에 대해 설명한다. 정당성과 경찰-지역사회 관계에 대한 장도 포함된다. 경찰에 대한 시민의 인식, 시민에 대한 경찰의 인식, 그리고 경찰-지역사회 관계 문제의 원인 등에 대해서도 주목한다. 특별히 인종과 민족 문제 그리고 이러한 문제가 미국의 경찰활동에 주는 함의에 대해 강조점을 둔다. 본편에서는 경찰부패와 경찰책무성에 대한 장이 마련되고 있으며, 이들 장에서는 경찰비위(police misbehavior) 유형과 함께 경찰책무성을 견지하기 위해 사용되는 전략들에 대해 논의한다.

제5부 "새로운 세기에 대한 도전(Challenges for a New Century)"편에서는 미국 경찰활동의 미래에 대한 장으로 마무리를 한다.

▌학습방법(Pedagogy)

본서는 실무적이고 구체적인 사례와 응용을 제시하고 있으며, 교수와 학생 모두에게 교과목 내용에 좀 더 쉽게 접근할 수 있도록 다양한 도구가 포함되어 있다.

- "Police in Focus"는 경찰활동에 관한 일련의 중요한 이슈들을 다룬다. 이 부분은 특별히 중요한 내용들을 부각시키기 위해 설계되었으며, 수업 중 토론에 대한 소재를 제공한다. 각 사례의 이슈를 좀 더 알아보고자 하는 학생들을 위해 참고문헌이 제시된다.
- "Sidebars"는 중요한 개념과 특징에 근거하여, 각 장별 최근 이슈에 대해 상세한 설명을 제공한다.
- 교차 참고문헌 아이콘(Cross-reference icons)은 각 장별 주제를 좀 더 상세히 설명해주는 교과서 내 다른 부분을 알려준다.
- 들어가기(Chapter-opening)는 학생들에게 각 장의 개요를 안내한다.
- 주요 용어(Key terms)는 교과서 좌우 가장자리, 본문의 볼드체, 각 장의 마지막에 제시되어 있는데, 본서의 뒤편 용어 이해(comprehensive glossary) 부분에 내용이 정리되어 있다.
- 각 장 말미의 사례연구(case studies)는 주요 개념과 아이디어를 부각시킨 현장 사례로 구성됨으로써, 학생들이 학습한 내용을 현실에 적용할 수 있도록 도와준다.
- 각 장 말미의 "인터넷 연습(Internet Exercises)"은 학생들이 웹 기반의 학습을 위해 활용할 수 있다.
- 각 장 말미의 "토론(For Discussion)"은 수업 중 토론을 위한 주제로 활용될 수 있다.

connect

　　본서 제10판은 McGrow Hill Education의 통합 과제 및 평가 플랫폼인 connect을 통해 온라인으로 제공됩니다. connect는 또한 신판부터 스마트북(SmartBook)을 제공하는데, 이것은 성적을 향상시키고 학생들이 더 효과적으로 공부할 수 있도록 도와주는 것이 입증된 최초의 적응형 독서 경험이 될 입니다. 아래 내용을 포함하여, 모든 제목의 웹 사이트와 보조 콘텐츠도 connect를 통해 사용할 수 있습니다.

- 각 장에 대한 수업 매뉴얼
- 각 장의 핵심 개념과 아이디어에 대해 학생들을 테스트하는 객관식 문제들로 구성된 전체 문제 은행
- 수업에서 사용할 수 있는 강의 슬라이드
- 글쓰기 과제는 McGraw Hill Connect® 및 McGraw Hill Connect® Master 내에서 사용할 수 있으며, 글쓰기 과제 도구는 학생들이 쓰기 커뮤니케이션 기술과 개념적 이해를 향상시키는 데 도움이 되는 학습 경험을 제공
- 강사에게는 보다 효율적이고 효과적인 글쓰기에 대한 할당, 모니터링, 채점과 피드백을 제공

▌원격 보호 및 브라우저 잠금 기능

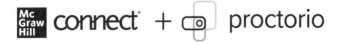

　　connect 내에서 Proctorio가 호스팅하는 새로운 원격 보호 및 브라우저 잠금 기능은 보안 옵션을 활성화하고 학생의 신원을 확인하여 평가 환경을 제어합니다. connect 내에서 원활하게 통합된 이 서비스를 통해 강사는 브라우저 활동을 제한하고, 학생의 활동을 기록하고, 학생이 자신의 작업을 수행하고 있는지 확인하여 학생의 평가 경험을 제어할 수 있습니다. 즉각적이고 상세한 보고 기능을 통해 강사는 수강생의 잠재적인 학습 능력과 관심을 한눈에 확인할 수 있으므로 개인적인 편견을 피하고 증거 기반의 지원을 할 수 있습니다.

감사의 글

저 사무엘 워커는 특히 경찰활동 및 경찰책무성 분야 동료와 친구들에게 감사를 표합니다. 훌륭한 공동 저자가 되어준 이전의 학생이자 현재는 친구이며 직장 동료인 찰스 캐츠에게 특별한 감사를 전합니다. 찰스는 제10판에서 대부분의 작업을 수행하였습니다.

저 찰스 캐츠는 제10판의 완성에 기여해주신 많은 분들과 항상 지지해주고 도움을 청할 때마다 기꺼이 도와준 애리조나주립대학교 동료들에게 감사를 전합니다. 특별히 다음 네 분께 감사를 드립니다. 저의 부모님과 아내 케리(Keri), 그리고 사무엘 워커 은사님께 감사를 전합니다. 은사님은 학문적으로든 개인적으로든 항상 저를 지지해 주셨으며, 그의 통찰력은 지금도 계속 저에게 영향을 주고 있습니다.

사무엘 워커
찰스 캐츠

발간사

본서의 원서명은 「*The Police in America: An Introduction*」이다. 애초 '미국의 경찰'로 가제를 정하였으나, 번역진의 논의 끝에 「경찰학 개론: 미국의 이론과 실무」로 제목을 정하였다. 본서는 1983년 초판이 나온 후 2022년 제10판이 발간되었으며, 미국뿐만 아니라 세계적으로도 가장 많이 읽히는 경찰학 개론서이다. 과거 라이트와 밀러가 조사한 바에 의하면 본서가 경찰연구 분야 피인용지수 1위의 교과서이다.[*]

개인적으로 1999년 발간된 제3판부터 본서를 접하였고, 박사학위 논문 준비의 출발점이 되었다. 이후 강사로서 경찰대학 원서강독 수업, 연세대학교 및 서울대학교 행정대학원 경찰행정론 수업 등에서 본서를 기본교재로 하여 강의를 수회 하였고 학생들의 반응도 매우 좋았다. 필자와 같이 본서의 번역 작업에 참여한 공역자들도 이미 한국에서는 물론 미국에서도 본서를 주교재로 하여 수회 강의를 한 경험이 있다(당연히 이 교재로 강의를 들으신 공역자도 적지 않음은 물론이고).

본서를 연구와 수업에 활용하면서 가장 큰 아쉬움이 우리 말로 된 번역서가 없다는 점이었다. 과거 본서에서 이미 소개된 내용들이 마치 최신의 새로운 이론인양 경찰 분야 국내 학술논문에서 종종 소개되기도 하였다. 또한 수업 중에 원서로 수업하는 것이 언어장벽으로 인해 아무래도 불편할 수밖에 없었다. 2019년 말 소수의 사람이 공동번역을 하기로 뜻을 같이 하였다. 그런데 아무래도 더 많은 연구자가 참여하는 것이 여러모로 도움이 될 것 같아, 2020년 5월 소장 학자들을 중심으로 각각 1개 장을 맡는 것으로 하여 전체 번역진을 구성하게 되었다. 2020년 말에 제9판 번역 초고가 완료되었다. 그런데 멀지 않아 제10판이 출간될 것이라는 연락을 출판사로부터 받았고 작업은 중지되었다. 2021년 말부터 제10판에 대한 작업이 재개되었는데, 의외로 제9판에서 수정된 부분이 많았고 번역진 간에 용어 등에 대한 통일화 작업 등도 만만치 않아 2022년 2학기를 목표로 한 번역서 출간이 쉽지 않게 진행되었다.

본서의 가장 큰 장점은 경찰학 분야 이슈와 쟁점의 체계적 정리이다. 개론서로서 경찰학에 대한 전반적인 이론과 실무를 소개하면서도, 시대 상황적 큰 이슈부터 경찰관 개인 행태에 대한 작은 이슈에 이르기까지 경찰학 분야 주요 쟁점을 정리함으로써 독자들에게 경찰 문제에 대한 통찰을 갖게 해주고 있다. 때문에 본서는 지식과 정보 전달의 교과서이면서도, 일반 교양서를 보는 것과 같은 호기심과 흥미가 있다. 즉 본서는 유익함과 재미를 모두 겸비하고 있는 경찰학 개론서이다.

이전 정부에서 우리나라 경찰제도는 수사권 조정에 따른 수사종결권 획득, 자치경찰제와 국가

---

[*] Wright, R.A. and Mitchell Miller, J. (1998), "The most-cited scholars and works in police studies", Policing: An International Journal, Vol. 21 No. 2, pp. 240−254.

수사본부체제 도입 등 많은 변화를 겪었다. 올해 초에는 소위 검수완박에 따른 형사사법개혁 논의가 재점화 됨으로써 향후 경찰에 대한 추가적 변화가 예상되고 있으며, 최근 행정안전부 내 경찰국 신설 논란은 그 어떤 시기보다도 경찰에 대한 국민적 관심과 정책적 관심을 높이고 있다. 이러한 변화에 대해 본서가 모두 답을 줄 수는 없을 것이다. 그러나 본서를 읽다 보면 경찰을 어떠한 시각에서 바라봐야 하고, 경찰개혁은 어떻게 접근해야 하는지에 대해 통찰과 영감을 얻을 수 있으리라고 확신한다. 예를 들어 경찰을 쿠데타에 비유해 논란이 된 적이 있었는데, 본서 내용 중에 외부의 적과 싸우는 군대는 전사(warrior)인 반면, 사회 내 시민을 보호하는 경찰은 수호자(guardian)로 보아 양자의 역할을 구분하고 있다.

본서는 크게 5부로 나뉘어 있다. 제1부는 기초편으로 경찰을 사회, 역사, 산업의 시각에서 설명하며(1-3장), 제2부는 조직 및 인사행정 그리고 하위문화 등을 다룬다(4-6장). 제3부는 순찰, 질서유지, 수사, 개혁 등 경찰업무를(7-10장), 제4부는 경찰 이슈로 재량권, 정당성, 부패, 책무성 문제를(11-14장), 제5부는 경찰 미래 문제를 다룬다(15장). 각 장별 의의와 내용을 소개하면 아래와 같다.

제1장 '경찰과 사회'는 본서 전체를 이해하기 위한 틀(framework)을 제시한다. 이러한 틀은 2014년 12월 버락 오바마 대통령이 행정명령으로 설치한 "21세기 경찰활동에 관한 대통령직속 태스크포스"가 2015년 출간한 보고서 내용에 기초한다. 민주주의, 정당성(혹은 합법성), 개방성과 투명성, 책무성, 효과성이라는 다섯 개의 가치를 중심으로 미국 경찰의 문제점과 쟁점을 개관한다.

제2장 '미국 경찰의 역사'를 통해 독자들은 미국 경찰의 과거와 현재를 보다 생생하게 들여다볼 수 있다. 전체 장을 이해하는 나침반 역할을 해줄 것이다. 우리의 일제 잔재와 유사한 영국의 영향에 대한 분석에서 시작하여, 정치적 시기, 전문화 시기를 거쳐 최근의 전국적 위기 상황까지 미국 경찰의 역사를 입체적으로 들여다본다. 본장을 통해 미국 경찰은 물론 우리나라 경찰의 미래를 설계하는 핵심 열쇠를 얻게 되기를 바란다.

제3장 '현대 법 집행 산업'에서는 18,000개 이상으로 매우 복잡하게 구성된 미국의 법 집행기관과 조직의 전반적 모습을 산업적 관점에서 보여준다. 수천 개의 시, 카운티, 주, 특별구역, 연방기관 및 민간경비 업체 등으로 다양화, 분절화되어 있는 거대한 산업체와 같은 경찰 등 법 집행 조직의 서비스를 개관한다. 미국 경찰에 대해 일반화하는 것이 매우 어려울 정도로 차이가 큰 각 기관별 규모, 역할, 활동을 잘 설명하고 있다

제4장 '경찰관과 경찰조직'에서는 미국의 경찰조직에 대하여 알아본다. 구체적으로 경찰조직 탄생의 역사적 배경을 알아보고, 조직으로서의 경찰관서의 스타일과 문제점, 그리고 비공식적 조직문화를 살펴본다. 경찰의 전문화를 위한 경찰조직의 문화와 제도적인 노력을 소개하고, 경찰조직 내 노동조합을 기반으로 한 다양한 활동을 소개한다. 마지막으로 경찰조직과 그 환경을 설명하고 있는 이론을 통해 미국 경찰조직의 전반적인 이해를 돕고자 한다.

제5장 '경찰관의 채용과 교육'에서 미국 경찰관의 채용과 훈련에 상당한 변화가 있었음을 알 수 있다. 흑인, 히스패닉, 여성, 대학교육을 받은 경찰관들이 어느 때보다 많아졌다. 또한, 경찰 교

육·훈련 방법의 새로운 변화 가운데, 문제 해결, 절차적 정당성, 전술적 의사결정, 긴장 완화를 통해 경찰관의 무력 사용을 줄이고 대중의 신뢰를 확보하는 전략과정이 더해졌다. 특히, 시나리오 기반 훈련은 전통적인 강의를 대체했고, 근속 경찰관들의 재직자 교육도 강조되고 있다.

　　제6장 '경찰관의 근무'에서는 미국 경찰의 근무와 다양한 구성원들로 인한 하위문화의 변화에 관해 설명한다. 과거 경찰 하위문화는 집단결속력과 침묵의 코드에 의해 유지되었으나, 경찰조직이 성별, 인종, 민족성 등의 측면에서 다양화되면서 기존 하위문화에 변화가 생겼다. 이 장에서는 이러한 하위문화와 하위문화에 대한 경찰의 새로운 시각에 대하여 설명한다. 또한, 경찰관의 근무와 관련하여 경찰관의 경력 발전, 성과평가, 직무만족과 직무스트레스, 경찰관의 권리 및 이직 등에 관해 서술하며 미국 경찰관의 근무 형태 및 방식에 대한 독자의 포괄적인 이해를 돕는다.

　　제7장 '순찰: 경찰활동의 주축'에서는 경찰활동에 있어서 순찰이 어떻게 조직되고 전달되는지, 시민 서비스요구의 성격, 순찰의 범죄억제 효과성 그리고 순찰서비스 개선을 위해 설계된 프로그램 등 순찰의 특성과 기능 그리고 효과를 구체적인 사례와 통계, 다양한 연구실험을 통해 자세히 설명한다. 특히 순찰활동과 연계된 신고대응시스템, 순찰을 통한 서비스와 범죄예방효과에 대한 다양한 실험결과의 제시는 이 책이 왜 대표적인 경찰학 교과서로 인정받고 있는가를 보여준다.

　　제8장 '공공의 안녕과 질서유지'에서는 교통단속, 가정폭력, 성매매 및 노숙인, 정신질환자, 소년에 대한 경찰의 대응을 다룬다. 제10판에서는 코로나19 상황에서의 경찰활동에 대한 내용이 새롭게 추가되고 HIV 감염인에 대한 부분은 삭제되었다. 저자는 통상 범죄척결을 중심으로 경찰의 역할을 이해해 온 것과는 달리, 실제로는 공공의 안녕 및 질서유지와 밀접히 관련된 업무가 경찰활동의 대부분을 차지하고 있음을 지적한다. 나아가 저자는 경찰에 폭넓은 재량이 인정되는 가운데 질서유지 상황에 얼마나 효과적으로 대응하는지가 경찰과 대중 간 신뢰관계 구축에 큰 영향을 미치고 있다는 점을 역설하고 있다.

　　제9장 '경찰과 범죄'에서는 범죄의 발생 및 해결과 관련하여 경찰이 직면하는 다양한 쟁점들을 다룬다. 우선, 범죄수사에 대한 개괄적인 내용과 함께 범죄수사의 효과성, 범죄해결의 성공과 실패를 가르는 요인들에 대하여 살펴본다. 이어서 전문적인 범죄수사기법의 일환으로 각광받고 있는 과학수사, 함정수사의 쟁점들에 대하여 논의하고, 특별한 범죄수사 영역인 마약수사, 갱범죄, 증오범죄, 테러리즘 등에 대해서도 구체적으로 살펴본다. 본장은 범죄수사와 관련된 학술적인 쟁점과 최근의 실무적 변화를 균형감 있게 다룸으로써 미국 경찰의 수사활동에 대한 이해를 돕는다.

　　제10장 '경찰활동 전략의 발전'에서는 미국 경찰이 오랫동안 무작위 차량순찰과 같은 전통적인 경찰활동이 효과적이라는 믿음 아래 범죄에 대응해 왔으나, 범죄율은 지속적으로 상승하였다는 문제를 제기한다. 1970년대 있었던 전통적인 경찰활동의 효과성에 대한 연구결과는 기존의 방식이 효과가 없음을 보여주었고, 이후 지역사회 경찰활동을 비롯한 새로운 경찰활동 전략이 만들어졌다. 본장은 지역사회 경찰활동, 문제지향 경찰활동 그리고 무관용 경찰활동을 소개하고 이들의 효과성과 문제점에 대하여 논의한다.

　　제11장 '경찰재량'에서는 경찰관의 재량이 시민들의 삶과 자유에 영향을 미치는 중대한 결정임

을 전제한다. 이 장에서는 경찰관의 재량행위 전반에 대한 내용을 학습하고, 재량의 근본적 이유와 재량이 어떻게 사용되는지를 고찰한다. 그리고 경찰관의 재량이 잘못 사용되었을 경우의 문제점과 재량남용의 효율적인 통제를 위한 다양한 전략들을 살펴본다.

제12장 '정당성과 경찰신뢰'는 전국적 경찰위기를 배경으로 대두된 경찰활동의 정당성과 경찰 신뢰의 문제를 다룬다. 경찰의 총격으로 사망한 피해자의 인종이 문제시되면서 인종차별과 관련된 경찰-지역사회 관계, 시민의 경찰 신뢰 문제가 재부상하고 있다. 1960년대 연쇄적인 소요사태 이후 미국 경찰은 인종 문제를 경찰-지역사회 관계의 측면에서 접근하고, 경찰-지역사회 관계 개선을 위한 다양한 프로그램을 도입하였으나 특정 지역사회의 경찰 신뢰에 대하여 큰 효과를 미치지 못하였다. 본장에서는 전국적 경찰위기를 계기로 정당성과 절차적 정의의 개념을 적용하여 경찰의 총기 사용, 과도한 물리력 사용, 차량검문 및 불심검문 등 경찰-지역사회 관계의 오래된 이슈들을 살펴보고, 정당성과 절차적 정의가 시민의 경찰활동 인식과 참여, 경찰 신뢰에 미치는 영향을 고찰하고 있다.

제13장 '경찰부패'에서는 경찰 조직 및 개별 경찰관의 부패를 다양한 접근방식을 통해 조명한다. 구체적으로 경찰부패의 개념, 유형 및 확산수준 등 경찰부패 현상의 다양성을 파악하고, 경찰부패 이론 등을 통해 경찰부패의 원인 및 부패과정을 탐색하며, 경찰부패를 통제하기 위한 경찰 내부 및 외부의 전략에 대해 논의한다. 본장은 미국에 국한된 논의를 넘어 우리나라의 경찰부패 문제와 이에 대한 해결에도 큰 시사점을 제공하고 있다.

제14장 '경찰의 책무'에서는 경찰의 책임에 대한 정의와 경찰의 업무수행에서의 책무와 책임의 문제에 대해서 다룬다. 경찰은 임무 수행을 위해 물리력을 사용하기도 하며, 자유를 제한하기도 한다. 따라서 경찰의 업무 수행에 대해서는 엄격하게 책임을 묻는 시스템이 필요하다. 일반적으로 시민들이 가장 많이 접하는 순찰경찰관의 감독과 책임에 대해서 설명한다. 특히 물리력 사용의 요건은 중요한 이슈다. 최근 처벌위주의 징계에서 벗어나 업무 수행에 문제가 있는 경찰관을 조기에 발견하여 사전에 비위를 예방하는 '조기 개입 시스템'이 주목을 받고 있다. 법원, 시민 감시기구, 언론 등 외부 기관들의 역할에 대해서도 설명을 한다. 마지막으로 범죄에 대한 대응과 책임의 균형 문제에 대해서 논의를 한다.

제15장 '미국 경찰활동의 미래'에서는 과학기술의 발달이 가져온 경찰활동의 변화를 다룬다. 컴퓨터지령 시스템, 기록관리 시스템, 빅데이터, 테이저건, 범죄지도, 컴스탯 등 온갖 자동화된 기술들이 경찰활동을 변화시키고 있고, 다가올 미래경찰활동의 원동력이 되고 있다. 이러한 첨단기술을 활용한 경찰활동의 현재와 미래 모습을 독자들은 볼 수 있다.

본서의 저자 사무엘 워커(1942년~)는 1973년 미국사로 오하이오주립대학교에서 박사학위 취득 후, 1974년부터 2005년까지 네브라스카 오마하대학교에서 재직하였으며, 현재는 명예교수이다. 시민권, 형사사법 역사, 경찰 책무성 분야에 대한 14권의 책을 저술하였으며, 현재도 언론기고와 정부 내 활동 등을 이어가고 있다. 2018년 미국 범죄학회에서 평생공로상을 수상하였으며, 재즈 앨범

수집이 취미로 알려져 있다. 공저자인 찰스 캐츠는 1997년 오마하대학교에서 워커의 지도 아래 갱분야 연구로 박사학위를 취득하였으며, 현재 애리조나주립대학교 교수이다. 본서는 애초 워커의 단독 저술이었으나, 2001년 제4판부터 캐츠가 공저자로 참여함으로써 최근의 경찰 이론과 동향을 적극적으로 반영하고 있다(코로나19에 대한 경찰활동까지 반영).

　비록 개론서의 번역에 불과할 수 있겠으나, 본서의 발간을 통해 경찰학 분야 연구자와 실무자에게 작지 않은 도움을 주리라 생각한다. 사실 본서가 아직까지 국내에 번역되어 소개되지 않은 것이 다소 의아하다. 영미의 범죄학 서적들이 적지 아니하게 번역된 것과 대비된다. 어쩌면 범죄학 이론체계는 상당 부분 자리를 잡은 반면, 경찰학을 포함한 형사사법이론은 아직 정통적인 이론체계가 자리 잡지 못한 것에 이유가 있을 수 있다. 본서를 통해 국내 관련 연구와 실무상 발전이 많이 앞당겨지는 계기가 될 것으로 생각한다. 그만큼 본서가 경찰학에 대한 다양한 이론과 많은 아이디어, 그리고 통찰을 주기 때문이다.

　다만, 한 가지 주의를 당부하고 싶다. 초판이고, 공역자가 15명이나 되다 보니 용어와 번역 방식 등에 있어 각 장별로 차이가 없을 수 없다. 차이를 줄이기 위해 팀별 및 전체 회의를 갖고, 필자와 편집자가 전체적으로 읽고 교정을 보기도 하였으나 아직 미진한 점이 있을 것임을 미리 말하지 않을 수 없다. 가능하다면(특히 논문을 준비하는 대학원 과정 학생이라면), 원서를 구입해서 번역서와 같이 보기를 권한다. 아무리 번역이 좋아도 학술서적의 경우는 원서 자체를 읽어야만 체득할 수 있는 내용이 있기 때문이다.

　본서의 번역에 대해 처음 얘기가 나온 것은 박영사의 조성호 이사님이 부장으로 있을 때였으니 꽤나 오래 전 일이다. 조 이사님과 기본적으로 번역을 하기로 합의가 이루어진 후, 실무는 이영조 팀장님을 만나 빠르게 진행되었으며, 이 팀장님의 해외파견으로 마무리는 오치웅 대리님이 하시게 되었다. 세 분께 감사드린다. 전체 원고를 여러 번 읽고 편집과 교정 작업을 꼼꼼히 해주신 장유나 과장님과 실무를 성실하게 챙겨준 이화여자대학교 행정학과 석사 과정의 안나연 양에게도 깊은 감사의 마음을 전한다. 무엇보다도 각 영역별 국내 최고의 전문가로서 번역에 참여하신 열네 분의 공역자들에게 학문적 동료로서 무한한 존경과 감사를 표하고 싶다. 아무쪼록 본서가 경찰학 및 경찰실무 관계자들에게 실질적 도움이 되길 기원한다.

2022년 8월
우면동 연구실에서 역자를 대표하여 박준휘 씀

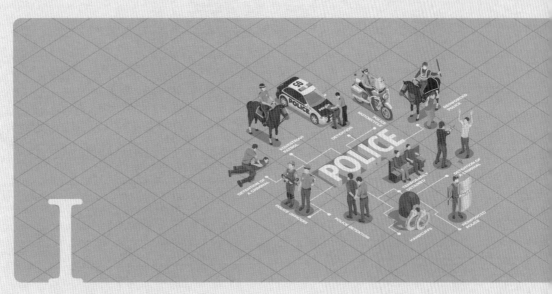

I

기초

미 국의
경찰

Chapter
01
경찰과 사회

개관

이 책의 목적

경찰은 미국 사회에서 중요한 기관이다. 우리는 경찰의 범죄 통제, 공공질서 유지, 그리고 사회 구성원에 대한 서비스 제공에 의존한다. 그러나 총기사망, 물리력 사용, 모든 사람에 대한 평등한 대우 등 많은 여타의 이슈와 관련하여 경찰은 또한 논쟁의 한 가운데 있다. 이 책은 이들 이슈를 다루는 데 있어 미국 내 경찰활동에 대한 큰 그림(comprehensive picture)을 제공한다. 경찰은 무엇을 하는지[제7장], 어떠한 문제가 발생하고 의사결정은 어떻게 이루어지는지, 그리고 누가 경찰에 지원하고 어떻게 선발되는지를 포함하여 경찰관이 누구인지 등을 기술한다. 이 책은 또한 순찰과 같은 일상적 경찰활동에 관한 주요 이슈와 순찰활동이 지난 시간 동안 어떻게 변화되어 왔는지[제7장], 경찰관의 재량권 행사[제11장], 정당성과 지역사회 관계[제12장]를 다룬다. 경찰 인사 이슈와 관련하여 경찰관의 선발 방법, 현대 경찰관의 인구학적 특징[제5장], 경찰관의 행태를 형성하는 요인[제6장], 경찰 조직의 작동 방법[제4장] 등도 다룬다. 제2장은 미국 경찰활동의 역사로서, 수십 년 전 만들어진 전통이 오늘날 경찰활동에 어떻게 계속적으로 영향을 미치는지 살펴본다.

본격적 논의에 앞서, 제1장은 미국의 경찰을 이해하는 틀(framework)을 제공한다. 여기서의 틀은 21세기 경찰활동에 관한 대통령직속 태스크포스(President's Task Force on 21st Century Policing)* 최종 보고서를 기초로 했다. 최종 보고서는 현행 미국 경찰에 관한 모든 최신 사고를 담고 있다.[1]

▌왜 우리는 경찰을 갖는가?

왜 우리는 경찰을 갖고 있는가? 경찰은 어떤 목적을 위해 봉사하는가? 우리는 경찰이 무엇을 하길 원하는가? 우리는 경찰관이 자신의 일을 어떻게 하길 원하는가? 우리가 원하는 것을 경찰이 하도록 어떻

---

* [역자 주] 이하 '대통령직속TF' 혹은 '태스크포스'로 약칭함.

게 담보하고 있는가? 만약 경찰이 잘못 행동한다면 우리는 무엇을 할
수 있는가?

이들 모두는 사회 내 경찰의 역할과 관련된 기초적 질문이다. 대
부분의 미국인들은 경찰이 무엇인지에 대해 알고 있다고 생각한다.
즉 우리가 살고 있는 거리를 순찰하는 사람이 경찰관이라고 본다. 우
리는 왜 경찰을 갖고 있는가? 대부분의 사람들은 그들이 범죄를 척결
하고 우리를 보호하기 위해서라고 대답한다.

불행히도 대부분의 사람이 제시하는 그러한 대답은 너무나도 애매
하다. 경찰활동은 극단적으로 복잡하다(Policing is extremely complex).[2*]
경찰은 범죄 통제, 질서유지, 일반인에 대한 서비스 제공 등 3개 주
요 영역으로 나뉘는 다중 책임(multiple responsibilities)을 갖는다. 이
들 영역 각각은 극단적으로 복잡하다. 심지어 "범죄척결(fighting
crime)"이라는 관념조차 복잡하다. 예를 들어 경찰은 맥주 소지와 같
은 경미한 범죄에 대해서도 체포를 해야만 하는가?

경찰은 모든 법을 항상 집행하지는 않는다는 재량(discretion)을
이용하여 이러한 딜레마를 해결한다. 사람들이 운전을 할 때 경찰관
에 의해 정지되는 경우 종종 경고만을 받는데, 심지어 속도위반의 경
우에도 그러하다. 그러나 경찰관이 법을 집행하지 않는 것이 좋은 의
사결정이었을까? 이 질문에 대한 대답은 쉽지 않다. 우리는 제11장에
서 경찰 재량에 대해 다룬다.

질서유지 업무는 그 자체로 복잡하다. "질서(order)"란 정확히 무
엇을 의미하는가? 무질서에 대한 어떤 개인의 관념은 그들 이웃의 즐
거운 파티에 불과할 수 있다. 과격한 시위행진에 대한 어떤 집단의
관념은 수정헌법 제1조(First Amendment)에 의해 보호되는 언론과 집
회의 자유이고, 이에 대해 다른 집단의 관념이 있을 수 있다. 시위가
선을 넘는 때는 언제인가? 시위가 건물 출입구를 봉쇄하는 때는 언제
인가? 경찰은 매일매일 이러한 문제들에 대한 어려운 결정을 한다.

⇨ 제9장에서 경찰과 범죄에
대해 상술함

* [역자 주] '경찰활동은 극단적으로 복잡하다'라는 표현은 노트(NOTES) 1에
서 밝히고 있듯, 골드스타인 저서 '자유사회에 대한 경찰활동(Policing a
Free Society)'에서 인용한 것으로, 이러한 골드스타인의 사고가 뒤에서 보
게 될 문제지향 경찰활동을 제안하는 출발점이 됨.

우리는 질서유지에 대해 제8장에서 자세히 논의한다.

경찰이 그들의 직무를 완수하기 위해 우리에게 어떻게 해주기를 원하는가? 이러한 질문에 대해 대부분의 사람은 자신의 동네를 더 많이 순찰해 주기를 원한다. 그러나 그것이 범죄 통제를 위한 가장 효과적인 방법인가? 우리가 앞으로 이 책에서 공부하듯이, 현재의 수준보다 더 추가적인 순찰이 범죄 감소를 가져오지 않는다는 것을 알게 될 것이다.[3] 효과적이면서 "스마트 경찰활동(smart policing)"을 표방하는 최근 발전된 혁신 대안이 존재한다.

경찰관이 부적절한 일을 했을 때 우리는 무엇을 해야만 하는가? 정당해 보이지 않는 경찰관 연루 총기 사망 사고에 대한 적절한 치유책은 무엇인가? 어떤 사람들은 그러한 사고에 대한 조사와 징계를 경찰에 맡겨야 한다고 생각한다. 과연 그것이 최선인가? 또 다른 사람들은 그러한 견해에 강력히 반대한다. 그들은 경찰이 스스로 공정하게 조사할 수 있다고 믿지 않으며, 경찰관의 행동에 대한 독립된 외부 평가를 원한다. 이 책에서 배우듯 이것은 치열하게 부딪히는 정치적 이슈이며, 이 논쟁은 오늘날까지 계속되고 있다. 우리는 제14장에서 경찰 책무성*을 자세히 다룬다.

마지막으로, 경찰서 혹은 법 집행기관을 대표하는 특정 종류의 조직을 정의하는 일은 어렵다. 그에 대한 대답은 명백하게 보일 수도 있으나, 실제로는 그렇지 않다. 미국 내에는 15,322개의 지방 경찰서(local departments)를 포함하여 문자 그대로 수천 개의 경찰서가 존재한다.[4] 시 경찰(city police)과 카운티보안관(county sheriff)은 서로 다른 역할과 책임을 가지며, 카운티보안관서는 일반 경찰서와 완연히 다른 차이가 있다.** 아울러, 주 법 집행기관(stale law enforcement

⇨ 지역, 주, 연방 법 집행기관에 대한 논의는 제3장 참조

---

* [역자 주] 기본적으로 accountability는 책무(성)으로, responsibility는 책임(성)으로 구분하여 번역하나, 문맥에 따라 accountability도 책임(성)으로 번역함.

** [역자 주] 카운티 셰리프의 특징에 대해서는 제3장에서 상술함. 아울러 카운티 셰리프 경찰서(count sheriff department)는 카운티에 있는 경찰서인 county police department와도 차이가 있으며, 후자는 오히려 일반적인 시 경찰서(city police department)라 보면 됨.

agencies)도 많은 중요한 측면에서 서로 상이하다. 어떤 곳은 전적으로 고속도로 순찰만 한다. 다른 곳은 일반적인 법 집행 책임을 갖는다. 어떤 곳은 주 검찰청(state attorney general's office)의 하위기관이나, 다른 곳은 독립된 주 기관이다. 연방 기관(federal agencies)은 연방법 규정에 의해 모두 매우 특정한 임무를 맡는다. 연방수사국(Federal Bureau of Investigation; FBI)은 대표적인 연방 법 집행기관이며, 마약단속국(Drug Enforcement Agency; DEA)과 이민세관단속국(Immigration and Customs Enforcement; ICE) 또한 특정 분야에 대한 법 집행 책임을 갖는다.

▌경찰과 경찰활동을 이해하는 틀

경찰활동을 둘러싼 이슈는 그야말로 복잡하다. 이 책은 좋은 경찰활동에 대한 기본원칙(basic principle of good policing)을 이해하기 위한 유용한 분석틀로서 **21세기 경찰활동에 관한 대통령직속태스크포스** 최종 보고서를 이용한다. 전국적인 일련의 공청회를 통해 태스크포스는 경찰활동에 관한 최신 아이디어를 취합하여 최종보고서에 담았다.[5]

태스크포스가 제시한 틀에는 민주적 경찰, 정당한 경찰, 개방적이고 투명한 경찰, 책무성 있는 경찰 그리고 효과적인 경찰이라는 이슈들이 담겨 있다. 이들 핵심 원칙들은 상호 밀접하게 관련되어 서로를 강화시켜준다.

21세기 경찰활동에 관한 대통령직속태스크포스 (President's Task Force on 21st Century Policing)

민주적 경찰

미국은 민주주의 사회이며, 이는 국민이 정부 기관을 궁극적으로 통제함을 의미한다. 경찰도 당연히 이에 포함된다. 전체주의 사회에서 국민은 법 집행기관을 전혀 통제하지 못한다. 국민이 경찰에 대해 불만이 있을지라도, 경찰에 대해 할 수 있는 그 어떤 것도 없다. 전체주의 사회 내 경찰은 법의 지배(rule of law)도 받지 않는다. 경찰은 오직 최고 통치자의 명령만을 따른다. **민주주의와 경찰**은 경찰이

민주주의와 경찰(democracy and the police)

국민에 대해 응답할 수 있으며(answerable to the people), 법의 지배에 책임을 지는 것을 의미한다.

미국에서 시장은 경찰서장을 임명하고, 시 의회는 예산을 제공한다. 주지사는 주 경찰기관의 장을 임명하며, 주 입법부는 주 경찰예산을 승인한다. 미국의 대통령은 FBI나 DEA 국장 등과 같은 연방법 집행기관의 책임자를 임명하며, 연방의회는 이들 기관의 예산을 승인한다.

➪ 정치와 경찰의 역사에
   대한 논의는 제2장 참조

민주주의 핵심이라 할 수 있는 경찰에 대한 정치적 통제는 많은 어려운 문제를 불러온다. 역사적으로 선출직 공직자들은 자신의 친구 등을 경찰로 임명하거나 불법적인 밀주나 도박 사업을 보호하기 위해 경찰을 활용하는 등 경찰을 자신의 개인적 혹은 정치적 이익을 위해 이용했다[제2장 참조]. 우리는 그것을 "정치(politics)"라고 부른다.[6] 경찰이 공공의 요구에 대해서는 반응을 해야 하지만, 부적절한 목적에 대해서는 이용되지 않도록 하는 것이 미국 경찰에 있어 중요한 도전이다.

대통령직속TF는 경찰이 봉사하는 국민에게 잘 반응해야 한다는 수 개의 권고안(recommendation)을 만들었다. 이들 권고안에는 지역사회 주민과 정례적인 공공미팅(public meeting) 개최[권고안 4.5.1], 경찰이 접촉하는 공공에 대한 설문조사의 시행[권고안 1.7], 경찰서 웹사이트에서 일반적으로 이용할 수 있는 공식적인 정책과 절차의 게시, 그리고 경찰에 대한 시민감시 수단의 설치[권고안 2.8] 등이 있다.

민주주의와 책무성

그런데 경찰에 대한 공공통제(public control)는 위험성을 안고 있으며, 역사적으로 그러한 위험이 비극적인 현실로 나타난 많은 사례가 있었다. 최악의 경우는 미국 남동부 사례로, 노예제와 재건시대(Reconstruction) 기간 동안, 경찰을 비롯한 전체 형사사법체계는 정식으로 선출된 백인 다수가 심어놓은 인종적 카스트 체계(racial caste system)를 유지하는 데 이용되었다.[7] 그러나 법원 판결을 통해 수정헌법 제14조(Fourteenth Amendment) 법의 평등보호(equal protection of the law) 및 연방민권법(federal civil right law)에 대한 지지가 결합됨으로써 이러한 체계는 인권운동기간 동안 공식적으로 붕괴되었다.

　　미국 내 다른 곳에서는 경찰이 적법절차 기준을 침해하면서 "범죄에 대한 강력 대응(get tough on crime)" 관행을 지역 다수집단이 지지하였다. 대법원(Supreme Court)은 불합리한 압수수색[맵 대 오하이오(Mapp v. Ohio) 판결], 경찰조사 중 변호인 조력권[미란다 대 애리조나(Miranda v. Arizona) 판결] 등에 대한 헌법적 보장을 확인해 주는 결정을 통해 이들 관행을 단절시켜버렸다. 2014년 미주리주 퍼거슨(Ferguson)시 사건의 결과, 선출직 시(市)공직자가 시 예산(city's budget)의 도움을 받아 수입을 얻기 위해 경찰을 이용하고 있음이 연방수사를 통해 밝혀졌다.[8] 그 결과는 특히 범칙금납부통고서와 관련한 고압적인 법 집행이었으며, 이는 수정헌법 제14조를 위반하고 경찰−지역사회 관계에 심각한 문제를 야기했는데, 대표적인 예가 2014년 8월 발생한 폭동이었다.

⇨ 대법원과 경찰에 대한 논의는 제14장 참조

┌ POLICE in FOCUS

이주민 지역사회 내 경찰의 복잡한 역할

　　이민은 오늘날 미국 사회에서 중요한 논쟁거리이다. 주목받는 문제 지역은 남서부 국경지대로, 이곳은 등록되지 않은 멕시코 및 중미 국가 이민자들의 통로가 되고 있다. 2018년 기준 미국 내에는 4,470만 명의 이민자가 있으며, 이 중 1,210만 명은 불법체류자(undocumented immigrants)이다.

　　불법체류자 반대론자들은 이들이 국내법을 어기고 있으므로 당연히 모두 추방되어야 한다고 주장한다. 반대론자들은 불법체류자들이 많은 범죄를 저지르고 있다고 주장하는데, 사실은 같은 인종의 미국 시민이나 합법 이주자에 비해 이들의 범죄율이 더 높지 않은 것

으로 보고되고 있다.

　　이민 논쟁은 지역 법 집행 상황에 어려움을 주고 있다. 이민은 연방법의 규율을 받으며, 지방경찰 및 보안관은 이들 이민자 지위를 이유로 이들을 검문하고 체포할 권한이 없다. [연방법에 따라 지역 법 집행기관은 연방기관과의 협정을 통해 이민법 집행에 대한 권한을 부여받을 수 있다.] 오랫동안 경찰 책임자들은 연방 이민법 집행이 지역 내 소수인종 지역사회와의 관계를 해칠 수 있다고 보는데, 예를 들어 범죄피해자가 경찰에 범죄를 신고하지 않을 수 있기 때문이다.

　　지방 경찰서가 라틴계 지역사회와의 긍정적 관계를 형성·유지할 수 있도록, 경찰최

고위연구포럼(PERF)은 버지니아주 리치몬드 경찰서가 2012－2015년 기간 동안 시범 시행한 혁신적인 신뢰구축 프로그램을 개발하였다. 사업의 목표는 (1) 라틴계 지역사회 내에 더 큰 "활력과 생기(vitality and livability)"를 불어넣으며, (2) 지역사회와 경찰 간에 신뢰를 증진시키며, (3) 문제해결 노력을 발전시키기 위해 경찰관, 지역사회 거주자, 기타 시 기관들 간 관계를 개선하고, (4) 근린지역의 폭력을 감소시키면서 형사사법체계의 정당성을 강화하며, (5) 경찰관 상호간에 지역사회에 대한 신뢰구축을 증진하며, (6) 경찰관과 지역사회 간 상호 존중을 발전시키는 것이다.

다음과 같은 사업 교훈이 얻어졌다. (1) 언어와 문화적 장벽을 극복할 필요성, (2) 경찰 감독자들이 사업에 대한 헌신을 보여줄 필요성, (3) 일선 경찰관들이 창조적으로 혁신적 접근을 탐구할 수 있는 자유를 부여할 필요성, (4) 지역사회 파트너들이 프로그램 구성에 있어 필수적 요인임을 인식하기, (5) 프로그램의 궁극적 성공을 위한 인내, 시간 그리고 노력의 일관성 등이다.

토론

이 책을 읽어나가면서 이 사업을 기억해 두시오. 이 사업은 지역사회 경찰활동 혹은 문제지향 경찰활동 혹은 양자 모두와 일관성이 있는가[제10장]? 이러한 유형의 사업에서 최선으로 일할 수 있는 경찰관을 채용하기 위해 경찰서는 모집 전략(recruitment strategies)을 변경하여야 하는가[제5장]? 학습된 교훈 중 하나는 일선경찰관에게 좀 더 창의적일 수 있도록 자유를 줄 필요성이었다. 어떠한 종류의 훈련을 통해 경찰관이 이러한 종류의 사업에 최적으로 준비될 수 있는가[제5장]? 직무 투입 전 경찰학교 훈련? 직무 수행 중 훈련(in-service training)? 경찰서는 재량의 창의적 사용과 적절한 감독의 필요성 사이에서 어떻게 균형을 잡을 것인가[제11장]? 이러한 종류의 프로그램은 경찰-지역사회 관계에 유의미한 개선을 가져올 수 있는가[제12장]?

출처: Police Executive Research Forum, Building Police-Community Trust in the Latino Community of Southwood in Richmond, VA (Washington, DC: Police Executive Research Forum, 2019)

▌정당한 경찰

정당성(legitimacy)

민주주의 하의 경찰은 정당해야 한다.[9] **정당성**은 단지 경찰이 법의 지배(rule of law)를 따르는 것 이상을 말한다.* 경찰이 봉사하는 사람들이 경찰을 믿고 신뢰한다는 것을 의미한다. 즉 예의를 갖춘 처우에서 비롯된 신뢰, 경찰이 합법적으로 사람들을 대우한다는 신뢰,

---

* [역자 주] 제1장에서는 문맥상 legitimacy의 번역을 '정당성'으로 하였으나, 장의 내용에 따라 '합법성'으로 번역하기도 함.

경찰이 범죄와 무질서를 효과적으로 통제한다는 신뢰이다. 대통령직
속TF는 다음과 같이 권고했다. *"법 집행 문화는 국민의 신뢰와 정당
성을 확보하기 위해 수호자 사고방식(guardian mindset)을 수용해야
한다. 이를 위해, 경찰서 및 보안관서는 시민들과의 상호작용을 가이
드 하는 내·외부 정책과 관행에 대한 지침으로서 절차적 정의
(procedural justice)를 채택해야만 한다."* [권고안 1.1].

"수호자" 사고방식은 "전사(warrior)" 사고방식과 정반대이다. 전
사 사고방식이란 경찰관들이 자신의 일을 전투로 보고, 사회 구성원을
"적(enemy)"으로 간주하는 것이다. 경찰이 일반인을 적으로 볼 때, 그
들은 일반인의 필요에 덜 반응하고 필요하지 않은 상황에서 더 많은
물리력을 사용할 가능성이 있다. 대통령직속TF 소속인 수 라(Sue Rahr)
는 2012년 워싱턴 주 형사사법훈련위원회(Washington State Criminal
Justice Training Commission) 소속 위원이 "'왜 우리는 경찰관을 군인
처럼 훈련시키고 있는가?'라는 질문을 던졌다."고 설명했다. 비록 경
찰관이 유니폼을 입고 무기를 사용할 수 있는 권한을 부여받았지만,
군과 비교하여 경찰은 다른 역할을 갖고 있다. 경찰관은 기본권을 향
유하는 시민을 다루나, 군인은 외부의 적과 싸운다. 군인은 반드시
명령에 따라야 한다. 경찰관은 경찰서 정책과 그들이 받은 훈련에 기
초하여 독립적인 의사결정(independent decision)을 내려야만 하나, 빈
번하게 재량권을 발휘한다. 군인은 외부 점령군(occupying force)으로
서 지역사회에 들어온다. 경찰관은 내부에서 지역사회를 보호하는 구
성원이다.[10]

라(Rahr)의 관찰은 우리가 이 장에서 토론하는 모든 이슈에 관한
것이다. 수호자 사고방식은 경찰에 대한 신뢰와 정당성을 기르고, 경
찰활동에 대해 개방적이고 투명하며, 조직과 개별 경찰관 모두에게
책임을 묻고, 마지막으로 범죄 통제와 질서유지에 효과적이기 위해
전국에서 인정받는 모범사례를 채택하는 것을 포함한다.

절차적 정의

절차적 정의(procedural justice)

　　절차적 정의는 이제 좋은 경찰활동을 위한 필수적 지도 원리로 인식되고 있다. 절차적 정의 이론은 사회심리학(social psychology) 분야에서 발전했다. 예를 들어, 조직을 다루는 데 있어서, 사람들은 그들에게 일어나는 일뿐만 아니라 그들이 어떻게 대우받는지에 대해서도 걱정한다. 경찰활동에서 이것은 범칙금납부를 통고하는 것[실질적인 결과(substantive outcome)]과 경찰관이 어떻게 행동했는가의 차이를 의미한다. 예를 들어, 무례한 것, 공손한 것, 그 사람의 질문에 대답하지 않는 것, 정지 이유를 설명하지 않는 것 등이다. 사람들은 경찰관에게 어떻게 대우받는지 주목하고 있으며, 그것이 사람들에게 변화를 준다는 것을 연구는 일관되게 발견하고 있다. 시카고에서 웨슬리 스코건(Wesley Skogan)은 백인 80%가 "경찰이 자신들과 대화를 원하는 이유를 명확히 설명했는가"에 대해 "호의적인(favorable)" 태도를 보였지만, 아프리카계 흑인의 48%와 영어를 사용하는 히스패닉인의 63%만이 비슷한 태도를 보이고 있음을 발견하였다.[11] 사람들은 경찰이 어떻게 대하는지 알아차리고 기억할 뿐만 아니라, 그러한 인식에는 인종적·민족적 차이가 크게 존재한다. 제12장에서 경찰의 정당성을 좀 더 살펴본다.

　　톰 타일러(Tom Tyler)의 연구는 사람들이 절차적 정의감을 가질 때 법을 준수할 가능성이 더 높다는 것을 발견했다.[12] 결과적으로, 대통령직속TF는 다음과 같이 결론지었다. "*수십 년간의 연구와 관행은 다음과 같은 주장을 뒷받침한다. 사람들은 법을 집행하는 사람들이 정당하다고 인식되는 권한을 가지고 있다고 믿을 때 법을 더 잘 준수하는 경향이 있다. 시민은 절차적으로 공정한 방법(procedurally just ways)으로 행동하고 있다고 믿는 사람들에게만 정당성을 부여한다. 만약 법 집행이 지역사회 통제를 위해 외부에서 들어온 점령군의 행동으로 비춰진다면, 그러한 법 집행은 지역사회 신뢰(community trust)를 형성할 수 없다.*"[13]

　절차적 정의가 우리에게 가르쳐 주는 것은 부분적으로 준법 행위(law−abiding behavior)를 증진시킴으로써 경찰이 범죄를 통제할 수 있다는 점이다. 절차적 정의는 지역 내 범죄와 여타 문제에 대한 신고를 고무시키고, 경찰에게 가치있는 정보를 제공하며, 범죄혐의자에 대해 증언하게 함으로써 경찰에 대한 협력을 또한 증진시킨다. 경찰은 평화만 지키는 것이 아니다. 그들은 우리 지역사회의 평화를 건설한다.

정당성을 만드는 관행

　경찰이 신뢰와 정당성을 만드는 방법은 많다. 더욱이 이러한 조치들은 범죄 통제 노력에 지장을 주지 않으며, 앞으로 설명하겠지만, 사실 효과적인 범죄 통제력을 높이는 데 도움이 될 수 있다.

　대통령직속TF는 다음과 같이 권고했다. *"외적 정당성(external legitimacy)을 달성하기 위해서는 법 집행기관이 정책과 절차를 개발하고 평가하는 과정에 지역사회를 참여시켜야 한다."* [행동항목(Action Item) 1.2.1]. 지역사회 주민들이 가정폭력사건 처리, 노숙자 처우, 경찰 신체부착 카메라(body−worn cameras) 사용 등에 대한 경찰서의 정책을 이해하게 되면 경찰이 이런 상황을 제대로 처리하고 있다는 믿음을 갖게 될 것이고, 이는 경찰에 대한 더 많은 신뢰를 쌓는 데 도움이 될 것이다. 우리가 곧 보게 될 것처럼, 신뢰와 정당성을 구축하기 위해 고안된 많은 조치들에는 그 운영에 있어 더 큰 개방성과 투명성을 제공하기 위한 경찰서 내 조치가 포함된다.

⇨ 정당성과 경찰−지역사회 관계에 대한 논의는 제12장 참조

　예를 들어, 사람들이 경찰서가 가정폭력사건을 다루는 충분한 정책을 가지고 있다고 느끼지 못한다면, 경찰서에 그들의 우려를 표명할 기회가 있어야 한다. 이를 위해 대통령직속TF는 다음과 같이 권고했다. *"법 집행기관은 모든 지역사회 구성원이 경찰과 상호작용하고 프로그램과 정책에 영향을 미칠 수 있도록 돕는 정기적인 공개 포럼 및 회의 일정을 잡아야 한다."* [권고안 4.5.1]. 이런 공공행사는 지역사회 구성원들이 우려를 표명하고 경찰 고위직과 건설적인 대화를

나눌 수 있는 기회를 제공해 신뢰와 정당성을 쌓는 데 도움이 된다.

물론, 지역사회 회의의 효과는 그것들이 어떻게 진행되느냐에 따라 달라진다. 만약 그들이 회의를 담당하는 경찰 공무원들에 의해 완전히 통제되고, 일반인들이 그들의 우려를 표명할 수 있는 제한된 기회만 가지고 있다면, 그러한 회의는 역효과를 낼 것이다. 시카고 지역사회 경찰활동 프로그램인 캡스(CAPS; Chicago Alternative Policing Strategy; 시카고 대안적 경찰활동 전략)는 지역 주민의 동네 모임을 위한 광범위한 프로그램을 갖고 있다. 웨슬리 스코건과 수전 하트넷(Susan Hartnett)은 가장 많이 논의된 네 가지 이슈가 마약거래, "청소년 문제(youth problems)", 교통문제, "경찰의 시민 무시(police disregard for citizens)" 문제였음을 발견했다. 결국 이 모임은 지역 주민들에 의한 "중요한 참여 기회를 만들었다."[14]

정당성과 경찰-시민 상호작용

경찰에 대한 신뢰와 정당성은 경찰관들이 교통단속, 911 장난전화, 이웃문제 등 일상적 만남에서 사람들과 어떻게 상호작용하느냐에 달려 있다. 절차적 정의 연구는 경찰들은 상대방이 누구인지 혹은 그들의 상태와 관계없이 사람들을 존중하는 것이 중요하다고 밝혔다. **존경받는 경찰활동**은 경찰이 자신을 소개하고, 그곳에 있는 이유(예를 들어, 교통단속의 이유)를 설명하며, 사람들의 말을 듣고, 그들의 질문에 대답하는 것을 포함한다.

경찰관이 사람들에게 존경스러운 태도로 말하는 것은 매우 중요하다. 거친 인종적·민족적 별칭을 포함하여, 경찰관의 무례하고 모욕적인 언어와 관련한 오래된 불행한 전통이 이어지고 있다. 약 50년 전, 1960년대의 도시 폭동을 연구하기 위해 임명된 커너위원회(Kerner Commission)는, 모든 접촉의 15%에서 경찰과 지역 주민들 사이에 "언어적 결례(verbal discourtesy)"가 발생했다는 것을 발견했다.[15] 문제는 이것이 오늘날에도 계속되고 있다는 점이다. 이러한 문제를 다루기 위해, 대통령직속TF는 *"공격적이거나 거친 언어는 사소*

존경받는 경찰활동(respectful policing)

한 상황을 악화시킬 수 있으므로, 법 집행기관은 사용되는 언어의 중 요성을 강조하고, 경찰관이 존경심을 갖고 개인에게 말하도록 지시하 는 정책을 채택해야 한다.”고 권고했다[권고안 4.4.1].

곧 설명하겠지만, 모욕적인 언어를 금지하는 것은 중요한 책무 성 척도(accountability measure)이며, 지역사회에서 사람들을 대할 때 높은 수준의 성과를 거두는 수단이다. 책무성 부분에서 이 주제에 대 해 다시 논의하는데, 여기서 우리는 경찰관 비위(officer misconduct)를 통제함으로써 책무성을 향상시키기 위해 고안된 모든 절차들이 정당 성에 직접적인 영향을 미친다는 점을 강조한다.

시민을 불쾌하게 하고 신뢰와 정당성을 훼손하는 경찰 관행은 경찰관들이 매월 또는 매년 일정한 수의 범칙금납부를 통고하거나 체포해야 하는 공식 또는 비공식 건수 할당(quotas)을 포함한다. 건수 할당 또한 원칙적으로 잘못된 것이다. 왜냐하면 할당이 없었다면 하 지 않았을 범칙금납부를 통고하거나 체포를 하도록 요구하기 때문이 다. 대통령직속TF는 다음과 같이 권고했다. *“경찰이 미리 정해진 수 의 범칙금납부통고서, 발급, 체포 또는 소환을 요구하거나 세입 창출 (generating revenue)과 같은 공공 안전 개선과 직접 관련이 없는 이유 로 시민들과 조사를 위한 접촉(investigative contacts)을 하도록 요구하 는 관행은 삼가야 한다.”* [권고안 2.8].

가장 심각한 할당 남용 사례는 2015년 법무부가 미주리주 퍼거 슨(Ferguson) 보고서를 통해 밝힌 것으로, 2014년 8월 미주리주에서 는 비무장 아프리카계 흑인 마이클 브라운(Michael Brown)이 백인 경 찰관에 의해 사살되었다.[16] 퍼거슨시는 연간 예산 확보를 위해 경찰 서를 수익 원천으로 사용하고 있었고, 예를 들어 벌금을 부과하기 위 해 범칙금납부통고서를 쓰도록 경찰서에 압력을 가하고 있었다. 그 결과 경범죄(minor offenses)의 대대적인 집행은 지역사회 내 아프리 카계 흑인들이 강박감(sense of oppression)을 갖는 데 영향을 주었다.

정당성, 신뢰 그리고 인종 · 민족 관계

⇨ 경찰관의 다양성과 고용에
   대한 논의는 제5장 참조

신뢰와 정당성 형성을 위해서는 경찰서에 인종, 민족, 성별에 있어서 지역사회를 대표하는 인력이 있어야 한다. 대통령직속TF는 다음과 같이 권고했다. *"법 집행기관이 모든 지역사회를 대하는 이해와 실효성을 높이기 위해 인종, 성별, 언어, 생활경험, 문화적 배경 등 다양성을 폭넓게 포용하는 인력 양성에 힘써야 한다."* [권고안 1.8]. 1960년대에는 주요 도시 경찰서에서 아프리카계 흑인 경찰들이 부족하여 신뢰가 훼손되었고, 그 시기 폭동의 원인이 되었다. 예를 들어, 클리블랜드시는 아프리카계 흑인이 34%이었지만 아프리카계 흑인 경찰관은 7%에 불과했다.[17]

대표성 있는 경찰력을 유지하는 것은 지속적인 도전이다. 미국 인구는 계속해서 변화하고 있으며, 많은 도시들은 비교적 짧은 기간에 걸쳐 인구 구성(population composition)에 상당한 변화를 경험하고 있다. 이민은 100년 전과 같이 대도시와 작은 지역사회에서 우리 공동체를 계속해서 변화시키고 있다.

영어가 모국어가 아닌 새로운 지역사회 구성원의 등장은 상당한 의사소통 문제(communication problems)를 야기했다. 사람들이 범죄를 신고하고 싶다면 911 신고접수자(operators)와 의사소통을 할 수 있어야 한다. [일부 경찰서는 즉각적인 통역 서비스를 제공하는 기관과 계약을 맺고 있다.] 경찰들은 가정폭력사건에 개입하거나 혼란으로 확대될 수 있는 거리 상황에 대처할 때 모든 사람들과 의사소통할 수 있어야 한다. [많은 경찰서들은 이중 언어를 구사하는 경찰관은 물론, 특히 스페인어를 사용하는 인구가 많은 지역에서 스페인어를 구사하는 경찰관에게 인센티브를 지급한다.] 대통령직속TF는 다음과 같이 권고했다. *"법 집행기관은 경찰과 조우하거나 형사사법체계로 들어온 모든 사람에게 합리적이고 공평한 언어 접근성(language access)을 보장해야 한다."* [행동항목 1.9.2].

경찰에 대한 신뢰를 손상시키는 또 다른 문제는 논란이 된 경찰관 연루 총기사건(officer-involved shooting incidents)이나 과도한 물리력 사용 사건에 대해 경찰은 역사적으로 자신의 잘못을 인정하는 것을 거부했다는 것이다. 데이비드 케네디(David Kennedy)는 경찰관과 흑인 간 만남에서 양자는 과거 갈등에 대한 집단기억에 기초하여 "각본(scripts)"을 가져왔다고 주장한다.[18] 이러한 이슈는 오래전부터 인종 관계를 악화시키는 요인이 되어 왔다. 인종주의와 차별은 미국 역사의 한 부분이며[제2장 참조], 경찰활동의 역사도 예외가 아니었다.

⇨ 제12장에서 과거와 현재의 경찰-지역사회 관계 문제에 대해 상술함

이에 따라 대통령직속TF는 *"법 집행기관들이 과거와 현재 부정과 차별에 따른 경찰활동의 역할을 인정하고, 그러한 것이 어떻게 지역사회의 신뢰 증진에 장애물인지를 인정해야만 한다."*고 권고했다 [권고안 1.2]. 이러한 권고는 공개성 및 투명성과 관련된 내용이지만, 그것은 분명히 정당성 형성에도 유의미한 영향을 미친다.

경찰최고위연구포럼(Police Executive Research Forum; PERF)은 2015년 보고서에서 "물리력이 수반된 의문의 사건에 대해 논평하지 않거나 행동을 취하지 않을 경우, 경찰-지역사회 관계(police-community relationship)에 큰 손상을 줄 수 있다."고 지적했다. 보고서는 또한 텍사스주 휴스턴에서 발생한 심각한 과잉 진압 사건(excessive-force incident)에 대해 경찰서장이 신속히 지역사회 지도자와 접촉해 기자회견을 열어 관련 경찰관들이 그들의 행동 때문에 직위해제 되었다고 밝힌 사례를 인용했다.[19] 간단히 말해, 실수를 인정하고 경찰서가 어떤 조치를 취하고 있는지를 설명하는 것은 정당성 측면에서 우호적이다.

⇨ 물리력 사용 보고에 대한 논의는 제11장 참조

▌개방적이고 투명한 경찰

경찰서가 신뢰와 정당성을 형성할 수 있는 가장 중요한 방법 중 하나는 운영을 개방적이고 투명하게 하는 것이다. **개방성과 투명성**은 경찰이 가정폭력 사건과 같은 어떤 중요한 상황(critical situation)에 대해 무엇을 하고 어떻게 처리하는지 시민에게 설명하는 것을 포함한다. 이를 달성하기 위한 한 가지 방법은 경찰서 정책을 시민이 활용

개방성과 투명성(openness and transparency)

할 수 있도록 하는 것이다. 역사적으로, 미국 경찰서는 폐쇄적 관료주의(closed bureaucracies)로, 시민에게 그들의 운영에 대한 어떤 정보도 공유하기를 꺼려왔다[제2장 참조].[20]

개방성과 투명성을 창조하는 관행

경찰서 정책을 이용할 수 있게 하는 것은 경찰에 대한 시민의 이해에 기여하고 정당성을 구축하는 데 도움이 된다. 또한 새로운 정책의 개발 및 기존 정책 개정에 지역사회 구성원을 참여시키는 것은 시민의 이해를 증진시키고, 개정된 정책들이 사회의 우려를 해소할 수 있는 기회를 제공하며, 지역사회에 정책결과에 대한 주인의식(sense of ownership)을 부여한다.

대통령직속TF는 *"투명성 문화(culture of transparency)를 형성하기 위해서는 법 집행기관이 모든 경찰서 정책을 공개 검토하는 것이 가능하도록 하고 인구학적 요인에 따라 합쳐진 정지, 소환, 체포, 범죄 신고 및 기타 법 집행기관 자료를 경찰서 웹사이트에 게시해야 한다."*고 권고했다[행동항목 1.3.1]. 추가적으로 태스크포스는 경찰서들이 *"범죄로 인해 불균형적으로 영향을 받는 지역사회와 지역에서의 정책과 전략을 개발하기 위해 지역사회 구성원들과 협력해야 한다."*고 권고했다[권고안 2.1].

이미 언급된 바와 같이, 경찰 관행에 대한 지역사회 우려를 해소하기 위해, 태스크포스는 경찰서에서 *"모든 지역사회 구성원이 경찰과 교류하고 프로그램과 정책에 영향을 줄 수 있는 정기적인 포럼과 회의 일정을 수립해야 한다."*고 권고했다[권고안 4.5.1]. 공공 포럼(public forum)을 통해 사람들은 우려를 표명하고, 경찰서는 그들의 질문에 대답할 수 있는 기회를 갖는다.

또한 경찰관 교육 프로그램에 *"지역사회 구성원의 참여"*가 있는 경우 개방성과 투명성이 강화된다[권고안 5.2]. 이것은 신임 경찰학교 교육(preservice police academy training)과 정기적인 직무교육(regular in-service training) 모두에 포함되어야 한다. 특히, 인종관계, 노숙자,

소년사법(juvenile justice), 가정폭력 등과 같은 이슈에 대해 지역사회 전문가들이 값진 통찰력을 제공한다. 지역사회 전문가들은 분야별 수 범사례와 함께 현재 문제와 필요성에 대한 그들의 관점을 설명해 줄 수 있다.

지역사회 구성원들은 경찰서의 구성이 인종, 민족, 성별에 있어 지역사회를 대표하는지에 대해 우려하고 있다. 이러한 우려를 다루기 위해, 태스크포스는 경찰서도 *"인종, 성별, 나이, 기타 관련 인구학적 자료를 포함한 경찰서의 구성에 관해 공공 인구조사 자료(public census data)를 보고하고 이용할 수 있도록 해야 한다."*고 권고했다 [권고안 2.5].

⇨ 경찰-지역사회 관계에 대한 논의는 제12장 참조

경찰력의 구성은 신뢰 및 정당성과 매우 관련이 있다. 예를 들어, 만약 히스패닉계가 현저히 과소대표 된다면, 히스패닉계는 경찰이 그들을 이해하고 봉사한다는 느낌이 크지 않을 것이다. 더욱이 스페인어 실력을 갖춘 경찰관이 부족하다면, 경찰서는 911 전화, 무질서 사건, 교통단속 등에 있어 효과적으로 대응할 수 없을 가능성이 높다.

경찰서 구성(composition of police force)에 관한 자료를 이용할 수 있게 하는 것도 책무성 이슈이다. 특정 경찰서에서 아프리카계 흑인, 히스패닉계 또는 여성 경찰들이 현저히 과소 대표되는 것으로 자료에 나타난다면, 그러한 정보는 시정조치(corrective action)의 근거가 될 수 있다. 그러면 그 경찰서는 더 대표성 있는 경찰서를 구성하는 채용 전략을 마련하기 위해 관련 지역사회 단체들과 파트너십을 통해 함께 일할 수 있다.

마지막으로, 지역사회와 열린 관계를 구축하고 유지하기 위한 수단으로서, 대통령직속TF는 경찰서가 *"경찰관으로 하여금 자신의 전체 이름(full name), 계급, 지휘관을 스스로 밝히도록 하고 ... 기존에 비공개였던 정보들을 개인에게 서면으로(in writing) 제공할 것을"* 권고했다[권고안 2.11]. 비록 그것이 긍정적이든 혹은 부정적 경험이든, 사람들이 마주친 경찰관의 이름을 알 수 있도록 하는 것은 그 경찰서가 무엇을 하며, 누가 하고 있는지를 숨기지 않는다는 메시지를 전달한다. 역사적으로, 경찰－지역사회 관계는 사람들이 경찰을 이방인(strangers) 혹은 심지어 점령군이라고 느꼈을 때 긍정적이지 않았다.

▌책무성 있는 경찰

경찰의 책무성: 목표와 방법

경찰은 그 운영(operation)에 대해 공공과 법 양자에 대해 책임을 다해야 한다. **책무성**은 민주 경찰의 기본 요소 중 하나이다. 이 장 초반에서 설명했듯이, 선출된 국민대표들이 법 집행기관에 방향을 제시하고 예산을 제공한다. 시장과 시의원은 경찰서 업무에 대해 좋은 정보(good information)를 가짐으로써, 새로운 경찰서장, 경찰예산 혹은 경찰활동과 관련한 어떤 문제 등에 대해서도 정보기반의 의사결정(informed decision)을 할 수 있다.[21]

책무성(accountability)

⇨ 경찰책무성에 대한 논의는
제14장 참조

법 집행기관은 또한 법에 대한 책임이 있다. 법 집행기관은 불법적인 어떤 것도 하면 안 된다. 법은 형법, 형사절차법, 법원결정, 경찰 내부 정책 등 여러 형태를 취한다. 경찰에게 법적 책임을 지우는 것은 정실주의(favoritism)와 임의적이거나 차별적인 법 집행 등 경찰에 대한 부적절한 정치적 영향(improper political influence)을 차단하는 한 가지 방법이다. 법적 책무는 훌륭한 내부 책임 절차(internal accountability procedures)가 전제되어야 한다. 만약 경찰서가 현재 최선의 관행을 대표하는 물리력 사용정책(use－of－force policy)을 가지고 있고, 그 정책을 강화하는 교육기관과 직무교육 프로그램을 가지고 있으며, 거리에 있는 경사들이 그들의 지휘 하에 있는 경찰관들을 면밀히 감시·감독할 수 있다면, 경찰관들이 의문스러운 총격 사건에 연루될 가능성은 훨씬 적어진다. 제임스 파이프(James J. Fyfe)의 연구는 생명방어 원칙(defense－of－life principle)에 근거한 치명적 물리력 사용에 관한 좋은 정책이 뉴욕시경찰서(NYPD)의 총격 횟수를 현저히 감소시켰음을 발견하였다.[22]

경찰이 책무성을 달성하기 위한 단 하나의 방법이란 없다. 책무성 달성을 위한 최선의 수단과 관련해 많은 논란이 존재한다. 경찰서는 경찰관들의 물리력 사용을 통제하는 정책을 가져야 한다. 하지만 최선의 물리력 사용정책은 무엇인가? 얼마나 엄격해야 혹은 관대해야 하는가? 이것이 오늘날의 주요 논란이다. 경찰관이 경찰서 정책 혹은 법을 위반했는지에 대해 누가 검토하고 결정해야 하는가? 경찰에게 배타적으로 허용되어야 하는가? 아니면 경찰을 조사할 외부 기관 (external agencies)이 있어야 하는가? 시민감시(citizen oversight)는 경찰 통제에 있어 필요하고 적절한 접근인가? 만약 그렇다면, 시민감시 기관은 어떠한 권한을 가져야 하는가? 이들 문제는 복잡하고 어렵지만 매우 중요한 질문이다. 우리는 이들 문제와 여타 질문들을 제14장에서 논의한다.

┌ POLICE in FOCUS ─

경찰, 범죄, 그리고 사법에 대해 인종적으로 분열된 나라

　　최근 일련의 사건들이 보여주듯 미국은 경찰활동, 인종 그리고 사법 이슈에 대해 깊이 분열되어 있다. 미주리주 퍼거슨시 경찰관에 의한 흑인 소년 마이클 브라운(Michael Brown)에 대한 총기사망사고는 2014년 8월말 전국적 경찰 위기(National Police Crisis)를 촉발시켰다. 이에 대응하여 버락 오바마 대통령은 21세기 경찰활동에 관한 대통령 직속 태스크포스를 구성하였는데, 이는 경찰문제에만 집중한 최초의 대통령 직속 기구였다.

　　경찰과 인종 관계 문제는 2014년 당시 전혀 새로울 것이 없었다. 1968년 린드 존슨 대통령이 임명한 커너위원회(Kerner Commission)는 당시 시위 양상에 대해 연구하였고, 미국이 "두 개의 사회, 즉 흑인과 백인으로 갈라지고 불평등한 사회를 향해 움직이고 있다."고 심각하게 경고하였다. 데이비드 베일리(David Bayley) 교수는 이러한 현상을 처음으로 알아차렸던

것 같다. 1969년 그의 책 *소수인종과 경찰 (Minorities and Police)*에서는 콜로라도주 덴버시를 사례로 연구하였는데, 결론적으로 경찰활동과 인종 문제에는 서로 다르게 "깊게 뿌리박힌 마음의 습관(deeply ingrained habits of mind)"이 있으며, 이는 유의미한 사회개혁 없이는 변화하지 않을 것이라고 결론짓고 있다.

　　2000-2001년 전국 인종과 범죄 조사 (National Race and Crime Survey)에서, 페플리와 허위츠(Peffley and Hurwitz)는 경찰활동뿐만 아니라 형사사법 이슈에 있어 흑인과 백인은 극단적으로 다른 경험을 공유하고 있음을 발견하였다. 75%의 흑인이 자신이 사는 지역에서 차별이 심각하다고 생각하는 반면, 백인은 25%만이 그렇다고 답하고 있다. 실제로 여타의 조사에서도 인종과 경찰활동에 대해 이와 유사한 격차가 있음이 발견되고 있다.

　　2015년과 2016년 경찰에 의한 총기사망자에 대한 전국조사는 흑인이 훨씬 더 많은 피해자가 되고 있다는 인종 불균형(racial disparities)

에 대한 강한 패턴이 일관되게 발견되고 있다. 정지, 수색 그리고 체포 등 경찰 행동에 대한 연구도 지속적이고 현저한 인종 불균형이 있음을 발견하고 있다. 즉 경찰-일반인 접촉 조사(Police-Public Contact Survey)에서 흑인이 백인보다 더 많은 정지와 수색을 당하고 있음이 일관되게 발견되고 있다. 캔자스시 메트로폴리탄 지역에 대한 교통정지(traffic stops) 연구에서, 엡(Epp)과 그의 동료들은 "의심스러운(suspicious)" 정지 경험이 흑인에게 현저히 더 많음을 발견하였다[정지 이유는 운전행태(driving behavior)가 아니라 운전자나 탑승자에 대한 의심이었음]. 더하여 흑인들은 의심스러운 정지에 대해 깊이 분개하고 있었으며, 이러한 현상은 자신들이 완전한 미국 시민이 아니라고 메시지를 던져주는 것이라고 느끼고 있었다.

토론

인종과 경찰활동에 대한 전국적인 인종 분리(racial divide)에 대해 해결책이 존재하는가? 본서는 현재 진행 중이거나 과거 시도되었던 모든 가능한 치유책에 대해 다룬다. 여기에는 흑인 경찰관의 더 많은 채용; 경찰관에 대한 개선된 훈련; 무의식적 인종

분리에 대한 특별 훈련; 인종편향을 예방하는 정지, 검문, 수색 그리고 체포에 대한 엄격한 경찰정책들; 편향된 경찰활동에 대한 민원을 조사하는 시민감시기구; 훌륭한 행동은 보상하고 나쁜 행동은 처벌하는(교정을 바라면서) 좀 더 효과적인 인사평가시스템 등이 있다.

그러나 과연 이러한 조치들이 잘 작동되고 있을까? 본서에 대한 공부가 마무리될 때쯤, 여러분은 이들 주제를 모두 다루게 될 것이고 이들 조치의 효과성에 대해 정보기반의 토론(informed discussion)을 할 수 있을 것이다.

출처: National Advisory Commission on Civil Disorder, Report(New York: Bantam Books, 1968), 142.

Davie H. Bayley and Harold Mendelsohn, Minorities and the Police: Confrontation in America(New York: Free Press, 1969), 142.

Mark Peffley and Jon Hurwitz, Justice in America: The Separate Realities of Blacks and Whites(New York: Cambridge University Press, 2010), 65-66.

Charles Epp, et al., Pulled Over: How Stops Define Race and Citizenship(Chicago: University of Chicago Press, 2014).

경찰의 물리력 사용에 대한 책무성

경찰관들의 물리력 사용은 책무성과 관련된 매우 중요한 이슈이다. 첫째, 경찰은 매우 큰 힘(extraordinary power)을 가지고 있다. 즉 거리에서 사람들을 정지시키고 억류하는 힘, 수색하는 힘, 체포하는 힘, 그리고 누군가의 목숨을 앗아갈 수 있는 궁극적인 힘(ultimate power)까지 있다. 에곤 비트너(Egon Bittner)는 강제력(coercive power)

을 사용할 수 있는 능력이 경찰의 결정적 특징이라고 주장한다.[23] 그
어떤 직업도 경찰과 비교할 만한 힘을 가지고 있지 않다. 이 때문에
경찰서는 모든 유형의 물리력 사용에 대한 좋은 정책을 마련하는 것
이 더욱 시급하다.

경찰의 물리력 사용을 통제하기 위해, 대통령직속TF는 다음과 같
이 권고하였다. *"법 집행기관은 교육, 수사, 기소, 자료 수집 및 정보
공유를 포함하는 물리력 사용에 대한 종합적인 정책(comprehensive
policies)을 가져야 한다. 이러한 정책들은 명확하고 간결하며, 공개적
검토가 가능해야 한다."* [권고안 2.2]. 요컨대, 경찰서의 **물리력 사용
정책**은 1) 경찰관들이 언제 어떤 상황에서 치명적인 힘과 물리적인
힘 모두를 포함한 물리력을 사용할 권한이 부여되는지에 대해, 2) 모
든 경찰관들이 그들 경찰서의 물리력 사용정책을 알 수 있도록 하는
교육에 대해, 3) 경찰관이 경찰서의 정책에 따라 행동했는지 여부를
알아내기 위해 철저하고 공정하게 물리력 사용 사건을 조사하는 절
차에 대해, 4) 조사를 원활하게 하고, 교정할 필요가 있는 문제를 경
찰서가 확인할 수 있도록 의무적인 물리력 사용 보고서(mandatory
use-of-force report) 등에 대해 다룰 필요가 있다.

경찰 책무성의 새로운 세계(The New World of Police Accountability)
라는 책에서, 워커와 아치볼드(Walker and Archbold)는 모든 "중요 사
건(critical incidents)"에 대해 경찰서는 정책을 가져야만 한다고 주장
한다. 여기에는 지역사회 구성원의 생명, 자유 그리고 안녕(well-being)
을 잠재적으로 위협하는 모든 사건이 포함된다.[24]

최근 몇 년 동안 경찰관들이 사람들과의 긴장을 완화하는(de-
escalating encounters) 발상이 널리 받아들여졌다. 경찰 지휘관들은 만
약 경찰관이 적절한 언어적 기법을 사용하여 긴장을 완화했다면, 많
은 경찰관 물리력 사용 사건이 발생하지 않았을 것이라고 생각한다.
너무나도 자주 경찰관들은 언어적 결례나 물리력 사용으로 긴장을
고조시키는 방식으로(escalating the encounter) 경찰관을 향한 무례에
대해 대응한다. 이에 따라, 대통령직속TF는 *"법 집행기관의 물리력
사용 훈련 정책은 적절한 상황에서 체포나 소환에 대한 긴장완화와*

물리력 사용정책(policies on the use of force)

대안(de－escalating and alternatives)을 강조해야 한다."고 권고하였다 [권고안 2.2.1].

(긴장)완화(de-escalation)

(긴장)완화는 자유롭거나 지나치게 관대한 경찰활동을 의미하지 않는다. 그것은 적절한 시점에 [그리고 경찰관에 대한 명백한 물리적 공격 위협이 있지 않을 때], 경찰관들이 사건을 고조시키고 불필요한 물리력을 사용하는 것에 대한 대안으로 사용되어야 하는 기술이다. 경찰 최고위연구포럼(PERF)은 경찰관들이 "전술적 철수(tactical disengagement)"의 기술과 가치를 학습할 것을 권고하였다.[25] 모든 상황이 공식적인 경찰행동을 요구하는 것은 아니다. 완화는 공동체 관계와 경찰에 대한 신뢰와 믿음에 악영향을 주는 불필요한 물리력 사용 사건을 방지한다. 그리고 경찰서가 공식적인 완화 정책을 채택하기로 결정한다면, 대통령직속TF의 권고에 따라 그 정책 개발에 지역사회 구성원들을 참여시킨 후[행동항목 1.5.1], 그 정책을 웹사이트에 게시함으로써 시민들에게 알려야 한다[행동항목 1.3.1].

물리력 사용 데이터 수집 및 분석

⇨ 물리력 사용 경찰재량의 통제에 대한 논의는 제11장 참조

개별 경찰관과 경찰서가 그들의 물리력 사용에 대해 책임을 지도록 하는 기본적인 전략은 물리력 사용 사고에 대한 데이터 수집 및 분석이다. 경찰관들이 물리력을 사용할 때마다 물리력 사용 보고서(use－of－force report)를 작성하도록 요구하는 것은 오늘날 경찰서에 대한 표준 모범 관행(standard best practice)이다. 보고담당자인 경사는 최초의 보고서가 불충분하다면 더 많은 세부사항과 설명이 필요한 보고서를 작성하도록 비판적으로 검토하고, 이후 보고서를 지휘계통으로 보내야 한다.

경찰서 내 상급 지휘부인 평가팀(review team)은 시간 경과에 따른 모든 물리력 보고서를 분석하여 정책, 훈련, 감독 등의 변화로 시정될 필요가 있는 반복적 문제를 파악하고, 다른 경찰관보다 명백하게 더 많은 물리력 사고에 관련된 경찰관들을 파악해야 한다. 많은 경찰서에서 이 팀은 물리력 사용평가위원회(Use of Force Review Board)

로 알려져 있다. 예를 들어, 물리력이 사용된 사람들에게 인종적 또
는 민족적 차이가 있는지, 또는 물리력 사용이 정신질환을 가진 사람
들과 마주치는 것 등과 같은 특정한 상황에서 문제가 되는지를 아는
것이 중요하다.[26]

　　다른 활동에 관한 자료와 관련하여, 대통령직속TF는 법 집행기
관에 "모든 구금[정지, 수색, 소환 및 체포]에 대한 인구통계학적 자
료를 수집, 유지, 분석해야 한다."고 권고하였다[권고안 2.0]. 예를 들
어, 교통단속 자료의 분석은 인종프로파일링(racial profiling) 패턴이
존재하는지 여부를 판단할 수 있게 해준다. 이런 방법으로 경찰서는
더 많은 사람들이 희생되고 그 문제가 공론화되기 전에 문제를 파악
하고 바로잡을 수 있다. 정지와 기타 중요 사건에 대한 공적 데이터
를 확보하는 것은 과거 경찰서가 "폐쇄(closed)" 조직이며 공적 감사
에 대해 적대적이었다는 역사적 문제를 극복하는 데 도움을 준다.[27]

　　대통령직속TF는 또한 경찰서에 개별적인 물리력 사건에 대한 정
보공개(release of information) 정책을 갖도록 권고하고, 공개되는 정
보는 "24시간 이내에 경찰서에 의한 사고 상황에 관한 요약 성명서
(summary statement)"를 포함해야 한다고 명시하였다.[28] 논란이 많은
물리력 사건에서 발생한 일에 대하여 정보를 공개하지 않은 경찰서
들의 잘못된 행태는 지역사회 단체의 주요 불만사항이다. 정보의 신
속한 공개는 경찰서 측의 개방성과 투명성을 나타내며 신뢰와 정당
성을 구축하는데 도움이 될 것이다.

　　2015년 텍사스주는 대통령직속TF보다 훨씬 더 적극적으로 대응
하였는데, 모든 법 집행기관들은 웹사이트에 모든 총격 사건에 대한
세부사항을 제공하고 있다. 여기에는 휴스턴, 댈러스, 오스틴 등 대도
시 경찰서도 포함된다.[29]

일상적인 경찰-시민 접촉에 있어 책무성

　　경찰이 정당성과 신뢰를 구축하기 위해서는 일상적인 시민과의
접촉에 있어 전문적 방식으로 행동해야 한다. 대통령직속TF는 경찰

훈련 프로그램에 "*전략적 기술뿐만 아니라 사회적 상호작용(social interaction)을 향상시키기 위한 기본훈련이 포함되도록 해야 한다.*"고 권고했다[권고안 5.7]. 앞서 언급했듯이, 절차적 정의는 경찰관들이 시민과의 접촉에서 자신을 소개하고(그리고 자신의 식별 정보를 서면으로 제공), 그들이 왜 개입했는지 설명하며, 사람들이 말하는 것을 듣고, 그들의 질문에 대답하는 것을 포함한다.

체계적 편향(systematic bias)

훨씬 더 심각한 문제는 일상적인 경찰법 집행에 있어 **체계적 편향**의 패턴이다. 아프리카계 흑인들을 일상적으로 정지시키고, 수색하고, 체포하는 것을 *인종프로파일링(racial profiling)*이라고 부른다. 인종프로파일링은 몇 가지 부정적인 결과를 낳는다. 첫째, 인종이나 민족성에 근거한 정지, 수색, 체포는 수정헌법 제14조 평등보호 조항을 위반한다. 둘째, 편향된 경찰활동 패턴은 경찰-지역사회 관계를 해치고 경찰의 정당성을 심각하게 훼손한다. 예로 2001년과 2013년 뉴욕시의 공격적인 검문검색(정지와 수색; stop and frisk) 프로그램은 경찰서와 흑인 및 히스패닉 지역사회와의 관계를 심각하게 손상시켰다.[30]

대통령직속TF는 모든 법 집행기관이 경찰활동의 모든 형태에서 차별을 금지하는 정책을 채택할 것을 강력히 권고하고 "*인종, 민족, 국적, 종교, 연령, 성(gender), 성정체성/표현, 성적지향(sexual orientation), 이민 상태, 장애, 주거 상태, 직업 또는 언어의 유창성에 근거한 프로파일링을 금지하는 정책을 채택하고 시행하라.*"고 촉구했다[권고안 2.13].

사람에 대한 수색은 통제할 필요가 있는 또 다른 경찰활동이다. 법에 따르면, 누군가가 체포되었을 때, 경찰관은 "체포가 일어난 사건(incident to the arrest)"에 대한 수색을 할 수 있다. 그러나 체포가 없는 상황에서의 수색은 훨씬 문제가 된다. 경찰관들은 수색 동의를 요청할 수 있다. 많은 사람들은 경찰 권위에 주눅이 들고, 거부하면 어떻게 될지 두려워서 동의한다. 대통령직속TF는 각 부서에 "*수색이 진행될 때, 그 사유를 명시하라.*"는 정책을 세워야 한다고 권고하였다[권고안 2.11].

경찰 행위의 편향 예방을 위한 훈련

경찰관들이 편향 없는 경찰활동(bias−free policing)에 기초한 경찰서 정책을 구현하려면 훈련이 필수적이다. 대통령직속TF는 경찰서는 *"기본적인 채용과 직무교육 모두 암묵적 편향과 문화적 민감성(cultural responsiveness)을 인식하고 맞서는 것에 관한 내용을 반드시 포함해야 한다."*고 권고하였다[권고안 5.9]. 경찰행동의 세부사항을 잘 모르는 대부분의 사람들은 경찰학교 신임교육에 집중한다. 많은 측면에서 더 중요한 것은 정기적인 직무교육이다. 경찰관들은 직무 압박 하에서 경찰학교 교육을 잊거나 나쁜 습관에 빠지기 쉽다. 따라서 의사소통 기술 및 물리력 사용과 같은 중요한 문제에 대한 연례 직무 재교육(annual in−service refresher training)은 매우 중요하다. 대부분 모든 주가 매년 일정 시간 이상의 직무교육을 요구하고 있다.

특히 인종과 민족에 대한 편향은 의식적이고 고의적일 뿐만 아니라 무의식적일 수도 있다. 많은 경찰관들이 "나는 저 운전자가 흑인이기 때문에 정지시키려 한다."라고 혼잣말을 하지는 않을 것이다. 하지만 연구를 통해 **무의식적 편향**이 경찰행동에 중요한 역할을 하고 있음이 발견되었다. 이는 경찰관들이 특정 인종이나 민족 집단이 범죄에 연루되거나 "위험(dangerous)"하다는 깊은 고정관념(stereotypes)에 근거하여 행동하는 것을 의미한다. 한 연구는 경찰관과 시민들 간의 모의 접촉(simulated encounters)을 이용하여, "흑인 용의자에 대한 부정적인 태도와 흑인 범죄성에 대한 부정적인 신념을 가진 경찰관들이 흑인에 대해 더 긍정적인 태도와 신념을 가진 경찰관들 보다 모의실험에서 무장하지 않은 흑인 용의자들에게 더 자주 총을 쏘는 경향이 있다."고 밝혔다.[31]

대통령직속TF는 훈련과 관련하여 경찰서가 *"기본적인 채용과 직무교육 모두 암묵적 편향(implicit bias)과 문화적 민감성을 인식하고 맞서는 내용을 포함"*해야 한다고 권고하였다[권고안 5.9]. 공정하고 비차별적인 경찰활동(Fair and Impartial Policing) 프로젝트는 "암묵적

⇨ 편향문제와 경찰−지역사회 관계에 대한 논의는 제12장 참조

무의식적 편향(unconscious bias)

⇨ 경찰훈련에 대한 논의는 제5장 참조

편향은 한 경찰관이 백인 거주 지역에서 운전하는 두 젊은 히스패닉 남성들을 보고 자동으로 범죄를 인식하거나, 또는 범죄와 폭력을 주로 남성과 연관시키기 때문에 여성에게 이들을 '경계하도록(under-vigilant)' 이끈다."라고 설명하였다.[32] 의식적이든 무의식적이든, 경찰행동에서의 편향은 신뢰와 적법성에 부정적인 영향을 미치며 제거될 필요가 있다.

오늘날 경찰서들은 정지, 체포 등 기타 경찰 행동에 있어 인종 편향을 억지하기 위하여 무의식적 편향 이슈에 대한 소속 경찰관 훈련에 많은 노력을 기울이고 있다. 이 분야 최고 전문가인 스탠포드대 심리학과 교수 제니퍼 에버하르트(Jennifer L. Eberhardt)는 이러한 노력에 대해 비합리적인 기대 가능성을 경고한다. 2019년 그녀의 책 *편향(Biased)*에서, 그녀는 인종, 민족, 계층, 젠더 등에 대한 편향은 우리의 하위 의식 아래 깊이 깔려있으며, 편향의 부정적 측면을 "뿌리 뽑기 위한 훈련의 효과에 대해 사람들은 지나친 기대를 갖고 있다."고 주장한다. 그녀는 상황이 녹록하지 않다고 재빨리 덧붙인다. 경찰이 할 수 있고 해야만 하는 것은 단순히 경찰관이 "자신의 일을 더 잘 할 수 있도록" 훈련하는 것이다. 여기에서의 훈련이란 정지와 체포 그리고 인종과 민족의 적절한 활용에 대한 경찰서의 정책과 절차를 따르도록 하는 것이다[나중에 보듯이, 인종과 민족을 키, 몸무게, 수염, 의복 등 여타 동일성 인자(identifiers)의 하나로 활용하는 것을 의미].[33]

신입 경찰관 교육의 중요한 부분은 경찰학교 이후의 현장훈련을 포함하는데, 이곳에서 신입 경찰관은 면밀한 모니터링과 지도를 제공하는 현장훈련경찰관(Field Training Officer)과 파트너가 된다. 대통령 직속TF는 "*미 법무부는 개선된 현장훈련경찰관 프로그램의 개발과 시행을 지원해야 한다.*"고 권고하였다[권고안 5.13].

독립적 조사와 중요 사건 평가

경찰에 대한 잦은 비판 중 하나로, 특히 경찰관이 연루된 총격사건에서, 경찰서 내부 조사가 독립적이지도 철저하지도 않으며 조사 대상인 경찰관에게 유리한 편향이 있다는 것이다. 이 문제에 대해, 대통령직속TF는 *"경찰관의 물리력 사용 결과로 사망하거나 경찰관이 연루된 총격사건 결과로 부상 또는 사망에 이르거나, 또는 구금 중 사망하는 경우, 의무적으로 외부에 의한 독립적 조사가 있어야 한 다."*고 권고하였다[행동항목 2.2.2]. 추가적으로, 경찰관이 범죄를 저 질렀다고 믿을만한 이유가 있는 경우, 태스크포스는 *"경찰관의 물리 력 사용의 결과로 사망하거나 경찰관이 연루된 총격으로 부상 또는 사망하거나 구금 중 사망한 경우에는 독립된 검사(prosecutors)의 개 입"*을 권고하였다[권고안 2.2.3].

경찰내부사건 담당부서에 의한 시민 민원 처리는 오랜 논란거리 였다. 인권단체들은 이런 담당부서가 경찰관들에게 편향되어 있는 결 과, 철저하고 편견 없는 조사를 하지 않는다고 주장해왔다. 예를 들 어 내부사건 조사관들이 민원인에게는 적대적인 질문을 하면서, 조사 중인 경찰관에게는 유도질문을 하여 그들의 행동 설명에 있어 도움 을 준다는 연구 결과가 나왔다. 예를 들어 편향된 내부 조사관들은 "그 사람이 당신을 향해 공격적으로 움직이지 않았느냐(Didn't the person move aggressively toward you)"고 질문함으로써 해당 경찰관이 혐의를 벗어나도록 암시를 준다.[34] 독립적인 민원 조사를 위해, 인권 단체들은 경찰서장에게 권고안을 만들 경찰서와는 분리된 기관에 의 한 조사를 위해 오랜 시간 시민평가(citizen review)를 요구해 왔다.

대통령직속TF는 *"지역사회와의 신뢰 강화를 위해서는 법 집행에 대한 민간인감시가 중요하다."*면서[권고안 2.8], 어떤 형태의 감시 방 식이 적절한지 지역사회 스스로 결정해야 한다고 권고하였다. 전국경 찰시민감시협회(National Association for civilian Oversight of the Police; NACOLE)에 따르면, 현재 전국에 100개가 넘는 시민감시기관이 있 다.[35]

경찰관에 대한 **시민감시**에는 두 가지 기본 형태가 있다.[36] 민원 심사위원회(complaints review board)는 개별 시민 민원을 조사하고, 민원의 성질을 결정하고[지속된, 지속되지 않은, 발견되지 않은], 경

⇨ 시민감시에 대한 논의는 제14장 참조

시민감시(citizen oversight)

찰서장에게 조치를 위한 권고안을 만든다. 이에 반해 경찰감사관이나 감찰관(police auditor or inspector)은 민원을 조사하지 않고 현존하는 문제를 파악하고 개선을 권고하기 위한 목적으로 경찰서의 정책과 관행을 조사하도록 설계되어 있다. 예를 들어 2015년 뉴욕시경찰서(NYPD) 경찰감찰관은 경찰관들의 물리력 사용 사건 보고를 조사해 많은 시스템적인 문제를 발견하였다. 그 경찰서의 물리력 사용정책은 경찰관들에게 "모호하고 부정확하며, 지침을 거의 제공하지 않았다."; "물리력 사건을 문서화하고 보고하는 과정이 분리되었다."; 그리고 순찰 가이드는 "경찰관들이 시민들과의 긴장을 완화하도록 적절하게 지침을 내리지 않았다." 반면 로스앤젤레스 경찰위원회(Los Angeles Police Commission)는 감사책임자에게 로스앤젤레스경찰서(LAPD)와 여타 5개 대규모 경찰서의 핵심 정책을 비교 연구할 것을 지시하였다.[37]

예를 들어 감사관과 감찰관은 물리력 사용의 패턴, 경찰견(canines) 배치, 물리력 사용 조사의 수준, 경찰서에 대한 민사소송 자료, 그리고 많은 다른 이슈들을 조사해왔다. 감사관과 감찰관은 그들이 책임 지고 있는 경찰서에 대해 개방성과 투명성의 중요한 요소를 나타내는 공적 보고서(public reports)를 발행한다. 경찰관행 개혁에 대한 권고의 정도에 따라 책무성이 구현된다.[38]

▌효과적인 경찰

경찰의 복잡한 책임

경찰은 범죄 통제, 질서 유지, 서비스 제공이라는 세 가지 주요 책임을 수행하는 데 있어 효과적이어야 한다. 그러나 우선적으로 **경찰의 복잡한 책임**과 세 가지 주요 분야 각각의 성격과 복잡성에 대한 이해가 필요하다. 경찰 업무에 대한 많은 통념과 고정관념(myths and stereotypes)이 효과적인 경찰활동의 발전을 저해하고 있다. 가장 오랫 동안 지속된 통념은 경찰이 기본적으로 범죄척결자(crime fighter)로 서, 그들 노력의 대부분이 범죄 억지를 위한 지역순찰이나, 범죄 수

경찰의 복잡한 책임(complex responsibilities of the police)

사, 그리고 범죄자 체포에 투입된다는 것이다. 하지만 경찰의 현실은
그것과 크게 다르다.[39]

범죄척결자에 대한 통념은 몇 가지 이유로 인해 지속된다. 영화
와 TV 경찰 프로그램 등 오락 매체는 범죄와 관련된 이야기를 드라
마, 빠른 전개의 액션, 폭력성을 통해 보여준다. 최신의 할리우드 경
찰 영화를 생각해 보자. 얼마나 많은 자동차 추격이 있었나? 총격전
은 얼마나 많았나? 뉴스 매체 또한 범죄와 경찰을 지나치게 강조한
다. 범죄와 뉴스 매체에 관한 한 연구는 "범죄 이야기가 자주 제시되
고 현저히 노출되며," 이런 이야기의 수가 "다른 주제에 비해 많다."
고 결론지었다.[40] TV 뉴스의 오래된 진부한 표현은 "피를 흘려야, 이
목을 끈다(if it bleeds, it leads)."이다. 폭력 범죄는 인간적인 요소가
있는데, 우리의 동정심을 유발하는 피해자와 위험한 가해자가 있다.
드라마적 요소도 있는데, 과연 경찰은 범인을 잡을 것인가?

⇨ 경찰의 범죄와의 싸움에
대한 논의는 제9장 참조

경찰은 스스로 **범죄척결자 이미지**를 영구화한다. 그들은 공공 안
전의 보호자(protectors)로서 지역사회에 자신을 나타낸다. 범죄척결은
경찰이 시민들에게 그들이 무언가를 하고 있고 중요한 일을 하고 있
다고 말하는 방법이다. 그리고 앞서 보았듯이, 범죄척결 이미지는 경
찰이 "전사(warrior)"라는 사고방식을 갖도록 독려하는데, 이는 지역사
회 관계를 해치고 정당성을 약화시키는 관행을 쉽게 만들 수 있다.[41]
예를 들어, 이러한 사고방식은 경찰관에게 긴장완화(de-escalation)와
같은 대안적 전략이 더 적절한 상황에서도 물리력 사용에 의존케 할
수 있다.

범죄척결자 이미지(crime
fighter image)

가장 중요한 것은, 범죄척결자 이미지는 경찰 업무의 실상을 정
확하게 보여주지 않는다는 점이다. 911 통화에 대한 연구와 경찰순찰
업무의 직접적인 관찰은 경찰 업무의 대부분이 질서유지와 평화유지
임을 확고히 보여준다[Exhibit 1-1]. 경찰서비스에 대한 주요 연구
자료에 의하면, 범죄 관련 신고는 모든 911 전화 서비스의 19%에 불
과하다.[42] 범죄척결에 대한 강조는 우리가 경찰활동의 전체 범위를
정확히 평가하는 것을 저해한다. 이것은 또한 범죄를 예방하고 범죄
자를 잡는 경찰의 능력에 대한 비현실적인 시민의 기대를 생성한다.

예를 들어, 영화와 TV 쇼는 실제로 보고된 지표범죄(Index crimes)의 20%만이 해결됨에도 불구하고, 경찰관이 범죄 해결에 있어 매우 성공적이라는 인상을 준다. 경찰 스스로도 범죄척결을 강조함으로써 어려움을 겪는다. 특히, 이러한 강조는 질서유지를 위한 분쟁 해결과 도움이 필요한 사람에 대한 서비스 제공 업무를 평가절하한다.

범죄와 무질서에 대한 대응은 어려운 도전이다. 이것은 단순히 거리를 순찰하는 것 이상이다. 이어지는 부분에서는, 범죄와 무질서 양자를 다루는 몇 가지 전략을 살펴본다.

EXHIBIT 1-1

요청 신고 유형(Type of Calls for Service)	전체 퍼센트
폭력범죄(Violent Crimes)	2
비폭력범죄(Nonviolent Crimes)	17
대인관계 갈등(Interpersonal Conflict)	7
의료 지원(Medical Assistance)	3
교통 문제(Traffic Problems)	9
의존적인 사람들(Dependent Persons)	3
공공 소란(Public Nuisances)	11
수상한 상황(Suspicious Circumstances)	5
지원(Assistance)	12
시민의 정보 요구(Citizen Wants Information)	21
시민의 정보 제공(Citizen Wants to Give Information)	8
내부 운영(Internal Police Operations)	2
총 신고(Total Calls)	26,418

출처: Eric J. Scott, Call for Service: Citizen Demand and Initial Police Response (Washington, DC: U.S. Government Printing Office, 1981, 28-30.

범죄와 무질서 통제에 대한 비효과적 전략들

⇨ 경찰 질서유지와 책임에 대한 논의는 제8장 참조

효과적인 범죄 통제의 첫 번째 원칙은 불법적이거나 시민과의 관계를 훼손시키거나 혹은 단순히 비효율적인 전략과 행동에 절대

개입해서는 안 된다는 것이다. 이러한 이유로, 대통령직속TF는 "법집행기관이 범죄척결 전략을 집행할 때 시민들의 신뢰가 훼손될 가능성을 고려해야 한다."고 권고하였다[권고안 1.6]. 약 50년 전, 커너위원회(Kerner Commission)는 "지역과 지역을 이동하는 임시 태스크포스(roving task force)"를 활용한 "공격적 예방 순찰(aggressive preventive patrol)"이 지역사회 관계를 훼손시켰다고 평가했다.[43] 오늘날의 용어로, 그것은 정당성을 약화시킨 것이다. 예를 들어, 범죄율이 높은 지역에 대한 포화순찰(saturation patrol)은 지역사회 거주자들에게 군대가 주둔하는 것과 같은 인상을 준다. 경찰이 갱 구성원을 대거 체포하는 "싹쓸이(sweep)" 체포는 과거에도 사용되어왔고, 갱과 범죄 통제에 있어 불법적이고 비효과적임이 발견되었다.[44]

2000년부터 2013년 동안 뉴욕시경찰서(NYPD)는 대대적인 검문검색 프로그램을 실시하여, 2011년 최고점인 685,724명을 정지시킨 것으로 나타났다[2002년 97,296명]. 지역사회 단체들은 이 프로그램이 아프리카계 흑인[모든 검문 중 52.9%]과 히스패닉[33.7%]을 차별한다고 항의하였다. 정지를 당한 사람의 절반 이상[55.7%]이 수색을 당했지만, 수색은 극도로 비생산적이었다. 겨우 1.9%의 수색만이 총을 발견하였다. 즉 검문검색 프로그램은 지역사회 관계를 훼손시키고 범죄를 통제하는데 비효과적이었다. 2013년, 연방지방법원은 뉴욕시경찰서(NYPD)의 검문검색 프로그램이 불합리한 수색과 압수로부터의 보호를 규정한 수정헌법 제4조와 법의 평등보호를 규정한 수정헌법 제14조를 위반해 위헌이라고 판결하였다.[45]

범죄와 무질서 통제에 대한 효과적 전략

최근 몇 년간 범죄와 무질서 통제를 위한 여러 효과적인 전략이 등장하였다. 대부분은 우범지역경찰활동(hot spots policing)과 집중억제(focused deterrence) 등과 같이 적극적인 경찰활동 전략들이다. 이들은 범죄와 무질서에 대한 최고의 연구와 지식, 경찰이 현실적으로 집행할 수 있는 것에 기초한다.[46]

문제지향 경찰활동
(Problem-oriented policing)

⇨ 문제지향 경찰활동에 대한
   논의는 제10장 참조

문제지향 경찰활동(POP)은 범죄와 무질서에 대한 효과적 대응을 위한 프로그램이다. POP프로그램에 관한 정보는 문제지향 경찰활동 센터 웹사이트에서 이용할 수 있다. 허먼 골드스타인(Herman Goldstein)이 개발한 POP는 경찰 업무를 특정 문제(예로, 주택강도, 음주운전, 그라피티)로 세분화하고, 반복되는 문제를 파악하며, 지역사회 단체와의 협력관계를 발전시켜, 특정 문제를 줄이거나 제거하는 전략을 함께 개발하는 프로그램이다. POP는 단순히 911 신고에 응답하는 사후대응적 접근(reactive approach)과 매우 다른 사전예방적 접근(proactive approach) 방식이다. 예를 들어, 무질서 문제는 가정불화, 청소년소란, 그리고 노상 만성알코올중독 등 별개의 문제로 나눌 수 있다. 각각의 문제마다 다른 전략이 개발된다.[47]

시민과의 파트너십

문제지향 경찰활동은 경찰관의 새로운 역할을 포함한다. 경찰관은 지역사회 조직자(organizer)로서 기능하며, 지역사회 단체와 협력하며, 지역사회 문제에 대해 토론하고 가능한 대응을 발전시켜, 많은 경우 위생부서, 공원부서 등과 같은 지방정부기관과 협상하여 지역을 위한 더 좋은 서비스를 생산한다. 지역사회 단체와의 파트너십 원칙은 이제 범죄와 무질서 통제를 위한 효과적인 전략 중 중요한 요소로 인식되고 있다. 대통령직속TF는 *"공공안전의 공동생산을 위해 지역 주민과 함께 일하면서, 법 집행기관은 지역사회 주민들과 협력하여 문제를 파악하고 지역사회를 위한 의미 있는 결과를 도출하는 해결책 구현에 협력해야 한다."*라고 강력히 권고하였다[권고안 4.5].

지역사회 단체와의 파트너십은 일반 시민들로부터 배울 것이 없었던 범죄척결 전문가로 자신들을 대표했던 경찰관들의 전통적 경찰 관행과 극명하게 대조된다. 경찰은 일반적으로 지역 주민에게 그들이 무엇을 해야 하는지[문에 보안 잠금장치를 설치하고 의심스러운 활동을 신고하는 등]는 알려줬지만, 범죄 상황이나 그에 대한 최선의 대응 방법에 대한 의견은 구하지 않았다. 이미 언급한 바와 같이, 시카고 지역사회 경찰활동 실험인 캡스(CAPS)는 경찰과 주민들 사이의 정기적인 지역회의(neighborhood meetings)를 포함하였다.[48]

지역사회 단체를 파트너로 포함시키는 것은 여러 이익을 준다. 첫째, 지역 주민들은 해당 지역의 상태에 대해 많이 알고 있다. 가장 중요한 것은, 그들이 가장 우려하는 문제를 알고 있다는 점이다. 공가에서의 마약 판매, 안전하지 않은 장소인 동네 공원 등등. 둘째, 지역사회 파트너십은 지역 주민들에게 선택된 전략에 대한 주인의식과 그것이 작동하도록 돕기 위한 헌신을 유도한다. 셋째, 이러한 접근방식은 경찰의 정당성을 크게 강화함으로써, 여타 분야에 대해서도 이익을 준다.

1980년대 이후, 경찰 전문가들은 효과적인 경찰활동이란 경찰서가 시민의 협력을 필수적으로 갖게 하는 것임을 인식하게 되었다. 지역사회 주민은 (a) 경찰에 범죄를 신고하는 것; (b) 경찰에게 지역 문제를 알리는 것[예를 들어, 특정 주택, 특정 거리, 특정 블록에서의 마약거래]; (c) 형사사건의 목격자가 되는 것; 그리고 (d) 경찰이 후원하는 방범프로그램에 참여하는 것 등에 있어 핵심적 역할을 한다. 경찰 전문가들은 이러한 활동을 경찰서비스의 "공동생산(co-producing)"으로 정의한다.[49]

특별한 사례: 경찰과 정신질환자

일상적 경찰 업무에서 정신건강 문제를 갖고 있는 사람에 대한 사건 대응이 증가하고 있다. 이러한 사건들은 경찰관이 올바른 행동 수단을 선택해야 한다는 측면에서 중요한 도전이 되고 있다. 많은 사건에서, 정신질환자는 총, 칼 또는 다른 위험한 물건을 가지고 있다. 기본적으로 경찰서는 이러한 사건에 어떻게 대응할지에 대해 명확한 정책을 가져야 한다. 그 정책은 모든 경찰관에 대한 경찰학교 교육과 정기적인 직무교육으로 강화되어야 한다. 예를 들어 주법무부는 오레곤주 포틀랜드시와 협정을 맺어, 경찰서가 정신건강 관련 사회서비스 기관에 업무 파트너십을 발전시킬 수 있도록 요구하였다.[50]

⇨ 정신건강 사건에 대한
    경찰대응에 대한 논의는
    제8장 참조

정신건강 관련 사건에 대응하는 가장 널리 알려진 접근법 중 하나는 위기개입팀(crisis intervention team; CIT) 훈련이다. CIT 프로그램은 두 가지 형태 중 하나를 취할 수 있다. 하나는 정신건강 위기 사건에 대응할 수 있는 전문 CIT 훈련을 받은 일정 수 이상의 경찰관을 두는 것이다. 대안적인 접근법은 경찰서의 모든 경찰관이 CIT 훈련을 받는 것이다. 이 훈련은 경찰관들이 특정한 증상을 인지하고 잠재적인 위험을 평가할 수 있도록 정신건강 문제에 대한 배경 지식을 제공하는 것을 포함한다. 또한, 경찰관들은 상황을 완화시키기 위해 정신건강 위기를 겪고 있는 사람들과 대화하는 방법을 훈련받는다. 마지막으로, 훈련은 필요할 때 적절한 물리력 사용에 대한 지침을 포함한다. 대통령직속TF는 경찰서는 *"위기개입팀(CIT)을 기본 신입 교육과 현직 경찰관 직무교육의 일부로 만들어야 한다."*고 권고하였다[권고안 5.6].

국제 CIT는 위기개입 접근법이 우리가 논의해 온 많은 원칙과 일치한다고 설명한다.[51] 첫 번째 핵심 요소는 법 집행, 지역사회 활동, 정신건강 전문가들 간의 협력 관계를 포함한다. 두 번째는 프로그램에 대한 지역사회 "주인의식(ownership)"으로, 이를 위해 다양한 이해관계자 간의 계획 수립, 프로그램 실행, 네트워킹에 대한 주요 역할이 포함된다. 세 번째 핵심 요소는 다른 종류의 정신건강 관련 사건의 적절한 처리와 사회복지기관과의 명확하고 일관된 정책과 절차를 포함한다. CIT 프로그램은 일상적인 경찰 업무에서 반복되는 상황을 파악하는 것을 포함하기 때문에 문제지향 경찰활동의 한 형태라고 볼 수 있다. 지역사회 파트너[이 경우에는, 정신건강 전문가]와 협력하고, 다양한 유형의 사건을 평가하고 효과적으로 대응하기 위한 구체적인 가이드라인을 개발한다.

연구와 경찰활동: 증거기반 프로그램

효과적인 경찰 프로그램의 유효성에 대해서는 동료평가를 포함하는 과학적 증거에 기반하여야 한다. 증거에 기반한 정책입안은 현재

의료적 처우를 포함한 생활의 많은 분야에서 사용되고 있다. 대통령직속TF는 경찰서는 *"과학적으로 지원되는 실무관행(scientifically supported practices)"*을 채택할 것을 권고하였다[권고안 2.4].

최고의 연구는 시간을 넘어 경찰활동에 중요한 영향을 미치고 있다. 많은 사람들은 그들의 지역에서 더 많은 경찰순찰을 하는 것이 범죄를 예방할 것이라고 믿는다. 하지만, 제7장에서 보게 될 것처럼, 40년 전 시행한 캔자스시 예방순찰실험(Kansas City Preventive Patrol Experiment)은 단순히 순찰을 더 추가하는 것이 범죄율에 아무런 영향도 줄 수 없음을 발견하였다.[52] 결과적으로, 경찰은 경험적 증거에 기초하여 범죄와 무질서를 통제하기 위한 많은 프로그램을 개발하였는데, 이러한 프로그램들은 집중억제와 우범지역 경찰활동 등을 포함한 "스마트" 경찰활동으로 묘사된다. 우범지역경찰활동 연구에 대한 체계적 평가를 통해, 증거기반 범죄정책센터(Center for Evidence-Based Crime Policy)는 "경찰이 범죄율이 높은 작은 지리적 단위에 집중할 때 범죄와 무질서 해결에 효과적일 수 있다는 일련의 엄격한 평가가 제안되었다."고 설명한다.[53]

대통령직속TF는 증거기반 프로그램과 정책을 개발하기 위해 경찰서는 *"증거기반 관행에 기초한 엄격한 훈련관행(training practices), 평가 그리고 교육과정 개발을 위해 학술기관과의 파트너십을 구축할 것"*을 권고하였다[행동항목 5.1.2].

요약: 조각 합치기

이제 경찰을 이해하기 위한 우리 분석틀(framework)의 주요 특징들을 살펴보았으니, 모든 조각들을 합쳐보는 것이 중요하다. 이 장 내 우리는 분석틀의 요소들이 서로 어떻게 관련되어 있는지 설명해왔다. 모든 것을 종합하면, 우리 논의의 마지막 부분부터 시작하는 것이 도움이 된다. 우리는 효과적인 경찰을 원한다. 우리가 지적했듯이 범죄를 척결하는 데 효과적이기 위해서는 경찰과 지역사회의 협력이 필요하다. 그러나 그 협력은 자동적으로 이루어지는 것이 아니다. 사람들에게 경찰이 좀 더 정당하게 보인다면, 협조 가능성은 더욱 높아진다. 게다가 경찰서가 개방되고 투명하게 운영된다면 경찰의 정당성은 더 높아질 것이다. 만약 경찰이 법이나 경찰서 정책을 위반하는 물리력을 통제하고 경찰관을 징계하는 것 등과 관련해 더욱 책임 있게 행동한다면, 사람들은 경찰이 더 정당하다고 간주할 것이다.

이 장에서 논의된 틀은 경찰활동에 대한 포괄적 접근(comprehensive approach)이다. 경찰은 이러한 틀 내에 있는 어떤 하나의 요소 없이 다른 요소를 가질 수 없다. 각각의 요소는 다른 요소에 의존한다. 우리는 이 책 전체를 통해 분석틀 내 요소 각각을 논의하게 될 것이다.

핵심어

토론

1. 몇 개의 그룹으로 나누고, 각 그룹이 경찰과 경찰활동에 대한 이해를 위한 분석틀의 핵심 이슈 중 하나를 토론하도록 한다[예를 들어 정당성, 개방성 및 투명성, 책무성, 경찰의 효과성 등]. 각 그룹은 해당 주제를 비판적으로 토론해야 한다. 토론할 질문은 다음과 같다. 이 사안은 명확하게 설명되었는가? 미국의 경찰활동에 대한 상식과 부합하는가? 부정적인 결과들은 무엇이 있을까? 가능한 긍정적 결과는 무엇인가?

2. 노숙자, 그라피티, 주거침입의 패턴, 마약 거래의 중심지인 폐가 또는 다른 관련 주제에 대해 문제지향 경찰활동 접근법이 어떻게 적용될 수 있는지 논의한다.

3. 경찰의 정당성과 효과적인 범죄척결은 어떻게 연관되는지 논의한다.

4. 경찰이 경찰관 관련 총격 사건에 대한 자료를 공적으로 공개하는 것이 좋은 생각인지 혹은 나쁠 수 있는 생각인지에 대해 논의한다.

인터넷 연습

연습 1 문제지향 경찰활동 웹사이트 센터 http://
www.popcentr.org/를 방문한다. "POP Guides"
탭을 클릭한다. 관심 있는 문제를 다루는 가이드
를 찾는다. 가이드를 빨리 검토한다. 가이드에
나와 있는 권장 사항이 이해가 되는가? 만약 그
렇다면, 왜? 만약 그렇지 않다면, 왜 안 되는가?
연습 2 많은 경찰서들이 긴장완화 정책(de-
escalation policy)을 채택했다. 인터넷에서 5개
경찰서를 검색하고, 정책 매뉴얼을 웹사이트에
배치하였는지 확인한다("About Us" 혹은 "Reports"
에서 종종 발견됨). 만약 있다면, 그들이 긴장완
화정책을 가지고 있는지 알아본다. 그러한 정
책들은 대부분 '물리력 사용(Use of Force)'이라는
주제 아래 포함되지만, 일부는 '완화(De-escalation)'
라는 주제로 따로 나열되기도 한다. (a) 정책
매뉴얼이 웹사이트에 있는지 여부, (b) 해당 경
찰서가 긴장완화정책을 가지고 있는지 여부,
(c) 경찰서의 웹사이트 사용이 쉬운지 여부 등
세 가지 관점에서 5개 경찰서의 개방성과 투명
성을 등급화한다.

NOTES

1. President's Task Force on 21st Century Policing, *Final Report* (Washington, DC: Department of Justice, 2015).

2. Herman Goldstein, *Policing a Free Society* (Philadelphia: Ballinger, 1977).

3. George L. Kelling, et al., *The Kansas City Preventive Patrol Experiment: A Summary Report* (Washington, DC: The Police Foundation, 1974).

4. Shelley Hyland and Elizabeth Davis, *Local Police Departments, 2016: Personnel* (Washington, DC: U.S. Department of Justice, 2019), Table 2.

5. President's Task Force on 21stst Century Policing, *Final Report*.

6. Samuel Walker, "Governing the American Police: Wrestling with the Problems of Democracy," *University of Chicago Legal Forum* (2016): 615–660.

7. Samuel Walker, *Popular Justice: A History of American Criminal Justice*, 2nd ed. (New York: Oxford University Press, 1998), 49–69.

8. U.S. Department of Justice, Civil Rights Division, *Investigation of the Ferguson Police Department* (2015), http://www.justice.gov/sites/default/files/crt/legacy/2015/03/04/ferguson_findings_3−4−15. pdf.

9. Lorraine Mazerolle et al., "Procedural Justice and Police Legitimacy: A Systematic Review of the Research Evidence," *Journal of Experimental Criminology* (2013): 245–274.

10. Sue Rahr and Stephen K. Rice, *From Warriors to Guardians: Recommitting American Police Culture to Democratic Ideals* (Cambridge: Harvard University, 2015), http://www.hks.harvard.edu/programs/criminaljustice/research

─publications/executive─sessions/executive ─session─on─policing─and─public─safety ─2008─2014/publications/from─warriors─to ─guardians─recommitting─american─police ─culture─to─democratic─ideals.

11. Wesley G. Skogan, "Citizen Satisfaction with Police Encounters," *Police Quarterly* 8 (September 2005): 313, Table 2.

12. Tom Tyler, *Why People Obey the Law*, Rev. ed. (Princeton: Princeton University Press, 2006). Mazerolle et al., "Procedural Justice and Police Legitimacy: A Systematic Review of the Research Evidence."

13. President's Task Force on 21stst Century Policing, *Final Report*, 1.

14. Wesley G. Skogan and Susan M. Hartnett, *Community Policing, Chicago Style* (New York: Oxford University Press, 1997), ch. 5, "Citizen Involvement," 110-160.

15. National Advisory Commission on Civil Disorders, *Report* (New York: Bantam Books, 1968), 302-303.

16. U.S. Department of Justice, Civil Rights Division, *Investigation of the Ferguson Police Department*.

17. National Advisory Commission on Civil Disorders, *Report,* 312.

18. David M. Kennedy, *Don't Shoot: One Man, A Street Fellowship, and the End of Violence in Inner─City America* (New York: Bloomsbury, 2011), 124-135 ("Across the Race Divide").

19. Police Executive Research Forum, *Re─engineering Training on Police Use of Force* (Washington, DC: PERF, 2015), 33-35.

20. Walker, *Popular Justice*, 2nd ed., 150-151, 199-201.

21. Samuel Walker and Carol A. Archbold, *The New World of Police Accountability*, 3rd ed. (Thousand Oaks: Sage, 2020). Walker, "Governing the American Police."

22. James J. Fyfe, "Administrative Interventions on Police Shooting Discretion: An Empirical Examination," *Journal of Criminal Justice* 7 (Winter 1979): 309-323.

23. See the pioneering discussion in Egon Bittner, "The Capacity to Use Force as the Core of the Police Role," in Bittner, *Aspects of Police Work* (Boston: Northeastern University Press, 1990), 120-136.

24. Walker and Archbold, *The New World of Police Accountability*, 3rd ed., ch. 4., "Controlling Critical Incidents," 102-137.

25. Police Executive Research Forum, *An Integrated Approach to De─Escalation and Minimizing Use of Force* (Washington, DC: PERF, 2012).

26. Walker and Archbold, *The New World of Police Accountability*, 3rd ed., 72, 124, 298.

27. Walker, *Popular Justice*.

28. President's Task Force on 21st Century Policing, *Final Report*, 22.

29. Texas Attorney General, *Peace Officer Involved Shootings: 2018 Annual Report* (March 1, 2019), https://www.texasattorneygeneral.gov/sites/def ault/files/files/divisions/criminal─justice/Officer ─Involved─Shootings─2018─Annual─Report .pdf.

30. Michael D. White and Henry F. Fradella, *Stop and Frisk: The Use and Abuse of a Controversial Policing Tactic* (New York: NYU Press, 2016), 81-116.

31. Lorie A. Fridell, *Producing Bias−Free Policing: A Science−Based Approach* (New York: Springer, 2017). Fair and Impartial Policing website: http://www.fairimpartialpolicing.com/.

32. Fridell, *Producing Bias−Free Policing*. Fair and Impartial Policing website: http://www.fairimpartialpolicing.com/.

33. Jennifer L. Eberhardt, *Biased: Uncovering the Hidden Prejudice That Shapes What We See, Think, and Do* (New York: Viking, 2019), 50, 68.

34. Samuel Walker, *Police Accountability: The Role of Citizen Oversight* (Belmont, CA: Wadsworth, 2001), 70−79, 106−108, 137−139, 164−172.

35. National Association for Citizen Civilian Oversight of Law Enforcement website: www.nacole.org.

36. Walker, *Police Accountability*.

37. Office of the Inspector General for the NYPD, *Police Use of Force in New York City: Findings and Recommendations on NYPD's Policies and Practices* (New York: Office of the Inspector General, 2015), http://www.nyc.gov/html/oignypd/assets/downloads/pdf/oig_nypd_use_of_force_report_−_oct_1_2015.pdf. Los Angeles Police Commission, *Review of National Best Practices* (Los Angeles: Police Commission, 2017), https://a27e0481−a3d0−44b8−8142−1376cfbb6e32.filesusr.com/ugd/b2dd23_68104e440d624094ad9e7e6e3971bb5f.pdf.

38. Walker and Archbold, *The New World of Police Accountability*, 3rd ed., ch. 7, 213−240.

39. Goldstein, *Policing a Free Society*, 29−31.

40. Steven M. Chermak, *Victims in the News: Crime and the American News Media* (Boulder, CO: Westview Press, 1995), 47.

41. Rahr and Rice, *From Warriors to Guardians: Recommitting American Police Culture to Democratic Ideals*.

42. Eric J. Scott, *Calls for Service: Citizen Demand and Initial Police Response* (Washington, DC: U.S. Government Printing Office, 1981).

43. National Commission on Civil Disorders, *Report*, 304.

44. National Academy of Sciences, *Proactive Policing: Effects on Crime and Communities* (Washington, DC: National Academies Press, 2018), 46−49, 122−129 (hot spots policing), 58−60, 142−148 (focused deterrence).

45. White and Fradella, *Stop and Frisk*, 102−105.

46. National Academy of Sciences, *Proactive Policing*, 46−49, 122−129 (hot spots policing), 58−60, 142−148 (focused deterrence).

47. Herman Goldstein, "Improving Policing: A Problem−Oriented Approach," *Crime and Delinquency* 25 (April 1979): 236−258. Center for Problem−Oriented Policing: https://popcenter.asu.edu/.

48. Skogan and Hartnett, *Community Policing, Chicago Style*.

49. President's Task Force on 21st Century Policing, *Final Report*, 46 (Recommendation 4.5).

50. *United States. v. City of Portland*, Settlement Agreement (2012), https://www.portlandoregon.gov/police/article/506328. See the POP Center Guide, Gary Cordner, *People with Mental Illness, Guide No. 40* (Phoenix: Center on Problem−Oriented Policing, 2006), http://www.popcenter.org/problems/mental_illness/.

51. CIT International website:
    http://www.citinternational.org/.
52. Kelling et al., *The Kansas City Preventive
    Patrol Experiment: A Summary Report.*
53. National Academy of Sciences, *Proactive
    Policing.* Center for Evidence−Based Crime
    Policy, "Hot Spots Policing,"
    http://cebcp.org/evidence−based−policing/w
    hat−works−in−policing/research−evidence
    −review/hot−spots−policing/.

Chapter

02

미국 경찰 역사

▌미국 경찰의 결정적 순간 재현

최초의 미국 경찰은 어떤 모습이었을까?

　　미국 최초로 1838년에 경찰관이라는 직업이 등장하게 되었다. 당시 거리 순찰을 맡았던 해당 경찰관은 아쉽게도 순찰 훈련이나 관련 교육을 받은 적이 한 번도 없는 상태였다. 순찰 장비도 없이 도보 순찰을 할 수밖에 없는 상황이었던 것이다. 즉, 최초로 순찰업무를 담당했던 미국의 경찰은 양방향 라디오 장비나 911 코드 시스템을 통한 현장 배치 시스템도 없이 매우 위험한 상황에서 총기도 없이 현장 순찰업무를 수행했다고 말할 수 있다. 더군다나 최초의 경찰관은 기본적으로 현장 배치 전 사전 교육 경험도 매우 짧았다. 공식적인 신임교육도 받지 않은 상태에서 업무 행정 매뉴얼이나 절차 숙지과정도 없이 바로 현장에 투입되었을 가능성이 크다. 짧게 말하면, 1830년대 미국 경찰은 오늘날 우리가 생각하는 경찰의 모습과 완전히 달랐다고 볼 수 있다.

1950년대 미국 경찰 엿보기

　1950년대 미국 경찰은 지금과 매우 다른 환경 속에서 근무를 했다는 점을 기억해야 한다. 어쩌면 경찰관의 교육수준은 고등학교 졸업의 학력이 전부였을 것이고, 경찰의 성별은 무조건 남자였을 것이다. 여자 경찰이 순찰 현장에 등장하게 된 것은 미국 역사에서 1968년 이후부터 가능했으니, 분명 경찰이 처음 등장한 당시에는 시민들이 거리에서 남자 경찰관만 마주쳤을 것이다. 1950년대 경찰 수뇌부는 매우 소수의 아프리카계 흑인과 히스패닉 사람들만 경찰로 선발했다. 아주 소수의 몇몇 경찰부서만 순찰 현장에 경찰을 배치하기 전에 경찰학교 중심의 직무훈련 교육을 경찰 실무자들에게 제공했다. 하지만 1950년대 당시 경찰 재직 중에 있는 현직자들에게는 어떠한 실무자 직무교육 및 훈련을 제공하지 않았다. 경찰들에게 지급된 것은 간략한 경찰 업무 매뉴얼이 전부였다. 안타깝게도 해당 매뉴얼은 정확히 언제 치명적 물리력을 사용할 수 있는지에 대해서 언급하지 않았다. 심지어 가정폭력 사건에서 경찰이 어떤 구체적인 대응 방법을 유지해야 하는지에 대해서도 알려주지 않았다. 과속 차량 추적단속이 언제 가능한지에 대해서도 경찰들에게 정확한 지침을 주지 않았다. 충격적이지만 당시 경찰관들은 압수, 수색 영장 집행이나 범죄 용의자 신문에 관련해서도 대법원의 판단이나 입장에 별로 신경을 쓰지 않았다. 놀라운 점은 1950년대 미국 경찰들은 자신들이 누군가를 경찰봉으로 실컷 두들겨 패도 이후에 상부로부터 징계받을 걱정을 별로 하지 않았다는 것이다. 1830년대 이후 미국 경찰은 큰 변화를 겪었으나, 1950년대의 경찰을 오늘날과 비교해 보면 당시 경찰의 모습은 지금과 매우 달랐다고 하겠다.

　우리가 마주하는 오늘날의 경찰은 경찰 조직이 장기간 만들어낸 경찰 역사의 최종 결과물이기도 하다. 이번 장에서는 미국 경찰의 역사 전반적인 흐름에 대해 살펴볼 것이다. 경찰 역사 부분에서는 영국 경찰과 식민지 미국에서 비롯된 미국 경찰의 뿌리 모습부터 상세

히 살펴보면서 오늘날 우리가 마주하고 있는 경찰 물리력 사용 문제
와 절차적 정의, 지역사회 경찰활동, 인종적 프로파일링 등의 문제를
폭넓게 다룰 것이다.

Sidebar 2-1

역사의 관련성

경찰 역사를 공부한다는 것은 아래와 같은 일들을 가능케 한다.

1. 변화가 일어난 객관적 사실들을 명확히 이해할 수 있게 도와준다.
2. 현재 우리가 직면한 문제들 속에 하나의 객관적인 시각을 투영해 볼 수 있다.
3. 어떤 경찰 개혁 운동이 효과가 있었는지 이해하는 데 큰 도움을 준다.
4. 개혁 운동이 야기할 수 있는 의도치 않은 부작용에 대해 미리 경고해 준다.

▌왜 경찰 역사를 공부해야 하는가?

왜 우리는 경찰 역사를 공부해야 할까? 정답은 경찰 역사 공부가
오늘날의 경찰활동을 이해하는 데 큰 도움이 되기 때문이라고 하겠
다. 사람들은 경찰이 시간이 지나도 변한 게 별로 없다고 말하지만,
실은 이것은 매우 잘못된 표현이다. 사실, 경찰활동은 지난 몇 년 동
안 짧은 시간 내에 엄청나게 많이 변화, 발전해 왔다. 1994년 데이비
드 베일리(David Bayley)는 이 상황을 다음과 같이 표현하기도 했다.
"1829년 런던 최초로 근대 경찰이 거리에 처음 등장한 이후, 20세기
의 마지막 10여 년 동안(1990년대) 그 짧은 시간 속에서 어쩌면 경찰
활동에서 가장 창의적인 일들이 가장 많이 벌어졌는지도 모른다."[1]
그가 언급한 경찰의 변화는 지금도 여전히 계속되고 있는 상황이다.
그리고 그 변화 속도는 경찰이 오늘날 착용하고 다니는 보디캠
(officer-worn body camera)이나, 범죄 징후 사전파악 개입 시스템,
경찰 정당성(legitimacy)과 절차적 정의 문제 등 다양한 경찰 이슈들과
연관되어 있다. 이런 문제들이 제기되면서 처음 그가 언급했던 경찰
변화가 더 훨씬 빠른 속도로 진행되고 있는 것이다.

▌영국의 유산 살펴보기

  미국 경찰은 **잉글리시 헤리티지**, 즉 영국 사회가 미국에게 물려준 유산이기도 하다. 영국 식민주의자들은 미국에 들어올 때 자신들의 형사사법 시스템을 가지고 왔는바, 정치적, 문화적 맥락에서 그 형사사법 시스템은 영국으로부터 전달받은 유산의 일환이라고 볼 수 있다. 영국이 전해 준 유산 속에는 영국의 관습법, 개인 권리에 대한 강조, 법원 운영체계, 범죄자 형벌 형태, 그리고 다양한 법 집행 기관들이 광범위하게 포함되어 있다.[2]

  영국의 유산은 미국 경찰활동에 세 가지 차원에서 큰 기여를 했다고 볼 수 있다. 첫째, 영국의 영향력으로 인해 미국에서 경찰권 발동의 한계 및 제한점을 만드는 기반이 마련되었다. 앵글로 아메리칸 법률의 전통은 개인 자유에 큰 가치를 둔 반면, 정부 권한 확대는 가능한 한 제한을 두려고 하는 분위기가 강했다.[3] 미국에서도 영국의 영향을 받아 이러한 특징들이 권리장전(Bill of Rights) 속에 강하게 반영되어 있다.

  둘째, 영국의 유산은 미국에서 법 집행 기관들을 향한 지방정부의 통제력이 일종의 문화로 자리 잡게 되었다는 것이다. 대부분의 나라들이 경찰활동에 있어서는 오늘날에도 여전히 중앙집권화된 시스템을 고수하고 있다. 다시 말해, 하나의 국가 경찰 체제를 유지하거나, 세 개로 구분된 국가 경찰 조직이 운영되는 것이다. 영국은 43개로 구분된 경찰 조직이 있다.

  셋째, 또 다른 영국의 문화는 지방정부 통제의 결과로 파생된 경찰 조직 분권화와 세분화된 경찰 시스템을 들 수 있다. 2016년 기준, 미국은 15,322개 독립된 지방 법 집행 기관이 존재한다. 이 수치 속에는 주 정부 기관과 연방 기관, "특별 구역" 경찰기관 수치는 제외되었다. 분권화된 많은 경찰 조직들은 타 지방 정부와 최소한의 협조만 유지할 뿐, 중앙으로부터 거의 국가적 통제나 규율을 받지 않고 자체적으로 경찰활동을 유지해 왔다.[4]

  13세기에 등장했던 영국의 공식적인 경찰 기관들은 수십 년 동

잉글리쉬 헤리티지(English heritage)(영국이 물려준 유산)

안 계속 위에서 언급한 방식으로 매우 비체계적인 형태로 운영되어
왔다. 그리고 특이하게도 법 집행이나 치안유지의 책임을 하나의 기
관이 아니라, 컨스터블(constable)과 보안관 셰리프(sheriff), 치안판사
(justice of the peace) 세 명이 서로 공유하는 방식으로 경찰 조직을
운영해 왔다. 그러나 일반 시민들은 체감상, 실제로는 자신이 직접
자신의 책임 하에 법 집행을 스스로 해결해야 하는 경우가 많았는데,
시민들은 범죄자를 직접 추적하거나 사건을 조사하여 혼자 힘으로
문제를 해결하려는 경우가 많았다. 이러한 분위기가 영국으로부터 미
국에 전달된 하나의 유산으로 볼 수 있고, 결국 이것이 19세기 미국
경찰의 표상으로 자리 잡았다고 하겠다.[5]

근대 경찰의 탄생: 1829년 런던

로버트 필(Robert Peel)

1829년 9월 29일, 런던광역경찰청 최초의 경찰관들은 런던 한복
판 거리로 나왔다. 바로 이 순간 영국 런던에서 처음으로 근대 경찰
이 탄생한 것이다. **로버트 필(Robert Peel)**은 근대 경찰의 아버지이다.
당시 영국 사회의 중요한 정치적 지도자였던 로버트 필은 영국의 공
공질서가 급격하게 악화되는 상황을 목격하고 법 집행 작용을 쇄신
시키기 위해 약 30여 년 동안 힘겹게 싸웠다. 1800년대 초기까지 기
존에 유지되어왔던 법 집행 시스템은 완전히 무너졌는데, 그 이면에
는 영국 사회가 경험한 도시화, 산업화 문제가 있었다. 런던은 빈곤,
무질서, 인종적 갈등, 그리고 범죄문제로 고통을 받고 있었다. 1780
년에 있었던 영국의 反가톨릭 운동인 고든폭동(Gordon Riot)으로 인
해 아일랜드계 이민자들과 영국 시민들이 충돌했고, 이로 인해 어떻
게 더 나은 공공질서 안전 시스템을 만들어야 하는가에 대한 50년간
의 논쟁이 시작되게 되었다. 로버트 필은 마침내 이런 상황에 종지부

런던광역경찰청(London
Metropolitan Police)

를 찍기 위해 1829년에 의회를 설득, 최초의 근대 경찰인 **"런던광역
경찰청"**을 만들도록 했다. 바로 이 경찰 조직이 최초의 근대 경찰이
라는 공식적인 이름을 달게 되었고, 로버트 필을 기념하기 위해 이
조직의 경찰관들을 하나의 애칭으로 바비(Bobbies)라고 부르고 있

다.[6]

그렇다면 정확히 로버트 필이 말한 "근대" 경찰은 어떤 형태의 경찰활동을 말하는가? 세 가지 핵심 가치는 바로 임무(mission), 전략 (strategy), 그리고 조직(organization)와 연관되어 있다.

로버트 필이 말한 첫 번째 가치인 임무목표는 새로운 경찰이 혁신적으로 달성해야 할 **"범죄예방"**을 말한다. 범죄예방은 결국 공리주의적 시각과 관련된 것으로써 범죄 발생 사후 대응보다는 사전에 효과적으로 미리 선제 행동을 취하는 것이 더 이익이라는 가치와 맞닿아 있는 것이다. 런던 경찰이 만들어지기 전에는 모든 경찰들이 자신들의 업무는 범죄발생 이후의 사후 개입활동뿐이라고 생각했었다.

범죄예방이라는 임무목표를 달성하기 위한 전략은 바로 예방적인 순찰을 뜻한다. 로버트 필은 상시 고정 순찰지구대(beats)를 거점으로 한 순찰활동을 소개했는데, 이는 경찰 존재의 가시성을 증가시키는 역할을 하고 이것이 범죄억제와 관련되어 있다고 보았다. 경찰순찰의 범죄억제 효과는 경찰활동의 핵심 전략일 수 있다. 1972년부터 1973년까지 캔자스시 예방순찰실험(Kansas City Preventive Patrol Experiment)에서 해당 효과가 실증적으로 검증되었는데, 이 순찰 효과 실험은 어찌 보면 전체 경찰 역사에서 가장 중요한 실험 연구 결과로, 이를 통해 로버트 필의 주장을 테스트했다고 볼 수 있다.[7]

경찰 조직을 정비하기 위해, 로버트 필은 군 조직의 운영방식을 차용했다. 위계적 조직 운영 방식과 유니폼 착용, 계급제도 활용, 권위적 명령과 규율(command and discipline) 중심의 엄격한 조직 분위기를 활용한 것이다. 이러한 "준군사적 조직" 중심의 경찰 문화는 여전히 오늘날 미국 경찰 조직 속에 생생하게 살아있다. 그러나 다른 한편으로 보면, 오늘날의 미국 경찰 조직들은 여러 방면에서 군대와는 다른 "비군대적"인 모습도 여전히 많이 가지고 있다. 예를 들면, 거리에서 시민들을 상대하는 경찰들은 물리력 사용 등과 같은 주요 사안에 있어서 지금까지 매우 제한된 권한만을 행사하도록 요구받았고, 상관인 경찰서장 역시 일선 경찰들의 행동 하나하나에 효과적인 통제를 거의 가하지 못했다고 하겠다.

범죄예방(Crime Prevention)

⇨ 경찰순찰과 관련된 내용은 제7장을 참조

근대 경찰의 임무는 사회통제 역할이라는 차원에서 경찰에 대한 완전히 새로운 개념을 선보이는 계기가 되었다. 알렌 실버(Allan Silver)는 우리사회에 경찰이 상시 존재한다는 사실이 근대 산업 도시 사회에서 "질서유지 요구(demand for order)"라는 강력한 시민 수요를 증가시켰다고 보았다.[8] 데이비드 베일리(David Bayley)는 근대 경찰의 출현이 결국 과거에는 없었던 "공적이고, 전문적이며 직업적인" 경찰관을 시민들이 요구하는 계기가 마련되었다고 보았다.[9] 전문적인 경찰이란 새롭게 만들어진 근대 경찰이 과거와는 달리, 풀타임으로 경찰 업무에 종사하며 안정적인 봉급을 받게 되었다는 것을 의미하기도 한다. 단, 베일리는 이러한 전문적인 경찰의 모습이 한 순간에 갑자기 등장하게 된 특징이 아니라는 경고의 메시지를 보냈다. 런던 경찰이 처음으로 창시된 해가 1829년이라고 알려져 있으나, 사실은 경찰 전문화가 이루어진 시점은 처음 런던 경찰이 만들어진 후 수십 년이 지난 이후의 일이기 때문이다. 특히, 미국 경찰의 경우, 완벽한 "근대" 경찰의 모습은 훨씬 더 천천히 늦은 속도로 이루어졌다.

▌식민지 미국사회에서의 법 집행

처음으로 영국 식민주의자들이 미국에 왔을 때, 그들은 영국 고유의 문화유산을 차용한 그들만의 법 집행 기관을 만들어냈다(Sidebar 2-2 참조). 특이하게도 그들만의 법 집행 기관 세 가지는 바로 특정 미국 카운티 전체 지역 총 치안책임관인 보안관 셰리프(sheriff)와 카운티 내 작은 특정 지역(precinct)만을 책임지는 컨스터블 컨스터블(constable), 그리고 순찰업무를 담당하는 야경단(watch)을 포함하고 있다. 그러나 미국이라는 새로운 국가 상황 속에서 영국이 가져온 이 세 가지 경찰 기관은 미국 상황에 맞게 새로운 모습으로 변모되기 시작했다.[10]

보안관 셰리프는 미국에서도 세 기관 중 가장 중요한 법 집행 기관으로 자리 잡게 되었다. 식민 시대 막강한 권한을 가지고 있던 주지사로부터 직접 임명된 공무원으로서 보안관은 매우 많은 업무를 직접 책임졌는데, 전체 카운티 내의 법 집행과 세금 징수 업무, 선거 관리 및 감독 업무, 다리와 길 건설업무, 그리고 다른 기타 업무까지 매우 광범위한 수준의 일을 맡았다.[11]

또한, 컨스터블 컨스터블 역시 매우 중요한 일을 담당했는데, 법 집행 업무뿐만 아니라 법률과 관련된 일을 많이 책임졌다. 초기 컨스터블 자리는 시민들로부터 직접 선출된 자리였으나, 미국 사회에서 점차 준 전문직 성격의 임명직 자리로 변모되었다. 보스턴과 몇몇 다른 지역에서 컨스터블은 실제 많은 사람들이 경쟁적으로 서로 차지하고자 하는 매력적인 자리가 되었고, 성공가도를 걸을 수 있는 자리로 발전하게 되었다.[11]

세 번째 **야경단**은 오늘날의 경찰 모습과 가장 흡사한 기관이었다. 야경단은 도시를 순찰하고 다니면서 화재 예방이나 범죄, 무질서 방지 업무 등을 담당했다. 초기 야경단 업무에서는 주로 야간 순찰 방범 업무만 존재했다. 동네 크기가 점차 커지고 인구가 증가함에 따라 점차 야간 순찰이 낮 순찰업무까지 포함하게 되었다. 보스턴의 경우 1634년에 최초의 야경단을 만들었다. 영국의 문화를 그대로 본떠서 미국에서도 야경단 참여 의무는 남자 민주시민의 책임 이행사항으로 부가되었다. 그러나 많은 사람들이 이 의무사항을 피하고자 하였고, 노골적인 도피 행각도 나오게 되었다. 심지어 이 의무를 피하기 위해 돈을 주고 다른 사람을 자신의 야경활동에 참가하도록 하는 고용 행태까지 나오게 되었다. 마침내 세월이 지나서 야경활동 참여 의무는 돈을 받고 고용된 전문 야경단이 대신 담당하는 전문 월급제 업무로 발전하게 되었다.[13]

특이하게도 미국 남부지역의 경우, 당시 미국 전역에 불어 닥친 노예제도 찬성 분위기에 반기를 들어 경찰활동이 흑인(African American) 노예 순찰, 감시활동과 연결되었다. 다시 말해, 미국 남부의 많은 州들이 노예 순찰제도(slave patrol)를 유지하고 있었던 것이다. 백인 대다수가 흑인들이 언제 일으킬지 모르는 집단 폭동과 노예 도주 상황을 매우 두려워했다고 볼 수 있다. 당시의 두려움 때문에, 흑인 노예들만을 감시하고 순찰하는 새로운 형태의 백인 중심 경찰활동이 필

야경단(watch)

⇨ 오늘의 인종 문제와 경찰–지역사회 관계 문제는 제17장 내용을 참조

요했던 것이다. 달리 말하면, 미국 역사에서 최초의 근대경찰 조직이 만들어진 것은 바로 노예 순찰이라고 할 수 있다. 사우스캐롤라이나 (South Carolina)의 찰스톤(Charleston)을 예로 들면, 1837년 당시 약 100여명에 달하는 경찰들이 이 업무를 담당했다. 이 병력은 미국 북쪽 지역의 다른 경찰 인력보다 훨씬 더 큰 규모였다고 볼 수 있다.[14]

식민지 법 집행의 특징

식민 시대의 법 집행은 사실 매우 비효율적이고, 경찰들은 부정부패에 만연되어 있었다. 정치적인 관여로 인해 공정한 법 집행도 당시에는 제대로 이루어지지 않았다. 우리가 알고 있는 이상적인 믿음과 달리, 당시 상황은 미국 경찰의 효율성과 효과성, 청렴성의 황금기와는 전혀 무관한 시절이었다고 하겠다.

Sidebar 2-2

영국의 유산이 미국 치안활동에 공헌한 점
1. 경찰의 권한 행사가 제한될 수 있다는 전통을 만들어냈다.
2. 지역의 통제가 필요하다는 전통을 만들어냈다.
3. 중앙집권화 되지 않은 분권화된 경찰 시스템이 필요하다는 전통을 만들어냈다.

EXHIBIT 2-1

식민 미국 사회의 법 집행 공식 기관
1. 보안관 셰리프
2. 컨스터블(constable)
3. 야경단
4. 야간 야경단
5. 주간 야경단
6. 노예 감시단

⇨ 경찰의 범죄척결 전략
내용은 제9장을 참조

범죄문제를 이야기하자면, 보안관과 컨스터블, 야경단 모두 거의 범죄문제를 예방할 능력이 없는 상태였고, 범죄자를 직접 체포할 수 있는 능력도 갖추지 못한 상황이었다. 보안관과 컨스터블은 시민이 불만을 제기해야만 마지못해 사건을 수사하는 수동적인 자세를 보여, 범죄 발생 이후에만 시민들에게 응답하는 소극적인 입장을 취했다. 야경단은 거리를 순찰하는 업무를 했으나, 결국 범죄를 사전에 예방하기에는 그 숫자가 너무 적어 역부족이었다. 결국 세 기관 모두 급증하는 범죄 사건을 모두 수사하고, 해결하기에는 충분한 인력을 갖추고 있지 않았다고 볼 수 있다. 더 심각한 것은 당시 범죄 피해자들이 쉽게 법 집행 기관에 자신의 범죄 피해를 신고하지 못하는 상황이었다. 당시 미국은 전화기도 없었고, 피해자가 보안관을 직접 만나러 가는 것도 쉬운 일이 아니었다. 마침내 보안관과 야경단 활동 대원들은 특정 치안 서비스를 제공하는 사람으로서 소수 일반인들에게 고용되어 월급을 받는 사적 영역의 법 집행자가 되었다. 달리 말하면, 피해자들의 치안 수요가 증가함에 따라 미국에서 이들은 형사사건의 법 집행자이기보다는 개인에게 돈을 받고 특정 개인의 사적 문제를 해결해 주는 민사책임 영역의 일을 더 많이 하게 되었다.[15]

식민 시대 업무를 맡은 기관들(Colonial agencies) 역시 당시에는 치안 질서를 유지하는 데 한계가 있었다. 야경단 활동대원의 수가 적었던 것은 말할 것도 없고, 범죄발생이나 무질서 상황에서 그들이 실제 할 수 있는 일이 많지 않았다. 당시 미국의 도시들은 엄청난 혼란 속에 있었는데, 공공장소에서 술에 취해 있는 사람도 많았고, 인종 간의 갈등으로 인한 싸움도 많았으며, 주기적으로 발생하는 폭동, 난동사건도 많았다. 앞서 언급한 세 법 집행 기관 모두 이러한 혼란에 대해 잘 대처하지 못했고, 일상생활 속에서 신속한 대응을 할 역량이 없었다. 일반 시민들에게 응급 상황에 대비한 치안 서비스도 제대로 제공할 능력이 없었다.

아이러니하게도 실제 생활 속에서는 일반 시민들이 자신들의 비공식적인 사회 기제를 이용해 사회의 안녕과 질서유지를 하는 데 가장 중요한 일등 공신 역할을 했다. 위험을 미리 시민들에게 알리기 위한 발언(comment)이나 경고장 배부, 잘못된 행동에 대한 질책 등을 적극 활용했고, 지역사회 친구, 이웃, 낯선 이웃들에게 해당 위험을 적극적으로 알리는 예방활동을 했다. 간통이나 음주 문제가 발생하면, 피의자가 조사를 받도록 비공식적이지만 교회 모임 장소를 통해 해당 피의자를 "재판장"에 세우는 조치도 시민들이 직접 취했다. 가장 혹독한 처벌 양형에 속하는 추방 명령은 교회 재판정에서 내려진 것이었는데, 주로 크기가 작고 동일 인구 특성을 가진 지역사회에서 범죄를 저지른 사람에게 잘 내려지던 처벌 내용이었다. 당시 사람들은 직접적인 대면 접촉을 통해 많은 것을 공유했고, 이로 인해 기본적인 공유 가치관을 전체 지역 주민이 함께 공유하는 방식을 갖고 있었다. 그러나 이러한 비공식적 사회통제 기제는 점차 마을이 커져가고 지역사회가 큰 도시로 변모해감에 따라 제대로 작동하지 않게 되었다. 인구가 끊임없이 증가하고, 인구사회학적 특성이 바뀌어감에 따라 사람들은 자신의 주변에 누가 사는지조차 제대로 모르게 되었다.[16]

기존의 경찰활동이 타운이나 도시에서 제대로 작동하지 않게 되었다면, 실제 지역사회 내에 법 집행을 담당하는 경찰력이 존재하지 않는 것이라고 볼 수 있다. 당시 수십 년 동안 미국에서 조직화된 체계적인 정부는 존재하지 않았다. 결과적으로 시민들은 스스로의 힘으로 자신의 안전을 책임져야만 했고, 그로 인해 법을 자신의 손에 직접 올려놓고 자기 멋대로 해석하며 개인적으로 직접 가해자를 처벌하는 시대에 살게 되었다. 이로 인해 미국 사회에서 자경단(vigilantism)이라는 새로운 치안 문화가 만들어지게 되었다. 이 자경단은 이후 20세기 내내 미국 사회에 엄청난 영향을 미치게 되었다. 자경단은 그들이 싫어하는 사람들을 강제로 마을에서 쫓아내기도 했고, 심지어 그들을 살해하기도 했다. 심지어 자경단원들에 의해 아프리카계 흑인들을 대상으로 한 폭력적인 가혹행위, 즉 린치(lynching)가 미국 남부 지역에서 인종적 분리정책을 유지하기 위해 비일비재하게 악용되었다.[17]

미국 경찰활동에서 부정부패 문제도 처음부터 심각한 사회문제로 제기되었다. 형법 내용은 오늘날의 규율보다 훨씬 더 도덕적인 수준의 높은 윤리 잣대를 들이대고 있었다. 특히, 많은 행동 제한을 법률 속에서 규제하고 있었는데, 당시 음주문제와 도박행위, 그리고 성적인 문란행위를 특히 법률로 강하게 규제하고 있었다. 결과적으로 형법적 규율 통제가 너무 강했기 때문에 사람들은 처벌을 면하기 위해 법 집행 담당자들을 매수하려고 했고, 자신의 법률 위반 행동을 뇌물수수로 피하려고 하는 분위기가 커져갔다고 볼 수 있다.

▌미국 최초의 근대 경찰

미국 최초의 근대 경찰은 1830년대와 1840년대에 만들어진 경찰 조직을 말한다. 영국의 경우, 법 집행 기관이 가졌던 구 시스템은 사실 도시화, 산업화, 이민자 증가로 완전히 소멸되기 시작했다. 1830년대 많은 미국 도시들이 폭동으로 인해 와해되기 시작했다. 1834년, 1835년, 1837년에 미국 보스턴 역시 큰 시민 폭동으로 고통을 받기 시작했다. 필라델피아, 뉴욕, 신시내티, 디트로이트 그리고 다른 많은 도시들이 크고 작은 난동 사건으로 무질서한 상황에 직면하게 되었다. 당시 일리노이 州 입법 의원이었던 아브라함 링컨(Abraham Lincoln)은 1838년에 "법을 무시하는 무질서한 시민 행동이 증가했고, 이런 문제점이 온 나라에 만연해 있다"는 경고를 발표했다.[18]

당시의 폭동 행위는 인종 간의 집단 갈등으로 인한 싸움에서 비롯되는 경우가 많았다. 구체적으로 아일랜드계 또는 독일 출신 이민자들과 영국 프로테스탄트 토착인과의 싸움이 대부분이었다. 또 다른 갈등은 경제적인 빈곤과 관련된 경우가 많았다. 돈을 맡겼던 예금자들이 은행이 파산하자 이에 격분하여 은행을 공격하는 경우가 있었다. 또한, 도덕적 가치관 차이로 인한 갈등 상황도 심각한 폭력행동을 일으켰다. 사체를 이용한 의료진들의 연구에 반대하는 사람들이 당시 병원을 공격하는 행동을 했다. 여성을 돈으로 매수하는 행동에 반대하여 성매매 집결장소를 공격하는 폭동도 미국 디트로이트에서 여러 차례 발생했다. 마침내 미국 북부에서 노예제도를 찬성하는 백인들이 노예 폐지를 요구하는 사람들을 공격하는 폭동도 일으켰고,

최초의 근대 미국 경찰(first modern American police)

흑인 시민들의 자유를 주장하는 사람들을 공격하는 폭력행위도 일어
났다.[19]

법과 질서가 마비되는 혼란 속에서도 미국 사회는 천천히 경찰
조직 근대화에 대한 염원을 하나의 목소리로 모으기 시작했다. 과격
한 폭동이 처음 발생한 후 11년이 지나서야, 1845년 미국 뉴욕에서
새로운 경찰 조직이 만들어졌다.

필라델피아는 1834년과 1854년 사이에 새로운 형태의 법 집행
기관을 만들었다가 다시 해당 기관을 폐지하는 반복적인 과정을 거
치기도 했다. 그러다가 마침내 필라델피아에서 런던 모델에 입각한
근대화 운동이 시작되었는데, 이것은 도시 전체에서 활동하는 통합된
형태의 강력한 법 집행 기관들을 새롭게 모으려는 움직임 속에서 비
롯되었다.[20]

미국 사회에서 근대 경찰 모델에 대한 신뢰는 여러 가지 이유에
서 그다지 확고하지 않은 상태였다. 거리에서 경찰을 상시 마주한다
는 생각 자체가 일반 시민들에게 매력적이지 않은 것이었는데, 그 이
유는 경찰이 그토록 증오하던 식민 시대 영국 군대를 떠올리게 했기
때문이다. 많은 사람들이 자신의 선호하지 않는 특정 정치인들이 경
찰 조직을 통제하다가 결국 경찰력을 이용해 자신의 이익을 추구하
는 상황이 도래하게 될까봐 두려워하기도 했다. 또 다른 이유로는 경
찰 조직 운용이 근대화로 인해 많은 비용을 요구하는 비싼 조직으로
바뀌게 된다는 것이 시민들의 반감을 불러일으켰다. 세금을 내야 하
는 일반 시민들 입장에서는 분명 공공경찰 조직을 위해 추가로 비용
을 지불해야 하는 것이 불편할 수밖에 없었다.

초기 근대 미국 경찰 조직들은 기존에 존재했던 야경단 시스템
(watch system)을 확대하는 방향으로 변모되기 시작했다. 그 이유는
1838년 당시 보스턴 경찰서는 단 9명의 경관밖에 없었다는 인력의
한계 때문이었다. 미국 최초의 야경단 경찰은 유니폼조차 입고 있지
않았고, 근무 중에 무기도 소지하지 않았으며 경찰임을 확인해 주는
것은 경찰 모자와 경찰 배지뿐이었다. 19세기가 되어서야 경찰에게
무기 소지가 공식적으로 허용되었다. 범죄와 폭력사건이 증가함에 따

라 경찰도 상시 무기를 소지할 필요가 있다는 기준이 마련된 것이다.

　미국 근대 경찰의 특징은 대부분의 영국 경찰의 모습에서 비롯된 것이었다. 즉, 범죄예방이라는 임무목표와 고정된 순찰지구대를 운영해 경찰 가시성을 지역사회에 증대시킨다는 전략까지 모두 영국 경찰의 아이디어에서 시작된 것이다. 또한, 경찰이 준군사적 조직 특성을 유지한다는 것도 영국 경찰 조직에서 시작되었다. 그러나 영국과 미국 경찰의 가장 큰 차이는 경찰에 대한 정치적 통제 방법상의 차이에 있었다. 미국은 영국보다 훨씬 더 민주적인 접근방법을 사용했다. 미국 유권자들은 경찰과 모든 정부기관에 대한 직접적인 감시와 통제를 요구했다. 물론 그 유권자들이 19세기 후반까지 경제력이 풍부한 남성에 집중되었다는 한계는 있지만, 영국과 달리 분명 미국은 경찰에 대한 강력한 통제를 요구했다는 점에서 큰 차이점을 갖는다. 미국과 달리 영국 시민들은 경찰에 대한 직접적인 통제, 감시를 요구하지 않았다. 이런 차이점으로 인해, 미국 경찰 조직은 지방 정치 세력 속으로 쉽게 섞여 들어갈 수 있었다. 물론 이로 인해 복잡한 문제점도 발생했지만, 영국과는 큰 차이를 보이게 된 계기가 마련되었다고 볼 수 있다. 런던 경찰청장은 정치적 영향력으로부터 독립되게 되었고, 그로 인해 다른 어떤 공무원보다 더 높은 자격조건을 충족하고 있는 인사가 되었다.[21]

▍미국 경찰의 "정치적 시기": 1830년대부터 1900년대

　19세기 미국 경찰은 다양한 측면에서 정치적인 영향을 받았다. 너무나 많은 정치적 입김에 휩쓸렸기 때문에 1830년대부터 1900년대까지의 기간은 미국 경찰 역사에서 **"정치적 시기"**라고 부르기도 한다. 역사학자인 로버트 포겔슨(Robert Fogelson)은 이 시기의 경찰을 가리켜 "정치적 기계의 부속물"이라고까지 악평했다. 이로 인해 당시 미국의 경찰은 비효율성과 부정부패, 전문화 부족이라는 세 가지 단어로 평가되기도 했다.[22]

정치적 시기(political ear)

EXHIBIT 2-2

미국 치안활동의 세 가지 대표 시대

1. 정치적 시기: 1830년대 – 1900년대
2. 전문화 시기: 1900년대 – 1960년대
3. 대립되는 압박의 시기: 1960년대 – 현재까지

경찰 인사관리 자격 기준 미달 문제

⇨ 오늘날의 경찰 인사관리
기준을 보려면, 제5장
내용을 참조

　　정치적 시대의 경찰은 오늘날 우리가 생각하는 경찰과는 수준이
전혀 달랐다. 당시에는 경찰 인사 적격 기준 자체가 필요하다는 생각
도 없었다. 경찰관 선발은 완전히 정치적인 인맥으로 결정되었다. 심
지어 공식적인 교육 경력도 없는 사람을 경찰로 뽑기도 했고, 건강상
태가 매우 열악해도 경찰로 선발했다. 심지어 범죄 전과 기록이 있어
도 경찰로 선발했다. 당시 구치소에 근무하는 여자 교도관이 있긴 했
으나, 미국에서 정식 제복을 입은 여자 경찰관이 등장하게 된 것은
19세기 초반의 일이다. 뉴욕의 경우, 19세기에서 20세기 초까지 가장
강력한 정치적 영향력을 휘두르던 부정한 정치조직으로 알려진 태머
니 홀(Tammany Hall)에 300달러 정도만 주면 경찰에 취업될 수 있다
는 말도 있었다.[23]

　　당시 미국에서 경찰에 선발되면, 이후 어떠한 공식적인 신임교
육도 받을 필요가 없었다. 일단 뽑히고 나면, 경찰 배지와 경찰 곤봉,
부서 규칙 사본문서를 전달받을 뿐, 경찰 관련 훈련을 받을 필요가
없었던 것이다. 심지어 업무 규정 관련 규칙 사본문서도 없는 경우가
많았다. 경찰 부서에서 해당 규율을 구체적으로 마련한 경우에만 문
서가 전달될 뿐이었다. 1888년에 신시내티에서 미국 역사 최초로 경
찰학교를 만들었다. 하지만 그 학교 교육도 단 몇 년 간 지속되다가
사라졌다. 뉴욕시는 1895년에 사격훈련장 학교를 설립했으나, 1909
년까지 공식적으로 어떠한 사격 교육 프로그램도 제공하지 않았다.
당시 자료를 보면, 경찰 모집 내용에 경찰 시험 조건도 존재하지 않
은 것으로 나타났다. 경찰에 지원만 하면, 자동적으로 모든 지원자들

이 다 경찰시험에 통과하는 것으로 나타났다.[24]

　그러나 경찰관들은 직업 유지에 대한 보장이나 안정성도 없이 일해야 했고, 특별한 이유도 없이 해고될 수 있는 불안한 상황에서 근무해야만 했다. 몇몇 상황에서는 실제 선거가 끝난 후, 별 이유도 없이 경찰서에서 모든 경찰들이 해고되는 일도 있었다. 1886년에 신시내티에서 실제 반대 집권당이 승리한 후, 289명의 경찰관 중 238명이 선거 종료 즉시 해고당하는 일이 벌어졌고, 선거에 승리한 새로운 집권세력이 선호하는 새로운 인력이 경찰 조직을 모두 장악하기도 했다.[25] 당시 경찰의 월급 보수 수준은 다른 노동자 계층의 월급보다 훨씬 높았기 때문에 분명 매력적인 직종에 속했다. 1880년대 미국 큰 도시에서 일했던 경찰관들은 보수로 일 년에 약 900달러 정도의 연봉을 받았는데, 이는 공장에서 근무했던 노동자의 연봉 450달러에 비해 매우 높은 수준이었다.

　경찰 직종은 사실, **정실주의**의 산물이었다. 지역 정치인이 명실상부한 정치적 입지를 준비해 놓으면, 자신을 비호해 주는 후원관계에 있는 친구들에게 감사의 표시로 경찰 자리를 내주며 경찰 제복을 입혀 주었다. 이로 인해 경찰 조직내의 구성원들은 한 도시가 가진 특정 인종과 종교 색깔을 갖게 되었다. 다시 말해, 아일랜드계 미국인이 정치적으로 선거에서 이기게 되면, 경찰 조직 내 경찰관 인종도 다수가 정치인의 친구들인 아일랜드계가 차지하게 되었다. 1851년 11월 3일에 바니 멕기니스킨(Barney McGinniskin)이 최초의 아일랜드계 출생 경찰관이 되었을 때, 잉글랜드인과 프로테스탄트 사람들의 큰 저항 움직임이 일기도 했다.[26] 미국에서 특히 독일계 이민자들이 많이 살았던 클리블랜드, 신시내티, 밀워키, 그리고 세인트루이스에서는 독일계 미국인 경찰이 많이 탄생했다. 아프리카계 미국인은 북쪽 도시에서 경찰관으로 임명되는 경우가 있었는데, 이 지역은 아브라함 링컨이 속했던 공화당이 장악한 곳이었고, 이로 인해 아프리카계 흑인 경찰 탄생이 용이했다는 정치적 분위기가 큰 영향을 미쳤기 때문이라고 평가할 수 있다.

정실주의(patronage)

정치적 시기의 경찰순찰업무

정치적 시기에서는 경찰이 담당했던 일상적인 순찰업무가 아쉽게도 매우 비효율적이었다. 경찰들은 주로 도보순찰을 했었는데, 그 담당 인력 숫자도 매우 적었다. 시카고의 경우, 순찰 거리가 3마일에서 4마일 거리(1마일에 약 1,600미터)에 불과했다. 많은 도시에서 전체 시민 생활 지역이 경찰순찰 대상 지역에 포함되지 않는 경우도 많았다. 당시에는 전화기도 없었기 때문에 시민이 경찰에게 범죄와 무질서를 전화로 알린다는 것 자체가 불가능했다. 또한, 경찰에게 순찰 자동차가 없었기 때문에 시민들의 요구에 신속하게 대응하기도 매우 어려웠다. 결국 경찰의 지역 감시 업무는 매우 미약했고, 거의 존재하지 않았다고 볼 수 있다. 경사급(sergeants) 정도에 해당하는 관리자급 경찰 역시 거리에서는 도보순찰을 해야 했고, 자신의 관리 하에 있는 많은 하위 직급 경찰관들을 추적하기도 어려웠고, 실무자의 위치를 확인하며 그들과 긴밀히 접촉하는 것도 불가능했다. 많은 관련 문서들을 보면, 당시 현장에서 일했던 경찰들은 쉽게 자신의 직무를 회피했던 것으로 나타났다. 몰래 근무시간 중에 살롱에 있거나 이발소에 들르는 경우가 많았고, 날씨 탓을 하며 근무지를 이탈하는 경우도 많았다. 비가 오고, 눈이 오는 경우, 그리고 매우 날씨가 더운 경우, 경찰들은 근무지를 이탈했던 것으로 나타났다.[27] 초기에 나타난 경찰들의 의사소통 시스템은 순찰 담당자가 지역 파출소로 연락을 취하기 위해 공중 전화박스 네트워크를 사용하는 방식이었다. 그러나 경찰관들은 이러한 공중 전화박스 네트워크를 무력화하는 방법을 배우게 되었다. 자신들의 근무 상황을 제대로 알려주지 않기 위해 의도적으로 수화기를 내려놓고 이동하는 경우도 많았고, 실제 자신이 전화 받고 있는 특정 장소를 거짓말로 다른 장소로 보고하는 경우도 생기게 되었다. 효과적인 의사소통 체계가 마련되지 않음으로써 일반 시민들이 경찰에게 전화박스로 연락을 취하는 것도 어려운 일이 되었다. 만약 범죄나 소란 등의 위험 상황이 발생하면, 시민들은 직접

거리로 뛰어 나가서 경찰관을 본인들이 스스로 찾아야만 하는 상황
이었다(Sidebar 2-3 참조).

경찰과 시민 관계

　　미국 역사에서 경찰이 대중들에게 친절하고 박식한 존재로 인식
된 적이 있었던가? 아쉽게도 그랬던 적은 없었을 것이다. 경찰들이
대중들과 좋은 관계를 유지했던 "황금기" 같은 시절은 어쩌면 처음부
터 단 한 번도 존재하지 않았는지도 모른다. 순찰업무를 하는 동안,
해당 지역의 담당 경찰이 시민을 알 방법이 없다는 주장은 사실 설득
력이 거의 없는 주장이다. 대다수의 경찰은 순찰을 돌며 많은 시민들
과 교류하게 되고 서로를 알아가게 되는 상태에 놓이게 된다. 그리고
그것은 분명 힘든 일을 경험하게 되는 상황으로 연결될 수 있다. 이
로 인해 당시 경찰들의 이직 비율은 매우 높았고, 인구 유동성도 지
금보다 더 활발했다. 심각한 문제는 많은 경찰들이 근무 중에 술을
마시기도 했고, 종종 과격한 방식으로 물리력을 사용하기도 했다는
점이다. 시어도어 루즈벨트(Theodore Roosevelt)는 뉴욕시의 새로운 경
찰청장(police commissioner)으로 임명되었을 때, 한밤중에 경찰관들
이 근무를 잘 서고 있는지 확인하기 위해 거리를 나선 적이 있다. 이
때, 그는 단 한건의 성공적인 경찰 사례조차 찾아보기 어렵다는 부정
적인 입장을 내보이기도 했다.[28] 훗날 시어도어는 경찰청장에서 미합
중국의 대통령이 된 인물이기도 하다. 정리하면 당시 미국 시민들은
전반적으로 경찰들을 무시하는 태도를 가지고 있었다고 볼 수 있다.
특히, 청소년 갱 단원들은 경찰들에게 재미로 돌을 던지는 게임 스포
츠 놀이를 했고, 경찰을 조롱하기도 했다. 경찰에게 체포된 사람들조
차도 경찰과 싸움을 했고, 경찰들이 과도한 물리력 사용을 허용함으
로써 일부러 경찰을 자극하는 행동을 보이기도 했다.[29]
　　역사학자인 크리스토퍼 타일(Christophe Thale)은 당시 뉴욕시 내
의 경찰 업무배치 기록을 본 후, 모든 경찰관들이 순찰 중에 많은 사
람들을 무조건 산술적으로 다 안다는 것은 불가능한 일일지 모른다고

⇨ 경찰 합법성 문제와
경찰-지역사회 관계
문제를 논의하려면,
제12장을 참조

생각했다.

Sidebar 2-3

한 경찰관의 일기: 1895년 보스턴

옛날에는 순찰 나간 경찰관이 무슨 일을 하는지 거의 몰랐다. 대부분의 경찰 이야기는 개혁자들의 입에서 나오거나 경찰부패 문제나 비효율성 문제를 파헤치려는 언론인 입에서 나오는 경우가 많았다. 하지만 개혁자들과 언론인들이 보여주는 경찰의 일상은 현실과는 완전히 다른 편향된 것이었다. 1895년에 한 보스턴 경찰관 스틸맨 웨이크맨(Stillman S. Wakeman)이 쓴 일기장은 100년 전 실제 경찰관이 어떤 일상에서 생활했고 어떤 생각을 했는지 보여주는 귀중한 자료가 되었다.

웨이크맨은 지역 동네를 담당한 평범한 경찰이었다. 당시 그는 대부분의 시간을 동네 거주민들의 작은 문제 해결에 소비했다. 큰 범죄 사건에는 별 시간을 쏟지 않았다. 살인, 강간, 강도와 같은 범죄문제 소통에는 상대적으로 매우 적은 시간만 쏟았다. 비공식적인 방식으로 대부분의 문제를 해결했고, 마치 지역 법원의 치안판사처럼 행동했다. 그리고 그의 역할은 놀라울 정도로 지금의 순찰 경찰관과 유사했다. 문제 신고가 들어오면, 사후에 반응하는 수동적인 모습을 주로 취했고, 문제 해결자로서의 역할을 다했다. 오늘날 순찰 경찰과의 가장 큰 차이점을 들자면, 그것은 근대 경찰 기술력이 없었다는 것이다. 그는 당시 순찰 자동차도 없었고, 911 전화 신고 시스템 체계도 갖고 있지 않았다.

출처: Alexander von Hoffman, "An Officer of the Neighborhood: A Boston Patrolman on the Beat in 1895," *Journal of Social History* 26 (Winter 1992): 309-330.

그는 첫째, 지역사회 구성 특징이 매우 빠른 속도로 계속 바뀌면서 엄청난 수의 이민자들이 지역에 유입되어, 해당 시민들을 다 파악하기 어려울 것이라는 의견을 내놓았다. 둘째, 경찰 배당 업무는 매우 불안하여 상황에 따라 바뀌는 경우가 많았다고 보았다. 예를 들면, 뉴욕경찰청(New York Police Department)이 만들어졌을 때, 경찰들은 그들 관할 지역 내에서 실제 거주할 것을 요구받기도 했다. 그러나 이러한 규칙은 제대로 운영되지 못했고, 결국 1857년에 경찰청은 이 정책을 공식적으로 폐지했다. 경찰 치안서비스를 신속히 제공해야 한다는 압력이 배치 경찰관들에게 그들이 필요한 곳이면 어디든지 출동하도록 요구했기 때문이다. 경찰들이 살고 있는 지역이 아니라, 새롭게 만들어진 동네와 점점 더 커져가는 동네에도 신속하게 경찰이 출동해야 한다는 업무 가변성이 증가한 것이다. 역사학자 크리스토퍼 타일은 이러한 현상에 대해 시민들이 "순찰을 서고 있는 특정 경찰 한 명만(cop)을 경험하는 것이 아니라, 이제는 일반 경찰 전체(cops)를 경험하게 되는 순간"이 왔다고 평가했다.[30]

경찰과 시민과의 관계는 인종적, 윤리적 갈등 분위기에 영향을 받는 경우가 많았다. NYPD는 특이하게도 아일랜드계 가톨릭 배경을 가진 경찰이 많이 포진해 있었다. 그리고 이들은 역사적으로 새로 미국 뉴욕에 진입한 이탈리아계나 유대인 이민자들에게 적대적이고 공격적인 경우가 많았다. 20세기 미국 역사에서 경찰 자동차가 처음 등장하기 훨씬 이전부터 미국의 도시 속 경찰활동은 매우 비인간적인 분위기를 갖고 있었고, 경찰과 시민 간의 대립 갈등 구조를 내비쳤다. 달리 말하면, 다정한 "이웃 경찰(neighborhood cop)"이라는 생각은 처음부터 미국 역사에서 단순한 잘못된 신념에 지나지 않는 것이었다고 볼 수 있다.

대체 미국 경찰은 무엇이 문제였고, 무엇이 잘못된 것이었을까? 흥미로운 비교연구를 수행했던 윌버 밀러(Wilbur Miler)의 주장을 보면, 영국 런던 경찰은 매우 고도로 전문화된 주체로 발전했던 반면, 미국 경찰은 완전히 비전문가의 이미지로 전락했던 것으로 볼 수 있다. 구체적으로 말하면, 런던광역경찰청 청장은 정치적 간섭으로부터 자유로웠고, 자신이 고수했던 인사 자질 기준을 최대한 유지할 수 있었던 반면, 미국은 그렇지 못했던 것으로 평가할 수 있다. 이로 인해 런던 바비들, 즉 영국 경찰들은 대중의 존경을 한 몸에 받는 존재가 되었다. 그러나 미국 경찰들은 적절한 관리, 감독을 제대로 받지 못함으로써 결국 경찰의 부정행위를 눈 감아 주는 비리 경찰로 평가받게 되었고, 이로 인해 대중의 경찰에 대한 신뢰가 무너지는 상황을 맞이하게 되었다. 짧게 말하면, 두 국가의 경찰 역사는 설립 초기부터 매우 다른 방향으로 발전했다고 볼 수 있다.[31]

시민들의 폭력행위가 증가함에 따라 미국 경찰관들도 결국 총을 소지하기 시작했다. 1880년대 후반까지, 브루클린 지역에서 근무했던 경찰들은 총기를 소지하지 않고 현장에서 도보순찰을 주로 했다. 당시 뉴욕 브루클린 지역 인구는 독자적으로 약 500,000명의 사람이 거주하는 지역이었다. 일부 다른 도시에서는 경찰의 총기 소지가 선택사항에 불과했다. 필요한 경우, 관리자급 경찰(경사)의 재량에 따라 총기를 소지할 수 있는 추가 사항이 있을 뿐이었다. 그러나 1800년대 후반 들어서 점차 도시 내 범죄와 폭력이 증가함에 따라, 의무적인 경찰 총기 소지 근무 조건이 하나의 기본장비(standard equipment)로 자리 잡게 되었다.

정치적 시기의 경찰 역할은 오늘날의 경찰 역할과는 완전히 다른 모습이었다. 경찰은 당시 사회복지 업무를 담당하는 하나의 제도로 평가되었다. 지역 파출소는 거주 부정자들의 숙소로 활용되는 곳이었다. 실제 1880년대 필라델피아 경찰은 일 년에 약 100,000명의 사람들에게 숙소를 제공한 것으로 기록되어 있다. 하지만 이러한 경찰의 역할은 1900년대에 들어서면서부터 점차 바뀌기 시작했다. 경찰 조직은 전문화의 길을 걷게 되고, 오직 범죄문제에만 총력을 기울이는 조직으로 탈바꿈하게 된 것이다. 더 나아가 경찰은 일반 시민 중에서도 빈곤층에 특히 관심을 갖게 되면서 전문화된 새로운 사회사업기관(social work agencies)으로 거듭나게 되는 기회를 갖게 되었다.[32]

부패 및 정치적 영향력

⇨ 경찰부패 문제를 논의하려면, 제13장을 참조

조지 플런키(Goerge W. Plunkitt)는 19세기 미국 경찰의 잘못된 모습을 그의 글 속에서 상세히 표현한 바 있다. 그는 수 세대동안 뉴욕 정치계를 주물렀던 소셜 클럽 태머니 홀의 지역구 대표였는데, 경찰부패가 얼마나 심각했는지 그의 글 속에서 잘 볼 수 있다. 그는 "태머니 홀 세력은 정치세력 간의 전쟁에서 승리한 집단 세력의 구성원들에게 어떻게 충분한 보상을 해 줘야 하는지 너무 잘 알고 있다." 라고 했다. 경찰 부서의 일은 바로 조지 플런키와 태머니 홀 구성원들이 제공했던 충분한 보상과 관련이 있었다. 태머니 홀은 자신들의 정치 세력을 확산하기 위해 술집 운영자들로부터 뇌물을 받았고, 지역 도박꾼들과 성매매 불법 영업자들로부터 검은 돈을 받았다. 왜 경찰 조직이 그토록 오래 부패할 수밖에 없었는지 이해가 가는 대목이다. 경찰이 부패한 이유의 답은 조지 플런키의 설명에 있다. 많은 사람들은 이미 자신들이 경찰 내에서 무슨 일을 하고 있는지 너무나 잘 알고 있는 상황이었다. 정치세력과 결탁한 경찰들은 관련자들과 함께 그들이 받는 "보상"을 너무나 잘 알고 있었고, 그 보상을 어떻게 즐겨야 하는지도 너무 잘 알고 있었다. 그리고 당시 그들이 저지른 불법 행동에 대해 어느 누구도 불쾌감을 느끼지 않고 있었기에, 해당 부정부패가 근절되지 않고 오랜 기간 지속될 수밖에 없었다.[33]

경찰의 **부패**는 19세기 당시 미국 사회에서 유행병처럼 빠르게 온 지역으로 퍼져갔다. 역사학자인 마크 할러(Mark Haller)는 그 상황을 다음과 같이 묘사했다. "경찰의 부패행위는 개인이 저지르는 단순한 비리행동이 아니었다. 그것은 지방 정부 전체가 갖고 있는 핵심기능 전체의 문제였다. 경찰 조직은 지방 정부가 가진 부패의 주요한 한 부분이었다."[34] 결국 당시 경찰은 법 집행을 제대로 하지 않는 조건으로 지방 정부로부터 보수를 받았다고 볼 수 있다. 경찰은 음주행동, 불법도박행동, 매춘행동 등에서 제대로 된 법 집행을 하지 않았고, 오히려 그런 행동은 지방 정부가 내심 바라는 일이기도 했다. 이런 식으로 경찰 조직에 들어온 검은 돈은 모든 계급에게 뿌려졌고, 경찰부패는 경찰 개개인이 내리는 의사결정에도 영향을 미치게 되었다. 심지어 경찰 내부에서 경찰 개인이 승진을 위해서는 상부에 돈을 찔러 줘야 하는 매수 상황도 비일비재하게 일어났다. 당시 뉴욕시에서 일반 경찰이 경사급(sergent)으로 승진하기 위해서는 보통 16,000달러의 돈을 뇌물로 상사에게 줘야 하는 관행이 있었다.[35] 자신의 승진에 썼던 그 돈은 이후 곧 또 경찰이 다시 부정이득으로 회수해야 하는 돈이었다. 1894년 당시 뉴욕시 치안책임자 역할을 맡았던 경찰청장은 350,000달러를 개인 비자금 명목으로 착복해서 사임을 강요받기도 했다. 이 금액은 오늘날로 치면 수백만 달러 이상의 가치가 있는 큰 액수였다.[36]

부패(corruption)

경찰부패는 사실, 사회적, 정치적으로 중요한 우리 사회의 근본적 목표설정(ends) 의제와 관련된 문제이다. 음주 행동을 하나의 예로 들어보면 다음과 같다. 미국 프로테스탄트에게 술을 전혀 마시지 않고 항상 금주 상태를 유지하는 사람이란 존경을 받을 만한 사람이고, 자기 통제가 잘 되는 훌륭한 사람임을 뜻한다. 이런 사고방식으로 인해 이민자 근로자 계층에게도 같은 가치관을 강조하며 아일랜드계 사람들이나 독일 이민자들에게도 금주행동을 강요하게 될 가능성이 커진다. 달리 말하면, 과도한 음주 문화를 갖고 있는 이민자들의 행동을 제한하거나 법으로 금지하는 정책을 경찰이 유지하게 될 확률이 증가하는 것이다. 그러나 지역 이민자 사회에서 술집이라는 공간은 단순히 술을 먹고 기분을 푸는 곳을 말하는 것이 아니다. 그들에게 술집은 정치적인 의견을 교환할 수 있는 의견개진의 장소이기도 하다. 당시 미국인들은 자신들의 집 안에서 여가를 풀만한 적절한 수단이나 도구가 거의 없었다. 따라서 술에 취한 사람들을 법으로 처벌하는 것은 노동자들이 가지고 있는 일상의 중요한 삶의 일부를 부정하는 것과 마찬가지였다. 그들이 유지하고자 하는 정치적인 힘을 약화시키는 것으로 해석될 여지도 있었다. 즉, 당시 미국에 건너온 이민자 노동 계층들은 단순히 음주행동에 대한 법 집행 자체에 반기를 든 것이 아니라, 경찰들을 통제할 수 있는 정치적 힘을 빼앗기지 않기 위해 경찰들과 힘겨운 싸움을 했다고 볼 수 있다.[37]

Sidebar 2-4

보스턴 최초 아일랜드 출생 경찰관(Barney McGinniskin)의 모험담

1851년 9월 5일 바니 멕기니스킨(Barney McGinniskin)이 경찰 외근을 나가는 순간, 보스턴 지역 내 최초의 아일랜드 출신 경찰관이 되었다. 멕기니스킨의 경찰 임명과 활약에 관한 모험담은 당시 얼마나 경찰 조직이 심각한 이민자 갈등, 편견, 정치적 영향이 있었는지 극명하게 보여주었고, 그런 분위기에서 경찰 조직이 얼마나 어렵게 19세기를 견뎌냈는지 짐작케 했다.

1850년대 보스턴 경찰을 통제하기 위한 몸부림의 하나로 멕기니스킨을 경찰관으로 임명하게 되었다. 선거 결과가 당시 공화당이 가졌던 강력한 과거 힘을 모두 빼앗는 것이었다. 공화당의 전신으로 선거에서 패배한 휘그당은 원래 프로테스탄트 정착자로 조상들이 매사추세츠 州에 처음 자리를 잡은 사람들이었다. 기존 집권 세력들의 힘을 완전히 빼앗기 위해서 아일랜드 성향의 민주당 사람들에게 점수를 얻을 필요가 있었기에 하나의 전략으로 아일랜드 출신 경찰관을 일부러 임명할 계획을 세웠다.

멕기니스킨은 42살이었고, 미국에서는 22년 동안 생활한 사람이었다. 반대편에 선 사람들은 외국인이 혼란한 사회의 치안을 책임진다는 것이 매우 위험한 발상이라고 주장했다. 멕기니스킨에 대한 임명을 반대하는 사람들은 아일랜드 이민자들이 범죄와 질서가 많은 지역에서 가난하게 살았고, 그들이 지역 동네의 문제를 야기하는 원인이라고 주장했다. 프로테스탄트 종교를 고수하던 사람들은 술 먹는 행동을 무조건 강하게 억제해야 한다고 믿었었다. 아일랜드 사람들은 위험한 사람들이라는 고정관념 속에서 일반적으로 그들은 과도하게 술을 마신다는 부정적인 생각으로 계속해서 아일랜드 사람들이 경찰 세력으로 부각되는 것을 경계했다. 아일랜드에서 출생해서 미국에 온 사람들은 일반적인 미국 출생의 시민들과는 전혀 다른 정치적 입장을 고수할 우려가 있다고 주장하기도 했다. 하지만 이러한 주장에 대해 일부에서는 경찰 조직 운영은 일반적인 사안과 달리 특별한 경우에 해당한다는 목소리가 나오기도 했다. 멕기니스킨은 악명 높은 위험한 앤 거리에서 "평범한 운전사(common cabman)"에 불과했는데, 단순히 아일랜드 이미자라는 이유로 사람들의 부당한 공격을 받았다는 주장이 일기도 했다. 사람들로 억울한 인신공격을 받기 10년 전쯤에는 단순히 시민폭동에 참여했다는 이유로 유죄판결을 받기도 했다. 멕기니스킨은 이러한 억울한 일을 뒤로 하고 마침내 경찰관으로 임명되었다.

계속되는 정치적 혼란 속에서 보스턴 시장은 야간 경찰 인력을 없애고, 과거의 야경단 인원만 도시에 남기는 조치를 감행했다. 이 시기에는 유사한 정치적 이유로 대단위 집단 경찰 인력을 해고하는 조치들이 다른 지역에서도 이루어졌다. 몇 년이 지나 멕기니스킨도 보스턴에서 해고당했다. 해고 이유는 명확히 알려지지 않았다. 1861년, 그가 경찰관으로 임명되고 10년이 지나도록 경찰 조직 내부에서 아일랜드 출신 경찰관은 그 이후로 단 한 명도 나오지 않았다. 그러나 정치적 분위기가 바뀌게 되면서, 마침내 이후 1886년까지 40명이 넘는 아일랜드 출신 경찰관이 탄생하게 되었다.

출처: Roger Lane, *Policing the City: Boston 1822—1885* (Cambridge: Harvard University Press, 1967), 75-78.

이민자, 차별, 그리고 경찰부패

1882년 12월 3일 뉴욕시 경찰은 137명의 범죄자들을 체포했다. 그런데 그들의 법률 위반 내용은 흥미롭게도 "일요일 영업정지 법 (Sunday Closing Law)" 위반 사항이었다. 경찰이 이날 보여준 엄격한 단속행위는 사실 전통적인 경찰 단속행동과는 정반대되는 것이었다. 과거에는 법으로 일요일에 영업을 하지 말라고 규정해 놓았지만, 해당 법을 신경 쓰는 경우가 별로 없었다. 법이 존재하는 경우에도, 식민 시대에 해당 규율을 제대로 이행하는 사람이 없었고, 식민 정부 역시 법 준수 여부를 묵인한 상태로 일요일 영업을 모두 관대하게 넘어가 주었던 것이다. 그러나 새로운 형태의 강력한 법 집행이 나타나자, 이 법은 미국 역사에서 엄청난 논쟁거리로 남게 되었다. 바로 이민자 문제, 인종, 종교 차별 문제, 그리고 경찰의 부정부패와 관련된 복잡한 문제의 불씨가 이 법과 관련해서 일어나게 된 것이다.[38]

    1882년 일요일에 체포된 많은 사람들은 뉴욕에 살던 유대인들로서 정육점이나 이발소, 동네 빵집 등을 소규모로 운영하는 평범한 사람들이었다. 그들은 자신들이 가지고 있던 종교적인 신념 때문에 일요일에는 가게 문을 열 수밖에 없는 상황이었다. 유대인들은 토요일에 문을 닫아 유대인 안식일 예배를 봐야 했다. 결국 뉴욕 주법에 따르면, 유대인들은 토요일도 문을 닫아야 하고, 공식적인 휴일인 일요일에도 가게 문을 닫아야만 하는 상황이었던 것이다. 그러나 비유대인들은 토요일에 정상 근무를 하고, 법으로 정한 일요일에만 문을 닫으면 되기 때문에 이윤창출 차원에서 유대인보다 더 많은 돈을 벌 수 있는 불공평한 상황이었다.

    일요일에 반드시 가게 문을 닫아야 한다는 "일요일 영업정지법"은 수년 동안 미국 사회에 큰 논쟁을 불러일으켰다. 경찰 지휘자의 특성에 따라 해당 법률 위반자를 체포하는 대응방식도 여러 가지로 나누어졌다. 문화 역사학자인 바티야 밀러(Batya Miller)에 따르면, 프로테스탄트에 속했던 개혁성향의 시장들은 주로 해당 법률을 강력하게 밀어 붙이는 태도를 취했다. 1895년부터 1897년까지 뉴욕 경찰청장을 지낸 시어도어 루즈벨트는 이후 미합중국 대통령이 되기 전까지 뉴욕 경찰청장으로 재직하며 일요일 영업정지 법을 매우 강력하게 시행했다. 그러나 반대로 아일랜드계 가톨릭 성격을 강하게 가지고 있던 뉴욕의 정치세력 태머니 홀이 득세하자 해당 법률은 거의 무시되는 상황이 되었다. 해당 법률을 무시했다고 해서 물론 유대인

상공업자들이 아무런 차별도 받지 않고 완벽히 자유로운 상황에서 편하게 비즈니스를 운영했던 것은 아니다. 태머니 홀 정치세력들은 거리에서 물건을 파는 소시민들에게 체포를 면하는 조건으로 정부에 5달러의 벌금을 낼 것을 유대인들에게 요구했다. 만약 거리에서 장사를 하던 일요일 점포 상인들이 돈을 내지 않으면, 경찰은 가게 앞에 돈을 내지 않았다는 특별한 표시까지 해두었다. 이를 통해 나중에 다른 경찰관이 와서 받지 못했던 벌금을 받아가도록 했던 것이다. 달리 말하면, 당시 유대인들은 언제든지 경찰에 체포될 수 있는 불안한 상황에서 경찰들에게 소위 만만한 대상(fair game)으로 취급받았다. 바티야 밀러에 따르면, 경찰이 유대인을 대상으로 저질렀던 과잉진압 태도와 과잉 대응전략은 아일랜드계 가톨릭 경찰관들에 의해 비일비재하게 이루어진 관행이었다. 그것은 당시 기준에서 전혀 "특이하지 않은" 보통의 일반적인 경찰의 법 집행 방법이었다.

정리하면, 종교적 이유로 서로 다른 휴일 규정을 갖고 있던 인종들 사이에서 문화적 갈등이 일어났고, 당시 경찰은 그 한 가운데서 엄청난 재량 남용을 했다고 볼 수 있다. 경찰 부정부패와 과잉진압 폭력행동, 그리고 지역 정치세력 간의 종교적, 인종적 갈등이 더욱 깊어지는 혼돈의 시대 한 가운데 경찰이 존재했다. 결국 이 시기는 경찰에게 훌륭한 법 집행을 기대할 수 있는 "황금기" 시대가 절대 아니었다고 하겠다.

경찰개혁의 실패

1892년 2월 14일, 뉴욕시 매디슨 스퀘어 장로교 목사인 찰스 파크허스트(Charles H. Parkhurst)는 800명이나 되는 자신의 교구 신도들 앞에서 공개적으로 뉴욕 전 지역에 만연된 경찰부패 문제를 혹독하게 비판했다. 그는 사람들 앞에서 시장과 경찰서장들 전체를 가리켜 "거짓말만 하고, 위증을 일삼으면서, 술에 취해서 여자만 좋아하는 색마"라는 과격한 표현을 썼다. 뉴욕 전체가 도박과 불법 술 제조 문제에 빠져 있고, 불법 성매매가 만연해 있고, 이 모든 범죄들이 합법

적으로 돈을 받고 이들을 비호해 주는 세력에 의해서 이러한 범죄가
유지되고 있어, 당시의 미국 상황이 "자격을 갖고 당당하게 저지르는
범죄"형태를 띠고 있다고 비판했다.[39]

　　찰스 파크허스트는 이러한 부패 문제를 완전히 근절시키기 위해
서는 특단의 행동 조치가 필요하다고 주장했다. 즉, 뉴욕시 경찰 조
직을 완전히 쇄신해야 한다고 말한 것이다. 이와 유사한 주장들이 다
른 미국 도시에서도 동일하게 일어났다. 경찰 개혁을 주장하는 사람
들이 증가하긴 했으나, 이들은 아쉽게도 지역에 새로운 분란을 일으
켰고, 얼마 못 있어 다시 슬그머니 사라져 버리는 일들이 반복되었
다. 이들의 주장으로 경찰활동에서 획기적인 일들이 새롭게 일어나지
못한 것이다. 많은 경우, 개혁을 원하는 사람들의 목소리는 공식적인
경찰 조직 외형과 관련되어 있고, 경찰 부서들에 대한 통제 구조를
바꾸는 일에 그치는 경우가 많았다. 이들의 주장은 주로 경찰위원회
를 만들어야 한다는 주장과 연결되었는데, 위원회 위원들은 주지사나
입법 관계자들의 추천으로 이루어졌다. 경찰 통제에 대한 많은 투쟁
노력들은 한 개인이 느끼는 정치적 소속과 종교 그룹 특징에 따라 전
혀 다르게 표출되었고, 도시 및 농촌 지역 거주지에 대한 가치관에
따라 다양한 형태로 구분되었다. 미국 뉴욕은 1857년에 미국 역사상
최초로 州 정부(state-controlled) 직접 통제 방식의 경찰위원회를 만
들어냈다. 많은 도시들이 경찰에 대한 통제 방법 문제를 앞에 놓고
매우 다양한 의견을 제시했는데, 그 정답은 끝도 없이 다양했다. 신
시내티의 경우 1859년부터 1910년까지 경찰 통제(police control) 문
제를 해결하기 위해 무려 열 가지 변화 개혁 방안이 나왔다.[40]

⇨ 경찰 책무성(accountability)
측정과 영향력 문제를
논의하려면, 제14장을
참조

　　아쉽게도 당시 개혁자들의 모든 노력은 경찰 조직을 개선시키는
데 모두 실패했다. 어떻게 경찰 조직 자체를 새롭게 조직화하고 개선
시켜야 하는가에 대한 큰 그림상의 비전은 없었고, 그로 인해 모든
노력은 실패할 수밖에 없었다. 개혁자들이 생각했던 것은 단순히 기
존의 '나쁜 경찰'을 자신이 친하게 평소 잘 알고 지내던 '좋은 경찰'로
교체하는 것뿐이었다. 여기서 말하는 나쁜 경찰은 개혁자들과 반대되
는 정치 성향 출신의 경찰이었고, 단순하게도 좋은 경찰은 자신들을

지지해주는 세력 내 경찰이었다. 경찰 행정 업무에 대한 아이디어도 없었고, 경찰 모집 선발기준 개선에 대한 의지도 없었다. 그리고 새로운 경찰 교육훈련 내용 개발이나 일선 경찰관 관리 시스템 개발에서도 개혁자들의 비전은 없었다. 경찰의 과잉 진압 대응태도에 대한 관심도 없었고, 경찰이 갖고 있는 인종 차별적인 집행 방식에 대해서도 당시 개혁자들은 별 아이디어가 없었다. 어쩌면 오늘날 미국이 안고 있는 가장 중요한 두 가지 문제 - 경찰 과잉대응과 인종 차별 문제를 당시 개혁자들이 충분히 중요하게 다루지 않았다고 하겠다. 이로 인해 당시의 개혁안들이 모두 실패로 돌아갔다고 볼 수 있다.

시어도어 루즈벨트(Theodore Roosevelt)는 1901년부터 1909년까지 미합중국의 대통령으로 재직했던 사람이다. 과거 시어도어 루즈벨트는 목사 찰스 파크허스트의 경찰 개혁 캠페인의 가장 큰 혜택을 본 사람이기도 하다. 당시 1895년 뉴욕에는 경찰청장으로 총 네 명이 있었는데, 시어도어 루즈벨트는 대통령이 되기 전 네 명 중 한 명의 청장으로 선출된 바 있다. 약 2년 동안 경찰청장으로 활동하며 경찰 조직을 쇄신하기 위한 화려한 캠페인 운동에 관여할 기회가 생겼다. 이 그럴듯한 움직임은 외부 홍보효과를 톡톡히 얻은 저널리스트 제이콥 리스(Jacob Riis)의 도움으로 이루어졌다. 한밤중에 시어도어 루즈벨트는 이 기자와 함께 경찰관들을 살피기 위해 거리를 걷는 캠페인을 한 적이 있는데, 제대로 된 근무 경찰관을 찾는 것이 매우 힘들었다. 그는 밤마다 제대로 일하는 경찰을 만나는 일이 허사로 돌아가는 일이 많아지자, 경찰 개혁이 필요하다는 생각을 하게 되었다. 우연히 경찰 한 명을 길에서 만나더라도, 대부분 뒷골목에서 몰래 잠을 자는 경우가 허다했고, 혹은 근무 시간에 술집 앞에만 서성거리는 경우가 많았다. 그러나 시어도어 루즈벨트 역시 경찰 개혁 업무를 단순히 개인 수준에서 실시하는 생색내기 캠페인 정도로만 인식했다. 경찰 조직 전체가 변화되어야 하는 커다란 노력이라고 생각하지 않았던 것이다. 1897년에 시어도어 루즈벨트는 뉴욕 경찰청장 직책에서 물러났다. 사임 이후, 그가 경찰을 위해 어떤 특별한 업적을 달성했는지는 알 수 없다. 사임 바로 다음 해에 시어도어 루즈벨트는 미합중국의 부통

시어도어 루즈벨트(Theodore Roosevelt)

령으로 선출되었다. 운 좋게도 그는 1901년 대통령 윌리엄 멕킨리
(William McKinley)가 암살당하자, 바로 부통령에서 대통령의 자리에
오르게 되었다.[41]

경찰이 범죄와 무질서 문제에 미친 영향

초기 미국 경찰은 범죄와 무질서 문제를 얼마나 잘 해결했을까?
신시내티와 볼티모어 슬럼 위험지역에 살던 어린 비행청소년들은 경
찰에 잡힐까봐 무서워서 계획했던 강도와 절도 행각을 정말 스스로
포기했을까? 이러한 질문 앞에서 우리가 할 수 있는 답은 아마도 "아
니다(No)"일 것이다. 앞서 언급했던 것과 같이, 순찰활동을 할 수 있
는 경찰 숫자는 당시 너무 적었다. 그리고 도보순찰의 한계로 경찰이
감당할 수 있는 지역도 얼마 되지 않아 순찰업무의 효율성은 매우 떨
어져 있는 상태였다. 당시 경찰은 범죄에 신속하게 대응할만한 역량
도 충분히 갖추고 있지 않았다. 심지어 범죄 피해자도 효율적으로 경
찰에게 피해 사실을 알려 도움을 받을 수 있는 여건이 마련되어 있지
않았다.

경찰의 범죄에 대한
영향력(impact of the police
on crime)

역사학자들은 **경찰의 범죄에 대한 영향력**에 대해 많은 주장을 해
왔다. 그들은 19세기를 지나면서 미국의 많은 도시들이 점차 모양을
갖추게 되었고, 안정적인 모습을 유지하게 되었다고 보았다. 역사학
자들은 도시의 성장이 자연스럽게 도시 질서 유지라는 특성을 가져
왔다고 본다. 즉, 자연적인 도시 생활의 적응 습관이 일정한 도시의
질서 형태까지 만들었다고 본 것이다. 일상에서 우리는 규칙적인 시
간에 출근을 하고 규칙적인 시간에 집에 돌아오는 반복적인 생활을
한다. 이것이 우리 스스로를 규칙적인 생활을 하도록 만들고 주고,
질서를 잘 지키는 습관 형성까지 만들어 준다는 뜻이다. 이러한 역사
학자들의 관점에 따르면, 경찰은 기껏해야 범죄 감소에 보조적인 역
할을 한 것밖에 없다.[42]

⇨ 현재 경찰의 범죄척결
전략을 논의하려면,
제9장을 참조

19세기부터 1930년대 중반까지 미국의 경찰은 종종 노동조합과
조합 관련 활동들을 억누르는 일을 했다. 특히 당시에는 와그너법

(Wagner Act)에 의거해 노동자들 스스로가 자신의 이익을 대변해 다양한 유형의 노동조합을 결성, 선택할 수 있는 권리가 인정되었는데, 이 시기의 경찰들은 노동조합을 교란시키고 파업을 방지하는 일에 적극 관여했던 것이다. 미국 노동 운동은 당시 매우 폭력적인 양상을 보였다. 회사를 운영하는 관리자들 입장에서는 노동조합원들과 싸움을 해야 했고, 그들이 일으키는 파업은 곧 과격한 폭력으로 끝나곤 했다. 특히, 석탄 산업이나 강철 비즈니스를 하는 사업장에서는 특히 파업이 마치 시민전쟁만큼 심각한 상황으로 이어지는 경우가 많았다. 그러나 일부 도시에서는 경찰이 오히려 노동자들을 조직화하는 데 도움을 줄 정도로 노동조합 당사자들과 좋은 관계를 유지하기도 했다. 이는 아마도 경찰들이 노동자들과 같은 블루칼라 지역사회 출신인 경우가 많았기 때문일 것이다. 경찰이 노동자 편에 가까울 때 경찰활동은 사업자들의 이익을 대변하지 못하는 방향으로 흘러갔다.[43]

근대 경찰이 범죄와 무질서라는 문제를 해결하기 위해 시작된 것이지만, 미국 사회에서의 이 문제는 경찰 혼자의 힘으로 인해 해결할 수 있는 것이 아니었다. 사실, 경찰이 미친 긍정적 영향력은 매우 미약한 수준에 그치는 것이었다. 솔직히 말하자면, 경찰은 사회 문제를 해결하는 존재라기보다는, 경찰 자체가 사회적, 정치적 문제의 원인이 되는 경우가 더 많았다. 경찰이 가진 정치적 영향력과 만연된 경찰 부정부패로 그들 자체가 심각한 사회의 골칫거리가 되었고, 사회 문제의 원인이 된 것이다. 오늘날 경찰이 갖고 있는 많은 문제들의 기저에는 바로 19세기 당시에 시작된 이런 이유들과 큰 관련이 있다. 당시 미국에서는 경찰이 저지르는 행동에 대한 통제 기제 자체가 존재하지 않았다고 볼 수 있다. 경찰이 저지르는 인종 차별적 행동과 과잉 공격행동 역시 제대로 통제되지 않는 상황이 되었다. 미국 경찰 역사의 다음 백년은 이런 경찰의 복잡한 문제들을 해결하는 데 쓰일 수밖에 없게 되었다.

▌경찰 전문화 시기의 시작: 1900년대부터 1960년대

미국 경찰은 20세기 첫 절반의 50년 기간 동안 엄청난 변화를 겪게 되었다. 가장 큰 두 가지 변화는 경찰 전문화 움직임이 조직적으로 이루어지게 되었다는 점이다. 이러한 변화는 근대 기술력의 발전과 큰 관련이 있는 것이었다. 특히, 기술발전은 전화의 탄생과 순찰 자동차의 등장으로 요약될 수 있다.

경찰 전문화 운동

어거스트 볼머(August Vollmer)

로버트 필이 근대 경찰의 아버지라면, **어거스트 볼머(August Vollmer)**는 미국 경찰 전문화의 아버지이다. 20세기 이후 경찰 전문화를 처음으로 자리잡게 만든 사람이 어거스트 볼머라고 볼 수 있다. 1900년부터 1917년까지 진행된 광범위한 수준의 진보주의 정치개혁 운동의 일환으로 경찰 전문화가 함께 일어나게 되었다. 진보주의 정치 철학은 거대 산업 비즈니스 모델을 규제하려는 움직임을 갖고 있고, 아동에 대한 노동력 착취에 반대하며 사회복지 분야의 강조에 큰 관심을 갖는다. 경찰 전문화와 함께 진보주의 성향의 정치는 지방정부의 역할을 특히 강조한다.[44]

어거스트 볼머는 1905년부터 1932년까지 캘리포니아 버클리에서 경찰서장(chief of police)으로 재직했다. 그는 다른 어떤 경찰들보다 경찰 조직 개혁에 큰 뜻을 품은 사람이었다. 그가 제안했던 경찰 의제들은 오늘날의 경찰 조직에도 큰 영향력을 미치고 있다. 그가 제시했던 과제 중 가장 유명한 것은 바로 경찰관들의 교육 수준 향상이었다. 그는 버클리에서 대학을 졸업한 사람을 경찰로 선발할 것을 주장했고, 1916년에 실제 캘리포니아 대학에 경찰학 기반 정규 코스를 설치했다. 이런 의미에서 어거스트 볼머를 가리켜 근대 형사사법 교육 체계를 최초로 만든 교육계의 아버지라고 부를 만하다. 어거스트 볼머는 많은 경찰 조직의 자문위원으로 활동했고, 전국 위원회 위원으로 봉사하기도 했다. 1923년에 어거스트 볼머는 버클리를 일 년 동

안 떠나서 로스앤젤레스 경찰서의 서장으로 재직했는데, 1931년에는
"경찰에 대한 위커셤(Wickershame)위원회 보고서"를 작성하기도 했다.
그가 작성했던 유명한 이 보고서를 들여다보면, 경찰 조직이 기억해
야 할 미국 근대 경찰의 개혁 목표와 관리 방식이 잘 요약되어 있음
을 알 수 있다. 그는 이 보고서에서 경찰 조직은 반드시 높은 수준의
교육 경험을 갖고 있는 자질이 뛰어난 경찰을 채용해야만 한다고 주
장했다. 어거스트 볼머의 많은 학생들은 실제 개혁에 대한 강한 동기
를 가진 경찰서장으로 성장했고, 그의 학생들은 캘리포니아 州와 다
른 많은 州에서 경찰 실무자로 활동했다.[45]

경찰 개혁 의제

경찰의 **전문화 운동**은 특정한 몇 가지 의제를 가지고 있다(2-3
참조). 첫째, 개혁자들은 경찰 직업을 특수한 "전문 직업군"으로 정의
했다는 점이다. 이것은 경찰이 당파적인 색깔을 완전히 버리고 지역
사회의 모든 사람들을 위해 전문가적인 의무로 많은 대중에게 봉사
해야 함을 뜻한다.

전문화 운동
(professionalization
movement)

EXHIBIT 2-3

경찰 전문화 운동의 개혁 아젠다(의제)
1. 경찰활동을 하나의 전문적 활동으로 정의할 것
2. 경찰활동 영역에서 모든 정치적 영향을 완전히 배제할 것
3. 자격 있는 수준 높은 최고의 인재를 경찰 조직 수뇌부로 임명할 것
4. 경찰 인사관리 자격 수준을 향상시킬 것
5. 근대 경찰 조직 관리 원칙을 소개할 것
6. 특별 경찰대 등의 하위 기구를 창설할 것

둘째, 개혁자들은 정치 세력이 경찰활동에 영향을 미치는 것을
엄격하게 금해야 한다고 보았다. 셋째, 개혁자들은 청장급의 경찰최
고위 수뇌부들(chief executives)이 경찰 조직을 성공적으로 운영하기

위해서는 높은 자격 수준을 갖추어야 한다고 보았다. 최고 수뇌부 경찰들이 충분히 조직 전체를 관리할 수 있을 정도로 전문화된 다양한 능력을 보유하고 있어야 한다고 본 것이다. 이로 인해 1914년부터 1917년까지 뉴욕시의 경찰청장은 뉴욕에서 유명 변호사로 이름을 날렸던 아서 우드(Arthur Woods)가 맡기도 했다. 필라델피아는 경찰의 수장으로 1911년부터 1915년까지 약 5년 동안 해병대 장군이었던 스메들리 버틀러(Smedley Butler)를 영입하기도 했다.[46]

넷째, 경찰 개혁자들은 비간부급에 해당하는 일선 경찰들(rank-and-file officers)의 인사 적격성 기준을 높여야 한다고 보았다. 다시 말해 일선 경찰들을 모집할 때 최소 선발 기준 적격성이 반드시 적시되어야 한다고 본 것이다. 일선 경찰들이 가져야 할 최소한의 지적 수준과 건강상태, 도덕적 품성(moral character) 조건들이 만들어지게 되었다. 이로 인해 1895년에 뉴욕시는 최초의 상시 경찰 훈련 학교를 설립하게 되었다. 그러나 아쉽게도 대부분의 도시에서 경찰 개혁 움직임은 매우 느리게 이루어졌다. 일부 미국 도시에서는 1950년대까지 아무런 특별한 경찰 훈련 프로그램조차도 제대로 운영하지 않았다.

다섯째, 경찰 전문화란 근대 조직 관리 원칙들을 경찰 조직에 적용해야 하는 것을 의미했다. 이것은 결국 경찰 조직에 중앙집권화 시스템을 만들고 상명하복의 지휘 감독 통제 체계를 적용한다는 뜻이다. 이러한 조직 관리 원칙을 적용해 경찰이 인사 관리를 보다 효율적으로 운영할 수 있다고 보았다. 사실 그 이전에는 경찰서장이 일선 경찰 부서나 개인 경찰을 통제하기가 거의 불가능했다. 특정 지역을 책임지는 일선의 지구대장과 정치적인 인맥을 갖고 있는 그들의 친구들이 실질적인 권한을 더 많이 갖고 있었다. 그리고 새로운 의사소통 기술 장치들을 과감히 경찰 조직에 도입하기 시작했다. 중간 관리자급에 있는 경찰들과 거리에서 시민들과 직접 접촉하는 일선 경찰들을 모두 한 번에 관리, 통제하기 위해 새로운 의사소통 기술들을 활용하게 된 것이다.

여섯째, 경찰 개혁자들은 최초로 경찰 내에 특수 전문 부서를 만들어 냈다. 특수경찰 부서란 교통계, 청소년계, 그리고 풍속계를 말한다. 과거에는 경찰 조직 내에 오직 순찰과와 수사과만 존재했다. 아쉽게도 경찰 특수 부서는 조직을 더 비대하게 만들었고, 경찰 관료주의 상황을 더 복잡하게 만드는 원인이 되었다. 전문 부서가 만들어지면서 경찰 조직을 관리, 운영하는 것은 더 힘든 일이 되었다. 분명한 것은 경찰 개혁자들이 만든 청소년계가 역사적인 시도를 처음 경찰에 제공했다는 점이다. 청소년계가 경찰에 만들어지면서 최초로 여자 경찰이 공식적으로 조직에 들어오게 되었다. 그 이전에는 경찰활동이 모두 남성 위주의 활동으로 채워졌다. 1905년 오리건 州 포틀랜드에서는 로라 볼드윈(Lola Baldwin)이라는 여성을 청소년 담당 전문 경찰로서 미국 최초의 여성 경찰로 공식 채용하기도 했다.

　　앨리스 스테빈스 웰스(Alice Stebbins Wells)는 여성 경찰 운동의 지도자가 되었다. 앨리스는 1910년 로스앤젤레스 경찰서에서 근무했는데, 그녀는 미국 전 지역에서 매우 적극적으로 여성 경찰의 권익을 위한 운동을 전개했다. 1915년에 세계여성경찰협회(International Association of Policewomen)를 조직했고, 여성 경찰의 역할에 대해서 알리고자 전국적인 공연을 나섰다. 1919년까지 60개 이상의 경찰서가 여성 경찰을 선발했다. 앨리스 스테빈스 웰스는 그녀의 경찰 경험을 많은 사람들과 공유했다. 그녀의 개인적인 경험 외에는 그녀는 경찰활동 내에서 여성의 역할이 얼마나 제한되어 있었는지 대해서도 강연을 통해 이야기 한 바 있다.[47]

　　최초의 여성 경찰은 당시에는 일반적인 순찰업무를 수행하지 못했다. 그리고 여성 경찰들은 유니폼도 입지 않았다. 무기 소지도 허용되지 않았고, 체포 업무 행사에서도 매우 제한된 권한만 부여받았다. 당시 미국 사회에서 여성 경찰의 권익을 옹호했던 많은 사람들은 여성들이 아동 관련 업무에 큰 강점이 있다고 보았다. 반면, 그들은 일반적인 경찰 업무를 여성이 맡는 것은 적절치 않다는 입장을 보였다. 미국에서 여자 경찰관들이 남자 경찰관들과 동일하게 일반적인 순찰업무를 담당하게 된 것은 1968년 이후에나 가능한 일이 되었다.

앨리스 스테빈스 웰스(Alice Stebbins Wells)

⇨ 경찰활동에서의 여성을 논의하려면, 제5장을 참조

경찰 전문화가 달성한 실적

경찰 전문화는 미국에서 매우 느리게 이루어졌지만, 많은 변화를 만들어냈다. 경찰활동 특징 차원에서 봤을 때, 전문화로 인해 많은 중요한 변화가 생겨났다고 볼 수 있는 것이다. 1920년대까지 밀워키, 신시내티, 그리고 버클리 내의 경찰 조직들이 새로운 경찰 조직 관리와 인사 기준을 갖춘 성공적인 전문화 사례를 보여주었다. 아쉽게도 다른 많은 지역에서는 상대적으로 경찰 전문화가 너무 느리게 이루어졌다. 늦은 전문화 속도는 경찰부패와 규범의 비효율성 문제도 함께 야기했다. 1923년부터 1924년까지 어거스트 볼머는 로스앤젤레스 경찰을 개혁하려는 노력을 기울였다. 하지만 개혁을 포기하고 다시 버클리로 돌아갈 수밖에 없었고, 이후 자신이 달성하지 못한 개혁 노력을 자신의 무능함에 있다고 보고 다소 절망적인 시간을 보냈다. 시카고는 개혁을 향한 모든 노력을 거부하는 분위기가 매우 강했다. 일부 도시에서는 경찰 스스로 변화를 향한 숭고한 노력을 적극적으로 보이기도 했으나, 그 노력도 몇 년이 지난 후 다시 옛날로 돌아가는 모습을 보였다. 예를 들면, 1911년부터 1915년까지 필라델피아는 다양한 경찰 개혁 운동을 실시했는데, 도시의 정치 세력이 바뀌자 바로 과거 경찰 분위기로 다시 복귀하는 안타까운 모습을 보이기도 했다.[48] 밀워키 지역은 1920년대 최고의 경찰 조직을 운영하던 곳이었으나, 이후 1960년대까지 급속히 쇠퇴하기 시작했고, 흑인 지역사회 주민들과 심각한 갈등을 겪기도 했다. 이로 인해 밀워키 지역에서는 1967년에 큰 폭동이 일어나는 참사가 발생했다.[49]

경찰 진보주의의 가장 큰 실패는 바로 거리에서 시민들과 직접 대면하는 일선 경찰들의 행동을 제대로 통제하지 못했다는 점에 있다. 경찰 조직 수뇌부는 그들을 관리, 통제하는데 별 관심을 기울이지 않았다. 경찰 물리력 사용(use of force)에 대한 고민은 당시 경찰 개혁 관련 문헌에서조차 별로 언급되지 않았다. 경찰이 행사하는 치명적 물리력 사용이나 완력 사용 모두 진보주의 입장에서 제대로 통제되지 못했다. 또한, 흑인과 히스패닉에 대한 경찰의 인종차별적 행동도 경찰 진보주의 입장에서 구체적으로 논의되지 못했다. 경찰이 실직자에게 보이는 태도나 급진 정치 세력에 보이는 차별적인 태도 역시 개혁자들은 제대로 통제하지 못했다. 심지어 1977년에 출판된 윌슨(O. W. Wilson)의 그 유명한 경찰행정학(Police Administration)이라는 책(제4판)에서도 경찰 재량권 행사에 대해 구체적으로 언급하지 않았고, 경찰력 통제 부족 문제가 어떤 권한 남용 문제를 야기하는지에 대해서도 제대로 언급하지 않았다.[50] 경찰 재량에 대한 논의는 미국에서 1960년대 중반까지 공식적으로 언급된 적이 없다. 그리고 경찰 재량 문제는 1975년이 되어서야 책 속에서 처음 공식적으로 언급되기 시작했다.[51] 이 문제와 관련해서 경찰 개혁자들이 실패했던 이유는 20세기 첫 50년 동안 미국 법 체계와 정치 세력이 일반적으로 갖고 있던 생각들이 잘못 되었기 때문이었다. 미국 법이 고수한 시민 평등권 사상과 시민 자유운동 관련 혁명 사상은 1950년대 중반이 되어서야 마침내 탄력을 받기 시작했고, 그로 인해 실질적으로 경찰 조직에 큰 영향력을 미치게 되었다.

⇨ 경찰재량에 대한 통제 문제를 논의하려면, 제11장을 참조

　　이런 실패에도 불구하고, 경찰 전문화 개혁자들은 역사적으로 몇 가지 중요한 성공적인 결과를 보여줬다고 평가할 수 있다. 경찰 전문화라는 아이디어를 근대 경찰활동의 공식 목표로 등극하게 만든 장본인이 바로 경찰 개혁자들이다. 개혁을 달성한 일부 경찰 조직들은 다른 지역 경찰들에게 큰 개혁 성공 모델로 자리 잡게 되었다.

기타 경찰 전문화가 야기한 문제들

　　경찰 전문화는 추가로 생각지 못한 많은 문제들을 만들어냈다. 전문화의 영향력은 나중에 경찰 역사에 복잡한 여러 문제들을 일으키는 단서가 되기도 했다. 먼저, 전문화라는 새로운 경찰 조직 관리 스타일이 등장하면서, 개혁자들은 경찰 부서 내에 군인정신(military ethos)이라는 새로운 가치관을 주입시켰다. 19세기 미국 경찰들은 군대에서 가져온 다양한 요소들을 활용하기 시작했는데, 실제 경찰 유

니폼과 계급 제도 도입이 대표적인 활용 예에 해당했다. 그러나 실제 경찰 조직은 기대와 달리 극단적으로 훈련이 안 된 상태였고, 주요 의사결정 순간에 경찰 수뇌부가 아닌, 정치인들이 결정적인 판단을 내리는 경우가 많았다. 경찰 전문화를 달성하고자 했던 개혁자들은 경찰 조직에 열병식과 소총 교련 훈련방식, 군대 스타일의 상훈 수여식, 그리고 경찰 총기활용 강조 정책을 적용했다.[52] 불행히도 이러한 변화들은 경찰 미래에 의도치 않은 부정적인 유산을 남겨주는 계기가 되고 말았다. 군대에서 쓰는 강력한 지휘체계 도용이 중앙집권화된 경찰 조직을 만들게 했고, 과거 초기 경찰 문화와는 다른 독재적인 분위기를 만들어냈던 것이다.

또 다른 경찰 전문화의 의도치 않은 폐해는 바로 일선 현장 경찰관의 존재가 별거 아닌 것처럼 잊히게 되었다는 것이다. 개혁자들의 관심사는 오직 조직 최고 관리자급에 대한 언급과 기대뿐이었다. 개혁자들은 일선 하위급 경찰들은 경찰 훈련이나 교육을 통해 얼마든지 새로운 인재로 바뀔 수 있기에 별로 신경 쓸 필요가 없다고 보았다. 결과적으로 경찰들은 경찰 개혁자들이 그토록 반대했던 그들만의 고립되고 소외된 독특한 경찰 문화를 만들어 버렸다.

전문화 이후 가장 극단적으로 새롭게 나타난 경찰 문화는 조직 내의 경찰조합 설립이다. 경찰이라는 직업이 하나의 전문직으로 인식되면서, 경찰 공무원들은 더 나은 봉급과 처우, 그리고 의사결정 레벨에 참여할 수 있는 더 많은 기회를 요구하게 되었다. 1차 세계 대전 당시 경찰의 이런 요구는 심각한 수준에 이르게 되었다. 1차 세계대전 발발 당시, 경제 물가가 급상승하면서 경찰 월급으로는 정상적인 생활을 유지할 수 없게 되었다. 이러한 상황이 1919년의 **보스턴 경찰파업**을 일으키는 단서가 되었다. 보스턴 경찰파업은 미국 경찰 역사에서 가장 유명한 사건 중의 하나이다. 당시 보스턴 경찰의 봉급은 20여 년 동안 단 한 번도 오르지 않은 상태였다. 경찰들이 전쟁 발생 이후, 20프로의 월급 증액을 요구했으나, 정부로부터 거절당하는 상황이 일어났다. 이로 인해 경찰들은 바로 경찰조합 설립 찬성투표를 진행했다. 경찰청장 에드윈 커티스(Edwin U. Curtis)는 이러한 움

보스턴 경찰파업(Boston Police Strike)

직임을 보고 조합 대표 경찰관을 정직시켜 버렸다. 당시 보스턴 경찰 파업에 1,117명의 경찰관이 동참했고, 오직 427명의 경찰관만 업무 수행 장소에 남아 근무를 섰다. 폭력과 무질서 상황이 온 도시를 덮쳐 버렸다. 매사추세츠 주지사였던 캘빈 쿨리지(Calvin Coolidge)는 주 정부 소속 군부대를 불러들였고, "미국에서 어느 누구도, 그 어떠한 장소에서도, 그리고 그 어떤 시간에라도 절대 일반 시민을 상대로 파업을 벌여서는 안 된다."라는 강령을 통해 국가적 관심을 한 몸에 받게 되었다. 훗날 캘빈 쿨리지는 미국 대통령이 된 사람이기도 하다. 그 결과 경찰 파업 운동은 붕괴되었고, 모든 파업 참가자들은 해고되었다.[53]

보스턴에서 일어났던 폭력 사태는 미국 전 지역에서 경찰조합에 대한 역풍을 불러일으켰다. 경찰조합 형성 운동은 다른 도시에서 빠르게 사라져버렸다. 1960년대가 되어서야 다시 경찰 노동조합 설립 운동이 되살아나게 되었다. 그러나 여전히 일선 경찰 하위직급의 불만과 고립감은 사라지지 않고 그대로 조직에 남아 있게 되었다.

경찰 전문화는 또 다른 새로운 문제를 경찰행정 전반에 남겼다. 경찰 부서들이 크기 면에서 점차 비대해지고, 새로운 특수 경과들이 많이 생겨나면서 조직 관리상의 관료제 문제가 더욱 심각해지기 시작했던 것이다. 21세기 경찰 조직을 관리한다는 것은 매우 복잡하고 힘든 일이 되었다.

경찰과 인종집단과의 관계

1917년 7월 2일, 일리노이州 이스트 세인트루이스 지역에 백인들이 탄 차 한 대가 흑인 동네로 들어오고 있었다. 이 차에 탄 백인들은 갑자기 동네 모퉁이에 있던 한 무리의 사람들을 향해 총을 쏘기 시작했다. 이내 다른 차가 백인들이 있는 차 근처로 오더니, 차 안 있던 흑인들이 경찰들을 향해 총을 쏘기 시작했다. 곧 도시 전체가 미국 20세기 초 가장 최악의 인종폭동 사건에 휘말리게 되었다.[54]

⇨ 현재 경찰-지역사회 관계
문제에 대해 논의하려면,
제12장을 참조

경찰 전문화 운동 초기, 미국은 경찰 조직과 흑인 지역사회와의 갈등 문제를 마주할 수밖에 없는 상황이었다. 1919년 더운 여름, 세인트루이스 사건과 함께, 워싱턴DC, 시카고, 오마하 등 많은 지역에서 유사한 인종폭동 사건이 발생했다. 모든 인종폭동이 백인 무리가 흑인들을 공격하는 사건에서 비롯되었다. 사실, 세인트루이스 폭동은 쫓겨난 백인 노동자들이 자신의 자리에 흑인이 고용되는 것에 불만을 품고 일으킨 공격행동이었다. 시카고 인종폭동은 미시건 호수 바닷가에 흑인 접근금지라고 표시된 지역 경고를 무시하고 어린 흑인 아이가 해당 지역에 들어가게 되면서 시작되었다. 모든 사건에서 경찰들은 적극적으로 폭동 해결에 개입하지 않았고, 약탈과 범죄를 일삼는 백인들을 체포하지도 않았다. 일부 사건에서는 경찰관들이 인종차별주의자 입장에 서서 폭력행동에 직접 가담하는 일을 저지르기도 했다.[55]

시카고 폭동위원회(Chicago Riot Commission)는 경찰이 갖추어야 할 시민 관계 및 홍보 단계별 준수 사항을 제안하기도 했다. 그러나 경찰 조직은 흑인계 경찰을 선발하는 일도 하지 않았고, 경찰 근무 현장에서 인종 차별적인 관행을 없애는 데도 적극적이지 않았다. 미국 남부 외곽의 일부 경찰서들은 소수의 흑인 경찰관들을 고용하기도 했으나, 여기에서도 이들을 흑인 지역사회에 배치하는 데 그쳤다. 남부 지역 대다수에서는 흑인 경찰을 전혀 선발하지 않았다. 흑인 경찰을 뽑는다고 해도 그들을 2급 업무(second class category)에 배치하여 오직 흑인 동네에서만 일하도록 했다. 그리고 흑인 경찰들은 절대 백인을 체포하지 못하도록 했다. 경찰과 흑인 지역사회에 존재했던 뿌리 깊은 갈등은 미국 전역에서 벌어지는 심각한 문제였다. 안타깝게도 1960년대까지 이 문제는 미국에서 제대로 주목을 받지 못했고, 이 긴장 상태가 지속되어 이후 큰 갈등으로 심화되었다.[56]

새로운 경찰 법 집행기관들

1차 세계 대전이 일어나기 전 미국에서는 두 개의 중요한 법 집행 기관이 새롭게 만들어졌다. 하나는 **州 정부에 의한 경찰기관**이고 다른 하나는 수사국(Bureau of Investigation)의 탄생이었다. 19세기 들어 여러 미국 州들이 자체적으로 주 단위의 다양한 법 집행 기관을 만들었다. 하지만 여전히 이런 기관들은 상대적으로 별로 중요치 않게 여겨지는 분위기였다. 한 예로 텍사스 레인저스(Texas Rangers)는 1835년에 처음 만들어졌고, 펜실베이니아 경찰 주경찰대(Pennsylvania State Constabulary)는 1905년에 창립되었다. 펜실베이니아의 기구는 최초의 미국 州 경찰 기구이기도 하다. 그러나 다른 지역에서 만든 경찰 관련 기관들은 전형적인 경찰 기구에 속한다고 보기 어려운 것들이 많았다. 당시 발발하던 노동 파업 상황을 통제하기 위한 목적으로 군대 조직 기관처럼 운영되는 경찰 기구가 많았고, 그 조직들은 매우 중앙집권화된 형태를 갖추고 있었다. 당시 미국에서 사업을 운영하던 경영진들은 지역 경찰과 민병대(militia)는 노동쟁의 파업을 견제하는데 충분치 않다고 보았다. 한 때 조직화된 노동자 집단이 경찰 주경찰대를 잔인하게 공격하기도 했다. 노동자들은 당시 경찰관들을 가리켜 "코삭(cossacks)"이라고 불렀는데,[57] 이 의미는 제정 러시아 시대 때 노동운동자들을 처형하던 잔인한 경찰 기병대들을 지칭하는 말이기도 했다.

당시 존재하던 州 단위 경찰 기관 중 약 절반 이상이 고속도로 순찰대나 교통단속반에 속했고, 나머지 절반이 일반 법 집행 경찰 기관이었다. 사업을 하던 일반 시민들, 특히 경영진들은 경찰이 펜실베이니아 스타일처럼 노동조합원들을 통제할 수 있는 강력한 특별 경찰 지구대를 운영할 것을 요구했다. 그러나 많은 지역에서 노동자 집단들이 기구 창설을 막을 수 있는 힘을 발휘했다. 그래서 실제 그러한 특수 기관들이 경찰 내에 설립되지 못한 경우가 많았다.[58]

반면, 수사국은 1908년에 미국에서 처음 만들어진 경찰 기구이다. 이 조직은 시어도어 루즈벨트 대통령의 행정명령으로 만들어진 조직이다. 수사국이라는 기존의 이름은 이후 1935년에 미국 연방수사국(Federal Bureau of Investigation)으로 바뀌게 되었다. 명칭 변경 전까지, 연방정부는 상근 시스템으로 작동하는 형사 수사 기관을 갖

주 정부에 의한 경찰기관 (state police)

⇨ 주정부 및 연방정부 법 집행 기관을 논의하려면, 제3장을 참조

고 있지 않았다. 오직 계약 단위로 특정 사건 당 개별 고용된 개인 탐정 기구들이 존재할 뿐이었다. 그러나 새로 만들어진 수사국은 곧 정치적 스캔들에 휘말리기 시작했다. 일부 수사국 직원들이 미국 상원의원의 개인 우편물을 몰래 열람하다가 발각된 일로 큰 구설수에 오르게 되었다. 우편물 피해 당사자 상원의원은 수사국이 만들어지는 것에 반대했던 인물이기도 했다. 1919년부터 1920년까지 계속 수사국은 심각한 수준의 권한 남용 사건을 저질렀다. 일명 팔머 급습 (Palmer Raids) 사건이라는 일도 저질렀는데, 여기에서 수사국 직원들은 엄청나게 많은 수의 급진 정치세력들을 강제로 체포했다. 수사국의 체포 과정은 적법절차를 완전히 무시하는 일이었다. 과밀수용된 경찰 구금 시설 내에 피의자들을 가두어두고, 보석 절차도 거치지 않고 무조건 신병을 확보해 버렸다. 심지어 피의자들은 체포 당시 가족이나 변호인과의 접촉도 할 수 없었다. 당시 팔머 경찰급습 사건에 연루되었던 급진 세력들은 대부분 해외에서 정착해 온 이민자들이었는데, 이들은 연방 수사국 체포 이후 해외로 강제 추방될 수밖에 없었다. 1920년대 이후, 연방 수사국의 스캔들은 멈추지 않고 계속되었다. 가장 문제가 된 것은 수사국이 연방정부와 커넥션을 갖고 있던 사람들을 수사국 직원으로 고용한 일이었다. 일명 이들은 미국 정치계에 어떤 연고를 갖고 "일 년에 1달러만 받고 일하는 매우 수상한 사람(dollar a year men)"들이었다.[59]

수사국은 마침내 스스로 자정 노력을 기울어야 한다는 생각을 하게 되었다. 에드가 후버(J. Edgar Hoover)가 1924년에 수사국 국장으로 부임하게 되면서, 조직 개선 노력과 조직 전문화가 최우선 과제로 떠올랐다. 후버는 10여 년 동안 조직이 외부의 눈에 띄지 않는 저자세 유지 전략을 펼치면서, 수사국 규모를 가능한 작게 만드는 방법을 선택했다. 대신 그는 직원들의 질적 인사 기준 수준을 높이는 데 집중했다. 그러나 1930년대 초기, 후버는 조직 운영 방향을 갑자기 바꾸면서 큰 변화를 꾀하는 일이 발생했다. 일명 "범죄와의 전쟁(war on crime)"이라는 의제를 내걸고, 공격적인 시민 홍보활동을 하며 사람들의 눈에 FBI의 존재가 부각되기 시작한 것이다. 이 캠페인은 FBI

의 기존 이미지를 과장하여 시민들에게 어필하는데 기여했고, 동시에 1924년에 종료된 연방 수사국의 비밀 첩보활동 이미지도 개선하는데 크게 기여했다.

▌기술이 낳은 경찰활동의 혁명

오늘날 보통 사람들은 범죄가 발생하거나, 이웃에서 일어난 무질서 사건을 목격하면 바로 경찰에 전화를 한다. 전화를 걸어서 경찰이 가능한 빨리 현장에 와주기를 바라고, 20분 내로 경찰이 도착하지 않으면 불만을 제기하기도 한다. 하지만 과거에는 이런 일이 불가능했다. 과거 미국에서는 경찰을 전화로 쉽게 부를 수 없었다. 전화 연락은 매우 힘든 일이었고, 경찰이 범죄발생 현장이나 무질서 사건 현장에 신속하게 도착한다는 것 자체가 거의 불가능한 일이었다.

시대의 급격한 기술 발전이 경찰활동 자체를 혁명적으로 바꾸는 일이 일어났다. 즉, 경찰순찰차의 등장과 양방향 라디오 시스템 도입, 그리고 전화기 보급으로 경찰활동이 완전히 다른 수준으로 전개된 것이다. 일상의 반복적인 경찰순찰업무가 완전히 변화되었다. 경찰과 시민이 접촉하는 방법과 분위기도 완전히 바뀌기 시작했다. 이로 인해 시민이 갖게 된 경찰에 대한 기대수준과 경찰에 대한 통제 전략도 바뀌게 되었다.[60]

먼저, **경찰순찰차**의 등장은 1차 세계 대전 발생 이전에 일어났는데, 순찰차 보급은 미국 전역에 1920년대까지 광범위한 수준으로 퍼지게 되었다. 경찰 조직은 보급 초기에는 부분적으로 순찰 자동차를 활용했는데, 그 이유는 경찰이 시민이나 범죄자의 수준에 뒤처질 수 없다는 이유를 갖고 있었다. 점차 일반 시민과 범죄자들이 일상에서 자동차를 사용하기 시작하자, 그런 분위기에 맞추기 위해 어쩔 수 없이 경찰도 자동차를 활용하기 시작한 것이었다. 경찰서장들은 이러한 상황에서 경찰관들이 일선에서 자동차를 이용해 더 효과적으로 더 넓은 지역의 순찰업무를 담당할 수 있다는 생각도 하게 되었다. 자동차를 타고 순찰을 하는 것은 경찰들로 하여금 더 집중적으로 넓은 관

경찰순찰차(the patrol car)

할 지역을 둘러볼 수 있는 환경을 제공할 수 있을 듯했다. 보통 때에
는 걸어서 근무 교대를 통해 한 번만 순찰하던 곳을 하루에도 여러
차례 반복적으로 둘러볼 수 있게 되었다. 로버트 필이 순찰의 필요성
과 의의에 대해 언급했듯, 경찰서장들은 당시 자동차가 기존 순찰업
무를 분명 더 효과적으로 만들어줄 것이라고 믿었다. 또한, 자동차의
등장으로 일선 경찰관들도 주민 신고에 더 빠르게 대응할 수 있을 것
이라 생각했다. 이런 이유로 점차 미국의 경찰서들은 도보순찰을 자
동차 순찰로 대체시키기 시작했다. 1960년대까지 소수의 몇몇 대도
시 경찰서만 도보순찰을 유지하고 있었다.

EXHIBIT 2-4

경찰활동의 기술 혁명

새로운 기술	영향력
1. 전화기	■ 시민들이 쉽게 경찰에게 연락을 취할 수 있게 되었다.
2. 양방향 무선 라디오	■ 경찰은 시민 신고 전화에 보다 빠르게 일선 경찰관을 배치시킬 수 있게 되었다.
	■ 순찰 경찰관은 상시 감독 체계 하에 놓이게 되었다.
3. 순찰 자동차	■ 경찰은 더 신속하게 시민 신고에 응하게 되었다.
	■ 순찰 범위가 더 효율적으로 관리되기 시작했다.
	■ 순찰 경찰관은 고립되기 시작했다.

그러나 아쉽게도 자동차 순찰 전략은 의도치 않은 부작용을 낳
았다. 자동차 순찰로 기존에 경찰과 시민들이 유지하던 비공식적 통
제 기제는 약화되었다. 주로 법을 잘 지키던 일반 시민들과 유지했던
긍정적인 접촉 기회가 사라져버린 것이다. 거리에서 더 이상 시민들
을 지켜주던 경찰을 볼 수 없게 된 것이 가장 큰 문제였다. 경찰은
대중으로부터 고립되기 시작했고, 1960년대까지 흑인들은 경찰을 단
지 지역사회에 주둔한 또 다른 점령군으로 인식하기 시작했다.

한편, 라디오 기술의 발전으로 양방향 무선통화 시스템이 경찰
조직에 도입되기 시작했다. 1930년대 미국 전역에서 양방향 라디오

가 법 집행 영역에 도입되기 시작한 것이다. 이로 인해 경찰이 담당하던 일상적인 활동에 큰 변화가 일어나기 시작했다. 크게 두 가지 차원에서 그 변화를 요약해 볼 수 있는데 첫째, 경찰서들이 시민 신고 전화에 더 빠르게 대응하여 신속하게 경찰을 현장에 내보낼 수 있게 되었다. 둘째, 양방향 무선통신 기술로 경찰서가 순찰 중인 현장 경찰관과 실시간으로 통화하면서 더 효과적인 현장 경찰 감독 체계를 갖추게 되었다.

마지막 기술은 전화기이다. 전화기는 1877년에 개발된 기술이지만, 경찰 조직 도입 차원에서 보면 20세기 순찰차의 도입 이후에 비약적으로 그 활용 비율이 증가했다고 볼 수 있다. 자동차를 순찰활동에 활용하기 전에는 경찰 내에서 전화기 활용이 그다지 많지 않았다. 순찰 자동차와 양방향 라디오, 그리고 전화기라는 세 가지 기술이 하나로 합해 지면서 마침내 경찰 조직에 새로운 경찰-시민 의사소통 시대가 열리게 되었다. 시민들은 쉽게 경찰에 범죄 및 무질서 사실을 신고할 수 있게 되었고, 경찰들은 양방향 의사소통 무선 라디오 시스템으로 현장에 신속하게 경찰을 배치할 수 있게 되었다. 그리고 순찰차는 근처에서 무전을 받은 후 바로 현장으로 빠르게 도착할 수 있게 되었다.

경찰들은 시민들에게 이러한 기술을 홍보하며, 편하게 경찰신고 시스템을 적극 활용할 것을 알렸다. 그리고 경찰의 빠른 현장 출동을 약속하기도 했다. 점차 시민들은 사소한 작은 일에도 경찰에 도움을 요청하는 일에 익숙해지기 시작했다. 습관처럼 경찰서비스를 이용하면서, 일상에서 경찰에 과도한 기대를 하게 되었다. 항상 경찰이 자신의 일상을 도와준다는 생각에 경찰에 대한 기대감도 점점 더 높아지게 된 것이다. 결과적으로 경찰에게 요청하는 시민 전화는 점점 더 증가하기 시작했고, 이로 인해 경찰 업무도 과도하게 증가하기 시작했다. 경찰은 더욱 바빠지기 시작했고, 더 많은 경찰관을 모집해야 했고, 더 많은 순찰 자동차를 동원해야만 했다. 그리고 더 세련된 수준의 전자 기술을 경찰 조직에 활용해야만 했다. 그러나 이러한 인적, 물적 자원 증가에도 불구하고, 경찰의 업무량 증가는 계속되었다.

시민들은 더 많은 것을 경찰에 요구하기 시작했고, 이러한 과정은 반복되었다. 극단적으로 말하면, 경찰관은 계속 증가하는 911 긴급 전화 감옥에 갇혀 버린 재소자가 되었다. 마침내 1980년대가 되어 전문가들은 모든 911 전화에 신속하게 빨리 응답하는 게 정말 필요한 일인가를 의심하는 분위기가 만들어졌다. 그리고 지역사회 경찰활동이라는 새로운 경찰 철학이 실무에 도입되게 되었다.[61]

전화를 기반으로 한 치안 서비스 요구 관행은 기존의 경찰활동 특성을 완전히 바꾸는 계기가 되었다. 과거에는 거의 시민들의 사적인 영역이나 거주지에 직접 들어가는 경우가 존재하지 않았다. 도보 순찰을 하는 경찰은 공적인 영역에서만 순찰을 할 뿐, 개인의 사적 공간에서 벌어지는 일을 직접 목격할 방법이 없었다. 시민 역시 자신들의 사적 영역에 경찰을 불러들일 방법이 없었다. 새로운 기술들은 일반 시민들이 경찰을 자신의 집에 불러들이도록 했다. 그 결과는 경찰-시민 관계 차원에서 다소 복잡한 양상을 보였는데, 상호 모순된 상황을 야기하기도 했다. 자동차 순찰을 할 때는 경찰이 시민과 서로 구분되고 경찰이 시민들로부터 고립되는 상황이 전개되었는데, 전화기 사용으로 인해 경찰이 직접 시민들의 거실과 부엌, 침실에 직접 들어가게 되는 상황이 전개된 것이다. 이로 인해 경찰이 가정폭력과 같은 사적인 갈등 상황 전면에 들어가게 되었다. 가정폭력 외에도 알코올 중독 문제, 부모-자녀 갈등문제, 그리고 기타 다양한 사회문제에 경찰이 깊숙이 관여하게 되었다.[62]

결국 기술발전이 일반 시민들의 경찰 신고 행동을 용이하게 만들었고, 동시에 사람들의 경찰에 대한 기대 수준도 변화시켰다. 사람들의 삶의 수준이 지역사회에서 증가됨에 따라 더 많은 것을 경찰에게 기대하게 되었다. 과거에는 길에서 싸움이 나거나, 가정폭력이 우리 집 위층에서 발생해도 경찰을 바로 불러들일 방법이 없었다. 결과적으로 과거에는 많은 사람들이 골치 아픈 불편한 일들을 마주하거나 위협 상황을 경험해도 그냥 참을 수밖에 없었던 것이다. 하지만 전화로 쉽게 경찰을 부를 수 있게 되면서 이웃 지역사회, 옆집, 그리고 자신이 살고 있는 아파트 빌딩 내의 평온과 고요를 경찰에게 요구하게 되었다. 오늘날 미국 국민들의 일상은 바로 이러한 기대 그 자체이기도 하다. 기대의 증가와 달리 경찰이 짊어져야 할 엄청난 업무량은 보이지 않는 기대의 결과로 나타나게 되었다.[63]

▌ 경찰 행정의 새로운 방향: 1930년대-1960년대

위커셤위원회의 폭탄선언

1931년에 발간된 **위커셤위원회**의 보고서 "경찰 법 집행 속 불법 세상(Lawlessness in Law Enforcement)"이라는 국가적 충격을 불러일으켰다. 직설적인 어투로 작성된 이 보고서는 "경찰관의 고문을 언급하며 고통을 가하는 행동과 물리적, 정신적 가해 행동이 피의자로부터의 자백을 얻기 위한 수단으로 법 집행 기관 내에서 함부로 자행되고 있다"고 비판했다. 당시 보고서에서는 미국 경찰관들이 일상적으로 용의자를 때리고 협박하고, 악랄한 방식으로 피의자들을 처벌한다는 내용도 포함되었다. 불법적으로 피의자의 신병을 확보한 채 장기간 신문을 하는 것도 일상적인 일로 보고되었다. 보고서 내의 일부 사례에서는 실제 피의자가 경찰에 의해 3층 창문에 발목이 묶인 경우도 있었고, 시체 보관소 살인 피해자 시체 위에 손을 올리고 강제로 서 있는 경우도 있었다. 뉴욕 버펄로 경찰서장은 공개적으로 자신이 헌법 규정을 위반했다고 당당히 말하면서 자신이 범죄자의 자백만 받을 수 있다면 얼마든지 법을 위반할 수 있고, 다시 위반해야 하는 상황이 오면 또 법을 위반할 것이라고 말했다.[64]

위커셤위원회(Wickersham Commission)는 1929년에 대통령이었던 허버트 후버(Herbert Hoover)가 만든 위원회이다. 이 위원회의 목표는 미국 형사사법 체계 내에 존재하는 광범위한 문제들을 해결한다는 목적을 갖고 있다. 1931년에 나온 보고서는 14개 보고서 중의 하나로 경찰의 법을 지키지 않는 행동을 밝히기 위해 발간된 것이었다. 이 보고서는 이후 미국 경찰활동에 장기적으로 엄청난 영향을 미쳤다. 경찰행정의 새로운 세대 교체를 이끈 주역이 바로 이 보고서라고 할 수 있다. 어거스트 볼머(August Vollmer)의 제자들이 이 보고서

위커셤위원회(Wickersham Commission)

⇨ 경찰의 과도한 물리력 사용 문제에 대해 논의하려면, 제11장을 참조

발표 이후 새롭게 경찰 조직의 운영진으로 전면에 등장하게 되었는데, 바로 어거스트 볼머는 새로운 경찰 전문화(professionalize)를 주장한 사람이기도 했다.

계속되는 경찰 전문화

캘리포니아 경찰 당국은 어거스트 볼머의 영향을 받아 1920년대부터 1960년대까지 경찰 전문화에 가장 앞장섰다. 어거스트 볼머의 제자들은 캘리포니아주 많은 지역의 경찰 서장급 고위직 경찰로 성장했고, 이들은 경찰 개혁을 최우선 의제로 삼았다. 최초의 학부 경찰행정 프로그램은 1931년에 산호세 주립 대학(San Jose State College)에서 시작되었다. 캘리포니아 역시 1930년대에 경찰관들의 지역 훈련 프로그램 시스템을 개발했다.

윌슨(O. W. Wilson)

윌슨(O. W. Wilson)은 어거스트 볼머의 유명한 제자이기도 하다. 윌슨은 1930년대부터 1960년대까지 진행된 미국 경찰 개혁의 선두주자이다. 윌슨은 1928년부터 1939년까지 캔자스 위치타 경찰서장으로 재직했다. 그리고 그는 1950년부터 1960년까지 캘리포니아 대학의 범죄학 전공 학장으로 근무했다. 1960년부터 1967년까지 다시 그는 시카고 경찰의 경정(superintendent)급으로 실무에서 일하기도 했다.[65]

윌슨은 이런 경력으로 인해 경찰 조직 관리에 대한 두 권의 책을 출판하기도 했다. 국제도시관리자협회가 발간한 "지방자치 경찰행정(Municipal Police Administration)"이라는 책과 자신이 직접 발간한 "경찰행정(Police Administration)(1950)"이라는 책이 그것이다. 두 번째 경찰행정이라는 책은 미국 경찰행정에서 반드시 읽어야 할 바이블로 자리 잡았다. 경찰서장이 되는 사람들에게 가장 큰 영향을 미치는 주요 도서라고 하겠다.[66] 그러나 앞서 이미 언급한 바와 같이, 윌슨의 책은 경찰 재량행위 문제나 경찰의 무기사용, 완력 사용의 한계, 체포 상황에서의 차별 문제는 언급하지 않았다. 구체적으로 그의 책에서는 인종 차별 문제나 가정폭력 사건 대응 방법은 언급하지 않고 있다.

그럼에도 불구하고 윌슨이 경찰에 보여준 가장 큰 공헌은 경찰 인사관리의 효율성을 언급했다는 점이다. 특히, 그는 순찰 경찰관들에 대한 인사 관리의 중요성을 강조했다. 1941년에 윌슨은 순찰 경찰들을 현장에 배치하는 공식 방법을 고안했는데, 이것은 특정 지역에서의 발생 범죄율과 시민들의 신고전화 수치를 기반으로 한 업무량 중심의 인원 배치 공식이었다. 윌슨이 만든 이 인사 배치 공식은 매우 세련된 형태로 오늘날의 근대 조직 관리 정보 시스템과 결합되면서 여전히 최근까지도 많은 경찰 부서에서 계속 활용되고 있는 상황이다. 하지만 안타깝게도 윌슨이 경찰순찰업무에 과도하게 집착하게 되면서 경찰 전문화에서 중요하게 다루었어야 할 다른 핵심 문제들이 이면에 숨어버리는 결과를 초래했다. 이 핵심 문제 속에는 거리에서 시민들과 접촉하는 일선 경찰관들의 행동과 경찰 재량을 통제하는 전략들, 그리고 경찰의 부정부패와 직권남용을 통제하는 문제들이 모두 포함되어 있었다.

심화되는 인종적, 민족적 갈등관계

경찰 전문화의 발전에도 불구하고, 미국 경찰 개혁자들은 인종적, 민족적 차원에서 소수집단과 원만한 관계를 형성해가는 일을 잘하지 못했다. 경찰 조직은 1919년 시카고 인종 폭동 이후 나온 보고서의 권고사항을 철저히 무시했다. 1943년 미국 전역에 유사한 또 한 번의 인종 폭력 사건들이 연달아 일어나기 시작했다. 디트로이트, 뉴욕, 로스앤젤레스 전역에서 심각한 난동 사건이 발생했다. 특히, 디트로이트 폭동은 매우 심각했는데, 여기에서 2차 세계 대전에서 사용되었던 탱크와 차량들이 나오기도 했다. 1917년부터 1919년에 있었던 폭동 사건들도 모두 마찬가지였다. 경찰들은 약탈을 일삼은 백인 공격자들을 제대로 신문하지도 않고, 체포하지 않았다. NAACP의 수석 변호사(이후 대법원 판사)였던 터굿 마셜(Thurgood Marshall)은 디트로이트 경찰이 마치 게슈타포 같다는 말을 하며 경찰을 비난하기도 했다. 게슈타포는 독일 나치의 비밀경찰을 노골적으로 빗대서 한 말이

었다.[67]

  1943년 로스앤젤레스에서 발생한 폭동 사건은 경찰과 라티노 지역과의 갈등을 전적으로 보여준 폭력 사건이었다. 이 사건은 일명 1940년대에 유행했던 패션 스타일인 **"주트 수트 폭동"**으로 불리기도 한다. 이 폭동은 복잡한 많은 요인에 영향을 받아 발생한 것이었다. 당시 미국 로스앤젤레스의 인구 구성은 빠르게 변화되고 있었다. 멕시코에서 건너온 이민자들의 숫자가 점차 증가하고 있었다. 취업에서의 차별과 함께 거주 환경에서도 차별이 존재했다. 경찰들이 저지르는 잔인한 행동과 차별에 라티노 지역사회 주민들은 고통을 받고 있었다. 2차 세계 대전의 발발 역시 불안한 기운을 만들어내는 한 요소가 되었다. 미국 해군 군인들이 보통 큰 도시에서 휴가를 보내는 경우가 많았기 때문이다. 언론에서는 멕시코 출신 미국인들이 증가하는 범죄와 청소년 비행에 모든 책임이 있다는 식으로 여론 몰이를 해댔다. 많은 라티노 청년들이 당시 주트 옷이라고 불리는 통이 큰 바지 패션 스타일을 좋아했기 때문에 그들을 가리켜 주트 수트(zoot suit)라고 부르기도 했다. 1943년에 일어난 폭력에 대해 이들이 입는 옷이 라틴 청년들에 대한 하나의 고정관념으로 자리 잡았고, 라티노 청년들이 저지르는 폭력의 상징물이 되었다. 1943년 6월 3일에 일어났던 이 인종폭동 사건은 일주일 동안이나 계속되었다. 폭동 이후, 경찰과 지역사회의 관계 개선을 위해 많은 권고사항들이 내려갔지만, 아쉽게도 경찰 조직은 그 이후에도 별로 달라지는 것이 없었다.[68]

  1940년대에 있었던 폭동 건들은 경찰 조직에 근대적 방식의 경찰-지역사회 관계 개선 운동을 불러일으키는 계기가 되었다. 많은 경찰서들이 자신의 조직 내에 경찰-지역사회 관계 개선 및 홍보 전담 부서를 만들었고, 인종문제 관계 개선 경찰 훈련 프로그램들을 처음으로 운영하기 시작했다. 캘리포니아에서 나타난 가장 큰 변화는 바로 주지사 얼 워런(Earl Warren)과 미시간 주립 대학(Michigan State University)이 후원하는 연례행사인 경찰-지역사회 관계개선 학회 행사가 열리게 되었다는 것이다. 주지사 얼 워런은 이후 미국 대법원의 수석 재판관이 된 사람이기도 하다. 이 학회 행사는 미국 기독교 단

주트 수트 폭동(Zoot Suit Riot)

체와 유대교 단체가 함께 참여한 바 있다.[69]

　　그러나 이런 노력에도 불구하고 경찰과 흑인 지역사회가 서로
갈등을 해소하고 관계를 개선하는 일은 그다지 성공적이지 못한 결
과로 끝났다. 큰 도시 내 경찰서들은 여전히 흑인 경찰관을 선발하는
데 소극적이었다. 흑인 지역사회가 남부 이주민의 증가로 계속해서
커지고 성장해감에도 불구하고 경찰은 이에 제대로 대응하지 못한
것이다. 경찰 조직은 경찰관들의 물리력 사용 문제도 제대로 통제하
지 못했다. 경찰의 치명적 물리력(deadly force) 문제도 제대로 통제,
관리하지 못하게 되면서 경찰의 가혹행위(police brutality) 혐의가 증
가하게 되었다. 이런 문제들로 인해 1960년대 일련의 폭동 사건들이
발생하게 되었다.

에드가 후버(J. Edgar Hoover)와 범죄와의 전쟁

　　1930년대 미국 경찰 역사에서 가장 중요한 사람은 아마도 수사
국 국장을 역임한 **에드가 후버**일 것이다. 에드가 후버는 1924년에 국
장에 오르자마자 스캔들로 얼룩진 조직 분위기를 쇄신하려고 했다.
그러나 1930년대에 접어들어 그는 엄청난 변화를 경험하게 되었다.
국가적으로 범죄 발생 비율이 증가하게 되자, 범죄 두려움도 같이 증
가하게 된 것이다. 이런 상황을 기회로 활용해 그가 맡은 조직은 국
가 최고의 상부 경찰로 발돋움하게 되었다. 그는 1935년에 수사국이
라는 명칭을 버리고 연방수사국(FBI: Federal Bureau of Investigation)이
라는 새로운 조직 이름을 내걸었다. 1930년에 에드가 후버는 전미범
죄통계보고서(Uniform Crime Report, UCR)라는 새로운 시스템을 장악
했다. 그리고 1934년에 새로운 일련의 연방법을 통해 FBI가 은행 강
도 사건을 수사할 수 있는 권한을 갖게 되었다. 추가로 기소를 면탈
하기 위해 미국 전역을 돌아다니며 많은 州들의 관할 구역을 넘나드
는 범죄자들은 FBI가 수사할 수 있는 권한도 얻어냈다. 다음 해에는
FBI 전용 교육 기관도 설립했고, 여기에서 전문 수사 전담 직원을 훈
련시켰다. 이 교육 기관 내에 지역 경찰관들을 초청해서 같이 교육을

에드가 후버(J. Edgar
Hoover)

받도록 하기도 했다.[70]

　에드가 후버는 시민 대중들과의 관계 형성에 너무나도 정통한 인물이었다. 그는 미디어를 어떻게 활용해야 자기에게 이익이 되는지 잘 알고 있었다. FBI의 이미지를 어떻게 만들어야 시민들에게 자신의 조직이 귀감이 되는 전문 수사기관으로 보일 수 있을지 잘 파악하고 있었던 것이다. 그는 FBI가 국가에 헌신하고, 정직하며, 숙련된 훈련 기관이고 엄청나게 효율적인 특별한 조직으로 보이게 만들었다. 그는 여러 사례를 통해 FBI의 기능을 과장했다. 예를 들면, 존 딜링거(John Dillinger) 사건과 프리티 보이 플로이드(Pretty Boy Floyd) 사건에서 범죄 데이터를 조작해서 FBI를 효과적이고 좋은 기관으로 보이게 만들기도 했다. 에드가 후버는 조직범죄나 화이트칼라 범죄, 그리고 연방 시민권리법 위반과 같은 커다란 범죄 사건에는 별 관심을 보이지 않았다. 대신 그는 시시한 은행 강도에만 관심을 가지고 조직의 이미지가 어떻게 보일지에 더 큰 관심을 가졌다.[71] 물론 에드가 후버에게 내려진 긍정적인 평판도 어느 정도는 사실이다. 실제, FBI 기관이 지역 경찰보다 분명 더 나은 교육 수준을 유지하게 되고, 더 좋은 훈련을 받게 된 것은 사실이기 때문이다.

　에드가 후버의 FBI는 당시 지역 경찰에게 엄청난 영향을 미쳤다. 경찰 교육과 훈련은 경찰 인사 관리의 새로운 모델이 되었다. 특히, 전미범죄통계보고서(UCR)와 같은 규격화된 범죄통계 보고는 함의하는 바가 컸다. 그가 활용한 "우선순위 열 명의 지명수배자" 인부 배포와 FBI 범죄랩 제안은 범죄와 싸우는 경찰의 역할을 강조하는데 크게 기여했다. 그러나 이러한 강조 행동은 경찰의 질서유지 기능과 대중에게 봉사하는 경찰의 역할을 포기하고 얻은 것이었다. 에드가 후버는 시민권 보호에 적대적인 입장을 취했다. 그의 이러한 태도는 도시 경찰 조직이 미국에서 개선된 경찰-지역사회 관계를 수립하는 데 장애가 되었다.

　추가로 당시 미국에서는 에드가 후버의 FBI 확대와 관련된 추악한 정치적 음모가 있었다. 1935년에 프랭클린 루즈벨트 대통령의 요구로 에드가 후버는 FBI를 통한 정치적 스파이 행위를 다시 재개했다. 대통령을 위해 에드가 후버는 개인 정보를 수집했고, 그가 제거하고 싶은 집단들의 정보를 수집했다. 정보 수집 대상은 주로 급진세력들과 좌파 보수들, 수많은 진보주의자들, 그리고 시민권을 옹호하던 대표자들과 집단이 다수 포함되어 있었다. 이러한 행동의 결과는 미국 역사상 가장 긴 시민자유 옹호자들 탄압 및 권리 침해로 이어졌다. 에드가 후버가 저지른 가장 악명 높은 사건 중의 하나는 바로 마틴 루터 킹 암살 시도이다. 1972년 시민운동의 지도자였던 마틴 루터 킹 목사를 암살하려는 계획을 세우기도 했던 것이다. 에드가 후버가 저지른 권력남용 행위는 그가 죽은 1972년까지 외부에 밝혀지지 않았다. 그가 저지른 악랄한 소행이 모두 알려진 것은 1975년부터 1976년에 열렸던 상원정보위원회(Senate Church Committee) 진상조사 덕분이었다.[72]

▌1960년대에 일어난 경찰의 위기

1960년에 접어들어 미국은 엄청난 격동의 사건을 경험하였다. 대법원 판례를 통해 일련의 개인 권리 보장 범위 확대 사건이 늘어나게 되었다. 그리고 시민권 보장 운동에 대한 새로운 호전적 태도도 나타나게 되었다. 1964년과 1968년 사이에는 도시 폭동 사건도 급증하였다. 추가로 베트남 전쟁에 반대하는 학생 데모도 증가했다. 개인이 추구하는 표현의 자유와 성적 정체성, 약물 사용 문제에서 과거 미국 사회가 가지고 있던 기존 가치관과는 전혀 다른 새로운 청년 하위문화가 등장하기도 했다. 이러한 1960년대의 엄청난 사건들은 결국 경찰활동에도 직접적으로 영향을 미치게 되었다(Exhibit 2-5 참조).

경찰과 대법원

어니스토 미란다(Ernesto Miranda)는 그저 평범한 상습 경력 범죄자 중의 하나였다. 14세부터 18세 사이에 어니스토 미란다는 경찰에 여섯 번이나 체포된 경력이 있고, 교정시설에는 네 번이나 구금된 경험이 있다. 1963년 3월 2일, 어니스토 미란다는 애리조나 피닉스에서 어린 소녀 한 명을 무참히 강간했다. 이 사건으로 그는 11일 구속되었다. 11일 동안의 신병확보로 미국 역사에서 가장 유명한 대법원 판결이 나오게 되었다. 바로 그 유명한 "Miranda v. Arizona(1966)" 사건이다. 법원은 그의 유죄 판결을 뒤집으면서 경찰관은 반드시 피의자에게 묵비권이 있음을 고지해야만 한다고 판시했다. 그리고 판사는 피의자는 경찰 신문 전에 변호사의 조력을 받을 권리가 있기에 경찰은 해당 권리는 반드시 알려야 한다고 판시했다.[73]

미란다 판결(*Miranda decision*)

⇨ 경찰 책무성과 관련된 대법원 판결에 대해 논의하려면, 제14장을 참조

　　　이러한 내용의 ***미란다* 판결**은 대법원이 경찰에게 내린 많은 결정 중의 일부에 불과하다. 사법부는 헌법에서 부과한 권리 보장을 위해 경찰과 형사사법 절차에 많은 판례 결정을 내려 보냈다. 1961년에는 독수독과 원칙으로 알려진 맵 대 오하이오(Mapp v. Ohio, 1961) 판례가 만들어졌다. 법원은 불법 압수, 수색 절차에서 수집된 증거는 절대 피고인에게 불리한 증거로 사용될 수 없다는 원칙을 만들었다. 이 유명한 판례는 당시 미국에 엄청난 파장을 불러왔다. 시민 자유주의자들은 헌법에 보장된 권리를 실질적으로 보호한다는 차원에서 이 판례에 매우 열광했고, 미국 사회에서 훨씬 이전에 이런 판결이 사법부로부터 나왔어야 했다고 평했다. 그러나 경찰 당국과 관계자들은 법원의 판결이 결국 범죄와 싸워야 하는 경찰의 목에 쇠고랑을 차는 짓이라고 비난했다. 보수주의적 정치인들은 법원의 판단을 맹렬히 비난했다. 그들은 법원이 피고인의 권리 보호에만 앞장섰다고 하면서 피해자와 일반 법 준수 시민들의 권리는 안중에도 없다고 비난했다.[74]

EXHIBIT 2-5

경찰에게 가해지는 심한 압력, 1960년부터 현재까지
대법원의 압수, 수색, 신문 관련 판결
증가하는 범죄율; 높은 범죄피해 두려움; 정치적인 반응
시민운동 세력의 저항, 폭동, 경찰-지역사회 관계 위기
연구와 혁명
전통적인 경찰 전문화(신임경찰 모집, 기준 자격조건, 순찰활동 관리)

차별철폐조치(인종과 성별)

치명적 물리력 사용, 가정폭력, 과속단속 등에서 일어나는 경찰 재량행위 행정 통제

지역사회 경찰활동과 문제지향적 경찰활동

경찰에 대한 시민감시 활동

경찰 노동조합

국가 경찰위기 상황

경찰과 관련된 대법원의 결정은 압수, 수색 과정, 그리고 경찰 신문 절차에 엄청난 영향을 미쳤다. 가장 중요한 것은 사법부가 경찰로 하여금 새로운 훈련 프로그램과 감독 절차를 만드는 계기를 제공했다는 점이다. 경찰은 사법부 판단으로 인해 이제 경찰이 법을 준수해야만 하고, 동시에 형사사건에서도 진실을 밝혀 사건을 잃지 말아야 하는 두 가지 갈등 상황에 놓이게 되었다. 경찰 조직은 내부적으로 경찰관이 되기 위해 반드시 갖추어야 할 사항을 하나의 입직 관문 자격요건으로 만들기 시작했다.[75] 추가로 법원의 판결은 경찰 기관들로 하여금 인증절차를 만드는 계기를 제공했다. 인증제도는 주로 법률 분야나 의료계, 교육 분야, 사회사업 분야 등 다양한 전문 분야에서 활용하는 교육 확인 방식이다. 법집행기관인증위원회(CALEA: Commission on Accreditation for Law Enforcement Agencies)가 미국 역사상 최초로 1983년에 법 집행 기관 기준을 제시했다.[76] 마지막으로 경찰 조직은 경찰 개개인의 재량 행동을 통제, 관리할 수 있는 가이드라인을 공식적으로 문서화하기 시작했다. 경찰행정 규칙 제정 차원에서 최초로 경찰 치명적 물리력 사용과 관련된 절차가 마련되었고, 가정폭력 사건 대응 매뉴얼도 언급되기 시작했다. 추가로 속도위반 용의자 추격 및 완력 사용, 일상적 경찰 대응 절차가 공식적으로 다루어지기 시작했다. 이번 장의 뒤쪽에서 다뤄질 "1970년대와 2016년 사이의 새로운 경찰활동" 부분을 참조하기 바란다.[77]

경찰과 시민권리 운동

1960년 2월 1일, 미국 시민운동이 새로운 전투적인 국면으로 바뀌는 결정적인 사건이 발생하게 되었다. 이 사건은 네 명의 흑인 대학생들이 노스캐롤라이나 그린스보로 간이식당에서 연좌농성을 하면서 공공장소(public accommodations)에서 자행되는 인종차별에 항의하던 순간에 일어났다. 이 유명한 사건은 당시 미국에서 이루어지던 인종 분리정책에 항의하는 행동과 관련된 것이었다. 즉, 어쩔 수 없이 시민 단체들이 요구하는 인종 차별 반대 운동은 경찰의 차별 정책에 반기를 드는 것일 수밖에 없었다.[78]

시민단체들이 궐기하게 되자, 흑인 게토 지역에서 근무를 서던 백인 경찰들은 백인을 대표하는 인종차별의 대변인처럼 보이게 되었다. 심지어 총기사용과 관련된 연구 결과들은 백인보다 흑인들이 경찰들이 쏜 총에 살해될 가능성이 약 여덟 배나 더 큰 것으로 나타났다.

경찰과 흑인사회와의 갈등은 1960년대 초 더욱 심화되었다. 경찰의 부당한 총기 사용과 과잉대응, 부적절한 자기 보호 행동으로 시민운동이 일어났다. 또한, 시민불만에 적절히 반응하지 못하고 경찰 채용에서 인종 차별적 행동을 함으로써 시민운동이 더욱 강화되었다.

1964년 7월 16일 밤, 흑인이었던 제임스 파웰(James Powell)은 뉴욕시에서 비번(off-duty)이던 백인 경찰관 총에 맞아 사망하였다. 이 사건으로 6일 동안 반대 시위운동이 계속되었고 뉴욕 흑인 지역의 중심인 할렘 지역에서 흑인들의 약탈과 폭력 행동이 일어났다. 이러한 심각한 폭동은 이 사건을 기점으로 해서 연속해서 4년 동안 계속되었다. 바로 이러한 일련의 폭동을 가리켜 **"폭동으로 얼룩진 여름"**이라고 부른다.[79]

폭동으로 얼룩진 여름(long hot summer)

1960년대에 경찰과 흑인 지역사회와의 갈등은 극에 달하게 되었다. 이 시기부터 시민운동 단체들이 강력하게 부당한 경찰 총기사용에 반대를 표하게 되었고, 경찰의 과도한 물리력 사용에 격렬히 항의하기 시작했다. 이들은 자신들의 동네에서 벌어지는 경찰의 부적절한

⇨ 인종 관련 문제를 논의하려면, 제12장을 참조

경찰 보호 전략에 불만을 표시했고, 시민 고충처리 절차의 부적절함
에 분노를 느꼈다. 그리고 경찰관을 고용할 때 발생하는 인종 차별
문제에 반대했다. 이러한 긴장 분위기는 마침내 1964년부터 1968년
에 걸쳐 미국 전역에서 폭발하기 시작했다. 수많은 폭동 사건들이
1964년 뉴욕시 폭동과 같은 양상으로 경찰 업무에 불만을 품고 곳곳
에서 벌어졌다. 로스앤젤레스 와트 지역(Watts district of Los Angeles)
에서 1965년에 일어났던 폭동 사건은 단순한 교통검문에서 비롯되기
도 했다. 1967년 여름, 디트로이트(Detroit)와 뉴왁(Newark)에서도 극
단적인 폭동 사건이 발생했는데, 이 사건들 발발 후 많은 미국인들이
국내 법, 질서가 큰 도시에서는 완전히 와해되었다는 두려움을 갖게
되었다. 당시 대통령이었던 린든 존슨(Lyndon Johnson)은 이러한 상
황에 대해 **커너위원회**를 통해 문제를 해결해 보려고 했다. 커너위원
회는 폭동 사건을 연구하는 위원회였는데, 여기에서 새로운 경찰 개
혁안을 내놓았다. 위원회는 1967년 한 해에만 무려 200건의 폭력 사
태(violent disorders)가 발생했던 것으로 보고했다.[80]

커너위원회(Kerner
Commission)

　　위기 상황을 극복하기 위해 경찰 조직에서는 특별 경찰 – 지역사
회 관계개선(police – community relations: PCR) 부서를 만들었다. PCR
프로그램에는 지역사회 단체와 대화하는 법, 학교 단체와 대화하는
법, 시민들이 경찰 입장에서 경찰관 업무를 체험해 보는 법(일명 '함께
타기', ride along) 등이 포함되었다. 그러나 법무부 보고서에서는 이러
한 프로그램 활동들이 일상적인 경찰 업무 이행에 별 도움이 되지 않
는 것으로 나타났다. 만약 효과가 조금 있다 하더라도 그 영향력은
경찰 – 지역사회 관계 개선에 너무 미미해서 거의 결과를 확인할 수
없는 정도인 것으로 나타났다.[81]

　　시민운동 대표들은 경찰에 시민 심의위원회를 설치할 것을 요구
했고, 이 심의위원회를 통해 시민 고충사건을 조사하고, 경찰의 과잉
대응 사건을 조사할 것을 희망했다. 초기에는 시민 심의위원회 요구
는 제대로 관철되지 못했다. 1958년에 만들어진 필라델피아 경찰 자
문단은 1967년에 폐지되었다. 폐지된 이유는 경찰조합의 압력에 의
한 것이었다. 뉴욕시의 경우에도 1966년 경찰조합이 시민 다수 참여

로 만들어진 시민 고충처리 심의 위원회를 폐지시켰다. 1980년대와 1990년대 일어났던 일련의 변화들로 인해, 나중에는 다시 시민 대다수가 참여하는 위원회가 결성되기도 했다. 1960년대 말까지 많은 폭동 사건은 멈추게 되었음에도 경찰과 소수 인종 단체 관련 지역사회 −경찰 관계는 매우 껄끄러운 상황으로 얼룩졌다.[82]

국가적 주목을 받는 경찰

1963년에 접어들어 미국의 범죄율은 급격히 상승하였다. 범죄와 폭동이 늘어나면서 전례 없는 경찰 조직 재점검 시기가 도래했다. 미국 변호사 재단은 경찰 역사 최초로 1955년부터 1957년까지 경찰 현장 참여관찰법 연구를 진행했다. 오늘날에는 당연하게 보이는 많은 것들을 당시 연구를 통해 처음으로 공식적으로 외부에 발표되었다. 그중 하나는 경찰관들이 현장에서 광범위한 수준의 재량을 갖고 있고, 재량에 따라 경찰 실무가 결정된다는 사실이었다. 그리고 흥미롭게도 또 다른 발견은 대부분의 경찰 업무 대다수가 범죄사건과 직접 연관이 없는 활동들로 이루어졌다는 점이다.[83]

대통령직속 범죄위원회
(President's Crime
Commission)

일명 **"대통령직속 범죄위원회"**(1965−1967)로 알려진 법 집행과 사법 행정에 관한 대통령 위원회에서는 미국 형사사법 전반 및 경찰 조직에 대한 광범위한 연구를 진행했다. 이 위원회에서는 핵심 경찰 연구 내용들을 지원하기도 했다. 대책 위원회 태스크포스 보고서인 "경찰(1967)"을 보면, 복잡하고 정교한 경찰의 역할을 잘 확인할 수 있는데, 해당 보고서에서는 매우 적은 분량의 경찰 업무가 범죄와 관련된 형사사건 법 집행 업무와 관련된 것으로 지적했다. 위원회는 앨버트 레이스(Albert Reiss)와 도날드 블랙(Donald Black)의 순찰 관련 연구를 지원했는데, 해당 연구는 양적 연구를 수행하는 것이었다. 이 연구에서도 결과적으로 경찰은 광범위한 재량행동을 사용하는 것으로 나타났고, 물리력 사용 경험이 많은 것으로 나타났다. 위원회가 핵심 보고서로 지정한 "자유 시민사회에서의 범죄 해결(The Challenge of Crime in a Free Society)"이라는 1967년도의 보고서를 보면, 경찰 전문

화에 대한 오래된 전통적인 신뢰가 얼마나 큰지 알 수 있다. 이 보고
서에서는 경찰 선발 수준 상향 조정, 경찰 훈련 수준 향상, 경찰 조직
관리 및 감독 개선을 핵심 가치로 강조했다. 가장 중요한 전문화의
시작점으로 보고서는 추가로 경찰 재량행동에 대한 통제를 강조했고,
행동 통제는 경찰행정의 규칙제정을 통해 가능하다고 보았다.[84]

⇨ 2015경찰활동에 관한
대통령직속TF에 대해
논의하려면, 제1장을 참조

　　1968년의 커너위원회는 경찰과 빈민가 지역 주민들이 서로 적대
시하는 분위기가 미국 사회에 여전히 뿌리 깊게 남아있는 현실을 지
적하며, 이 반목으로 인해 사회 무질서가 계속해서 발생한다는 결과
를 내렸다. 위원회는 경찰의 일상적인 업무가 반드시 바뀌어야 한다
고 경고하며, 향후 적절한 행동양식이 무엇인지 명확히 개인에게 알
려주는 방식으로 경찰 관행이 변화되어야 한다는 권고를 했다. 위원
회는 경찰의 활동이 거친 실무 관행 분위기를 완전히 쇄신할 수 있어
야 한다고 보았다. 그리고 위원회가 더 많은 수의 흑인 출신 경찰관
을 모집해야 한다고 보았다. 마지막으로 위원회는 시민들의 불만과
고충을 처리하는 절차가 개선되어야 한다고 권고했다.[85] 커너위원회
와 대통령직속 범죄위원회는 시민의 불만과 고충을 처리하는 절치가
매우 부적절하다는 것을 발견했다. 많은 경찰서들이 시민의 불만 자
체를 접수하고 처리하는 공식 절차도 마련해 놓지 않고 있었다. 많은
경우, 경찰 업무에 불만을 제기하는 많은 사람들은 경찰 조직으로부
터 완전히 외면당했고, 심지어 체포당할 수 있다는 협박까지 당해야
했다.

　　커너위원회는 오랫동안 진행되었던 전통적인 경찰 전문화가 실
제 제대로 이루어졌는지 조사하기도 했다. 미국에서 일어난 심각한
소요 사태가 큰 도시에서 일어난 것이었기에 도시에서 근무하는 경
찰은 어쩌면 가장 좋은 리더십 밑에 있다고 착각할 수 있는 일이었
다. 도시 속 경찰은 다른 어떤 조직보다 더 잘 조직화되어 있고, 가장
잘 훈련받은 최고의 전문 기관이라고 생각할 수 있는 일이다. 그러나
커너위원회 보고서는 순찰 자동차가 시민들로부터 경찰을 고립시켰
다는 결론을 내렸다.[86] 자동차 순찰이 일반 시민으로부터 경찰을 고
립시켰다고 본 것이다. 짧게 말하면, 전통적인 의미의 "냉정하고 터

프한" 경찰 법 집행 이미지는 지역사회 관계 수립에 악영향을 미치는 요인이 되었다. 특히, 경찰과 흑인 지역사회와의 관계에서는 그 강력한 법 집행 이미지가 장애가 되었다. 이러한 위원회의 통찰력은 이후 경찰의 역할에 대해 진지하게 다시 생각해 보는 원동력이 되었다. 그리고 이러한 분위기는 결국 1980년대 지역사회 경찰활동을 만드는 첫 걸음이 되었다. 대통령직속 범죄위원회와 커너위원회는 모두 기존에 존재하던 낮은 경찰 선발 기준을 어떻게 향상시켜야 하는가에 대해 고민했다. 1965년 경찰서장을 대상으로 했던 한 설문 조사(police chief's survey)에 따르면, 전체 경찰관의 약 85프로가 경찰학교 교육 직전 훈련을 전혀 받지 않았던 것으로 나타났다.

로스앤젤레스(LAPD)의 경찰서장 윌리엄 파커(William Parker)는 위원회의 지적을 되새기면서 공격적인 범죄와의 전쟁 태도가 경찰 – 지역사회 대민 관계를 악화시키는 원인일 수 있다고 생각했다. 그는 LAPD를 미국에서 가장 전문화된 경찰로 변화시킨 유명한 인물이기도 하다. 그는 1950년대 부패 경찰로 악명을 떨쳤던 LAPD를 맡아서 새롭게 명령지휘 체계를 만들어서 엄격한 조직 통제 시스템을 만들어냈다. 윌리엄 파커는 경찰 인사 관리 기준을 제도적으로 높이는 데 공헌했고, 근대 스타일의 조직 관리 원칙을 도입했다. 그리고 그는 경찰활동에 매우 공격적인 범죄 척결 접근법을 도입했다. 에드가 후버가 했던 것과 유사하게 윌리엄 파커는 대중 관계 형성에 매우 정통했고, 대중과 어떻게 긍정적인 관계를 맺어야 하는지 잘 알고 있었다. 잭 웨브(Jack Webb)와 가깝게 지내면서, 그는 "수사 포위망(Dragnet)" 이라는 텔레비전 프로그램 제작을 적극 도왔다. 그리고 당시 이 프로그램은 가장 인기 있는 텔레비전 프로그램이 되었다. 이 프로그램에서는 LAPD 이미지를 단점이 없는 완벽한 전문가로 표출했고, 매우 능률적인 최고의 경찰로 만들어냈다.[87]

그러나 윌리엄 파커가 치중했던 경찰의 이미지는 의도치 않은 대가를 치르게 되었다. 공격적인 법 집행 기관의 이미지는 지역사회 소수 인종 단체들과 갈등 관계를 형성하게 된 것이다. LAPD의 징계 시스템은 경찰들이 악용하는 권한 남용과 물리력 사용을 눈감아 주는 방식으로 유명했다. 역사학자 마틴 시슬(Martin Schiesl)은 LAPD 경찰관들이 의지가 굳건한 서장 밑에서 일하는 분위기를 좋아했고, 전문가가 따라야 할 의무사항에는 거부 반응을 보였다고 과거를 평가했다. 마틴 시슬은 당시 경찰관들이 이러한 분위기 아래에서 법 집행을 하면서 통제되지 않는 권한 남용 행동을 보였고, 소수 인종들의 시민 권리를 무시하는 경향이 있었으며 소수 인종들의 정치적 행보를 얕잡아 보는 습성이 있었다고 보았다.[88] 시민 운동자 집단은 이에 항거했지만 파커는 어떠한 비난 반응도 용납하지 않았고, 오히려 전미유색인종보호연합회(National Association for the Advancement of Colored People: NAACP)와 미국시민자유연맹(American Civil Liberties Union: ACLU)이 범죄분자들을 지지한다는 이유로 해당 단체들을 비난하기도 했다. 파커의 명성은 그가 LAPD를 퇴직한 후에도 한참 동안 하나의 유산으로 조직에 남아 있었다. LAPD는 로드니 킹(Rodney King)을 구타한 1991년의 사건으로 다시 국가적 분란을 일으켰다. 그리고 1999년에 또 다시 램파트(Rampart) 스캔들을 저질렀는데, 이 사건은 경찰의 조직 갱단 척결반과 관련된 일이었다. 로드니 킹 사건과 램파트 사건 모두 LAPD가 경찰의 과도한 물리력 사용을 제대로 통제하지 않기 때문에 발생한 일이었다. 특히, 소수 인종과 민족에 대한 경찰 과잉대응을 제대로 관리하지 않았기 때문에 일어난 일이라고 볼 수 있다. 경찰관들을 제대로 훈련시키지 않은 잘못이 가장 크다고 하겠다.[89]

1973년에 미국 변호사 협회는 "도시 경찰 기능과 관련된 행동강령 기준들"이라는 보고서를 출판했다. 가장 중요한 것은 이 책에서 행동강령 기준들을 제시했다는 것인데, 그 기준으로 경찰행정 내 규칙제정을 강조했다고 볼 수 있다. 규칙제정은 과도한 경찰 재량권 남용을 통제하는 가이드라인을 담고 있다. 경찰 부서의 규칙제정은 유행처럼 퍼지게 되었고, 그 후 계속해서 문서화된 양식으로 경찰의 치명적 물리력 사용정책이 공식화되었다. 추가로 경찰의 속도위반 단속 규정도 문서화되었고, 가정폭력 사건 대응 방법도 문서로 가이드라인이 공식화되었다. 이 내용은 이 챕터의 뒤쪽에서 더 상세히 다룰 예

정이다.[90]

경찰연구혁명

1960년대에 미국에서 일어난 경찰 위기 상황은 곧 빠른 속도의 경찰 관련 연구 확대로 이어졌다. 형사사법과 범죄학 관련 학문 분야가 빠르게 성장했고, 학문적으로 큰 도약이 이루어졌다.

Sidebar 2-5

경찰의 연구혁명: 효과성 평가

1960년대에 시작한 "경찰의 연구혁명" 활동은 경찰활동에 대한 기존의 전통적 신념을 뒤흔드는 신선한 시도였다. 예를 들면, 캔자스 市의 범죄예방 순찰 실험은 단순히 순찰 인력을 증가시키는 것이 범죄 감소를 불러오는 것은 아니라는 증거를 보여주는 유익한 기회가 되었다. 과거 로버트 필 경이 주장했던 순찰 방법과 1829년 최초의 근대 경찰 조직이 주장했던 내용들이 연구 혁명 시기에 그 효과성을 의심받게 되었고 범죄문제 통제에서 실제 경찰 전문가들이 무엇을 할 수 있는지는 진지하게 고민해 보게 기회가 되었다. 결국 경찰활동의 효과성에 대한 의문이 조직 전체의 위기의식으로 확장되면서 경찰 혁신과 관련된 일련의 다양한 활동들이 이어지게 되었다. 경찰 혁신에 속하는 다양한 활동에는 지난 40여 년 동안 경찰 조직에서 일어났던 가장 중요한 혁신 활동이 다수 포함되는데, 여기에는 유명한 지역사회 경찰활동과 문제지향적 경찰활동, 핫스팟 경찰활동, 집중 억제전략(focused deterrence) 등이 있다.

연구혁명(research revolution)

연구혁명 상황은 미국 경찰 역사에서 경찰활동과 관련된 많은 연구 결과 업적을 양산했다. 구체적으로 말하면, 경찰의 순찰업무와 관련된 연구 결과들이 나왔고, 경찰 재량 행동 연구, 경찰 물리력 사용 연구, 범죄사건 수사 연구, 경찰관의 태도와 관련된 연구 등이 많이 이루어졌다. 수십 년 동안 이런 연구 결과들은 경찰 정책 형성에 중대한 영향을 미쳤다. 그리고 이런 연구들은 지역사회 경찰활동의 초석이 되었고, 핫스팟 범죄다발지역 연구 결과에 지대한 영향을 미쳤고, 집중억제 정책과 다른 혁신적인 정책 결정에 크게 기여하였다.

연방 정부는 새로운 경찰 연구 시도에 재정적으로 큰 투자를 했다. 그 투자는 주로 1868년부터 1976년에 활동했던 법 집행지원부 (Law Enforcement Assistance Administration: LEAA)와 국립사법연구원 (National Institute of Justice)을 통한 지원 활동이었다. 1970년에 포드 재단은 경찰재단을 지원하기 위해 무려 3천만 달러($30 million)를 투자하기도 했다. 이 재단은 경찰 관련 연구에서 가장 중요한 주제들을 후원했는데, 여기에는 유명한 캔자스시 예방순찰실험 연구가 포함되었다. 이후, 대도시 거점 지역을 담당했던 경찰 관리자들의 모임인 경찰최고위연구포럼(Police Executive Research Forum)에서 경찰 연구 분야와 경찰활동 혁신분야를 다루면서 관련 분야의 새로운 리더로 등장하게 되었다.[91]

여기에서 이루어졌던 일부 연구들은 전통적인 경찰활동이 보여줬던 잠정적인 가정들을 완전히 무너뜨리는 계기가 되었다. 1972년부터 1973년에 이루어졌던 **캔자스시 예방순찰실험**을 보면, 다양한 수준의 경찰순찰활동이 범죄에 미치는 영향을 실험 연구로 확인하려는 의도가 있었다. 이 연구는 경찰 역사에서 어찌 보면 가장 중요한 실험 연구이기도 했다. 그런데 이 연구는 결과적으로 증가된 수준의 순찰활동이 범죄를 감소시키지 않는다고 보았다. 그리고 감소된 순찰활동은 범죄 증가로 전혀 연결되지 않는 것으로 나타났다. 감소된 순찰은 대중의 범죄 두려움과도 별 관련이 없는 것으로 나타났다. 이러한 연구 결과는 경찰에 대한 기존 생각에 중대한 영향을 미치게 되었고, 몇 년 후에 경찰 조직에 과거와는 다른 지역사회 경찰활동이라는 새로운 철학을 불러일으키는 단초가 되었다.[92]

한편, 다른 많은 경찰 연구들이 신속한 경찰 현장 도착이 어떤 가치가 있는지에 대해 살펴보았다. 빠른 현장 대응 및 현장 도착이 범죄율에 영향을 미치는 것일까? 라는 질문을 했다. 연구 결과, 경찰이 신속하게 대응한다고 해서 체포 비율이 증가하지 않는 것으로 나타났다. 범죄 신고 전화가 실제 범죄가 진행되는 상황의 범죄를 알려주는 경우는 거의 없다고 하겠다. 범죄피해자도 피해당하는 순간에 바로 경찰에 피해 사실을 신고하는 것은 아니다.[93] 랜드연구소(Rand Corporation)에서 발표한 보고서는 우리가 갖고 있던 경찰 수사 업무

캔자스시 예방순찰실험(Kansas City Preventive Patrol Experiment)

⇨ 캔자스시 예방순찰실험에 관한 내용을 논의하려면, 제7장을 참조

에 대한 전통적인 신념을 완전히 부정하는 충격적인 연구 결과를 보여주었다. 대부분의 형사사건은 최초 범죄 현장에 도착한 일선 경찰관의 수집 정보에 의해 해결되는 것이고, 이후의 형사 업무로 해결되는 것은 아니라는 결과가 나온 것이다. 최초 사고 접수 일선 경찰이 수집한 피해자 정보와 목격자 정보가 가장 중요한 단서라고 하겠다. 많은 사람들이 영화나 텔레비전에서 보듯이 형사가 직접 사건을 수사하여 이후에 범인을 찾는 것이 아니다. 그렇게 생각한다면 그것은 현실과 전혀 다른 것이라고 하겠다. 연구 결과, 실제 사후에 형사가 추가 정보로 사건을 해결하는 경우는 매우 드문 것으로 나타났다. 그런 방식으로 형사가 사건을 해결하는 것은 상대적으로 비생산적인 방식으로 일을 하는 것이고, 실제 형사가 하는 방식 대부분은 형식적인 서류 작업이 전부이다.[94]

경찰관의 태도와 행동에 대한 연구를 보면, 윌리엄 웨스틀리(William Westley)가 독특한 경찰 하위문화를 실제로 확인했다고 하겠다. 경찰 하위문화란 대중을 향한 경찰 내부의 적대감정을 말한다. 경찰들이 갖고 있는 집단 연대감 역시 독특한 경찰 하위문화이다. 그리고 경찰 구성원들이 갖고 있는 비밀유지 분위기도 여기에 해당한다. 제롬 스콜닉(Jerome Skolnick)은 이러한 특징을 계속 지속적으로 연구하며 경찰활동이 독특한 근무 환경의 영향으로 이런 문화를 만들어내는 것이라고 주장했다. 즉, 독특한 근무 여건과 경찰이 경험하게 되는 위험한 상황들, 그리고 경찰의 권한 행사가 하위문화 형성과 관련이 있다. 누군가를 체포해서 유죄를 받아내야 한다는 압박감이 하나의 실적 스트레스로 다가오면서 조직이 경찰 구성원들에게 적법절차를 위반하는 것을 부추기는 비공식적 문화를 만들어냈다. 사실, 경찰 개개인이 갖고 있는 태도와 행동은 경찰 조직문화가 만들어낸 것이기도 하다. 그래서 경찰 조직 부서마다 다양한 경찰 문화가 존재할 가능성이 있다. 이런 관점에서 경찰 조직 내에 여성이 증가하고, 흑인이나 히스패닉이 증가하고, 혹은 게이나 레즈비언 같은 다양한 성적 정체성을 가진 개성 있는 개인들이 증가한다면 조직 분위기가 과거보다 더 다양해질 수밖에 없을 것이다. 이러한 조직 변화가 새로

운 아이디어를 불러오고, 다양한 관점을 불러올 수 있다.[95]

마지막으로 제임스 파이프(James J. Fyfe)의 선구적인 경찰 연구는 뉴욕시의 총기사용과 관련된 것이었다. 이 연구에서 그는 경찰들에게 정확히 총기사용 가능 여부를 알려주는 구체적 고지 방식의 총기 가이드라인 정책이 많은 총격 사건을 효과적으로 감소시켰다고 주장했다.[96] 경찰연구혁명은 오늘날에도 계속 진행되고 있는 현재 진행형 상태이다. 즉, 오늘날에도 여전히 경찰활동 혁신과 관련된 중요한 연구들이 많이 나오고 있는 상황인 것이다. 이 챕터 뒤에서 다시 언급될 내용인 "연구 기반의 정책(research-based policies)"에는 지역사회 경찰활동과 문제 중심 경찰활동(제10장) 내용이 포함되고, COMPSTAT (제14장) 내용도 포함된다. 추가로 연구 기반의 정책 제안에는 집중억제 정책(제10장)의 내용도 포함된다.

▍경찰활동의 새로운 발전: 1970년대부터 현재까지

미국에서는 1970년대부터 오늘날까지 빠른 속도로 경찰활동의 큰 변화가 일어났다. 가장 중요한 변화는 경찰 구성원들의 인구사회학적 특성이 바뀌게 되었다는 점이다. 그리고 경찰의 역할을 정의하는 방식도 바뀌게 되었다. 또한, 어떻게 경찰이 범죄와 무질서를 다룰것이냐도 점차 바뀌게 되었다. 추가로 경찰관의 체포권 행사와 검문검색, 물리력 사용 행사가 어떻게 이루어져야 하는가에 대한 엄격한 기준 제시도 큰 변화로 평가받게 되었다. 마지막으로 경찰과 흑인 지역사회와의 관계가 계속해서 갈등으로 채워지면서 2014년과 2016년 사이에 국가적 위기 사건으로 폭발하게 된 것도 미국이 경험한 큰 변화 중의 하나라고 하겠다.

변화하는 경찰관

1970년대 초반부터 미국 경찰관들의 인구사회학적 특징이 현저하게 변화되기 시작했다. 법대 교수인 데이비드 스크란스키(David

Sklansky)는 이런 변화를 가리켜 "더 이상 아빠 세대의 경찰서가 아니다."라고 표현하기도 했다.[97] 흑인 경찰과 히스패닉 경찰을 선발하는 경우도 급격히 증가했다. 과거 1960년대에는 큰 도시 경찰에 흑인 출신 경찰관이 거의 없다는 점이 시민단체들이 가장 반발하는 큰 이유였다. 실제 커너위원회가 발표한 보고서를 보면, 1967년에 전체 클리블랜드(Cleveland) 지역의 흑인 인구 점유 비율은 약 34프로에 이르렀으나 흑인 경찰관 비율은 단지 전체 경관의 7프로에 불과했고, 오클랜드(Oakland) 지역의 흑인 인구 점유 비율은 31프로였으나 흑인 경찰관 비율은 4프로에 불과했다.[98] 경찰 조직 내에 소수 인종 비율이 증가하게 되면서 2007년경에는 미국 전역 흑인 경찰관 비율이 전체 경관의 12프로로 증가했다. 그러나 2007년 이후 그 비율은 다음 6년 동안 더 이상 증가하지 않았다.[99] 1990년대까지 흑인 경찰관 수치는 디트로이트와 워싱턴, 애틀랜타에서 다수 인종을 차지하게 되었다. 1998년부터 2007년까지 워싱턴DC(Washington D. C.) 지역의 경찰청장을 역임했던 사람은 흑인 경찰 찰스 램지(Charles Ramsey)였다. 그는 이후 2008년부터 2016년까지 필라델피아 지역의 경찰 수장으로 근무하기도 했다. 찰스 램지는 2014년에 "21세기 경찰활동에 관한 대통령직속TF(President' Task Force on 21st Century Policing)"의 공동의장이 되기도 했다.[100]

▷ 경찰관 모집 및 경찰 인력 다양성에 대한 문제를 논의하려면 제5장을 참조

히스패닉 경찰(Hispanic police officers)

　　당시 미국 전역의 **히스패닉 경찰**도 함께 증가했다. 1989년에는 해당 비율이 6.4프로에 불과했으나, 2013년에는 히스패닉 출신 경찰 비율이 전체의 11.6프로로 급증했다.[101] 2006년에는 텍사스 내 산 안토지역 전체 경찰관의 약 48프로가 히스패닉이 아닌 백인 경찰이었고, 46프로는 히스패닉인 것으로 나타났다. 나머지 6프로 정도는 흑인 출신 경찰이었다. 히스패닉 출신으로 전직 캘리포니아 고속도로 순찰지구대 지휘관(총경)을 지낸 아트 아세보도(Art Acevedo)는 2007년에 텍사스 오스틴 지역의 경찰서장을 역임하기도 했다.

　　경찰 역사에서 또 다른 역사가 만들어졌는데, 여성에 대한 편견과 차별을 극복한 여성 경찰 펠리시아 스프리자(Felicia Shpritzer)가 그 주인공이다. 1942년에 미국 뉴욕시 경찰 조직에 입문했던 그녀는

앨리스 스테빈스 웰스와 다른 선배 여성 경찰이 만들어 놓은 길을 하나의 본보기로 삼았다. 1961년에 그녀와 함께 다른 다섯 명의 여성 경찰들은 처음으로 경사급 위치에 승진 심사 요청을 하게 되었다. 이들은 아쉽게도 경사 승진에 모두 낙방하게 되었는데, 사실 여성이라는 이유로 승진 시험 요청 자체가 수리되지 않았던 것이었다. 1963년에 이들은 시험 기회조차 주지 않았던 경찰 조직을 상대로 소송을 제기하였다. 그리고 법원은 당시 NYPD가 행한 결정이 불법이라는 결정을 내렸고 조직이 여성들에게 승진 시험을 치를 수 있도록 해야 한다고 판시했다. 그 다음 해에 126명의 여성 경찰들이 승진 시험에 참여할 수 있게 되었다. 펠리시아 스프리자와 다른 동료 여성 경찰들은 해당 승진 시험을 모두 통과했다. 거트루드 쉬멜(Gertrude Schimmel)이라는 또 다른 여경은 1971년에 NYPD 내 최초의 여성 경찰 지구대장(captain)이 되기도 했다. 이후 그녀는 1981년에 퇴직 당시 부서장을 달았다. 펠리시아 스프리자는 1976년에 조직을 떠나면서 경감(lieutenant)의 자리에까지 오르기도 했다.[102]

여성경찰들이 가졌던 전통적인 차별 문제는 1964년 민권법(Civil Rights Act)의 영향으로 경찰 조직 내에서 완전히 사라졌다. 이 법은 성별을 기반으로 한 어떠한 형태의 차별과 여성 운동을 이유로 한 차별을 금지한다는 것을 명문화한 법이었다. 1990년대 중반까지 도시의 큰 경찰서는 전체 경찰의 약 13프로가 여성으로 채워졌다. 추가로 경찰 조직은 여성들에게 불리한 최소 신장 조건이나 특별한 근력 체력 시험 선발 필수요건들을 모두 삭제했다. 가장 획기적인 여성차별 철폐는 1968년에 일어났다. 미국 역사 최초로 여자 경찰이 일반 순찰 업무를 맡게 된 것이다. 워싱턴DC 및 뉴욕시에서 순찰업무를 담당했던 여성 경찰의 근무평정은 남성 경찰만큼 효과적이었던 것으로 나타났다.[103]

여성경찰들(women in policing)

페니 헤링턴(Penny Harrington)이라는 여자 경찰은 1985년에 또 다른 여성 차별 조항을 무너뜨렸다. 그녀는 당시 오리건주 포틀랜드 경찰서의 서장으로 임명되어 재직 중에 있었다. 서장으로 근무하며 그녀는 여성이 처음으로 도시의 큰 일급 경찰 조직을 이끄는 경찰서장 역할을 맡았다. 역사학자인 도로시 쉴츠(Dorothy Schulz)에 따르면, 그 이전에도 물론 1919년 이후 여자 경찰서장이 있었지만, 대부분 작은 경찰서를 담당하는 자리였던 것으로 나타났다. 페니 해링턴은 1990년에 텍사스 휴스턴 경찰서장을 역임한 엘리자베스 왓슨의 뒤를 이어 경찰서장에 재직하게 된 것이었다. 그 이후 수많은 여자 경찰서장이 큰 도시 경찰 조직의 수장이 되었고, 주 단위 법 집행 기관의 대표가 되기도 했다.[104]

경찰 조직은 이때부터 대학을 졸업한 우수한 인재를 영입하기 시작했다. 1960년대 초에는 전형적인 신임 경찰관의 학력은 고등학교 졸업이 전부였다. 그러나 연방 정부에 취업한 공무원들은 형사사법 학위를 대학에서 이수하도록 권유받았다. 1960년에는 정복 경찰관 중 대학 졸업학력을 갖고 있는 경찰관이 전체의 단 20프로에 불과했으나 그 수치는 1988년까지 무려 전체 경찰관의 65프로 급격히 상승했다.[105]

경찰의 신임교육도 엄청나게 발전하였다. 훈련 시간의 경우, 1996년대에는 평균 300시간 정도에 불과했으나, 1990년대에 들어서면서부터 신임 경찰관들에게 무려 1,000시간이 넘는 많은 양의 교육을 제공하기 시작했다. 경찰 조직은 새로운 형태의 교육 훈련 내용도 포함시켰는데, 여기에는 기존 재직자들이 신임들에게 생생한 현장을 보여주는 여러 주 동안의 실무 현장체험 교육도 함께 제공되었다.[106] 경찰 아카데미의 훈련 내용에는 기존에 없었던 새로운 내용이 추가되었는데, 소수 인종집단과의 관계형성 교육, 가정폭력 교육, 다문화 교육이 포함되었다. 뉴욕과 캘리포니아는 1959년에 모든 경찰들에게 의무적 교육 훈련 프로그램을 부가했다. 그리고 이후 모든 州들이 경찰 훈련 교육 내용과 교육 이수 확인증 발급을 하나의 교육 시스템으로 정착시켰다. 놀랍게도 과거에는 미국 내 인원이 얼마 없는 작은 경찰서와 보안관 책임 하의 경찰서인 경우, 실무 경찰관을 현장에 파견하기 전에 아무런 신임교육 프로그램도 시키지 않고, 교육 경험이 전혀 없는 상태에서 경찰 업무를 담당토록 한 적도 있다. 오늘날 미국 경찰들은 州 법을 근거로 해서 일정 시간의 의무적 재직자 직무교육 훈련 프로그램을 모든 경찰들이 이수 받은 후에 현장에 나갈 수 있다.

이러한 시도에도 불구하고, 몇 가지 중요한 교육 내용에 있어서는 경찰의 재직자 직무훈련 프로그램은 적절치 않은 것으로 보였다. 2015년에 발표된 전미 경찰최고위연구포럼(Police Executive Research Forum) 발표에 따르면, 미국 전역의 경찰 훈련 프로그램 내용이 심각한 단점을 갖고 있는 것으로 나타났다. 경찰학교의 교육 구성 내용을 보면, 사격 훈련에 평균 58시간 정도를 쓰는 것으로 나타났다. 그리고 상대적으로 법률 교육 시간은 40시간 정도 배정한 것으로 나타났다. 법률 시간의 교육 내용들은 주로 압수, 수색 영장 발부 조건과 관련된 것들이다. 그리고 전체 교육 훈련 내용에서 대중과의 의사소통 기술 개발 교육 내용은 단 10시간 정도밖에 없는 것으로 나타났다.[107]

많은 미국의 州들은 경찰 조직 내부에서 경찰 청렴성 위반으로 문제 행위를 일으킨 경찰들에게 직무정지 및 자격박탈 징계처분을 내릴 수 있는 공식절차를 마련했다. 자격박탈(decertification) 징계란 정복 경찰관으로 알려진 정식 경찰 업무에서 해당 직원을 배제한다는 것을 말한다. 물론 일부 다른 州에서는 이 경우에도 해당 직원을 정식 경찰로 선발할 수도 있기에 영원히 경찰이 되지 못하는 것은 아니다. 즉, 선발 부서가 해당 직원이 과거에 자격박탈이라는 징계 기록에 대해 별 문제를 제기하지 않는다면 얼마든지 새로운 州에서 해당 직원은 정식 경찰이 될 수 있다는 뜻이다.[108]

경찰행정 차원의 규칙제정과 경찰 재량 통제 문제

1970년대부터 시작되었던 경찰의 재량권 남용 통제 문제는 오늘날에도 여전히 해결하기 힘든 문제로 남아있다. 미국 사회에서 경찰의 치명적 물리력 사용 통제는 가장 중요한 경찰 의제 중의 하나였다. 앞서 언급했던 제임스 파이프(James Fyfe)의 연구에 따르면, 공식 문서로 경찰의 총기사용을 규제하는 규칙을 만들고 개별 총기사용 이후의 상세 보고서 제출 규정을 만들면 극단적으로 경찰 총기 오발

사고 건수가 줄어들고, 경찰의 총에 고통을 받는 시민 숫자가 줄어드는 것으로 나타났다.[109] 몇 년이 지나자 미국 전 경찰서들이 유사한 정책들을 만들어내기 시작했다. 결과적으로 미국 전 지역에서 경찰이 쏜 총에 맞거나 혹은 경찰의 총에 죽게 되는 시민들의 숫자가 1970년 이후부터 1980년대 중반까지 급격히 감소할 수 있게 되었다.[110]

행정규칙 제정 모델
(administrative rule-making model)

⇨ 경찰재량 통제와 관련된 내용을 논의하려면, 제11장을 참조

행정규칙 제정 모델은 기본적으로 경찰 개인의 재량행동을 통제하기 위한 목적으로 활용된 것이었다. 이 모델은 미국 역사에서 경찰의 치명적 물리력 사용을 억제할 수 있는 새로운 법률의 기본이 되었다. 그리고 이 모델을 통해 다른 경찰활동 역시 제한, 관리할 수 있는 여건이 만들어졌다. 행정규칙 제정 모델은 문서로 작성된 공식적인 정책 제정을 요구한다. 이런 문서화 작업은 결국 경찰들에게 언제 총을 사용해야 하는지, 혹은 사용하지 말아야 하는지 결정하는데 명확한 하나의 잣대를 제공하게 된다. 그리고 이러한 규칙 제정 공식화는 경찰 재량이 필요한 순간에 반드시 고려해야 할 요소들이 무엇인지에 대해서도 정확히 알려주는 이점이 있다. 또 중요한 것은 바로 이 모델이 경찰들로 하여금 개별 사건 발생 이후에 물리력 사용 관련 보고서를 작성할 것을 의무적으로 요구한다는 데 있다. 경찰들이 작성한 이 보고서들은 조직 지휘체계 최상부 수뇌부들이 직접 챙겨서 확인하는 주요 문서가 되었다.[111]

가정폭력 문제에 대한 대중의 관심은 경찰 분야의 또 다른 변화를 야기했다. 뉴욕시와 오클랜드, 그리고 다른 많은 지역에서 여성단체들이 경찰 조직을 고소하는 사건이 벌어졌다. 고소 이유는 가정폭력을 저지른 가해자를 경찰이 제대로 체포하지 않았다는 것이었다. 이 일련의 소송 사건들로 인해 경찰 조직들은 결국 심각한 중범죄 피해가 발생한 가정폭력 건에 대해서는 강제적, 의무적 체포를 실시하는 강력한 정책을 시행하게 되었다. 곧 미국 내 다른 지역의 경찰서들도 유사한 의무적 정책을 활용하기 시작했다.[112] 경찰은 이 시기에 과속 차량 추적에도 유사한 공식 문서 규정을 미리 만들어 규칙 제정을 통한 법 집행을 실시했다. 물론 이 정책 내에서도 비교적 경미한 피해가 발생한 사건에 경찰이 무리하게 추적하는 것을 제한했고, 경

찰 차량 추적에 사용되는 경찰 차량 숫자도 제한했다. 또한, 경찰관이 차량을 추적할 때 반드시 고려해야 할 사항으로 주변 행인들이 다칠 위험 가능성을 고려하도록 했고, 추격 순간에 보행자가 주변에 있는지 사전에 확인토록 했다. 경찰 추격을 제한하는 추가적 요소로 불안정한 도로 바닥 상황이 위험하지 않은지, 혹은 날씨가 나쁘지 않은지 반드시 미리 점검하여 차량 추적에 유의하도록 했다.[113]

경찰 노동조합의 등장

    미국에서 1960년대 **경찰조합**은 빠르게 전 지역으로 퍼져나갔다. 그리고 1970년까지 미국 경찰 역사에서 경찰 노동조합은 매우 강력한 권한을 가진 기구가 되었다. 당시 경찰은 일련의 대법원 판례로 고립된 상황에 있었고, 시민단체들의 비난으로 큰 상처를 받은 상황이었다. 경찰들은 낮은 봉급과 근무 수당 혜택으로 만족도도 낮았다. 그리고 일선 경찰들은 경찰서장 수뇌부들이 보이는 임의적인 징계 조치에 대해서도 많은 불만을 갖고 있었다.[114] 수십 년 동안 경찰 조직 내부에서 경찰관 연합회가 활동해 왔다. 예를 들면, 아일랜드계 미국 경찰 협회가 과거부터 활동해 왔다고 볼 수 있다. 그러나 경찰 노동조합이 만들어지면서 공식적인 단체교섭권이 법적으로 인정되게 되었다. 경찰 조직 및 시 당국과 직접적으로 법률상 효력이 있는 계약을 맺을 수 있는 당사자 적격성을 갖게 된 것이다. 시 당국과 맺는 계약서에 경찰조합은 임금 협상과 근무 환경 개선을 상호 검토사항으로 넣을 수 있었다.

    이러한 경찰조합의 존재는 경찰 행정 절차에 엄청난 영향을 미쳤다. 경찰조합의 협상으로 인해 임금과 수당, 급여 액수가 상당히 좋아졌다. 또한, 경찰조합 탄생 이후 경찰관의 고충처리절차도 많이 개선되었다. 이 고충처리로 인해 경찰관이 받던 불합리한 처리들에 대해 개인 경찰들이 의견을 낼 수 있게 되었다. 경찰조합과 관련하여 더 많은 논쟁거리를 낳은 것은 바로 경찰 직원들과의 계약 특이사항 설정 문제였다. 계약 사항에서 조직은 경찰관 개인이 부적절한 행위

경찰조합(Police unions)

를 하거나 징계 처분을 받아 경찰의 감찰 조사를 받아야 하는 사항을
정할 수 있도록 해두었다. 많은 도시 경찰서에서 경찰조합이 전체 경
찰공무원들의 대표로 나서서 경찰 총기 사건 조사와 관련된 계약을
경찰 조직과 맺었다. 총기 사건 조사가 이루어지는 경우, 48시간 동
안 경찰 감독자에게 당사자 경찰이 어떠한 질문도 받지 않게 하는 계
약 조항을 만들어 넣은 것이다. 일부 경찰조합에서는 심지어 개인 경
찰관 징계 기록을 아예 말소시키는 계약 내용도 요구했다. 총기 사건
발생 후 몇 년간의 시간이 지난 후에는 경찰관의 해당 징계 기록을
삭제할 것을 요구하기도 했다.[115] 그러나 이러한 경찰조합의 노력은
다른 한편에서 경찰의 부도덕한 행위를 허용하고, 문제 있는 경찰관
을 보호하는 잘못된 분위기를 만들었다는 비난을 만들어내기도 했다.
많은 비판에도 불구하고 마침내 경찰조합은 경찰 조직 내에서 엄청
난 정치적 힘을 얻게 되었다. 그리고 계속해서 경찰조합은 시민들과
대치하는 양상을 보였는데, 특히 경찰-지역사회 관계개선 및 홍보
활동과 시민이 경찰을 감시하는 활동에 대해 지역사회와 많은 갈등
을 일으키기도 했다. 2014년에 세간의 주목을 받은 충격적인 사건도
벌어졌는데, 뉴욕 순찰 경찰관을 위한 자선협회가 당시 뉴욕 시장이
었던 빌 블라이소를 공격한 일이었다. 자선협회는 시장이 경찰관들을
충분히 지지하지 않는다는 맹비난을 퍼부으며 뉴욕에서 발생한 경찰
관 두 명에 대한 총격 사건도 시장의 비협조적인 태도 때문이라고 맹
렬히 비난했다.[116]

경찰에 대한 시민감시, 관리 기능 확대

1980년대부터 미국에서는 시민들의 경찰 조직에 대한 감시 활동
이 높아졌다. 2015년까지 시민감시, 관리기구들이 무려 100개에서
200개까지 존재하는 것으로 나타났다. 1995년까지 전문적인 협회가 설
립될 정도로 많은 개별 관리 기구들이 미국에 만들어졌다. 실제 전문
협회 관리 대표 단체로 "전미 법 집행 시민감시협회(NACOLE: National
Association for Civilian Oversight of Law Enforcement)"가 탄생하게 되

었다.[117]

　1990년대에는 새로운 형태의 참신한 시민감시, 감독 기관이 나타났다. 즉, 경찰 감시관이 나타났고, 또 경찰감찰관도 생겨났다. 이전의 시민 관리 조직은 보통 시민들이 경찰에 제기한 불만 사항이나 소청 내용을 감사한 시민들이 검토하는 것이었는데, 새롭게 생긴 경찰 감시 기구는 그 활동 내용이 기존 감독 기관과는 달랐다. 경찰 회계 감시단은 경찰 부서 내부의 정책과 업무 진행 절차를 관리, 감시했다. 그리고 추가로 시민 회계 감시단의 활동을 통해 경찰 조직 운영이 어떻게 바뀌어야 하는지 제안하는 일도 함께 했다. 물론 시민의 불만을 감소시키기 위한 경찰 전략이 무엇인지도 시민 관리, 감시단이 추가로 제안해 주었다. 1993년에 만들어진 로스앤젤레스 보안관 특별 상담원 기구는 반년에 한 번씩 보고서도 만들어냈다. 물론 2014년에 해당 기구는 폐지되었으나, 활동 시기에 적극적으로 경찰활동 전반에 대한 광범위한 의견 개진을 수뇌부에 해주었다. 특히 이들이 제안한 보고서에는 경찰의 물리력 사용 분석과 경찰 조직을 상대로 한 소송 판례 내용 분석, 용의자에 대한 도보 추적 소개, 동료 경찰 배치 방식 연구, 경찰 훈련 방법 등에 대해 언급했다.[118]

⇨ 경찰에 대한 시민감독 문제를 논의하려면 제14장을 참조

　2013년 NYPD는 뉴욕경찰을 위한 경찰감찰관을 발족했다. 조직 관리목적의 시민 회계감사 모델을 바탕으로 경찰감찰관은 경찰 조직 내부의 모든 사안을 감찰할 수 있는 권한을 갖게 되었다. 예를 들면, 2015년에 청문회 감사기구가 발간한 보고서에서 경찰관들이 활용하는 물리력 사용 사례가 어떤 문제가 있는 낱낱이 파헤쳐졌고, 이를 기반으로 한 상세한 새로운 발전 권고사항이 제시되었다.[119]

지역사회 경찰활동, 문제지향 경찰활동, 그리고 기타 혁신적 경찰활동

　1980년대와 1990년대에 미국 경찰 역사에 가장 획기적이고 중요한 사건은 바로 지역사회 경찰활동(community policing: COP)과 문제지향 경찰활동(problem-oriented policing: POP)이 출현한 것이다.

두 철학 모두 범죄와 무질서 문제를 바라보는 시각이 과거 경찰 조직이 가졌던 전통적인 방식과는 다른 것이었고, 그로 인해 기존과는 완전히 상이한 차원에서 새로운 방식으로 경찰활동을 정의하게 되었다. 이 두 가치관은 완전히 새로운 경찰 기능을 요구했고, 참신한 경찰 조직비전을 제시했다고 볼 수 있다. **지역사회 경찰활동**을 지지했던 사람들은 경찰 조직에 새로운 역사적 시기가 도래했다고 기뻐했다. 1988년 초기에 켈링(Kelling)은 "조용한 혁명적 움직임이 미국의 경찰 조직을 완전히 새로운 형태로 만들고 있다"고 평가했다.[120] 미국 법무부는 지역사회 경찰활동이 확대되는 것을 반겼다. 특히 오늘날 지역사회 경찰활동 서비스 사무국(일명 COP office로 알려진 기구)을 중심으로 더욱 활발한 활동이 일어나길 기대하면서 새로 추가 인력 배치 목적에 따라 무려 100,000명의 경찰을 충원하는 재정 계획을 집행했다.

지역사회 경찰활동
(community policing)

┌─ POLICE in FOCUS ─────────────────────────

찰스 램지(Charles Ramsey): 개혁 경찰 수뇌부

찰스 램지는 시카고 경찰 조직에서 그의 경력을 쌓기 시작했다. 나중에 조직 내 치안감(deputy superintendent) 직급에 해당하는 자리까지 오른 인물이다. 그리고 시카고 지역 내 지역사회 경찰활동을 발전시키는데 지대한 공헌을 했다. 그의 프로그램은 보통 CAPS(시카고 경찰활동 대안 전략: Chicago Alternative Policing Strategy)로 알려져 있다.

그는 1998년에 시카고를 떠나서 워싱턴DC의 경찰청장을 역임하게 되었다. 당시 워싱턴DC는 경찰의 과도한 물리력 사용으로 조직 자체가 큰 시련을 겪고 있을 때였다. 경찰청장으로 그는 법무부(Department of Justice)가 이 문제에 개입하여 경찰의 잘못된 행위를 조사할 것을 요구했다. 결과적으로 법무부와

의 이행각서(Memorandum of Agreement) 체결이 이루어졌고, 경찰 물리력 사용과 수사 방법, 초기 개입 체계, 경찰 훈련 프로그램 개발 차원의 개혁안이 도출되었다. 몇 년 후에는 법원이 지정한 경찰 감시단도 파견되어 이행사항이 잘 지켜지는지 관리, 감독하게 되었다.

2008년에 찰스 램지는 필라델피아 경찰청의 경찰청장이 되었다. 여기에서도 경찰 총기사용과 관련된 심각한 문제들이 있었다. 다시 램지는 이 문제를 해결하고자 법무부의 COPS 기구 내 긴급위기 대응팀을 불러들였다. 경찰 내부에 존재하던 과도한 물리력 사용 및 수사 관련 관행에 대한 뿌리 깊은 문제들이 하나둘 외부에 알려졌다.

램지는 필라델피아 경찰청장으로 있으면서 21세기 경찰활동에 관한 대통령직속TF 내 공동위원장 자리도 함께 역임했다. 2015년 4

월에 나온 최종 보고서에는 제 1장에서 다룬 내용과 함께 미국 경찰활동에서 가장 중요하게 다루는 모든 아이디어들이 총망라되었다. 여기에는 경찰 정당성 문제와 시민 신뢰문제, 절차적 정당성, 개방성, 투명성 문제들이 다루어졌다.

2016년 램지가 필라델피아 경찰청장직을 퇴임한 후, 그는 시카고 경찰서의 자문위원이

되었다. 당시 시카고에서는 흑인 남성의 등에 경찰이 총을 쏘는 사건으로 인해 큰 스캔들이 일어나기도 했다.

출처: Charles H. Ramsey, The Challenge of Policing in a Democratic Society: A Personal Journey Toward Understanding (Cambridge: Kennedy School of Government, 2014).

깨진 창문 가설을 다룬 유명한 논문을 보면, 제임스 윌슨(James Q. Wilson)과 조지 켈링(George L. Kelling)이 최근 경찰활동에 대한 연구 결과를 다음과 같이 요약한 것을 알 수 있다. 그들은 경찰순찰이 매우 제한적인 범죄 억제 효과만 있다고 보았다. 경찰의 빠른 범죄 현장 도착 대응 전략도 마찬가지로 추가 체포 증가와 별 관련이 없는 것으로 보았다. 연구 검토를 통해 그들은 범죄를 해결하는 담당 형사의 역량이 미치는 효과도 생각보다 제한적이라고 보았다. 이들이 제시한 연구 결과는 크게 두 가지 차원에서 큰 의미가 있다. 첫째, 경찰 혼자서는 절대 범죄와 싸울 수 없다는 것이다. 경찰이 반드시 시민들과 협조해야 하고 시민들에게 의지해야만 한다. 둘째, 경찰이 덜 심각한 질서유지 기능이나 삶의 질 회복 문제에 더 관심을 기울이게 되면, 분명 시민들이 느끼는 범죄두려움은 현저히 감소될 수 있다. 이것은 마치 깨진 창문 가설에서 주장하는 것과 동일한 것이다.[121]

지역사회 경찰활동은 전통적인 과거 경찰 전문화 운동의 원칙에 도전장을 내미는 것이다. 지역사회 경찰활동은 이제 고도로 중앙집권화된 형태를 갖게 되면서 점차 시민들로부터 고립되어 버렸기 때문에 큰 문제 상황에 직면하게 된 것이다. 또한, 지역사회 경찰활동을 지지하는 사람들은 경찰 당국이 범죄 통제 문제에만 과도하게 관심을 쏟아부었다고 비난한다. 기존 경찰 조직이 무질서 상황의 많은 문제들을 무시했기 때문에 이제는 지역사회 경찰활동 전략을 활용해야만 한다는 것이다. 이런 맥락에서 지역사회 경찰활동 철학을 응용한

⇨ 지역사회 경찰활동과 문제지향 경찰활동을 상세히 논의하려면, 제10장을 참조

많은 세부 전략들이 나오게 되었다. 1960년대에 일어난 미국 시민권 침해 위기는 결국 미국 경찰 조직이 심각한 문제를 갖고 있음을 뜻하는 것이었다. 무엇보다도 시민권과 관련된 경찰의 문제는 흑인 미국 지역사회와 경찰이 맺고 있는 갈등 관계였다. 경찰 관련 연구 결과도 지역사회 경찰활동을 불러오는데 큰 영향력을 미쳤다. 캔자스시 예방 순찰실험은 실제 순찰 경찰관 수를 증원시키는 것이 범죄를 감소시키는데 별 영향을 미치지 않는다는 것을 실증적으로 보여주었다. 반면에, 뉴왁 도보순찰 실험연구 결과는 경찰관의 도보순찰 증가도 여전히 범죄율을 감소시키지는 못한다는 것을 보여주는 증거가 되었다.[122] 범죄와 무질서를 척결하는 효과적인 전략을 제안하기 위해 지역사회 경찰활동 철학은 분권화된 의사결정 절차를 제안했다. 분권화된 방식은 지역 동네 이웃 단계까지 내려가는 것이고, 지역에 거주하는 일반 동네 사람들과 긴밀한 관계를 수립하는 것을 전제로 하는 것이다. 반면에 문제지향적 경찰활동이란 특정 범죄 사건 하나, 특정 무질서 상황 하나에 더 관심을 기울이는 전략이다. 여기에서는 동네 지역마다 상이한 범죄 사건과 무질서 현상이 벌어진다고 보고, 특정 지역마다 특색에 맞는 차별화된 법 집행 전략이 필요하다고 본다.

미국에서 마침내 전 지역 경찰이 지역사회 경찰활동 철학을 도입하게 되었다. 2015년에 발간된 미국 법무부 통계국(Bureau of Justice Statistics)에 의하면, 전체 대도시 경찰서의 약 90프로가 지역사회 경찰활동과 관련된 임무수행 목표가 있는 것으로 나타났다.[123] 가장 적극적으로 지역사회 경찰활동 철학을 실천하는 모델은 바로 CAPS 프로그램이라고 할 수 있다. 이 프로그램은 도시에서 주로 실시되는 것으로서 동네 주민들과 경찰과의 정기적 반상회를 강조한다. 미팅 목적은 보통 동네에서 발생한 문제들을 서로 이야기하는 것이고 그 해결방안도 같이 마련하는 것이다. 이 프로그램의 효과성을 평가한 연구 결과를 보면, 특히 시민참여 비율이 매우 증가한 것으로 나타났다. 그리고 경찰과 다른 정부 기관과의 유대 기회가 급격히 증가한 것으로 나타났다. 예를 들면, 경찰과 보건소 직원과의 접촉이 이 프로그램을 통해 증가하는 것으로 파악되었다. 지역의 현안뿐만 아니라 실질적인 문제점들이 지역사회에서 해결되는 비율이 이 프로그램 속에서 증가하는 것으로 나타났다. 또한, 시민들이 갖고 있는 경찰에 대한 주관적인 인식도 매우 좋아지는 것으로 나타났다.[124] 그러나 불행히도 이 CAPS 프로그램은 급격히 미국에서 줄어들게 되었다. 이유는 폭력 범죄의 증가로 인한 정치적 압력이었다. 미국 전역에서 지역사회 경찰활동 역시 조금씩 힘을 잃어가기 시작했다. 웨슬리 스코강(Wesley Skogan)은 2015년에 있었던 21세기 경찰활동에 관한 대통령직속TF 회의에서 지역사회 경찰활동이 위상이 매우 불확실한 상황에 처해 있다고 말하기도 했다.[125]

문제지향 경찰활동은 허먼 골드스타인(Herman Goldstein)이 발전시킨 철학 원리이다. 여기에서 그는 경찰이 거시적 관점의 범죄자 무질서 억제라는 큰 그림을 떠올리기보다 지역에서 발생한 매우 구체적인 특정 문제를 먼저 떠올리고 법 집행에 들어가야 한다고 보았다. 특정 문제가 무엇인지 구체화해야만 각각의 개별 사안에 맞는 창의적인 전략을 대안으로 만들 수 있기 때문이다. 무조건 별 계획 없이 범죄예방이나 무질서 척결로 근본적인 문제에 접근하게 되면 아무것도 얻을 수 없다. 따라서 범죄 척결 전문가가 아닌, 문제 해결자 모습의 경찰이 되어야만 한다. 추가로 경찰은 해결 방법을 제시하는 계획자, 지역사회 자원 동원 계획자가 되어야 한다.[126] POP 최초의 실험 연구 결과를 보면, 버지니아 뉴포트뉴스 지역의 경찰들이 폐허가 된 지역 거주 환경을 개선하는 프로젝트에 관여했을 때 결과적으로 거주지 개선 외에 범죄 척결까지도 함께 얻을 수 있었던 것으로 나타났다. 이 연구 결과를 통해 경찰은 다른 정부기관과 반드시 함께 해야 하고, 민간기업 단체들과도 협력해야 그들 본연의 책무를 완수할 수 있다고 하겠다. 이 프로젝트가 의도한 건물 여건 개선과 위생상황 개선은 결국 이러한 사실을 유념했을 때 달성할 수 있는 것이다.

아쉽게도 지역사회 경찰활동 프로그램과 관련된 효과성 평가 결과는 매우 일관적이지 않다. 미국의 많은 경찰 조직들이 추가 배치 인원을 선발하기 위해 연방으로부터 자금을 지원받았다. 그리고 그 돈으로 인력과 함께 새로운 지역사회 경찰활동 프로그램도 도입했다.

문제지향 경찰활동
(Problem-oriented Policing: POP)

문제는 해당 인력과 프로그램 동원 현장에 지역사회 경찰활동 철학
이 가진 핵심 원리가 빠져 있었다는 점이다. 연방의 지원이 끊기자,
곧 프로그램도 사라졌다. 앞서 언급한 바와 같이 시카고 CAPS 프로
그램은 순식간에 바로 사라져버렸다. 그러나 다행히도 문제지향적 경
찰활동은 여전히 건재하다. 문제지향적 경찰활동센터는 폭넓은 주제
를 다루는 보고서를 발간하며 어떻게 다양한 문제들을 경찰들이 현
장에서 해결해야 하는지 구체적으로 언급하며 가이드 역할을 하고
있는 것이다. 이 보고서 내용과 함께 매년 어떤 프로그램과 어떤 경
찰관이 허먼 골드스타인 상을 받을 자격이 있는지 시상식도 열고 있
는데, 최고의 POP 프로그램을 뽑는 것이 그 목표인 행사이다.[127]

데이터 중심의 경찰활동

1990년대까지 미국의 경찰은 철저히 범죄 데이터를 활용한 경찰
활동을 실시하고자 했다. 경찰은 컴퓨터 기술이 발전함에 따라 범죄
와 무질서와 관련된 엄청난 분량의 데이터를 분석하고 경찰관 개인
은 법 집행 현장에서 데이터 분석 관련 정보를 활용하려고 했다. 복
잡한 데이터를 분석해 내는 능력을 발판으로 경찰은 연속적인 일련
의 경찰활동 전략 혁신 장치를 만들어냈고, 그것은 종종 "스마트 경
찰활동"이라는 이름으로 불리게 되었다.

컴스탯(COMPSTAT)은 사실 미국 뉴욕의 NYPD가 선구적으로 먼
저 활용한 기술이다. 이것은 컴퓨터화 된 데이터 분석 방식으로 일정
시간에 발생하는 범죄 활동을 지역과 섹터별로 검토하는 것을 뜻한
다. 이 시스템의 가장 큰 장점은 총경급에 있는 실무 관리자로서 최
상위 명령 지휘체계의 의사결정 레벨에 있는 경찰이 자신의 관할지
역에서 일어나는 범죄와 무질서 상황을 명확히 분석하여 모든 일에
발생 책임을 지게 한다는 데 있다. 컴스탯 회의에서는 보통 중간 관
리자 개개인의 지역에 일어난 범죄 상황을 범죄 발생 유형별로 보고
하는데 주력한다. 자신이 맡은 지역에 왜 특정 범죄 패턴이 발생하는
지 분석하고 평가하는 데 회의의 궁극적인 목적이 있다. 회의 이후

사후 대처는 문제지향적 경찰활동이 운영되는 미세한 차이 방식으로 인해 조금씩 상이한 조치를 취하게 될 것이다.[128]

핫스팟은 특정 지역이 범죄 발생에 상대적으로 위험한 요소를 더 많이 갖고 있어 많은 지역 중 일부분만 범죄가 특히 많이 발생한다는 기본 가정을 바탕으로 한 것이고, 실제 일부 지역이 다른 기타 지역보다 더 취약하다는 객관적인 연구 결과들을 근거로 만들어진 것이다. 핫스팟은 로렌스 셔먼(Lawrence Sherman)이 1980년대 미니애폴리스 지역에서 분석한 데이터 연구를 바탕으로 한 것인데, 이 연구에서 경찰의 911 신고 전화 데이터를 분석한 후 최초로 핫스팟이라는 개념을 경찰에 도입했다. 로렌스 셔먼이 많은 지역 중 핫스팟 지역이 있다는 것을 확인한 후, 경찰 조직은 핫스팟에 맞는 새로운 순찰 전략을 개발하기 시작했다. 핫스팟을 통해 더 효과적으로 특정 지역 내에서 범죄를 감소시켜야 할 필요성이 커진 것이다. 주로 경찰이 사용했던 방법은 집중 순찰 전략과 문제지향적 경찰활동 등 기타 혁신적인 새로운 접근법들로 매우 다양했다.[129]

조기 개입 시스템은 경찰 업무의 책임성을 증대시키는 새로운 기술로 경찰활동과 관련된 요인들을 분석하는 컴퓨터 중심 시스템이다. EIS 체계에서는 여러 가지 요인들을 예측 인자로 사용하는데 적게는 5개의 인자에서부터 많게는 20개 정도의 인자를 추출하여 경찰 근무 내용을 검토한다. 이 시스템은 주로 경찰의 물리력 사용, 시민 불만 사항 및 고충처리 내용, 경찰 징계절차, 경찰 병가사용 기록, 초과근무 시간 기록 등을 광범위하게 포함한다. 이 시스템 속에서 일부 경찰 조직은 경찰 체포 기록과 차량 단속 기록들을 포함시켜 함께 분석하기도 한다. 물론 이런 데이터까지 시스템 속에서 분석하지 않는 경찰 조직들도 존재한다. 자료 분석을 통해 결국 알고자 하는 것은 평균 수치보다 높은 비율을 보이는 특이 경찰관들의 상황과 특징을 알아내는 것이다. 과도한 물리력 사용이라는 문제가 가장 중요한 핵심 관심사라면, 그 수치가 일반 평균 경찰들의 물리력 사용 횟수보다 더 높은 경찰관들을 추출하여 그들의 행동 원인이 무엇이고, 관련 유발 요소가 무엇인지 함께 검토할 필요가 있다. 일부 문제 상황은 특별

조기 개입 시스템(early intervention system)

개입팀으로 보내져서 해당 부서를 통해 직원에게 도움을 줄 수 있도록 한다. 중요한 것은 EIS 초기 개입 시스템이 직원들에게 징계 조치로 여겨져서는 안 된다는 점이다. 어디까지나 경찰의 초기 개입 시스템은 경찰의 업무 수행 효과성을 높이기 위한 것이었다. 이를 위해 경찰들에게 즉각적인 감독과 특정 교육 훈련 등을 제공할 수 있고, 이를 위해 상담 서비스도 제공할 수 있다. 또는 이 시스템을 통해 경찰들에게 약물남용 예방 및 사후치료 상담 프로그램을 열어줄 수도 있고, 분노조절 프로그램 등에 참여하게 할 수 있다. 개입 프로그램이 의미가 있는 이유는 경찰관들이 그들의 업무 평정 및 수행 내용이 과거보다 더 나아졌는지 지속적으로 평가해 볼 수 있게 해준다는 점이다. 이런 점에서 초기 개입 시스템은 경찰 근무 이행 질을 높여준다는 장점이 있다.[130]

인종프로파일링과 차별적 조치들

⇨ 인종프로파일링 문제와
경찰 재량 관련 기타
문제들을 논의하려면
제12장을 참조

　　1992년 5월 8일 아침, 로버트 윌킨스(흑인)는 95번 도로를 운전하고 있었다. 메릴랜드에서 그의 가족들과 함께 차를 운전해서 도로를 달리고 있는 중이었다. 시카고에서 열린 친척의 장례식을 마치고 워싱턴DC의 집으로 가던 중이었다. 그런데 우연히 도로에서 메릴랜드 경찰의 차량 검문을 받게 되었다. 경찰은 로버트 윌킨스에게 자동차 외부로 나오라고 했고, 차량을 검문하겠으니 협조해 달라고 말했다. 당시 변호사 신분이었고, 하버드 법대 출신이었던 로버트 윌킨스는 경관에게 운전자를 체포하지 않고 차량부터 검문하겠다는 것은 불법이라며 본인은 이를 수락할 수 없다고 말했다. 그러나 담당 경찰관은 이 의견을 무시했고, 네 명의 가족 모두를 차 밖으로 나오게 하여 비가 오는 날씨에 밖에 서있게 했다. 가족들은 경찰이 마약탐지견을 데려와 자동차를 검색할 동안 계속 비를 맞아야 했다. 결국 탐지견은 차에서 아무것도 발견하지 못했다. 로버트 윌킨스는 과속으로 105달러 범칙금납부통고서를 경찰에게 받았다. 로버트 윌킨스는 경찰의 자동차 검문검색이 불법일 뿐만 아니라, 그가 흑인이라는 이유

로 무조건 검문을 당해야 한다는 것이 법에 위반된다고 생각했다. 이
사건으로 인해 유명한 경찰의 자동차 검문과 관련된 판례가 미국에
서 나오게 되었는데, 그것이 바로 "윌킨스 대 메릴랜드(Wilkins v.
Maryland, 1993)"이다. 이 소송 사건으로 온 미국 전역이 들끓게 되었
고, 경찰의 **인종프로파일링** 관행에 대한 비판이 제기되었다. 일부 사
람들은 경찰의 인종프로파일링이라는 표현 대신 음주운전자 검문
(driving while intoxicated)과 같은 표현 맥락에서 이 상황을 가리켜
"흑인 운전자 검문(driving while black)"이라고 불렀다.[131]

인종프로파일링(racial
profiling)

　　시민운동 단체들은 경찰이 흑인 운전자만 선택해서 일부러 자동
차 검문검색을 실시하는 것을 비난했다. 범죄 의심 행동이나 상황을
보지 않고, 오로지 인종 얼굴색만 가지고 검문 대상을 선별하는 것은
잘못되었다고 본 것이다. 메릴랜드 주 경찰을 대상으로 한 ACLU 소
송 건에서 일부 데이터가 제시되었는데, 그 결과에 따르면 실제 95번
도로를 지나다니는 흑인 운전자는 보통 전체 운전자의 약 17프로에
불과한 것으로 나타났다. 그리고 전체 경찰 불법차량 대상 중 흑인
대상은 전체 불법자의 약 18프로에 불과했다. 그런데 이 수치는 경찰
이 자동차를 일시 정지시킨 전체 자동차 수치의 무려 72.9프로에 해
당하는 것으로 나타났다. 충격적인 것은 잠시 경찰이 정지시킨 전체
차량 중 실질적인 수색(searched)을 당한 운전자 81.3프로가 바로 흑
인 운전자였다는 것이다. 경찰이 말하는 인종프로파일링이란 결국 특
정 고속도로 내에서 흑인이 운전을 하면, 차량 정지를 당할 수밖에
없고, 정지 후 흑인이라는 이유로 수색을 당하게 되는 것이었다. 이
런 경찰의 행태는 사실, 미국에서 당시 이루어졌던 "마약과의 전쟁"
단속에서 기인된 것이었다. 경찰관은 마약 거래자로 흑인과 히스패닉
을 잠재적 가해자로 정해놓고 정형화시켜 그들의 자동차를 검문한
것이다.[132]

　　경찰의 인종프로파일링을 없애기 위한 다양한 단계별 조치들이
이루어졌다. 시민단체들은 먼저 경찰 차량 정지 관행에 대한 데이터
를 수집하기 시작했다. 즉, 경찰이 일선에서 어떤 식으로 일을 진행
하는지 문서화하기 위해 관련 자료를 검토한 것이다. 일부 州에서는

공식적으로 해당 자료 수집을 강제하는 법을 통과시키기도 했다. 산호세 경찰서가 최초로 자발적으로 차량 정지 업무 데이터를 수집한 곳이다. 산호세 경찰서는 해당 자료 결과 분석내용을 공식적으로 발표했다. 많은 州들이 개별 경찰서의 자동차 정지, 검문과 관련된 데이터를 수집, 제출토록 하는 법률을 통과시켰다.

가장 일반적인 인종프로파일링 척결 방침은 경찰행정 차원의 규칙제정 전략이었다. 그리고 경찰서 내부 지침을 통해 어느 순간에 인종과 민족에 관한 특징이 경찰 정지 요구, 검문검색, 체포 등의 현장 행동에 활용될 수 있는지 구체화되기 시작했다. 경찰최고위연구포럼(Police Executive Research Forum)에서는 2001년에 인종과 민족 정보를 활용한 모범 사례를 내놓았다. 일명 모범 정책(model policy)이라 불리는 이 보고서에서는 경찰 행동의 유일한 단서 정보가 인종밖에 없을 때는 어떠한 경우에도 인종이나 민족 정보를 사용할지 말 것을 권고했다. 특정인의 인종이나 소수민족 정보는 다른 추가 정보와 함께 사용해야만 하고, 그 추가 정보들은 아주 구체적이고 신뢰성 높은 정보여야만 한다. 정리하면, 이제부터 미국에서 경찰은 특정인이 흑인이라고 해서, 오직 그 이유 하나만으로 절대 해당 시민을 검문검색할 수 없게 되었다. 그럼에도 불구하고 경찰이 예외적으로 흑인을 검문할 수 있는 경우도 있었는데, 이것은 용의자라는 사실이 구체적인 주변 상황에 대한 묘사와 믿을만한 정황 증거 제시를 통해 흑인이라는 유일한 단서 이외 다른 증거가 제시되었을 때를 말한다. 여기서 제시하는 구체적인 주변 정황이란 바로 특정인에 대한 키, 몸무게, 외모 특징, 연령 특징, 야구모자 착용 혹은 모자 없음 등의 복장 착용 특징, 수염 있음 혹은 수염 없음 등의 몸단장 특징을 말한다. 인종이나 소수민족 정보도 이 중의 하나일 뿐이다.[133]

경찰 부당행위에 대한 연방정부의 수사

2001년 4월에 오하이오 신시내티에서 인종폭동 사건이 발생했다. 이 폭동은 15번째로 발생한 흑인 남성 대상 경찰 총격에 항거한 폭동이었다. 무려 5년 동안 흑인을 대상으로 한 총격이 미국에서 당시 15건이나 일어났다. 이런 폭동에 대해 미국 법무부는 신시내티 경찰을 대상으로 "경찰 반복 업무 수행 패턴 혹은 업무 관행" 소송을 제기했다. 미국 법무부(Justice Department)가 당시 시행했던 조사 권한은 1994년 폭력범죄 통제법 제14141조항(Section 14141 of the 1994 Violent Crime Control Act)을 근간으로 한 것이었다. 기본적으로 이 법률은 법무부가 법 집행 기관을 수사할 수 있는 권한을 갖고 있음을 천명한 법이었다. 조사 개시는 수사기관이 과도한 물리력 사용이나 인종프로파일링 등과 같은 시민권 위반의 반복적인 패턴이나 관행이 있을 때 가능한 것이었다. 제1장에서 이미 언급한 바와 같이, 만약 경찰의 위반행동이 있는 것으로 판정되면, 법무부 조사 내용은 동의안(consent decree)이나 기관 양해각서(MOA: Memorandum of Agreement), 또는 조정안(settlement agreement) 각서를 통해 해결되는 방식을 취했다. 이러한 방식은 경찰로 하여금 스스로 조직 차원의 자정 노력을 하게 만들고 관련 후속 조치를 강제한다는 점에서 큰 의미가 있었다. 경찰 조직 스스로 자신들이 만든 개혁 운동을 실시하고, 시민권 침해 불법 관행을 멈추도록 자정운동을 전개해야 했다. 미국 법무부가 제기한 소송은 개별 경찰관을 형식적으로 처벌하기 위한 것이 절대 아니었다. 궁극적인 목적은 경찰 조직 변화를 야기할 수 있는 경찰 자체의 개혁 움직임 노력을 불러일으키는 것이었다.[134]

　　최초의 법무부 관련 사건은 1997년 피츠버그 경찰서에서 일어났다. 다른 유사 사건이 신시내티, 뉴올리언스, 시애틀에서도 일어났다. 법무부가 요구했던 개혁 움직임은 경찰이 최신 기술이 반영된 새로운 물리력 사용 통제 정책을 만드는 것이었다. 그리고 추가로 경찰들의 물리력 사용 의심 사례를 감사하는 공식 절차를 마련하는 것이었다. 법무부의 요청 사항은 조직 내에 초기 개입 시스템 EIS를 활용하는 것과 발전된 수준의 시민 불만 처리 절차 마련, 경찰 훈련 프로그램 개발 등을 폭넓게 포함하고 있었다. 조정안에는 약속한 이행 사항을 계속 지켜나가기 위해 직접 현장을 감독하는 법원 지정 감시관을 두는 것도 포함되었다.[135]

이러한 연방 정부의 외부 조사 실시와 합의 조정 명령에는 많은 이견이 있었다. 지방 경찰 사무 이행에 타당하지 않은 연방 정부의 침범이 노골적으로 이루어진다는 논쟁도 있었다. 그리고 이러한 정책은 지방 지역사회에서 경제적으로 큰 부담을 준다는 비판이 제기되었다. 그러나 반대로 워커(Walker)와 맥도날드(Mcdonald)는 이 상황에 대해 경찰 조직이 갖고 있는 시스템상의 권한 남용 문제를 효과적으로 해결할 수 있는 좋은 기회라고 봤다. 이들은 경찰 조직이 자발적으로 자신들의 문제를 해결하는 것은 거의 불가능하기 때문에, 이런 새로운 접근이 문제해결에 꼭 필요하다고 본 것이다.[136] 2008년 말에 신시내티 경찰서(Cincinnati Police Department) 감시단은 다음과 같은 표현으로 합의조정 명령 이행내용 중지를 요청했다. "이제 신시내티 경찰서는 과거 2002년과는 매우 다른 상황이다. 경찰서는 이제 교육 훈련 프로그램 운영 면에서도 발전했고, 정책 내용과 운용 절차 면에서도 한 단계 더 성장했다. 경찰의 물리력 사용 관행도 바뀌었고, 시민 불만 사항도 개선되었다. 추가로 이제 경찰서 내 위험관리 방법과 책무 이행 확인방법도 충분히 개선되었다"라고 말한 것이다. 한편, 로스앤젤레스 합의조정 명령 이행 결과, 경찰서가 긍정적으로 현저히 변화되었다는 평가가 내려졌다. 양적, 질적인 면에서 경찰활동이 개선되었다는 좋은 결과가 나온 것이다. 요약하면, LAPD 경찰의 근무 관행이 단순히 더 열심히 하는데 그치는 것이 아니라 실제로 경찰이 현장에서 더 똑똑한 방식으로 일하면서 완전히 바뀌었다고 말할 수 있는 것이다.[137] 그러나 2017년 초 트럼프 대통령 행정부는 이 프로그램을 중지시켰다. 트럼프 정부가 해당 프로그램을 없애기 전까지 약 40개 법 집행 기관이 법원의 합의조정 명령을 운영해 온 바 있다.

지역 경찰과 테러리즘과의 전쟁

2001년 9월 11일 미국 뉴욕의 세계무역센터 건물과 워싱턴DC의 펜타곤 건물이 테러리스트의 공격을 받았다. 이 사건은 미국 경찰활동에 큰 영향을 미쳤다. 경찰 당국은 국토 안보 테러리즘과 관련된 새로운 경찰 업무에 가장 큰 관심을 갖게 되었다. 이 내용은 앞의 제 1장에서 이미 다룬 바 있다. 가장 큰 변화는 이 사건으로 경찰의 전통적인 활동과 최근의 지역사회 경찰활동 실험 내용이 관심에서 멀어지고 경찰 우선순위가 완전히 바뀌어 버렸다는 점이다. 이제는 테러리스트 공격에 대비한 재앙 사전 대비 관련 경찰 훈련이 경찰 조직 최우선 시급과제가 되었다. 폭탄 테러 등에 대비한 경찰활동이 중요하게 다루어지게 된 것이다. 이런 활동들은 자연히 다른 기관들과의 연계를 중요하게 다루게 되었다. 한편, 미국이 아프가니스탄과 이라크에서 벌이는 전쟁은 경찰 조직으로 하여금 군대 예비 기구로 활동하고 국가 방위군의 일종으로 활동할 것을 새롭게 요구하게 되었다. 군 조직에 실제 경찰 일부가 파견 형태로 관여하게 되었고, 이로 인해 경찰서에서 근무해야 할 일부 경찰 인력이 다치게 되는 피해 상황이 발생하기도 했다. 마침내 많은 경찰서 조직들이 이런 변화들로 인해 연방 정부로부터 '1033 프로그램'이라는 혜택을 받았다. 이 프로그램은 경찰서에 무료로 군사 무기 및 장비를 지원받는 특별 예산지원이었다. 2014년까지 지역 경찰서에 약 50억 달러의 예산이 지원되었다. 이후 아쉽게도 군사 무기 장비 지원에 속했던 경찰 기뢰저항 매복 보호(Mine Resistant Ambush Protected(MRAP, or "em－wrap")) 차량 예산은 경찰 조직에 불필요한 것이었고, 적절치 않은 것이었다는 비판이 제기되었다. 예산 지원으로 인해 지역사회 시민안전유지라는 경찰 고유의 전통적인 기능이 오히려 약화되고 주요 관심사였던 경찰 고유기능이 사람들의 눈에서 점차 멀어지게 되었다는 비판이 일어난 것이다.[138]

▌국가적 경찰위기: 2014년부터 현재까지

2014년 8월 9일 경찰 데런 윌슨(Darren Wilson)은 미주리 퍼거슨 경찰서(Missouri, police department)에서 근무 중이었다. 그는 18살밖에 되지 않은 흑인 청소년을 총으로 쏴서 살해하는 일을 저질렀다. 흑인 10대 청소년의 이름은 마이클 브라운(Michael Brown)이었다. 당시 마이클 브라운은 어떤 총기도 소지하지 않은 상태였다. 경찰의 총기 사건으로 대중은 분노했다. 그런데 경찰 조직의 대응은 화난 대중들에게 군대 스타일의 무장 진압 행위를 내보이는 것이었다. 이로 인해 군중의 분노는 극에 달했고, 결국 분노한 일반인들의 약탈행위까지 일어나게 되었다. 국영방송은 실시간으로 계속해서 이 폭동 사건을 연일 방송했다.

대통령직속TF(태스크포스)

국가적인 경찰 위기상황(National crisis over policing)에 특단의 조치가 필요하다는 여론의 목소리가 커지게 되었다. 이에 2014년 말 버락 오바마 대통령은 "21세기 경찰활동 관련 대통령직속 태스크포스(Task Force)" 기구를 만들었다. 이런 태스크포스는 미국 역사에서 유례가 없는 것이었다. 과거 전체 역사를 통틀어 오직 경찰 업무에 한정된 대통령 산하의 특별 위원회나 전담반 기구 등이 만들어졌던 적은 미국 역사에서 한 번도 없었던 것이다. 1968년의 커너위원회(Kerner Commission)의 경우에도 1960년대에 발생했던 폭동 사건을 조사한 엄청난 분량의 위원회 보고서를 발표하면서, 경찰활동과 관련된 조사 내용은 단 두 장 정도에 불과했다. 오바마 대통령 산하의 특별전담반은 신속하게 미국 내 세 도시에서 공식 청문회 절차를 열었고, 광범위한 수준의 경찰 실무자 의견 청취, 학계 의견 조율, 시민단체 의견 조사, 그리고 경찰활동과 관련된 전문 사회복지 서비스 제공자 의견을 조사하는 과정을 거쳤다. 태스크포스가 발표한 최종 보고서는 2015년 5월에 발표되었는데, 여기에서 총 54개에 달하는 권고사항이 만들어졌고 경찰활동의 발전을 위한 시급한 조치 사항들에 열거되었다.[139]

당시 TF 보고서는 다음과 같은 서두를 발표했다. "동 보고서의 궁극적인 목적인 경찰 신뢰를 구축하는 것이고 동시에 경찰 합법성을 살펴내는 데 있다. 동 보고서가 하나의 권고사항에 지나지 않을지 모르나, 해당 내용은 경찰활동 전반에 광범위하게 영향을 미치게 될 것이다." 오바마 대통령은 태스크포스를 만들면서 직설적으로 수많은 미국 경찰관서 사이에 상대 기관에 대한 불신이 존재하고 있고, 수많은 지역사회 내에서도 지역끼리의 불신이 존재한다는 사실을 지적했다. 그리고 추가로 오바마 대통령은 다음과 같은 말을 남겼다. "미국 지역사회 내에서 너무나 많은 유색인종들이 자신들은 경찰로부터 공평하게 대우받지 못하고 있다고 느낀다." 경찰 정당성 문제와 절차적 정의가 핵심 이슈로 떠오르면서 TF 보고서는 경찰개혁 운동의 방향을 전 국가 차원에서 완전히 새로운 방향으로 변모시키는 큰 나침반이 되었다.[140]

경찰이 정당성을 인정받기 위해 TF 보고서는 다음과 같은 내용을 특히 강조했는데, 경찰은 절차적 정당성을 일반시민들과 상호작용하는 실무 활동 상황에 결합시켜야만 진정한 정당성을 인정받을 수 있다고 보았다. 그리고 절차적 정당성은 경찰 조직 내부 구성원들 간의 상호작용 속에서도 작동해야 하는 것으로 보았다. 사회심리학의 이론과 연구 결과를 바탕으로 해서 절차적 정당성은 바로 경찰 조직과 같은 권력기관(경찰이나 고용주, 학교운영 당국 등)이 외부 구성원들과 상호작용할 때 외부 사람들이 실질적인 목표달성 결과 자체보다 스스로가 권력기관에 의해 어떻게 처우 받고 다루어지는가를 주관적으로 인식할 때 만들어지는 것으로 볼 수 있다. 즉, 절차적 정당성은 실질적인 행동 결과물이 아니라 외부 사람들이 자신이 대접 받는 방식에 대한 인식 내용이라고 볼 수 있다. 경찰활동을 예로 들면, 이것은 곧 교통단속이 이루어지는 현장에서 경찰이 자신에게 벌금이나 과태료를 부과했느냐의 문제가 아니라, 경찰관이 운전자인 자신을 어떻게 다루고 처우했느냐에 따라 정당성 여부가 결정되는 것이라고 하겠다. 이러한 절차적 정당성과 관련된 경찰활동 정책이 빠르게 미국 전역으로 퍼져 나갔다. 그리고 많은 경찰관서들이 새로운 정책들을 경찰활동에 직접 적용하기 시작했고, 경찰 훈련 내용도 바뀌기 시작했다. 향상된 경찰훈련과 함께 경찰관들의 행동 방식도 매우 긍정적으로 바뀌게 되었다.[141]

범죄척결 활동과 관련해서 대통령직속TF 보고서는 많은 과거의 공격적인 경찰 범죄억제 활동이 대중에게 심각한 부정적 영향을 미쳤다는 결과를 내렸다. 무엇보다도 동 보고서는 경찰이 지금까지 진행했던 공격적인 스타일의 검문검색이나 핫스팟 위주의 마약척결 활동 등은 미국 사회 내 흑인들과 히스패닉 유색인종들을 고립시키는 결과를 초래했다는 것을 밝혀냈다. 찰스 앱(Charles Epp)과 동료들이 진행한 연구를 통해 캔자스시티 메트로폴리탄 지역 내 경찰 교통단속 활동은 실제 보고서의 이러한 결론을 객관적으로 뒷받침해 주었다. 동 연구에서 미국 흑인들이 경찰 교통단속에 걸리게 되는 이유가 운전자의 문제 행동(예를 들면, 속도위반이나 신호위반과 같은 불법행동) 때문이 아니라, 결국은 운전자의 특정 인종으로 인해 "의심"을 받게 된다는 사실이 밝혀졌고, 이로 인해 흑인들은 강한 분노를 느끼고 있는 것으로 나타났다. 이 연구를 통해 객관적으로 미국의 경찰들은 유색인종 운전자나 탑승자에 대해 무언가 의심스러운 것이 있을 것이라는 주관적 인식을 갖고 있음이 확인되었다.[142]

경찰개혁 과정과 저항

미국 경찰개혁 움직임은 일부 저항에도 불구하고 지속적으로 유지, 발전되어 왔다. 가장 큰 반대 세력은 도널드 트럼프 대통령을 지지했던 미국 법무부장관 제프 세션(Jeff Sessions)에 의한 저항이었다. 그는 그 첫 번째 조치로 당시 법무부가 운영 중이었던 "교묘하게 일어나는 일상적 인종차별 관행("pattern or practice")척결 프로그램"을 중지시키는 결정을 내렸다. 1997년 이후로 해당 프로그램은 경찰서 내에서 일어난 수많은 기본권 침해 경찰활동을 수사하는 근거가 되었다. 40개 주 사법 당국이 관할법원 명령을 근거로 한 경찰활동 운영상의 "최선의 관행 기준"을 사용하게 되었고, 이것은 경찰 무력 사용의 기준이 되기도 했다. 또한, 이 프로그램을 이용하여 경찰의 무력 사용 타당성 여부에 대한 조사와 초기 경찰개입 체계의 타당성, 그리고 기타 다양한 경찰활동의 타당성 등이 평가되기도 왔다. 일선 지역경찰들의 반대와 경찰조합의 불만이 있던 것도 사실이지만, 결국은 이러한 인종차별 관행 척결 프로그램을 통해 경찰 조직 내에서 전반적으로 법원 관할명령은 경찰의 직권남용 사례를 없애고, 경찰 조직 개혁의 커다란 방향을 제시하는 긍정적 기능을 담당해 왔다고 하겠다.[143]

국가 관심 속 경찰조합

　국가적 경찰 위기 상황은 미국 경찰조합에 대한 시민들의 감시 기능을 강화시키는 계기를 만들었다. 그리고 위기 상황은 경찰조합의 경찰책임 억제 기능(inhibiting police accountability)에 대해서도 새로운 시각을 갖게 만들었다. 과거 어느 상황에서도 미국 경찰조합에 이토록 큰 관심이 만들어진 적은 단 한 번도 없었다. 언론은 경찰조합의 계약내용과 조합의 정치적 활동에 주목하기 시작했다. 경찰조합은 이미 1960년대 정치적 개입을 통해 자신들이 할 수 있는 업무 범위를 어느 정도 알게 되었다. 과거 경찰조합은 시장이나 시의회 의원들에게 압력을 행사하여 "범죄 통제 카드"를 내밀면서 자신들의 요구를 들어주지 않으면 선거철에 시 당국이 경찰권한을 약화시켜서 범죄 증가 문제를 일으킨 결정적 책임이 있다고 협박할 수 있음을 학습한 바 있다. 경찰조합에 대한 설문조사를 통해 경찰조합 계약 사항 일부 내용이 매우 부적절하다는 것이 외부에 밝혀지게 되었다. 그 내용들을 몇 가지 살펴보면, 부패의심 행동으로 조사를 받아야 할 경찰인 경우 상관에게 취조를 받기 전에 48시간이나 대기시간이 있다는 것, 비제복 경찰의 부정부패 행위에 대해서는 상사의 조사 및 질문 자체를 금할 수 있다는 것, 그리고 일정 시간 이후에는 경찰의 부정부패 과거 기록물을 완전히 폐기 처리한다는 것 등이다. 미국의 많은 州들은 경찰조합이 자신들에게 유리한 법률들이 끝까지 유지되도록 힘을 쓰고 있는데, 여기에는 경찰이 저지른 부적절 행위와 관련 징계조치 내용들이 극비로 유지되고 해당 서류들이 철저히 기밀문서로 다루어지도록 하는 법률이 포함되어 있다.[144]

입법 개혁의 시작

국가 경찰 위기 상황은 전례 없는 경찰 책임 관련 법률 조항을 만드는 계기가 되었다. 미국 경찰의 책임은 조직 개혁과 관련된 내용이 주를 이루었는데, 州 입법 내용과 시 의회 규칙 제정 등으로 이루어지게 되었다. 베라 연구소(Vera Institute)가 2015년부터 2016년 동안 진행한 국가 설문조사 연구 결과에 따르면, 퍼거슨 사건 발생 2년 동안 州 정부 전역과 컬럼비아 지역 내에서 총 79개의 법률안이 통과된 것으로 나타났다. 해당 법안들은 많은 경찰활동과 관련된 것으로 나타났다. 경찰활동의 공격성과 물리력 사용을 완화시키는 정책 관련 법령과 주 단위에서 실시할 수 있는 해당 경찰 훈련 내용 관련 법령, 의무적 경찰 데이터 수집 활동 관련 법령, 경찰의 교통단속 활동 데이터 공개 법령, 그리고 경찰의 부적절 행동과 부정부패를 조사하는 외부 독립 수사관 창설 규정 법령을 포함한다.[145] 반면, 쉐런 페어리(Sharon Fairly)는 미국 경찰 역사에서 시민의 감시, 감독 기능이 급격이 늘어나게 되었다는 사실에 주목했다. 2014년부터 2019년까지 미국에서 100개 대도시를 조사한 결과, 25개의 새로운 경찰 조직 시민감시 기구가 만들어진 것으로 나타났다. 이 시기에 기존에 활동하던 많은 경찰 시민감시 기구들이 자신의 조직 기능을 강화시키고, 기존의 감시 조직들을 새롭게 확장시키기도 한 것으로 나타났다.[146]

州 정부 수준에서 일어나는 입법 활동과 지방자치단체 단위에서 일어나는 경찰개혁 입법 활동은 모두 퍼거슨과 퍼거슨 이후 유사 사건들이 대중의 경찰 인식에 미친 영향의 결과로 볼 수 있다. 이런 일련의 입법 활동들은 결국 대중이 갖고 있는 경찰에 대한 인식과 기대를 기반으로 한 것인데, 이것은 경찰이 갖고 있는 문제점에 대한 시민들의 인식이 깊어졌다는 것을 의미한다. 州 단위와 지역 단위에서 모두 경찰개혁을 간절히 요구하고 있음을 보여주는 것이다.[147]

경찰청장들의 운영 방향

경찰개혁과 관련해서 가장 눈에 띄는 것은 미래를 향해 생각하고 움직이는 경찰전문직협회 소속 일부 경찰청장들의 성과이다. 경찰전문직협회는 일명 경찰집행 연구 포럼(Police Executive Research Forum: PERF)으로 불리기도 한다. 2012년부터 2020년까지 PERF는 일련의 보고서를 발표했는데, 여기에서 경찰력 완화 사용 정책, 경찰 훈련 방법, 헌법적 가치 수호 경찰활동, 그리고 경찰의 무력 사용과 같은 핵심적인 경찰개혁 이슈들을 다루었다.[148] 2015년에 발간된 보고서에서는 경찰의 무력 사용에 과도한 강조를 하면서 경찰의 의사소통 기술에 대해서는 상대적으로 소홀한 태도를 보여 실망감을 야기하기도 했다. 과거에 나왔던 경찰 무력 사용 완화 정책 보고서는 어떻게 의사결정 순간의 경찰 판단 훈련이 다루기 힘든 피의자와 잠재적으로 위험한 사람들을 평가, 재평가하는 데 도움이 되는가를 매우 중요한 문제로 다루었다. 그리고 이러한 의사결정 훈련이 경찰의 무력 사용 가능성을 감소시키는 계기가 된다는 점을 강조했다. 초기의 보고서는 경찰 훈련이 일방적인 강의식 방법에서 탈피하여 실제 범죄 대응 상황을 바탕으로 경찰이 구체적으로 어떻게 반응해야 하는가를 보여주는 상황극 시나리오(real-life scenario) 체험 방식을 사용해야 한다고 봤다. 그리고 동 보고서는 경찰이 사용해야 할 "전략적 철수" 기법을 강조하기도 했다. 이 전략적 철수 방법은 경찰이 모든 상황을 전면적으로 이끌고 나가 직접 혼자서 책임을 지기보다는 필요한 경우 의도적으로 적절한 후퇴와 거리두기, 그리고 합리적인 대상자 관리 전략을 포괄적으로 사용해야 한다는 것을 강조했다. 동 보고서는 경찰이 새롭게 사용하는 전략적 철수가 비겁한 도망가기 방법이 아니라 하나의 영리한 문제 상황 대처 방식이라고 봤다. 이를 통해 경찰의 무력 사용 횟수가 감소될 수 있다고 본 것이다.[149]

2016년 PERF가 발간한 "경찰 무력 사용 원칙 가이드라인"을 보면, 초기에 발표된 경찰 무기사용 완화정책과 시나리오 기반 훈련 내용 등과 같은 과거 이슈들이 모두 포함됨과 동시에 유명한 1989년의 "그래햄 대 코너(Graham v. Connor)" 대법원 판례를 비난하는 내용들이 대거 포함되어 있다. 과거 오랫동안 중요한 경찰무력 판단 근거로 사용되어 온 이 판례는 "객관적으로 타당한 기준(objectively reasonable)"이라는 원칙으로 인해 경찰의 무력 사용 타당성을 매우 추상적이고 애매모호한 것으로 만들어왔는바, 보고서는 이를 비판적인 시각에서 평가했다고 하겠다. 범죄현장에서 경찰 실무자들이 위험한 피의자를 다루거나 혹은 잠재적으로 위험해질 수 있는 특정 상황에 처하게 되었을 때, 경찰의 판단이 객관적으로 타당해야 한다는 것은 실제 어떤 행동을 선택해야 하느냐를 결정할 때 큰 도움이 되지 못하고, 구체적인 가이드라인이 되어 주지 못할 가능성이 크다. 당시 미국 대법원은 객관적으로 타당한 기준을 다음과 같은 세부 상황으로 설명하기도 했다. 즉, (1) 대치 상황의 심각성 정도, (2) 경찰관이나 주변인에게 발생한 급박한 위험, (3) 경찰의 신병확보에 저항하는 대상자 발생과 같은 세 가지 상황으로 본 것이다. PERF 보고서는 이러한 대법원 판례의 기준이 적절치 않고, 이러한 세부 상황은 결국 경찰의 무력 사용을 "합법적이지만 끔찍한 결과"를 낳게 하는 위험한 해석이 될 수 있다고 보았다. 왜냐하면 이러한 세부 기준을 따랐을 때, 경찰이 할 수 있는 대응방법은 불필요한 무력 사용까지 허가하게 되는 경우가 많고, 결국 과잉대응 문제를 낳게 되어 인명 피해가 생길 수도 있기 때문이다. PERF에서는 경찰관의 목숨을 위험한 상황에 노출시키지 않으면서 대중들의 안전까지 확보할 수 있는 효과적인 경찰 무력 사용 감소 전략을 제시했다. 여기에는 무기사용 완화정책과 전술적인 의사결정 훈련, 전략적 철수 등이 모두 광범위하게 포함된다.[150]

　　PERF 보고서의 장점은 여기에 소개된 개별 정책들이 모두 하루 종일 진행된 학회 발표 속에서 경찰청장, 경무관, 총경, 사회복지사업 담당자, 학계 전문가 등 다수의 사람들이 서로 진솔한 의견 개진을 통해 함께 만들어냈다는 점이다. 여기에서 경찰들은 자신의 부서가 만들어낸 혁신적 사례들을 적극적으로 개진했다. 따라서 PERF의 보고서 내용은 경찰 실무의 목소리를 기반으로 한 것으로 볼 수 있다.

그리고 보고서의 제안사항이 결코 형식적으로 추상적인 내용의 듣기 좋은 이야기들로만 구성된 것은 아니다. 이러한 맥락에서 해당 보고서의 권고내용은 미국 경찰개혁의 핵심을 이루는 나침반이 되고, 현재 해당 내용들이 미국 경찰 조직 내에서 실현되어 가고 있는 중이라고 하겠다.

경찰관이었던 데렌 퍼거슨이 저지른 비극적인 사건은 미국 경찰 역사에 큰 변화를 야기했다. 퍼거슨 사건으로 인해 관련 경찰 연루 사건 수사가 계속 증가했고, 결국 그로 인해 **경찰활동에 대한 국가적 위기 상황**이 초래되었다. 1960년대 도시 폭동 이후 한 번도 나타나지 않았던 경찰과 소수 민족 간의 갈등이 미국 전역으로 퍼져나갔다. 사실, 2014년 7월 17일, 퍼거슨 사건 발생 직전에 이미 뉴욕시에서 경찰관이 롱아일랜드에 살던 흑인 에릭 가너(Eric Garner)를 체포하는 과정에서 퍼거슨 사건과 유사한 문제 상황이 발생하기도 했다. 담당 경찰은 피의자를 체포하기 위해 등에 올라탔고 에릭에게 움직이지 말라고 소리쳤다. 그러나 에릭은 "숨을 못 쉬겠어요."라고 반복적으로 말했다. 안타깝게도 담당 경찰은 에릭의 말을 완전히 무시했다. 이 사건으로 에릭 가너는 사망했고, 경찰이 에릭을 체포할 당시 에릭에게 했던 말과 행동이 담긴 핸드폰 동영상으로 미국 전역에 퍼져나게 되었다. 반복적으로 이 상황이 방송에 나가게 되면서 분위기를 경찰에게 더욱 불리해지는 방향으로 번져갔다. 2015년 4월, 사우스캐롤라이나 노스찰레스톤에서 백인 경찰관이 흑인 월터 스콧(Walter Scott)의 등에다 총을 쏘는 일이 벌어진 것이다. 이로 인해 월터는 사망했다. 당시 월터 스콧은 백인 경찰의 추격으로부터 도망치던 상황이었다. 이 총기 사고 역시 생생하게 핸드폰 동영상으로 녹화되었고, 경찰의 총기사용 사유가 합리적 이유도 없는 상황에서 이루어졌다는 비판이 제기되었다. 한편, 2015년 4월 9일, 25살의 흑인 프레디 그레이(Freddi Gray)가 메릴랜드 볼티모어 경찰서에서 체포되어 사망하는 사건이 일어났다. 사망 일주일 전에 억압적인 경찰차량 수사가 있었다는 사실이 밝혀졌고, 사망한 피의자의 목에서 심각한 상처가 있다는 것이 알려지게 되었다. 그레이의 죽음은 시민들의 저항을 불러일으켰

경찰활동에 대한 국가적 위기 상황(National crisis over policing)

고, 일련의 폭동과 방화, 약탈행위도 불러왔다.

　　일련의 많은 사건들은 국가적 차원의 경찰개혁 대응책을 만드는 유인책이 되었다. 시민운동 참여자들은 경찰의 손에서 죽음이 시작되었다고 주장하며 "흑인의 생명은 소중하다(Black Lives Matter)"라는 슬로건까지 내걸었다.[151] 당시 대통령이었던 버락 오바마는 2014년 12월, 21세기 경찰활동에 관한 대통령직속 태스크포스를 구성했다. 다른 사무를 제외한 경찰활동 전담 태스크포스를 대통령직속으로 만든 것이었는데, 이것은 미국 역사상 처음 있는 일이었다. 미국 전역에서 일련의 공청회가 열렸고, 위원회를 통해 최종 보고서가 발표되었다. 해당 보고서는 다양한 최종 권고안을 제시하고 있었는데, 주로 경찰활동의 발전과 경찰-인종 갈등관계 우려 상황 개선을 위한 조치들을 포함하게 되었다. 경찰 총기 사고로 극명하게 미국의 현실이 위험한 상황에 처했음에도 불구하고, 경찰관의 총에 맞은 사람들의 수치와 경찰 총기로 인해 사망한 시민들의 수치에 대하여 정확한 통계 조사조차 없다는 것이 세상에 알려지게 되었다. 2014년에 알려진 공식적인 FBI 수치는 한 해에만 444명이 경찰의 총에 사망한 것으로 나타났다. 워싱턴 포스트 신문사는 자체적인 데이터 기록을 파악하기 시작했다. 그리고 일 년에 경찰이 쏜 총에 사망하는 사람이 FBI가 밝힌 수치보다 약 두 배나 더 많다는 사실이 밝혀졌다. 비근한 예로 워싱턴 포스트의 통계는 2015년 한 해에만 986명이 살해당했다는 사실을 발표하기도 했다.

　　미국 경찰의 위기 상황은 대중들의 인식에 큰 영향을 미쳤다. 그리고 대중들의 인식은 州 정부와 지방 정부에게 수많은 경찰개혁 관련 법률안을 쏟아내게 만들었다. 더 나아가 학계 전문가들에게 허울만 좋은 미사여구 차원의 "인종 중립적 경찰작용"이 얼마나 심각한 차별을 경찰 검문검색에 불러오는지 인식하게 만들었다. 인종 중립적이라는 형식적인 말은 실제로는 법이 추구하는 "평등의 원칙"을 침해하는 결과를 초래했고, 흑인과 히스패닉 유색인종들이 갖고 있는 경찰에 대한 신뢰와 존경을 심각하게 훼손했다. 비근한 예로 "적극적 경찰활동(Proactive Policing)" 보고서를 보면, 핫스팟 경찰활동에 대해 국가 과학연구소는 다음과 같은 경고를 하고 있다. "경찰과 시민이 갈등을 초래하고 서로 부딪히게 되는 특정 사례들과 주변 특징을 세심히 살펴보면, 엄청난 인종 차별 문제가 잠재해 있을 가능성이 크다. 특히, 경찰이 범죄위험이 높은 특정인들과 핫스팟과 같은 고위험 지역을 대상으로 경찰활동을 펼치게 되면 경찰 작용이 매우 적극적으로 운영되면서 인종 차별 문제는 극단적으로 커질 수밖에 없다."[152]

사례연구

완화정책을 통해 경찰-시민들과의 갈등 및 부딪힘 줄이기

경찰관 개개인의 미시적 단위에서 보면, 미국에서 어느 정도 부당한 경찰 권한 남용 행위가 수뇌부의 결단으로 인해 많이 줄어든 것으로 보인다. 그러나 경찰 조직의 업무 운영 관행을 보면 여전히 문제가 개선되지 못한 부분도 많다고 하겠다. 순찰업무 방식을 보면, 혹자가 말하는 것처럼 "경찰관 개인 순찰 담당자 한 명이 저지르던 가혹행위가 이제는 교묘하게 전체 경찰 부서 차원에서 벌어지는 가혹행위"로 변질된 듯 보이는 것도 사실이다.

이러한 경찰 관행은 소위 "공격적인 예방순찰 전략(aggressive preventative patrol)"이라고 불리는 행동을 뜻한다. 이것은 매우 다양한 형태로 순찰 행동으로 나타났는데, 한 명의 시민이 특정 도움이나 개인 서비스를 요청해서 발생하는 시민-경찰 접촉이 아니라, 경찰 자체의 결정으로 시작된 대단위 집단들 간의 시민-경찰 접촉으로 기반으로 하는 것이다. 예를 들자면, 공격적인 예방순찰 전략은 사전 고지나 경고 없이 갑작스럽게 특정 범죄 다발지역을 다수의 경찰들이 이동하는 기동 부대 방문 형식으로 경찰-시민 부딪힘이 일어난다. 기동 부대 단위의 많은 경찰관이 특정 지역을 순찰하기 때문에 그 방식은 집중적으로 종종 시민들에게 차별적인 방식으로 묘사되기도 한다. 이 속에서 경찰은 특정 거리를 통제할 수도 있고 검문검색, 수색도 실시할 수 있다. 이런 순찰 방식 속에서는 많은 사람들이 합법적인 절차 속에서 의심 가는 사람이라는 평가를 받을 가능성도 있지만, 한편으로는 뜻하지 않은 검문검색을 받게 만들 수도 있다. 하지만 이런 식의 경찰순찰은 존경을 받아야 할 훌륭한 일반 시민들도 검문 대상에 포함시킬 우려가 있다. 이런 순찰 방법은 의도적으로 종종 한 장소에서 다른 장소로 경찰 부대가 이동하는 방식을 취하기 때문에 해당 지역 내 모든 사람들을 의심의 눈으로 보게 만든다. 이런 집단 이동 순찰 전략은 경찰관 개인들이 거리에 있는 일반 시민들과 가깝게 접촉하는 기회를 차단하고, 경찰에게 다가오는 시민들을 멀어지게 만드는 부작용도 있다.

일부 미국 도시에서는 이러한 공격적인 순찰 방법을 특별 TF 스타일의 기동부대 팀으로 활용하지 않는 경우도 있다. 특정 지역을 관할하는 순찰 경찰관이 근무시간 동안 직접 최소 기준에 해당하는 검문검색이나 현장 수사를 진행하면 순찰이 모두 끝난 것으로 보기도 한다. 특정 경찰에게 동네상황과 지역 사람들이 친숙하지 않다는 것은 이러한 새로운 순찰 방법을 만들게 하는 직접적인 원인이 되었다. 여전히 어려운 점은 경찰이 진짜 의심 가는 행동과 경찰관 개인에게 친숙하지 않은 대상을 제대로 구분하지 못한다는 점이다. 진짜 의심가는 행동이 아니라, 단지 특정인이 이상하게 보인다고 생각해서 해당 특정인을 의심하는 것은 바람직하지 않은 잘못된 행동이다. 경찰은 의심 가는 대상과 익숙하지 않은 낯선 대상 간의 차이점을 명확히 인식해야 한다. 설사 그 둘의 차이점을 정확히 인식하지 못해도 일정한 순찰 전략을 차별 없이 무사히 진행할 줄 아는 능력을 키워야 한다. 대중이 갖고 있는 범죄에 대한 관심이 증가함에 따라 경찰 행정가들은 이러한 순찰 전략을 점차 공식적으로 제도화하기 시작했다. 그러나 제도화를 진행하면서 이러한 순찰 방법이 야기할 수 있는 갈등과 부작용에 대해서는 여전히 충분히 고려하지 못한 상황이다. 심지어 시민들의 무질서 행동에 미칠 부정적 영향력도 제대로 따져보지 못했다고 하겠다.

경찰순찰 현장에 자동차가 보급된 것도 중요한 변화라고 할 수 있다. 자동차 보급 증가에 따른 새로운 순찰은 빈민 지역 법 집행 방법에 큰 변화를 야기했다. 순찰 담당 경찰관은 빈민 지역의 상황과 여건을 자동차 창문을 통해서만 이해하게 되었다. 그리고 위험 지역에서 발생하는 범죄 현장 이야기를 단지 경찰 라디오 주파수 속의 목소리를 통해 이해하게 되었다. 순찰 경찰관에게 빈민 지역은 모두 법 위반 범죄자만 가득한 공간일 뿐이었다. 같은 맥락에서 보면, 빈민 지역에서 사람들에게 경찰이란 존재는 단지 법률 집행 그 이상도 이하도 아니었다.

지역을 담당하는 경찰관과 지역사회가 제대로 된 접촉 기회를 갖지 못한다면, 결국 경찰의 법 집행은 제대로 이루어질 수 없다. 만약 경찰이 자신이 담당하는 지역의 사람들과 직접적으로 대면하지 않고, 그들을 완벽히 알지도 못한 상태에서 사람들의 언어를 알지도 못하고, 지역 사람들의 습성을 정확히 이해하지 못한 체 법 집행을 한다면, 효과적인 경찰 업무 집행은 절대로 일어날 수 없다. 달리 말하면, 진짜 의심이 가는 위험한 사람이 누구인지 판단할 수 있는 경찰의 능력 자체가 손상 받게 된다고 하겠다. 경찰관이 결국 지역사회에서 가장 중요하게 다뤄야 할 핵심 정보의 원천을 스스로 포기한 것이라고 보면 된다. 경찰관은 지역사회에서 "진짜 가치(equity)" 있는 사람들을 놓쳐서는 안 된다. 지역에서 진짜 가치를 갖고 있는 사람들이란 결코 특별한 사람들이 아니다. 동네에서 집을 갖고 있는 평범한 주인아줌마와 주인아저씨들, 영세한 가게를 운영하는 사장님들, 특정분야에서 실력을 인정받은 전문가들, 올바른 법 집행 업무를 적극적으로 지원하는 사람들이 진짜 경찰이 알아야 할 중요 인물이다. 이들은 결국 질서유지를 위해 지역사회에서 기꺼이 기부행위를 하는 그런 사람들이라고 하겠다. 경찰은 이들의 숨은 가치를 알고, 지역에서 이들과 가깝게 지내야만 한다.

출처: Excerpt from the Kerner Commission Report, 1968, pp. 304-305. Emphasis added.

요약: 조각 합치기

과거에서 현재까지

과거 경찰이 경험한 모든 것들은 오늘날의 미국 경찰을 이해하는 데 큰 도움이 된다. 오늘날 미국 경찰이 마주한 대부분의 문제들은 과거에서 비롯된 것이기 때문이다. 특히 미국 경찰이 안고 있는 인종 문제와 소수 민족 차별 문제, 그리고 과도한 경찰권 발동 상황은 과거 역사에 깊은 뿌리를 두고 있다. 그러나 다른 한편으로 보면, 미국 경찰이 엄청난 발전과 진보를 만들어 냈다고 말할 수 있는데, 그 변화는 50년 전의 시각에서나 100년 전 시각에서 봐도 동일한 것이다. 역사적으로 미국 경찰은 계속해서 엄청난 발전을 이뤄왔다고 말할 수 있다.

앞서 이미 언급한 바와 같이 미국의 경찰은 1830년대 처음 경찰이 시작될 때부터 일반적이지 않은 길을 걸어왔다. 경찰 조직은 지방 정부의 통제 하에 있었고, 처음부터 미국 역사 속에서 정치적인 영향력을 받을 수밖에 없는 상황이었다. 이로 인해 결국 경찰의 고유한 범죄 통제 및 법집서 유지 기능을 효과적으로 수행하지 못했고, 결국 경찰은 초기부터 극단적으로 부패된 모습을 보였다. 초기 미국 경찰은 모집 기준도 제대로 갖고 있지 않았고, 경찰 훈련에 대한 나름의 방향도 없었다. 심지어 경찰관 개개인의 문제행동을 통제한 일정한 정책이나 절차도 없었다. 그 결과 경찰 역사는 초기부터 비효과적인 순찰 행태를 보였고 하류층들과 정치적으로 힘이 없는 집단과 소수 인종들을 상대로 한 과도한 물리력 사용 패턴을 자주 보였다. 1900년대부터 시작된 경찰의 전문화 운동은 미국 전역에서 이루어진 큰 변화의 움직임이 일어났다. 이때부터 경찰관 개인의 행동을 감독하는 것과 경찰 조직 관리를 개선하는 일들이 중요하게 여겨지면서 높은 수준의 새로운 기준들이 천천히 경찰 문화에 스며들게 되었다. 일부 경찰 관서들이 이러한 높은 전문화 기준들을 현장에 바로 적용하려고 노력했으나, 1960년대까지 사실 대부분의 미국 경찰은 효과적으로 자신의 조직을 관리하지 못했고, 범죄와 질서유지 기능을 제대로 해내지 못하는 상황이었다. 여전히 미국 경찰의 대부분은 부패한 상황이었다고 볼 수 있다.

1960년대 격동의 사건들이 미국에서 발생하면서 경찰 조직의 거대한 개혁 바람이 일어나기 시작했다. 대부분의 격동적 사건들은 미국 대법원 판례 결정에 의한 것이었다. 경찰의 압수, 수색, 심문 과정에서 중요하게 다뤄야 하는 경찰 업무 기준들이 대법원 판례로 만들어진 것이다. 판례를 기점으로 해서 미국 경찰이 1970년대부터 1980년대까지 새로운 시기를 맞게 되었다. 경찰활동과 관련된 새로운 연구 결과들이 범죄예방과 질서유지 효과성, 경찰 총기사용 통제와 관련된 개혁 움직임, 그리고 기타 중요 사건들에 대한 새로운 의미 있는 개혁 방향이 만들어지기 시작했고, 관련 경찰학 지식의 의미도 큰 흥미를 끌기 시작했다. 1975년에는 캔자스市의 예방적 순찰 실험연구를 통해 경찰의 일상적인 순찰활동에 대한 효과성 의문이 제기되었다. 연구 결과, 경찰 조직과 학계 전문가들 간의 긴밀한 파트너십이 만들어졌고 경찰활동에 대한 창의적 사고 분위기와 실험 욕구가 만들어지기도 했다. 이를 통해 일련의 혁신적인 순찰 개혁 움직임이 만들어졌고, 이는 지역사회 경찰활동과 문제지향적 경찰활동, 핫스팟 경찰활동, 특정 고위험군 대상 특별억제활동(focused deterrence) 등을 만들어냈다. 21세기 초반 20년 동안은 유례없는 미국 경찰 최고의 개혁 바람이 불었다고 말할 수 있다.

이러한 개혁 움직임에도 불구하고 여전히 과거의 문제점은 오늘날의 경찰 조직 내부에 그대로 남아 있다. 가장 심각한 문제는 경찰 조직과 흑인 지역사회가 안고 있는 갈등 문제라고 하겠다. 어쩌면 이것은 미국 사회 전체가 안고 있는 큰 인종 갈등의 한 작은 단편인지도 모른다. 마이클 브라운 총격 사건 이후 미국 경찰은 소

위 "국가 경찰 위기(The National Police Crisis)"라는 거대한 파도를 맞게 되었다. 이것은 2014년 8월부터 시작된 일인데, 미주리의 퍼거슨이라는 백인 경찰이 마이클 브라운이라는 어린 흑인 남성을 총으로 살해하게 되면서 촉발된 것이었다. 이 일로 인해 미국 전역이 경찰을 규탄하는 항의 시위를 이어 나갔고, 경찰 조직은 큰 위기를 맞게 되었다. 위기의 순간에서 경찰 조직의 안위를 지켜준 것은 바로 신속하게 제공된 경찰 개혁 움직임이었다. 이 개혁 활동에는 절차적 정당성과 경찰 합법성에 대한 많은 변화 운동들이 포함되었다. 또한, 경찰의 총격 자체를 통제하려는 노력과 경찰 훈련 내용을 개선하려는 운동들이 대거 만들어지기도 했다. 그렇다면 이러한 경찰의 새로운 시도가 오랫동안 지속된 과거 경찰과 흑인 지역사회 간의 갈등을 종결시켰다고 볼 수 있을까? 그 답은 충분한 시간이 지난 후에야 확인이 될 것이다.

핵심어

토론

1968년 커너위원회(Kerner Commission)는 1960년대 미국에서 발생한 많은 도시 폭동 사건에 대한 분석 결과를 발표한 바 있다. 당시 인종차별과 소수 민족에 대한 차별로 경찰은 큰 시련을 맞고 있었다. 50년이 지난 지금, 경찰활동은 그때와 어떤 점에서 크게 달라졌다고 볼 수 있는가? 1장의 내용과 이번 장의 내용을 활용해서 이 문제에 대해 토론해 보자. 특히, 아래 질문에 대해 보다 진지하게 생각해 보도록 하자.

1. 공격적 범죄 철폐 순찰활동과 관련해서 어떤 점이 현재 가장 크게 바뀌었다고 보는가?

2. 스마트 경찰활동과 관련해서 지금까지 컴퓨터의 도움을 받는 경찰활동들은 구체적으로 어떻게 바뀌었다고 보는가? 범죄와 무질서를 막기 위해 어떤 새로운 기술들이 경찰 현장에서 활용되고 있다고 보는가?

3. 인종, 소수민족, 성별 차원에서 오늘날 경찰 조직은 얼마나 바뀌었다고 보는가? 경찰 인력 구성 면에서의 조직 변화가 경찰활동에 얼마나 도움이 된다고 보는가?

4. 1968년 이후 시민들의 경찰 감시, 감독 기능이 크게 증대되었다. 이러한 시민감시가 경찰활동을 유지하고, 경찰–지역사회 관계를 개선하는데 실질적인 도움이 된다고 보는가?

인터넷 연습

많은 경찰 관서들이 조직이 과거에 경험한 다양한 역사적 사실들을 자료 보전 차원에서 연보(annual report) 형식으로 매년 인터넷에 출판되고 있다.

연습하기1. 현재 본인이 거주하고 있는 지역을 선택해서 관할 경찰서를 선택해 보자. 혹은 전혀 다른 외부 지역 내의 경찰 관서를 하나 골라 보는 것도 괜찮다. 해당 지역의 웹사이트를 방문해 그 기관이 어떤 역사를 갖고 있는지도 직접 찾아가서 해당 내용을 읽어보자. 해당 관서들은 어떤 역사적 문제들을 현재 말하고 있는가?

연습하기2. 로스앤젤레스의 경찰 박물관 인터넷 사이트를 방문해 보자. 해당 사이트에서 어떤 점을 특히 강조하고 있는가? 이번 장에서 배운 내용을 토대로 해서 인터넷에서 확인한 점을 다시 해석해 보도록 하자. 경찰박물관 사이트에서 볼 수 있는 경찰관의 이미지는 경찰 역사와 관련해서 어떤 모습과 가장 큰 연관성을 갖고 있다고 보는가?

연습하기3. 사뮤엘 워커(Samuel Walker) 박사의 인터뷰 내용을 볼 수 있는 온라인 사이트를 방문해서 허먼 골드스타인(Herman Goldstein)과의 면담 내용을 살펴보자. 여기에서 허먼 골드스타인은 대통령 범죄위원회(President's Crime Commission)와 미국변호사협회 설문조사(American Bar Association Sruvey), 그리고 문제지향적 경찰활동에 대한 고견을 밝히고 있다. 역사적으로 골드스타인이 미국 경찰에 미친 영향력에 대해 이야기해 보자.

NOTES

1. David Bayley, *Police for the Future* (New York: Oxford University Press, 1994), 126.
2. Samuel Walker, *Popular Justice: A History of American Criminal Justice*, 2nd ed. (New York: Oxford University Press, 1998), ch. 1.
3. T. A. Critchley, *A History of Police in England and Wales*, 2nd ed. (Montclair, NJ: Patterson Smith, 1972).
4. Shelley Hyland and Elizabeth Davis, *Local Police Departments, 2016: Personnel, Policies, and Practices* (Washington, DC: Department of Justice, 2019), table 1.
5. Allen Steinberg, *The Transformation of Criminal Justice, Philadelphia, 1800–1880* (Chapel Hill: University of North Carolina Press, 1989).
6. Critchley, *A History of Police in England and Wales*, ch. 2.
7. George L. Kelling et al., *The Kansas City Preventive Patrol Experiment: A Summary Report* (Washington, DC: Police Foundation, 1974).
8. Allan Silver, "The Demand for Order in Civil Society: A Review of Some Themes in the History of Urban Crime, Police, and Riot," in David J. Bordua, ed., *The Police: Six Sociological Essays* (New York: John Wiley, 1967), 12–13.
9. David Bayley, *Patterns of Policing: A*

Comparative International Analysis (New Brunswick, NJ: Rutgers University Press, 1985), 23.

10. Walker, *Popular Justice*, ch. 1.

11. Julian P. Boyd, "The Sheriff in Colonial North Carolina," *North Carolina Historical Review* 5 (1928): 151−181.

12. Roger Lane, *Policing the City* (New York: Atheneum, 1971), ch. 1.

13. Ibid.

14. Sally E. Hadden, *Slave Patrols: Law and Violence in Virginia and the Carolinas* (Cambridge, MA: Harvard University Press, 2001).

15. Douglas Greenberg, *Crime and Law Enforcement in the Colony of New York, 1691−1776* (Ithaca, NY: Cornell University Press, 1976).

16. Walker, *Popular Justice*, ch. 1.

17. Richard Maxwell Brown, *Strain of Violence: Historical Studies of American Violence and Vigilantism* (New York: Oxford University Press, 1975).

18. Richard Hofstadter and Michael V. Wallace, eds., *American Violence: A Documentary History* (New York: Vintage Books, 1971).

19. Ibid.

20. Steinberg, *The Transformation of Criminal Justice*, 119−149.

21. Wilbur R. Miller, *Cops and Bobbies: Police Authority in New York and London, 1830−1870*, 2nd ed. (Columbus: Ohio State University Press, 1999).

22. Samuel Walker, *A Critical History of Police Reform* (Lexington: Lexington Books, 1977). Robert Fogelson, *Big City Police* (Cambridge, MA: Harvard University Press, 1977).

23. Richard Zacks, *Island of Vice: Theodore Roosevelt's Quest to Clean Up Sin−Loving New York* (New York: Anchor Books, 2012). Jay Stuart Berman, *Police Administration and Progressive Reform: Theodore Roosevelt as Police Commissioner of New York* (New York: Greenwood Press, 1987).

24. Walker, *A Critical History of Police Reform*, 71−72.

25. Ibid., 9.

26. Lane, *Policing the City*, 75−78.

27. Walker, *A Critical History of Police Reform*, 14−19. Miller, *Cops and Bobbies*.

28. Zacks, *Island of Vice*. Berman, *Police Administration and Progressive Reform*.

29. Walker, *A Critical History of Police Reform*, 14−19.

30. Christopher Thale, "Assigned to Patrol: Neighborhoods, Police, and Changing Deployment Practices in New York City before 1930," *Journal of Social History* 37, no. 4 (2004): 1037−1064.

34. Miller, *Cops and Bobbies*. Samuel Walker, *Governing the American Police: Wrestling with the Problems of Democracy* (University of Chicago Legal Forum, 2016), 615−659.

32. Walker, *A Critical History of Police Reform*, 18−19.

33. William L. Riordan, ed., *Plunkitt of Tammany Hall* (New York: Dutton, 1963).

34. Mark Haller, "Historical Roots of Police Behavior: Chicago, 1890−1925," *Law and Society Review* 10 (Winter 1976): 303−324.

35. Fogelson, *Big City Police*.

36. Berman, *Police Administration and Progressive Reform*, 51.

37. Walker, *A Critical History of Police Reform*, 25−28.

38. Batya Miller, "Enforcement of the Sunday Closing Law on the Lower East Side, 1882−1903," *American Jewish History* 91 (June 2003): 269−286.

39. Zacks, *Island of Vice*, 7−8.

40. James F. Richardson, *The New York Police: Colonial Times to 1901* (New York: Oxford University Press, 1970). Walker, *A Critical History of Police Reform*.

41. Zacks, *Island of Vice;* Berman, *Police Administration and Progressive Reform.*

42. Roger Lane, *Violent Death in the City* (Cambridge, MA: Harvard University Press: 1979). Walker, *Popular Justice*, 66−69.

43. Sidney L. Harring, *Policing a Class Society: The Experience of American Cities, 1865−1915* (New Brunswick, NJ: Rutgers University Press, 1983). Walker, *A Critical History of Police Reform*, 28−31.

44. Walker, *A Critical History of Police Reform*, 53−78.

45. Willard M. Oliver, *August Vollmer: The Father of American Policing* (Charlotte: Carolina Academic Press, 2017).

46. Ibid.

47. Ibid., 84−94.

48. Ibid., 61−66.

49. Patrick Jones, *The Selma of the North: Civil Rights Insurgency in Milwaukee* (Cambridge, MA: Harvard University Press, 2009).

50. O. W. Wilson and Roy C. McLaren, *Police Administration*, 4th ed. (New York: McGraw Hill, 1977).

51. Kenneth C. Davis, *Police Discretion* (St. Paul, MN: West Publishing, 1975).

52. Walker, *A Critical History of Police Reform*, 66−67.

53. Francis Russell, *A City in Terror: 1919—The Boston Police Strike* (New York: Viking Press, 1975).

54. Elliott M. Rudwick, *Race Riot at East St. Louis, July 2, 1917* (Carbondale: University of Southern Illinois Press, 1963). Willard M. Oliver, *August Vollmer: The Father of American Policing* (Charlotte: Carolina Academic Press, 2017).

55. Walker, *Popular Justice*, 148−151.

56. Chicago Commission on Race Relations, *The Negro in Chicago* (Chicago: University of Chicago Press, 1922).

57. Walker, *Popular Justice*, 140.

58. H. Kenneth Bechtel, *State Police in the United States: A Socio−Historical Analysis* (Westport, CT: Greenwood, 1995).

59. Kenneth D. Ackerman, *Young J. Edgar: Hoover, the Red Scare, and the Assault on Civil Liberties* (New York: Da Capo Press, 2008). Curt Gentry, *J. Edgar Hoover: The Man and the Secrets* (New York: Norton, 1991).

60. Samuel Walker, "'Broken Windows' and Fractured History: The Use and Misuse of History in Recent Police Patrol Analysis," *Justice Quarterly* I (March 1984): 77−90.

61. Malcolm K. Sparrow, Mark H. Moore, and David M. Kennedy, *Beyond 911: A New Era for Policing* (New York: Basic Books, 1990).

62. Walker, "'Broken Windows' and Fractured History."

63. Eloise Moss, "'Dial 999 for Help!' The Three−Digit Emergency Number and the

Transnational Politics of Welfare Activism, 1937−1979," *Journal of Social History* 52 , no. 2, (2018): 468−500.

64. National Commission on Law Observance and Enforcement, *Lawlessness in Law Enforcement* (Washington, DC: U.S. Government Printing Office, 1931; reprinted: New York: Arno Press, 1971).

65. William J. Bopp, *O. W.: O. W. Wilson and the Search for a Police Profession* (Port Washington, NY: Kennikat Press, 1977).

66. O. W. Wilson*, Police Administration* (New York: McGraw Hill, 1950).

67. Alfred McClung Lee and Norman D. Humphry, *Race Riot* (New York: Dryden Press, 1943). Thurgood Marshall, "Gestapo in Detroit," *Crisis*, 50 (August 1943).

68. Mauricio Mazon, *The Zoot−Suit Riots: The Psychology of Symbolic Annihilation* (Austin: University of Texas Press, 1984). Edward J. Escobar, *Race, Police, and the Making of a Political Identity: Mexican Americans and the Los Angeles Police Department, 1900−1945* (Berkeley: University of California Press, 1999).

69. Walker, *Popular Justice*, 170−172.

70. Ackerman, *Young J. Edgar*, Gentry*, J. Edgar Hoover.*

71. Richard Gid Powers, *G−Men: Hoover's FBI in American Popular Culture* (Carbondale: Southern Illinois University Press, 1983).

72. Athan G. Theoharis and John Stuart Cox, The Boss: *J. Edgar Hoover and the Great American Inquisition* (Philadelphia: Temple University Press, 1988); Gentry, *J. Edgar Hoover: The Man and the Secrets*, 500−599.

73. *Miranda v. Arizona,* 384 U.S. 436 (1966). Liva

Baker, *Miranda: Crime, Law, and Politics* (New York: Atheneum, 1983).

74. *Mapp v. Ohio*, 367−643 (1961). Carolyn Long, *Mapp v. Ohio: Guarding against Unreasonable Searches and Seizures* (Lawrence: University Press of Kansas, 2006).

75. Walker, *Popular Justice*, 181−193.

76. See Commission on Accreditation for Law Enforcement website at http://www.calea.org/.

77. Samuel Walker and Carol Archbold, *The New World of Police Accountability*, 3rd ed. (Thousand Oaks: Sage, 2020), 70−75.

78. Walker, *Popular Justice,* 193−199.

79. National Advisory Commission on Civil Disorders, *Report* (New York: Bantam Books, 1968).

80. Ibid., 315−316, 321−322.

81. Department of Justice*, Improving Police/ Community Relations* (Washington, DC: U.S. Government Printing Office, 1973).

82. Samuel Walker*, Police Accountability: The Role of Citizen Oversight* (Belmont, CA: Wadsworth, 2001), ch. 2.

83. Samuel Walker, "Origins of the Contemporary Criminal Justice Paradigm: The American Bar Foundation Survey, 1953−1969," *Justice Quarterly* 9 (March 1992): 47−76.

84. President's Commission on Law Enforcement and Administration of Justice, *The Challenge of Crime in a Free Society* (Washington, DC: U.S. Government Printing Office, 1967). President's Commission on Law Enforcement and Administration of Justice, *Task Force Report: The Police* (Washington, DC: U.S. Government Printing Office, 1967).

85. National Advisory Commission on Civil

Disorders, *Report*, 301.

86. Ibid., 301.

87. Lou Cannon, *Official Negligence: How Rodney King and the Riots Changed Los Angeles and the LAPD* (New York: Times Books, 1997), ch. 3.

88. Martin Schiesl, "Behind the Shield: Social Discontent and the Los Angeles Police since 1950," in Martin Schiesl and Mark Morrall Dodge, eds., *City of Promise: Race and Historical Change in Los Angeles* (Claremont: Regina Books, 2006), 166.

89. Christopher Commission, *Report of the Independent Commission on the Los Angeles Police Department* (Los Angeles: The Christopher Commission, 1991). Cannon, *Official Negligence.*

90. American Bar Association, *Standards Relating to the Urban Police Function*, 2nd ed. (Boston: Little, Brown, 1980). Walker and Archbold, T*he New World of Police Accountability*, 3rd ed.

91. Wesley G. Skogan and Kathleen Frydl, *Fairness and Effectiveness in Policing: The Evidence* (Washington, DC: National Academies Press, 2004).

92. George L. Kelling et al., *The Kansas City Preventive Patrol Experiment: A Summary Report* (Washington, DC: The Police Foundation, 1974).

93. U.S. Department of Justice, *Response Time Analysis* (Washington, DC: U.S. Government Printing Office, 1978).

94. Peter Greenwood, *The Criminal Investigation Process* (Santa Monica, CA: Rand, 1975).

95. William A. Westley, *Violence and the Police* (Cambridge, MA: MIT Press, 1970). Jerome Skolnick, *Justice without Trial: Law Enforcement in a Democratic Society*, 3rd ed. (New York: Macmillan, 1994). Charles H. Ramsey, *The Challenge of Policing in a Democratic Society: A Personal Journey toward Understanding* (Cambridge: Kennedy School of Government, 2014).

96. James J. Fyfe, "Administrative Interventions on Police Shooting Discretion: An Empirical Analysis," *Journal of Criminal Justice* 7 (Winter 1979): 309–323.

97. David Alan Sklansky, "Not Your Father's Police Department: Making Sense of the New Demo–graphics of Law Enforcement," *Journal of Criminal Law and Criminology* 96 (Spring 2006): 1209–1213.

98. National Advisory Commission on Civil Disorder, *Report,* 321–322.

99. Hyland and Davis, *Local Police Departments, 2016: Personnel, Policies, and Practices*, table 5.

100. Charles H. Ramsey, *The Challenge of Policing in a Democratic Society: A Personal Journey toward Understanding* (Cambridge: Kennedy School of Government, 2014).

101. Hyland and Davis, *Local Police Departments: Personnel, 2016*, table 5.

102. "Felicia Shpritzer Dies at 87; Broke Police Gender Barrier," *New York Times*, December 31, 2000. "Gertrude Schimmel, First Female New York Police Chief, Dies at 96," *New York Times,* May 12, 2015.

103. Susan E. Martin, *Women on the Move: The Status of Women in Policing* (Washington, DC: The Police Foundation, 1990). Peter B. Bloch and Deborah Anderson, *Policewomen*

on Patrol: Final Report (Washington, DC: The Police Foundation, 1974).

104. Dorothy Moses Schulz, "Women Police Chiefs: A Statistical Profile," Police Quarterly 6 (September 2003): 330−345.

105. David L. Carter et al., The State of Police Education (Washington, DC: Police Executive Research Forum, 1989).

106. Michael S. Campbell, Field Training for Police Officers: State of the Art (Washington, DC: U.S. Department of Justice, 1986).

107. Police Executive Research Forum, Re−Engineering Training on Police Use of Force (Washington, DC: PERF, 2015).

108. Roger L. Goldman, "A Model Decertification Law," Saint Louis University Public Law Review 32 (2012): 147−157.

109. Fyfe, "Administrative Interventions on Police Shooting Discretion."

110. William A. Geller and Michael S. Scott, Deadly Force: What We Know (Washington, DC: Police Executive Research Forum, 1992).

111. Kenneth C. Davis, Police Discretion (St. Paul: West, 1975). Samuel Walker, Taming the System: The Control of Discretion in Criminal Justice, 1950−1990 (New York: Oxford University Press, 1993), 21−53.

112. Nancy Loving, Responding to Spouse Abuse and Wife Beating: A Guide for Police (Washington, DC: Police Executive Research Forum, 1980).

113. Geoffrey P. Alpert and Cynthia M. Lum, Police Pursuit Driving: Policy and Research (New York: Springer, 2014).

114. Hervey A. Juris and Peter Feuille, Police Unionism (Lexington, MA: Lexington Books, 1973).

115. See Campaign Zero website at http://www.joincampaignzero.org/#vision.

116. John Nichols, "Bill de Blasio Is Not the First New York City Mayor to Clash with Police Unions," The Nation (December 28, 2014).

117. Walker, Police Accountability.

118. Walker and Archbold, The New World of Police Accountability, 185−189.

119. Office of the Inspector General for the NYPD, Police Use of Force in New York City: Findings and Recommendations on NYPD's Policies and Practices (New York: Author, 2015), http://www.nyc.gov/html/oignypd/pages/news/news−reports.shtml.

120. George L. Kelling, Police and Communities: The Quiet Revolution, Perspectives on Policing (Cambridge: Kennedy School of Government, 1988).

121. James Q. Wilson and George L. Kelling, "Broken Windows: The Police and Neighborhood Safety," Atlantic Monthly 249 (March 1982): 29−38.

122. Kelling et al., The Kansas City Preventive Patrol Experiment. The Police Foundation, The Newark Foot Patrol Experiment (Washington, DC: Police Foundation, 1981).

123. Reaves, Local Police Departments, 2013, table 8.

124. Wesley G. Skogan and Susan M. Hartnett, Community Policing, Chicago Style (New York: Oxford University Press, 1997).

125. Wesley G. Skogan, "What Happened to Community Policing: Testimony, President's Task Force on 21st Century Policing," February 13, 2015.

126. Michael S. Scott, *Problem−Oriented Policing: Reflections on the First Twenty Years* (Washington, DC: U.S. Department of Justice, 2000).

127. See the Center for Problem−Oriented Policing website at http://www.popcenter.org/.

128. James J. Willis, Stephen D. Mastrofski, and David Weisburd, "Compstat and Bureaucracy: A Case Study of Challenges and Opportunities for Change," *Justice Quarterly* 21 (September 2004): 463−496.

129. Lawrence W. Sherman and David Weisburd, "General Deterrent Effects of Police Patrol in Crime 'Hot Spots': A Randomized Controlled Trial," *Justice Quarterly* 12 (December 1995): 625−648. National Academy of Sciences, *Proactive Policing: Effects on Crime and Communities* (Washington: National Academies Press, 2018).

130. Samuel Walker, *Early Intervention Systems for Law Enforcement Agencies: A Planning and Management Guide* (Washington, DC: U.S. Department of Justice, 2003).

131. Details of the case are in David Harris, "'Driving While Black' and All Other Traffic Offenses: The Supreme Court and Pretextual Traffic Stops," *Journal of Criminal Law and Criminology* 87, no. 2(1997): 563−564. David A. Harris, *Profiles in Injustice: Why Racial Profiling Cannot Work* (New York: The New Press, 2002).

132. ACLU, *Driving While Black* (New York: Author, 1999).

133. Lorie Fridell, *Racially Biased Policing: A Principled Response* (Washington, DC: Police Executive Research Forum, 2001).

134. Samuel Walker, "Not Dead Yet," University of UIllinois Law Review, 2018 (5): 1777−1840. Rushin, "Structural Reform Litigation in American Police Departments."

135. Walker, "'Not Dead Yet,'" 1799−1836.

136. Ibid.

137. Christopher Stone et al., *Policing Los Angeles under a Consent Decree: The Dynamics of Change at the LAPD* (Cambridge, MA: Harvard University, 2009), p. i. City of Cincinnati, Independent Monitor's Final Report (December 2008), p. 1.

138. ACLU, *War Comes Home: The Excessive Militarization of American Police* (New York: Author, 2014).

139. President's Task Force on 21st Century Policing, *Final Report*.

140. Federal Bureau of Investigation, *Uniform Crime Reports*, Expanded Homicide Data, (Washington, DC: U.S. Department of Justice, 2015), table 14. "Final Tally: Police Shot and Killed 986 People in 2015," *Washington Post,* January 6, 2016.

141. President's Task Force on 21st Century Policing, *Final Report,* 1.

142. Ibid., 9−13. "National Conversation:" Walker, "'Not Dead Yet,'" 1790−1799.

143. President's Task Force on 21st Century Policing, *Final Report,* 15−17, 19−30. Tom Tyler, *Why People Obey the Law,* 2nd ed. (Princeton: Princeton University Press, 2006).

144. President's Task Force on 21st Century Policing, *Final Report,* 20−30. Charles R. Epp et al., *Pulled Over: How Police Stops Define Race and Citizenship* (Chicago: University of Chicago Press, 2014). National

Academy of Sciences, *Proactive Policing.*

145. Walker, "'Not Dead Yet,'" 1799−1837. U.S. Department of Justice, Civil Rights Division, *The Civil Rights Division's Pattern and Practice Reform Work, 1994−Present* (Washington, DC: Department of Justice, 2017). Stephen Rushin, "Structural Reform Litigation in American Police Department, *Minnesota Law Review,* 99 (2015): 1344−1422.

146. Walker, *Popular Justice,* 233−234. Check the Police, Police Union Contract Survey, https://www.checkthepolice.org/#project.

147. Vera Institute, *To Protect and Serve: New Trends in State−Level Police Reform, 2015−2016* (New York: Vera Institute, 2017), https://www.vera.org/downloads/publications /041417−PolicingTrendsReport−web.pdf.

148. Sharon R. Fairley, "Survey Says?: U.S. Cities Double Down on Civilian Oversight of Police Despite Challenges and Controversy," *Cardozo Law Review de*Novo* (2019): 1−54.

149. Ronald Weitzer, "Theorizing Racial Discord over Policing Before and after Ferguson," *Justice Quarterly* 34 (2017), No. 7: 1129−1153.

150. Police Executive Research Forum, *Free Online Documents,* https://www.policeforum .org/free−online−documents.

151. Police Executive Research Forum, *An Integrated Approach to De−Escalation and Minimizing Use of Force* (Washington, DC: PERF, 2012), https://www.policeforum.org/ assets/docs/Critical_Issues_Series/an%20integr ated%20approach%20to%20de−escalation%20 and%20minimizing%20use%20of%20force%20 2012.pdf. Police Executive Research Forum, *Re−Engineering Training on Police Use of Force* (Washington, DC: PERF, 2015), https://www.policeforum.org/assets/reengine eringtraining1.pdf.

152. Police Executive Research Forum, *Guiding Principles on Use of Force* (Washington, DC: PERF, 2016), https://www.policeforum.org/ assets/guidingprinciples1.pdf.

Chapter 03

현대 법 집행 산업

사례연구   토론
요약   인터넷 연습
핵심어

▎미국 법 집행의 기본적 모습

　　미국의 법 집행은 어떤 면에서는 거대하고 매우 복잡한 기업체이다. 100만 명 이상의 추가 인력을 고용하는 민간경비 산업을 포함하여 거의 18,000개의 연방, 주, 지방 기관들이 있다.

지방자치제(local political
control)

　　법 집행 산업은 몇 가지 기본적인 모습을 지니고 있다. 가장 중요한 모습은 **지방자치제**의 전통이다. 경찰의 보호(police protection)에 대한 책임은 지방정부, 즉 시와 카운티(county)에 있다. 이 전통은 식민지 시대에 영국으로부터 계승되었다.

⇨ 경찰의 역사에 대한
　자세한 내용 제2장 참조

　　결과적으로, 미국의 경찰활동은 매우 분권화되었다.[1] 다른 모든 기관들을 규제하거나 조정하기 위한 공식적인 중앙–집중식 시스템은 없다. 연방정부와 주 정부가 지방경찰을 규제하기 위한 몇 가지 방안을 가지고 있는데, 이는 이 장의 후반부에서 다룰 것이다.

　　분절화는 엄청난 다양성을 야기한다. 경찰서비스는 네 가지 다른 정부 수준(시, 카운티, 주, 연방)에 의해 제공되며, 각 기관은 서로 다른 역할과 책임을 가지고 있다. 또한 같은 정부 수준 내에서도 엄청난 다양성이 있다. 미국 내에서 가장 큰 6개 도시의 경찰기관(뉴욕시, 시카고, 로스앤젤레스, 필라델피아, 휴스턴과 워싱턴DC 경찰청)은 25명 미만의 경찰관이 있는 9,206개의 경찰서와는 크게 다르다.[2]

　　그렇기에, 미국의 경찰활동에 대해 일반화하기는 어렵다. 모든 경찰기관들이 몇 가지 공통적인 특징을 지니고 있지만, "전형적인" 경찰기관에 대해 일반화하는 것은 매우 위험하다. 카운티보안관에 대해 쓴 데이비드 팰콘(David N. Falcone)과 L. 에드워드 웰스(L. Edward Wells)는 "경찰활동은 경찰활동일 뿐이다(policing is policing)"라는 일반적인 가정을 거부하고, 보안관은 "자치경찰과 명확하게 구분될 필

요가 있는, 역사적으로 다른 형태의 경찰활동을 대표한다"고 주장한다.[3]

"산업적" 관점

경찰의 분절화와 다양성 때문에, 미국 법 집행에 대해서 산업적 관점을 가지는 것은 유용하다. 이러한 접근 방식은 특정 지역의 모든 서로 다른 경찰서비스 제공자에 대한 포괄적인 그림을 제공한다.[4]

산업적 관점은 경찰활동에 대한 소비자의 관점을 제공한다. 일반적으로 시민들은 하루 동안 몇 개의 다른 기관으로부터 경찰서비스를 받는다. 스미스(Smith) 부부의 경우를 예로 들어보자. 작은 지방 경찰은 교외지역을 순찰한다. 스미스 부인(Mrs. Smith)은 시내에서 일을 하는데, 시내는 도시 경찰이 관할한다. 스미스 씨(Mr. Smith)는 영업 사원으로, 카운티보안관들이 순찰하는 작은 마을과 지역들을 돌아다닌다. 스미스 부인이 일하는 사무실 건물은 민간경비 업체를 고용한다. 그녀가 집에 돌아오는 길에, 그녀는 주 경찰기관이 순찰하는 주와 주 사이에 있는(interstate) 고속도로를 운전한다. 한편, 연방수사국(FBI)과 마약단속국(DEA) 등 다른 연방기관들은 다양한 형태의 연방법 위반 여부를 조사한다.

Exhibit 3-1은 법 집행 산업의 다양한 구성요소들을 보여준다.

Sidebar 3-1

법 집행기관의 기초 자료 출처

미국 법 집행기관에 관한 가장 포괄적인 자료 출처는 사법통계국(Bureau of Justice Statistics)의 법집행관리및행정통계과(Law Enforcement Management and Administrative Statistics)의 보고서들이다. 자료는 가장 최근인 2016년에 수집되었으며, 가장 최근 보고서는 2019년에 발간되었다.

추가적인 자료는 매년 발행되는 FBI의 전미범죄통계보고서(UCR)에서 수집하였다. 많은 법 집행기관이 각각의 홈페이지를 가지고 있으며, 이 홈페이지에는 조직 구조와 현재 프로그램에 대한 정보를 제공하고 있다.

EXHIBIT 3-1

미국 법 집행 산업의 구성요소

정부기관(Government Agencies)

지역(Local)

  자치경찰(Municipal police)

  카운티경찰(County police)

  카운티보안관(County sheriffs)

주(State)

  주경찰(State police)

  범죄 수사국(Bureaus of criminal investigation)

연방(Federal)

  연방법 집행기관(Federal law enforcement agencies)

  군사 법 집행기관(Military law enforcement)

특별구역경찰(Special district police)

  공립학교 경찰(Public schools)

  교통경찰(Transit police)

  대학교 경찰(College and university police)

아메리카원주민 부족경찰(Native American tribal police)

민간경비(Private Security)

  민간경비업체(Private security firms)

  보안요원(Security personnel)

국제적 관점

분절화(fragmentation)

　　다른 나라의 법 집행에 대해 살펴보는 것은 미국 법 집행의 **분절화**와 지방분권에 대한 유용한 관점을 제공한다.

　　미국의 4분의 1의 인구를 가진 영국은 41개의 지방경찰청과 런던의 2개 경찰청을 포함하여 총 43개의 경찰기관이 있다. 이는 네브라스카주 법 집행기관(총 93개)의 절반 수준이다. 43개의 기관들은 모두 내무장관(Home Secretary)이 관할하고 있는데, 내무장관은 정부의 최고위급 인사 중 한 명이다(또한 어떤 측면에서는 미국의 법무장관과 동

등한 권한을 가지고 있다). 영국의 각 주의 부서들은 지방경찰과 일치
한다. 또한 43개의 경찰기관은 각각 연간 예산의 평균 68%를 중앙정
부로부터 지원받아 규제를 집행할 수 있는 권한을 가지고 있다.[5]

일본의 경찰제도는 중앙집권과 지방자치의 균형을 맞추고 있다.
국가경찰은 47개 지방경찰청의 운영을 조정할 책임이 있다. 각 지방경
찰은 공식적으로 독립되어 있지만, 국가경찰은 운영기준을 권고할 수
있고, 영국처럼 각 지방경찰기관의 예산의 상당한 부분을 지원한다.[6]

▌법 집행 산업의 규모와 범위

법 집행기관의 수

미국에는 약 18,000개의 법 집행기관들이 있다. 여기에는 약
12,300개의 지역 경찰서, 약 3,000개의 보안관서, 49개 주 경찰기관
이 포함된다. 하와이는 일반적인 목적의 주 법 집행기관이 없다. 또
한, 약 1,700개의 특별 경찰기관, 73개의 연방기관이 있다(Exhibit
3-2).[7]

40,000개 기관에 대한 신화

수 년 동안 정확히 얼마나 많은 법 집행기관이 미국에 존재하는
가에 대한 큰 논쟁이 있었다. 1967년 대통령 범죄위원회(President's
Crime Commission)는 수년간 사용된, 확인되지 않은 수치를 반복하면
서 4만여 개의 기관이 있다고 잘못 보고했다.[8] 정확한 수치는 약
18,000개의 주 및 지방경찰 기관이 있다.

EXHIBIT 3-2

일반적인 주 및 지방 법 집행기관

기관 유형	기관 수	종사자 수					
		정규직(Full–time)			비정규직(Part–time)		
		합계	정규경찰관	일반직	합계	정규경찰관	일반직
합계	17,693	1,144,781	761,705	327,861	147,551	60,603	86,948
자치경찰[a]	12,261	599,548	468,274	131,274	65,472	22,782	37,690
보안관[a]	3,012	359,843	173,354	131,274	65,472	22,782	37,690
주경찰[a]	49	91,097	59,645	31,452	1,395	175	1,220
특별구역경찰[b]	1,733	90,262	56,968	33,294	14,681	4,451	10,230
컨스터블/보안관[b]	638	4,031	3,464	567	531	413	118

출처: [a]Shelly Hyland and Elizabeth David, *Local Police Department, 2016;Personnel* (Washington, DC; U.S. Government Printing Office, 2019).

[b]Reaves, Brian, Census of State and Local Law Enforcement Agencies, 2008.

EXHIBIT 3-3

지방경찰 정규 경찰관(sworn personnel) 수

정규 경찰관 수	기관		정규 경찰관	
	수	비율	수	비율
전체	12,261	100	468,274	100
1,000명 이상	45	0.4	153,438	32.8
500−999명	53	0.4	37,738	8.1
250−499명	101	0.8	34,634	9.4
100−249명	425	3.5	62,782	14.8
50−99명	845	6.9	57,398	11.9
25−49명	1,587	12.9	54,677	11.9
10−24명	3,358	27.4	47,083	8.9
5−9명	2,875	23.4	15,219	2.7
2−4명	2,203	18.0	4,653	0.8
0−1명	770	6.3	652	0.1

---

* 반올림으로 인해 세부 정보가 합계에 포함되지 않을 수 있음

출처: Shelly Hyland and Elizabeth David, *Local Police Department, 2016; Personnel* (Washington, DC; U.S. Government Printing Office, 2019).

전형적인 지방 경찰서는 매우 작다. Exhibit 3-3에서 알 수 있듯이, 모든 지방 법 집행기관의 약 반 정도가 9명 이하의 정규경찰관으로 구성되어 있다. 전체의 1%를 차지하는 98개의 가장 큰 규모의 경찰서들은 전체 정규경찰관 중 약 40%를 고용하고 있다.[9]

법 집행인력의 수

현재 약 700,000명의 정규경찰관이 지방과 주 법 집행기관에 고용되어 있다(Exhibit 3-3). 또한 총기 소지 및 체포가 가능한 100,000명의 연방 법 집행인력들이 있다(군사 법 집행 인력을 제외한 수치).[10] 주 및 지방 법 집행인력은 1997년 이후로 크게 증가하였다. 오늘날, 1997년보다 약 8% 더 많은 정규경찰관들이 있다.[11]

법 집행인력 자료의 이해

법 집행인력 자료에 대해 종종 많은 혼란이 있어왔다. 중요한 질문은 "한 지역사회가 얼마나 많은 경찰의 보호를 받는가"이다. 전체 인력 수에는 사무직 직원과, 컴퓨터 전문가, 범죄전문가 등 민간 전문가가 포함된다. 정규경찰관 수는 법적으로 경찰관으로 인정되는 인원을 말하며, 이러한 인원은 체포할 권한이 있는 사람을 의미한다.

또한 기관들의 **정원**과 현원을 구분하는 것은 중요하다. 퇴직, 퇴사, 폐지 등으로 대부분의 경찰기관이 정원을 채우지 못하고 있다. 연간 평균 현원부족률은 약 11%이다.[12] 시 혹은 카운티가 예산 부족에 대처하기 위해 채용을 지연시키는 경우도 종종 발생한다.[13]

정원(authorized strength)

따라서, 만약 로스앤젤레스에서 경찰의 보호 수준을 알고 싶다면 현재 고용되어 있는 정규경찰관 수를 확인해야 한다.

민간화

민간화는 특정 지위의 정규경찰관(sworn officers)을 민간직원(nonsworn personnel)으로 대체하는 과정이다. 오늘날 전체 지방경찰청 인원의 약 30%가 민간직원이다. 이는 1980년 18.4%에서 증가한 수치이다. 민간직원은 출동지령, 연구 및 기획(planning) 전문가, 범죄자료 분석가, 컴퓨터 기술가 등으로 활용이 점점 증가하고 있다.[14]

민간인(civilians)

민간인을 경찰서비스에 활용하는 데에는 몇 가지 이유가 있다. 첫째, 그들은 정규경찰관들이 전문적인 훈련과 경험이 필요한 일들을 할 수 있도록 한다. 둘째, 민간인들은 컴퓨터나 자료 분석과 같은 분야에서 필요로 하는 전문 지식을 가지고 있다. 셋째, 많은 경우에 민간인들은 정규경찰관보다 예산이 적게 들고, 비용을 절감할 수 있다.[15] 이러한 이유들 때문에 많은 전문가들이 경찰기관 내 민간직원 비율을 부서별 전문성의 지표로 사용하고 있다.[16]

경찰-인구 비율

경찰-인구 비율
(police-population ratio)

지역사회에서 경찰의 보호 수준을 측정하기 위한 표준 척도는 **경찰-인구 비율**이다. 이는 보통 인구 1,000명 당 정규경찰관 수로 표현된다. 전국적으로, 지역 경찰기관은 인구 1,000명 당 평균 2.3명의 정규경찰관을 고용하고 있다. 인구 100만 명 이상의 대도시에서의 비율 또한 2.3명이다. 작은 도시(인구 50,000~99,999명 그리고 100,00~249,999명)는 가장 낮은 비율을 나타내고 있다(1,000명 당 1.7명).

경찰-인구 비율은 대도시마다 굉장히 큰 차이가 난다. 워싱턴 D.C.는 인구 1,000명 당 5.4명의 비율을 가져 디트로이트의 3.3명, 샌디에고의 1.3명과 비교된다.[17] 경찰-인구 비율과 범죄율 사이에는 뚜렷한 관계가 없다. 많은 경우, 높은 수준의 경찰의 보호가 범죄율을 낮추는 것이 아니라, 범죄율이 높을수록 더 많은 경찰을 고용한다.[18] 범죄율과 경찰-인구 비율의 관계에 대해서는 7장에서 자세히 다룬다.

경찰보호의 비용

법 집행은 매우 비용이 많이 소요되는 산업이다. 지방정부 기관들은 경찰서비스에 매년 약 1,100억 달러를 지출한다. 이는 평균적으로 미국에 거주하는 모든 사람들에게 매년 약 338달러를 지불하는 것과 같다. 경찰은 전체 형사사법체계(criminal justice system) 지출의 약 46%를 차지한다. 그러나 이러한 수치는 민간경비 산업을 제외한 비용이다.[19]

법 집행은 노동집약적인 산업이다. 평균적으로 정규경찰관들 한 명당 매년 $131,000가 소요된다.[20] 급여와 추가 수당을 포함한 인건비는 기관 예산의 약 80-90%를 차지한다. 이 때문에 경찰서의 효율성은 인사를 얼마나 잘 관리하는가와 순찰과 수사 부서에 배치하는 경찰관의 비율에 따라 크게 달라진다(7장 참조).

▌분절화 이슈

1967년, 대통령 범죄위원회(President's Crime Commission)는 "오늘날의 법 집행이 직면하는 근본적인 문제는 많은 수의 조정되지 않은 지방정부와 법 집행기관에서 기인하는 분절화된 범죄억제 노력의 결과"라고 결론지었다.[21] 이러한 결론을 설명하기 위해서 위원회는 디트로이트 대도시권 지역의 85개의 법 집행기관을 나타내는 지도를 발간했다. Exhibit 3-4에서 알 수 있듯이, 이들 기관의 거의 절반은 20명 이하의 인원으로 구성되어 있다.

그러나 전문가들에 따르면, 가장 큰 문제는 같은 지리적 공간에 있는 법 집행기관들 사이에 조정이 부족하다는 것이다. 범죄자들은 정치적 경계를 고려하지 않는다. 대도시 지역에서, 강도들은 각기 다른 경찰기관이 관할하는 여러 지역에서 범죄를 저지를 수 있다. 차량 도난은 여러 주에 걸쳐서 발생한다. 어떤 경찰서의 형사들은 이웃 관할구역에서 일련의 범죄를 해결하는 데 도움이 되는 정보를 가지고 있을 수 있다. 그러나 법 집행기관들은 서로 협력하기 보다는 경쟁하는 경우가 많다.

둘째, 책임의 분절화는 특히 풍속 범죄(vice crime)의 전이(displacement)를 야기할 수 있다. 한 지역에서는 도박이나 매춘에 관한 법률을 엄격히 규제하는 정책을 채택할 수 있다. 이는 종종 다른 기준을 가진 이웃 지역의 풍속 범죄를 증가시키는 효과를 가진다.

셋째, 많은 전문가들은 경찰서비스 중복에 심각한 문제가 있으며, 비용을 증가시킨다고 생각한다. 시 경찰서와 지역 보안관서는 둘 다 자체 911 전화 시스템과 자체 교육기관을 운영할 수 있다. 같은 지역의 여러 기관이 각각의 법과학연구소를 운영할 수도 있다.

넷째, 분절화로 인해 표준이 일관되지 않는다. 같은 지역의 법 집행기관들이라도 채용 기준, 연수 프로그램, 급여 규모 등이 매우 상이할 수 있다. 단일 국가경찰이 있는 나라에서는 국가 차원에서의 획일적인 기준이 확립된다. 자치경찰제를 채택하는 전통을 가진 영국에서는 면밀한 조사 과정과 재정적 인센티브를 통해 만들어진 최소한의 국가 기준이 있다. 영국의 내무부는 매년 43개의 지방경찰청을 면밀히 조사한다.

Sidebar 3-2

연습: 거주하는 지역의 분절화 문제 연구
1. 대도시권의 법 집행기관의 수, 이 기관의 이름, 그리고 각각의 기관에 소속된 정규 경찰관들의 수를 나타내는 지도와 표를 준비하시오.
2. 이러한 기관들 간의 계약 또는 협약의 본질에 대하여 연구하시오(예: 공동의 의사소통체계, 교도소 서비스).

EXHIBIT 3-4

디트로이트 메트로폴리탄 지역

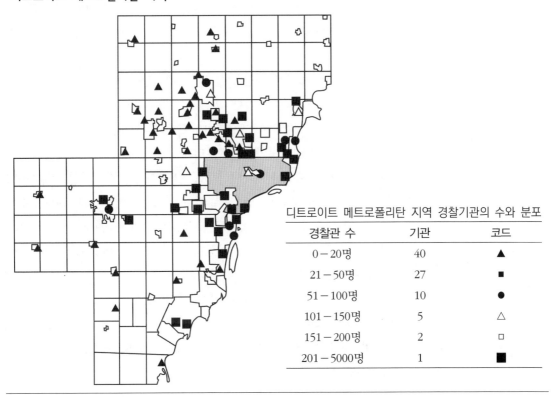

디트로이트 메트로폴리탄 지역 경찰기관의 수와 분포

경찰관 수	기관	코드
0 – 20명	40	▲
21 – 50명	27	■
51 – 100명	10	●
101 – 150명	5	△
151 – 200명	2	□
201 – 5000명	1	■

분절화의 대안

분절화 문제는 쉽게 해결되지 않는다. 지방정부의 독립은 미국 역사에서 깊은 뿌리를 가지고 있다. 지방자치의 원칙은 경찰뿐만 아니라 학교와 기타 정부서비스 등에도 미국의 정치·문화 내에서 깊은 역사적 뿌리를 지니고 있다. 국가경찰 조직에 대한 강한 우려와 학교 및 경찰에 대한 연방정부의 통제에 대한 의심은 항상 존재해 왔다. 분절화를 위한 주요 대안으로는 통합(consolidation)과 계약(contracting) 이 있다.

통합

일부 전문가들은 소규모 기관들이 더 큰 기관으로 통합되어야 한다고 주장한다. 형사사법 표준 및 목표에 대한 국가자문위원회(The National Advisory Commission on Criminal Justice Standards and Goals)는 정규경찰관이 10명 이하인 모든 법 집행기관들을 통합할 것을 권고하였다.[22] 현대 경찰의 통합에 있어 몇 가지 예시가 있다. 예를 들어 2005년, 콜로라도주의 프레이저(Fraser) 타운과 윈터파크(Winter Park) 타운에서는, 카운티 보안관서로부터 필요한 경찰서비스를 제공받지 못한다는 불만이 제기된 이후에 새로운 경찰기관을 신설하여 경찰서비스를 통합하였다. 2012년 펜실베니아주의 르위스버그 버로우(Rewisburg Borough) 경찰과 이스트 버팔로 타운십(East Buffalo Township) 경찰은 비용을 절감하고 서비스를 향상시키기 위해서 버팔로 밸리(Buffalo Valley) 경찰로 통합되었다.[23] 몇몇 대도시 지역에서도 시 경찰과 카운티 보안관서가 통합되었다. 예를 들어, 샬롯(Charlotte), 노스캐롤라이나(North Carolina), 메클렌버그(Mecklenburg)의 카운티 보안관서는 1990년대 초에 통합되었으며, 이는 경찰에서 이루어진 가장 큰 통합 중 하나이다.

여러 마을, 도시, 카운티 간의 법 집행서비스를 통합하는 대신에, 다른 지역에서는 동일한 관할구역 내에서 서비스를 통합하는 방식(때로는 **공공안전 통합**이라고도 함)을 선택했다. 여기에는 경찰, 소방 및 응급의료 서비스와 같은 기타 공공안전 기관이 단일 기관으로 통합될 수 있다.[24] 공공안전 통합에 있어 가장 최근의 사례는 인구 6,000명의 미시간주 락포드(Rockford)에서 찾아볼 수 있다. 시에서 분석한 결과, 경찰, 소방, 응급의료 서비스 간 중복이 많아 비용이 크게 절감될 수 있는 것으로 나타났다. 통합 과정은 서로 다른 채용 요건, 급여, 각종 인가 요건과 관련된 복잡성을 고려하여, 완료되기까지 약 10년이 걸렸다.

공공안전 통합(public safety consolidation)

Sidebar 3-3

통합의 유형

오늘날의 많은 경찰 기관들은 재정 위기에 직면해 있다. 그들의 재정 문제를 해결하기 위한 수단으로, 많은 경찰 기관들이 경찰의 통합 가능성을 검토해왔다. 국제경찰기관장협회(the International Association of Chiefs of Police; IACP)가 작성한 기획서에는 7가지 유형의 경찰 통합이 정리되어 있다.

1. 기능(function): 2개 이상의 기관은 비상통신, 출동, 또는 기록과 같은 특정 기능단위를 결합한다.

2. 상호대행/상호집행구역/중첩관할구역(Cross deputization/mutual enforcement zones/overlapping jurisdictions): 기관들은 서로 다른 기관의 경찰들에게 자료를 공유할 권한을 주고 관할범위를 넓힌다. 예를 들어, 시 경찰이 카운티 내에서 체포를 할 수 있도록 허용하고, 보안관이 도시 내에서 체포를 할 수 있도록 허용한다.

3. 공공 안전(public safety): 시 또는 카운티 정부는 모든 경찰, 소방, 응급의료기관을 하나의 상위 기관 산하에 통합할 수 있다.

4. 지역 합병(local merger): 두 개의 분리된 경찰 기관이 하나의 새로운 독립체를 만든다. 이 기관들은 소규모 지역이나 대도시 지역에 있을 수 있다.

5. 지역(regional): 여러 기관들을 관할지역보다는 지리적 지역으로 통합한다.

6. 대도시권(metropolitan): 중복되는 관할에 있는 두 개 이상의 기관의 권한을 합쳐 대도시 전체를 관할하는 하나의 기관으로 통합한다.

7. 정부(government): 도시와 인접한 군은 전체 정부를 통합하여 모든 시민을 위한 "수도" 형태의 정부를 만든다.

출처: *Consolidating Police Services: An IACP Planning Approach* (Alexandria, VA: International Association of Chiefs of Police, 2003), 1-2.

계약

분절화의 또 다른 대안은 소규모 기관들이 특정 서비스를 위해서 더 큰 기관들과 계약하는 것이다. 전체 시·군의 약 절반이 다른 정부 부서(unit)와 계약한다. 이러한 계약들은 하수처리부터 세금징수, 수도공급에 이르기까지 모든 것을 포괄한다. 가장 일반적인 형사사법 서비스에는 교도소, 구금 시설, 경찰-소방 통신 시스템이 포함된다. 많은 경우, 카운티보안관은 그 지역의 작은 마을을 위해서 911

서비스를 유지하고 있다.[25] 다른 경우, 작은 마을들은 모든 경찰서비스를 보안관들과 계약한다. 예를 들어, 로스앤젤레스 카운티 보안관서의 경우 40개의 마을과 계약을 맺고 있다. 이러한 계약 법 집행 프로그램(contract law enforcement programs)은 매년 8억 5천만 달러 이상의 세입을 차지한다.[26]

경찰서비스에 대한 계약의 효과성을 조사한 가장 정교한 연구 중 하나는 캘리포니아에서 수행되었는데, 캘리포니아주의 모든 도시의 약 30%가 보안관서와 법 집행서비스를 계약하는 것으로 나타났다. 이 연구는 경찰서비스에 계약하는 도시들의 경우 비과세 사업 활동이 더 적고, 중위 가구 소득이 더 높고, 범죄율이 더 낮으며 "더 새롭고(newer)" 인구밀도가 더 낮은 특징을 가지고 있다고 보고했다. 또한 경찰서비스를 계약한 도시는 "자체 경찰서를 운영하는 도시들보다 1인당 경찰서비스에 훨씬 적은 비용을 지출하고 있다"고 보고했다. 이 연구는 계약한 도시들이 경찰서비스에 대해 돈을 더 적게 소비하지만, 서비스의 질은 비슷하게 유지된다고 결론지었다. 예를 들어, 이 연구는 계약을 한 도시들이 폭력 범죄에서는 더 높은 사건 종결률을 보였고, 재산 범죄에서도 비슷한 사건 종결률을 보였다는 것을 언급했다.[27]

분절화 문제의 재고려

일부 전문가들은 분절화 문제가 다른 사람들이 주장했던 것만큼 심각하지 않을 수 있다고 생각한다. 경찰서비스 연구(Police Service Study, PSP)는 1970년대에 이 문제에 대한 첫 번째 체계적인 연구를 수행하여 80여 개 중간 규모(medium-sized) 지역에 소재하는 1,827개 법 집행기관의 활동을 조사했다. 분절화에 대한 전통적인 시각과는 반대로, 이 연구는 "정보적인 측면에서 기관 간 조력은 일반적이다", "경찰서비스를 직접적으로 제공하는 데 있어서 서비스의 심각한 중복은 거의 존재하지 않는다."는 것을 발견했다.[28]

예를 들어, 순찰과 관련해서 조정, 공유 또는 상호 책임을 포함한 비공식적인 협의가 보편적이었다. 어떤 지역도 완전히 소외된 채 방치되지 않았고, 두 개 이상의 기관에 의해 순찰되고 있는 지역도 없었다. 보조적인 서비스와 관련하여, 소규모 경찰서는 대형 기관에서 제공하는 법과학연구소, 교육기관, 통신 시스템 및 기타 서비스에 일상적으로 접근할 수 있었다.

더욱 중요한 것은 소규모의 경찰서들이 대규모의 경찰서보다 반드시 효율성이 떨어지는 것은 아니라는 것이다. 소규모 경찰서들은 더 많은 경찰관들을 가두순찰하게 하고 직접적으로 경찰서비스를 수행한다. 또한 규모가 큰 경찰서들이 그 규모의 이점을 반드시 가지고 있는 것은 아니다.[29] 규모가 큰 기관들은 더 복잡한 관료 구조를 가지고 있었고, 그 결과 직접적인 경찰서비스가 가능한 경찰관들의 수는 더 적어졌다. 개리 코드너(Gary W. Cordner)는 메릴랜드(Maryland) 주 법 집행기관들 중에서 기관의 규모가 아닌, 지역사회의 복잡성이 범죄 수사의 효율성을 결정하는 데 가장 중요하다는 것을 발견했다. 공동체가 복잡하지 않을수록 경찰이 더 효율적이었다.[30]

마지막으로, 지역사회 경찰활동이 분권화된 경찰활동에 중점을 둔 것은 작은 지역의 법 집행기관이 대형의 통합된 기관보다 더욱 선호될 수 있다는 점을 시사한다.[31]

▌자치경찰

자치 혹은 시 경찰은 미국 법 집행의 가장 중요한 요소이다. 이들은 전체 법 집행기관의 약 70%를 차지하고 있으며, 전체 정규 경찰관의 대략 60%를 고용하고 있다.[32]

더욱 중요한 것은, **자치경찰**이 다른 어떤 종류의 법 집행기관보다 더욱 복잡한 역할을 수행한다는 것이다. 외부 환경은 모든 기관에 많은 영향을 미친다.[33] 도시, 특히 대도시는 인구의 다양성 측면에서 가장 복잡한 환경을 대표한다. 시 경찰서는 불균형적으로 도시에 집중된, 심각한 범죄를 다루는 데 가장 큰 책임이 있다. 그들은 또한 쉽지 않은 질서유지에 대한 책임이 있으며, 광범위한 긴급대응 서비스

자치경찰(municipal police)

를 제공할 것을 요구받는다.[34]

모든 자치경찰기관 중에서, 아주 큰 몇몇 부서들은 불균형적으로 중요한 역할을 한다. 경찰재단(Police Foundation)은 뉴욕, 로스앤젤레스, 시카고, 휴스턴, 필라델피아, 디트로이트 등 6개의 대형 경찰기관에 대한 보고서를 통해 이 경찰기관들이 미국 인구의 7.5%를 책임지고 있지만, 34%의 강도 범죄를 포함한 전체 폭력 범죄의 23%를 처리하고 있다는 것을 밝혔다.[35] 비록 이 6개의 경찰서는 전체 경찰서의 극히 작은 일부분이긴 하지만, 그들은 거의 10%의 정규경찰관들을 고용하고 있다. 뉴욕시 경찰은 36,008명의 정규 경찰관을 고용하고 있으며, 이는 다른 경찰기관들보다 훨씬 큰 규모이다. 시카고 경찰은 두 번째로 큰 경찰기관이며, 11,965명의 정규 경찰관을 고용하고 있다.[36]

큰 경찰서들은 경찰에 대한 대중의 생각을 좌우한다. 예를 들어, 뉴욕이나 로스앤젤레스, 시카고에서 발생하는 사건들은 주요 전국구 뉴스매체가 보도하고 있다. 게다가 뉴욕, 시카고, 로스앤젤레스, 필라델피아, 그리고 휴스턴에서는 경찰활동에 대한 연구가 편중되게 이루어져 왔다. 비록 중간 규모의 경찰서와 소규모 경찰서가 미국의 경찰활동을 더 대표하고 있지만, 중간 규모의 경찰서에 대해서는 훨씬 덜 알려져 있고, 소규모 경찰서에 대해서는 거의 연구가 이루어지지 않고 있다.

전형적인 자치경찰은 작은 마을에 있다. 자치경찰 중 약 절반(47.7%)이 10명 미만의 정규경찰관을 고용하고 있다.[37] 작은 마을이나 시골 경찰은 대도시 경찰과는 매우 다른 환경에서 운영되고 있다. 도시보다 심각한 범죄가 적게 발생한다. 경찰에 신고되는 사건의 대부분은 범죄가 아닌 사건(noncriminal events)과 경미한 소란(minor disturbances)이다.[38] 한 연구에 따르면, 교통 문제가 전체 신고의 25%를 차지했고, 공공장소에서 소란(public disturbances)이 19%, 가정 소란(family disturbances)이 18%, 유기견(stray dogs)이 11%를 차지했다[나머지 27%는 기타 신고였다].

카운티경찰

일부 지역은 **카운티경찰**에 의해 관리되고 있다. 이들은 기본적으로 카운티 전체에서 운영되지만, 카운티보안관의 비법 집행(non-law-enforcement) 역할을 전혀 가지고 있지 않은 자치경찰이다(Exhibit 3-5 참조). 전체 지방경찰 기관의 1% 미만이 카운티경찰이다. 뉴욕주의 나쏘(Nassau) 카운티경찰[2,462명의 정규경찰관]과 서포크(Suffolk) 카운티경찰[2,385명의 정규경찰관]이 가장 큰 규모를 지니고 있다.[40]

카운티경찰(county Police)

EXHIBIT 3-5

보안관의 책임

기능(function)	기관 비율(%)
소(환)장 송달(process serving)	98
정기 순찰(routine patrol)	96
교통 법 집행(enforcement of traffic laws)	96
법원 경비(court security)	96
교도소 운영(jail operations)	75

출처: Brian Reaves, *Census of State and Local Law Enforcement Agencies, 2008* (Washington, DC; Bureau of Justice Statistics, 2011).

▌카운티보안관

미국에는 3,012개의 보안관서가 있다.[41] 카운티 보안관서는 미국 법 집행기관들 중 법적 지위와 역할 면에서 독특한 위치에 있다.[42]

보안관은 37개 주에서 주 헌법에 책무가 규정되어 있는 기관이기 때문에 매우 독특한 법적 지위를 지닌다. 또한 보안관은 2개 주를 제외한 모든 주에서 선출된다. 로드아일랜드(Rhode Island)에서는 주지사가 보안관을 임명하고, 하와이(Hawaii)에서는 대법원장이 보안관을 임명한다. 선출직 공무원인 보안관은 자치경찰서장과 다른 방식으

보안관(sheriff)

로 정당 정치에 직접 관여한다. 역사적으로, 시골 지역에서는 보안관
이 카운티에서 가장 강력한 정치인이었다.[43]

보안관의 역할

보안관은 형사 사법 제도의 세 가지 구성요소인 법 집행, 법원,
교정에 모두 관여한다는 점에서 독특한 역할을 하고 있다. Exhibit
3-5에서 알 수 있듯이, 거의 모든 보안관서는 순찰활동과 교통단속
같은 기본적인 법 집행 기능을 수행한다. 거의 모든 보안관들이 절차
상 근무(예: 소환장 송달 등)를 하거나 법원에 경비서비스를 제공한다.
많은 도시 지역에서 보안관은 형사법 집행보다 민사재판 업무에 더
많은 시간을 보낸다. 게다가, 전체 보안관서의 75%가 카운티 교도소
(jail)를 유지하고 있다. 대부분의 대도시에서는 교도소가 별도의 교정
기관에 의해 운영되고 있다.[44]

리 브라운(Lee P. Brown)은 보안관들의 책무에 따라 보안관서의
4가지 모형을 구분하였다. (1) 포괄적 서비스 모형(full-service model):
보안관서는 법 집행, 법원, 교정 업무를 수행한다. (2) 법 집행 모형
(law enforcement model): 보안관서는 법 집행 업무만을 수행하며, 그
외의 책무는 별도의 기관에 있다. (3) 민사사법 모형(civil-judicial
model): 보안관서는 법원 관련 업무만 처리한다(예: 코네티컷주와 로드
아일랜드주). (4) 교정-사법 모형(correctional-judicial model): 보안관
서는 법 집행을 제외한 모든 책무를 수행한다(예: 샌프란시스코).[45]

보안관서의 분포는 자치경찰의 분포와 비슷하다. 아주 큰 보안
관서 몇 개와 많은 작은 보안관서들로 이루어져 있다. 가장 큰 보안
관서는 로스앤젤레스 카운티 보안관서(9,351명의 정규 경찰관)이다. 그
러나 전체 보안관서 중 약 29%는 10명 미만의 정규경찰관을 두고 있
다.[46]

▌기타 지방 기관

　미국의 법 집행은 일부 법 집행 책무가 있는 다른 지역 기관들의 존재 때문에 복잡하다.

컨스터블

　보안관처럼 **컨스터블***은 미국 식민지 시대에서부터 유래한다. 도시화와 그에 따른 기관들의 성장으로 컨스터블의 대부분의 기능은 사라졌다. 미국 정부 간 관계 자문위원회(The U.S. Advisory Commission on Intergovernmental Relations)는 컨스터블이 "비교적 중요하지 않음"이라고 판단하여 폐지를 권고했다.[47]

　오늘날 미국에는 컨스터블이 거의 남아있지 않다. 주에 따라서 컨스터블은 선출되거나 임명될 수 있으며, 그들의 역할과 기능은 주 헌법에 의해 규정된다. 현대 컨스터블은 카운티 법원 제도 내에서 전형적인 업무를 수행한다. 영장 및 소환장 송달, 수감자 이송, 지방법원 판사의 경호 등을 책임진다. 그들은 또한 카운티 위원들(county commissioners)과 협력하여 체납세금을 고지하고 변호사들이 이혼 서류를 제출하는 것을 돕는다.[48]

컨스터블(constable)

검시관/의료조사관

　검시관 또는 의료조사관(medical examiner)은 범죄 수사 책임을 가지기 때문에 법 집행기관으로 간주되는 경우가 많다. 검시관(coroner)/의료조사관(medical examiner)은 사망 현장의 조사, 검시, 폭력적이거나 예상치 못한 사망의 원인을 규명하는 등 광범위한 활동을 담당한다. 미국 사법통계국(A Bureau of Justice Statistics)에 따르면

검시관(coroner)

---

*　[역자 주] 컨스터블은 본래 영국에서 유래되어 영국 하위직 경찰계급의 하나인 Police Constable(PC)로서 우리나라에서는 순경으로 볼 수 있으나 여기서는 특정 계급을 의미하기보다는 미국 지방의 소규모 경찰관서 명칭 중의 하나에 해당함.

미국에 총 1,998명의 검시관 또는 의료조사관이 있다.[49]

검시관/의료조사관은 보통 주, 카운티, 시 기관에 고용된다. "사망 수사관(death investigator)"의 유형은 일반적으로 법에 의해 위임된다. 사법통계국은 "16개 주는 카운티 검시관 제도(county coroner system)를, 7개의 주는 의료조사관 제도(medical examiner system)를, 13개의 주는 검시관과 의료조사관이 혼합된 제도를 사용한다."고 보고했다.[50]

검시관과 의료조사관 사이에는 많은 중요한 차이점이 있다. 첫째, 검시관은 일반적으로 의사로서 훈련을 받지 않으며, 의학 교육을 거의 받지 않는다. 반면, 의료조사관은 의사로써 사망을 조사하는 데 특별한 교육을 받은 경우가 많다. 둘째, 검시관은 일반적으로 선출직이다. 그러나 의료조사관은 보통 선출된 공무원이 임명한다. 셋째, 비록 검시관과 의료조사관 둘 다 사망 조사에 대한 책임이 있지만, 의료조사관은 죽음의 원인을 조사하는데 있어 자신의 의학적 전문 지식에 크게 의존한다.[51]

질병통제예방센터(The Centers for Disease Control and Prevention, CDC)는 미국 내 사망자의 약 20%가 검시관이나 의료조사관에 의해 조사된다고 보고한다. 비록 어떤 사망자를 조사해야 하는지에 대한 지침이 다르지만, 대부분의 사법권에서는 다음과 같은 유형의 사망에 의한 변사자를 조사하도록 요구한다.

- 살인, 자살 또는 자동차 사고, 추락, 화상, 약물섭취 등의 사고로 인한 사망
- 급사 또는 의심스러운 사망, 유아돌연사증후군(Sudden Infant Death Syndrome, SIDS)으로 인한 사망과 무연고 사망
- 공공 보건에 위협을 주는 물질 혹은 질병으로 인한 사망
- 직장에서의 사망
- 구금 또는 구금 중이거나 보호시설에 있는 사람의 사망
- 화장(火葬)하기로 한 사람의 사망

특별구역경찰

　　특별구역경찰은 특정한 정부 기관이나 특별한 지리적 경계를 관할한다. 예를 들어, 많은 공항과 공원들은 고유의 경찰력을 가지고 있다. 일부 도시 교통 시스템은 별도의 법 집행기관을 가지고 있다. 워싱턴 D.C. 지하철경찰대(The Metro Transit Police)의 관할은 컬럼비아, 버지니아, 메릴랜드의 관할과 중복된다.[53]

　　대학교 캠퍼스 경찰은 특별구역경찰의 중요한 예이다. 학생 2,500명 이상인 대학의 약 68%가 캠퍼스에 경찰서비스를 제공하기 위해서 정규경찰관을 둔다.[54] 대학교 경찰은 일반적인 체포권을 가지고 있고, 종종 총기를 소지하고 있으며, 주(州)의 인가를 받고 있고, 연방수사국(FBI)의 전미범죄통계보고(Uniform Crime Reporting, UCR) 시스템에도 참여한다. 오늘날 2,500명 이상의 학생을 가진 대학에 있는 861개의 법 집행기관은 약 32,000명의 정규직원을 고용하고 있다. 이 직원들은 약 15,000명의 정규경찰관, 11,000명의 경비원(security officer), 5,000명의 민간직원, 1,000명의 학생 직원으로 구성되어 있다.[55] 다른 대학은 외주 민간경비나 대학 자체의 경비인력을 고용한다.

특별구역경찰(Special district police)

부족경찰

　　미국 형사 사법 제도의 독특한 점은 많은 아메리카 원주민 부족들이 그들의 인디언 보호구역 내에서 **부족경찰**을 포함한 독자적인 형사사법체계를 유지한다는 것이다. 아메리카 원주민 부족은 미국 정부와 조약을 체결하고 상당한 수준의 법적 자율성을 유지하는 별개의 주민들이다. 여러 가지 중요한 측면에서, 부족과 보호구역은 연방법이나 주 법의 적용을 받지 않는다(Exhibit 3-6 참조).[56]

　　미국의 약 300개의 경찰기관은 아메리카 원주민이 거주하는 약 330여 개의 인디언 보호구역에게 경찰서비스를 제공할 일차적인 책임을 지니고 있다. 인디언사무국(Bureau of Indian Affairs, BIA)은 한

부족경찰(tribal police)

개 이상의 보호구역에 경찰서비스를 제공하고 있으며, 많은 부족들은 그들 자신의 경찰서를 가질 권리가 없다. 역사적으로 인디언 지역의 경찰활동에 대한 책임은 미국 내무부 소속의 인디언사무국에 있다. 그러나 오늘날 인디언 주민들을 위해 많은 다른 행정협정이 활용되고 있다.[57]

Sidebar 3-4

당신의 캠퍼스 경찰에 대해 알아보기

1. 캠퍼스 경찰은 공인된 법 집행기관인가?
2. 그렇다면, 경찰관들은 어떤 주-의무 훈련(state-mandated training)을 받고 있는가? 훈련시간은 몇 시간인가? 훈련 구성은 어떠한가? 누가 훈련을 제공하는가?
3. 그렇지 않다면, 채용 기준은 무엇인가? 경찰관들은 어떤 훈련을 받고 누가 제공하는가?
4. 캠퍼스 경찰이 공인된 법 집행기관이라면 필수적인 범죄통계 보고서를 제출하는가?
5. 만약 그렇지 않다면, 어떤 방식으로든 연간 범죄 보고서를 제출하는가?
6. 캠퍼스 경찰은 무장하고 있는가? 그들은 어떤 종류의 총기사용 훈련을 받는가? 경찰관들은 어떤 종류의 재교육이나 재인가를 받아야 하는가?
7. 캠퍼스 경찰기관은 문서화된 치명적 물리력 사용정책(deadly force policy)을 가지고 있는가? 정책의 내용은 무엇인가? [치명적 물리력 사용정책에 관해서는 14장 참조]

부족경찰기관을 위한 가장 보편적인 행정 협정은 1975년 인디언 자치 및 교육지원법(Indian Self-Determination and Education Assistance Act)에 의해 만들어졌다. 공법(public law) 93-638로도 알려진 이 법은 인디언 주민들에게 인디언들만의 조직 체계를 확립하고 경찰력에 대한 운영 기준을 설정할 권리를 부여한다. 이 경찰기관들에서 정규 경찰관들과 민간직원들은 부족 직원으로 간주되지만, 그들은 일반적으로 연방에서 자원을 지원받는다. 인디언 부족경찰의 대부분은 이런 방식으로 구성되어 있다.[58]

인디언 지역에서 두 번째로 일반적인 행정 협정은 인디언사무국(BIA)이 치안책임을 지는 것이다. 약 64개의 인디언 부족들은 여전히 인디언사무국에 경찰활동을 의존하고 있다. 이 모형에서는 모든 직원

이 연방직원이며 인디언사무국의 지휘에 따라 근무한다. 인디언사무
국에 의해 치안이 유지되고 있는 많은 인디언 지역들은 지방경찰에
서 경찰서장에 해당하는 많은 책임을 지니는 인디언사무국 관리자
(superintendent)를 배정받는다. 작은 부족의 경찰 관리자들은 종종 둘
이상의 부족에 대해 행정적인 책임을 진다.[59] 약 27개의 경찰기관이
인디언사무국에 의해 운영된다.[60]

　　상대적으로 덜 활용되는 행정협정은 자치권이다. 이 모형에서
인디언 주민들은 인디언사무국과 경찰서비스를 계약한다. 인디언사
무국은 정액 보조금(block grants)을 통해 재정을 지원받기 때문에, 인
디언 부족은 더 높은 수준의 조직적인 자율성을 가지게 된다. 가장
적게 사용되는 행정협정은 부족에서 재정 지원을 받는 인디언 경찰
이다. 비록 이 모형이 인디언 부족들에게 경찰서비스에 대한 완전한
통제권을 주지만, 대부분의 인디언 부족들은 이런 기관을 위한 재정
적 자원을 보유하고 있지 않다.[61]

　　부족에 의해 운영되는 경찰기관은 적다. 오직 7개의 부족경찰이
50명 이상의 정규경찰관을 두고 있으며, 약 1/3은 5명 미만의 정규경
찰관을 두고 있다. 이 기관들은 또한 일반적으로 넓은 지역에 분산되
어 있는, 상대적으로 적은 인구를 감시하는데 책임이 있는데, 이는
경찰관들이 업무를 하는 것을 어렵게 만든다.[62]

EXHIBIT 3-6

인디언 경찰서의 유형과 특징

법 집행 프로그램의 종류	공법 93–638	인디언사무국	자치	부족의 자금 지원
운영 주체	부족	연방정부	부족	부족
고용 주체	부족	연방정부	부족	부족
예산 지원	연방정부 (부족의 기여와 함께)	연방정부	부족	부족

주 법 집행기관

주 법 집행기관은 주경찰, 고속도로순찰대, 주 수사기관 세 가지 범주로 나뉜다. 일반적인 법 집행기관 서비스로 간주되는 것은 주 경찰과 고속도로순찰대이기 때문에 이 책은 이 두 가지에 초점을 맞추고 있다.[63]

주경찰(때때로 공공안전부(Department of Public Safety)로 불림)은 "교통규제와 범죄 수사를 위해 주 전체의 경찰권을 갖는 기관"으로 정의된다. **고속도로순찰대**는 "교통법규를 집행하고 관할 내 비-교통법 위반자를 체포할 수 있는 주 전체의 권한을 가진 기관"으로 정의된다.[64]

미국에는 49개의 일반-서비스 주 법 집행기관(general-service state law enforcement agencies)이 있으며, 하와이를 제외한 나머지 각 주는 자체 기관을 가지고 있다. 사법통계국의 최근 보고서에 따르면, 49개 주요 주 법 집행기관은 91,097명의 정규경찰관과 민간직원을 두고 있다.

대부분의 주 법 집행기관은 지방 법 집행의 기준으로 볼 때 규모가 크다. 예를 들어, 49개의 주요 법 집행기관 중 20개는 1,000명 이상의 정규경찰관을 가지고 있고, 다른 15개 주 법 집행기관은 적어도 500명의 정규경찰관을 가지고 있다. 이들 주 기관 중 오직 5개만이 500명 미만의 정규경찰관을 두고 있다. 가장 큰 주 법 집행기관은 캘리포니아 고속도로순찰대로 7,202명의 정규경찰관을 두고 있으며, 뉴욕주 경찰(4,847명), 펜실베이니아주 경찰(4,458명), 텍사스 공공안전부(3,529명) 순이다.[65]

몇몇 주는 하나 이상의 주 법 집행기관을 가지고 있다. 예를 들어, 캘리포니아는 캘리포니아 고속도로순찰대와 캘리포니아 법 집행부(California Division of Law Enforcement)를 둘 다 유지하고 있다. 오하이오에는 오하이오 고속도로순찰대와 오하이오 범죄자식별조사국(Ohio Bureau of Criminal Identification and Investigation)이 있다. 그러

주경찰(state police)

고속도로순찰대(highway patrols)

나 이들 기관 중 상당수는 일반−서비스 법 집행기관으로 간주되지
않는다. 주 법 집행기관의 역할과 임무는 주 법에 의해 정의된다. 따
라서 주마다 역할과 임무가 크게 다르다.

주 법 집행기관의 행정적 구조에는 상당한 차이가 있다. 한 보고
서는 "거의 모든 가능성"이 존재한다는 것을 발견했다. 몇몇 주에는
다양한 서비스를 담당하는 여러 부서가 소속된 산하 기관이 있다. 뉴
저지 공공안전부는 법무국(Division of Law), 주경찰(State Police), 교
통국(Division of Motor Vehicles), 주류통제국(Division of Alcoholic
Beverage Control), 형사사법국(Division of Criminal Justice), 민원담당국
(Division of Consumer Affairs), 경찰훈련위원회(Police Training Commission),
주체육위원회(State Athletic Commissioner) 등 8개의 부서가 있다.

역할과 책임

주경찰과 고속도로순찰대는 다양한 법 집행 서비스를 제공한다.
순찰의 측면에서, 주경찰은 지역 경찰기관과 동시에 책임을 분담한
다. 약 절반 비율의 주에서 주경찰이나 고속도로순찰대가 주요 고속
도로에서 교통법을 집행하는 일차적인 책임을 가진다.[66]

주 법에 따라 범죄 수사에 대한 책임이 다르다. 어떤 주에서는
주경찰이 전반적인 책임을 지지만 다른 주에서는 수사권이 제한된다.
전체 주 기관의 절반이 지역경찰을 대상으로 과학수사 서비스(탄도
검사, 마약검사)를 제공하고 있다. 마지막으로, 주 경찰기관의 77.6%가
경찰 교육기관을 운영하고 있다. 일부 주에서는 지역경찰의 신임 교
육을 담당하기도 한다.[67]

▌연방 법 집행기관

법 집행 산업에서 연방의 구성 비율은 비교적 작지만, 일반적으
로 인식되는 것보다 더 복잡하다. 연방 법 집행기관의 정규직 직원은
132,000명으로 추산된다. 이 수치는 "총기를 소지하고 체포할 수 있
는 권한을 가진" 모든 사람을 포함한다. 그러나 군사 경찰은 포함되

지 않았다.[68]

많은 연방기관들이 집행권이나 규제권을 가지고 있기 때문에, 연방 법 집행활동의 정확한 규모에 대해서는 합의가 이루어지지 않고 있다. 이들 기관의 대부분은 앞에서 정의한 바와 같이 일반 – 서비스 기관이 아니다. 그들은 보호와 범죄 수사라는 기본적인 서비스를 제공하지 않는다.

21개의 연방 법 집행기관은 250명 이상의 정규경찰관을 고용하고 있다. 관세국경보호청(U.S. Custom and Border Protection)은 가장 큰 기관으로 43,724명의 정규경찰관을 고용하고 있으며, 연방수사국(FBI)이 13,799명으로 그 뒤를 이었고 이민세관단속국(Immigration and Customs Enforcement)이 12,400명으로 그 뒤를 이었다. 마약단속국(DEA)는 4,181명의 정규경찰관을 고용하고 있다. 연방 법 집행활동의 복잡성과 다양성은 어류야생청(U.S. Fish and Wildlife Service, 619명)과 산림청(U.S. Forest Service, 592명)이 가장 큰 기관들에 포함된다는 사실에서 알 수 있다.[69]

각 연방기관의 역할은 연방법에 의해 명시되어 있다. 연방기관은 중요한 부분에서 시 기관보다 훨씬 덜 복잡한 역할을 한다. 연방 요원들은 질서유지에 대한 모호하고 어려운 책임을 지니고 있지 않으며, 911 긴급전화 서비스를 유지하지 않고, 모호한 "소란" 민원 전화를 처리하도록 요청받지 않는다.

우리는 다음 절에서 미국에서 가장 큰 연방 법 집행기관의 역할에 대해서 논의한다.

9.11테러 후 연방 법 집행

2001년 9월 11일 이후, 조지 부시(George W. Bush) 대통령은 미국의 연방 법 집행기관의 조직 구조를 변경하기 위한 실질적인 변화를 주도했다. 그는 연방 법 집행기관의 역할과 책임을 국토안보부(Department of Homeland Security)와 법무부(Department of Justice) 두 부처로 재구성했다.

국토안보부

2002년 11월 25일 국토안보법이 통과되어 국토안보 관련 활동을 담당하는 내각급 부처인 국토안보부(Department of Homeland Security, DHS)가 신설되었다. 이 법에 따라 정부는 1947년 이후 최대 규모의 정부조직 개편을 단행했다.[70] 22개 기관, 약 170,000명의 직원이 국토안보와 관련한 기능을 갖춘 국토안보부로 조직적으로 이관됐다. 국토안보부에 소속된 4대 연방 법 집행기관은 다음과 같다:

- 관세국경보호청(Customs and Border Protection, CBP)
- 이민세관단속국(Immigration and Customs Enforcement, ICE)
- 연방보호국(Federal Protective Services)
- 비밀경호국(U.S. Secret Service)

관세국경보호청(Bureau of Customs and Border Protection, CBP). 이전에 관세청(U.S. Customs Service), 이민귀화청(Immigration and Naturalization Service, INS), 조사국(Inspection Service), 국경순찰대(Border Patrol), 농업검역 프로그램(Agricultural Quarantine Inspection program)에서 수행하던 많은 기능들이 관세국경보호청(Bureau of Customs and Border Protection, CBP)으로 통합되었다. 관세국경보호청은 사람과 화물이 합법적이고 안전하게 미국에 들어오도록 하는 책임을 진다. 이 기관은 불법 이민과 통제된 물질, 대량살상무기(Weapons of Mass Destruction, WMD), 불법 및 질병에 걸린 동식물의 국내 밀수를 막기 위해 노력하고 있다.[71]

이민세관단속국(Bureau of Immigration and Customs Enforcement, ICE) 이민세관단속국은 국토안보부의 가장 큰 기관이다. 이전에 관세청과 이민귀화청이 수행했던 많은 기능을 수행한다. 이민세관단속국은 두 개의 부서로 구성되어 있다. (1) 법집행및추방작전과(Enforcement and Removal Operations, ERO)는 이민법 시행, 밀입국자 확인 및 체포, 미국 내 불법체류자 억류 및 추방 등 집행 및 추방을 담당하고, (2) 국토안보수사과(Homeland Security Investigations, HSI)은 사이버범죄, 초국가적 폭력조직, 인신매매, 총기 및 마약 밀반입 등 국경을 초월한 범죄 행위 수사를 담당한다.[72]

연방보호국(Federal Protective Services, FPS). 연방보호국은 미국의 연방정부 시설을 감시할 책임이 있다.[73] 연방보호국의 기원은 조지 워싱턴(George Washington) 대통령이 정부가 운영할 연방 영토를 설립하기 위해 세 명의 위원을 임명한 1790년으로 거슬러 올라간다. 그 위원들은 6명의 "야간 경비원"을 고용하여 순찰을 돌게 하고, 필요하다면 새롭게 창립된 연방 정부가 사용하기로 계획되었던 정부 청사를 보호하도록 했다.[74] 현재, 그들의 역할은 전국에 약 9,500여개의 연방 시설이 있다는 점으로 인해 복잡해졌다.[75] 그들의 책임의 일부로서 그들은 시설을 순찰하고, 사건을 조사하고, K9 폭발물 탐지 작업을 관리하며, 소포를 검사하고, 위반사항을 확인하기 위한 시스템 설치 및 모니터링과 관련된 보안 기능을 제공한다.[76]

비밀경호국(U.S. Secret Service). 비밀경호국은 1986년 미국 화폐의 위조지폐를 조사할 목적으로 설립되었다. 오늘날, 비밀경호국은 광범위한 수사 책임을 가지고 있으며, 현직과 전직 미국 대통령, 부통령, 그들의 직계 가족의 보호를 책임지고 있다. 비밀경호국의 수사 책임은 보다 정교한 형태의 의사소통 방식이 출현하면서 많이 변화하였다.[77] 비밀경호국은 현재 "금융기관 사기(financial institution fraud), 컴퓨터 및 통신 사기(computer and telecommunication fraud), 위조 신분증명서(false identification documents), 은행계좌 접근매체 사기(access device fraud), 선급금 사기(advance fee fraud), 전자자금 이체(electronic funds transfer), 돈세탁(money laundering)을 포함하는 범죄"를 수사할 책임이 있다.[78]

법무부

1870년, 의회는 법무장관을 책임자로 하는 법무부를 설립하였

다. 의회는 법무부가 모든 연방법을 집행하고 기소할 책임을 지도록
했다.[79] 비록 법무부의 구조는 바뀌었지만, 근본적인 임무는 그대로
유지되었다. 법무부의 주요 기관은 다음과 같다.

- 마약단속국(Drug Enforcement Administration, DEA)
- 연방수사국(Federal Bureau of Investigation, FBI)
- 주류담배화기및폭발물단속국(Bureau of Alcohol, Tobacco, Firearms, and Explosives, ATF)
- 연방보안관(U.S. Marshals Service)

마약단속국(Drug Enforcement Administration). 마약단속국의 임
무는 규제된 약물과 관련된 연방법 및 관련규정을 집행하는 것이다.
법 집행의 주요 초점은 불법 약물을 재배, 제조, 유통하는 개인과 조
직에 있다. 따라서 마약단속국의 임무는 주로 미국 시민들에게 불법
마약의 공급을 줄이는 데 전념하고 있다. 예를 들어, 마약단속국 요
원들은 미국 내에서 마약 밀매에 관련된 사람들과 미국으로 많은 양
의 불법 마약을 운반하는 사람들을 조사한다. 그들은 또한 거리에서
불법적인 마약 사용을 줄이기 위해서 지역 경찰기관과 협력하고, 불
법 마약과 관련된 농작물을 근절하기 위해 외국 정부와 협력한다.[80]
마약단속국에는 약 4,388명의 특수 요원이 근무하고 있다.[81]

연방수사국(Federal Bureau of Investigation). 연방수사국의 역할
은 역사적으로 행정적, 정치적 요인에 의해 형성되어 왔다. 연방수사
국은 J. 에드가 후버(J. Edgar Hoover) 국장의 지휘 하에 '사회질서를
파괴하는 사람(subversives)'을 수사하고, 은행 강도 및 차량 강도를
검거하는 데 총력을 기울였다. 비평가들은 연방수사국이 화이트칼라
범죄, 조직범죄, 소수 민족의 인권 침해 등을 무시했다고 비난했다.
후버 국장이 사망한 후, 그의 지시로 연방수사국은 인권을 침해하는
행위를 많이 저질렀다는 것이 밝혀졌다. 연방수사국은 그들의 정치적
신념을 위해서 개인과 단체에 대한 첩보활동을 하고, 불법 도청행위
를 하고, 심지어 자신들이 첩보활동을 하고 있는 단체의 사무실까지

침입하여 강도를 저지르는 죄를 저질렀다.[82] 그러나 후버 국장의 죽음 이후 후대 연방수사국장들은 연방수사국의 사명을 재정비하여 화이트칼라 범죄, 조직범죄, 정치적 부패에 더욱 중점을 두었다.

2002년 세계무역센터(World Trade Center)와 미 국방성에 대한 테러 공격 이후 연방수사국은 향후 테러 공격 방지에 최우선으로 초점을 맞추도록 임무에 근본적인 변화를 주겠다고 발표하였다. 특히 연방수사국은 다음과 같은 10가지 우선순위에 초점을 맞춘 새로운 임무를 설정하였다.

1. 테러 공격으로부터 미국 보호
2. 외국의 첩보 작전과 간첩으로부터 미국 보호
3. 사이버 기반의 공격과 첨단 기술 범죄로부터 미국 보호
4. 각계각층의 부정부패 척결
5. 인권 보호
6. 다국적 및 국가적 범죄 조직 및 기업의 척결
7. 중대한 화이트칼라 범죄의 척결
8. 중대한 강력 범죄의 척결
9. 연방, 주, 지역 및 국제 파트너 지원
10. 기술을 향상시켜 연방수사국의 임무를 성공적으로 수행[83]

주류담배화기및폭발물단속국(Bureau of Alcohol, Tobacco, Firearms, and Explosives). 2003년 국토안보법에 따라 주류담배화기및폭발물단속국(Bureau of Alcohol, Tobacco, Firearms, and Explosives, ATF)의 법 집행 기능이 재무부에서 법무부로 이관됐다. 첫째, 주류담배화기및폭발물단속국은 연방 총기법을 집행한다. 이들은 총기 밀매를 조사하고, 무장한 범죄자들을 확인 및 체포한다. 둘째, 폭발물 관련 산업을 규제해 테러범과 범죄자가 폭발물을 소지하는 것을 막고, 폭발물을 소지한 사람들이 적절한 면허를 취득하도록 할 책임이 있다. 또한 연방, 주 및 지방 정규경찰관들을 대상으로 폭발물 탐지, 취급, 해체에 대한 교육을 실시한다. 마지막으로 주류담배화기및폭발물단속국은 술과 담배 제품에 대한 연방세 징수와 관련하여 연방법을 집행할

책임이 있다.[84]

　　연방보안관(U.S. Marshals Service). 1789년에 설립된 연방보안관은 미국에서 가장 오래된 연방 법 집행기관이다. 연방보안관은 연방법원에 보안 서비스를 제공하고, 연방 구금자들을 수용하며, 탈주범을 조사할 책임이 있다. 연방보안관들은 매년 연방수사국, 마약단속국, 주류담배화기및폭발물단속국 등 연방 법 집행기관이 수배하는 30,000명 이상의 범죄자를 체포하고 지역, 주, 사설 교도소와의 협약을 통해 61,000명 이상의 수감자를 수용한다. 연방보안관은 또한 국가의 증인 보호 프로그램을 관리하는 책임을 맡고 있다. 1971년부터 19,000명의 증인들과 그들의 가족들에게 새로운 신분을 제공하고 이들을 다른 곳으로 이주시켰다.[85]

▌민간경비 산업

　　민간경비는 미국 법 집행에서 중요한 부분이다. 민간기업에 고용된 소규모 민간기관, 비정규직 직원, 보안요원 등이 다수 참여하기 때문에 민간경비 산업의 정확한 규모를 파악하기 어렵다. 대략 110만명의 사람들이 민간경비 회사에 고용된 것으로 추정된다.[86] 엘리자베스 조(Elizabeth Joh)는 이 수치가 미국의 모든 경찰관 한 명 당 약 세 명의 민간경비원이 있는 정도의 비율이라고 주장하였다. 그녀는 또한 미국이 경찰활동에 드는 비용보다 민간경비에 2배 더 많은 돈을 지출하는 것으로 추정된다는 사실도 지적하였다.[87] 이러한 추정에는 민간 탐정 및 조사원(private detectives and investigators), 순찰서비스(patrol service), 경비원(security guards), 손실방지 전문가(loss prevention specialists), 게임보안원 및 조사원(gaming officer and investigators), 현금운송비 서비스(armored care service) 등이 포함된다. 국제서비스종사자노동조합(Service Employees International Union, SEIU)에 따르면, 소수의 기업들이 미국의 민간경비 시장을 지배하고 있다. 가장 큰 회사인 시큐리타스(Securitas)는 약 100,000명의 민간경비원을 고용하고 있다. 6개의 가장 큰 민간경비 업체(Securitas, G4S, Universal Protection Services, U.S. Security Associates, Guardsmark, and ABM Security Services)가 미국 민간경비 시장의 약 절반을 장악하고 있다.[88] 최근에는, G4S가 미국에서 세 번째로 큰 민간기업으로 선정되었고, 전 세계에서 540,000명 이상의 사람들을 고용하고 있다.[89]

오늘날 민간경비 업체들은 공공 및 민간주택 단지, 외부인 출입 제한 주거지역, 상업구역, 쇼핑몰, 사무실 단지, 발전소, 공항에서 순찰과 보호를 담당한다.[90] 그들은 또한 신호위반을 감지하는 단속카메라 운영과 과속위반 통고처분 관리를 위한 자동차 탐지 레이더 운영을 통해 교통 규제에 큰 역할을 하기 시작했다. 미국에서 민간경비의 수준을 보여주는 한 뉴스는 "와켄헛(Wackenhut, 현재의 G4S)의 본사가 있는 플로리다의 어떤 지역에서는 개인의 주택 소유지가 와켄헛에 의해 관리되고, 와켄헛에 의해 치안이 유지되는 기차를 타고 출근을 하고, 와켄헛에 의해 치안이 유지되는 사무실에서 일한다. 그리고 만약 개인이 어떤 잘못을 하면 와켄헛이 관리하는 교도소에 수감된다"고 묘사하였다.[91]

POLICE in FOCUS

연방수사국(FBI)과 관련된 직업을 찾고 있나요?

많은 학생들이 연방수사국(FBI)에서 일하는 데 필요한 자격요건에 대해 궁금해 한다. 연방수사국의 취업에 대해 자주 묻는 질문들과 그에 대한 답변들이 있다.

특수요원(Special Agent)직의 기본 자격요건은 무엇인가?

특수요원직을 고려한다면 미국 시민권자여야 하고, 23~36.5세의 연령, 학사학위 소지, 3년간의 정규직 근무경력, 거주요건 충족, 유효한 운전면허증 소지, 연방수사국 관할구역의 어느 곳에서도 완전한 임용이 가능해야 한다.

배경조사(background investigation) 과정은 어떻게 진행되는가?

연방수사국 임무의 민감한 성격 때문에 모든 직책은 최고 기밀의 보안 허가를 받아야 한다. 직원들이 연방수사국에서 일하기 전에 그들은 거짓말탐지기, 불법 마약에 대한 검사, 신용 및 전과 조사, 그리고 최소한 10년 전의 전/현직 동료, 이웃, 친구, 교수 등과 광범위한 인터뷰를 포함하는 집중적인 배경조사를 받아야 한다.

자동적으로 실격되는 조건이 있는가?

중범죄 또는 가정폭력과 경범죄 유죄 판결을 받은 지원자, 미국 정부를 전복시키기 위해 계획된 행위에 종사한 지원자, 법원에 의해 명령된 양육비 또는 위자료를 지불하지 않은 지원자, 현재 연방정부에서 지원한 학자금 대출이 있는 지원자, 연방, 주, 또는 지방 소득세 신고서를 제출하지 않은 지원자, 연방수사국의 마약 정책을 위반한 지원자들은 즉시 고용이 중지되며, 향후 연방수사국 고용에 대해 부적격 판정을 받게 된다.

특정 학위가 특수요원직에 더 유리한가?

연방수사국은 다양하고 복잡한 사건들을 지원하기 위해 광범위한 배경을 가진 지원자들을 찾는다. 연방수사국은 특정 과정, 학위, 학교 등을 추천하지 않는다(그러나 당신의 대학은 미국 교육부가 인가한 곳이어야 한다). 좋아하는 분야를 연구하고, 특히 특수요원의 핵심 역량을 습득할 수 있는 능력을 입증하는 경험을 해야 한다. 특수요원의 핵심 역량은 다음과 같다.

리더십(leadership)
구술 커뮤니케이션(oral communication)
추진력(initiative)과 동기여부(motivation)
적응성(adaptability)과 유연성(flexibility)
조직화(organizing), 계획성(planning), 우선순위 결정(prioritizing)
대인관계 기술(interpersonal skills)
정보 평가 및 의사결정(evaluating information and making decisions)

작문(writing)

"프로파일러(profiler)"가 되고 싶은데, 지원 절차는 어디서부터 시작해야 하는가?

연방수사국은 "프로파일러"라는 직업을 가지고 있지 않다. 버지니아 주 콴티코(Quantico)에 있는 국립강력범죄분석센터(National Center for the Analysis of Violent Crime, NCAVC)에 근무하는 과장급 특수요원(Supervisory Special Agent)은 일반적으로 "프로파일링"과 관련된 업무를 수행한다. 이런 특수요원들은 대중적인 묘사에도 불구하고 새로운 범죄 현장을 수사하는 동안 "분위기(vibes)"를 알아차리거나 "초자연적인 섬광(psychic flashes)"을 경험하지 않는다. 현실적으로, 프로파일링은 조사 및 연구의 흥미로운 세계, 즉 귀납적이고 연역적인 추리의 세계이며, 범죄해결 경험, 범죄행동, 사실, 통계확률에 대한 지식이다.

특수요원이 되려면 어떻게 지원해야 하는가?

기본자격 요건을 세심하게 읽어보고 그 기준을 충족시킨 후, 특수요원이 되기 위한 다음 단계는 온라인 신청을 완료하는 것이다. 지원절차를 처리하는 사무실은 당신이 fbijobs.gov 홈페이지를 통해 지원할 때 당신이 제공한 우편번호에 따라 결정된다. 당신은 현재 거주지, 학교 또는 직장에서 가장 가까운 연방수사국 사무실에 당신의 지원서를 제출해야 한다.

출처: https://www.fbijobs.gov/information-center /faqs/special-agent-faqs#backgroundinvest- igation.

민간경찰(private police) 조직은 공공경찰과 차별화되는 네 가지 특징을 보인다. 첫째, 민간경찰 조직은 범죄보다 더 다양한 것에 초점을 맞춘다. 그들은 사유재산(property), 개인자산(personal assets), 일반적인 소비자 만족도와 같은 더욱 광범위한 문제에도 관심을 가진다. 둘째, 민간경찰 조직은 문제를 해결하기 위해 더 많은 대안을 가지고 있다. 예를 들어, 그들은 직원을 해고하게 하고, 시설에 사람들이 접근하지 못하도록 하고, 정책과 지침을 따르지 않는 사람들에게 벌금을 부과하고, 형사법원에 제소할 수 있다. 이처럼 민간경찰은 문제를 해결하는 데 있어 훨씬 더 많은 재량권을 가진다. 셋째, 민간경찰 조직은 문제 예방에 훨씬 더 많은 초점을 둔다. 공공경찰 조직은 전통적으로 문제가 발생한 후에 대처하는 것을 강조해 왔지만, 반면에 민간경찰은 문제 예방에 더 많은 자원을 투자한다. 넷째, 민간경찰은 주로 사유재산과 관련해서 발생하는 문제에 관심을 가진다. 예를 들어, 민간경찰은 일반적으로 상가, 주택개발, 사업단지와 같은 대규모 개인소유 공간과 관련되어 있다.[92]

민간경비 산업의 규모는 여러 가지 중요한 문제를 제기한다. 첫째, 민간경비 요원의 자질이다. 고용을 위한 필요조건은 최소 수준이며, 대부분의 경우 교육이 존재하지 않는다. 실제로 오직 31개의 주만이 경비요원에게 교육을 받을 것을 요구한다. 마찬가지로, 12개 주는 채용을 위해 범죄 경력 조사를 요구하지 않는다.[93] 그 결과, 많은 주에서 민간경비는 종종 다른 직장을 구할 수 없는 사람들의 마지막 수단이 된다.

둘째, 민간경찰의 행동을 규제하는 연방법, 주법, 지방법이 거의 없다. 법원은 공공경찰의 행동을 규정하는 법률은 민간경찰에게 적용되지 않는다는 점을 거듭 밝혀왔다. 예를 들어, 미란다(Miranda)나 맵(Mapp)과 같은 판결은 공공경찰에만 적용되고, 민간경찰들에게는 적용되지 않는다는 대법원의 판결이 있었다. 마찬가지로, 민간경비 행위를 규정하기 위한 법률 제정을 모색하는 주는 거의 없으며, 그들은 대신 시민에게 책임을 묻는 방식과 같은 방식으로 민간경찰에게 책임을 묻기로 선택했다.

셋째, 공공경찰과 민간경찰의 협력에 관한 문제가 있다. 대체로 이는 각 집단이 다른 집단에 대해 가지고 있는 태도와 신념의 결과로 보인다. 민간경찰은 공공경찰이 자신들을 존중하지 않고, 체포에 더 신경을 쓰고, 범죄예방에 신경을 덜 쓴다고 보고 있으며, 일반적으로 공공경찰과 정보를 공유하기를 꺼린다는 연구 결과가 있었다. 공공경찰을 조사하는 유사한 연구들은 공공경찰이 민간경찰을 전문적이지 않고, 너무 고객 중심적이며, 종종 기소를 꺼리는 경향이 있다는 것을 보고하였다.[94]

이 마지막 문제는 2001년 9월 11일 테러 이후 특히 뚜렷해졌다. 9/11 위원회(9/11 Commission)는 국가의 중요한 인프라의 85%가 민간경비에 의해 보호되고 있으며,[95] 전체 민간경찰의 약 5%가 중요 인프라 자산을 경비하고 보호하는 역할을 맡고 있다고 지적했다.[96] 예를 들어, 민간경찰은 원자력 발전소, 주요 금융기관, 화학시설, 수력 발전소 등의 보호를 담당한다. 국회의 자문위원들은 제대로 된 훈련을 받고 있지 않고, 공공경찰 평균 보수의 절반도 받지 못하는 사람들의 손에 국가의 가장 귀중한 자산을 맡기는 것에 대해 공개적으로 의문을 제기하기 시작했다.[97]

▌최소한의 표준: 아메리칸 스타일

대부분의 국가들과 달리, 미국은 국가경찰제도를 가지고 있지 않다. 지방기관을 감독하거나 최소 표준을 확정할 책임이 있는 연방기관은 없다. 영국에서는 각 지방경찰청이 정부로부터 예산의 절반을 받아 그 과정의 일환으로 정기적인 점검을 받는다.[98] 그럼에도 불구하고, 연방정부와 주 정부는 미국의 법 집행기관에 대한 최소한의 표준을 요구한다. 그러나 이러한 표준을 개발하고 시행하는 과정은 체계적이지 않다.

연방정부의 역할

국가 표준의 가장 중요한 설정은 경찰 절차와 관련된 대법원의 결정이다. 맵 대 오하이오(Mapp v. Ohio, 1961), 미란다 대 애리조나(Miranda v. Arizona, 1966), 테네시 대 가너(Tennessee v. Garner, 1985)의 판결은 미국 헌법 조항에 기초해 최소한의 국가표준을 만들었다. 1960년대 초, 이러한 대법원의 판결은 개혁의 주요한 도구로, 각 부서가 인사기준과 관리 및 감독을 대폭 개선하도록 했다.[99]

그러나 대법원에 의존해서 경찰의 최소 표준을 정하는 것은 심각한 한계를 가진다. 첫째로, 경찰활동의 대부분의 측면은 헌법상의 문제를 야기하지 않는다(예를 들면, 경찰학교의 교육 기간이나 교육의 내용 등). 둘째, 대법원의 결정을 집행하는 것은 매우 어렵다. 경찰은 미란다 원칙을 의도적으로 위반하곤 한다. 다만, 현실적으로 미란다 원칙은 누군가 유죄판결을 받은 후, 미란다 결정에 근거하여 유죄 판결을 항소할 때에만 제대로 적용되는 것이다.[100]

의회는 주 및 지방 법 집행기관에 직접 적용되는 많은 법률을 통과시켰다. 가장 중요한 법은 1964년에 제정된 민권법(Civil Rights Act)인데, 인종·피부색·국적·종교·성별에 따른 차별을 금지하는 법이다. 지방기관과 주 기관은 정규경찰관 채용, 승진 또는 보직에서 차별하는 것이 금지되어 있다.[101] 그러나 법은 경찰인사 문제의 많은 부분을 다루지 않는다. 예를 들어, 법은 경찰의 채용이나 교육의 최소 기준을 정하지 않는다. 어떤 연방법도 신임경찰 채용을 위한 최소한의 교육수준을 명시하지 않는다. 또한 어떤 법도 최소한의 경찰ー인구 비율을 요구하거나 순찰활동에 대한 기준을 정하지 않는다.

법무부는 또한 경찰활동의 변화를 장려하기 위해 보조금을 활용한다. 예를 들어 2009년 사법지원국(Bureau of Justice Assistance, BJA)이 후원한 치안혁신을 위한 전략(the Strategies for Policing Innovation, SPI)프로그램(이전에는 스마트 폴리싱 이니셔티브 SMART Policing Initiative으로 알려진)은 지역경찰이 그들의 자원을 범죄와 폭력 문제에 가장 책임이 있는 장소와 사람에게 집중할 수 있도록 하였다. 전국적으로 경쟁적인 청원에 따라, 사법지원국은 미국 전역의 약 57개 법 집행기관에 72개의 SPI 보조금을 선별적으로 지급했다.[102]

주 정부의 역할

주 정부들 또한 많은 지역에서 경찰에 대한 최소 표준을 정했다. 주 대법원은 주 헌법상 쟁점에 대해 판결을 내린다. 주 형사소송법도 경찰이 해야 할 일과 하지 않아야 할 일을 규정한다.

주 정부의 가장 중요한 역할은 모든 정규경찰관들의 허가(licensing)나 증명서(certification)를 요구하는 것이었다. 특히 여기에는 필수적인 사전 교육이 포함된다. 1959년 뉴욕과 캘리포니아는 이 분야의 개척자였고, 1970년대까지 모든 주에서는 일종의 인가 요건이 있었다. 이 시기 이전에는 소규모 부서에서 경찰관들이 사전교육을 전혀 받지 않는 일이 드물지 않았다.[103]

이러한 접근방식이 더 발전하여 대부분의 주에서는 경찰관들에 대한 자격 허가 또는 인가를 박탈하는 절차를 도입했다. 경찰관의 자격이 주에 의해서 박탈된 때에는, 그 사람은 주의 다른 어떠한 법 집행기관에도 고용될 자격이 주어지지 않는다.[104] USA 투데이가 폭로한 바에 따르면, 그들은 이러한 절차가 시행된 이후 44개의 주에서 30,000명 이상의 경찰관이 자격박탈되었다는 것을 발견했다. 이는 13장에서 더 자세하게 논의된다.[105] 그러나, 일부 주에서는, 경찰관이 한 경찰서에서 해고되고 다른 경찰서에 고용되는 것이 여전히 가능하다.

⇨ 이 경찰관들이 왜 자격박탈당했는지에 대한 자세한 내용은 제13장 참조

인증

경찰활동에 있어 최소 국가표준을 확립하기 위한 마지막 접근방법은 **인증***을 통한 것이다. 인증은 의학, 법률, 교육 및 기타 직업에

인증(accreditation)

---

* [역자 주] ISO 등 국제표준에 따라 엄밀하게는 '인증'은 certification이고

존재하는 과정과 유사하고 전문적인 자율규제의 과정이다. 1979년에 법집행기관인증위원회(Commission on Accreditation of Law Enforcement Agencies, CALEA)가 설립되었다. 이 법 집행표준의 제6판에는 별도의 표준이 포함되어 있다. 일부 표준은 의무적인 반면, 다른 표준은 단지 권장될 뿐이다.[106]

인증의 주요한 약점은 인증이 자발적인 과정이라는 것이다. 경찰서가 인증받지 않은 것에 대한 처벌은 없다. 이에 비해, 비인증 교육기관은 특정한 연방기금을 받을 수 없으며, 비인증 기관에서 졸업한 사람의 학점은 다른 학교에서 인정되지 않는다.[107]

인증되는 과정은 인증위원회의 수수료와 다양한 표준을 충족하는데 필요한 직원의 시간 등의 측면에서 비용이 많이 소요된다.[108] 그러나 오늘날 약 1,037개의 기관이 법집행기관인증위원회에 의해 인증되었다.[109]

비평가들은 인증이 경찰활동에 미치는 영향에 대해 의문을 제기한다. 스티븐 매스트로프스키(Stephen D. Mastrofski)는 인증 기준이 "경찰 행동(police behavior)의 패턴에 뚜렷한 영향을 주지 않으면서, 이미 규칙이 잘 형성되어 있는 관료주의 체계에 또 다른 규칙이 하나 추가될 뿐이다"고 지적했다.[110] 그러나 다른 이들은 인증이 경찰 조직에 긍정적인 영향을 미친다는 것을 발견했다. 예를 들어, 맥케이브(McCabe)와 로빈 파하르도(Robin Fajardo)는 인증된 기관이 인증되지 않은 기관에 비해 더 많은 교육을 요구할 가능성이 있고, 신임경찰에 대한 최소 교육요건이 더 많으며, 정규경찰관에 대한 약물 검사를 요구할 가능성이 두 배 더 많다고 보고했다. 또한 인증된 기관들은 아동학대에 대응하고 마약과 관련된 법을 집행하기 위한 전문적인 팀을 운영할 가능성이 더 높은 것으로 밝혀졌다.[111]

종합하면, 미국의 법 집행기관들은 몇 가지 최소 기준을 충족하여야 한다. 이 표준은 제한된 범위의 문제만을 다루고 있으며, 포괄적인 표준을 개발하고 구현하기 위한 시스템은 없다.

---

accreditation은 '인정'이라는 용어로 구분되어야 하나 본장에서는 accreditation 을 보편적 용어인 인증으로 표현함.

사례연구

Fraser/Winter Park(콜로라도주) 경찰서

콜로라도주에 있는 프레이저(Fraser) 타운은 1905년에 모파트(Moffat) 터널이 만들어지는 것을 예상하고 형성되었는데, 이 터널은 덴버(Denver)시가 대륙 분할을 통해 서쪽과 연결되는 첫 통로를 제공하였다. 이 마을은 1953년에 형성되었고, 오늘날 약 1,200명의 인구를 가지고 있다. 윈터파크(Winter Park) 타운은 모파트 터널 건설 캠프가 만들어지며 처음 형성되었다. 1930년대 후반에 이 지역에 동계 스포츠 애호가들이 몰려들면서 1940년에 스키장이 개장하는 등 동계 스포츠 중심지로서 발전을 이루었다. 이 마을은 1978년에 형성되었고 오늘날 약 1,000명의 인구가 살고 있다.

2004년 이전에 그랜드(Grand) 카운티보안관은 윈터파크와 프레이저에서 법 집행서비스를 제공했다. 콜로라도주의 카운티보안관은 카운티 내의 마을에 법 집행서비스를 제공할 의무가 있지만, 서비스 수준은 상당히 낮은 편이다. 서비스를 강화하기 위해서 프레이저와 윈터파크 모두 보안관과 추가 서비스를 계약했다. 계약 담당자가 두 지역에 배치되었음에도 불구하고, 이 담당자들은 다른 임무를 맡았고, 지역사회는 계약에 상응하는 보상을 받지 못했다고 생각했다. 결과적으로 두 지역은 보안관서에 윈터파크와 프레이저 마을에 좀 더 구체적으로 자원을 집중해 줄 것을 요청했다. 마을과 보안관서는 이러한 의견 차이를 조정하지 못했고, 보안관서는 90일 내에 계약을 종료하겠다는 의사를 밝혔다.

이에 대응하여, 이 마을들은 2005년 초에 프레이저/윈터파크 경찰서를 설립했다. 이 기관은 약 4개월 만에 결성되었다. 이 경찰서의 업무계획에 따르면, 모든 직원들은 윈터파크 마을의 직원이지만, 경찰서장은 두 마을의 관리자 모두에게 보고했다.

경찰서에 새로 온 직원들은 서장을 포함하여 모두 그랜드 카운티 보안관서에서 왔으며, 이들은 하급 간부였고 이전에 덴버시 교외의 경찰서에서 근무한 적이 있었다. 초창기 경찰관들은 서장을 포함한 6명의 경찰관들이었다. 경찰서는 보안관으로부터 경찰차를 구입했다.

전직 보안관 직원을 채용하는 이러한 전략은 여러 측면에서 경찰서가 임무를 실행하는 것을 용이하게 만들었다. 새로운 경찰서의 구성원들은 서로 아는 사이였고 양쪽 지역에 익숙했다. 경찰서는 또한 기존 보안관서와는 다른 새로운 절차와 정책을 채택했다.

이러한 전환은 비교적 원활해 보일 수 있지만, 사실 새로운 경찰서는 해결해야 할 몇 가지 문제가 있었다. 새로운 서장이 직면한 가장 큰 문제 중 하나는 경찰관들이 이 마을에서 일을 했음에도 불구하고 주민들은 그들을 잘 알지 못한다는 것이었다. 보안관을 향한 불만과 악의적 태도가 새 경찰서와 전 보안관 직원이었던 경찰관들에게 향할 것이라는 우려도 있었다.

지역 결속을 다지기 위해서 경찰서장은 두 지역의 선출직 공무원들과 지역사회의 지도층 인사들에게 협조를 요청했다. 경찰서장은 또한 경찰관들과 시민들의 관계를 강화시키려고 노력했다.

이미 언급한 바와 같이, 서장은 두 마을의 관리자 모두에게 보고한다. 비록 이 마을들은 규모와 성격이 비슷하고, 두 지역이 경범죄와 중범죄에 대해 같은 지방법원을 사용하지만, 그들은 법을 집행하기 위한 몇 가지 다른 조례와 우선순위를 가지고 있다. 예를 들어, 프레이저는 주차단속을 더 강조한다. 경찰서장은 두 마을 관리자와의 소통의 장을 열어 두고, 각 마을마다 고유한 사안에 대해 경찰관들이 세심하게 반응할 수 있도록 했다.

우선순위가 다른 마을의 두 관리자에게 보고하는 것이 경찰서장에게 딜레마가 될 것 같지만, 경찰서장은 그렇지 않다는 것을 보여주었다. 경찰서장은 서로 다른 지역이나 이웃 문제를 가지고 있는 큰 지역에서 일하는 것과 크게 다르지 않다고 주장한다. 마찬가지로, 경찰서에서 고용한 경찰관들은 그들이 두 개의 지역을 위해 일하고 있다는 것을 이해하고 있으며, 이는 그들에게 아무런 문제가 되지 않는 것으로 보인다.

이 경찰서는 프레이저가 각 지역의 일정 비율을 기준으로 한 연간예산을 윈터파크에 지급하는, 정부 간 협약에 따라 운영된다. 현재 프레이저는 윈터파크의 공공안전 예산 $1,200,000의 35%를 책임지고 있다.

출처: Jeremy M. Wilson, Alexander Weiss, and Clifford Grammich, *Pathways to Consolidation: Taking Stock of Transitions to Alternative Models of Police Service* (Washington, DC: Office of Community Oriented Policing Services, 2015).

요약: 조각 합치기

법 집행은 미국에서 매우 복잡한 활동이다. 경찰서비스의 전달은 수 천 개의 시, 카운티, 주, 특별구역, 연방기관 및 민간경비 업체 등으로 분절화 되어 있다. 이들 기관의 규모, 역할, 활동에는 엄청난 차이가 있다. 결과적으로 미국의 경찰에 대해 일반화하는 것은 매우 어렵다.

핵심어

지방자치제(local political control), 152
분절화(fragmentation), 154
정원(authorized strength), 157
민간인(civilians), 158
경찰-인구 비율(police-population ratio), 158
공공안전 통합(public safety consolidation), 162
자치경찰(municipal police), 165

카운티경찰(county Police), 167
보안관(sheriff), 167
컨스터블(constable), 169
검시관(coroner), 169
특별구역경찰(Special district police), 171
부족경찰(tribal police), 171
주경찰(state police), 174

토론

1. 대학 캠퍼스 내에 있는 법 집행기관의 본부를 방문하여 지난해 캠퍼스 범죄통계 사본을 요청하시오. 사무직 직원에게 기관에 얼마나 많은 정규직 직원이 있는지 질문하시오. 얼마나 많은 수의 정규경찰관이 있고, 얼마나 많은 수의 민간직원이 있는지 질문하시오. 수업 시간에 캠퍼스에서 보고된 범죄문제에 비추어 당신의 캠퍼스 내의 법 집행기관에서 일하는 직원이 너무 많다고 생각하는지 혹은 너무 적다고 생각하는지에 대해 토론하시오.

2. 민간화의 장점과 단점은 무엇이라고 생각하나요?

3. 경찰 보호에 대한 일차적 책임을 지방 정부에 맡기는 것과 연방 또는 주 정부에 맡기는 것의 장단점은 무엇이라고 생각하나요?

인터넷 연습

활동1. www.nij.gov/multimedia/presenter/presenter-sherman/을 방문하여 로렌스 셔먼(Lawrence Sherman) 교수의 발표를 보시오. 그는 교도소에 할당된 예산을 경찰에 할당하면 더 많은 범죄를 예방할 수 있다고 믿는 이유를 설명한다.

활동2. 당신이 살고 있는 지역의 기관 홈페이지를 방문하여 (a) 기관에서 근무하도록 권한이 부여된 총 직원의 수, (b) 기관에서 근무하도록 권한이 부여된 총 정규경찰관의 수, (c) 현재 근무 중인 총 직원의 수를 확인하시오.

활동3. www.calea.org를 방문하시오. 법집행기관인증위원회(CALEA)의 인증을 받기 위해 경찰서가 거쳐야 하는 과정을 검토하시오.

활동4. 당신이 살고 있는 지역의 경찰과 보안관서의 홈페이지를 방문하여 두 기관이 어떤 서비스를 중복적으로 제공하고 있는지 알아보시오.

NOTES

1. Elinor Ostrom, Roger Parks, and Gordon P. Whitaker, *Patterns of Metropolitan Policing* (Cambridge, MA: Ballinger, 1978).

2. Bureau of Justice Statistics, *Local Law Enforcement Agencies, 2016: Personnel* (Washington, DC: U.S. Government Printing Office, 2019).

3. David N. Falcone and L. Edward Wells, "The County Sheriff as a Distinctive Policing Modality," *American Journal of Police* 14, no. 3/4 (1995): 123–124.

4. Ostrom, Parks, and Whitaker, *Patterns of*

Metropolitan Policing.

5. Organizaton of Police Services, https://www.hse. gov.uk/services/police/organisation.htm. Police funding in England and Wales, https://fullfact.org/ crime/police–funding–england–and–wales/.

6. National Police Agency, Police of Japan 2018, https://www.npa.go.jp/english/Police_of_Japan/ Police_of_Japan_2018_full_text.pdf.

7. Shelley Hyland and Elizabeth David, *Local Police Departments, 2016: Personnel* (Washington, DC: U.S. Government Printing Office, 2019). Brian Reaves, *Census of State and Local Law Enforcemet Agencies, 2008* (Washington, DC: U.S. Government Printing Office, 2011). Connor Brooks, *Federal Law Enforcement Officers, 2016—Statistical Tables* (Washington, DC: U.S. Government Printing Office, 2019)

8. President's Commission on Law Enforcement and Administration of Justice, *The Challenge of Crime in a Free Society* (Washington, DC: U.S. Government Printing Office, 1967).

9. Hyland and David, *Local Police Departments, 2016: Personnel.*

10. Brooks, *Federal Law Enforcement Officers, 2016—Statistical Tables.*

11. Shelley Hyland, *Full–time Employees in Law Enforcement Agencies, 1997–2016* (Washington, DC: U.S. Government Printing Office, 2018).

12. Wareham, Jennifer, Brad W. Smith, and Eric G. Lambert. "Rates and Patterns of Law Enforcement Turnover: A Research Note," *Criminal Justice Policy Review* (2013).

13. James J. Fyfe, "Police Personnel Practices, 1986," *Municipal Yearbook 1987* (Washington, DC: ICMA, 1987), table 3/2, p. 17.

14. Bruce L. Heininger and Janine Urbanek, "Civilianization of the American Police: 1970–1980," *Journal of Police Science and Administration* 11 (1983): 200–205. William King and Edward Maguire, "Police Civilianization, 1950–2000: Change or Continuity?" presented at the American Society of Criminology (November 2000). Bureau of Justice Statistics, *LocalPolice Departments, 2016,* 2016.

15. David Bayley, *Police for the Future* (New York: Oxford University Press, 1994).

16. Edward Maguire, *Organizational Structure in American Police Agencies* (Albany, NY: SUNY Press, 2003).

17. Hyland and David, *Local Police Departments, 2016: Personnel.*

18. Thomas B. Marvell and Carlisle E. Moody, "Specification Problems, Police Levels, and Crime Rates," *Criminology* 34 (November 1996): 609–646.

19. Shelly Hyland, *Justice Expenditure and Employment Extracts 2016, Preliminary,* Tables 4 and 8 (Washington DC: Bureau of Justice Statistics, 2019).

20. Brian Reaves, *Local Police Departments, 2013* (Washington DC: Bureau of Justice Statistics, 2015).

21. President's Commission on Law Enforcement and Administration of Justice, *Task Force Report: The Police* (Washington, DC: U.S. Government Printing Office, 1967), 68.

22. National Advisory Commission on Criminal Justice Standards and Goals, *Police* (Washington, DC: U.S. Government Printing Office, 1973), 73–76.

23. Jeremy Wilson, Alexander Weiss, and Clifford Grammich, *Pathways to Consolidation: Taking Stock of Transitions to Alternative Models of Police Service* (Washington DC: Office of Community Oriented Policing Services, 2015).

24. Ibid.

25. International City Management Association, "Intergovernmental Service Arrangements and the Transfer of Functions," *Baseline Data Report* 16 (June 1984).

26. Contract Law Enforcement Bureau. About us and Municipal Police Services—Contract Cities, http://shq.lasdnews.net/pages/tgen1.aspx?id=clb.

27. Peter Nelligan and William Bourns, "Municipal Contracting with County Sheriffs for Police Services in California: Comparison of Cost and Effectiveness," *Police Quarterly* 14 (2011): 70−95.

28. Ostrom, Parks, and Whitaker, *Patterns of Metropolitan Policing.*

29. Ibid., xxi, 101.

30. Gary W. Cordner, "Police Agency Size and Investigative Effectiveness," *Journal of Criminal Justice* 17, no. 1 (1989): 153.

31. Ralph A. Weisheit, David N. Falcone, and L. Edward Wells, *Crime and Policing in Rural and Small−Town America: An Overview of the Issues* (Washington, DC: U.S. Government Printing Office, 1995), 69−73.

32. Hyland and David, *Local Police Departments, 2016: Personnel.*

33. John P. Crank and Robert Langworthy, "An Institutional Perspective on Policing," *Journal of Criminal Law and Criminology* 83, no. 2 (1992): 341−346.

34. Herman Goldstein, *Policing a Free Society* (Cambridge, MA: Ballinger, 1977).

35. Anthony Pate and Edwin E. Hamilton, *The Big Six: Policing America's Largest Cities* (Washington, DC: Police Foundation, 1991).

36. Hyland and David, *Local Police Departments, 2016: Personnel.*

37. Ibid.

38. Weisheit, Falcone, and Wells, *Crime and Policing in Rural and Small−Town America.*

39. John F. Galliher et al., "Small−Town Police: Troubles, Tasks, and Publics," *Journal of Police Science and Administration* 3 (March 1975): 19−28.

40. Bureau of Justice Statistics, *Census of State and Local Law Enforcement Agencies, 2004.* Hyland and David, *Local Police Departments, 2016: Personnel.*

41. Bureau of Justice Statistics, *Local Law Enforcement Agencies, 2013.*

42. Falcone and Wells, "The County Sheriff as a Distinctive Policing Modality."

43. National Sheriffs' Association, *County Law Enforcement: Assessment of Capabilities and Needs* (Washington, DC: Author, 1976).

44. Brian Reaves, *Census of State and Local Law Enforcement Agencies, 2008* (Washington DC: Bureau of Justice Statistics, 2011).

45. Lee P. Brown, "The Role of the Sheriff," in Alvin W. Cohn, ed., *The Future of Policing* (Beverly Hills, CA: Sage, 1978), 227−228.

46. Brooks, *Sheriffs Offices, 2016: Personnel.* Bureau of Justice Statistics, *Census of State and Local Law Enforcement Agencies, 2011.*

47. U.S. Advisory Commission on Intergovernmental Relations, *State and Local Relations in the*

Criminal Justice System (Washington, DC: U.S. Government Printing Office, 1971), 28.

48. National Constable Association, *Who Is and What Is a Constable? www.angelfire.com/la/* nationalconstable/.

49. Bureau of Justice Statistics, *Medical Examiners' and Coroners' Offices, 2004* (Washington, DC: U.S. Government Printing Office, 2007).

50. Ibid., 1.

51. Ibid. National Association of Medical Examiners, *So You Want to Be a Medical Detective, www.thename.org/medical _detective.htm.*

52. CDC, Division of Public Health Surveillance and Informatics, *About MECISP,* www.cdc.gov/epo/dphsi/mecisp/about.htm.

53. Martin Hannon, "The Metro Transit Police Force: America's First Tri−State, Multi−Jurisdictional Police Force," *FBI Law Enforcement Bulletin* 47 (November 1978): 16−22.

54. John J. Sloan, "The Modern Campus Police: An Analysis of Their Evolution, Structure, and Function," *American Journal of Police* 11, no. 2 (1992): 85−104.

55. Bureau of Justice Statistics, *Campus Law Enforcement, 2011−12* (Washington, DC: U.S. Government Printing Office, 2015).

56. Ken Peak, "Criminal Justice, Law, and Policy in Indian Country: A Historical Perspective," *Journal of Criminal Justice* 17, no. 5 (1989): 393−407.

57. Stewart Wakeling, Miriam Jorgensen, Susan Michaelson, and Manley Begay, *Policing on American Indian Reservations* (Washington, DC: National Institute of Justice, 2001).

Bureau of Justice Statistics, *Census of Tribal Law Enforcement Agencies, 2019* (Washington, DC: Bureau of Justice Statistics, 2019).

58. Stewart Wakeling, Miriam Jorgensen, Susan Michaelson, and Manley Begay, *Policing on American Indian Reservations* (Washington, DC: National Institute of Justice, 2001).

59. Ibid.

60. Bureau of Justice Statistics, *Census of Tribal Law Enforcement Agencies, 2019.*

61. Wakeling, Jorgensen, Michaelson, and Begay, *Policing on American Indian Reservations.*

62. Bureau of Justice Statistics, *Tribal Law Enforcement.*

63. Donald A. Torres, *Handbook of State Police, Highway Patrols, and Investigative Agencies* (New York: Greenwood Press, 1987).

64. Ibid., 12.

65. Hyland and David, *Local Police Departments, 2016: Personnel.* Bureau of Justice Statistics, *Census of State and Local Law Enforcement Agencies, 2008.*

66. Department of Justice, *Profile of State and Local Law Enforcement Agencies, 1987* (Washington, DC: U.S. Government Printing Office, 1989).

67. Ibid.

68. Brooks, *Federal Law Enforcement Officers, 2016.*

69. Ibid.

70. Bureau of Justice Statistics, *Federal Law Enforcement Officers, 2002* (Washington, DC: U.S. Government Printing Office, 2003).

71. U.S. Customs and Border Protection, About CBP, https://www.cbp.gov/about.

72. ICE, Who We Are, www.ice.gov/about.

73. Federal Protective Service Operations, https://www. dhs.gov/fps—operations.

74. Federal Protective Service Overview Fact Sheet, https://www.dhs.gov/sites/default/files /publications/ Overview.pdf (Washington DC: Department of Homeland Security, n.d.).

75. Federal Protective Service Operations, https://www. dhs.gov/fps—operations.

76. Federal Protective Service Overview Fact Sheet, https://www.dhs.gov/sites/default/files /publications/ Overview.pdf.

77. U.S. Secret Service, Protection, www.secretservice.gov/protection.shtml.

78. U.S. Secret Service, Investigations, www.secretservice.gov/investigations.shtml.

79. Department of Justice, About DOJ, www.usdoj.gov/02organizations/.

80. DEA Mission Statement, www.dea.gov/agency/mission.htm.

81. Brooks, Bureau of Justice Statistics, *Federal Law Enforcement Officers, 2016.*

82. Curt Gentry, *J. Edgar Hoover: The Man and the Secrets* (New York: Norton, 1991).

83. Department of Justice, *FBI Reorganization Fact Sheet* (Washington, DC: U.S. Government Printing Office, 2002).

84. ATF 2003 Performance and Accountability Report, www.atf.gov/pub/gen_pub/2003 annrpt/discussionandanalysis.pdf.

85. U.S. Department of Justice, *United States Marshals Service Fact Sheet, Facts and Figures 2020* (Washington, DC: U.S. Government Printing Office, 2020).

86. Bureau of Labor Statistics, Occupational Employment and Wages, May 2017, 33—9032 Security Guards, https://www.bls.gov/oes/

2017/may/oes339032.htm#nat.

87. Elizabeth Joh, "The Paradox of Private Policing," *The Journal of Criminal Law & Criminology* 95, no. 1 (2004): 49—131.

88. Found at http://www.securitymagazine.com/ articles/86806—th—annual—top—guarding—firms— listing.

89. Brett Murphy, Nick Penzenstadler, and Gina Barton, "Show of Force," *USA Today* (March 26, 2020), https://www.usatoday.com/in— depth/news/investigations/2019/10/30/dangero us—guards—low—cost—security—g—4—s/39 94676002/.

90. Bud Hazelkorn, "Making Crime Pay," *San Francisco Chronicle,* August 17, 2003, 1.

91. Ibid.

92. Joh, "The Paradox of Private Policing." Clifford Shearing, "Private Security: Implications for Social Control," in K. R. E. McCormick and L. A. Visano, eds., *Understanding Policing* (Toronto: Canadian Scholars Press, 1992), 521.

93. Michael Klein and Craig Hemmens, "Public Regulation of Private Security: A Statutory Analysis of State Regulation of Security Guards," *Criminal Justice Policy Review* 29, no. 9 (2018): 891—908.

94. Don Hummer and Mahesh Nalla, "Modeling Future Relations between the Private and Public Sectors of Law Enforcement," *Criminal Justice Studies* 16, no. 2 (2003): 87—96.

95. The 9/11 Commission Report, *Executive Summary,* www.9—11commission.gov.

96. Paul Parfomak, *Guarding America: Security Guards and U.S. Critical Infrastructure Protection* (Washington, DC: Congressional

Research Service, 2004).

97. Ibid.

98. Terrill, *World Criminal Justice Systems,* 9−25.

99. Samuel Walker, "Historical Roots of the Legal Control of Police Behavior," in David Weisburd and Craig Uchida, eds., *Police Innovation and Control of the Police* (New York: Springer, 1993), 32−55.

100. Anthony Amsterdam, "Perspectives on the Fourth Amendment," *Minnesota Law Review* 58 (1974): 428.

101. Susan E. Martin, *On the Move: The Status of Women in Policing* (Washington, DC: Police Foundation, 1990), 11−24.

102. Found at https://www.cna.org/research/SPI on March 27, 2020.

103. International Association of Directors of Law Enforcement Standards and Training, *Sourcebook of Standards and Training Information* (Charlotte: University of North Carolina at Charlotte, 1993).

104. Roger Goldman and Stephen Puro, "Decertification of Police: An Alternative to Traditional Remedies for Police Misconduct," *Hastings Constitutional Law Quarterly* 15 (Fall 1987): 45−80.

105. John Kelly and Mark Nichols, "Police Misconduct: Discipline Records for Thousands of Cops Uncovered," *USA Today*, April 26, 2019, https://www.usatoday.com/in−depth/news/investigations/2019/04/24/usa−today−revealing−misconduct−records−police−cops/3223984002/.

106. See www.calea.org. Commission on Accreditation for Law Enforcement Agencies, *Standards for Law Enforcement Agencies,* 5th ed. (Fairfax, VA: CALEA, July 20, 2012). See https://www.calea.org/node/11406.

107. Stephen D. Mastrofski, "Police Agency Accreditation: The Prospects of Reform," *American Journal of Police* 6, no. 2 (1986): 45−81.

108. W. E. Eastman, "National Accreditation: A Costly, Unneeded Make−Work Scheme," in James J. Fyfe, ed., *Police Management Today: Issues and Case Studies* (Washington, DC: ICMA, 1985), 49−54.

109. CALEA, *4−Year Status, http://www.calea.org/content/*calea−client−database.pdf.

110. Mastrofski, "The Prospects of Change in Police Patrol," 25.

111. Kimberly McCabe and Robin Fajardo, "Law Enforcement Accreditation: A National Comparison of Accredited vs. Nonaccredited Agencies," *Journal of Criminal Justice* 29 (2001): 127−131.

II

경찰관과
경찰 조직

Chapter

04 경찰 조직

개관

경찰서비스는 조직을 통하여 대중에게 전달된다. 경찰활동의 질은 그 경찰관서가 얼마나 잘 조직돼 있으며 관리되고 있느냐에 따라 결정된다. 몇몇 비평가들은 경찰 조직의 본질이야말로 경찰활동의 가장 중요한 문제점이라고 주장한다. 그 문제점이란 경찰관서는 대중으로부터 고립되어 있으며, 변화에 저항하고, 조직 내 인력을 올바르게 활용하고 있지 못한다는 것이다.

이 장에서는 미국 경찰 조직의 주요한 특징들을 점검해보고자 한다. 이들 중 일부 특징은 경찰 조직만의 독특한 특징인 반면에, 나머지 특징은 모든 거대 관료 조직의 공통적인 특징이기도 하다. 이 장에서는 조직의 일반적인 유형의 주요 장단점을 알아보고 **경찰활동**을 조직하는 데에 있어서의 대안을 논의해 본다. 또한, **경찰 조직**에 있어서 경찰 노동조합과 대민서비스가 미치는 영향에 대해 논의해 본다. 이 장은 경찰 조직을 이해하기 위하여 조직이론과 이 이론의 적용을 논의함으로써 끝을 맺는다.

▌준군사적 스타일의 경찰 조직

미국의 경찰 기관들은 준군사적 스타일을 따라 조직된다.[1] 경찰 기관들은 어떤 면에서는 군대를 닮았지만, 모든 면에서 다 그런 것은 아니다. 이러한 조직 스타일은 1829년 로버트 필(Robert Peel)의 런던 수도경찰국 계획에서 유래되고 있으며, 미국 경찰은 이를 수용하였다.

경찰은 다음과 같은 면에서 군대와 유사하다. 첫째, 경찰관은 유니폼을 입는다. 둘째, 경찰관서에서는 경사(sergent), 경위(lieutenant), 경감(captain) 등과 같은 지정된 계급을 사용한다. 셋째, 명령체계는 위에서부터 아래로 내려오는 수직적인 형태이다. 넷째, 조직의 형태는 명령의 불복종에 대한 처벌이 따라오는 권위주의적 형태이다. 다섯째, 경찰관은 무기 소지, 치명적인 물리력(deadly force) 사용, 신체적 물리력 사용, 그리고 체포를 통하여 시민의 자유를 박탈할 수 있는 합법적인 권한을 갖는다.

하지만 이와 함께 경찰은 몇 가지 중요한 측면에서 군대와 다르

⇨ 로버트 필(Robert Peel)과 런던수도경찰국에 대한 전체 논의는 제2장 참조

다. 경찰은 적군과 싸우는 것보다는 시민을 위해 봉사한다. 또한, 경찰은 사람을 돕기 위하여 계획된 서비스를 제공하며, 이러한 서비스들은 때로는 개개의 시민에 의하여 요청되는 것이다. 또한, 군인은 민간법에 의해 제한되지 않고, 군대의 일원으로써 활동할 것을 전제로 훈련받는 반면, 경찰은 시민의 권리를 보호하는 법에 의하여 제한적으로 활동하며, 그들은 일상적으로 개인의 재량권을 행사한다.[2]

⇨ 경찰 재량의 전체 논의는
제11장 참조

준군사적 스타일에 대한 비판

많은 전문가는 **준군사적 스타일**이 경찰 조직에 적합하지 않다고 믿고 있다. 전문가들의 첫 번째 주장은 군사적 정신은 시민의 학대를 정당화하는 데 사용되는 "우리 대 그들" 이라는 사고방식을 양성한다고 주장한다. 둘째, 군사적 정신은 시민에게 봉사하는 데에 적합하지 않은 '범죄와의 전쟁(war on crime)' 이라는 사고가 장려된다.[3] 셋째, 권위적인 명령 스타일은 참여의 민주적 원칙과 상반된다. 넷째, 권위주의적 스타일은 경찰관의 사기를 저하시키며, 직업만족도에도 좋지 못한 영향을 미친다.

준군사적 스타일
(quasi-military style)

1960년대와 1970년대 초 몇몇 비평가들은 경찰과 지역사회와의 관계를 향상시키기 위해서는 경찰이 우선적으로 조직의 군대적인 이미지는 제고해야 한다고 주장하였다. 이를 위하여 군사 스타일의 제복보다는 평상복 형태의 상의(blazer)를 제안하였다. 예를 들어, 미국 캘리포니아주의 멘로 공원(Menlo Park, California) 경찰관서는 평상복 형태의 상의를 착용했을 때에 심각한 문제가 나타나지 않았지만, 콜로라도주의 레이크우드(Lakewood, Colorado) 경찰관서는 평상복을 도입하고 전통적인 계급체계의 임용을 적용시키지 않자 문제가 발생하였는데, 그 이유는 경찰에 대한 대중의 이미지가 군대 스타일의 유니폼과 밀접하게 연관지어져 있기 때문에 이러한 사회 통념으로부터 벗어나는 것은 매우 어려운 일이었다.[4]

Sidebar 4-1

군사적 모델의 통념

수년 동안 경찰 조직 구조는 군대를 모델로 한 것으로 알려졌다. 전직 해병이자 뉴욕주 경찰로서 17년의 경력이 있는 토마스 카우퍼(Thomas Cowper)는 그의 수필에서 이러한 인식은 여러 가지 '잘못된' 가정의 결과라고 주장하고 있다. 특히, 그는 군대와 경찰 조직은 조직의 특성 및 운영적인 활동 측면에서 차이가 있다고 밝혔다. 조직적 특성과 관련하여, 군대는 팀워크와 리더십이라는 아이디어에 기반을 두고 있는 반면, 경찰은 (다양한 관점에서) 개성을 모니터링하고 관리 · 감독하는 것을 강조하고 있다고 주장하였다. 카우퍼는 군대의 지도자들이 전쟁의 기술을 잘 훈련함으로써 그들의 일을 보다 효과적으로 수행하고 본질적인 사기 진작 능력을 보유하고 있는 반면, 경찰의 지도자들은 부하직원의 활동을 모니터링하여 정책을 준수할 수 있는 고도의 훈련이 부족하다고 믿고 있다. 마찬가지로 경찰관은 순찰을 하는 데에 있어서 경찰관서의 다른 사람들과의 협력이 거의 이루어지지 않는 '고독한 순찰자(lone ranger)'로서 활동을 하지만, 군인은 하나의 팀으로써 긴밀히 협력하여 보다 효과적인 결과를 생성한다고 하였다. 운영전략에 있어서, 카우퍼는 경찰은 범죄척결, 질서유지 및 서비스 등 여러 가지의 임무를 수행하는 반면, 군대는 한 가지의 임무를 수행하고 있다고 하였다. 또한, 그는 근본적으로 경찰은 적극적인 대응을 하는 반면 군대는 능동적인 운영을 하고 있다고 주장하였다.

    1. 카우퍼에 의한 군대 및 경찰의 특성화가 옳다고 생각하는지 논의해 보자.
    2. 수업의 일환으로, 군대와 경찰의 다른 차이점은 무엇인지 논의해 보자.
    3. 수업의 일환으로, 군대와 경찰의 유사점은 무엇인지 논의해 보자.

출처: Adapted from Thomas Cowper, "The Myth of the Military Model of Leadership in Law Enforcement," *Police Quarterly* 3, no.3 (2000): 228-246.

최근 일부 학자들은 경찰의 군사화로의 전환에 주목하였다. 피터 크라스카(Peter Kraska)는 냉전이 종식되면서 경찰 조직 전반에 걸쳐 군사적 문화가 만연하게 되었다고 지적하였다. 그는 이러한 현상이 최근 몇 년간 미국 전역에 걸쳐 나타난 상당수의 경찰 내의 준군사조직(paramilitary units)의 수가 증가하면서 뚜렷하게 나타났다고 주장한다. 대부분의 경찰 기관 내에서 가장 뛰어난 조직으로 간주되고 있는 경찰 내의 준군사 조직은 엄격한 군사 지휘 체계를 사용하고, 엘리트 군대와 유사하게 훈련하며, 진행 중인 고위험 상황(그들의 유일한 목적)을 처리하는 물리력 사용 전문가(use-of-force specialists)로 불리고 있다. 크라스카는 또한 이 부서의 병사들은 일반적으로 무장 복

장 유니폼, 전투용 군화 및 케블라 헬멧을 착용하고, 기관총, 저격용 소총, CS 가스 및 감시장비와 같은 특수 장비를 소지하고 있다고 언급하였다.[5]

　　반면, 캠벨(Campbell)과 캠벨(Campbell)은 이러한 문제에 대한 논의는 어느 정도 일방적이며 경찰은 군대와 더 비슷해질 뿐만 아니라 군대도 경찰과 더 비슷해지고 있음을 지적하였다. 그들은 9/11 이후 군과 경찰은 비슷한 압력에 직면하고 있다고 주장하였다. 두 조직 모두 테러와 세계 범죄에 대응하고 인종 갈등에 대응하는 데 점점 더 많이 관여하고 있으며, 비슷한 목적을 달성하기 위하여 공동으로 임무를 수행하고 운영하는 데 점점 더 많이 참여하고 있다. 그들은 이처럼 집중되고 있는 환경적 압력은 경찰과 군대가 점차적으로 서로를 모방하는 결과라고 주장하였다.[6]

▌조직으로서의 경찰관서

　　준군사적 측면은 미국 경찰관서의 특징 중 하나일 뿐이다. 경찰관서가 어떻게 작용하고 그들이 대중에게 어떻게 서비스를 제공하는지 이해하기 위해서는 경찰관서를 *조직*으로서 이해하는 것이 필요하다. 경찰활동에 대한 많은 문제점은 조직적인 특징들과 관련되어 있다. 왜 이러한 특징들이 존재하고 그것들이 만드는 긍정적인 공헌은 무엇이 있는지를 이해하는 것 또한 중요하다.

미국 경찰 조직의 주된 스타일

　　미국 경찰관서들은 조직적 구조와 행정적 스타일에 있어서 매우 유사하다. 전형적인 형태의 경찰관서는 수직적 계층구조와 권위적인 경영 스타일을 가진 복잡한 **관료제**이다. 이러한 규칙에서의 유일한 예외는 단순한 조직적 구조와 형식에 얽매이지 않는 경영스타일을 사용하는 보다 작은 규모의 경찰관서들이다. 동시에 가장 작은 경찰관서를 제외한 모든 경찰관서는 인사정책에 있어서 공무원 조직 규

관료제(bureaucracy)

정의 일부가 적용된다. 마지막으로, 대부분 대형 규모의 경찰관서는
일반 경찰관들을 대표하는 노동조합의 단체교섭 협약에 의하여 법적
으로 구속된다.

관료제로서의 경찰 조직

현대의 경찰관서는 현대사회의 개인기업, 대학교, 종교단체, 정
부기관 등 현대사회의 다른 큰 규모의 조직과 마찬가지로 관료제적
조직이다. 경찰관서는 이러한 조직들과 같이 유사한 관료제적 특징을
공유하고 있다.[7]

관료제적 조직은 공동의 목표를 추구하기 위하여 다양한 활동을
구성하고 지시하기 위하여 개발된 가장 효율적인 수단이기 때문에
존재한다. 그렇다고 해서 관료제적 형태가 완벽하게 효과적이라는 것
을 의미하는 것은 아니며, 단지 공동의 목표를 추구하는 데 있어서
이보다 효과적으로 복잡한 업무를 동시에 수행하는 조직적 형태가
발견되지 않았을 뿐이다.

현대사회의 관료제는 다음과 같은 특징을 갖고 있다.[8]

1. 공동의 목적을 추구하기 위하여 다양한 작업을 수행하는 복
   잡한 조직이다.
2. 각기 다른 업무는 별도의 부서 또는 "국(局)(나아가 *관료주의
   (bureaucracy)*라는 용어)"으로 묶인다.
3. 조직적인 구조는 실무자, 중간감독자, 최고관리자와 같이 업
   무가 분명하게 나뉘는 수직계층적 또는 피라미드 형태이다.
4. 특정 업무의 책임소재는 하위계급의 고용자에게 위임된다.
5. 개별적인 임무의 책임소재와 각 직원의 관리감독에 따른 책
   임소재를 따지는 명확한 명령 체계가 있다.
6. 단일화된 명백한 명령체계를 통하여 각각의 직원들은 단 한
   명의 관리자의 명령에 따른다.
7. 균일성과 일관성을 보장하기 위하여 성문화된 규칙 및 규정
   들이 존재한다.

8. 정보는 조직의 명령체계에 따라 상부에서 하부로 전달된다.

9. 직원들이 조직 내의 질서정연한 방식에 따라 승진을 할 수 있는 분명한 이력 경로가 존재한다.

현대 경찰의 관료제는 경찰전문화 운동의 일환으로 20세기 초에 등장하기 시작하였다.[9] 새롭게 특성화된 부서(units)들을 창설하면서 (예를 들면, 교통, 청소년, 성매매·마약, 훈련 등) 경찰관서들은 더욱더 복잡한 조직이 되었다. 새로운 복잡성에 대처하기 위하여 경찰관리의 새로운 분야가 개발되었다. 전문가들은 경영학으로부터 현대적 관리의 원리를 가져와 경찰행정에 적용했다. 이와 같은 움직임은 **어거스트 볼머, 부루스 스미스, O. W. 윌슨**으로부터 시작됐다. 윌슨의 저서인 '경찰행정(Police Administration)'은 1950년대를 기점으로 이 분야의 비공식적인 필수교재가 되었다.[10]

어거스트 볼머(August Vollmer)
부루스 스미스(Bruce Smith)
O. W. 윌슨(O. W. Wilson)

Exhibit 4-1의 피닉스 경찰서(Phoenix Police Department) 조직도를 예로 살펴보자. 이 조직도는 다른 대도시 경찰관서를 대표할 수 있는 예시이며, 현대 경찰 관료제의 주된 특징을 잘 묘사하고 있다.

조직도에서 볼 수 있듯이, 피닉스 경찰서의 조직 구조는 수직적 관리형태를 반영하고 있는 피라미드 방식이다. 조직은 순찰, 교통, 범죄 수사, 기록, 훈련, 기획 등 다양한 임무를 동시에 수행할 수 있도록 조직되어 있다. 피닉스 경찰서의 순찰 및 관련 기능은 순찰부서로, 범죄조사는 다른 부서에, 전문직업기준은 다른 부서에 배속시키는 등 연관성 있는 기능을 논리적으로 조직화하였다.

추가적으로, 피닉스 경찰서의 명령체계는 조직 전반에 걸쳐 경찰서장으로부터 내려오는 감독의 책임소재를 명확하게 하고 있다. 이것은 특정 임무의 책임소재가 누구인지를 분명하게 가리는 것을 가능하게 한다. 이러한 접근법은 개개인이 한 명의 관리자에게 보고하는 관리체계 단일화의 원칙을 반영한다. 통솔범위원칙(the principle of span of control) 하에서, 각각의 관리자는 제한된 인원에 대한 책임을 지게 된다. 순찰부서에서의 이상적인 통솔범죄는 경사(sergent) 한 명의 감독 하에 8인에서 12명 사이의 순찰경찰관이 적당하다.

EXHIBIT 4-1

피닉스 경찰서의 조직도

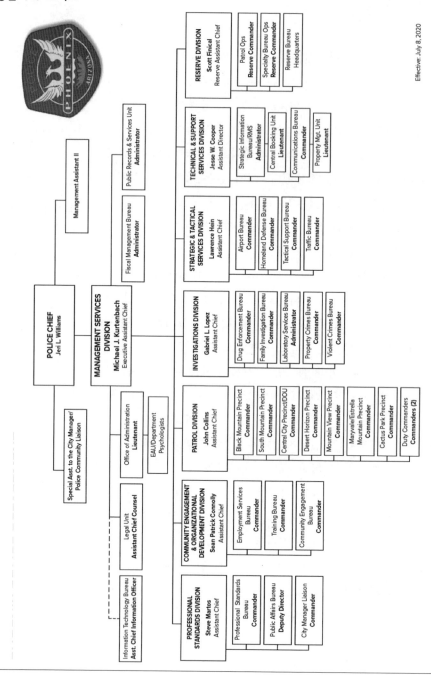

POLICE CHIEF
Jeri L. Williams

Management Assistant II

Special Asst. to the City Manager/
Police Community Liaison

MANAGEMENT SERVICES DIVISION
Michael J. Kurtenbach
Executive Assistant Chief

Fiscal Management Bureau
Administrator

Public Records & Services Unit
Administrator

Information Technology Bureau
Asst. Chief Information Officer

Legal Unit
Assistant Chief Counsel

Office of Administration
Lieutenant

EAU/Department
Psychologists

PROFESSIONAL STANDARDS DIVISION
Steve Martos
Assistant Chief

Professional Standards Bureau
Commander

Public Affairs Bureau
Deputy Director

City Manager Liaison
Commander

COMMUNITY ENGAGEMENT & ORGANIZATIONAL DEVELOPMENT DIVISION
Sean Patrick Connolly
Assistant Chief

Employment Services Bureau
Commander

Training Bureau
Commander

Community Engagement Bureau
Commander

PATROL DIVISION
John Collins
Assistant Chief

Black Mountain Precinct
Commander

South Mountain Precinct
Commander

Central City Precinct/DOU
Commander

Desert Horizon Precinct
Commander

Mountain View Precinct
Commander

Maryvale/Estrella Mountain Precinct
Commander

Cactus Park Precinct
Commander

Duty Commanders
Commanders (2)

INVESTIGATIONS DIVISION
Gabriel L. Lopez
Assistant Chief

Drug Enforcement Bureau
Commander

Family Investigation Bureau
Commander

Laboratory Services Bureau
Administrator

Property Crimes Bureau
Commander

Violent Crimes Bureau
Commander

STRATEGIC & TACTICAL SERVICES DIVISION
Lawrence Hein
Assistant Chief

Airport Bureau
Commander

Homeland Defense Bureau
Commander

Tactical Support Bureau
Commander

Traffic Bureau
Commander

TECHNICAL & SUPPORT SERVICES DIVISION
Jesse W. Cooper
Assistant Director

Strategic Information Bureau/RMS
Administrator

Central Booking Unit
Lieutenant

Communications Bureau
Commander

Property Mgt. Unit
Lieutenant

RESERVE DIVISION
Scott Finical
Reserve Assistant Chief

Patrol Ops
Reserve Commander

Specialty Bureau Ops
Reserve Commander

Reserve Bureau
Headquarters

Effective: July 8, 2020

경찰관서 내에서 전문화의 정도는 지역사회의 규모, 지역사회 내에서 발생하는 문제의 성격, 그리고 경찰관서의 규모에 따라 결정된다.[11] 심각한 범죄문제가 상대적으로 적고 중간 규모의 도시에 위치한 경찰관서의 경우에는 분리된 살인담당부서(homicide unit)를 따로 둘 필요가 없다. 많은 살인사건이 발생하는 대도시의 경우에는 살인담당부서를 개설할 필요가 있으며 그 부서를 유지할 능력이 충분하다. 중·소 규모의 경찰관서는 자체적인 교육훈련기관을 유지할 능력이 없다. 이러한 과업들은 많은 경찰관서를 통괄하는 주경찰에 의해 보다 효과적으로 수행될 수 있다.

조직도에서 분명하지 않은 것은 직원의 행동을 감독하는 규정이다. 경찰관서는 문서화된 규정을 근거로 하여 표준운영 절차나 정책 매뉴얼에 그 규칙을 수록하고 있다. 또한, 경찰관의 경력 진로는 인사행정에 나타날 것이다.

관료제의 문제

관료제적 조직 형태의 몇몇 중요한 비판들이 있는데, 이는 모든 사항이 경찰 조직에 적용된다.[12] 관료제는 종종 엄격하고, 융통성이 없으며 외부의 변화를 받아들이는 것이 불가능하다. 그러므로 예를 들면, 많은 기업의 전문행정가들은 미국 기업들은 시장의 변화와 새로운 국제경제에 적응하는 것에 실패하였다고 주장한다. 경찰관서들은 종종 그들이 담당하고 있는 지역사회의 구성과 범죄 행태의 변화에 대응하지 못하고 있다.[13] 대규모 조직 내에서의 의사소통 또한 종종 중단된다. 중요한 정보는 그 정보를 필요로 하는 사람에게 전달되지 않는다. 결과적으로 나쁜 결정이 내려지거나 조직이 달성해야 할 목표와 충돌한다. 또한, 관료제들은 점점 무관한 일에 관심을 두지 않게 되고, 자기 잇속만 차리게 되며, 자신들이 서비스를 제공하는 사람들로부터 고립되어 간다. 조직적인 자기보호와 생존이 조직의 기본적인 목적보다 우선시 된다. 따라서, 기업 경영은 고객의 요구에 부응하지 않는다는 비난을 받게 되고, 대학은 학생이 필요로 하는 것

⇨ 문서화된 정책들의 사용과 행정규칙결정에 대한 전체 논의는 제11장과 제14장 참조

⇨ 경찰과 다양한 인종의 지역사회와의 관계에 대한 전체 논의는 제12장 참조

⇨ 경찰에 대한 시민심사에 대한 전체 논의는 제14장 참조

⇨ 관료화를 통한 경찰 재량 및 경찰 위법 행위에 대한 통제에 대한 전체 논의는 제11장과 제13장 참조

을 들어주지 않음으로써 비난을 받게 되며, 경찰관서는 대중으로부터 고립되는 것에 대하여 비난을 받게 된다. 경찰관서는 인종과 소수민족 사회공동체의 우려에 대해 귀를 기울이지 않는 점에 대한 비난을 받아 왔기 때문에 경찰관서의 격리문제는 경찰−지역사회 관계와 관련하여 특히 심각한 문제이다. 마지막으로, 관료제는 직원들 개개인의 재능을 활용하지 않는 점과 특히 창조성을 죽이고 있는 점에 대하여 비판을 받고 있다.[14] 많은 관찰자는 일반 경찰관들에게서 심각한 도덕적 문제점을 발견하였으며, 경찰관서는 이들의 업무수행을 하는 데 있어서 보다 많은 기회와 유연성을 주어야 한다고 주장하였다.

경찰활동에 있어서 관료제의 긍정적 기여

관료제와 관련된 문제점들은 종종 대화의 주제가 되고 있기 때문에 관료제의 긍정적인 기여가 종종 간과된다. 이러한 기여들은 역사적 관점에서 가장 높게 평가되고 있다.

⇨ 경찰의 재량에 관한 문서화된 규정의 영향에 대한 전체 논의는 제11장 참조

1900년의 전형적인 경찰관서와 오늘날의 전형적인 경찰관서의 비교는 현대 관료제의 기여를 분명히 보여주고 있다. 1900년의 경찰관서는 순찰과 수사의 두 개 부서만을 갖고 있어 전문화되지 않았다. 전문화의 발전은 − 청소년, 교통, 지역사회 관계, 교육, 그리고 범죄감식 − 이러한 모든 활동들을 조직화하기 위한 능력을 갖춘 복합적인 조직으로의 성장을 요구해 왔다.[15]

⇨ 치명적 물리력과 가정폭력의 대응에 관한 규정에 대한 전체 논의는 제8장 및 제11장 참조

경찰의 재량권을 규제하고 직권남용을 감소시키는 것 또한 관료제적 원칙을 통하여 달성할 수 있었다. 치명적인 물리력의 사용이나 가정폭력의 대응에 관한 성문규칙들이 행정적인 규칙제정 기법에 해당한다. 이러한 접근방법에서의 문서업무는 관료제의 특징이다.[16]

경찰 조직의 비공식적 측면들

경찰 조직의 공식적인 측면들은 조직들의 실제 운영에 있어서 일부일 뿐이다. 모든 조직에는 중요한 비공식적인 측면을 갖고 있으

며, 이것들은 종종 사무실 정치(office politics)로서 언급된다.[17] 도로시 구요트(Dorothy Guyot)는 "어떠한 공식적 조직과 마찬가지로 경찰관서 내부에는 하위조직과 계층제, 지위에 따른 분류(status groupings) 및 다른 공식적인 서열이 있다. 또한 비공식적인 관계, 파벌, 친목유형, 그리고 일시적인 협력 등이 있다"라고 주장하였다.[18]

예를 들면, 정보는 항상 조직도에 의한 규정된 방식에 따라 상하로 움직이는 것은 아니다. 민감하거나 난처할 수 있는 정보는 종종 보류되기도 한다. 일선 경찰관들은 동료의 실수를 서로 덮어주기도 한다. 중간감독자는 자신의 업무평가에 좋지 않게 반영될 수도 있는 부하 경찰관들의 실수를 은폐하기도 한다. 몇몇 중요한 점에서 간부들은 특정한 상황에 대하여 알고 싶어 하지 않는다. 이것은 뉴스매체나 기자들에게 질문을 받을 때 그들로 하여금 그러한 사안이 존재는 것을 공공연하게 부정하기도 한다.

하지만 동시에, 정보는 조직 내에서의 친구들이나 조직 밖의 의사소통 경로를 통하여 흘러나간다. 이러한 정보들은 종종 가십으로 여겨지게 된다. 가십은 진정한 정보와 허위정보라는 두 개의 일반적 영역으로 나뉜다. 허위정보의 가십은 신용할 수 없는 사람에 의해 만들어지고 전달된다. 진실로 판명된 가십은 때로는 매우 유용하다. 예를 들어 한 조직 내에서 누군가가 은퇴나 사직을 계획 중이거나 누군가가 업무상의 큰 실수를 범하여 심각한 문제를 야기한 사안들을 알게 되는 것은 매우 중요하다.

존 크랭크(John Crank)는 거의 모든 경찰관서에는 "파벌"이나 비공식적 네트워크가 있다고 주장한다. 크랭크에 의하면 이러한 파벌이 "행정적으로 말도 안 되는 일(administrative bullshit)"로부터 경찰관들을 보호하기 위하여 결성되었다고 설명한다. 파벌은 수직적 파벌과 수평적 파벌 두 가지 형태로 나타난다. **수직적 파벌**은 높은 계급과 낮은 계급의 경찰관들 사이에서 결성된다. 이러한 파벌은 종종 상황이나 문제에 대한 이해를 공유하고 함께 합리적으로 해결하기 위해 협력한다. **수평적 파벌**은 비슷한 계급의 경찰관들 사이에서 결성된다. 대부분의 수평적 파벌은 감독관의 감독상 실수나 책임으로부터 일선

수직적 파벌(vertical cliques)

수평적 파벌(horizontal cliques)

의 경찰관들을 보호하기 위해 형성된다.[19]

경찰관서 내의 파벌은 주로 근무 조직을 기반으로 한다. 주간조, 순찰활동 또는 형사로서 함께 근무하는 경찰관들은 개인적인 유대감을 매우 가깝게 발전시키는 경향이 있다. 그들은 부서의 관점에서 문제를 바라보며, 심지어 그들의 동료가 비록 잘못하였다 하더라도 동료를 대변한다.

이 과정에서 하나의 비정상적인 결과는 타 부서들 사이에서 나타나는 경쟁관계이다. 순찰경찰관은 종종 형사들이 누리고 있는 높은 지위에 대해 분개하고 있다. 순찰경찰관 사이에서도 다른 근무 시간대에 배정되는 것에 대한 경쟁심을 갖게 된다. 주간조는 나이 든 경찰관들이 맡게 되는 반면, 야간조는 젊은 경찰관들이 맡고 있으므로 연공서열은 이러한 긴장 상태를 더욱 악화시킨다.

동시에 조직 내에는 전반적으로 개인적인 친분을 기반으로 한 파벌이 존재한다. 종종 이러한 파벌들은 입사동기나 같은 순찰조의 일원으로서 함께 경험한 것을 기반으로 결성된다. 경찰의 전통문화에는 일부 경찰관들이 그들의 배우자보다는 그들의 직장 내 동료와 더 가까운 관계를 발전시킨다고 믿고 있는 것을 포함하고 있다. 동료는 경찰관이 집에서 이야기하고 싶지 않은 경찰활동의 유쾌하지 않은 측면을 이해할 수 있는 사람이다.

친분관계의 유형들은 경찰관서를 운영하는 데에 있어서 점점 중요한 요소가 되고 있다. 웨슬리(Westley)는 경찰서장은 조직 내에서 어떤 일이 일어나고 있는지에 대한 정보와 함께 민감한 업무의 수행을 위하여 사람에 대한 정보 또한 인지하여야 함을 발견하였다. 결과적으로 경찰서장은 "민감한 임무를 수행하기 위해서는 경찰관서 내에서 선호하는 집단"에 의존하게 된다.[20] 경찰서장은 선호하는 임무의 형식을 통한 보상을 하거나 실제적이거나 가상의 적에게 낮은 수준의 임무를 부여하는 방식의 처분을 통하여 이런 친분 기반의 네트워크를 관리한다.

▌관료제와 경찰 전문화

경찰활동의 관료적인 측면은 다른 직업군을 이해하는 것과 같이 전문화를 기반으로 한 다양한 방식과 충동을 하게 된다. 법학, 의학, 교육학의 전문가는 광범위한 훈련과 경험을 통하여 특별한 전문지식을 습득한 사람으로 중요한 상황에 대하여 독립적인 판단을 하게 된다. 예를 들어, 의사는 환자의 진단 및 치료에 대한 중요한 결정을 내린다. 전문가는 엄격한 규정에 따라야 한다는 것에 대한 기대는 하지 않는다.[21]

경찰활동의 관료제적인 측면들은 행동의 통제에 대한 다른 접근법을 나타낸다. 예를 들면, 경찰 조직의 준군사적 성격은 평등한 의사결정보다는 계층적 명령과 통제를 강조해 왔다. 경찰 조직은 또한 형식적이고 성문화된 규정을 통하여 경찰관의 행동을 통제하려고 시도한다.

⇨ 형식적이고 성문화된 규정에 대한 전체 논의는 제14장 참조

미국 경찰의 역사 때문에, **경찰 전문화**는 특별한 의미를 부여받았다. 전문화는 관료제와 같은 의미였다. 따라서, 전문화된 경찰관서들은 경찰행정에 있어서 O.W. 윌슨(O.W. Wilson)의 전문화, 계층구조, 명백한 명령 체계, 성문화된 규정과 정책 등과 같은 원리를 채택하였다. 전문화된 경찰관서들은 그 조직 내에서 경찰관들이 성문화된 경찰관서의 규칙을 따르는 것을 의미하는 "규칙대로(by the book)" 그들의 업무를 수행하는 조직들이다.[22]

경찰 전문화(police professionalism)

그러나, 어느 정도는 전통적인 전문직업의 전문적인 자율성이 사라지고 있다. 의사는 점차적으로 큰 병원이나 의료기관에서 일을 한다. 다른 관료제와 마찬가지로, 이러한 조직들은 의사들의 행동을 공식적으로 통제한다. 변호사들은 점차적으로 큰 로펌 또는 법인에서 일을 하는데, 이 또한 청구된 시간을 감시하는 것으로 변호사들의 행동을 통제하는 방법을 찾고 있다.

▌경찰 조직의 변화

⇨ 경찰 재량에 대한 전체
논의는 제11장 참조

경찰 조직의 현 상태에 대한 많은 불만이 존재한다. 어떻게 그러한 것들을 향상시킬 수 있는가에 대한 사고에는 두 개의 학파가 존재한다. 사고의 지배적인 학파는 관료제적 조직의 기본적인 원칙을 받아들이고 보다 효과적으로 그것들을 적용하는 방법을 찾는다. 예를 들면, 이러한 접근법의 옹호자들은 성문화된 규칙을 통해 재량권에 대한 통제력을 강화한다.[23] 사고의 또 다른 학파는 기존의 공식적인 조직구조 내에서 운영하는 내적 의사결정 절차를 사용하려고 한다.

지역사회 경찰활동

지역사회 경찰활동은 경찰 조직의 전통적인 형태에 대한 대안으로 대표된다. 전통적인 경찰 조직은 많은 비인간적인 규칙, 경찰관이 사용할 수 있는 재량권의 부재, 그리고 조직구조의 계층적인 특성 때문에 경찰의 능률성과 효과성이 불가피하게 제한되고 있는 극도로 관료제적인 구조이다. 따라서 지역사회 경찰활동은 탈관료제를 통하여 경찰 조직을 재개편하기 위한 시도이다. 특히, 이것은 지역적으로나 행정적으로 결정 과정에서 **분권화**를 시도한다. 경찰이 지역사회 주민들에게 보다 많은 반응을 보이고 지역사회에서 일선 경찰관들이 보다 큰 책임감을 요구한다. 또한, 경찰은 문제해결을 장려하지 않고 자주 창의성을 억누르는 많은 규정과 정책들을 제거하는 **비정형화**를 요구한다. 지역사회 경찰활동 하에서, 조직들은 또한 기능들을 **탈전문화**하는 것을 장려한다. 이것은 전문화된 부서에서 지역사회에서 직면하고 있는 문제에 관하여 보다 많은 지식을 가진 지역사회의 경찰관으로 개편하는 것을 의미한다. 마지막으로, 지역사회 경찰활동은 일선 순찰경찰관과 경찰간부 사이의 사회적·행정적 거리를 줄이면서 **탈계층화**하는 것을 시도한다. 개혁가들은 의사결정 과정의 속도를 증가시키고 일선 순찰경찰관들에게 힘을 실어 줄 것이라고 주장한다. 이러한 의미에서, 지역사회 경찰활동은 이전에 언급되었던 관료제의

분권화(decentralize)

비정형화(deformalize)

탈전문화(despecialize)

탈계층화(delayerize)

표준화된 비평에 대한 답을 제시하고 있다.[24]

　　조직이 이러한 목표들을 달성할 수 있는지는 아직도 논쟁의 문제이다. 지금까지 가장 명확한 연구는 미국 내 353개의 큰 규모의 자치단체 경찰관서를 분석한 에드워드 매과이어(Edward Maguire)에 의해 이루어졌다. 매과이어는 지역사회 경찰활동의 전개가 경찰기관의 조직적 구조에 영향을 미쳐왔다는 관점을 어느 정도 지지함을 밝혀냈다. 특히, 그는 미국 전역에 걸쳐 큰 규모의 경찰관서들은 점차 중앙집권화가 약해지고, 관료제도 약해지며, 경찰의 임무 수행에 있어서 점차 시민들에게 의지하는 것이 증가하고 있음을 밝혀냈다. 반면에 그는 경찰관서들은 일선 경찰관들과 경찰서장과의 사회적·행정적 거리의 정도가 줄어들고 있지 않으며, 전문화된 부서에 의존하는 것도 줄어들고 있지 않다는 것을 밝혀냈다.[25]

Sidebar 4-2

경찰 조직의 생애주기적 관점을 향하여

　　윌리엄 킹(William King)은 최근 경찰 조직과 경찰 조직의 변화를 이해하기 위한 새롭고 혁신적인 전략을 제안했다. 그는 모든 경찰 조직이 사람과 같이 구조와 행동에 중대한 영향을 미치는 발전 단계를 거친다고 주장한다. 조직의 탄생과 소멸 이 두 가지는 불가피하며, 초기설립효과, 성장, 쇠퇴 및 위기 등 다른 네 단계는 모든 단계를 경찰 조직이 경험하거나 경험하지 않을 수 있다.

　　조직의 탄생. 모든 경찰 조직들은 특정 시점에 만들어져야만 했다. 킹은 시간과 장소에 따라 역사는 범죄, 폭동, 노상음주, 계급갈등의 증가와 같은 여러 가지 요인으로 인하여 경찰 조직의 탄생을 이끌었다고 지적했다. 그는 또한 지난 20년간 미국 내에 많은 지역 경찰 기관이 세워졌지만, 많은 학자가 이것들이 왜 생겨났는지 이해하지 못하고 있다고 지적했다.

　　초기설립효과. 조직이 탄생되자마자, 경찰 조직은 조직 안에서 "각인된(imprinted)" 관성, 구조 및 행동을 발전시킨다. 킹은 이것을 초기설립효과라고 불렀다. 그는 다른 경찰 조직과 마찬가지로, 조직의 설립자로서 어떻게 경찰 조직이 구성되고 관리될 것인지와 어떻게 행동을 해야 하는 것인지에 대한 사용형식을 설정하였다. 결과적으로 킹은 경찰 조직의 초기 결정이 오랜 기간 동안 궤도에 상당한 영향을 미친다고 주장한다.

　　성장. 킹은 일부 경찰 조직이 상당한 성장기를 거치고 있다고 주장한다. 조직이 성장기간을 거친다면, 이 성장에는 고용 및 훈련의 성장이 동반될 뿐만 아니라 기존 직원에 대한 상당한 기

회 또한 제공된다. 예를 들면, 경찰 조직의 규모가 커짐에 따라 승진의 가능성, 전문화된 부서의
신설 기회, 포상의 가능성 증가 등이 있다. 성장하는 조직은 일반적으로 성공한 조직으로 간주되
어 결과적으로 조직에서 사용할 수 있는 자원이 증가하는 경우가 많다.

쇠퇴. 반대로, 킹은 일부 조직들은 쇠퇴의 기간을 경험한다고 하였다. 이것은 경찰 조직 내
의 직원 수가 감소했을 때 나타난다. 이것은 종종 조직이 실패하고 있음을 보여주는 신호로 여겨
진다. 승진은 점점 더 어려워지며, 직원들은 여러 가지 역할을 수행하도록 지시를 받으며, 줄어든
자원 하에서 더 많은 일을 할 것으로 기대된다.

위기. 많은 경찰 조직은 위기를 견뎌내고 있다. 킹에 의하면 위기는 경찰 조직의 안팎에서
발생할 수 있다고 한다. 외부에서 발생하는 위기에는 범죄율의 증가와 예산의 감소를 포함할 수
있다. 내부적으로 발생하는 위기들은 경찰부패, 과도한 물리력 사용, 또는 노동 분쟁을 포함할 수
있다. 어떻게 경찰 조직이 위기 상황에 적응하는가에 따라 조직이 성장기간을 경험하는지 쇠퇴기
간을 경험하는지에 대한 가능성에 뚜렷한 영향을 미치게 된다.

경찰조직해체. 킹은 대부분의 사람은 사업의 실패나 파산에는 익숙하지만, 경찰 조직의 해체
에 익숙한 사람은 거의 없다고 지적한다. 그러나 많은 사람이 생각하고 있는 것보다 더 흔하게
나타난다고 그는 지적한다. 예를 들면, 지난 30년 동안 오하이오주에서만 177개의 지역 경찰관서
가 해체되었다. 이들 기관의 대부분은 비교적 소규모였으며 작은 지역사회를 위해 일을 하였다.
그는 또한 미국에서 가장 큰 경찰 조직 중 일부 경찰 조직들도 해체되었다고 지적했다. 여기에는
뉴욕시의 학교·교통·주거 전담 경찰부서*와 캘리포니아주의 캠프턴(Campton, California), 플로
리다주의 로더데일(Lauderdale, Florida) 경찰관서를 포함한다. 킹은 일생과정관점은 정책입안자
와 학자들이 왜 경찰 조직이 해체되는가에 대한 이유와 기존의 경찰 조직은 해체된 경찰 조직으
로부터 배워야 할 점이 무엇인지에 대하여 보다 더 이해해야 한다고 주장한다.

1. 킹의 일생과정을 담고 있는 경찰 조직의 구분이 옳은지에 대하여 어떻게 생각하는지 논의해 보자.
2. 수업의 일환으로, 쇠퇴하고 있는 경찰 조직의 특징들과 이것들이 경찰의 생산성에 미칠수 있는 영향
   에 대하여 논의해 보자.

출처: Adapted from William R. King. "Toward a Life-Course Perspective of Police Organizations." *Journal
of Research in Crime and Delinquency* 46 (2009): 213-244.

---

* [역자 주] 1995년 이 부서는 늘어나는 대중교통 승객관리와 노후로 인한
안전에 취약한 시의 공공주택을 효과적으로 관리하기 위하여, 뉴욕시 대중
교통경찰(NYC Transit Police)과 뉴욕시 주택관리경찰(NYC Housing
Authority Police)로 독립하였으며, 1997년에는 시 관할 도로와 고속도로
에서의 보행객과 차량 안전을 위하여 운송국(Transportation Bureau)을
신설하였음(출처: NYPD 홈페이지).

태스크포스(TF)

경찰 조직의 구조를 변경하는 대안은 기존의 공식구조 내에서 운영하는 의사결정과정을 발전시키는 것이다. 하나의 예로서, 같은 기관 내에서 다른 계급의 경찰들로 구성된 **태스크포스(TF)**를 활용하는 것이다. 예를 들어, 마약단속을 위한 TF는 경감(captain), 경위(lieutenant), 경사(sergent) 2명, 순경(police officer) 3명을 포함하여 구성될 것이다. 각 기관 간 형성되는 TF에 있어서 경찰서장은 계급보다는 능력을 기반으로 다양한 계급의 특정 경찰관을 선정할 수 있다.

태스크포스(TF)

각 기관 간의 TF접근방식을 통하여 전통적인 경찰 조직구조와 관련한 몇 가지 문제점을 다룬다. 가장 낮은 계급의 경찰관들이 경찰 정책에 대하여 현명한 결정을 내릴 능력이 있다는 사실을 알게 되었다. 그들이 참여함으로써 그들에게 더 큰 직업 만족도를 제공하고, 이후 그들의 경력에 있어서 관리자로서의 책임을 맡게 되는 것을 준비할 수 있게 하며, 조직 내부에서 개혁이 받아들여질 수 있는 가능성을 높여준다.

각 기관 간 TF의 성공은 다수의 법 집행기관이 다양한 기관 간의 TF 운영을 채택할 수 있는 견인 역할을 한다. 다기관으로 구성된 TF는 특정 범죄문제에 보다 효과적이고 효율적으로 대처하기 위하여 몇몇 정부 기관 간의 공식적인 협약을 통하여 생성된 여러 개의 관할구역에 적용할 수 있는 권한을 가진 특별법 집행기관으로 운영된다.[26] 약 900개에서 1,100개의 다기관 TF가 연방정부로부터 자금을 지원받는 것으로 추산된다.[27]

다기관 TF는 전형적으로 각 기관에서 기증받은 인원과 장비를 기반으로 여러 참여 기관에 소속된 두 명 이상의 정규경찰관으로 구성된다. 주로 참여한 기관들 중 한 기관을 법 집행 노력을 조정하는 주 기관으로 선정한다. 애리조나주의 갱과 이민 정보 팀 집행 미션(Arizona's Gang and Immigration Intelligence Team Enforcement Mission (GIITEM)*) TF는 주 내의 많은 지방 경찰 기관 및 카운티경찰 기관

---

* [역자 주] 멕시코 국경과 맞닿은 애리조나주는 마약 밀수와 인신매매와 밀

은 물론이고 연방 법 집행 기관들로 구성된 범 주정부 차원의 다기관 TF이다. 이것은 주의 공공안전국(department of public safety)이 이끌고 있으며 주 안의 많은 경찰기관에게 너무나 비용이 많이 들고 시간이 소용되는 특별한 임무인 갱단과 불법 이민자에 관한 경찰활동을 담당한다.

　　필립스는 다기관 TF를 활용하게 되면 다음과 같은 다섯 가지의 주된 장점이 있다고 하였다. (1) 주변에 둘러싸고 있는 지역사회에 대한 서비스의 중복을 피할 수 있다. (2) 작은 기관들이 감당할 수 없었던 서비스를 제공할 수 있다. (3) 결과적으로 공유된 자원 경영을 통한 이익을 가져온다. (4) 경찰관들에게 권한이 없는 지역에서 권한을 사용할 수 있도록 허용한다. (5) 경찰관이 재량으로 처리할 수 있는 정보의 양이 증가한다.[28]

┌ POLICE in FOCUS ─────────────────────

팜비치 카운티 인신매매 태스크포스

　　플로리다(Florida)주의 팜비치(Palm Beach) 카운티는 주에서 가장 심각한 인신매매문제가 있는 곳 중 하나이다. 2016년 한 해동안, 팜비치 쉐리프 오피스(PBSO)는 FBI, DHS, 연방 및 주 검찰, 지역 대학, 가톨릭 자선단체 팜비치 교구, 아동서비스 기관과 협력하여 인신매매문제에 대응하기 위한 전략을 수립했다. 팀은 피해자 중심의 트라우마 정보, 다학제적 접근방식을 활용하여 "향상된 협업체계의 팜비치 카운티 인신매매 태스크포스"를 설립하기 위해 연방보조금을 신청하여 지원받았다. 팜 비치 카운티 인신매매 태스크포스의 목표는 인신매매 피해자를 식별하고, 인신매매에 대한 대응에서 데이터 기반의 결정을 내리고, 성공적인 기소를 통한 사전 예방적이고 장기적인 조사에 참여하며, 피해자에게 포괄적인 서비스를 제공하는 것이다. 태스크포스가 설립된 이후 이해관계자들이 인신매매의 징후를 인지할 수 있도록 성공적인 교육이 이루어졌고, 주목할만한 체포가 이루어졌으며, 피해자들에게 서비스를 제공하였다. 설립 1년만에 그 공로를 인정받아 미국산업보안학회(ASIS)로부터 상을 받았다.

출처: Adapted from Palm Beach County Sheriff's Office, Human Trafficking, http://www.pbso.org/human-trafficking/.

───────────────────

接한 관련이 있는 조직범죄(Gang)와 불법이민에 대응하기 위하여 연방정부는 물론 주 정부에 속한 관련 경찰기관이 참여하는 강력한 대응 팀을 운영하고 있음.

COMPSTAT

지난 20여 년 동안 경찰 조직은 그들의 자원을 보다 효과적이고 효율적으로 사용하기 위하여 첨단기술을 증가시켜오고 있다. 그러나 윌리엄 브래튼(William Bratton) 청장이 뉴욕경찰을 이끌면서 책임감을 통하여 범죄 통제의 성과를 달성하기 위한 조직적인 도구로 사용된 **COMPSTAT**(짧게는 "통계비교(compare stats)")을 시행한 1994년 이전까지는 그러하지 않았다. 뉴욕시경찰청에서는 시기적절한 정보와 효과적인 전술, 신속한 인력의 배치, 그리고 가차 없는 대응과 평가를 통하여 COMPSTAT 모델을 시도하였다.[29] COMPSTAT 하에서 경찰청은 각 구역단위의 보고를 목적으로, 각각의 지구대나 순찰구역 내에서의 체포, 출동, 불만접수 등의 자료를 지속적으로 수집하고 분석한다. 뉴욕시경찰청 내 관리를 위한 조직적 모델은 지구대 지휘자들의 범죄통에에 대한 책임감을 주기 위함이다. 주간 미팅을 통해 범죄동향은 분석되며, 각 지구대의 지휘관들은 그들의 관할구역 내의 범죄 통제에 사용된 전략에 대하여 '심문(grilled)'을 받는다. 범죄감소에 성공적이지 못한 지휘관은 인기가 없고 일이 많은 한직으로 발령난다.[30]

COMPSTAT

와이스버드(Weisburd)와 그의 동료들은 미 전역에 걸친 COMPSTAT의 채택과 그 전략에 연관된 주요 목표에 대한 포괄적인 연구를 했다. 그들은 COMSPSTAT과 관련하여 여섯 가지의 요소 또는 특징이 있음을 밝혔다.[31]

1. COMPSTAT은 경찰관서의 임무, 목표, 가치를 분명하게 한다.
2. COMPSTAT은 조직 내에서 관리자들이 책임감을 갖게 한다.
3. 조직적 권력과 권한은 지리적 관할구역의 책임을 지고 있는 지휘자에게 넘겨진다.
4. 지원들은 지리적 관할구역의 책임을 지고 있는 지휘자에게 넘겨진다.
5. 자료는 문제 인지와 성패의 평가를 위해 활용된다.

6. 중간 관리자들은 혁신적인 문제해결 전술을 사용해야 한다.

　　뉴욕시에 도입이 된 이후, COMPSTAT은 미국 경찰의 가장 중요한 조직혁신 중 하나로 묘사된다. 이러한 주장의 대부분은 많은 정책 입안자와 경찰 관계자들에 의해 COMPSTAT이 뉴욕시의 급격한 범죄 감소에 기여했다고 주장하고 있기 때문이다. COMPSTAT의 시행 후, 뉴욕시의 지표범죄는 다른 대도시들에서 약 24%의 감소를 보인 것과 비교해 약 55%나 감소한 것으로 나타났다. 마찬가지로, 동 기간 동안 다른 도시들의 살인범죄율은 24% 감소를 보인것과 비교해, 뉴욕시의 살인범죄율은 66%나 감소하였다. 결과적으로, 이 모델은 미 전역의 많은 경찰관서에서 도입을 하게 되었다.[32] 최근 미 전역의 경찰관서를 대상으로 한 설문조사에 따르면, 약 79%에 달하는 경찰관서에서 COMPSTAT을 적용하고 있다고 나타났으며, 6%는 가까운 장래에 적용을 계획하고 있다고 응답하였다.[33]

　　그러나, 많은 비평가들이 범죄 감소가 적법한 법절차와 사기를 희생한 대가로 나타난 것이라고 지적하였다. 경찰 지휘관들이 점점 더 공격적인 경찰활동 전략 사용을 요구받음에 따라 시민들의 불만은 급속하게 증가하였다. 예를 들면, 경찰의 불법 수색에 관한 불만이 첫 2년간에 135%가 증가하였다. 마찬가지로, 뉴욕시경찰청의 많은 경찰 관리자들은 관리자들의 두려움을 키우는데 사용되는 숫자놀이에 지나지 않는다고 호소하였다. 자신들의 관할지역에서 체포수를 늘리지 않고 범죄를 줄이지 못한 관리자들은 COMPSTAT 미팅에서 그들을 꾸짖는 경찰 간부에 의해 공개적인 망신을 당하기도 했다.[34]

　　COMPSTAT에 관한 소수의 평가의견이 나타나고 있다. 그중 하나는 텍사스(Texas)주의 포트워스(Fort Worth) 도시에서 시행되었다. 연구진은 COMPSTAT 적용 전후의 월별 범죄 추이를 평가하였다. 그들은 COMPSTAT 적용 이후 전체 지표범죄 수와 재산범죄에서 현격하게 감소현상을 보였지만, 폭력범죄에는 큰 영향을 미치지 못했다고 보고했다.[35] 또 다른 평가는 미 동남부 지역의 큰 규모의 경찰관서에서 시행되었다. 대브니(Dabney)는 대부분의 일선 경찰관들은 COMPSTAT의 목적을 잘못 이해하고 있으며, 중간 지휘관들은 COMPSTAT 과정을 인지하고 관리하는 것을 행하지 않았다고 하였다. 대브니는 또한 COMPSTAT은 부서 간의 경쟁을 부추겼으며, 그 결과 정보 공유와 협조가 잘 이루어지지 않았다고 보고했다.[36] 가장 최근에는, 효과적인 범죄 통제 전략으로 밝혀진 문제지향적 경찰활동과 함께 한 COMPSTAT의 효율성을 비교하는 무작위 현장 실험이 매사추세츠(Massachusetts)주의 로웰(Lowell)시에서 이루어졌다(제10장에서 논의). 저자들은 문제지향적 경찰활동 과정이 보다 혁신적인 반응을 보여주었으며, 범죄에 있어서도 큰 감소를 이끌었다고 보고하였는데, 이러한 과정은 COMPSTAT과 연관지어진 과정들을 비교하였다.[37]

⇨ COMPSTAT에 대한 전체 논의는 제10장 참조

▮ 행정사무

행정사무 절차는 미국 경찰 조직의 주된 특징이다. 행정사무는 인사결정에 적용되는 공식적이고 법적 구속력이 있는 일련의 합법적인 절차를 나타낸다. 행정사무는 거의 일반적이다. 매우 작은 경찰관서를 제외하고, 미국의 경찰관서들은 어느 정도의 행정사무 형태로 업무를 수행한다. 행정사무의 목적은 인사결정이 편애와 편견, 또는 정치적 영향이 아닌 객관적인 기준에 근거를 두고 있다는 것을 확실히 하기 위함이다.

행정사무(civil service)

행정사무 체계는 주 법 또는 지역의 조례를 기반으로 한다. 대부분의 도시에서, 경찰 인사절차에 대한 궁극적인 권한은 3~5인으로 구성된 위원회에 있다. 시장이나 시의 관리 부서는 일반적으로 특정 기간에 활동할 위원회 위원들을 위촉한다. 위원회는 기본 정책을 수립하고 일상적인 행정 정책을 시행하기 위한 인사 책임자를 고용한다.[38]

행정사무기관과 경찰관서는 인사 정책에 대한 책임을 분담한다. 행정사무기관은 직업의 직무설명과 급여수준, 채용절차의 개발, 채용시험의 개발과 감독, 자격을 갖춘 지원자 선발, 진급기준 개발, 진급

시험의 개발과 감독, 징계절차의 개발, 징계 소청 위원회 등에 책임을 진다. 경찰관서들은 직무설명에 정보를 제공하고, 채용과정에 참여하며, 채용시험의 일부를 수행하고, 자격을 갖춘 지원자들의 명단으로부터 최종 채용 인원을 선발한다.

행정사무체계는 경찰관서의 계층적 구조를 강화한다. 윌리엄 킹(William King)은 조직의 구성원을 계층화하는 네 가지의 전형적인 계층(일반적으로 행정사무체계 하에 요약되어 있음)이 있음을 지적하였다.[39] 첫째, **보상계층**이 있다. 이 계층은 일반적으로 경찰관서 내에서 경찰관의 계급이나 연공서열에 해당한다. 그러나, 이것은 일반적으로 개인의 능력이나 공적과는 상관이 없다.

둘째, 경찰관들은 **연공서열계층**을 기반으로 차별화된다. 보다 오래 근무한 경찰관들은 더 많은 급여를 받으며 그들에게 유리한 근무 시간대와 업무를 받게 된다.

셋째, 경찰관들은 그들의 경찰관서 내에서 부여받은 지위에 따른 **지위계층**을 기반으로 차별화된다. 형사와 같은 전문화된 업무를 부여받은 경찰관들이나 경찰서장의 특별비서과 같은 경찰관서 내에서 특별한 업무를 수행하고 있는 경찰관들은 일반적으로 특별한 상황에 있어서는 훨씬 많은 권한과 책임을 갖게 된다. 이러한 경우에 있어서, 지위를 부여받은 경찰관은 계급에 상관없이 명령하거나 통제할 수 있는 권한을 갖는다. 그러나, 특별한 업무가 수행되는 동안 경찰관이 지명되거나 발령을 받았을 경우에만 직책이나 권한을 수행할 수 있으며, 그 업무에서 제외되면, 직책과 권한은 모두 박탈당하게 된다.

넷째, 경찰관은 **계급계층**을 기반으로 차별화된다. 경찰관은 승진이 될 때까지는 계급을 영원히 유지한다(계급강등은 행정사무에서는 매우 드물게 나타난다). 예를 들면, 경감 계급의 경찰관은 행정사무의 업무분장에 명시된 경감의 역할을 수행하는 데에 국한된다.

행정사무는 경찰 조직 내에서 몇몇 문제점을 보여주고 있다. 예를 들면, 인사결정에 있어서 경찰서장의 권한이 제한된다. 경찰서장은 본인의 의사에 따른 채용, 해고, 또는 승진을 시킬 수 없다. 또한,

보상계층(rewards hierarchy)

연공서열계층(seniority hierarchy)

지위계층(status hierarchy)

계급계층(rank hierarchy)

경찰서장은 기존의 인사규정을 본인의 의사에 따라 수정할 수 없다 (예를 들면, 모든 신규채용자의 필수요건으로 대학학위 요구).

또한, 경찰관 개인의 기회나 수당에 제한을 둔다. 경찰관들은 이례적으로 우수한 업적에도 불구하고 금전적인 보너스나 조기승진을 할 수 없다.

추가적으로, 많은 비평가는 징계규정에 따라 경찰서장이 형편없는 경찰관을 해고하거나 심지어 나쁜 성과를 낸 경찰관을 징계하는 것이 매우 어려워졌다.

▌경찰 노동조합

경찰 노동조합은 경찰 조직의 또 다른 구조적 기능이다. **경찰 노동조합**은 고용주와의 단체교섭을 하는 데 있어서 경찰관을 대표하는 합법적으로 승인된 조직이다. 미국 노동법에 따르면, 고용주는 민주적으로 선출된 노동조합을 인정해야 하고 협상해야 한다. 경찰 노동조합은 매우 강력한 조직이며, 노동조합 협약은 경찰 조직의 중요한 기능이다.

경찰 노동조합(police union)

경찰 노동조합의 국면

미국 내의 정규 경찰관의 대부분은 경찰 노동조합의 조합원이다. 법집행관리및행정통계과(Law Enforcement Management and Administrative Statistics: LEMAS)에 따르면, 모든 지역 자치 경찰관서의 73%와 모든 카운티 보안관서의 43%가 노동조합으로 대표된다.[40] 거의 모든 대도시 및 중간 규모의 도시에는 경찰 노동조합이 있으나, 소도시 및 군(county) 단위의 경찰관서(정규 경찰관 10명 이하)는 그렇지 않다. 경제의 민간 부분에서는 노동조합의 가입이 감소하고 있으나, 공공 부문에서는 증가하고 있다. 경찰은 공무원 조직 중 가장 많은 노동조합화가 이루어진 그룹은 아니다. 소방관과 공립학교 교사의 대부분이 노동조합에 가입하고 있다.[41]

경제의 다른 부분과는 달리 모든 경찰관을 대표하는 국가의 유일한 노동조합이 존재하는 것은 아니다. 예를 들면, 자동차 노동자 연합(United Automobile Workers)은 자동차 산업의 모든 노동자를 대표하고 있고, 국제 트럭운전사 연대(팀스터: International Brotherhood of Teamsters)는 모든 트럭운전사를 대표하고 있다. 경찰 노동조합들은 몇 개의 다른 총연맹(national federations)으로 분열되어 있다. 오늘날, 3개의 주요 경찰 노동조합이 존재한다.

1. *Fraternal Order of Police:* Fraternal Order of Police(FOP)는 가장 오래되고 큰 경찰 조직이다. 이 조직은 미국 내의 경찰관들의 약 50%를 대표하고 있다. 오늘날, FOP는 330,000의 조합원을 가진 것으로 보고되고 있다.[42]

2. *International Union of Police Associations:* 국제경찰노동조합(International Union of Police Associations(IUPA))는 AFL−CIO에 가입되어 있는 89개의 공인된 노동조합 중의 하나이다. 그러나 최근에는 AFL−CIO는 IUPA에 많은 지원을 하지 않았다. IUPA는 35,000명의 회원이 가입되어 있는 것으로 추정된다.[43]

3. *Teamsters Law Enforcement League:* 팀스터즈(International Brotherhood of Teamsters)의 분과 중 하나인 팀스터즈 경찰연맹(Teamster Law Enforcement League)은 조직범죄와의 역사적 관련성을 고려할 때 아마도 가장 논란이 많은 경찰 노동조합일 것이다. IUPA와 마찬가지로 팀스터즈 경찰연맹은 AFL−CIO에 가입되어 있다. 팀스터즈들은 대체로 교외 지역과 시골의 경찰기관을 대변하고 있다. 오늘날 팀스터즈는 225개 경찰 조직에 속한 약 15,000명의 경찰관을 대표하고 있는 것으로 추정된다.[44]

단체교섭

단체교섭(collective barganing)

단체교섭은 "양자협상을 통하여 고용조건을 결정하는 방법"으로 정의된다. 단체교섭의 기본 원칙은 다음과 같다. (1) 피고용인은 자신이 선택한 노동조합을 형성할 법적 권리를 갖는다. (2) 고용주는 피고용인의 노동조합을 인정해야만 한다. (3) 피고용인들은 근무 환경에 대한 협상에 참여할 권리를 갖는다. (4) 고용주는 노동조합에서 정한 대표들과 협상에 임해야 한다. 이 과정은 고용주와 피고용인 사이의 이견을 중재하기 위한 구조화된 틀을 제공하기 위하여 조성되었다.[45]

몇몇 경찰관서에서는, 노동조합이 서장을 제외한 모든 경찰을 대표한다. 그 이외의 경찰관서에서는, 노동조합이 경감(Captain) 이하의 모든 경찰관을 대표하는데, 순경을 위한 노동조합, 경사를 위한 노동조합 등을 예로 들 수 있다. 이 경우에, 경찰서장은 두 개 또는 세 개의 노동조합들과 협상을 해야만 한다. 또한, 공무원(civilian employee)을 위한 노동조합이 별도로 존재하기도 한다.

1935 전국노동관계법(National Labor Relation Act)은 단체교섭을 "봉급, 근무시간 및 기타 고용조건"의 범위로 한정하였다. 일반적으로 피고용인의 직원 채용, 임명, 전직, 승진의 권리와 같은 관리자의 권리에 관한 사항은 배제하였다. 하지만 몇몇 도시에서는, 노동조합이 순찰 근무자와 같은 문제를 통제할 수 있는 권리를 쟁취했다.[46]

고충처리절차

근무 환경에서 가장 중요한 것 중의 하나는 징계절차를 포함한다. 거의 모든 경찰 노동조합은 경찰관들을 부당한 징계로부터 보호하기 위하여 정식 고충처리절차를 갖고 있다. 고충처리절차는 피고용인들을 위한 정당한 법절차를 제공한다.

전형적인 고충처리절차(Exhibit 4-2 참조)는 경찰관들에게 징계처분에 대한 고지(일반적으로 서면으로 진행)와 심리의 권리, 변호사를 선임할 권리, 징계처분에 대한 항소의 권리를 요구한다. 몇몇 경우에는 이러한 절차들을 경찰관의 권리장전이라고 한다(Exhibit 4-3 참조).

EXHIBIT 4-2

제8조: 고충처리절차

1단계 불만이 있는 피고용자나 노동조합은 피고용자나 노동조합이 고충을 알게 된 날로부터 10일(근무일 기준) 이내에 경찰서장 또는 그가 지정한 대리인에게 서면으로 이를 제시해야 한다. 서면 고충은 해석이나 적용을 할 수 있는 본 협약의 조항들을 명시해야 한다. 경찰서장 또는 그가 지정한 대리인은 서면 고충이 접수된 날로부터 10일(근무일 기준) 이내에 서면으로 고충에 답변해야 한다.

2단계 본 1단계에 따라 만족스러운 합의에 도달하지 못한 경우, 민원인 또는 노동조합은 본 1단계에 대한 경찰서장의 답변을 수령한 후 10일(근무일 기준) 이내에 경찰서장의 결정에 대하여 부서장 또는 그가 지정한 대리인에게 서면으로 항소할 수 있으며, 피고용인에게 10일(근무일 기준) 이내에 서면으로 답변을 해야 한다.

3단계 피고용인 또는 노동조합이 여전히 부서장 또는 그가 지정한 대리인의 답변에 불만이 있는 경우, 피고용인 또는 노동조합은 부서장 또는 그가 지정한 대리인의 답변이 있는 날로부터 10일(근무일 기준) 이내에 노사관계국장 또는 그가 지정한 대리인에게 서면으로 결정에 항소할 수 있다. 노사관계국장 또는 그가 지정한 대리인은 불만 제기가 접수된 날로부터 10일(근무일 기준) 이내에 서면으로 불만을 제기한 자에게 답변을 해야 한다. 노사관계국장과 노동조합이 상호 합의하면 기간 연장이 허용될 수 있다.

4단계 본 3단계에 의거하여 만족스러운 결론에 도달하지 못한 경우, 노사관계국장 또는 그가 지정한 대리인을 통해 민원인, 노동조합, 또는 오마하(Omaha)시에게 본 3단계에서 정한 만료기한 또는 3항에 의해 연장된 기한으로부터 20일(근무일 기준) 이내에 상대방에게 서면 통지를 통하여 중재를 요청할 수 있다. 시는 요청한 중재를 보내거나 받은 통지의 사본을 노동조합에 제공해야 한다.

중재 절차는 중재에 대한 요청을 제출한 후 날짜로 30일 이내에 이해당사자들이 상호 선택하도록 중재인에 의하여 진행된다. 노동조합은 재량에 따라 중재자를 선택할 목적으로 당사자가 된다. 노동조합과 고충조정신청자는 하나의 당사자로 간주된다. 당사자들이 기한 내에 중재자의 선정에 관해 상호 합의할 수 없고, 어느 한쪽의 당사자가 중재를 계속 요구하는 경우, 당사자는 공동으로 연방 중재 및 조정 서비스(Federal Mediation and Conciliation Service)에 5명의 중재자 목록을 제공하도록 요청할 수 있다. 각 당사자는 제출된 중재인 목록에서 두 명의 이름을 쟁의권에 포함할 수 있다. 중재를 요청한 당사자는 첫 번째에 명시된 자가 쟁의권을 갖으며 상대방은 동일한 절차를 반복하여 한 명이 파업하여 명단에 남아 있는 사람이 중재자가 되도록 할 수 있다.

출처: Omaha Police Department, "Union Contract." *Standard Operating Procedure Manual*, pp. 12-13.

EXHIBIT 4-3

플로리다 경찰관의 권리장전
112.532 경찰관과 교도관의 권리

법 집행기관이나 교정기관에 의하여 채용되거나 임용된 모든 경찰관과 교도관은 다음과 같은 권리들과 특혜를 갖는다.

1. 수사를 받는 동안 경찰관과 교도관의 권리.

경찰관 또는 교도관이 그들의 소속기관의 구성원에 의하여 조사나 심문의 주체가 되는 경우에 징계, 정직, 강등 또는 해고로 이어질 수 있는 어떠한 이유로든, 심문은 다음과 같은 조건 하에서 수행되어야만 한다.

 a. 심문은 조사의 심각성이 즉각적인 조치가 필요한 정도가 아닌 이상, 경찰관 또는 교도관의 근무시간 내에서 편안한 시간에, 합리적인 시간에 진행되어야 한다.

 b. 심문은 수사부서 또는 수사기관의 수사관 지휘 사무실이나 사고가 발생한 관할지역의 경찰부서 또는 교정시설의 사무실에서 진행되어야 한다.

 c. 수사를 받는 경찰관 또는 교도관은 심문을 진행하는 동안 참여하는 수사관, 심문관, 그리고 관여하는 모든 이의 계급, 성명 및 상관의 명령에 대한 안내를 받아야 한다. 심문 중인 경찰관 또는 교도관에게 직접적으로 제시되는 모든 질문은 경찰관 또는 교도관이 그들의 권리를 특별히 포기하지 않는 한, 어떠한 하나의 조사 심문 과정 중 한 명의 심문관에 의해 진행되어야 한다.

 d. 수사를 받는 경찰관이나 교도관은 어떠한 심문이 시작되기 전에 조사의 성격이나 모든 고발자의 이름을 고지받아야 한다. 신원이 확보된 모든 증인과의 면담은 가능한 한 고발된 경찰관이나 교도관의 조사면담을 시작하기 전에 이루어져야 한다. 고발자, 조사 대상 경찰관 또는 교도관의 존재하는 모든 진술서를 포함한 증인 진술서, 그리고 조사 중인 사건과 관련된 사건 보고서, GPS 위치 정보, 오디오 또는 비디오 기록들은 고발의 주체가 되는 각각의 경찰관 또는 교도관의 조사 질문을 시작하기 전에 조사 대상자에게 제공되어야 한다. 증인진술을 검토할 권리를 고지받은 경찰관 또는 교도관은 이 단락의 조항을 자발적으로 포기하고 언제든지 자발적인 진술을 할 수 있다.

 e. 심문 시간은 합리적인 기간 동안 진행되어야 하며, 개인의 필요사항과 휴식 시간과 같은 합리적인 필요를 허용하도록 시간을 정해야 한다.

 f. 심문 진행과정에서 경찰관이나 교도관은 공격적인 언어의 대상이 되거나 전출, 해임, 또는 징계와 같은 협박을 받아서는 안 된다. 어떤 질문에 대합을 하도록 유도하기 위하여 약속이나 포상을 하면 안 된다.

 g. 모든 휴식시간을 포함한 경찰관이나 교도관의 정식 심문기간 동안은 음성테이프나 서면기

록 방식으로 보존하여 기록해야만 하며, 기록이 되지 않은 질문이나 진술이 있어서는 안 된다. 심문을 받는 경찰관이나 교도관의 요청이 있는 경우, 심문이 이루어지는 동안의 어떠한 형태의 기록 복사본을 요청한 자에게 심문에 따라 72시간(공휴일과 주말 제외)이 넘지 않는 시간 내에 제공해야 한다.

h. 만약 심문을 받는 경찰관이나 교도관이 체포되거나, 심문의 결과가 체포로 이어질 가능성이 있는 경우, 심문이 시작되기 전에 모든 개인의 권리를 완전히 안내해야 한다.

i. 심문을 진행과정에서 경찰관이나 교도관의 요청이 있으면, 그들의 선택에 따라 심문이 법 집행 또는 교정 서비스를 위한 지속적인 적합성과 관련이 있을 때마다 심문이 진행 되는 동안에는 언제나 참석할 수 있는 법정대리인 또는 다른 대리인을 선임할 권리를 갖는다.

j. 이 부분에서 제시하는 권리와 특권에도 불구하고, 이 부분은 경찰관 또는 교도관에 대한 기관의 징계에 관한 권리 또는 형사 고발을 추구할 권리를 제한하지는 않는다.

출처: Florida Statutes, Sec. 112.532.

예를 들어, 경찰서장은 네 번째 순찰근무조의 편성에 대한 계획을 알려야 한다. 노동조합은 경찰관들이 다른 시간에 근무를 하게 될 것이기 때문에 이것이 근무 환경의 변화에 대한 것이라고 주장할 수 있다. 경찰서장은 네 번째 순찰근무조의 편성에 관한 권한은 관리자의 권한이라고 답변할 것이다. 양측은 이 불합치에 대한 조정을 비공식적으로 처리하려고 할 것이다. 만약 양측이 할 수 없다면, 노동조합은 협약조건 하에서 분규처리를 제소할 수 있다. 일반적으로 협약은 이러한 갈등을 조정하기 위한 분규처리 절차를 포함하고 있다.

난국조정과 파업

노동조합과 도시 또는 카운티가 협약에 동의할 수 없을 때 난국이 존재한다. 사기업에서는 노동조합은 주로 파업을 하거나 고용주가 직장폐쇄를 시행한다. 경찰파업은 많은 주에서는 불법이며, 의무적 조정, 진실규명, 중재와 같은 난국조정절차가 존재한다.

파업은 경찰 노동조합주의의 가장 논쟁이 되는 측면이다. 많은 사람이 비전문적이고 공공에게 매우 심각한 위험을 초래하기에 경찰은 절대적으로 파업을 할 권리가 없다고 주장한다. 한 사람의 노동력을 행사하지 않는 것은 노동자들이 고용주를 압박하여 합의를 이끌어 내는 매우 강력한 무기이다. 그러나 대부분의 노동조합 지도자들은 파업이 주법(州法)상에서 불법이고 부정적인 대중의 반응 때문에 파업을 반대하고 있다.[47]

실제 파업 대신에, 경찰관들은 때때로 일반적으로 할당된 작업동작의 의도적인 혼란을 통한 준법투쟁에 돌입한다. 일례로 많은 경찰관이 아프다는 핑계로 출근을 하지 않은 "꾀병 태업(blue flu)"이 있다.*[48] 1975년의 샌프란시스코(San Francisco)와 같은 경우, 경찰관들은 교통위반 티켓을 전혀 발급하지 않거나 엄청난 양의 교통위반 티켓을 교부함으로써 도시에 압력을 가하는 시도를 하였다.[49] 경찰파업은 지역사회에 있어서는 큰 위기이다. 볼티모어(Baltimore)시(1974), 샌프란시스코(San Francisco)시(1975), 뉴올리언즈(New Orleans)시(1979)에서 발생한 경찰파업들은 폭력범죄와 무질서의 결과를 초래하였다. 많은 경찰파업의 경우에, 일부 경찰관들은 지역사회를 향한 의무감을 갖고 자신의 직무에 책임을 다했다.

경찰파업은 매우 드물며, 1970년대 이후에는 거의 나타나지 않았다. 공립학교 교사들의 파업이 경찰관들의 파업보다 훨씬 자주 일어난다. 심지어 사기업에서도 1970년대 이후에는 파업 발생수가 점차적으로 감소하고 있다.[50]

경찰 노동조합의 영향

경찰 노동조합은 미국 경찰활동에 있어서 강력한 영향을 가져왔다. 가장 중요한 것은, 경찰관의 급여와 혜택에 있어서 괄목할만한 변화를 가져왔다는 것이다. 1960년대 중반 많은 경찰관서는 자격을

⇨ 경찰 업무의 처음 시작 대한 전체 논의는 제6장 및 제15장 참조

---

* [역자 주] '꾀병 태업(blue flu)'은 수많은 경관이 무더기 병가를 신청하여 업무에 혼란을 주는 행위임. 2020년 7월 미국의 로스앤젤레스 경찰국(LAPD)에서는 독립기념일 연휴에 300명에 가까운 경찰관이 대거 병가를 신청하여 예산 삭감에 항의하는 집단을 했다는 의혹을 받았음(출처: 2020년 7월 9일 중앙일보 미주판 2면 "LAPD '집단 꾀병' 의혹… 동시에 300명 병가 제출" 기사 참조).

갖춘 경찰관을 신규채용하고 유지하는 데 매우 큰 어려움을 겪었다. 1980년대 후반 이러한 상황은 극적으로 바뀌었다. 경찰관서들은 보편적으로 채용공고가 날 때마다 많은 지원자가 몰려왔으며 어느 정도의 대학 교육을 받은 사람들을 채용할 수 있었다. 다시 말하면 경찰관서에서 일하는 직업은 어느 정도의 대학 교육을 받은 사람들에 있어서 다른 직업과 비교해서도 경쟁력이 있는 직업이 되었다.

경찰로서의 직업은 노동조합화의 결과로써 경찰관들이 받는 급여가 증가하였기 때문에 어느 정도 점점 더 경쟁력이 있게 되었다. 플로리다주에서 시행된 한 연구에 의하면 보안관들의 노동조합화가 허용되는 법안이 제정된 이후에, 보안관보(sheriff's defuties)들의 초봉이 다른 노동조합화가 이루어지지 않은 조직과 비교하여 거의 $5,000 가량 크게 증가하였다.[51] 지홍 자오(Jihong Zhao)와 니콜라스 로브릭(Nicholas Lovrich)은 경찰보수에 관한 단체교섭의 영향을 측정하는 미국 내에서도 몇 안 되는 연구 중 하나를 수행하였다. 그들은 오늘날 대형 경찰기관의 약 70%가 단체교섭에 관여하고 있다고 보고했다. 단체교섭을 하지 않는 기관들은 위험수당과 근무시간에 따른 차별적 수당지급, 그리고 교육 인센티브 수당을 적게 받는 경향이 있다는 것을 알아냈다. 그 연구자들의 결과는 단체교섭이 "경찰인사의 복지를 향상시키기 위한 정책들의 지지"로써 성공적인 전략이라는 결론을 이끌었다.[52]

사무엘 워커(Samuel Walker)는 노동조합은 적어도 네 가지 다른 방법으로 경찰에 영향을 미쳤다고 주장한다. 첫째, 그들은 경찰관리과정, 경찰서장 권한 축소, 그리고 공유 거버넌스 과정 도입 등을 급진적으로 바꾸었다. 노동조합은 경찰관서의 운영에 대한 결정에 대하여 경찰관들의 의견을 전부는 아니더라도 어느 정도 제시하였다. 1960년대 이전에는 경찰서장은 경찰관서를 운영하는 데에 있어서 거의 모든 것을 자유롭게 할 수 있었다. 둘째, 노동조합은 징계 절차에 정당한 법절차를 도입하고, 임의적이고 불공정하게 경찰관에게 사용하였던 경찰서장의 권한을 제한하며, 경찰에 대한 시민의 감독에 반대함으로써 징계 및 책임에 영향을 미치게 되었다. 셋째, 부정행위로 인해 기소된 경찰관을 적극적으로 감싸고, 경찰-지역사회의 관계 개선에 관한 정책에 반대하며, 채용 계획에서 차별철폐조치를 반대함으로써 경찰-지역사회의 관계에 부정적인 영향을 가져왔다. 넷째, 경찰 노동조합은 상당한 재정적, 정치적 자원을 갖고 있다. 이것은 정치 후보와 국민발의에 영향을 준다.[53]

결과적으로, 몇몇 학자와 경찰 간부들이 경찰 노동조합이 경찰 조직의 긍정적인 변화의 심각한 장애물이라고 주장하는 것은 놀라운 일은 아니다. 예를 들어, 많은 도시에서 노동조합은 측면으로의 진입 실행, 경찰 정책의 변화, 징계 절차, 그리고 승진 절차에 맞서 싸웠다고 주장한다. 그들은 또한 경찰 노동조합은 직원의 배치, 추가순찰팀의 이행 및 초과 근무 절차 변경에 관련된 정책에 반대하여 경찰관서를 효율적으로 운영할 수 있는 관리의 능력을 제한하는 것과 연관이 있다고 주장한다.[54]

Sidebar 4-3

경찰 노동조합은 경찰활동에 해가 되는가?

지난 몇 년 동안 경찰에 대한 논쟁이 커지고 있다. 경찰 노조의 옹호론자들은 그들이 경찰관들에게 단체교섭의 이점을 제공하여 경찰관의 급여를 인상하고 근무 조건을 개선했다고 언급한다. 그러나 비평가들은 경찰 노조가 경찰의 개혁 노력을 제한하고, 위법행위에 대한 징계로부터 경찰을 보호했다고 주장해 왔다. 최근 논란이 되고 있는 플로리다 주에서 실시된 연구결과에 따르면, 경찰 노조는 실제로 경찰관이 더 많은 위법행위를 저지르는 결과를 초래하고 있다고 하였다. 저자들은 쉐리프 경찰관서를 쉐리프 경찰관서 대리인에게 단체교섭권리를 허용한 플로리다 대법원의 판결 전과 후를 경찰관서와 비교했다. 그들은 "단체교섭권이 쉐리프 경찰관들의 폭력적인 비행 사건을 크게 증가시켰다"고 보고했다. 저자들은 폭력적 위법행위의 증가(약 40%)가 노조의 대리인에게 제공한 절차적 보호의 결과일 수 있다고 믿었다.

출처: Dharmapala, Dhammika; McAdams, Richard H; Rappaport, John (2019); Collective Bargaining and Police Misconduct: Evidence from Florida, CESifo Working Paper, No. 7718, Center for Economic Studies and ifo Institute (CESifo), Munich.

최근 노조는 위법행위 조사를 방해하는 계약을 조장한다는 비판을 받고 있다. 최근 대도시의 경찰 계약에 대한 2건의 조사에 따르면, 많은 계약에서 기관이 익명의 고소의 대상이 된 경찰관을 수사하는 것을 금지하고, 경찰관이 심문 전에 고소인의 이름을 포함한 조사자료에 접근할 수 있도록 요구하고 있으며, 고소인이 징계 조치를 받기 위해 고소장을 제출해야 하는 기간에 대하여 공소시효를 정하고 있다. 그들은 또한 계약이 위법행위에 대해 심문을 받기 전에 의무적인 대기기간을 요구하는 것이 일반적이며, 일부 계약에서는 징계로 인한 무급 정직기간을 휴가 및 병가에 대한 조치로 대체하는 것을 허용한다고 보고한다. 비평가들은 이러한 유형의 계약 체결로 인해 위법행위에 대해 책임을 져야 하는 당사자를 더 어렵게 만든다고 주장한다.[55]

▌경찰 조직과 그들의 환경

연구원들은 경찰의 조직구조와 운영전략을 이해하기 위하여 상황적합이론(contingency theory), 제도이론(institutional theory), 자원의존이론(resource dependency theory) 등 주요한 세 가지 이론을 사용해 왔다. 각각의 모델들은 경찰이 운영되는 환경의 이해에 대한 중요성과 어떻게 환경이 경찰 조직에 영향을 미치는가를 강조하고 있다.

상황적합이론

상황적합이론(contingency theory)

상황적합이론은 경찰 조직의 구조와 수행을 전략을 이해하기 위한 주된 이론적 틀로써 등장하였다. 상황적합이론에 깔린 전제조건은 조직은 범죄 통제와 같은 특정 목표를 달성하기 위하여 만들어지고 조직된다는 것이다. 상황적합이론에 의하면, 조직들은 특정 목표를 가장 효과적이고 효율적으로 달성하기 위하여 조직적 구조와 운영상의 활동을 받아들이는 합리적인 독립체이다. 조직들은 그들이 직면하고 있는 환경적인 조건에 적합한 조치를 취하지 못하면 번성하지 못하며, 일부는 생존하지 못할 것이다.[56]

따라서 경찰 조직이론가들의 선두주자인 솔로몬 자오(Solomon

Zhao)는 경찰 조직에 관한 두 가지 주요 전제를 주장하였다. 첫째는 경찰 조직이 "기본 목표가 운영조건의 변화에 영향을 받을 때 외부 환경에 적응해야 한다는 것"이다. 둘째는 경찰 조직들이 시간이 지남에 따라 조직들과 환경 사이에 "적합함"을 유지하도록 역동적이어야 한다는 것이다. 경찰 조직과 환경이 잘 맞음은 더 높은 성능의 결과를 가져온다. 자오는 이 두 가지 기본 전제는 상황적합이론이 왜 경찰 조직이 그들의 조직 구성과 운영전략을 변경하는지 학생들이 경찰 조직을 이해하는 데 도움이 될 수 있는 가장 적합한 이론이라고 지적하였다.[57]

연구원들과 정책 입안자들은 종종 상황적합이론을 경찰혁신을 이해하는 데 사용하고 있다. 예를 들면, 캘리포니아주의 잉글우드(Inglewood)는 1970년대 초반 증가하는 갱 문제에 직면하였다. 갱과 갱 관련 문제들의 확산에 대한 대응으로, 경찰관서는 경찰관서 내에서 범죄 통제 노력의 성공을 확대하기 위하여 경찰 갱 부서를 설립하였다. 마찬가지로, 많은 연구자들과 정책입안자들은 과거 경찰의 범죄 통제 노력이 실패했기 때문에 지역사회 경찰활동을 도입해야 한다고 주장하였다.[58]

제도이론

제도이론은 경찰 조직이 조직의 외부사회와 정치적 환경의 관계 속에서 운영되는 사회 기관이라고 했다. 경찰에 적용하는 것과 마찬가지로, 제도이론의 핵심 전제는 경찰 조직과 활동은 제도적 환경의 맥락에서 이해되어야만 한다는 믿음이다. 여기서 제도적 환경은 경찰 조직의 정책과 결정에 영향을 줄 수 있는 *군주자(sovereigns)*라고 하는 강력한 행위자를 나타낸다.[59] 특정 사회에서 군주자들에는 시장, 시의회, 특별이해단체, 시민, 및 기타 형사사법기관이 포함될 수 있다.

제도이론(institutional theory)

제도적 관점에서, 경찰 조직과 경찰이 수행하는 활동은 반드시 합리성을 반영하는 것은 아니라고 주장한다. 즉, 경찰관서는 단순히 더 효율적이고 더 효과적이기 위하여 조직 구조를 신설하거나 조직

활동에 참여하지 않는다. 대신, 경찰관서는 그들의 제도적 환경에 의해 공유되는 아이디어와 가치를 반영하기 때문에 조직구조를 신설하고 운영활동에 참여한다.[60] 따라서 제도이론은 경찰관서 수립의 합법성, 조직 구조 및 운영 활동은 환경 내에서 다양한 강력한 행위자가 보유한 아이디어와 이점에 따라 수행되어야 함을 뒷받침하고 있다.[61] 이러한 외부환경에 의해 규정된 아이디어와 신념을 준수하는 경찰 조직들은 "문화적 지원"을 얻을 가능성이 높으므로 조직 생존의 가능성을 높인다.[62] 반대로, 제도적 환경에서 갖고 있는 아이디어와 신념을 따르지 않는 조직은 쓸모없거나 중요하지 않은 조직으로 인식될 위험이 있으며, 제도적 환경이 이전에 부여받은 합법성을 잃을 수 있다.[63]

찰스 캐츠(Charles Katz)는 경찰 갱 부서 설립의 민족지학적 연구를 통해 제도이론의 유용성을 연구하였다. 카츠는 경찰관서에서의 제도적 압력은 갱 부서의 신설에 중대한 영향을 미쳤음을 발견하였다. 관찰과 내부문서에 따르면 도시에는 전문화된 갱 부서를 필요로 하지 않는 작은 갱 문제만이 존재함을 나타내고 있다. 그러나, 갱 부서는 지역사회의 강력한 정치적, 경제적, 그리고 지역사회의 이해당사자들이 경찰서장에 압력을 가해져 신설되었으며, 부서가 신설될 때, 이 전략적 대응은 환경에 주어진 군주자들의 아이디어와 신념을 포함해야 하는 요구에 의한 것이었다. 따라서, 카츠는 경찰 조직이 운영하는 환경의 주요 요소들을 측정하고 설명하려고 노력하는 것이 경찰 조직의 조직 배치와 운영 활동을 이해하는 데 매우 중요할 수 있다고 보고하였다.[64]

자원의존이론

자원의존이론(resource dependency theory)

자원의존이론은 조직은 생존을 위하여 자원을 획득해야만 하고 이러한 지원을 획득하기 위하여 그들은 다른 조직과 교환해야 한다고 주장한다. 자원의존이론가들에 의하면, 이것은 조직이 조직구조 또는 운영전략을 변경하여 필요한 자원을 제공할 수 있는 환경을 가진 다른 조직들을 수용할 수 있도록 하는 것이 요구된다는 것이다.

결과적으로, 자원을 제공할 수 있는 능력을 갖고 있는 조직 환경 내의 누군가가 자원의 교환을 통해 직·간접적인 힘을 가져야 한다고 주장한다. 동시에, 자원의존이론의 지지자들은 조직이 단순히 그들의 환경 안에 있는 다른 조직의 자비에 의한 수동적인 유기체일 뿐만 아니라 자원의 흐름을 확실히 할 수 있는 그들의 환경에 영향력이 있다고 주장한다.[65] 조직은 가치 있는 자원에 접근할 수 있는 기회를 찾기 위해 조직의 환경을 적극적으로 살핀다.[66] 자원의존이론의 지지자들은 비록 환경적 요인들이 조직의 구조나 활동에 영향을 미치더라도 조직은 자원의 흐름을 보장하기 위하여 그들이 운영하는 환경에 영향을 줄 수 있는 능력을 갖고 있다고 주장한다.[67] 따라서, 자원의존이론의 핵심에는 경찰 조직의 효율성이나 효과성을 높이기 위해서가 아닌, 조직의 구조와 관행이 자원 요구를 충족시키기 위해 채택된다는 신념이 있다.[68]

현재까지 소수의 연구만이 경찰 조직을 이해하기 위하여 이 이론을 사용하였다. 카츠, 맥과이어, 론켁(Katz, Maquire, and Roncek)은 미 전역의 285개 경찰 기관을 연구하였는데, 심지어 갱과 관련된 범죄의 양을 통제할 때, 경찰관서는 외부의 자금을 지원받지 못한 기관과 비교하여 외부로부터 갱 통제 기능을 위한 자금을 받았을 때 전문화된 갱 부서를 신설할 가능성이 높은 것으로 나타났다. 그들은 갱 부서들이 생겨나는 이유는 실질적으로 증가하는 갱 문제들 때문이 아니라, 갱을 목표로 하는 범죄 통제노력이 가능하도록 하는 충분한 자원 때문이라고 주장하였다.[69] 유사한 연구로서 맥과이어, 자오, 로브릭(Maguire, Zhao, and Lovrich)은 많은 경찰 기관들이 지역사회 경찰활동을 도입한 이유 중 하나는 지역사회 경찰활동이 잘 운영되도록 법무부(Department of Justice)가 지원하는 88억 달러 중 그들의 지분을 획득하기 위한 것이라고 주장하였다.[70]

사례연구

COMPSTAT을 넘어서: 뉴올리언즈경찰국의 MAX 프로그램

2016년, 뉴올리언즈경찰국은 조직의 변화를 달성하기 위해 MAX(Management Analytics for eXcellence) 프로그램을 구현했다. MAX는 경찰 관리에 대한 기관의 데이터 중심 접근 방식으로 COMPSTAT을 대체했다. COMPSTAT은 범죄 동향에만 초점을 맞추었지만, MAX는 이러한 데이터에 합의안(consent decree)을 모니터링한 관련 데이터를 추가하여 보완하였다. 이것은 신체부착카메라(body worn camera(BWC)) 활성화, 차량 내 카메라 사용, 구금 심문, 감독 검토, 사진 라인업 및 긴급 서비스 요청과 관련된 문제에 대한 정책 준수 추이와 관련된 데이터가 포함된다. 이 정보는 메트릭을 표시해 주는 대시보드와 각 구역을 요약하고 상호 비교가 가능한 지휘관이 담당하는 스코어 보드를 통해 표시된다. MAX회의에는 각 구역의 지휘관과 각 구역의 책임을 지고 있는 일선 경찰관이 참석한다. 회의의 목적은 구역 및 단위 지도자에게 형편없는 성과에 대한 책임을 묻고, 혁신적인 프로그램과 업무수행을 강조하며, 부서를 통한 의사소통을 늘리는 것이다. MAX 대시보드는 http://nola.gov/nopd/data/.

출처: The Honorable Susie Morgan, Danny Murphy, and Benjamin Horwitz, "Police Reform Through Data-Driven Management," *Police Quarterly* 20, no.3(2017): 275-294.

요약: 조각 합치기

경찰 조직은 경찰활동의 중요한 요소이다. 경찰 조직은 경찰서비스가 조직되고 대중에게 전달되는 도구이다. 많은 경찰의 문제들은 관료제 문제들과 관련이 있다. 팀(Team) 경찰활동과 같은 과거 경찰관서의 재구성 시도는 성공하지 못했다. 최근의 지역사회 경찰활동과 COMPSTAT과 같은 시도는 경찰 조직이 자신이 담당하고 있는 지역사회와 변화하는 사회 상황에 보다 개방적이고 대응하는 모습을 통해 경찰 조직에 활력을 불어넣는 노력을 보여주고 있다.

핵심어

토론

1. 만약 당신이 경찰청장이라면, 당신의 경찰서를 어떻게 조직할 것인가? 예를 들면, 많은 전문 부서를 둘 것인가? 많은 또는 적은 규정을 만들 것인가?

2. 지난 20년간 경찰의 전문화는 어떠한 방식으로 확대되어왔는가?

3. 중앙집권화된 조직과 분권화된 조직의 차이점을 설명하시오. 각각의 장단점은 무엇인가?

4. 오늘날 경찰 노동조합이 경찰관서에 어떠한 영향을 미치는지 설명하시오. 각각의 장단점은 무엇인가? 장점이 단점을 뛰어넘는가?

5. 전문화의 장단점은 무엇인가?

인터넷 연습

연습 1 많은 경찰관서는 조직 편성표를 그들의 웹사이트에 포함하고 있다. 각 경찰관서 규모의 여러 조직도를 찾아보자: 초대형(3,000 정규 경찰관), 대형(700 이상 정규 경찰관), 중간 규모(200~700 정규 경찰관), 소형(100 이하 정규 경찰관). 어떠한 점에서 명백한 차이점이 나타나는가? 전문화 측면에서 어떻게 비교할 것인가?

연습 2 www.iupa.org를 방문하여 국제 경찰 노동조합 연합(International Union of Police Association)에 대하여 알아보자. 이 노동조합에 대하여 읽어본 후, 경찰 노동조합의 장점과 한계에 대하여 논의해 보자.

연습 3 많은 경찰관서에서 장갑차와 군용 무기와 같은 잉여 군용 장비를 구매하고 있다. 인터넷을 통해 당신의 지역 신문을 검색하여 당신의 지역사회에서 그러한 장비를 구매하였는지 알아보자. 수업에서 찾은 내용에 대해 토론하고 잉여 군사장비를 보유하고 있거나 보유하지 않은 경찰 기관의 이점과 취약점에 대하여 논의해 보자.

NOTES

1. Egon Bittner, *Aspects of Police Work* (Boston: Northeastern University Press, 1990), 136−147.
2. Ibid.
3. Ibid., 132−136.
4. James H. Tenzel, Lowell Storms, and Harvey Sweatwood, "Symbols and Behavior: An Experiment in Altering the Police Role," *Journal of Police Science and Administration* 4, no. 1 (1976): 21−28.
5. Peter Kraska and Louis Cubellis, "Militarizing Mayberry and Beyond: Making Sense of American Paramilitary Policing," *Justice Quarterly* 14, no. 4 (1997): 607−630.
6. Donald Campbell and Kathleen Campbell, "Police/Military Convergence in the USA as Organizational Mimicry," *Policing and Society* 26, no. 3 (2016): 332−353.
7. William R. King, "Bending Granite Revisited: The Command Rank Structure of American Police Organizations," *Policing* 26, no. 2 (2003): 208−230.
8. Charles Perrow, *Complex Organizations: A Critical Essay* (New York: Random House, 1986).
9. Samuel Walker, *A Critical History of Police Reform* (Lexington, MA: Lexington Books, 1977).
10. James Fyfe, Jack Greene, William Walsh, O. W. Wilson, and Roy C. McLaren, *Police Administration,* 5th ed. (New York; McGraw Hill, 1997).
11. Charles M. Katz, Edward Maguire, and Dennis Roncek, "The Creation of Specialized Police Gang Units: A Macro−Level Analysis of Contingency, Social Threat, and Resource Dependency Explanations," *Policing* 25, no. 3 (2002): 472−506.
12. James Q. Wilson, *Bureaucracy* (New York: Basic Books, 1989).
13. Henry I. DeGeneste and John P. Sullivan, *Policing a Multicultural Community* (Washington, DC: PERF, 1997).
14. Perrow, *Complex Organizations.*
15. Walker, *A Critical History of Police Reform.*
16. Samuel Walker, "Legal Control of Police Behavior," in D. Weisburd and C. Uchida, eds., *Police Innovation and Control of the Police* (New York: Springer−Verlag, 1993), 32−55.
17. John Crank, *Understanding Police Culture,* 2nd ed. (Cincinnati: Anderson Publishing, 2004).
18. Dorothy Guyot, *Policing as Though People Matter* (Philadephia: Temple University Press, 1991).
19. John P. Crank, "The Influence of Environmental and Organizational Factors on Police Style in Urban and Rural Environments," *Journal of Research in Crime & Delinquency* 27 (May 1990): 166−190.
20. William A. Westley, *Violence and the Police* (Cambridge, MA: MIT Press, 1970), 23.
21. Steven Brint, *In an Age of Experts: The Changing Role of Professionals in Politics and Public Life* (Princeton, NJ: Princeton University Press, 1994).
22. Jihong Zhao, *Why Police Organizations Change* (Washington, DC: Police Executive

Research Forum, 1996).

23. Samuel Walker, *Taming the System* (New York: Oxford University Press, 1994).

24. Edward Maguire, "Structural Change in Large Municipal Police Organizations during the Community Policing Era," *Justice Quarterly* 14, no. 3 (1997): 547−676. Stephen Mastrofski and Richard Ritti, "Making Sense of Community Policing: A Theory−Based Analysis," presented at the annual meeting of the American Society of Criminology, Boston (1995).

25. Edward Maguire and Yeunhee Shin, "Structural Change in Large Police Agencies during the 1990s," *Policing* 26, no. 2 (2003): 251−275.

26. Jihong (Solomon) Zhao, *Evaluation on the Implementation of Total Quality Management in the Omaha Police Department: An Interim Report* (Omaha: University of Nebraska, 1998).

27. Peter W. Phillips, "De Facto Police Consolidation: The Multi−Jurisdictional Task Force," *Police Forum* 9, no. 3 (1999): 1−5. G. Orvis, "The Evolution of the Crime Task Force and Its Use in the Twenty−First Century," presented at the annual meeting of the Academy of Criminal Justice Sciences, Orlando (1999).

28. Phillips, "De Facto Police Consolidation."

29. Ibid.

30. David H. Bayley, *Police for the Future* (New York: Oxford University Press, 1994), 101.

31. U.S. Department of Justice, *Mapping Out Crime* (Washington, DC: National Partnership for Reinventing Government, 1999).

32. John Eck and Edward Maguire, "Have Changes in Policing Reduced Violent Crime? An Assessment of the Evidence," in Alfred Blumstein and Joel Wallman, eds., *The Crime Drop in America* (Cambridge, U.K.: Cambridge University Press, 2000), 207−265.

33. Police Executive Research Forum, *COMPSTAT: Its Origins, Evolution, and Future in Law Enforcement Agencies* (Washington, DC: Author, 2013).

34. Robert Davis and Pedro Mateu−Gelabert, *Respectful and Effective Policing: Two Examples in the South Bronx* (New York: Vera Institute of Justice, March 1999).

35. Hyunseok Jang, Larry Hoover, and Hee−Jong Joo, "An Evaluation of Compstat's Effect on Crime: The Fort Worth Experience," *Police Quarterly* 13, no. 4 (2010): 387−412.

36. Dean Dabney, "Observations Regarding Key Operational Realities in a COMPSTAT Model of Policing," *Justice Quarterly* 27, no. 1 (2010), 28−51.

37. Brenda J. Bond and Anthony A. Braga, "Rethinking the COMPSTAT Process to Enhance Problem− Solving Responses: Insights from a Randomized Field Experiment," *Police Practice and Research* 16, no. 1 (2015): 22−35.

38. George W. Griesinger, Jeffrey S. Slovak, and Joseph J. Molkup, *Civil Service Systems: Their Impact on Police Administration* (Washington, DC: U.S. Government Printing Office, 1979).

39. William R. King, "The Hierarchical Nature of Police Organizations: Conception and Measurement," unpublished paper (Bowling Green, OH: Bowling Green University, 2003).

40. Bureau of Justice Statistics, *Law Enforcement*

Management and Administrative Statistics,
1997 (Washington, DC: U.S. Government
Printing Office, 1999), xiv.

41. Bureau of the Census, *Statistical Abstract of
the United States, 1997* (Washington, DC: U.S.
Government Printing Office, 1997), 438–442.

42. John Burpo, Ron DeLord, and Michael
Shannon, *Police Association Power, Politics,
and Confrontation* (Springfield, IL: Charles C.
Thomas Publisher, 1997). "About the Fraternal
Order of Police," www.fop.net/CmsPage.
aspx?id=223.

43. Burpo, DeLord, and Shannon, *Police
Association Power.* Zack Murdock, "Sarasota
Police Choose IUPA for Union Representation,"
Herald–Tribune, October 18, 2017.
https://www.heraldtribune.com/news/20171019
/sarasota–police–choose–iupa–for–union
–representation.

44. Burpo, DeLord, and Shannon, *Police
Association Power.*

45. International Association of Chiefs of Police,
*Guidelines and Papers from the National
Symposium on Police Labor Relations*
(Washington, DC: Author, 1974).

46. Michael T. Leibig and Robert B. Kliesmet,
*Police Unions and the Law: A Handbook for
Police Organizers* (Washington, DC: Institute
for Police Research, 1988).

47. Jack Steiber, *Public Employee Unionism:
Structure and Growth* (Washington, DC: The
Brookings Institution, 1973), 159–192.

48. Margaret Levi, *Bureaucratic Insurgency*
(Lexington, MA: Lexington Books, 1977),
91–130.

49. William J. Bopp, "The San Francisco Police
Strike of 1975: A Case Study," *Journal of
Police Science and Administration* 5, no. 1
(1977): 32–42.

50. Bureau of the Census, *Statistical Abstract of
the United States, 1997,* 439.

51. William M. Doerner and William G. Doerner,
"Collective Bargaining and Jobs Benefits: The
Case of Florida Deputy Sheriffs," *Police
Quarterly* 13, 4 (2010): 367–386.

52. Jihong Zhao and Nicolas Lovrich, "Collective
Bargaining and the Police," *Policing* 20, 3
(1997): 508–518.

53. Samuel Walker, "The Neglect of Police
Unions: Exploring One of the Most Important
Areas of American Policing," *Police Practice
and Research* 9 (2008): 95–112.

54. Colleen Kadleck, "Police Employee
Organizations," *Policing* 26, no. 2 (2003):
341–350.

55. Christopher Harris and Matthew M. Sweeney,
"Police Union Contracts: An Analysis of Large
Cities," *Policing: A Journal of Policy and
Practice.* Online first (2019). Reade Levinson,
Across the U.S., Police Contracts Shield
Officers from Scrutiny and Discipline, Reuters
(January 13, 2017), https://www.reuters.com/
investigates/special–report/usa–police–unions/.

56. Lex Donaldson, *American Anti–Management
Theories of Organization* (Cambridge, U.K.:
Cambridge University Press, 1995). Katz,
Maguire, and Roncek, "The Creation of
Specialized Police Gang Units." Stephen
Mastrofski, "Community Policing and Police
Organizational Structure," in Jean–Paul
Brodeur, ed., *How to Recognize Good
Policing* (Thousand Oaks, CA: Sage, 1998),

161 – 189.

57. Jihong "Solomon" Zhao, Ni He, and Nicholas Lovrich, "Community Policing: Did It Change the Basic Functions of Policing in the 1990?" *Justice Quarterly* 20, no. 4 (2003): pp. 697 – 724.

58. Katz, Maguire, and Roncek, "The Creation of Specialized Police Gang Units."

59. John Crank and Robert Langworthy, "An Institutional Perspective of Policing," *The Journal of Criminal Law and Criminology* 83 (1992): 338 – 363. Paul Di Maggio and Walter Powell, "The Iron Cage Revisited: Institutional Isomorphism and Collective Rationality in Organizational Fields," in Walter Powell and Paul Di Maggio, eds., *The New Institutionalism in Organizational Analysis* (Chicago: University of Chicago Press, 1991). John Meyer and Brian Rowan, "Institutionalized Organizations: Formal Structure as Myth and Ceremony," *American Journal of Sociology* 83 (1977): 340 – 348.

60. Meyer and Rowan, "Institutionalized Organizations."

61. Ibid. Crank and Langworthy, "An Institutional Perspective of Policing," John Crank, "Watchman and Community: Myth and Institutionalization in Policing," *Law and Society Review* 28, no. 2 (1994): 325 – 352.

62. Meyer and Rowan, "Institutionalized Organizations."

63. Crank and Langworthy, "An Institutional Perspective of Policing."

64. Charles Katz, "The Establishment of a Police Gang Unit: An Examination of Organizational and Environmental Factors," *Criminology* 39 (2001): 37 – 75.

65. Donaldson, *American Anti – Management Theories of Organization.*

66. Ibid. Katz, Maguire, and Roncek, "The Creation of Specialized Police Gang Units."

67. William Scott, "Introduction," in J. M. Meyer and W. R. Scott, eds., *Organizational Environments* (London: Sage Publications, 1992).

68. Donaldson, *American Anti – Management Theories of Organization.* R. H. Hall, *Organizations: Structures, Processes, and Outcome* (Upper Saddle River, NJ: Prentice Hall, 1999). P. S. Tolbert and L. G. Zucker, "The Institutionalization of Institutional Theory," in S. R. Clegg, C. Hardy, and W. R. Nord, eds., *The Handbook of Organizational Studies* (Thousand Oaks, CA: Sage, 1997).

69. Katz, Maguire, and Roncek, "The Creation of Specialized Gang Units."

70. Ed Maguire, Jihong Zhao, and Nicholas Lovrich, "Dimensions of Community Policing," unpublished manuscript (Omaha, Nebraska).

Chapter
05
경찰관의 채용과 훈련

▌변화하는 경찰

경찰 인사: 과거 문제와 새로운 도전과제

국민들이 받게 되는 경찰서비스의 질은 그 경찰관의 자질과 밀접한 관련이 있다. 이 장과 다음 장에서는 최고의 경찰관을 확보하는 것과 관련된 많은 복잡한 문제들을 다루게 될 것이다. 이 장에서는 채용, 선발 그리고 교육을 논의한다. 다음 장에서는 경찰관들의 현장 경험, 하위 문화 그리고 경찰부서의 성과평가에 대해 다룬다.

채용, 선발 그리고 교육과 관련한 대부분의 이슈들은 오래된 것들이다. 경찰 부서들이 유지하고 있는 채용에 관한 최소한의 기준들은 무엇인가? 경찰관들은 얼마나 많은 또 얼마나 다양한 교육을 받아야 하는가? 오늘날, 이런 오래된 이슈들은 새로운 도전과제와 맞닿아 있다. 지금 경찰부서들은 데이터 기반이며 핫스팟(hot spot) 경찰활동과 같은 프로그램의 컴퓨터 기술에 의존하고 있으며, 이로 인해 오늘날 경찰들에게는 기술적으로 숙달될 것을 요구하고 있다. 또한, 오늘날 경찰들은 지역사회 경찰활동, 문제 지향적 경찰활동, 그리고 다른 프로그램들을 통해 더욱더 그들이 봉사하는 지역사회와 연결되어 있다. 따라서, 오늘날 경찰은 지역사회 봉사에 더욱 전념할 필요가 있다.[1] **국가경찰위기관리(National Police Crisis)**는 합법성과 절차적 정당성에 대한 새롭고도 까다로운 문제들을 제기하고 있다. 예전처럼 경찰관이 관할구역을 순찰하고 911콜에 대응만 하는 시대는 끝났다.

수 라(Sue Rahr)와 스티븐 라이스(Stephen K. Rice)의 상당히 영향력 있는 2014년 논문에서는, 현시대를 위해 어떤 종류의 경찰관이 필요한가에 대한 문제를 언급했다. 그들은 그 문제를 '**전사 대 수호자**'라는 표현으로 정의했다. 그들은 미국 경찰활동이 지나치게 오랫동안 전사 정신에 의해 지배되었다고 주장한다. 그리고 그런 정신은 경찰활동에 대한 군대적 방식을 체화한 것이었다. 이에 따른 대중을 향한 '우리 대 그들'의 태도는 경찰관들이 모든 곳에서 대중으로부터 적대심과 위험을 마주하게 된다는 것이다. 또한, 필요하지 않은 상황에서 무력을 사용하기 더 쉽다는 것을 의미한다. 그 결과, 경찰관들은 "지역사회로부터 격리되고 분리된다." 병영훈련처럼 운영되는 경찰학교의 훈련 프로그램은 전사 문화가 스며들어 있다.[2]

라와 라이스는 경찰은 '수호자' 사고방식을 계발하고 함양할 필요가 있다고 주장한다. 이는 대중에 대한 서비스를 강조하고 미국의 민주주의 가치에 더욱 부합하는 것이다. 경찰관은 대중과의 관계에서 어려운 상황을 평화롭게 해결할 방법을 찾는 훈련과 경험을 쌓아야 한다. 여기에는 긴장완화와 전술적 의사결정의 전술에 대한 훈련이 포함되는데, 이 전술은 대중과 마주칠 때마다 판단을 내리고 최선의 행동 방침을 선택하는 것이다. 물리력은 반드시 필요한 상황에서 최소한으로 이루어져야 하며 마지막 수단이어야 한다. 라와 라이스는 수호자 접근방식이 경찰활동의 효과성을 높일 것이라고 말한다: "긍정적인 경찰의 교류는 대중의 신뢰를 가능케 할 것이다. 사람들은 좋은 경찰에게 이웃에서 어떤 일이 일어나고 있는지 말하고, 안전을 위해 함께 일할 것이다."[3]

캠든 카운티(뉴저지) 경찰서는 원래 있던 경찰과 보안관 부서가 시와 카운티의 재정적자로 인해 파산하면서 폐지된 후, 그들의 서비스 정신을 끌어안으며, "수호자가 되어, 생명을 구하라!, 자신보다 봉사가 먼저다."라는 슬로건을 걸며 2013년 탄생하였다.[4]

전사 대 수호자(guardians versus warriors)

▌새로운 경찰인력 위기

경찰최고위연구포럼(Police Executive Research Forum: PERF, 이하 '연구포럼')은 2019년 보고서에서 강한 어조로 미국 경찰활동은 '인력확보의 어려움을 겪고 있다'고 주장했다. 그 위기는 최고의 경찰관을 뽑고 유지하는 데 세 가지 심각한 위협을 품고 있다. 첫째, 점점 더 경찰관으로서의 직업에 응시하는 이들이 적어지고 있고, 둘째, 점점 많은 수의 경찰관들이 조기퇴직을 하고 있다. 대부분 5년이 채 되지 않아 사직한다. 셋째, 25년, 30년 전의 과거 채용 패턴으로 인해 점점 더 많은 경찰관이 퇴직 연령에 다다르고 있다. 이렇게, 경찰은 세 측면에서 압박을 받고 있다.[5]

한편, 주요한 사회적 변화들로 인해 경찰부서에서는 새로운 기술과 의지를 갖춘 경찰관들이 필요해졌다. 연구포럼은 "오늘날의 경찰관들은 기술에 능숙해야 한다"고 주장한다. 현대 경찰의 범죄와 무질서를 통제하는 프로그램들은 데이터에 기반하고 있다. 이에, 경찰의 책임성은 경찰의 총기사용에 관한 세부적인 자료를 요하며 다른 경찰활동에 대해서도 마찬가지이다. 조기개입시스템(EIS)(제14장 참조)은 5개에서 25개의 경찰관의 성과지표에 대한 전산화된 데이터 베이스로 문제성 있는 경찰관의 활동 패턴을 식별할 수 있다.

또한, 오늘날의 경찰은 늘어나는 사회 문제에 대응할 것으로 기대된다. 정신적 문제를 겪고 있는 사람들과 관련된 요구가 점점 증가하고 있으며, 양질의 경찰관 교육과 사회 봉사자들과의 효과적인 관계도 요구되고 있다. 마약류의 사용 및 이와 관련된 사망은 전 국가적으로 급속히 확산되고 있다. 노숙자 문제는 많은 도시에서 심각한 문제이다. 이러한 모든 것들은 세심하게 계획된 정책과 양질의 교육을 요구하는 복잡한 문제이다.

마지막으로, 젊은이들의 사회적 행동의 변화는 경찰부서로 하여금 그 채용 기준에 있어 어려운 선택을 하게 만들고 있다. 경찰에서는 10대 시절 마약류를 사용하였거나, 문신이 있는 또는 수염을 기른 지원자들을 고용해야 하는가? 지원자들은 과거 범죄경력 때문에 자동으로 배제되어야 하는가?

어떻게 경찰에서는 이러한 시험에 효과적으로 대처할 수 있을까? 연구포럼은 식별된 여럿의 중요한 주제들에 대해 말하고 있다. 첫째로, 채용 자료는 라와 라이스의 수호경찰의 아이디어에 맞춰 "설렘보다는 봉사를 강조해야"할 필요가 있다. 신속한 조치, 주요 범죄자 체포, 강압적 건물 진입, 그리고 빈번한 총기사용과 같은 전통적인 이미지는 오늘날 경찰활동의 현실을 보여주지 못한다. 이러한 부적절한 이미지는 예비 지원자들이 그 일이 가져올 문제에 대해 적절히 준비할 수 없게 한다. 그 대신, 연구포럼은 경찰이 "경찰활동의 서비스 측면"을 강조해야 한다고 주장했다. 연구는 경찰 관련 모든 911 신고의 대다수는 서비스 관련된 것이라는 점을 줄곧 밝혀왔다. 이러한 신고는 가족 내 응급상황, 건강 위기상황, 그리고 정신 건강과 관련된 상황을 포함하고 법 위반 없는 이웃 간 다툼에 관한 것이었다.[6]

POLICE in FOCUS

어떻게 경찰 부서의 인사 시스템은 실패할 수 있는가

경찰 부서는 인사 과정의 한 단계에서는 잘할 수 있지만, 하나 또는 그 이상의 단계에서 실패함으로 인해 그들의 노력을 망칠 수 있다. 예를 들면,

• 좋은 신임을 선발했으나 적절한 교육에 실패하는 경우
• 교육은 잘 시켰으나, 일선 현장에서 감독을 적절히 하지 못하는 경우
• 좋은 성과를 인식하고 나쁜 성과를 파악할 수 있는 올바른 개인 평가 시스템을 확보하지 못하는 경우
• 부서의 정책이나 법률을 위반하는 경찰관을 징계하지 않는 경우
• 경력 발전을 원하는 경찰관에게 경력 기회를 제공하지 못하는 경우
• 최고의 경찰관을 승진시키지 못하는 경우

특히 도전적인 과제는, 경찰청이 "오늘날 경찰관들의 요구에 부합하는 인센티브를 잘 맞춰 주어야 한다"는 연구포럼의 제안이다. 오늘의 경찰관들은 단순히 지역 순찰을 하거나 911 신고를 처리하는 것보다는 더 많은 도전과 경력을 쌓을 기회를 원한다. 업무에 있어서, 보다 더 다양한 것을 원하며, 새로운 기술을 배우고 익힐 기회 그

리고 가정에서의 삶에 충실할 수 있는 더 유연한 근무체계를 원한다.
이러한 기대에 부응하기 위해, 경찰청은 그 조직이 어떻게 운영될 것
인지를 재설계할 필요가 있다. 이것은 작은 도전과제가 아니다.

경찰 인사: 경력 조망

경력 조망(career
perspective)

　　법 집행기관에서 근무하는 것은 단순한 직업 이상의 것이다. 그
건 전문직이자 경력이다. **경력 조망**은 경찰관의 경력을 이해하는 데
유용한 틀을 제공한다. 지원 자격, 시험, 경찰학교 경험 등 지나치게
많은 관심이 채용 단계에 집중되어 있다. 하지만, 이런 단계들은 단
지 시작에 불과하다. 경찰 부서는 경찰관들이 그들의 행동을 책임지
고, 건전한 정신을 견지할 수 있도록, 그리고 경찰 경력의 그 모든 단
계에 대한 긴밀한 관심이 필요하다.

경찰에 대한 고정관념을 넘어

　　"경찰은 전부 다... 이렇다"라는 식의 얘기를 얼마나 많이 들어
보았는가? 경찰관들이 도넛 가게에서 시간을 허비한다는 농담은 또
얼마나 많이 들어 보았는가? 무력 사용을 좋아하기 때문에 경찰이 된
다는 얘기를 얼마나 자주 들어 보았는가? 또는, 경찰은 어렵고 위험
한 직업이기에 지나친 무력을 행사했을 때에도 비난받지 않아야 한
다는 얘기를 얼마나 많이 들어 본 적이 있는가?
　　이러한 얘기나 농담들은 경찰관에 대한 고정관념을 반영한다.

경찰에 대한 고정관념
(stereotypes about cops)

경찰에 대한 고정관념은 경찰은 누구이며, 그들은 어떤 것을 믿고, 또
어떻게 행동하는지에 대한 대중의 인식에 큰 영향을 미친다. 이런 고
정관념은 두 가지로 나뉜다. 부정적 고정관념은 경찰관들이 형편없는
교육을 받고, 훈련되지 않았으며, 거칠고 부패했다는 인식이다. 반면,
긍정적 고정관념은 경찰관들이 대중, 언론, 그리고 법원의 적대적 행
위에 대항해 자신의 생명까지 무릅쓰는 영웅으로 비춰지며, 비난받지
말아야 한다는 인식이다. 아서 니더호퍼(Arthur Niederhoffer)는 경찰

관은 "유니폼 속의 '로르샤흐(Rorschach)'"라고 말한다. 그 이미지에 사람들은 자신의 고정관념과 경찰에 대한 편견을 투영한다.[7] 우리는 이 장과 다음 장에서 배우게 되겠지만, 이러한 고정관념은 모두 정확하지 않다.

경찰에 대한 부정확한 고정관념은 신임 경찰관을 채용하는 데 영향을 미친다. 연구포럼 보고서는 신속한 행동을 강조하는 채용 자료가 신임 경찰관들로 하여금 경찰 업무를 대비하게 하는 것은 아니라고 주장한다. 전미여성경찰센터(National Center for Women and Policing)는 무력 사용이나 체격 조건, 힘의 필요성을 강조하는 고정관념은 여성 경찰관이 경찰활동의 경력을 쌓는 것을 고려하지 못하도록 한다고 주장한다.[8] 대부분의 경찰 업무는 서비스 전화 응대나 곤란에 처한 사람들은 돕는 일을 포함한다. 그리고, 911 신고의 극히 일부만이 물리적 충돌과 경찰관의 무력 사용과 관련이 있는 일이다. 경찰관과 대중 간의 접촉은 대부분 양질의 의사소통 기술을 필요로 한다. 또한, 부정확한 고정관념은 경찰관들의 자아상과 그들이 일하는 방식에도 영향을 미친다. 만일 경찰활동이 오로지 주요 범죄에 대응하는 것만을 다룬다고 생각하게 된다면, 많은 서비스 관련 신고에 대해 경찰관은 그 가치를 낮게 볼 것이다.

⇨ 경찰관 태도와 행동 관계에 대한 논의는 제6장 참조

⇨ 경찰 업무의 현실에 대한 논의는 제1장 참조

인사 과정: 공동 책임

대부분의 사람들은 경찰서장이 신임 경찰관 채용과 선발을 전적으로 통제하고 있지 않다는 것을 알지 못한다. 경찰에서 인사 결정에 대한 책임은 나뉘어있다. 경찰청은 결정의 일부를 통제하지만, 직업 **공무원 제도**와 시 인사부서 같은 다른 기관이나 절차들이 다른 부분들을 통제하게 된다. 예를 들면, 경찰서장은 채용 기준이나 징계 절차를 일방적으로 바꿀 수 없고, 마음에 드는 직원을 갑자기 승진시킬 수도 없다.

직업공무원 제도는 19세기에 당시 경찰을 포함해 모든 정부기관을 장악했던 정치를 제거하기 위한 주요한 개혁수단으로 발달했다.

공무원 제도(civil service system)

(논의는 제2장을 참조). 공식적인 직무요건과 선발 절차는 인사 결정을 비정치적이며 가능한 객관적으로 만들기 위해 고안되었다.

오늘날, 직업공무원 제도는 직무기술서를, 즉 직급별 최소 기준 및 시험, 그리고 채용이나 승진에 적합한 명단을 인증하는 것 등을 관장한다. 반면, 경찰청은 일반적으로 민원기관에게 직무기술서, 자격요건, 그리고 시험에 대해 권고한다. 또한, 지원자들의 실제 채용의 많은 부분을 수행하고 지원자의 배경조사도 실시한다.[9] Exhibit 5−1에서 2016년 LA 경찰청(LAPD)의 지원 절차를 개략적으로 확인할 수 있다.

EXHIBIT 5-1

로스앤젤레스 경찰서의 7단계 지원 절차

1단계: 온라인 지원과 자격에세이(Personal Qualifications Essay)

2단계: 자기 경력진술서(Personal History Statement)

3단계: 체력검정(Physical Fitness Qualifier)과 지원자 체력 향상 프로그램(Candidate Advancement Program)

4단계: 거짓말탐지기 검사와 면접

5단계: 건강 검진(Medical Evaluation)

6단계: 현장 조사(Field Investigation)

7단계: 심리 평가(Psychological Evaluation)

* 출처: Los Angeles Police Department website, https://www.joinlapd.com/there-are-seven-steps-application-process.

▌경찰관 채용

좋은 경찰관을 고용하기 위해, 경찰기관에서는 우선 훌륭한 지원자를 모아야 한다. 모집절차는 (a) 직무에 대한 최소한의 자격요건 확립, (b) 채용 활동, (c) 지원자의 입사지원 결정, (d) 지원자 심사 및 신임 경찰 선발 등 네 가지 요소로 구분된다.

어떤 종류의 직업인가? 어떤 사람인가?

우리는 경찰관으로서 어떤 사람을 원하는가? 어떤 자격을 추구해야 하는가? 최근 몇 년 간 이 질문에 대해 많은 논의가 있었고, 많은 경찰서에서 의미있는 변화가 이루어지고 있다.

과거에는 체격이나 체력이 매우 강조되었지만 더 이상 그렇지 않다. 오늘에는 의사소통 기술과 비판적 사고역량이 새롭게 강조되고 있다. 2016년 LAPD 보고서에서는 "주어진 작전 상황에서 어떤 경찰 전술을 사용할지를 결정하는데 더 큰 책임을 지울" 목적으로 "경찰관들의 비판적 사고 기술을 향상시키기 위한" 새로운 노력을 설명하고 있다. 여기에는 경찰관이 "상황의 유동성에 따라 끊임없이 평가"하도록 하고 적절한 대응에 대한 비판적 사고를 이용하는 것이 포함된다.[10] 한편, 샌디에이고 경찰서는 "경찰관에게 요구되는 자질"을 소개했다(Exhibit 5-2). 여기에는, 청렴도, 사람에 대한 관심, 대인관계 민감성, 의사소통 능력, 그리고 문제해결 능력이 포함된다. 이러한 자질은 경찰활동에 대한 오래된 고정관념과 관련된 자질이 아니며, 군대식 문화와 경찰관이 사람들을 대할 때 우월적 지위를 보이기 위해 크고 강해야 (그리고 남자여야) 한다는 믿음과 관련된 것도 아니다.

최소 자격요건

연령

18세는 경찰관이 되기에 충분한 나이인가? 18세는 복잡한 경찰 업무와 그 스트레스를 감당할 수 있을 만큼 충분한 업무 경험과 정서적 성숙도를 갖추고 있는가? 사실상 모든 전문가가 그렇지 않다고 보고 있으며, 오늘날 대부분의 법 집행기관은 모든 지원자가 최소 21세 이상이어야 한다고 정하고 있다.

EXHIBIT 5-2

샌디에이고 경찰청: 경찰관의 자질, 2020

청렴도	관찰 기술
사람에 대한 관심	학습 능력
대인관계 민감성	용모
의사소통 기술	신뢰성
문제해결 능력	체력
압박(스트레스) 속에서의 판단	자기 계발 욕구
문제 직면 의지	운전능력
목격자로서의 신빙성	

* 출처: City of San Diego, "Police: Join us," http://www.sandiego.gov/police/recruiting

신장과 체중

체격(신장) 요건(height requirement)

키가 아주 작은 사람도 경찰관이 될 수 있을까? 50년 전, 거의 모든 경찰서에서 경찰관의 신장은 최소 5피트 8인치가 되어야 했다.[11] **체격(신장) 요건**은 경찰관이 시민의 순응을 얻기 위해 신체적으로 눈에 띌 필요가 있다는 오래된 고정관념이 반영된 것이다. 그러나 경찰-시민 간 접촉에 관한 연구는 무력 충돌의 발생은 상당히 드물다는 것을 보여준다. 경찰관들은 시민과의 충돌 상황에서 약 1~2%에 대해서만 물리력을 사용한다. 시민들은 대체로 어떤 일을 중지하라는 것이나 장소에서 떠나라는 경찰관의 요구에 응한다. 의사소통 기술과 좋은 판단력은 경찰관의 가장 중요한 자질 중 하나이다.[12]

과거의 체격 요건은 여성, 히스패닉계 미국인, 아시아계 미국인에 대한 차별을 주장하는 소송의 대상이었다. 1994년까지는 대도시 경찰서 중 단지 일부만이 최소신장 요건을 요구했었다.[13] 오늘날 경찰에서는 *신장에 비례하는 몸무게*를 요구한다. 하지만 모두가 볼 수 있듯이, 많은 경찰관이 과체중이며, 일부는 신장에 비해 심각한 과체중인 경우도 있다. 경찰 인사 기준에 대한 주요한 실패는 그들이 재직기간 동안 신체 기준을 지속하지 못한다는 것이다.

학력

사실상 오늘날 모든 경찰서가 신임 경찰관에게 고등학교 졸업장만을 요구한다. 그러나 이 사실은 오해의 소지가 있다. 왜냐하면, 대부분의 경찰서가 어느 정도의 대학 교육을 받은 사람들을 고용하기 때문이다. 2019년 연구포럼의 인력 위기 보고서에 따르면, 전체 지역 경찰서의 1%만이 4년제 학사학위를 요구했고, 15%는 적어도 2년제 준학사를 이수할 것을 요구하였다.[14]

그러나 전미 자료는 수천 개의 아주 작은 경찰서(경찰관이 5명 또는 그 이하)도 포함하고 있기에 왜곡된 것이다. 대형이나 중형 규모의 대부분의 경찰관서에서는 최소한 대학(college) 수준을 요구하고 있다. 또한, 많은 부서에서는 실제로는 그 최소 요구조건을 상회하는 경찰관들을 선발하고 있다. 1980년대 후반 샌디에이고 경찰청의 신임 경찰관은 평균적으로 2년의 대학교육 경력이 있었다. 2016년까지, 전체 신임 경찰관의 71%가 4년제 학사 학위를 보유하였다. 위 경찰서는 또한, 샌디에이고 경찰청은 분당 최소 30단어의 타이핑 기술(오늘날의 데이터 기반 경찰활동에서 필요한 기술)을 요구한다.[15] 경찰관서에서 고학력을 요구하는 한 가지 방법은 대학 교육을 지속하는 경찰관들에게 장려금(인센티브)을 지급하는 것이다. 큰 규모의 경찰관서의 2/3에서 이러한 인센티브를 제공하고 있다.[16]

범죄기록

체포된 적이 있는 사람이 경찰관으로 적격하다 할 수 있을 것인가? 일부 전문가들은 어떤 종류의 **범죄기록**일지라도 윤리적 기준에 부합하지 못하다는 이유로 지원자를 자동으로 배제해야 한다고 주장한다. 분명, 폭력 범죄로 유죄를 받은 사람은 경찰에 적합하지 않다. 범죄 행동 양상을 보이거나, 최근에 범죄를 저지른 경우 또한 배제하는 것이 맞다.

범죄기록(criminal record)

Sidebar 5-1

토론 주제: 경찰은 4년제 대학 학위를 요구해야만 하는가?

여러 해를 걸쳐, 몇몇 연구자들은 모든 경찰 채용에서 4년제 대학 학위를 요구해야 한다고 주장해왔다. 그 주장은 몇 가지 가정에 기초한다. 먼저, 높은 학력은 학생의 가치관을 형성하고, 다양하고 민주적인 사회에서의 경찰의 복잡한 역할을 더 잘 이해할 것이라고 가정한다. 더 많은 교육을 받은 경찰관은 무력 사용과 기타 중대한 문제에 대한 형사절차 및 경찰 정책의 복잡한 규칙들을 더 잘 이해하고 받아들일 것이다. 가장 중요하게는 학력이 높을수록 경찰관에게 자신과 다른 인종 및 민족, 정신적 문제를 가진 사람, 가정폭력 사건의 당사자들을 대할 때 더 나은 판단 능력을 갖춰, 일선 대민업무에서 더 나은 성과를 기대한다는 것이다. 또한, 대학 학위를 취득하는 것은 자기계발에 대한 욕구와 노력 그리고 임무를 완수하는 개인의 능력을 나타낸다. 그리고 지금까지 언급하였듯이, 오늘날 경찰은 데이터를 기반으로 하며, 경찰관에게는 컴퓨터에 능통하고 많은 양의 데이터베이스를 사용하는 능력을 요구하고 있다.[17]

마지막으로, 경찰은 미국 사회의 증가하는 교육 수준에 보조를 맞출 필요가 있다는 것이다. 1960년, 미국인의 41%만이 고등학교 졸업장을 가지고 있었다. 2015년에는 비록 인종과 민족에 의한 큰 차이가 있지만, 이 비율은 88.4%로 증가했다. 4년제 대학 학위 소지자의 비율은 1960년 7.7%에서 2018년 35%로 증가했다.[18]

모든 경찰 채용에서 대학 학위를 요구하는 것을 반대하는 주된 주장 중 하나는, 그런 요구가 지원자 수를 제한하고 특히, 역사적으로 열악한 교육의 희생자가 되어온 흑인과 히스패닉계 백인들에게 이질적인 영향을 끼친다는 것이다. 예를 들어, 2015년에는 히스패닉계 미국인이 아닌 사람들의 36.2%가 대학 학위가 있는 것과 비교해, 흑인은 22.5%만이, 히스패닉계 백인은 15%만이 대학 학위가 있었다.[19] 1985년 연방법원은 댈러스 경찰서가 신임경찰들에게 최소 평점 2.0이상, 적어도 45시간의 대학교육을 이수하도록 한 것을 지지했다.[20]

이 논의에 있어 한 가지 중요한 문제점은 4년제 대학 학위가 더 좋은 경찰 성과로 해석된다는 주장을 뒷받침하는 명백한 증거는 없다는 것이다. 국립과학원은 모든 연구 결과를 살펴보고, "교육이 경찰관의 의사결정에 미치는 영향에 관한 결론을 인정하지 않는다"고 결론지었다. 연구들은 "교육의 내용"을 고려하지 않은 채, 일반적으로 경찰관들이 이수한 학점 시간의 수만을 고려하였다. 또한, 대학 교육을 받았다는 것이 필연적으로 그 사람 성숙하고 좋은 판단력을 가졌다는 것을 의미하지도 않는다.[21]

다른 전문가들은 그 범죄의 유형(중죄 또는 경범죄인지, 성인 또는 청소년 범죄였는지), 체포와 유죄평결 횟수, 그리고 마지막 범죄가 이루어진 것은 얼마나 최근인지를 고려하는 유연한 기준을 지지하기도

한다.[22] 최근 들어, 경찰의 정책은 상당히 변화되었다. 경찰포럼 회원의 2019년 설문에 따르면, 그 회원 부서 중 93개 기관에서 이전의 약물 사용과 관련된 채용 기준을 완화하였다고 한다.[23]

　　2016년 댈러스 경찰서는 "유죄판결을 받거나 유죄인정을 했거나 불항쟁 답변*한 경우, 어떤 중범죄에 대한 집행유예 또는 판결 받은 지원자" 혹은 A급 또는 B급 범죄전력이 있는 지원자, "최근 10년 이내 또는 17세 생일 이후"에 가정폭력, 공연음란, 성기노출, 성매매 등으로 유죄판결 받은 지원자를 결격 처리한다.[24]

　　마약범죄는 가장 어려운 문제를 던진다. 마약 매매로 유죄 선고를 받거나, 헤로인, 크랙 또는 아편을 소지한 죄로 유죄를 받은 지원자는 분명 경찰관으로서는 자격이 없다고 할 것이다. 하지만, 작은 양의 대마 소지는 다른 문제다. 오늘날 우리 사회에서 일부 약물 사용은 매우 만연해 있다. 그리고 점점 더 많은 주들이 2020년 초까지 소량의 대마를 소지하는 것에 대해서는 비범죄로 취급하거나(15개 주), 합법화하였다(11개 주). 약물 사용 및 건강에 관한 전국조사(The National Survey on Drug Use and Health)의 2018년 조사에서는 12세 이상 미국인의 43.5%가 과거에 마리화나(및/또는 hashish: 해시시)를 피운 적이 있는 것으로 나타났다. 경찰을 준비하거나 곧 구직할 가능성이 높은 18~25세 가운데 34.8%가 과거 대마초를 피운 적이 있다고 답하였다.[25] 자동적으로 이 모든 사람을 고려 대상에서 제외하는 것은 경찰 지원자 풀을 심각하게 제한할 것이다. 한편 2013 ACLU의 마리화나 체포에 관한 보고서(The 2013 ACLU report on marijuana arrests)는 흑인 남성들이 백인에 비해, 마약 소지 혐의로 체포될 가능성이 거의 4배나 더 높다고 밝혔다. 전미 마약 남용 및 건강 조사 (The National Survey on Drug Use and Health)는 대마를 사용하는 젊은 백인과 흑인의 비율이 꾸준히 매우 근사하다고 하고 있다. 검거에 있어 그러한 차이는 경찰 부서의 공권력 행사에서의 우선도를 반영하는 것이다.[26]

---

* [역자 주] 피고인이 사실을 부인하지 않지만 어떤 범죄도 저지르지 않았다고 주장하거나, 혹은 혐의 사실 자체를 인정하지 않는 것.

문신은 기준이 변하고 있는 또 다른 문제다. 많은 경찰서에서 문신을 절대적으로 금하는 것을 폐지하였다. 휴스턴 경찰서를 예로 들면, 문신을 "사례별"로 검토하지만 눈에 띄는 문신이나 손, 목, 목 이상 부위에 문신이나 바디아트가 있는 지원자는 여전히 배제하고 있다.[27]

개인 재정

대부분의 채용 기준은 지원자의 가능한 재정적 문제를 조사하도록 하고 있다. 예를 들어, 파산이나 차량 압류는 고용 불안정성 또는 개인의 무책임함을 나타내는 지표가 될 수 있다(258쪽의 채용 장벽으로서의 개인 재정에 대한 논의 참조).

거주요건

경찰관들이 자신이 근무하는 도시에 거주하도록 요구해야 하는가? 경찰관이 도시 외부에 사는 것보다 거주자가 되는 것이 그 도시의 삶의 질을 더 높아지게 하는가? **거주요건**은 지역사회에서 경찰관에 대한 친숙함과 지역사회의 안녕에 대한 헌신을 높이기 위한 것이다. 거주요건을 반대하는 사람들은 경찰관들이 거주지를 선택할 자유를 침해한다고 주장한다. 무엇보다 경찰관 거주지가 경찰로서의 직무 수행에 어떤 영향을 미치는지에 대한 연구가 없다는 점이다. 단지 외곽에 거주한다고 해서 미성숙하거나 어려운 상황에서 좋은 판단을 하지 못한다는 것을 의미하지는 않는다. 2014년, 대규모 경찰서 중 15개 정도에서 거주지에 대한 엄격한 기준이 있었다.(하지만 이는 가장 큰 규모의 경찰서로, 나라 전체 경찰관 수에 비해 볼 때 불균형한 인원에 해당한다.) 여기에는, 보스턴, 필라델피아, 캔자스 그리고 뉴올리언즈 경찰서가 포함된다.[28]

거주요건(residency requirements)

채용 기준의 최근 변화

2019년 연구포럼(PERF)는 '경찰 인력 위기'에서 많은 부서들이 최근 5년간 채용 기준에 있어 상당한 변화를 준 것으로 나타났다. 그 구성원들에 대한 조사에서 많은 부서들이 더 많은 경찰관들을 모집하기 위한 노력으로 최소 기준을 개정한 것으로 확인되었다. 대부분 (93%)은 과거 약물 사용에 대한 기준을 완화했고, 62%는 문신에 대한 기준을 개정했다. 그리고 27%는 학력 요건을 낮추었다. 동시에, 많은 부서에서는 더 많은 지원자들을 모집하기 위해, 영어 외의 언어가 능숙할 경우 추가 수당 및 이전 군 경험에 대한 혜택을 주거나 고용계약 상여금 지급(employment signing bonus)과 같은 유인책을 추가하였다.[29]

채용 활동

경찰활동에 가장 적합한 지원자들이 지원을 위한 문에 제 발로 걸어 들어오지 않는다. 지원자 풀의 크기와 특징은 부서의 채용 노력에 달려 있다. 적극적인 활동은 더 큰 풀을 만들어, 높은 자격을 갖춘 후보자들이 더 많이 지원하게 될 것이다. 이러한 채용 과정 요소는 주로 경찰부서의 책임이다.

하나의 경찰관서에서 대학 교육을 받은 흑인, 히스패닉, 아시아인, 여성 경찰관들의 대표성을 높이려면, 그러한 단체들을 대상으로 직접 채용 활동을 할 필요가 있다. 대학 캠퍼스는 적어도 어느 정도의 대학 교육을 받은 사람들을 채용하기에 확실한 곳이다. 흑인의 공동체 기구나 교회 그리고 히스패닉 공동체는, 여성 문제와 관련된 단체와 마찬가지로 그들을 모집하기에 자연스러운 곳이다.

역사적으로 경찰서는 적극적으로 모집에 나서지 않았다. 이는 결과적으로 정치적 또는 가족적 유대를 가진 이들에게 유리했다. 채용공고를 포함한 공개 채용 활동은 오늘날 법으로 정해져 있다. 채용, 선발, 유지 기준에 관한 2010년 랜드(RAND) 보고서에서는 전체 경찰 부서의 80%가 유색인종을 위한 특별 채용 전략이 있었고, 약간 적게(74%) 여성 채용을 위한 특별 전략이 있으며, 약 66%가 적극적으로 전문가와 대졸자를 찾는다는 것을 확인하였다. 약 50%는 경력

직 경찰관과 외국어 사용자들을 모집하기 위한 특별 프로그램이었
다.[30]

　　일부 지원자는 지원 절차를 시작만 하고 완료하지 않는다. 예를
들어, 투손(Tucson) 경찰서는 온라인 지원과정을 도입했으나 60%가
완료하지 않았다는 것을 발견했다. 해당 경찰서는 조사를 통해, 몇몇
문제들이 온라인 시스템을 이용하는 것을 어렵게 한다는 것을 확인
하고 이후 문제점들을 개선했다. 연구포럼(PERF)은 지원자와 개인 간
의 더 많은 접촉을 포함하여, 지원을 증가하는 것을 도와준 보다 '인
간적 접촉'의 채용 활동을 권장한다. 예를 들면, 투손은 개인적으로
잠재적 지원자들과 교류하는 '지정 채용관' 제도를 운용했다.[31]

▌직업 선택으로의 법 집행관

왜 사람들은 직업으로 법 집행관을 선택하는가?

　　경찰관서에서는 지원하지 않거나, 경찰관이 되고 싶어 하지 않
는 누군가를 채용할 수 없다. 채용은 개인의 직업 목표에 의해 크게
좌우된다. 일부 잘못된 고정관념은 왜 사람들이 경찰관이 되고 싶어
하는가에 대한 질문을 둘러싸고 있다. 어떤 사람은 많은 신임 경찰관
들이 사람들에게 물리력을 포함한 권한을 행사하고 싶어서 경찰이
되고자 한다고 믿는다. 그러나 신임 경찰의 입직 동기에 대한 연구는
이러한 견해를 뒷받침하지 못한다.

　　신임 경찰관 대상으로 한 조사에서는 경찰 임무의 본질과 직업
의 실질적 이익이라는 두 가지 주요 이유로 법 집행관을 선택하는 것
을 일관되게 발견했다. 중서부 두 개 경찰서의 남녀 경찰관을 대상으
로 한 조사에서 응답자들은 다음과 같은 순위에 따라 경찰관을 직업
으로 선택한 다섯 가지 이유를 나열했다. "시민 보호", "직업 안정
성", "범죄 척결", "직업에 대한 흥미", "직업에 대한 명성". 남녀 경
찰관 간에 큰 차이는 없었다. 경찰에 대한 부정적인 고정관념과는 달
리, 신임 경찰관들은 사람들과 지역사회를 돕는 데 있어서, 아마도
보통 사람들보다 좀 더 상대적으로 이상주의적인 것으로 보인다. 놀

랍게도 남녀 경찰관 모두에게서, "권위/권력"은 총 11개 항목 중 9위에 올랐다. 간단히 말해, 지원자들은 주로 법 집행을 하거나 다른 사람들에게 무력을 사용하려는 욕구에 의해 동기 부여를 받지 않는다.[32]

연구에 따르면, 유색인종도 백인 지원자들과 동일한 요인에 의해 동기부여를 받는다는 것을 일관되게 밝혀졌다. 뉴욕시의 흑인 경찰관들을 대상으로 한 연구에서, 니콜라스 알렉스(Nicholas Alex)는 "경찰 업무를 선택한 백인 경찰관의 동기는 흑인 경찰관의 동기와 거의 다르지 않은 것 같다"고 결론짓고 있다.[33]

경제상황은 법 집행 경력을 찾으려는 사람들의 결정에 영향을 미친다. 경제가 좋고, 일자리가 풍부할 때, 좋은 자격을 가진 사람들은 더 많은 선택권을 갖는다. 그리고, 법 집행관보다는 다른 직업을 선택한다. 경제가 어려워지면, 경찰직은 더 매력적으로 변한다.

복리후생과 직업 안정성은 경찰직을 찾는 이들에게 주된 매력 요인들이다. 경찰노조는 일반적으로 병가, 휴가 일수, 건강 검진, 연금과 같은 예의 복리후생 협상에 성공했다. 이는 잠재적 경찰 지원자들이 고려하는 다른 직업들보다 특히, 직업 안정성이나 퇴직 급여 측면에서 종종 훨씬 나은 것이다. 노조 계약서(그리고 지방공무원법이나 주 공무원법)는 사람을 향한 치명적인 총격을 포함하여 위법행위 수사에 관한 정교한 적법절차 조항을 제공하고 있다. 결과적으로, 위법행위로 경찰관을 해고하는 것은 어렵다. 일부 비판론자들은 경찰관이 위법행위에 대한 조사를 받기 전 48시간의 대기하는 것과 같은 과도한 특정 경찰노조 계약 조항이 다른 고용 상황에서는 발견되지 않으며, 책임을 방조한다고 주장한다.[34] 시보기간이 지나면 특정 사유로만 경찰관을 해고할 수 있으며, 해고된 경찰관은 누구든지 항소권을 가진다. 직업 안정성은 그들의 가족이 반복적인 실업을 경험한 이들에게 특히 매력적인 요소이다.

가족관계는 전통적으로 법 집행을 직업으로 선택하는 요인이 되어왔다. 일부 지원자는 부모, 형제, 자매 또는 일부 친인척이 경찰관이었다. 예를 들면, 1960년대, 시카고 경찰서의 전체 경사의 절반 이상이 친척 중 경찰관이 있었다. 과거의 차별 때문에, 흑인, 히스패닉, 그리고 여성들은 롤모델로 삼거나 법 집행을 직업으로 선택하는 데에 조언해 줄 가족이 거의 없었다.[35] 그러나 2019년 연구포럼은 경찰 인력위기에 관한 연구에서 최근 10여년 간 경찰 직에서 전통적인 혈연(family pipeline)은 상당히 약화되었다는 것을 발견하였다.[36]

채용의 장애 요소

대부분의 지원자가 채용되지 못한 데에는 여러 가지 다른 이유가 있다. 상당수의 지원자가 단지 최소 자격에 미치지 못하거나 다른 지원자만큼 성적을 거두지 못한다. 하지만, 일부 문제들은 채용 절차에 관한 문제이거나 구식 또는 불합리한 요건과 관련이 있다.

남서부의 대규모 경찰서(2,200명의 정식 경찰관)의 채용 절차에 관한 최근 연구는 채용에 관한 여러 가지 장벽을 발견했다.[37] 이 연구는 6년 간 흑인 지원자 13,572명의 사례를 조사하였다. 흑인 지원자는 지원자들 중 7.2%를 차지했으나, 단지 3.9%만이 채용되었다. 상대적으로 흑인이 아닌 지원자는 5.7%가 채용되었다. 흑인 지원자들은 대개 다음과 같은 이유로 실격되었다. (1) 초기 지원서 작성을 마치는 것에서의 문제 (2) 필기시험 성적 (3) 배경조사에서 확인되지 않은 개인 이력 문제 때문에 실격될 가능성이 높았다. 흥미롭게도, 흑인들은 다른 그룹에 비해 체격 조건, 거짓말탐지기 검사 그리고 구술 면접에서 나은 모습을 보였다.

초기 지원 문제와 관련하여, 흑인들은 지원 양식을 완성하지 못하거나 빠진 정보에 대한 요구(이는 인사 시스템이 지원자들로 하여금 그 절차를 완성하도록 노력하고 있다는 것을 보여준다)에 응답하지 못한 점이다. 필기시험은 시험 일정에 맞추지 못하거나, 계획된 시험일에 나타나지 않거나, 시험에 좋지 못한 성적을 거두었다. 배경조사에서는, 과거의 재정 문제나, 허위 진술, 전과 또는 운전 기록 문제, 그리고 근무 경력 문제로 인해 탈락되었다. 재정 문제는, 신용 불량, 지불 체납 문제, 개인 파산, 압류(예, 차량) 그리고 담보물 압류와 같은 여러 가지를 포함한다. 근무 경력 문제는 너무 잦은 이직, 지각, 결근, 무능, 원만치 못한 직장 내 관계, 게으른 근무 습관을 포함한다.

흑인 채용에 있어 재정 고려의 중대한 영향은 대개 젊은 흑인과 그 가족의 재정적 불안정의 결과이다. 이는 백인의 경우보다 항상 2배 정도인 실업률과 (예를 들면, 차량 압류 같은) 실직의 결과에 기인하는 것이다. 직업공무원 제도나 경찰서는 (약물 사용에 사용되었던 것과 유사한)특정 문제의 심각성이나 발생 빈도 그리고 마지막 사건이 얼마나 최근에 발생했는지 등을 고려하는 탄력적인 기준을 채택할 수도 있을 것이다.

흑인, 히스패닉 그리고 여성에게, 사회적 요인은 경찰관이 되고자 하는 그들의 관심을 저해한다. 경찰-지역사회 관계의 오랜 역사는 경찰의 총기사용과 관련된 현재의 논란으로 강화되었으며, 경찰과 젊은 흑인 사이에서 경찰에 대한 불신을 낳았다. 경찰개혁 전문가인 데이비드 케네디(David Kennedy)의 저서 '*Don't Shoot*'은 젊은 흑인들과 경찰관 상호 간의 불신을 담화로 하는 깊은 인종적 장벽을 생생하게 묘사하고 있다.[38] 이러한 불신으로 몇몇 흑인들로 하여금 경찰을 직업으로 전혀 고려하지 않게 한다. 예를 들어, 로버트 카민스키(Robert Kaminski)는 흑인들이 뉴욕주의 올버니(Albany) 경찰서에 일자리를 제공받더라도 이를 받아들일 가능성은 매우 낮다는 것을 발견했다.[39] 한편, 마약과의 전쟁에서 인종차별로 인해 마리화나 소지로 체포 기록을 가진 많은 흑인 남성들이 경찰 채용에서 배제되는 결과를 낳았다.[40]

많은 여성들은 경찰활동이 전통적으로 남성의 직업이라고 보기 때문에 지원하지 않는다. 경찰의 전통적인 전사 문화는 공격성과 정신력, 체력 등을 강조하는 남성적인 색채가 강하다. 2019년 NIJ의 *경찰에서의 여성* 보고서에서는, 일부 경찰서에서 몇몇 여성에게는 충족시키기 어려운 체격 조건을 계속 유지하고 있으며, 경찰 업무에 불필요하다는 것을 발견하였다.[41]

▌채용 시험과 선발

선발 시험

일단 경찰서에 지원자 풀이 생기면, 일련의 시험을 통해 신임 경찰관을 선발한다. 이 시험에는 필기시험과 신체검사, 심리 검사, 배경 조사, 최종 합격자 면접 등이 포함된다. 오늘날 많은 경찰기관들이 경찰에의 지원 동기를 포함하여 다양한 주제들에 대해 논의하는 개인 에세이 작성을 요구한다. 약 26%의 경찰서에서 거짓말탐지기나 거짓말 탐지 수사관을 이용한다. Exhibit 5-1은 LAPD의 지원 및 선발 과정 단계를 개략적으로 설명하고 있다. 경찰 업무에 필요한 기술들에 대한 새로운 생각을 반영하여, 지원자의 '판단력, 의사결정, 행동 유연성'과 함께 '직무 동기, 수단성, 대인관계 기술, 지속적인 학습 능력, 의사소통 기술'에 대한 평가를 포함하고 있다.[42]

구술 면접(oral interviews)

거의 모든 경찰서에서 최종 합격자들에게 **구술 면접**을 시행한다. 면접은 보통 45분 정도 진행되며, 2~3명의 면접관이 참여한다. 면접은 적합한 직무에 맞지 않는 태도(예를 들어, 오만함, 귀 기울이지 않는 것, 극도의 수동성, 경찰활동에 대한 선입견, 인종적 편견)를 알아낼 수 있다. 면접은 상식, 언어적 의사소통 기술, 동기, 인상, 신속한 사고, 연민, 성차별 그리고 인내심과 같은 긍정적인 특성을 살펴본다. Exhibit 5-1은 LAPD가 구두 면접에서 확인하는 개인 능력을 요약하였다. 그러나 면접은 시간이 많이 소요되고 비용이 많이 들며, 면접관 입장에서는 편견을 가질 수도 있다. 일관성을 보장하고 잠재적인 편견을 없애기 위해, 대부분의 경찰서는 표준화된 면접 방식을 사용하고, 체계적인 채점표를 갖추며, 면접관을 교육한다.[43]

1시간의 면접으로 누가 좋은 경찰관이 될지를 결정할 수 있을까? 한 사람이 경찰로써 어떻게 업무를 수행할지 확인할 수 있을까? 꼭 그렇지는 않은 것으로 드러났다. 윌리엄 도너(William G. Doerner)는 플로리다 주 경찰교육원*에서의 구술 면접 점수와 차후의 업무수행 결

---

* [역자 주] https://www.epcc.edu/Academics/ContinuingEducation/Law
  Enforcement TrainingAcademy 참조.

과 간의 상관관계를 보여주었다. 그는 법 집행을 위한 "여전히 적절한 후보자를 선별하는 기술은 어렵다"는 것을 발견했다. 경찰활동은 복잡하고 어려운 직업이고, 우리는 여전히 가능한 최고의 경찰관을 선발할 가장 합리적인 시험 및 심사 방법은 여전히 없다는 것이다.[44]

지원 시점과 선발 결정이 이루어지기까지의 시간의 긴 지연은 주요한 문제가 될 수 있다. 오랜 지연은 종종 시나 카운티의 재정 문제에서 야기된다. 이는 다음(또는 더 그 후)의 회계 연도까지 고용 결정이 늦어지기도 한다. 지연으로 인해 일부 지원자는 흥미를 잃거나 다른 직업을 찾게 된다. 탈락자 중 일부는 다른 고용주들이 간절히 원하는 뛰어난 지원자들이다.

배경조사

지원자들에 대한 **배경조사**는 아마도 선발 과정에서 가장 중요한 부분일 것이다. 조사를 통해 경찰관으로서 향후 직무 수행과 관련된 요인을 알 수 있다. 이전 직장에서의 좋은 근무 기록, 원활한 대인관계, 학교나 직장에서의 징계 유무는 그 사람이 경찰서에서 얼마나 잘 할 수 있는가를 확실히 보여준다. 체포되지는 않은 경미한 범죄에의 관련성 또는 과거 마약 관련 여부 또는 학교나 직장에서의 문제행동을 확인할 수 있다.

샌디에이고 경찰서에 지원하려면 342문항의 사전 조사 설문지를 작성해야 하며, 인종차별, 성희롱, 인터넷상에서의 제한된 정보 열람 등의 이력뿐 아니라 교육수준과 고용 이력을 작성해야 한다. 또한, 신임 경찰관은 개인 이력서를 작성해야 한다. 샌디에이고 경찰서의 배경조사에는 지원자의 "공개적으로 이용 가능한 소셜미디어 계정"에 대한 조사도 포함된다. 이 배경조사는 단순히 "지원자를 배제"하는 과정일 뿐만 아니라 사람들, 특히 다른 문화를 가진 사람들과 어울릴 수 있는 능력과 배우고 성장할 수 있는 분명한 능력이라는 무형의 자질을 고려한 "'전인적 인간' 관점을 적용하여", "경쟁력 있는" 후보들을 찾는 과정이다.[45]

배경조사(background investigation)

배경조사를 잘 하지 않으면 나중에 심각한 문제가 생길 수 있다. 예를 들어, 1990년대 초, 워싱턴 D.C. 경찰서는 추가로 2,000명의 경찰관을 신속히 고용하라는 의회의 압력을 받고, 표준의 배경조사를 포기했다. 그 결과, 많은 지원자가 확인되지 않은 허위 추천서와 이력서를 제출했다. 심지어 몇몇 지원자는 심각한 범죄 경력을 가지고 있었다. 결과적으로, 고용된 다수가 마약 활동에 관련된 부패한 경찰관이 되었다. 위 경찰서는 부정적 홍보, 대중의 존경 상실, 경찰서의 사기 악화, 그리고 그 경찰관들을 해고하고 새 직원을 고용하는 것과 관련된 비용 측면에서 끔찍한 대가를 치렀다.[46]

▌경찰관의 성과를 예측할 수 있을까?

누가 좋은 경찰이 될지 예측할 수 있을까? 어떤 지원자가 훌륭한 경찰관이 될 가능성이 가장 큰지, 어떤 지원자를 채용해서는 안 되는지를 예측하는 데 도움이 되는 구체적인 요소가 있는가?

일부 연구는 배경 특성과 추후의 업무수행 기록 간의 상관관계를 분석하려고 시도해왔다. 버나드 코헨(Bernard Cohen)과 잰 차이켄(Jan Chaiken)은 1957년에 고용된 1,608명의 뉴욕시 경찰관을 연구했다. 인종, 나이, IQ, 아버지의 직업, 이전 직업 이력(마지막 직업, 직업 수 등), 병역 기록, 혼인 여부, 교육, 전과 등 33가지 배경 특성을 조사했다. 그러나 우수한 직무성과(성과 기록에 나타난 것인)와 상관관계가 있는 유일한 요인은 신임 교육훈련 성적이었다. 이 연구는 배경 특성에 기초해 어떤 개인이 좋은 경찰관이 될 것인지 예측하는 것은 불가능하다고 결론을 내렸다.[47]

J. 더글러스 그랜트(J. Douglas Grant)와 조앤 그랜트(Joan Grant)는 경찰서에서 흔히 사용하는 선발 절차에 대한 검토에서 "좋은 경찰관이 되지 않을 신임 경찰관을 가려냄으로써 경찰관 업무수행의 질을 향상시키려는 노력은 대체로 성공적이지 못했다"고 결론짓는다. 이들은 널리 사용되는 미네소타 다면적 인성검사(Minnesota Multiphasic Personality Inventory)(MMPI)와 같은 기존 채용 전 심리검사가 경찰관

으로서의 향후 행동을 성공적으로 예측하지 못한다고 주장한다.[48] 그리고 앞에서 논의한 바와 같이, 지원자의 학력 수준이 경찰관으로서의 직무성과를 예측한다는 결정적인 증거는 없다.

플로리다주 탤러해시(Tallahassee)의 신임 경찰관을 대상으로 한 연구에서는 채용 전 심리검사 점수(MMPI와 캘리포니아 심리 검사지가 쓰였다)나 심리학자의 임상평가가 현장실습 중 신임 경찰관의 수행등급과는 전혀 상관관계가 없는 것으로 나타났다.[49] 1991년 크리스토퍼위원회는 LAPD 지원자들이 받는 심리 평가를 검토하면서 "초기 선별 검사는 명백한 사회 부적응자를 가려낼 수는 있지만, 충동을 통제하지 못하거나, 폭력적인 성향과 같은 경찰관이 되기에 부적합한 개인을 경찰관으로 만들 수도 있는 더 비정상적인 점을 검사할 수는 없다"고 결론지었다.[50]

결국, 어떤 사람이 경찰관으로서의 얼마나 잘 해낼지에 대한 최고의 지표는 그 사람의 시보기간에서의 직무성과인 것으로 보인다(164페이지 논의 참조). 신임 경찰관의 어렵고 스트레스가 많은 상황에서의 판단, 성숙도, 그리고 자기 통제력을 평가하는 것이 가능하다.

▎경찰 채용의 다양성 확보

다양성의 목적

오늘날 경찰 전문가들은 경찰관서가 인종, 민족성, 성별 그리고 성적 취향에 관하여 자신들이 봉사하고 있는 공동체를 잘 반영해야 한다는 것에 동의한다. 21세기 경찰활동에 관한 대통령직속TF에서는 "법 집행기관은 인종, 성별, 언어, 인생 경험, 그리고 문화적 배경 등 광범위한 다양성을 포함하는 인력을 만들이 위해 노력해야 한다"고 권고했다. 법집행기관인증위원회(CALEA: 칼리아)(the Commission on Accreditation for Law Enforcement Agencies: CALEA)는 표준 31.2.1항을 채택하여, 경찰관서는 "경찰관서가 담당하는 지역사회의"의 구성에 대략적으로 비례하는 소수 그룹 경찰관의 비율"을 가져야 한다고 명시했다.[51]

경찰관 고용의 다양성은 여러 목표를 갖고 있다. 첫째, 경찰서와 모든 고용인은 동등한 고용 기회에 관한 연방 및 주 법을 준수할 의무가 있다. 둘째, 많은 사람은 다른 배경을 가진 경찰관들이 지역사회의 부분들에 더 잘 공감할 수 있다고 생각한다(제6장에서 백인, 흑인, 히스패닉 경찰관 간의 성과를 비교하는 것, 남성과 여성 경찰관을 비교하는 것에 대한 증거를 살핀다.). 셋째, 많은 전문가는 그들이 속한 지역사회를 반영하는 경찰서가 더 나은 대중적 이미지와 향상된 경찰-지역사회 관계를 향유한다고 주장한다. 넷째, 어떤 사람들은 다양한 배경을 가진 경찰관을 채용하는 것이 그 경찰관서의 문제점과 경찰-지역사회 관계를 개선하는 방법에 대해 새롭고 다양한 관점을 불러올 것이라고 주장한다. (제6장에서 백인, 흑인, 히스패닉, 그리고 여성 경찰관의 각양각색의 태도에 대해 논의할 것이다.)

고용기회균등법

1964년 민권법 제7장(Title VII of the 1964 Civil Rights Act)

인종, 민족, 그리고 성별에 기반한 채용에 있어서의 차별은 연방법, 주법, 그리고 몇몇 경우에는 시 조례에 의해 금지되어 있다. 또한, 많은 주와 시들은 (연방법은 아니지만) 성적 성향에 따른 차별도 금지하는 법률이 있다. **1964년 민권법 제7장**은 고용주가 "개인의 인종, 피부색, 종교, 성별 또는 출신 국적 때문에, 개인을 고용하지 않거나 고용을 거부하거나 해고하는 것, 또는 다른 방법으로 개인을 차별하는 것"을 불법으로 규정하고 있다(Exhibit 5-3 참조). 1972년 고용기회균등법(Equal Employment Opportunity Act)은 1964년 법률의 적용범위를 경찰과 보안관서가 포함된 주 및 지방정부로 확대했다.

한편, 1990년 미국 장애인법(American with Disabilities Act)은 장애인에 대한 차별을 금지한다. 이는 법 집행 직업과 관련하여 특별한 문제를 제기하고 있다. 장애인은 경찰관으로 일할 자격이 있는가? (비록, 경찰서 내에서의 많은 민원 업무에는 가능할지 모르나) 순찰차를 운전할 수 없거나, 도보순찰을 할 수 없거나, 교정시력을 지니지 못한 사람은 기본적인 경찰 업무를 수행할 수 없다.[52]

이러한 쟁점은 **진정직업자격(BFOQ)** 표준에 의해 해결된다. BFOQ 는 "특정 사업의 정상적인 운영을 위해 합리적으로 필요한" 요구사항 이다. 몇 가지 예는 BFOQ가 경찰활동에 어떻게 적용되는지 보여준 다. 순찰차를 운전하지 못하는 것은 그 사람이 경찰관으로서 일을 하 지 못하게 할 수 있다. 반면, 과거의 5피트 8인치 이하의 신장 최소 요건은 어떤 연구에서도 경찰 업무를 할 수 없다고 하지 않는다. 따 라서, 지원자를 탈락시키는 데 사용할 수 없다.

진정직업자격(bona fide occupational qualifications)

"이전 세대의 경찰관서가 아닌": 경찰활동의 다양성

데이비드 스클랜스키(David Sklansky) 법학 교수는 최근 수십 년 간 경찰 채용의 급격한 변화 때문에, 더이상 "이전 세대의 경찰관서 가 아니다"라고 주장한다.

EXHIBIT 5-3

1964년 민권법 제7장
703조 (a) 아래와 같은 고용주의 고용상 차별행위는 불법이다.
1. 개인의 인종, 피부색, 종교, 성별 또는 출신국으로 인해, 어떠한 개인을 채용하지 않거나 고용을 거부하거 나, 해고하는 것, 또는 고용에 있어서 그 외의 보수, 기간, 조건 또는 고용 특권과 관련하여 어떤 개인을 차별하는 행위; 또는
2. 개인의 인종, 피부색, 종교, 성별 또는 출신국으로 인해, 개인의 고용 기회를 박탈하거나 박탈하려는 경향, 또는 그 피고용자로서의 지위에 악영향을 미치는 방법으로 제한, 격리, 또는 분류하는 것

EXHIBIT 5-4

인종, 민족, 성별, 지방 경찰서, 2007-2016(전체 경찰관 중 비율)

	2007	2016
백인, 비히스패닉	74.7%	71.5%
흑인	11.9	11.4
히스패닉	10.3	12.5

미국계 원주민, 알래스카 원주민	0.7	—
기타	3.1	3.6
2개 이상의 인종	0.3	—
여성	11.9	12.3

Source: Bureau of Justice Statistics, *Local Police Departments, 2007* (Washington, DC: U.S. Department of Justice, 2010); Bureau of Justice Statistics, *Local Police Departments, 2016: Personnel* (Washington, DC: U.S. Department of Justice, 2019).

흑인, 히스패닉, 여성 그리고 동성애자들은 경찰 들과 경찰관서에 대한 대중의 인식과 경찰 내에서는 전통적 경찰의 하위문화에 많은 영향을 미쳤다. 제6장에서 상세히 논의한다.[54]

1960년대 중반, 흑인들은 전체 정규 경찰관의 3.6%에 불과했다. 그 수치는 1973년 6%, 1982년 7.6%, 2007년에는 11.9%로 증가했다. 그러나 2007년에서 2016년 사이, 그 비율은 11.4%로 소폭 감소했다. 히스패닉계는 1993년 6.2%에서 2013년 전체 경찰관의 11.6%로 증가했다. 그리고 2016년에는 12.5%로 증가했다.[55] (경찰에서는 1960년대의 히스패닉 경찰관에 대한 숫자를 밝히지 않았기 때문에 초기 자료는 없다.)

그러나 각기 다른 인종 및 민족 집단이 미 전역에 골고루 분포되어 있는 것은 아니기 때문에, 유색인종 경찰관들의 채용에 관한 전국 데이터는 오해의 소지가 있다. 흑인들은 남부와 남부 밖의 많은 대도시에 집중되어 있다. 히스패닉계 미국인들은 동부 해안 그리고 남부지역의 특정 도시에 집중되어 있다. 근무하는 지역사회의 다양성을 반영하는 권장 사항을 경찰서가 준수하는지를 알아내는 가장 좋은 방법은, 경찰서의 노동력을 그 지역사회의 인종 및 민족 구성과 비교하는 **고용기회균등(EEO) 지수**를 사용하는 것이다. 예를 들어, 한 지역사회가 히스패닉이 30%이고, 경찰서의 15%가 히스패닉이라면 EEO 지수는 0.50이다.[56] (2020년 자료와 Exhibit 5-5에 있는 시카고 EEO 지수 참조)

고용기회균등 지수(equal employment opportunity index)

특별한 고려사항은 히스패닉 경찰관들의 채용과 관련이 있다. 히스패닉의 인구수는 꾸준히 증가하여 2019년 전체 미국인 중 18%에 이르자, 스페인어를 하는 능력은 점점 중요해졌다. 경찰서는 스페인어 구사가 가능한 지원자를 적극적으로 구하고, 영어 외의 언어를 말하는 경찰관에게 장려금을 지급하거나, 많은 다양한 언어로 통역자 제공하는 국가적 서비스를 계약하여 지역사회에 대한 경찰서비스의 질을 향상시킬 수 있다. 2016년, 전체 미국 정식 경찰관의 10%가 두 가지 언어를 구사하고 있다.[57] 워싱턴주에서는 스페인어를 말할 수 있는 능력은 911 교환원 채용에 있어서는 법에 따라 BFOQ로 인정된다.[58]

EXHIBIT 5-5

2020년 시카고 경찰국의 인종 및 민족, 그리고 EEO 지수

	시카고 인구	경찰관	EEO 지수
히스패닉	29.2%	27.1%	1.07
아시아계 미국인	6.2	3.2	0.51
백인, 비히스패닉	32.7	48.10	1.47
흑인	30.1	20.9	0.69

출처: Chicago Police Department, 2020.

경찰활동에서의 여성

오하이오주 클리블랜드(Cleveland)의 첫 여성 경찰관 중 한 명인 루시 듀발(Lucie Duvall)은 신임 경찰관으로서 종종 어렵고 굴욕적인 경험을 했다. 관할 경찰서의 지구대에는 별도의 여성용 라커룸이나 여성용 화장실이 따로 마련돼 있지 않았다. 관서에 여성들이 있는 것을 못마땅하게 여긴 남성 경찰관 중 일부는 교묘한 괴롭힘의 한 형태로 일부러 여성들 앞에서 옷을 갈아입었다.[59]

1970년대 들어 더 많은 여성이 경찰활동에 입문하면서, 역사상 처음으로 순찰 경찰관으로 일하기 시작하자, 여성 경찰들은 남성 경찰로부터의 저항을 경험했고, 일부 부서 정책은 남성 중심적이었다. 옷깃 아래로 내려오는 머리카락에 대한 과거 규칙은 통상적인 여성의 헤어스타일과는 맞지 않았다. 지구대에서는 여성 경찰관들을 위한 별도의 휴게실과 탈의실을 마련해야 했다. 경찰서는 경찰 임산부들을 위한 정책을 개발해야 했다. 연방임신차별금지법(Federal Pregnancy Discrimination Act)은 임신, 출산 또는 임신과 관련된 질병에 근거한 고용차별을 금지하고 있다.[60]

1960년대 말 전까지 경찰서는 "여성 경찰"이라는 별도의 직업 범주에 한정된 소수의 여성만을 채용했고, 순찰을 포함한 많은 임무에서 그들을 제외시켰으며, 일부 경찰서에서는 특정 직급 이상으로의 승진을 금지했다(제2장 참조).[61] 1964년 민권법이 고용차별을 금지하고 여성 경찰관이 남성과 동등하게 순찰 임무를 맡게 되면서, 모든 것이 바뀌기 시작했다. 그럼에도 불구하고, 많은 형태의 은밀한 차별은 계속 존재한다. 결과적으로, 여성들은 여전히 경찰관서라는 직장 내에서의 그들의 존재에 비해 과소대표성을 띤다.

전체 여성 경찰관 비율은 1972년 2%에서 2016년 12.5%(대도시 경찰관서에서는 약 17%)로 증가하였다. 하지만 수년간의 발전에도, 경찰관으로서의 여성 비율은 1990년대 초에 시작한 이래 약 30년간 정체되어 있었다. 이러한 위기에 대응해 국립사법연구소에서는 2018년 겨울 두 차례 콘퍼런스를 개최하였고, 강한 어조의 '경찰에서의 여성: 장벽을 깨고 길을 열자'는 제목의 보고서를 발표했다. 보고서는 기탄없이 말했다. 보다 많은 여성을 채용하는 것은 '대변화'를 요구하는 것으로, 이는 경찰 문화에서의 여성에 대한 장벽을 허무는 것이며, 여성에 대해 차별적인 일부 신체 조건에 대한 변화를 포함하여, 직장에서의 성희롱을 끝내고, SWAT팀과 많은 특수부서에서의 여성의 과소 대표성을 바로잡고, 지휘관급에서 여성 부족을 해결하는 것이다.[62] 즉, 경찰에서 여성이 과소한 문제는 주로 채용 문제와 관련되는 것이 아니다. 많은 장애요소는 조직의 관습과 경찰 부서의 문화에 뿌리 깊게 박혀 있다.

POLICE in FOCUS

여성과 경찰활동: 통념과 진실

노스캐롤라이나주(North Carolina)의 샬롯-메클렌버그(Charlotte-Mecklenburg) 경찰서는 현직 여성 경찰관들에게 자신의 업무 역량을 설명하게 했다. 그 다음은 여성과 경찰활동에 대한 몇 가지 통념을 논박한다. 그 중 세 가지는 다음과 같다:

"**통념**: 경찰 업무에는 신체적으로 우세한 사람이 필요하다."

사실: 경찰 업무는 체격과 근육이 전부는 아니다. 일과 관련된 체력 테스트를 통과해야하지만, 체격이나 힘보다는 일반적으로 건강한 신체 상태가 더 중요하다.

"**통념**: 여성 경찰관은 총을 사용해야 하는 상황에 더 자주 직면한다."

사실: 경찰관은 때때로 사느냐 죽느냐의 결정을 해야만 한다. 어떤 경찰관이더라도 치명적인 물리력을 사용하는 사건이 있을 수 있다. 경찰관은 특히, 화기에 있어서, 발포-발포금지 시나리오, 물리력 사용 그리고 이런 유형의 상황에서 그들의 준비를 도울 수 있는 법적 교육 등 120시간 이상의 교육을 받는다. 하지만 통계적으로, 대다수의 남녀 경찰관이 치명적인 무력을 사용할 필요 없이 은퇴한다.

"**통념**: 경찰관은 겁먹으면 안 된다."

사실: 모든 경찰관은, 한번 또는 그 이상 두려움을 느끼는 상황에 직면하게 된다.

출처: Charlotte-Mecklenburg Police Department.

고용차별 소송

흑인, 히스패닉계, 여성 채용의 대부분 초기 진전은 1964년 민권법 제7장에 따른 고용차별 소송의 결과였다. 성공적인 소송은 채용 관례에 있어 변화로 이어졌다. 또한, 법원은 과소 채용을 수정하기 위한 차별철폐정책을 명령했다. 그리고 몇몇 케이스에서는 차별을 받은 원고에게 금전적 손해 배상을 하도록 했다. 예를 들어, 1980년 LAPD는 미국 법무부와, 200만 달러의 체불임금을 지급하고, 모든 신임 경찰관 선발에 있어서 45%가 흑인 또는 히스패닉계이고, 20%가 여성임에 동의하는 합의안*에 서명했다. 1990년까지, LAPD는 전체

⇨ 경찰활동에 있어 인종과 민족의 중요성에 대한 전체 논의는 제12장 참조

---

* [역자 주] 합의안(consent decree)은 당사자들이 법원에 서면으로 제출한 동의로, 판사의 승인이 있으면 법적 구속력이 생김(LAPD, http://www.lapdonline.org/search_results/content_basic_view/928).

인력의 10.9%를 흑인으로 하는 목표를 달성했으나, 여전히 히스패닉계 경찰관(20%, 목표치 24.6%와 대조)과 여성 경찰관(12%, 목표치 20%와 대조)의 목표에는 부족했다.

차별시정조치(affirmative action)

경찰 채용에 있어서 가장 논란이 많은 주제는 **차별시정조치**이다. 차별시정조치의 개념은 고용주가 과거 차별을 바로잡기 위해 적극적인 수단(이런 이유로, *차별시정조치*)을 취하는 것을 의미한다. 차별시정조치는 1965년, 모든 기업이 서면으로 차별시정조치 프로그램을 만들도록 하는, 대통령행정명령 11246호를 통해 시작되었다. 이는 모든 연방 기업들에게 인종과 소수민족 또는 여성의 '저활용(underutilization)'을 고치기 위한 문서화된 차별시정조치를 마련해야 한다는 것을 요구한다. 미고용기회균등위원회(U.S. Equal Employment Opportunity Commission)는 저활용에 대해 다음과 같이 "관련 노동 시장에서의 존재에 의해 합리적으로 기대되는 것보다 특정 업무 분야에서 소수민족이나 여성을 적게 채용하는 것"이라고 정의한다.[63] 하지만, 1980년대 이후로, 미대법원은 제도적인 차별시정조치의 범위를 상당히 제한하였고, 최근에는 더 적게 사용되었다.

6장에서 경찰 조직, 경찰관 하위문화, 그리고 지역사회를 대하는 경찰관의 행동에 대한 흑인, 히스패닉, 여성, 게이와 레즈비언 경찰관의 고용 상승이 미친 영향을 논의할 것이다.

▍경찰 훈련: 종합적 접근

미국의 경찰활동에 대한 구체적인 것을 모르는 사람들은 경찰 훈련에 대한 주제가 떠오를 때, 단지 초기의 경찰학교에 대해서만 생각한다. 학교의 예비 교육은 경찰관의 전체 경력을 아우르는 훈련에 대한 종합적인 접근 중에서 단지 한 부분일 뿐이다.

종합적인 교육 프로그램은 다음의 사항을 포함한다. (1) 신임 경찰학교; (2) 신임교육 후 즉시 이어지는 현장실무 교육관(FTO)과 함께하는 현장 교육; (3) 모든 경찰관에 대한 정례 재직 교육; (4) 경사, 감찰 업무, 마약/조폭팀, 등 특정 업무에 대한 전문교육 (5) 성과 기준 미달인 것으로 확인된 경찰관에 대한 신속한 재교육.

교육은 관서 전체의 책임감 있는 노력의 중요한 부분이다. PTSR 체계는 최신의 정책, 교육, 일선 경찰관에 대한 효과적 감독 그리고 검문검색이나 물리력 사용과 같은 중요 사건에 대한 지휘관급 검토를 포함한다. 245쪽의 [Police in Focus]에서 언급한 것처럼, 경찰서는 최고의 경찰관을 채용할 수 있고, 그들에게 중요한 경찰 업무(예, 물리력 사용)에 대한 최신의 정책을 제공할 수 있지만, 불충분한 교육으로 이를 그르칠 수도 있다. 또는, 교육이 잘 되더라도, 불충한 감독으로 성과를 저해할 수 있다.[64]

불행하게도, 경찰 교육에 대한 연구는 극히 드물다. 웨슬리 스코건(Wesley Skogan)과 그의 연구진은 2015년, "그 어떤 종류의 경찰교육도 단기 또는 장기적 효과가 있다는 어떠한 것도 알아내지 못했다"고 주장했다.[65] 하지만, 최근에는 변화가 있었다. 국가경찰위기와 21세기 경찰활동에 대한 대통령대책위원회는 물리력 사용을 줄이며, 긴장을 완화하고, 절차적 정당성을 확보하는 것과 다른 중요한 이슈와 관련된 교육에 대해 큰 관심을 불러일으켰다.

훈련 개선의 과제

경찰 교육에서의 괄목할 변화, 즉 그 변화가 직접적으로 대중과의 관계를 개선하여 경찰-지역사회의 관계를 향상시키는 것은 주요한 도전과제이다.

근본적 문제는 경찰관이 교육 시간에 배운 원칙과 실제들을 현장 업무 수행에 녹여낼 수 있는지이다. 많은 경찰학교는 강인함과 안전성과 같은 군사적 문화를 유지하고 있는데, 이는 라와 라이스의 주장처럼 경찰의 복무 성향에 적합하지 않은 전사적 사고방식을 함양하고 있다.[66] 또한, 경찰활동에 있어서의 긴장완화와 절차적 정당성에 대한 인기에도 불구하고 몇몇 비판가들은 경찰관의 행동을 형성하고 이로써 바람직한 결과를 얻는지에 대한 학술적 근거가 여전히 매우 부족하다고 주장한다. 또 다른 중요한 쟁점은 특정 주제에 대한 교육의 "양"으로 이는 거기에 쓰인 시간을 말한다. 예를 들어, 시카고 경찰관을 위한 혁신적인 절차적 정당성 교육은 거의 1,000시간의 교육과정 중에 단지 20시간으로 구성되어 있다. 이는 경찰관의 행동을 변하게 하는데 충분한 것일까? 시카고 교육 프로그램에 관한 연구는 경찰관들이 절차적 정당성 기술을 연습거나, 그들의 활동성과에 대해 즉각적인 피드백을 받을 기회가 매우 적다는 점을 지적하였다.[67] 심지어 의사소통 기술 같은 경우도 실제로는 다양한 요소를 포함하고 있다. 이는 경청, 상대의 순간적인 관심사를 진지하게 받아들이기, 한 사람의 상황에 대한 민감성, 부적절한 언어 사용이나 몸짓을 배제하기, 공감 그리고 형사절차를 설명하는 능력, 그리고 경찰이 해 줄 수 있는 것과 없는 것은 무엇인지를 설명하는 것과 같이 다양하다.

끝으로, 로젠바움과 로렌스(Rosenbaum and Lawrence)는 단지 경찰학교 프로그램에 새로운 부분을 더 하는 것은 충분하지 않고, "전체적인 훈련 프로세스는 더 세심한 검토가 필요하다"고 하였다.[68]

경찰학교

경찰학교(police academy)

경찰 교육은 **경찰학교**에서 시작되며, 신임 경찰관들이 그곳에서 경찰활동과 경찰관서에 대해 처음 접하게 된다. 오늘날 대규모 경찰서는 자체 경찰학교를 가지고 있다. 중급과 소규모 경찰기관을 위해, 다양한 교육 선택권이 있다. 여기에는 주 교육기관, 많은 부서를 담당하는 광역 학교, 2년제 전문학교, 또는 학교 기반 기술 과정이 있다.[69] **신임 교육** 프로그램의 평균 시간은 1950년대에서 2000년 사이에 4배 증가해, 이론과 현장훈련을 모두 포함하여 약 300시간에서 1,400시간 이상으로 늘어났다. 2013년 모든 경찰관서는 평균 843시간의 학교 교육을 하고 있다. 수년에 걸쳐 많은 새로운 과목들이 학교 교육과정에 더해졌으며, 이는 인간관계, 가정폭력, 정신 건강 위기 대응, 기타 등을 말한다.[70] 캘리포니아와 뉴욕에서 1959년 시작한 이래, 주에서는 모든 경찰관에 대한 신임 교육을 요구하기 시작했다. 놀랍게도, 1965년 미국 전 경찰관의 85%가 신임 교육을 전혀 받지

신임 교육(preservice training)

않았다. 신임들은 배지, 총, 그리고 (있다면)부서 매뉴얼 복사본을 건네받고, 경찰관으로 보내졌다.[71]

경찰학교 경험은 몇 가지 다른 공식적, 비공식적 효과를 가지고 있다. 기본적인 기능은 법률, 부서 정책(물리력 사용, 체포 절차, 가정폭력 사건 등) 그리고 행동 규정과 지침에 대해 기본적인 교육을 제공하는 것이다. 또한, 경찰학교는 업무수행이 불만족스러운 신임 경찰관들을 걸러내는 기회도 된다. 전체 신임 경찰관의 평균 약 14%가 경찰학교 교육 프로그램에서 불합격한다. 그중, 일부는 그만두고 다른 이들은 부실한 성과로 인해 퇴교된다.[72]

비공식적으로, 경찰학교는 경찰서와 만연한 경찰 하위문화에서 공감대를 키울 수 있는 경찰활동의 세계에서, 신입 경찰관들을 사회화시키는 통과의례이기도 하다. 경찰학교는 신임 경찰관에게 결정적인 영향을 미치는 곳이다. 경찰학교의 군사적 문화는 전사 정신을 불어넣는가?, 아니면 봉사적 가치와 수호자 정신을 배양하는가?[73]

2015년 필라델피아 경찰서의 치명적 물리력 사용에 관한 보고서는 수년간 경찰학교의 프로그램을 갱신하지 못한 당시 훈련 프로그램의 주요 단점을 확인했다. 2015년 필라델피아 경찰서의 경찰학교 교육은 32주, 1,214시간으로 이루어졌으며, 이 중 777시간은 자치경찰 교육 및 훈련위원회(Municipal Police Officers' Education & Training Commission)가 지시한 과목에 할애되었다.[74] 자세히 들여다보니 여러 가지 심각한 문제가 드러났다. 교육 요원은 경력상 단 한 번만 해당 분야 교관 자격을 인증받았고, 그들이 그 과목에 대한 최신 지식을 지녔는지 여부를 결정하기 위한 재인증을 받을 필요는 전혀 없었다. 따라서, 교관들이 경찰활동의 최신 정책에 대해 잘 안다는 보장이 없었다. 게다가, 너무 많은 교육은 "강의와 관찰에 지나지 않는다"는 것으로 이어졌다. 대규모 학급은 시나리오 기반 훈련에 신입 참여자를 제한했는데, 이 훈련법은 현재 보다 효과적인 접근방식으로 간주되고 있다. 사실, 신임 경찰관들은 시나리오에 기반한 훈련을 더 원했다.[75] 또한, 보고서에서, 무력 사용에 대한 대부분의 훈련은 "경찰관이 무력을 사용해야 하는 것으로 끝난다"고 하는 것을 확인했다. 경찰관들이 "적절한 언어적 기술을 사용하여 상황을 평화롭게 해결하는" 시나리오는 거의 없었다. 필라델피아 경찰서는 보고서의 결과를 심각하게 받아들였고, 2016년까지 이미 훈련 프로그램에서 중요한 변화를 많이 이루었다.[76]

그리고 몇몇 경찰 부서에서는, 전문 훈련관들이 자신들이 동의하지 않는 새로운 정책을 일부러 망치고 있다.[77] 뉴욕경찰청이 검문검색과 관련해 소송당했을 때, 법정에서의 증거는 교관들이 잘못되게 검문검색법을 소개했고, 경찰관들이 어떻게 대응하는지에 대해 잘못된 정보를 주었다. 전국적으로, 모든 신임 경찰관 중 15%가 학교 교육을 다 마치지 못하였고, 여기에는 부서에 따른 차이가 거의 없었다. 이러한 실패의 35%는 신임 경찰이 자진해서 퇴소한 경우, 23%는 학업의 실패에서, 그리고 5%는 규율 위반 행동의 결과로 인한 것이었다.[78]

경찰 교육에 대한 새로운 생각

2014년 시작한 국가경찰위기(National Police Crisis)에서는 경찰활동에 대한 새로운 생각과 보다 나은 경찰활동을 이끌 교육 방식에 대한을 새로운 생각을 고취시켰다.[79] PERF는 2015년 경찰 훈련의 상태에 대한 매우 비판적인 보고서를 발표했다. 데이토나 비치, 플로리다의 경찰서장은 다음과 같이 요약했다. "우리가 20년 전에 한 것은 충분한 것이 아니다."[80] "경찰학교의 기본 프로그램은 지나치게 총기와 무력 사용 훈련에 중점을 두고 있으며 의사소통 기술이나 물리력 사용이 불필요한 경우를 줄이는 것을 돕는 전술에는 충분치 않다."(Exhibit 5-6 참조) 또한, 법무부 양해 명령(Justice Department consent decrees)은 다수의 경찰서에 교육 개혁을 가져왔다. 그 예로, 앨버커키 화해 명령 감시단은 교육기관장의 '최우선 과제'는 '그 차이와 취약점을 확인하기 위하여 과거 교육을 평가하는 것'이라고 보고했다.[81]

경찰 교육에 대한 새로운 가장 중요한 발전은 두 개 범주로 나뉜다. 이는 새로운 콘셉트와 정책에 대한 소개와 새로운 교육 기법의 개발이다. 이러한 변화의 주된 요점은 경찰관의 물리력 사용을 줄이고, 경찰－시민 간 대면에 있어 보다 평화로운 해결책을 도모하는 것이다. 교육에 있어서의 여러 새로운 생각들은 밀접하게 관련되어 있다. 이는 문제 해결, 긴장완화, 전술적 의사결정, 그리고 절차적 정당성이다.

문제 해결

훈련에 대한 새로운 접근은 잠재적으로 위험한 상황을 어떻게 평가하는지 알고, 적절한 대응 선택을 하며, 상황이 바뀌는 것을 재평가하고, 이에 따라 전략을 바꿀 줄 아는 문제해결자인 경찰관을 양성하는 것이다. LAPD의 교육부장은 과거에 이에 대해 다음과 같이 설명했다. "신임들에게 6개월 동안 앉아서, 입 다물고 듣도록 한다." 하지만, 오늘에는 "스스로 동기 부여되고, 상호의존적이며, 지역사회 지향의 비판적 사고자이자 문제해결자인 경찰관을 만드는 것"을 원한다.[82] 문제 해결과 비판적 사고에 대한 훈련은 강의를 통해서가 아닌, 시나리오 기반 훈련을 통해 가장 잘 수행되며, 시나리오 기반 훈련에서 신임들은 모의 상황에 참여하여 어려운 대면 상황을 다루는 것과 관련하여 어떻게 생각하고 판단해야 하는지를 배우게 된다. (280쪽의 논의 참조)

EXHIBIT 5-6

뉴올리언즈 경찰청의 교육:
양해 명령의 영향

2012년 미국무부는 뉴올리언즈 경찰청과 양해 명령을 체결하였다. 당시, NOPD는 과도한 물리력 사용 문제, 비효율적인 법 집행과 부패 문제로 매우 안 좋은 평판을 얻고 있었다. 492문단에 달하는 양해 명령(각 문단은 구체적인 요건을 담고 있었다)는 경찰관 교육에 있어 여러 가지의 개선사항을 의무화하고 있었다.

우선 개선 사항은 조직 투명성을 담고 있었다. 경찰청은 그 웹사이트에 현재 행하고 있는 모든 교육에 대한 구체적인 내용을 정기적으로 올리도록 하였다. 여기에는 교육의 종류에 대한 정보,

개별 수업의 날짜 그리고 각 수업에서 교육받는 경찰관의 수가 포함된다. 오늘날 경찰활동 전문가들은 경찰 부서가 지역사회와의 믿음과 신뢰성을 형성하기 위해 대중과 열린 소통을 할 필요가 있다는 것에 동의한다.

둘째로, 경찰청은 교육 프로그램에서 향후 변화에 대한 가이드를 제공하기 위해 연간교육종합계획을 개발하였다. 2017년 해당 경찰청은 교육에 대한 연구에 기초하고, NOPD 교육 프로그램에 있어서의 "차이와 필요 분야"를 확인하기 위한 15개 전문가그룹을 통해 교육 수요 평가를 마쳤다. 추가로, "모든 강의 계획은 정기적으로 검토되고 업데이트되었다." 즉, 그 교육 프로그램은 지속적인 검토와 개선을 위한 프로세스를 확보하였다.

셋째로, 해당 경찰청은 증거수집, 법정 증언과 같은 주요 이슈에 대한 전문가의 법적 견해를 제공하기 위해 지방 검사 및 시 변호사(city attorney)와 업무 관계를 구축하였다. 보디캠(body-worn cameras)에 대한 경찰관 교육은 법정에서의 "(형사)사건에 대한 성공적 기소와 수용을 증가시켰다." 또한, 무죄 프로젝트(Innocent Project)와의 관계도 구축하였다. 이는, 부당하게 사형 선고를 받은 사람들에 대한 오심 판결을 수사하는 국가 조직이다. 오심에 기여한 요인 중 한 가지는 용의자에게 자백을 강요한 경찰관들이었다. 그리고, NOPD가 공정한 기소를 보장할 목적으로 무죄 프로젝트의 대표를 초대한 것은 매우 주목할 만한 일이다.

넷째로, 해당 경찰청이 법에 관한 모든 교육이 형사법에 경험이 있고, 교육받은 변호사에 의해 이루어지도록 상근 법률 교관으로 변호사를 채용하였다.

다섯째로, NOPD 경찰관들은 그들의 혁신적인 용기있는 윤리적 경찰활동 프로그램(Ethical Policing is Courageous: EPIC)으로 교육받고 있다. EPIC는 경찰관들로 하여금 동료의 비리를 목격하면 이를 제지하거나 지휘관에게 보고토록 하는 것이다(제6장 참조). EPIC는 동료의 비리에 대해 묵인하고 상사가 질문했을 시 이를 증언하지 않는다는 오래된 '침묵 규칙'을 깨도록 하는 것으로 최초의 매우 의미심장한 프로그램이다.

전체적으로 볼 때, 법무부 양해 명령에 따른 개혁 조치들은 모든 경찰청들이 최상의 수준을 이루기 위한 교육 프로그램을 어떻게 구성할 수 있는지와 해야 하는지를 설명한 모델을 제시하였다.

출처: New Orleans Police Department, *2016 Education and Training Annual Report*, http://www.nola.gov/getattachment/NOPD/NOPD-Consent-Decree/2016-Training.pdf/.

긴장완화와 경찰관의 물리력 행사 줄이기

2015년 PERF 회의에서 NYPD 경찰청장의 훈련 재설계에 대한 언급은 어떻게 새로운 생각이 과거의 경찰 방식에 도전해 왔는지를 강조하였다. 그는 "왜 우리는 모든 이들을 땅에 쓰러트리는가?"에 대

한 질문을 받았을 때, "우리는 쓰러트리는 기술을 배운다"라고 설명
했다. 그의 요지는 쓰러트리는 기술만 가르치면, 결과적으로 경찰관
들은 많이 쓰러트리게 된다는 것이다. 이는 더 많은 물리력 사용(쓰러
트리기와 같은)에 이를 것이며, 시민과 경찰에게 더 많은 부상을 입히
고, 그들 간 더 많은 다툼을, 더 많은 민원을 야기하고, 지역 주민과
의 관계를 악화시킬 것이다. 쓰러트리기는 특정 상황에서 필요하지
만, 경찰활동에 대한 가장 바람직한 새로운 생각은 긴장완화를 통해
물리력 사용을 줄이는 것을 강조하는 것이다.[83]

　　조금 넓은 관점에서, PERF 보고서는 경찰 훈련이 사건을 해결하
는 대체 방법에 대한 적절한 고려 없이, 물리력 사용에 너무 무게를
두고 있다고 하였다. 경찰 훈련 교과과정에 대한 PERF의 설문에서는
경찰청은 총기 훈련(가장 상위 과목임)에 평균 59시간을 할애하였고,
단지 의사소통 기법에는 10시간, 긴장완화와 위기 개입에는 각 8시간
을 배당하였다.[84]

　　경찰관이 물리력을 사용하는 것에 대한 가장 중요한 대안은 **긴**　긴장완화(de-escalation)
장완화이다. 시애틀 경찰청의 물리력 사용에 관한 정책은(2013년 후기
채택된 것으로 연방 합의안에 따른 것임) "시간, 상황, 그리고 안전이 허
락될 때, 경찰관은 무력을 사용하지 않으면서 순응을 얻고 갈등을 완
화시킬 수 있도록 노력할 것이다"라고 서두에 언급하고 있다. 이 정
책은 당시 긴장완화 전술에 대한 구체적인 가이드를 제공하고 있다.
이는 "의사소통"(구두 설득, 명확한 지시, 청취와 설명, 공격적인 언어 사
용의 회피), "시간" ― 다른 선택안을 찾고, 지략을 보강하기 위해 "진
행속도를 늦추고, 상황을 안정화시키기 위해" 노력하는 것, 그리고,
경찰관의 안전을 보호하기 위한 용의자로부터의 "거리"를 말한다.[85]
대통령 TF는 "물리력 사용 훈련에 관한 법률 집행 정책은 적절한 상
황에서 체포와 소환에 대한 대안과 긴장완화를 강조해야 한다"고 강
력히 권고했다.[86]

　　긴장완화는 누군가 무례함을 드러내거나, 누군가 하는 것이
경찰관이 무례하다고 인식하는 때 특히 중요하다. 경찰은 이런 상황
에 누가 '우위에 있는지'를 보여주기 위해 무력 또는 체포로 대응하는

오랜 역사를 갖고 있다.[87] 크리스티 로페즈(Christy Lopez)는 이런 사건을 "경찰 모욕"에 대한 체포로 정의한다. PEFR 회의에서, 뉴욕 경찰 교육 담당자는 이제 신임들에게 분명한 무례에 대해 개인적 감정으로 대하지 말라고 가르친다고 하였다. 이는 "여러분은 프로가 되어야 합니다. … 존중을 해야 존중받으며, 무례는 무례를 낳습니다. … 우리는 경찰관들에게 항상 '자기 입장을 고수'할 필요는 없다고 가르칩니다. … 이건 포기하는 것이 아닙니다."[88]

EXHIBIT 5-7

경찰학교 훈련의 과목별 평균 시간, 2015년

과목	교육 시간
사격	58
방어전술	49
헌법/법률 이슈	40
의사소통기술	10
긴장완화	8
위기개입	8
봉술	8
전기 제압 장비("테이져")	8

출처: Police Executive Research Forum, *Re-Engineering Training on Police Use of Force* (Washington, DC: Author, 2015). 11.

전술적 의사결정

긴장완화는 전술적 의사결정의 더 넓은 개념 중 하나이다. 전통적 경찰 교육은 매우 명령적이며, 규칙에 얽매이며, 경찰관들에게 "이건 우리의 정책이다. 이대로 하라"고 가르친다. 경찰 훈련에 대한 새로운 사고는 경찰관들이 각 상황을 평가하고, 최선의 응대에 대한 전술적 결정을 할 수 있도록 준비시킨다. 즉, 이는 경찰관들이 생각

하고 전술적 결정에 임하도록 한다.[89]

　2016년 LAPD의 교육 변화에 대한 보고서는 "그간 경찰관들에게 구체적인 가이드를 제공하는 것으로부터 벗어나, "경찰관들이 비판적 사고력 향상을 위해" 만들어진 개념을 강조하는 방향으로 변했다"고 설명했다. 기본적인 목표는 "주어진 운영 시나리오에서 어떤 전술을 사용할지를 결정하는 데 있어, 경찰관들에게 보다 더 강한 책임감을" 부여하는 것이다. 이는 경찰관들에게 "상황의 유동성에 따라 지속적으로 평가"하도록 하고 "적절한 대응에 대한 비판적 사고"를 하도록 하는 것을 포함한다. 철학에 있어 이런 변화는 경찰관들이 단순히 어떻게 선택하는가를 넘어 언제 그리고 왜 물리력을 사용하는지에 대해 경찰관들에게 보다 많은 책임감을 부여하고 무게를 두는 것이다.[90]

　전술적 의사결정은 경찰관이 다른 상황에서 관찰, 평가 그리고 최선의 대응을 선택하는 것 없이 단순히 "정책을 적용하는" 전통적 사고방식을 거부하는 것이다. 사실, 경찰－시민 간 접촉이 대부분 시간의 흐름에 따라 변하는 시나리오다. 몇몇은 몇 분처럼 짧고, 다른 건 20에서 30분이 걸리거나 더 걸리기도 한다. 이 시간 동안, 경찰관은 전술적 결정을 할 수 있는 기회를 가지며 이를 통해 후속 사건과 대면의 최종 결과의 틀을 잡을 수 있다. 정신적 문제를 겪고 있는 자가 칼을 들고 있는 경우를 생각해 보자. 경찰관이 가까이 갈 경우, 그 사람이 돌진하고 치명적 물리력을 사용할 필요성을 만들게 될 가능성이 커진다. 상대적으로, 뒤로 물러나 공간을 만들면, 어떠한 종류의 물리력도 사용할 가능성은 줄어들고 상황을 평화적으로 해결할 기회도 생긴다.

전술적 의사결정(tactical decision-making)

　워싱턴 D.C. 경찰서장인 캐시 래니어(Cathy Lanier)는 2015년 PERF 회의에서 "총격을 가하는 그 순간까지에 이르는 결정이 결국 총을 쏘아야만 하는지 아닌지를 결정한다." LAPD의 한 지휘관은 전술적 의사결정의 공식에 대해 "거리 + 엄호는 시간과 같다"고 설명했다. 거리는 그 사람으로부터의 공격에서 경찰관을 보호한다. 시간은 경찰관에게 "용의자와 대화하고", "정보를 수집하고", "전략적 계획을 세우고", 필요한 경우 추가 경찰관을 포함해서 "현장에 자원을 확보하는" 능력을 준다. 엄호는, 용의자가 경찰관에게 차를 몰아 그나 그녀를 죽이거나 다치게 할 수 없는 곳에서 서 있는 것처럼, 경찰관의 안전을 보호한다.[91]

전술적 의사결정에 대한 적절한 교육은 2014년 새로운 법적 중요성을 얻게 되었다. 그해, 캘리포니아 대법원은 샌디에이고 보안관서의 징계 케이스에 대해 평결하며 경찰부서가 "치명적 물리력의 사용에 앞서 법 집행기관(법 집행자)는 전략적 행동 및 결정"을 고려하는 것이 합헌적이라 하였다.[92] 즉, 경찰관의 물리력 사용 사건에 대한 판단은 단지 물리력이 사용되기 마지막 몇 초를 기초로 할 것이 아니다. 경찰활동의 새로운 생각은 그 순간까지에 이르는 한 경찰관의 전술은 물리력 사용 여부를 결정하는 데 있어 중요한 역할을 한다는 것이다.

시나리오 기반 훈련

LAPD 교육 지휘관은 1980년대의 교육이 "강의 아카데미"였으며 "경찰관들은 강의 위주의 훈련이 지루해 죽을 지경"이라고 말했다.[93] 최근 교육에서 가장 중요한 발전 중 하나는 강의에서 벗어나 시나리오 기반 훈련(현실 기반 훈련으로도 언급되는)의 활용으로의 전환이다. 특히, 치명적 물리력의 사용과 고속 추격에 관한 일부 시나리오 기반의 훈련 단위는 전자식 시뮬레이션을 포함한다. 그러나 대개는 일대일 역할극의 형태를 취하며, 주민 역할을 하는 사람을 경찰관이 상대한다. 앨버커키 경찰서에 대한 양해 명령 감시단은 2019년 새로운 현실 기반 교육이 "구식, 교실 기반, PPT(PowerPoint)식 교육을 뛰어넘는 진중하고 상당한 발전"이었고, 그 부서 발전에 "중요한 사건"이었다고 평가하였다.[94]

시나리오 기반 훈련의 가치는 "경찰관들이 펼쳐지는 비디오 시나리오와[또는 시민 역할을 하는 사람과] 상호작용하여 판단을 내려야 한다"는 능력에 있다. 경찰관이 실제 시뮬레이션에 참여하기 때문에, 강의보다 훨씬 효과적인 교육 방법이다. 2015년 필라델피아 경찰

관들은 이를 직관적으로 이해하고 "경찰서 전반에서의 더 많은 현실
기반 교육(RBT)을 바라는 강한 욕구"를 표현했다.[95] 캘리포니아주 오
클랜드(Oakland) 경찰서의 다니엘 아웃로(Danielle Outlaw) 부서장은
2015년 PERF 회의에서 시나리오 기반 훈련으로 바뀐 것은 해당 경
찰서에 있어 "거대한 패러다임 전환"을 의미한다고 말하며, 경찰활동
에 미친 영향으로 경찰관의 물리력 사용과 시민 불만의 감소를 들었
다.[96]

무의식적 편향에 대한 훈련

인종, 민족, 성적 취향, 이민자 신분, 노숙자 또는 다른 요인에
따른 편향은 전문가다운 경찰활동의 원칙과 수정헌법 제14조의 동등
한 보호 규정에 따라 모든 사람을 동등하게 대하는 약속에 위배된다.
이제, 많은 편향은 무의식적이고 특정 범주의 사람들에 대해 깊이 자
리한 고정관념을 반영하는 것으로 여겨진다. 이것은 모든 미국인 사
이에서 사실이며, 경찰관들도 예외는 아니다.

경찰활동에서 **무의식적이거나 암묵적인 편향**의 문제를 해결하기
위해서, 로리 프리델(Lorie Fridell)은 공정한 경찰활동 프로젝트(Fair
and Impartial Project)를 개발하였다. 이는 관련 문제에 대한 훈련을
제공하면서, "사람들은 자신이 은연중에 풍기는 편향을 알지 못할 수
도 있다"라고 지적한다. 흑인이라는 이유로 젊은이를 정지시키고 심
문하는 것은 명백한 편견의 사례다. 그러나 많은 경찰 조치는 또한
흑인 남성들을 범죄 행위 및 "위험성"과 연관시키는 무의식적인 가정
에 근거한다. 역할극 시나리오가 포함된 프리델의 FIP 훈련 프로그램
에서, 신임 경찰관은 "허리에서 총을 찾지는 않고, 지속적으로 여성
에 대해서는 낮은 수준의 경계를 한다." 즉, 신임들은 남성과 위험성
을 연계시키고, 여성으로 인해 야기될 수 있는 위험은 얕본다.[97]

무의식적이거나 암묵적인 편향
(unconscious or implicit bias)

POLICE in FOCUS

무의식적 편견에 대한 교육은 편향된 행동들을 제거할 수 있을까?

인종, 민족 또는 성별에 대한 무의식적 편견에 대한 교육은 검문검색, 체포, 그리고 다른 경찰활동에 대한 경찰관들의 편향된 행동을 줄이거나 제거할 수 있을까? 이 편견이라는 주제에 대한 가장 유명한 권위자는 제니퍼 에버하르트(Jennifer L. Eberhardt)로, 2019년 발간된 "편향된: 우리가 보고, 생각하고 행하는 것을 구성하는 숨겨진 편견들을 밝히다"의 저자이다. 이 주제는 그녀가 경찰 문제에 관여되기 전에 시작되었고, 국제적인 관점으로 방대한 연구에 기초하여, 사실 편견에 대한 교육의 효과에 대해서는 회의적이었다. 편견은 모든 나라의 문화 속에 너무나도 깊게 뿌리박혀 있고 그녀는 "사람들은 (경찰) 교육의 영향에 지나치게 신뢰하고 있다"는 것을 걱정했다. 하지만, 그녀는 바로 상황이 절망적이지는 않다고 덧붙였다. "편향을 억제하는 방법은 신속하게 사람들을 인종적 연관에서 제거하려고 시도하는 것(흑인 = 위험과 같이)이 아니라, 단지 그들의 일을 더 잘 할 수 있도록 교육하는 것에 따른다.

에드하르트의 처방은 너무 뻔한 얘기처럼 들리지만, 분명 그렇지는 않다. 그녀가 경찰관들이 '자신들의 일을 더 잘할 수 있도록 한다'는 것을 얘기할 때, 그녀가 의미하는 것은 단순히 경찰 부서가 물리력 사용, 검문검색 그리고 다른 행동들에 대해 최신의 정책을 채택토록 하고, 경찰관들로 하여금 그들의 일상 경찰 업무에 그 *정책들을 따르도록* 교육하는 것이다.

잘 알려진 NYPD의 검문검색 프로그램은 이것이 어떻게 이루어지는지에 대한 예를 보여준다. NYPD의 검문검색에 대한 공식 보고서에서, 경찰관은 검문검색의 이유를 설명하고, 검문검색이 법과 부서 정책에 따른 것이라는 것을 분명히 해야 한다.

경찰의 검문검색 관례에 대해 이의를 제기하는 소송에서, 많은 경찰관들이 그들의 검문검색 보고서에서 검문한 이유에 대해 대상자의 "수상한 태도" 또는 "우범지역"이었기 때문이라고 하였다. "수상한 행동"이라고 주장되는 것은 그 사람을 검문한 것에 대한 이유를 정당화하기에는 너무 막연하다. 이는 대법원에 의해 요구되는 범죄 행위에 대한 "합리적 의심"의 조건을 만족시키지 못한다. 한편, "우범지역"은 지리적인 것이지 합리적 의심에 이르는 어떤 사람의 행위가 아니다. 뉴욕시에서는, 모든 검문검색의 87%가 흑인과 히스패닉 사람이다. 그렇기에, 정책, 교육, 그리고 감독을 통해 경찰 부서가 정당하지 못한 검문검색을 없앤다면, 이는 유색인종에 대한 검문검색을 감소시키는 과정일 것이다.[98]

경찰관들로 하여금 "일을 더 잘할 수 있게"하는 것은 또한 경찰관들에게 구체적인 정책 가이드를 제공하는 것이다. 우리가 방금 말한 NYPD 상황에서는, 검문검색에 대한 엄격한 정책을 강화하는 것은 직접적으로 경찰관 입장의 편견을 해결하는 것은 아니다. 그 대신, 이는 단지 검문검색에 대한 법적 요건을 다루는 것이다. 하지만, 그렇게 함으로써 무의식적인 편견으로 유발되거나 그렇게 인식된 것 같은 많은 검문검색을 없앨 수 있다. 짧게 말해, 의미있는 정책과 교육을 통해 경찰관이 "더 일을 잘 할 수 있도록"하는 것은 매일의 경찰 업무에서의 인종적 차이를 줄이는 긍정적 효과를 가진다.

출처: Jennifer L. Eberhardt, *Biased: Discovering the Hidden Prejudice That Shapes What We See, Think, and Do* (New York: Viking, 2019), 50, 68.

▌신임교육 후 훈련

현장훈련

경찰학교 수업을 보완하기 위해, 대부분의 경찰서에서는 현장훈련 프로그램도 운영하고 있다. 여기에는 숙련된 **현장실무훈련관(FTO)**의 감독 하에 순찰업무에 참여한다. 오늘날 프로그램의 모델이 된, 1970년대 최초의 산호세(San Jose) 현장실습 프로그램은 16주간의 수업과 14주의 현장훈련으로 이루어졌다. 이 모델에 의한 현장훈련기간 동안, 신임 경찰관은 각 4주씩 3명의 다른 FTO에게 배정되고*, 그 후 마지막 2주 동안 다시 원래의 FTO에게 배정된다. 각 FTO는 신임 경찰관의 성과에 대해 매일 보고하고, 감독관은 매주 평가 보고서를 작성한다.[99]

실무훈련관(field training officer)

┌ POLICE in FOCUS

산호세경찰서 현장훈련 프로그램

1970년대 초에 시행된 산호세경찰서 현장훈련 프로그램은 국제경찰기관장협회에 의해 모범 프로그램으로 꼽혔다. 한편, 캘리포니아 입법부는 산호세 프로그램을 주 전체의 법집행관 표준 및 훈련(Peace Officer Standards and Training)(POST)을 위한 모델로 삼았다.

2016년에는 17~20주간의 현장훈련으로 구성됐으며, 실무훈련관이 일일실적평가를 작성했다. 신임 경찰교육생은 "30가지 성과 범주별 특정 성과 기준"을 충족해야, 순찰 요원으로서 혼자 근무할 수 있는 자격을 취득할 수 있다. 현장훈련 프로그램이 끝날 무렵에는 "공식 구술시험"으로 각 경찰관의 수행능력을 확인한다.

이 프로그램의 목적은 다음과 같다:

---

* [역자 주] 4주간 3번씩 총 12주.

- 단독 순찰 근무 준비를 위한 모든 신임 경찰교육생 훈련 및 평가
- 모든 신임 경찰교육생의 합격률 90% 달성
- 새롭게 임명된 현장훈련관 및 경사의 새로운 책임을 위한 교육

- 기타 법 집행기관에 정보 및 훈련 제공

출처: San Jose Police Department, "Field Training Officer (FTO) Program," http://www.sjpd.org/BFO/FieldTraining/.

1970년대부터 현장훈련을 해오고 있음에도 불구하고, 일부 경찰서는 이 아이디어를 채택하는 데 수십 년이 걸렸다. 예를 들어, 필라델피아에는 2015년까지만 해도 현장훈련 프로그램이 없었다.[100] 또한, 현장훈련 프로그램도 품질의 차이가 있다. 한 경찰서의 여성 경찰관들이 제기한 성차별 소송은 기존의 비공식적인 경찰학교를 마친 후 현장훈련 프로그램이 가진 심각한 문제를 보여줬다. 경찰관들은 FTO들이 편향되어 있다고 주장했다. 이 소송에서, 현장훈련 프로그램에 교육과정이 없고, 실제 업무에 따른 수행평가 시스템도 없으며, FTO를 위한 교육도 없는 것이 확인되었다. 이 소송은 새롭고 개선된 현장훈련 프로그램의 결과로 이어졌다.[101] 마지막으로, 지역사회 경찰활동이 1980년대 확산되었을 때, 경찰관들이 학교 교육과 현장훈련을 마쳤을 때 지역사회 경찰활동을 익힐 것이 기대되었음에도 불구하고, 많은 경찰부서는 전통적인 방식의 학교와 현장훈련 프로그램을 유지하고 있었다.[102]

직무교육

직무교육(in-service training)

정기적인 **직무교육**은 종합적인 교육 프로그램에 있어서 중요한 부분이다. 경찰관들은 물리력 사용, 정신적 건강문제와 관련된 사건을 다루는 경우, 그리고 법의 변화에 대한 교육, 최근의 판결, 노숙자와 가정폭력에 대한 문제에 있어서 새로운 생각과 같은 것에 대한 정기적인 재교육이 필요하다. 경찰관들은 경찰학교에서 교육받은 것의 일부는 쉽게 잊을 수 있다. 또는, 어떤 상황을 다루는 데 있어 (특히, 경사가 자신의 역할에 실패하는 경우) 나쁜 습관에 빠질 수 있다. 그리

고, 새로운 법률, 판례, 노숙자와 같은 특정 이슈를 다루는 것에 대한 새로운 관점은 꾸준히 나오고 있다. 사실상, 모든 주에서는 경찰관에 대한 연간 직무교육을 요구하는 법이 있으며, 각 주는 매년 그 시간을 적시하고 있다.

캘리포니아 법 집행관 표준 및 훈련(POST) 시스템에는*, 모든 경찰관이 2년마다 받아야 하는 "녹슬 수 있는 기술(Perishable Skills)"**이라는 특별한 훈련이 있다. 주의 모든 법 집행관은 2년에 한 번씩, 체포 및 제지, 주행 훈련/인식 또는 모의주행훈련, 사격 또는 물리력 선택 교육 등 3개 분야에서, 각각 4시간씩 최소 12시간의 직무교육을 이수해야 한다.[103] '녹슬 수 있는 기술'에 대한 생각은 중요하다. 그 생각은 최고의 경찰관이라도 교육을 쉽게 잊을 수 있고, 법이나 부서 방침을 어길 수 있다는 것을 알고 있다. 정기적인 직무교육은 그들의 기술을 최고 수준으로 끌어 올린다.

라스베이거스 경찰서는 모든 순찰 요원을 대상으로 강의와 시나리오 기반 훈련이 모두 포함된 9시간 코스의 의무적인 경찰역량심화과정(Advanced Officer Skills Training: AOST)인 직무교육 프로그램을 추가했다. 교육과정은 총기류 취급 자격 1시간, 전자화된 자격갱신 2시간, 물리력 사용 훈련 2시간, 현실기반 의사결정 시나리오 훈련 4시간 등으로 구성된다.[104]

역량 문제가 있는 경찰관에 대한 보충 훈련

경찰 교육에 있어 오랜 기간 지속된 문제 중 하나는 분명히 역량 문제가 있는 경찰관에 대한 즉시적인 재교육을 제공하지 못했다는 것이다. 최근에서야 이에 변화가 있었다. 조기 개입 시스템(Early intervention system: EIS)(이는 제14장에서 자세히 논의될 것이다)은 경찰관 성과에 대한 전산화된 데이터베이스로, 이는 높은 물리력 사용 빈

---

* [역자 주] Peace Officer Standards and Training.
** [역자 주] A Skill that can be lost if it isn't practiced on an ongoing basis: 지속적으로 연습하지 않으면 잃게 되는 기술.

도가 있는 경찰관과 같은, 반복되는 역량 문제를 지닌 경찰관을 확인할 수 있다. 경찰관의 역량 문제를 수정하도록 설계된, EIS 프로그램의 개입 단계에서는, 특정 역량에 문제가 있는 경찰관에 대한 재교육을 포함할 수 있다. 하지만, 경찰청의 훈련 담당팀은 한 경찰관을 기본으로 하여 해당 경찰관에 대한 역량 문제를 다루는 특별 훈련을 신속히 제공할 수 있도록 준비해야만 한다.[105]

2018년 양해 명령에 따른 개혁의 결과로, 엘버커키 경찰청은 57명의 경찰관에게 개별적 훈련 과정을 수행하였다. 8명의 경찰관이 "다중 훈련 사례"를 수강하였고, 4개의 훈련 과정은 경사급을 포함하였다.[106]

총기 사용 사건과 업무 복귀 훈련

경찰관이 관련된 총격 후에는, 현재 거의 모든 경찰청은 해당 경찰관을 법 및 정책 준수여부를 검토하는 동안 일선 업무에서 배제시키고 있다. 이 조치는 징계가 아니며 경찰관은 보수 지급을 받는다. 많은 경찰청에서는 해당 경찰관이 업무 복귀 전, 총기 사건으로 인한 정신적 악영향은 없는지 확인하기 위해 심리학자와 면담을 하도록 요구한다. LAPD에서는 업무 복귀 전 치명적 물리력 사용에 대한 재교육을 받도록 하고 있다.[107] LAPD는 경찰관 관련 총기 사건에 관계된 모든 경찰관들에게 1일 "전술 재교육"을 다녀오도록 한다. 또한, 개개의 경찰 관련 총기 사건(officer−involved shooting: OIS)은 그 사건으로부터 즉시 배워야 할 점을 정하기 위해 지휘관이 검토하고, 그 교훈은 신속히 정규 교육 과정에 포함된다.

특별 책무를 위한 훈련

경찰관서는 특별한 임무나 팀에 배치된 경찰관들을 위한 특화 훈련과정을 제공할 필요가 있다. 가장 중요한 것은 관리자에 대한 교육이다. 팀장의 책무는 최근 들어 더욱 증가하였다. 시애틀에서는,

(가장 심각하지 않은 물리력 수준인) Type I 물리력 사용 사건에 대응하는 팀장은, 관련 경찰관을 사건에서 분리하고, 상해를 입은 사람이 있다면 사진 촬영을 하고, 해당 경찰관의 행동이 정책을 위반한 것은 없는지 결정하고, 해당 경찰관에게 물리력 사용에 대한 보고서를 마치도록 지시하고, 그 경찰관의 보고서를 살펴보고 필요하다면 추가 정보를 포함토록 지시하며, 사건에 대해 간략히 요약하고, 그 보고서를 감독하는 상관에게 전달한다. 이는 복잡한 책무이지만, 해당 경찰청의 더 넓은 책임 프로그램에 있어 중요한 것이다. 팀장은 이러한 모든 요구사항에 대한 적절한 훈련이 필요하다.[108] 시애틀의 한 지휘관은 감독자의 책임성에 대한 향상된 교육은 책임감 면에서 "가장 개선된 부분 중 하나"라고 하였다. 예를 들면, 2014년, 해당 경찰청은 관리자에게 24시간의 훈련을 실시하였다.[109]

캘리포니아, 오클랜드의 한 지휘관은 정말 많은 경찰서들이 비전문적이었다고 (그리고 지금도 많이) 하였다. "팀장은 직원들이 얘기하는 것을 액면 그대로 믿었었다.", 그리고, "(보고서를) 밀어붙였다." 결과적으로 그 직원의 물리력 사용에 대한 보고서는 실제로 일어난 일을 정직하게 반영하지 않았다.

시카고 경찰의 절차적 공정성에 대한 한 연구에서, 스코간과 그 동료들은 "경찰에서 관리자들은 누구 못지않게 절차적 공정성에 대한 교육이 필요한 것 같다."고 언급했다.[110] 이러한 판단은 경찰이 내부적으로는 물론 지역사회 구성원과 함께 절차적 정당성을 확보해야 한다는 21세기 경찰활동에 관한 대통령직속TF의 권고에 의해 강화되었다.[111] 즉, 팀장은 부하에 대한 관리를 효과적으로 하기 위해 부하를 존중하고, 그들의 우려를 경청하고, 왜 어떤 행위는 바뀌어야 하는지에 대해 설명해 줄 필요가 있다는 것이다. 관리자는 단순히 윽박지르며 결과를 얻기를 기대해서는 안 된다.

전문교육은 또한 감찰, 수사, 마약, 조폭 부서와 같은 곳에 새로 배치된 경찰관들을 위해서도 필요하다. 각각은 전문 지식과 기술을 필요로 한다. 시민 민원을 조사하는 것은 특히 복잡하기 때문에 감찰관 교육은 쉽지 않다. 동료 경찰을 조사하는 것은 민원인의 입장이 아닌 경찰관의 관점에서 사건을 보는 자연스러운 경향이 있기 때문에 범죄를 수사하는 것과는 매우 다르다. 하지만, 많은 경찰서가 범죄 수사의 경험으로 충분하다고 잘못 생각하며 전문교육을 실시하지 않고 있다.[112]

▌경찰 훈련에 관한 쟁점들

단편적이고 일관성없는 훈련

신임 경찰관에게 어떤 상황을 다루는 적절한 방법에 대해 불완전하고, 잘못된 또는 엇갈린 메시지를 주는 것은 부실한 훈련으로, 경찰관이 되어 현장에서 심각한 실수를 저지르기 쉽다.

2015년 PERF 보고서는 경찰학교 훈련 프로그램이 종종 조직화되지 않고, 체계적이지 못한 방식으로 주제들을 다루며, 동일한 문제에 대해 종종 상반되는 훈련을 제공한다는 것을 발견했다.[113] 한편, 라스베이거스 경찰청의 무력 사용 실태 조사 결과, 모순되는 훈련은 경찰관과의 논의에 있어서 "흔한 주제"인 것으로 나타났다.[114] 2015년 필라델피아의 치명적 물리력 사용에 관한 보고서는 "훈련 요원이 신임 경찰관에게 일관성 없거나 모순되는 지시를 한다 … 예를 들어, 무력 사용과 연속체*에 관한 경찰학교의 훈련 자료"는 "비일관적"이었다고 밝혔다.[115] 직무재설계에 대한 PERF 보고서는 훈련 프로그램 설계에 대한 "조직적이고 체계적인 사고"가 매우 필요하다고 보았다.

부적절한 훈련의 결과

효과적인 교육의 부재는 중요한 법적 함의를 지닌다. 1989년 연방대법원은 오하이오주 캔톤시티 대 해리스(City of Canton, Ohio v.

* [역자 주] Tennessee v. Garner 판결 및 Graham v. Connor 판결 이후 미국 내 많은 경찰관서에서는 "직면한 저항의 수준에 따라 경찰의 물리력 수준도 약간씩 변화시키는 일종의 지침"으로 활용될 수 있는 '물리력 사용 연속체'를 도입하기 시작하였다: 이훈. (2015), "경찰관 휴대무기 체계 재정립을 통한 치안환경 안전 확보 방안 연구", 치안정책연구소 정책연구보고서 참고.

Harris) 사건에서 "훈련 실패"에 대해 경찰서에 책임을 물을 수 있다고 판시한 바 있다. 법원은 "특정 공무원 또는 직원에게 할당된 직무에 비추어 볼 때, 더 많거나 다른 훈련의 필요성이 명백하고 헌법상 권리 침해로 이어질 가능성이 매우 크기 때문에, 도시 정책 입안자들은 적당히 의도적으로 무관심했던 것이라고 말할 수 있다"라고 밝혔다. 따라서 "적절한 훈련을 제공하지 않은 것은 도시가 책임을 지고, 실제로 손해를 입었을 경우 도시가 책임을 질 수 있는 정책을 보여준다고 해도 과언이 아니다."[116]

▌시보기간

학교 및 현장훈련을 마치고 난 후, 신임 경찰은 정식으로 임용되어 정규 직무를 수행하게 된다. 경찰관은 경찰서에 따라 6개월에서 2년 사이의 범위에서 시보기간을 가진다.[117]

시보기간동안, 경찰관은 이유 없이* 해고될 수 있다. 이러한 이유로, 시보기간은 신임 경찰관을 주의깊게 살펴볼 수 있고, 역량이 미달인 자는 해임할 수 있는 훌륭한 기회를 제공한다. 시보기간 동안 전체 신임 경찰관의 평균 7% 정도가 불합격 처리된다. 또한, 많은 교육생들이 자신이 경찰관이 되기를 원치 않거나 또는 자신들이 잘하지 못한다는 것을 알고 경찰학교 교육기간 중에 자진해서 떠난다. 그러나 수잔 마틴(Susan Martin)은 시보를 어떻게 사용하는지에 있어서 경찰서 간의 큰 차이를 발견했다. 피닉스(Phoenix)시에서는, 당시 경찰을 떠난 경찰관의 47%가 시보였다. 여기에는 전체 여성 신임 경찰관의 26%, 남성 신임 경찰관의 14%가 포함됐다. 그러나 워싱턴 D.C.에서는, 경찰관서에서 해임된 사람들의 15%만이 시보 중이었다(남녀 모두 5%).[118]

많은 전문가는 시보기간이 길어질수록 성과를 확인할 수 있는 시간이 더 많아지고 성과가 미흡한 사람들을 해임할 수 있다고 주장

시보기간(probationary period)

---

* [역자 주] 지방 공무원 법 또는 경찰노조 계약에 의해 제정된 규칙에 따른 이유 없이.

한다. 필라델피아 경찰서에 대한 1986년 보고서에 따르면 6개월 시보기간은 "특정 지원자가 경찰관이 될 자격이 있는지 여부를 감독관이 판단하기에 불충분하다"고 하였다.[119] 이전에 논의했던 것처럼, 누구도 경찰관 성과를 예측하는 시스템을 고안해 내지 못했다. 얼마나 신임 경찰관이 일을 잘 할 수 있는지 평가하는 최고의 척도는 시보기간 중 그들의 일의 성과를 관찰하는 것이다. 어려운 상황에서의 성숙함, 자기통제력 그리고 좋은 판단력은 알려진 어떤 테스트로도 측정될 수 없다.

사례연구

가정폭력 사건을 위한 교육 개선: 문제 지향적 접근

오늘날 거의 모든 경찰관서는 경찰학교 교육프로그램에서 가정폭력을 다루고 있다. 그러나 위 주제에 대한 아이겐버그(Eigenberg), 카플러(Kappler), 맥거피(McGuffee)의 검토에 따르면, 가정폭력에 대한 경찰의 생각에 여러 가지 잘못된 통념과 무비판적인 가정들이 퍼져 있고, 효과적인 교육 프로그램의 개발을 방해하는 것으로 나타났다.

첫 번째 잘못된 통념은, 단 한 종류의 가정폭력만 있으며 모든 사건은 본질적으로 동일하다는 것이다. 한 연구에서는 세 가지 유형의 가정폭력을 확인했다. 친밀한 사이에서의 폭력은 공격자가 파트너의 행동을 통제하기 위한 하나의 수단으로 폭력을 사용하는 것을 포함한다. 다른 통제적 수단으로는 재정통제, 정서적 학대, 조종 등이 있다. 폭력적인 저항은 한 당사자가 친밀한 사이에서의 폭력에 대응한 최후의 수단과 관련된다. 쌍방 간 폭력은 명백한 1차 가해자 없이 "상호적" 폭력이 있을 때 발생한다.

효과적인 경찰 교육은 가정폭력의 다른 유형을 인지해야 하고, 경찰관에게 그 인지하는 방법을 교육시켜야 하며, 각 유형에 대한 적절한 대응법을 교육해야 한다.

두 번째 잘못된 통념은 가정폭력이 다른 범죄와 같다는 것이다. 가정폭력은 경찰에게 매우 빈번한 사건이며, 사건의 양도 차이가 있다. 친밀한 사이에서의 테러행위와 관련된 부부 간 권력관계의 본질은 대부분의 다른 강력범죄에서는 찾아볼 수 없는 힘든 문제를 만들어 낸다.

효과적인 경찰 교육에서는 각각의 다른 형태의 가정폭력과 관련된 특별한 요소들을 다룰 필요가 있다.

세 번째 잘못된 통념은 가정폭력 사건이 경찰관들에게 특히 위험하다는 것이다. 이 잘못된 통념을 조사해 본 범죄학자들은 FBI 범죄 자료의 문제와 자료의 잘못된 해석에서 비롯되었다는 것을 발견했다.

FBI 자료는 부부싸움, 음주소란 그리고 다른 일반적인 이웃 소동을 포함한 모든 소란을 한 데 모았다. 이 잘못된 통념은 가정폭력 신고에 대응할 때 경찰관의 안전이 항상 위험하다는 사고 방식을 만드는 효과가 있었다. (이 이슈에 관한 313-316쪽의 논의와 증거 참조) 효과적인 교육 에서는 가정폭력과 빈번하게 발생하는 경찰관 폭행에 대한 사실적이고 증거에 기반한 사진을 제 시해야 한다.

요컨대, 가정폭력에 대한 경찰 교육은 가정폭력의 다른 유형별 증거 기반의 사진과 각 유형 과 관련된 위험성, 다양한 유형의 사건에 대한 적절한 대응에 대해 "문제 지향적"이어야 한다.

출처: Adapted from Helen M. Eigenberg, Victor E. Kappler, and Karen McGuffee, "Confronting the Complexities of Domestic Violence: A Social Prescription for Rethinking Police Training," *Journal of Police Crisis Negotiations* 12 (2012): 122-145.

요약: 조각 합치기

미국 경찰관의 채용과 교육은 최근 상당한 변화를 이루었다. 지역사회의 다양한 구성을 반영하면서, 현재는 흑인, 히스패닉, 여성, 대학교육을 받은 경찰관들이 그 어느 때보다 많다. 게다가, 이런 변화는 경찰의 하위문화에 대한 변화를 가져왔다. 오늘날 경찰 교육은 새로운 주제와 훈련 방법이라는 극적인 변화 가운데 있다. 문제 해결, 절차적 정당성, 전술적 의사결정, 긴장완화의 주제들은 경찰관의 무력 사용을 줄이고 대중의 신뢰를 확보하는 전략으로 교과과정에 더해졌다. 새로운 훈련 방법, 특히 시나리오 기반의 훈련은 전통적인 강의를 대체했다. 또한, 근속 경찰관들이 지식과 기술을 최고 수준으로 유지할 수 있도록 재직자 교육도 강조되고 있다. 하지만 많은 경찰관서의 상당한 진보에도 불구하고, 여전히 많은 다른 경찰서들은 중요한 최근의 변혁에 대해 뒤처져 있다.

핵심어

토론

이 장에서는 경찰 교육에 관한 몇 가지 중요한 새로운 혁신에 대해 설명하였다.

이러한 혁신으로 인해 제기된 다음 문제에 대해 논의하라.

1. 수호자 사고방식은 경찰활동의 질을 정확히 어떻게 향상시킬 수 있는가? 이러한 접근방식에 관해서 어떤 위험이 있는가?

2. 신임 경찰관에게 상황이나 전술에 대해 질문할 기회가 주어지는 훌륭하고 자세한 강의보다 시나리오 기반 훈련이 더 효과적일 수 있는 이유를 논하라.

3. 오늘날 긴장완화를 많이 강조하고 있다. 이는 사람들과의 모든 대면 상황에 적합한가? 적절하지 않은 상황과 가장 적절한 상황을 기술하라. 거리에서, 경찰관은 어떤 상황이 적절하고 어떤 것이 적절하지 않은지를 어떻게 결정하는가?

인터넷 연습

연습1) 당신이 거주하는 국가의 사법기관에 대한 채용기준은 다른 나라의 채용기준과 어떻게 비교되는가? 먼저, 당신이 거주하는 국가의 기관 목록을 작성하라.

가까운 대도시 지역(주요 도시와 교외 경찰서를 포함) 또는 주, 또는 해당되는 경우 다중 주 지역(예로, 두 개의 주와 도시와 시 외곽 경찰관서가 결합된 캔자스시티(Kansas City)와 같은 지역)을 선택하라. 둘째, 웹사이트를 이용하여 각 기관의 최소 자격요건을 확인하라. 대부분의 (그러나 전부는 아님) 기관들은 웹사이트에 채용 기준을 게시한다. 또한, 정보는 도시의 인사부서 또는 인사 관리부서 웹사이트에서도 얻을 수 있다. 셋째, 읽기 쉬운 표로 데이터를 작성한다. 기관 규모나 기타 요인에 따라 채용 기준에 유의미한 차이가 있는가? 어떤 특정 기관이 상대적으로 낮은 기준을 가진 것으로 보이는가?

연습2) 일부 경찰관서는 2개 국어가 가능한 지원자에 대한 특별 채용 규정이 있다. 이는 스페인어나 베트남어 또는 다른 언어로 말할 수 있는 경찰관의 수를 늘리려는 노력을 나타낸다. 종종, 지원 과정에서 가산점을 부여하는 것이 특례규정에 포함된다. 먼저, 히스패닉 및/또는 아시아 인구가 많은 도시를 확인한다. 미국의 2010년 인구 조사 자료는 웹에서 이용할 수 있다(https://www.census.gov/quickfacts/). 일반

적으로, 당신이 선택한 경찰관서의 웹사이트에는 인종, 민족, 성별을 포함한 인사 관련 자료가 있다. 경찰관서에서 2개 국어를 사용하는 경찰관 채용을 위해 특별한 노력을 기울이고 있는가? 그런 노력이 얼마나 일반적인가? 이러한 노력에는 어떤 특례규정이 포함되어 있는가?

NOTES

1. Police Executive Research Forum, *The Workforce Crisis, and What Police Agencies Are Doing About It* (Washington, DC: Police Executive Research Forum, 2019), 23－24.

2. Sue Rahr and Stephen K. Rice, *From Warriors to Guardians: Recommitting American Police Culture to Democratic Ideals* (Cambridge, MA: Harvard Kennedy School, 2015), https://www.ncjrs.gov/pdffiles1/nij/248654.pdf.

3. Ibid., 3.

4. Camden County Police Department website: http://camdencountypd.org/.

5. Police Executive Research Forum, *The Workforce Crisis* 7.

6. c J. Scott, *Calls for Service: Citizen Demand and Initial Police Response* (Washington, DC: Department of Justice, 1981), 28－30.

7. Arthur Niederhoffer, *Behind the Shield: The Police in Urban Society* (Garden City, NY: Anchor Books, 1967), 1.

8. National Center for Women and Policing, *Recruiting and Retaining Women: A Self-Assessment Guide for Law Enforcement* (Los Angeles: National Center for Women and

Policing, 2001), 43, www.womenandpolicing.org.

9. George W. Griesinger, Jeffrey S. Slovak, and Joseph J. Molkup, *Civil Service Systems: Their Impact on Police Administration* (Washington, DC: U.S. Government Printing Office, 1979).

10. Los Angeles Police Commission, Office of the Inspector General, *Ten Year Overview of Categorical Use of Force Investigations, Policy, and Training* (Los Angeles: Office of the Inspector General, March 10, 2016), http://media.wix.com/ugd/b2dd23_3139a5342cc34ce2860af7536887f149.pdf.

11. President's Commission on Law Enforcement and Administration of Justice, *Task Force Report: The Police* (Washington, DC: U.S. Government Printing Office, 1967), 130.

12. Geoffrey P. Alpert and Roger G. Dunham, *Understanding Police Use of Force: Officers, Suspects, and Reciprocity* (New York: Cambridge University Press, 2004).

13. Robert Langworthy, Thomas Hughes, and Beth Sanders, *Law Enforcement Recruitment, Selection and Training* (Highland Heights, KY:

Academy of Criminal Justice Sciences, 1995), 24.

14. Police Executive Research Forum, *The Workforce Crisis*, 36.

15. David L. Carter, Allen D. Sapp, and Darrell W. Stephens, *The State of Police Education* (Washington, DC: Police Executive Research Forum, 1989), 84. Police Executive Research Forum, *Police Accountability—Findings and Implications of an Assessment of the San Diego Police Department* (Washington, DC: U.S. Department of Justice, 2015), 24–26, https://www.sandiego.gov/sites/default/files/legacy/police/pdf/perfrpt.pdf.

16. Police Executive Research Forum, *The Workforce Crisis*, 35, 37.

17. See the argument, based on the U.K. experience, for mandating higher education for police recruits: Steve Christopher, "The Quantum Leap: Police Recruit Training and the Case for Mandating Higher Education Pre–Entry Schemes," *Policing: A Journal of Policy and Practice* 9 (December 2015): 388–404. Michael Heidingsfield, "Six Reasons to Require College Education for Police Officers," *Subject to Debate* 9 (December 1995): 5–7.

18. U.S. Census Bureau, *Educational Attainment in the United States, 2018* (February 21, 2019), https://www.census.gov/data/tables/2018/demo/education–attainment/cps–detailed–tables.htm.

19. Ibid.

20. David L. Carter, Allen D. Sapp, and Darrel W. Stephens, "Higher Education as a Bona Fide Occupational Qualification (BFOQ) for Police: A Blueprint," *American Journal of Police* 7 (Fall 1988): 1–27. *Davis v. City of Dallas*, 777 F.2d 205 (5th Cir. 1985). David L. Carter and Allen D. Sapp, *Police Education and Minority Recruitment: The Impact of a College Requirement* (Washington, DC: PERF, 1991), 27.

21. Wesley G. Skogan and Kathleen Frydl, *Fairness and Effectiveness in Policing: The Evidence* (Washington, DC: National Academies Press, 2004), 139.

22. Victor E. Kappler, "'Can You Become a Police Officer with a History of Drug Use?," *Police Studies Online* (January 15, 2013), http://plsonline.eku.edu/insidelook/can–you–become–police–officer–history– drug–use.

23. Police Executive Research Forum, *The Workforce Crisis*, 35 (Figure 11).

24. Dallas Police Department, "Disqualifying Factors," http://www.dallaspolice.net/joindpd/Pages/Disqualifying–Factors.aspx.

25. Substance Abuse and Mental Health Services Administration, *Results from the 2018 National Survey of Drug Use and Health* (Washington, DC: SAMSA, 2019), 13–14, https://www.samhsa.gov/data/sites/default/files/cbhsq–reports/NSDUHNationalFindingsReport2018/NSDUHNationalFindingsReport2018.pdf.

26. American Civil Liberties Union, *The War on Marijuana in Black and White* (New York: ACLU, 2013), https://www.aclu.org/report/report–war–marijuana–black–and–white.

27. Police Executive Research Forum, *The Workforce Crisis*, 36.

28. Batya Ungar–Srgon and Andrew Flowers, "Re–Examining Residency Requirements for Police Officers," *Five Thirty Eight ABC News*

(October 1, 2014), http://fivethirtyeight.com/
features/reexamining−residency−requirements−
for−police−officers/.

29. Police Executive Research Forum, *The Workforce Crisis*, 34−35.

30. Jeremy Wilson, Bernard Rostker, and Cha−Chi Fan, *Recruiting and Retaining America's Finest* (Santa Monica, CA: RAND Corporation, 2010).

31. Police Executive Research Forum, *The Workforce Crisis*, 47−49.

32. M. Steven Meagher and Nancy Yentes, "Choosing a Career in Policing: A Comparison of Male and Female Perceptions," *Journal of Police Science and Administration* 14, no. 4 (1986): 320−327; Virginia B. Ermer, "Recruitment of Female Police Officers in New York City," *Journal of Criminal Justice* 6, no. 3 (Fall 1978): 233−246.

33. Nicholas Alex, *New York Cops Talk Back* (New York: John Wiley, 1976), 9.

34. Griesinger et al., *Civil Service Systems*. Samuel Walker, *Police Union Contract "Waiting Periods" for Misconduct Investigations Not Supported by Scientific Evidence* (July 1, 2015), http://samuelwalker.net/wp−content/uploads/2015/06/48HourSciencepdf.pdf. Campaign Zero, *We Can End Police Violence in America* (2015), http://www.joincampaignzero.org/#vision.

35. Ermer, "Recruitment of Female Police Officers." James Q. Wilson, "Generational and Ethnic Differences among Career Police Officers," *American Journal of Sociology* 69 (March 1964): 526.

36. Police Executive Research Forum, *The Workforce Crisis*, 29−30.

37. Anne Li Kringen and Jonathan Allen Kringen, "Identifying Barriers to Black Applicants in Police Employment Screening," *Policing* 9 (1) (2015), 15−25.

38. David M. Kennedy, *Don't Shoot: One Man, a Street Fellowship and the End of Violence in Inner−City America* (New York: Bloomsbury, 2011), 124−155 ("Across the Race Divide").

39. Robert J. Kaminski, "Police Minority Recruitment: Predicting Who Will Say Yes to an Offer for a Job as a Cop," *Journal of Criminal Justice* 21 (December 1993), 395−409.

40. American Civil Liberties Union, *The War on Marijuana in Black and White*.

41. Susan E. Martin, *On the Move: The Status of Women in Policing* (Washington, DC: Police Foundation, 1990). National Institute of Justice, *Women in Policing*, 4.

42. Bureau of Justice Statistics, *Local Police Departments*, 2007 (Washington, DC: Department of Justice, 2010).

43. Langworthy, Hughes, and Sanders, *Law Enforcement Recruitment, Selection and Training*, 27.

44. William G. Doerner, "The Utility of the Oral Interview Board in Selecting Police Academy Admissions," *Policing* 20, no. 4 (1997): 784.

45. Police Executive Research Forum, *Police Accountability—Findings and National Implications of an Assessment of the San Diego Police Department* (Washington, DC: U.S. Department of Justice, 2013), 27−29.

46. "D.C. Police Force Still Paying for Two−Year Hiring Spree," *Washington Post*, August 28,

1994.

47. Bernard Cohen and Jan M. Chaiken, *Police Background Characteristics and Performance* (Lexington, MA: Lexington Books, 1973), 87, 90−91.

48. J. Douglas Grant and Joan Grant, "Officer Selection and the Prevention of Abuse of Force," in W. A. Geller and H. Toch, eds., *And Justice for All* (Washington, DC: Police Executive Research Forum, 1995), 161−162.

49. Benjamin S. Wright, William G. Doerner, and John C. Speir, "Pre−Employment Psychological Testing as a Predictor of Police Performance during an FTO Program," *American Journal of Police* 9, no. 4 (1990): 65−84.

50. Christopher Commission, *Report of the Independent Commission on the Los Angeles Police Department* (Los Angeles: The Christopher Commission, 2001), 110, https://archive.org/stream/ChristopherCommissionLAPD/Christopher%20 Commission%20LAPD_djvu.txt.

51. President's Task Force on 21st Century Policing, *Final Report* (Washington, DC: Department of Justice, 2015), 16 (Recommendation 1.8). Commission on Accreditation of Law Enforcement Agencies, *Standards for Law Enforcement Agencies*, 4th ed. (Fairfax, VA: Author, 1998), Standard 31.2.1, www.calea.org.

52. Paula N. Rubin, *The Americans with Disabilities Act and Criminal Justice: An Overview* (Washington, DC: U.S. Government Printing Office, 1993), https://www.ncjrs.gov/txtfiles/adae.txt.

53. Ibid., 102.

54. David Alan Sklansky, "Not Your Father's Police Department: Making Sense of the New Demographics of Law Enforcement," *Journal of Criminal Law and Criminology* 96 (Spring 2006), 1209−1213.

55. Bureau of Justice Statistics, *Local Police Departments, 2016: Personnel* (Washington, DC: Department of Justice, 2019), Table 6; Bureau of Justice Statistics, *Local Police Departments, 2013*, Table 5; Bureau of Justice Statistics, *Police Departments in Large Cities, 1990−2000* (Washington, DC: U.S. Department of Justice, 2002).

56. William G. Lewis, "Toward a Representative Bureaucracy," *Public Administration Review* 49 (May−June 1989): 257−267.

57. Leigh Herbst and Samuel Walker, "Language Barriers in the Delivery of Police Services," *Journal of Criminal Justice* 29 (July 2001): 1−12. Police Executive Research Forum, *The Workforce Crisis*, 34 (Figure 10). Bureau of Justice Statistics, *Local Police Departments, 2016: Personnel*, 9 (Table 11).

58. State of Washington, WAC 162−16−240, http://apps.leg.wa.gov/WAC/default.aspx?cite=162−16−240.

59. Tamar Hosansky and Pat Sparling, *Working Vice: The True Story of Lt. Lucie Duvall−America's First Woman Vice Squad Chief* (New York: Harper Paperbacks, 1993).

60. National Center for Women and Policing, *Equality Denied: The Status of Women in Policing* (Los Angeles: National Center for Women and Policing, 1998), www.womenandpolicing.org.

61. Samuel Walker, *A Critical History of Police Reform* (Lexington: Lexington Books, 1977),

84−94. Samuel Walker, *Popular Justice: A History of American Criminal Justice*, 2nd ed. (New York: Oxford University Press, 1998), 135−137, 170−174.

62. National Institute of Justice, *Women in Policing: Breaking Barriers and Blazing a Path* (Washington, DC: Department of Justice 2019).

63. U.S. Equal Employment Opportunity Commission, *Affirmative Action and Equal Employment*, vol. 1 (Washington, DC: U.S. Government Printing Office, 1974), 23.

64. Samuel Walker and Carol A. Archbold, *The New World of Police Accountability*, 3rd ed., (Los Angeles: Sage, 2020), 13−22.

65. Wesley G. Maarten Skogan, Maarten Van Craen, and Cari Hennesey, "Training Police for Procedural Justice, *Journal of Experimental Criminology* (September 2015), 3120.

66. Rahr and Rice, *From Warriors to Guardians.*

67. Dennis P. Rosenbaum and Daniel S. Lawrence, "Teaching Procedural Justice and Communication Skills during Police−Community Encounters: Results of a Randomized Control Trial with Police Recruits," *Journal of Experimental Criminology* 13 (2017), 293−319. Robin S. Engel, Hannah D. McManus, and Tamara Herold, *The Deafening Demand for De−Escalation Training: A Systematic Review and Call for Evidence in Police Use of Force Reform* (Cincinnati: UC Center for Police Research and Policy, 2019).

68. Rosenbaum and Lawrence, "Teaching Procedural Justice and Communication Skills during Police−Community Encounters."

69. Bureau of Justice Statistics, *State and Local Law Enforcement Training Academies, 2013* (Washington, DC: Department of Justice, 2016).

70. Thomas M. Frost and Magnus J. Seng, "Police Entry−Level Curriculum: A Thirty−Year Perspective," *Journal of Police Science and Administration* 12 (March 1984): 66−73.

71. Bureau of Justice Statistics, *State and Local Law Enforcement Training Academies, 2013*, Table 5. President's Commission on Law Enforcement and the Administration of Justice, *Task Force Report: The Police* (Washington, DC: U.S. Government Printing Office, 1967).

72. Bureau of Justice Statistics, *State and Local Law Enforcement Training Academies, 2013*, Table 15, http://www.bjs.gov/content/pub/pdf/slleta06.pdf.

73. Rahr and Rice, *From Warriors to Guardians.*

74. George Fachner and Steven Carter, *An Assessment of Deadly Force in the Philadelphia Police Department* (Washington, DC: U.S. Department of Justice, 2015).

75. Ibid., 57−60, 67−69.

76. Ibid., 73 (Finding 19). Philadelphia Police Department, *Reform Implementation Matrix* (n.d.), accessed October 12, 2016, https://www.phillypolice.com/assets/directives/CNAPTFnocostpdf.pdf.

77. *Floyd v. City of New York*, 9959 F. Supp. 2d 540 (2013).

78. Bureau of Justice Statistics, *State and Local Law Enforcement Training Academies, 2013*, Tables 15, 16.

79. National Police Crisis: Samuel Walker, "'Not Dead Yet:' The National Police Crisis, A New

Conversation about Policing and the Prospects for Accountability—Related Police Reform," *University of Illinois Law Review* 2018 (No. 5), 1777—1839.

80. Police Executive Research Forum, *Re—Engineering Training on Police Use of Force* (Washington, DC: PERF, 2015), 10, 53.

81. Albuquerque Police Monitor, *Monitor's 3rd "298 Report"* (August 12, 2019), 37, 41, https://www.justice.gov/usao—nm/page/file/1193921/download.

82. Police Executive Research Forum, *Re—Engineering Training of Police Use of Force*, 59.

83. Ibid., 51.

84. Ibid., 11.

85. Seattle Police Department, Policy Manual, Policy 8.000, Use of Force, http://www.seattle.gov/police/compliance/finished_policy/Use_of_Force_ Policy_11_27_2013.pdf, and Seattle Police Department, Policy Manual, Policy 8.100, De—Escalation.

86. President's Task Force on 21st Century Policing, *Final Report*, 21 (Action Item 2.2.1).

87. Christy Lopez, *Disorderly (Mis)Conduct: The Problem with "Contempt of Cop" Arrests* (Washington, DC: American Constitution Society 2010), https://www.acslaw.org/sites/default/files/ Lopez_Contempt_of_Cop.pdf.

88. Pontillo, quoted in Police Executive Research Forum, *Re—Engineering Training of Police Use of Force*, 51.

89. Walker and Archbold, *The New World of Police Accountability*, 3rd ed., 16—19.

90. Los Angeles Police Commission, Office of the Inspector General, *Ten Year Overview of Categorical Use of Force Investigations, Policy, and Training* (Los Angeles: Office of the Inspector General, March 10, 2016), 1, 13—14, http://media.wix.com/ugd/b2dd23_3139a5342cc34ce2860af7536887f149.pdf.

91. Police Executive Research Forum, *Re—Engineering Training on Police Use of Force*, 17 (Lanier); 52—53 (LAPD).

92. Los Angeles Police Commission, Inspector General, *Review of Categorical Use of Force Policy* (February 12, 2014), 12, 21. *Hayes v. County of San Diego* 658 F.3d 867 (9th Cir. 2011).

93. Police Executive Research Forum, *Re—Engineering Training on Police Use of Force*, 53. Albuquerque Police Monitor, *Monitor's Third 298 Report* (August 12, 2019), 37.

94. Fachner and Carter, *An Assessment of Deadly Force in the Philadelphia Police Department*, 5.

96. Police Executive Research Forum, *Re—Engineering Training on Police Use of Force*, 38, 54—55.

97. Ibid., 37—38. Fair and Impartial Policing Project, http://www.fipolicing.com/.

98. *Floyd v. New York City*, 959 F. Supp 2d 540 (2013). Data on stops: New York Civil Liberties Union, *Stop and Frisk 2011* (New York: NYCLU, 2011), Data Sheet. Michael D. White and Henry F. Fradella, *Stop and Frisk: The Use and Abuse of a Controversial Policing Tactic* (New York: NYU Press, 2016), 81—86, 99—102.

99. Michael S. Campbell, *Field Training for Police Officers: State of the Art* (Washington DC: U.S. Government Printing Office, 1986).

100. Fachner and Carter, *An Assessment of*

Deadly Force in the Philadelphia Police Department, 5, 80−81.

101. William G. Doerner and E. Britt Patterson, "The Influence of Race and Gender upon Rookie Evaluations of Their Field Training Officers," *American Journal of Police* 11, no. 2 (1992): 23−36.

102. James R. Walker, "Law Enforcement Field Training Models−Is It Time For a Change?" *Campus Law Enforcement Journal* 35 No. 5 (2005), 3.

103. CA.gov, Commission on Peace Officer Standards and Training, "Perishable Skills Program," https://post.ca.gov/perishable−skills−program.

104. Stewart et al., *A Review of Officer−Involved Shootings*, 28, 68.

105. Walker and Archbold, *The New World of Police Accountability*, 3rd ed., 17, 187, 189, 197.

106. Albuquerque Police Monitor, *Monitor's Third 298 Report* (August 12, 2019), 41.

107. Los Angeles Police Commission, Inspector General, *Comparative Review of Selected Agency Policies, Investigations, and Training on the Use of Force: OIG Final Report* (Los Angeles: Los Angeles Police Commission, October 2016), 32.

108. Seattle Police Department, Policy, 8400−TSK Use of Force—Responsibilities of the Sergeant during a Type I Investigation, https://www.seattle.gov/police−manual/title−8−−−use−of−force/8400−−−use−of−force−reporting−and−investigation.

109. Ibid., 55−57.

110. Skogan, Van Craven, and Hennessy, "Training for Procedural Justice," 333.

111. President's Task Force on 21st Century Policing, *Final Report*, 13 (Recommendation 1.4).

112. Walker and Archbold, *The New World of Police Accountability*, 3rd ed., 164−165.

113. Police Executive Research Forum, *Re−Engineering Training on Police Use of Force*, 4.

114. James K. Stewart, et al., *A Review of Officer−Involved Shootings in the Las Vegas Metropolitan Police Department* (Washington, DC: U.S. Department of Justice, 2012), 72.

115. Fachner and Carter, *An Assessment of Deadly Force in the Philadelphia Police Department*, 68, 73.

116. *City of Canton, Ohio v. Harris*, 489 U.S. 378 (1989).

117. Langworthy, Hughes, and Sanders, *Law Enforcement Recruitment, Selection, and Training*, 39.

118. Susan E. Martin, *On the Move: The Status of Women in Policing* (Washington, DC: The Police Foundation, 1990), 131−132.

119. Philadelphia Police Study Task Force, *Philadelphia and Its Police: Toward a New Partnership* (Philadelphia: City of Philadelphia, 1986), 94.

Chapter

06 경찰관의 근무

개관

▌서론

　시보기간을 마친 경찰관은 본격적으로 경찰관 경력을 시작한다. 많은 요소가 경찰관으로서의 경력에 영향을 미치고 있다. 어떤 경찰관은 승진하는 반면, 다른 경찰관은 그들의 전체 경력에 있어서 승진하지 못하고 같은 계급을 유지한다. 또 일부 경찰관은 그만두고 일부는 해고당한다. 직무, 직업, 경찰기관, 시민들에 대한 경찰관의 태도는 시간이 지남에 따라 자주 변한다. <Exhibit 6-1>은 가상의 경찰관이 인생경로에서 경험할 수 있는 주요 사건 중 일부를 보여준다. 이 장은 경찰관으로서 근무하는 경험을 고찰한다.

EXHIBIT 6-1

경찰관 가상 경력
민간인에서 신임 경찰관 지원
경찰관 임용

순찰 교대 및 구역 변경

순찰 요원에서 형사로 이동

경사 승진

경사로의 행정 임무

경위 승진

공보실 발령

민간보안업무 부업

은퇴

민간보안업계에서의 두 번째 경력 시작

출처: Adapted, with modifications, from Dennis P. Rosenbaum, Arnie M. Schuck, and Gary Cordner, *The National Police Research Platform: The Life Course of New Officers*. (n.d.), https://www.hsdl.org/?view&did=687727.

▌현실충격: 경찰 업무의 시작

신임 경찰관은 처음 몇 달 동안 종종 현실에 직면하게 된다. 윌리엄 웨슬리(William A. Westley)는 경찰 하위문화에 관한 고전적인 연구에서 그러한 경험을 **"현실충격"**이라고 불렀다.[1] 신임 경찰관은 대중을 상대하는 것, 형사사법체계, 그리고 경찰기관에서의 불쾌한 상황들과 곧 마주치게 된다.

현실충격(reality shock)

시민들과의 조우

근무를 시작한 후 처음 몇 달 동안 경찰관의 대중을 대하는 태도는 크게 변한다. 맥나마라(McNamara)는 "경찰 업무를 제대로 처리하는 데 필요한 시민의 협조를 거의 받지 못한다"는 진술에 동의하는 경찰관의 비율이 경찰학교 교육 초기 35%에서 2년 후 50%로 증가했다고 밝혔다.[2] 이후 한 연구는 디트로이트의 신임 경찰관들 사이에 유사한 태도 변화가 나타났다는 것을 발견했다. 4개월의 근무 후, 경찰관들은 "피해자가 기분이나 감정을 표현할 때 주의 깊게 듣는 것"의 중요성에 대해 상당히 낮은 순위를 부여했다.[3]

시민의 적대적인 태도(hostility from citizens)

경찰관들의 태도 변화는 부분적으로 **시민들로부터의 적대감**을 마주한 결과물이다. 제5장에서 알게 된 것처럼 대다수 경찰관은 사람들과 함께 일하며 공동체를 돕고 싶어 법 집행 분야에 입직하는데, 일부 사람들이 경찰관의 서비스를 원하지 않는다는 사실을 알게 되어 충격을 받는다. 그러나 연구들은 적대감에 대한 이러한 인식들이 매우 과장되었다는 것을 발견했다. 시민들과의 공공연한 충돌은 드문 사건이며, 경찰관들은 사람들과의 모든 만남 중 단지 1~2% 정도에서만 물리력을 사용한다.[4] 이러한 점에서 경찰관도 모든 사람과 마찬가지인데, 사람들은 불쾌한 경험을 기억하고 일상적이고 갈등이 없는 다수의 경험을 잊게 된다.[5]

경찰관들은 특히 감찰과나 외부 시민감시기관에 의해 조사되는 시민들이 제기한 공식 민원에 대해 분개한다. 어떤 시민의 민원은 경찰관이 부적절한 행동을 했다고 주장하며, 경찰관의 행동과 능력에 의문을 제기한다. 불만 사항의 조사는 동료 경찰관들이 그들의 행동에 의문을 제기하도록 하므로, 문제를 더 복잡하게 만든다. 덴버 독립 모니터 사무소(Denver Office of the Independent Monitor, OIM)의 연구는 경찰관들은 비위행위로 고발되어 동료 경찰관인 조사관들에 의해 본인의 진술이 반박되는 민원 조사 과정에 대하여 분개한다는 것을 발견했다. OIM가 이러한 조사 과정에 대한 개편을 시행한 후, 조사 과정에 대한 경찰관들의 만족도는 12%에서 34%로 상승했다.[6]

경찰관들은 또한, 경찰관의 제복, 배지, 총기에 반응하는 사람들에 의하여 경찰관 자신들을 개인으로서가 아니라 정형화된 하나의 집단으로 취급하는 것에 대하여 반응한다. 인종적 고정관념의 경우와 마찬가지로, 사람들은 개인으로서가 아니라 하나의 집단으로 취급되는 것에 대한 불쾌감을 느낀다. 게다가, 많은 시민은 체포권이 있는 사람 주변에서 감정적 불편함을 느낀다. 이러한 반응을 피하려고 경찰관들은 주로 다른 동료 경찰관들과만 교류하는 경향이 있어 대중으로부터의 고립을 가중시킨다.[7]

누구도 하기 싫거나 감당하기 어려운 불쾌한 일을 처리하는 이른바 사회의 "더러운 일"을 수행하기 때문에 경찰관들의 태도도 달라진다. 최초 대응자로서, 경찰관들은 사람을 최악의 상황에서 마주치고 있다. 경찰관들은 살인이나 강간, 가정폭력, 아동학대의 피해자를 가장 먼저 찾아내는 사람들이다. 예를 들어, 한 연구에서 경찰관들은 학대받는 어린이를 다루는 것을 그들이 직면하는 상황 중 가장 스트레스가 큰 상황이라고 하였다.[8] 이러한 경험은 시간이 지남에 따라 축적되고, 결국 대부분의 사람이 그렇지는 않지만, 상당히 많은 사람이 끔찍한 일을 저지를 수 있다고 생각하면서, 경찰관들에게 인간에 대한 매우 냉소적인 시각을 갖게 한다.

　　경찰관들은 "대중"을 언급할 때, 대중의 개념에 경찰 업무에서 마주치는 사람뿐만 아니라 언론 매체와 선출직 공무원[정치인]도 포함한다. 일반적으로 경찰관들은 언론 매체가 경찰활동의 부정적인 측면을 강조하고 긍정적인 측면에 대해 무시하는 것을 보고 불만을 제기한다. 언론 매체는 극적인 "보도 가치가 있는 사건"에 초점을 맞춘다. 즉, 경찰관들이 개입하는 총격 사건, 과도한 물리력의 사용이라는 주장 등이 그것이다. 경찰관이 질서를 성공적으로 회복하는 술집에서의 다툼과 사소한 가정폭력 등의 일상적인 사건은 "뉴스"가 아니다. 경찰관들은 또한 선출직 공무원이 경찰을 적절하게 지지하지 않는다고 믿는다. 경찰관들은 대부분의 도시에서 경찰이 범죄를 통제하지 못하거나 과도한 물리력을 사용하는 사건에 대해 선출직 공무원들이 경찰을 비난함으로써 정치적 이득을 얻으려 한다고 생각한다.

형사사법체계와의 조우

　　신임 경찰관들의 두 번째 현실충격은 형사사법체계에 대해 배우는 것을 포함한다. 경찰관은 **형사사법체계에 속하는 내부자**로, 형사사법체계가 어떻게 작동하는지를 직접 목격하는 사람이다. 경찰관은 사건이 기각되거나 심각한 범죄가 유죄협상(plea bargaining)을 통해 형량이 감경되는 것을 목격한다. 또한, 그들은 무능한 검사, 판사, 변호인을 본다. 결과적으로, 많은 경찰관이 형사사법체계가 공정하고 효과적으로 작동될 수 있다는 것에 대해 냉소적으로 변한다. 일반적으

형사사법체계의 내부자
(criminal justice system insiders)

로 경찰관들은 법원이 너무 관대하다고 믿는다.[9] 워싱턴 D.C.의 경찰
관들을 대상으로 한 조사에 따르면, 경찰관들의 경찰관서장에 대한
신뢰는 63%에 달했지만, 법원에 대한 신뢰는 27%에 불과했다.[10]

또한, 경찰관들은 종종 변호사와 판사가 경찰을 존중하지 않는
다고 느끼고 있다. 경찰관들이 법정에서 증언할 때, 변호인단은 특히
증거나 자백이 어떻게 수집되었는지와 관련하여 경찰의 신뢰성에 이
의를 제기한다. 그리고 판사가 경찰관들이 입수한 증거나 자백을 배
제할 때, 경찰관들은 판사의 그러한 행위를 개인적인 것으로 받아들
이는 경향이 있다.[11]

경찰기관과의 조우

연구자들이 뉴욕 경찰관들에게 경찰관 신분인 것과 관련하여 싫
어하는 것이 무엇인지에 대하여 질문하였을 때, 경찰관 대부분은 시
민들의 적개심이 아니라 그들이 소속된 경찰기관에 관하여 이야기하
였다. 가장 많이 언급된 문제는 경찰 지도부의 경찰관들에 대한 무관
심이었고, 관할지역 경찰관서의 감독자들이 그 뒤를 이었다. "대중으
로부터의 존경 부족"은 이 조사에서 세 번째였다.[12] 전미경찰연구플
랫폼(National Police Research Platform)이 5개월 동안 근무한 신임 경
찰관들에게 자신이 경험한 스트레스의 원인을 표시해 달라고 요청했
을 때, 현장에서의 위험이 1위, 경찰기관 관련 요인이 2위, 근무일정
및 보고서 작성이 3위에 이어 상사가 6위, 부서 규칙이 7위에 올랐
다. 하급 직원들 사이에서 고위직에 대한 소외감이나 분노감은 사실
상 모든 조직에서 흔하게 나타난다.

⇨ 경찰노조에 관한 논의는
   제4장 참조

고위 경찰관들에 대한 경찰관의 불만은 다음과 같다. 그들의 업
무가 인정받지 못한다고 느낄 때, 경찰 정책에 관한 문제에 대해 자
문을 하지 않을 때, 임무들이 자의적이거나 개인적 선호에 근거한다
고 느낄 때, 어떤 임무들이 징벌적이거나 차별적이라고 느낄 때, 감
찰과의 조사가 그들을 옭아매려는 작전이라고 느낄 때. 모든 조직에
서 조직구성원 사이에 갈등이 존재한다. 워싱턴 D.C.에 대한 조사에

따르면 82%의 경찰관들은 본인의 직업에 만족하고, 87%는 동료 경찰관들에 대해 신뢰하고 있지만, 63%만이 소속 상관을 신뢰했고 51%만이 기관장에 대한 신뢰를 나타냈다.[13]

이 문제에 대해, 21세기 경찰활동에 관한 대통령직속TF(President's Task Force on 21st Century Policing)는 경찰기관에 절차적 정의의 원칙을 경찰 내부 문제 관리에 적용할 것을 권고했다. 통상적인 경찰 업무에 있어서 절차적 정의는 길거리에 있는 사람들을 존중하고 대우하는 것을 포함한다. 예를 들어, 그들이 왜 검문당했는지를 설명하고, 그에 관해 질문을 할 수 있게 한 다음, 그들의 질문에 대답하는 것이다. 21세기 경찰활동에 관한 대통령직속TF는 내부의 절차적 정의를 추진하기 위해 경찰기관에 "정책과 절차를 개발하는 과정에 조직구성원을 참여시켜야 한다"고 권고했다.[14]

▌업무의 시작

연공서열제의 영향

신임 경찰관들이 처음 거리에 나설 때는 통상적으로 범죄율이 높은 지역이나 야간 교대 근무(work shift)를 담당하는 순찰 임무를 맡게 된다. 대부분의 경찰기관에서의 직무에는 **연공서열제**를 사용하는 노조 계약 조항이 적용된다. 많은 경찰 전문가가 치명적 물리력을 포함한 물리력 사용 가능성이 훨씬 큰 범죄율이 가장 높은 지역에 경험이 적은 경찰관을 배치하는 것은 현명하지 못한 것이라고 주장하였다.[15]

연공서열제(seniority system)

교대 근무는 경찰관의 사생활에 상당한 영향을 미친다. 전형적으로 오후 4시부터 자정까지의 야간 근무는 자녀들이 학교에서 귀가할 때 해당 경찰관이 집에 없게 되므로 가정생활에 가장 큰 지장을 준다. 또한, 이 시간대가 범죄와 무질서라는 측면에서도 가장 바쁜 시간대이다. 보통 자정에서 오전 8시까지의 새벽 또는 아침 근무는 야간 근무시간과는 대조적으로, 경찰관이 오후와 저녁에 가족과 함께 집에 있을 수 있다. 이 시간대는 업무량 측면에서도 혼재된 시간대이다. 업무량은 자정부터 오전 2시까지 비교적 높은 수준을 유지하다가, 그 이후 오전 8시까지는 별다른 신고 전화가 없다. 2019년 PERF 인력 위기 보고서(PERF Workforce Crisis report)는 경찰기관이 경찰관들을 더 잘 채용하고 유지하기 위해 "가족과 보낼 수 있는 시간을 포함하여 바람직한 일과 삶의 균형을 지원하는 보다 유연한 근무 일정"을 개발할 필요가 있다고 주장하였다.[16]

연공서열 원칙은 중요한 긍정적인 효과도 가지고 있다. 그중 가장 중요한 것은 편애와 차별을 없앤다는 것이다. 과거에 경찰기관들이 최악의 경찰관들을 저소득 및 소수 인종 공동체에 배치하는 경우가 많았다. 1967년 대통령 범죄위원회(President's Crime Commission)는 빈민가를 담당하는 경찰기관이 빈민가의 학교들과 마찬가지로, 경찰관들 사이에서의 낙오자들을 모으고 있다는 사실을 발견하였다.[17]

현재 많은 경찰관서가 10시간 또는 12시간 교대 근무 방식을 사용하고 있다. 그러나 이러한 접근방법에는 문제가 있다. 상식적으로 8시간 교대 근무가 경찰관들에게 스트레스를 주는 것이라면, 교대 시간이 길어질수록 그러한 문제가 악화될 것이다. 추가 시간 동안의 피로는 운전, 무기 사용 또는 높은 스트레스를 발생시키는 911 신고에 있어서 경찰관으로 하여금 침착성을 유지하지 못하고 잘못된 판단을 하도록 만들 수 있다. 그러나 서로 다른 교대조에 대한 평가연구에서 10시간 교대조에 대한 피로나 판단 오류의 문제는 발견되지 않았지만, 12시간 교대조에서는 특히 졸음 수준이 높아지고 경계 수준이 낮아진 경우가 발견되었다.[18]

Sidebar 6-1

토론 주제: 연공서열제의 영향

연공서열제는 일반적으로 신임 경찰관들이 대부분의 중대 범죄가 발생하는 가장 바쁜 근무시간(보통 오후 4시부터 자정까지) 동안 범죄가 가장 자주 발생하는 지역을 순찰하도록 배치되는 것을 의미한다.

1. 이것이 경찰관 근무 배정을 위한 좋은 제도인가? 가장 노련한 기술을 요구하는 시간대와 장소에서 최고의 경찰서비스가 이루어지는가?
2. 이 제도의 주요 단점에 대해 논의하라. 연공서열제를 대신할 제도를 고안해 낼 수 있는가?

▌독특한 경찰 하위문화 개념

독특한 경찰 하위문화가 있는가? 경찰관들 사이에 다른 직업과 현저하게 다른 일련의 태도와 행동이 있는가? 이 절에서는 경찰 하위문화의 기존 개념을 살펴본 후 그 개념에 대한 최근의 비판을 검토한다.

기존 개념

월리엄 웨슬리는 **경찰 하위문화**와 관련하여 그의 선구적인 연구에 대한 가슴 아프고 흥미로운 이야기를 한다. 인디애나주 개리(Gary)에서 있었던 그의 인터뷰가 경찰서에서 특별히 민감한 주제를 다루기 시작했을 때, 경찰관들은 그와 인터뷰하는 것을 중단했다. 결국, 그는 중간관리자인 팀장에게 해당 연구를 끝내지 못하면 자신의 학술적 경력을 망치게 될 것이라고 설명했다. 그 팀장은 웨슬리를 돕지 않는 것에 대해 "경찰관들에게 지옥을 선사"했고, 그 즉시 경찰관들은 매우 협조적으로 변했다. 웨슬리의 경험은 경찰 하위문화의 두 가지 측면을 보여준다: 하나는 경찰기관을 연구하는 외부인에 대한 비밀스러운 태도이고, 다른 하나는 어려움을 겪는 사람을 돕고자 하는 진정한 열망이었다.[19]

웨슬리는 그의 연구에서 경찰 하위문화의 초기 개념을 발전시켰다. 그는 직업사회학의 관점에서 경찰관의 행동을 지배하는 주요 사회 규범을 식별하고, 그러한 규범들이 특정한 상황에서 경찰관의 행동에 영향을 미치는 방식을 묘사하기 위해 노력했다.[20] 웨슬리는 비밀, 결속력, 폭력을 강조하면서, 경찰관들 사이에 뚜렷한 하위문화가 존재한다고 결론지었다. 웨슬리의 견해에 따르면, 경찰관들은 대중을 "적"으로 보고, 시민들의 비판으로부터 다른 경찰관들을 보호하기 위해 거짓말을 하고, 시민들에 대해 물리력을 사용하는 것이 정당하다고 생각한다. 수 라(Sue Rahr)와 스티븐 라이스(Stephen K. Rice)가 2015년에 발표한 영향력 있는 논문인 "전사 대 수호자(Warriors Versus Guardian)"는 "우리 대 그들"의 사고방식이 오늘날에도 전사적 사고

경찰 하위문화(police subculture)

방식(Warrior Mindset)으로 이어지고 있다고 주장하였다.[21]

⇨ 전사 대 보호자 이슈에
  관한 논의는 제5장 참조

웨슬리는 대중과의 선별적인 접촉은 경찰 하위문화에 큰 영향을 미친다고 주장하였다. 경찰관들은 다른 기관에서 처리할 수 없는 불쾌하고 어렵고 때로는 위험한 일과 같은 사회의 더러운 일을 수행한다. 경찰관들은 보통 사람들보다는 범죄 피해자, 범죄자, 취객, 가정폭력 피해자, 신호위반 운전자 등 문제가 있는 사람을 주로 상대한다. 이러한 사람 중 다수는 경찰관의 존재에 분개한다. 소수의 사람은 경찰관에 저항하고, 이때 경찰관은 물리력을 사용할 필요가 있다. 결과적으로, 경찰관들은 실제 존재하는 것보다 더 많은 적대감을 인식하면서 "대중"에 대한 고정관념을 발전시킨다. 경찰관들은 그들이 위기의 순간에 동료 경찰관들에게만 의지할 수 있다고 믿는다. 웨슬리가 인터뷰한 경찰관 중 73%는 시민들이 경찰에 적대적이라고 생각했다.[22] 그러나 이 수치는 경찰에 대한 대중의 태도나 경찰관과의 만남에서의 시민 행동에 대한 연구들에 의해 뒷받침되지 않는다.[23]

집단결속력(group solidarity)

대중을 향한 적대감은 강한 **집단결속력**을 만들어 낸다. 워싱턴 D.C.의 한 경찰관은, "나는 지금 2년 반 동안 파트너와 함께 일하고 있고, 내가 그의 아내보다 파트너에 대해 더 많이 알고 있는 것 같으며, 나의 파트너도 나에 대해 모든 것을 알고 있다라고 설명한 후, 파트너와 함께 일하면 그와 특별한 관계를 맺게 되는 것 같다"라고 말했다.[24] 물론, 집단결속력은 모든 직종과 직장에 존재한다. 그러나 경찰활동에는 다소 차이가 있다. 경찰이 긴밀히 협력하고, 함께 불확실성과 위험에 직면하며, 순찰차 안에서 오랜 시간을 함께 보내는 것 같은 경찰 업무의 본질은 매우 강한 집단결속을 불러일으킨다.

웨슬리는 비밀유지가 "외부의 공격에 대한 방패의 역할을 한다"고 덧붙였다. 결국, 비밀유지는 거짓말을 정당화한다. 웨슬리는 경찰관들에게 술에 취해 체포된 사람에게서 돈을 빼앗은 동료 경찰관을 신고할 것인지에 대하여 질문했고, 전체의 73%는 신고하지 않을 것이라고 답했다. 웨슬리는 경찰관 대부분이 "집단의 비밀유지를 깨뜨리는 것보다 불법행위가 차라리 더 낫다고 생각하고 있었다"라고 결론을 내렸다.[25] 경찰재단(Police Foundation)의 2001년 조사에 따르면,

전체 경찰관의 절반 이상[52.4%]이 "경찰관이 다른 경찰관의 부적절한 행동을 묵인하는 것은 드문 일이 아니다"라는 말에 동의하였다.[26]

"비밀유지는 **침묵의 코드**에 의해 유지되는데, 이는 예를 들어, 시민이 민원제기 시 비위행위로 기소된 다른 경찰관들에 대해 불리한 증언을 하지 않는 것을 포함한다. 1991년 로스앤젤레스에서 로드니 킹(Rodney King)을 집단 구타한 후 만들어진 크리스토퍼 위원회(Christopher Commission)는 로스앤젤레스의 한 경찰관이 "기본적으로 파트너와 동료에 대해 말하지 않는 것이 암묵적인 규칙이다"라고 말했다는 것을 보고했다.[27] 경찰재단의 연구에서 거의 17%의 경찰관들이 "침묵의 코드는 경찰활동의 필수적인 부분"이라고 믿었다.[28] 샌프란시스코 경찰청에 대한 2016년 블루리본 위원회(Blue Ribbon Commission)의 보고서는 침묵의 코드가 어떻게 작동하는지를 폭로했다. 경찰노조는 노조 대표가 출석하지 않은 채 경관들이 증언하는 것을 허용하지 않았다. 익명으로 증언한 경찰관도 있지만, 공개적으로 부서를 비판하는 것에 대한 보복이 우려된다는 의견도 있었다. 보복은 다른 경찰관들에 의해 배척되고 고립되는 것, 사무직이나 원하지 않은 부서로의 징계성 전보 등을 포함한다.[29] 다른 경찰관들이 행하는 위법행위에 대한 가장 좋은 정보의 원천이 바로 동료 경찰관들이기 때문에, 침묵의 코드는 경찰의 책무성에 대한 가장 심각한 장애물 중 하나이다. [제14장 참조].

침묵의 코드(code of silence)

침묵의 코드에 대한 도전

최근 몇 년 동안 침묵의 코드에 대한 도전이 있었다. 가장 중요한 것은 뉴올리언스경찰청이 만든 EPIC(Ethical Policying Is Courageous) 프로그램이다. EPIC은 다른 경찰관이 부서 정책이나 법률을 위반하는 것을 보았을 때, 이를 발견한 경찰관이 개입하도록 훈련시키는 동료개입 프로그램이다. 이 프로그램에서 경찰관들은 위반 사항을 상급자에게 보고하도록 요구받는다. 이는 '해로운 행동'을 막는 것이 집단결속을 위배하는 것이 아니라 '좋은 팀워크'라고 정의하는 것이다. 한편, 다른 경찰기관들도 경찰관들이 개입하고 다른 경찰관들의 부적절한 행동을 멈추게 하도록 요구하는 공식적인 정책을 채택했다.[30]

또 웨슬리는 대중의 적대감과 경찰의 집단결속이 시민에 대한 폭력을 정당화하는 데 이용된다는 것을 발견했다. 경찰관들은 시민들과 마주쳤을 때 경찰에 대한 존중을 유지하기 위해 물리력을 사용할 필요성을 느낀다. 웨슬리가 조사한 경찰관 중 1/3[39%] 이상은 시민의 무례에 직면했을 때 물리력을 사용하는 것이 정당하다고 생각했다. 경찰관 중 2/3[66%]는 불법적인 물리력 사용을 어느 정도 합리화했다.[31] 2001년 경찰재단의 설문에서는 전체 경찰관의 약 1/4 [24.5%]이 "경찰을 물리적으로 공격하는 사람을 통제하기 위하여 법적 허용치보다 더 많은 물리력을 사용하는 것이 때로는 허용된다"는 것에 동의했다.[32]

제롬 스콜닉(Jerome Skolnick)은 그의 연구인 "재판 없는 정의(Justice Without Trial)"에서 웨슬리의 경찰 하위문화의 개념을 확장하였다. 그는 경찰관들이 위험과 권위라는 경찰의 두 가지 역할에 의해 형성된 "직무 인격"을 발전시킨다는 것을 발견했다. 비록 드물긴 하지만, 위험한 일이 발생할 가능성은 경찰 업무에 항상 존재하는 특징이기 때문에, 경찰관들은 일상적으로 모든 사람을 의심하게 된다. 경찰관들은 그들이 범죄자라고 믿거나 잠재적으로 위험하다고 믿는 사람들과 연관된 "시각적 단서를 나타내는 용어"를 개발한다. 이러한 시각적 단서들은 인종, 민족성, 성별, 연령, 보이는 소득 수준, 옷차림새를 포함한다. 그러한 단서들은 젊은 저소득층 유색인종을 포함하는 정형화의 한 형태가 된다.[33]

물론 유색인종 청년에 대한 약칭은 연령, 성별, 인종이나 민족성에 따라 경찰에 의해 검문을 당하게 되는 인종프로파일링(Racial Profiling)의 기초가 되는데, 경찰관들은 범죄 행위에 대한 타당한 의심보다는 범죄 용의자가 경찰관들이 생각하는 범죄자의 프로파일에 부합하는지에 의존한다. 인종프로파일링과 경찰활동에 인종이나 민족성을 부적절하게 사용하는 것에 대한 몇 가지 해결책이 있다. 경찰 최고위연구포럼(Police Executive Research Forum, PERF)은 사람의 인

종이나 민족성은 특정인을 특정 범죄와 연결시키는 신뢰할 수 있는
증거[예: 키, 몸무게, 옷차림새]와 결합해야만 사용할 수 있다는 모범
규정을 발표했다.[34] 한편, 공정한 경찰활동 프로젝트(Fair and Impartial
Policing Project)는 경찰관들이 특정 집단을 범죄행위와 연관시키는
뿌리 깊은 문화적 고정관념을 인식하도록 돕는 훈련을 제공한다.[35]

Sidebar 6-2

근무 중 침묵의 코드

　　침묵의 코드가 넓게 퍼져 있다는 사실 그 자체가 경각심을 불러일으킨다. 그러나 우리에게
특히 골치 아픈 점은 부패가 가장 빈번한 곳에서 침묵의 코드가 가장 강력한 것처럼 보인다는 것
이다. 이는 경찰관들이 각자의 안전을 위해 서로 의지해야 하며, 지역사회로부터의 두려움과 소
외가 가장 만연한 범죄 밀집 지역에서 충성 윤리가 특히 강하기 때문이다. 그러므로, 침묵의 코드
는 경찰의 도움이 가장 필요한 바로 그러한 지역의 정직한 경찰관들에게 영향을 미친다. 침묵의
코드는 위반으로 인한 결과가 중대하다는 사실에 의해 더욱 강화된다: 동료의 비위행위를 신고하
는 경찰관들은 배척당하고 괴롭힘을 당하며, 불평의 대상이 되고 심지어 물리적 위협의 대상이
되기도 하며, 위기의 시기에 그들이 거리에 홀로 남겨질 것을 두려워하게 된다. 침묵의 코드를 엄
격히 적용하는 것은 부패한 경찰들이 보호받고 자신들이 파멸하지 않는다고 느끼도록 만들기 때
문에 부패를 부채질한다. 전직 경찰관인 버나드 콜리(Bernard Cawley)는 공청회에서 다음과 같
이 증언했다.

　　질문: 동료 경찰관 중 누군가가 당신을 고발할까 봐 두려워한 적이 있습니까?

　　답변: 절대 그런 적 없습니다.

　　질문: 왜 그렇습니까?

　　답변: 왜냐하면 푸른 침묵의 벽 때문입니다. 경찰관은 경찰관을 고발하지 않습니다. 만약 동
료 경찰관이 나를 고발했다면, 그의 경력은 망가질 것입니다. 그에게는 배신자라는 꼬리표가 붙
을 것입니다. 만약 그가 경찰 근무를 15년 더 한다면, 어디든 따라다니는 배신자라는 꼬리표 때
문에 그의 경찰 생활은 비참해질 것입니다.

출처: Excerpt from Mollen Commission, *Report of the Commission to Investigate Allegations of Police
Corruption and the Anti- Corruption Procedures of the Police Department* (New York: Author, 1994).
Available at www.parc.info.

경찰활동의 특징으로서의 물리력 사용 능력

경찰은 다른 직업과 다르다. 어떠한 직업도 사람들에게 물리력을 사용할 수 있는 법적 권한을 가지고 있지 않다. 그것은 놀라운 권한이며, 경찰의 하위문화를 규정하는 데 큰 역할을 한다. 에곤 비트너(Egon Bittner)는 그의 논문에서 **물리력을 사용할 수 있는 능력이** 경찰의 결정적인 특징이라고 주장하면서, 경찰을 다른 직업과 구별했다.[36] 체포할 수 있는 힘, 사람들의 자유를 박탈할 수 있는 힘도 일종의 강제력이다. 이러한 권한은 경찰 역할에 내재하고 있으며 모든 정규경찰관에 적용된다. 제복, 배지 그리고 경찰관의 무기는 이러한 독특한 힘의 상징이다.

물리력 사용 능력(capacity to use force)

사람들은 경찰관이 가진 물리력 사용 권한에 대해 매우 잘 알고 있다. 예를 들어, 한 경찰관이 사건 현장에 도착하면, 그곳에 있는 모든 사람은 경찰관이 체포하거나 물리력을 사용할 수 있는 권한이 있다는 것을 안다. 경찰관은 사람들에게 이러한 능력을 상기시키기 위해 어떠한 말도 할 필요가 없다. 제복과 배지가 그것을 전달한다. 사람들은 물리력을 사용할 수 있는 권한을 암시하는 이러한 상징에 서로 다른 방식으로 반응한다. 사람 대부분은 자신이 하는 일을 중지하거나 떠나라는 경찰관의 제안이나 명령에 순응한다.

이와는 대조적으로 어떤 사람들은 권력의 상징에 부정적으로 반응하고 경찰관에게 도전하거나 저항한다.

경찰개혁 전문가인 데이비드 케네디(David M. Kennedy)가 그의 저서 "쏘지 마세요(Don't Shoot)"에서 주장하는 것처럼, 미국의 흑인 동네에는 깊은 인종적 분열이 존재하는데, 이는 거리의 많은 사람이 경찰의 불법행위나 경찰과 지역사회 관계에 대한 좋지 못한 지역사회의 역사를 접하기 때문이다. 경찰관들에 관한 이야기는 젊은 흑인 남성들로부터 적대감과 갈등의 과거 사건들을 강조한다. 이러한 이야기들이 우리가 경찰과 시민의 일상적인 만남에 대해 알고 있는 것에 의해 뒷받침되지 않고, 오히려 사람들이 기억하기로 선택한 것에 근

거한 고정관념과 관련이 있다.[37]

경찰활동의 위험성: 가능성 대 실제

경찰은 위험한 직업이다. 임무 수행 중에 다치거나 죽을 위험이 항상 존재한다. 아마도 가장 중요한 것은 경찰 업무의 위험성이 다른 직업의 위험성과 근본적으로 다르다는 것이다. 건설, 석탄 채굴, 소방 업종에서의 부상과 사망은 사고의 결과물이다. 그러나 경찰활동에 있어서, 사망과 부상의 상당수가 중범죄적인 폭행의 결과물이다. 스콜닉은 위험에 대한 잠재력이 경찰의 하위문화, 특히 대중에 대한 태도를 형성한다고 주장한다. 라와 라이스는 전통적인 경찰학교 훈련에서 위험의 가능성이 강조되고, "전사" 정신(Warrior Mindset)을 배양한다고 주장한다.[38]

비록 경찰관은 위험이 항상 존재한다고 생각하지만, 최근의 연구는 오늘날의 경찰활동이 사실 과거보다 훨씬 더 안전하며, 특정 유형의 만남은 경찰관들이 믿는 것만큼 위험하지 않다는 것을 발견했다[Exhibit 6-2 참조]. 마이클 화이트(Michael White)와 동료들은 1970~2016년 동안 업무 중 순직한 경찰관 수가 75% 감소해, 1974년 274명으로 가장 많았던 것이 2016년 134명으로 감소한 것을 발견했다. 특히, 경찰관들의 사망은 범죄율이 증가하고 있음에도 불구하고 1970년대부터 1990년대 초반까지 감소했다. 이러한 하락세는 방탄조끼의 채택과 경찰 훈련의 질과 양 모두에서의 개선 등 여러 요인이 작용한 결과였다. 또한, 경찰의 치명적인 무기 사용에 대한 새로운 제한은 무장한 범죄자들이 경찰관들에게 발포하는 것과 같은 총격전이 감소했다는 것을 의미할 가능성이 크다. 그 결과, 화이트와 동료들은 경찰이 "50년 전보다 훨씬 더 안전한 직업"이라는 것을 발견했다.[39]

EXHIBIT 6-2

연도별 경찰관 사망

연도	사망자 수
1960	131
1965	140
1970	225
1975	240
1980	207
1985	177
1990	162
1995	184
2000	162
2005	166
2010	171
2015	162
2018	158

출처: National Law Enforcement Officers Memorial Fund, Officer Deaths by Year, https://nleomf.org/facts-figures/ officer-deaths-by-year.

경찰관들은 전통적으로 가정폭력 및 정신 건강과 관련된 전화가 가장 위험한 전화 중 하나라고 말해왔다. 그러나 최근의 연구는 이러한 생각이 틀렸다는 것을 밝혀냈다. 저스틴 닉스(Justin Nix)와 동료들은 2016년 NIBRS 시스템에서 1,051,927건의 사건(피해자-공범자 관계가 문서화되어 있음)을 연구했다. 관련 변수를 통제한 결과, 가정폭력 사건은 비가정폭력 사건에 비해 경찰관에 대한 폭행 가능성이 89배 낮았다. 전통적 관점의 한 가지 문제점은 FBI 표준범죄보고서(UCR) 시스템이 가정폭력과 술집 싸움 및 기타의 소란을 "소란"이라는 한 가지 범주에 모두 포함시키기 때문에 가정폭력만을 특정하는 것이 불가능하다는 것이다.[40]

모라비토(Morabito)와 소시아(Socia)가 2008년부터 2011년까지 오리건주 포틀랜드에서 경찰의 물리력 사용 보고서 6,131건을 조사한 결과, 신고전화의 7.42%와 관련하여 경찰관들이 부상을 당했는데, 경찰관들이 당한 가장 흔한 부상은 '찰과상'이었다(모든 사례의 4.24%). 경찰관들은 사망이나 심각한 부상을 당하지 않았다. 사실, 정신 건강과 관련된 신고전화의 주인공인 대부분의 사람은 "아마도 그들 자신에게를 제외하고 폭력적이거나 위험하지 않다."[41]

경찰 업무의 본질적인 위험에도 불구하고, 경찰활동은 근무 현장에서의 사망이라는 측면에서 가장 위험한 일은 아니다. 산업안전보건청(Occupational Safety and Health Administration)의 자료에 따르면, 업종별 풀타임 노동시간(FTE) 10만 명당 사망률은 어업 관련 업종 116명, 벌목 91.9명, 항공기 조종사 및 비행기술자 70.6명, 농업 41.4명, 지붕업자 32.4명, 경찰 또는 보안관 순찰대 18명이었다.

상충하는 업무 요구

경찰관은 법과 질서에 대한 어려운 상반된 요구에 직면해 있다. "재판 없는 정의(Justice Without Trial)"에서 스콜닉은 "경찰들은 체포와 같은 실적을 내는 것에 대한 압박을 받고 있다"고 주장했다. 그러한 압박의 일부는 경찰청장과 다른 고위 관리자들로부터 나오지만, 그 중이 상당수는 대중과 선출된 공무원들로부터 온다. 예를 들어, 강력범죄가 갑자기 급증할 때, 시장은 그 문제에 대해 경찰에 "무엇인가를 해달라"고 요구할 것이다. 물론, "무언인가"는 정의되어 있지 않다. 법이 시민들의 법적 권리를 보호하기 위해 경찰의 권한을 제한하고 있다. 경찰관은 범죄를 저지르려 한다는 합리적인 의심 없이 합법적으로 누군가를 길거리에서 제지할 수 없으며, 타당한 이유 없이 누군가를 체포할 수 없다. 2013년 법원이 위헌 결정을 내린 뉴욕시경찰청의 검문 프로그램은 범죄를 엄하게 다루라는 정치적 압력에 의해 주도됐다. 그러나 경찰청이 검문 수를 대폭 줄였을 때 범죄율이 여전히 낮게 유지되어, 대규모 검문이 범죄에 직접적인 영향을 미치지 않는 것으로 나타났다.[42]

이러한 갈등의 결과는 경찰관들이 물리적 증거나 자백을 얻기 위해 규칙을 회피하거나 어기도록 압력을 받는다는 것이다. 경찰재단은 전체 경찰관 중 거의 절반[42.9%]이 "규칙을 항상 지키는 것이 직무를 성공적으로 수행하는 것을 보장하지는 않는다"는 데 동의하는 것으로 나타났다. 이러한 태도는 경찰 하위문화의 일부가 되었다.

허버트 패커(Herbert Packer)는 형사사법체계에 관한 그의 고전적 연구에서 결과에 대한 요구와 법치주의 사이의 긴장을 "범죄 통제" 가치와 "적법한 절차" 가치 사이의 충돌로 정의하였다.[43] 역사적으로, 일부 경찰기관 또는 일부 지역 관할 경찰기관장이 경찰관들에게 검문 그리고/또는 체포에 대한 할당량을 채울 것을 요구해왔다. 널리 알려졌던 뉴욕시의 검문검색에 대한 논란에서, 경찰관들이 일정한 할당량을 채울 것으로 기대되었다는 증거가 있었다.[44]

할당제는 경찰관들에게 원래는 하지 않았을 사람들을 검문하거나 체포하도록 압력을 가한다. 그리고 경찰관들은 할당제가 단지 범죄와 싸우는 것처럼 보이기 위해 "무엇인가를 해야 한다"는 압력을 나타내기 때문에 분개한다. 21세기 경찰활동에 관한 대통령직속TF는 2015년에 "경찰관들이 미리 정해진 수의 통고장, 체포장 또는 소환장을 발행하도록 요구하는 관행을 금지해야 한다"고 권고했다.[45]

▮ 복잡하고 변화하는 경찰 하위문화에 대한 새로운 시각

웨슬리와 스콜닉이 개발한 경찰 하위문화라는 전통적 개념은 최근 심각한 비판을 받아왔으며, 그들의 개념이 오늘날 경찰관들의 복잡한 세계를 적절히 설명한다고 믿는 전문가는 거의 없다. 그들의 개념에 대하여 크게 두 가지 비판이 있다. 첫째, 일부 학자들은 전통적 개념이 경찰관들의 근무 경험을 지나치게 단순화시켜 특정 부분에 과도하게 중점을 두고 다른 중요한 특징들은 무시했다고 주장한다. 둘째, 흑인, 히스패닉, 여성 경찰관들의 진출과 함께 최근에는 게이와 레즈비언들의 경찰 입직으로 인해 오늘날의 경찰기관들은 그 어느 때보다도 다양성이 커졌다. 경찰관들은 이제 더 넓은 배경과 다양한 관점을 가지고 있다. 법학 교수인 데이비드 스클랜스키(David Alan Sklansky)는 "경찰관은 과거에 비해 통일성이 훨씬 적고, 또 민간인에 대해 '우리 대 그들'의 시각을 가질 가능성이 훨씬 낮다"라고 주장하였다.[46]

전통적인 경찰 하위문화 개념에 대한 가장 포괄적인 비평은 로스앤젤레스 경찰관에 대한 스티브 허버트(Steve Herbert)의 민족학 연구이다. 그는 경찰관들의 행동을 설명하는 데 도움이 되는 여섯 가지 요소를 제시하였다; (1) 법률: 경찰관들이 폭넓은 재량권을 행사하더라도[제11장 참조], 법률은 허용 가능한 행위의 경계를 규정한다. (2) 관료적 통제: 경찰관은 독자적으로 행동하지 못한다. 그들은 경찰기관의 다른 구성원들과 형사사법체계 관료들인 감독자, 변호인, 검사, 판사들에 의해 통제된다. (3) "모험과 남자다움"의 문화: 허버트는 로스앤젤레스에서 경찰관들이 적극적이고 공격적인 경찰 업무에 높은 가치를 둔다는 것을 발견했다. 그들은 그러한 스타일로 일을 하는 다른 경찰관을 존경하고, 반대로 소극적인 경찰관을 존경하지 않는다. (4) 안전: 개인의 안전에 대한 우려는 경찰관들이 다른 상황에서 어떻게 행동하는지를 결정한다. (5) 역량: 경찰관은 자신의 역량에 자부심을 가지고, 자신이 유능하다고 믿는 다른 경찰관을 존경한다. 다른 부서의 경찰관을 불러 지원 요청하는 것은 역량이 부족하다는 신호이다. (6) 도덕성: 경찰관은 사람에 대해 윤리적 판단을 하고, 어떤 사람은 "선"으로, 어떤 사람은 "악"으로 여긴다. "좋은" 사람들[예를 들어, 법을 준수하는 범죄 피해자]은 "나쁜" 사람들[예: 마약상이나 매춘부]보다 더 많은 존중과 더 나은 대우를 받을 자격이 있다.[47]

허버트의 연구는 경찰관들이 어떻게 다양한 영향을 받는지 보여준다. 허버트가 파악한 6가지 요소에 대해서는 경찰관마다 우선순위가 다르다. 예를 들어, 앞서 설명한 허버트의 두 번째 포인트에서 어떤 경찰관은 다른 경찰관보다 규칙을 더 잘 따를 것이다. 세 번째 포인트와 관련하여, 몇 명의 경찰관은 다른 경찰관들보다 더 모험적이고 활동적일 것이다. 그리고 여섯 번째 포인트에서 경찰관들은 음주운전자, 매춘부, 마약복용자 등에 대한 도덕적 판단에 대해 의견이 서로 다를 것이다.

요컨대, 경찰관들의 태도와 행동이 모두 같지는 않으며, 우리는 '경찰'에 대한 전면적인 일반화에 대해 매우 회의적이어야 한다. 그러나 이것이 웨슬리와 스콜닉의 기본적인 요점이 완전히 틀렸다는 것을 의미하지는 않는다. 경찰관들 사이에서는 집단결속력이 매우 강하다. 경찰관들은 거짓말을 하고, 심지어 그러한 거짓말에 대한 용어도 있다: 증언(Testify)과 거짓말(Lying)을 합친 Testilying은 보고서나 법정에서 거짓말하는 것을 의미한다.[48] 2014년 비무장 아프리카계 미국인인 라콴 맥도널드(Laquan McDonald)를 총으로 쏜 시카고 경찰관의 사건에서, 총을 쏜 경찰관과 이를 목격한 경찰관들은 맥도널드가 칼을 들고 경찰관에게 돌진했다고 거짓으로 보고했다.[49] 간단히 말해서 허버트의 경찰 하위문화에 대한 시각은 웨슬리와 스콜닉보다 경찰관과 그들의 직업에 대해 더 복잡한 관점을 보여준다.

경찰 하위문화에 대한 경찰 개혁의 도전

허버트가 확인한 경찰 하위문화 중 일부는 최근 몇 년 동안 경찰 개혁과 경찰활동에 대한 새로운 생각들에 의해 도전받고 있다. 예를 들어, "모험과 남자다움" 및 공격적인 경찰 업무(허버트 #3)의 가치는 경찰관들이 물리력에 의존하기보다는 다른 언어적, 비언어적 기술로 어려운 만남에 대응하는 것을 중시하는 긴장완화의 원칙(principle of de-escalation)에 의해 도전받고 있다. 그리고 매춘부나 마약거래상(허버트 #6)과 같은 "나쁜" 사람들을 평가절하하는 사람들에 대한 도덕적 판단은 절차적 정의의 개념과 모든 사람을 동등하고 공정하게 대우해야 한다는 가치에 의해 도전받고 있다.

특히 중요한 것은, 무력 사용에 관한 더 엄격한 정책, 물리력 사용 보고서와 검문 보고서의 상세성 향상, 관리자의 경찰관 보고서에 대한 면밀한 조사, 물리력 검토 위원회의 물리력 사용 보고서 검토 및 초기 개입 시스템(제14장 참조)에 관한 법무부 동의령 개혁으로 경찰관들이 물리력 사용과 검문에 관한 법(허버트 #1)과 경찰기관의 정책(허버트 #2)을 더욱 잘 준수토록 만들었다는 것이다. 흥미롭게도, 피츠버그와 로스앤젤레스의 동의령에 대한 평가를 위한 인터뷰에서 경찰관들은 새로운 요구사항과 그로 인한 "서류작업"에 대해 불평했다. 그리고 일부 경찰관들은 시민 민원을 및 그에 따른 조사와 징계를 받지 않기 위해 법 집행 노력을 줄였다고 공개적으로 진술했다. 하지만 로스앤젤레스에서는 경찰 법 집행 노력이 실제로 동의령 하에서 증가했다는 것을 보여주었다. 평가 결과 LAPD 경찰관들은 "더 열심히" "더 스마트하게" 일하고 있었다.[50]

▌변화하는 구성원: 다양성의 영향

경찰 하위문화의 본래의 개념은 경찰 역사상 일반 경찰관들이 거의 모두 백인이고 남성이며, 전형적으로 고등학교 교육만 받았었던 시절에 발전하였다.[51] 우리가 제5장에서 배운 바와 같이 흑인, 히스패닉, 여성 경찰관들의 고용에 상당한 진전이 있었다. 그리고 곧 논의될 내용과 같이, 성적 정체성을 공개한 게이와 레즈비언 경찰관들을 고용함으로써 다양성의 요소를 추가했다. 우리는 이제 이러한 변화가 경찰 하위문화에 미치는 영향을 살펴본다. 로빈 하르(Robin Haarr)는 "단일의 통일된 직업 문화의 초기 개념은 이제 경찰 조직과 직업 내에서 다양성, 변동성, 대조라는 새로운 개념에 의하여 대체되고 있다"라고 주장하였다.[52]

여성 경찰관이 경찰 하위문화에 미치는 영향

⇨ 평등고용기회에 대한 법에 관한 논의는 제5장 참조

제5장의 오하이오주 클리블랜드 최초의 여성 경찰관 중 한 명인 루시 듀발의 사례에서 언급했듯이, 그녀와 다른 최초의 여성 경찰관들은 기존에 확립된 경찰 하위문화에 적응하는 데 어려움을 겪었다.[53] 그 결과 경찰기관은 성 중립적이 되기 위해 남성 중심의 정책과 관행을 대폭 수정해야 했다.[54]

제5장에서 논의한 바와 같이, 1960년대 후반 이전에 경찰기관은

여성을 거의 채용하지 않았고, 그들을 '여성 경찰'로 분류했으며, 순찰(제2장 참조)을 포함한 다수의 업무에서 제외했다.[55] 그러나 성별에 따른 고용 차별을 금지한 민권법(Civil Rights Act, 1964) 제7호와 주정부·지방자치단체 성차별을 금지한 고용기회균등법(Equal Employment Opportunity Act, 1973) 제7호로 여성 경찰관들도 남성 경찰관들과 동등한 기준으로 순찰근무에 배치되었다.

수십 년에 걸쳐 여성을 경찰로 고용하는 데 상당한 진전이 있었음에도, 그들은 여전히 전체 노동인구에서 여성이 차지하는 비율에 비해 경찰기관에서 더 적게 고용되어 있다. 1972년 2%에서 2000년 10.6%, 2016년 12.3%(대도시 경찰기관에서는 약 18%)로 여성 경찰관 비율이 증가했다. 그러나 미국 국립사법연구소(National Justice Institute)의 경찰활동에 대한 2019년 보고서는 여성 경찰관의 비율이 지난 30년 동안 "정체"되었다고 지적했다. 그리고 이 보고서는 오늘날 여성이 성인 노동인구의 약 47%를 차지하고 있으며, 전체 여성의 51%는 노동인구에 속해 있다고 하였다.[56] 제5장에서 우리는 경찰활동에 있어 여성을 고용하는 것에 대한 장애물에 대해 논의하였다.

POLICE in FOCUS

과거 돌아보기: 여성 순찰 경찰관에 대한 최초의 평가 결과

1968년 인디애나폴리스에서 여성 경찰관들이 처음으로 정규 순찰 임무에 배치되었다. 이러한 일상적인 경찰활동의 변화는 처음에 많은 논란을 일으켰다. 특히, 남성 경찰관들은 여성 경찰관들이 위험한 상황을 효과적으로 처리할 수 있는 신체 크기와 힘이 부족하고, 그 결과 극한 상황에서 무기를 발사할 가능성이 더 크다고 주장하였다. 아래에 워싱턴 D.C.에서 일상적인 순찰 근무를 수행하던 여성 경찰관들에 대한 첫 번째 평가 결과가 있다. 이 연구는 86명의 신임 여성 경찰관과 86명의 신임 남성 경찰관의 성과를 비교했다.

경찰재단의 주요 조사 결과(Policewomen on Patrol, 1974년)

1. 비교 대상 남성 경찰관들은 순찰 1회당 조금 더 많은 사건을 처리했는데, 이는 주로 남성 경찰관들이 더 많은 교통사건을 초래했기 때문이다.

2. 혼자 순찰하는 신임 여성 경찰관들은 남성 경찰관 혼자 순찰하는 것보다 할당된 서비스 호출을 더 많이 처리하는 경향이 있었다.

3. 신임 여성 경찰관들과 비교 대상인 남성 경찰관들은 순찰 중 비슷한 유형의 전화에

응답했고, 위험하거나, 화를 내거나, 술에 취하거나, 폭력적인 시민을 비슷한 비율로 목격했다.

4. 신임 여성 경찰관들은 분노하거나 폭력적인 시민을 다루는 데 있어 비교 대상인 남성 경찰관들과 비슷한 결과를 얻었다.

5. 비교 대상인 남성 경찰관들은 신임 여성 경찰관들보다 중범죄 체포와 경범죄 체포를 더 많이 했다.

6. 신임 여성 경찰관이 시행한 체포는 유죄판결을 받을 가능성이 남성 경찰관과 같았다.

7. 남성 및 여성 경찰관 모두 두 명이 함께하는 근무에서 파트너들과 업무를 잘 수행했다.

8. 남성 및 여성 경찰관 모두 다른 경찰부서로부터 동일한 수준의 지원을 받았다.

9. 남성 및 여성 경찰관 모두 시민에 대한 존중과 일반적인 태도에 있어 비슷한 수준을 보여주었다.

10. 신임 여성 경찰관과 비교 대상인 신임 남성 경찰관은 근무 1년 후 경찰관 표준심사에서 비슷한 성과평가 결과를 받았다.

출처: Peter B. Bloch and Deborah Anderson, *Policewomen on Patrol: Final Report* (Washington, DC: Police Foundation, 1974).

전통적인 남성 직장에서의 여성 경찰관

수전 마틴(Susan E. Martin)은 여성을 경찰활동에 투입하는 것이 집단의 전통적인 연대를 약화시킨다는 것을 발견했다. 예를 들어, 여성 경찰관들은 사냥, 낚시 그리고 자동차와 같은 남성 경찰관들이 가지고 있는 외부 관심사를 공유하지 않는다. 마틴은 여성 경찰관들이 경찰관으로서 어떻게 행동해야 하는지에 대한 전통적 규칙을 바꾼다고 주장하였다. 그리고 여성 경찰관들은 감정을 공개적으로 표현하지 않고 육체적으로 분쟁을 해결하는 전통적인 남성적 특성을 공유하지 않는다고 하였다. 또한, 두 명의 남자 경찰관 사이에서 문제없이 받아들여지는 우정의 표현은 성별이 다른 경찰관들 사이에서는 문제가 될 수 있다고도 하였다.[57]

마틴은 또한 남성 경찰관들 사이에서 여성 경찰관에 대한 태도에 상당한 차이가 있다는 사실을 발견했다. 전통주의자들은 경찰활동을 공격적인 행동과 체력이 필요한 위험한 일이라는 이미지로 여겼다. 반면 **현대주의자**들은 경찰 업무가 체력을 요구하는 경우는 거의

현대주의자(moderns)

없다는 것을 인식하고, 개인의 자격에 기초해 모든 사람에게 취업 기회가 열려있어야 한다는 생각을 받아들이면서 상대적으로 더 쉽게 여성 경찰관을 받아들였다. 중도파들은 그 중간 어딘가에 위치하여, 원칙적으로 여성 경찰관을 받아들이지만 순찰 근무를 하는 여성들에 대해서는 불만이 있었다.[58]

수전과 낸시 주릭(Nancy Jurik)은 "초기 여성들이 직면한 저항은 노골적이고, 악의적이며, 광범위하며, 조직적이고, 때로는 생명을 위협하기도 했다"고 보고했다. 시간이 흐르면서 적개심은 덜 노골화되었지만, 더욱 교묘해졌다.[59]

성차별은 많은 경찰기관에 항상 존재한다. 캐롤 아치볼드(Carol A. Archbold)와 도로시 모제스 쉴츠(Dorothy Moses Schulz)는 한 부서의 여성 경찰관 대부분[79%]이 남성 경찰관들보다 더 열심히 일해야 한다고 느낀다는 사실을 발견했다. 여성 경찰관 대부분은 자신이 차별적으로 대우받았다고 느꼈다. 그런데도, 같은 비율의 여성 경찰관이 자신의 직업에서 고립감을 느끼지는 않는다고 했고, 대부분(64%)이 다른 여성들에게 경찰을 직업으로써 추천한다고 답했다. 나머지 36%는 경찰 직업에 관심이 있는 여성 본인에게 달려있다고 답했다. 여성 경찰관 중 경찰을 직업으로 추천하기에 반대하는 사람은 없었다.[60]

여성 경찰관의 순찰업무

1970년대 경찰활동에 있어서의 가장 큰 변화는 여성 경찰관의 순찰 임무 배치였다. 이전의 여성들은 청소년과와 성범죄과에 국한되어 있었다. 순찰에 여성들을 배치하는 것이 경찰활동에 변화를 주었는가? 과연 여성 경찰관들은 남성 경찰관들과 다르게 행동하는가?

경찰재단은 순찰 근무를 하는 여경들을 대상으로 최초의 체계적인 조사를 했다. 이 연구는 워싱턴 D.C.에서 남성 경찰관 86명과 여성 경찰관 86명을 비교한 결과, 남성과 여성이 대체로 비슷한 방식으로 순찰업무를 수행했다는 것을 발견했다. 그리고 (예를 들어, 체포 활동 등의) 업무성과에서도 큰 차이가 없었다. 또 여성 경찰관들은 경찰관답지 못한 행위에 관여할 가능성이 작았다. 가장 중요한 것은, 여성 경찰관의 순찰업무 수행 능력에 의문을 제기할 수 있는 특별히 사건이 없었다는 것이다.[61]

워싱턴 D.C. 연구와 비슷한 뉴욕시의 순찰 경찰관에 관한 연구는 1975년과 1976년에 41명의 남성 신임 경찰관과 41명의 여성 신임 경찰관을 비교했다. 여성 경찰관들의 업무 수행 방식이 남성 경찰관들의 업무 수행 방식과 차이가 거의 없었다. 사실상 남성과 여성 모두 같은 비율로 상황을 통제하기 위해 서로 다른 언어적 및 비언어적 기술을 사용했다. 특히 중요한 것은 여성 경찰관들이 남성 경찰관들과 정확히 같은 비율로 물리력을 사용했다는 점이다. 비록 여성 경찰관들이 남성 경찰들보다 "약간 덜 활동적"이었지만, "시민들은 여성 경찰관들이 더 유능하고, 유쾌하고, 존경스럽다"고 평가했다.[62]

여성 경찰관 대 남성 경찰관: 비위행위 문제에서의 차이

전미여성경찰센터(National Center for Women in Policing)는 "여성 경찰관들이 과도한 폭력을 사용할 가능성이 더 낮으므로 경찰기관에서 여성 경찰관을 더 고용해야 한다"는 대담한 주장을 했다.[63] 이것이 과연 사실인가? 증거가 이러한 주장을 뒷받침하는가?

전미여성경찰센터의 주장은 로스앤젤레스경찰청(LAPD)의 자료에 근거한 것으로, 남성 경찰관들이 훨씬 더 "문제 있는" 경찰관일 가능성이 크다는 것을 보여주었다. 1990년과 1999년 사이에 남성 경찰관들은 피해 보상금으로 6,340만 달러의 손실을 입힌 것에 비해, 여성 경찰관들은 겨우 280만 달러의 손실을 입혔다. 여성은 LAPD 경찰관의 18%를 차지했지만, 전체 피해 보상금의 4.4%에 대해서만 책임이 있었다. 당시 해당 연구의 후원자이자 여성단체인 페미니스트 머저러티(Feminist Majority)의 대표였던 캐시 스필라(Kathy Spillar)는 로스앤젤레스경찰청이 할 수 있는 가장 근본적인 개혁은 성별의 균형을 유지하는 것이라고 주장했다. 2019년 NIJ 보고서인 "Women in

Policing"에서는 남성 경찰관이 여성 경찰관보다 경찰기관에 "더 큰 비용"을 쓰게 만든다고 주장하기 위해 이것과 다른 데이터를 인용했다.[64] 시민고발 건수나 민사소송 피해사례로 측정한 '최악'의 경찰관에 대한 다른 도시의 언론보도를 보면 사실상 모든 사건에서 관련 경찰관은 남성인 것으로 나타났다. 그러나 남성과 여성 경찰관 사이에서 징계에 관한 차이가 있었지만, 이는 가장 심각한 형태의 위법행위에 대한 것일 뿐이었다. 결과적으로, 이 자료는 일상적인 순찰, 범죄 대응, 그리고 질서 유지의 측면에서, 남성과 여성 경찰관들의 업무 수행에 실질적인 차이가 없다는 것을 보여주었다.

직장 내 성희롱

성희롱(sexual harassment)

많은 수의 여성 경찰관의 유입은 경찰기관에서의 성희롱 문제를 드러나게 하였다. **성희롱**은 성관계를 암시하거나 여성 경찰관의 신체를 평가하는 것, 근무 배치나 승진에서의 차별과 같이 성과 관련된 모욕적인 행동과 원치 않은 성적인 접근 등으로 정의된다.

국제경찰청장협회(International Association of Chiefs of Police, IACP)의 2011년 보고서 "사법경찰의 성범죄와 비위행위 해결(Addressing Sexual Offenses and Misconduct by Law Enforcement)"은 경찰관이 시민을 상대로 저지른 성범죄[경찰권을 이용해 여성에게 성관계를 강요하는 남성 경찰관]와 경찰관 간 직무상 성희롱을 모두 다루었다. 이 보고서는 2007년 IACP 연례회의에서 발전한 것으로, 많은 경찰청장이 이 연례회의에서 성문제를 심각한 것으로 간주하였다. 이 보고서에는 성희롱을 통제하기 위한 일련의 권고사항이 포함되어 있다. 권고안에는 다음과 같은 내용이 포함되었다: [a] 성희롱을 금지하는 명확한 정책을 가질 것, [b] 경찰활동 관련 윤리 문제에 대한 교육[부패, 거짓말 등 윤리 문제의 전 범위를 포함한다], [c] 경찰관들의 비위행위 양식을 파악하기 위한 조기 개입 시스템과 같은 성과 검토 시스템을 구현하는 것[제14장 참조], [d] 비위행위에 대한 철저한 조사.[65]

여성 경찰관들은 성희롱 사건에 어떻게 대응하고 있는가? 117명의 여성 경찰관들과 가진 인터뷰에서 솜바데 차이야베지(Somvadee Chaiyavej)와 메리 모라시(Merry Morash)는 19%만이 사건을 담당 부서에 신고했다고 밝혔다. 가장 많이 응답한 것은 불쾌감이 든다는 것을 암시하기[61% 언급]나 불쾌한 행동을 회피하기[57%], 불쾌감을 주는 사람에게 직접 항의하기[52%] 등이었다[응답자가 두 항목 이상 답변할 수 있어 총합계가 100%가 되지 않는다].[66]

성희롱 피해자들이 고소하지 않는 이유 중 한 가지는 많은 여성 경찰관들이 경찰기관이 그들의 고소를 심각하게 받아들이지 않을 것으로 생각하기 때문이었다, 이러한 이유로 잘못을 저지른 사람을 징계하는 데 실패한다. 잇따른 성희롱 소송에 맞서 로스앤젤레스 보안관서(Los Angeles Sheriff's Department)는 정책과 관행을 수정했다. 그 결과, 보안관서는 더 빠르고 철저한 조사를 시행하면서 의혹에 더 빨리 대응할 수 있었고, 성희롱으로 유죄판결을 받은 경찰관들에게 관대한 징계를 하던 관행을 종식한 것으로 밝혀졌다.[67]

흑인 경찰관

전통적인 경찰 하위문화인 단체 결속의 규범과는 전혀 달리, 전미흑인경찰협회(National Black Police Association, NBPA)는 경찰관이 다른 경찰관의 비위행위를 신고할 것을 촉구하면서 경찰의 폭력성에 관한 팸플릿을 발간했다. 이때까지 다른 어떤 경찰 관련 단체도 경찰관들에게 위법행위를 신고하라고 요구한 적이 없었다.[68] 경찰재단이 2001년에 경찰의 권한 남용을 대하는 태도를 설문조사한 결과, 백인과 흑인 경찰관들의 인식에 현저한 차이가 있음을 발견했는데, 흑인 경찰관들이 그들의 부서에서 위법행위를 찾아낼 가능성이 훨씬 컸다.[69] 이러한 점에서, 흑인 경찰관의 증가가 경찰활동과 좋은 경찰 − 지역사회 관계에 대한 다른 관점과 아이디어를 제시함으로써 경찰 하위문화를 변화시켰다.

⇨ 인종과 경찰-지역사회
   관계에 관한 논의는
   제12장 참조

　　많은 큰 경찰기관에는 흑인 경찰관들의 조직이 따로 있다. 이들
은 사회단체로 경찰노조와는 별개이다. 전미흑인경찰협회 이외에도
흑인 지휘관급 경찰관들을 대표하고 있는 전미흑인법집행기관임원협
회(National Organization of Black Law Enforcement Executive, NOBLE)
가 존재한다.[70]

흑인 경찰관의 근무

　　흑인 경찰관과 백인 경찰관의 행동에 큰 차이가 있는가? 시민 대
표들은 항상 경찰-지역사회 관계 개선을 위한 방안으로 경찰기관에
서 흑인과 히스패닉계 경찰관을 더 많이 채용할 것을 촉구해왔다. 시
민 대표들은 흑인과 히스패닉계 경찰관들이 흑인 지역사회와 더 친
밀한 관계를 맺을 것이며, 체포나 다른 경찰 행위에 있어 흑인을 차
별하지 않을 것이라고 주장했다.[71] 증거가 이 주장을 뒷받침하는가?
소수 인종인 경찰관은 백인 경찰관과 차이가 있는가?

　　사실상 모든 연구는 흑인 경찰관과 백인 경찰관 사이에 큰 차이
를 발견하지 못했다. 앨버트 라이스(Albert Reiss)는 백인과 흑인 경찰
관의 물리력 사용에서 유의미한 차이를 발견하지 못했다.[72] 마찬가지
로 뉴욕시와 산호세(San Jose)의 공식 민원 자료에 따르면 백인, 흑인
및 히스패닉계 경찰관들은 대략 인구 구성 비율에 비례하여 민원을
받았다. 예를 들어, 2009년 뉴욕시의 흑인 경찰관은 전체 경찰관 중
16.4 퍼센트를 차지했으며, 시민 민원의 17.2 퍼센트를 받았다; 히스
패닉계 경찰관은 전체 경찰관 중 25.6 퍼센트로 28.4 퍼센트의 민원
을 받았다. 이와 비슷한 경향이 산호세경찰청에도 있었다.[73] 치명적
무기 사용이라는 중대한 문제에 대해서, 제임스 파이프(James J. Fyfe)
는 근무 배치 장소라는 요소를 통제하면 백인 경찰관과 흑인 경찰관
이 같은 비율로 무기를 발사했다는 사실을 발견했다. 가장 강력한 치
명적 물리력의 사용 예측 변수는 경찰관들이 배치된 구역의 특성이
었다. 뉴욕시의 고범죄 구역에 배정된 경찰관들이 저범죄 구역에 배
정된 경찰관들보다 더 자주 무기를 사용했다는 것은 놀랄 일이 아니

다. 각각의 구역 내에서 백인 경찰관과 흑인 경찰관은 기본적으로 같은 비율로 치명적 물리력을 사용했다.[74]

히스패닉계 경찰관

최근 경찰활동에 있어 히스패닉계 미국인의 채용이 많이 증가하고 있다. 이는 부분적으로 2019년 미국 인구의 18%에 도달한 히스패닉 인구가 꾸준히 증가했기 때문이다. 미국의 히스패닉계 지역사회는 거주 기간, 출신지, 자기 정체성 등에서 굉장히 다양하다(어떤 히스패닉계 가정은 미국에 여러 세대에 걸쳐 살아왔다). 이와 같은 차이는 히스패닉계 경찰관들 사이에서도 발견된다.

로날드 바이처(Ronald Weitzer)는 지금까지 경찰에 관한 연구에서 히스패닉계 사람들에 대한 "당당한 방치"가 있었고, 결과적으로 우리가 모르는 것이 많다고 주장하였다. 최근까지 대부분의 여론조사는 히스패닉계를 완전히 무시한 채 인구를 백인과 흑인의 범주만으로 구분하였다. 또한, 기존 연구들은 히스패닉계 인구를 시민권, 이민자 지위, 출신 국가, 가정에서 사용하는 언어 및 기타 변수별로 분리하는 데에도 실패했다. 따라서 우리는 장기 미국 거주자와 최근 이민자들 사이의 형사사법 및 경찰 문제에 대한 태도와 경험의 차이를 잘 파악하지 못하고 있다. 미국 남서부에는 히스패닉계가 인구와 경찰기관에서 다수인 많은 도시가 있다(예: 텍사스주 엘패소, 81%). 바이처는 "히스패닉계 경찰관이 경찰관서 내 다수가 되면 경찰서에서 무슨 일이 일어날까?"라는 도발적인 질문을 던진다. 경찰관서의 작동 방식이 달라지는가? 경찰 문화가 변하는가? 이것들은 미래의 연구만이 답할 수 있는 중요한 질문들이다.[75]

돈 얼벡(Dawn Irlbeck)은 중서부의 한 경찰서에 있는 히스패닉계 경찰관들을 모두 인터뷰한 후 복잡한 정체성의 양상을 발견했다. 그들 중 몇몇은 자신이 완전한 경찰관이라고 밝혔지만, 많은 이들이 경찰관들과 히스패닉계 구성원이라는 이중적인 정체성을 가지고 있었다. 그러나 누구도 자신의 정체성을 히스패닉계 구성원만이라고 밝히

지는 않았다. 이중 정체성을 가진 사람들은 히스패닉계로서의 정체성
과 지식을 경찰 업무에 활용했다. 그러나 이것은 히스패닉계 범죄자
들에 대한 관용을 포함하지는 않았다.[76] 실제로 퓨 리서치 센터(Pew
Research Center)의 2017년 보고서는 대부분의 이슈에서 히스패닉계
경찰관들의 태도가 흑인 경찰관들보다 백인 경찰관들에 더 가깝다는
것을 발견했다. 예를 들어, 백인 경찰관과 히스패닉계 경찰관은 모두
72%가 "흑인과 경찰 사이의 치명적인 사건은 '독립적 사건'"이라고
생각했다. 그러나 흑인 경찰관 중 43%만이 이를 '독립적 사건'이라
생각했다. 또한, 흑인 경찰관들은 총기 난사 사건을 더 큰 사회 문제
의 일부로 보는 경향이 훨씬 컸다.[77]

오늘날 상당수의 경찰기관에서 흑인 경찰관들과 마찬가지로 히
스패닉계 경찰관들이 인종별 구성에 있어 다수의 지위를 차지하고
있다. 그러나 불행히도 아직 체포 유형과 물리력 사용에 관한 히스패
닉계 경찰관과 백인 및 흑인 경찰관의 행동을 체계적으로 비교한 연
구는 없다.

성소수자 경찰관

뉴욕경찰청(NYPD)의 찰스 코크란 주니어(Charles Cochrane Jr.)
경사는 1982년 자신이 동성애자임을 밝히고 뉴욕경찰청에 동성애자
경찰관 조직을 구성할 계획을 밝히는 과감한 행동을 취했다. NYPD
소속의 한 심리학자가 나중에 설명했듯이, 동성애자와 경찰이라는 단
어들은 "NYPD는 말할 필요도 없고 그 당시 미국 사회에서도 편안하
게 어울리지 못했다." 4년 전, 뉴욕시장은 모든 뉴욕시 기관에서 동
성애자에 대한 고용 차별을 금지했었다. 경찰 노조위원장은 이 정책
이 "단점이 장점보다 많을 것"이라고 주장하며 비난했다. 경찰노조위
원장은 경찰관들은 동료들과 매우 긴밀한 업무 관계를 형성하고 있
는데, 동성애 경찰관의 고용은 조직구성원 간의 결속을 저해할 것이
라는 견해를 밝혔다.[78]

오늘날에는 많은 성소수자 경찰관들(Gay and Lesbian Officers) 이

있다. 일부 경찰기관에서는 성적 성향에 대해 공개적인 태도를 보이며, 자체적으로 조직을 결성했다. 뉴욕시의 성소수자 경찰관연합회 (Gay Officers Action League, GOAL)는 1982년에 뉴스레터를 발행하기 시작했다. 1992년까지 적어도 10개의 경찰기관에서 공개적으로 성소수자 경찰관들을 모집했다. 이 경찰기관 중 일부는 차별금지법이 성적 성향을 포함하는 주에 있었다. 게이와 레즈비언 인구가 많은 도시에서, 경찰 당국은 그러한 지역사회에 성소수자 경찰관을 연락관으로 지정하였다.[79] 오늘날 일부 경찰기관은 게이와 레즈비언 경찰관들을 적극적으로 모집한다. 성적인 성향에 따른 차별을 금지하는 주 정부와 지방자치단체가 증가하고 있으며. 성소수자 인구가 많은 도시에서, 경찰 당국은 지역사회에 더 나은 서비스를 제공하기 위해 특별한 노력을 기울였다. 연락 담당자로 일할 수 있는 성소수자 경찰관들을 두는 것은 경찰기관의 임무를 진척시키는 데 도움이 된다.

그렇더라도 성소수자 경찰관 채용에 대한 높은 장벽은 여전히 존재하고 있다. 성소수자 경찰관은 강경하고 마초적인 직업으로서의 경찰활동에 대해 전통적인 전사적 고정관념에 대한 분명한 도전을 나타낸다. 수전 밀러(Susan L. Miller)와 동료들은 중서부의 작은 도시에서 17명의 성소수자 경찰관을 인터뷰하여 그들이 조직과 다른 경찰관들을 어떻게 대했는지를 조사했다. 그들의 표본은 8명의 게이 경찰관과 9명의 레즈비언 경찰관으로 구성되었고, 두 집단 모두 인종과 민족성이 다양했다. 연구참가자 모두 다른 성소수자 경찰관에게 성정체성을 공개했지만, 전체적으로는 그들 중 일부만이 자신이 근무하는 경찰기관에 성적 성향을 노출한 상태였다. 대부분의 성소수자 경찰관들은 경찰기관 내 주변 사람들에 의해 "지속해서 감시받고" 있다고 느꼈고, 동성애 혐오 발언의 대상이 되었다. 일부 레즈비언 경찰관들은 성차별에 대한 공통적인 경험에 대해 이성애 여성 경찰관들과 유대감을 느꼈다. 성소수자 경찰관의 대부분은 전통적인 마초적 경찰문화가 만연하며, "남성다움을 증명하는 것"이 중요한 이슈라고 생각했다.[80]

성소수자 경찰관들이 대상인 한 조사에 따르면, 그들은 전통적으로 다른 사람들이 법 집행을 직업으로 선택한 것과 같은 이유로 경찰을 직업으로 선택한 것으로 나타났다. 응답자 중 41%는 그들이 경찰을 선택한 세 가지 주요 이유로 직업 안정, 경력 발전 기회, 시민의 의무를 꼽았다. 그러나 성소수자 경찰관 중 많은 사람이 경찰 직업에서 차별을 경험했다고 답했다. 2/3[67%]가 동성애 혐오 발언을 들었다고 응답했고, 51%는 외부인 취급을 받았다고 응답했다. 거의 1/4[22%]이 승진 장벽이 있다고 했고, 17%는 성적 성향 때문에 업무 배치에 장벽이 있다고 하였다.[81] 그러나 아직까지 성소수자 경찰관들의 업무 능력에 대한 연구는 없다. 결국, 공개적인 갈등이 거의 없는 상황에서 성소수자 경찰관들은 그들이 근무하는 부서로 잘 통합되었다.

성별, 인종, 민족성, 성정체성의 교차점

수전(Martin)이 인터뷰한 한 흑인 여성 감독자의 의견은 경찰기관 내의 다양성 증가로 인한 복잡한 관계를 잘 보여준다. 이 여성 경찰관은 그녀의 지휘 아래에 있는 백인 남성 경찰관과 문제가 있었다. 하지만 그 백인 남성 경찰관이 이직한 후에도 새로운 남성 상관과도 비슷한 문제를 겪었다. 그녀는 "그것은 여성 관련 문제가 아니었다……. 하지만 그 당시에 나는 확신할 수 없었고……. 나는 내가 여성 경찰관이고 흑인이기 때문에 그 백인 남성 경찰관이 나에게 반항하고 있다고 느꼈다"고 결론지었다.[82] 요컨대, 성별, 인종, 민족성이 다른 경찰관들 사이의 관계는 극도로 복잡하며, 종종 주어진 상황에서 어느 것이 가장 중요한지 판단하기가 어렵다.

많은 경찰기관에서 인종, 민족성, 성별 집단 사이에 어느 정도의 긴장과 갈등이 존재한다. 로빈 하르는 백인 경찰관들이 승진과 선호되는 업무가 자격이 부족한 흑인 경찰관들에게 주어지기 때문에 오히려 그들이 역차별을 받고 있다고 생각하는 것을 발견했다.[83] 이러한 점에서 경찰관서는 승진이나 보직 등 중요한 이슈와 관련하여, 인종·민족·성별 갈등이 발생하는 다른 근무처와 다를 바 없다.

미국 사회의 다른 많은 분야에서도 그렇듯이, 경찰기관에도 자기분리(self-segregation)의 유형이 존재한다. 중서부 경찰기관에서, 로빈 하르는 다른 인종이나 성별의 경찰관들 사이의 일상적 상호작용이 제한되고 있다는 사실을 발견했다. 그녀는 함께 신고를 처리하는 것, 서로를 지원하는 것, 함께 식사하는 것, 험담이나 농담을 하는 것 등 경찰관들 사이의 일상적인 "만남"의 관점에서 상호작용을 측정했다. 백인 남성 경찰관은 주로 다른 백인 남성 경찰관과 교류했고, 대부분의 흑인 남성 경찰관[75%]은 주로 다른 남성 경찰관[흑인 또는 백인]과 교류했다고 답했다. 세 명의 흑인 여성 경찰관들은 주로 남성이든 여성이든 다른 흑인 경찰관과 교류했다. 백인 여성 경찰관들은 파트너나 이전 파트너보다는 주로 다른 여성 경찰관과 교류했다.[84]

경찰기관을 다양화하는 것이 경찰의 하위문화를 바꾸는가?

경찰기관의 인종, 민족성 또는 성별의 구성을 바꾸는 것이 차이를 만드는가? 그것이 전통적인 경찰 하위문화에 어떤 영향을 미치는가? 그것이 경찰-지역사회의 관계를 개선하는가? 국립과학원(National Academy of Sciences)은 활용 가능한 모든 연구를 검토한 후 "다른 인종이나 민족적 배경을 가진 경찰관이 시민과의 상호작용에서 서로 다르게 임무를 수행한다고 믿을 만한 증거가 없다"고 결론지었다.[85] 따라서, 단지 흑인이나 히스패닉계 경찰관의 수를 늘리는 것만으로 경찰기관의 길거리 경찰활동의 질이 달라지지는 않을 것이다.

그러나 유색인종 경찰관의 증가는 한 부서의 공공 이미지를 바꾸고 경찰-지역사회 관계를 개선할 수 있다. (예를 들어, EEO 지수가 0.25 이하인 부서와 같이) 지역사회를 대표하지 않는 부서는 많은 유색인종에게 차별적인 부서로 인식될 것이다.

또한, 유색인종 경찰관의 증가가 경찰관의 태도 측면에서 경찰의 하위문화를 변화시키는 역할을 할 수 있다는 증거가 있다. 로스앤젤레스를 대상으로 수행된 한 종단연구는 다양성의 증가로 인해 지난 15년 동안 경찰관들의 태도에 상당한 변화가 있었다는 사실을 발견했다. 법원 명령으로 LA 경찰이 더 많은 여성과 다인종 경찰관을 고용할 것이 요구되었다. 이 연구는 1992년과 2007년 두 차례에 걸쳐 경찰관들을 대상으로 설문조사를 실시하여, 그러한 다양성이 "경찰과 지역사회가 더욱 밀접하게 접촉할 경우 경찰관에 대한 시민의 의견이 개선될 것인지", "시민들이 경찰이 범죄를 저지하는 것을 더욱 기꺼이 돕게 될 것인지", "경찰이 지역사회에 더 민감하게 반응하게 될 것인지"를 질문했다. 또한, 부정적인 영향[예를 들어, 시민들에게 "경찰에 대한 너무 많은 통제권을 부여할 것인가"]에 대해 세 가지 질문을 했다.[86] 1992년 초기의 조사에서 흑인과 히스패닉계 경찰관은 백인 경찰관보다 경찰–지역사회 접촉 효과에 더 긍정적이었다. 그러나 2007년 조사에서는 모든 인종 경찰관의 태도가 더욱 호의적으로 되었다. 아마도 가장 중요한 것은 흑인이나 히스패닉계 경찰관들보다 백인 경찰관들의 태도가 더 좋아졌다는 것이다. 이 연구의 연구자들은 이 "예상치 못한 발견"은 더 많은 흑인 및 히스패닉계 경찰관들의 유입이 백인 경찰관들이 가지고 있는 기존의 공동체 지향적이지 않은 태도를 변화시켰음을 시사한다고 주장했다. 한마디로 인력을 다양화하는 것이 경찰기관의 내부 문화를 바꾸는 데 도움이 될 수 있다는 것이다.

경찰관의 교육 수준 향상

제5장에서 언급했듯이, 미국 경찰관의 교육 수준은 지난 몇 년 동안 크게 상승해 왔다. 1960년대에는 모든 정규경찰관 중 80%만이 고등학교 교육을 받았다. 1988년까지 이 수치는 34.8%까지 하락했다. 4년제 대학 학위를 소지한 경찰관 비율은 같은 기간 2.7%에서 22.6%로 높아졌다.[87]

더 높은 수준의 경찰관 교육이 경찰부서 내의 하위문화를 변화시키는가? 더 많은 교육이 경찰 업무성과에 차이를 만드는가? 대학교육을 받은 경찰관이 고등학교만 졸업한 경찰관보다 능력이 더 좋은가? 그러나 한 연구에서는 대학교육을 받은 경찰관들이 교육을 덜 받은 경찰관들과 다르게 행동한다는 강력한 증거는 없다고 했다.[88] 제5

장에서 논의했듯이 경찰관들의 고등교육이 미치는 영향에 관한 연구는 매우 부족하다.[89] 이러한 약점 때문에 교육이 경찰관 직무수행에 미치는 영향에 대한 설득력 있는 증거가 없고, 교육이 경찰관 하위문화에 영향을 미치는지에 관한 연구도 없었다.

태도와 업무성과에 미치는 조직적 영향

경찰 조직은 경찰관 하위문화에 큰 영향을 미친다(허버트 포인트 #2 참조). 일부 경찰기관은 전문성으로 정평이 나 있는데, 예를 들어, 담당 경찰관에게 확실히 책임을 묻고 범죄와 무질서를 다루는 프로그램에 대한 혁신을 도모한다. 그러나 다른 경찰기관은 부정행위를 용인하고 혁신이 부족하다는 평판을 가지고 있다.

조직문화는 보통 경찰기관장들의 리더십과 그들이 개발하고 유지하는 프로그램의 산물이다. 만약 한 기관장이 물리력 사용 등의 핵심 현안에 대한 최첨단 정책을 펴고, 감사과를 강화하고, 핫스팟 경찰활동 등 혁신적인 범죄예방 프로그램을 추진하다 보면 처음에는 경찰관들이 투덜거리기도 하지만, 대부분의 경우 결국 경찰기관의 새로운 우선순위와 개혁 방안을 수용하게 된다. 로스앤젤레스 동의령에 대한 평가에 따르면, 경찰관들은 인터뷰에서 새로운 검문 정책에 대해 불만을 표시했지만, 실제로는 검문 활동이 증가했다는 증거가 있다.[90]

▎태도와 행태의 관계

대통령직속 범죄위원회(President's Crime Commission)를 위한 라이스의 선구적 연구(1965-1967)에서는 보스턴, 시카고, 워싱턴 D.C.에서 경찰 업무를 관찰한 대학원생 75% 이상이 경찰관들이 인종적으로 편견이 있는 진술을 하는 것을 관찰했다고 하였다. 그러나 대학원생들은 물리력의 사용이나 차별적 체포의 관점에서 흑인에 대한 조직적인 학대는 관찰하지 못하였다.[91] 이 연구의 이러한 모순적 결과는 경찰관들의 태도와 실제 행태 사이의 복잡한 관계를 보여준다.

일반 상식은 태도와 행동 사이에 직접적인 관계가 있음을 암시한다: 인종, 민족성, 성별에 대해 편견을 표현하는 사람들은 무의식적으로 차별적 행동을 할 것이다. 그러나 실제로 이것은 항상 사실인 것은 아니다. 국립과학원은 문헌을 검토한 결과 "특정 경찰관들의 태도와 실제 행태 사이의 약한 관계"만을 발견했다.[92]

몇 가지 요인들이 경찰관의 태도가 행태에 미치는 영향을 제약한다. 첫째, 경찰관들은 경찰 관료주의와 형사사법체계에 의해 제약을 받는다. 체포는 경찰 상급자, 검사와 변호인, 그리고 판사와 같은 다른 사람의 주목을 받게 한다. 이러한 사람들은 경찰관들의 업무성과를 검토하고, 심각한 권력 남용을 시정할 힘을 가지고 있다. 검사는 혐의를 기각할 수 있고, 판사는 부적절하게 입수한 증거나 자백을 재판과정에서 제외할 수 있다. 이러한 요소들은 형사사법 관료주의가 경찰 하위문화에 미치는 영향에 대한 허버트의 견해와 일치한다. 그 결과, 경찰관은 자신의 개인적 편견에 의해서만 행동할 수 있는 자유가 없다.[93]

두 번째 제약조건은 시민의 민원제기나 소송의 가능성이다. 어느 쪽이든 경찰관의 경력에 영향을 미칠 수 있다.

셋째, 경찰활동에 대한 기대 수준이 높은 전문적 경찰기관에서는 감독자가 경찰관에게 편파적 진술과 차별행위는 해당 경찰기관의 가치에 어긋나 징계로 이어질 수 있다고 조언할 가능성이 크다.

▌경찰 업무 스타일

범죄학자 스티브 허버트(Steve Herbert)는 1993년과 1994년에 LA 경찰의 월셔(Wilshire) 지역에서 순찰 경찰관들과 함께 현장실습을 하면서, 경찰관들이 동료 경찰관들의 다양한 업무처리 방식을 묘사하는 용어를 가지고 있다는 것을 발견했다. 잠재적으로 위험한 상황을 처리하기 위해 자원하는 활동적이고 종종 공격적인, 그리고 고속 차량 추격의 흥분을 즐기는 일부의 경찰관은 "하드 차져(Hard Chargers)"라고 불렸다. 한편, 다른 일부의 경찰관들은 활동하는 것을 꺼려하고,

위험할 수도 있는 사건을 기피하는 것으로 보였기 때문에 "스테이션 퀸(Station Queens)"이라 불렸다.[94]

　　허버트의 연구는 모든 직장에 존재하는 패턴을 나타낸다. 어떤 사람은 매우 열심히 일하고, 어떤 사람은 가능하면 적게 일하려고 한다. 다른 조직에서도 마찬가지이다. **현업 경찰관**들은 시민과 더 많은 접촉[현장 심문, 교통검문, 건물 점검]을 하고, 다른 경찰들을 지원하며, 심지어 출동하지 않을 때도 시민들과 함께 상황을 통제하고 더 많은 체포를 한다. 이에 비해 소극적인 경찰관들은 시민들과 접촉하지 않고, 그들이 배정받은 신고에만 응답하며, 교통검문과 현장 심문 및 체포를 거의 하지 않는다.[95]

현업 경찰관(active officers)

　　데이비드 베일리(David Bayley)와 제임스 가로팔로(James Garofalo)는 특정한 상황에 대응하는 경찰관들을 관찰했다. 그들에 따르면 적극적인 경찰관은 조사 질문을 하고, 시민들이 스스로 설명하도록 하며, 관련자들에게 지시나 조언을 함으로써 상황을 장악할 가능성이 더 크다는 것을 발견했다. 이에 비해 소극적인 경찰관은 별다른 조치를 하지 않고, 그저 상황을 관찰하고 메모를 한 후 떠나는 경우가 더 많았다.[96]

　　그러나 적극적인 경찰관이 반드시 훌륭한 경찰관이 되는 것은 아니다. 일부 적극적인 경찰관은 사람을 상대할 때 지나치게 공격적일 수 있는데, 예를 들면 상황을 다 듣기 전에 명령하는 것, 왜 경찰이 신고접수를 받아 출동했는지 설명하지 않는 것 등이다. 새로운 절차적 정의의 기준은 경찰관이 자신을 소개하고, 상황이 무엇이며, 누구의 잘못인지를 결정하기 위해 적극적으로 질문을 하고, 사람들의 말을 경청하고 그들의 질문에 대답하는 것 등을 강조한다.[97] Exhibit 6-3은 적극적인 경찰관과 소극적인 경찰관의 차이와 적극적인 경찰관으로서의 옳고 그른 방법을 개략적으로 설명한다.

⇨ 복잡한 상황처리에서의 경찰관 재량에 관한 논의는 제11장 참조

EXHIBIT 6-3

적극적인 경찰관 VS 소극적인 경찰관 업무 스타일

적극적인 경찰관	소극적인 경찰관
상황 통제	대기 및 관찰
옳은 예: 적극적이지만 공격적이지 않은	
옳지 않은 예: 공격적인, 비난하는	
상황 파악을 위한 질문	질문하지 않음
옳은 예: 중립적인 질문	
옳지 않은 예: 비난성 질문	
시민들의 질문에 대한 대답	질문에 답하지 않음
옳은 예: 단호하지만 공손한 대답	
옳지 않은 예: 모욕적인 대답	
적대감에 대한 반응	반응하지 않음(갈등을 고조시킬 수 있음)
옳은 예: 단호하지만 낮은 톤의 반응	결국 물리력 사용에 의지
옳지 않은 예: 갈등 고조	
옳은 예: 가능한 예상 결과 설명	
옳지 않은 예: 적대적인 언어와 위협	
옳은 예: 갈등의 단계적 축소	
옳지 않은 예: 갈등 고조	
철수	설명하지 않음
체포, 불체포, 경고 등에 대한 설명	

▎경찰관의 경력 발전

　　몇 가지 요인이 경찰관들이 경찰관서에서 경력을 쌓는 과정 중 그들에게 영향을 미친다.

임금과 복지

　　경찰관의 급여는 공무원 조직의 절차 및 노조 계약으로 엄격하게 구성되어 있다. 경찰관의 급여는 계급과 관련되어 있다고 할 수 있다. 그러나 많은 경찰관서가 경찰관 계급 내에 여러 단계의 급여 체계를 가지고 있으며, 특정 업무나 자격에 대해 추가 급여를 제공한다. 2007년에 작성된 법무부 보고서에 따르면, 전체 시 및 카운티 경찰기관의 45%가 경찰관에게 대학교육 장려금을, 14%는 특정 업무에 대한 위험수당을, 33%는 교통비를 제공하는 것으로 나타났다. 또 다른 30%는 경찰관에게 다양한 형태의 성과급을 제공하였다.[98]

경찰기관에서 대폭적인 임금 인상을 달성할 수 있는 유일한 방법은 승진이다. 경찰기관장은 민간기업과 달리 그의 재량으로 우수 경찰관에게 상여금을 줄 수 없다. 따라서 뛰어난 성과에 대한 즉각적인 금전적 보상은 없다. 추가 급여의 주요 원천은 초과 근무다. 특히, 범죄 수사나 교통 집행과 같은 빈번한 법정 출두를 필요로 하는 특정 업무들은 초과 근무 수당을 받을 수 있는 가장 큰 기회를 제공한다. 그 결과, 경찰관 대다수가 위와 같은 부서에 대한 배치를 희망한다.

경력 개발

경력 개발 기회가 부족한 것이 미국 경찰기관의 문제로 인식되고 있다. **경력 개발**은 특정 분야에서 전문성을 기를 기회를 포함한다. 디트로이트 경찰관들을 대상으로 시행한 두 번의 조사에서는 1978년 [53%]과 1988년[54%]에 모두 절반 이상의 경찰관들이 경력 개발 기회에 대해 낮은 만족도를 보인 것으로 나타났다. 소수의 인원[1978년 10%, 1988년 16%]만이 경력 개발 기회에 대한 높은 만족감을 나타냈다.[99]

경력 개발(career development)

2019년 PERF 인력 위기 보고서(PERF Workforce Crisis report)는 우수한 경찰관을 유지하기 위해 경찰관서는 "다양한 임무", "새로운 기술을 배우고 개발할 기회", "바람직한 일과 삶의 균형을 지원하기 위한" 보다 유연한 일정을 포함하여 경력 개발을 위한 더 많은 기회를 제공해야 한다고 강력히 주장했다.[100]

승진

승진(promotion)

　　경찰활동에서 **승진**의 기회에는 일반적으로 한계가 있다. 첫째로, 공무원 규정은 통상적으로 공무원이 승진을 신청할 수 있는 자격을 갖기 전에 이전 직급에서 일정한 기간의 근무를 하도록 규정하고 있다. 통상적으로 2년에서 5년의 최소 기간 요구조건이 있다.[101]

　　둘째, 높은 직급의 수가 매우 제한적이다. 사업이 잘될 때의 민간사업자와 달리, 경찰기관은 부서를 확대 또는 신설하고 다수의 내부 출신 경찰관을 승진시킬 수는 없다. 또한, 승진은 종종 시 또는 카운티의 재정 상태에 영향을 받는다. 재정적 위기 시 채용과 승진을 미루는 것은 예산을 절감하는 손쉬운 방법이었다. 2008 – 2009년의 국가 재정 위기로 인해 많은 형사사법기관은 채용공고를 취소하거나 연기하였으며, 또 승진도 연기하거나 취소해야 했다.

성과평가(performance evaluations)

　　셋째, 승진은 전형적으로 필기시험과 구술 면접을 포함하는 공식적인 시험 과정에 기초한다. 감독직은 사람을 지도하고, **성과평가**서를 쓰고, 업무를 처리하는 등의 일선 경찰 업무와 다른 능력을 요구한다. 시험 절차가 적절한 능력을 갖춘 사람을 실제로 선발하는지는 명확하지 않다. 면접은 일반적으로 경찰기관장, 고위직 위원회, 그리고 종종 지역 시민단체의 회원들에 의해 이루어진다.[102] 일부 경찰기관은 지원자에게 가상의 상황을 제시하고, 그에 대한 지원자의 답변을 평가하는 방법을 사용한다.

　　몇몇 연구에서는 여성 경찰관과 관련하여 유리 천장이 존재하며, 고위직에서 여성의 대표성이 낮다는 사실을 밝혀냈다. 흥미롭게도, 아치볼드와 쉴츠는 그들의 연구에 참여한 여성 경찰관 중 절반 이상이 자신이 근무하는 경찰기관에서의 승진 기회가 "매우 좋다"거나 "좋다"고 느꼈음에도 불구하고, 많은 사람이 그들이 여성이라는 이유만으로 승진할 것이라는 인식 때문에 경사 시험에 응시하기를 꺼린다는 사실을 발견했다. 거의 절반[43%]이 승진에 도움을 줄 수 있는 잠재적 남성 후원자를 언급할 수 있었다. 그러나 이는 실제 승

진에는 부정적인 영향을 미치는 것으로 나타났다.[103]

특별부서로의 배치

중요한 경력 개발 기회는 범죄 수사, 조직범죄, 교통 단속, 교육 훈련, 청소년 등 특별부서에 대한 배치를 포함한다. 이러한 인사 배치는 일반적으로 기관장의 재량에 따른다.

인사 배치는 같은 경찰 계급 내에서 이루어진다. 예를 들어, 경위는 경감 계급으로 정해진 경찰기관의 부서장으로 임명될 수 없다. 이러한 인사 분류 체계의 경직성은 개별 경찰관의 경력 개발 기회와 경찰본부의 관리 유연성을 모두 제한한다.[104] 특별부서로의 인사 배치는 승진 기회에 있어 중요한 역할을 한다. 다수의 특별부서에서 근무하는 것은 경찰관에게 폭넓은 경험과 다른 경찰관들에게 알려질 기회, 그리고 능력으로 명성을 쌓을 기회를 제공한다.

어떤 임무는 매우 선호된다. 범죄 수사 임무에는 상당한 권위가 있고, 형사들은 더 심각한 범죄에 대해 스스로 일할 수 있는 기회가 더 많다. 이것들은 때때로 **"선호되는" 임무**라고 불린다. 게다가, 이러한 권위 있는 직무에 대한 경험은 경찰관들이 승진하는 데 도움이 될 평판을 얻는 데 도움을 준다. 로스앤젤레스 보안관서(Los Angeles Sheriff's Department)에 대한 보고서는 다음과 같은 선호되는 임무들을 확인했다: 특별단속국(Special Enforcement Bureau), 마약국(Narcotics Bureau), 그리고 경찰서 형사업무. 이러한 세 가지 업무 모두 전문적인 범죄 퇴치 활동을 포함한다. 대부분의 경찰기관에서 수사와 범죄 관련 업무가 가장 선호되었다. 동시에, 그 보고서에서는 눈에 띄는 그러한 업무들은 경찰관들이 "자신을 알아보고 승진시킬 수 있는 높은 위치에 있는 사람들의 관심을 끌게 하는" 경향이 있는 것으로 확인했다. 로스앤젤레스 보안관서의 부보안관들에게 가장 중요한 세 가지 업무는 작전부관, 채용훈련국, 현장훈련관이었다.[105]

특정 집단을 선호되는 직책에서 배제하는 것은 고용 차별의 중요한 형태였다. 예를 들어, 로스앤젤레스 보안관서에 대한 연구는 여

선호되는 임무(coveted assignments)

⇨ 형사, 경찰, 범죄에 논의는 제9장 참조

성 경찰관들의 숫자는 특별단속국 전체 구성원의 2% 미만이며, 모든 현장훈련관의 3% 미만이라는 것을 발견했다. 그러한 업무에서 배제하는 것은 승진의 장벽을 만든다. 또한, 2019년 NIJ 보고서인 "여성경찰관(Women in Policing)"에서는 여성들이 전체 여성 경찰관 비율에 비해 중요하고 선호되는 전문화된 부서에서 적게 근무한다는 것을 발견했으며, 이러한 문제의 심각성을 결정하기 위한 더 많은 연구를 요구하였다.[106]

경력채용

미국에서 다른 경찰기관으로 이동할 기회는 전통적으로 제한되어 있었다. 경험이 풍부한 중간관리자(예: 경감)는 다른 경찰기관에 의해 동일 직급으로 채용될 수 없었기 때문에, 이것은 부서를 전문화하는 데 심각한 걸림돌이 되었다. 일부 경찰 전문가들은 경찰관을 동일 계급으로 채용하는 것이 경험 많고, 재능 있고, 야망이 있는 경찰관들을 경찰기관에 수급하고, 이는 다시 해당 경찰기관에 새로운 피와 아이디어를 가져다줄 것이라고 주장하였다.[107]

최근 몇 년 사이 경찰기관에서 경력채용하는 일이 잦아지고 있다. 노스캐롤라이나주 샬롯-메클렌버그(Charlotte-Mecklenburg)의 프로그램은 정규경찰관으로 최소 2년 이상 근무한 사람들에게 경력채용의 기회를 주고 있다(교도소, 캠퍼스 보안 또는 사설 보안에서의 근무 경험은 해당 안 됨). 지원자는 노스캐롤라이나 기초 법 집행 교육과정(e North Carolina Basic Law Enforcement Training course)을 이수했음을 알리는 증명서와 함께 문제없이 퇴사한다는 이전 경찰기관의 서신을 제출해야 한다. 주 내부의 응시자는 샬롯-메클렌버그경찰서의 규칙과 절차를 교육하는 4주간의 경찰학교 과정을 이수해야 하며, 주 외부 응시자는 추가 교육을 받아야 한다.[108]

부업

상당수의 경찰관이 **부업**으로 수입을 보충한다. 그리고 그러한 직업 중 다수가 민간보안 분야에 있는데, 부업 시 경찰관들은 경찰 제복을 입는다. 1988년 법무부(Justice Department)의 한 연구에 따르면, 일부 부서의 경찰관 중 절반이 경찰 제복을 입고 부업을 하였다.[109]

경찰관의 부업은 많은 잠재적인 문제를 발생시킨다. 첫째, 경찰 기관에 대한 경찰관의 헌신을 감소시킬 수 있다. 뉴욕시 경찰관들의 체포 생산성에 관한 연구에서는, 부업을 가진 경찰관이 그렇지 않은 경찰관보다 체포율이 훨씬 낮은 것으로 나타났다. 경찰관들은 체포의 결과로서 법정에 출두하는 것이 그들의 부업에 지장을 줄 것을 우려하여 체포하는 것을 기피하였다.[110]

둘째, 제복을 입고 하는 부업은 잠재적인 이해 충돌을 초래한다. 예를 들어, 술집에서 일하는 경찰관은 법 집행 의무와 술집 주인의 이익 사이에서 모호한 상황에 놓일 수 있다.[111] 산호세(San Jose) 독립 경찰감사관(Independent Police Auditor)은 일부 비번 경찰관들이 상급자를 그들의 부하직원으로 채용하고 있다고 지적함으로써 또 다른 이해 충돌을 폭로했다. 이러한 관행은 경찰기관 내의 기강을 해칠 수 있는데, 왜냐하면 상사가 부업에서 해고될 것을 두려워하여 자신의 지휘 아래에 있는 부하 경찰관의 징계를 꺼려할 수 있기 때문이다.[112]

부업(outside employment)

▌성과평가

모든 조직이 직원 성과평가를 정기적으로 수행한다. 경찰도 다르지 않다. 그러나 안타깝게도, 경찰의 전통적인 성과평가는 적절한 수행 척도를 개발하지 못했다는 이유로 많은 비판을 받아왔다. 이 절에서는 이와 관련된 문제를 검토한 다음 평가시스템에 대한 새로운 접근 방식을 살펴본다.

전통적 성과평가

뉴욕시 경찰관 마이클 다우드(Michael Dowd)는 뛰어난 성과평가 결과를 받았다. 그의 1987년 평가서는 그가 "훌륭한 현장 지식을 가지고 있고, 다른 사람들의 모범이 될 수 있는 역할 모델이 될 수 있다"고 하였다.[113] 하지만 불행히도 뉴욕 경찰의 부패를 수사하는 몰랜위원회(Mollen Commission)는 그가 경찰서에서 가장 잔인하고 부패한 경찰관 중 한 명이라는 것을 밝혀냈다. 명백히 NYPD의 성과평가시스템에 문제가 있었다. 한편, 크리스토퍼 위원회(Christopher Commission)는 민원을 가장 많이 받은 로스앤젤레스 경찰관 중 일부가 우수한 성과평가를 받았다는 사실을 발견했다.[114] 경찰 성과평가 절차에 대하여 가장 심각하게 비판한 보고서 중 하나는 LAPD가 자체 시스템을 평가한 후 만든 것이다. 2000년 램파트 스캔들(Rampart scandal)을 계기로 LAPD는 전면적인 조사위원회를 열어 350쪽 분량의 보고서를 작성했다. 이 보고서는 LAPD의 "성과평가는 조직 내 어느 수준에서도 신뢰도가 거의 없거나 전혀 없었다"고 결론지었다. 그리고 "평가가 성과의 진정한 척도로 신뢰할 수 있도록" 주요 사항을 개선할 것을 권고했다.[115] 실제로 일부 경찰기관은 최근까지 정기적인 성과평가를 시행하지 않았다. 예를 들어, 피츠버그 경찰서는 경찰관의 과잉진압에 대한 소송을 해결하기 위해 1997년 미국 법무부와 합의하기 전까지는 정기적인 성과평가를 시행하지 않았다.[116]

┌ POLICE in FOCUS ──────────────────

뉴욕시경찰청의 새로운 성과평가 시스템

2013년 연방법원에서 뉴욕시경찰청의 검문검색 관행이 위헌이라고 한 판결의 일부로서, 뉴욕시경찰청은 경찰관들을 위한 새로운 성과평가 시스템을 개발해야 했다. 법원 명령의 이행을 감독하는 모니터 요원(법원이 임명함)은 새로운 제도의 시행을 용이하게 했다.

2017년 공개된 새로운 성과평가 시스템은 성과에 대한 "순수 정량적" 평가라는 기존의 접근 방식을 거부했다. 대신 다음과 같은 12가지 성과 차원을 기반으로 했다. (1) 문제 식별 및 해결, (2) 적응성 및 대응성, (3) 판단력, (4) 청렴성, (5) 법률 및 절차의 적용, (6) 지역사회와의 상호작용, (7) 조직 내 상호작용, (8) 전문적 이미지 유지와 장비 관리, (9) 보고서의 품질 및 적시성, (10) 자기주도성 (11) 사전 예방적 치안 전략의 리더십 구현, (12) 현재 근무 부서의 임무를 지원하는 역량.

새로운 시스템에는 몇 가지 특징이 있다. 특히, 새로운 제도는 경찰관들이 범죄와 싸우는 활동에 대해서만 평가하는 것에서 벗어나, 팀장들에게 "문제 해결", "적응력", 지역사회와 조직구성원과의 상호작용, 그리고 "자기주도성"에 대한 개인적인 능력의 관점에서 경찰관들을 평가하도록 요구한다.

팀장들을 위한 지침과 훈련은 문제 식별과 해결을 "지역사회의 문제, 범죄문제 및 관련 사건을 정확하게 파악하고", "결과 개선을 위한 전략을 효과적으로 결정"하는 것으로 설명했다. 팀장들은 "공정하고, 편파적이지 않고, 적절한 방식으로 재량권을 행사"하는 관점에서 경찰관들의 판단력을 평가해야 한다. 요컨대, 경찰관들은 단순히 '규정대로' 법을 집행할 것이 아니라, 각각의 상황에 대한 그들의 판단력을 사용할 것으로 기대된다.

모니터 요원이 판사에게 서한을 보낸 사례는 기존 시스템이 범죄와 무질서 상태에 초점을 맞췄다는 점을 여실히 보여줬다. 순찰대원들은 매일 "대응해야 할 범죄 및 무질서 상태를 파악"하고 "체포, 소환, 검문을 포함한" 활동을 나열하는 보고서를 작성해야만 했다. 판사의 결정은 과거 평가시스템이 경찰관 활동에 대한 "헌법적 정당성"에 관심을 두지 않았다는 점에 주목했다. 이와는 대조적으로, 새로운 시스템은 팀장들에게 경찰관들의 "법과 절차의 적용(제5항목)"을 평가하도록 요구하지만, 이는 단지 12개의 서로 다른 차원 중 하나일 뿐이다.

지휘하에 있는 경찰관들에 대한 감독자의 평가는 그들이 감독하는 경찰관들에 대한 일상적인 관찰 및 그들과의 상호작용에 기초한다. 새로운 시스템의 이러한 측면은 또한 중요한 변화를 나타낸다. 팀장은 평소 소속 경찰관들과 교류하며 여러 차원에서 정성적 평가를 할 것으로 기대된다. 물론, 이 접근법을 실행하기 위해서는 팀장 훈련에 상당한 변화가 필요하다.

출처: Peter L. Zimroth, Monitor, To Honorable Analisa Torres, United States District Judge, October 20, 2017, http://nypdmonitor.org/wp-content/uploads/2017/10/Floyd-MonitorsRecommendationreNYPDPerformanceEvaluationSystem.pdf.

성과평가의 문제

다소 충격적이게도, 두 번의 전국 조사에서 1970년대와 1990년대 사이에 경찰 수행평가 시스템이 크게 바뀌지 않았다는 사실이 밝혀졌다. 1977년 경찰재단의 한 보고서는 "성과평가 시스템의 현재 상태는 실망스러울 정도로 부족하다"고 결론지었다.[117] 그리고 1997년 지역사회 경찰활동 컨소시엄(Community Policing Consortium)의 보고서는 "현재 경찰기관에서 사용하고 있는 대부분의 성과평가 시스템은 경찰관들의 실제 업무를 반영하지 않는다"는 결론을 내렸다.[118]

　　전통적 성과평가의 문제점은 다음과 같다. 첫째, 성과평가의 정의가 명확하지 않은 경우가 많다. 전통적인 성과평가는 경찰의 업무가 효과적이라는 것을 어떻게 측정해야 하는지 설명하지 않는다. 예를 들어, 한 경찰관이 부부싸움을 성공적으로 해결했을 때, 우리는 그것을 어떻게 측정할 것인가? 어떤 데이터가 사용되는가? 해결 방안이 성공적이었음을 나타내는 문서는 무엇인가? 둘째로, 한 요소에 대해 높은 평가를 받은 후 "후광효과(Halo Effect)"로 인해 다른 모든 요소에 대해 긍정적으로 평가를 받을 가능성이 크다. 유명한 주요 범죄자를 체포한 경찰관은 좋은 평판을 얻고, 종종 이는 모든 수행 영역에 대한 평가에 영향을 미친다. 셋째, "중심 경향 현상(Central Tendency phenomenon)"때문에, 모든 경찰관의 등급이 한 단계 전후에 집중적으로 분포하는 경향이 있다. 마지막으로, "등급 인플레이션(Grade Inflation)"으로 인해 모든 사람을 높게 평가하는 경향이 있다.[119] 또한, 감독자들은 경찰관들의 업무 수행에 관한 중요한 정보를 제공할 수 있는 시민이 제기한 민원, 물리력 사용, 그리고 경찰관들에 대한 민사 소송에 대한 경찰기관의 데이터를 참고하지 않았다.

　　한 경찰관이 사람들 사이의 갈등을 해소하는 데 능숙할 수 있다[예를 들어, 가정폭력의 상황이나 술집에서의 싸움]. 사람들 사이의 갈등 해소를 성공적으로 수행함으로써 경찰관은 대중에게 중요한 서비스를 제공한다. 갈등 해소는 사람들에게 일어날 수 있는 위해를 방지하고, 지역을 평안하게 하고, 체포와 잠재적인 물리력 사용을 피하게 해준다. 그러나 전통적인 성과평가 시스템은 이러한 기술을 식별하고 보상하는 데 서툴다.

　　성과평가는 한 경찰기관 내에서 인종, 민족성 또는 성별에 관한 편견을 반영할 수도 있다. 흑인과 히스패닉계 경찰관들이 규율위반으로 지목될 가능성이 더 크다는 지적이 있다. 마틴과 쥬리크(Martin & Jurik)는 전통적 성과평과 기준은 남성 지향적으로 불가피하게 여성 경찰관을 불리하게 만든다고 주장하였다.[120]

경찰 인사제도의 큰 문제 중 또 다른 하나는 그것이 과거부터 선행을 보상하기보다는 비위행위를 처벌하는 데 초점을 맞춰왔다는 것이다. 비평가들은 경찰 조직을 "처벌중심의 관료주의"라고 불렀다.[121] 종종 경찰기관의 정책과 매뉴얼에는 선별적으로 경찰관들을 적발하여 처벌하는 데 사용할 수 있는 정교한 조항이 있지만, 긍정적인 보상을 규정하는 조항은 거의 없다. 램파트 스캔들 이후 로스앤젤레스 경찰노조가 후원하여 작성된 독립보고서는 감독자들이 과도한 물리력 사용 등 주요 형태의 위법행위는 묵인하면서도 해당 기관의 정책을 사소하게 위반했다는 이유로 경찰관들을 자주 괴롭힌다는 결론을 내렸다.[122]

베일리와 가로팔로의 뉴욕 경찰관에 관한 연구에서 경찰 성과평가에 대한 보다 긍정적인 시각이 나타났다. 3개 구역의 경찰관들은 "분쟁 상황 해결에 특히 능숙하다고 생각되는 세 명의 다른 경찰관을 자신 있게 확인해 줄 것"을 요청받았다. 가장 높은 점수를 받은 경찰관들은 같은 구역의 비교집단과 매칭되었다. 잠재적 폭력과 관련된 467건의 경찰과 시민의 분쟁을 분석한 결과, 동료들로부터 높은 평가를 받은 경찰관들이 비교집단 구성원들과는 다른 방식으로 상황을 처리한 것으로 나타났다. 그들은 상황을 책임지는 빈도가 더 높았고, 단순히 방관하고 관찰한 빈도는 더 낮았으며, 질문으로 조사하고 시민들에게 스스로 설명하도록 요구하였으며, 말로써 상황을 완화하고, 물리력을 사용할 것이라고 경고한 빈도가 더 낮았다. 또한, 사람들에게 해산하는 것을 명령하기보다는 요청하는 빈도가 더 높았다.[123] 더구나, 베일리와 가로팔로는 경찰관의 동료 평가가 그들의 연구에서 직접 관찰한 경찰관의 행동 차이와 일치한다는 것을 발견했다. 더 중요한 것은 동료들로부터 높은 평가를 받고, 업무성과가 좋은 경찰관들은 공식적인 경찰기관의 성과평가에서 더 높은 평가를 받았다. 그들은 외모, 공동체 관계 기술, 공정성, 의사결정, 청렴, 거리 지식 등

의 부문에서 더 높은 평가를 받았다.[124]

정기적인 성과평가는 경찰관의 직속상관이 수행한다. 순찰 경찰관의 직속상관으로는 순찰 팀장이 있다. 권장되는 "통솔범위"[감독자 한 명이 책임지는 경찰관의 수]는 팀장 한 명당 8명 정도이다. 통솔범위가 그보다 크면 팀장은 모든 팀원과 연락을 취하고 적절하게 감독할 충분한 시간을 갖지 못한다. 팀장도 사건에 직접 대응하고 때에 따라서는 상황을 통제해야 한다. 팀장이 그들의 부하 경찰관들이 어떻게 업무를 수행하는지 알게 되는 것은 이러한 접촉을 통해서이다. 팀장은 모든 부하 경찰관들이 개입된 총격 사건과 심각한 물리력 사용 사건에 대응하고, 부하들의 보고서를 비판적으로 검토하며, 적절한 세부 사항이 없거나 오류가 있는 보고서의 수정을 요구하고, 그러한 사건에 대한 자신들의 보고서를 직접 작성해야 한다. 법무부의 다양한 동의령은 팀장의 경찰관 보고서 검토에 대한 새로운 기대를 규정하는 데 특히 중요하다.[125]

▌직무만족과 직무스트레스

직무만족의 근원

경찰관들이 그들의 직무에 대해 좋아하는 것은 무엇인가? 그들에게 업무적으로 스트레스를 주는 요인은 무엇인가? 대부분의 경찰관은 그들의 일을 즐기고 그들이 하는 일에 자부심을 느낀다. 직무가 마음에 들지 않는 사람은 일찍 사직하는 경향이 있다. 2019년 PERF 보고서인 '노동력 위기(The Workforce Crisis)'에 따르면 조기 퇴사하는 경찰관 중 대부분이 입사 5년차에 퇴사하는 것으로 나타났다.[126]

경찰관 대다수는 대체로 자신의 직업에 만족하고 있다. 워싱턴 D.C.에서는 82%의 경찰관이 만족하거나 매우 만족한다고 응답했다. 디트로이트 경찰관을 대상으로 한 연구에서는 1988년에 경찰관의 61%가 보통의 만족도를, 8%가 높은 만족도를 나타낸 것으로 나타났다. 이는 10년 전에 비해 낮은 만족도였는데, 당시 53%가 보통의 만족도를, 28%가 높은 만족도를 나타냈었다. 직업으로 다시 경찰관을 택하겠다는 응답은 3/4[78%] 정도였지만, 업무상 스트레스가 많다는 응답도 64%에 달했다. 디트로이트 경찰관들은 경찰관 직업에는 결정을 내릴 재량권과 전반적인 성취감이 있다고 말하며, 만족도가 낮다고 말한 사람은 거의 없었다[1978년에 3%, 1988년에 8%].[127]

직업 만족에 기여하는 주요 요인은 경찰 업무의 특성이다: 끊임없이 변화하는 상황에서 사람들과 함께 일하고, (가정적 위기 상황에서처럼) 문제를 해결하고, 사람들을 돕고, 지역사회에 봉사한다. 제5장에서 배웠듯이, 공동체를 돕고자 하는 열망이 사람들이 법 집행을 직업으로 선택하는 주된 이유 중 하나이다. 동시에, 많은 요인이 직업 스트레스에 기여한다. 대중, 언론, 그리고 정치인으로부터의 비판, 부서 내 최고 지휘부가 그들을 이해하고 지지하지 않는다는 의식, 경찰기관 내 다른 경력적 대안들의 부족 등이 그것이다.[128] 요컨대, 경찰은 직업 만족과 스트레스 요소를 모두 갖춘 복잡하고 어려운 직업이다.

여러 연구가 경찰관들이 자신이 근무하는 부서에 대해 가지고 있는 불만이 상당히 높다는 것을 발견했다. 뉴욕시 지역 경찰관을 대상으로 한 설문조사에서 '경찰관인 것과 관련하여 무엇이 싫은가'라는 질문에 가장 많은 응답은 '경찰기관/본부가 자신들에 대해 신경쓰지 않는다'(58.2% 언급)라는 것이었다. 다른 22.4%는 "지역 수준의 감독관"을 언급했다. 한편, "대중으로부터의 존중 부족"은 응답 경찰관 중 16.4%만이 언급하여 3위를 차지했다.[129]

계속되는 스트레스는 모든 직업에서 문제가 되는 "번아웃(Burn-out)" 현상을 초래할 수 있다. 번아웃은 기분 변화, 알코올 섭취량 증가, 수면 장애, 질병으로 나타날 수 있다. 업무상 중대한 기분 변화와 수면 장애는 경찰관에게 세부 사항에 대한 주의 부족[경찰관을 위험한 상황에 빠뜨릴 수 있음]을 초래하거나 신고접수를 할 때 성질을 부리게 할 수 있다[충돌과 불필요한 물리력 사용으로 이어질 수 있음]. 극단적으로 번아웃은 자살로 이어질 수 있으며, 이는 경찰활동에 중대한 문제가 된다[이 장 뒷부분에서 설명].[130]

직무스트레스의 근원

다른 직업의 맥락에서 경찰활동에 직업 스트레스를 보는 것은 중요하다. 미국 스트레스연구소(The American Institute of Stress)는 2020년 초에 모든 직업의 종사자들이 직무스트레스를 경험했다고 보고했다. 미국 직장스트레스조사(American Workplace Stress Survey)는 40%의 근로자가 자신의 직업이 "매우 또는 극도로 스트레스를 준다"라고 보고했으며, 25%는 자신의 직업이 "인생에서 가장 큰 스트레스 요인"이라고 보고하였다. 스트레스의 주요 원인은 건강상의 불만이었다. 40% 이상이 직장에서 "고함과 다른 종류의 언어폭력이 흔하다"고 말했다.[131]

스트레스 증상(예: 알코올 중독, 이혼, 심장마비, 자살)은 경찰관에게 매우 높지만, 다른 모든 직업에도 존재한다. 2007년 질병통제예방센터(The Centers for Disease Control and Prevention)는 전국의 경찰관 자살률이 10만 명당 18명인데 비해 25~50세(경찰관의 대략적 근무 연령)의 일반인은 10만 명당 14.6명이었다.[132] 2019년 경찰관 자살이 급증하면서 전국적으로 주목을 받았다(아래 토론 참조). 과거 어떤 연구는 일부 경찰기관에서 30%에 달하는 이혼율을 발견했다고 주장했고, 경찰관이 매우 높은 이혼율을 가지고 있다고 했지만, 국가 데이터는 경찰이 실제로 일반인보다 이혼율이 낮다는 것을 보여주었다.[133]

경찰 업무의 어떤 측면은 특히 많은 스트레스를 준다. 신체적 공격을 받거나 심지어 사망할 위험이 경찰 **직무스트레스**의 중요한 원인이다. 이러한 사건들은 통계적으로 드물지만, 경찰관들에게는 지속적인 관심사로 남아 있다. 그리고 우리가 앞서 설명했듯이, 임무 수행 중에 살해된 경찰관들의 수는 1970년 이후 75% 감소했고, 따라서 경찰 업무의 위험의 측면이 크게 감소하였다.[134] 경찰활동에서 스트레스의 또 다른 주요 원인은 극심한 인간의 고통을 다루는 것에서 나온다. 경찰관들은 사망하거나, 심각한 부상을 입었거나, 극심한 심리적 장애 상태에 있는 사람들과 관련된 신고를 정기적으로 처리한다.

직무스트레스(job stress)

경찰관들 사이에서는, 대중들로부터의 인식된 위험과 존중 부족이 통계적으로 측정 가능한 것보다 더 높다. 2014년 8월 발생한 국가적 경찰 위기는 무장하지 않은 흑인 청년들에 대한 경찰의 총격 사건 등과 관련된 대규모 시위와 관련이 있다. 일부 언론과 정치권 인사들은 이를 "경찰과의 전쟁"으로 보았다.[135] 이 문제에 대한 논란은 경찰의 위법행위, 특히 정당하지 못한 총격에 대한 항의 및 전문적이고 효과적인 경찰활동에 대한 지지 사이의 차이를 모호하게 한다는 것이다. 1960년대 이후 여론조사를 통해 경찰에 대한 시민 지지율이 지속해서 높은 것으로 나타났으며, 경찰은 가장 높은 평가를 받는 직종에 속한다. 그러나 백인들에 비해 미국 흑인들 사이에서는 경찰의 지지율이 낮았다(이 문제에 대한 보다 자세한 설명은 제12장을 참조).

중요하지만 오랫동안 무시되어온 직업 스트레스의 원천은 중요한 사건들을 감정적으로 비틀어 놓는 것과 관련이 있다. 이는 살인, 자살, 아동학대 사건에 대한 대응을 포함한다. 경찰활동에 대한 최근의 심리학 연구는 경찰관들이 "경력 기간 동안 평균 188건의 중대한 사건"을 목격한다고 추정했다. 강하게 보이고 감정을 드러내지 않는 것을 강조하는 전통적인 경찰의 하위문화는 문제를 악화시킬 뿐이다. 경찰관들은 충격적인 사건들에 대한 그들의 감정적인 반응을 억제하지만, 많은 경우 우울증을 경험하거나 알코올에 의존한다. 심각한 사고와 스트레스의 문제는 최근에야 주목을 받았고, 경찰관서들은 최근 몇 년 동안 포괄적인 웰니스 프로그램을 개발하기 시작했다.[136]

여성 경찰관은 성희롱이나 남성 경찰관의 차별 등 성별과 관련된 특별한 형태의 스트레스를 경험한다.[137] 또 여성 경찰관은 남성 경찰관보다 육아 책임이 크고, 이를 처리하기 위해 병가를 많이 내는 경우가 많다.

직무스트레스와 자살

경찰 업무에 대한 직무스트레스는 경찰관들을 자살하게 만들 수 있다. 임무 수행 중에 총에 맞아 죽는 것보다 **자살**로 죽는 경찰관들

자살(suicide)

이 더 많다. 2019년 경찰관 자살의 급격한 증가는 이 문제에 대한 국가적 관심을 집중시켰다. 2018년 172명, 2012년 126명에 비해 2019년에는 228명의 경찰관이 자살했다.[138]

한 전문가는 이 문제를 "무언의 고통"이라고 규정했는데, 이는 경찰관들은 자신들이 받는 스트레스에 대해 거의 이야기하지 않고 스스로 목숨을 끊을 생각을 하기 때문이다. 개인적인 문제에 관해 이야기하고 도움을 청하는 것을 거부하는 것은 경찰관들이 그들이 일의 압박을 견뎌낼 만큼 충분히 "터프"하다는 것을 증명해야 한다고 느끼는 전통적인 전사적 경찰문화의 한 측면이다.[139] 경찰기관과 경찰 전문직 협회들도 자살 문제를 직접이고 공개적으로 다루지 않았다. 최근의 국제경찰청장협회(IACP) 보고서에서는 자살을 극소수만이 인정하고 다루려 하는 "더러운 작은 비밀"이라고 말했다.[140]

전미산업안전보건원(National Institute for Occupational Safety and Health)은 경찰관과 소방관의 자살률이 100만 명당 5.3명으로 전국 자살률의 3배이며, 전체 직업 중 가장 높은 수준으로 보고하였다. 전형적인 자살 경찰관은 15년에서 19년 사이의 경력을 가진 40~44세 사이의 남성이었다. 흥미롭게도 63%가 미혼으로, 이는 결혼이나 안정적인 친밀한 관계가 정신 건강에 긍정적인 영향을 미친다는 것을 의미한다. 자살자의 약 2/3[64%]가 그들의 자살이 주위 사람들에 의해 "깜짝 놀랄 만한 일"로 여겨져, 자살하는 경찰관 대부분이 사전에 자신의 문제에 관해 이야기하지 않는다는 점을 확인시켜 주었다.[141]

2014년 국제경찰청장협회(IACP) 보고서인 "경찰관 자살 침묵 깨기(Breaking the Silence on Law Enforcement Suicides)"는 "지금은 정신 건강 문제와 관련된 오명을 벗어야 할 때"라며 "문제의 실상을 공개적으로 다룰 때"라고 선언했다. 이 보고서는 경찰관이 "감정적인 문제가 있다는 것만으로도 약점이 드러났다"는 전통적인 태도에서 벗어나려는 문화적인 변화를 주장하면서 시작한다. 국제경찰청장협회는 각 부서에 "정신 건강과 자살 예방에 적절히 대처하기 위한 정책과 관행"을 도입할 것을 권고했다. 이 보고서는 정책에 대하여 경찰관들을 적절하게 훈련시키고, 경찰관들을 위한 정신 건강 프로그램과 서비스를 채택하며, 경찰관들이 자신과 다른 경찰관들에게서 스트레스와 정신 질환의 경고 징후를 인식하도록 훈련시키고, 경찰관들이 자살의 위험이 있다고 생각될 때 감독자들이 활용할 수 있는 개입 방법을 개발하고, 경찰관들이 정신 건강 문제에 대해 스스로 관리하고 다른 경찰관들의 정신적 건강을 주의 깊게 살피도록 격려한다.[142]

2019년 경찰관의 자살이 급증하자 PERF는 전국회의를 소집해 '경찰기관이 경찰관 자살 예방을 위해 해야 할 일(What Every Police Agency Should Do to Prevent Suicide Among Its Officers.)'이라는 보고서를 만들었다. 이 보고서는 "경찰기관이 해야 할 중요한 첫 단계는 경찰활동에 자살이 만연하다는 것을 인정하고, 이를 극복하거나 최소화하기 위한 창의적이고 효과적인 방법을 개발하는 것"이라고 단언했다. 이보고서는 법 집행 직업과 개별 부서에서 취해야 할 10가지 조치를 다음과 같이 권고하였다. (1) 자살 문제의 정도와 성격에 대한 국가적 데이터 수집; (2) 특정 경찰관이 자살한 이유를 조사하는 "심리적 부검" 실시; (3) 모든 정규경찰관 및 비정규 경찰기관 근무자에 대한 정기적인 정신 건강 검진 시행; (4) 경찰기관장이 자살 문제에 대해 목소리를 내는 가운데 "상부로부터의 리더십"을 발휘; (5) 정신 건강 서비스를 받으려 하는 경찰관으로부터 총기를 회수할 수 있는 정책 채택; (6) 도움이 필요한 사람에게 비밀 지원 프로그램 및 훈련 제공; (7) 위기 헬프라인 및 서비스 접근과 같은 "쉬운 접근 도구" 제공; (8) 협업을 위한 지역 파트너십 수립; (9) 가족 지원 프로그램 개발; (10) 커뮤니케이션 계획 수립.[143]

┌ POLICE in FOCUS ─

샌디에이고경찰청의 웰니스 프로그램

2011년 10명의 경찰관이 성폭행·성추행·음주운전 등 각종 혐의로 수사를 받고 6명이 구속되는 등 심각한 위기가 발생하자 샌디에이고경찰청은 종합 웰니스 프로그램을 가동했다.

샌디에이고경찰청은 비위와 관련된 경찰관들이 약물 남용, 이혼, 재정적 압박과 관련된 중대한 개인적 문제들을 경험했다는 것을 곧 알게 되었다. 추가적인 연구는 경찰관들의 개인적인 문제가 의사결정 장애, 결근, 근로자들의 보상 비용 증가, 병가 증가, 낮은 생산성, 그리고 조기 퇴직 증가를 포함한 심각한 문제를 일으킨다는 것도 발견했다. 경찰관 스트레스의 주요 원인으로는 대인관계와 조직 내 갈등이 꼽혔다. '용감하고 거칠다'는 개인적 자세 유지와 개인 문제를 스스로 처리할 수 있는 능력을 강조하는 '비지원적 경찰문화' 때문에 경찰청과 샌디에이고시가 이용할 수 있도록 한 전문적 도움과 치료를 받은 경찰관은 절반이 채 되지 않았다.

샌디에이고 웰니스 프로그램에 대한 PERF 보고서는 다음과 같은 모범 사례를 식별했다 (그 밖의 사례들은 여기에 나열되지 않음): (1) 필요와 걱정에 대한 경찰청 직원 설문조사; (2) "명확한 서면 비밀유지 정책" 개발; (3) 웰니스 사무실 개소; (4) 모든 서비스 제공자를 위한 공식 교육; (5) 웰니스 프로그램의 성공 여부를 측정할 수 있는 지표 개발; (6) 기타 복지서비스 제공자 및 전문가와의 파트너십 개발; (7) 동료 경찰관 지원 프로그램 개발; (8) 총격 사건에 휘말린 경찰관을 위한 특정 동료 지원 프로그램 개발; (9) 경찰청 내 "웰니스 문화" 구축; (10) 가족 및 사랑하는 사람의 웰니스 관련 활동 참여

출처: Police Executive Research Forum, *Building and Sustaining an Officer Wellness Program: Lessons from the San Diego Police Department* (Washington, DC: PERF, 2018).

경찰관 건강에 대한 새로운 접근법: 웰니스 프로그램

자살은 경찰관 건강의 더 큰 문제에서 비롯된 비극적인 결과일 뿐이다. 최근까지 경찰기관은 경찰관들이 직업 스트레스와 그 증상에 대처할 수 있도록 돕는 프로그램을 최소한으로만 유지했다. 대부분의 시와 카운티에서는 경찰관을 포함한 전 직원을 위한 직원지원프로그램(employee assistance program, EAP)이 있었지만, 그 외에는 것은 거의 하지 않았다. EAP에서는 스트레스, 가족 문제, 수면 문제, 경제적 어려움, 그리고 다른 증상들에 대한 도움을 찾는 경찰관들을 위해 심리 검사와 상담을 제공한다. 이러한 프로그램에 참여하는 것은 비밀이지만, 많은 경찰관이 그들의 문제에 대한 비밀이 새어 나가 그들의 명예와 경력을 손상할까 걱정하여 참여하지 않는다. 대신, 높은 수준의 스트레스를 받은 일부 경찰관들은 현실 부정과 음주에 의지하거나 동료 경찰관의 지원을 구한다.[144]

2015년 무렵, 경찰관 웰니스의 개념이 경찰활동에서 인기를 끌었

고, 점점 더 많은 경찰기관이 종합적인 웰니스 프로그램을 개발하기 시작했다. 샌디에이고 웰니스 프로그램에 대한 설명은 앞의 Police in Focus를 참조하시오.

▌경찰관의 권리

경찰관은 다른 시민과 동일한 시민권과 헌법적 권리를 누리며, 법 집행의 특수한 상황과 관련된 제한만을 받는다. 여기에는 언론과 소통의 자유, 정당한 법 절차, 사생활의 헌법적 권리가 포함된다. 구체적인 **경찰관의 권리**는 법집행관권리장전(Law Enforcement Officer's Bill of Rights, LEOBR)과 경찰노조 협약의 두 가지 측면에서 열거된다. LEOBR과 노조협약서의 일부 조항이 과도한지, 경찰관의 비위 의혹에 대한 실효성 있는 조사가 이루어지고 있는지, 비위 혐의가 인정된 경찰관의 징계에 불합리한 장벽이 되는지를 두고 논란이 있다.[145]

약 17개 주가 LEOBR 법을 제정했다[일부 주에서는 공무원법도 경찰관들을 적용 대상으로 한다]. LEOBR은 경찰관들에게 수정헌법 제1조와 적법한 절차적 보호를 제공한다. 경찰관들은 수정헌법 제1조와 관련해 공개적으로 발언할 수 있는 자유 발언권을 가지고 있는데, 이는 경찰 관련 사안에 대해 자신이 근무하는 경찰기관을 비판하는 것을 포함할 수 있다[단, 사람 또는 경찰기관에 대한 비밀을 폭로할 경우에는 보호받지 못할 수도 있다]. 경찰관으로서가 아닌 개인으로서, 그들은 특정 정치 후보자나 이슈를 지지할 수 있는 권리가 있다. 비위행위로 조사를 받는 경찰관들은 공정하게 조사받을 수 있는 절차적 권리가 있다. 여기에는 이들에게 제기된 의혹에 대한 통지와 합리적인 휴식 시간 및 합리적인 시간대의 면담권이 포함된다. 경찰관들은 1960년대까지 때때로 매우 불합리한 조사와 심문을 받았기 때문에 LEOBR에서 이러한 조항을 두었다. 또한, 경찰관들은 조사를 받을 때 법적으로 조력을 받을 권리를 가진다. 전국의 주별 LEOBR를 조사한 연구는 메릴랜드와 로드아일랜드(Maryland & Rhode Island) 단 두 주만이 위법행위의 조사를 억제하는 조항을 가진 것을 발견했

경찰관의 권리(rights of police officers)

다. 가장 골치 아픈 조항은 경찰관의 위법행위에 대한 모든 수사는 (다른 기관에 고용될 수 있는) 정규 경찰관에 의해 수행되어야 하고, 비정규 수사관은 할 수 없다는 것이다. 이 조항은 민간 심의위원회가 경찰관들의 비행을 조사하는 것을 막았다.[146]

아주 작은 경찰기관을 제외한 대부분의 경찰기관은 경찰관들과 단체협약을 맺는다.[147] (몇몇 경찰기관에서는 감독자 노조가 따로 있지만, 이는 예외적이다) 노조 협약 조항 대부분은 수정헌법 제1조의 적법 절차 보호에 관련된 것이다.

'체크 더 폴리스(Check the Police)'라는 조직은 경찰노조 계약에 대한 전국적 설문조사를 실시해 경찰의 책임성을 저해하는 여러 가지를 적발했다. 여기에는 시민 민원이 접수되어야 할 때 지나치게 엄격한 기한을 두는 것, 사건 발생 직후 경찰관이 심문을 받는 것을 금지하는 것, 징계를 결정하는 데 있어 해당 경찰관의 과거 위법행위 등을 참고하는 것을 금지하는 것등이 포함된다. 볼티모어협약(Baltimore Contract)과 메릴랜드주 LEOBR은 2016년에 5일로 단축되기 전까지 10일간의 대기 기간을 규정했다. 경찰노조는 경찰이 총을 발사한 사건이나 심각한 강제추행 사건은 기억에 영향을 미치는 스트레스를 유발하므로, 경찰관이 기억을 완전히 회복하려면 두 번의 "수면주기"[48시간]가 필요하므로 48시간의 대기시간이 정당하다고 주장하였다. 스트레스와 기억력에 대한 심리학적 연구를 조사한 결과, 경찰노조의 주장을 뒷받침하는 증거가 혼재되어 48시간이라는 대기시간을 지지하지는 못하는 것으로 나타났다.[148] 한편, 인권 운동가들은 48시간의 대기시간이 물리력 사용 사건의 철저한 조사를 방해한다고 주장한다. 경찰 책무에 대한 2016 시카고 시장 대책위원회(Chicago Mayor's Task Force)는 대기시간을 통해 "경찰들이 조사관들에게 할 수 있는 거짓 진술을 짜 맞춤으로써 자신들을 보호할 시간을 제공한다"고 주장했다. 게다가 문제가 있는 경찰기관들에 대한 법무부의 합의안에 규정된 경찰관 조사에 관한 새로운 기준은 경찰관들이 사건 현장이나 교대 근무 종료 전에 강제력 사용에 관한 보고서를 작성하고, 직속상관이 할 수 있는 질문에 대답하도록 요구하고 있다. 마지

⇨ 경찰관의 권리 및 책임성에 관한 논의는 제14장 참조

막으로, 비평가들은 대기시간이 경찰관들 사이에 경찰관은 처벌받지 않는다는 문화를 만들어 낸다고 말하는데, 이것은 책무성의 원칙과 모순된다.[149]

경찰관의 권리와 관련된 또 다른 두 가지 이슈는 언급할만한 가치가 있다. 첫째, 1966년 개리티(Garrity) 판결에서 미국 대법원은 경찰관에게 범죄행위가 있을 수 있는 경우 자신에게 불리한 증언을 강요받지 않는 수정헌법 제5조를 적용해야 한다고 판결했다. 경찰관은 유죄를 입증하는 데 사용될 수도 있는 진술을 하도록 요구받을 수는 있다. 그러나 그러한 진술은 형사 재판에서 그들에게 불리하게 사용될 수 없다.[150] 둘째, 연방의 피고용자폴리그라프보호법(Employee Polygraph Protection Act)은 고용주가 직원 채용 시에 폴리그라프*를 사용하는 것을 금지한다. 그러나 법 집행기관은 이러한 대상에서 면제되며 채용 지원자들에게 폴리그라프 검사를 시행할 수 있다.

▌경찰관의 이직

과거 매년 전체 경찰관의 약 5%가 경찰직을 그만두었다. 이러한 **이직** 또는 소모는 퇴직, 사망, 해고, 자진 사퇴 또는 재정 위기의 시기에 예산 문제로 인한 해고와 같은 여러 요인의 결과이다.[151]

이직(turnover)

수전 마틴은 여성이[연간 6.3%] 남성보다[연간 4.3%] 약간 높은 비율로 경찰직을 더 많이 떠난다는 사실을 발견했지만, 주된 이유는 은퇴가 아닌 다른 것으로 나타났다. 여성 경찰관에게는 자진 사임[여성 4.3% 대 남성 3.0%]의 가능성이 더 높았다. 앞서 논의했듯이, 일부 여성 경찰관들은 여성이라는 이유로 적대적인 근무 환경을 경험

---

* [역자 주] 사람들은 발각 시 중대한 불이익을 초래하는 거짓말을 하게 되면, 발각에 대한 두려움으로 불안, 긴장, 초조 등의 감정 변화를 가지며 이는 다시 신경계 및 호르몬 등의 작용을 거쳐 여러 가지 생리적인 변화를 초래함. 거짓말탐지기라고도 불리는 폴리그라프(polygraph) 검사는 여러 가지 생리적 변화 중에서 과학적으로 측정 가능한 피부전기활동, 호흡활동, 심장혈관활동 등의 생리현상을 종합적으로 분석하여 피검사자 진술의 진위여부를 판단함.

한다. 여성들 특히 한 부모가정은 일과 가정의 책임을 동시에 수행하는데 더 큰 어려움을 겪는다. 부족한 육아 휴직 제도는 여성 경찰관이 아이를 낳고 계속 일하는 것을 어렵게 하거나 불가능하게 한다.[152]

2019년 PERF 인력 위기 보고서는 조기 퇴임이 증가하고 있는 점에 대해 경종을 울렸다. 경찰들의 채용과 훈련에는 시간과 비용이 많이 들기 때문에 조기 퇴임은 경찰기관에 큰 비용부담을 초래한다. 실제로 자진 사퇴는 경찰 경력 초기에 일어나고 있다. PERF는 자진 사퇴의 29%가 첫해에, 40%는 2년에서 5년 사이에 일어난다는 것을 발견했다. 사표를 낸 경찰관 중 상당수가 다른 지역의 법 집행기관으로 자진해서 이직한다. 아마도 이들 중 대다수는 더 나은 급여와 복리후생, 더 좋은 경력 개발 기회를 제공하는 더 큰 경찰기관이나, 법 집행 관련 직업으로 이동하고 있을 것이다. 그리고 일부는 민간보안 분야의 직장으로 떠나거나, 학교를 다니거나, 전업 부모가 되기 위해 떠난다.[153]

비교적 적은 수의 연구만이 자진 퇴직의 이유를 조사했다. 퇴직한 멤피스(Memphis) 경찰관들을 대상으로 한 연구는 퇴직 결정을 끌어내는 몇 가지 핵심 "전환점"을 확인했다. 여기에는 중요도 순서에 따라 [1] 자신의 경력이 침체되었다는 느낌[예: "경찰관으로서 어떠한 미래도 볼 수 없다"], [2] 누적된 좌절감을 가져다준 특히 강렬한 경험, [3] 직무에 대한 성취감 부족, [4] 가정에 대한 고려, [5] 동료들의 행동, [6] 경찰기관의 특정한 정책, [7] 새로운 고용 기회 등이 포함된다.[154]

▌자격박탈

제5장에서 배운 대로 오늘날 모든 주는 경찰관으로 임용되기 전에 지원자들에게 예비 훈련과 인증을 받을 것을 요구한다. 그런데 43개 주에는 이러한 인증과 관련된 **자격박탈** 조항이 있다. 즉, 위법행위로 인해 경찰관의 자격을 철회하는 것이다.

자격박탈에는 장단점이 모두 있다. 자격박탈이 필요한 중대한

자격박탈(decertification)

사유로는 경찰관으로서 중대한 비위행위를 저지른 사람이 해당 주의 다른 법 집행기관에 취업하지 못하도록 하기 위함이다. 범죄[음주운전, 가정폭력, 절도 등]를 저질러 유죄판결을 받은 경찰관은 윤리적이지 못하며, 이는 대중으로부터의 신뢰받아야 하는 경찰관이라는 직업에 적합하지 않은 것이다. 그러나 자격박탈에는 몇 가지 주목할 만한 약점이 있다. 첫째, 일부의 주에서는 형사 유죄판결에 대해서만 경찰관의 자격을 박탈할 수 있다. 그리고 다른 일부의 주에서는 경찰로서 해고되거나 자진해서 사퇴한 사람의 자격을 박탈할 수도 있다. 그러나 이 방법들에는 각각의 문제가 있다. 해고 전에 미리 자진 사임을 하는 것과 관련하여 대표적 전문가인 로저 골드먼(Roger Goldman)은 경찰기관장들이 경찰관과 "유죄협상"을 할 수 있으며, 경찰관이 스스로 사임에 동의할 경우에는 자격을 박탈하지 않겠다고 약속할 수도 있다고 지적하였다. 둘째, 조사 대상자인 경찰관은 해고된 기록이 남지 않도록 신속하게 사직한 후 다른 경찰기관에 재취업할 수 있다. 이러한 경찰관들은 한 부서에서 다른 부서로 이동하는 "집시 경찰"이라고 불린다. 재원이 거의 없는 소규모 경찰기관은 충분한 배경조사를 하지 않는 경우가 많아 이 문제를 간과할 수도 있다. 셋째, 채용을 원하는 경찰기관이 철저한 배경조사를 하지 않으면 자격박탈된 사람이 다른 주의 경찰기관에 채용되는 것을 막을 수 없다. 넷째, 경찰관 자격박탈 절차는 매우 복잡한 행정 절차로 이를 실제 행하는 것은 쉽지 않다.[155]

요약: 조각 합치기

법 집행관 경력은 복잡한 경험이다. 순찰을 하며 911 신고전화에 응답하는 것같이 간단한 문제가 아니다. 경찰관의 태도와 행동에 대한 대부분의 대중적인 고정관념은 증거에 의해 뒷받침되지 않는다. 이른바 경찰 하위문화는 여러

가지 영향을 반영하는 서로 다른 태도와 행동의 복합적인 현상이다. 더 많은 인종과 소수 민족, 여성, 그리고 게이와 레즈비언들이 고용되면서, 미국 경찰관의 구성은 예전과 다르게 보일 뿐만 아니라, 새로운 집단들은 경찰활동에

다소 다른 삶의 경험과 생각들을 가져왔다. 모든 경찰관서가 소속 공무원에 대한 성과평가를 정기적으로 실시하고 있지만, 이러한 평가시스템의 품질은 비판받아 왔다. 최근에야 새로운 평가시스템이 개발되었다. 경찰에 대한 대중의 새로운 기대와 요구로 인해, 최근 몇 년 사이에 경찰관들의 경험은 상당히 변화했다. 앞으로도 변화가 계속될 가능성이 크다.

핵심어

현실충격(reality shock), 303

시민의 적대적인 태도(hostility from citizens), 303

형사사법체계의 내부자(criminal justice system insiders), 305

연공서열제(seniority system), 307

경찰 하위문화(police subculture), 309

집단결속력(group solidarity), 310

침묵의 코드(code of silence), 311

물리력 사용 능력(capacity to use force), 314

현대주의자(moderns), 323

성희롱(sexual harassment), 326

현업 경찰관(active officers), 337

경력 개발(career development), 339

승진(promotion), 340

성과평가(performance evaluations), 340

선호되는 임무(coveted assignments), 341

부업(outside employment), 343

직무스트레스(job stress), 350

자살(suicide), 351

경찰관의 권리(rights of police officers), 355

이직(turnover), 357

자격박탈(decertification), 358

토론

1. 조를 편성해서, 당신이 법 집행에 종사할 관심이 있거나 없는 이유에 대하여 토론하라. 그러한 이유를 이 장에서 논의한 것과 어떻게 비교할 수 있는가?

2. 미국의 경찰관들은 부업을 통해 수입을 보충한다. 종종, 이 부업은 그들의 경찰 제복을 입고 민간보안 업무를 수행하는 것과 관련이 있다. 부업에서 발생할 수 있는 잠재적인 이익과 문제점을 토론하라.

3. 경찰문화의 어떤 면은 보편적이지만, 각 법 집행기관은 경찰문화가 그 기관 안에서 어떻게 발휘되는가에 있어 특색이 있다. 여성과 소수자의 경찰기관 유입이 경찰문화를 어떻게 형성했는지, 기관별로 어떻게 달라질 수 있는지 토론하라.

인터넷 연습

서로 다른 집단의 경찰관을 대표하는 많은 단체가 자신들의 웹사이트를 운영하고 있다. 전미흑인법 집행장협회(National Association of Black Law Enforcement Executives), 국제여성경찰협회(International Association of Women Police), 에메랄드협회(Emerald Society) 등의 웹사이트를 확인해 보시오. 이 단체들은 누구를 대표하는가? 그들은 회원 수를 공개하는가? 그들은 무엇을 하는가? 그들은 어떤 활동을 후원하는가? 그들은 보고서나 다른 문헌들을 제공하는가? 당신은 서로 다른 웹사이트의 품질을 어떻게 평가할 것인가?

NOTES

1. William A. Westley, *Violence and the Police*(Cambridge, MA: MIT Press, 1970), 159 – 160.

2. John H. McNamara, "Uncertainties in Police Work: The Relevance of Police Recruits' Backgrounds and Training," in David J. Bordua, ed., *The Police, Six Sociological Essays* (New York: Wiley, 1967), 163 – 252.

3. Arthur J. Luirgio and Dennis P. Rosenbaum, "The Travails of the Detroit Police – Victims Experiment: Assumptions and Important Lessons," *American Journal of Police* 11, no. 3 (1992): 24.

4. Geoffrey P. Alpert and Roger M. Dunham, *Understanding Police Use of Force: Officers, Suspects, and Reciprocity* (New York: Cambridge University Press, 2004).

5. Albert Reiss, *The Police and the Public* (New Haven: Yale University Press, 1971), 51. John A. Groger, *Memory and Remembering: Everyday Memory in Context* (New York: Longman, 1997), 189 – 197.

6. Joseph De Angelis, *Assessing the Impact of the Office of the Independent Monitor on Complainant and Officer Satisfaction* (Denver: Office of the Independent Monitor, 2008), www.denvergov.org/OIM/.

7. John P. Clark, "Isolation of the Police: A Comparison of the British and American Situations," *Journal of Criminal Law, Criminology, and Police Science* 56 (September 1965): 307 – 319.

8. Westley, *Violence and the Police*, 18 – 19; Stephen B. Perrott and Donald M. Taylor, "Crime Fighting, Law Enforcement and Service Provider Role Orientations in Community – Based Police Officers," *American Journal of Police* 14, no. 3/4 (1995): 182.

9. Westley, *Violence and the Police*.

10. Richard Seltzer, Sucre Aone, and Gwendolyn Howard, "Police Satisfaction with Their Jobs: Arresting Officers in the District of Columbia," *Police Studies* 19, no. 4 (1996): 33.

11. Westley, *Violence and the Police*, 76 – 82.

12. Jerome E. McElroy, Colleen A. Consgrove, and Susan Sadd, *Community Policing: The CPOP in New York* (Newbury Park, CA: Sage, 1993), 27.

13. Seltzer, Aone, and Howard, "Police Satisfaction with Their Jobs," 33.

14. President's Task Force on 21st Century Policing, *Final Report* (Washington, DC: Department of Justice, 2015), 14 (Action Item 1.4.1), http://www.cops.usdoj.gov/pdf/taskforce/task force_finalreport.pdf.

15. George W. Griesinger, Jeffrey S. Slovak, and Joseph J. Molkup, *Civil Service Systems: Their Impact on Police Administration* (Washington, DC: Department of Justice, 1979). James L. O'Neill and Michael A. Cushing, *The Impact of Shift Work on Police Officers* (Washington, DC: PERF, 1991).

16. Police Executive Research Forum, T*he Workforce Crisis and What Police Agencies Are Doing about It* (Washington, DC: PERF, 2019), 10.

17. Albert J. Reiss, *The Police and the Public* (New Haven: Yale University Press, 1971), 168. See also President's Commission on Law Enforcement and Administration of Justice, *Task Force Report: The Police* (Washington, DC: U.S. Government Printing Office, 1967), 165.

18. Karen Amendola, David Weisburd, Edwin E. Hamilton, Greg Jones, and Meghan Slipka, *The Shift Length Experiment: What We Know about 8−, 10−, and 12−hour Shifts in Policing* (Washington, DC: The Police Foundation, 2011), http://www.policefoundation. org/publication/shift−length−experiment/.

19. Westley, *Violence and the Police*, viii.

20. Ibid., 11.

21. Sue Rahr and Stephen K. Rice, *From Warriors to Guardians: Recommitting American Police* *Culture to Democratic Ideals* (Cambridge, MA: Harvard Kennedy School, 2015), https://www.hks.harvard.edu/content/download /76023/1708385/version/1/file/WarriorstoGuard ians.pdf.

22. Westley, *Violence and the Police.*, 76−82.

23. Stephen D. Mastrofksi, Jeffrey B. Snipes, and Anne E. Supina, "Compliance on Demand: The Public's Response to Specific Requests," *Journal of Research in Crime and Delinquency* 33 (August 1996): 296−305.

24. Susan Martin, *Breaking and Entering: Police Women on Patrol* (Berkeley: University of California Press, 1980), 97.

25. Westley, *Violence and the Police*, 113.

26. David Weisburd and Rosann Greenspan, with Edwin E. Hamilton, Hubert Williams, and Kellie Bryant, *Police Attitudes toward Abuse of Authority: Findings from a National Study* (Washington, DC: The Police Foundation, 2000), http://www.policefoundation.org/wp− content/uploads/2015/06/Weisburd−et−al.− 2001−The−Abuse−of−Police−Authority.pdf.

27. Christopher Commission, *Report of the Independent Commission to Investigate the Los Angeles Police Department* (Los Angeles: City of Los Angeles, 1991), 168−171, www.parc.info.

28. Weisburd et al., *Police Attitudes toward Abuse of Authority.*

29. San Francisco, *The Blue Ribbon Panel on Transparency, Accountability, and Fairness in Law Enforcement* (San Francisco: Office of the District Attorney, July 2016), 143.

30. New Orleans Police Department, *EPIC: Ethical Policing is Courageous*, https://epic.nola.gov/

home/.

31. Westley, *Violence and the Police*, 121−122.

32. Weisburd et al., *Police Attitudes toward Abuse of Authority*.

33. Jerome H. Skolnick, *Justice without Trial: Law Enforcement in Democratic Society*, 3rd ed. (New York: Macmillan, 1994), 44−47.

34. Police Executive Research Forum, *Racially Biased Policing: A Principled Response* (Washington, DC: PERF, 2001), http://www. policeforum.org/assets/docs/Free_Online_Doc uments/Racially−Biased_Policing/racially%20b iased%20policing%20−%20a%20principled%20 response%202001.pdf.

35. Fair and Impartial Policing Project website: https://fipolicing.com/.

36. Egon Bittner, "The Functions of the Police in Modern Society," in Egon Bittner, *Aspects of Police Work* (Boston: Northeastern University Press, 1990), 120−132.

37. David M. Kennedy, *Don't Shoot: One Man, A Street Fellowship, and the End of Violence in Inner−City America* (New York: Bloomsbury, 2011), 124−155.

38. Skolnick, *Justice without Trial*. Rahr and Rice, *From Warriors to Guardians*.

39. Michael D. White, Lisa M. Dario, and Jahn A. Shjarback, "Assessing Dangerousness in Policing: An Analysis of Officer Deaths in the United States, 1970−2016," *Criminology and Public Policy* 18 (2019): 11−35.

40. Justin Nix, Tara N. Richards, Gillian M. Pinchevsky, and Emily N. Wright, "Are Domestic Incidents Really More Dangerous to Police? Findings from the 2016 National Incident Based Reporting System," *Justice Quarterly* (2019): 1−18.

41. Melissa Schaefer Morabito and Kelly M. Socia, "Is Dangerousness a Myth? Injuries and Police Encounters with People with Mental Illness," *Criminology and Public Policy* 14, no. 2 (2015): 253−276.

42. Skolnick, *Justice without Trial. Terry v. Ohio*, 392 U.S. 1 (1968). Michael D. White and Henry F. Fradella, *Stop and Frisk: The Use and Abuse of a Controversial Policing Tactic* (New York: NYU Press, 2016).

43. Skolnick, *Justice without Trial*, 1−21, 199−223. Herbert Packer, *The Limits of the Criminal Sanction* (Stanford: Stanford University Press, 1968), ch. 8.

44. *Floyd v. City of New York* (2013).

45. Nathaniel Bronstein, "Police Management and Quotas: Governance in the Compstat Era," *Columbia Journal of Law and Social Problems* 48, no. 4 (2015): 544−581. President's Task Force on 21st Century Policing, *Final Report*, 26 (Recommendation 2.9).

46. David Sklansky, "Not Your Father's Police Department: Making Sense of the New Demographics of Law Enforcement," *Journal of Criminal Law and Criminology* 96 (Spring 2006): 1209−1248.

47. Steve Herbert, "Police Subculture Reconsidered," *Criminology* 36, no. 2 (1998): 343−368.

48. Christopher Slobogin, "Testilying: Police Perjury and What to Do about It," *University of Colorado Law Review* 67 (Fall 1996): 1037−1059.

49. Chicago, Police Accountability Task Force, *Recommendations for Reform: Restoring Trust Between the Chicago Police and the*

Communities They Serve (Chicago: Police Accountability Task Force, April 2016), 71.

50. Samuel Walker, "'Not Dead Yet': The National Police Crisis, A New Conversation about Policing and the Prospects for Accountability—Related Police Reform'," *University of Illinois Law Review*, no. 5 (2018), 1777–1839.

51. Samuel Walker, "Racial—Minority and Female Employment in Policing: The Implications of 'Glacial Change,'" *Crime and Delinquency* 31 (October 1985): 555–572.

52. Robin N. Haarr, "Patterns of Interaction in a Police Patrol Bureau: Race and Gender Barriers to Integration," *Justice Quarterly* 14 (March 1997): 53.

53. Tamar Hosansky and Pat Sparling, *Working Vice: The True Story of Lt. Lucie Duvall—America's First Woman Vice Squad* Chief (New York: Harper Paperbacks, 1993).

54. National Center for Women and Policing, *Equality Denied: The Status of Women in Policing* (Los Angeles: NCWP, 1998), www.womenandpolicing.org.

55. Samuel Walker, *A Critical History of Police Reform* (Lexington, MA: Lexington Books, 1977), 84–94. Samuel Walker, *Popular Justice: A History of American Criminal Justice*, 2nd ed. (New York: Oxford University Press, 1998), 135–137, 170–174.

56. Bureau of Justice Statistics, *Local Police Departments, 2016: Personnel* (Washington, DC: U.S. Department of Justice, 2019), 5 (Table 5, Figure 3). National Institute of Justice, *Women in Policing: Breaking Barriers and Blazing a Path* (Washington, DC: Department of Justice, 2019), 3.

57. Susan Ehrlich Martin, *Breaking and Entering: Policewomen on Patrol* (Berkeley: University of California Press, 1980), 79–108.

58. Ibid., 102–107.

59. Susan Ehrlich Martin and Nancy Jurik, Doing Justice, *Doing Gender: Women in Law and Criminal Justice Occupations* (Thousand Oaks, CA: Sage, 1996), 68. Susan E. Martin, *On the Move: The Status of Women in Policing* (Washington, DC: The Police Foundation, 1990).

60. Carol A. Archbold and Dorothy Moses Schulz, "Making Rank: The Lingering Effects of Tokenism on Female Police Officers' Promotion Aspirations," *Police Quarterly* 11 (March 2008): 50–73.

61. Peter B. Bloch and Deborah Anderson, *Policewomen on Patrol: Final Report* (Washington, DC: The Police Foundation, 1974). The various studies are summarized in Martin and Jurik, *Doing Justice, Doing Gender*, chs. 3 and 4. For a critique of these studies, however, see Merry Morash and Jack R. Greene, "Evaluating Women on Patrol: A Critique of Contemporary Wisdom," *Evaluation Review* 10 (April 1986): 230–255.

62. Joyce L. Sichel, Lucy N. Friedman, Janice C. Quint, and Michael E. Smith, *Women on Patrol: A Pilot Study of Police Performance in New York City* (Washington, DC: Department of Justice, 1978).

63. National Center for Women and Policing, *Men, Women, and Police Excessive Force: A Tale of Two Genders* (Los Angeles: NCWP, 2002). Kimberly A. Lonsway, *Hiring and*

Retaining More Women: The Advantages to Law Enforcement Agencies (Los Angeles: NCWP, 2000).

64. National Center for Women and Policing, Men, Women, and Police Excessive Force. National Institute of Justice, Women in Policing, 6, 10.

65. International Association of Chiefs of Police, Addressing Sexual Offenses and Misconduct by Law Enforcement: Executive Guide (Alexandria, VA: Author, 2011), http://www.nccpsafety.org/assets/files/library/Addressing_Sexual_Offenses_and_Misconduct_by_LE.pdf.

66. Somvadee Chaiyavej and Merry Morash, "Reasons for Policewomen's Assertive and Passive Reactions to Sexual Harassment," Police Quarterly 12 (2009): 63–85.

67. Merrick Bobb, 13th Semiannual Report of the Special Counsel to the Los Angeles Sheriff's Department (Los Angeles: Police Assessment Resource Center, December 2000), 57–74, http://www.parc.info/resources.

68. National Black Police Officers Association, Police Brutality: How to Stop the Violence (Washington, DC: NBPOA, n.d.), https://www.blackpolice.org/.

69. Weisburd et al., Police Attitudes toward Abuse of Authority, 31 (Table 4.15).

70. National Black Police Officers Association, https://www.blackpolice.org/. NOBLE: https://noblenational.org.

71. President's Commission on Law Enforcement and Administration of Justice, The Challenge of Crime in a Free Society (Washington, DC: U.S. Government Printing Office, 1967), 101–102.

72. Albert Reiss, "Police Brutality—Answers to Key Questions," Transaction 5 (July–August 1968): 10–19.

73. New York City, Civilian Complaint Review Board, Status Report, January–December 2009. San Jose Independent Police Auditor, Annual Report, 2007 (San Jose: Independent Police Auditor, 2008), 50.

74. James J. Fyfe, "Who Shoots? A Look at Officer Race and Police Shooting," Journal of Police Science & Administration 9 (December 1981): 367–382.

75. Ronald Weitzer, "The Puzzling Neglect of Hispanic Americans in Research on Police–Citizen Relations," Ethnic and Racial Studies 37, no. 11 (2014), 1995–2013.

76. Dawn Irlbeck, "Latino Police Officers: Patterns of Ethnic Self–Identity and Latino Community Attachment," Police Quarterly 11 (December 2008): 468–495.

77. Pew Research Center, How Hispanic Officers View Their Jobs (Washington, DC: Pew Research Center, February 15, 2017).

78. Patrick Suraci, "The Beginning of GOAL," www.goalny.org.

79. Stephen Leinen, Gay Cops (New Brunswick, NJ: Rutgers University Press, 1993).

80. Susan L. Miller, Kay B. Forest, and Nancy Jurik, "Diversity in Blue: Lesbian and Gay Police Officers in a Masculine Occupation," Men and Masculinities 5 (April 2003): 355–385.

81. Roddrick Colvin, "Shared Perceptions among Lesbian and Gay Police Officers: Barriers and Opportunities in the Law Enforcement Work Environment," Police Quarterly 12 (2009):

86–101.

82. Susan E. Martin, "Outsider within the Station House: The Impact of Race and Gender on Black Women Police," *Social Problems* 41 (August 1994): 393.

83. Haarr, "Patterns of Interaction in a Police Patrol Bureau," 65.

84. Ibid.

85. Wesley G. Skogan and Kathleen Frydll, *Fairness and Effectiveness in Policing: The Evidence* (Washington, DC: National Academies Press, 2004), 148.

86. James R. Lasley, James Larson, Chandrika Kelso, and Gregory Chris Brown, "Assessing the Long–Term Effects of Officer Race on Police Attitudes towards the Community: A Case for Representative Bureaucracy Theory," *Police Practice and Research* 12 (December 2011): 474–491.

87. David L. Carter, Allen D. Sapp, and Darrel W. Stephens, *The State of Police Education* (Washington, DC: Police Executive Research Forum, 1989), 38.

88. Lawrence W. Sherman, *The Quality of Police Education* (San Francisco: Jossey–Bass, 1978).

89. Skogan and Frydl, *Fairness and Effectiveness in Policing: The Evidence*, 141–147.

90. Christopher Stone, Todd Foglesong and Christine M. Cole, *Policing Los Angeles under a Consent Decree: The Dynamics of Change at the LAPD* (Cambridge, MA: Kennedy School of Government, 2009), 19–33. Walker, "'Not Dead Yet,'" 1833–1836.

91. Albert J. Reiss Jr., *The Police and the Public* (New Haven: Yale University Press, 1971), 147.

92. Skogan and Kathleen, *Fairness and*

Effectiveness in Policing: The Evidence, 135.

93. Robert Friedrich, "Racial Prejudice and Police Treatment of Blacks," in Ralph Baker and Fred A. Meyer Jr., eds., *Evaluating Alternative Law Enforcement Policies* (Lexington, MA: Lexington Books, 1979).

94. Steve Herbert, "Police Subculture Reconsidered," *Criminology* 36, no. 2 (1998): 355–356.

95. Joan R. Petersilia, Allan Abrahamse, and James Q. Wilson, *Police Performance and Case Attrition* (Santa Monica, CA: RAND, 1987).

96. David H. Bayley and James Garofalo, "The Management of Violence by Police Patrol Officers," *Criminology* 27 (February 1989): 1–25.

97. Lorraine Mazerolle et al., "Procedural Justice and Police Legitimacy: A Systematic Review of the Research Evidence," *Journal of Experimental Criminology* (2013): 245–274.

98. Police Executive Research Forum, *The Workforce Crisis*, 20, 22. Bureau of Justice Studies, *Local Police Departments, 2016: Personnel.*

99. Eve Buzawa, Thomas Austin, and James Bannon, "The Role of Sociodemographic and Job–Specific Variables in Predicting Patrol Officer Job Satisfaction," *American Journal of Police* 13, no. 2 (1994): 68.

100. Police Executive Research Forum, *The Workforce Crisis*, 10.

101. Police Executive Research Forum, *Survey of Police Operational and Administrative Practices–1981* (Washington, DC: PERF, 1981), 378–382.

102. Ibid., 342–346.

103. Archbold and Schulz, "Making Rank."

104. Dorothy Guyot, "Bending Granite: Attempts to Change the Rank Structure of American Police Departments," *Journal of Police Science and Administration* 7, no. 3 (1979): 253−284.

105. Merrick Bobb, *6th Semiannual Report* (Los Angeles: PARC, 1996), 50−61, www.parc.info/resources.

106. National Institute of Justice, *Women in Policing*, 12.

107. Minneapolis Police Department website at www.ci.minneapolis.mn.us/police. Herman Goldstein, *Policing a Free Society* (Cambridge, MA: Ballinger, 1977), 241−243.

108. Charlotte−Mecklenberg Police Department, Lateral Entry Recruiting Program, https://charlottenc.gov/CMPD/Organization/recruitment/Pages/default.aspx.

109. Albert J. Reiss, *Private Employment of Public Police* (Washington, DC: Department of Justice, 1988).

110. William F. Walsh, "Patrol Officer Arrest Rates: A Study of the Social Organization of Police Work," *Justice Quarterly* 3 (September 1986): 276.

111. Reiss, *Private Employment of Public Police*.

112. San Jose Independent Police Auditor, *1998 Annual Report*, https://www.sanjoseca.gov/your−government/appointees/independent−police−auditor.

113. Mollen Commission, *Commission Report* (New York: City of New York, 1994), 81.

114. Christopher Commission, *Report of the Independent Commission on the Los Angeles Police Department*.

115. Los Angeles Police Department, *Rampart Area Corruption Incident: Public Report* (Los Angeles: Los Angeles Police Department, 2000), "Executive Summary," 7.

116. Samuel Walker and Morgan Macdonald, "An Alternative Remedy for Police Misconduct: A Model State 'Pattern or Practice' Statute," *George Mason University Civil Rights Law Journal* 19, no. 3 (2009), 479−552.

117. Frank J. Landy, *Performance Appraisal in Police Departments* (Washington, DC: The Police Foundation, 1977), 1.

118. Timothy N. Oettmeier and Mary Ann Wycoff, *Personnel Performance Evaluation in the Community Policing Context* (Washington, DC: Community Policing Consortium, 1997), 5.

119. Landy, *Performance Appraisal in Police Departments*.

120. Martin and Jurik, *Doing Justice, Doing Gender*, 86−87.

121. McNamara, "Uncertainties in Police Work," 177−178.

122. Los Angeles, *Rampart Area Corruption Incident*.

123. Bayley and Garofalo, "The Management of Violence by Police Patrol Officers."

124. Ibid.

125. Walker, "'Not Dead Yet,'" 1828−1829.

126. Police Executive Research Forum, *The Workforce Crisis*, 20.

127. Buzawa, Austin, and Bannon, "The Role of Selected Sociodemographic and Job−Specific Variables in Predicting Patrol Officer Job Satisfaction."

128. See the categories used in Jack R. Greene, "Police Officer Job Satisfaction and Community Perceptions: Implications for Community−Oriented Policing," *Journal of Research in*

Crime and Delinquency 26 (May 1984): 168−183.

129. Jerome E. McElroy, Colleen A. Cosgrove, and Susan Sadd, *Community Policing: The CPOP in New York* (Newbury Park, CA: Sage, 1993), 27.

130. William P. McCarty, Arnie Schuck, Wesley Skogan, and Dennis Rosenbaum, *Stress, Burnout, and Health* (National Police Research Platform, n.d.).

131. American Institute of Stress, *Workplace Stress* (March 2020), https://www.stress.org/work place−stress.

132. Police Executive Research Forum, *An Occupational Risk: What Every Police Agency Should Do to Prevent Suicide among Its Officers* (Washington, DC: PERF, 2019).

133. Shawn P. McCoy and Michael G. Aamodt, "A Comparison of Law Enforcement Divorce Rates with Those of Other Occupations," *Journal of Police and Criminal Psychology* 25, no. 1 (2010): 1−16.

134. White et al., "Assessing Dangerousness in Policing: An Analysis of Officer Deaths in the United States, 1970−2016."

135. Heather MacDonald, *The War on Cops* (New York: Encounter Books, 2016).

136. Police Executive Research Forum, *An Occupational Risk: What Every Police Agency Should Do to Prevent Suicide among Its Officers*, 21.

137. Martin and Jurik, *Doing Justice, Doing Gender*, 95.

138. "Record Number of US Police Officers Died by Suicide in 2019, Advocacy Group Says," *ABC News* (January 2, 2020). Data provided by Blue H.E.L.P., https://bluehelp.org/.

139. *The Badge of Life: A Study of Police Suicide 2008−2015*, http://www.policesuicidestudy. com. Mark Bond, "Silent Suffering: Warning Signs and Steps to Prevent Police Suicide," *Inpublicsafety.com* (March 17, 2014), http://inpublicsafety.com/2014/03/silent− suffering−warning−signs−and−steps−to− prevent−police−suicide/. Rahr and Rice, *From Warriors to Guardians*.

140. International Association Chiefs of Police, *Breaking the Silence on Law Enforcement Suicides* (Arlington, VA: IACP, 2014), iii.

141. "NIOSH: Police Officers, Firefighters Have the Highest Rate of Suicide," *Safety and Health Magazine* (April 18, 2016), http://www.safetyandhealthmagazine.com/ articles/12084−niosh−police−officers−fire fighters−have−highest−rate−of−suicide; *Badge of Life: A Study of Police Suicide 2008−2015*.

142. International Association of Chiefs of Police, *Breaking the Silence on Law Enforcement Suicides*.

143. Police Executive Research Forum, *An Occupational Risk: What Every Police Agency Should Do to Prevent Suicide among Its Officers*, 29−53.

144. Gail A. Goolkasian, *Coping with Police Stress* (Washington, DC: U.S. Government Printing Office, 1985), 11−12.

145. Kevin Keenan and Samuel Walker, "An Impediment to Police Accountability? An Analysis of Statutory Law Enforcement Officers Bill of Rights," *Boston University Public Interest Law Journal* 14 (Spring 2005):

185 – 244.

146. Ibid.

147. Bureau of Justice Statistics, *Local Police Departments, 2013: Personnel, Policies, and Practices*, (Washington, DC: Department of Justice, 2015), Appendix Table 3. Check the Police, Police Union Contract Project, https://www.checkthepolice.org/#project.

148. Samuel Walker, *Police Union Contract "Waiting Periods" for Misconduct Investigations Not Supported by Scientific Evidence* (July 1, 2015), http://samuelwalker.net/wp – content /uploads/2015/06/48HourSciencepdf.pdf.

149. Check the Police, *Police Union Contract Project.* Walker, "'Not Dead Yet,'" 1826 – 1829. Chicago, Police Accountability Task Force, *Recommendations for Reform: Restoring Trust Between the Chicago Police and the Communities They Serve: Report* (Chicago: City of Chicago, April 2016).

150. *Garrity v. New Jersey*, 385 U.S. 493 (1966).

151. President's Commission on Law Enforcement and Administration of Justice, *Task Force Report: The Police*, 9.

152. Martin, *On the Move.*

153. Police Executive Research Forum, *The Workforce Crisis*, 22, 31 (Figure 9).

154. Jerry Sparger and David Giacopassi, "Swearing In and Swearing Off: A Comparison of Cops' and Ex – Cops' Attitudes toward the Workplace," in Daniel B. Kennedy and Robert J. Homer, eds. *Police and Law Enforcement* (New York: AMS, 1987), 35 – 54.

155. Roger L. Goldman, "A Model Decertification Law," *St. Louis University Public Law Review* 32 (2012): 147 – 156.

III

경찰 임무

Chapter

07

순찰: 경찰활동의 주축

경찰활동의 주축(backbone of policing)

순찰은 **경찰활동의 주축**으로 경찰 작용의 중요한 요소(central feature)이다. 이 장에서는 현대 미국 경찰활동에 있어서 순찰업무의 성격: 순찰이 어떻게 조직되고 전달되는지, 시민 서비스요구의 성격, 순찰의 범죄억제 효과성 그리고 순찰서비스 개선을 위해 설계된 프로그램 등을 살펴보고자 한다.

▌순찰의 주요 역할

지역담당 경찰은 미국 경찰활동의 상징이고 경찰행위(police activity)의 중심이다.

첫째, 대다수 경찰관은 경찰서비스 대부분을 시민들에게 제공하는 순찰업무를 수행한다.

둘째, 경찰 마크가 새겨진 순찰차와 제복을 입은 경찰관은 경찰의 시각적 상징이다. 이러한 상징들을 통해 사회에서 경찰의 역할에 대한 시민들의 태도가 형성된다.

셋째, 순찰경찰관들은 가장 중요한 경찰활동의 의사결정자이고, 전반적인 형사사법체계의 수문장이다. 제임스 윌슨(James Q. Wilson)은 경찰 조직의 경우 계층이 내려갈수록 재량이 많아지는 독특한 계층제를 가지고 있다고 지적했다. 순찰경찰관들은 체포할지 말지, 가정불화를 어떻게 처리할 것인지를 결정하는 진정한 의사결정자이다. 그들의 의사결정은 "일선 관료"로서 사람들의 삶에 영향을 미친다.[1]

넷째, 순찰 경험은 경찰관 이력에서 중요한 부분을 차지한다. 실제 모든 미국 경찰관서에서 임무배당은 연공서열을 바탕으로 한다. 신임 경찰관들은 대체로 범죄가 가장 많이 발생하는 지역의 야간순찰 근무에 편성된다. 이러한 현장경험은 경찰관들 사이에 공통적인 경험을 통해 유대를 강화하는 경찰 하위문화 형성의 중요한 부분이 되고 있다.

이런 중요한 역할에도 불구하고 순찰은 일반적으로 경찰관들이 가장 기피하는 임무이다. 통상적으로 승진 등 경찰관들에게 도움이 되는 경력은 형사과와 같이 모두가 원하는 임무를 수행하는 것이다. '형사사법 표준과 목적에 대한 국가자문위원회(The National Advisor Commission on Criminal Justice Standards and Goals)'는 "순찰 경찰은 경찰에서 가장 많은 인원임에도 불구하고 보수가 가장 낮고 제대로 된 업무상담도 받지 못한다. 순찰은 반복적이고 지루한 업무로 보여진다."고 언급하였다. <지역사회 경찰활동>이 추구하고자 하는 것은 순찰경찰관에게 지역 문제에 대응하는 문제해결사(problem solver)로서 더 많은 의사결정 권한을 부여함으로써 오래 지속된 순찰의 근본적인 문제를 바로 잡고자 하는 것이다.[2]

⇨ 지역사회 경찰활동에 대한 더 많은 토의는 제10장 참조

▌순찰의 기능

현대 경찰의 창시자인 로버트 필(Robert Peel)은 경찰순찰의 <기능>에 대해 정의하였다.[3] **순찰의** 세 가지 기본적인 **기능**은 다음과 같다.

순찰의 기능(functions of patrol)

1. 범죄억제
2. 공공안전감 향상
3. 경찰서비스 질적 향상

오랜 기간 경찰관리 전문가로 활동하였던 윌슨(O. W. Wilson)은 순찰의 기능을 '비행행위를 저지를 수 있는 실질적인 기회 (또는 기회

⇨ 로버드 필과 현대경찰의 탄생에 대한 전체 논의는 제2장 참조

가 있다는 믿음)'를 제거한다는 인식을 통해 범죄억제를 추구하는 것
이라고 설명하였다.[4]

순찰의 두 번째 기능은 공공의 안전을 유지하는 것이다. 순찰하
는 경찰관의 출현은 법을 지키는 시민들에게는 자신이 범죄로부터
보호를 받고 있다는 확신을 주게 된다. 대부분 사람은 순찰이 범죄를
억제하고, 경찰활동의 개선과 관련하여 의견요청을 받을 때 자신의
동네에 더 많은 경찰관 배치와 순찰 등을 건의할 수 있다고 믿는다.[5]

순찰의 세 번째 기능은 경찰관들이 지역사회 전반에 걸쳐 시민
들에게 언제 어디서나 유용하게 치안서비스를 제공하는 것이다. 앨버
트 라이스(Albert Reiss)는 "의사, 변호사, 치과의사와 같은 전문가들은
고객들이 이들을 찾아가야 하지만 경찰은 집으로 부를 수 있는 유일
한 전문가이다. 비슷한 조건에서 이런 전문가는 없다.[6]"라고 하였다.

▌순찰 조직과 서비스 제공

여러 경찰관서를 방문해보면 순찰방식이 서로 다르다는 것을 알
수 있다. '법 집행관리 및 행정통계(LEMAS)'의 자료에 따르면 뉴욕시
의 경우 전체 순찰부서의 39%가 도보순찰을 하고 있다. 반면 캘리포
니아주 산호세 경찰서는 도보순찰부서를 운영하지 않는다. 플로리다
에서는 세인트 피터버그(St. Peterburg)에 있는 전체 순찰부서의 3분의
1을 오토바이 순찰로 운영한다. 이는 마이애미에서 오토바이 순찰을
단지 5%만 운영하는 것과 비교된다.[7]

순찰서비스 제공에 영향을 미치는 요인들

시민들이 더 많은 경찰 보호를 원하는 것은 일반적으로 자신들
이 거주하는 지역사회에 더 많은 순찰경찰관을 원한다는 의미이다.
모든 경찰관서가 시민을 위한 순찰을 조직화하고 서비스를 제공하는
것이 효율적인 것은 아니다. 효율성은 정규경찰관의 숫자, 순찰업무
를 담당하는 경찰관의 비율, 시간과 장소별 순찰경찰관의 배치, 차량

과 도보순찰 등 순찰의 형태, 1인 순찰과 2인 순찰, 그리고 순찰경찰
관의 업무처리 행태 등의 요인들에 따라 판단되어야 한다.

정규경찰관의 수

경찰관서에는 얼마나 많은 경찰관이 있어야 할까? 전통적으로
지역사회의 치안역량 수준은 **경찰-인구 비율**로 측정된다. 몇몇 도시
들은 인구당 경찰관의 비율이 높고 상대적으로 비율이 낮은 도시들
도 있다. 워싱턴의 경우 2016년 기준으로 인구 1,000명당 경찰 5.4명
이었다. 반면 캘리포니아의 샌디에이고는 인구 1,000명당 1.3명이었
다. 2016년 대도시 경찰관서의 전국 평균은 인구 1,000명당 2.2명이
었다.[8] (Exhibit 7-1 참고)

경찰-인구 비율 (police-population ratio)

경찰-인구 비율이 높은 도시는 더 높은 수준의 경찰 보호를 받
고 있다는 것을 의미할까? 비록 이 비율이 경찰서비스양의 측정에는
폭넓게 활용되지만, 경찰-인구 비율이 높은 도시들이 반드시 범죄
율이 더 낮은 것은 아니다. 그 반대의 경우도 마찬가지다. 시민들은
범죄율이 높으면 많은 경찰을 요구하기 때문에 대개 범죄율이 높은
도시들에서 경찰-인구 비율이 높다.[9]

그러나 전국에서 가장 높은 경찰-인구 비율을 가진 워싱턴이
그에 상응하여 범죄율이 낮은 것은 아니다. 이는 효율적으로 순찰경

찰관을 활용하지 못한다면 더 적은 경찰관들로 신고에 대응하는 결과로 이어진다. Exhibit 7-2는 유사한 규모의 도시를 담당하는 두 개의 경찰관서를 가정하여 비교한 것이다. A 도시에 있는 경찰서는 B 도시보다 50% 많은 경찰관이 있고 경찰-인구 비율도 인구 1,000명당 1.8 대 1.2로 더 높다. B 도시는 범죄가 많은 오후 4시에서 자정까지 순찰에 더 많은 경찰관을 배치함으로써, 보다 효율적인 방식으로 경찰관을 활용하였다. 어떻게 한 것일까? 먼저, B 도시는 순찰 업무에 더 많은 경찰관을 배치한다. 특히 많은 경찰이 필요한 오후 4시부터 자정까지의 근무에 순찰경찰관의 비율을 더 높게 배치한다. 마지막으로 2인 순찰은 범죄가 많은 지역에 배치하고, 대부분 순찰경찰관은 1인 자동차 순찰 근무를 하였다.

효율적인 관리의 결과는 어땠을까? B 도시의 경우 경찰서비스 제공은 적지만 거리에서 더 많은 실질적인 경찰보호활동을 시행하였다. 이 분석결과는 경찰서비스의 수준을 공식적인 경찰-인구 비율로 평가하는 것은 좋은 방법이 아니라는 것을 보여준다.

EXHIBIT 7-1

2016년도 대상 도시들의 경찰-인구 비율

도시	인구 1,000명당 정규경찰관 비율
워싱턴 D. C.	5.4
뉴욕시	4.2
디트로이트	3.3
볼티모어	4.1
샌디에이고	1.3
샌안토니오	1.5
산호세	0.9

출처: Bureau of Justice Statistics, *Local Police Departments, 2019* (Washington, DC: U.S. Department of Justice, 2016), A appendix Table 1.

EXHIBIT 7-2

두 가상 도시에서 순찰경찰관의 운영 현황

	도시 A	도시 B
인구	500,000	500,000
정규 경찰관	900	600
순찰에 배치된 경찰관 비율	50%	70%
순찰경찰관의 인원	450	420
오후 4시부터 자정까지 배치된 순찰경찰관 비율	33%	50%
오후 4시부터 자정까지 근무조 배치 순찰경찰관 인원	148	210
1인 순찰근무	20	190
2인 순찰근무	64	10
오후 4시부터 자정까지의 전체 순찰인원	84	200

순찰 배치

첫 번째 단계로 경찰관의 일정 비율은 순찰 임무에 배치되어야
만 한다. 놀랍게도 이 비율은 경찰관서마다 매우 다양하다. 어떤 경
찰서에서는 모든 경찰관 중 교통부서를 포함하여 약 80%가 순찰에
배치되고, 다른 경찰서들은 단지 50% 또는 65%만 배치된다. 이는 순
찰업무에 시민 자원봉사자를 활용하느냐, 정규경찰관에게 더 의존하
느냐에 따른 것이다.

순찰경찰관 배치

경찰기관은 일반적으로 순찰경찰관을 배치하기 위해 아래 다섯
가지 경력 운용 방식 중 하나를 활용한다. 하나는 범죄 추세를 기반
으로 하여, 범죄가 많은 지역과 시간에는 더 많은 경찰관이 배정된
다. 또 다른 방법은 순찰대원의 수를 해당 지역에 거주하거나 일하는
사람들의 수에 따라 배치하는 1인당 담당 인구를 기준으로 접근한다.
일부 기관은 미리 결정된 최소 인원 수준 모델을 활용한다. 이 모델
은 각 구역에서 교대로 근무해야 하는 최소 경찰관 수를 결정하기 위

해 과거 관행, 정책 및 경찰의 전문적 판단에 의존한다. 이 모델의 변형은 시 예산에 따라 인력을 배치하는 승인된 예산 접근방법이다. 마지막으로, 업무량 모델은 경찰서비스에 대한 수요와 경찰관 분포를 일치시킨다. ICMA는 업무량 모델을 권장한다.[10] 이 모델에서 순찰업무를 담당하는 경찰관은 신고와 범죄통계가 포함된 업무량 공식에 기초하여 구역과 교대근무가 정해지게 된다.[11]

EXHIBIT 7-3

네브라스카주 오마하 911 신고 분포

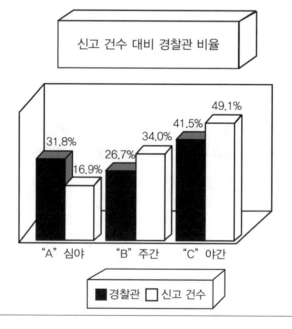

신고 건수 대비 경찰관 비율

가정폭력, 주취폭력 등 대다수 소란행위들(disturbance)처럼 대부분 신고도 야간에 집중된다. Exhibit 7-3은 네브라스카(Nebraska)주 오마하(Omaha) 911에 신고된 소란행위와 경찰관들의 근무배치를 보여준다.[12] 이 통계는 경찰관들의 배치가 업무량과 상당히 관련이 있다는 점을 알려준다. 모든 경찰서가 합리적인 방식으로 운영되는 것은 아니다. 몇몇 경찰서는 늦은 오후에 시작하여 심야에 근무를 마치는 4번째 순찰조를 운영한다(예를 들면 오후 6시부터 새벽 2시까지).[13]

이러한 접근방식은 신고 건수가 가장 많은 저녁 근무에 경찰관들을 추가로 투입하고, 신고 건수가 가장 적은 새벽 시간에는 인원을 줄이고자 하는 것이다.

범죄와 무질서는 지역사회 전반에 고루 분포하지는 않는다. 뉴욕 경찰의 치명적 물리력에 대한 제임스 파이프(James J. Fyfe) 연구에 따르면 경찰관서는 범죄 경험치에 따라 관할구역을 설정하였다. A 구역은 범죄가 많은 지역이기 때문에 경험치가 높은 구역, B 구역은 중간 수준, C 구역은 경험치가 낮은 구역으로 분류되었다. 파이프는 "C 구역이 상대적으로 경찰관에 대한 요구가 적은 주거형 '컨트리클럽(country club)'"이라고 묘사하였다.[14]

범죄는 가난한 동네에서 더 많이 발생하고, 소득이 낮은 주민들은 질서유지와 일반적인 도움을 받고자 경찰서비스를 가장 많이 이용한다. 전미범죄피해조사(NCVS)의 보고에 따르면 폭력범죄비율은 200,000달러 이상의 수입을 가진 지역에서 인구 1,000명당 16.3건이 발생하였으나 25,000달러 이하의 수입을 가진 가장 가난한 지역에서는 인구 1,000명당 40.8건에 이른다.[15]

그 밖에 저소득층 주민들은 응급의료와 다른 형태의 지원요구 등 비범죄문제에 대해서도 경찰서비스를 많이 이용한다. 일반적으로 소수인종(ethic minorities)의 경우 저소득 지역에 많이 거주하기 때문에 더 많은 경찰이 소수인종 거주지역에 배치된다.

몇몇 경찰관서들은 사회적인 변화에 적응하기 위한 관할구역 경계의 재설정을 주기적으로 하지 않는다. 지역사회는 인구가 증가하거나 감소하고, 어떤 사람들은 경제적으로 어려워지기도 한다. 일반적으로 중산층에서 저소득층으로 이동하게 되면 범죄와 신고가 증가하게 된다. 필라델피아의 경찰 업무량에 관한 보고서에 따르면 필라델피아 경찰서는 16년 동안 관할구역의 경계를 재설정하지 않았다고 한다. 이러한 결과로 35번 구역을 담당하는 경찰관들은 평균 494건의 신고사건을 처리하였으나, 5번 구역담당 경찰관들은 225건만을 처리하였다. 중요범죄의 경우 업무량의 차이는 더 컸다. 35번 구역담당 경찰관들은 1년에 평균 38건을 처리하였는데, 이는 5번 구역담당

경찰관들이 단지 8건만 처리한 것과 비교된다.[16]

순찰경찰관 근무배치

경찰관서들은 특정 근무시간과 지역에 순찰경찰관을 배치하기 위한 다양한 방법을 사용한다. 어떤 경찰관서는 엄격한 연공서열에 따라 경찰관들을 배치하고 매 6개월 또는 1년마다 새로 배치신청을 받아 재배치한다.

순찰경찰관들의 근무배치를 얼마나 자주 바꿀 것인가에 대한 문제에는 상반된 원칙들이 있다. 전문가들은 경찰관들이 같은 임무를 장기간 수행하는 것을 선호한다. 순찰경찰관은 이를 통해 담당구역 주민 및 지역 문제에 대해 잘 알게 된다. 몇몇 지역사회 경찰활동 프로그램은 이 원칙에 기초한다. 그러나 이와 함께 경찰관들은 새로운 기회 부족으로 인한 지루함과 좌절감을 느낄 수도 있다. 일부 전문가들은 부패 척결이라는 측면에서 경찰관들이 잠재적으로 부패에 영향을 미칠 수 있는 지역사회와 지나치게 밀접한 관계가 형성되지 못하도록 주기적으로 임무를 자주 변경할 것을 권고하고 있다.

어떤 경찰서는 경찰관들을 매달, 혹은 훨씬 더 짧은 시간에 다른 근무로 순환 배치하기도 한다. 경찰최고위연구포럼(PERF) 보고서에 따르면 근무배치의 잦은 변화는 "개인의 신체적, 심리적 건강과 조직의 복지를 해친다."[17]

이러한 문제들은 수면 부족, 심혈관 질환과 기타 건강 문제, 직장 내 사고, 가정파탄, 사기 저하 등을 포함하고 있다. 경찰최고위포럼 보고서는 주로 연공서열을 바탕으로 한 안정적인 근무조 배치와 함께 성과와 업무량에 기초한 근무배치에 대한 관리적 유연성이 조금 가미되어야 한다고 제안하고 있다.

"핫스팟*"

캔자스시 144번 순찰구역은 미국에서 가장 위험한 지역 중 하나였다. 1991년 살인사건 비율은 10만 명당 177건으로 전국 살인사건 평균 발생 건수보다 약 20배가 높았다. 이러한 이유로 이 구역은 거리에서 총기사용을 제거하는 혁신적인 프로그램인 캔자스시 총기실험(Kansas City Gun Experiment)지역으로 선정되었다.[18]

144번 구역은 **핫스팟**의 전형적인 예로 경찰서비스에 대한 요구가 지나치게 많거나 범죄율이 매우 높은 지역이다. 미니애폴리스 경찰서에 대한 신고 전화 연구에서 미니애폴리스시에 등록된 5% 주소지에서 전체 64%의 신고 전화를 차지하고 있음을 확인하였다. 반면 전체 60%의 주소지에서는 어떤 이유로든 경찰에 신고한 적이 없다. 존 에크와 에밀리 에크(John Eck & Emily Eck)는 선행연구 검토를 통해 수년 또는 심지어 수십 년 동안 장기간에 걸쳐 핫스팟은 집중적으로 나타난다고 주장하였다.[19] 예를 들어, 앤소니 브라가(Anthony Braga) 연구팀은 1980년부터 2008년까지 총기와 강도범죄가 보스턴의 몇몇 동일 장소에서만 매우 집중하여 발생하였다고 주장하였다.[20]

일상적인 경찰 업무가 심하게 편중되어 있다. 지역사회의 상대적으로 적은 시민들이 극도로 많은 경찰서비스를 이용한다.[21] 핫스팟 지역에 경찰활동을 집중시키는 것은 특히 지역사회 경찰활동과 문제지향 경찰활동 프로그램에서 가장 중요한 혁신 중 하나이다.

범죄다발지역(핫스팟으로 지칭)
(hot spot)

⇨ 지역사회 경찰활동과
   문제지향 경찰활동에 대한
   토의는 제10장 참조

Sidebar 7-1

범죄 집중화 법칙

데이비드 와이스버드(David Weisburd)는 미국 범죄학 학회에서 "장소에서 범죄 집중 법

---

* [역자 주] "Hot Spots"은 우리나라의 치안용어로는 '범죄다발지역'으로 번역할 수 있으나, "핫스팟"이라는 용어가 더 일반적으로 사용되고 있으며, 용어의 의미전달에도 큰 차이가 없으므로 "핫스팟"으로 지칭함.

칙"(일명 핫스팟)과 이 법칙이 어떻게 시간에 따라 크고 작은 도시에 적용되는지에 대한 아이디어를 발표하였다. 그는 "범죄데이터는 범죄 집중의 법칙이 '보편적 타당성의 일반 명제'임을 보여주며, 이는 자연과학에서 관찰되는 물리적 법칙과 유사하다. 이제 범죄학자들은 범죄장소에 관심을 집중해야 할 때이다. 이것은 범죄학과 범죄예방 분야를 더욱 풍성하게 할 것이다."라고 주장하였다. 그는 발표에서 몇몇 도시에서 범죄의 50%가 발생한 거리의 비율을 제시하였다. 그의 발표에서 캘리포니아의 레드랜즈(Redlands)와 같은 작은 도시거나 뉴욕시와 같은 대도시거나, 각 도시의 범죄문제는 소수의 장소에 집중되어 있다는 것을 분명히 보여주었다. 오늘날 핫스팟의 보편성에 대한 인식은 경찰관서에 큰 영향을 주고 있다. 경찰의 한정된 자원은 범죄가 가장 많이 발생되는 장소에 집중 운영되고 있다. 핫스팟 경찰활동은 10장에서 추가로 논의될 것이다.

도시 내 범죄의 50%가 발생하는 구역의 비율

새크라멘토. CA	4.2
시애틀. WA	5.1
뉴욕. NY	5.5
텔아비브−Yafo	5.6
신시네티. OH	6.0
브루클린 파크. MN	2.1
레드랜즈. CA	2.1
벤투라. CA	3.5

출처: David Weisburd, "The Law of Crime Concentration and the Criminology of Place", *Criminology 53. no. 2*(2015): 133-157.

순찰 형태

⇨ 경찰활동에 대한 순찰차량의 효과에 대한 토의는 제2장 참조

　　오늘날 미국의 대부분(84%) 경찰순찰은 자동차 순찰과 관련이 있다. 전체 순찰의 4%만이 도보로, 5%는 오토바이로, 5%는 자전거로 수행된다.[22] 자동차 순찰은 도보순찰보다 더 많은 지역을 효율적으로 커버할 수 있다(coverage). 자동차는 더 많은 지역을 순찰할 수 있고, 각각의 주요 지점(each point)을 더 자주 지나갈 수 있으며, 필요하다면 예측할 수 없는 방식으로 특정 장소로 돌아가거나, 주민들의 서비스 요청에 신속하게 대응할 수 있다. 이런 자동차 순찰의 효율성은 1920년대와 1950년대 사이에 미국 경찰관서들이 도보순찰에서 자동

차 순찰로 전환하게 된 이유이다.

그러나 효율성에는 그만한 대가가 따른다. 순찰차를 탄 경찰관은 대부분 시민, 특히 법을 준수하는 사람들(law-abiding)과의 직접적인 접촉기회를 잃게 된다. 그 결과 일부 사람들은 경찰을 점령군(an occupying army)으로 보기 시작한다. 윌리엄 웨슬리(William A. Westley)는 아마도 자동차 순찰의 이러한 효과를 감지한 최초의 전문가였을 것이다. 그는 1950년 인디애나주 게리(Gary) 지역 연구에서 "도보순찰을 하는 사람과 대조적으로 자동차 순찰을 하는 사람은 지역사회와 분리된다."고 주장하였다.[23] 이후 15년이 지나 전국에 폭동이 발생하자 누구도 이 문제를 무시할 수 없었다. 1967년 대통령 범죄위원회(The President's Crime Commission)는 "오늘날 미국에서 운영되는 자동차 순찰의 가장 큰 약점은 경찰관의 신고대응을 제외하고는 일반적인 시민접촉이 없다는 것이다. 순찰대원들이 임무를 기다리며 차량의 무전기에 가까이 대기할수록 담당구역에 거주하는 주민들과의 친밀한 관계를 맺을 기회는 사라지게 된다."고 밝혔다.[24]

도보순찰

도보순찰은 효율성과 지역사회 관계 사이의 쉽지 않은 거래를 포함한다. 도보순찰은 자동차 순찰보다 많은 영역을 담당할 수 없다. 그러나 이러한 비효율성은 공동체 관계의 긍정적인 이익으로 상쇄(offset)된다. 도보순찰경찰관은 이웃 주민들과 많은 개인적인 접촉을 할 수 있고, 이로 인해 더 신뢰를 쌓을 수 있다. 한편 뉴어크(Newark) 도보순찰 실험은 한 지역에서 도보순찰을 하는 경찰관의 수가 증가함에 따라 사람들의 범죄에 대한 두려움은 감소하였고, 경찰에 대한 긍정적인 태도가 향상되었다는 사실을 확인시켜주었다.

이러한 이유로 많은 지역사회 경찰활동 프로그램에는 도보순찰 요인(element)이 포함된다. 그러나 이동성의 제한으로 인해 한 부서의 모든 순찰대원을 도보로 운영하는 것은 불가능하다. 오늘날 미국의 모든 순찰경찰관 중 약 4%만이 도보로 순찰한다.[25]

도보순찰(foot patrol)

⇨ 뉴어크 도보순찰 실험은 이 장에서 이후에 더 자세하게 설명함

효율성과 지역사회 관계 개선 사이의 적절한 균형을 맞추는 것
은 어려운 문제다. 캘리포니아주 산타바바라(Santa Barbara) 경찰서는
자전거와 도보순찰대를 전략적으로 함께 활용한다. 이는 중심 상업지
역과 해변 지역에 정기적으로 배치되며, 거리행진이나 운동회와 같은
특별 행사에도 활용된다. 경찰서는 이런 방식이 지역사회 관계와 경
찰 자원의 운용에 있어 효과적인 접근법이라고 판단한 것이다.[26]

1인 자동차 순찰 대 2인 자동차 순찰

1996년 뉴욕에서는 범죄율이 낮은 구역은 2인 순찰에서 1인 순
찰로 전환하자는 제안에 대한 항의가 촉발되었다. 한 비평가는 "(뉴
욕)시장이 경찰관의 삶을 파괴한다."고 비난했다.[27] 많은 일선 경찰관
들(rank-and-file officers)은 이 접근법이 그들의 안전을 위태롭게 한
다는 이유로 1인 순찰에 반대하였다.

대부분 순찰부서(시 경찰서 전체 순찰의 89%)에는 단독으로 업무
를 수행하는 경찰관이 포함되어 있다. 1인 순찰은 2인 순찰보다 더
효율적이다. 1인 순찰차 2대는 2인 순찰차 1대보다 2배 더 넓은 면적
을 순찰할 수 있고, 2인 차량 1대보다 2배 더 많은 신고에 대응할 수
있다. 그러나 일부 경찰서는 여전히 몇몇 지역에서 2인 1조 순찰에
우선순위를 두고, 일부 중요한 사건을 추적하는 데 중점을 두고 있
다.[28]

일부 일선 경찰관들은 2인 순찰 차량이 더 안전하다고 믿으며
이를 선호하지만, <경찰재단>이 샌디에이고에서 실시한 순찰경찰
관들에 대한 조사결과에서는 1인 순찰이 2인 순찰보다 폭행피해의
횟수가 적었고, 체포에 대한 저항이 더 적었다는 사실이 확인되었다.
게다가 1인 순찰은 2인 순찰보다 더 많은 체포를 하였고, 더 많은 범
죄 보고서를 작성했다. 안전에 대한 경찰관들의 우려는 과장된 것으
로 보인다. 샌디에이고에서 경찰관이 추가 지원출동한 사건의 56.5%
는 이후에 지원이 불필요한 상황이었다는 결정이 내려졌다. 한편 신
고 출동한 경찰관들이 현장에 도착하여 상황을 파악한 후 지원요청

이 필요하다고 판단한 경우는 2.8%에 불과했다.[29]

몇몇 경찰서는 1인 순찰로의 전환이 늦게 진행되었다. 2003년 7월 16일 오전 6시를 기준으로 버팔로경찰서는 2인 차량순찰에서 1인 차량순찰로 전환하였다. 버팔로시는 미국에서 2인 1조 순찰로 전환한 마지막 도시 중 하나였다. 버팔로 시장은 "지금은 우리 도시의 역사에서 가장 극적인 시간"이라고 말했다. 경찰서장은 이러한 변화가 도시를 순찰하는 차량의 숫자를 실제 25% 증가시키는 결과가 될 것이라고 평가했다. 이 계획으로 인해 시는 경찰서의 규모를 줄일 수 있고, 재정적으로 궁핍한 이 도시를 위해 매년 약 1,000만 달러에서 1,200만 달러를 절약할 수 있을 것이다.[30]

순찰구역 인원배정

로버트 필은 모든 구역에 한 명 이상의 순찰경찰관이 배치되는 것이 이상적이라고 생각하였다. 경찰활동의 현실은 매우 다르다. 어떤 경찰관도 정해진 야간시간에 많은 순찰구역을 모두 순찰할 수는 없다. 필라델피아시장 직속 TF(mayor's task force in Philadelphia) 조사관들은 무작위로 선정된 토요일 밤의 경찰순찰 수준에 충격을 받았다. 경찰관들이 순찰한 구역이 절반도 되지 않았다(전체 순찰구역의 47%: 450곳 중 190곳).[31]

경찰순찰은 매우 비싸고 <노동 집약적>인 업무이다. 순찰구역 한 곳 당 1주일에 7일, 24시간 동안 약 5명(4.8명)의 경찰관이 필요하다. 각 교대 근무에 배정된 3명의 경찰관 외에도 휴무, 휴가, 질병, 부상 등으로 인해 다른 2명이 더 필요하다. 실제로, 경찰서는 종종 일손이 부족하여 순찰구역에 충분한 인원을 배정하는 데 어려움을 겪고 있다.

▌순찰 유형

개인적 유형

순찰경찰관은 얼마나 많은 일을 할까? 뉴욕의 한 경찰관은 "그것은 당신이 무엇을 하고 싶은지에 달려 있다. 당신이 원하는 만큼 쉽거나 어렵게 만들 수 있다. 만약 원칙에 따라 일을 한다면, 아마 그렇게 쉽진 않을 것이다. 그러나, 그것은 당신이 미끄러져 가듯 할 수도 있는 종류의 일이다."[32]

경찰 주도적 활동
(officer-initiated activity)

한마디로 순찰 경찰의 업무량은 업무 스타일에 따라 달라진다. 어떤 경찰관은 다른 사람들보다 더 많은 활동을 주도한다. **경찰관이 주도하는 활동**은 의심스러운 시민들을 정지시키고, 질문하고, 신체를 검색하는 것 등을 포함한다. 법을 준수하는 시민들과의 비공식 접촉, 법규 위반이 의심되는 차량의 정지, 교통범칙금 발부, 의심스러운 사건 확인 그리고 체포. 경찰관이 주도하는 시민접촉의 양은 부서마다 상당히 다르다. Exhibit 7-4는 6개 경찰서에서 '지령에 따른 시민접촉' vs '경찰관이 주도하는 시민접촉'의 비율을 보여준다. F 경찰서의 1:1 비율은 모든 시민접촉의 절반이 경찰관이 주도한 것임을 의미한다. A와 B 경찰서는 모든 시민접촉의 약 20%만이 경찰관이 주도한 것이다.

EXHIBIT 7-4

6개 경찰서의 지령에 따른 시민접촉과 자기 주도적 시민접촉과의 비율

경찰서	비율
A	3.8:1
B	3.6:1
C	1.5:1
D	1.2:1
E	1.1:1
F	1.0:1

출처: Stephen D. Mastrofski, Roger B. Parks, Albert J. Reiss Jr., Robert E. Worden, Christina DeJong, Jeffrey Snipes, and William Terrill, *Systematic Observation of Public Police* (Washington, DC: U.S. Department of Justice, 1998), Exhibit 6.

시민들의 서비스 요청에 대해 몇몇 경찰관은 다른 사람들보다 더 많은 활동을 수행한다. 베일리(David Bayley)와 가로팔로(James Garofalo)는 일부 경찰관의 경우 단순히 상황을 관찰하고 현장을 떠나지만, 다른 경찰관들은 상황을 통제하고, 검문하고, 시민들이 스스로 설명하도록 한다는 것을 확인했다.[33] 전미범죄피해조사(NCVS)에 따르면 전체 재산 범죄 중 20%는 경찰관들이 주변만 둘러보았고, 재산 범죄의 절반만 보고되었다.[34]

감독자 유형

경찰활동수준은 감독자의 유형에 따라 달라질 수 있다. 이는 다음에서 자세히 살펴볼 것이다(Sidebar 7-2 참고).

Sidebar 7-2

감독자의 업무 유형
전통적 감독자(Traditional Supervisors)

전통적 감독자들은 지역사회 중심의 활동이나 사소한 무질서에 대한 치안 유지보다는 부하직원들의 공격적인 법 집행을 기대한다. 그들은 시민들과 만남을 통제하거나 경찰관들에게 그 사건에 대처하는 방법을 알려주는 경향이 있어 다른 유형의 감독자들보다 결정을 내리는 데 더 까다롭다.

전통적인 초급간부들(sergeants and lieutenants)은 높은 직무 지향성을 가지고 있으며, 하급자(subordinates)가 문서와 서류작업을 통해 체포나 소환과 같은 측정 가능한 결과로 만들어 낼 것을 기대한다. 전통적인 감독자들은 하급자들에게 더 많은 지시를 내리고 보상은 적게 하면서 순찰경찰관에게 책임을 물을 가능성이 더 크다. 전통적인 감독자의 궁극적인 관심사는 하급자의 행동을 통제하는 것이다.

혁신적 감독자(Innovative Supervisors)

혁신적 감독자는 관계 형성(즉, 더 많은 경찰관과 친교를 형성), 낮은 수준의 업무지향성과 하급자에 대한 더 긍정적인 관점 등의 경향이 있다. 이들은 일반적으로 경찰관들이 경찰활동에 대한 새로운 철학과 수단을 이해할 수 있도록 노력하기 때문에 혁신적이라고 평가받는다.

지원적 감독자(Supportive Supervisors)

이러한 감독자들은 "불공정"하다고 인식되는 징계나 처벌로부터 부하들을 보호하고 동기를 부여하고자 노력한다. 그들은 종종 경찰관들을 비판과 제재로부터 보호하기 위해 일선경찰관들과 감독자들 사이에서 완충 역할을 한다. 이를 통해 일선경찰관들이 업무수행에 따른 불가피한 실수에 대해서는 징계 걱정을 하지 않고 자신들의 업무를 수행할 것이라고 믿는다.

능동적 감독자(Active Supervisors)

능동적 감독자는 실천을 통해 모범이 되어야 한다는 굳건한 믿음을 가지고 있다. 그들의 목표는 순찰대원의 행동을 통제하고 현장에 많이 관여함으로써 일선경찰과 감독자 두 가지 기능을 모두 수행하는 것이다. 그들은 하급자들을 비교적 긍정적으로 바라보며, 스스로 순찰업무를 수행하는 것을 중시한다.

출처: Excerpt from Robin Shepard Engel, *How Police Supervisory Styles Influence Patrol Officer Behavior* (Washington, DC: U.S. Justice Department, 2003).

조직적 유형

경찰순찰활동은 경찰서별 경찰활동 유형에 영향을 받는다. 윌슨(James Q. Wilson)은 이를 세 가지의 조직적 유형으로 구분했다. <방관자 유형(The watchman style)>은 공격적인 법 집행을 하지 않고 조직원에 대한 통제도 거의 하지 않으면서 적극적인 해결보다는 안정적으로 유지할 수 있는 순찰을 강조한다. <합법적 유형(legalistic style)>은 범죄에 대한 공격적인 대응을 강조하고 행정적 접근방식 이론에 따른 원칙에 근거하여 경찰관의 행동을 통제하고자 한다. <서비스 유형(The service style)>은 지역사회의 기대를 충족시킬 수 있는 경찰대응을 강조하고 일반적으로는 상대적으로 범죄가 적은 교외 지역의 경찰서에서 주로 확인되는 유형이다.[35] 로스앤젤레스경찰은 전통적으로 높은 비율의 경찰주도 시민접촉과 체포비율에 중점을 두는 공격적인 경찰 업무를 강조하는 조직문화를 갖고 있다.[36]

몇몇 경찰관서는 교통범칙금, 체포 또는 현장탐문(field interrogation)

방관자 유형(watchman style)

합법적 유형(legalistic style)

서비스 유형(service style)

에 대한 할당량을 정하여 순찰경찰관의 업무활동에 영향을 주려 한다. 그러나 대부분 전문가는 이러한 할당량의 책정이 경찰 업무의 질과는 관련이 없다고 주장한다.[37]

▌순찰 감독: 팀장의 역할

표준경찰관리지침에서는 순찰경찰관들에 대한 팀장의 밀접한 감독을 요구한다. 반면 지역사회 경찰활동에서는 일반적으로 순찰경찰관들에 대한 직접적인 감독은 줄이고 더 많은 재량을 부여하며 과도한 근무를 통제하여야 한다. 뉴욕시의 몇몇 경찰관은 "더 많은 자유를 가질 수 있고, 무전으로 감시받지 않으며, 팀장은 행정 업무로 대부분 시간을 보낸다."는 점 때문에 지역사회 경찰활동 프로그램을 선호했다.[38]

⇨ 지역사회 경찰활동에 대한 전반적인 토의는 제10장 참조

감독 유형은 순찰 경찰이 수행하는 업무량에 영향을 미친다. 순찰의 기본 단위는 한 명의 팀장과 팀원으로 구성된다. 통제범위의 원칙에 따르면 한 명의 감독자는 제한된 수의 사람들만을 효과적으로 관리할 수 있다. 경찰활동에서 팀장 한 사람의 일반적인 통제범위는 8명이다.[39]

적절하지 않은 통제범위는 경찰 업무의 질에 중대한 영향을 줄 수 있다. 팀장은 자신의 팀원들과 정기적으로 교류할 수 없고, 가장 중요한 문제는 중요 사건에 제대로 대응할 수 없다는 것이다. <로스앤젤레스보안관서 특별상담관>은 통제범위 측면에서 팀장 1명당 8명의 기준보다 훨씬 초과한 1명당 20~25명의 경찰관이 '센추리역(Century Station)'에서 근무하는 동안 경찰관의 총기사용 비율이 더 높다는 것을 확인하였다.[40]

▌상황실

경찰활동의 핵심부서

피터 매닝(Peter Manning)은 경찰**911 상황실** 방문에 대해 "상황

911 상황실(911 communications center)

실에 대한 나의 인상은 생생하고 강력하게 남아있다. 그곳은 심하게 깜박거리는 형광등 불빛 아래에 냄새나고 연기가 가득한 곳이었다. 창문도 없이 답답하고 제한된 입구가 있었고 쾌적함은 거의 없었다. 대부분의 신경질적이고 걱정스러운 음성들… 나는 그렇게 불쾌한 현장 업무 경험은 참기 어려웠다."라고 강렬한 경험을 표현하였다.[41]

상황실은 현대 경찰기관의 실질적인 핵심부서이다. 사실 순찰업무는 현대 통신기술(전화, 양방향 무전 그리고 순찰차)에 의해 좌우된다. 현대 경찰 업무를 주도하는 911은 시민참여, 사후대응, 사건에 기초한다. 비평가들은 이러한 체계를 "경찰 전화"라고 부르고 911체계가 합리적인 계획과 문제에 대한 사전 예방적 경찰대응을 방해한다고 주장한다.[42]

상황실은 시민의 전화를 받아 그 신고를 어떻게 처리할지에 대해 결정하고, 모든 경우는 아니지만 대부분 사건 현장에 경찰차를 보낸다. 상황실의 개별적인 결정은 경찰 업무 수행에 매우 중요한 역할을 한다.[43] 조지 안투네스(George Antunes)와 에릭 스콧(Eric Scott)은 신고접수자가 "경찰 조직에 있어 중요한 결정권자"라고 주장한다.[44]

Exhibit 7−2는 경찰 상황실의 신고처리에 관한 관계도이다. 오늘날 규모가 큰 경찰관서 대부분은 상황실 인원을 정규경찰관보다는 민간인들로 구성한다. 많은 경찰관서에서 이 인원들이 직접 고용되는 것은 아니다. 최근 몇몇 주(states)에서는 상황실 직원들이 필수적인 훈련과 자격을 갖추도록 하는 법률을 고려하고 있다.[45]

911시스템

긴급번호 911은 1968년 AT&T(American Telephone and Telegraph) 사에 의해 소개되었다. 최초 시스템은 앨리배마 할리빌(Haleyville)에서 운영되었다. 오늘날에는 거의 모든 경찰기관이 911시스템을 운영한다.[46]

911시스템은 편리함과 경찰관서의 전화번호 홍보로 인해 신고가 급격히 증가하였다. 몇몇 기관은 911시스템을 운영한 후 첫 12개월 동안 신고자가 50% 이상 증가하였다. 이후 업무부담을 관리하기 위해 신고 내용의 중대성과 신속한 대응 필요성에 기초하여 들어오는 신고의 우선순위를 지정하였다. 경찰은 효율적인 신고 관리를 위해 컴퓨터지령시스템을 도입하여 비긴급 전화에 대해서는 지연하여 대응하였다.[47]

911 상황실의 고유 이름은 PSAP(Public Safety Answering Point)이다. 현재 약 4,500개의 기본 PSAP와 700개의 2차 PSAP가 있다. 기본 PSAP는 경찰, 소방 및 구급차 서비스가 필요할 때 처음으로 연락하는 911 콜센터이다. 2차 PSAP는 화재 및 의료 서비스와 같은 특정 유형의 응급 서비스요청이 접수될 때 일부 911 전화로 전환된다. PSAP 운영비용은 일반적으로 주에서 부과하는 세금과 수수료로 충당되며, 신고자는 전화 및 휴대전화 제공업체를 통해 서비스에 대한 세금을 지불한다. 911 수수료는 매년 약 27억 달러가 세금으로 징수되며, 이 수입은 콜센터 인건비, 교육, 프로그램 관리, 하드웨어 및 소프트웨어를 지원하는 데 사용된다.[48]

EXHIBIT 7-5

911 상황실

911 신고 흐름도

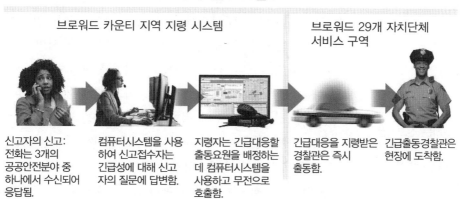

브로워드 카운티 지역 지령 시스템			브로워드 29개 자치단체 서비스 구역	
신고자의 신고: 전화는 3개의 공공안전분야 중 하나에서 수신되어 응답됨.	컴퓨터시스템을 사용하여 신고접수자는 긴급성에 대해 신고자의 질문에 답변함.	지령자는 긴급대응할 출동요원을 배정하는 데 컴퓨터시스템을 사용하고 무전으로 호출함.	긴급대응을 지령받은 경찰관은 즉시 출동함.	긴급출동경찰관은 현장에 도착함.

출처: Broward County Office of Public Communications

신고처리 절차

상황실 신고접수자
(communications center
operators)

911시스템은 정보처리시스템이다. 상황실 **〈신고접수자〉**와 ＜지령자＞ 그리고 순찰경찰관은 시민들의 신고를 공식적인 기관의 대응으로 전환하는 "정보 매개자들"이다.[49] 신고접수자들은 신고자들로부터 정보를 얻고 적절한 대응 여부를 결정한다. 만약 신고 내용으로 경찰대응이 필요하다고 판단되면 그 신고를 지령자에게 전달한다. 이 때 지령자는 그 신고에 대한 정보를 순찰 경찰에게 무전 지령한다.

신고접수자는 경찰이 재량권을 행사하는 것과 같은 엄청난 재량권을 행사한다. 매닝(Manning)은 신고처리 절차를 납치로 의심되는 신고사례를 통해 설명한다. 신고접수자는 납치와 관련된 4가지의 다른 코드를 활용할 수 있으나 '이러한 4가지 코드 중 어떤 것을 선택해야 하는가에 대한 규칙은 없다.' 신고접수자들은 300페이지에 이르는 절차 매뉴얼을 갖고 있으나 너무 두껍고 책상에 놓을 공간도 없어 '사실상 사용하지 않는다.'[50]

911상황실로 들어오는 신고 중 대략 절반 정도는 경찰관을 현장에 출동시킨다. 경찰서비스 연구(police service study)에 따르면 신고의 17%가 다른 기관의 업무와 관련 있는 내용이었다. 신고접수자들은 모든 신고의 16% 이내에서 시민들로부터 정보를 얻으며 9% 이내에서 시민들에게 정보를 제공한다. 나머지 14%는 시민들에게 경찰이 처리할 수 없다거나, 다른 기관으로 전화를 연결하거나, 요구한 것과는 다른 몇몇 조치들이 취해질 것이라고 답변한다.*[51]

⇨ 영어를 못하는 신고자를
   위한 911서비스에 대한
   토의는 이번 장에서
   설명함

가끔 신고자들로부터 정확한 정보를 얻는 것은 어렵다. 흔히 신고자들은 불분명하고, 완전하지 않거나, 정확하지 않은 정보를 제시한다. 많은 신고자가 혼란스럽거나 무서워한다. 어떤 신고자들은 술에 취하거나 정신적으로 정상이 아니다. 신고자들이 "소란(disturbance)"

---

* [역자 주] 이 문장에서 나온 비율의 숫자는 전체 신고전화의 총합과 각 처리절차 유형별 비율의 합이 맞지 않는다. 예상컨대, 저자는 처리절차의 유형을 각각의 독립적인 의미로 이해하지 않고 주요 관심내용에 대해 측정된 비율을 제시한 것이 아닐까 추정됨.

이라고 표현하는 상황은 단지 소음이 심한 파티에서부터 총기소지자
나 정신질환자에 의한 소란에 이르기까지 다양하다. 이러한 정보는 종
종 정확하지도 않다. 예를 들어 베일리(Bayley)와 가로팔로(Garofalo)는
"총기소지"에 대한 신고 중 단지 25%만이 실제로 총기가 있는 경우
라고 하였다.[52]

제임스 길시난(James Gilsinan)은 중서부지역 대도시에서 911 신
고접수자들이 24시간 동안 265개의 신고를 처리하는 것을 관찰했다.
신고접수자들은 신고자들로부터 얻은 정보들을 해석하고 정해진 원
칙적 대응(bureaucratic response)으로 전환하며, 특히 문제 해결 과정
에서의 최종결정을 위해 더욱 상세한 내용을 물어보면서 신고자들과
상호 교류한다.[53]

<지령자들>은 중요한 결정에 있어 많은 재량이 있는데 기본적
인 결정에는 어떤 순찰조를 출동시킬 것인가를 포함한다. 특정 구역
의 순찰조는 가끔 다른 신고사건을 먼저 처리하고 있어 '출동할 수
없거나' 구역담당 경찰관의 휴무로 출동지령을 할 수 없는 경우도 있
다. 결과적으로, 이로 인해 경찰관들은 정기적으로 순찰담당구역 외의
신고도 처리해야 한다.[54] 가장 중요한 것은 그 상황이 긴급 상황인지
그리고 신속한 현장대응이 필요한지를 결정하는 것이다. Exhibit
7-6은 로스앤젤레스경찰청의 신고처리 과정을 보여준다. 350만 건
이상의 신고가 경찰청 상황실로 접수되었지만 단지 21%의 경우에만
경찰이 출동하였다. 경찰출동의 절반은 "긴급출동" 또는 "신속출동"
이었고, 49%는 일상적인 사건처럼 출동하였다.*

<순찰경찰관들>은 지령자로부터 얻은 정보들을(가끔 제한적이
거나 부정확하지만) 바탕으로 현장 조치한다. 결과적으로 순찰경찰관
들은 굉장히 불확실한 상황에서 신고에 대응하는 것이다. 신고처리절
차는 신고자들이 제공하는 정보, 신고접수자들의 판단, 지령자와 순
찰경찰관과의 무전 그리고 순찰경찰관들의 현장판단에 따라 이루어
진다. 대부분 경찰관서는 순찰경찰관들에게 어떻게 신고를 처리했는

---

* [역자 주] 한국의 출동유형으로는 '긴급'은 코드0, '신속'은 코드1, '일반'은
  코드2와 코드3에 해당됨.

지에 대한 자세한 보고를 요구하지 않는다. 보고결과는 주로 "조치 완료" 또는 "조치 없음"으로 한정된다.

EXHIBIT 7-6

신고와 경찰출동, 로스앤젤레스 경찰청

전체 신고	3,557,626	
경찰출동	732,257	
출동비율	20.6%	

출동유형		전체출동비율
긴급	117,088	16%
신속	253,175	35
일반	361,994	49

출처: Los Angeles Police Department, *Statistical Digest, 2010*, www.lapdonline.org.

신고접수자와 시민의 상호작용

신고자들로부터 정보를 얻는 것은 911시스템에 있어 가장 중요한 요소 중 하나이다. 이 시스템에서는 현장출동 경찰관에게 가능한 한 정확한 정보가 제공될 필요가 있다. 그러나 전화를 건 사람에게 질문하는 과정에서 문제가 있을 수 있다. <시티웨스트(Citywest)>에서의 911통화에 관한 연구에서 신고접수자와 시민 간의 상호작용을 분석하였다.[56] 이 연구는 많은 질문으로 인해 상호작용이 길어진다는 사실을 발견했다. 신고접수자는 신고자로부터 명확하거나 일관된 정보를 얻을 수 없을 때 '계속 반복'하여 질문하도록 훈련받는다. 그러나 이는 일부 신고에서는 적절하지 않다.

몇 가지 질문은 신고자의 신뢰성을 의심하는 것으로 인식될 수 있다. 예를 들어 어떤 신고의 경우 신고자가 "(그가 어떤 옷을 입었는지라는 질문에 대해) 왜 그런 질문을 하나요?"라고 물어보았다. 신고접수자는 출동하는 경찰관에게 누가 도움이 필요한지를 알려주어야 하기 때문이라고 설명했다. 어떤 질문은 신고자의 정보에 대한 의심으로 인식될 수 있다. 예를 들어, 어떤 통화에서는, 접수자가 "무슨 뜻인가요?"라고 물었다면, 이것은 신고자가 무슨 말을 했는지 이해가 되지 않는다는 의미로 해석될 수 있다.

몇 가지 질문은 신고자의 인격을 의심하는 것으로 인식될 수 있다. 신고가 들어왔을 때 접수자가 신고자에게 "너는 친언니의 이름도 모르니?"라고 물어본다면 이것은 가족관계에 문제가 있는 것 아니냐는 것을 암시한다. 다른 질문들은 신고자의 판단에 의문을 제기하는 것으로 인식될 수 있다. 신고접수자는 긴급 상황이 실제로 존재하는지 아닌지를 판단하도록 훈련받는다. 몇몇 신고자는 접수자들이 긴급 상황이 존재한다는 것을 이미 알고 있을 것이라 믿고 불필요한 질문을 하는 것에 대해 항의한다.

간단히 말하면, 신고접수자들은 질문을 통해 정보를 더 얻을 수 있으나, 질문을 받는 사람들에게 부정적인 메시지를 전달할 수도 있다. 이 연구는 신고접수자와 지령자의 다른 역할이 충돌될 수 있다는 것을 알아냈다. 지령자들은 가능한 많은 정보를 얻기를 원하나 신고접수자들이 많이 질문하는 것은 신고를 꺼리게 할 수도 있다.

▌경찰순찰에 관한 체계적 연구

순찰은 경찰활동의 가장 중요한 부분이고, 대부분 경찰과 시민들 간의 가장 많은 상호 접촉이 있는 지점이다. 경찰관들은 지역사회에 흩어져 업무를 수행한다는 특성 때문에 체계적인 순찰 연구는 대단히 어렵고 비용이 많이 든다.[57]

1950년대 중반부터 경찰순찰에 대한 4개의 주요 관찰 연구가 진행되어왔다. Sidebar 7 - 3에서 연구 제목, 연도, 방법론, 결론과 각각의 주요 게재내용을 확인할 수 있다.

Sidebar 7-3

경찰순찰 연구

미국 변호사 재단 연구(American Bar Foundation Survey), 1956-1957

> 방법: 직접 관찰, 질적 분석
>
> 지역: 캔자스, 미시간, 위스콘신
>
> 주요 결과: 재량행사, 경찰 역할의 복잡성, 기소가 아닌 다른 목적을 위한 형법 사용
>
> 출판물: Wayne Lafave, Arrest (Boston: Little Brown, 1966); Donald Newman, Conviction (Boston: Little Brown, 1966).

대통령 범죄위원회(President's Crime Commission), 1965-1967

> 방법: 직접 관찰, 양적 분석
>
> 지역: 보스톤, 시카고, 워싱턴 D.C
>
> 주요 결과: 순찰활동과 재량 사용의 양적 분석, 재량 사용의 상황적 요소들, 경찰 권한
>
> 출판물: Albert J. Reiss, The Police and the Public (New Haven, CT: Yale University Press, 1971); Donald J. Black, The Manners and Customs of the Police (New York: Academic Press, 1980).

경찰서비스 연구(Police Services Study), 1977

> 방법: 직접 관찰, 양적 분석
>
> 지역: 미주리주 세인트루이스 대도시, 뉴욕주 로체스터, 플로리다주 세인트피터즈버그
>
> 주요 결과: 911 신고 업무량, 인종과 성별에 대한 재량 사용
>
> 출판물: Christy A. Visher, "Gender, Police, Arrest Decisions, and Notions of Chivalry," Criminology 21 (February 1983): 5−28; Douglas A. Smith, Christy A. Visher, and Laura A. Davidson, "Equity and Discretionary Justice: The Influence of Race on Police Arrest Decisions," Journal of Criminal Law and Criminology 75, no. 1 (1984).

이웃지향 경찰활동 프로젝트(Project on policing Neighborhoods), 1996-1997

> 방법: 직접 관찰, 양적 분석
>
> 지역: 인디애나주 인디애나폴리스, 플로리다주 세인트피터즈버그
>
> 주요 결과: 지역사회 경찰활동과 그 외 경찰활동, 경찰 요청에 대한 시민의 반응
>
> 출판물: Steven Mastrofski et al., Systematic Observation of Public Police (Washington, DC: U.S. Department of Justice, 1998); Stephen D. Mastrofski, Michael Reisig, and John D. McCluskey, "Police Disrespect toward the Public: An Encounter−Based Analysis," Criminology 40 (March 2006): 519−552.

체계적 사회 관찰을 위한 표준

경찰순찰은 매우 복합적 활동이다. 하나의 사건이나 이미지에 의존하게 되면 정확한 그림이 나오지 않는다. 체계적인 사회 관찰 과정은 정확하고 대표적인 그림이 제공되도록 설계된다.[58]

경찰순찰에 대한 체계적이고 과학적인 관찰은 차량, 도보, 자전거순찰 등에 경찰관과 동행하는 훈련된 관찰자에 의해 수행된다. 이러한 연구에 대한 기대감은 관찰자가 순찰경찰관과 어디든 동행한다는 점에 있다. 만약 안전에 문제가 있다고 판단된다면 경찰관은 관찰자들과 동행하지 않아도 된다는 고지를 받는다. 경험상 그런 상황은 거의 발생하지 않으며, 경찰관은 매우 빨리 관찰자의 존재에 익숙해진다.

한편, 관찰자들은 경찰관과 동행하는 동안 관찰한 것을 재구성하기 위해 관찰기록을 한다. 관찰기록은 주머니나 지갑 등에 쉽게 넣어 이동할 수 있는 작은 노트패드로 작성된다. 관찰자들은 누가, 언제, 어디서, 어떻게, 무슨 일이 있었는지에 대한 정확한 기억을 위해 빠르게 정보들을 작성한다. 경찰관은 관찰자들이 작성한 기록을 읽을 수 있으며 심지어 읽도록 장려받기도 하지만 연구팀 외부의 사람들에게 이 기록들이 제공되거나 그들과 내용을 토의하는 것은 허락되지 않는다. 관찰자들은 관찰대상 경찰관으로부터 언제든 관찰기록을 보여달라는 요구를 받을수 있으므로 경찰관이 불쾌해할 수 있는 내용이 기록되지 않도록 주의해야 한다. 관찰기록은 경찰 업무를 지나치게 참견하는 것으로 여겨져 관찰대상 경찰관에게는 예민하거나 불안감을 줄 수도 있다고 생각될 수 있지만, 신중하게 기록된다면 대상 경찰관과 더 많이 교감할 수 있다. 경찰관에게 요구되는 모든 것을 기록하는 것은 관찰자들이 수행하는 일의 일부분이고, 대다수 경찰관은 이것을 쉽게 이해하고 받아들인다.

▌신고대응 서비스의 업무량

신고량

미네아폴리스와 세인트폴(St.Paul)은 "쌍둥이 도시"라고 불리지만 순찰경찰관의 911업무량은 매우 다르다. 미네아폴리스 순찰경찰관들은 세인트폴보다 한 해에 두 배가량(550건 대 221건) 많은 신고를 처리한다. 반면 시카고 경찰은 샌프란시스코 경찰이 489건을 처리하는 것과 비교하여 경찰 1인 당 282건의 신고를 처리한다.[59] 간단히 말하면 비록 911시스템의 기본적인 기술은 같으나 업무량의 결과는 매우 다양하다.

신고형태

어떤 뉴욕 순찰경찰관은 "당신은 순찰할 때 발생하는 모든 종류의 일을 처리해야 하며, 한 가지 신고처리에 오래 머무르지 말고 15분 이내에 조치를 완료하여야 한다."고 설명했다.[60]

일상적인 순찰은 911시스템을 통한 신고 외에 "어떤 것이나 모든 것"에 대한 조치를 포함한다. 각 신고사건은 경찰관이 다른 장소로 이동하기 전에 최대한 신속하게 처리해야 한다. 911 신고 업무량 연구를 통해 일상적인 경찰순찰을 이해할 수 있다. 가장 중요한 결론은 모든 신고 중 20~30%만이 범죄대응과 관련된다는 것이다. 대부분의 **신고**는 **질서유지**나 **경찰관 요청**이다. Exhibit 7-7은 세 개의 대도시 지역에서 24개 경찰서의 신고 전화에 대한 경찰서비스 연구(PSS)의 통계자료를 보여준다. 다른 연구에서도 신고의 유사한 분포를 확인하였다.

이 자료들에는 몇 가지 주요 내용이 있다. 첫째, 범죄에 대한 법집행은 모든 신고 전화 중 소수에 불과하다. 경찰은 주로 범죄척결자가 아닌 공공의 안녕과 문제를 해결하는 사람이다.

둘째, 범죄와 관련된 대다수의 신고는 재산범죄이다. Exhibit 7-7에서 보여주듯이 폭력범죄는 전체 신고 전화의 3%에 불과하다.

질서유지 신고(order maintenance calls)
경찰관 요청 신고(service calls)

⇨ 경찰의 범죄대응과
   질서유지 역할에 대한
   토의는 제1장 참조

결과적으로 특히 폭력범죄와 중요범죄를 강조하면서 범죄척결 역할
을 강조하는 미디어의 경찰활동 이미지는 일상적인 경찰 업무를 왜
곡하는 것이다.

　　셋째, 대부분 경찰 업무는 질서유지 또는 갈등관리 그리고 경찰
서비스를 제공하는 것이다. 이러한 이유로 제1장에서 설명하였듯이
경찰활동의 성격을 가장 잘 규정한 것은 공공의 안녕이다. 일레인 쿠
밍(Elain Cumming)과 동료들은 경찰관의 성격을 "철학자, 안내자 그
리고 친구"로 규정하였다.[61]

　　넷째, 경찰은 모호한 많은 상황에서 재량을 발휘할 것을 요구받
는다. 대인 간의 갈등 또는 공적 위해 행위로 상황을 분류하는 것이
최선의 대응인지는 분명하지 않다. 시민들이 범죄와 관련되어 있다고
판단하는 많은 신고가 반드시 실제 범죄문제를 포함하는 것은 아니
다. 신고자가 범죄라고 생각하더라도 그러한 믿음을 입증할 충분한
증거는 없을지도 모른다. 라이스(Reiss)는 시민들이 그들의 신고 중
58%가 범죄와 관련된 문제라고 생각한 반면, 현장에 출동한 경찰관
들은 단지 17%만이 범죄와 관련이 있다고 인식하고 있음을 확인하였
고, "많은 시민은 민사문제, 개인적 문제, 그리고 범죄문제의 차이점
에 대해 잘 이해하지 못한다."고 주장하였다.[62] 경찰관들은 각각의 상
황에 영향을 미치는 특정한 환경을 고려하여 판단할 필요가 있다.

　　다섯째, 많은 질서유지와 경찰서비스요청 신고는 가정에서 일어
나는 가족 문제를 포함한다. 911시스템에서 정상적으로는 경찰관이
신고자의 집에 들어가는 권리가 없기 때문에 신고자들에게 경찰의
자택방문을 요청하도록 한다.[63] 결과적으로 경찰관은 가족 문제, 정
신질환, 알코올중독 등과 같은 가장 개인적인 문제들과 먼저 마주치
게 된다.

　　여섯 번째, 지역사회를 대표하는 사람들이 주로 신고하는 것은 아
니다. 몇몇 사람만이 경찰서비스를 많이 이용하고, 그 외 사람들은 거
의 이용하지 않는다. 경제적 수입이 낮은 사람들이 경찰서비스를 가장
많이 받는 수혜자들이다.[64] 신고와 관련된 미네아폴리스(Minneapolis)
연구에 따르면 12개월 동안 단지 5%의 주소지에서 전체 신고의 64%

⇨ 경찰재량에 대한 토의는
　　제11장 참조

가 이루어졌다는 사실이 확인되었다. 이 주소지들은 앞에서 언급된 것처럼 "핫스팟"이라고 불린다. 몇몇 개인 또는 가구는 만성적인 문제를 가지고 몇 달의 짧은 기간 동안 반복적으로 경찰을 요청한다. 반면에 미네아폴리스에 등록된 주소지 60%에서는 신고가 전혀 없었다.[65]

EXHIBIT 7-7

범죄, 비범죄사건에 대한 경찰출동 연구

	신고비율
범죄사건	
폭력범죄	
– 살인, 강도, 폭력, 납치, 강간, 아동학대	3.0%
비폭력범죄	
– 절도, 장물, 재물손괴, 공갈, 공공기물파손, 방화, 사기	15.0
풍속범죄	
– 마약, 도박, 매춘, 음란행위, 음란물제작	1.3
의심스러운 환경	
– 배회자에 대한 보고 또는 관찰, 총기소지, 비명, 의심스러운 사람 또는 여건	9.8
합계	29.1%
비범죄사건	
교통	
– 교통법규 위반, 교통체증, 사고, 교통방해	24.1%
소란	
– 다툼, 논쟁, 개인 간 갈등을 포함한 소란행위	8.6
피해	
– 성가심, 괴롭힘, 소음방해, 무단침입, 청소년비행, 질서위반	10.7
의존적인 사람	
– 주취, 실종, 청소년도주, 정신질환, 요부조자	3.4
의료	
– 상해피해, 자살(시도), 변사, 의료적 관심이 필요한 사람	1.9

정보요구	
– 길안내, 추천, 경찰 또는 정부절차, 여러 가지 잡다한 요구	4.0
정보제공	
– 재산회복, 분실 또는 절도, 오작동, 경찰민원, 일반적인 정보제공	2.8
일반지원	
– 동물문제, 재산손실 또는 피해, 기술적 문제, 화재 또는 재난, 차량 지원, 출입문잠김, 동행, 비정상적 신고, 주택확인, 에스코트, 수송	9.2
기타	
– 국내법적 절차, 지원요구, 경찰관의 정보제공, 경찰관의 정보획득, 경찰지원, 택배오인도착	4.4
– 허위신고	1.8
합계	70.9%

출처: Stephen Mastrofski, "The Police and Noncrime Services," in G. Whitaker and C. Phillips, eds., *Evaluating the Performance of Criminal Justice Agencies* (Beverly Hills, CA: Sage, 1983), 40.

▌순찰의 주요 고려사항

대응시간

　전통적으로 경찰의 최우선 과제는 범죄현장에 신속하게 도착하는 것이다. 신고에의 빠른 **대응시간**은 경찰활동에 대한 대중적 지혜   대응시간(response time)
의 한 부분이다. 경찰과 시민 모두는 빠른 대응이 체포의 가능성을 높이고, 대중의 만족도를 증가시킨다고 믿는다. 표준모델은 모든 서비스 요청에 대해 가장 빠른 대응을 강조하고 있다.

　불행하게도 대응시간에 관한 연구결과는 시민들의 신속한 대응시간에 대한 믿음과는 달랐다. 몇몇 연구에서는 대응시간이 현장체포 (문제 해결)에 거의 영향을 주지 않는다는 사실을 확인하였다.[66] 범죄발생에서 경찰의 현장도착 사이의 총 시간은 여러 부분으로 나누어 볼 수 있다.

  1. **발견시간**(discovery time): 특정 범죄의 발생과 범죄발견 사이의 간격

2. **신고시간**(reporting time): 범죄발견과 시민 신고 사이의 간격

3. **지령시간**(processing time): 신고접수와 순찰차 출동지령 사이의 간격

4. **이동시간**(travel time): 순찰 경찰이 그 현장에 도착하는 시간의 길이

경찰재단의 연구에 따르면 지령시간은 평균 2분 50초가 걸리는 반면 이동시간은 평균 5분 34초가 걸린다고 한다. 개리 코드너(Gary Cordner)와 동료들도 미시간주 폰티악(Pontiac) 경찰서의 신고에 대한 연구에서 위와 유사한 시간이 걸린다는 것을 확인하였다.[67]

발견시간(discovery time)

경찰은 **발견시간**, 신고시간 또는 지령시간(항목 1, 2, 3)을 통제할 수는 없다. 경찰최고위연구포럼(PERF)의 연구에 따르면 모든 신고된 범죄의 75%가 즉각적인 현장대응이 필요하지 않는 범죄(cold crime*)이고, 단지 25%만이 범죄(예— 피해자와 가해자 사이의 대립)와 관련되는 것임을 확인하였다. 예를 들면, 대부분 강도는 발생한 후 몇 시간이 지난 후에 발견된다. 코드너와 동료들은 범죄가 발생한 시간과 발견되거나 신고되는 시간 사이의 간격이 재산범죄의 경우 1시간 단위로, 폭력범죄는 30분 단위로 측정되는 것을 확인하였다. 문맥상 위의 전제에서 경찰의 이동시간(4번째 항목)은 범죄자 체포와는 관계가 거의 없다.[68]

경찰최고위연구포럼의 연구는 범죄 신고의 경우 피해자가 경찰에 신고하는 시간이 평균 4.0~5.5분이 걸린다는 것을 확인했다. 범죄 신고 중 13%는 범죄가 진행 중에 신고되었고 14%는 범죄가 발생한 후 1분 안에 신고되었다. 피해자의 늦은 신고는 경찰의 빠른 대응으로 얻게 되는 잠재적인 이익을 감소시킨다. 이 연구는 중요범죄의 80~90%가 "경찰의 대응시간이 아무리 빨라도 현장에서의 체포가능

---

* [역자 주] cold crime의 의미는 대응의 필요성이 없거나 적은 범죄로 hot crime과 비교되는 범죄를 의미함. 번역상으로는 이를 '현장대응이 불필요한 범죄'라고 표현함. 주로 신고되는 절도와 재물손괴 등이 이에 해당하는 것으로 범죄사실의 확인을 위한 최소한의 경찰대응은 요구될 수 있으므로 경찰대응이 불필요하다는 표현보다는 즉시대응이 불필요한 범죄로 이해하는 것이 합리적일 것임.

성은 높지 않다.*"는 사실을 강조하고 있다.[69]

시민들은 아래와 같은 여러 가지 이유로 신고를 지연한다.

- 범죄가 실제로 발생했다는 것을 확인하기 위해서(예 – 어떤 물건이 없어졌는지)
- 그들의 평정심을 되찾기 위해
- 친구나 가족에게 먼저 알리기 위해
- 그들이 경찰을 부를 것인지 아닌지를 결정하기 위해
- 전화사용이 즉시 가능하지 않기 때문에(노상강도일 때)

경찰서비스에 대한 시민만족도는 대응시간의 영향을 받는다. 프랭크 퍼어스텐부르크(Frank Furstenburg)와 찰스 웰포드(Charles Wellford)는 15분 이상 경찰을 기다린 사람들은 더 빠른 대응을 경험한 사람들에 비해 상당히 불만이 많다는 것을 확인하였다. 흑인과 백인 모두 만족도는 대응시간이 5분에서 15분 이상 증가할수록 꾸준히 떨어진다.[70]

만족도는 얼마나 빨리 경찰관이 도착할 것인가에 대한 시민들의 기대를 반영하는 것이다. 시민들은 대부분 신속한 대응을 기대했으나 이에 미치지 못하면 불만족하기 쉽다. 나중에 살펴보겠지만 차별적 신고대응에 대한 실험을 통해 시민들은 만약 경찰관이 즉시 대응하지 못한다는 사실을 통보받는다면 만족한다는 사실도 확인하였다.[71]

현재까지 대응시간이 빠를수록 범죄율에 영향을 주는지에 대한 효과성 연구는 없다. 국립과학원(The National Academy of Sciences)은 만일 일반적인 범죄자들이 경찰의 대응시간이 더 빠르다는 사실을 알고, 체포 가능성이 증가한다는 것을 인식한다면 범죄억제 효과가 있을 것이라고 추정하였다. 그러나 국립과학원 보고서에는 범죄자들이 일반적으로 "경찰활동에 대한 제한적이고 불분명한 정보"를 가지고 있으므로 "거의 가능성이 없다."고 언급되었다.[72]

---

* [역자 주] '경찰대응 시간이 0이 된다.'는 의미는 '즉시 대응하여 대응에 걸리는 시간을 최소화한다'라고 이해할 수 있음.

경찰관의 순찰시간 활용

전통적으로 경찰관에 대한 부정적인 고정관념 중 하나는 "경찰은 그들의 모든 시간을 순찰과 업무수행 대신 도넛을 먹는 데 사용한다."는 것이다. 이 고정관념은 경찰관들이 어떻게 그들의 시간을 활용하고 있는지에 대한 중대한 의문을 제기한다. 일반적인 순찰경찰관은 8시간의 순찰시간에 무엇을 하는가? 그들은 얼마나 많은 '실질적인' 경찰 업무를 수행하는가? 경찰활동에 대한 또 다른 고정관념은 경찰이 매우 스트레스를 받는 직업이고 경찰관들은 끊임없이 신고출동을 하고 있다는 것이다. 이 고정관념은 맞을까?

경찰관이 그의 시간을 어떻게 사용하고 있는지는 비용 측면에서도 중요하다. 인건비는 경찰서 예산의 80~90%를 차지한다. 경찰서의 생산성을 최대화하기 위해서는 순찰경찰관이 가능한 일을 많이 해야 한다.

이웃지향 경찰활동 프로젝트는 일상적인 경찰 업무와 관련해 가장 철저히 수행된 연구이다. 이 연구에서 일반 순찰경찰관은 업무시간의 대략 20%만 시민들과 접촉에 사용한다는 것이 확인되었다. 1회 근무에서 약 1시간 30분을 사용한다는 것을 의미한다. 그들은 순찰시간의 20%를 "일반적인 순찰"에 쓰고 15%는 장소 이동에 사용한다. 지역사회 경찰활동을 수행하는 경찰관들은 예상대로 일반 순찰에 적은 시간을 사용하였지만 놀랍게도 시민과의 접촉에도 일반 순찰경찰관들보다 더 적은 시간을 사용하였다.[73]

볼티모어에서 순찰경찰관은 한 번 근무에 약 5건의 신고사건을 처리하는데 건당 평균 20분이 걸렸다. 1회 근무에서 실제 구체적으로 근무가 지정되지 않은 시간은 약 6시간 30분이다. 연구자는 순찰경찰관이 "너무 많은 재량시간을 가지고 있다."라는 결론을 냈다. 이 연구는 그 밖에 근무가 지정되지 않은 시간 동안의 활동 중 6%만이 관리자, 지령자, 동료 경찰관 또는 시민들에 의해 확인되었다.* 순찰경찰

---

* [역자 주] 감독자, 지령자, 동료경찰관, 시민들에 의한 감독(directed)의 의미는 활동이 확인되었다는 의미로 해석할 수 있음.

관들이 팀장으로부터 활동에 대해 지시를 받더라도, 그 지시의 내용이 모호하거나 일반적으로 문제 해결이나 사전예방 등의 활동을 포함하지는 않는다.[74]

체포는 순찰경찰의 시간 사용에 큰 영향을 미친다. 체포 처리에는 한 시간 반에서 두 시간 정도가 걸린다. 경찰서의 표준업무수행절차에 따르면 대부분 체포에 2명 이상의 경찰관들이 필요하다.[75] 각각의 체포는 순찰경찰관을 거리에서 사라지게 하고 이로 인해 예방적 순찰과 신고대응시간의 양은 줄어들게 한다.

업무 회피

쌍방향 무전 교신으로 순찰경찰관과의 직접적인 의사소통이 가능하지만, 경찰들은 여전히 업무를 회피할 수 있다. 가장 쉬운 방법은 신고처리 종료보고를 미루는 것이다. 지령자는 경찰관이 신고사건을 조치 완료하였다고 보고하기 전까지는 그 신고처리가 여전히 진행된다고 추정한다. 경찰관은 보고를 지연하는 것만으로 자유시간을 가질 수 있다.[76]

고속추격

고속추격은 경찰순찰에 있어 중요한 문제이다. 추격은 경찰관이 차를 정지시키려고 시도하였으나 용의자가 고의로 속도를 높여 도망치려는 상황에서 발생한다. 추격은 일반적으로 경찰관과 도망치는 사람, 주변의 다른 운전자들에게 심각한 위험을 유발한다.[77]

플로리다주 메트로 데이드(Metro-Dade)에서의 경찰 추격에 대한 제프리 앨퍼트(Geoffrey Alpert)와 로저 던햄(Roger Dunham)의 연구에서 추격의 33%가 사고로 이어지고, 17%는 부상으로 이어지는 것이 확인되었다. 용의자가 사망에 이른 것은 약 1% 미만이다. 다른 연구에서는 더 높은 사고 비율을 확인할 수 있다(한 연구는 44%, 다른 연구는 18%). 이 연구들에서는 부상비율이 모든 추격 중 높게는 24%

에서 낮게는 5%까지 발생한 것으로 확인되었다.[78]

　　고속 추격 연구와 이를 통제하려는 시도는 모든 추격이 보고되는 것이 아니어서 어려운 일이다. 대부분 경찰관서에서 경찰은 모든 추격에 대해 공식보고를 하여야 한다. 많은 추격 중 몇 가지는 추격 시간이 매우 짧아 경찰관들이 보고하지 않는 경우도 있다. 경찰관은 경찰관서의 추격에 대한 원칙(예-도로 사정을 위험하게 하는 추격)을 위반했을 경우 보고하지 않을지도 모른다.

⇨ 경찰재량에 대한 완전한
토의에 대해서는 제11장
참조

　　최근까지 순찰 경찰은 추격할 수 있는 완전한 재량권을 가지고 있었다. 그러나 오늘날 대부분 경찰서(97%)는 규정을 통해 추격을 통제하려고 한다. 이러한 정책은 5가지 일반 범주로 구분된다. 전체 경찰서의 약 13%가 경찰관에게 추격할지에 대한 광범위한 재량권을 부여하는 재량 정책을 시행한다. 경찰서 70% 이상은 범죄 유형, 속도 및 주변 조건 등의 상황이 특정 기준을 충족하는 경우 추격을 허용한다. 약 9%의 경찰서는 추격을 허용하지만 관리자의 승인과 검토를 받아야 한다. 또 다른 3%는 경찰관에게 특정 상황에서 추격하지 말라고 조언하지만, 금지 정책만큼 제한적이지는 않다. 마지막으로 2%의 경찰서는 경찰관이 차량 추격에 참여하는 것을 금지한다.[79]

　　마이애미 데이드(Miami-Dade) 경찰서는 경미 범죄(신호위반, 경범죄, 폭력을 행사하지 않았으나 주거지가 파악되는 중범죄자)에 대해서는 추격을 금지하고 있다.[80] 많은 전문가는 경미 범죄의 경우 잠재적인 위험을 인정하기 어렵다고 주장한다. 다른 경찰서에서는 날씨로 인해 안전하지 않은 운전 조건이거나 보행자가 있는 경우에는 추격을 제한한다.

┌─ POLICE in FOCUS ─────────────────────────────

경찰추격의 치명적인 결과

　　USA 투데이는 1979년에서 2013년 사이 경찰추격에 따른 죽음에 대해 게재하였다. 이 기간 동안 경찰관 139명과 도주운전자 6,301명 그리고 법규를 위반하지 않은 일반 시민 (최소 2,456명에서 2,750명은 추격과 상관없는 주변 사람들) 5,066명 등 총 11,506명이 경찰추격의 결과로 사망하였다. 아래 표는 사망 사고가 가장 많은 지역에 대한 구체적인 내용을 보여준다.

1979년~2013년의 경찰추격관련 사망사고가 가장 많은 지역

지역(도시)	전체 사망	경찰	도주운전자	일반시민
로스앤젤레스	412	0	190	222
쿠크(시카고)	211	2	85	124
웨인(디트로이트)	188	5	83	100
해리스(휴스턴)	150	1	75	74
샌디에이고	144	1	72	71

출처: Thomas Frank, "High-Speed Police Chases Have Killed Thousands of Innocent Bystanders." *USA Today*, July 30, 2015, http://www.usatoday.com/story/news/2015/07/30/police-pursuits-fatal-injiries/30187827/.

▌순찰의 효과

로버트 필의 시대 이후로 경찰활동에 대한 기본적인 가설은 눈에 보이는 경찰의 존재가 범죄를 막는다는 것이었다. 이와 관련된 가설이 순찰경찰관의 수를 늘리는 것이 범죄억제 효과를 높인다는 것이다. 그러나 1970년대 초까지는 이러한 가설을 검증하는 과학적인 실험이 전혀 없었다.

초기실험

1950년대와 1960년대 순찰의 효과성을 검증하고자 했던 초기실험들은 당시의 과학적 연구표준에 부합하지 않았다. <Operation 25>*에서, 1954년 뉴욕시경찰서는 25구역에서 4개월 동안 순찰경찰관 수를 두 배로 증가시켰다. 경찰서는 순찰증가로 90% 이상의 노상강도가 줄었고 자동차 절도의 3분의 2가 줄었다고 주장했다.[81]

그러나 Operation 25 실험은 연구방법에 결함이 있다. 그 실험은 독립적으로 평가되지 않았고 경찰관들이 원하는 결과를 얻기 위해 전미범죄통계보고서(UCR)의 수치를 조작했을 가능성이 제기되었

---

* [역자 주] Operation 25는 뉴욕시 25구역에 대한 순찰 실험으로 원어를 그대로 표기함.

다. 연구 설계에서 다른 지역으로의 범죄 전이나 범죄행위에 영향을 미칠 수 있는 요인들을 통제하지 않았다.

또 <다른 뉴욕시의 실험>에서는 저녁 8시에서 새벽 4시까지 지하철에 순찰경찰관 수를 2배 이상(1,200명에서 3,100명까지) 배치하였다. 단기간에는 범죄가 줄어들었으나 이후 범죄는 빠르게 증가했다. 1970년도 뉴욕의 지하철 강도는 추가 인력이 배치되기 전까지 1965년도보다 6배나 많았다. 게다가 나중에 경찰은 실험 기간에 신고된 범죄 수를 줄이기 위해 고의로 범죄 신고를 조작하였다는 사실이 밝혀졌다.[82]

캔자스시 예방순찰실험

1972년 캔자스시 경찰서장인 켈리(M. Kelley)는 위험한 도박을 결심했다. 그동안 어떤 서장도 오랜 기간 동안 다른 수준의 순찰을 실험한 적이 없었다. 그리고 어떤 서장도, 정치적인 관점에서 보면 가장 위험하게 생각되는, 몇몇 순찰구역에서의 일반적인 순찰보다 적은 순찰인원을 허용하지 않았다. 항상 서장의 직책을 걸어야 할 정도로 시민들의 반발이 있었기 때문에 그 실험은 대단히 위험한 것이었다. 만약 그 실험이 범죄율에 있어 일반적인 순찰과 어떠한 차이도 만들지 못한다면 어떻게 될까? 그러나 켈리는 기꺼이 그러한 위험을 감수하고자 했다. 그는 캔자스시 경찰에 많은 개혁을 실천한 서장이었다. 그러한 리더십을 인정받아 순찰실험이 끝나기 전인 1973년 FBI국장으로 임명되었다.

캔자스시 예방순찰실험(Kansas City Preventive Patrol Experiment)

캔자스시 예방순찰실험(1972 – 1973)은 미국 경찰활동에 있어 획기적인 사건이었다. 그것은 과학적 연구의 최소표준과 부합되는 순찰의 효과성을 검증하는 최초의 실험이었다. 민간조직인 경찰재단은 그 실험에 대해 재정적인 지원과 연구 설계에 자문을 제공했으며, 실험에 대한 평가는 독립적이고 객관적이었다고 확신했다.[83]

연구 설계에는 남부의 24개 순찰구역 중 15개가 포함되었다(그 지역을 대표하지 않는 9개는 제외). 그 구역들은 범죄 자료, 신고 건수,

인종 구성, 평균 소득, 그리고 인구 현황 등을 바탕으로 각각 3개씩 5개의 그룹으로 분류되었다. 순찰구역은 세 가지의 순찰수준 중 하나가 적용된다. (1) 사후대응구역은 순찰차가 단지 신고가 있는 경우에만 구역에 들어와 대응하고, 신고가 없는 경우 다른 구역을 순찰함으로써 "예방적 순찰을 하지 않는다." (2) 사전예방구역은 정상적인 수준보다 2~3배의 순찰 인력을 추가 배치된다. (3) 통제구역은 일반적인 수준의 순찰을 실시한다(구역 당 순찰차 한 대).

이 실험은 아래 내용을 검증하였다.

- 시민들은 경찰순찰의 변화를 알아차릴 수 있을까?
- 전미범죄통계보고서의 자료 또는 피해자 조사측정을 통해 차별화된 경찰순찰이 범죄 발생에 영향을 미칠까?
- 차별화된 순찰수준이 시민들의 범죄에 대한 두려움에 영향을 미칠까? 만일 그렇다면 시민들의 행동과 생활방식에는 어떤 변화가 있을까?
- 차별화된 순찰수준이 경찰에 대한 시민만족도에 영향을 미칠까?

실험은 차별화된 순찰수준이 (1) 범죄동향 (2) 지역사회의 인식과 태도 (3) 경찰관의 행동과 경찰관서의 실행(practice)에 미치는 영향을 측정하였다. 범죄동향*은 보고된 범죄와 체포에 대한 공식적인 전미범죄통계조사 자료와 피해자 조사를 통해 측정되었다. 이것은 상대적으로 새로운 피해자 조사 기법의 가장 중요한 적용방식 중 하나였다. 피해자 조사는 범죄 피해자, 범죄에 대한 시민의 두려움, 시민의 보호 조치, 기업의 보호 조치, 경찰에 대한 시민의 태도를 측정하는 데 사용되었다. 경찰 대응시간, 체포, 경찰관의 시간 사용 및 태도에 관한 자료도 수집되었다. 이전의 경찰 실험에서는 이와 같은 광범위한 문제를 조사하거나 비공식적인 자료와 같은 다양한 자료를 활용하지 않았다. 실험은 1972년 7월에 시작되었으나 실험조건이 맞지 않아 한 달도 되기 전에 중단되었다. 실험조건이 다시 조성된 후 이

* [역자 주] Criminal activity는 전후 문맥을 고려할 때 '범죄에 대한 동향'으로 번역하는 것이 타당함.

연구는 1972년 10월에 재개되어 12개월 동안 진행되었다.

캔자스시 실험의 결과 및 함의

이 실험의 결과는 경찰 정책에 있어 대단히 중요하며, 많은 함의를 주었다. 주요한 내용은 다음과 같다.

- 순찰수준의 다양성은 범죄에 유의미한 영향을 주지 않았다.
- 순찰수준의 다양성은 시민들의 안정감에 유의미한 영향을 주지 않았다.
- 경찰 보호에 대한 인식 변화가 행동이나 생활방식에 유의미한 변화로 이어지지는 않았다.
- 순찰수준의 다양성은 경찰에 대한 태도에 영향을 주지 않았다.

연구결과는 일반적인 순찰에 대한 전통적인 가정에 도전하였다. 더 많은 순찰이 범죄를 감소시키지는 않았고 더 낮은 수준의 순찰이 범죄를 증가시키지도 않았다. 또한, 시민들은 경찰순찰의 변화에 대해 알지도 못하였다. 어느 지역에서든 완전하게 경찰이 존재하지 않는 경우는 없었기 때문에, 그 실험은 일반적인 순찰이 범죄에 효과적이지 않다는 것을 증명하지도 못하였다. 순찰차는 신고에 대응하려고 사후대응구역에 들어왔고, 경찰 마크가 부착된 다른 부서의 차량들도 이 지역에 들어왔다.

왜 차별화된 순찰은 범죄 또는 대중의 인식에 영향을 주지 않았을까? 여기에는 몇 가지 이유가 있다. 첫째, 로렌스 셔먼(Lawrence Sherman)과 데이비드 와이스버드(David Weisburd)가 지적한 것과 같이, 순찰은 정상적인 상황에서는 매우 고르게 퍼져있어 유의미한 영향을 주지는 않을 것 같다.[84] 둘째, 많은 범죄는 실내에서 발생하고 때로는 충동적인 행동이기 때문에 순찰을 통해 억제되지는 않는다. 전미범죄피해조사(NCVS) 자료에서 성폭력의 33.7%가 집에서 발생하고 23.1%는 누군가의 집안이나, 근처에서 발생한다고 밝히고 있다. 많은 폭력이 노상보다는 집, 식당, 상점의 내부에서 발생한다.[85] 반면, 살인사건의 약 60%는 서로 아는 사이에서 발생한다. 실내에서 발생하는 범죄들은 거리 순찰로 통제되지는 않을 것이다. 게다가 많은 범죄자는 체포와 처벌의 위험을 합리적으로 계산하지 않으며 특히 그 지역에서 경찰의 순찰수준을 생각하지는 않는다. 요약하면 경찰순찰에 대한 전통적인 접근에서는 많은 범죄가 순찰을 통해 저지되거나 억제될 수 있는 범주가 매우 과장되어 있다.[86]

　셋째, 사람들은 "환상효과(phantom effect)" 또는 범죄학자들이 **'잔차억제'**라고 부르는 효과 때문에 캔자스시에서 차별화된 순찰이 부분적으로 적용되었다는 것을 인식하지 못하였다.[87] 대부분 사람은 경찰이 그 지역에 실제로 순찰을 하지 않아도 경찰이 있다고 믿는다. 그들은 어느 때와 장소에서(예-하루 전이나 어느 장소)도 경찰을 보았고, 현재도 경찰이 그들의 지역을 순찰하고 있을 것으로 추정한다. 그러한 최초의 인식은 다른 시간과 장소에까지 이어지는 잔류효과를 가지게 된다.

　네 번째, 캔자스시 실험은 경찰순찰수준만을 측정했다. 그 실험에는 순찰경찰이 실제로 무엇을 하는가는 포함되지 않았다. 지역사회 경찰활동과 문제지향 경찰활동(제10장 참조)은 전통적인 순찰과는 다른 경찰활동을 강조하고 있어 가장 중요한 개혁으로 여겨진다. 비평가들은 캔자스시의 실험에서 많은 문제를 발견했다. 리차드 라르손(Richard Larson)은 실험에 참여하지 않은 다른 특정 부서의 경찰차가 사후대응구역에서 업무를 수행함으로써 경찰의 존재를 더 눈에 띄게 했다

잔차억제(residual deterrence)

---

* [역자 주] 통계학에서 <잔차(residual)>는 표본을 전제로 하여 회귀식에서 사용되는 개념으로 표본의 회귀식에서 예측된 값과 실제 관측값 간의 차를 의미함. 이러한 점에서 잔차는 모집단에서 예측된 값과 실제 관측값 간의 차를 의미하는 <오차(error)>와 구분됨. 이러한 통계학적 개념에 착안하여 Sherman(1990)은 표본으로 선정한 지역에서 실험조건인 적극적인 경찰활동[특히 음주운전 "일제단속(crackdowns)"]이 전개된 후 범죄발생이 감소하고, 실험이 종료된 이후에도 범죄발생이 계속 감소하는 상황을 가리켜 "잔차억제(residual deterrence)"라고 칭하였음. 잔차억제(residual deterrence)에 대한 상세한 내용은 Sherman, Lawrence (1990), Police Crackdowns: Initial and Residual Deterrence, Crime and Justice, 12, 1-48. 참조.

는 점을 지적한다. 사후대응구역의 경찰관들은 자기 주도적인 활동(차량정지와 같은)을 더 많이 하였고, 신고에 대응하면 사이렌과 경광등을 많이 사용했다. 이런 모든 활동이 실제 존재하는 것보다 경찰의 존재를 더 크게 인식하도록 했을 것이라고 주장하였다.[88]

그 자료의 가장 중요한 함의 중 하나는 경찰관이 업무를 처리하지 않는 시간(uncommitted time – 업무 시간의 약 60%)이 보다 효과적으로 사용될 수 있다는 것이다. 앤소니 페이트(Anthony Pate)는 순찰이 줄어들었다고 범죄의 증가로 이어지지는 않기 때문에 "순찰은 부정적인 결과를 초래하지 않는다면 최소한 일시적으로나마 제거될 수 있고, 경찰관들은 특정한 목적을 위해 다른 지역으로 재배치될 수도 있다."고 주장했다.[89]

뉴어크 도보순찰 실험

뉴어크 도보순찰 실험
(Newark Foot Patrol
Experiment)

캔자스시 실험은 차량순찰을 하는 경찰관들을 대상으로 하였다. 그 결과로 도보순찰이 범죄와 대중의 태도에 영향을 주는지 아닌지에 대한 궁금증은 더욱 커졌다. 이러한 궁금증들이 **뉴어크 도보순찰 실험**(1978 – 1979)으로 이어졌다. 실험설계는 캔자스시 실험과 유사했다. 몇몇 순찰구역들은 도보순찰이 추가되었고, 다른 구역들은 도보순찰이 줄었다. 그리고 또 다른 구역들은 통제구역으로 설정되었다. 그 실험은 차별화된 도보순찰이 범죄, 체포율, 지역사회의 태도에 미치는 효과를 측정하였다.[90]

뉴어크 도보순찰 실험은 도보순찰이 증가하였다고 중대 범죄가 감소하는 것은 아님을 확인하였다. "일반적으로 도보순찰은 주거 또는 상업지역에서의 범죄 수준에 유의미하게 영향을 주지는 않는다." 그러나 차별화된 도보순찰이 시민 태도에는 유의미한 영향을 미쳤다. 시민들은 차별화된 도보순찰을 "민감하게 인식"했고, 도보순찰이 증가한 구역의 거주자들은 지속적으로 "자기 지역에서 범죄문제의 심각성이 다른 지역들보다 훨씬 더 많이 줄어들고 있다."고 인식하였다.[91]

도보순찰의 증가는 다른 긍정적인 효과들도 가져왔다. 범죄에
대한 두려움이 감소하면서 도보순찰과 관계되지 않는 경찰활동을 포
함한 경찰에 대한 긍정적인 태도가 향상되었다. 동시에 도보순찰경찰
관은 시민들이 경찰을 좀 더 지지한다고 믿으면서 시민들에 대해 더
긍정적인 태도를 보였다. 차량순찰경찰관들이 "시민을 위한 봉사"를
그들의 직업에서 다섯 번째로 중요하다고 순위를 매긴 것과 비교하
여 도보순찰경찰관들은 두 번째로 중요한 것으로 순위를 매겼다. 이
는 태도와 관련된 도보순찰의 긍정적인 이익은 서로 주고받는 것이
라는 사실을 보여준다.

새로운 질문과 새로운 접근

캔자스시와 뉴어크 순찰실험은 경찰에 대한 시민들의 인식에 중
요한 분수령(watersheds)이었다. 순찰에 관한 전통적인 가정들에 대한
궁금증이 그 실험들을 창조적인 새로운 사고로 이끌었다. 비록 몇몇
관찰자들이 지적했듯이 그 실험들은 단지 순찰수준만을 검증하였고
순찰 경찰들이 근무시간 동안 실제로 무엇을 하는지는 검증하지 않
았지만, 도보순찰은 시민의 두려움을 줄인다는 결과를 확인하였다.
이런 새로운 사고는 지역사회 경찰활동이라는 아이디어로 직접 이어
졌다.[92]

⇨ 지역사회 경찰활동과 다른
개혁에 관한 토의에
대해서는 제10장 참조

▌전통적 순찰의 개선

많은 경찰관서는 지역사회 경찰활동과 더불어 전통적인 순찰의
능률성과 효과성 향상을 위해 설계된 개혁들을 제시하였다. 가장 중
요한 개혁들은 다음과 같다.

차별적 신고대응

정말 경찰은 모든 신고 전화에 즉각 대응해야 하는가? 순찰 경찰

들이 항상 알고 있는 것처럼 많은 신고는 사소한 문제들이다. 잘 알려진 "나무 안에 갇힌 고양이(cat in a tree)" 신고뿐 아니라 재산범죄 대부분은 보고서 작성만으로 충분하고 경찰의 현장대응이 불필요한 사안(cold crime)이다. 엄청나게 많은 911 신고량과 경찰에게 주어지는 부담을 고려하면, 대중들에게 서비스를 제공할 더 좋은 방법은 있을까?

많은 경찰관서는 전화 신고량을 좀 더 효과적으로 관리하는 방식으로 위와 같은 이슈에 대응해 왔다. 이러한 접근은 경찰이 모든 신고에 가능한 한 빨리 대응해야 한다는 전통적인 가정과는 배치된다.

차별적 대응(differential response)

차별적 신고대응은 사건의 심각성에 따라 신고를 분류한다. 전화, 메일, 경찰서 방문을 통해 확인된 신고내용에 따라 (1) 정규경찰관에 의한 신속 대응 (2) 정규경찰관에 의한 지연 대응 또는 (3) 경찰의 무대응으로 분류된다. 차별적 신고대응은 상황실 근무자들을 위한 지침이 잘 갖추어지고 철저한 훈련이 전제되어야 한다.[93]

차별적 신고대응은 성공적이라고 평가되었다. 노스캐롤라이나주의 그린스보로(Greensboro)에서는 전체 신고 전화의 약 절반(53.6%)만이 즉각적인 현장출동이 필요했고, 19.5%는 현장출동이 필요하지 않았다(대부분은 전화로 확인 가능한 현장대응이 필요치 않은 절도신고). 그리고 나머지 26.9%는 지연 대응하였다. 경찰과 시민 모두 차별적 신고대응에 만족했다. 그린스보로 시민들은 방문신고를 제외하고 대안적 대응(alternative response)의 90%에 만족을 표시했다. 지연된 경찰대응의 경우 시민만족도는 "신고자가 지연 대응에 대한 사실을 통보받았는가"와 가장 밀접하게 관련되었다. 이러한 결과는 완전한 것은 아니지만 시민의 기대는 기대되는 내용을 경찰이 말해주는가에 달려있다고 밝혔던 선행연구의 결과를 지지하는 것이다.[94]

또한, 차별적 신고대응은 전화 신고시스템의 전반적인 질 향상에 도움이 된 것으로 평가된다. 이 새로운 절차를 통해 "(1) 신고자들로부터 정보수집이 증가하였다. (2) 신고자들이 기대하는 경찰대응에 대한 정확한 정보를 신고자들에게 제공하였다. 그리고 (3) 순찰 경찰에게는 현장에 도착하기 전 신고내용에 대한 좀 더 자세한 정보가 제공되었다."[95]

　　미시건주 랜싱(Lansing)에서의 차별적 신고대응에 관한 연구에서 로버트 워든(Robert Worden)은 차별적 신고대응이 효과적이고 공정하다고 주장하였다. 경찰의 즉각적인 현장대응이 필요없는 사안(cold crime)이나 우선순위가 낮은 신고들은 평균 16분 정도 지연하여 대응하였고, 시민 90% 이상이 이 서비스에 만족하였다. 다른 신고들은 전화상으로 조치(거의 모든 신고는 절도와 재물손괴 사건)되었고, 역시 시민 90% 이상이 이 서비스에 만족하였다. 차별적 신고대응에 대해 백인, 소수인종, 소수민족들도 만족해한다(비록 만족과 매우 만족에 대한 정도의 차이는 있지만)는 점에서 공정하다고 평가될 수 있다.[96]

⇨ 경찰과 소수인종, 소수민족에 대한 전반적인 토의에 대해서는 제12장 참조

Sidebar 7-4

댈러스 경찰서의 신고대응 우선순위 시스템

순위구분	분류	예시	대응시간 목표
5순위	상담 전화	분실, 도난, 오인전화, 길안내, 사람찾기	지정된 목표 없음
4순위	일반 전화	방해(큰 음악소리), 도난, 절도(발생 시 미인지), 동물관련 조치, 구걸	60분 이내
3순위	일반 대응 신고	실종, 만취자, 마약제조, (최근) 절도	30분 이내
2순위	즉시 대응 신고	강도, 화재, 폭력	12분 이내
1순위	긴급 대응 신고	현재 진행 중인 총격, 칼부림, 소란, 총기난동, 납치	8분 이내

출처: Communications Operations Center, "Handling of Calls for Service," Public Safety Committee, February 8, 2016, www.dallaspolice.net.

전화신고처리부서

　　전화신고처리부서(TRUs)는 전화로 신고를 접수하고 조치한다. 모든 신고 범죄의 거의 절반은 절도신고이고, 거의 모든 절도신고는 즉각적인 현장출동이 필요하지 않다. 많은 전화신고처리부서는 부상

등으로 인해 가벼운 임무를 수행하는 경찰관들로 구성된다. 어느 지역이든 이 부서(TRU)는 모든 전화의 10~20%와 범죄 신고의 35%까지 처리한다. 어느 경찰서에서는 전화신고처리부서의 신고 접수시간이 순찰경찰이 접수하는 것보다 절반에 불과하였다(16분 대 34분).[97]

2020년 코로나19 펜데믹 상황으로 전국의 많은 경찰서에서 경찰관이 시민들과의 물리적인 접촉량을 줄이기 위해 노력했다. 일부 관서는 신고접수부서에서 사건을 처리할 수 있는 유형을 늘려 대응하였다. 예를 들면 프린스 조지 카운티 경찰국(PGPD)은 순찰경찰을 출동시키는 대신 비폭력 관련 모든 범죄 신고는 전화로 처리할 것이라고 발표하였다.[98] 현재로서는 이것이 치안성과나 경찰에 대한 대중의 만족도에 어떤 영향을 미쳤는지 불분명하다.

311 비긴급 신고번호

순찰경찰관은 911시스템을 통해 접수된 모든 경미 사안에 정말 대응할 필요가 있을까? 연구자들이 처음 일반적인 순찰을 연구하였을 때 그들이 주목했던 주요 내용 중의 하나는 체포 권한을 가진 정규경찰관을 필요로 하지 않는 경미 사안들이 얼마나 많이 신고 되며, 순찰경찰관들은 경미 사안에 얼마나 많은 시간을 소비하는가 하는 것이었다. 결론적으로 전문가들은 경찰의 이러한 부담을 줄이는 방법에 대해 고민하기 시작했다. 최근의 한 가지 해결책은 덜 심각한 상황에 대해서는 311 신고시스템을 도입하는 것이다.

1996년에 볼티모어경찰청은 실험적으로 311시스템을 도입하였다. 경찰관의 즉각적인 현장대응이 요구되는 신고에 대해서만 911시스템 지령을 거치게 되고, 다른 신고들은 311시스템을 통해 다른 기관으로 이첩되거나 경찰의 지연 대응으로 처리된다. 그 도시의 311 웹사이트에 의하면 형사 절차가 진행되지 않는 범죄(crimes not in progress), 동물 사체 제거, 설치류(rodent) 문제, 교통표지판 또는 신호 문제, 낙서 제거, 위생 문제 그리고 다른 비긴급 상황 등에 관한 신고는 311시스템에서 처리된다.[99]

결과는 어땠을까? 311시스템은 순찰경찰관들이 기대했던 만큼 신고처리 업무량을 감소시켰을까? 경찰관들은 중요범죄 처리에 더 많은 시간을 활용할 수 있었을까? 볼티모어에서는 신고 양상에 엄청난 변화가 나타났다. 대부분 낮은 순위(카테고리 3, 4 그리고 5)의 신고는 911에서 311로 전환되었다. 가장 심각한 상황(카테고리 1)에 대한 911 신고 건수는 증가하였으나 전체 911 신고 건수는 200만 건에서 130만 건으로 35%가 줄어들었다. 반면 어떤 평가에서는 완전히 운영을 전환하지 않은 경찰관서의 경우 311시스템의 전반적인 영향은 제한적이라는 사실을 확인하였다. 311과 911의 모든 신고에 대해 경찰관들은 현장에 계속하여 출동한다. 이로 인해 311시스템의 가장 중요한 목표 중의 하나인 우선순위가 낮은 신고로부터 경찰관을 자유롭게 하겠다는 목표는 실현되지 못하였고, 결국 경찰의 대응시간은 줄어들지 않았다. 그리고 같은 이유로 경찰관들은 자유시간이 증가하는 것을 경험하지도 못하였다.[100]

오늘날, 311 콜센터는 특히 911 콜센터의 숫자와 비교할 때 여전히 부족하다. 한 연구에 따르면 전국에 약 300개의 311 비긴급 콜센터가 있다고 하였다.[101] 다만, 이것은 대부분의 경찰서에는 311로 지정되지 않은 일반전화번호와 비긴급 전화번호가 있다는 점을 고려하지 않은 것이다.

911 외국어지원 서비스

미국은 변화하고 있다. 이민은 이 나라에 많은 다른 나라들과 문화로부터 사람들을 지속적으로 유입시키고 있다. 미국에서 영어를 못하거나 아주 조금 영어를 할 수 있는 사람들의 숫자가 점차 증가한다. 이것은 경찰관이 외국어로 신고를 받거나 대응할 필요가 있다는 점에서 중요한 문제이다. 언어의 장벽은 히스패닉계 미국인들이 경찰신고를 꺼리는 이유 중의 하나이다. 경찰관서는 민간회사에 의해 유료로 제공되는 24시간 통역서비스를 신청할 수 있다. 최근에 가장 큰 규모의 회사는 150개의 언어로 실시간 통역을 제공한다. 순찰경찰관은 무료 번호(경찰관서가 연회비를 지급하는)로 전화할 수 있고 즉시 통역서비스를 받을 수 있다.

911 역발신

새로운 의사소통과 범죄지도 기법은 911 역발신시스템(reverse 911 system) 개발로 이어졌다. 911 역발신시스템은 시민들이 경찰에 전화하는 대신 거꾸로 경찰이 시민에게 전화한다. 만일 경찰이 특정 동네에서 사건에 대한 중요한 정보를 가지고 있다면, 이 시스템은 그 지역 내의 전화번호를 확인하여 주민들에게 전화를 할 수 있다. 예를 들어 인디애나주의 비치그루브(Beech Grove)에서는 이 시스템을 통해 그 지역에서 발생한 연쇄 강도사건을 상인들에게 통보하였다. 또 다른 도시에서는 그 지역 사람들에게 실종아동에 대해 통보함으로써 (altering) 30분 이내에 찾을 수 있었다. 2013년 911 역발신시스템은 보스톤경찰서에서 보스톤 마라톤 폭파범을 추적하는 동안 주민들에게 집에 머물러 있도록 알리는 데 사용되었다. 911 역발신시스템은 신고가 접수된 이후 5분 안에 활성화되고 사건의 영향을 받는 지역에 시간당 수백 통의 전화를 걸 수 있다.[102]

경찰 조력자 또는 경찰생도*

우선순위가 낮은 신고 전화를 처리하기 위한 대안적인 방법은 정규경찰관이 아닌 사람들 또는 **경찰 조력자**를 활용하는 것이다. 모든 경찰 업무가 정규경찰관을 필요로 하는 것은 아니다. 대통령직속 범죄위원회는 많은 일상적인 임무를 처리하기 위한 지역사회 봉사단(CSO: Community Service Officer)의 발대를 추천하였고, 결과적으로 정규경찰관은 더 중요한 사건을 처리하는데 집중할 수 있었다.[103] 이러한 접근은 교육을 받은 예비전문가(예를 들면, 변호사는 법률서기를

경찰 조력자들(police aides)

---

* [역자 주] Cadet은 사전 또는 번역사이트에서 일반적으로 가장 많이 사용하는 '생도'라는 용어를 사용하였음.

활용하고, 대학교수는 대학원 조교를 사용하는 것과 같이)에게 일상적인 업무를 위임하는 다른 전문직과 유사하다.

매사추세츠주의 워세스터(Worcester) 실험에서 경찰 조력자(PSAs)들이 전체 신고사건의 24.7%를 처리하고 또 다른 8.2%에는 업무지원을 하였다. 이 신고들은 정규경찰관의 현장출동이 요구되지 않은 비긴급 신고였다. 시민들은 경찰 조력자의 업무처리에 만족하였고, 정규경찰관이 대응하지 않은 것에 대한 반감도 없었다.[104] <시애틀의 지역사회 봉사단(Community Service Officer) 프로그램>은 2019년에 설립되었고, 12명의 CSO 단원을 채용하였다. 지역사회 봉사단은 특히 사회복지분야에 대한 교육을 받고 주로 거리의 사람들과 관련된 업무를 담당했다. 도보로 시내를 순찰하고, 노숙자들을 쉼터와 음식, 의류, 알콜 및 약물남용치료가 제공되는 기관으로 보냈다.[105]

<경찰생도프로그램(cadets)>은 이제 전국적으로 일반화되었다. 포틀랜드, 오리건의 예비경찰프로그램은 가장 전형적인 프로그램이다. 생도들은 16세에서 20세까지로 고등학교에서 낙제되지 않고 평균 C학점을 유지하여야 하고, 체포나 유죄판결을 받지 않으며, 미국 시민권자 또는 유효한 이민 그린카드를 소지하고 있어야 한다. 생도들은 순찰차에 동승하여 범죄현장, 교통사고, 교통속도감시 업무 등 정규경찰관을 지원하고, 휴가철 주택 점검, 퍼레이드, 기타 잡무 등을 보좌한다. 생도들은 경찰 권한은 없으나 윤리, 문화적 인식, 방어 전술, 운전 기술, 오리건 법률, 기타 과목 등을 교육받는다.[106]

지정 순찰과 핫스팟

지정 순찰은 정상적인 911출동이 없는 특별기간 동안 순찰경찰관이 수행해야 하는 특정한 임무를 부여하는 것이다. 전통적인 순찰은 경찰관이 담당구역을 순찰하고 신고에 대응하는 것이다. 예를 들면 지정 순찰프로그램은 지침에 의해 특정 사람이나 범죄 유형을 찾거나 특정지역을 집중순찰하는 것을 의미한다.[107]

지정 순찰(directed patrol)

⇨ 핫스팟 경찰활동에 대한
   더 많은 토의는 이번 장의
   사례연구 참조

　　오늘날 대부분 경찰관서는 핫스팟이나 신고 건수가 많은 지역에 집중되는 지정 순찰에 의존하는 경향이 있다. 미네아폴리스 실험에서는 순찰경찰관이 짧은 시간 동안 핫스팟지역을 순찰하는 일제단속/백오프기법(crackdown/back-off technique)을 사용했다. 기본적인 가설은 짧은 시간 경찰출현도 잔차억제효과 때문에 나중에까지 영향을 미친다는 것이었다.[108]

　　경찰최고위연구포럼(PERP)은 핫스팟에서 사용되는 다양한 전략을 더 잘 이해하기 위해 305개 회원 기관들을 조사했다. 회원 기관들은 단일한 방법으로 핫스팟을 정하거나 식별하지는 않는다고 보고했다. 많은 경찰관서는 특정 주소나 교차로와 같은 작은 지역이나 또는 순찰구역보다 더 넓은 지역이 될 수 있는 핫스팟을 지정하기 위해 지역사회 일반현황*, 행정보고, 이용 가능한 기관 데이터를 이용한다. 비록 지정 순찰은 핫스팟에서 범죄에 대응하는 가장 일반적인 전략 중 하나로 밝혀졌지만, 문제 해결, 범죄자 색출, 함정수사(buy-bursting) 등 다른 전략들도 자주 활용되는 것으로 확인되었다.[109]

⇨ 문제지향 경찰활동의
   원리와 효과성은 제10장
   참조

　　무작위로 통제된 몇몇 실험은 범죄에 대한 핫스팟 경찰활동 효과를 검증하였다. 이 연구들의 결과는 핫스팟에 대한 지정 순찰이 범죄감소에 작지만 유의미한 효과가 있다는 것이다. 문제지향 경찰활동과 결합된 핫스팟 경찰활동 전략이 전통적인 지정 순찰전략보다 더 범죄를 감소시킨다고 강조하였다.[110]

고객 피드백

　　오늘날 많은 경찰관서는 순찰경찰관과 접촉하였던 사람들로부터 피드백을 받기 위해 대중에게 손을 내밀고 있다. 예를 들면, 시애틀 경찰서는 경찰의 서비스에 대한 시민만족도를 평가하기 위해 911에 전화를 걸었던 사람들에게 설문조사를 하였다. 고객 피드백에 관한 설문조사는 오늘날 많은 기업(예를 들면, 자동차 영업점, 병원)에서 그들

---

* [역자 주] 원문에서는 community input라고 표현되어 있으며, 이를 문맥 상으로 지역사회에 관한 일반적인 현황으로 해석하였음.

의 업무방식과 서비스 개선방안을 평가하기 위해 사용되는 기법이다.

일부 연구들은 시민들이 경찰관에게 피드백을 제공하는 효과를 살펴보았다. 이 연구들 대부분은 이 전략이 변화를 가져오기에는 효과적이지 않다는 것을 보여주었다. 예를 들어 네브라스카주의 링컨(Lincoln)경찰서는 경찰관과 접촉하였던 사람을 대상으로 한 조사에서 비록 몇몇 경찰관은 피드백을 받았지만, 나머지 경찰관들은 연구가 끝날 때까지 피드백을 받지 못하였으며, 피드백이 경찰관의 태도나 그들이 활동하는 지역사회에 대한 경찰관의 인식에 큰 영향을 미치지 않는다는 것을 발견했다.[111] 뉴욕주 쉐넥타디(Schenectady)와 시라큐스(Syracuse)에서 수행된 또 다른 연구는 경찰과 접촉한 시민들의 피드백을 수집하였고, 그 정보를 월별 컴스탯(COMPSTAT) 미팅에서 경찰 관리자들에게 제공하였다. 정리하면, 두 도시에서는 경찰 태도에 대한 변화가 확인되지 않았다.[112]

전통적인 순찰을 넘어

경찰활동에서 가장 중요한 혁신은 전통적인 순찰을 뛰어넘는 것이다. 지역사회 경찰활동과 문제지향 경찰활동을 지지하는 사람들은 911에 의존한 경찰활동을 사후적이고 개별적인 사건에 한정된 것이라고 주장한다. 그들은 경찰이 좀 더 사전 예방적이고, 지역 주민들과 긴밀히 협력하면서 근본적인 문제에 초점을 맞춰야 한다고 주장한다.

⇨ 지역사회 경찰활동과 문제지향 경찰활동은 제10장 참조

요약: 조각 합치기

순찰은 경찰활동의 핵심이다. 최근 지역사회 경찰활동과 같은 많은 개혁에도 불구하고 경찰 업무 대부분은 자신의 담당구역을 순찰하고 신고 대응하는 경찰관의 순찰이 주를 이룬다. 순찰업무량은 신고 전화에 따라 결정되고 신고는 주로 비범죄 사건들이다. 그래서 경찰 업무의 정확한 표준은 범죄척결보다는 공공의 안녕에 있다. 그 증거로는 순찰이 증가한다고 해서 범

죄를 효과적으로 억제하는 것은 아니다. 순찰 개혁은 좀 더 효율적으로 순찰 인력을 활용하는 것과 신고 전화 건수를 감소시키는 것임을 강조한다.

핵심어

토론

1. 필라델피아 도보순찰 실험은 순찰을 통한 범죄예방에 대한 독특한 접근방식을 보여주었다. 이 접근방식이 전통적인 순찰과는 어떻게 다른지를 토론해보자. 그 실험의 주요 요소는 무엇인가? 이 실험에서 도보순찰경찰관이 하는 것은 기본적인 순찰경찰관과 무엇이 다른가? 이 실험에 참여한 경찰관과 다른 순찰경찰관 사이의 관계는 어떠한가?

2. 이 실험은 1회성 특별프로젝트였다. 이러한 접근방법이 어떻게 경찰관서에서 영구적으로 통합될 수 있을까를 토론해보자. 어떤 지역사회의 형태에서 가장 잘 적용될까, 잘 적용되지 않을까? 어떤 문제가 예상되는가? 철저한 기획과 행정을 통해 그 문제들은 어떻게 극복될 수 있을까?

3. 당신은 911 신고가 매우 많이 접수되는 경찰서 서장이다. 순찰경찰관은 신고 전화에 대응할 시간도 부족하고, 신고대응도 자주 지연될 수밖에 없다. 당신은 311 신고시스템을 적용하기로 결심했다. 어떤 신고를 낮은 순위의 카테고리에 포함할 것인가? 어떤 신고를 최우선으로 접수할 것인가? "의심스러운 소음" 신고는 어떻게 처리할 것인가? "이웃의 소음" 신고는 어떻게 하겠는가?

인터넷 연습

1. 최근 주변 국가에서는 어떤 종류의 혁신적인 순찰프로그램이 시행되고 있나? 우선 www.officer.com을 활용하는 경찰관서가 있는지를 검색해보라. 팀을 나누어 각 팀에 연구를 위한 다른 부서 그룹을 배정하라. 예를 들면, 각 팀에게 다른 지역, 규모가 다른 부서 또는 특정 지역 내 다른 규모의 부서로 배정할 수 있다.

   특정 혁신 순찰프로그램을 찾아보라. 부서 웹사이트에 프로그램 목록이 있나? 당신이 발견한 문제점을 표현해보라. 그 프로그램들은 이 장에서 살펴본 프로그램들과 유사한가? 또는 중요한 방법에서는 차이가 있나? 어떻게 다른가? 그 웹사이트는 당신에게 프로그램에 대한 구체적인 내용을 많이 제공하고 있나? 이러한 프로그램들이 존재하는 지역과 관련하여 광역 경찰관서 대비 소규모 경찰관서, 카운티 내 여러 지역보다는 한 지역을 택하는 것과 같은 명확한 패턴이 있는가?

2. 당신이 거주하는 지역의 관서는 코로나19에 어떻게 적응하였는가? 일부 범죄에 대해 경찰에 신고 접수되는 방식이 변경되는 정책이 시행되었는가? 그렇다면 이러한 정책은 오늘날에도 유효할까?

NOTES

1. James Q. Wilson, *Varieties of Police Behavior* (New York: Atheneum, 1973), 7. Michael Lipsky, *Street-Level Bureaucracy* (New York: Russell Sage, 1980).

2. National Advisory Commission on Criminal Justice Standards and Goals, *Police* (Washington, DC: U.S. Government Printing Office, 1973), 189. Wesley G. Skogan and Susan M. Hartnett, *Community Policing, Chicago Style* (New York: Oxford University Press, 1997), ch. 4.

3. T. A. Critchley, *A History of Police in England and Wales,* 2nd ed. (Montclair, NJ: Patterson Smith, 1972), 52.

4. O. W. Wilson and Roy C. McLaren, *Police Administration,* 4th ed. (New York: McGraw Hill, 1977), 320.

5. U.S. Department of Justice, *The Police and Public Opinion* (Washington, DC: U.S. Government Printing Office, 1977), 39-40.

6. Albert Reiss, *The Police and the Public* (New Haven, CT: Yale University Press, 1971), 3.

7. Bureau of Justice Statistics, *Law Enforcement Management and Administrative Statistics, 1997* (Washington, DC: U.S. Department of Justice, 1999), Table 8a.

8. Bureau of Justice Statistics, *Local Police Departments, 2013: Personnel, Policies, and Practices* (Washington, DC: U.S. Department of Justice, 2015).

9. Thomas B. Marvell and Carlisle E. Moody, "Specification Problems, Police Levels, and Crime Rates," *Criminology* 34 (November 1996): 609-646.

10. James McCabe, "An Analysis of Police Department Staffing: How Many Officers Do You Really Need?" *ICMA Center for Public Safety Management White Paper* (2013).

11. The original workload formula was developed by O. W. Wilson in 1941; see O. W. Wilson, *Distribution of Police Patrol Force* (Chicago: Public Administration Service, 1941). Excerpts are found in Wilson and McLaren, *Police Administration,* 633−655, Appendix J.

12. Police Executive Research Forum, *Organizational Evaluation of the Omaha Police Division* (Washington, DC: Author, 1992).

13. Police Executive Research Forum and the Police Foundation, *Survey of Police Operational and Administrative Practices−1981* (Washington, DC: PERF, 1981), 428−432.

14. James J. Fyfe, "Who Shoots? A Look at Officer Race and Police Shooting," *Journal of Police Science and Administration* 9 (December 1981): 373.

15. Bureau of Justice Statistics, *Criminal Victimization, 2018* (Washington DC: U.S. Department of Justice, 2019).

16. Philadelphia Police Study Task Force, *Philadelphia and Its Police,* 48−49.

17. James L. O'Neill and Michael A. Cushing, *The Impact of Shift Work on Police Officers* (Washington, DC: Police Executive Research Forum, 1991).

18. Lawrence W. Sherman, James W. Shaw, and Dennis P. Rogan, *The Kansas City Gun Experiment* (Washington, DC: U.S. Department of Justice, 1995).

19. John Eck and Emily Eck, "Crime Place and Pollution," *Criminology and Public Policy* 11, no. 2 (2012): 281−316.

20. Anthony Braga, David Hureau, and Andrew Papachristos, "The Relevance of Micro Places in City Wide Robbery Trends," *Journal of Research in Crime and Delinquency* 48 (2011): 7−32; Anthony Braga, Andrew Papachristos, and David Hureau, "The Concentration and Stability of Gun Violence at Micro Places in Boston, 1980−2008," *Journal of Quantitative Criminology* 26 (2010): 33−53.

21. Lawrence W. Sherman, Patrick R. Gartin, and Michael E. Buerger, "Hot Spots of Predatory Crime: Routine Activities and the Criminology of Place," *Criminology* 27, no. 2 (1989): 27−55.

22. Bureau of Justice Statistics, *Law Enforcement Management and Administrative Statistics, 1997,* xv.

23. William A. Westley, *Violence and the Police* (Cambridge, MA: MIT Press, 1970), 35.

24. President's Commission on Law Enforcement and Administration of Justice, *Task Force Report: The Police* (Washington, DC: U.S. Government Printing Office, 1967), 54.

25. Bureau of Justice Statistics, *Local Police Departments, 1997* (Washington, DC: U.S. Government Printing Office, 2000).

26. Santa Barbara Police Department, "Tactical Patrol Force," available at www.sbpc.com.

27. "Officers Denounce Proposal for One−Person Patrol Cars," *New York Times,* February 16, 1996.

28. Bureau of Justice Statistics, *Law Enforcement Management and Administrative Statistics,*

1997, table 8a. Tom Jackman and Peter Hermann, "Police Nationwide Order Officers to Ride in Pairs after Dallas Police Ambush," *Washington Post,* July 8, 2016, https://www.washingtonpost.com/local/public−safety/dc−police−boost−patrols−after−snipers−in−dallas−kill−five−officers−wound−others/2016/07/08/9595063a−4508−11e6−88d0−6adee48be8bc_story.html.

29. John E. Bodystun, Michael E. Sherry, and Nicholas Moelter, *Police Staffing in San Diego: One−or Two− Officer Units* (Washington, DC: The Police Foundation, 1977).

30. City of Buffalo, Press Release, July 17, 2003.

31. Philadelphia Police Task Force, *Philadelphia and Its Police,* 48.

32. Quoted in Jerome E. McElroy, Colleen A. Cosgrove, and Susan Sadd, *Community Policing: The CPOP in New York* (Newbury Park, CA: Sage, 1993), 133.

33. David H. Bayley and James Garofalo, "The Management of Violence by Police Patrol Officers," *Criminology* 27 (February 1989): 1−25.

34. Bureau of Justice Statistics, *Criminal Victimization in the United States, 1994* (Washington, DC: U.S. Government Printing Office, 1997), 100.

35. Wilson, *Varieties of Police Behavior.*

36. Christopher Commission, *Report of the Independent Commission on the Los Angeles Police Department* (Los Angeles: Author, 1991). Erwin Chermerinsky, *An Independent Analysis of the Los Angeles Police Department's Board of Inquiry Report on the Rampart Scandal* (Los Angeles: Police Protective League, 2000).

37. Bureau of Justice Statistics, *Performance Measures for the Criminal Justice System* (Washington, DC: U.S. Government Printing Office, 1993), 109−140, available at www.ncjrs.org, NCJ 193505.

38. McElroy, Cosgrove, and Sadd, *Community Policing,* 138.

39. Wilson and McLaren, *Police Administration,* 83.

40. Special Counsel to the Los Angeles Sheriff's Department, *9th Semiannual Report* (Los Angeles: Author, June 1998), 23.

41. Peter K. Manning, *Symbolic Communication: Signifying Calls and the Police Response* (Cambridge, MA: MIT Press, 1988), xiii.

42. Malcolm K. Sparrow, Mark H. Moore, and David M. Kennedy, *Beyond 911: A New Era for Policing* (New York: Basic Books, 1990).

43. Manning, *Symbolic Communication.*

44. George Antunes and Eric J. Scott, "Calling the Cops: Police Telephone Operators and Citizen Calls for Service," *Journal of Criminal Justice* 9, no. 2 (1981): 167.

45. "Licensing May Loom for 911 Dispatchers in Pa.," *Law Enforcement News* (May 15, 1995), 1.

46. Kent W. Colton, Margaret L. Brandeau, and James M. Tien, *A National Assessment of Police Command, Control, and Communications Systems* (Washington, DC: U.S. Government Printing Office, 1983). Bureau of Justice Statistics, *Local Police Departments, 2003* (Washington, DC: U.S. Government Printing Office, 2006), 11, available at www.ncjrs.org, NCJ 210118.

47. Tom McEwen, Deborah Spence, Russell Wolff,

Julie Wartell, and Barbara Webster, *Call Management and Community Policing: A Guidebook for Law Enforcement* (Washington, DC: U.S. Department of Justice, 2003), 7.

48. Federal Communications Commission, *Eleventh Annual Report to Congress on State Collection and Distribution of 911 and Enhanced 911 Fees and Charges* (Washington, DC: Federal Communications Commission), https://www.fcc.gov/general/911-fee-reports.

49. Peter K. Manning, "Information Technologies and the Police," in Michael Tonry and Norval Morris, eds., *Modern Policing* (Chicago: University of Chicago Press, 1992), 349-398.

50. Manning, *Symbolic Communication,* 145.

51. Eric J. Scott, *Calls for Service: Citizen Demand and Initial Police Response* (Washington, DC: U.S. Government Printing Office, 1981).

52. Bayley and Garofalo, "The Management of Violence," 7.

53. James F. Gilsinan, "They Is Clowning Tough: 911 and the Social Construction of Reality," *Criminology* 27 (May 1989): 329-344.

54. Ibid.

55. Manning, "Information Technologies and the Police," 371.

56. Sarah J. Tracy, "When Questioning Turns to Face Threat: An Interactional Sensitivity in 911 Call-Taking," *Western Journal of Communication* 66 (Spring 2002): 129-157.

57. Stephen D. Mastrofski, Roger B. Parks, Albert J. Reiss Jr., Robert E. Worden, Christina DeJong, Jeffrey B. Snipes, and William Terrill, *Systematic Observation of Public Police* (Washington, DC: U.S. Government Printing Office, 1998), 25.

58. Ibid.

59. Bureau of Justice Statistics, *Law Enforcement Management and Administrative Statistics, 1997,* Table 9a.

60. McElroy, Cosgrove, and Sadd, *Community Policing: The CPOP in New York City,* 132-133.

61. Elaine Cumming, Ian Cumming, and Laura Edell, "Policeman as Philosopher, Guide, and Friend," *Social Problems* 12 (Winter 1965): 276-286.

62. Reiss, *The Police and the Public,* 73.

63. Arthur L. Stinchcombe, "Institutions of Privacy in the Determination of Police Administrative Practice," *American Journal of Sociology* 69 (September 1963): 150-160.

64. Reiss, *The Police and the Public,* 63.

65. Sherman, Gartin, and Buerger, "Hot Spots of Predatory Crime."

66. William Spelman and Dale K. Brown, *Calling the Police: Citizen Reporting of Serious Crime* (Washington, DC: U.S. Government Printing Office, 1984).

67. Kansas City Police Department, *Response Time Analysis: Executive Summary* (Washington, DC: U.S. Government Printing Office, 1978), 6. Gary W. Cordner, Jack R. Greene, and Tim S. Bynum, "The Sooner the Better: Some Effects of Police Response Time," in Richard R. Bennett, ed., *Police at Work* (Beverly Hills, CA: Sage, 1983), 145-164.

68. Cordner, Greene, and Bynum, "The Sooner the Better."

69. Spelman and Brown, *Calling the Police,* 74.

70. Frank F. Furstenburg Jr., and Charles F.

Wellford, "Calling the Police: The Evaluation of Police Service," *Law and Society Review* 7 (Spring 1973): 393−406.

71. J. Thomas McEwen, Edward F. Connors III, and Marcia Cohen, *Evaluation of the Differential Police Response Field Test* (Washington, DC: U.S. Government Printing Office, 1986).

72. Wesley Skogan and Kathleen Frydl, eds., *Fairness and Effectiveness in Policing: The Evidence* (Washington, DC: National Academy of Sciences), 227.

73. Roger B. Parks, Stephen D. Mastrofski, Christina DeJong, and M. Kevin Gray, "How Officers Spend Their Time with the Community," *Justice Quarterly* 16, no. 3 (1999): 483−518.

74. Christine N. Famega, James Frank, and Lorraine Mazerolle, "Managing Police Patrol Time: The Role of Supervisor Directives," *Justice Quarterly* 22 (December 2005): 540−559.

75. Herman Goldstein, *The Drinking Drive in Madison: Project on the Development of a Problem−Oriented Approach to the Improvement of Policing,* vol. 2 (Madison: University of Wisconsin Law School, 1982), 67−68.

76. Jonathan Rubenstein, *City Police* (New York: Ballantine, 1974), 117−119.

77. National Institute of Justice, *Restrictive Policies for High−Speed Police Pursuits* (Washington, DC: U.S. Government Printing Office, 1989), 1.

78. Geoffrey P. Alpert and Roger D. Dunham, *Police Pursuit Driving: Controlling Responses to Emergency Situations* (New York: Greenwood Press, 1990), 37. L. Edward Wells and David N. Falcone, "Organizational Variables in Vehicle Pursuits by Police: The Impact of Policy on Practice," *Criminal Justice Policy Review* 6, no. 4 (1992): 317.

79. Brian Reaves, "Police Vehicle Pursuits, 2012−2013." (Washington DC: Bureau of Justice Statistics, 2017).

80. Alpert and Dunham, *Police Pursuit Driving,* 80.

81. Experiments regarding the effectiveness of patrol are reviewed in University of Maryland, *Preventing Crime: What Works, What Doesn't, What's Promising* (Washington, DC: U.S. Government Printing Office, 1997), ch. 8. See also John Eck and Edward Maguire, "Have Changes in Policing Reduced Violent Crime?" in A. Blumstein and J. Wallman, eds., *The Crime Drop in America* (New York: Cambridge University Press, 2000), ch. 7.

82. Discussed in James Q. Wilson, *Thinking about Crime* (New York: Basic Books, 1975), ch. 4.

83. George Kelling et al., *The Kansas City Preventive Patrol Experiment* (Washington, DC: The Police Foundation, 1974).

84. Lawrence W. Sherman and David Weisburd, "General Deterrent Effects of Police Patrol in Crime 'Hot Spots': A Randomized Controlled Trial," *Justice Quarterly* 12 (December 1995): 627−628.

85. Bureau of Justice Statistics, *Criminal Victimization in the United States, 1994,* 59.

86. Wesley G. Skogan and George E. Antunes, "Information, Apprehension, and Deterrence: Exploring the Limits of Police Productivity," *Journal of Criminal Justice* 7 (Fall 1979): 229.

87. Lawrence W. Sherman, "Police Crackdowns:

Initial and Residual Deterrence," in Michael Tonry and Norval Morris, eds., *Crime and Justice: A Review of Research* (Chicago: University of Chicago, 1990), 1–48.

88. Richard C. Larson, "What Happened to Patrol Operations in Kansas City?" *Journal of Criminal Justice* 3, no. 4 (1975): 273.

89. Anthony M. Pate, "Experimenting with Foot Patrol: The Newark Experience," in Dennis P. Rosenbaum, ed., *Community Crime Prevention: Does It Work?* (Beverly Hills, CA: Sage, 1986), 155.

90. The Police Foundation, *The Newark Foot Patrol Experiment* (Washington, DC: The Police Foundation, 1981). Pate, "Experimenting with Foot Patrol."

91. The Police Foundation, *The Newark Foot Patrol Experiment,* 4–5.

92. James Q. Wilson and George L. Kelling, "Broken Windows: The Police and Neighborhood Safety," *Atlantic Monthly* 249 (March 1982): 29–38.

93. McEwen, Connors, and Cohen, *Evaluation of the Differential Police Response Field Test.*

94. Ibid., 102. Scott, *Calls for Service,* 97.

95. McEwen, Connors, and Cohen, *Evaluation of the Differential Police Response Field Test,* 8.

96. Robert E. Worden, "Toward Equity and Efficiency in Law Enforcement: Differential Police Response," *American Journal of Police* 12, no. 1 (1993): 1–32.

97. Margaret J. Levine and J. Thomas McEwen, *Patrol Deployment* (Washington, DC: U.S. Government Printing Office, 1985), 40–41.

98. See https://wjla.com/news/coronavirus/pgpd–to–take–non–violent–crime–reports–over–phone–amid–covid–19.

99. U.S. Department of Justice, COPS Office, *311 for Non–Emergencies: Helping Communities One Call at a Time* (Washington, DC: U.S. Justice Department, August 2003), 20.

100. Lorraine Mazerolle, Dennis Rogan, James Frank, Christine Famega, and John E. Eck, *Managing Calls to the Police with 911/311 Systems* (Washington, DC: Department of Justice, 2005), NCJ 206256.

101. Mike Johnson, "A New Twist on 911 Capability," *American City and County* 112 (December 1997): 10.

102. S. Rebecca Neusteter, Maris Mapolski, Mawia Khogaii, and Megan O'Toole, *The 911 Call Processing Center: A Review of the Literature as It Relates to Policing* (New York: Vera Institute of Justice), www.vera.org/911–call–processing–review.

103. President's Commission on Law Enforcement and Administration of Justice, *The Challenge of Crime in a Free Society* (Washington, DC: U.S. Government Printing Office, 1967), 108–109.

104. James M. Tien and Richard C. Larson, "Police Service Aides: Paraprofessionals for Police," *Journal of Criminal Justice* 6 (Summer 1978): 117–131.

105. Steve Kiggins, "Seattle Police Poised to Re–Boot Community Service Officer Program," Q13 Fox News, https://q13fox.com/2019/10/31/seattle–police–poised–to–re–boot–community–service–officer–program/.

106. Portland Police Bureau, www.portlandonline.com/police/.

107. Department of Justice, *Improving Patrol Productivity* (Washington, DC: U.S. Government Printing Office, 1977), ch. 4.

108. Lawrence W. Sherman and David Weisburd, "General Deterrent Effects of Police Patrol in Crime 'Hot Spots': A Randomized, Controlled Trial," *Justice Quarterly* 12 (December 1995): 625–648.

109. Christopher S. Koper, "Assessing the Practice of Hot Spots Policing: Survey Results from a National Convenience Sample of Local Police Agencies," *Journal of Contemporary Criminal Justice* (2014). doi:1043986214525079.

110. Anthony A. Braga, Andrew V. Papachristos, and David M. Hureau, "The Effects of Hot Spots Policing on Crime: An Updated Systematic Review and Meta–Analysis," *Justice Quarterly* 31, no. 4 (2014): 633–663.

111. William Wells, Julie Horney, and Edward R. Maguire, "Patrol Officer Responses to Citizen Feedback: An Experimental Analysis," *Police Quarterly* 8, no. 2 (2005): 171–205.

112. Robert E. Worden and Sarah J. McLean, "Measuring, Managing, and Enhancing Procedural Justice in Policing: Promise and Pitfalls," prepared for delivery at the 2016 NACOLE Academic Symposium, April 22, 2016, John Jay College of Criminal Justice.

Chapter

08

공공의 안녕과 질서유지

경찰활동의 대부분은 범죄척결(crime fighting)보다는 공공의 안녕 (peacekeeping) 및 질서유지와 관련되어 있다. 사람들은 다툼·싸움·가정 내 분쟁, 사망·자살·부상 등 의료적 응급상황, 주취자·실종자·가출청소년 등 요보호자에 대한 조력, 소음·무단침입, 거동수상자 등 공공질서에 관한 무한한 문제 상황에 경찰을 부른다. 앞의 장 400쪽의 Exhibit 7-7은 경찰서비스 연구(PSS: Police Services Study) 자료를 토대로 이러한 신고의 빈도를 보여준다. 많은 질서유지 상황은 노숙인, 정신질환자, 청소년 등 "특수 인구집단(special population)"이라 일컬어지는 사람들과 관련되어 있다.[1] 이 장은 공공의 안녕 및 질서유지에 관한 경찰의 활동을 검토하여 빈번하게 발생하는 여러 구체적인 상황에 특별한 주의를 기울이고 이러한 구체적인 상황에 따라 달리 행해지는 경찰의 대응을 살펴볼 것이다.

▌경찰의 역할

질서유지(order maintenance)

질서유지 신고는 경찰의 역할에 중요한 의문을 제기한다. 제1장에서 논의한 바와 같이, 어떤 사람들은 경찰을 범죄척결자(crime fighters)로 보고 비범죄(noncrime) 신고는 중요하지 않다고 생각한다. 많은 경찰들은 이러한 시각을 받아들여 질서유지 신고를 "쓰레기", "사회복지(social work)", "허튼짓"이라고 여긴다.[2] 경찰이 실제 하는 일과 그들이 가치 있다고 여기는 일의 차이는 역할갈등을 낳는다.

한편, 어떤 사람들은 비범죄 신고가 효과적인 범죄척결에 기여하기 때문에 중요하다고 믿는다. 스티븐 D. 매스트로프스키(Stephen D. Mastrofski)는 비범죄 신고가 경찰의 범죄 대응에 효과성을 높여줄 수 있는 네 가지 모델을 설명하였다. (1) **범죄예방모델**은 경찰의 개입이 잠재적인 폭력상황을 진정시킴으로써 형법상의 폭력으로 진전되는 것을 방지한다고 본다. (2) **경찰지식모델**은 경찰관들이 비범죄 신고를 통해 지역사회에 노출되어 범죄해결을 도울 수 있는 지식을 얻게 된다고 본다. (3) **사회복지모델**은 경찰에 내재한 강제력이 잠재적인 범죄자가

범죄예방모델(crime prophylactic model)

경찰지식모델(police knowledge model)

사회복지모델(social work model)

법준수(law-abiding) 행위로 나아가도록 돕는다고 본다. (4) **지역사회 협력모델**은 비범죄 신고에 대한 효과적인 대응이 경찰이 대중과 더 큰 신뢰관계를 구축하도록 돕는다고 본다.[3]

    그러나 이러한 모델들은 범죄척결이 경찰역할의 핵심적인 부분이고, 비범죄 신고는 부차적인 것으로 가정하고 있다. 그러나 오늘날 경찰 전문가들은 질서유지가 범죄척결보다 더 중요한 것이 아닐지언정, 범죄척결만큼이나 중요한 것이라고 주장한다.[4] 사람들이 존재한다고 믿는 문제를 해결하는 것은 경찰의 적법한 역할이다. 질서가 유지되고 평화로운 사회가 더 나은 사회다. 경찰이 이러한 문제에 대응하지 않는다면, 다른 누군가가 해야만 한다. 지역사회 경찰활동, 문제지향 경찰활동, 무관용 경찰활동은 경찰이 반드시 범죄와 관련되어 있는 것은 아닌 지역사회 문제에 초점을 맞추어야 한다는 생각에 기초하고 있다.[5]

▌경찰을 부르다

시민의 기대

    에곤 비트너(Egon Bittner)는 고전적인 분석에서 경찰활동을 "발생하지 않아야 하고, 지금 누군가가 무언가를 하는 게 좋은 무언가!(something-that-ought-not-to-be-happening-and-about-which-someone-had-better-do-something-now!)"[6]와 관련된 상황으로 묘사했다. 즉, 시민들은 문제가 있는 무언가에 대해 무언가 조치가 이루어지기를 바란다. 현대적인 경찰의 정보통신기술은 누군가 문제에 대응할 것이라는 가능성을 생성함으로써 이러한 시민들의 기대를 촉진한다. 경찰은 시민들에게 신고할 것을 장려하고, 시간이 지나면서 사람들은 "경찰을 부르는(calling the cops)" 습관에 익숙해진다.[7]

    시민들은 각기 다른 이유로 경찰에 비범죄 상황을 신고한다. 존 C. 마이어(John C. Meyer)는 시민들이 경찰에 가지는 기대를 네 가지 유형으로 분류했다.[8]

지역사회 협력모델
(community cooperation model)

⇨ 지역사회 경찰활동
(community policing),
문제지향적 경찰활동
(problem-oriented
policing), 무관용 경찰활동
(zero-tolerance policing)에
대한 논의는 제10장 참조

⇨ 범죄예방에 있어서의
경찰의 질서유지 역할에
대한 논의는 제9장 참조

⇨ 정보통신 기술의 영향에
대한 논의는 제2장 참조

1. *사회적 경계 유지를 위해*: 종종 사람들은 그곳에 속한다고 믿지 않는 누군가를 쫓아내기 위해 경찰을 찾는다. 예컨대, 가정폭력 피해자는 가해자를 퇴거시키기 위해 경찰에 신고할 수 있다. 주택소유자는 자신의 집 앞에 있는 한 무리의 청소년들을 분산시키기 위해 경찰을 찾을 수 있다. 이러한 상황들에 있어 많은 경우 실제 범죄는 일어나지 않는다. 거리에 평화롭게 모이는 것은 범죄가 아니다. 신고에 따른 대응으로 경찰관들은 종종 사람들에게 질문하고, 권하고, 자리를 떠날 것을 명령한다. 대부분의 경우 사람들은 심지어 법적인 의무사항이 아님에도 이러한 요청에 따른다.

2. *불편한 상황으로부터 벗어나기 위해*: 많은 경우 사람들은 소음, 분쟁, 가정문제, 이웃과의 다툼으로 인해 경찰에 신고한다. 경찰의 역할은 질서를 회복하고 공공의 안녕을 유지하는 것이다.

3. *반격(counterpunching)*: 일부 분쟁상황에서 사람들은 자신의 행동에 대한 관심을 전환하기 위한 방법으로 다른 사람을 경찰에 신고한다. 이러한 신고는 **반격**이라고 알려져 있다.

4. *도움을 요청하기 위해*: 사람들은 종종 아동실종, 의료적 응급상황, 자살 시도, 차량 또는 가택에의 감금 등의 상황에 조력을 요청하기 위해 경찰에 신고한다.

반격(counterpunching)

경찰의 대응

경찰관들은 비범죄 사건을 처리함에 있어 넓은 재량을 행사한다. 통상 경찰관들은 비공식적으로 사안을 처리하고 공식적인 조치(예컨대, 체포)를 취하지 않는다. 비공식적인 대응은 다양한 언어 및 비언어적 전술을 포괄한다. 뉴욕시 경찰관들에 대한 기념비적인 연구에서 데이비드 베일리(David Bayley)와 제임스 가로팔로(James Garofalo)는 경찰관들이 사건을 처리함에 있어 택하는 20개의 조치내용을 확인했다(Exhibit 8-1 참조).[9] 이들은 실험집단의 경찰관(ESOs: Experimental

Subject Officers)들과 비교집단의 경찰관(CSOs: Comparison Subject Officers) 을 비교했다. 실험집단의 경찰관들은 부서 내 다른 경찰관들로부터 특히 갈등을 잘 해결한다는 평가를 받아 선정되었고, 대조집단의 경찰관들은 무작위로 선택되었다.

일부 경찰관들은 다른 경찰관들보다 사건을 처리함에 있어 더 적극적이었다. 베일리와 가로팔로는 소극적인 경찰관들은 사건 처리에서 지켜보는 것 이상의 것을 하지 않고 기록만 작성하는 것을 발견했다. 더 적극적인 경찰관들은 질문을 던지고, 조언하거나 정보를 제공하고, 관련자들에게 주의를 주는 것으로 상황을 통제하였다. 일부 경찰관들은 신고자의 상황 판단을 수용하였는데, 다른 경찰관들은 신고자의 상황 판단을 받아들이지 않았다.

EXHIBIT 8-1

실험집단(ESOs) 및 비교집단(CSOs) 경찰관들이 접촉 단계(Contact Stage)에서 행한 구체적인 조치 – 311 비(非)교통(nontraffic) 상황

조치*	실험집단 경찰관들(ESOs)		비교집단 경찰관들(CSOs)	
	%	수	%	수
지켜보기, 서 있기, 기록 작성	4.4	20	14.6	26
신원 및 당사자 관계 확인	15.4	70	19.1	34
문제 원인을 이끌어내기 위한 질문	30.8	140	30.9	55
"직접 설명"해 보라고 요청	16.0	73	7.3	13
경찰이 보는 대로 문제에 대해 언급	3.5	16	3.4	6
언어적으로 상황을 진정시키려고 노력	11.0	50	4.5	8
언어적으로 시민을 제압(통제 명령)	5.9	27	2.8	5
신체적으로 시민을 제압	2.2	10	0.6	1
신체적인 위력으로 위협	1.1	5	2.2	4
비신체적인 방식으로 당사자 분리	2.9	13	4.5	8
신체적으로 당사자 분리	1.1	5	0.0	0
해산 요청	1.1	5	0.6	1

실험집단(ESOs) 및 비교집단(CSOs) 경찰관들이 접촉 단계(Contact Stage)에서 행한 구체적인 조치 - 311 비(非)교통(nontraffic) 상황

조치*	실험집단 경찰관들(ESOs)		비교집단 경찰관들(CSOs)	
	%	수	%	수
해산 명령	0.7	3	2.8	5
기타	3.9	18	6.8	11
계	100.0	455	100.0	177

* 한 경찰관당 5개 조치까지 입력함

출처: *Specific Actions Taken during Contact Stage by ESOs and CSOs-311 Nontraffic Encounters.*

시민들은 일반적으로 경찰의 요청에 순응했다. 매스트로프스키와 동료들은 전체 상황 중 80%에서 시민들이 경찰의 요청에 순응하였음을 발견하였다. 이들 사례에는 타인을 두고 자리를 뜰 것, 진정하고 소란을 일으키는 것을 멈출 것, 불법행동을 중지할 것, 기타 상세한 요청들을 포함한다. 순응 정도는 상황의 속성, 경찰관의 행동과 시민의 상태에 따라 다르게 나타났다. 상황이 심각할수록 시민들은 순응하는 정도가 낮았다. 또한 경찰관이 권위적이고 상대방을 존중하지 않는 태도로 접근했거나 공공장소보다는 사유지에서 발생한 상황인 경우에 경찰관에 순응하는 정도가 낮게 나타났다.[10]

▮교통단속

교통단속은 아마도 경찰이 수행하는 질서유지 중 가장 흔한 유형일 것이다. 시민들이 한 신고가 상대적으로 지역사회의 작은 부분에 치우쳐 있다면, 거의 모든 성인 시민들은 차를 몰고 있으며, 소소한 교통법규 위반은 빈번하다. 해마다 16세 이상의 사람 중 약 8.6%(1,920만 명)이 교통과 관련된 사항으로 경찰의 검문을 받는다(Exhibit 8-2를 참조). 경찰에 정지된 운전자의 41%는 과속이었고, 12%는 차량 결함, 10%는 기록 확인, 7%는 정지 신호 위반, 7%는 불법 차선 변경, 그리고 나머지는 안전벨트 미착용 또는 휴대전화 사용

위반 등과 같은 이유였다.[11]

EXHIBIT 8-2

인구특성별 경찰에 검문된 운전자수와 비율

검문된 운전자들의 특성	가장 최근의 접촉에서 경찰에 검문된 운전자	
	수(백만)	%
계	19.2	8.6
성별		
남	10.2	10.2
여	7.0	7.0
인종		
백인	8.6	8.6
흑인	9.8	9.8
히스패닉	7.6	7.6
기타	8.8	8.8
연령		
16 – 17세	8.2	8.2
18 – 24세	14.8	14.8
25 – 44세	10.3	10.3
45 – 64세	7.1	7.1
65세 이상	1.7	4.1

* 세부의 합은 반올림으로 인해 계와 일치하지 않을 수 있음

출처: Elizabeth David, Anthony Whyde, and Lynn Langton, *Contacts between Police & the Public, 2015* (Washington, DC: U.S. Government Printing Office, 2018).

　　교통검문은 낮은 수준이기는 하지만, 경찰과 대중 사이에 발생하는 마찰임은 분명하다. 검문의 순간에 시민들은 검문된 것에 분개하고, 신원을 밝힐 것을 요구받으며, 고지서를 발부받는다. 검문의 순간에 시민들이 느끼는 분노 때문에 경찰관들은 일반적으로 교통검문 업무를 선호하지 않는다. 검문 이유를 고지 받지 않은 사람 중 약 37%만이 타당한 이유가 있어 검문되었다고 생각한 데 비해, 검문 이

유를 고지 받은 사람 중 약 84%는 타당한 이유가 있어서 검문되었다고 여겼다. 백인 및 여성운전자는 타당한 이유가 있어서 검문되었다고 믿는 비율이 높았다[Exhibit 8-3 참조].[12]

　　교통검문은 또한 경찰관이 근무 중 사망하거나 부상당한다는 점에서 볼 때 가장 위험한 경찰 업무 중 하나인데, 무기를 소지한 위험한 범죄자를 검문하는 경우도 있기 때문이다. 경찰관 사망의 13% 및 경찰관 상해의 9.4%가 교통검문 중 발생했다.[13]

　　교통법규 위반 집행 업무는 여러 부서에 걸쳐 있다. 예컨대, 애리조나주 글렌데일과 스콧데일 두 개 시는 거의 비슷한 규모로 같은 대도시 지역에 위치하고 있음에도 불구하고 글렌데일의 경찰관은 스콧데일의 경찰관보다 50% 이상 많은 고지서를 발부한다.[14] 제임스 윌슨(James Q. Wilson)은 경찰 조직에 대한 역사적인 연구에서 교통법규 위반 집행에 있어 이와 유사한 차이를 확인한 바 있다.[15]

EXHIBIT 8-3

타당한 이유로 경찰에 검문되었다고 느끼는 운전자의 인종 및 성별 비율

	경찰이 검문 이유 고지(%)	경찰이 검문 이유 미고지(%)
성별		
남	83.2	33.6
여	84.5	43.0
인종/민족		
백인	86.2	46.3
흑인	72.7	25.7
히스패닉	80.4	19.0
기타	83.8	36.0

출처: Elizabeth David, Anthony Whyde, and Lynn Langton, *Contacts between Police & the Public, 2015* (Washington, DC: U.S. Government Printing Office, 2018).

　　교통검문 정책은 통상 공식적 또는 비공식적인 경찰관서 정책의 산물이다. 어떠한 경우에는 지역사회의 압력이 격렬한 집행으로 이어진다. 또 다른 경우, 격렬한 집행은 경찰관서장의 결정이다. 어떤 경찰관서에는 경찰관별로 공식적 또는 비공식적으로 고지서 발부가 할당된다.[16] 이따금 경찰관서는 널리 홍보한 가운데 교통법규 일제단속을 실시한다. 이러한 노력이 교통사고나 다른 범죄를 감소시키는지에 대한 증거는 혼재하고 있다. 예컨대, 오하이오주의 데이턴 경찰서는 6개월 넘게 교통량이 많은 한 지역을 단속하는 데 집중했다. 경찰관들은 많은 고지서를 발부하고, 눈에 띄는 교통검문을 자주 하라는 지시를 받았다. 이 지역과 일제단속이 이뤄지지 않은 다른 지역을 범죄, 체포건수, 교통사고와 관련하여 비교하였을 때, 경찰관서는 이들 지역에서 일제단속이 어떠한 유의미한 영향도 없었음을 발견했다.[17]

일제단속이 아무 영향이 없었던 것에 대해 세 가지의 설명이 가능할 것이다. 첫째, 법 집행 노력과 범죄 간에 상관관계가 없다는 것이다. 즉, 법 집행 증가는 위하효과가 없다. 둘째, 법 집행의 증가 정도가 차이를 가져오기에는 너무 미미하다[같은 문제가 캔자스시 예방순찰실험에서도 제기되었다]. 셋째, 일정한 영향은 있었지만, 평가에서 사용된 방법이 이를 감지하기에는 통계적으로 충분하지 못했다.[18] 다른 법 집행기관 프로그램에 대한 연구에서도 유사한 문제가 제기된다.

⇨ 캔자스시 예방순찰실험에 대한 논의는 제7장 참조

음주운전 일제단속

1980년대에 대중의 관심은 음주운전에 대한 국가적인 전쟁을 촉발했다. 대부분의 주가 음주운전에 대한 형량을 높였고, 연방 규정은 각 주로 하여금 법적 음주가능 연령을 21세로 상향할 것을 강제했으며,[19] 지역 경찰관서는 단속노력을 집중했다. 음주운전 일제단속은 운전자를 무작위로 검문하거나 모든 운전자를 검문하기 위해 도로를 차단하는 전략을 포함한다. 그 목표는 실제 음주운전자를 적발하고 잠재적인 음주운전자를 억제하는 데 있다.

일제단속이 음주운전을 감소시키는가에 대해서는 상당한 논란이 있다. 영국과 스칸디나비아 국가들에서 이루어진 일제단속 평가연구에서는 단기적으로는 교통사고 사망자가 감소하지만 곧 이전 수준을 회복하는 것으로 나타났다.[20] 강한 법 집행 노력은 사람들의 행동을 변화시킬 수 있다. 사람들은 음주를 줄이거나, 누군가에게 집에 데려다 달라고 부탁하거나, Uber나 Lyft와 같은 차량공유서비스를 이용하거나, 친구가 음주운전하려는 것을 말릴 수 있다. 그러나 일제단속이 종료되었다는 것이 알려지면 사람들은 이전의 행동양식으로 돌아가고 음주운전 사망자수는 증가한다.

음주운전으로 체포될 위험은 극히 낮다. 음주운전자가 경찰에 적발될 가능성은 몇 가지 요인으로 한정된다. 첫째, 전체 운전자 중 극히 낮은 비율만이 음주한다. 전체 운전자 중 약 1.5%가 평균적으로 주말 저녁 시간에 음주운전을 한다.[21] 둘째, 그 시점에 도로상의 차량 대수에 비해 근무하는 경찰관의 수가 상대적으로 적다. 셋째, 모든 음주운전자들이 이상한 운전 행태를 보이지는 않는다.[22]

한편, 체포는 다른 음주운전자가 붙잡힐 가능성을 크게 낮춘다. 체포는 극도로 시간을 요하는 사건으로, 한 명 이상의 경찰관이 한 시간에서 네 시간 가량을 소요한다. 그 시간 동안, 경찰관들은 다른 역할을 할 수 없어 누군가를 더 체포할 수도, 순찰을 통해 음주운전을 억제할 수도 없다. 결과적으로 경찰의 교통 일제단속은 지속되기 어렵다. 음주운전자들과 마찬가지로 경찰관들도 자신들의 일상으로 돌아가고 체포 활동을 줄인다.

⇨ 경찰이 접수하는 신고의 유형에 대한 논의는 제7장 참조

[면허를 소지한 차량 및 운전자수에 기초하였을 때] 음주와 관련된 교통사고 사망률은 1920년대 이래 지속적으로 감소하고 있다. 전문가들은 더 안전한 차량, 더 좋아진 도로와 교통안전 수단, 안전벨트, 에어백, 법적 음주가능 연령의 상향, 그리고 보다 최근에는 Uber나 Lyft와 같은 차량공유서비스 도입과 같은 여러 요인들이 음주와 관련된 교통사고 사망률 감소 경향에 영향을 미친다고 믿는다. 적어도 강력한 음주운전 억제 프로그램은 이러한 음주와 관련된 교통사고 사망률 감소 경향에 일정한 기여는 했겠지만, 보다 거시적인 사회통제노력의 일부분에 불과하다.[23]

▌가정 내 분쟁에 관한 경찰활동

가정 내 분쟁*은 중요한 질서유지 상황이다. 가정 내 분쟁 사건

은 경찰서비스 연구(PSS) 자료에 포함된 전체 신고의 4.5%를 차지한다.[24] 가정 내 분쟁 사건에 대한 경찰대응은 1980년대 이래 극도로 논쟁적인 문제였다. 가정폭력에 대한 대중의 태도에서 나타난 혁명은 형량의 증가, 가해자에 대한 개입과 치료 프로그램의 개발, 경찰관서의 정책 변화를 포함한 새로운 법과 정책을 이끌었다.[25]

용어 정의

가정 내 사건에 대한 경찰대응은 혼란스러운데, 이는 부분적으로 많은 사람들이 분쟁과 폭력사건을 구분하지 못하는 것에 기인한다. 경찰은 *소란*(disturbance)으로 이름 붙여진 많은 상황을 다룬다. 여기에는 유흥업소에서의 싸움, 이웃 간의 다툼, 그 외의 많은 문제를 포함한다. **가정 내 소란**은 친밀한 관계에 있는 두 명 이상의 사람이 개입된 것이다. 친밀한 관계에는 혼인 관계 또는 이혼한 커플, 동거 중인 연인, 첫 데이트 중인 사람들이 포함된다. 성인과 그 자녀 간, 성인과 그 부모 간의 문제, 동성 관계 역시 포함된다. 이 중 약 33%만이 *폭력*(violence)의 형태를 수반한다.[26] 그 폭력은 종종 상해다.

가정 내 소란(domestic disturbance)

가정폭력 발현

전미범죄피해조사(NCVS: National Crime Victimization Survey)는 2018년에 친밀한 파트너 폭력(intimate partner violence)이 847,230건 발생했다고 추정했다. 친밀한 파트너는 배우자, 전 배우자, 남자친구 또는

---

* [역자 주] 저자는 의도적으로 가정 내 소란(domestic disturbance), 가정 내 분쟁(domestic disputes), 가정폭력(domestic violence)의 세 용어를 구분하여 사용하고 있음. 본문에서 상술하고 있는 바와 같이, 가정 내 소란은 친밀한 관계에 있는 두 명 이상의 사람이 개입된, 가장 포괄적인 것임. 저자는 가정 내 소란을 가정폭력과 가정 내 분쟁으로 나누고 전자는 종종 상해의 형태로 나타나며 형사적인 개입 및 처벌을 요하는 데 비해, 후자는 그보다 경미한 말다툼, 시비, 싸움 등으로 의무체포의 대상이 아니며 중재 등을 통해서도 해결할 수 있다고 봄. 이러한 저자의 의도에 따라 본문상의 세 용어를 구분하여 옮겼음.

친밀한 파트너 간 폭력
(intimate partner violence)

여자친구로 정의된다.[27] 여성의 32% 및 남성의 28%가 평생 동안 일정한 형태의 **친밀한 파트너 간 폭력**을 경험한다.[28]

사법통계국은 친밀한 파트너 간의 폭력은 여성에 대한 모든 폭력사건의 25%를 차지한다고 발표했다.[29] 그러나 연구자들은 1995년부터 2015년까지 지난 20년 동안 친밀한 파트너 간 폭력이 점차 감소하였다고 보고하였다. 특히 여성에 대한 친밀한 파트너 간 폭력은 1995년에 여성 1천 명당 15.5명 발생하던 것에서 2015년 여성 1천 명당 5.4명이 경험하는 것으로 지난 20년 간 65% 감소하였다.[30]

경찰을 부르다

많은 가정폭력 피해자들은 경찰에 신고하지 않는다. 전미범죄피해조사 자료에 따르면 여성인 폭력피해자 가운데 45%만이 경찰에 신고하였다.[31] 가정폭력 신고율은 피해자의 상황에 따라 다르다. 저소득 피해자가 경찰에 보다 빈번하게 신고한다. 네브라스카주 오마하시에서 이루어진 가정폭력 연구에서 경찰에 신고한 피해자의 50%와 용의자의 31%가 무직이었다. 중산층 및 중상층 거주지역을 포함하는 오마하시의 서쪽에서 신고된 것은 7.4%에 그쳤다.[32] 전미범죄피해조사 자료는 백인 여성 피해자보다 백인이 아닌 여성 피해자가 경찰에 더 신고하는 경향이 있음을 보인다.[33]

중산층 여성은 친구, 가족 구성원, 종교단체 지도자, 사회복지사 등 주변 사람들로부터 조력을 구하는 경향이 있다. 또한, 중산층 여성들은 경찰에 신고하는 것에 당황하며 이웃이나 친구들이 어떻게 생각할지를 염려하는 경향이 있다. 결국, 중산층 여성은 [특히 전업주부이고 배우자가 유일한 소득원인 경우] 배우자에 경제적으로 보다 의존하는 경향이 있다. 저소득 여성은 남편이나 남자친구와 경제적 수준이 대등한 경향이 있다.[34]

가정폭력 피해자들이 경찰에 신고하지 않는 이유는 여러 가지다. 전미범죄피해조사 자료에 따르면, 가정폭력 피해자의 29%는 사적이거나 사소한 문제라고 여겨 경찰에 신고하지 않는다. 가정폭력 피해자의 약 22%는 경찰이 가정폭력을 중요하게 여기지 않을 것이라고 생각해서 신고하지 않았고, 22%는 보복이 두려워 신고하지 않았으며, 19%는 가해자를 보호하기 위해 신고하지 않았다.[35]

　　가정폭력은 일부 가정에 집중되고, 대부분의 가정에서는 발생하지 않는다. 결과적으로, 같은 주소에서 중복된 신고가 접수되는 것이 일반적이다. 오마하에서 이루어진 연구에서, 용의자의 65%는 이전에 다른 혐의로 체포된 적이 있었고, 11%는 피해자에 대한 과거 범죄로 체포된 적이 있었으며, 3%는 지난 6개월 간 피해자에 대한 범죄로 체포된 적이 있었다.[36]

▌가정 내 소란에 대한 경찰의 대응

　　경찰관의 가정 내 소란 처리 방식에는 넓은 재량이 인정된다. 대안적인 대응은 (1) 체포, (2) 중재, (3) 당사자 분리, (4) 사회복지기관에 인계, (5) 별도 조치를 취하지 않는 것을 포함한다. 체포는 가장 일반적인 대응 방식이 아니다. [모든 상황 유형을 포함한] 경찰 개입에 대한 매스트로프스키, 제프리 B. 스나이프스(Jeffrey B. Snipes), 앤 E. 수피나(Anne E. Supina)의 연구에서 확인한 바와 같이, 경찰관은 체포를 하기보다는 불법 행동을 중지할 것을 요청하는 경우가 많다.[36] 선행연구에서 체포율은 높게는 40%, 낮게는 약 12%에 이르는 것으로 나타났다. 다만, 일부 연구에서는 폭력 사건과 법률 위반이 없어 체포가 고려될 수 없는 소란이 구분되지 않았다. 켄터키주에서의 가정폭력 연구에서는 폭력 사건의 41%에서 체포가 이루어졌는데, 이보다 이른 도널드 블랙(Donald Black)의 연구에서는 중한 폭력 사건의 25%, 경미한 폭력 사건의 20%에서만 체포가 있었던 것으로 나타났다.[38]

Sidebar 8-1

가정 내 소란에 있어서의 경찰의 위험

가정 내 소란 신고가 경찰관에 위험을 초래하는 정도에 대한 상반된 반응이 있다. 공무 중 살해 또는 상해 당한 경찰관에 대한 FBI 자료를 분석한 조엘 가너(Joel Garner)와 엘리자베스 클레머(Elizabeth Clemmer)의 연구에서 가정 내 소란 신고는 경찰관 사망에 있어 낮은 순위를 차지했다. 경찰관 사망에 있어서는 절도와 강도가 가장 위험한 유형으로 일관되게 나타났다. 경찰관 상해에 대해서는 증거가 혼재한다. 어느 자료에서 가정폭력 사건은 가장 위험한 상황인 데 비해, 다른 자료에서는 세 번째 또는 그보다 낮은 순위로 나타난다.[a] 데이비드 허셜(David Hirschel), 찰스 딘(Charles Dean), 리차드 럼(Richard Lumb)은 상해 및 부상율과 경찰활동에 대한 10개 신고 범주 빈도와의 관계를 분석했다. 이들은 "가정 내 소란은 경찰관 상해에서 네 번째, 경찰관 부상 위험에서 다섯 번째를 차지"하는 것을 발견했다.[b]

가정 내 소란은 종종 경찰을 위험에 처하게 하기보다는 좌절하게 하는 것이다. 경찰은 즉각적인 분쟁을 자주 중재하지만, 실업, 알코올 또는 마약중독, 심리적 문제와 같이 근원적인 원인에 대해서는 할 수 있는 것이 없다. 도널드 블랙은 일부 경찰관들이 현장 도착 전에 소란이 자연히 해결되기를 바라며 가정 내 소란 신고에 의도적으로 천천히 출동하는 것을 발견했다.[c]

출처: [a]Joel Garner and Elizabeth Clemmer, Danger to Police in Domestic Disturbances – A New Look (Washington, DC: U.S. Government Printing Office, 1986); [b]J. David Hirschel, Charles Dean, and Richard Lumb, "The Relative Contribution of Domestic Violence to Assault and Injury of Police Officers" Justice Quarterly 11(1994): 99–117; [c]Donald Black, "Dispute Settlement by the Police," in Donald Black, ed., The Manners and Customs of the Police (New York: Academic Press, 1980), 146.

중재는 공감하며 말하기, 공감하지 않거나 적대적인 태도로 말하기, 신고자가 취했으면 하는 행동을 요청하기, 당사자에게 조용히 할 것을 명령하기, 체포하겠다고 위협하기 등 다양한 언어적 대응을 포함한다. 경찰관들은 둘 중 한 사람에게 분쟁 현장에서 퇴거할 것을 요청함으로써 당사자를 분리한다. 만약 한 사람이 주택에 대한 법적 거주자인 경우 경찰은 그에게 퇴거를 명령할 법적 권한이 없다. 많은 경우 다시 사람들은 경찰의 퇴거요청에 순응한다. 오마하의 가정폭력 연구에서 거의 모든 사람들이 퇴거요청이 있었을 때 이에 따랐다. 나아가, 커플의 경우 평균 3일[70시간]을 떨어져 있었고, 피해자의 87%는 경찰의 개입이 문제해결에 도움이 되었다고 보고했다.[39]

경찰관들은 당사자 일방 또는 양방을 결혼 상담, 알코올 또는 마약 중독치료, [별거, 이혼, 기타 법적 문제를 고려하는 당사자를 위한] 법률구조를 담당하는 사회복지기관에 인계할 수도 있다. 많은 경찰서에서 경찰관에게 사회복지기관 목록을 제공하지만, 경찰관들에게 전문적인 조력을 구하도록 강제할 법적 권한은 없다. 한 연구에서 경찰관들은 전체 사건의 5%에서만 이러한 사회복지기관 인계를 택했다.[40]

또한 경찰관들은 전혀 어떠한 조치를 취하지 않을 수도 있다. 보울더 카운티 경찰서에 대한 한 연구에 따르면, 약 20%의 가정 내 소란 사건에서 경찰관은 아무런 조치 없이 현장을 떠났다.[41]

체포 결정에의 영향 요인

역사적으로 경찰관들이 가정폭력 상황에서 체포를 주저하게 하는 여러 요인이 있다. 첫째, 일부 경찰관들은 가정폭력을 가족 내에서 처리되어야 하는 사적인 문제로 여긴다. 둘째, 많은 경찰관들은 피해자가 사건이 계속되는 것을 거부하기 때문에 가정폭력 체포가 종종 무의미해진다는 것을 경험한다. 셋째, 가정폭력 피해자들은 종종 도움을 요청하기 위해 경찰에 신고하지만, 체포가 아닌 다른 무언가를 요청하기 위한 것이다.[42] 넷째, 체포는 일거리(work)다. 체포는 경찰관에게 [용의자를 유치장에 입감하고, 보고서를 작성하는] 많은 작업을 수행할 것을 요하고, 이 작업 중 일부는 잠재적으로 위험하다. 또한 체포는 경찰관이 하는 업무의 가시성을 높이고, 해당 체포가 부적절하다고 여기는 다른 경찰관의 주의를 끌 수 있다. 반면, 경찰관이 체포를 하지 않았다면 상황은 다른 경찰관들에게 감춰진 상태로 남는다. 다른 직업군에서도 그러한 것처럼, 경찰관들도 종종 자신의 업무 부담을 줄이려고 시도한다.[43] 다섯째, 경찰관서는 [질서유지활동으로 간주되는] 가정폭력 체포에 대해 전통적으로 높은 가치를 부여하지 않고, 살인, 강간, 절도, 마약에 대한 체포에 보다 높은 가치를 둔다.

정책 혁명: 의무체포

⇨ 행정입법(administrative
rulemaking)에 대한
논의는 제11장 참조

가정폭력에 대한 대중의 태도에 있어서의 혁명은 1970년대에 시작되었다. 여성운동은 배우자 학대를 주요한 문제로 인식하고 피해여성 보호를 요구했다. 두 건의 중요한 소송에서, 뉴욕시와 오클랜드의 여성단체는 지역 경찰관서가 가정 내 상해를 저지른 이들을 체포하는 데 실패함으로써 여성이 동등하게 보호받을 권리를 부정하였다고 주장하며 이들 경찰관서를 고소했다.[44] *Bruno v. Codd*(1978)에서 뉴욕시경은 중상해 사건에서 체포를 의무화하는 문서화 정책(written policy) 도입에 동의했다[Exhibit 8-5 참조]. 오클랜드 경찰에 대한 *Scott v. Hart*(1979) 소송도 유사한 정책으로 귀결되었다.[45]

의무체포 정책은 경찰의 체포 재량을 통제하기 위한 최초 시도 중의 하나를 의미한다. 문서화 정책 활용전략은 행정입법(administrative rulemaking)으로 불리며, 이는 물리력 사용, 과속단속, 기타 치안 영역에서 경찰관 재량을 통제하는 데에도 사용되고 있다.[46]

EXHIBIT 8-4

가정폭력의 경찰 신고에 영향을 미치는 요인

변수	범주	신고율	미신고율
경찰에 신고한 가장 중요한 이유			
	범죄여서	30.2	—
	장래의 공격으로부터 보호하기 위해	19.9	—
	사건을 중지시키기 위해	16.7	—
	장래의 공격으로부터 다른 사람을 보호하기 위해	5.4	—
	가해자를 처벌하기 위해	3.5	—
	경찰에 신고하는 것은 의무여서	2.6	—
	가해자를 체포하기 위해	2.1	—
	기타	19.6	—

가정폭력의 경찰 신고에 영향을 미치는 요인

변수	범주	신고율	미신고율
경찰에 신고하지 않은 가장 중요한 이유			
	사적인 문제여서	–	22.8
	사소한 문제여서	–	18.1
	경찰에 중요하지 않은 것이어서	–	4.0
	보복이 두려워서	–	3.4
	가해자를 보호하기 위해	–	2.9
	기타	–	48.8

출처: Richard Felson, Steven Messner, Anthony Hoskin, and Glenn Deane, "Reasons for Reporting and Not Reporting Domestic Violence to the Police," *Criminology* 40, no. 3 (2002): 617-647.

가정폭력에 대한 체포의 영향

많은 사람들은 체포가 장래의 가정폭력을 방지한다고 믿는다. **미네아폴리스 가정폭력 실험**(1981 – 1982)은 경미한 가정폭력 사건에서 체포, 중재, 분리의 상대적인 억제 효과 확인을 시도했다. 가정폭력 사건들은 체포, 중재, 분리의 세 가지 조치 중 하나에 무작위로 배정되었다. 각 경찰관은 색상으로 분류된 보고서 작성 패드를 소지하고 상위 양식에서 지시하는 방식에 따라 개별 사건들을 다루었다. 연구자들은 다음 6개월 동안 피해자에 대한 추적 인터뷰와 동일 주소에서 온 경찰 신고 기록을 통해 반복된 폭력(repeat violence)을 측정했다.[47]

미네아폴리스 연구는 분리나 중재보다 체포가 폭력 재발 비율을 낮추는 것을 발견했다. 중재 사건의 경우 재체포(rearrest)가 19%, 분리 사건의 경우 재체포가 24%였던 데 비해, 체포 사건의 10%에서 재체포가 발생하였다. 이 실험은 전국적으로 상당한 주목을 받았고 공공정책에 주요한 영향을 미쳤다. 1984년부터 1986년의 기간 중 "우선 체포(arrest preferred)" 정책을 도입한 대도시 경찰관서는 10%에서 46%로 증가하였다.[48] [반드시 의무체포 정책을 의미하는 것은 아니

미네아폴리스 가정폭력 실험
(Minneapolis Domestic
Violence Experiment)

지만] 오늘날 모든 경찰관서의 99%가 가정 내 분쟁에 대한 매뉴얼을 마련하고 있으며,[49] 대규모 및 중간 규모의 지역 경찰관서 중 90%는 가정폭력전담부서(special domestic violence unit)를 두고 있다.[50]

비평가들은 미네아폴리스 실험에 대해 심각한 의문을 제기한다. 일부 경찰관들은 지시한 대로 사건을 처리하는 데 실패하면서 실험의 진실성을 위반했고, 이로 인해 사건의 무작위 배정이 위태롭게 되었다. 실험에 참여한 몇몇 경찰관이 체포의 대다수를 행했다. 이들 경찰관들은 실험 규칙을 보다 따르는 경향이 있었다. 일부 참여 경찰관 사례만을 살펴보면, 체포의 억제 효과는 사라졌다.[51] 또한 상당한 정도로 대상자 수가 줄었다. 피해자 중 62%[330명 중 205명]만이 최초 인터뷰에 응했고, 피해자의 49%만이 총 12회의 인터뷰를 모두 마쳤다.

⇨ 캔자스시 예방 순찰실험에 대한 논의는 제7장 참조

일부 비평가들은 실험의 책임자인 로렌스 W. 셔먼(Lawrence W. Sherman)이 결과를 "조급하고 과도하게 홍보했다"고 주장한다. 비평가들은 아직 반복 수행되지 않은 단 하나의 실험에 기반하여 공공정책에 있어 주요 변화를 권고하는 것은 현명하지 못하다고 주장한다.[52] 동일연구 반복의 부족은 경찰 연구에 있어 일반적인 문제이다. 캔자스시 예방순찰실험과 같이 매우 중요한 실험 중 많은 수가 전혀 반복되지 못했다. 하나 또는 매우 적은 수의 실험에 공공정책의 토대를 두는 것은 위험하다.[53]

사실 다른 도시에서 이루어진 미네아폴리스 실험의 반복에서는 체포에 있어 일관된 억제효과를 찾는 데 실패했다. 오마하, 샬롯, 콜로라도 스프링스, 밀워키에서 체포의 억제효과는 나타나지 않았다. 오마하, 밀워키, 콜로라도 스프링스 실험에서의 결과는 특히 혼란스럽다[Exhibit 8-5 참조]. 체포는 직업을 가진 사람들에 비해 무직인 사람들에 있어 폭력을 증폭(escalate)시키는 것으로 보인다. 이 자료는 체포는 적어도 가정폭력에 있어 다른 유형의 사람들에게 서로 다른 효과를 지닌다는 것을 명확하게 제시한다.[54]

EXHIBIT 8-5

동일 피해자에 대한 반복된 폭력에 있어 6건의 즉시체포 실험결과 요약

결과	시					
	미네아폴리스	오마하	샬롯	밀워키	콜로라도 스프링스	마이애미
6개월 억제, 공식 척도	예	아니오	아니오	아니오	아니오	둘 중 하나
6개월 억제, 피해자 인터뷰	예	경계	아니오	아니오	예	예
6-12개월 증폭, 공식 척도	아니오	예	예	예	아니오	아니오
6-12개월 증폭, 피해자 인터뷰	*	아니오	아니오	아니오	아니오	아니오
30-60일 억제, 공식 척도[다른 또는 같은 피해자]	예	아니오	경계	예	아니오	둘 중 하나
30-60일 억제, 피해자 인터뷰	예	경계	아니오	예	*	예
무직의 경우 악화 효과	*	예	*	예	예	*
직업이 있는 경우 억제	*	예	*	예	예	*

* 결과가 보고되지 않음.

출처: Lawrence W. Sherman with the assistance of Janell D. Schmidt and Dennis P. Rogan, *Policing Domestic Violence: Experiments and Dilemmas* (New York: Free Press, 1992), Table 6.1, p. 129.

Sidebar 8-2

지역경찰 연구하기

당신이 살고 있는 지역의 경찰관서는 가정폭력 매뉴얼을 마련하고 있는가? 이를 구해서 비교해 보라. 가정폭력 매뉴얼은 의무체포 또는 체포 우선 정책을 담고 있는가? 이들 기관의 정책은 경찰관에게 얼마나 많은 재량을 부여하고 있는가? 가정폭력전담부서나 프로그램을 두고 있는 경찰관서가 있는가? 가정폭력 프로그램의 내용은 무엇인가?

의무체포 법률과 정책의 영향

입법은 가정폭력이 수반된 사건에 있어 체포는 필수적이고, 체포가 우선되며, 체포는 경찰관의 재량이라는 세 가지 주요 정책을 따

른다.[55] 데이비스 허셜과 동료들은 가정폭력과 관련된 사건에 있어 22개 주와 워싱턴 D.C.는 체포를 의무화하는 규정을 두고 있고, 6개 주는 체포가 우선되며, 11개 주에서는 경찰관의 재량을 허용하는 규정을 두고 있다고 보고했다.[56]

의무체포 및 체포 우선 법률과 정책 시행 이전에는 친밀한 파트너 간 폭력은 신고된 것의 7%에서 15%에 대해서만 체포가 이루어질 정도로 체포율이 낮았다. 오늘날 경찰에 알려진 친밀한 파트너 간 폭력의 절반가량에 대해 체포가 이루어진다.[57] 피해자 권리를 주장하는 사람들은 체포율의 증가를 환영하는 가운데, 의무체포 법률과 정책의 완전한 영향은 아직 알려지지 않았다. 첫째, 일부 비판가들은 의무체포가 단지 경찰이 상황을 진정시키기만을 바라는 사람들이 신고를 주저하게 한다고 경고한다. 일례로, 코네티컷에서의 의무체포 규정 적용에 대한 마가렛 E. 마틴(Margaret E. Martin)의 초기 연구는 가정 폭력에 대한 경찰 접촉의 33%에서 [가해자와 피해자 모두를 체포하는 것을 의미하는] 이중 체포가 이루어졌음을 보고했다. 보다 최근의 연구들은 이러한 연구결과를 뒷받침한다.[58] 전국 단위의 이중 체포에 대한 연구에서 허셜은 이중 체포가 마틴이 시사한 것보다 덜 빈번하기는 했지만, 의무체포 규정은 경찰이 분쟁에 관여한 개인 모두를 체포할 가능성이 높아지는 결과로 귀결됨을 보고하였다.[59] 따라서 의무체포 법률은 신고자 스스로가 체포될 수 있다는 두려움 때문에 경찰에 신고하는 것을 억제하게 하는 의도치 않은 영향을 지닐 수 있다.[60] 둘째, 의무체포는 하위계층 남성, 특히 빈곤한 흑인 남성들에게 불평등한 영향을 미칠 가능성이 있다.[61] 이는 일부 개인들은 종종 경찰 외에는 도움을 요청할 사람이 없는 상황에서 기인한다. 반면, 전통적인 비체포 접근은 주로 빈곤한 아프리카계 여성에게 그들이 법의 동등한 보호를 받고 있음을 부정함으로써 부정적인 영향을 미친다.

기타 법률과 정책

의무체포 정책에 더해, 많은 경찰관서에서는 소속 경찰관들을

위해 가정폭력 상황에 대응하기 위한 특별 교육과정을 마련하고 있
다. 그런데, 피해자 조사 결과에서는 특별 교육과정을 이수하지 않은
경찰관이 대응한 피해자들에 비해 가정폭력 관련 특별 교육과정을
이수한 경찰관들이 대응한 피해자들의 만족도가 더 높게 나타나지
않았다.[62]

　　동시에 많은 주들은 가정폭력 관련 법률을 개정했다. 일례로, 아
이오와 법률은 경찰관들에게 주된 원인제공자를 확인하여 체포할 것
을 명하고 있다. 주된 원인제공자 체포법은 경찰이 처리하는 친밀한
파트너 간 폭력 사건에 대해 이루어지는 이중 체포의 수를 줄이기 위
해 제정되었다. 그러나 연구들은 주된 원인제공자 체포법이 이중 체
포율에 영향을 미치지 못했음을 밝히고 있다.[63] 몇몇 다른 주들은 발
생하지 않았던 경미한 상해에 대해서도 경찰이 체포할 수 있도록 함
으로써 체포권을 확장했다.[64] 18개 주에서 경찰관은 보호명령 위반을
이유로 체포할 수 있도록 규정하고 있다. 종래에는 경찰은 이러한 상
황에 대해 체포권을 갖지 못했고, 때문에 많은 여성운동가들이 보호
명령을 쓸모없는 종잇조각으로 여기게 하는 결과를 초래했다.[65]

로텐버그 개정안(Lautenberg
Amendment)

Sidebar 8-3

경찰에 의한 가정폭력

1996년 [로텐버그 개정안으로 알려진] 연방 법률은 가정폭력으로 유죄를 선고받은 사람의 총기 소지를 금지
했다. 로텐버그 개정안은 경찰 및 군에 중대한 시사점을 남겼는데, 이는 총기 소지 및 그 사용 가능성은 이들
직업의 핵심적인 부분이기 때문이다. 경찰관서는 로텐버그 개정안에 대한 대응으로 골머리를 앓고 있다.

　　로텐버그 개정안은 몇 가지 생각할 지점을 제공한다.

1. 로텐버그 개정안은 바람직한 사회 정책인가? 가정폭력 기록이 있는 사람에게 총기를 불허
   하는 것은 적절한가?
2. 소급하여 로텐버그 개정안을 적용하는 것은 공정하거나 합헌적인가?
3. 형사사건으로 유죄선고를 받은 적이 있는 사람이 경찰관이 될 수 있는가?

가정폭력 정책의 전망

가정 내 분쟁과 가정폭력에 대한 경찰 정책의 전망은 명확하지 않다. 의무체포 정책은 극도로 보편화되었지만, 이러한 정책의 완전한 영향은 확실치 않다. 가정폭력 정책에 대한 종합적인 검토에서 제프리 페이건(Jeffrey Fagan)은 체포, 기소, 보호명령, 가해자 치료의 위하 효과에 대해 "약하거나 일관되지 않은 증거"라고 결론지었다.[66] 미네아폴리스 실험을 총괄하였던 셔먼은 모든 상황에서 의무체포를 더 이상 지지하지 않는다.[67]

▌성매매에 관한 경찰활동

성매매는 미국 내 많은 지역사회의 공통적인 문제다. 미국에서 한 주당 약 150만 명의 성매수자를 대하는 25만 명의 전일(full-time) 성판매자가 있는 것으로 추정된다.[68] 전국 단위의 한 연구에 따르면 남성 중 성을 구매한 적이 있는 경우는 14%이고 직전 해에도 성을 구매한 적이 있는 경우는 1%로 나타났다.[69] 미국 내 성매매 규모는 한 해 72억 달러에서 90억 달러로 추정된다.[70] 테런스 미더(Terance Miethe)와 리처드 맥코클(Richard McCorkle)은 성매매를 길거리 성판매자(streetwalkers), 유흥업소 종업원(bar girls), 투약 목적 성거래자(skeezer), 업소 소속 성판매자(brothel prostitutes), 콜걸(call girls)의 다섯 가지 유형으로 구분한다.

길거리 성판매자
(streetwalkers)

허슬러(hustlers)와 후커(hookers)*로 알려진 **길거리 성판매자**는

---

* [역자 주] 허슬러(hustlers)는 통상 (게이) 남성을 대상으로 하는 남성 성판매자를 가리킴. 한편, 후커(hookers)라는 속어적 표현은 1820년대 선박 및 페리정거장이 있던 뉴욕 맨해튼의 콜리어즈 혹 지구(Corlear's Hook area)에 성판매자들이 집중되어 있던 것에서 유래하였음[Hodges, G. R. (1997). Flaneurs, Prostitutes, and Historians: Sexual Commerce and Representation in the Nineteenth-Century Metropolis. Journal of Urban History, 23(4), 488-497]. 본문에서는 이들 표현에 대해 굳이 우리말로 의역하기보다는 독음 그대로 옮겼음.

노상에서 일한다. 길거리 성판매자들은 대중과 경찰의 눈에 가장 잘 띄며, 성매매의 사회경제적 척도에 있어 하위에 위치한다. 많은 길거리 성판매자들은 고용 가능성이 낮은, 빈곤한 소수집단(minority) 여성이다.[71]

유흥업소 종업원 또는 b-girls은 전형적으로 유흥업소 또는 관리자의 협조 하에 다른 유흥업소에서 일한다. 관리자는 유흥업소 종업원의 수입에서 일정 비율의 "소개(referral)"비를 받거나 손님이 지불하여야 하는 음료에 높은 금액을 매겨 유흥업소 종업원에게 판매한다. 군부대 인근 유흥업소는 특히 유흥업소 종업원이 활동하기 좋은 장소다.[72]

유흥업소 종업원(bar girls)

투약 목적 성거래자는 크랙 코카인(crack cocaine)이 소개된 1980년대에 등장한 새로운 성매매 방식이다. 이 유형의 성판매자는 크랙 코카인을 얻기 위해 성을 거래하고 거의 항상 "크랙에 중독되어 있다(crack addicts)".[73] 선행연구들은 마약을 구하기 위해 성을 거래하는 이들이 종종 트라우마의 피해자들이며 중한 정신건강 문제가 있음을 시사한다.[74]

투약 목적 성거래자(skeezer)

업소 소속 성판매자는 통상 한 사람 또는 집단이 소유한 대형 시설에서 일한다. 합법적인 성매매 업소는 네바다주의 일부 카운티에만 있음에도 불구하고, 마사지 업소나 에스코트 서비스가 성판매자들의 새로운 활동영역으로 부상하고 있다. 많은 불법 성매매 업소는 소개와 비공식적인 사회적 네트워크 체계에 기반하여 운영된다.[75]

업소 소속 성판매자(brothel prostitutes)

콜걸은 성매매의 경제적 척도의 상위에 위치한다. 콜걸은 보다 부유한 고객을 상대하고 통상 전화로 주선된다. 콜걸들은 노상에 있지 않기 때문에, 그들의 활동은 대중이나 경찰에 보이지 않는다. 그러나 이러한 유형의 성매매는 성판매자들이 다른 사람을 신경 쓰이게 하거나, 화를 돋우거나, 민원을 유발하는 방식으로 모텔이나 아파트 단지에서 일할 때 대중의 주의를 끌게 된다.[76]

콜걸(call girls)

대부분의 도시에서 경찰관서는 길거리 성판매자들이 가장 잘 보이기도 하지만, 다른 유형의 성매매는 알아채기 어렵기 때문에 길거리 성판매자들에 단속력을 집중한다. 하지만, 많은 도시에서 경한 정도의 길거리 성매매는 경찰에 의해 용인된다. 경찰에 의해 용인되는 경한 정도의 길거리 성매매는 통상 대다수의 대중에게는 보이지 않는, 중심상업지구의 일부 구역에 국한된다.

순찰 경찰관들에게 길거리 성매매는 과속단속 경찰활동에 유사한 질서유지 문제다. 경찰의 주요 목적은 (1) 길거리 성매매를 제한된 구역으로 국한하고[억제(containment)] (2) 범죄 발생에 앞서 관련된 무질서를 예방하는 것이다[공공의 안녕(keep the peace)].[77]

성매매는 종종 성매매로부터 귀결된 더 심각한 범죄인 부수범죄(ancillary crime)를 동반한다. "성매수자(Johns)"*들은 절도를 당할 수 있고, 성판매자는 포주, 관리자, 고객으로부터 상해를 입을 수 있다. 이러한 문제는 성판매자 중 최소한 한 명을 살해하고 여럿에게 위해를 강한 혐의를 받은 "크레이그스리스트 살인자(Craigslist killer)"**와 같은 결과로 미디어에서 증폭된다. "크레이그스리스트 살인자" 사건은 성매매에 있어 인터넷이 차지하는 역할 뿐만 아니라 성매매 활동에 관여하는 성매수자와 성판매자들이 처한 위험이 증대하고 있다는 데 주목하도록 했다.

성판매자의 체포는 통상 서로 다른 동기를 포함한다. 유죄 선고와 처벌이 항상 주된 목표는 아니다. 많은 체포는 길거리 성매매를 특정 지역으로 국한하거나 길거리 성매매를 저지함으로써 길거리 성

---

* [역자 주] 미국에서 성매수 혐의로 체포된 남성 대부분이 실명을 숨기고 자신의 이름을 '존'(John)이라고 칭한 것에서 유래, 성매수자들을 가리키는 표현으로 쓰이게 되었음. 처벌이 아닌 교육을 통해 성매수자의 재범을 방지하겠다는 취지로 우리나라에 2005년 도입, 시행 중인 제도 역시 '존스쿨'이라고 일컬어지고 있음.

** [역자 주] 2009년 보스턴 의대에 재학 중이던 필립 마코프(Philip Markoff)가 미국의 유명 온라인 생활정보사이트 크레이그스리스트(Craigslist)에 '성인 대상 서비스(adult service)' 광고를 냈던 줄리사 브리스먼(Julissa Brisman)을 호텔로 유인해 살해한 사건이 발생하였음. "크레이그스리스트 살인자"는 필립 마코프를 가리킴. 이후 크레이그스리스트에 구인 광고를 게재한 피해자들을 대상으로 한 여러 유사모방 범죄가 발생하자 '성인 대상 서비스' 항목이 성매매를 조장한다는 비난 여론이 강하게 조성되었고 결국 2010년 크레이그스리스트는 미국 내에 한해 '성인 대상 서비스'를 중단하였음.

매매를 통제하기 위해 이루어진다. 경미범죄에 대한 형량은 통상 기
껏해야 몇 백 달러의 벌금과 카운티 구치소에서 수 주 또는 수개월
머무르는 정도에 그친다. 성판매자들은 이 정도는 일상적인 사업비용
(routine business expense)이라고 여긴다.[78]

성적 인신매매(sex trafficking)

Sidebar 8-4

성적 인신매매(sex trafficking)

최근 몇 년간 성적 인신매매에 대한 대응이 강조되어 왔다. 미국 의회는 인신매매 피해자 보호법(Trafficking Victims Protection Act; TVPA) 하에 상업적 성행위를 행하도록 강요당한 사람이 18세 미만이거나 무력, 사기, 강압을 초래하는 상업적 성행위를 목적으로 사람을 모집하거나 숨기거나 이송하거나 공급하거나 확보하는 것을 **성적 인신매매**로 정의한다. 그러나 성적 인신매매의 빈도에 대해서는 알려진 바가 드물다. 미국 내 광역 경찰관서를 대상으로 한 최근 연구에서 경찰관서 중 85%는 관할 지역 내 성적 인신매매 문제가 있다고 보고했다. 성적 인신매매 피해자는 대부분 여성[90.9%]이고, 18세 이상이며[65.8%], 미국 외의 국가에서 왔다[72.3%]. 광역 경찰관서의 약 70%가 지역사회의 성적 인신매매 문제를 다루기 위한 특별 팀이나 전담부서를 두고 있다고 보고했다. 이러한 부서는 종종 성적 인신매매 법률을 집행하고, 피해자를 지원서비스에 연계하며, 지역사회 구성원들에게 훈련과 정보를 제공하는 역할을 맡고 있다.

1. 수업에 참여하는 다른 학생들과 교수가 선정한 지역사회의 성적 인신매매를 비롯한 사례들에 대한 뉴스 기사들을 찾기 위해 인터넷을 검색하시오.
2. [성적 인신매매 사건에 대한 검토에서 나타난 바와 같이] 이러한 문제가 심각한 것인지, 적당한 것인지, 경미한 것인지 수업에서 토론하시오.
3. 해당 지역사회 내 성적 인신매매를 예방하고, 개입하고, 억제하기 위한 지역사회의 개입에 대한 뉴스 기사들을 검토하시오.
4. 미디어에 등장한 성적 인신매매 사건 검토를 통해 파악된 문제점에 대해 지역사회의 대응이 일관되게 나타나는지를 수업에서 토론하시오.

출처: Hyunjung Cheon, Charles M. Katz, and Vincent J. Webb, "Information Sources Used by Local Police to Estimate the Scope and Nature of Sex Trafficking," *Policing: An International Journal* 42, no. 6 (2019).

주기적으로 길거리 성매매는 대중의 눈에 보다 띄는 시점에 증
가한다. 이어지는 대중의 격렬한 반응은 모든 성판매자들을 체포해
버리는 경찰의 집중단속으로 이어진다. 다른 범죄에서의 집중단속에
서와 마찬가지로, 성판매자들에 대한 집중단속의 효과가 지속되는 기

간은 짧고, 곧 이전으로 돌아간다.

　　성매매에 대한 경찰활동은 여러 이유에서 어렵다. 성매매는 상대방이 없는 "피해자 없는 범죄(victimless crime)"이다.[79] 이는 종종 경찰이 독자적으로 수사를 개시하여야 함을 의미한다. 도청, 정보원, 잠복, 기타 수사 기법들은 법률적이고 도덕적으로 어려운 수많은 의문을 제기한다. 또한 성매매는 많은 사람들이 합법적이라고 여기거나 최소한 사적인 것이라고 생각하는 행위들을 포함한다. 이는 얼마나 법이 활발히 집행되어야 하는가에 관한 대중의 태도와 상충한다. 또 다른 문제는 성매매가 종종 법적으로 경미한 범죄로 정의되며, 이로 인해 경찰관들에게 우선순위가 낮게 매겨지는 경우가 빈번하다는 점이다. 법 집행이 종종 선택적으로 이루어지고, 일관되지 않으며, 임의적이라는 사실로 인해 성매매에 대한 경찰활동은 한층 복잡해진다. 성을 상업화하는 것을 금지하는 법률을 위반하였다는 점에서 양자 모두 유죄임에도 불구하고, 성판매자[통상 여성]만을 체포하고 성매수자[통상 남성]은 무시하는 전통적인 경찰활동은 동일 보호(equal protection)* 문제를 야기한다. 마찬가지로, 도시 내 특정 지역으로 길거리 성매매를 한정하는 비공식적 경찰활동은 특정 지역에서는 법을 집행하면서 어떤 지역에서는 그렇지 않은, 선택적 공권력의 불법적인 형태다.[80]

▎노숙인에 관한 경찰활동

　　노숙인은 경찰에 있어 또 하나의 질서유지 문제를 의미한다. 노숙인 문제는 1980년대에 상당히 증가하였다. 노숙인의 실제 규모에 대해서는 논란이 분분하다. 미국 주택 및 도시개발부에서 나온 최근 자료는 노숙인을 568,000명으로 추산한다.[81] 이 노숙인 수치에는 과거에 비해 더 많은 가정, 더 많은 여성과 어린이가 포함되어 있다. 일각에서는 정신질환 서비스의 변화로 인해 과거에 비해 노숙인 중에

---

* [역자 주] 경찰 등 국가기관이 같은 법의 적용을 받는 시민들을 동등하게 보호하고 대우하여야 한다는 원칙을 가리킴.

정신질환자가 더 많을 것이라고 여긴다.[82]

로스앤젤레스의 스키드로(skid row)는 10스퀘어 블록 크기의 지역으로, 거의 노숙인 5천여 명의 주거지다. 노숙인 3천여 명은 텐트 및 임시변통 거처에, 나머지 2천여 명은 노숙인 쉼터에 산다. 언론보도에 따르면 스키드로 지역에는 불운한 사람부터 재향군인, 가족, 위기청소년, 최근 실직한 사람까지, 다양한 배경을 가진 사람들이 모여 있다. 마약 복용자, 성판매자, 정신질환자는 흔하다. 메스암페타민 가루는 2달러에 구할 수 있다. 어디에서도 거처를 찾지 못한 신상정보가 등록된 성범죄자들도 스키드로 지역에 산다. A형 간염, 결핵, 포도구균 감염의 창궐과 더불어 보건의료 문제가 잦다.[83]

노숙인 문제는 경찰에 많은 도전을 의미한다. 노숙인들은 공원에 반영구적인 숙소를 세우고, 노숙인 쉼터로 이동하는 것에 저항하며, 버스정류장이나 지하철역사에서 잠을 잔다. 노숙인 지원단체는 노숙인들을 제한하기 위해 고안된 경찰활동과 지역의 질서 유지에 대항하여 소송을 제기한다. 모든 소송은 아니지만 일부는 성공적이다.[84] 경찰최고위연구포럼(The Police Executive Research Forum; PERF)은 경찰관서들을 대상으로 노숙인 문제 대응방식을 결정하기 위한 설문을 실시했다. 대도시 지역에 위치한 경찰관서의 70% 이상에서 노숙인은 지역사회의 주요 또는 상당한 문제를 차지하고 있다고 보고되었다.[85]

그러나 노숙인 문제에 대한 경찰의 대응은 과거와 크게 달라지지 않았다. 첫째, 노숙인 문제 조치를 요하는 신고에 대한 경찰 대응은 사후적(reactive)이다. 이는 우선 노숙인의 입장에서 문제 발생에 앞서 사전적으로 대응하기보다는 민원인의 이해에 우선적인 강조점을 두는 경찰 전략으로 이어진다. 둘째, 현재의 경찰 대응은 억제에 기반하고 있다. 경찰은 무질서를 최소화하고 노숙인을 대중의 눈으로부터 보이지 않도록 하기 위해 지역사회의 일정 공간 안으로 노숙인 문제를 억제하고자 시도한다.[86]

그러나 일부 경찰관서는 노숙인과 관련된 문제를 해결하기 위해 선제적인 전략을 시도하고 있다. 예컨대, 시애틀 경찰서는 노숙인과 관련된 상황을 해결하기 위해 지역사회 전담경찰관(community service officer; CSOs)을 활용한다. 지역사회 전담경찰관은 노숙인들에게 쉼터, 알코올 및 마약남용 치료프로그램, 경제적 원조 서비스들을 연계한다. 극도로 추운 날에는, 지역사회 경찰관들은 기증받은 옷가지와 침낭을 나눠주고 노출로 인해 동사 위험에 놓인 사람들을 찾아 순찰 활동을 전개한다.[87]

아마도 노숙인과 관련된 범죄를 해결하기 위해 가장 잘 알려진 대규모 시도는 로스앤젤레스에서 이루어진 것이다. 앞서 언급된 바와 같이 1990년대와 2000년대 초반 로스앤젤레스는 노숙과 이와 관련한 범죄로 골머리를 앓고 있었다. 로스앤젤레스의 스키드로는 미국 내 가장 넓은 노숙인 집중지역이었을 뿐 아니라 강도, 갱단 폭력, 성매매, 노천(open-air) 마약 시장, 절도와 같은 중한 범죄가 다수 발생하고 있었다. 이러한 문제에 대응하기 위해 2005년 로스앤젤레스경찰청장 윌리엄 J. 브래튼(William J. Bratton)은 안전한 도시 계획(Safe Cities Initiative; SCI)으로 불리는 프로그램을 시작했다. 안전한 도시 계획 프로그램은 브래튼 청장이 뉴욕시에서 성공적으로 실행했던 무관용 경찰활동(zero-tolerance policing)에 기반한 것이었다. 안전한 도시 계획 프로그램은 스키드로 지역에 경찰관 50명을 배치하는 것으로 시작했다. 배치된 경찰관들에게는 천막에서 살고 있는 노숙인들의 위치를 파악하고 벌금을 부과하는 역할이 부여되었다. 이러한 활동의 목표는 이 지역의 높은 노숙인 집중도를 낮추는 것이었다. 이어 경찰은 노상에서 음주하거나, 성매매를 하거나, 마약을 사용하는 사람들의 위치를 파악하고 체포함으로써 이 지역의 무질서를 일제히 단속하였다. 단기간 만에 경찰은 안전한 도시 계획 프로그램이 의도한 효과를 나타내고 있다고 보았다. 상당한 노숙인들이 스키드로를 떠났고, 천막은 철거되었다.[88]

리차드 A. 버크(Richard A. Berk)과 존 맥도널드(John MacDonald)는 이후 8년여에 걸쳐 스키드로 지역의 범죄와 무질서에 미친 영향을 분석함으로써 안전한 도시 계획 프로그램을 평가하였다. 벅과 맥도널드는 안전한 도시 계획 프로그램이 범죄 감소에 있어 "의미는 있지만 보통 수준의(meaningful but modest)" 영향을 미쳤다고 주장하였다. 또한 벅과 맥도널드는 범죄가 인근 지역으로 단순히 옮겨갔는지* 여부를 살펴보았고, 이러한 현상은 없었음을 확인하였다.[89]

일부 사람들은 안전한 도시 계획 프로그램이 성공하였다고 주장하지만, 안전한 도시 계획 프로그램은 경찰활동에 있어서의 불안한 경향을 예시하는 것이라고 보는 사람들도 있다. 벅과 맥도널드의 연구에 대한 반응으로, 마이클 화이트(Michael White)는 로스앤젤레스 경찰(LAPD)이 우범지역에서 수행한 무관용 경찰활동 전략은 전문적인 경찰활동(professional policing)으로부터의 이동을 표상한다고 언급했다. 화이트는 좋은 경찰활동이란 단순한 범죄척결(crime fighting)을 넘어 질서유지와 안정과 같은 다른 역할들을 포섭하는 것이어야 한다고 주장한다. 화이트는 지난 20여 년간 지역사회 경찰활동과 문제지향 경찰활동의 도입으로 인해 경찰활동이 상당히 발전해 온 가운데, 로스앤젤레스 경찰은 노숙인과 우범지역에 대해 보다 심층적이고 장기적으로 긍정적인 영향을 미칠 수 있는 전략을 도입했어야 했다고 지적한다. 화이트는 로스앤젤레스 경찰이 노숙 및 노숙과 관련된 범죄와 연관되어 있는 장기적이고 구조적인 이슈를 다루기보다는, 노숙을 범죄화(criminalization)하는 전략을 취했다고 본다.[90] 화이트의 주장은 옳았던 것으로 여겨진다. 앞서 언급한 바와 같이 안전한 도시 계획이 시행된 15년 후인 2020년, 5천 명의 노숙인이 여전히 스키드로 지역에 살고 있으며, 범죄, 마약, 보건의료 문제는 만연한 채로 남아 있다.[91]

---

* [역자 주] 1970년대 초반에 범죄예방 프로그램이 실시된 지역은 범죄가 감소하지만, 프로그램 시행으로 의도치 않게 인근 지역으로 범죄가 전이(displacement) 내지 재배치(relocation) 또는 확산(diffusion)될 수 있다는 우려가 제기되었음. 벅과 맥도널드는 안전한 도시 프로그램의 결과, 이와 같이 예상하지 못한 범죄 전이 효과가 나타났는지 여부를 확인하고자 한 것임. 범죄 전이 효과는 대상 지역에 한정되어 발생하던 범죄(특히 마약 범죄의 경우)가 인근 지역으로 확산될 수 있음을 시사한다는 점에서 소위 '풍선 효과(balloon effect)'라고 일컬어지기도 함.

▌정신질환자에 관한 경찰활동

정신질환자는 경찰에 있어 또 하나의 중요한 질서유지 문제를 의미한다. 통상 경찰은 누군가가 현재 상황을 문제라고 정의한 가운데 다른 가용한 해결책이 없기 때문에 개입하게 된다. 정신질환에 대한 정의가 다양하기 때문에 정신질환과 관련된 사안의 정확한 빈도는 파악하기 어렵다. 여러 연구들은 경찰이 접하는 사건의 7퍼센트에서 10퍼센트가 정신질환자와 관련되어 있다고 추정한다.[92] 더욱이 정신질환이 있는 사람들은 다른 인구집단에 비해 더 체포되는 경향이 있고, 경찰 출동을 요청하는 반복 신고의 상당 부분을 차지한다.[93] 일례로, 매사추세츠주의 연구자들은 매사추세츠주 정신보건국(Massachusetts Department of Mental Health)에서 치료받은 적이 있는 18세~25세 사람의 절반가량이 이후 10년 동안의 치료 기간 중 체포된 적이 있음을 확인하였다.[94]

정신질환자에 대한 경찰의 대응

경찰은 다양한 경로로 정신질환자와 접촉하게 된다. 가장 빈번한 경로는 가족 구성원의 신고에 대응한 것이다[32퍼센트]. 가족 구성원들은 종종 자체적으로 문제를 해결하려고 하는데, 상황이 통제할 수 없게 되었을 때 경찰에 신고한다. 사업자와 고용주가 경찰에 신고하는 것이 정신질환자와 경찰 간 접촉 사건의 1/3가량을 차지한다. 정신질환자들은 종종 중심상업지구 내 또는 그 주위에 살기 때문에, 사업자들은 영업을 방해하는 정신질환자들을 "쫓아내버릴(shoo away)" 목적으로 경찰에 신고한다.[95]

정신질환자들은 범죄피해자가 될 가능성이 높고, 때문에 한층 경찰의 주의를 끌게 된다. 린다 테플린(Linda Teplin)과 그 동료들은 전년도 범죄 피해자의 25%가 중한 정신질환을 가진 사람들이었음을 보고하였다. 인구사회학적 요인을 통제한 이후에도 일반 인구집단과 비교하였을 때 중한 정신질환을 가진 사람들이 범죄피해자가 될 가

능성은 11배, 중한 폭력범죄의 피해자가 될 가능성은 4배 높았다.[96]

그러나 정신질환자에 대한 보다 전형적인 신고는 정신질환자들이 위협적으로(threatening) 보인다는 이유로 이루어진다. 한 연구에 따르면, 정신질환자 관련 전체 사건의 거의 절반가량에서 정신질환자가 무기류를 소지하고 있었다. 정신질환자와 관련된 경찰 접촉의 약 33퍼센트에서 재물손괴도 발생한다.[97]

경찰관 또한 정신질환자에 대한 잠재적인 위험성에 대해 일반 대중과 마찬가지의 편견을 갖고 있고, 이는 필요 이상의 공권력을 행사하는 것으로 이어질 수 있다.[98] 일례로, 2000년 1월 이후 미네소타에서 경찰이 총기를 발사하여 사망한 사람 중 45%가량에 정신질환이 있었다.[99] 경찰의 치명적 총기사용에 대한 워싱턴 포스트의 데이터베이스에 따르면 경찰이 총기를 발사하여 사망한 사람의 25%가량은 정신질환자로 확인되었다.[100] 이들 사건에서 경찰이 정신질환자와 접촉하게 된 가장 빈번한 사유는 그 가족구성원이 경찰에 도움을 요청하는 신고를 했다는 것이었다. 이 점이 일부 지역에서는 사회적 공분이 제기되는 한편 해당 가족구성원들로 하여금 비슷한 상황에 있는 다른 사람들에게 경찰에 신고하지 말라고 주장하는 배경이 되었다.[101]

사안의 어려움으로 인해 정신질환자 사건 처리에는 많은 시간이 소요된다. 마크 R. 포그레빈(Mark R. Pogrebin)은 정신질환 관련 신고를 처리하는 데 소요되는 평균 시간은 74분으로, 기타 질서유지 신고에 비해 유의하게 길다는 점을 발견하였다.[102]

경찰관들은 정신질환 사안을 처리하는 데 넓은 재량을 행사한다. 일반적인 옵션은 (1) 시설입원(hospitalization), (2) 체포, (3) 비공식적인 처분(informal disposition)이다. 한 연구는 경찰과 정신질환자의 접촉이 있었던 사건의 75퍼센트에서 비공식적인 처분이 있었다는 것을 밝혀냈다. 여기에는 경찰관이 정신질환자를 진정시키기 위해 비공식적인 전략을 사용하는 것을 포함한다. 일각에서는 이러한 실무를 **정신의학적 응급조치**라고 일컫는다.[103]

정신의학적 응급조치
(psychiatric first aid)

상황이 비공식적인 처분으로 정리될 수 없을 때, 경찰관은 정신질환이 있는 사람을 병원 또는 구치소로 이송할 수 있다. 정신질환자

를 입원시켜야 할지 또는 체포하여야 할지 결정하는 데에는 많은 요
인들이 관련되어 있다. 이러한 요인에는 범행의 심각성, 경찰관의 훈
련, 알코올 또는 약물 중독, 가해자의 상태 등이 포함된다.[104] 그러나
정신건강 관련 자원이 충분하지 않은 지역사회에서는 경찰관들이 경
미한 범죄를 저지른 정신질환자를 종종 체포하는 것으로 기우는 경
향이 있다. 이러한 실무는 **자애로운 입소***로 알려져 있다. 많은 지역
에서 정신건강 서비스는 지역사회에서보다 구치소에서 보다 접근하
기 쉽다. 이러한 지역의 경찰관들은 정신질환자들이 필요로 하는 치
료를 받도록 하기 위해 경미한 범죄에 대해서도 정신질환자를 체포
한다.[105]

자애로운 입소(mercy
booking)

　　환경 및 지역사회 자원 가용 여부에 따라 경찰은 정신질환자들을
입원시킬 수도 있다. 한 연구는 입원된 사람들은 종종 자살을 시도하
거나, 폭력 전과가 있거나, 향정신성(psychotropic) 치료를 요하거나,
감정 조절 장애가 있거나, 정신질환 가족력이 있다고 보고하였다[106]
[Exhibit 8-6 참조].

EXHIBIT 8-6

경찰이 응급 정신의학 기관으로 이송한 환자의 특징

특징	비율(%)
이송 이유	
경찰관에 대한 폭력 또는 위협	32
자살 시도 행위	51
응급실에서의 폭력	11
폭력 전과	49
응급실에서의 향정신성 치료 필요	32
응급실에서의 억제 필요	8

* [역자 주] 경찰관들이 정신질환자를 질서유지를 목적으로 체포하는 것이
아니라 (그곳이 교정시설일지언정) 그들에게 필요한 정신건강 치료를 받
을 수 있고 음식과 거처 또한 제공될 것이라고 여겨 체포하는 경찰 실무에
서의 관행을 설명하기 위하여 1984년 린다 테플린이 제안한 개념임.

경찰이 응급 정신의학 기관으로 이송한 환자의 특징	
특징	비율(%)
이송 이유	
중독	25
응급실에서의 자살 시도	27
기타	17
진단	
감정 조절 장애	37
정신이상(psychosis)	18
약물 남용 장애	24
Axis IV 병적 이상(pathology)**	
경미	1
중간	66
심각	33
정신질환 가족력	55

출처: Robert Redondo and Glenn Currier, "Characteristics of Patients Referred by Police to a Psychiatric Emergency Service," *Psychiatric Services* 54, no. 6 (2003): 804–806.

여러 제도적·법적 요인들이 경찰의 정신질환자 대응에 영향을 미친다. 첫째, 법은 경찰이 정신질환자를 정신건강 시설에 비자발적으로 입소시키는 것을 제한한다. 정신질환자는 자신 또는 타인에 위험할 경우에만 정신건강 시설에 입소될 수 있다. 이러한 기준을 충족하기 위해 요구되는 서류작업들은 극도의 사례들을 제외하면 경찰관들이 정신질환자의 입소를 시도하는 것을 꺼리게 한다.[107]

** [역자 주] 미국정신의학회의 DSM−IV(Diagnostic and Statistical Manual of Mental Disorders)는 정신의학적 질환을 다섯 개 범주 내지 축(axis)으로 구분, 환자의 정신건강과 관련된 요인들을 파악하고 진단함에 있어 참고하도록 하고 있음. 예컨대, Axis I에는 공황장애, 불안장애, 감정 조절 장애, 섭식장애 등 대중에게 많이 알려진 질환들이, Axis II에는 경계성 성격 장애와 같은 발달과정 및 성격상의 질환들이 속함. Axis IV에는 가까운 사람의 사망, 삶의 큰 변화와 같은 환경적, 사회적 요인(stressor)으로 촉발된 정신질환이 해당함.

둘째, 정신건강 기관은 여러 병원, 노숙인 쉼터, 중독치료 시설 등으로 나뉘어 있다. 이들 정신건강 기관 대부분은 자체적인 입소 기준을 마련하고 있어서 경찰이 데려오는 사람들을 수용하는 것을 거부한다. 때로 경찰관은 정신질환자를 수용하겠다는 시설을 찾기 위해 여기저기 수소문한다.

오래된 문제/새로운 프로그램

체포에 대한 지나친 의존과 정신질환자 상대 시 강제력 사용 빈도에서 야기되는 문제점들은 많은 경찰관서로 하여금 정신질환자 대응방식을 향상하기 위한 특수 시책을 마련하고, 인력을 양성하고, 절차를 개선하는 것으로 이어졌다. 이러한 노력이 전개된 1980년대의 첫 번째 시기에는 주로 경찰관 훈련에 집중했다. 오늘날에는 거의 모든 경찰관서가 신규 경찰관에 대해 정신건강 이슈에 대한 교육을 실시한다. 그러나 임용교육 기간 중 정신건강 이슈에 배정된 시간은 제한되어 있고 − 통상 6.5시간 미만 − 대부분의 기관들은 임용 이후 정신건강 신고 대응에 대한 교육을 연간 1시간 미만으로 실시하고 있다.[108]

POLICE in FOCUS

안전에 대한 우려와 경찰 및 정신건강 시설에의 반복 신고에 맞춤 대응한 애크론시

개관

오하이오주 애크론시의 위기개입팀(Crisis Intervention Team; CIT)은 멤피스의 CIT 모델을 모방한 초기 기관 중 하나였다. 애크론시의 위기개입팀은 멤피스 모델의 기본틀을 따르면서도 핵심 요소에 몇 가지 수정을 가했다. 예컨대, 멤피스의 위기개입팀 경찰관들은 응급시설 한 곳에만 입소를 요청할 수 있었지만, 애크론시의 위기개입팀 경찰관들은 네 곳의 응급시설에 요청할 수 있었다. 이러한 변용은 한 곳의 정신건강 기관에 지워지는 부담을 감소시켰다. 또한 애크론시는 안전 문제, 책무, 경찰관으로서의 경험을 고려하여 위기개입팀으로 활동할 경찰관을 선발함으로써 위기개입팀 교육 과정을 수정하였다.

맞춤형 대응

위기개입팀이 조직되자, 애크론시의 의사

결정권자들은 – 형사사법 및 정신건강 시스템 양자 모두의 고질적 고객으로서 종종 이들 시스템의 틈새로 빠져 버리는 – "위기에 처한(at–risk)" 인구집단의 수요를 고려한 보충적인 프로그램이 있어야 한다고 결정하였다. "위기개입팀 봉사 프로그램(CIT outreach program)"은 지역사회 지원 기관(Community Support Services; CSS)에서 나온 봉사자들과 경찰관들이 조를 이뤄 구성되었다. 제복을 입은 경찰관들은 지역사회 지원 기관 봉사자들과 함께 배정된 순찰차에 탑승하여 관련자들을 접촉하고 사람들이 활동에 참여할 수 있도록 노력했다. 애크론시는 경찰관과 지역사회 지원 기관 봉사자가 짝을 이뤄 활동하는 것이 정보공유, 소재확인, 안전 증대 등을 촉진할 수 있었다고 보고했다.

봉사 팀은 정신건강 시설 및 노인요양시설이나 약물중독 치료기관과 같은 시설로 정신질환자들을 이송할 수 있다. 비자발적인 입원명령을 충족하지 못하는 사람을 만나게 되면, 봉사 팀은 존엄성과 재량을 유지하며 그들을 맞이해줄 수 있는 지역사회 지원 기관을 자발적으로 찾아가도록 설득할 수 있었다.

프로그램의 특징

애크론시의 위기개입팀 프로그램 조정자(coordinator)는 순찰 의무를 유지했는데, 이는 프로그램에 신뢰를 부여하고 동료 경찰관들의 참여를 요청하기 위함이었다. 봉사 팀이 대상자를 순찰차로 이송할 때에는, 대상자는 뒷자리에 수갑 없이 정신건강 사례관리자와 함께 탑승한다. 대상자가 응급 정신건강 평가의 조건을 충족할 수도 있지만, 경찰관은 상황을 통제할 수 있을 때에는 수갑 없이 탑승하는 것을 허용한다. 대상자가 자신 또는 타인에게 해를 가할 위험이 있거나 이탈을 시도하는 경우에는 필요에 따라 수갑을 사용하여 이송할 수 있다.

출처: Excerpt from Melissa Reuland, Laura Draper, and Blake Norton, *Improving Responses to People with Mental Illnesses: Tailoring Law Enforcement initiatives to Individual Jurisdictions* (New York: Council of State Governments Justice Center, 2005).

1990년대의 두 번째 시기에는 보다 특화되고 초점을 맞춰 대응함으로써 정신질환자와 관련된 경찰 대응을 발전시키는 데 초점을 맞추었다. 오늘날, 광역 단위 경찰관서의 약 1/3가량은 정신질환자 관련 신고를 처리하는 특화된 대응방식을 두고 있다고 보고한다. 이러한 특화된 대응방식은 정신질환자의 수요를 충족하는 몇 가지 옵션들을 경찰관들에게 제공하고 정신질환자를 지역사회 기반시설로 연계한다.[109] 정신질환자에 초점을 맞춰 대응하는 기관들은 다음 세 개 모델 중 하나를 통상 따른다.[110]

1. *경찰 기반의 특화된 대응*(Police-based specialized response): 이 모델에는 정신질환자와 관련된 문제에 대응함에 있어 광범위한 훈련을 받은 경찰관들이 참여한다. 이들 경찰관들은 정신질환자가 관련된 신고에 대응하는 역할이 부여되고 정신건강 시설과의 연락 담당자로 활동한다.
2. *경찰 기반의 특화된 정신건강 대응*(Police-based specialized mental health response): 이 모델에는 경찰관이 아닌, 정신질환자 문제에 대응하기 위해 경찰관서가 고용한 정신건강 전문가가 참여한다. 이들 정신건강 전문가는 현장에 있는 경찰관에게 현지에서 또는 유선으로 자문한다.
3. *정신보건 기반의 특화된 정신건강 대응*(Mental-health-based specialized mental health response): 이 모델에는 경찰관서와 지역사회 내 정신건강 기관간의 공식 협정 또는 협약이 관여한다. 이 모델은 현장에서 정신질환자들이 필요로 하는 도움을 제공하기 위해 경찰관과 함께 출동하는 정신건강 위기대응팀(mental health crisis teams; MCTs) 활용에 기반을 두고 있다.

▎코로나19 감염인에 관한 경찰활동

2019년 12월, 코로나 바이러스 감염증-2019(코로나19)가 중국 후베이성 우한에서 보고되었다.[111] 2020년 1월 코로나19는 미국에 전파되었고, 3월에는 대부분의 나라에 전파되었으며, 세계보건기구(WHO)는 세계적 범유행(pandemic)을 선언했다. 코로나19는 재채기 및 기침에서 분출된 공기 중의 비말을 통해 사람과 사람 사이에 확산된다. 코로나19는 종래 다른 바이러스에 비해 상당히 감염성이 높고 경찰에는 새로운 문제로 등장했다.

첫째, 경찰관들은 매일 수많은 사람과 가까이 하고 신체접촉을 한다. 이는 다른 직종에 비해 경찰관들의 감염 위험을 높인다. 질병 확산 방지를 완화하기 위해 CDC가 코로나19 감염자와 접촉한 사람에 대해 14일간 자가 격리를 권고하고 있는 점으로 인해 한층 복잡한 문제가 발생했다. 세계적 범유행 선언 첫 달 동안 경찰관들의 감염자 접촉으로 인해 많은 경찰관서가 심각한 인력부족을 겪었다. 일례로, 디트로이트 경찰서는 일시점에 근무자 2,500명 중 약 500명이 자가 격리되었다.[112] 이와 유사하게, 뉴욕시 경찰서도 코로나19로 인해 경찰관의 18% 가량이 병가를 신청했다.[113] 그 결과, 미국 내 경찰관서들은 급격하게 표준 업무절차를 변경했다. 경찰관서들은 비폭력 범죄의 경우에는 전화로 사건 보고서를 작성하기 시작했다. 또한 경찰관서들은 경찰관들에 경미범죄 용의자 체포를 줄이도록 요청했으며 교통 및 보행자 단속을 줄이는 것으로 정책을 변경했다. 그리고 경찰관서들은 대중이 군집하고 만나는 것으로 귀결되는 지역사회 경찰활동을 중단했다.[114]

둘째, 경찰관들은 대중이 주지사의 행정명령에 따르도록 할 것을 요청받는다. 경찰관들은 행정명령 조치를 위반한 영업을 중단시키고, 자가 격리를 위반한 사람들에게 과태료를 부과하고, 사회적 거리두기 규칙을 위반한 사람들을 체포할 책임이 있다. 예컨대, 뉴욕시 경찰서 소속 경찰관들은 주지사의 긴급 행정명령이 내려진 후 7주간 370명 이상에 영장을 청구하고 120명을 체포했다.[115]

경찰이 행정명령에 반해 집회를 개최한 사람들을 체포함으로써 자유롭게 발언할 권리를 제한하는 새로운 권한을 행사하고 있다는 비판이 존재한다.[116] 경찰이 소수집단 지역사회에 불균형하게 행정명령을 집행하고 있다는 우려의 목소리도 있다. "긴급 행정명령 위반 및 질병확산 우려행위"를 이유로 뉴욕시 경찰서가 영장을 청구한 374명 중 304명(81%)이 흑인 또는 히스패닉이었다.[117] 그간 법 집행기관은 응급의료 상황에 최초로 대응하고, 감염지역의 경계를 확보하고, 생화학테러를 수사함으로써 보건의료와 관련된 이슈에 대응해 왔다. 그러나 코로나19 범유행과 같은 장기간의 공중보건 응급상황에 직면한 경우는 드물었다. 이러한 공중보건 위기에서의 경찰의 역할은 공중보건 대응에 있어서의 핵심이며, 많은 교훈을 얻게 될 것이다.

▌소년에 관한 경찰활동

소년은 경찰에 일련의 특수한 문제를 의미한다. 첫째, 경찰은 18세 미만의 사람을 빈번하게 접촉한다. 경찰이 지켜보는 거리에는 성인보다 소년들이 더 많이 나와 있다. 소년들이 길모퉁이를 "어슬렁거리거나(hanging out)" 차로 "배회(cruising)"하는 것은 종종 공적 공간의 적법한 사용에 대한 시민 갈등을 유발한다.

둘째, 소년들은 성인에 비해 경찰에 부정적인 태도를 일관되게 표출한다. 일례로, 한 연구에서 40세부터 49세 사이의 사람 중 90%가 경찰의 공정성에 우호적인 태도를 보인 데 비해, 18세부터 29세 사이의 사람 중에서는 72%가 경찰의 공정성에 대해 우호적인 태도를 보였다.[118]

셋째, 소년들은 미국의 범죄문제에 있어 유의한 부분을 차지한다. 소년은 전체 폭력범죄 체포건수의 10.4%, 재산범죄 체포건수의 15%에 해당한다. 소년들은 특히 다음의 세 범죄, 전체 방화범죄 체포건수[22.8%], 전체 무질서행위 체포건수[18.8%], 전체 반달리즘 체포건수[15%]에서 높은 비율을 나타낸다.[119]

Sidebar 8-5

소년범죄의 핫스팟

데이비드 와이스버드(David Weisburd)와 동료들은 시애틀에 소년범죄의 "핫스팟"이 존재하는지를 살펴보았다. 연구자들은 소년범이 개입한 경찰에 신고된 모든 사건을 지도상에 표시했다. 그 결과 소년범죄는 매우 밀집해 있어서, 전체 소년범죄의 50%가 1% 내 도로구간에서 나타났으며, 전체 소년범죄는 5% 내 도로구간에서 나타났다. 이들은 소년범죄 핫스팟이 성인범죄가 보다 빈번한 주거지역이나 술집보다는 학교나 쇼핑몰과 같이 청소년이 자주 찾는 공간이라는 특징을 갖는다고 보고했다. 와이스버드와 동료들은 핫스팟으로 확인된 지역 내 소년활동 감독을 강화하는 것이 비행을 예방할 수 있으며 공간 감독책임자가 주도하는 공간 기반 개입이 소년범죄 대응에 필수적이라고 강조한다.

출처: David Weisburd, Elizabeth Groff, and Nancy Morris, "Hot Spots of Juvenile Crime: Findings from Seattle," *Juvenile Justice Bulletin* (Washington, DC: Office of Juvenile Justice and Delinquency Prevention, 2011).

경찰 역할에 있어서의 논란

소년과 관련하여 적절한 경찰의 역할이 무엇인가에 대한 유의한 논란이 존재한다. 어떤 이들은 엄격한 법 집행 역할을 선호하여, 범죄자의 체포를 강조한다. 다른 이들은 범죄예방 역할을 선호하여, 경찰은 위기에 처한 소년에게 조언하고, 상담해 주고, 체포에 대한 대안을 제시함으로써 도움을 주어야 한다고 주장한다.[120] 그러나 대중의 범죄두려움과 소년 폭력범죄의 증가로 인해 최근 몇 년간 경찰관서는 법 집행 모델을 더 강조해 왔다. G.R.E.A.T(Gang Resistance Education and Training; 갱단 반대 교육 및 훈련)와 같은 프로그램은 예외로 하고, 전통적인 범죄예방 프로그램은 축소되었다.

⇨ G.R.E.A.T.에 대한 논의는 제9장 참조

불확실하거나 배치되는 경찰관서의 소년 관련 정책은 종종 현장 경찰관들의 역할 갈등을 초래한다. 경찰-소년 작용에 대한 한 보고서는 "범죄예방은 경찰관들이 그들의 주요 역할이라고 여기는 범죄자 검거와는 거리가 먼 것에 시간을 빼앗긴다고 여기는 '사회복지 업무(social work)'처럼 보여진다"고 지적하였다.[121]

소년에 대한 경찰대응은 경찰 책무들의 충돌로 인해 복잡해진다. 길거리를 배회하는 소년의 사례가 이러한 문제를 잘 묘사한다. 한편으로, 경찰에게는 질서유지 역할이 기대된다. 이를 위해 많은 시들이 소년들에게 통행금지를 적용하거나 "갱단 배회(gang loitering)" 조례를 제정하고 있다. 그러나 동시에 경찰은 시민권을 존중할 책무가 있다. 소년들은 옥외에서 규합할 수 있는 수정헌법상의 권리를 가진다.

⇨ 갱단에 대한 논의는 제9장 참조

소년 전담부서

소년과 접촉하는 경찰은 순찰과 소년 전담부서의 둘로 나뉜다. 순찰 경찰관들은 일상적인 순찰 임무 중 소년과 가장 많이 접촉한다. 순찰 경찰관들은 길모퉁이를 어슬렁거리는 소년 무리와 갱단 멤버로 추정되는 사람 등을 주기적으로 만나 접촉한다.

대부분의 광역 단위 경찰관서들은 소년 전담부서를 두고 있다. 소년 전담부서는 흔히 소년국(juvenile division), 청소년국(youth division), 범죄예방과 등의 명칭으로 일컬어진다. 광역 단위 법 집행기관의 50% 가량은 소년 전담부서를 두고 있다. 또한 많은 경찰관서들은 아동학대 및 실종아동 전담부서를 두고 있다. 전통적인 소년 전담부서의 역할은 (1) 소년범죄 수사, (2) 소년범 체포, (3) 소년사건 법정 준비, (4) 소년사건 법정 출석을 포함한다. 그러나 일부 소년 전담부서는 그 외의 역할도 수행한다. 예컨대, 미네소타주의 미네아폴리스 경찰서의 소년국은 소년의 범죄행위 수사와 사건 처리뿐만 아니라 체포된 소년사범에 대한 단기간 구류 업무, 가출 및 실종 소년 현황 유지, 소년 전과기록도 담당한다.[122]

소년 전담부서는 통상 갱단 문제를 다루지 않는다. 종종 갱단 전담부서가 갱단 문제를 다룬다.

길거리에서의 조우

소년들과 만난 경찰관들에 대한 역사적인 연구에서 도널드 블랙과 앨버트 라이스(Albert Reiss)는 경찰과 소년들이 만났던 전체 사례의 72%는 전화 신고로부터 시작되었음을 확인하였다. 경찰관들은 성인보다 소년과 접촉하는 비율이 (전체 접촉의 28%로) 약간 더 높다.[123] 이는 소년들이 성인에 비해 길거리에 나와 있는 경우가 더 많고 경찰관들은 소년들을 범죄 용의자로 좀 더 간주하기 때문이다.

⇨ 경찰관의 배치와 분배에 대한 논의는 제7장 참조

다른 경찰활동의 경우와 마찬가지로, 경찰관들은 길거리의 소년들을 다루는 데 있어 큰 재량을 행사한다. 대안적인 경찰 대응방식은 다음을 포괄한다.[124]

1. *어떠한 공식적인 조치도 취하지 않기*: 이는 가장 흔한 결과다. 가정 내 분쟁사례와 정신질환을 겪고 있는 사람과의 조우에서와 마찬가지로 경찰관들은 주로 사람들과의 대화를 통해 상황을 비공식적으로 처리한다. 대화에는 조언하기, 경고하

기, 분쟁 중재하기 또는 단순히 듣기를 포함할 수 있다. 체포
에 요구되는 법적 요건을 갖추었음에도 불구하고 많은 경우
체포가 이루어지지 않는다.

2. *소년을 구류하되 부모 또는 보호자에게 인계하기*: 구류된 모
   든 소년의 25%에서 30%가량이 이러한 방식으로 석방된다.[125]

3. *소년을 구류하고 다른 법 집행기관 또는 사회복지기관에 인
   계하기*: 구류된 모든 소년의 3%가량이 이러한 방식으로 석
   방된다.[126]

4. *소년을 체포하고 소년법원에 송치하기*: 구류된 소년의 71%
   가 소년법원으로 송치된다. 일부[전체 구류된 소년의 약 7%]
   는 성인과 동일하게 기소를 위해 형사법원에 송치된다.[127]

소년에 대한 체포권의 재량은 성인의 경우와 동일한 상황적 요
인의 영향을 받는다. 이러한 상황적 요인에는 범행의 중함, 피해자
또는 상대방의 선호, 고소인과 용의자간의 관계, 용의자의 태도 등이
포함된다.[128]

⇨ 경찰 재량에 대한 논의는
제11장 참조

인종차별 이슈

경찰은 백인보다 흑인 소년을 훨씬 더 많이 체포한다. 이러한 불
균형에는 여러 요인들이 영향을 미친다. 첫째, 경찰관서는 백인 지역
사회에 비해 소수집단 지역사회에 더 많은 순찰 경찰관을 배치하고,
그 결과 소수집단 청소년들을 더 빈번하게 관찰한다.[129]

둘째, 소수집단 청소년들은 백인보다 검문검색되는 비율이 높다.
인종프로파일링에 대한 많은 연구에서 소수집단 청소년들은 지역사
회 내 그들이 속한 소수집단이 차지하는 비율에 비해 검문검색을 받
고, 차량을 수색당하는 비율이 상당히 높았다.[130]

셋째, 체포에 있어서의 인종적 불균형은 체포 결정에 영향을 미치
는 다른 요인들과 관련되어 있다. 블랙과 라이스는 중범죄에 흑인이
관여한 비율이 더 높은 것으로 흑인의 체포율이 더 높다는 점의 대부
분이 설명된다고 보았다. 범죄 혐의가 중한 정도를 통제하였을 때, 백

인과 흑인은 비슷한 비율로 체포되었다.[131] 반면, 리처드 J. 룬드맨 (Richard J. Lundman)은 흑인 성인이 백인 성인에 비해 상대편 용의자를 체포해 달라고 경찰에 요청하는 비율이 높다는 것을 발견했다. 대부분의 고소인과 용의자 상황은 인종 내에서 이루어지기 때문에 (interracial) 흑인 소년들이 더 높은 비율로 체포된다.[132]

더글러스 A. 스미스(Douglas A. Smith)와 동료들은 전체 연령을 포괄하는 체포에 대한 연구에서 경찰은 피해자가 흑인인 경우보다 백인인 경우에 더 많이 체포한다는 점을 밝혔다. 다른 연구들 역시 경찰은 성인이 상대방일 때 소년을 보다 체포하는 경향이 있음을 시사하고 있다.[133]

용의자의 태도 또한 경찰의 체포 결정에 영향을 미친다. 칼 워스맨(Carl Werthman) 및 어빙 필리어빈(Irving Piliavin)의 연구에서와 마찬가지로 블랙과 라이스는 또 다른 연구에서 흑인 소년이 백인 소년에 비해 경찰에 적개심을 더 자주 표출하고, 그 결과 더 높은 비율로 체포된다는 것을 확인했다. 필리어빈과 스콧 브리어(Scott Briar)는 이러한 현상을 "흑인 소년을 향한 경찰의 태도와 행동이 조합된 데 따른 자기충족적 결과"라고 묘사한다. 경찰은 흑인 소년이 법질서 위반에 더 자주 관여할 것이라고 예상하고, 그들을 더 높은 비율로 검문 검색하며, 그 결과 경찰이 흑인 소년들을 괴롭힌다는 인식을 갖게 하고 더 적대적인 반응을 유발하게 된다는 것이다.[134] 그러나 데이비드 A. 클링어(David A. Klinger)는 체포에 있어서 태도가 가지는 역할에 새롭게 의문을 제기하며, 이러한 초기 연구들은 체포 이후 나타남에 따라 체포 그 자체에 영향을 미칠 수 없었던 적대적인 행위를 통제하지 못했다고 주장한다.[135]

범죄예방 프로그램

경찰의 범죄예방 노력은 교육, 상담 또는 역할 모델링을 통해 소년들을 범죄행위로부터 멀리 떼어놓으려고 고안된 전통적인 방식의 프로그램을 포함한다. 범죄예방 프로그램이 구상하고 있는 기본 아이디어는 경찰을 법 집행자(law enforcer)보다는 친구 및 조력자로 설정하는 것이다.

오늘날 범죄예방 노력의 일환으로 청소년을 중심으로 하는 프로그램들을 기획하는 경찰관서는 드물지 않다. 경찰이 주최하는 체육경기 리그(police athletic leagues), 심야농구(midnight basketball), 자연탐방 클럽(wilderness clubs), 멘토링 프로그램 들이 그 예이다. 최근의 일부 범죄예방 프로그램은 지역사회 경찰활동의 일환으로 이루어진다. 지역사회 경찰활동 모델 하에서 경찰관서들은 범죄예방을 위한 지역사회의 역량을 향상시키고자 한다. 통상 지역사회 경찰활동은 비행의 위험이 가장 높은 소년과 동네에 초점을 맞추기 위해 지역사회 및 사회복지기관의 협조 하에 경찰관서가 수행한다. 즉, 경찰관서는 가장 도움을 필요로 하는 사람이 도움을 받을 기회를 가질 수 있도록 보장하기 위한 사회복지 중개자(social service broker)로서의 역할을 수행한다.[136]

현재 가장 유명한 범죄예방 프로그램은 D.A.R.E.(Drug Abuse Resistance Education; 마약 남용 저지 교육)과 G.R.E.A.T(Gang Resistance Education and Training; 갱단 반대 교육 및 훈련)로, 마약 복용, 비행, 갱단 및 조직범죄에의 관여를 방지하는 것을 목표한다. 이러한 범죄예방 전략은 제9장에서 다룬다.

요약: 조각 합치기

공공의 안녕과 질서유지는 대부분의 신고 전화가 이 범주에 해당한다는 단순한 이유만으로도 경찰활동의 중요한 부분에 해당한다. 경찰이 이러한 신고에 어떻게 대응할 것인가 하는 문제는 제1장에서 검토한 경찰 역할에 대한 근본적인 문제를 제기한다. 우리는 경찰에 대해 어떻게 생각하고 있는가? 우리는 경찰이 무엇을 하기를 바라는가?

전통적으로 경찰관들은 질서유지 신고를 "쓰레기(garbage)" 및 "사회복지" 업무로 간주하고, 범죄척결에 더 높은 가치를 부여해 왔다. 그러나 오늘날 대부분의 전문가들은 공공의 안녕과 질서유지가 경찰활동의 핵심이라고 주장한다. 지역사회 경찰활동, 문제지향 경찰활동, 무관용 경찰활동은 비범죄 사안을 처리하는 데 높은 가치를 부여한다. 더욱이 많은 질서유지 상황들은 노숙인, 정신질환자, 소년과 같은 특수 인구집단과 관련되어 있다. 허먼 골드스타인(Herman Goldstein)이 제안한, 공공에 폭넓은 서비스를 제공하는 일반적인 서비스기관으로 경찰을 생각할 때, 질서유지 상황 처리를 개선하기 위한 특별 프로그램과 절차를 개발하는 것이 경찰관서에 중요해지고 있다.[137]

핵심어

질서유지(order maintenance), 434
범죄예방모델(crime prophylactic model), 434
경찰지식모델(police knowledge model), 434
사회복지모델(social work model), 434
지역사회 협력모델(community cooperation model), 435
반격(counterpunching), 436
가정 내 소란(domestic disturbance), 443
친밀한 파트너 간 폭력(intimate partner violence), 444

미네아폴리스 가정폭력 실험(Minneapolis Domestic Violence Experiment), 449
로텐버그 개정안(Lautenberg Amendment), 453
길거리 성판매자(streetwalkers), 454
유흥업소 종업원(bar girls), 455
투약 목적 성거래자(skeezer), 455
업소 소속 성판매자(brothel prostitutes), 455
콜걸(call girls), 455
성적 인신매매(sex trafficking), 457
정신의학적 응급조치(psychiatric first aid), 463
자애로운 입소(mercy booking), 464

토론

1. 범죄와 연관되지 않은 상황에서 경찰에 신고가 이루어지는 네 가지 이유를 설명하시오.
2. 미국의 경찰관서에서 가정폭력 정책이 어떻게 대두하게 되었는지를 설명하시오.
3. 경미한 가정폭력 사안에 대한 의무체포의 영향에 대한 연구 결과를 논의하시오.

4. 시애틀의 상습주취자 대응에 대한 사례 연구에 대해 논의하시오. 강의에서 이 대응 사례가 혁신적이라고 간주되어야 할지, 이러한 접근방식의 장점과 단점은 무엇인지를 논의하시오.

인터넷 연습

연습 1 www.lapdonline.org/detective_bureau/content_basic_view/1987 웹사이트를 찾아보고 로스앤젤레스 경찰의 풍속국(Vice Division)의 책무를 확인하시오. 강의에서 풍속(vice)에 대응하

는 경찰의 역할과 시간의 흐름에 따라 경찰의 역할이 어떻게 변화하여 왔는지를 논의하시오. 연습 2 http://ovc.ncjrs.gov/humantrafficking/publicawareness.html를 찾아보고 두 번째 비디오 "성적 인신매매의 이해(An Introduction to Sex Trafficking)"를 시청하시오. 성적 인신매매가 여러 지역사회에서 발견되는 공간과 성적 인신매매 피해자를 식별하는 경찰과 관련된 복잡성에 대해 논의하시오. 연습 3 코로나19 대유행 2020 업무지침 세부

내용을 제공하는 캘리포니아주 마운틴 뷰 경찰서 웹사이트인 https://www.policeforum.org/assets/Mountain%20View%20COVID−19%20Operational%20Guide%20for%20sharing.pdf를 방문하시오. 업무지침은 캘리포니아주 마운틴 뷰의 코로나19에 대한 경찰대응과 관련된 여러 이슈에 대한 정보를 제공한다. 업무지침을 검토하고 경찰의 업무변화가 적정하다고 생각하는지, 그리고 여러분이 달리 행동할 수 있는 것을 강의에서 논의하시오.

NOTES

1. Peter E. Finn and Monique Sullivan, *Police Response to Special Populations* (Washington, DC: U.S. Government Printing Office, 1988).

2. David Bayley, *Police for the Future* (New York: Oxford University Press, 1994).

3. Stephen Mastrofski, "The Police and Non−Crime Services," in G. Whitaker and C. Phillips, eds., *Evaluating the Performance of Criminal Justice Agencies* (Beverly Hills, CA: Sage, 1983), 44−47.

4. Charles M. Katz, Vincent Webb, and David Schaefer, "An Assessment of the Impact of Quality of Life Policing on Crime and Disorder," *Justice Quarterly* 18, no. 4 (2001): 826−876.

5. Ibid.

6. Egon Bittner, "Florence Nightingale in Pursuit of Willie Sutton: A Theory of the Police," in Herbert Jacob, ed., *The Potential for Reform of Criminal Justice* (Beverly Hills, CA: Sage, 1974), 1−25.

7. Samuel Walker, *Popular Justice: A History of American Criminal Justice,* 2nd ed. (New York: Oxford University Press, 1998), 165−167.

8. John C. Meyer, "Patterns of Reporting Noncriminal Incidents to the Police," *Criminology* 12 (May 1974): 70−83.

9. David H. Bayley and James Garofalo, "The Management of Violence by Police Patrol Officers," *Criminology* 27 (February 1989): 1−25.

10. Stephen D. Mastrofski, Jeffrey B. Snipes, and Anne E. Supina, "Compliance on Demand: The Public's Response to Specific Requests," *Journal of Research in Crime and Delinquency* 33 (August 1996): 269−305. John McCluskey, Stephen Mastrofski, and Roger Parks, "To Acquiesce or Rebel: Predicting Citizen Compliance with Police Requests," *Police Quarterly* 2, no. 4 (1999): 389−416.

11. Elizabeth David, Anthony Whyde, Lynn Langton, Christine Eith, and Matthew R.

Durose, *Contacts between Police and the Public, 2015* (Washington, DC: U.S. Government Printing Office, 2018).

12. Ibid.

13. Illya Lichtenberg and Alisa Smith, "How Dangerous Are Routine Police−Citizen Traffic Stops?" *Journal of Criminal Justice* 29 (2001): 419−428.

14. Arizona Criminal Justice Commission, *Crime and the Criminal Justice System in Arizona, the 2003 White Paper* (Phoenix: Arizona Criminal Justice Commission, 2003).

15. James Q. Wilson, *Varieties of Police Behavior* (New York: Atheneum, 1973), 95−99.

16. Ibid.

17. Alexander Weiss and Sally Freels, "The Effects of Aggressive Policing: The Dayton Traffic Enforcement Experiment," *American Journal of Police* 15, no. 3 (1996): 45−64.

18. Ibid.

19. James B. Jacobs, *Drunk Driving: An American Dilemma* (Chicago: University of Chicago Press, 1989); H. Laurence Ross, *Confronting Drunk Driving: Social Policy for Saving Lives* (New Haven, CT: Yale University Press, 1992).

20. Ross, *Confronting Drunk Driving.*

21. Anthony Ramirez et al., *2013−2014 National Roadside Study of Alcohol and Drug Use by Drivers: Alcohol Results,* No. DOT HS 812 362 (Washington, DC: National Highway Traffic Safety Administration, 2016).

22. Ross, *Confronting Drunk Driving.* Jacobs, *Drunk Driving.*

23. Ibid. Frank Martin−Buck, "Driving Safety: An Empirical Analysis of Ridesharing's Impact on Drunk Driving and Alcohol−Related Crime,"

University of Texas at Austin Working Paper (2017).

24. Eric J. Scott, *Calls for Service: Citizen Demand and Initial Police Response* (Washington, DC: U.S. Government Printing Office, 1981). Craig D. Uchida, Laure Brooks, and Christopher S. Kopers, "Danger to Police during Domestic Encounters: Assaults on Baltimore County Police, 1984−1986," *Criminal Justice Policy Review* 2 (1987): 357−371.

25. Jeffrey Fagan, *The Criminalization of Domestic Violence: Promises and Limits* (Washington, DC: U.S. Government Printing Office, 1996). Lawrence W. Sherman, Janell Schmidt, and Dennis Rogan, *Policing Domestic Violence: Experiments and Dilemmas* (New York: Free Press, 1992).

26. Sherman, Schmidt, and Rogan, *Policing Domestic Violence.*

27. Rachel Morgan and Barbara Oudekerk, *Criminal Victimization, 2018* (Washington, DC: U.S. Bureau of Justice Statistics, 2019).

28. Intimate Partner Violent Fact Sheet, *2018 National Crime Victims' Rights Week Resource Guide: Crime Victimization Fact Sheets* (Washington, DC: Office for Victims of Crime, 2018), https://ovc.ncjrs.gov/ncvrw2018/info_flyers/fact_sheets/2018NCVRW_IPV_508_QC.pdf.

29. Jennifer L. Truman and Lynn Langton, *Criminal Victimization, 2013* (Washington, DC: U.S. Bureau of Justice Statistics, 2014).

30. Intimate Partner Violent Fact Sheet, *2018 National Crime Victims' Rights Week Resource Guide.*

31. Morgan and Oudekerk, *Criminal Victimization,*

2018.

32. Franklyn W. Dunford, David Huizinga, and Delbert S. Elliot, "The Role of Arrest in Domestic Assault: The Omaha Police Experiment," *Criminology* 28 (May 1990): 183–206. Some of these data appear in the unpublished technical report.

33. Shannan Catalano, Intimate *Partner Violence,* bjs.ojp.usdoj.gov/content/pub/pdf/ipvus.pdf.

34. Donald Black, "Dispute Settlement by the Police," in Donald Black, ed., *Manners and Customs of the Police* (New York: Academic Press, 1980), 125–126.

35. Brian A. Reaves, *Police Response to Domestic Violence, 2006–2015* (U.S. Department of Justice, Office of Justice Programs, Bureau of Justice Statistics, 2017).

36. Dunford, Huizinga, and Elliot, "The Role of Arrest in Domestic Assault."

37. Mastrofski, Snipes, and Supina, "Compliance on Demand."

38. Mark A. Schulman, *A Survey of Spousal Violence Against Women in Kentucky.* (U.S. Department of Justice, Law Enforcement Assistance Administration, 1980).

39. Dunford, Huizinga, and Elliot, "The Role of Arrest in Domestic Assault."

40. Lynette Feder, "Police Handling of Domestic Violence Calls: An Overview and Further Investigation," *Women and Criminal Justice* 10, no. 2 (1999): 49–68.

41. Dana Jones and Joanne Belknap, "Police Responses to Battering in a Progressive Pro–Arrest Jurisdiction," *Justice Quarterly* 16, no. 2 (1999): 249–274.

42. Sherman, Schmidt, and Rogan, *Policing Domestic Violence.*

43. Albert Reiss, *The Police and the Public* (New Haven, CT: Yale University Press, 1971), 14.

44. Nancy Loving, *Responding to Spouse Abuse and Wife Beating: A Guide for Police* (Washington, DC: Police Executive Research Forum, 1980). Laurie Woods, "Litigation on Behalf of Battered Women," *Women's Rights Law Reporter* 5 (Fall 1978): 7–34.

45. Loving, *Responding to Spouse Abuse and Wife Beating.*

46. Samuel Walker, *Taming the System: The Control of Discretion in Criminal Justice, 1950–1990* (New York: Oxford University Press, 1993).

47. Lawrence W. Sherman and Richard A. Berk, "The Specific Deterrent Effect of Arrest for Domestic Assault," *American Sociological Review* 49, no. 2 (1984): 261–272; Sherman, Schmidt, and Rogan, *Policing Domestic Violence,* 91–96.

48. Sherman, Schmidt, and Rogan, *Policing Domestic Violence,* 110.

49. Bureau of Justice Statistics, *Law Enforcement Management and Administrative Statistics, 2000* (Washington, DC: U.S. Government Printing Office, 2004).

50. Reaves, *Police Response to Domestic Violence, 2006–2015.*

51. Patrick R. Gartin, "Examining Differential Officer Effects in the Minneapolis Domestic Violence Experiment," *American Journal of Police* 14, no. 3/4 (1995): 93–110.

52. Richard E. Lempert, "From the Editor," *Law and Society Review* 18, no. 4 (1984): 505–513. Lawrence W. Sherman and Ellen

Cohn, "The Impact of Research on Legal Policy: The Minneapolis Domestic Violence Experiment," *Law and Society Review* 23, no. 1 (1989): 117–144. Richard Lempert, "Humility as a Virtue: On the Publicization of Policy–Relevant Research," *Law and Society Review* 23, no. 1 (1989): 145–161. Sherman, Schmidt, and Rogan, *Policing Domestic Violence,* 92–124.

53. University of Maryland, *Preventing Crime* (Washington, DC: U.S. Government Printing Office, 1997), ch. 8.

54. Sherman, Schmidt, and Rogan, *Policing Domestic Violence.*

55. David Hirschel, Eve Buzawa, April Pattavina, Don Faggiani, and Melissa Reuland, *Explaining the Prevalence, Context, and Consequences of Dual Arrest in Intimate Partner Cases* (Washington, DC: National Institute of Justice, 2007).

56. Ibid.

57. David Hirschel, Philip D. McCormack, and Eve Buzawa, "A 10–Year Study of the Impact of Intimate Partner Violence Primary Aggressor Laws on Single and Dual Arrest," *Journal of Interpersonal Violence* (2017): 0886260517739290.

58. Margaret E. Martin, "Double Your Trouble: Dual Arrest in Family Violence," *Journal of Family Violence* 12, no. 2 (1997): 139–157.

59. Hirschel et al., *Explaining the Prevalence, Context, and Consequences of Dual Arrest.*

60. Martin, "Double Your Trouble."

61. Susan L. Miller, "Unintended Side Effects of Pro– Arrest Policies and Their Race and Class Implications for Battered Women: A Cautionary Note," *Criminal Justice Policy Review* 3, no. 3 (1989): 299–317.

62. National Institute of Justice, *Evaluation of Family Violence Training Programs* (Washington, DC: U.S. Government Printing Office, 1995).

63. Hirschel, McCormack, and Buzawa, "A 10–Year Study of the Impact of Intimate Partner Violence Primary Aggressor Laws on Single and Dual Arrest."

64. Joan Zorza, "The Criminal Law of Misdemeanor Domestic Violence, 1970–1990," *Journal of Criminal Law and Criminology* 83 (1992): 240–279.

65. Barbara J. Hart, *State Codes on Domestic Violence* (Reno, NV: National Council of Juvenile and Family Court Judges, 1992). Eve Buzawa and Carl Buzawa, *Domestic Violence: The Criminal Justice Response* (Newbury Park, CA: Sage, 1990), 110–135.

66. Fagan, *The Criminalization of Domestic Violence,* 1.

67. Sherman, Schmidt, and Rogan, *Policing Domestic Violence,* 253.

68. Terance Miethe and Richard McCorkle, *Crime Profiles: The Anatomy of Dangerous Persons, Places, and Situations* (Los Angeles: Roxbury, 2001).

69. Martin A. Monto and Christine Milrod, "Ordinary or Peculiar Men? Comparing the Customers of Prostitutes with a Nationally Representative Sample of Men," *International Journal of Offender Therapy and Comparative Criminology* 58, no. 7 (2014): 802–820.

70. Miethe and McCorkle, *Crime Profiles.*

71. Ibid.

72. Ibid.

73. Ibid.

74. Ibid.

75. Mindy Fullilove, Anne Lown, and Robert Fullilove, "Crack Hos and Skeezers: Traumatic Experiences of Women Crack Users," *Journal of Sex Research* 29, no. 2 (1992): 275−287.

76. Miethe and McCorkle, *Crime Profiles,* 223−226.

77. Ibid.

78. Egon Bittner, "The Police on Skid Row: A Study of Peacekeeping," in Egon Bittner, ed., *Aspects of Police Work* (Boston: Northeastern University Press, 1990), 30−62.

79. Wayne R. LaFave, "Arrest to Control the Prostitute," in Wayne R. LaFave, ed., *Arrest* (Boston: Little, Brown, 1965), 450−464; Frederique Delacoste and Priscilla Alexander, *Sex Work* (San Francisco: Cleis Press, 1998). Michael Scott, *Street Prostitution* (Washington, DC: U.S. Government Printing Office, 2002).

80. LaFave, "Arrest to Control the Prostitute."

81. Meghan Henry, Rian Watt, Anna Mahathey, Jillian Ouellette, and Aubrey Sitler, *The 2019 Annual Homeless Assessment Report (AHAR) to Congress* (Washington, DC: U.S. Department of Housing and Urban Development, 2020).

82. Christopher Jencks, *The Homeless* (Cambridge, MA: Harvard University Press, 1994).

83. Emma Parry, "'It's the Wild West': Inside LA's Skid Row Where Meth Costs $2−a−Hit, Medieval Diseases Are Rife and Conditions Are Worse Than Refugee Camps," *The Sun,* January 8, 2020, https://www.thesun.co.uk/news/10110538/inside−skid−row−los−angeles−meth−costs−2−refugee−camps/.

84. George L. Kelling and Catherine M. Coles, *Fixing Broken Windows* (New York: Free Press, 1996).

85. Colleen Cosgrove and Anne Grant, *National Survey of Municipal Police Departments on Urban Quality−of−Life Initiatives,* in Tara O'Connor Shelley and Anne C. Grant, eds., *Problem−Oriented Policing: Crime−Specific Problems, Critical Issues and Making POP Work* (Washington, DC: Police Executive Research Forum, 1998).

86. David Snow and Leon Anderson, *Down on Their Luck* (Berkeley: University of California Press, 1993).

87. Martha R. Plotkin and Ortwin A. Narr, *The Police Response to the Homeless: A Status Report* (Washington, DC: Police Executive Research Forum, 1993), Appendix, C−85−C−116.

88. Richard Berk and John MacDonald, "Policing the Homeless: An Evaluation of Efforts to Reduce Homeless Related Crime," *Criminology & Public Policy* 9, no. 4 (2010): 813−840.

89. Ibid.

90. Michael White, "Jim Longstreet, Mike Marshall, and the Lost Art of Policing Skid Row," *Criminology & Public Policy* 9, no. 4 (2010): 883−896.

91. Parry, "'It's the Wild West'"

92. Judy Hails and Randy Borum, "Police Training and Specialized Approaches to Respond to People with Mental Illnesses," *Crime and Delinquency* 49, no. 1 (2003): 52−61.

93. Elizabeth Biebel and Gary Cordner, "Repeat Calls for People with Mental Illness: An

Application of Hot Spot Analysis," *Police Forum* 13, no. 3 (July 2003): 1–3.

94. William Fisher, Kristen Roy–Bujnowski, Albert Grudzinskas, Jonathan Clayfield, Steven Banks, and Nancy Wolff, "Patterns and Prevalence of Arrest in a Statewide Cohort of Mental Health Care Consumers," *Psychiatric Services* 57, no. 11 (2006): 1623–1628.

95. Robert Panzarella and Justin Alicea, "Police Tactics in Incidents with Mentally Disturbed Persons," *Policing: International Journal of Police Strategies and Management* 20, no. 2 (1997): 339–356.

96. Linda Teplin, Gary McClelland, Karen Abram, and Dana Weiner, "Crime Victimization in Adults with Severe Mental Illness: Comparison with the National Crime Victimization Survey," *Archives of General Psychiatry* 62, no. 8 (2005): 911–921.

97. Panzarella and Alicea, "Police Tactics in Incidents with Mentally Disturbed Persons," 339–356.

98. Jim Ruiz and Chad Miller, "An Exploratory Study of Pennsylvania Police Officers' Perceptions of Dangerousness and Their Ability to Manage Persons with Mental Illness," *Police Quarterly* 7, no. 3 (2004): 359–371.

99. Jeff Hargarten, Jennifer Bjorhus, MaryJo Webster, and Kelly Smith, "Fatal Police Encounters," *Star Tribune,* June 1, 2016, http://striblab.github.io/startribune_dataviz/201 51117–police_deaths/.

100. Emma Frankham, "Mental Illness Affects Police Fatal Shootings," *Contexts,* 17, no. 2 (2018): 70–72, http://contexts.sagepub.com. DOI10.1177/1536504218776970.

101. Conor Friedersdorf, "Think Twice before Calling the Cops on the Mentally Ill," *The Atlantic,* May 15, 2015, https://www.theatlantic. com/politics/archive/2015/05/dangers–of– calling–the–cops–on–the–mentally–ill/ 393341/.

102. Mark R. Pogrebin, "Police Responses for Mental Health Assistance," *Psychiatric Quarterly* 58, no. 1 (1986–1987): 66–73.

103. Richard Lamb, Linda Weinberger, and Walter DeCuir, "The Police and Mental Health," *Psychiatric Services* 53, no. 10 (2002): 1266–1271.

104. Ibid.

105. Ibid.

106. Robert Redondo and Glenn Currier, "Characteristics of Patients Referred by Police to a Psychiatric Emergency Service," *Psychiatric Services* 54, no. 6 (2003): 804–806.

107. Lamb, Weinberger, and DeCuir, "The Police and Mental Health."

108. Judy Hails and Randy Borum, "Police Training and Specialized Approaches to Respond to People with Mental Illnesses," *Crime & Delinquency* 49 (2003): 52–61.

109. Melissa Reuland and Matt Schwarzfeld, *Improving Responses to People with Mental Illness* (New York: Council of State Governments Justice Center, 2008).

110. Ibid.

111. See https://WHO Timeline–COVID–19. www.who.int/news–room/detail/27–04–20 20–who–timeline–––COVID–19.

112. George Hunder, "Hundreds of Detroit Cops Back from COVID–19 Quarantine," *The Detroit News,* April 14, 2020, https://www.

detroitnews.com/story/news/local/detroit−city/2020/04/14/hundreds−detroit−cops−return−coronavirus−quarantine/2992507001/.

113. Ashley Southall, "Virusus's Toll on N.Y. Police: 1 in 6 Officers Is Out Sick," *The New York Times,* april 3, 2020, https://www.nytimes.com/2020/04/03/nyregion/coronavirus−nypd.html.

114. Cynthia Lum, Carl Maupin, Megan Stoltz, *The Impact of COVID−19 on Law Enforcement Agencies (Wave 1)* (International Association of Chiefs of Police and George Mason University, April 13, 2020).

115. Josiah Bates, "Police Data Reveals Stark Racial Discrepancies in Social Distancing Enforcement across New York City," *Time,* May 8, 2020, https://time.com/5834414/nypd−social−distancing−arrest−data/.

116. Azi Paybarah, "Protesters Say the Police Use Social Distancing to Justify Crackdown," *The New York Times,* May 5, 2020, https://www.nytimes.com/2020/05/05/nyregion/nypd−coronavirus.html.

117. Bates, "Police Data Reveals Stark Racial Discrepancies in Social Distancing Enforcement across New York City."

118. W. S. Wilson Huang and Michael S. Vaughn, "Support and Confidence: Public Attitudes toward the Police," in Timothy J. Flanagan and Dennis R. Longmire, eds., *Americans View Crime and Justice: A National Public Opinion Survey* (Newbury Park, CA: Sage, 1996), 40.

119. Federal Bureau of Investigation, *2016 Crime in the United States*, Table 20, https://www.fbi.gov/about−us/cjis/ucr/crime−in−the−u.s/2016/crime−in−the−u.s.−2016/tables/table−20.

120. National Institute for Juvenile Justice and Delinquency Prevention, *Police−Juvenile Operations: A Comparative Analysis of Standards and Practices,* vol. 2 (Washington, DC: U.S. Government Printing Office, n.d.), 3−10.

121. National Institute for Juvenile Justice, *Police−Juvenile Operations,* vol. 2, p. 3.

122. See http://www.minneapolismn.gov/police/about/investigations/police_about_juvenile.

123. Donald Black and Albert J. Reiss, "Police Control of Juveniles," *American Sociological Review* 35 (February 1970): 63−77.

124. Adapted from Office of Juvenile Justice and Delinquency Prevention, *Police−Juvenile Operations,* vol. 2, p. 57.

125. Office of Juvenile Justice and Delinquency Prevention, *Juvenile Offenders and Victims: A National Report* (Washington, DC: U.S. Government Printing Office, 1995).

126. Ibid.

127. Office of Juvenile Justice and Delinquency Prevention, *Juvenile Offenders and Victims: 2006 National Report* (Washington, DC: U.S. Government Printing Office, 2006).

128. Black and Reiss, "Police Control of Juveniles."

129. Samuel Walker, Cassia Spohn, and Miriam DeLone, *The Color of Justice,* 2nd ed. (Belmont, CA: Wadsworth, 2000), ch. 4.

130. J. McMahon, J. Garner, R. Davis, and A. Kraus, *How to Correctly Collect and Analyze Racial Profiling Data* (Washington, DC: U.S. Government Printing Office, 2002).

131. Black and Reiss, "Police Control of Juveniles."

132. Richard J. Lundman, "Police Control of Juveniles: A Replication," *Journal of Research in Crime and Delinquency* 15 (1978): 74–91.

133. Douglas A. Smith, Christy A. Visher, and Laura A. Davidson, "Equity and Discretionary Justice: The Influence of Race on Police Arrest Decisions," *Journal of Criminal Law and Criminology* 75 (Spring 1984): 234–249.

134. Carl Werthman and Irving Piliavin, "Gang Members and the Police," in David J. Bordua, ed., *The Police: Six Sociological Essays* (New York: Jorn Riley, 1968), 58–59.

135. David Klinger, "Demeanor or Crime? Why 'Hostile' Citizens Are More Likely to Be Arrested," *Criminology* 32 (1994): 475–493.

136. Gordon Bazemore and Scott Senjo, "Police Encounters with Juveniles Revisited," *Policing: An International Journal of Police Strategies and Management* 20, no. 1 (1997): 60–82.

137. Herman Goldstein, *Policing a Free Society* (Cambridge, MA: Ballinger, 1977).

Chapter 09

경찰과 범죄

개관

특별한 범죄 수사 기법
함정수사
정보원

마약 단속
마약 단속 전략
소수인종과 마약과의 전쟁
마리화나의 특수한 사례
수요 감소: D.A.R.E. 프로그램

갱(Gang) 관련 경찰활동과 갱 범죄
갱 억제
갱 예방: G.R.E.A.T. 프로그램

전문적 범죄자에 대한 경찰활동

총기 통제와 총기 범죄
총기 억제

증오 범죄 수사
증오 범죄의 범위와 본질
증오 범죄에 대한 경찰의 대응

경찰과 테러리즘
테러리즘의 범위와 본질
국내 테러리즘
국외 테러리즘
테러리즘에 대한 대응

사례연구
요약
핵심어
토론
인터넷 연습

범죄 통제는 경찰의 주요한 임무들 중 하나이다. 여기에는 범죄에 대응하고, 범죄 수사를 진행하고, 범죄자를 체포하는 구체적인 행위들이 포함된다. 제9장에서는 경찰의 범죄 통제 관련 행위들을 살펴본다. 경찰이 과연 무엇을 하는지, 그리고 경찰과 범죄에 대한 근거없는 믿음들에 대해서도 특별히 다룰 것이다.

▌경찰과 범죄

사람들은 경찰과 범죄라는 주제에 대하여 대체로 순찰과 체포의 관점에서 생각하는 경향이 있다. 그러나 이 주제는 생각보다 훨씬 복잡하고, 수많은 가정과 전략을 포함하고 있다.

범죄 통제 전략들

로렌스 셔먼(Lawrence W. Sherman)은 경찰이 사용하고 있거나 사용 가능한 범죄 통제 전략들을 체계적으로 분류한 바 있다.[1] 이어지는 섹션에서 그의 분류를 살펴본다.

사전 대응 v. 사후 대응

일부 경찰의 범죄대응 전략은 **사전 대응적**으로, 경찰 자체적으로 전략을 개시한다. 이는 해당 경찰관서 고유의 우선순위를 반영한다. 예를 들어 대부분의 마약 수사부서는 사전 대응적이다. 다른 전략들은 **사후 대응적**인데, 시민들의 요청에 의해 서비스를 제공한다는 점에 특징이 있다. 시민들의 범죄신고가 사후 대응적인 경찰 반응을 가져온다.

사전 대응적 경찰활동
(proactive crime strategies)

사후 대응적 경찰활동(reactive crime strategies)

일반적 v. 구체적

일부 경찰활동은 특정 범죄가 아닌 지역사회 전반을 대상으로 한다는 점에서 일반적이다. 규칙적인 예방적 순찰이 가장 중요한 일반적 범죄 통제 전략이다. 그에 반해 구체적 범죄 통제 행위는 특정 범죄, 장소, 범죄자들, 또는 피해자들을 대상으로 한다.

특정범죄. 규칙적 순찰과 911 신고 시스템은 모든 종류의 범죄에 대응하기 위한 일반적인 경찰활동이다. 다른 경찰활동은 특정 범죄에 대응한다. 여기에는 음주운전 단속, 마약 또는 조직범죄 단속 그리고 강도범을 잡기 위한 잠복근무 등이 있다.

구체적 장소. 규칙적 순찰은 특별한 지리적 초점 없이 지역사회 전체를 대상으로 이루어진다. 그러나 핫스팟(Hot-spots) 프로그램은 범죄 행위가 많은 것으로 예상되는 특정한 지역을 대상으로 한다.

특정범죄자. 일부 범죄대응활동은 특정 범죄자들을 대상으로 한다. 가장 좋은 예가 다수의 중범죄를 현재 저지르는 것으로 의심되는 사람들을 대상으로 하는 재범자 대상 프로그램이다.

특정피해자. 일부 범죄대응활동은 범죄자보다는 피해자들 대상으로 한다. 이들 중 가장 중요한 것은 많은 경찰서에서 이미 채택하고 있는 가정폭력 프로그램과 정책들이다. 예를 들어, 의무적 체포 정책(mandatory arrest policies)은 미래의 폭력으로부터 가정폭력 피해자를 보호하기 위한 것이다.

범죄 통제에 대한 가정들

경찰과 시민

경찰과 범죄와 관련된 기본적인 쟁점들 중 하나는 다른 사회적 통제 메커니즘과 관련하여 경찰의 역할에 대해 내재되어 있는 가정이다. 많은 사람들이 경찰과 전체 형사 사법 제도를 범죄 통제를 위한 사회의 주요한 메커니즘으로 생각한다. 경찰 전문화 움직임의 일환으로, 경찰은 그들의 범죄 통제 역할을 강조하고 범죄를 그들의 전문적인 영역으로 간주했다.[2] 그러나 오늘날 많은 전문가들은 이와 같은 전문성에 대한 정의가 경찰을 고립시키고 그들을 대중으로부터 단절시켰다고 평가한다. 이런 문제를 해결하기 위해, 지역사회 경찰활동을 옹호하는 이들은 지역사회 주민들과의 긴밀한 협조관계의 구축을 강조한다.[3] 이러한 접근은 시민들이 범죄 통제 활동을 포함한 경찰활동의 공동 생산자라는 추정에 근거한 것이다.[4]

경찰과 다른 사회기관들

1997년에 의회의 요청으로 메릴랜드 대학(University of Maryland)에서 수행한 범죄예방 프로그램에 대한 1997년의 보고서에 의하면 경찰활동을 다른 사회기관들과의 맥락에서 속에서 바라보았다. 이 보고서는 법 집행기관과 범죄예방에 대한 전통적인 구분은 유효하지 않다고 주장하였다. 체포와 같은 법 집행기관의 전략은 제지 또는 박탈을 통한 범죄예방을 위해 사용되는 것이다. 그래서 모든 프로그램과 사회적 기관을 단일한 범죄예방의 연속체에 두는 것이 적절하다.[5]

동 보고서는 범죄예방 역할을 하는 7가지 기관들을 확인하였다: 지역사회, 가족, 학교, 직장, 장소(구체적 지역), 경찰, 그리고 다른 형사사법 프로그램들이다. 이러한 혁신적인 접근은 범죄예방과 관련된 두 가지 중요한 초점을 제시한다. 첫째, 경찰은 범죄에 영향을 주는 여러 기관들 중 하나일 뿐이고, 주된 책임을 질 것을 기대할 수는 없다는 것이다. 둘째, 다양한 기관들의 상호 의존성을 강조하였다. 효과적인 학교기반 범죄예방 프로그램은 단단한 가정, 건강한 지역사회, 좋은 노동시장과 관계있다. 학교 프로그램이 넓은 사회 네트워크에 의존적인 것과 같이, 경찰의 범죄 통제 프로그램의 효과성도 마찬가지이다.[6]

효과성 측정

경찰의 범죄 통제 프로그램의 효과성을 측정하는 것은 무엇이 측정될 것인지와 예상되는 결과에 대한 타당하고 신뢰할만한 데이터에 대한 의미 있는 정의를 필요로 한다. 본 장의 후반부에서 논의되는 바와 같이, 경찰의 효과성을 측정하는 전통적인 방식에는 심각한 문제가 있다. 게다가 지역사회 경찰활동과 문제 지향적 경찰활동으로의 움직임은 경찰이 무엇을 하는지에 대한 상이한 가정과 효과성에 대한 상이한 측정방식을 포함하고 있다.[7]

▍범죄예방

경찰의 주된 범죄예방 활동은 규칙적 순찰이다. 제7장에서 설명한 바와 같이, 지역사회에서 경찰관의 활동은 범죄를 저지르려는 행위를 단념시키기 위한 것이다.

규칙적 범죄예방 순찰을 담당하는 경찰관들과는 별도로, 많은 경찰관서들이 오늘날에는 범죄예방 활동을 위한 별도의 인력을 할당하고 있다 - 비록 숫자는 작지만 말이다. 오늘날 미국에서는 대형 그리고 중간 규모 경찰관서의 70%에서는 특별히 범죄예방 부서에서 근

⇨ 무작위 예방 순찰의 효과성은 제7장을 참조

⇨ 지역사회와의 관계는
   제12장을 참조

⇨ 지역사회 경찰활동과 문제
   지향적 경찰활동은
   제10장을 참조

무하는 인력이 있다.[8] 범죄예방 경찰관은 종종 시민들을 만나 경찰이 어떻게 범죄를 예방하고 있는 지에 대해서 설명한다; 지역의 자경단 (watch group)을 설립하고 운영하는 사람들과 협업한다; 청소년들에게 마약, 범죄, 범죄조직들에 대해서 교육한다. 이러한 경찰관들은 일반적으로 지역사회 부서에서 근무하고 있다.

경찰의 범죄예방 전략은 1980년 초 이후 많은 변화를 겪었다. 지엽적인 활동 대신에, 순찰과 범죄 수사라는 기본적인 역할과는 별도로, 범죄예방이 경찰활동의 주요한 영역으로 간주된다.[9]

범죄예방은 지역사회 경찰활동과 문제지향 경찰활동의 기본적 요소이다.[10] 지역사회 경찰활동의 기본적 원칙은 경찰이 지역사회 주민들과 보다 나은 관계를 형성할 것이 필요하다는 것이다. 여기에 내재된 가정은 시민들이 경찰활동의 공동 생산자라는 점이다. 이러한 경찰활동에 대한 시각은 경찰이 범죄 통제를 위한 주된 책임을 갖는다는 전문적인 경찰활동모델을 거부하는 것이다.[11]

지역에 기반한 범죄예방 프로그램은 지역 조직을 마련하고, 지역의 외관을 개선하고, 마약범죄의 중심지역을 소탕하고, 학생의 무단결석을 줄이는 등의 노력을 포함한다. 이러한 프로그램들은 경찰관에게 계획자, 문제해결자, 지역사회 활동가, 정보공유자 등의 역할을 요구한다. 그들의 역할은 전통적인 방식으로 (예를 들어, 순찰과 체포) 범죄와 싸우는 것이 아니라 시민들이 범죄를 예방할 수 있는 자원들을 동원하도록 돕는 것이다.[12]

지역사회 경찰활동과 문제지향적 경찰활동은 상당히 다른 모습들로 나타나고, 현대 경찰활동의 중요한 부분을 차지하기 때문에, 제10장에서 보다 상세히 다루기로 한다.

▍범인 검거

경찰의 두 번째 중요한 범죄에 대응하는 임무는 발생한 범죄의 범인을 검거하는 것이다. 이 과정은 복잡한 사회적, 조직적인 요인들을 포함한다. 경찰은 반드시 범죄가 발생한 사실을 알아야 하고, 공식적으로 범죄로 기록해야 하고, 이후 범인을 특정하고 체포하기 위한 노력을 해야 한다.

시민의 범죄 신고

경찰은 범죄가 발생한 사실을 (1) 시민의 신고, (2) 경찰관의 직접 관찰 그리고 (3) 경찰이 개시하는 수사에 의하여 알게 된다. 처음 두 가지는 사후대응적인 방법이고, 마지막은 사전 대응적인 방법이다.

경찰은 대부분의 범죄를 시민들의 신고로 인해 알게 된다. 범죄 신고는 형사 절차에 있어서 가장 중요한 재량적인 결정에 속한다. 이런 관점에서, 시민들은 형사 사법 제도의 진정한 "문지기(gatekeeper)"인 셈이다. 순찰 경찰관들이 진행 중인 범죄를 발견하는 일은 상당히 드물다.

그러나 Exhibit 9−1에서 볼 수 있듯이, 피해자들은 대부분의 범죄를 경찰에 신고하지 않는다. 전미범죄피해자조사(National Crime Victimization Survey)에 따르면, 폭력범죄의 42.6%, 재산범죄의 34.1% 만이 신고된 것으로 확인된다.[13] 신고하지 않는 범죄들은 경찰에 중요한 시사점을 주는데, 경찰이 인식하지 못하는 범죄에 대해서 해결하지 못한 책임을 지울 수는 없기 때문이다.

EXHIBIT 9-1

경찰에 대한 범죄신고

	경찰에게 보고되는 비율
폭력범죄	42.6%
강간/성폭행	24.9
강도	62.6
가중된 폭행	60.5
단순 폭행	38.4
재산범죄	34.1
침입	47.9

차량 절도	78.6
절도	28.6

출처: Bureau of Justice Statistics, *Criminal Victimization, 2018* (Washington, DC: U.S. Government Printing Office, 2019).

Sidebar 9-1

만약 모든 범죄가 신고된다면

만약 피해자들이 모든 범죄를 경찰에 신고한다면 어떤 일이 벌어질까? 체포가 많아지고 범죄가 줄어들까? 아닐 것이다. 첫째, 경찰의 업무량이 상당히 증가할 것이다. 경찰력이 필요한 곳이 많아질 것이고, 신고되는 범죄가 200% 이상 증가할 것이다. 순찰 경찰관과 수사관은 과중한 업무에 부담을 느낄 것이다. 둘째, 이러한 추가 범죄의 대부분들은 덜 심각한 범죄들일 것이다. NCVS의 통계는 피해자가 심각한 범죄들을 높은 비율로 신고한다는 사실을 보여주고 있다. 뒤에서 설명하는 바와 같이, 경찰은 초기에 좋은 단서가 있을 때 범죄를 해결할 가능성이 높다. 만약 좋은 수사 단서가 없는 경우 침입범죄와 절도범죄들에 해결율이 높을 것이라고 볼 수 있는 근거는 없다.

요약하면, 시민들이 그들의 재량껏 많은 범죄를 신고하지 않는 것이 나은 것인가?

범죄 신고는 범죄의 종류와 개개의 범죄와 관련된 상황적인 요인들에 따라 달라진다. 일반적으로, 시민들은 경죄보다는 중죄를, 재산범죄보다는 폭력범죄를, 신체상해가 없는 범죄보다는 신체상해가 있는 범죄를, 손실이 거의 없는 범죄보다는 피해액이 큰 범죄를 더 신고하는 경향이 있다. 흑인들과 저소득층은 백인과 고소득층에 비해 범죄를 신고할 확률이 높다. 여성은 남성들에 비해 재산범죄를 신고하는 경우가 적지만, 폭력범죄를 더 신고하는 경향을 보인다. 범죄신고율이 매우 낮은 10대 청소년들을 제외하고, 나이가 범죄 신고에 특별한 영향을 미치지는 않는다.[14]

Exhibit 9-2에서 볼 수 있듯이, 피해자들은 종종 범죄를 신고하지 않는데, 그들은 범죄를 중요하다고 생각하지 않거나, 신고로 어떤 변화가 일어날 것이라고 생각하지 않기 때문이다. 피해자들은 특정 범죄들은 사적 또는 개인적인 문제로 간주하고, 다른 기관에 보고되어야 되는 것으로 생각하기도 한다. 범죄자들의 인식도 범죄 신고를 하지 않는데 영향을 미치기도 한다. 전미범죄피해자조사에 따르면, 피해신고를 하지 않는 경우들 중 8%는 만약 범죄 신고를 하면 가해자나 다른 사람들이 복수를 할지 모른다고 생각하는 것으로 밝혀졌다. 5%의 피해자들은 가해자가 곤경에 빠지기를 원하지 않기 때문에 신고하지 않기도 한다.[15]

EXHIBIT 9-2

경찰에게 폭력이 신고되지 않는 이유

신고하지 않는 이유	비율
사적인 또는 개인적인 사유	18%
다른 관계자에게 신고	16
신고를 요할 정도로 중요하지 않음	18
경찰이 할 수 있는 것이 없음	16
앙갚음의 우려	8
가해자가 곤경에 빠지기를 원하지 않음	5
기타 이유	19

출처: Bureau of Justice Statistics, *National Crime Victimization Survey*, *2006–2010* (Washington, DC: U.S. Government Printing Office, 2012).

신고와 범죄 미접수

시민이 범죄 신고를 하고 나면, 경찰은 전미범죄통계보고서(Uniform Crime Report) 시스템에 입력하기 위해 공식적인 기록을 작성해야 한다. 그러나 경찰관은 종종 범죄 신고서를 완전히 마무리하지 않기도 한다. 이는 '**발견되지 않은 범죄**'로 불린다. 도널드 블랙(Donald Black)에 따르면, 신고자가 범죄가 발생했다고 주장했음에도 불구하고, 경찰은 용의자가 존재하지 않는 범죄의 64%에 대하여만 공식적인 범죄보고를 완료하였다.[16]

발견되지 않은 범죄
(unfounding a crime)

경찰관이 범죄 신고서를 완성하지 않았다고 해서 법률이나, FBI 규칙이나, 경찰서 내부 정책에 의해 불이익을 받게 되는 것은 아니다. 이는 경찰의 규제받지 않는 재량에 속하는 영역이다.

경찰이 범죄 보고서를 완료하는지에 대한 결정은 체포 결정에 영향을 미치는 것과 같은 요소들에 의해 영향을 받는다. 블랙에 따르면 경찰은 중범죄의 경우, 신고자가 명백하게 범죄 신고를 희망하는 경우, 모르는 사람에 의해 발생한 범죄, 신고자가 경찰관에게 존중을 표한 경우 범죄신고가 완료될 가능성이 높다고 한다.[17]

경찰이 범죄를 접수하지 않는 몇 가지 이유가 있다. 첫째, 시민들이 항상 형법을 이해하는 것은 아니고, 범죄라 생각했던 것이 사실은 범죄가 아닌 경우도 있다. 예를 들어, 시카고에서는, 시민들은 경찰에 하는 신고의 58%를 범죄로 생각하지만, 경찰은 오직 17%의 신고만 범죄로 기록하고 있다.[18]

둘째, 경찰관이 범죄의 발생을 확신하기에 증거가 충분하지 않은 경우다. 예를 들어, 시민이 침입시도가 있었다고 신고한 경우, 경찰관이 현장에서 이러한 주장을 뒷받침할 흔적을 찾지 못한 경우이다. 거주자는 아마도 거센 바람이 창문에 부딪히는 소리를 착각했을 수도 있다. 이러한 예들은 경찰의 적정한 재량권 행사를 보여주는 사례이다.

세 번째로, 경찰관은 범죄를 접수하지 않는 재량을 남용하는 경우이다. 예를 들어, 경찰관은 폭행 신고를 접수하지 않을 수 있는데, 피해자에 대한 편향 때문일 수도 있다. 경찰관은 폭행의심 사건에 있어 피해자의 피해사실과 부합하지 않는 행동을 발견한 경우 체포를 하지 않을 수도 있다: 음주 또는 마약을 하거나, 잘못된 장소(wrong place)에 있거나, 의심스런 행동에 참여한 경우들이다.

많은 경우, 경찰서들이 범죄 발생률을 낮추기 위해 조직적으로 범죄를 접수하지 않는 사례들이 확인되었다. 최근에는, 애틀랜타, 볼티모어, 뉴올리온스, 뉴욕, 필라델피아시의 경찰서들은 그들이 범죄 통제에 성공적이었다는 것을 입증하기 위해 범죄 신고를 묵살하는 경우가 확인되었다.[19]

존 에테르노(John Eterno)와 동료들은 1,700명의 은퇴한 뉴욕시 경찰청 경찰관들을 대상으로 뉴욕시경찰청의 범죄 데이터에 대한 조작 여부를 조사한 바 있다. 그들은 뉴욕시경찰청의 범죄 데이터 조작이 1980년대 이후로 상당히 흔한 일이었으며, 2001년 이후로는 더욱 잦아졌음을 확인했다. 2002년부터 2012년 사이에 은퇴한 경찰관들의 55%는 "범죄 관련 수치가 더욱 좋아 보이도록 하려고" 조작을 한 경험이 있다고 설명했다. 저자는 이렇게 조작이 증가한 이유가 상당부분이 뉴욕시경찰청이 실행한 컴스탯(COMPSTAT, 제4장 참고)이 실행되면서, 경찰관들은 범죄의 감소를 달성해야 할 강력한 압력을 받았고, 그것이 주요 범죄들을 경미한 범죄로 하향시키는 "통계조작(gaming numbers)"으로 이어졌다는 사실을 확인했다.[20]

범죄 보고는 나중에 조작될 수도 있다. 범죄는 접수되지 않을 수도 있고, 경한 범죄로 바뀔 수도 있다. 그래서 강간은 폭행으로, 강도는 절도로 바뀔 수도 있다. 만약 그러한 변화가 범죄에 대한 새로운 정보에 기반한 것이라면, 그것은 합법적이다. 그러나 그것이 단지 범죄율을 낮추기 위한 것이라면, 그것은 적절하지 않다. 범죄를 경하게 분류하는 것은 지역사회의 안전에 대한 대중의 인식에 영향을 미친다. 뉴스 미디어와 대중들은 살인, 강도, 강간, 침입(burglary)과 같은 범죄들에 초점을 맞춘다. 강도를 절도로 접수하는 것은 실제보다 지역사회를 더 안전하게 보이는 것으로 바꾼다.

POLICE in FOCUS

뉴욕경찰청의 범죄 통계 조작

뉴욕경찰청은 최근 많은 이들이 의심해왔던 것을 확인하였다. 그들은 범죄 통계를 낮게 유지하기 위하여 범죄 통계를 조작해온 것이다. 지휘관은 조장(sergeants)에게, 반장들은 일선 경찰관들에게 범죄 통계를 낮게 유지하라고 조용히 지시해온 것으로 밝혀졌다. 경찰관들은 다양한 전략을 사용하였다. 때때로 그들은 중죄를 경죄로 낮추었고, 아니면 피해자들에게 범죄를 신고하지 않도록 수완을 부렸고, 사건에 대하여 사건번호를 부여하지 않는 경우도 있었다. 주의회에서는 피해자들이 자신의 사건 진행을 확인하고자 하였으나 사건이 공식적으로 접수된 적이 없다는 민원에 대한 의견을 청취했다. 다른 비판자들은 뉴욕경찰청이 범죄 통계를 고의적으로 낮게 유지하기 위한 정책을 만들었다고 지적했다. 그들은 강도 피해자들이 경찰서를 방문하여 신고를 하도록 요구한 2009년 정책을 언급했다. 비록 정책결정자들은 이러한 정책이 순찰 경찰관들에 사건을 전달받는 것보다 수사관들이 보다 많은 정보를 빠르게 취득할 수 있다고 주장했으나, 비판자들은 피해자들이 경찰서에서 신고하기 위해 수 시간을 대기해야 한다는 점을 고려하면 보다 적은 수의 범죄가 신고되는 것을 의미한다고 비판하였다.

비록 많은 외부 비판자들이 이러한 우려를 표명하였지만, 브루클린(Brooklyn) 지역의 81번 구역에서 경찰관 아드리안 스쿨크래프트(Adrian Schoolcraft)가 내부감사부서에 이러한 문제들을 보고한 2009년 9월이 되어서야, 이러한 문제들에 대하여 보다 많은 관심이 모아졌고, 내부 조사도 이루어졌다. 스쿨크래프트 경찰관이 신고하고, 증거물로서 녹음테이프를 제출한 이후, 그는 동료 경찰관들에 의해 많은 수모를 당하게 되었다. 게다가, 그는 고참 경찰관이 그를 아파트에서 불러내어 수갑을 채우고 지역 병원의 정신 병동에 "정신적 장애가 있는 사람(emotionally disturbed person)"으로 취급되어 6일간 구금을 당하였다고 주장했다. 스쿨크래프트는 경찰서가 그의 입을 닫기 위해 이러한 조치를 취한 것이라고 주장했다.

출처: Al Baker and Joseph Goldstein. "Police Tactic: Keeping Crime Reports off the Books," *New York Times*, December 30, 2011, www.nytimes.coml2011112/3l1nyregion/nypd-leaves-offenses-unrecorded-to-keepcrime-rates-down.html?pagewanted=all; Chris Francescani. "NYPD Report Confirms Manipulation of Crime Stats:" *Chicogo Tribune*, March 9, 2012, www.chicagotribune.com/sns-rt-crime-newyorkstatisticscorrected12e8e941f-20120309,0,7269806.story.

범죄 수사

경찰이 범죄 발생을 확인하고, 범죄가 공식적으로 기록되고, 용의자가 즉각 체포되지 않는다면, 범죄 수사 절차는 시작된다.

수사관의 업무에 대한 미신들

범죄 수사, 수사관의 업무에 대한 미신이 많다. 영화나 텔레비전 속의 경찰관들은 수사 업무를 흥미진진하고 위험한 것으로 묘사한다. 개인 수사관들은 영웅적인 인물로 묘사되고, 대단한 개인적 용기와 탁월한 기술을 가진 것으로 비추어진다. 미디어는 훌륭한 경찰관은 충분한 시간과 여유가 주어진다면 "어떤 범죄도 해결할 수 있는" 것

으로 묘사하기도 한다.[21]

그러나 이러한 믿음에는 아무런 근거가 없다. 게다가, 그러한 미신들은 대중과 경찰에게 좋지 않은 영향을 미치기도 한다. 첫째, 이는 경찰이 범죄를 해결하는 능력에 대하여 비합리적인 대중의 기대를 초래한다. 이는 경찰이 범죄 해결에 실패할 경우 대중의 불만족을 가져온다. 둘째, 수사 업무에 대한 화려한 이미지는 많은 경찰관들에게 그것이야 말로 진정한 경찰의 일이고 일상적인 순찰활동은 평가 절하하게 된다.[22] 일부 수사관들은 실제 영화 속의 행동을 모방하기도 한다. 허먼 골드스타인(Herman Goldstein)은 수사관들이 오늘날 사용하는 많은 테크닉들이 범죄 해결을 위한 이성적인 계획에 기초하기 보다는 영화 속의 고정관념을 모방하려는 욕구들에 강력한 영향을 받음을 확인한 바 있다.[23]

수사 업무의 조직

범죄 수사 업무는 경찰관서 내 분리된 조직에서 담당한다(소규모 경찰서 제외). 전국적으로, 경찰관의 15%가량이 수사부서에 배치된다.[24] 대규모 경찰서는 특정 범죄에 특화된 수사부서도 보유하고 있다(예를 들어, 살인, 재산범죄). 중간규모의 경찰서는 별도의 수사부서에서 모든 범죄를 관할하고 있다. 아주 작은 경찰서는 별도의 수사부서가 없는 경우도 있다.

수사관이 되는 것은 대부분의 경찰관에게 높은 지위가 부여됨을 의미한다. 대부분의 경찰서에서, 이는 재량적인 행위이고, 경찰서장이 직원들에게 할 수 있는 가장 높은 보상에 해당한다. 40%의 경찰서에서, 수사관은 별도의 계급이며 순찰 경찰관보다 높은 임금을 받고, 경쟁을 통해 선발된다.[25]

경찰관들은 몇 가지 이유로 수사 업무를 선호한다. 수사업무는 개인의 일정을 관리하고 권한을 행사하는 데 좋은 기회를 제공한다. 반면, 순찰업무는 시민들의 신고에 사후대응적이다. (반면, 지역사회 경찰활동은 순찰 경찰관들에게 보다 적극적인 역할을 부여한다.) 수사관들은 어떠한 사건을 시작할 것인가, 각각의 사건에 얼마나 시간을 투입할 것인지, 어떻게 수사를 진행할 것인지에 대해 상당한 재량을 가지고 있다. 사복 근무라는 점도 개인의 역할을 강화하며 제복으로 인한 경찰관의 부담을 감소시켜 준다.

범죄 수사는 성과가 명확하게 정의 된다: 용의자의 체포. 업무의 성과는 체포의 숫자, 특정한 체포의 중요성(예를 들어, 중요 사건의 체포), 체포한 사건이 유죄에 이르는 비율 등으로 평가된다.[26] 반면, 순찰업무는 대부분 질서의 유지, 평화유지 활동 등 성과에 대한 평가가 상당히 어려운 업무들로 구성되어 있다.[27]

⇨ 질서유지 경찰활동과 평화유지는 제8장 참조

그러나 모든 수사관의 업무가 동일한 것은 아니다. 윌리엄 샌더스(William B. Sanders)는 "개개의 수사관의 지위는 그가 수사하는 범죄와 연결되어 있다"고 지적한 바 있다.[28] 살인은 전통적으로 가장 중요한 위치를 차지하고 있고, 그 뒤로 강도와 성범죄가 있다. 보다 중한 범죄를 수사하는 것은 그와 관련된 피해가 심각하기 때문에 중요하게 취급받는다. 살인범죄 수사부서는 가장 낮은 수준의 업무량이 부여되고, 가장 높은 수준의 해결율을 보인다. 반면 재산범죄 수사부서(침입과 절도)는 중요성이 가장 낮게 평가되고, 가장 높은 수준의 업무량과 가장 낮은 수준의 해결율을 보인다.

⇨ 경찰부패는 제13장 참조

마약범죄 그리고 매춘은 별도의 특별 수사부서에서 담당한다. 이러한 범죄들은 피해자가 없는 범죄들이기 때문에, 경찰관의 적극적인 대응을 요하고, 경찰이 선제적으로 수사할 것이 필요하다. 함정수사 방식은 특별한 기술을 요하는데, 위험이 상당히 높고, 도덕적인 문제가 상당히 불거진다. 전통적으로 최악의 경찰부패는 이러한 수사부서에서 발생한다.[29] 이와 같은 이유로, 일부 경찰관들은 특별 수사부서에서의 근무를 회피하기도 한다(본 장에서 재논의).[30]

▌수사 과정

범죄 수사 절차는 두 가지 기본적인 단계로 구성되어 있다: 초동수사 그리고 보강수사.

초동수사

초동수사는 다섯 가지의 기본적 단계로 구성되어 있다: (1) 용의자를 특정하고 체포하기, (2) 의료적 도움을 필요로 하는 피해자를 구호하기, (3) 증거의 멸실을 막기 위해 범죄장소를 보존하기, (4) 관련된 모든 물리적 증거를 수집하기, 그리고 (5) 기초 보고서를 작성하기.[31]

실무적으로, 수사관보다 순찰경찰관들이 체포의 80%를 차지한다.[32] 이에 대한 설명은 간단하다. 대부분의 체포는 용의자가 범죄 현장 또는 부근에 있기 때문이다. 범인이 즉시 체포되지 않고, 그에 대한 가치있는 정보가 없는 경우에는 체포가 이루어지지 않는다. 요약하면, 순찰경찰관은 손쉬운 체포를 다루는 반면, 수사관들은 근본적으로 해결하기 어려운 사건들을 다루게 된다.

초동수사(preliminary investigation)

체포의 재량

경찰관들은 체포를 함에 있어서 상당한 재량을 갖는다. 블랙(Black)은 경찰관들이 체포를 하기에 충분한 법적 근거가 있는 사건들 중에서도 약 절반만 체포를 실행한다.[33] 다수의 경우, 경찰관들은 사람들에게 불법적인 행동을 중단할 것만을 요구한다. 예를 들어, 인디애나주의 인디애나폴리스(Indianapolis)와 플로리다주의 St. 피터스버그(Petersburg)는 80%의 시민들이 경찰관의 요청에 순순히 응했다.[34]

체포의 결정은 다양한 상황적인 요인들에 의하여 결정된다. 일반적으로, 사건의 증거가 상대적으로 강력하고, 범죄 자체가 중하며, 피해자가 체포를 요청하고, 피해자와 용의자가 초면이고, 용의자가 경찰관에 대하여 적대적일 경우 체포의 확률이 높아진다.[35]

용의자의 인종이 경찰관의 체포 결정에 미치는 영향에 대한 최근의 메타 분석(meta-analysis) 결과에 따르면, 인종이 체포의 결정에 있어 중요한 역할을 하는 것으로 드러났다. 태미 라인하트-코첼

⇨ 가정폭력 상황과 소년 비행과 관련된 체포의 재량은 제8장에서 보다 상세히 논함

(Tammy Rinehart–Kochel)과 그녀의 동료들은 이러한 문제와 관련된 40여 건의 보고서를 분석했다. 그들은 소수인종인 용의자가 체포될 확률이 백인인 경우보다 30% 이상 높다고 판단하였다.[36] 이러한 결과는 왜 흑인들의 절반가량이 23세에 이르기 전까지 체포된 경험을 갖고 있는지와 연관되어 있다.[37]

보강수사

용의자에 대한 체포가 일어난 후에 또는 체포가 있지 않은 경우, 추가 수사를 위해 사건은 수사부서에 배당된다. 경찰최고위연구포럼 (Police Executive Research Forum)의 연구는 추가 수사를 3가지 종류로 구분하였다: 일상적인(routine), 제2차의(secondary), 제3차의(tertiary) 활동.[38]

일상적인 활동은 피해자를 인터뷰하고 범죄 현장을 확인하는 활동들이다. 이러한 활동이 주거침입 또는 강도사건 수사의 90%를 차지한다. 제2의 활동은 증인들을 조사하고, 그 외 다른 사람들을 인터뷰하고, 감독자와 사건에 대해 논의하고, 물적 증거를 수집하는 활동들이다. 제3의 활동은 사건을 순찰 경찰관 또는 다른 수사관들과 논의하고, 용의자를 인터뷰하고, 경찰서와 전국범죄정보센터(National Crime Information Center)의 기록 등을 확인하고, 정보원을 인터뷰하고, 잠복근무를 실시하는 행위들이다.

수사관의 업무의 현실

일반적인 믿음과는 달리, 수사관의 업무는 화려하지도, 흥미진진하지도 않다. 랜드연구소(Rand Corporation)는 1970년대 초반에 수사부서에 대한 첫 평가를 수행하였는데, 29개 경찰서의 경찰관에 대하여 인터뷰를 실시하고, 153개 경찰서의 경찰관에 대하여 우편 조사를 실시하였다. 연구는 수사관의 업무가 깊이가 없고, 일상적이고, 생산성이 떨어진다고 판단하였다. 많은 범죄들은 단지 "추상적인(superficial)" 관심을 받았고, 일부는 전혀 수사되지 않았다. 예를 들어, 수사관은 전체 주거침입 사건의 30%에 대하여, 전체 절도사건의 18%에 대해서만 수사를 진행하였다. 게다가, 대부분의 수사업무는 "보고서를 검토하고, 기록을 정리하고, 피해자를 찾고 인터뷰를 진행하는" 행위들이었다.[39] 대부분의 사건들에 대해서 하루 또는 그 이하의 수사가 진행되었고, 대부분의 수사는 서류 작업과 관련된 것들이었다: 수사의 정보와 기록을 다른 곳에 전달하는 것들.

휴스턴 경찰서에서의 범죄 수사를 조사한 세스 팰릭(Seth Fallik)의 최근 연구에 따르면, 인덱스 범죄 중 25% 가량이 담당 수사관에 의하여 전혀 수사되지 않음이 밝혀졌다. 수사된 사건들 중 수사관은 사건당 평균 4~6시간을 할애했다. 사건에 소요된 시간은 1~3일 사이였다. 그는 수사관이 투입한 시간 중 20%는 보고서를 작성하는 데 사용되었고, 10%는 검사 또는 다른 경찰관과 상의하는 데에, 6%는 이동에, 5%는 물적 증거를 관리하는 데 사용되었다. 17%의 시간이 피해자, 증인을 인터뷰하는 데 사용되었고, 5%의 시간이 용의자를 인터뷰하는 데 투입되었다. 팰릭의 연구는 수사관이 범죄를 수사하는 데 투입하는 시간이 매우 적다는 기존의 연구 결과와 일치하며, 경찰관들이 보다 범죄 수사에 많은 시간을 투입할 수 있도록 행정적인 업무들을 지원하는 인력이 있어야 한다는 결론으로 이어진다.

그러므로, 많은 티비 프로그램과 영화는 수사관들이 많은 시간을 증인 인터뷰, 법과학 증거의 발견 및 분석, 용의자에 대한 신문 등에 투입하는 것으로 묘사하지만, 수사관 업무의 현실은 상당히 다르다. 대신, "대부분의 수사관들이 서류를 뒤적이고 전화를 하느라 상당수의 시간을 책상 앞에서 보내고 있다"고 진단한 바 있다.[41]

사건 스크리닝

실무적으로, 수사관은 일상적으로 사건을 스크린하고, 각각의 사건에 얼마만큼의 수사력을 투입할 것인지를 결정한다. 사건 스크린 결정은 체포와 연관되는 범죄의 심각성과 증거의 존재에 달려있다.

⇨ 사건 해결 요소들은 본 장의 후반부에서 보다 자세히 설명함

일부 경찰관서는 "사건해결요인(case solvability factors)"에 대한 공식적인 스크리닝 절차를 활용하고 있다. 이러한 요소들은 범죄 사건의 해결 가능성과 밀접한 관련이 있음이 밝혀졌다. 연구는 관련 요소들이 수사 결과를 정확하게 예측할 확률이 67~93%에 이른다는 사실을 확인했다. 이러한 절차들은 침입범죄, 강도, 차량 절도에 대한 수사에서 가장 널리 활용된다.[42]

PERF의 연구는 수사관의 사건부담이 3가지 요소로 구성되어 있음을 확인했다. **명목업무량**은 해당 수사관에게 배당된 모든 사건을 포함한다. **처리 가능 업무량**은 충분한 단서가 있고, 따라서 수사의 가치가 있는 사건들을 의미한다. 마지막으로, **실제 업무량**은 실제 수사관들에 의해 수사되는 사건들을 의미한다.[43]

명목상의 업무량(nominal caseload)
운용 가능 업무량(workable caseload)
실제 업무량(actual caseload)

▌범죄 수사의 효과성 측정

사건 종결률

사건 종결률(clearance rate)

범죄 수사의 성공에 대한 전통적 효과성 측정방식은 **사건 종결률**이다.[44] FBI는 경찰이 "범죄자를 특정하고, 그를 기소할 충분할 증거를 갖고 있고, 실제 그를 구금하거나 경찰이 통제할 수 없는 요인으로 인해 그를 구금하지 못한 예외적인 경우에" 범죄가 해결되었다고 정의한다.[45]

국가적으로, 주요 범죄의 20%가량이 해결된다. Exhibit 9-3은 8가지의 전미범죄통계보고서 인덱스 범죄 종결률을 제시하고 있다.

사건 종결률은 여러 가지 이유로 인해 그리 신뢰할 말한 효과성 측정 지표로 보기 어렵다.[46] 첫째, 이는 확인된 범죄에 근거하고 있는데, 전체 범죄의 39%가량만이 확인되기 때문에, 실제 사건 종결률은 공식적 종결률에 비해 훨씬 낮을 것이기 때문이다; 그래서, 경찰은 전체 침입범죄의 14%가 아니라 8%정도를 해결할 뿐이다.

둘째, 전미범죄통계보고서의 가이드라인에도 불구하고, 경찰서는 범죄 해결에 대한 동일한 기준을 사용하지는 않고 있다. 예를 들어 랜드연구소의 연구에 따르면, 한 도시에서는 해결된 것으로 기록

된 오직 58%의 침입범죄만이 실제로 체포에 의해 해결된 것으로 확인되었다.[47]

셋째, 통계자료는 인위적으로 보다 높은 공식적 사건 종결률을 산출하기 위해 조작될 수 있다.[48] 예를 들어 만약 경찰관이 많은 수의 범죄를 확인하지 못한 경우, 이는 분모를 낮출 것이고, 사건 종결률을 높일 수 있다. 그 대신에, 경찰관은 이미 체포한 용의자에게 범죄를 추가로 연루시킬 수 있고, 사건을 해결한 것으로 기록할 수 있다. 이럴 경우 공식적인 사건 종결률은 다시 높아진다. 몇 가지 경우, 용의자에게 추가 범죄를 연루시키는 것은 합법적이다. 용의자가 다른 범죄를 저질렀다는 몇 가지 증거가 있을 수 있지만, 검사에게 송치하기에는 부족할 수도 있다. 이러한 경우에, 다른 용의자를 찾을 필요가 없다. 마지막으로, 경찰은 예외적인 종결률을 오용함으로써 공식적인 종결률을 조작할 수 있다. 다른 말로, 수사관은 어떠한 용의자와도 사건을 연결시킬 증거가 없음에도 불구하고 범죄를 해결하는 경우가 있다. 예를 들어, 마리코파(Maricopa) 카운티 보안관사무소는 그들에 대한 수사 없이도 사건을 해결한 것으로 기록하였다. 3년간, 해결된 범죄의 75~82%가 예외에 의해 해결된 것이다.[49]

EXHIBIT 9-3

체포 또는 예외적 사유에 의하여 종결되는 범죄들, 2018

살인과 중과실치사	62.3%
무력에 의한 강간	33.4
강도	30.4
가중 폭행	52.5
침입	13.9
절도	18.9
차량 절도	13.8

출처: Federal Bureau of Investigation, *Crime in the United States, 2018* (Washington, DC: U.S. Government Printing Office, 2019).

Sidebar 9-2

Cleared by Exception

전미범죄통계보고서 핸드북(Uniform Crime Report Handbook)은 예외적으로 범죄를 종결하는 다음과 같은 지침을 설명하고 있다: "만약 기관에서 다음과 같은 질문들에 대하여 확실히 답할 수 있다면, 그들은 전미범죄통계보고서에 대한 보고의 목적으로 예외적으로 범죄를 종결할 수 있다.

1. 수사를 통해 확실히 범죄자의 신원을 확인하였나요?
2. 체포, 기소, 재판을 위해 충분한 정보가 확인되었나요?
3. 용의자가 구금될 수 있도록 용의자의 위치에 대한 충분한 정보가 있나요?
4. 법 집행기관이 용의자를 체포, 기소, 재판에의 회부를 어렵게 하는 외부적 요인들이 있나요?

그러나, FBI의 가이드라인은 의무적이지만, 경찰서는 상당히 다양하게 가이드라인을 해석하고 있고, 이러한 정책에 대한 경찰서의 해석은 그들의 범죄 해결률에 상당한 영향을 미친다. 이어지는 예가 피닉스(Phoenix)의 도심 지역에 위치하고 있는 5개 경찰기관들의 예이다. 도표는 피닉스 경찰서(Phoenix Police Department)가 예외를 통해 범죄를 종결한 경우가 매우 드물고 (0.08%), 이러한 비율은 메사 경찰서(Mesa Police Department) (6%), 글랜데일 경찰서(Glendale Police Department) (11%), 스콧스데일 경찰서(Scottsdale Police Department) (24%), 마리코파카운티 보안관서(Maricopa County Sheriff's Department) (89%) 순이었다. 사건 종결률이 범죄를 수사하고 해결하는 경찰기관 능력의 효과성을 평가하는 수단으로 활용되기 때문에, 일부 경찰기관은 그들의 범죄 해결율을 높이기 위해 전미범죄통계보고서 지침을 다른 경찰기관에 비해 보다 "유연하게(liberally)" 해석한다.

피닉스 도심 지역에서 예외에 의하여 해결된 사건들, 2008

해결된 사건들	예외에 의한 숫자	해결된 비율
피닉스 경찰서	29.043	0.08%
메사 경찰서	4,938	6.0
글랜데일 경찰서	8,933	11.0
스콧스데일 경찰서	6,687	24.0
마리코파카운티 보안관서	7,265	89.0

출처: Joe Dana, "Many MCSO Cases Solved without Arrests," 12 News, January 19, 2010, www.azcentral.com/12news/news/articles/2010/01/15/20100115mcsocases0l152010-CR.html.

사건 종결률 통계는 전미범죄통계보고서 시스템과 같이 외부 감독을 받지 않는다. 예를 들어 경찰재단(Police Foundation)의 연구에 따르면, 체포에 대한 통계의 품질도 차이가 상당하다.[50] 같은 시각에서 사건 종결률 통계에도 신뢰도 차이가 상당하다고 추정할 수 있을 것이다.

체포의 정의

체포에 대한 공식적 통계는 아주 문제가 많다. 체포는 4가지 차원의 문제로 논의된다: 법적, 행동적, 주관적 그리고 공식적.[51]

개인은 적법한 권한을 가진 기관에 의해 자유를 박탈당했을 때 **법적으로 체포**되거나 구금된다. 경찰관은 체포를 하고자 하는 의도가 있어야 하고, 이에 대하여 대상자와 의사교환을 하여야 하고, 대상자를 구금하여야 한다.[52] 많은 사람들은 거리에서 억류되고 석방된다. 다른 사람들은 경찰서로 이동되고 이후에 석방된다. 그 동안에 이들은 경찰에 의한 구금을 당하게 되고, 자유롭게 이동할 수 없고, 법적으로 체포당한 상태이다.[53]

법적으로 체포된(legally arrested)

누군가는 경찰이 다음과 같은 업무를 수행할 때 **행동학적으로 체포**된다: 정지(경찰관이 개인에게 이동하지 말라고 말한 경우), 그 사람이 체포되었다(under arrest)고 구두로 말한 경우, 또는 물리적으로 사람을 억제한 경우이다.

행동적으로 체포된 (behaviorally arrested)

경찰과 마주친 누군가는 자신이 자유롭게 이동할 수 없다고 믿은 경우 **주관적으로 체포**된 것이다. 경찰은 마주침을 단지 정지로 간주할 수도 있다. 그러나 대상자는 그가 체포된 것이라고 믿을 수도 있다.

주관적으로 체포된 (subjectively arrested)

개인은 경찰관이 공식적인 체포보고서를 작성한 후에야 **공식적으로 체포**된다. 그러나 체포 기록을 작성하는 실무는 경찰서마다 크게 다르고, 심지어는 개개의 경찰관서 내에서도 차이가 있기도 하다. 경찰서에서는 용의자를 억류하고 구금함 동시에 체포 보고서를 작성하지는 않는다. 경찰재단의 연구에 따르면 오직 16%의 경찰서에서만 용의자를 억류하는 모든 경우 기록을 작성했다; 11%의 경찰서는 용의자가 경찰서로 이동된 경우에 기록을 작성했다. 모든 경찰서는 용

공식적으로 체포된(officially arrested)

의자의 신원을 확인·기록하는 경우는 항상 체포 기록을 작성했다.[54]

　　그 결과 많은 경찰서에서는 많은 사람들이 법적으로는 체포되지만, 공식적인 체포기록이 이에 기반하여 작성되지는 않는 셈이 된다. 표준적인 절차의 부재로 인해 체포와 관련된 통계로 각 경찰서를 비교하는 것이 불가능하지는 않더라도 어렵게 된다. 예를 들어 초기단계에 모든 체포를 기록하는 경찰서는, 신원 확인·기록 단계에서 체포를 기록하는 경찰서에 비해 보다 열심히 일하고 범죄 통제를 위해 강력한 역할을 하는 경찰서로 보일 것이다. 사실은 두 경찰서는 동일한 비율로 사람을 구금하고 있다. 공식적인 통계자료는 경찰활동의 실제를 보여주는 좋은 자료는 아닌 셈이다.

▌범죄 해결의 성공과 실패

　　경찰은 매년 모든 인덱스 범죄 중 20% 정도만을 해결한다. Exhibit 9-3이 가리키는 바와 같이, 경찰은 특정 범죄의 경우 보다 높은 종결률을 보이고 있다. 연구자들은 수사의 효과성에 영향을 미치는 세 가지의 **사건 해결 요소들**에 대하여 연구를 해왔다: 사건의 구조적 요인, 조직적 요인, 환경적 요인들이다.

사건 해결 요소들(case solvability factors)

사건의 구조적 요인들

　　사건의 구조적 요인들은 해당 범죄와 경찰의 수사와 관련이 있다. 예를 들어, 좋은 단서의 유무는 구조적 요인인데, 경찰의 노력과는 관계없이 범죄의 본질과 연관되어 있기 때문이다. 연구결과에 따르면, 범죄 종결에 있어 절대적인 요소는 경찰이 범죄 직후 용의자의 이름이나 외모에 대한 정보를 확보했느냐에 달려 있다고 한다. 예를 들어, Exhibit 9-4의 데이터는 LA경찰이 수사한 1,905건의 사건들이다. 경찰서는 용의자의 이름을 알고 있는 349건의 사건 중 86%를 해결한 반면, 용의자의 이름을 모르고 있는 사건의 경우 오직 12%의 사건만 종결되었다.[55]

EXHIBIT 9-4

LA경찰서에서 종결된 범죄들

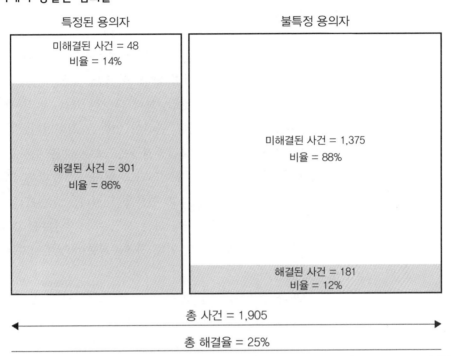

특정된 용의자

미해결된 사건 = 48
비율 = 14%

해결된 사건 = 301
비율 = 86%

불특정 용의자

미해결된 사건 = 1,375
비율 = 88%

해결된 사건 = 181
비율 = 12%

총 사건 = 1,905
총 해결율 = 25%

앨버트 라이스(Albert Reiss)와 데이비드 보르두아(David Bordua)는 대부분의 종결된 범죄는 "스스로 종결된 것인데, 가해자가 피해자 또는 경찰에게 신원이 이미 알려져 있는 셈이기 때문이다."[56] 사건 종결률은 폭력범죄에서 가장 높은데, 이는 가해자와 피해자 사이에 직접적인 접촉을 포함하고 있기 때문이다. 재산범죄의 경우에는 가해자와 피해자 간 직접적인 접촉이 있는 경우가 드물고, 따라서 범죄 해결률도 낮아진다. 강도는 폭력범죄이지만 대부분 비면식범에 의하여 행해지기 때문에 신원 확인이 잘 되지 않고 사건 종결률도 낮아진다.

수사관이 사건을 스크리닝하는 것은 수사 초기에 좋은 단서가 있느냐 없느냐와 관련되어 있다. 샌더스(Sanders)는 "강도, 강간, 폭행과 같은 범죄들은 단서가 있는 것으로 분류되는데, 피해자가 증인으로서 역할을 하기 때문이다"라고 설명하였다.[57] 반면, 침입이나 절도와 같은 범죄는 일반적으로 단서가 없는 것으로 여겨진다.

조직적 요인들

범죄 해결의 성공과 실패에 대한 조직적인 요인들의 영향에 대하여 긴밀한 조사가 이루어져 왔다. 이러한 연구들의 대다수는 경찰 노력의 변화 – 보다 많은 경찰, 보다 다양한 교육, 관리 체계의 발전 – 들이 사건종결률과 별다른 관련이 없다는 것이었다. 범죄 수사에 대한 랜드(Rand) 연구는, 사건종결률은, 보다 많은 수사관이 있다고 해서, 보다 많은 수사가 이루어진다고 해서, 보다 많은 교육을 받는다고 해서 달라지지 않는다고 결론을 내렸다.[58] 수사관들이 업무의 과중을 불평하거나, 실제 담당하는 사건수가 지나치게 많다고 해도, 인력 또는 자원의 부족으로 인해 사건종결률이 낮아지지는 않는다고 평가했다.

그러나 보다 정교한 연구 방법에 의한 최근의 연구는 RAND의 연구에 비해 덜 비관적인 결론에 이르렀다. 보스턴(Boston), 매사추세츠(Massachusetts), 로체스터(Rochester), 뉴욕(New York)에서의 범죄 해결율에 대한 최근의 연구에 따르면, 수사의 노력이 차이를 가져온다는 점이 드러났다. 수사관의 증원에 이어, 사건량의 감소, 컴퓨터 체크의 증가, 강화된 업무 관리와 감독이 범죄 해결률을 상당히 증가시켰다.[59] 이러한 발견은 경찰 조직이 범죄 해결률에 별 영향을 미치지 못한다는 시각과 상반된 것이다.

환경적 요인들

비록 자주 논의되지 않지만, 환경적 요인들은 경찰이 그에 대한 통제를 할 수 없기는 하지만, 사건 종결률에 많은 영향을 미친다. 환경적 요인들은 경찰이 일하는 지역사회의 특성들이다. 이러한 요소들은 지역사회의 규모, 지역사회에서 발생하는 범죄의 종류, 지역사회의 경제적 구조와 지역사회 거주자의 특성들을 의미한다. 개리 코드너(Gary Cordner)는 사건 종결률에 영향을 미치는 조직적, 환경적 요인들을 조사하였다. 그는 "환경적 수준의 변수들이 조직적 수준의 변수들보다 경찰서의 수사 노력에 보다 많은 영향을 미친다"고 결론을 내렸다.[60]

코드너는 지역사회의 규모가 아마도 가장 중요한 환경적 요인이라고 지적했다. 작은 지역사회는 범죄 해결에 있어 많은 장점을 갖는다. 작은 지역사회에서는 대도시에 비해 거주자들이 보다 범인의 행동을 관찰하고 인식하기 용이하다. 유사하게, 작은 지역사회의 경찰관들은 범죄의 행태에 대하여 보다 친숙할 가능성이 높고, 범죄 행위에 관여할만한 사람들에 대해서도 보다 익숙하다.

피닉스 경찰서에서 진행된 연구는 범죄 해결에 대한 지역사회의 환경적 요인들을 조사한 전형적인 예이다. 2000년 이후로, 경찰서의 살인범죄 종결률은 30~50%에 머물렀는데, 이는 작은 도시에서의 60%에 비해 낮은 것이었다. 경찰관들은 피닉스 시의 낮은 사건 종결률이 히스패닉 인종의 거주자들 때문임을 확인했다. 히스패닉 사람들이 살인 범죄의 61%를 차지했는데, 오직 21%의 사건만이 해결되었다. 경찰관들은 범죄를 해결하지 못하는 이유가 히스패닉 집단의 결집이 약하고, 애리조나에 많은 멕시칸 사람들이 유입했기 때문으로 보았다.[61]

수사관의 생산성

수사관의 생산성에는 많은 차이가 있는데, 체포의 숫자에 의해 측정되기 때문이다. 일부 경찰관들은 다른 이들에 비해 훨씬 많은 체포를 한다. 생산성은 다양한 요인들에 의해 결정된다. 강도와 같이 높은 해결가능성을 가진 범죄를 담당하는 수사관들은 침입과 같이 낮은 수준의 해결가능성을 가진 보다 많은 체포의 기회를 갖는다. 그럼에도 불구하고, 동일한 임무임을 고려해도, 일부 경찰관들은 다른 이들에 비해 보다 열심히 일하고 보다 많은 체포를 행한다. 루시우스 리치오(Lucius Riccio)와 존 히피(John Heaphy)는 주요 범죄의 체포 숫

자가 경찰관에 따라 적게는 2.18건에서 많게는 12.06건임을 확인했다.[62]

　　체포의 숫자보다 더욱 중요한 것은 체포의 질이다 – 즉, 체포가 중범죄에 대한 기소와 유죄에까지 이르는 지이다. 예를 들어, 법사회연구소(Institute of Law and Society)는 한 경찰서에서는 15%의 경찰관들이 전체 유죄에 이르는 체포의 절반 가량을 행했음을 확인했다.[63]

사건 멸실의 문제

　　중범죄에 대한 체포의 절반정도만이 용의자에 대한 유죄판결로 이어진다.[64] 이러한 통계자료는 사건의 멸실이 미진한 경찰의 업무처리 때문인지, 다른 요인들 때문인지 심각한 문제를 제기한다. 캘리포니아에서는, 경찰에 의해 체포된 사람들 중 11%가량이 석방되고, 체포된 사람들의 15%는 검사에 의한 공소제기가 이루어지지 않고, 18%가량은 공소가 기각되거나 무죄로 풀려난다.[65] 이와 같이 사건이 멸실되는 경우가 44%에 이른다(그리고 이러한 분석은 법적으로 체포되었으나 체포보고서가 작성되지 않은 경우를 고려하지 않은 것이다). 조안 피터실리아(Joan Petersilia)와 그의 동료들은 이처럼 높은 멸실율을 보이는 경찰의 업무에 대한 측면을 분석하려고 시도하였다. 그들이 조사한 25개 경찰서에서 이러한 실무에 큰 차이가 없음을 확인했다. 이러한 실무는 케이스 스크리닝 절차, 범행 수법 파일, 알려진 범죄자 파일, 특별한 피해자/증인 프로그램, 그리고 다른 요소들을 포함한다. 체포에 대한 통계를 업적 평가의 기준으로 활용하는 경찰서는 그렇지 않은 경찰서에 비해 낮은 범죄해결율을 보였다. 보고서는 체포 건마다 보다 많은 예산을 사용하는 경찰서에서 보다 낮은 멸실율을 보이는데, 범죄 해결율과 풍부한 자원 활용 가능성 사이에 관계가 있음을 보여주는 지표라고 할 수 있다.[66]

　　INSLAW 연구는 수사관들이 낮은 멸실율과 연계되는 업적평가에는 별다른 관심을 보이지 않는다고 확인했다. 인터뷰 대상 경찰관들은 그들의 사건들 중 검사에 의해 기소가 거부되는 사건들이 얼마나 되는지 아는 경우가 거의 없었다. 수사관의 감독자들도 사건이 최종적으로 유죄에 이르는 비율을 수사관 평가에 활용하는 경우는 드물었다. 수사관들 중 그들의 결과물에 대하여 검사의 피드백을 받는 것에 관심 있어 하는 경우는 거의 없었다.[67]

▌범죄 수사에서 목격자의 용의자 지목, 법과학, DNA 증거의 활용

목격자의 용의자 지목

비록 피해자와 증인의 용의자 지목은 범죄 해결에 매우 중요하지만, 목격자 지목은 문제점이 많기도 하다. 피해자는 범죄로 인해 트라우마를 겪고, 용의자에 대한 불완전한 묘사만을 하는 경우가 많고, 특정 요소들을 과장해서 얘기하거나(가령 키나 몸무게), 특정 인종 등에 대한 묘사가 어렵기 때문에 전형적인 내용의 진술을 하는 경우가 많다. 목격자 지목의 대표적 전문가인 심리학자 엘리자베스 로프터스(Elizabeth Loftus)는 목격자 지목의 중요성에도 불구하고, 인간의 지각과 메모리의 한계로 인해 목격자 지목이 "항상 정확한 것은 아니다"라고 경고한다.[68] 목격자가 실제 라인업에서 범죄자를 지목한 6,700번의 사례에 대하여 조사한 연구에서 최소 37%에서 잘못된 지목이 있었다고 보고하였다.[69]

국립연구위원회(National Research Council)의 보고서는 이러한 문제를 해결하기 위하여 법 집행기관을 대상으로 몇 가지 제안을 하였다: (1) 경찰관을 대상으로 목격자 지목 진술에 영향을 미치는 요소들에 대하여 교육하고, (2) 목격자 지목과 관련된 절차들을 녹화하고, (3) 증인을 대상으로 표준적인 매뉴얼을 활용하고, (4) 이중맹검법(double-blind)*이 적용된 라인업과 사진 식별절차(photo array)를

---

* [역자 주] 이중맹검법이란 실험을 수행할 때 편향의 작용을 막기 위해 실험이 끝날 때까지 실험자 또는 피험자에게 특정한 정보를 공개하지 않는 것임. 여기서 막으려고 하는 선입견은 의도적인 것일 수도 있고 무의식적인 것일 수도 있음. 실험자와 피험자에게 모두 맹검이 적용되었을 경우 이

사용하고, (5) 목격자가 자신의 지목에 대하여 얼마나 확신하는지를 기록하라는 것들이다.[70]

법과학

법과학은 범죄로부터 물적 증거를 확인, 수집, 분석하는데 과학적 방법을 사용하는 것을 의미한다. 범죄 연구실의 기술적 전문가들은 일부 수사에 활용될 수 있다. 큰 경찰서들은 그들의 법과학 전문가들을 활용하고, 작은 경찰서들은 인접한 경찰서의 인력 또는 주 경찰기관의 인력을 활용하기도 한다. 거의 모든 경찰서에서는 다른 경찰기관과의 협력 등을 통해 법과학적인 기술을 활용할 수 있는 통로가 있는 셈이다.[71]

법과학이 대중적 관심을 갖는 것에 비하여, 범죄 현장에서 수집되는 물적 증거는 적고, 범죄 해결에 중요한 요소가 아닌 경우가 많다. 5개 관할 구역에서 발생한 주거침입에 대한 연구에서 물적 증거는 겨우 20%의 사건에서만 수집되었다. 가장 많은 빈도의 물적 증거는 잠재지문(즉, 손가락 지문, 손바닥 지문)이었다. 잠재지문은 주거침입 사건의 16.5%에서 얻어졌다. 혈흔은 약 1%의 사건에서 수집되었다. 통상적으로, 물적 증거는 용의자를 특정하는 데 활용되지 않고, 용의자에 대한 검사의 주장을 지지하는 데 활용된다. 사실, 위의 연구에서, 지문을 포함한 물적 증거의 수집은 경찰이 범인을 체포하는 것과 크게 관련이 없음이 확인되었다. 대신, 증인의 보고가 경찰이 범인을 체포할 지를 결정하는 데 훨씬 중요한 요소임이 드러났다.[72]

DNA

1980년대 말 이래로, 과학자들은 DNA기술을 활용하여 정확한 신원일치를 활용하기 시작했다. DNA는 모든 세포물질 - 혈액, 피부, 뼈, 정액, 침, 땀 - 에 존재한다. 경찰관은 냅킨, 의류, 유리 등 사람과

중맹검법(二重盲檢法, double-blind trial)이라고 함.

접촉이 있었던 물건들에서 DNA를 수집할 수 있다. FBI는 DNA를 확보하기 위해 소량의 인체 세포만 확보해도 가능하다고 하고 있다.[73]

Sidebar 9-3

노스캐롤라이나주의 라이브 스캔과 체포자의 DNA

체포자의 DNA 수집을 준비하기 위해, 노스캐롤라이나주 법과학연구소(North Carolina State Crime Lab)와 법무부의 정보기술부(Department of Justice Information Technologies Division)는 주의 100개의 카운티내의 라이브 스캔 단말기를 개선하기 위해 지역 법 집행기관들과 협력하였다. 새로운 기계는 체포된 자의 DNA를 다음과 같은 절차에 의한 스크린 및 수집이 이루어지도록 촉진한다.

1. 누군가가 체포되면, 체포 경찰관은 그를 경찰서로 이동시킨 후 라이브 스캔 터미널을 사용하여 죄명과 관련된 정보를 선택한다.
2. 만약, 기계가 DNA 수집이 허용됨을 알릴 경우, 경찰관은 추가 정보를 입력하여 용의자의 지문과 DNA프로파일이 데이터베이스에 이미 존재하는지 확인한다.
3. 신원 확인 절차를 통해 DNA프로파일이 시스템에 존재하지 않는다는 사실이 확인될 경우, 수집을 담당하는 경찰관은 DNA수집카드를 작성하여 주의 범죄 연구소(State Crime Lab)에 샘플을 보낸다.
4. 수령과 즉시, 연구소는 수집카드, 수집키트, 처리 전의 메일파우치와 관련된 3가지 바코드를 확인한다. 연구소는 또한 정확히 범죄가 기록되었는지를 확인한다. 연구소는 부정확하게 수집된 경우에 샘플등록을 거부하고 파기를 위해 원 수집기관에 반환한다.

출처: Excerpt from Julie E. Samuels, Elizabeth H. Davies, and Dwight B. Pope, "Collecting DNA at Arrest: Policies, Practices, and Implications" (Washington, DC: Urban Institute. 2013). Unpublished research report submitted to the U.S. Department of Justice.

지방, 주, 연방법 집행기관 경찰관이 수집한 모든 DNA 데이터는 FBI로 보내진다. 모든 데이터를 관리하기 위해, FBI는 국가DNA분류시스템(National DNA Indexing System)을 만들었다. 이 시스템은 두 가지 종류의 데이터를 보관하도록 제작되었다. 첫 번째는 **법과학 분류** 데이터로서, 범죄현장에서 수집된 유전적 증거의 DNA 정보를 보관하는 것이다. 두 번째 종류의 데이터는 **유죄 확정자 분류** 데이터이다. 유죄 확정자들의 인덱스 데이터는 DNA 조사를 위해 혈액 샘플을 제공하도록 요청받은 피의자의 유전적 정보를 보관하고 있다.

법과학 분류(forensic index)

유죄 확정자 분류(convicted offender index)

오늘날 모든 주들은 특정 범죄들로 인해 유죄 판결을 받은 사람들의 DNA를 수집하고 있다. 루이지애나와 같은 일부 주들은 모든 체포대상자들로부터 DNA를 채취하도록 허용하고 있다.[74] 이러한 프로그램의 일환으로, FBI를 위해 일하는 과학자들은 데이터베이스에 유전적정보를 보관하고 있다. 법과학 연구소들은 일치 결과가 확인되면 해당 수사기관에 결과를 통지한다. 이러한 과정에는 보통 3~7일 정도가 걸린다.[75]

DNA증거의 활용이 언론을 통해 엄청난 관심을 받기는 하지만, 경찰 수사에 있어 DNA가 미치는 영향은 여전히 불명확하다. 뉴욕시의 연구에 따르면, 살인 범죄 수사에 있어 DNA는 좀처럼 활용되지 않고, 활용되는 경우에, 그것이 범죄의 해결율을 높이는 것은 아니라고 한다. 연구자들은 연구기간동안 DNA가 수집되고, 분석되고, 활용이 가능한 경우는 6.7%의 사건에 국한된 사실을 확인했다. 그리고 수사관들은 DNA증거를 "마지막 보루 수단(tool of last resort)"로 사용했다.[76] 그러나 다른 연구에서는 DNA가 침입범죄를 해결하는 데 도움이 된다고 주장했다. 구체적으로, 연구자들은 국내의 5개 경찰서와 협력해서 연구를 했고, 랜덤으로 채택된 침입범죄 사건에서 생체 시료를 수집하도록 요청하였다. 연구자들은 전통적인 수사 기법에 DNA증거가 추가된 경우, 용의자의 체포에 이를 확률이 2배가 높아진다고 주장했다.[77]

▌범죄 수사의 발전

오늘날, 범죄 수사의 발전을 위한 대부분의 제안들은 지역사회 경찰활동과 관계되어 있다. 지역사회 경찰활동은 10장에서 보다 자세히 논의되지만, 여기에서도 수사 업무의 효과성을 향상시키고자 지역사회경찰활동이 범죄 수사에 가져온 변화를 소개하고자 한다.[78]

우선, 지역사회 경찰활동으로의 변화는 범죄 수사부서의 구조적 변화를 가져왔다. 과거에는 범죄 수사가 주로 "본부(headquaters)"에 할당되었지만, 오늘날 많은 수사관들은 본부로부터 나와 순찰구역 또

는 지구대 지역에서 근무한다. 이러한 변화는 수사관들이 순찰경찰관
및 대중들과 더욱 많은 소통과 협력을 유도하기 위해서이다. 수사관
을 특정 지역에 배치하는 것은 수사관들이 범죄의 패턴에 보다 친숙
해지고, 수사관이 일하는 지역에서 거주민들과 보다 긴밀한 관계를
형성하는 데 유리하다.

예를 들어, 뉴멕시코(New Mexico)주의 엘버커키(Albuquerque)에
서는 경찰서에서 살인, 강도, 침입 범죄에 대한 특별수사부서들을 모
두 폐지하였고, 각각의 지역에서 근무하는 일반수사부서를 창설하였
다. 수사관들은 특정 범죄보다는 근무하는 지역의 모든 범죄들에 대
한 수사를 책임진다. 이에 대해, 경찰서장은 수사관과 순찰경찰관들
의 협력 증대를 가져올 것이고, 지역담당자(commander)가 해당 지역
내의 모든 범죄에 대하여 책임감을 가질 수 있을 것이라고 주장했
다.[79]

두 번째, 많은 경찰서에서 범죄 수사에 있어 보다 성공적이기 위
하여 지역사회 경찰활동과 부합하도록 절차를 바꾸었다. 특히, 많은
경찰기관들이 정부기관간의 협력을 강화하기 위한 절차와 실무를 도
입하였다. 과거에는 대부분의 기관들과 수사관들은 범죄에 대한 수사
와 대응을 높이기 위하여 "외부인(outsider)"과의 협력을 고려하지 않
았다. 그러나 지역사회 경찰활동이 범죄 수사에도 퍼지기 시작하면
서, 경찰기관들과 수사관들은 다른 형사사법기관들의 도움과 지역사
회기관들의 조력을 통해 범죄에 대한 대응력을 높이고 있다. 오늘날,
예를 들어, 지역, 주, 연방의 다양한 기관들로 구성된 살인사건 범죄
수사팀을 발견하기란 어렵지 않으며, 이들은 살인사건에 대한 대응과
수사력을 높이기 위한 보다 효과적인 전략을 활용하고 있다. 범죄 총
기 정보 센터(Crime Gun Intelligence Centers)는 총기 범죄를 수사하기
위한 또다른 새로운 협력 형태이다. 세 번째로, 대부분의 혁신적인
경찰서들은 수사관의 역할과 책임에 대한 기능적인 변화를 만들었다.
예를 들어, 스포케인(Spokane) 카운티 보안관서에서는 수사관들에게
문제 해결에 대한 주요한 책임을 부과하고 있다. 사무소에서는 수사
관들의 일정에 매우 융통성이 있으며, 수사관들이 경찰서에서 수사

관련 정보를 가장 많이 알고 있다고 생각한다. 애리조나의 메사 (Mesa)와 같은 경찰관서들은 (지역의 수사에 있어서 관련 정보들을 가장 많이 가진) 수사관들에게 지역 주민들에게 범죄 및 범죄예방에 대하여 교육하도록 지역사회 모임에 참여하도록 요구하고 있다.

▌특별한 범죄 수사 기법

함정수사

전통적으로, 함정수사관의 업무는 경찰관이 범죄자 특정과 증거수집을 하고자 용의자로부터 신뢰를 얻기 위해 신분을 위장하는 행위를 포함한다. 마약, 총기 판매 그리고 성매매 단속에 가장 널리 활용되어왔다. 최근에는, 경찰관들은 온라인상에서 함정수사를 하기도 한다. 일부는 경찰관들이 채팅방이나 다른 게시판에서 범죄자를 찾기 위해 미성년자인 척을 하기도 한다. 다른 경우는 함정수사관이 아동 포르노에 관심이 있는 사람인 행세를 하거나 아동 포르노의 유통에 관여하는 사람인 것처럼 행동한다. 더욱 잘 알려진 전략으로 경찰관이 성매매를 하려는 'John'으로 위장하는 것이다. 접촉을 한 후, 그들은 시간과 장소를 정하고 충분한 증거가 확보된 후에 용의자를 체포한다.

함정수사 업무는 경찰에게 많은 특별한 문제를 야기한다.[80] 첫째, 그것은 경찰에 의한 고의적인 속임수를 포함하고 있다: 경찰관의 신원에 대한 거짓. 이는 경찰관이 거짓말을 습관적으로 행하게 된다는 것을 의미하고, 심지어는 법정에서의 증언과 같은 상황에서도 거짓말을 하려는 유혹을 받을 것이다.

둘째, 함정수사관를 하는 경찰관들은 범죄자들과 연루되고 그들의 친구가 되려고 한다. 이러한 사회화는 경찰활동의 가치와 표준을 약화시킨다. 그리고 동료 경찰관과 가족과의 유대도 약화된다. 일부 경찰관들은 범죄자들의 조직문화에 "동화되고(gone native)", 범죄자가 되어 버린다.

셋째, 함정수사관들은 다른 경찰관에 비해 덜 직접적인 감독을 받는다. 이는 수사관이 범죄자들의 집단에 들어가기 위해 몇 주 또는 몇 달간 집중적으로 노력해야 하는 함정수사의 경우에 특별히 그러하다. 예를 들어 냅위원회(Knapp Commission)는 뉴욕시 특별 수사부서의 수사관들이 몇 주 동안 그들의 감독자들을 만나지 못했고, 이러한 사실이 부패로 이어졌다고 설명한다.[81] 전통적으로, 경찰서는 함정 수사에 대하여 별다른 유의미한 통제책을 갖고 있지 않다. 경찰관들은 고참들에 의한 비공식적 교육을 통해 함정수사에 대하여 배우는 경우가 많다.[82]

예상 가능한 남용을 방지하기 위해, 경찰서에서는 함정수사 업무에 대한 공식적인 통제책을 가지고 있다. 인증위원회(Commission on Accreditation)는 경찰서로 하여금 "매춘, 마약, 조직범죄에 대한 감시, 함정수사, 유인 등의 수사에 활용되는 서면화된 절차"를 마련하도록 요구하고 있다. 이러한 절차는 "허위 신원, 위장, 필요한 자격증들을 수사관에게 제공하는 활동" "특정인을 감독자 또는 조율자로 지정하고", "밀접한 감독을 제공하는" 등을 포함하도록 하고 있다.[83]

정보원

정보원들은 범죄 행위에 대한 중요한 정보의 출처이다. 그들은 피해자가 없는 범죄와 다른 은밀한 범죄 행위들에서 유용하다. 정보원들은 그들이 실제 범죄자이거나 범죄자들과 연관되어 있기 때문에 특별한 정보를 가지고 있다. 정보원들을 발굴하는 일은 경찰 업무의 기술적인 부분이다. 조나단 루빈스타인(Jonathan Rubinstein)은 "풍속범죄는 상품이고, 순찰경찰관은 반드시 그것을 제한된 시장에서만 구매할 수 있다는 것을 알아야 한다"는 것을 확인했다.[84]

J. 미셸 밀러(J. Mitchell Miller)는 몇몇 남부 주에서 84명의 정보원들을 인터뷰한 결과 어떻게 개인이 정보원이 되는지를 조사했다. 그는 4가지 종류의 정보원이 있음을 확인했다: **자발적 정보원, 대가형 정보원, 복수형 정보원, 경찰 협력자**. 자발적 정보원은 그들이 체포되는 것이 두려워서 정보원이 되고자 하는 자들이다. 많은 정보원들이 마

자발적 정보원(hammered informant)
대가형 정보원(mercenary informant)
복수형 정보원(vengeful informant)
경찰 협력자(police buff)

약 사용자였거나 낮은 수준의 마약 거래자들이고, 그들은 체포나 다른 공식적인 제재를 피하기 위해 정보원이 되고자 한다. 대가형 정보원은 금전적 이윤의 동기 때문에 정보원이 된다. 그들은 돈이 될 만한 정보가 있으면 경찰을 만난다. 밀러는 이러한 정보원들의 문제가 가장 심각한데, 금전적 동기로 인해 언제든지 허위 증거를 제공할 수도 있기 때문이다. 복수형 정보원들은 그들이 특정인에게 위해를 가하고 싶은 복수심이 있을 때 정보원이 된다. 이러한 사람들은 자신에게 사기를 친 사람이나 배신한 애인들에 대한 정보를 제공한다. 경찰 협력자들이 네 번째 종류의 정보원이다. 이러한 사람들은 경찰에 우호적이고, 접근할 수 있는 정보들에 대하여 일회적으로 정보를 제공하기도 한다. 그들이 지속적으로 정보를 제공하는 경우는 드문 편이다.[85]

그러나 이러한 정보원의 활용은 수많은 잠재적 문제들을 야기한다. 첫째, 경찰관들은 이미 알려진 범죄자들과 거래 관계를 형성한다. 경찰은 그들이 원하는 정보를 얻기 위해 반드시 무언가를 주어야 한다. 가장 가치있는 것은 관대한 대우를 약속하는 것이다: 체포를 하지 않거나 검사 또는 판사에게 관대한 처벌을 요청하는 것이다. 범죄자를 체포하지 않기로 하는 것과 관련하여, 경찰이 범죄 행위를 알면서도 눈감아주는 것에 대한 심각한 도덕적인 문제가 있을 수 있다. 비판적인 사람들은 이러한 관계가 경찰활동의 신뢰를 해치며, 부패로 이어진다고 주장한다. 1970년대의 뉴욕시 경찰은 정보원들에게 마약을 제공했고, 이로 인해 경찰관이 마약 거래자가 되는 셈이었다.[86] 정보원들에 의해 제공되는 정보는 의문시 되는 경우가 많다. 정보원들은 손쉽게 경찰관들을 만족시키거나, 그들의 적에게 위해를 가하기 위해, 정보를 꾸며내는 경우도 많다. 제롬 스콜닉(Jerome Skolnick)은 웨스트빌(Westville) 지역에서 침입범죄 수사관들이 그들의 정보원들이 마약 거래에 관여하는 것을 허용하고, 마약 수사관들은 그들의 정보원들이 절도 범죄를 저질러도 눈감아 주는 것을 확인했다.[87] 이러한 실무는 오늘날에도 여전하다. FBI는 2011년 한 해 동안, 그들의 정보원에게 5,658건의 범죄를 저지르도록 허용했다.[88] 이러한 위험에 대하여, 개리 막스(Gary Marx)는 정보원들이 "오히려 수사관들을 통제하는" 상황을 초래한다고 지적했다.[89]

정보원들의 활용에 포함된 잠재적 문제를 통제하기 위해, 법집행기관인증위원회(Commission on Accreditation for Law Enforcement Agencies)의 인증 표준은 경찰서로 하여금 정보원들의 주요 기록을 포함하는 "정책과 절차들", "정보원들의 안전", "정보원들에 대한 보상의 기준", 그리고 "정보원에 대한 유의사항"들의 원칙을 마련할 것을 요구하고 있다.[90] 사법지원국(Bureau of Justice Assistance)과 경찰최고위포럼의 공동 보고서에 따르면 "범죄 정보원에 대한 모든 이해는 모두 서면화된 양식에 기재되어야 한다"는 사실을 추천하고 있다.[91]

▌마약 단속

1980년 후반까지, 마약 범죄는 경찰이 형사사법시스템에, 나아가 미국사회에서 다루는 가장 심각한 문제였다. 크랙 코카인이 널리 퍼지면서 미국의 대도시의 마약시장을 형성해갔다. 마약 시장을 둘러싼 다툼이 살인율의 급격한 증가를 가져왔다. 비록 1990년대 중반 이후 크랙 마약의 심각성이 감소하고, 폭력의 수준도 낮아졌지만, 여전히 미국은 마약의 문제에 대응하기 위해 상당한 예산을 소모하고 있다.[92] 백악관 보고서에 따르면, 미국은 미국 내의 마약 법 집행, 유통차단, 국제 마약 통제를 위해 연간 174억 달러의 예산을 쓰고 있으며, 마약 치료에 165억 달러, 마약 예방에 20억 달러를 쓰고 있다.[93]

마약 단속 전략

지역경찰은 불법적인 마약밀수와 사용에 대응하기 위하여 두 가지 기본적인 전략을 사용한다. 전통적인 마약 **공급 감소 전략**은 4가지 다른 전술을 포함한다. 첫 번째는 단순한 함정수사(buy and bust) 전략이다: 함정 수사관들이 마약을 구입하고 매도인을 체포한다. 두 번

공급 감소 전략(supply reduction strategy)

째 전략은 거래를 통해 마약 조직을 파괴하는 것이다: 낮은 수준의 마약 거래자를 체포하고 그들에게 상위 공급책에 대한 정보를 제공하는 대가로 형 감면을 제의하는 것이다.[94] 세 번째 전략은 오랜 기간의 함정수사를 통해 마약 조직에 침투하는 것이다. 네 번째는 특정 기간 동안 특정지역에 마약 단속을 위해 집중적으로 인력을 투입하는 것이다.[95]

수요 감소 전략(demand reduction strategy)

마약 **수요 감소 전략**은 잠재적인 마약 사용자들의 수요를 감소시키려고 노력하는 것이다. 이러한 전략은 D.A.R.E.와 같은 마약 교육 프로그램을 포함한다.

전통적인 공급 감소 전략의 효율성은 아직까지 입증되지 않았다. 불법적인 마약의 사용은 여전히 높은 수준으로 남아있고, 마약 밀수도 빈곤한 지역에는 여전히 만연하다. 이러한 실패에는 몇 가지 이유가 있다.

첫째, 체포의 위험이 그 자체로 마약의 사용이나 판매를 단념시킨다는 사실을 입증할만한 증거가 없다(이와 관련된 다른 종류의 범죄 역시 마찬가지다). 둘째, "대체효과(replace effect)"로 인해, 검거된 마약상들을 새로운 마약상들이 손쉽게 대체한다. 특히 빈곤한 지역에서 별다른 직업을 찾기 어려운 경우에, 일부 마약상들을 무력화하는 것이 새로운 마약상에 대한 수요를 막지 못한다. 셋째, 낮은 수준의 마약상들을 체포하여 마약 밀수 조직의 핵심 관계자를 파악하는 것이 마약 조직의 해체에 효과적이라는 것이 아직 입증되지 않았다.[96]

Sidebar 9-4

체포된 자들 간의 마약 사용

샌디애고 지역의 성인 체포자의 마약 사용 프로젝트(Adult Arrestee Drug Use Project)의 일부로 수집된 데이터는 경찰관들이 마약 사용 인구들과 주기적인 접촉을 하고 있음을 드러낸다. 최근 체포된 사람들로부터 무작위로 채취된 소변 샘플의 분석 결과, 43%에서 마리화나 양성 반응, 6%에서 코카인 양성반응, 57%에서 메타암페타민 양성반응, 11%에서 아편에 대한 양성반응이 나타났다.

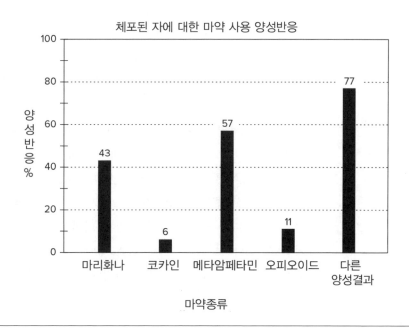

체포된 자에 대한 마약 사용 양성반응

출처: SANDAG, 2018 Adult Arrestee Drug Use in the San Diego Region (San Diego, CA: SANDAG, 2019).

중요한 문제는 "왜 경찰은 이러한 비효율성에도 불구하고 왜 이러한 방식의 수사를 고집하는가?"이다. 피터 매닝(Peter Manning)은 마약 범죄에 대한 체포가 가져오는 극적인 효과(dramaturgical effect) 때문이라고 한다.[97] 존 크랭크(John Crank)와 로버트 랭워시(Robert Langworthy)가 주장한 바와 같이 경찰 조직은 사회, 정치적인 환경에 많은 영향을 받으며, 그들이 담당하는 직무에 관하여 적절하게 문제를 다루고 있다는 인상을 주어야 할 필요가 있기 때문이라고 한다.[98]

소수인종과 마약과의 전쟁

마약 범죄와 관련된 소수 인종에 대한 체포와 관련하여 심각한 불균형이 존재한다. 전미가구조사National Household Survey)에 따르면 흑인들은 백인에 비해 불법적인 마약을 사용할 확률이 조금 높을 뿐이다(각각 13.1%와 11.6%).[99] 그러나 흑인들은 백인들에 비해 2.5배가량 체포될 확률이 높다. 대략 10만 명의 흑인당 727명이 마약 범

죄로 체포되는 데, 백인은 10만 명당 356명 정도이다.[100] 마약 범죄
에 대한 체포와 관련된 Exhibit 9-5가 보여주는 바와 같이, 단속이
특정 지역사회에 집중되어 있다.

　　많은 비평가들은 마약 범죄에 대한 체포에서 인종적인 불균형이
심각한 이유는 의도적으로 소수 인종의 지역사회를 법 집행 대상으
로 삼는 경찰서의 내부 정책 때문이라고 한다. 토마스 카스텔라노
(Thomas Castellano)와 크레이그 우치다(Craig Uchida)가 지적한 바와
같이, "마약범죄 체포는 시민들의 신고에 의한 (수동적인) 수사가 아
닌 대부분 경찰 주도의 (선제적인) 조치이다." 그 결과 "지역의 마약
범죄 체포 비율과 방식은 해당 경찰서 내의 체포 정책과 법 집행 전
략에 달려 있다."[101] 이는 거리 위의 개별 경찰관의 차별적인 결정의
문제가 아니라, 지휘관의 정책적 결정에 의한 것임을 의미한다.

EXHIBIT 9-5

마리화나 소지로 인한 체포 사건에서 인종간 불균형이 큰 20개 카운티(2018)

카운티	주	인구 10만 명당 흑인 체포건수	인구 10만 명당 백인 체포건수	흑인/백인 비율
프랭클린	매사추세츠	489.94	4.21	116.50
파킨스	조지아	31,243.16	321.38	97.22
데칼브	앨라배마	1,159.8	25.57	45.35
타즈웰	일리노이	682.21	15.76	43.30
블라운트	앨라배마	267.21	7.35	36.35
오즈키	위스콘신	5,548.04	158.98	34.90
오글	일리노이	636.93	18.38	34.60
헨리	일리노이	838.57	25.57	32.80
매니토웍	위스콘신	7,862.33	263.44	29.85
페리	펜실베이니아	21,158.65	746.03	28.36

워싱턴	위스콘신	6,164.84	227.70	27.07
워싱턴	오하이오	4,477.05	166.34	26.91
클래리온	펜실베이니아	4,651.16	181.54	25.62
메디나	오하이오	3,166.91	125.82	25.17
프레스톤	웨스트버지니아	11,558.56	463.02	24.96
푸트남	웨스트버지니아	5,284.23	213.36	24.77
페오리아	일리노이	326.50	13.52	24.16
아담스	일리노이	118.20	4.92	24.03
와크샤	위스콘신	3,314.30	138.78	23.88
더글라스	네바다	4,969.82	226.80	21.91

자료 출처: *FBI/Uniform Crime Reporting Program Data and U.S. Census Data.*

출처: ACLU, *A Tale of Two Countries: Racially Targeted Arrests in the Era of Marijuana Reform* (American Civil Liberties Union, 2020).

마리화나의 특수한 사례

마약 단속의 양상에는 지난 수년간 상당한 변화가 있었다. 마리화나는 33개의 주에서 '의료'용으로 합법화 되었고, 11개 주와 워싱턴 D.C.에서 '여가'용으로 합법화되었다. 이와 같은 변화의 영향은 아직 알려져 있지 않다. 한 가지 주된 이슈는 합법화된 주에서 재배되고 팔린 마리화나들이 아직 마리화나를 불법으로 금지하는 주로 밀수된다는 것이다. 예를 들어, 콜로리다주에서 마리화나를 의료용으로 허가한 이후, 인접지역인 네브레스카주에서 마리화나의 소지와 판매로 인한 체포가 급격히 증가했다는 사실이다.[102] 그래서 마리화나의 합법화가 해당 주에서의 마약에 대한 법 집행과 관련된 예산과 인력을 낮추더라도, 그렇지 않은 주에서의 예산과 인력의 필요는 오히려 증가한다는 사실이다.

수요 감소: D.A.R.E. 프로그램

D.A.R.E.(Drug Abuse
Resistance Education)

　　마약 수요 감소 전략으로 가장 유명한 것이 아마도 **D.A.R.E**으로 알려진 교육 프로그램이다. D.A.R.E는 1983년에 시작된 LA경찰과 LA공립학교 간의 협력 프로그램에서 비롯된 것이다. 여기에는 경찰관에 의한 17시간에 이르는 강의실 교육이 포함되어 있다. 이 프로그램은 불법적인 마약에 대한 정보를 제공하고 불법적인 마약의 사용을 억제하기 위한 교육도 포함되어 있다.[103]

　　D.A.R.E. 프로그램은 매우 인기가 있다. D.A.R.E. 관계자에 따르면, 이 프로그램은 50개 주 모두에서 시행되고 있고, 외국 50개국에도 도입되었다고 한다.[104] 몇 가지 요인들이 이러한 성공의 이유를 설명한다. 첫째, 이 프로그램은 청소년들의 마약 사용에 대한 부모의 우려를 다루고 있다. 둘째, 교육이 효과적인 접근이라는 믿음이 널리 퍼져 있다. 셋째, 경찰과 공립학교 관계자들은 마약 문제에 대해서 무언가를 하고 있음을 보이고 싶어한다.

　　D.A.R.E에 대한 대부분의 평가는, 프로그램 자체가 마약 사용의 급격한 감소로 이어지지는 않았음을 보이고 있다. 이러한 평가에 대한 비판자들은 이는 단지 1년 주기 평가에 그쳤기 때문이라고 주장하기도 한다.[105] 그러나 D.A.R.E.의 장기적 영향에 대하여 연구한 결과가 있다. 한 연구는 D.A.R.E 프로그램이 시행된 후 6년 후의 영향을 조사했고, 다른 하나는 10년 후의 영향을 조사했다. 두 연구는 D.A.R.E 프로그램을 접한 그룹과 그렇지 않은 그룹의 학생들을 무작위로 조사하였다. 두 연구는 D.A.R.E 프로그램이 학생들의 태도, 믿음, 사회 기술, 마약 사용 습관 등에 미친 영향도 평가했다. 프로그램에 참여한 학생들이 그렇지 않은 학생들에 비해 유의미한 영향을 받지는 않았음이 확인되었다.[106]

▌갱(Gang) 관련 경찰활동과 갱 범죄

1982년, 월터 밀러(Walter Miller)는 10만 명 이상의 인구가 사는 도시의 27% 정도에서 갱의 문제가 있고, 미국의 대도시에서는 갱의 문제가 그리 심각하지 않다고 진단했다.[107] 그러나 오늘날 길거리 갱은 대부분의 주와 대부분의 주요 대도시에서 활동하고 있다. 전국의 경찰서에 대한 조사를 행한 전미청소년갱조사(National Youth Gang Survey)에서는 대도시의 85%가량에 청소년 범죄조직이 있고, 3만 명의 범죄조직과 85만 명의 조직 구성원들이 활동하고 있음을 확인했다.[108]

그 결과, 정부 관계자와 연구자들은 갱의 증가는 청소년들 사이에서의 폭력과 마약의 사용이 증가함에 따른 것이라고 주장해왔다. 이러한 주장은 공식적인 기록들에서 갱 구성원들이 범죄 활동에 상당히 관여해왔음이 확인되었기 때문이다. 예를 들어, 애리조나 주의 메사(Mesa)에서는 경찰서에서 갱 구성원들의 체포 기록과 그 외 비행 청소년들을 비교한 결과, 갱 구성원들이 체포, 총기, 마약, 무단결석, 주류소지 등으로 체포된 적이 2배 이상 있다는 사실을 확인했다. 게다가, 갱 구성원들은 일반적인 비행 청소년에 비해 4배 이상 체포될 확률이 높았다.[109]

지역 경찰들은 갱 문제에 대응하기 위하여 2가지 전략에 의존한다. 첫 번째는 통제, 두 번째는 예방이다.

갱 억제

1990년대 이후 갱의 증가는 갱 범죄에 대응하기 위한 경찰서의 특별 수사부서의 창설 및 팽창을 가져왔다. 전통적으로, 갱 및 범죄에 대한 경찰의 대응은 존재하는 순찰부서, 청소년부서, 지역사회경찰활동부서, 수사부서, 범죄예방 부서 등에 갱에 대한 대응 업무를 부과하는 것이었다.[110] 그러나 1980년대 이후 많은 경찰서들은 갱에 대응하기 위한 경찰 갱 부서라는 특별부서를 창설하였다. 경찰 갱 부서는 경찰 조직 내에서 제2의 또는 제3의 기능을 한다. 여기에는 갱에 대한 통제를 전담하는 최소 1명의 경찰관이 일하고 있다.[111] 그래서 본질적으로 갱 부서는 전담화되어있고; 경찰서 내 다른 조직들과는 차별되는 고유한 행정적인 정책 및 절차를 갖고 있고; 구체적이고 집중된 업무를 수행하기 위하여 전담 교육을 받은 전문가들을 보유하고 있다.

사법지원국(Bureau of Justice Assistance)은 100명 이상의 경찰관이 있는 대규모 경찰서의 1/3가량에 갱 전담 부서가 설치되어 있음을 확인했다. 대부분의 갱 부서는 2004년 이후 만들어졌다. 갱 부서의 33%는 대부분의 시간을 정보 수집, 관리, 전파에 사용하고 있었고, 32%는 대부분의 시간을 수사에 사용하고 있고; 13%는 대부분의 시간을 진압에 사용한다고 하였다. 오직 4%만이 예방에 초점을 맞추고 있다고 하였다. 남은 25%는 갱 범죄와 관련하여 다른 부서를 지원하는 역할을 한다고 하였다.[112]

비록 전담화된 경찰 갱 부서가 미국의 경찰활동에 있어 상대적으로 새로운 형태이지만, 재범 범죄자, 가정폭력, 증오 범죄 등의 독특한 문제에 대응하기 위한 경찰의 전담부서 설치와 관련된 노력의 일환이기도 하다. 이러한 부서들은 갱 및 관련 범죄의 감소를 위해 경찰서의 자원, 에너지, 기술들이 집약되어 있다. 게다가, 이러한 노력은 경찰서가 갱 문제를 심각하게 다루고 있다는 사실을 지역사회와, 갱 구성원, 경찰관들에게 알리는 상징적인 행동이기도 하다.[113]

갱 부서가 조직범죄를 소탕하기 위한 경찰의 노력을 상징적으로 대변할 뿐만 아니라, 경찰이 갱에 대한 도덕적 대응을 상징하기도 한다. 이는 갱 부서의 명칭을 통해 대중에게 전달된다. 예를 들어, 애리조나에 위치한 부서는 갱 및 이민자 정보팀 단속 미션(Gang and Immigration Intelligence Team Enforcement Mission, GIITEM)이라는 명칭을 사용하고, LA보안관 사무소는 갱 단속부서(Gang Enforcement Team, GET)라는 명칭을 사용한다. 이러한 이름들은 경찰이 갱과 전쟁을 벌이고 있다는 할리우드식 이미지를 만들어내고, 갱 문제는 경찰이 최선의 노력을 다하고 있기에 곧 해결될 것이라는 느낌을 전달한다.

경찰의 갱 부서 활동의 효율성을 평가한 연구 중 하나는 LA시에서 말콤 클라인(Malcolm Klein)과 그의 동료들에 의하여 행해졌다. 저자들은 LA경찰서와 LA보안관사무소에서 갱 조직의 살인사건과 비갱 조직의 살인사건을 비교했다. 저자들은 갱 조직이 연루된 살인사건이 집중 수사되었고, 많은 인터뷰가 이루어지고, 증인들에 대한 조사가 이루어지고, 비 갱 조직 사건에 비해 많은 용의자가 기소되었음을 확인했다. 클라인과 동료들은 또한 두 기관 모두에서 특별 갱 부서에 의하여 수사되는 살인사건들이 다른 사건에 비해 훨씬 더 해결될 확률이 높은 사실을 발견했다. 그 결과, 최소한 초기단계에서, 갱 부서들은 갱 범죄의 수사에 도움을 주는 특별한 지식을 통해 기여하고 있는 셈이다.[114]

갱 예방: G.R.E.A.T. 프로그램

경찰이 운영하는 갱 예방 프로그램으로 가장 인기있는 것은 갱단 예방 훈련 프로그램(Gang Resistance Education and Training Program, G.R.E.A.T)이다. 피닉스(Phoenix) 경찰서에서는 D.A.R.E. 프로그램을 벤치마킹하여 1991년에 시작하였다. **G.R.E.A.T** 프로그램은 9주간의 수업으로 구성되어 있는데, 제복 경찰관에 의하여 운영되고, 중학생들을 대상으로 매주 한 번 수업을 제공한다. 동 프로그램은 갈등을 해결하는 기술과, 문화적인 감수성, 갱과 관련된 문제들을 소개해준다. 오늘날, G.R.E.A.T 프로그램은 50개 주에서 모두 운영되고 있고, 외국의 7개국도 도입하였다.[115]

현재까지 G.R.E.A.T. 프로그램의 성과를 측정한 적은 별로 없다. 가장 심층적인 연구 중 하나는 G.R.E.A.T 프로그램의 효과성을 측정하기 위해 다지역종단설계(multisite longitudinal design)를 사용하여 연구를 진행하였다. 연구자들은 7개 도시의 31개 학교에서 4,000명의 학생을 무작위로 선발하여 통제된 연구를 수행하였다(무작위로 선발된 학생들 중 절반은 G.R.E.A.T. 프로그램을 이수하였고, 다른 절반은 프로그램

G.R.E.A.T.

을 이수하지 않았다). 두 그룹에 대하여 5년간 6차례에 걸쳐 조사가 수
행되었다. 연구기간동안, G.R.E.A.T. 프로그램에 참여했던 학생들은
그렇지 않은 학생들에 비해 갱 조직에 가입할 확률이 적었다. 게다
가, 연구자들은 프로그램이 경찰에 대해 보다 긍정적인 인식을 가져
왔음을 확인했다. 그러나 동 프로그램이 비행행위에 대해 특별한 영
향을 주지는 못했다.[116]

▌전문적 범죄자에 대한 경찰활동

1980년대, 여러 경찰서에서 높은 비율로 범죄를 저지르고 있는
전문적 범죄자들을 다루기 위해 각종 프로그램들을 시험하였다. 이러
한 아이디어는 볼프강(Wolfgang)의 집단 연구에 기반하고 있는데, 일
부 사람들(젊은 사람들의 6%)이 아주 심각한 범죄의 대부분을 저지른
다는 점이다.[117] 이러한 전문적 범죄자에 대한 체포, 유죄판결, 구금이
범죄 감소에 상당한 효과를 가져올 수 있다고 여겨졌다.[118]

반복 범죄자 프로그램은 3가지 다른 종류로 구성되어 있다: (1)
감시와 체포를 위해 반복 범죄자로 의심되는 사람들을 집중 감시하
고, (2) 영장이 많이 발부되어 있거나 집행유예 또는 가석방 규정 위
반으로 수배되어 있는 반복 범죄자들에 대한 특별한 영장 집행, (3)
전문적 범죄자의 범죄기록에 대하여 검사에게 충분한 정보를 제공할
수 있도록 사건 관리를 강화하는 프로그램 등으로 구성되어 있다.[119]

워싱턴 DC의 반복 범죄자 프로그램(Repeat Offender Program,
ROP)은 88명의 경찰관으로 구성되어 있는데(추후 60명으로 감축), 매
주 5건 이상의 주요 범죄를 저지르는 것으로 의심되는 사람들을 발
견하고 체포하는 임무를 수행하고 있다. 용의자들은 경찰서의 다른
부서들에서 제공한 정보들에 의하여 선택된다. 대상자들은 72시간동
안 용의선상에 올라온다. 동 프로그램의 경찰관들은 교통부서, 통신
회사 등으로부터 수집한 정보들이 보충된 경찰서 내의 범죄기록 등
에 대한 분석을 통하여 용의자를 찾기 위해 노력한다. 대부분의 집중
수사 대상자들은 이미 발부된 체포 영장에 의하여 추적된다.[120]

경찰재단의 반복 범죄자 프로그램에 대한 평가에서는 반복 범죄자 프로그램에 할당된 212명의 용의자들과 다른 212명의 유사한 용의자들을 비교하였다. 반복 범죄자 프로그램 경찰관의 체포 활동도 역시 다른 그룹의 경찰관들과 비교되었다. 이러한 평가는 반복 범죄자 프로그램이 "특정 반복 범죄자들의 체포 확률을 높인다"는 사실을 확인하였다. 실험 집단의 절반 가량의 용의자들(212명 중 106명)이 반복 범죄자 프로그램 경찰관들에 의해 체포되었고(다른 17명은 다른 경찰관들에 의해 체포됨), 이는 비교 대상 집단에서 212명 중 8명인 4% 가량을 체포한 것과 대조된다.

그러나 다른 데이터들은 프로그램의 효과성에 대하여 의문을 제기하였다. 프로그램의 경찰관들은 동료 경찰관에 비해서 낮은 수준의 체포율을 보이고 있다(비록 동료 경찰관들이 행하는 체포의 대부분이 경미한 범죄이기는 하지만 말이다). 동 프로그램에는 6만 달러가량의 직접 지출이 필요하고, 경찰관들은 다른 임무로부터 배제시키기 때문에, 비용 대비 효과성에 대한 심각한 의문이 제기된다.[121]

반복 범죄자 프로그램은 많은 경찰서에 운영중이다. 그러나 많은 경찰서에서 "집중적인 통제(focused deterrence)"라고 불리는 보다 종합적인 전략으로 진화하고 있다. 집중적인 통제 프로그램은 만성적인 범죄자들이 추가 폭력에 관여하지 않고 긍정적인 행동에 대한 인센티브를 제공하기 위한 문제지향적 경찰활동 전략에 의존한다. 이러한 전략은 제10장에서 상세히 논의된다.

▌총기 통제와 총기 범죄

총기, 특히 권총은 미국내에서 심각한 문제이다. 미국에는 현재 3억 정의 총기가 있는 것으로 추산되고 있으며, 그중 대략 절반은 정당방위를 위한 목적으로 소지 중이다.[122] 그러나 전미범죄피해조사로부터의 데이터는 정당방위를 위해 사용되는 모든 총들 중 6정은 범죄를 저지르기 위하여 사용된다고 확인했다.[123] 스티븐 메스너(Steven Messner)와 리차드 로젠펠드(Richard Rosenfeld)는 미국에서 총기가 사용되는 범죄의 숫자와 비율이 모든 산업화된 국가들 중 가장 높다고 설명했다.[124] 그러나, 총기사용 범죄는 줄어들고 있다. 전미범죄피해조사에 따르면, 총기 범죄는 1993년에서 2011년 사이에 69%가 감소하였다(통계 확인이 가능한 최신 년도). 여전히, 살인사건의 73%가 총기를 사용하여 이루어진다. 총기사용 살인 피해자들은 흑인, 남성, 20~29세 사이가 대부분을 차지한다(Exhibit 9-6 참조).

총기 억제

경찰기관들은 총기 바이백(buy-back) 프로그램, 총기 관련 법률의 강력한 집행을 통해 총기사용 범죄를 줄이려는 다양한 전략을 실행해왔다. 그러나 이러한 전략들은 실패로 귀결되는 경우가 많다.[125] 오늘날, 총기 폭력을 다루는 가장 혁신적인 전략들은 도보순찰 강화와 각 기관 간 TF를 구성하는 것이다.

캔사스시 총기 실험(Kansas City Gun Experiment)

캔자스시 총기 실험은 총기 범죄를 줄이기 위한 것으로 가장 잘 알려진 순찰강화 노력이다. 동 실험은 특정 범죄에 초점을 맞추는 문제해결 경찰활동과 높은 범죄발생 지역에 순찰력을 집중하는 프로그램을 결합한 것이다.[126]

EXHIBIT 9-6

12세 이상의 사람 1,000명당 총기 살인의 숫자를 인종, 성별, 나이로 분류한 통계

특징	비율
인종	
백인	1.6
흑인	16.4
인디언	2.9
아시안	0.8
히스패닉	3.3
성별	
남성	6.4

여성	1.6
나이	
10 – 14	0.5
15 – 19	7.1
20 – 24	11.0
25 – 29	10.2
30 – 34	7.1
35 – 39	6.2
40 – 44	4.3
45 – 49	3.2
50 – 54	2.5

출처: 자료 출처: *National Violent Death Reporting System (NVDRS) for Number of Deaths, Bureau of Census for Population Estimates.*

제작: Office of Statistics and Programming, National Center for Injury Prevention and Control, CDC, https://wisqars.cdc.gov:8443/nvdrsDisplay.jsp.

동 실험은 전국 평균 살인 발생률이 10만 명당 10명인 것에 비해 상당히 높은 10만 명당 177명(1991년 기준)인 캔자스 시에서 많은 범죄가 발생하는 지역을 대상으로 했다. 1992년과 1993년에 걸쳐 29주 동안 추가로 2인 1조의 경찰관들이 저녁 7시부터 밤 1시까지 6시간 동안 순찰차를 타고 순찰을 했다. 경찰관들은 불법적인 권총을 소지한 것으로 의심되는 사람들의 차량을 멈추도록 지시받았다. 경찰관들은 (예를 들어, 교통 위반과 같은) 적법한 통제를 하도록 지시받았고, (예를 들어, 체포에 수반하는 수색처럼) 총기에 대한 적법한 수색을 하도록 요청받았다. 여기에 내재된 추정은 이러한 프로그램이 거리로부터 총기를 줄이고 특정 지역에 대한 강력한 단속을 한다는 메시지를 전달함으로서 범죄를 줄일 수 있다고 기대되었다.

실험기간 동안, 특별부서 경찰관들이 29건의 총기를 압수했고, 다른 경찰관들은 47건의 총기를 압수하였다. 총기 범죄는 해당 지역에서 49% 줄어든 반면, 대조 지역에서는 4%만이 줄어들었다. 다른 지역의 총기 범죄 변화는 들쭉날쭉했다. 총기범죄가 다른 범죄로 대체되거나 다른 이득이 발생하였다는 증거는 없었다. 동 실험은 핫스팟(hot-spots) 중심 범죄 통제 프로그램에 대한 긍정적인 효과를 시사했다. 인디애나주에서 실시된 총기 실험에 대한 유사한 실험도 비슷한 결과를 보였다.[127]

총기 폭력 감소를 위한 혁신적인 프로젝트의 또 다른 예로, 지역안전프로젝트(Project Safe Neighborhood, PSN)가 있다. 이 프로그램은 조지 부시(George W. Bush) 대통령에 의하여 시작되었으며, 총기 범죄를 줄이기 위하여 여러 형사사법기관들의 협력을 시도하고 있다. 이 프로그램의 목적은 (1) 총기와 관련된 폭력 범죄가 주목할 만한 감소를 가져올 수 있도록 데이터에 기반한 전략을 고안할 수 있는 지역안전프로젝트 임시조직의 역량을 높이고, (2) 관할구역 내의 총기와 관련된 폭력범죄에 대하여 함께 이해하고, 처벌하고, 예방할 수 있도록 연방, 주, 지역의 업무 협조자 (경찰기관 포함)들과 함께 일할 수 있는 장기적인 능력을 향상시키는 것을 목표로 한다. 부시 행정부에 의해 지역안전프로젝트에 기반한 90개 이상의 지역 프로젝트가 예산 보조를 받았고, 오바마와 트럼프 행정부에서도 계속 지원되고 있다.[128]

▌증오 범죄 수사

증오 범죄(hate crimes)

증오 범죄 또는 편향으로 인한 범죄는 경찰에게 상대적으로 새로운 문제들이다. 이는 증오 범죄가 기존의 범죄들과 분리된 또는 상이한 범죄가 아니라 가해자의 편향으로 인한 범죄들이기 때문이다. 1990년에 제정된 증오 범죄 통계법(Hate Crimes Statistiscs Act of 1990)은 증오범죄를 "범죄자의 인종, 종교, 장애, 성적취향 등에 대한 편향적 인식에 기반하여 사람 또는 재산을 대상으로 한 범죄"를 의미한다.[129] 동기라는 것은 주관적으로 평가되기 때문에, 경찰로서는 어떤 범죄의 동기가 편향으로 인한 것인지를 확인하기가 어렵다.

증오 범죄의 범위와 본질

전미범죄피해조사에 따르면, 2004년부터 2015년 사이, 평균적으로 250,000건의 편향으로 인한 범죄 피해자들이 발생했다. Exhibit 9-7에서 보는 바와 같이, 이러한 범죄들의 대부분은 인종(48.1%) 또는 민족(35.4%), 종교(16.7%), 성적 취향(22.1%), 젠더(29.3%), 단체 (22.5%), 장애(15.6%)로 인한 편향에 기반하고 있다(전체 비율은 개개인들이 그들이 피해자가 된 편향의 동기를 1개 이상 보고하기 때문에 100%가 넘을 수 있다.). 42% 가량의 피해자들이 경찰에게 범죄를 신고했고, 피해자들은 신고하지 않을 충분한 이유가 있다. 그러한 주된 이유들은 경찰이 돕지 않거나 도울 수 없을 것이기 때문이거나(22.6%), 자체적으로 처리하거나 학교 담당자에게 신고하였기 때문이라고 한다 (40.7%). 다른 이들은 피해사실이 그렇게까지 중요하지 않기 때문에 경찰에 별도로 신고하지 않았다고 설명했다(19.4%).[130]

EXHIBIT 9-7

증오 범죄의 동기에 대한 피해자의 추정, 2011-2015

인종	48.1%
민족	35.4
젠더	29.3
단체	22.5
성적 취향	22.1
종교	16.7
장애	15.6

참고: Details do not add up to 100 percent because victims can report more than one type of motivation for the hate crime.

출처: Nathan Sandholz, Lynn Langton, and Michael Planty, *Hate Crime Victimization, 2003-2011* (Washington, DC: U.S Bureau of Justice Statistics, 2013), table 2.

FBI는 증오 범죄가 다섯 가지 특징을 가지고 있다고 설명한다: (1) 증오 범죄는 다른 범죄들에 비해 사람에 대한 폭력의 정도가 높고, (2) 증오 범죄는 일반적으로 더욱 폭력적이고 - 편향 범죄의 2/3는 사람에 대한 범죄이고, 나머지 1/3은 재산에 대한 범죄이고, (3) 공격이 있기 전에 점차 심각해지는 일련의 대면과 사건이 선행하고, (4) 증오 범죄는 범법자들에 의하여 저질러지는 다른 범죄행동에 비하여 집단적으로 저질러 질 가능성이 높고, (5) 사람을 대상으로 한 대부분의 범죄는 피해자가 아는 사람에 의해 범해지나, 증오 범죄는 낯선 사람에 의해 범해지는 경우가 많다.

증오 범죄에 대한 경찰의 대응

편향된 범죄에 대한 우려가 증가하면서, 다수의 경찰서는 편향 범죄에 대응하는 전담 부서를 창설하였다. 이러한 부서들은, 조직범죄 대응 부서와 같이, 증오 범죄에 대처하는 경찰의 효과성을 높이고, 경찰이 증오 범죄에 대한 문제를 심각하게 여기고 있다는 인상을 주기 위해 경찰의 인력과 자원을 집중한다. 수전 마틴(Susan Martin)은 증오 범죄에 대한 특별한 관심을 두어야 하는데 3가지 이유가 있다고 주장한다.

> 첫째, 이러한 범죄들은 피해자가 누구이냐에 따라 발생하기 때문에, 이는 피해자들이 자신이 피해자가 된 사실을 받아들이게 하는 데 많은 어려움을 겪게 한다. 둘째, 증오 범죄는 지역사회에 특히 해로운 영향을 미치고, 상호 불신, 공포, 집단 간 긴장감 등을 높인다. 셋째, 이러한 범죄의 대부분은 형벌 측면에서는 매우 심각하지 않기 때문에, 경찰의 관심을 끌지 못하는 경우가 많다.[131]

증오 범죄에 대처하기 위하여 기존의 조직을 대체하는 새로운 부서가 경찰서에 만들어졌다. 예를 들어, 뉴욕시 증오 범죄 수사부

(New York City Bias Incident Investigation Unit, BIIU)는 관료제적 특징을 가진 중심화된 부서의 하나이다. 증오 범죄가 발생했다고 믿는 경찰관들은 그들의 상급자에게 보고하고, 상급자는 경찰서장에게 보고해야 한다. 경찰서장은 기초 조사를 실시하고, 만약 범죄가 확인되면, 활동 부서(Operation Unit)가 통지받고, 증오 범죄 부서(Bias Crime Unit)가 이를 전달받는다.[132]

대조적으로, 볼티모어카운티(Baltimore County) 경찰서는 분산된 전략을 사용하고 있다. 경찰서는 별도의 증오 범죄 부서를 창설하지 않았고, 대신 지역사회 경찰활동의 일환으로서 순찰 경찰관에게 이러한 임무를 위임하여 문제에 대응하도록 하고 있다. 만약 지구대장(precinct commander)이 특정 사건에 대한 별도의 주의가 필요하다고 생각하면, 책임자는 수사과, 지역사회협력과, 정보부서에 협조를 요청할 수 있다.[133]

이러한 전략의 효과성을 평가하기 위해 외부 기관의 평가도 진행되었다. 뉴욕시에서는 증오 범죄 수사부에 근무하는 수사관들이 증오 범죄의 대부분을 수사했고, 일반범죄 수사부서의 수사관들에 비해 더욱 많은 증오 범죄를 해결했다. 게다가 증오 범죄의 피해자들은 비교 집단에 비해 경찰의 대응에 대한 만족도가 높았다. 높은 해결율은 특히 놀라운데, 일반범죄가 종종 피해자와 안면이 있는 사람에 의해 행해지는 데 비해, 증오 범죄는 대체로 낯선 사람에 의해 범해지기 때문이다. 수사관이 보다 적은 증거를 가지고도 범죄를 해결할 수 있다는 사실은 특별 부서의 집중적인 수사 노력이 높은 범죄 해결율로 이어진다는 점을 시사한다.[134]

유사하게, 볼티모어에서는, 증오로 인한 범죄들에 대해 광범위하고 집중적인 수사가 이루어졌고, 다른 일반 범죄에 비해 보다 높은 해결율을 보이고 있다. 연구자들은 행정부서에서 순찰 경찰관들이 증오범죄를 심각하게 다루도록 요청해 왔고, 실제 순찰 경찰관들이 신중하게 문제를 다루고 있음을 확인했다.[135]

▌경찰과 테러리즘

테러리즘의 범위와 본질

테러리즘(terrorism)

테러리즘은 FBI에 의해 "정부, 민간인, 정치적 또는 사회적 목표를 달성하고자 하는 어떠한 조직을 협박하거나 위협하기 위해 사람 또는 재산에게 힘 또는 폭력을 불법적으로 사용하는 것"을 의미한다.[136]

일반적인 견해와 달리, 미국에서 테러리스트 공격의 숫자는 상당히 줄어들었으며, 대부분의 테러(80%)가 사람에게 피해를 입히지 못한다. 1970년부터 2018년 사이, 2,900건이 넘는 테러리스트 공격이 있었는데, 이들 중 절반가량이 1970년대에 발생하였다. 1991년부터 2000년 사이에, 미국은 평균적으로 연간 41건의 테러 공격을 받았는데, 2002년에서 2010년 사이에는 연간 16건이었다. 1970년대 이후, 테러리즘으로 인해 3,600명의 사망자가 발생했는데, 이들 중 85%는 2001년 9.11. 사태로 인한 것이었다.[137] 테러리즘에 대한 논의를 할 때, 두 가지 종류의 테러에 대한 구분이 필요하다: 국내와 국외.

국내 테러리즘

국내 테러(domestic terrorism)

국내 테러리즘은 미국의 영토 내에서 미국인들에 의해 계획되고 실행되는 것이다. 이는 현재까지 가장 흔한 종류의 테러이다. 이는 테러의 80% 이상을 차지한다.[138] 매릴랜드 대학의 '테러리즘 연구 및 대응을 위한 전미컨소시엄(The National Consortium for Study of Terrorism and Responses to Terrorism, START)'은 '국제 테러리즘 데이터베이스(Global Terrorism Database)를 구축하여, 전 세계에서의 테러리스트들의 공격을 추적하고 있다. 그들은 2010년 이후 미국에서 테러행위에 가담하는 그룹의 종류에 큰 변화가 있었다고 보고하였다. 1990년대와 2000년대 초반에는 상당수의 테러가 '지구자유전선(Earth Liberation Front, ELF)'과 '동물자유전선(Animal Liberation Front, ALF)'과 같은 좌파 단체에 의하여 수행되었다 2010까지 그리고 그 이후에는 우파 극단주의자와 종교 극단주의자에 의해 불균형적으로 공격이 자행되었다. 예를 들어 2010년부터 2016년 사이에, 21건의 공격이 지하디(Jihadi)에 고취된 극단주의자들에 의해 수행되었고, 28건은 반무슬림 극단주의자에 의해, 11건은 반정부 극단주의자에 의해, 8건은 무슬림 극단주의자에 의해, 7건은 백인 극단주의자에 의해 자행되었다.[139]

　라프리(Lafree)와 그의 동료들은 정치 극단주의자들의 범죄행위에 관여하였거나 극단주의 단체에 소속된 것으로 알려진 1,500명의 특징을 조사하였다. 그들은 폭력적인 정치적 극단주의에 참여한 이들이 안정적인 고용 상태가 아니었고, 과격한 동료들과 섞여 있었고, 정신병의 진단을 받은 적이 있고, 범죄기록이 있다고 보고했다. 교육, 결혼상태, 과격한 가족 구성원들은 폭력적인 정치적 극단주의와 관련 있지 않았다. 최근에서야 법 집행기관에서는 어떠한 개인의 특징이 폭력적인 정치 극단주의와 연계되는 지 이해하기 시작했다. 법 집행 기관이 이러한 문제를 다루기 위해 보다 효과적인 예방, 개입, 통제 전략을 세우려면 더욱 많은 연구가 필요하다.

　지구자유전선은 일반적으로 삼림 파괴, 새로운 개발, 스포츠용 차량, 세계화에 대하여 반대한다.[140] 예를 들어, 지구자유전선은 워싱턴 주 시애틀 시 부근의 7백만 달러에 이르는 고급 주택 3채에 대한 파괴와 연관되어 있다.[141] 반대로 동물자유전선은 동물을 보호하고, 동물 학대를 중단시키고, 동물을 학대하는 기업들을 공개하는 등의 행동을 한다.[142] 세계 테러리즘 데이터베이스에 따르면, 동물 자유전선은 2015년 미국에서 발생한 38건의 테러사건 중 오직 1건과 연관되어 있는데,[143] 이는 동 단체가 국내 테러에 개입하는 사례가 줄어들고 있음을 시사한다. 데이터베이스에 따르면, 9/11 이후의 가장 강력한 공격은 사이에드 리즈완 파루크(Syed Rizwan Farook)와 타쉬핀 말리크(Tashfeen Malik)에 의해 자행되었는데, 2015년 12월 2일의 휴일 파티에서 14명이 사망하고 17명이 부상한 테러를 들 수 있다.

국외 테러리즘

국외 테러(foreign terrorism)

국외 테러리즘은 미국에 대하여 외국인 또는 외국에 의해 준비되고 행해지는 테러 행위를 의미한다. 이러한 테러 행위는 미국 영토의 내외에서 발생한다. 미국 역사상 가장 악명 높은 외국 테러공격은 2001년의 9.11 테러로 알카에다 집단에 의해 4기의 항공기가 납치된 것이다. 거의 3,000명의 인명피해가 있었는데, 상당수는 소방관 또는 경찰관이었다.

9.11 테러의 결과는 단지 피해자와 그들의 가족들에게만 미치지 않는다. 많은 시민들이 상당한 영향을 받는다. 랜드 연구소에 따르면, 9.11. 테러 이후 미국 성인들의 11%가 수면 장애를 겪었고, 14%가 집중에 어려움을 겪었고, 30%가 테러 사건을 상기하게 되면 매우 당황하게 된다는 사실이 밝혀졌다. 추가로, 청소년의 47%가 그들 자신과 가족들의 안전에 대해 우려하고 있다.[144]

이러한 공격은 외국, 특히 이슬람 테러리스트들이 포함된 최초 또는 최후의 테러는 아니다. 예를 들어, 9.11. 테러 이전에, 람지 아흐메드(Ramzi Ahmed)와 에이야드 마흐무드 이스마일 나줌(Eyad Mahmoud Ismail Najum)은 1993년에 세계무역센터(World Trade Center)에 폭탄 테러를 하였고, 1998년에는 케냐(Kenya)와 탄자니아(Tanzania)의 대사관들도 폭탄 테러를 당했다.[145] 9.11. 이후에는 아무르 파루크 압둘무탈랍(Umar Farouk Abdulmutallab)이 2009년 12월 25일에 253명의 승객을 태우고 디트로이트에서 암스테르담으로 운항하던 노스웨스트(Northwest Airlines) 항공사의 항공기에 대한 테러를 시도하였다. 리비아(Libya)의 뱅가지(Benghazi)의 미국 정부 시설이 공격을 받고, 대사 크로스토퍼 스티븐스(Christopher Stevens)와 션 스미스(Sean Smith)가 사망했다. 이슬람 마그렙(Islamic Maghreb, AQLIM)의 알카에다 집단이 공격을 자행한 것으로 추정된다.[146]

테러리즘에 대한 대응

9.11. 테러에 대한 대응으로, 부시(Bush) 대통령은 국토안보부(Department of Homeland Security)를 창설하였는데, 테러리스트들의 공격에 대해 미국을 보호하는 것을 목적으로 하여 기존의 22개의 분리된 기관들을 조정하는 것을 목적으로 하고 있다. 국토안보부는 국토의 안전을 강화하는 대통령의 계획을 촉진하는 것에 대한 임무도 갖고 있다.

⇨ 국토안보부에 대해서는 제3장 참조

첫째, 부시 대통령의 계획은 초기 대응자(first responders)인 경찰, 소방관, 의료진들에게 교육, 장비, 지역사회 테러에 대한 대응을 위해 35억 달러의 예산을 제공하는 계획이었다. 둘째, 110억 달러의 예산이 국토 경계의 보안을 강화하기 위해 할당되었다. 미국 해안 경비대와 세관(U.S. Coast Guard and Customs Service) 인원을 보강하고 미국 입출국 비자 데이터베이스와 추적 시스템을 강화하는 것이 특히 강조되었다. 셋째, 60억 달러가 생물학적 테러에 대하여 미국을 보호하기 위한 예산으로 책정되었다. 특히, 새로운 백신과 의약품에 대한 연구를 강화하고, 생물학적 테러를 탐지할 수 있는 진단 검사 능력을 높이기 위한 노력이 강화되었다. 마지막으로, 7억 달러의 예산이 다른 연방기관, 주 및 시의 정부들과 정보를 수집하고 공유하는 능력을 높이기 위해 투입되었다.[147]

FBI는 9.11 테러의 교훈으로 테러리즘에 대응하기 위한 몇 가지 변화를 만들었다. 가장 중요한 것은, 정보부서(Intelligence Branch)를 만들었는데, FBI의 테러와 관련된 정보 수집과 분석 능력을 강화하는 데 초점이 맞추어진 것이었다. FBI는 국제 테러와 관련된 분석을 위한 정보분석관들을 400% 증원하였다. 정보부서는 또한 "보고 경찰관(report officers)"을 고용하였는데, 최신 동향을 분석하고 정보를 핵심 관계자에게 전달하는 임무를 부여하였고, 25명의 중앙정보국(Central Intelligence Agency, CIA) 분석관들을 FBI에 파견하여 테러와 관련된 정보를 확인하고 전파하는 업무를 지원하도록 하였다.[148]

테러리즘에 대응하고 예방하기 위한 연방정부의 조직 정비에 대하여 많은 논의가 있지만, 테러리즘에 대응하고 예방하기 위한 지역 경찰의 역할에는 상대적으로 관심이 높지 않았다.[149] 이는 시민들이 테러분자들의 활동과 관련된 정보를 연방 법 집행기관보다는 지역 경찰에 신고하는 경향이 높다는 사실을 고려하면 다소 놀랄만한 일이다. 피닉스(Phoenix)에서 진행된 한 연구에서는 95%의 거주자들이 의심스러운 테러분자들의 행동을 지역 경찰에 신고할 것이라고 한 반면, 오직 61%의 시민들이 관련 행동을 연방 법 집행기관에 신고할 것이라고 하였다.[150]

많은 경찰서에서는 테러분자들의 행위에 대응하기 위한 능력을 높이기 위한 노력을 시작하였다. 예를 들어, 지방 법 집행기관들에 대한 전국단위 연구에서는 58~64%에 이르는 지역 법 집행기관들이 테러리스트들의 공격에 대응하기 위한 계획을 수립했다고 하였고, 35%는 위험 물질을 감지하기 위한 장비를 구입하였으며, 34%는 위험 평가를 실시하였고, 8%는 정보 분석관을 채용하였고, 6%는 테러 공격에 대응하기 위한 인력을 증원하였다고 하였다.[151]

정치와 영역다툼이 보다 효과적으로 테러리즘에 대응하는데 가장 큰 장애물인 것으로 인식되어 왔다.[152] 영역다툼과 관련된 문제들은 지역 및 연방 법 집행기관 사이에서 가장 두드러졌다. 지역 경찰관들은 연방 법 집행기관들이 주요한 정보들을 그들과 공유하지 않는다는 점에 강력하게 항의해왔다. 일부 지역 경찰서에서는 만약 보다 폭넓은 정보 공유가 이루어지지 않는다면, 국토안보부(Department of Homeland Security)의 정보 공유 프로그램에 대한 참여를 중단하겠다고 주장했다. 대도시의 경찰서장들은 국토안보부에 의해 2등급 시민들로 취급받지만, 지역 주민들의 안전과 위협에 대한 일차적인 책임을 지고 있다고 설명했다. 국토안보부의 관계자들은 지역 법 집행기관들이 보다 높은 수준의 정보 접근이 가능해야 함에 동의했으나, 정보가 잘못 활용되고 대중에게 노출될 우려가 있다는 점을 경계했다.[153]

이러한 문제들을 다루기 위한 노력으로, 뉴욕경찰서는 테러를 예방하는 지역 법 집행기관의 능력을 강화하기 위한 것들 중 가장 논쟁적인 정책을 개발하였다. 9.11. 테러 이후 당시 경찰청장이던 레이몬드 켈리(Raymond Kelly)는 전직 중앙정보국 에이전트를 고용하여 테러 대응에 대한 자문을 받았으며, 현직 중앙정보국 에이전트를 뉴욕경찰청과의 협력관으로 일하도록 임명했다. 이러한 노력은 뉴욕 경찰청의 인구 부서(Demographics Unit)의 창설로 이어졌고, 이후에는 지구 법 집행 부서(Zone Enforcement Unit)으로 되었고, 무슬림 사회를 감시하는 역할을 부여받았다. 한참 동안 이러한 부서와 활동은 시의회와 다른 지역 및 연방 법제정자들에게 알려지지 않았다. 동 부서는, 중앙정보국의 지원으로, 뉴욕경찰청의 중동 지역 출신 경찰관들에게, 예를 들어 무슬림 소유 사업장, 사원, 대학 내의 무슬림 학생단체들을 비밀스럽게 감시하는 역할을 하였다. 이러한 프로그램이 효과적이었다는 증거는 거의 없고, 이후 중단되었다.[154] 동 부서의 책임자가 2012년 법원에서 증언하였는데, 이러한 감시 프로그램을 통해 어떠한 수사도 진행된 바 없다고 하였다. 게다가, FBI는 소속 직원들이 동 부서의 정보보고서를 검토하는 것을 허용하지 않았는데, 이는 특별한 이유 없이 정치 또는 종교와 관련된 사업체나 사람들에 대한 정보를 수집하는 것에 대하여 첩보활동을 금지하는 FBI의 정책에 어긋나는 것이었기 때문이라고 하였다.[155]

사례연구

지역 법 집행기관의 범죄 총기 정보 센터

미국 사법지원국(Bureau of Justice Assistance)와 알코올, 담배, 총기, 폭발물 관리국(Bureau of Alcohol, Tobacco, Firearms and Explosives (ATF))에 의하여 관리되는 지역 법 집행 범죄 총기 정보 센터(CGIC)의 통합 계획(Integration Initiative)은 지역 관할로 하여금 그들 지역의 AFT 범죄 총기 정보 센터로 하여금 그들의 정보, 기술, 지역사회의 활동을 극대화시킨다. 이러한 계획은 불법적으로 사용되는 총기과 그들은 자원을 신속하게 탐지하는 데 기여하고, 폭력 범죄에 관여한 범죄자들을 효과적으로 기소한다.

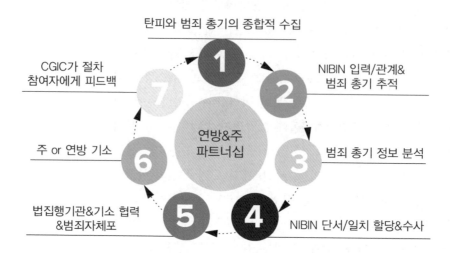

범죄 총기 정보 센터 업무흐름(Crime Gun Intelligence Center Workflow)

CGICs는 ATF, 지역경찰, 지역법과학연구소, 보호관찰 및 가석방, 지역경찰의 범죄집단 유 닛, 지방검찰청, 연방검찰청, 범죄분석관, 지역사회 단체, 학계와의 지속적인 협업을 통하여 총기 범죄 증거에 대한 즉각적인 정보 수집, 관리, 분석을 시도한다. 예를 들면 범죄 현장에서 실시간 으로 회수된 불법 총기로부터 탄창과 시험용 격발을 통해 범죄자를 특정하고 범죄행위를 무력화 시키고, 추가 폭력을 예방한다. 이와 같은 7단계의 협업은 전미 추적 센터(National Tracing Center)에 의해 운영되는 ATF의 eTrace, ATF의 전미 통합 탄환 정보 네트워크(National Integrated Ballistics Information Network(NIBIN)), 그리고 가능한 경우, NIBIN의 전미 상관 센 터(National Correlation center(NNCTC))를 포함한다.

미국사법연구소(The Brueau of Justice Assistance, (BJA))는 그들의 관할에 ATF 관리 이사회 의 CGIC의 모범 실무사례의 도입을 제안하는 11개 도시에 예산을 지원한 바 있다. ATF의 협조와 참여를 통해 선정된 도시들은 앨버퀴키(Albuquerque), 배이튼 로지(Baton Rouge), 디트로이트 (Detroit), 인디애나폴리스(Indianapolis), 캔사스 시티(Kansas City), 로스앤젤레스(Los Angeles), 멤피스(memphis), 밀워키(Milwaukee), 피닉스(Phoenix), 툴사(Tulsa), 워싱턴 D.C.이다.

출처: Excerpted and adapted from Local Law Enforcement Crime Gun Intelligence Center (CGIC) Integration Initiative, Bureau of Justice Assistance, December 9, 2019, https://bja.ojp.gov /program/local-law-enforcement-cgic-integration-initiative/overview.

요약: 조각 합치기

범죄 통제는 경찰의 주된 책임들 중 하나이다. 범죄와 관계된 프로그램은 다양하고 많은 전략과 가정을 포함하고 있다. 그러나 이러한 전략들이 범죄 감소에 얼마나 효과적인지에 대하여는 찬반이 엇갈리고 있다. 순찰은 범죄에 제한적인 효과만을 가져온다. 경찰은 그들이 알게 되는 범죄들 중 20%가량만을 해결한다. 용의자가 이미 알려진 범죄의 경우는 경찰이 높은 해결률을 보인다. 오늘날 많은 전문가들은 가장 효과적인 프로그램은 지역사회 경찰활동과 문제지향적 경찰활동이 포함된 범죄예방노력이라고 주장한다.

핵심어

사전 대응적 경찰활동(proactive crime strategies), 487

사후 대응적 경찰활동(reactive crime strategies), 487

발견되지 않은 범죄(unfounding a crime), 493

초동수사(preliminary investigation), 499

명목상의 업무량(nominal caseload), 502

운용 가능 업무량(workable caseload), 502

실제 업무량(actual caseload), 502

사건 종결률(clearance rate), 502

법적으로 체포된(legally arrested), 505

행동적으로 체포된(behaviorally arrested), 505

주관적으로 체포된(subjectively arrested), 505

공식적으로 체포된(officially arrested), 505

사건 해결 요소들(case solvability factors), 506

법과학 분류(forensic index), 513

유죄 확정자 분류(convicted offender index), 513

자발적 정보원(hammered informant), 517

대가형 정보원(mercenary informant), 517

복수형 정보원(vengeful informant), 517

경찰 협력자(police buff), 517

공급 감소 전략(supply reduction strategy), 519

수요 감소 전략(demand reduction strategy), 520

D.A.R.E.(Drug Abuse Resistance Education), 524

G.R.E.A.T., 527

캔사스시 총기 실험(Kansas City Gun Experiment), 530

증오 범죄(hate crimes), 532

테러리즘(terrorism), 536

국내 테러(domestic terrorism), 536

국외 테러(foreign terrorism), 538

토론

1. 무엇이 증오 범죄이고, 경찰이 "증오(hate)"를 통제해야 하는지에 대하여 그룹별로 토론하시오.

2. 본문에서 논의한 바와 같이, 경찰은 마약 사용을 감소시키기 위해 두 가지 주요한 전략을 사용한다: 공급 감소와 수요 감소. 전체

적으로, 최근의 마리화나의 의료용 등 사용을 합법화한 법률이 이러한 전략에 미치는 영향에 대하여 토론하시오.

3. 국내에서 D.A.R.E. 프로그램이 강의실에서 계속 사용되는 이유들에 대하여 토론하시오.

4. 지역 경찰서의 수사관이나 형사들의 업무에 초점을 맞춘 TV프로그램이나 영화를 시청하고, 수업시간에 학습한 것과 비교하였을 때 수사관의 업무를 얼마나 정확히 묘사하였는지에 대하여 토론하시오.

인터넷 연습

연습1 인터넷에서 최근의 사건 종결률 데이터를 확인하시오. 가장 최근의 FBI 전미범죄통계 보고서 데이터를 확인하시오. 국가의 사건 종결률이 변경된 범죄가 있나요? 일부 지역 경찰서의 홈페이지도 확인하시오. 그들은 사건 종결률 통계를 제공하나요? 만약 그렇다면, 특정 범죄에 대하여 해당 경찰서와 국가의 사건 종결률 통계 사이에 차이가 있나요?

연습2 위에서 언급한 바와 같이, 많은 주들은 여가 또는 치료 목적 마리화나 사용과 관련된 법률을 개정하였다. 이러한 변화는 경찰관이 되고자 지원하는 것이 가능한 사람들의 숫자에도 영향을 가져왔다. 당신의 지역경찰서 홈페이지에 방문해서 고용 전 마리화나 사용과 관련된 지원 조건을 살펴보시오. 이러한 기준들이 지나치게 엄격한지, 충분히 엄격하지 않은지, 적절한지에 대하여 당신의 주 및 연방의 마리화나와 관련된 법률과 관련하여 논해보시오

연습3 글로벌 테러리즘 데이터베이스(Global Terrorism Database) 홈페이지(www.start.umd.edu/gtd)에 접속하여 전 세계 테러리즘에 대한 최신 경향을 확인해보시오.

NOTES

1. Lawrence W. Sherman, "Attacking Crime: Police and Crime Control," in Michael Tonry and Norval Morris, eds., *Modern Policing* (Chicago: University of Chicago Press, 1992), 159–230.

2. Jihong Zhoa, Ni He, and Nicholas Lovrich, "Community Policing: Did It Change the Basic Functions of Policing in the 1990s? A National Follow–Up Study," *Justice Quarterly* 20, no. 4 (2003): 697–794.

3. Vincent J. Webb and Charles M. Katz, "Citizen Ratings of the Importance of Community Policing," *Policing* 20, no. 1 (1997): 7–24.

4. Ibid.

5. Lawrence W. Sherman et al., *Preventing Crime* (Washington, DC: U.S. Government Printing Office, 1997).

6. Ibid.

73 Edward Maguire, "Measuring the Performance of Law Enforcement Agencies," CALEA Update

Online, www.calea.org/newweb/newsletter/ No83/measurement.htm.

8. Shelly Hyland and Elizabeth David, *Local Police Departments, 2016: Personnel* (Washington, DC: U.S. Government Printing Office, 2019).

9. Ibid.

10. Jeffrey Roth, Jan Roehl, and Calvin Johnson, "Trends in the Adoption of Community Policing," in Wesley Skogan, ed., *Community Policing: Can It Work?* (Belmont, CA: Wadsworth, 2004).

11. Zhoa, He, and Lovrich, "Community Policing."

12. Wesley Skogan and Jeffrey Roth, "Introduction," in Wesley Skogan, ed., *Community Policing: Can It Work?* (Belmont, CA: Wadsworth, 2004), xvii−xxxiv.

13. Bureau of Justice Statistics, *Criminal Victimization, 2018* (Washington, DC: U.S. Government Printing Office, 2019).

14. Bureau of Justice Statistics, *Reporting Crime to the Police, 1992−2000* (Washington, DC: U.S. Government Printing Office, 2003).

15. Bureau of Justice Statistics, *National Criminal Victimization Survey, 2006−2010* (Washington, DC: U.S. Government Printing Office, 2012).

16. Donald Black, "Production of Crime Rates," in Donald Black, ed., *The Manners and Customs of the Police* (New York: Academic Press, 1980), 69.

17. Ibid.

18. Albert J. Reiss Jr., *The Police and the Public* (New Haven, CT: Yale University Press, 1974), 95.

19. Fred Grimm, "Cops' Number Game Not Unique," *Miami Herald,* March 9, 2004, 6b.

20. John A. Eterno, Arvind Verma, and Eli B. Silverman, "Police Manipulations of Crime Reporting: Insiders' Revelations," *Justice Quarterly* 33, no. 5 (2016): 811−835.

21. Herman Goldstein, *Policing a Free Society* (Cambridge, MA: Ballinger, 1977), 55−57. For example, see Carmine Motto and Dale June, *Undercover* (Boca Raton, FL: CRC Press, 2000), 1−2.

22. William A. Westley, *Violence and the Police* (Cambridge, MA: MIT Press, 1970), 36. For example, see Motto and June, *Undercover.*

23. Goldstein, *Policing a Free Society,* 55. For example, see Motto and June, *Undercover.*

24. David H. Bayley, *Police for the Future.* Studies in Crime and Public Policy, 1994.

25. Mary Ann Wycoff and Colleen Cosgrove, *Investigations in the Community Policing Context— Final Report* (Washington, DC: Police Executive Research Forum, 2001).

26. William B. Sanders, *Detective Work: A Study of Criminal Investigations* (New York: Free Press, 1977), 39−47.

27. Geoffrey Alpert and Mark H. Moore, "Measuring Police Performance in the New Paradigm of Policing," in *Bureau of Justice Statistics, Performance Measures for the Criminal Justice System* (Washington, DC: U.S. Government Printing Office, 1993), 109−140.

28. Sanders, *Detective Work.*

29. Victor Kappeler, Richard Sluder, and Geoffrey Albert, *Forces of Deviance,* 2nd ed. (Prospect Heights, IL: Waveland Press, 1998). John Dombrink, "The Touchables: Vice and Police Corruption in the 1980s," in *Police Deviance,* 3rd ed. (Cincinnati: Anderson, 1994), 61−97.

30. David Giacapassi and Jerry Sparger, "Cognitive Dissonance in Vice Enforcement," *American Journal of Police* 10, no. 2 (1991): 39−51.

31. John E. Eck, *Solving Crimes: The Investigation of Burglary and Robbery* (Washington, DC: Police Executive Research Forum, 1983), 69−93.

32. Reiss, *The Police and the Public,* 104.

33. Donald Black, *Manners and Customs of the Police* (San Diego, CA: Academic Press, 1980).

34. John McCluskey, Stephen Mastrofski, and Rodger Parks, "To Acquiesce or Rebel: Predicting Citizen Compliance with Police Requests," *Police Quarterly* 2 (1999): 389−416.

35. Donald Black, "The Social Organization of Arrest," in W. Clinton Terry III, ed., *Policing Society* (New York: John Wiley, 1985), 290−309.

36. Tammy Rinehart−Kochel, David Wilson, and Stephen Mastrofski, "Effect of Suspect Race on Officers' Arrest Decisions," *Criminology* 49, no. 2 (2011): 473−512.

37. Robert Brame et al., "Demographic Patterns of Cumulative Arrest Prevalence by Ages 18 and 23," *Crime & Delinquency* 60, no. 3 (2014): 471−486.

38. Eck, *Solving Crimes,* 124−127.

39. Peter W. Greenwood et al., *The Criminal Investigation Process, vol. 1, Summary and Policy Implications* (Santa Monica, CA: Rand, 1975), 35.

40. Seth Wyatt Fallik, "Detective Effort: What Contributes to Arrests during Retrospective Criminal Investigations?" *Policing and Society* 28, no. 9 (2018): 1084−1104. Seth Wyatt Fallik and Danielle Victory, "The Temporal Order of Retrospective Burglary and Robbery Criminal Investigations: An Exploratory 'Black Box' Analysis." *The Police Journal* 92, no. 1 (2019): 3−22.

41. Harold E. Pepinsky, "Police Decision Making," in Don Gottfredson, ed., *Decision Making in the Criminal Justice System* (Washington, DC: U.S. Government Printing Office, 1975), 27.

42. Wycoff and Cosgrove, *Investigations in the Community Policing Context.*

43. Eck, *Solving Crimes,* 250; Maguire, "Measuring the Performance of Law Enforcement Agencies."

44. Alpert and Moore, "Measuring Police Performance in the New Paradigm of Policing."

45. Federal Bureau of Investigation, *Crime in the United States, 1999* (Washington, DC: U.S. Government Printing Office, 2000).

46. Greenwood et al., *The Criminal Investigation Process,* 32.

47. Eck, *Solving Crimes,* 203.

48. Black, "The Production of Crime Rates"; Maguire, "Measuring the Performance of Law Enforcement Agencies."

49. Clint Bolick, *Justice Denied: The Improper Clearance of Unsolved Crimes by the Maricopa County Sheriff's Office* (Phoenix, AZ: Goldwater Institute, 2009).

50. Lawrence W. Sherman and Barry D. Glick, *The Quality of Police Arrest Statistics* (Washington, DC: The Police Foundation, 1984).

51. Edna Erez, "On the 'Dark Figure' of Arrest," *Journal of Police Science and Administration* 12 (December 1984): 431−440.

52. Steven H. Gifis, *Law Dictionary,* 2nd ed. (New York: Barron's, 1984), 28−29.

53. Floyd Feeney, *Arrests without Conviction* (Washington, DC: U.S. Government Printing Office, 1983).

54. Sherman and Glick, *The Quality of Police Arrest Statistics.*

55. President's Commission on Law Enforcement and Administration of Justice, *Task Force Report: The Police* (Washington, DC: U.S. Government Printing Office, 1967), 8.

56. Albert Reiss and David J. Bordua, "Environment and Organization: A Perspective on the Police," in D. J. Bordua, ed., *The Police: Six Sociological Essays* (New York: John Wiley, 1967), 43.

57. Sanders, *Detective Work,* 96.

58. Greenwood et al., *The Criminal Investigation Process.*

59. Anthony A. Braga and Desiree Dusseault, "Can Homicide Detectives Improve Homicide Clearance Rates?" *Crime & Delinquency* 64, no. 3 (2018): 283−315. Jesenia M. Pizarro, William Terrill, and Charles A. LoFaso, "The Impact of Investigation Strategies and Tactics on Homicide Clearance," *Homicide Studies* (2018): 1088767918816741. Charles A. LoFaso, "Solving Homicides: The Influence of Neighborhood Characteristics and Investigator Caseload," *Criminal Justice Review* 45, no. 1 (2020): 84−103.

60. Gary Cordner, "Police Agency Size and Investigative Effectiveness," *Journal of Criminal Justice* 17 (1989): 145−155.

61. Judi Villa and Ryan Konig, "Murders Go Unsolved as Smuggling Grows," *Arizona Republic*, November 9, 2003, 1.

62. Lucius J. Riccio and John F. Heaphy, "Apprehension Productivity of Police in Large U.S. Cities," *Journal of Criminal Justice* 5 (Winter 1977): 271−278.

63. Brian Forst et al., *Arrest Convictability as a Measure of Police Performance* (Washington, DC: U.S. Government Printing Office, 1982).

64. Bureau of Justice Statistics, *Felony Defendants in Large Urban Counties, 2000* (Washington, DC: U.S. Government Printing Office, 2003).

65. Joan Petersilia, *Racial Disparities in the Criminal Justice System* (Santa Monica, CA: Rand, 1983), 21.

66. Joan Petersilia, Allan Abrahamse, and James Q. Wilson, *Police Performance and Case Attrition* (Santa Monica, CA: Rand, 1987).

67. Brian Forst, Judith Lucianovic, and Sarah J. Cox, *What Happens after Arrest?* (Washington, DC: INSLAW, 1977).

68. Elizabeth Loftus, *Eyewitness Testimony* (Cambridge, MA: Harvard University Press, 1979), 7.

69. Gary Wells, "Eyewitness Identifcation." in Erik Luna, ed., *Reforming Criminal Justice, vol. 2, Policing* (Sandra Day O'Connor College of Law: Tempe, AZ), 259−278.

70. Committee on Scientific Approaches to Understanding and Maximizing the Validity and Reliability of Eyewitness Identification in Law Enforcement and the Courts et al., *Identifying the Culprit: Assessing Eyewitness Identification* (Washington, DC: National Academies Press, 2014), http://www.nap.edu/read/18891/chapter/1.

71. Elinor Ostrom et al., *Patterns of Metropolitan Policing* (Cambridge, MA: Ballinger, 1977), ch. 7.

72. Deborah Baskin and Ira Sommers, "Solving Residential Burglaries in the United States: The Impact of Forensic Evidence on Case Outcomes," *International Journal of Police Science & Management* 13, no. 1 (2011): 70−86.

73. John Smialek, Charlotte Word, and Arthur Westveer, "The Microscopic Slide: A Potential DNA Reservoir," *FBI Law Enforcement Bulletin* 69 (November 2000), 18−21.

74. Barry Fisher, *Techniques of Crime Scene Investigation* (Boca Raton, FL: CRC Press, 2004).

75. Smialek, Word, and Westveer, "The Microscopic Slide."

76. David Schroeder and Michael White, "Exploring the Use of DNA Evidence in Homicide Investigations: Implications for Detective Work and Case Clearance," *Police Quarterly* 12 (September 2009), 319−342.

77. Nancy Ritter, "DNA Solves Property Crimes," *National Institute of Justice Journal* 261 (October 2008).

78. Wycoff and Cosgrove, *Investigations in the Community Policing Context.*

79. Personal communication with Chief Galvin of the Albuquerque Police Department, 1999.

80. Gary T. Marx, *Undercover: Police Surveillance in America* (Berkeley: University of California Press, 1988).

81. Knapp Commission, *Report on Police Corruption*(New York: Braziller, 1973).

82. Marx, *Undercover,* 188−190.

83. Commission on Accreditation for Law Enforcement Agencies, *Standards for Law Enforcement Agencies,* 4th ed. (Fairfax, VA: CALEA, 1999), Standard 43.1.6.

84. Jonathan Rubenstein, *City Police* (New York: Ballantine, 1973), 381.

85. J. Mitchell Miller, "Becoming an Informant," *Justice Quarterly* 28, no. 2 (2011): 203−220.

86. Robert Daley, *Prince of the City* (Boston: Houghton Mifflin, 1978).

87. Jerome Skolnick, *Justice without Trial* (New York: Macmillan, 1994), 129.

88. Eric Velez−Villar, unclassified memo on the *Annual Otherwise Illegal Activity Report,* http://www.documentcloud.org/documents/74 2049−fbi−oia−report.html.

89. Marx, *Undercover.*

90. Commission on Law Enforcement Accreditation, *Standards for Law Enforcement Agencies,* 4th ed., Standard 42.2.9.

91. Bureau of Justice Assistance, *Informants and Undercover Investigations* (Washington, DC: U.S. Government Printing Office, 1990), 16.

92. Elliot Currie, *Reckoning: Drugs, the Cities, and the American Future* (New York: Hill and Wang, 1993). Bruce Johnson, Andrew Golub, and Eloise Dunlap, "The Rise and Decline of Hard Drugs, Drug Markets, and Violence in Inner−City New York," in Alfred Blumstein and Joel Wallman, eds., *The Crime Drop in America* (Cambridge, U.K.: Cambridge University Press, 2000).

93. National Drug Control Policy, *National Drug Control Strategy: FY 2021 Funding Highlights* (Washington, DC: Executive Office of the President of the United States, 2020), https://www.whitehouse.gov/wp−content/ uploads/2020/02/FY−2021−National−Drug −Control−Budget−Highlights.pdf.

94. Mark H. Moore, *Buy and Bust* (Lexington, MA: Lexington Books, 1977).

95. Lawrence W. Sherman, "Police Crackdowns: Initial and Residual Deterrence," in Michael Tonry and Norval Morris, eds., *Crime and Justice: A Review of Research* 12 (Chicago: University of Chicago Press, 1990), 1–48.

96. Currie, *Reckoning*; Arnold S. Trebach, *The Great Drug War* (New York: Macmillan, 1987).

97. Peter K. Manning, *The Narcs' Game* (Prospect Heights, IL: Waveland, 2004).

98. John Crank and Robert Langworthy, "An Institutional Perspective of Policy," *Journal of Criminal Law and Criminology* 83, no. 2 (1992), 338–363.

99. Centers for Disease Control and Prevention, Illicit Drug Use, table 20. Use of selected substances in the past month among persons aged 12 years and over, by age, sex, race, and Hispanic origin: United States, selected years 2002–2017, https://www.cdc.gov/nchs/fastats/drug–use–illicit.htm.

100. Federal Bureau of Investigation, *Crime in the United States, 2018* (Washington, DC: U.S. Government Printing Office, 2019), https://www.census.gov/data.html.

101. Thomas C. Castellano and Craig G. Uchida, "Local Drug Enforcement, Prosecutors and Case Attrition: Theoretical Perspectives for the Drug War," *American Journal of Police* 9, no. 1 (1990): 147.

102. Jared M. Ellison and Ryan E. Spohn, "Borders Up in Smoke: Marijuana Enforcement in Nebraska after Colorado's Legalization of Medicinal Marijuana," *Criminal Justice Policy Review* (2015), doi:0887403415615649.

103. U.S. Bureau of Justice Assistance, *An Introduction to DARE: Drug Abuse Resistance Education,* 2nd ed. (Washington, DC: U.S. Government Printing Office, 1991).

104. Retrieved from D.A.R.E. website at https://dare.org/where–is–d–a–r–e/.

105. Susan T. Emmett et al., "How Effective Is Drug Abuse Resistance Education? A Meta–Analysis of Project DARE Outcome Evaluations," *American Journal of Public Health* 84 (September 1994): 1394–1401.

106. Dennis Rosenbaum and Gordon Hanson, "Assessing the Effects of School–Based Drug Education: A Six–Year Multi–Level Analysis of Project D.A.R.E," *Journal of Research in Crime and Delinquency* 35, no. 4 (1998): 381–412. Donald Lynam et al., "Project DARE: No Effects at 10–Year Follow–Up," *Journal of Consulting and Clinical Psychology* 67 (1999): 590–593.

107. Walter Miller, *Crime by Youth Gangs and Groups in the United States* (Washington, DC: U.S. Government Printing Office, 1982).

108. Arlen Egley, James Howell, and Meena Harris, *Highlights of the 2012 National Youth Gang Survey* (Washington, DC: Office of Juvenile Justice Delinquency Prevention, 2014).

109. Charles M. Katz, Vincent J. Webb, and David R. Schaefer, "The Validity of Police Gang Intelligence Lists: Examining the Differences in Delinquency between Documented Gang Members and Non–Documented Delinquent Youth," *Police Quarterly* 3 (2000): 413–437.

110. C. Ronald Huff, *Gangs in America* (Newbury Park, CA: Sage, 1993). Jerome Needle and William Stapleton, *Police Handling of Youth*

Gangs, Reports of the National Juvenile Justice Assessment Centers (Washington, DC: U.S. Government Printing Office, 1983).

111. Charles M. Katz, Edward Maguire, and Dennis Roncek, "The Creation of Specialized Police Gang Units: Testing Contingency, Social Threat, and Resource—Dependency Explanations," in Policing: An International Journal of Police Strategies and Management 25, no. 3 (2002): 472—506.

112. Lynn Langton, Gang Units in Large Local Law Enforcement Agencies, 2007 (Washington, DC: Office of Juvenile Justice and Delinquency Prevention, 2010).

113. Charles M. Katz, "The Establishment of a Police Gang Unit: An Examination of Organizational and Environmental Factors," Criminology 39, no. 1 (2001): 37—73.

114. Malcolm Klein, Margaret Gordon, and Cheryl Maxson, "The Impact of Police Investigations on Police Reported Rates of Gang and Nongang Homicides," Criminology 24 (1986): 489—511.

115. Finn—Aage Esbensen, Preventing Adolescent Gang Involvement (Washington, DC: Office of Juvenile Justice and Delinquency Prevention, 2000).

116. Finn—Aage Esbensen, Dana Peterson, Terrance J. Taylor, and D. Wayne Osgood, Is G.R.E.A.T. Effective? Does the Program Prevent Gang Joining? Results from the National Evaluation of G.R.E.A.T. (St. Louis: University of Missouri—St. Louis, 2012).

117. Marvin E. Wolfgang, Robert Figlio, and Thorsten Sellin, Delinquency in a Birth Cohort (Chicago: University of Chicago Press, 1972).

118. William Spelman, Repeat Offender Programs for Law Enforcement (Washington, DC: Police Executive Research Forum, 1990).

119. Ibid., 25—26.

120. Susan E. Martin and Lawrence W. Sherman, Catching Career Criminals: The Washington DC Repeat Offender Project (Washington, DC: The Police Foundation, 1986).

121. Ibid.

122. Drew DeSilver, "A Minority of Americans Own Guns, but Just How Many Is Unclear," Pew Research Center, June 4, 2013, http://www.pewresearch.org/fact—tank/2013/06/04/a—minority—of—americans—own—guns—but—just—how—many—is—unclear/. Pew Research Center, Why Own a Gun? Protection Is Now Top Reason (Washington, DC: Author, 2013).

123. David Hemenway and Sara J. Solnick, "The Epidemiology of Self—Defense Gun Use: Evidence from the National Crime Victimization Surveys, 2007—2011," Preventive Medicine 79 (2015): 22—27.

124. Steven Messner and Richard Rosenfeld, Crime and the American Dream (Belmont, CA: Wadsworth, 1997).

125. Samuel Walker, Sense and Nonsense about Crime and Drugs (Belmont, CA: Wadsworth, 2000).

126. Lawrence W. Sherman, James W. Shaw, and Dennis P. Rogan, The Kansas City Gun Experiment (Washington, DC: U.S. Government Printing Office, 1995).

127. Edmund McGarrell, Steven Chermak, Alexander Weiss, and Jeremy Wilson,

"Reducing Firearms Violence through Directed Police Patrol," *Criminology and Public Policy* 1, no. 1 (2001): 119–148.

128. U.S. Department of Justice, "Project Safe Neighborhoods," *USA Bulletin* 50, no. 1 (January 2002), https://bja.ojp.gov/program/project–safe–neighborhoods–psn/publications–performance–reports.

129. Lynn Langton and Michael Planty, *Hate Crime, 2003–2009* (Washington, DC: U.S. Bureau of Justice Statistics, 2011).

130. Madeline Masucci and Lyn Langton, *Hate Crime Victimization, 2004–2015* (Washington, DC: Bureau of Justice Statistics, 2017).

131. Susan Martin, "Police and the Production of Hate Crimes: Continuity and Change in One Jurisdiction," *Police Quarterly* 2 (1999): 417–437.

132. James Garofalo and Susan Martin, *Bias–Motivated Crimes: Their Characteristics and the Law Enforcement Response* (Carbondale: Southern Illinois University, 1993).

133. Ibid.

134. Ibid.

135. Ibid.

136. Terrorist Research and Analytical Center, Counter–Terrorism Section Intelligence Division, *Terrorism in the United States 1982–1992* (Washington, DC: U.S. Department of Justice, Federal Bureau of Investigations, 1993).

137. Original data analysis from data accessed through the Global Terrorism Database on May 29, 2020, https://www.start.umd.edu/gtd/.

138. Christopher Hewitt, *Understanding Terrorism in America* (New York: Routledge, 2003).

For more recent trends, see the Global Terrorism database at www.start.umd.edu/gtd/.

139. "Ideological Motivations of Terrorism in the United States, 1970–2016," *START Background Report* (University of Maryland, November 2017), https://www.start.umd.edu/pubs/START_IdeologicalMotivationsOfTerrorismInUS_Nov2017.pdf.

140. Gary LaFree et al., "Correlates of Violent Political Extremism in the United States," *Criminology* 56, no. 2 (2018): 233–268.

141. Mark A. Schuster et al., *After 9–11: Stress and Coping in America.* RAND Corporation, www.rand.org/publications/RB/RB4546/index.html.

142. Federal Bureau of Investigation, *Terrorism in the United States, 1999,* www.fbi.gov/publications/terror/terror99.pdf.

143. See START website at www.start.umd.edu/gtd/search/.

144. Found at www.dhs.gov/dhspublic/display?theme=12&content=19 on January 20, 2004.

145. Found at www.fbi.gov/terrorinfo/counterterrorism/analysis.htm on January 20, 2004.

146. Kadee L. Brisner and William R. King, "Organizational Permeability to Environmental Conditions Local Police Agency Assessments of Threats Posed by Disasters, Accidents, and Terrorism," *Police Quarterly* (2016): 1098611115626409.

147. Stephen Schnebly, Steve Ballance, and Charles Katz, *Data Sharing between the Police and the Public* (Phoenix: Arizona State University, 2006).

148. Cynthia Lum, Maria (Maki) Haberfeld,

George Fachner, and Charles Lieberman, "Police Activities to Counter Terrorism: What We Know and What We Need to Know," in D. Weisburd et al., eds., *To Protect and to Serve: Policing in an Age of Terrorism* (New York: Springer, 2009), 101–141.

149. National Crime Prevention Council, *Building the Homeland Security Network: What Will It Take? The Wirthlin Report* (Washington, DC: National Crime Prevention Council, 2002).

150. Robert Block, "Big–City Police Chiefs Assail Homeland Security's Secrecy," *Wall Street Journal Online,* June 30, 2006, B1.

151. http://www.nytimes.com/2014/04/16/ nyregion/police–unit–that–spied–on– muslims–is–disbanded.html?_r=0.

152. Matt Apuzzo and Adam Goldman, "The NYPD Division of Un–American Activities," *New York Magazine*, August 25, 2013, http://nymag.com/news/features/nypd– demographics–unit–2013–9/.David Ariosto, "Surveillance Unit Produced No Terrorism Leads," CNN, August 22, 2012, http://www.cnn.com/2012/08/21/justice/new –york–nypd–surveillance–no–leads/.

Chapter
10
경찰활동 전략의 발전

개관

1980년대 이후, 많은 창의적인 아이디어와 새로운 방법들이 경찰활동 분야를 발전시켰다. 경찰활동의 발전은 단지 경찰 임무를 돕는 최신 기술이나 장비들에 국한된 것은 아니다. 제15장에서 그것에 대해 다시 다룰 것이다. 대신 우리는 전국 경찰 조직이 시행해 온 새롭고 혁신적인 범죄예방 전략을 지칭하기 위해 "경찰활동의 진보"라는 용어를 사용한다. 이 모든 전략은 서비스 요청 신고에 대한 출동, 범죄 수사, 범죄를 줄이기 위한 신속한 출동과 같은 사후 대응적인 경찰활동 방법에서 벗어나 경찰의 효율성을 높이는 것을 추구한다.

경찰활동의 많은 발전은 경찰 조직이 좀 더 능동적으로 대처해야 한다는 생각에 기반을 두었다.[1] 국립과학원 보고서는 예방적 경찰활동(proactive policing)을 "범죄와 무질서를 예방하거나 줄이는 것을 목표로 하고 진행 중인 범죄를 발견하거나 일단 범죄가 발생하고 난 다음 수사하거나 대응하는 데 주로 초점을 두지 않는 모든 경찰활동 전략"이라고 정의했다.[2] 비록 많은 혁신적인 전략들이 경찰에 의하여 적용되었지만, 이 장은 가장 인기 있는 사전 예방적 경찰활동 중 세 가지에 초점을 맞추고 있다: 지역사회 경찰활동, 문제지향 경찰활동, 그리고 무관용 경찰활동.

▌경찰활동 변화의 원동력

⇨ 전통적인 경찰순찰방식의
   효과성에 대한 논의는
   제7장 참조

지역사회 경찰활동과 문제지향 경찰활동은 경찰활동에 있어서 일련의 위기들로 인하여 1970년대 말과 1980년대 초에 생겨났다. 첫째, 1960년대의 경찰 - 지역사회 관계문제는 경찰활동의 정당성에 위기를 초래했다. 지역 경찰서들은 지역사회의 중요한 부분, 특히 인종적, 민족적 소수집단으로부터 분리되고 소외되었다.[3]

둘째, 최근의 연구결과는 전통적인 경찰 관리와 경찰개혁에 대한 가정들을 허물어버렸다. 캔자스시의 예방순찰실험(The Kansas City Preventive Patrol Experiment)은 전통적인 경찰순찰이 범죄를 효과적으로 저지하는 데에 한계가 있다는 것을 보여주었다. 범죄 수사 과정에 대한 연구들은 경찰이 범인 검거수를 유의미하게 증가시킬 수 있을지에 대한 의문을 제기했다. 게다가, 연구를 통하여 신고에 대한 빠른 응답 시간이 체포 가능성을 증가시키지 않는다는 것을 보여주었다. 요컨대, 더 많은 경찰력, 더 많은 순찰, 더 많은 형사들, 그리고 더 빠른 응답 시간을 강조한 전통적인 접근법들은 경찰활동을 개선하는 것 같이 보이지 않았다. 동시에, 신고전화의 성격에 상관없이 시민들의 모든 서비스 요청에 즉각적으로 대응하겠다는 전통적인 경찰활동 방식은 경찰에 엄청난 업무량의 과부하를 초래했다.

⇨ 범죄 수사의 효과성에 대한 논의는 제9장 참조

셋째, 전문가들은 여러 가지 다양한 임무와 책임을 수반하는 경찰의 역할이 매우 복잡하다는 것을 인식했다. 경찰 업무의 극히 일부만이 법 집행과 관련이 있고, 대부분의 경찰활동들이 질서유지와 서비스제공 활동과 관련되어 있는 것으로 밝혀졌다. 그 결과, 전문가들은 경찰이 더 효과적으로 활동하려면, 범죄 통제에만 초점을 맞춘 것에서부터 벗어나 지역사회의 삶의 질, 질서 유지, 범죄 두려움 같은 문제에 대하여 까지 경찰 업무에 대한 범위를 넓혀야 할 것이라고 강조하였다.

⇨ 1960년대 경찰-지역사회 관계의 위기에 대한 논의는 제2장 참조

넷째, 전문가들은 경찰서비스의 공동 생산자로 시민의 중요성을 인식하기 시작했다.[4] 경찰은 범죄 신고와 무질서 문제를 다루는 데 있어서 시민들의 협조에 의존한다. 체포를 할지 말지에 대한 결정은 피해시민의 명시적인 의사에 크게 영향을 받는다. 범법자들을 성공적으로 기소하는 것은 피해자들과 목격자들의 협력에 크게 의존한다. 더욱 중요한 것은 지역사회의 비공식적 사회 통제가 범죄와 무질서를 제한하는 핵심요소로 인식되고 있다는 점이다. 간단히 말하면, 경찰이 그들의 힘만으로는 범죄를 통제할 수 없다는 인식이 커지고 있었다.

⇨ 대응시간에 대한 논의는 제7장 참조

⇨ 경찰활동의 실제에 대한 논의는 제1장 참조

▌지역사회 경찰활동의 뿌리: 깨진 유리창 가설

⇨ 경찰에 의해 수행되는
  임무의 종류에 대한
  논의는 제7장 참조

깨진 유리창(broken
windows)

　　제임스 윌슨(James Q. Wilson)과 조지 켈링(George L. Kelling)은 함께 팀을 이루어 *월간 아틀란틱(Atlantic Monthly)* 잡지에 "깨진 유리창(Broken Windows)"이라는 제목의 에세이를 기고하면서 경찰활동 역사에 영원히 영향을 끼쳤다. 그들은 경찰이 지역사회 삶의 질에 영향을 미치는 무질서 문제에 경찰의 자원을 집중해야 한다고 주장했다.[5] 특히, 그들은 경찰이 범죄에 대한 두려움을 유발하고 그로인하여 지역사회의 붕괴를 초래하는 문제들을 해결해야 한다고 강조했다. **깨진 유리창**의 이미지는 무질서, 지역사회 붕괴, 그리고 범죄 사이의 관계를 상징한다. 윌슨과 켈링은 깨진 유리창은 그 건물의 외관에 대해 아무도 신경 쓰지 않는다는 신호라고 주장한다. 수리하지 않은 채 깨진 유리창을 방치하는 것은 다른 지역 주민들에게 자기들의 건물을 방치하도록 부추긴다. 이것은 지역사회를 황폐화의 소용돌이(downward spiral of deterioration)에 빠지게 만든다. 주택들은 황폐화되고, 주택 소유자들은 이사 나가고, 자가 주택 건물들은 임대 주택 건물들로 바뀌고, 주택들은 단독에서 다세대 주택들로 변해가고, 일부 주택들은 방치되고 버려진다. 동네의 소득 수준이 낮아지면서 동네의 가게들이 문을 닫고 부동산 가격이 하락한다. 점점 동네의 범죄가 늘어나게 된다.[6] (Exhibit 10-1 참조).

EXHIBIT 10-1

깨진 유리창 가설

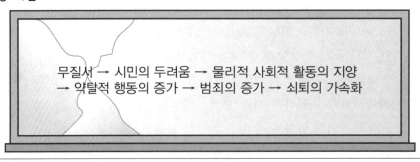

무질서 → 시민의 두려움 → 물리적 사회적 활동의 지양
→ 약탈적 행동의 증가 → 범죄의 증가 → 쇠퇴의 가속화

출처: George Kelling and William Bratton, "Declining Crime Rates: Insiders' Views of the New York City Story." *The Journal of Criminal Law and Criminology* 88 (1997): 1217. Northwestern University School of Law.

이러한 무질서의 초기 징후들에는 거리의 술주정뱅이들이나 길모퉁이에 모여 빈둥거리는 십대들을 포함한다. 그러한 사건들은 동네의 법을 준수하는 사람들의 마음에 개인의 안전에 대한 두려움을 불러일으킨다. 공포로 인해, 그들은 집에 머물게 되고 지역사회에서 적극적인 참여활동을 꺼리게 된다. 극단적인 경우, 그들은 동네를 완전히 떠나게 된다. 법을 준수하는 주민들의 이탈은 지역사회 생활의 유기적인 구조를 손상시킨다. 무질서한 요소들이 공공지역, 길모퉁이 그리고 공원을 장악하고 그리고 악화 과정이 가속화된다. 이 과정의 궁극적인 결말은 주거침입이나 강도 같은 심각한 약탈적 범죄의 출현이다.

무질서의 유형

윌슨과 켈링은 심각한 범죄보다 무질서의 중요성을 강조한다. 무질서는 매우 광범위한 범주이다. 스코건(Skogan)은 무질서를 두 가지 큰 하위 범주로 구분하였다: 사회적 그리고 물리적 무질서. **사회적 무질서**는 공공 음주, 길모퉁이 갱, 거리 괴롭힘, 거리 마약 판매와 사용, 지역사회 소란 그리고 성매매 같은 문제들을 포함한다. 한편, **물리적 무질서**는 기물 파손, 건물 황폐화 및 유기, 쓰레기 투기 같은 문제를 포함한다.[7]

> 사회적 무질서(social disorder)
>
> 물리적 무질서(physical disorder)

▌지역사회 경찰활동의 특성

오늘날 모든 지방 경찰서의 약 88%가 어떤 형태의 **지역사회 경찰활동**을 도입했음에도 불구하고, 연구 결과에 따르면, 경찰관 커뮤니티에서 지역사회 경찰활동의 기본 개념을 이해하는 사람은 많지 않다고 한다.[8] 예를 들어, 법 집행기관에 대한 전국 설문조사에서 조

> 지역사회 경찰활동 (community policing)

사에 참여한 경찰서장과 보안관의 50% 정도만이 지역사회 경찰활동이 무엇을 의미하는지 분명히 알고 있다고 응답하였다고 보고하였다.[9] 따라서, 지역사회 경찰활동이 사람마다 다른 의미를 갖게 된다는 것은 놀라운 일이 아니다. 지역사회 경찰활동의 인기 있는 전략으로 도보 또는 자전거 순찰, 지역사회 경찰지구대 설치, 지역사회의 문제점 파악, 무질서 처리, 지역사회 미팅 구성, 지역사회 조사 등이 포함된다.[10] 사실, 이렇게 다양한 종류의 활동과 프로그램들에 지역사회 경찰활동이라는 라벨이 붙여져서, 몇몇 경찰 개혁가들은 미국 경찰활동에 있어서 새로운 것 또는 혁신적인 것은 모두 지역사회 경찰활동을 의미하게 되었다는 우려를 표시했다.[11]

이러한 혼란에도 불구하고, 지역사회 경찰활동의 몇몇 기본적인 요소들과 그것이 이전의 경찰활동 전략들과 어떻게 차이가 나는지에 대한 합의는 도출된 것으로 보인다. 가장 중요한 차이점은 지역사회 경찰활동이 경찰의 역할에 있어 중대한 변화를 대표한다는 것이다. 경찰은 전통적으로 범죄 통제를 그들의 주요 임무로 규정해 왔으나, 지역사회 경찰활동은 범죄에 대한 두려움, 질서 유지, 분쟁 해결, 지역사회의 붕괴 그리고 사회적 그리고 물리적 무질서와 같은 문제들을 경찰의 기본 기능으로 포함시켜 경찰의 역할을 넓히려고 한다.

Sidebar 10-1

깨진 유리창 또는 깨진 이론?

2019년, 노스이스튼 대학의 연구원들은 깨진 유리창 이론에 대한 메타 분석을 실시했다. 메타 분석은 특정 문제를 조사한 모든 연구에 대한 연구이다. 이 경우 연구원들은 무질서와 범죄 및 범죄 두려움의 관계를 조사한 96개의 선행 연구를 조사했다. 저자들은 연구 디자인의 질을 고려한 결과 무질서가 지역사회 범죄나 범죄 두려움에 영향을 미치지 않는다고 보고했다. 이들은 이런 증거를 고려해서 경찰은 지역사회 범죄를 줄일 목적으로 무질서를 줄이는 전략을 재고해야 한다고 주장했다.

출처: Daniel T. O'Brien, Chelsea Farrell, and Brandon C. Welsh, "Looking through Broken Windows: The Impact of Neighborhood Disorder on Aggression and Fear of Crime Is an Artifact of Research Design," *Annual Review of Criminology* 2 (2019): 53-71.

이상적으로, 지역사회 경찰활동은 경찰을 포함한 대부분의 미국인들이 경찰의 기능과 우선순위에 대해 가지는 기본적인 견해를 바꾸려고 한다.[12] 지역사회 경찰활동의 시행은 많은 철학적, 조직적, 전략적, 전술적 변화를 수반하기 때문에,[13] 지역사회 경찰활동 개혁에서 가장 일반적으로 논의되는 세 가지 목표에 초점을 맞추는 것이 도움이 된다: (1) 지역사회 파트너십, (2) 조직변화, (3) 문제 해결.

Sidebar 10-2

21세기 경찰활동에 관한 대통령직속TF가 권고한 지역사회 경찰활동과 범죄감소 권고안

4.1 권고: 법 집행기관(Law enforcement agencies)은 공공의 안전 관리에 있어 공동체 참여의 중요성을 강화하는 정책과 전략을 개발하고 채택해야 한다.

4.2 권고: 지역사회 경찰활동은 법 집행기관의 문화와 조직구조 전반에 걸쳐 녹아들어야 한다.

4.3 권고: 법 집행기관들은 복잡한 인과적 요인을 동반한 위기 상황에 대하여 기획, 실행 및 대응하기 위한 여러 전문분야에 걸친(multidisciplinary) 지역사회 팀 접근 방식을 수행해야 한다.

4.4 권고: 지역사회는 모두의 특히 가장 취약성한 계층의 존엄성을 보호하고 증진시키는 가치를 반영하는 경찰활동의 문화와 실천을 지지해야 한다.

4.5 권고: 지역사회 경찰활동은 지역 주민들과 함께 공공의 안전을 공동 생산하기 위해 일하는 것을 강조한다. 법 집행기관들은 지역 주민들과 협력하여 문제를 파악하고 지역사회에 의미 있는 결과를 제공하는 솔루션을 구현하는 데 협력해야 한다.

4.6 권고: 지역사회는 범죄나 폭력에 가장 취약한 어린이와 청소년의 요구에 부응하는 정책과 프로그램을 채택하고, 청소년을 낙인찍고 그들의 학교나 지역사회에 대한 참여를 무시하는 공격적인 법 집행 전술을 줄여야 한다.

4.7 권고: 지역사회는 지역사회 의사결정에 있어 청소년의 목소리를 확인하고 인식하고, 청소년들이 주도하는 연구와 문제 해결을 촉진하며, 긍정적인 청소년/경찰의 협력과 상호작용을 통해 청소년 리더십 훈련과 생활 기술을 개발하고 기금을 조성할 필요가 있다.

출처: President's Task Force on 21st Century Policing. Final Repart of the President's Task Farce an 21st Centurv Policing (Washington. DC: Office of Community Oriented Policing Services. 2015). 41-50.

지역사회 파트너십

지역사회 경찰활동 옹호자들은 지역사회 쇠퇴와 무질서를 줄이는 가장 효과적인 방법은 경찰과 지역사회 간의 협력관계를 통해서라고 주장한다. 이렇게 확대된 시각은 경찰과 대중 간의 협력이 지역사회가 제공하는 정보에 경찰이 더 많이 접근할 수 있게 해 줄 것이며, 이로 인해 경찰이 지역사회의 요구에 보다 더 부응하게 될 것이라는 것을 인정한다.[14] 이에 따라 지역사회 경찰활동 모델은 예방과 **범죄 통제의 공동생산자** 역할을 할 수 있도록 경찰과 대중 사이에 보다 큰 상호작용을 강조한다.[15] 이상적인 측면에서, 이 모델은 경찰이 지역사회 공동체에 보다 더 융합되고 지역사회 공동체와 시민은 범죄 통제와 예방에 있어서 적극적인 역할을 수용함으로서, 지역사회와 경찰 간의 쌍방향 협력 관계를 구축하기를 모색한다.[16]

범죄 통제의 공동생산자 (coproducers of crime control)

데이비드 베일리(David Bayley)는 그의 저명한 책 '미래의 경찰(The Police for the Future)'에서 경찰과 대중 사이의 **지역사회 파트너십**을 성공적으로 이행하기 위해서는 두 가지 요소가 필요하다고 주장한다: 협의(Consultation)와 동원(Mobilization).

지역사회 파트너십 (community partnerships)

협의

지역사회 경찰활동 아래, 경찰기관들은 지역 주민들과 상의함으로써 그들의 범죄 통제와 예방 노력의 질을 향상시키기 위해 노력해 왔다. 이 전략은 지역사회와 경찰이 문제를 정의하고 우선순위를 정할 수 있도록 돕기 위한 것이다.

협의(consultation)

경찰과 대중간의 **협의**는 보통 지역사회 미팅 형태로 이루어지며, 네 가지 기능을 수행한다: (1) 시민들이 자신의 문제점과 욕구를 표현할 수 있는 포럼을 제공하고, (2) 경찰이 지역사회의 범죄와 무질서에 대해 시민들을 교육할 수 있도록 하고, (3) 시민들이 경찰에 관련된 불만을 표출할 수 있도록 하고, (4) 경찰이 그들의 성공과 실패에 대하여 알려줄 수 있는 포럼을 제공한다.[17] 대부분의 경찰기관들

은 한 종류 또는 다른 유형의 지역사회 그룹과 만나고 있다(Exhibit 10-2 참조).[18]

　예를 들어, 마이애미-데이드 경찰서(Miami-Dade Police Department) 는 해양자문지원팀 (Marine Advisory Support Team, MAST) 프로젝트를 "지역사회 참여를 촉진하기 위하여 그리고 보트를 이용하는 대중과 관련 이해당사자에 대한 서비스 개선을 위한 의견을 제공하고 서비 스 향상 방안을 모색하기 위해 관련된 당사자들이 함께 모이도록 하 려는 노력"으로 만들었다. 팀의 대표들은 비스케인 만(Biscayne Bay) 주변에 거주하는 시민들과 사업을 하는 사업가들, 그리고 만을 관할 하는 연방, 주, 지방 법 집행기관들을 포함하고 있다. 한 달에 한 번, 마스트(MAST) 팀원들은 범죄와 무질서에 대해 논의하기 위해 만났 다. 이 미팅은 기관들에게 문제를 인식시키는 것 외에도 지역사회 문 제의 우선순위를 조정하고, 이 문제를 해결하기 위한 자원 공유를 이 끌어냈다.[19]

　그러나 경찰과 대중들 사이의 많은 협의체는 공식적이지 않다. 예를 들어, 하와이주 호놀룰루 경찰서는 21세기 경찰활동에 관한 대 통령직속TF 보고서의 권고에 따라, "경찰과 함께 하는 커피(coffee with a cop)" 프로그램을 도입했는데, 이 프로그램은 대중이 지역사회 의 문제들을 토론하기 위하여 그리고 경찰서가 문제들에 대하여 어 떻게 대응하고 있는지 알릴 수 있도록 지역을 순찰하는 순찰 경찰관 과 함께 앉아 커피를 마실 수 있는 기회를 제공한다.[20] 비록 이상적 으로 네 가지 기능이 모두 충족되기는 하지만, 연구들은 경찰과 대중 간의 파트너십은 양측의 관여정도의 수준과 상대방에 대한 기대수준 에 있어서 차이가 많이 난다는 것을 발견하였다. 일부 기관들에서는 지역사회 구성원들이 단순히 경찰의 눈과 귀 역할만 하도록 권장하 고 있다. 다른 기관들에서는 경찰관들이 지역사회 미팅에서 대화하기 도 하고 시민 자원봉사자들과 함께 활동하기도 한다.

EXHIBIT 10-2

단체 유형별 경찰기관의 파트너십 비율

	전체	시경찰(Municipal Police)	보안관서(Sheriff)	주경찰(State Law Enforcement)
지지단체	60%	64%	55%	33%
사업단체	59	67	45	36
지역 공공기관	73	77	68	60
이웃 협의체	74	81	66	29
종교 단체	49	54	44	16
청소년 봉사 단체	59	66	51	27
장년층 단체	54	54	57	22

출처: Law Enforcement Management and Administrative Statistics, Bureau of Justice Statistics, 2007.

또 다른 기관들의 경우, 지역사회가 경찰들과 협력하여 문제를 파악하고, 가능한 해결책을 개발하며, 문제해결에 적극적으로 참여하도록 하는 경찰과 시민들 사이에 공식적인 관계가 성립되어 있기도 하다.[21]

그럼에도 불구하고, 지역사회 경찰활동 하에서 경찰의 구분되는 특징은 과거와는 달리 경찰이 지역사회로부터 소외되고 일정한 거리를 두고 있기 보다는 지역사회 삶의 필수적인 부분이 되도록 스스로를 재정립하려고 시도한다는 것이다. 지역사회 안에 경찰 스스로를 포함시킴으로써, "경찰과 대중이 실제로 공공의 안전을 공동으로 생산한다고 주장한다."[22]

동원

경찰이 범죄와 무질서를 예방하는 데 있어서 스스로의 한계를 인식했기 때문에, 지역사회 경찰활동을 수용했던 경찰기관들은 도움을 얻기 위해 지역사회에 동원을 요청하였다. **동원**은 지역사회 자경(Neighborhood Watch), ID쓰기활동(Operation ID)*, 범죄 저지단(Crime

동원(mobilization)

---

* [역자 주] Operation ID는 절도 피해를 억제하기 위하여 귀중품이나 가치가 나가는 물건에 소유주의 주민등록번호(운전면허번호)를 새겨 넣는 활동

Stoppers)과 같은 프로그램의 형태로 이루어진다. 이러한 지역사회 조직 전략은 억제 메커니즘일 뿐만 아니라 지역사회의 결속력을 높이고 경찰이 지역사회에 범죄예방 기법을 알려주는 포럼을 제공한다.[23]

베일리는 비록 대다수의 동원 노력들이 일반 대중들을 상대하지만, 시의 다른 공공기관들 또한 범죄예방에 중대한 역할을 할 수 있다고 하였다: 보건위생 기관은 버려진 자동차를 견인해서 치워버릴 수 있고, 공원과 휴양시설 담당기관은 시설을 밤에 개방하거나 젊은이들을 위한 프로그램을 개발할 수 있다. 화재와 건물조사관은 버려진 건물들을 단속할 수 있다.[24]

지역사회 경찰활동 아래에서는 경찰이 문제 해결을 위해 체포에만 의존하는 것을 넘어서 이용할 수 있는 도구의 수를 늘릴 수 있게 되었다. 예를 들어, 경찰은 또한 지역사회의 삶의 질에 대한 문제를 해결할 수 있는 능력을 확대하기 위하여 민법과 행정법을 이용할 수 있다. 오늘날 많은 경찰기관들이 지역사회의 삶의 질을 손상시키는 지역상인들(예를 들면, 상업용 성인용품 가게나 술집)과 자신들의 재산을 적정한 상태로 유지하지 못하는 집주인이나 주택 소유자들과 관련된 문제를 다루기 위하여 지역 조사관(zoning inspector) 및 다른 시 공무원들과 긴밀히 협력하고 있다.[25] 오늘날 많은 지역사회에서 경찰이 도시 내에서 지역사회의 삶의 질을 보장하기 위하여 웃자란 잡초, 잔해방치, 고장난 차량 방치, 낙서 등 도시 법규 위반을 다루는 다른 시 기관들과 협력하는 것은 드문 일이 아니다.

예를 들어, 오리건주 포틀랜드시(Portland, Oregon)에서는 경찰이 마약거래 장소의 수가 단 일 년 만에 몇 개에서 200개가 넘도록 증가하는 것을 목격했다. 경찰서는 잠복근무와 같은 전통적인 방법으로 문제를 해결할 시간이나 자원이 없었다. 대안적 전략으로, 그들은 마약 밀매업자들을 퇴거시킬 수 있는 임대주택의 집주인들을 동원하기로 결정했다. 특히 경찰서는 집주인에게 그들의 권리와 책임에 대해

을 말함. 이렇게 함으로써 절도범들이 ID가 새겨진 물건을 훔치는 것을 피하게 만들고 또한 장물이 거래될 때 쉽게 경찰에 적발될 수 있게 하는 효과가 있음.

교육시키고 훈련시키는 프로그램에 착수하였다. 경찰은 집주인에게 세입자들을 선별하고, 마약 활동을 식별하고, 세입자들을 퇴거시키고, 지역사회와 경찰과 함께 일하는 법을 가르쳤다. 지난 2년 동안, 10만 채의 임대주택을 관리했던 5,750명 이상의 집주인들이 교육을 받았다.[26]

이처럼 지역사회 경찰활동은 지역사회 범죄와 무질서 문제에 대응하기 위하여 경찰과 지역사회(시민, 지역사회 단체 또는 다른 공공기관 또는 민간기관) 간의 관계를 만들고 유지하는 것에 주로 초점을 맞추고 있다. 경찰은 "초동대응을 하는 정부기관에서 사회문제 진단과 지역사회 동원가로 역할 변화를 시도하여 그들의 역할을 확대하려는 시도를 하고 있다." 지역사회의 다른 사람들과의 연계와 관계를 구축하는 것은 경찰이 지역사회의 안전에 영향을 미칠 수 있는 특정한 문제나 이슈를 해결하기 위해 다양한 서비스를 함께 활용할 수 있게 한다.[27]

지역사회 파트너십의 효과성

도보순찰

경찰이 범죄를 줄이려는 노력을 하면서 동시에 경찰과 시민들을 한데 모으는 방법으로 가장 흔하게 사용된 방법 중에 하나가 도보순찰을 활용하는 것이었다. 1980년대에 도보순찰을 조사한 많은 평가연구들은 추가적인 도보순찰이 범죄를 감소시키지는 않았지만, 안전감을 증가시켰다고 보고했다. 게다가, 시민들은 도보순찰 경찰관에 대한 이러한 긍정적인 감정을 경찰서 전체로 일반화했다.[28] 이러한 결과는 몇몇 연구자들로 하여금 비록 도보순찰을 통하여 경찰이 범죄를 감소시킬 수는 없을 지라도, 아마도 범죄 두려움은 감소시킬 수 있을 것이라고 추정하게 만들었다. 그리고 만약 사람들이 두려움을 덜 느끼게 된다면 지역사회에서 활동이 위축되지 않고, 따라서 지역사회 쇠퇴화가 시작되는 것을 막을 수도 있을 것으로 추정하게 하였다.[29]

그러나 경찰-시민 상호작용을 증가시키기 위한 경찰의 노력을 조사한 다른 연구들은 그러한 전략들이 범죄를 줄이는 데 효과적일 수 있다는 것을 발견했다. 예를 들어, 오클랜드(Oakland)와 버밍엄(Birmingham)의 경우, 경찰관들이 가가호호 방문하여 주민들과 접촉한 지역에서 범죄 두려움과 폭력범죄 둘 다 상당히 크게 감소했다는 것을 발견했다.[30] 휴스턴(Houston)에서, 지역사회 경찰활동을 연구한 연구자들은 경찰의 가정방문이 폭력범죄와 무질서 감소를 가져왔다고 보고하였다.[31] 가장 최근에 필라델피아(Philadelphia)와 뉴어크(Newark)에서 도보순찰 경찰관들이 문제지향 경찰활동(Problem-oriented policing)을 실시한 지역과 폭력범죄가 집중 발생하는 핫스팟 지역에 포화 도보순찰(Saturated foot patrol)을 실시한 지역에서 폭력범죄가 감소했다고 보고하였다.[32]

전통적인 무작위 예방적 도보순찰은 아마도 (비록 그것이 범죄 두려움 감소와 같은 다른 이점이 있을 지라도) 범죄를 감소시키지 않는 것 같다. 그러나 경찰-시민 간의 상호작용을 증가시키는 전략들과 문제해결에 초점을 맞춘 도보순찰 전략들의 경우에는 범죄 감소에 효과가 있는 것 같다.

지역사회 자경

지역사회 자경 프로그램은 또 다른 인기 있는 지역사회 파트너십 전략이지만, 범죄에는 거의 영향을 미치지 않는 것으로 반복적으로 밝혀졌다.[33] 가장 포괄적으로 실시된 영국에서의 연구는 "지역사회 자경 프로그램이 1980년대 초 시작된 이래 영국에서 단 한 건이라도 범죄를 막았다는 증거가 없다."[34] 고 밝혔다. 연구들은 지역사회 자경 프로그램은 주로 범죄가 적은 부유한 교외지역에서 활발히 작동되며 또한 경찰과 가까운 관계를 유지한다고 보고하였다. 범죄가 많은 지역에 살고 있는 주민들, 그리고 도심 소수민족 거주지에 살고 있는 사람들은 지역사회 자경 프로그램이나 경찰들과 협력하는 다른 활동들에 참여하기를 꺼려해 왔다.[35]

"지역사회"가 붕괴된 곳에서의 경찰활동

지역사회 경찰활동과 관련된 중요한 질문들 중에 하나가 그것이 가장 가난하고 범죄로 찌든 지역에서 실현가능한 전략인가 하는 것이다. 지역사회 조직화는 조직화를 도울 자생적 지역사회가 있음을 전제로 한다. 많은 대도시들에 있는 최악의 지역사회들(어떤 사람들은 하류계층이라고 부르기도 한다.)은 실업, 범죄 그리고 관련된 사회문제들로 너무 황폐화되어 의미 있는 지역사회가 남아있다고 말하기 어렵다. 대부분의 자생적 지역사회 지도자들(안정적인 직장, 가족, 그리고 그들의 지역사회에 대한 헌신을 가진 사람들)은 이미 떠났다. 이러한 지도자들로부터의 긍정적인 영향력이 없을 때, 청소년들에게 갱(gang)이 삶의 초점이 되기도 한다.

후버트 윌리엄스(Hubert Williams)와 패트릭 머피(Patrick V. Murphy)는 경찰활동에 대한 전망(Perspectives on Policing) 시리즈에서 "대부분의 지역사회에서 효과가 있었던 지역사회 접근법들이 저소득 흑인이나 다른 소수집단들이 거주하는 지역에서는 제대로 작동하지 않거나 아예 효과가 없었다."고 경고하였다.[36] 그들의 지적은 메릴랜드 대학의 보고서, 범죄예방(Preventing Crime)에 의해 확인되었는데, 로렌스 셔먼(Lawrence Sherman)과 그의 동료들은 가정, 학교 그리고 지역사회를 겨냥한 프로그램들은 프로그램들이 크게 필요 없는 지역에서 가장 효과적이었다고 보고하였다. 반면에 프로그램들의 도움이 가장 많이 필요한 가정, 학교 그리고 지역사회에서는 효과가 없었다고 보고하였다. 메릴랜드 보고서는 가정, 학교, 지역사회 그리고 경제적 기회들("노동 시장"이라고도 불림) 간의 상호관계를 강조함으로써 범죄예방에 대한 우리의 이해 증진에 중요한 기여를 했다.[37]

동시에, 전통적 의미의 지역사회는 종종 새롭고 빠르게 팽창하는 도시에는 존재하지 않는다. 예를 들어, 휴스턴의 두려움 감소 실험(fear reduction experiment)은 그 도시가 "지역사회 생활이 거의 존재하지 않는다."[38]는 것을 발견했다.

지역사회 조직화 노력이 중산층만을 위한 지역사회를 조직하는

데 도움을 주었을 수 있다. 휴스턴의 두려움 감소 실험과 미니애폴리스의 지역사회 조직화 프로그램(community-organizing program)도 같은 현상을 경험했다. 그 프로그램들은 가난하고, 임대주택에 거주하고, 소수인종 집단에서 보다 중위소득자, 주택 소유자 그리고 백인들에게 더 성공적이었다.[39] 백인 주택 소유자들 사이에서 성공적인 지역사회 조직화는 아마도 인종주의에 의해 동기부여가 되었을 수 있다: 즉, 흑인과 히스패닉인들이 그들의 지역사회로 유입되는 것에 대한 두려움이 동기일 수 있다. 만약 이것이 사실이라면, 경찰이 후원하는 지역사회 조직화 활동은 인종갈등을 고조시킬 수도 있다. 지역사회 조직화 노력에 대한 검토결과, 사실, 가장 강력한 지역사회 조직들은 "임박한 인종적 변화나 실제 인종적 변화에 대응하여" 발생했다는 충격적인 결론에 도달했다. 지역사회 경찰활동 노력이 동등한 주거기회를 제공하는 것에 저항하는 활동을 지원한다면 비극이 될 것이다.[40]

시카고에서의 지역사회 파트너십 노력은 자주 언급되는 지역사회 경찰활동에 대한 비판에 도전해 왔다. 스코건과 동료들에 의해 수행된 연구는 경찰이 지역사회와 협력하기 위해 4년간의 집중적인 노력을 한 후, 시카고의 범죄가 만연한 지역의 주민들이 지역사회 범죄 프로그램(neighborhood crime program)에 참여하기 시작했다는 것을 보여주었다. 그들은 지역사회 모임의 참석이 범죄율이 높은 지역에 살고, 연간 15,000달러 미만을 버는 흑인들 중에서 가장 높았던 것으로 밝혀졌다.[41]

조직변화

지역사회 경찰활동은 또한 조직변화를 요구한다. 에크(Eck)와 맥과이어(Maguire)는 지역사회 경찰활동을 지향하는 기관들에 있어서 조직변화는 두 가지 이유로 반드시 필요하다고 주장한다: "첫 번째, 경찰관들이 지역사회 경찰활동 기능을 수행하도록 자극하고 격려하기 위해서; 그리고 두 번째, 지역사회 파트너십과 창의적인 문제해결

전략을 개발하기 위하여 조직을 보다 유연하고 수용적으로 만들기 위해서이다."[42] 두 저자는 경찰이 지역사회 경찰활동을 성공적으로 수행하고 싶다면 세 가지의 조직적 측면에서 변화를 이루어내야 한다고 주장하였다: (1) 조직구조(organizational structure), (2) 조직문화(organizational culture) 그리고 (3) 조직관리(management).

조직구조

지역사회 경찰활동 조직은 분권화된 조직인데 반하여, 전통적으로 경찰 조직은 고도의 중앙 집권화된 조직구조를 가지고 있었다. 이것은 지역사회 경찰 조직은 적은 수의 관리계층, 낮은 수준의 전문화를 가지고 있고, 일선 경찰관들에게 더 많은 재량권을 허용한다는 것을 의미한다.[43] 지역사회 경찰활동의 핵심 가정은 경찰기관이 유연하게 유지되어서 서로 다른 지역사회에서의 다양한 문제점들을 다룰 수 있어야 한다는 것이다. 이를 달성하기 위해, 일선 경찰관들은 지역문제를 진단하는 데 많은 재량권이 주어진다.[44]

지역사회 경찰활동 조직은 또한 경찰관들을 특정한 지역사회에 지속적으로 배치하는 것으로 특징지을 수 있다. 이 전략은 지리적 책임감을 기르기 위한 것뿐만 아니라, 경찰관들이 그들의 담당구역에서 일어나는 일에 대해 책임을 지게 하는 수단이다. 지역사회 경찰활동 옹호자들 역시 "이 전술은 지역사회에서 경찰의 더 많은 개입과 그에 대한 피드백을 통해 얻을 수 있는 특정한 지식을 활용하기 위해 필요하다"고 주장한다.[45]

조직문화

전통적인 경찰 조직문화는 범죄척결의 중요성을 강조했다. 그 결과, 지역사회 경찰활동으로의 전환은 일선 경찰관들의 이러한 전통적인 생각과 인식에 맞서 싸우는 과정을 겪어야 했다.[46] 지역사회 경찰활동에 대한 옹호자들은 지역사회 경찰활동의 시행과 함께, 문제해결과 공동체 상호작용에 훨씬 더 정통하고 경험이 풍부한 새로운 형태의 경찰관들이 나타날 것이며, 그들이 하는 일은 훨씬 더 생산적이

고 자신들의 일에 만족할 것이라고 주장한다.[47]

경찰관서들이 의사결정 과정에서 일선 경찰관의 의견을 수용하는 참여적 조직관리(participative management) 방식을 도입하거나, 지역사회 파트너십, 문제해결, 기타 지역사회 경찰활동 전술에 대하여 일선 경찰관들에게 정식 교육을 실시하고, 지역사회 경찰활동을 수용하는 경찰관들이 조직 내에서 승진하도록 승진기준을 바꾸고, 부서 평가기준을 바꾸어서 평가를 통하여 지역사회 경찰활동의 가치를 강화하는 등의 조직개혁을 시도하고 있다.[48]

조직관리

지역사회 경찰활동의 도입은 또한 경찰의 조직관리에 영향을 준다. 과거에는 경찰 관리자들이 부서 규칙과 규정을 강조한 징계를 통한 문제통제에 주로 초점을 맞춰왔다.[49] 지역사회 경찰활동에 있어서, 관리자들은 지역사회 경찰관(neighborhood officer)이 지역사회와 접촉하는 방법을 계발하는 것을 돕고, 정치문제를 상대하는 것에 대해 상담해 주고, 필요한 자원을 획득하는 것을 돕고, 필요한 교육 기회를 원활하게 제공하는 역할을 할 것이 기대된다. 따라서 지역사회 경찰활동 기관들은 감독자(supervisor)보다는 더 많은 관리자(manager)를 요구하는 것으로 특징지을 수 있다.[50]

예를 들어, 세인트 피터스버그(St. Petersburg)의 골리앗 데이비스(Golith Davis) 서장은 부서의 지역사회 경찰활동 노력을 강화하기 위하여 여러 가지 조직관리 지향적 변화를 시도하였다. 이 변화가 있기 전에는, 팀장(sergeants*)은 신고 전화에 대응하는 경찰관들을 감독하는 책임을 맡았는데, 이는 지역사회 경찰관들을 감독하는 팀장의 책임과 중첩되었다. 그래서 팀장들은 경찰관들이 프로젝트를 하는 것을 돕거나 새로운 지역사회 경찰관들을 훈련시킬 시간이 거의 없었다. 데이비스 서장은 경찰과 지역사회 모임 이후에, 지역사회-경찰을 담당하는 팀장을 교대근무로 추가하는 등 여러 가지 조직변화를 단행했다. 이 지역사회-경찰 담당 팀장은 순찰담당 팀장이 통상적으

---

* [역자 주] 계급으로는 경사에 해당함.

로 경위(lieutenant)와 경감(captain)에게 보고하도록 규정된 것과 다르게 대신에 지구대장인 경정(district major)에게 직접 보고했고, 그 팀장이 지역사회 경찰관을 관리하는데 전적으로 책임지도록 하였다. 이 전략은 팀장이 지역사회 경찰관들과 함께 근무할 수 있는 여유 시간을 더 늘리고 지역사회 범죄와 무질서를 해결하는 데 필요한 자원을 더 많이 활용할 수 있도록 했다고 경찰서장이 주장했다.[51]

조직변화의 증거

지역사회 경찰활동을 수행한 결과로서 경찰의 조직 구조가 변화했다는 결과를 제시하는 증거는 거의 없다. 경찰 조직에 대한 한 연구에서는 1987년 이래로 경찰 조직의 구조가 의미있게 바뀐 것은 없다고 하였다. 특히, 이 연구는 경찰 조직이 지역사회 경찰활동을 시작한 이래 더 적은 규칙이나 정책 또는 더 적은 감독수준을 가질 가능성이 없었다는 것을 발견했다.[52]

마찬가지로, 또 다른 전국규모 연구는 경찰이 지역사회 경찰활동 원칙에 부합하도록 그들의 우선순위를 바꾸지 않았다는 것을 시사했다. 지홍 자오(Jihong Zhao)와 동료들은 200여 개 이상의 시 경찰서를 대상으로 조직 우선순위와 핵심기능을 검토했다. 이들은 미국 경찰활동의 핵심 기능의 우선순위는 대부분 전문적 모델(professional model)을 본떠서 유지되고 있으며, 이러한 우선순위는 경찰관의 증원, 지역사회 경찰활동 훈련을 위한 자금 제공 또는 지역사회 경찰활동 프로그램의 도입 등 변화에 크게 영향을 받지 않았다고 보고했다.[53]

이와는 대조적으로, 경찰관들이 특정 순찰지역에 영구적으로 배치될 수 있도록 조직의 구조를 바꾸는 것이 몇 가지 유익한 효과를 가지고 있는 것으로 밝혀졌다. 예를 들어, 시카고 근교에서 영구적인 순찰구역 지정은 경찰관들이 순찰 지역에 대해 더 많이 알게 되기 때문에 경찰관의 활동이 증가하게 되었고, 이것이 시민들의 눈에 경찰관들이 더 많이 보인다는 결과를 가져왔다.[54] 비슷한 결과들이 필라델피아에서도 보고되었는데, 그곳에서 경찰관들은 영구적으로 공공

주택 지역에 배치되었다. 공공주택 지역에 영구 배치된 경찰관들은 영구배치 되지 않은 경찰관들 보다 더 높은 책임감과 주인의식을 보이면서 유의미하게 더 많은 수사를 개시하였다고 보고하였다.[55]

많은 경찰 기관의 직업 문화가 지역사회 경찰활동의 시행 때문에 크게 변화했다는 연구 결과가 있다. 자오와 동료들은 지역사회 경찰활동을 실행한 것으로 잘 알려진 미국 북서부에 위치한 경찰서의 경찰관들을 조사했다. 그들은 경찰관의 직업적 가치가 지역사회 경찰활동 시행 이후 크게 변화했다는 것을 발견했다. 연구자들은 개인적 행복, 편안함, 안전감을 반영하는 가치에서 향상이 있었다고 보고했다.[56] 다른 연구들도 지역사회 경찰활동에 대한 경찰관의 태도가 지역사회 경찰활동에 대한 지식과 함께 점차적으로 개선되고 있다는 것을 발견했다.[57] 89개 기관의 경찰 1만 3000명을 대상으로 한 최근 전국적인 설문조사에 따르면 73%의 경찰관들이 지역사회 경찰활동 접근법에 어느 정도 또는 강하게 찬성했다.[58] 많은 경찰기관들이 문화적 변화를 촉진하기 위해 아카데미 훈련 교육과정에 지역사회 경찰활동 관련 원칙들을 포함시켰다. 애리조나주의 경찰 훈련에 대하여 조사한 로빈 하르(Robin Haarr)의 연구는 지역사회 경찰활동 원칙에 대하여 훈련받는 것이 바람직한 효과를 가져오는 것이 확인되지만, 경찰관이 아카데미를 떠나서 근무환경에 노출된 후에는 그 효과가 빠르게 사라진다는 것을 발견했다. 그 연구는 또한 신임 경찰관의 현장실무교육 기간 동안에는 지역사회 경찰활동 원칙이 강화되지 않았다는 것을 발견했다.[59]

일반적으로, 이러한 발견들은 훈련만으로는 지역사회 경찰활동을 지지하는 경찰 문화를 육성할 수 없을 수도 있다는 것을 암시하지만, 비록 변화에 많은 시간이 걸릴 것이지만, 그들은 경찰 문화가 지역사회 경찰활동의 시행과 함께 바뀔 수 있다고 제안한다.

지역사회 경찰활동 조직에서 변화하는 조직관리(management)의 역할을 조사하는 연구들은 대체로 긍정적이었다. 매스트로프스키(Mastrofski)가 인디애나폴리스(Indianapolis)에서 지역사회 경찰활동에 대한 조사를 실시한 결과 지역사회 경찰활동이 감독관들의 역할을 바꾸었을 수도 있다는 것을 발견했다. 인디애나폴리스의 팀장들 (sergeants)은 경찰관들이 그들의 담당 지역에서 문제를 해결하는 데 도움을 주는 것과 같은 지원 활동을 수행하는 것이 부서 정책을 집행 하거나 경찰관들을 감독하는 것과 같은 구속적인 활동을 하는 것보 다 훨씬 더 중요하다고 믿는 것으로 밝혀졌다.[60]

EXHIBIT 10-3

문제해결에 참가하는 지역 경찰 기관들

순찰 경찰관들이 적극적으로 문제해결 프로젝트에 참가하도록 격려	33%
문제해결 프로젝트를 순찰 경찰관의 평가요소에 포함함	30%

출처: Brian Reaves, *Local Police Departments, 2013: Personnel, Policies, and Practices* (Washington, DC: U.S. Bureau of Justice Statistics, 2015).

문제해결

문제해결(problem solving)

지역사회 경찰활동의 마지막 요소는 **문제해결**이다. 경찰과 지역 사회는 지역사회 문제를 해결하기 위해 협력적인 노력에 동참한다. 문제해결에 대한 개념 정의상 특징은 참여자들이 문제 자체에 단순 히 반응하기보다 문제의 근본적인 원인을 파악하도록 요구한다는 것 이다. 문제해결은 여러 가지 방법으로 시도될 수 있다. 지역사회 주 민들을 동원하거나 상담하는 것, 지역사회 협의회를 통하여 문제의 근본원인을 파악하는 것, 문제해결을 위하여 경찰과 다른 정부 서비 스를 동원하는 것 또는 지역사회 경찰관이 자기의 일상적인 임무로 서 지역사회 주민들에게 질문을 함으로써 문제해결을 시도할 수 있 다. 지역 경찰서의 약 1/3이 경찰관들에게 문제해결 프로젝트에 참여 하도록 권장하고 있으며, 이보다 약간 낮은 비율의 경찰서에서 문제 해결에 대한 참여와 성공을 바탕으로 경찰관들을 평가하고 있다 (Exhibit 10-3 참조).[61]

개리 코드너(Gary Cordner)는 문제해결은, 지역사회 경찰활동 과정에서 수행된 것으로서, 종종 문제지향 경찰활동(Problem-oriented policing)(다음 절(section)에서 논의)과 혼동된다고 지적한다. 그는 문제해결은 지역사회 경찰활동의 일환으로 만성적인 문제를 해결하기 위한 지역사회 수준의 전략으로 채택되었다고 강조한다. 그렇게, 그는 문제해결 활동은 자연적으로 소규모인 경향이 있다고 주장한다.[62]

문제지향 경찰활동은 전국적으로 많은 경찰서에서 지역사회 경찰활동의 중요한 부분이 되었다. 실질적으로는 문제지향 경찰활동은 독립된 전략으로 실행되거나 지역사회 경찰활동의 부분으로 실행되기도 한다.

문제해결과 문제지향 경찰활동은 종종 서로 얽혀 있고 또한 함께 조사되었기 때문에 우리는 다음 절에서 그들의 차이점, 특징 그리고 영향에 대하여 보다 세부적으로 알아본다.

▌모두가 같이하기: 경찰서 수준에서 지역사회 경찰활동 실행하기

비록 지역사회 경찰활동이 전국적으로 많은 경찰서에서 실행이 되었지만, 지역사회 경찰활동이 경찰서 전반에 걸쳐서 실행되었다고 보는 것에 대하여는 합의가 부족하다. 에드워드 맥과이어(Edward Maguire)와 찰스 카츠(Charles Katz)는 경찰재단(Police Foundation)이 제공한 자료를 이용하여 1,600개의 경찰 관서의 지역사회 경찰활동을 조사했다. 그들은 지역사회 경찰활동을 수행했다고 주장한 기관들은 다른 기관들보다 지역사회 경찰활동의 몇몇 요소를 더 많이 수용하고 있다는 것을 발견했다. 특히, 그들은 지역사회 경찰활동을 시행했던 경찰 관서들이 지역사회 경찰활동과 관련된 '시민과 조직관리 활동'을 수행하는 것보다 지역사회 경찰활동과 관련된 '순찰수준과 조직적 활동'을 더 많이 수행할 가능성이 있다는 것을 발견했다. 저자들은 "지역사회 경찰활동에 있어서 중간 관리자와 시민들의 역할에 있어서 변화가 그것의 실행을 특별히 어렵게 만든다. 왜냐하면 경찰 관서들이 매일 해오던 일들에 있어서 실질적이고 본질적인 변화

를 요구하기 때문이다."라고 결론지었다.[63]

시카고 대안적 경찰활동 전략 프로그램

시카고 대안적 경찰활동 전략(CAPS) 프로그램은 미전역에서 가장 야심차게 추진된 지역사회 경찰활동 노력을 대표한다고 볼 수 있다. 1만 2천 명이 넘는 정규 경찰관을 거느리고 있는 시카고 경찰서(Chicago Police Department)는 전국에서 두 번째로 큰 경찰 관서이다. 우리의 목적을 위해, 그것은 또한 두 가지 추가적인 이유로 중요하다. 첫째, CAPS는 1993년에 시작되어 오늘날까지 이어진다는 점에서 독특하다. 둘째로, 그것은 지역사회 경찰활동에 대한 몇 안 되는 장기적인 평가가 진행된 것으로서, 이는 대도시의 경찰관서에서 새로운 경찰활동 철학을 시행하는 데 있어서 가능성과 문제들에 대한 귀중한 통찰력을 제공해 준다.[64]

CAPS 계획

CAPS는 경찰관서 외부의 다수의 전문가들이 참여하는 광범위한 계획을 바탕으로 시작되었다. 많은 논의와 개정을 거친 후, CAPS는 6가지 기본 사항을 바탕으로 설계되었다:

1. *전체 경찰서와 도시 전체의 개입*: 대조적으로, 일부 지역사회 경찰활동 프로그램은 경찰서와 지역사회 수준의 기본적인 실행과는 달리 특정 부서만 관여하기도 하였다.

2. *경찰관에게 영구적인 순찰 지역 할당*: 경찰관의 지역사회 문제에 대한 지식과 관여를 확대하기 위하여 경찰관들에게 영구적인 순찰구역이 할당된다.

3. *훈련에 대한 진지한 헌신*: 지역사회 경찰활동이 진정으로 다른 철학을 대변한다면, 경찰관들의 직업에 대한 새로운 기대치에 대하여 그들을 훈련시키는 것이 필요하다.

4. *실질적인 지역사회 참여*: 지역사회 경찰활동의 기본 원칙 중 하나는 높은 수준의 시민 개입과 경찰과의 파트너십을 포함

한다.

5. *경찰활동과 다른 도시 서비스 제공 사이의 밀접한 연결* : CAPS 는 시민들이 다른 시 기관들을 동원하여 서비스 제공을 개선 하는 데 도움을 줌으로써 지역사회 문제를 해결하고자 한다.

6. *범죄 분석의 강조* : 문제를 파악하기 위해 정교한 컴퓨터 분 석을 사용하여 범죄 패턴의 지리적 분석에 큰 중점을 둔다.

CAPS 지도자들은 처음에 이 프로그램을 실행하는데 3~5년이 걸릴 것이라고 추정했다. CAPS가 도시 전체에 시행되었지만, 5개의 지구(district)가 원형 지구(prototype district)로 선정되어 광범위한 평 가를 받았다. 이들 각 지구의 인구는 약 50만 명(이는 대도시의 사이즈 와 유사하다)이었다.

변화에 대한 장애물

CAPS의 실행에 있어서 많은 장애물을 만났다. 첫 번째는 자원의 문제이다. 대중의 강력한 반대로 인하여 제안된 세금 인상안이 무산 되었다. 그러나 자문단들은 더 효율적인 경찰서비스를 제공하기 위해 재배치될 수 있는 1,600명의 경찰관을 확인했다. 마침내, 시카고시는 더 많은 경찰관들을 고용하고 CAPS를 지원하기 위해 연방과 주정부 로부터 보조금을 지원 받았다.

두 번째이자 관련된 문제는 경찰의 관할구역 지구대 건물을 폐 쇄하려는 계획에 대한 대중의 강력한 반대였다. 비록 효율화 조치로 계획되었지만, 많은 지역 주민들은 "자기들을" 위한 경찰 배치를 잃 는다고 느꼈고, 결국 그 계획은 무산되었다.

세 번째이자 가장 큰 문제는 일선 경찰관들이 CAPS에 적극적으 로 참여하게 만드는 것이었다. 다른 지역사회 경찰활동 프로그램과는 달리, CAPS는 자발적 참여에만 의존하지는 않았다. 경찰 문화는 변 화에 매우 강한 저항을 보인다. 그러나 시카고 경찰관들을 대상으로 한 설문조사에서 일선 경찰관들 사이의 태도가 상당히 차이나는 것 을 발견하였다. 일반적으로 나이 든 경찰관들, 인종적 및 민족적 소 수집단에 속하는 경찰관들, 그리고 여성 경찰관들은 젊은 경찰관들,

백인 경찰관들 그리고 남성 경찰관들보다 변화에 더 개방적이었다. 대부분의 경찰관들은 처음에 지역사회 경찰활동이 경찰과 시민 사이의 권위의 경계선을 흐리게 하고, 모든 지역사회 문제들을 경찰이 해결해 달라는 비현실적인 요구가 많을 것이라는 믿음 때문에 매우 비관적이었다.

또 다른 큰 문제는 911 시스템이었다. 전통적인 신고전화 대응 방식은 문제해결 활동으로부터 경찰관들을 차출해서 자기 관할지역이 아닌 지역에 신고 대응을 하기 위해 출동시켰다(따라서 문제해결 프로그램의 관할구역 충실성 원칙에 반하게 됨). CAPS는 이러한 극도로 어려운 문제를 여러 가지 방법으로 해결하려고 시도했다.

첫 번째, 경찰관들이 자기의 관할지역이 아닌 곳에 신고 출동하는 횟수를 제한하였다. 두 번째로, 중요한 사건들을 처리하기 위해 특별 신속 대응팀을 만들었다. 셋째로, 새로운 신고출동 방식을 개발하여 신고 전화수를 제한하려고 시도했다.[65]

CAPS의 실제

CAPS의 핵심은 경찰과의 시민 상호작용이다. 상호작용은 시민들과 경찰관들이 지역사회 문제와 가능한 해결책에 대해 토론할 수 있는 정기적인 지역모임을 통해 시도되었다. 웨슬리 스코건(Wesley Skogan)과 수전 하트넷(Susan Hartnett)이 지적했듯이, "지역모임이 작동하게 하는 것은 매우 어렵다."[66] 경찰관들은 지역모임이 "진정한"* 경찰 업무를 수행할 시간을 빼앗는다고 생각했다. 전형적인 모임에는 약 25명의 시민과 5명의 경찰관들이 참가했고, 약 한 시간 반이 소요되었다. 각 모임의 의제는 정말 "진솔한 이야기"였다.[67] 참석자는 주로 범죄에 대한 우려 때문에 흑인지역에서 더 높은 것으로 나타났다.

Exhibit 10-4는 스코건과 하트넷이 평가한 5개 지역에서 열린 지역모임에서 확인된 문제들을 보여준다. 마약은 분명히 가장 심각한 문제였다.

---

* [역자 주] 범인체포나 단속업무와 같은 전통적인 경찰 업무를 지칭함.

EXHIBIT 10-4

지역모임에서 가장 심각한 문제들

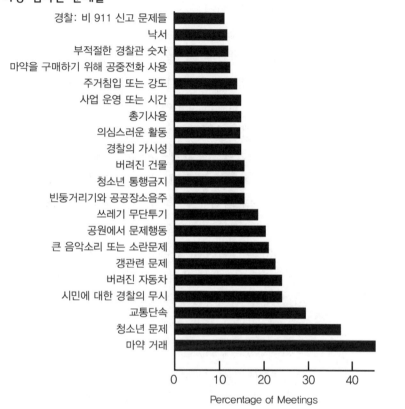

출처: Wesley G. Skogan and Susan M. Hartnett, *Community Policing: Chicogo Style* (New York: Oxford University Press), 1997. figure 5-1.

다른 범죄와 관련된 문제들도 자주 언급되었다. 많은 문제들이 무질서 범주에 포함된다: 청소년 문제, 시끄러운 음악 등. 중요하게도, 경찰이 시민들을 무시하는 것은 네 번째로 자주 언급된 문제였고, 이는 CAPS가 대중의 불신으로 중대한 문제에 직면했다는 것을 보여준다.

지역모임에 대한 관찰을 통하여 경찰-시민 파트너십의 목표가 서로 맞지 않는다는 것을 발견했다. 경찰관들은 일반적으로 회의를 지배하고 의제를 통제했다. 목표들은 일부 지역(로저스 파크)에서 다른 지역(모건 파크)보다 높은 비율로 달성되었다.

　　다른 시 기관들을 문제해결에 참여시키는 것은 시카고에서 어려운 문제였다. 이것은 또한 지역사회 경찰활동을 시행하려고 시도한 다른 도시들에서도 흔한 문제로 밝혀졌다. 예를 들어, 8개의 도시에서 지역사회 경찰활동을 평가한 결과, 그중 7개에서 이런 노력이 실패했다는 것을 발견했다.[68] 시카고에서는 시장조사정보실(Mayor's Office of Inquiry and Information)에서 다른 기관들이 CAPS와 협력하는 것을 관찰하고 책임지도록 했다. 핵심 도구는 한 페이지 분량의 서비스 요청서였으며, 여기에 문제점과 문제 해결에 책임이 있는 기관을 명시하였다. 구체적인 요청사항들을 보면 손상된 도로 표지판의 교체, 버려진 건물의 폐쇄 또는 철거, 낙서 제거, 버려진 차량의 견인 등 이었다. 이것들은 무질서 중에서 물리적인 쇠퇴 범주와 관련이 있다.

　　CAPS는 다양한 문제해결 활동을 시도했다. 비트 피트 작전(Operation Beat Feet)에서, 로저스 파크(Rogers Park)의 60명의 주민들은 잠재적 범죄자들의 활동을 저지하기 위해 "긍정적인 빈둥거림(Positive loitering)"의 형태로 밤에 인근 지역을 행진했다. 앵글우드(Englewood) 지역의 주민들도 마약을 억제하기 위해 노력하였다. 로저스 파크(Rogers Park) 주민들은 범죄 활동의 중심지였던 건물 소유주를 상대로 법정 소송을 시작했다. 모건 파크(Morgan Park)는 비트 링크(Beatlink) 프로그램을 개발했는데, 이 프로그램은 사업주들이 삐삐(beeper)를 통해 직접 순찰대원들과 접촉할 수 있도록 했다.

CAPS에 대한 평가

　　CAPS에 대한 광범위한 평가는 일치하지 않는 결과를 나타냈다. 전화 설문 조사에서 이 프로그램에 대한 인식이 상대적으로 높은 것으로 나타났지만, 시간이 지날수록 인식이 높아지지 않는다는 사실도 밝혀졌다. 대부분의 평가 지역의 시민들은 또한 경찰관을 이전보다 더 자주 목격했다고 보고했다. 대부분의 평가 지역에서는 경찰과 시민들 사이의 비공식적인 접촉 빈도가 증가하였다. 경찰이 범죄 두려움을 줄이는 것과 동시에 시민들의 근심사항에 대응하고 범죄에 적절히 대처하고 있다는 대중의 인식 또한 유의미하게 증가하였다. 특히, 80% 이상의 응답자들은 경찰이 너무 많은 사람들을 정지시켜 질문하고 강하게 대응하는 것이 그들의 지역에서 문제가 되지 않는다고 말했다. 이전의 조사와 마찬가지로, 아프리카계 미국인(13%)은 백인(3%)보다 경찰의 과도한 무력 사용이 문제라고 말하는 경향이 훨씬 높았다.

결국, CAPS는 모든 목표를 달성하지는 못했지만, 일부 목표는 달성했다. 가장 중요한 것은, 경찰관들이 문제해결에 더 많은 시간을 보내면서 그들이 일을 하는 방식을 바꿨다는 것이다. 지역사회에서의 삶의 질에 대한 의미 있는 변화가 인지되었다: 범죄 감소, 공포 감소, 갱(gang) 감소 그리고 향상된 경찰 대응성 등이 변화이다. 이것은 시카고 경찰이 경찰－지역사회 모임에서 토론을 강화할 목적으로 실시한 인터넷 기반의 지역사회 조사를 통해 시민들로부터 지속적인 피드백을 받도록 하였다. 이 혁신은 주민들에게 지역사회 문제를 해결할 수 있다는 더 큰 신뢰를 주었고, 모임에 참석한 주민들과의 관계에서 경찰관의 만족도를 높인 것으로 인정되었다.[69] 그러나 경찰서가 범죄지도(crime mapping) 프로그램을 완전히 실행하는 데는 성공하지 못했다. 또한 목표한 수준만큼 시민참여를 달성하는 데에도 문제가 있었다.

시카고의 주요 업적은 작지만 주목할 만한 변화로서 시 전체 차원에서 경찰활동에 대한 재정립이 이루어졌다는 것이다. 대부분의 다른 도시들의 지역사회 경찰활동 프로젝트는 대게 자발적으로 참여의사를 밝힌 경찰관들만 참여하면서 제한된 지역이나 문제에 초점을 맞춘 소규모의 시범 프로젝트 수준이었다. CAPS 경험은 대도시 경찰서에서도 경찰활동 재정립이 가능하다는 것을 보여주었다.

그러나 CAPS 프로그램은 몇 년 동안 약간의 차질을 겪었다. CAPS의 주요한 실패 중 하나는 지역사회의 어떤 부분은 포함시키지 못한 것이었다. 라티노 임차인, 저소득층 가구, 그리고 시카고의 고졸 미만자들은 CAPS 대해 잘 알지 못했고 또한 가장 적게 참여했다. 이는 인종적 민족적 소수집단 및 임차인보다 일반적으로 백인과 주택소유자에게 더 효과적이었던 다른 지역사회 지향 프로젝트와 부분적으로 일치한다. 또 다른 큰 문제는 CAPS의 자원이 도시에서 발생한 특별한 문제들을 해결하기 위해 때때로 다른 곳에 전용되었고, 시간 이 지남에 따라 경찰관들이 지역사회보다 본부에서 더 많은 시간을 보냈다는 점이다. 예를 들어, 2008년에 시카고시에 살인이 급증했을 때, 리차드 데일리(Richard Daley) 시장은 더 많은 경찰관들을 거리 순 찰에 배치하기 위하여 경찰서의 CAPS 예산 30%를 삭감하였다.

EXHIBIT 10-5

CAPS 비트 미팅과 연도별 참가자수

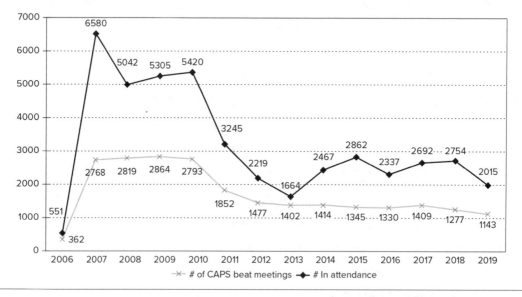

출처: CAPS, Chicago Police Department, Chicago's Community Policing, David Brown, FOIA, Mayor Lightfoot, Superintendent Brown, https:// chicagojustice.org/2020/05/04/foia-cpd-caps-data/.

2013년 람 엠마뉴엘(Rahm Emanuel) 시장은 CAPS 프로그램이 "관료주의에 의해 교착상태에 빠졌고, 지역모임에 참여가 줄어 어려 움을 겪고 있다"고 말했다.[70]

이에 대응하여, 엠마뉴엘은 CAPS 실행을 위해 시의 다른 예산에 서 450만 달러를 추가로 삭감하고 CAPS에 사용하도록 하고 프로그 램을 분권화시켰다. 경찰관들은 본부에서 도시의 각 25개 경찰순찰

지구대(police district)에 배치되었다. 지구대 지휘관들은 지역사회 경찰활동에 대한 책임을 지게 되었고, 이들에게 한 명의 CAPS 팀장, 두 명의 CAPS 경찰관, 지역사회 조직자 그리고 시간제 청소년 서비스 제공자를 배정받았다.[71]

결국, CAPS를 줄이기로 한 두 시장의 결정은 지역사회 경찰활동을 지속하는 경찰청의 역량에 깊은 영향을 미쳤다. 이에 대한 한 가지 분명한 징후는 CPD와 지역사회 간의 의사소통이 감소했다는 것이다. Exhibit 10-5에서 볼 수 있듯이 CPD가 매년 개최하는 비트 미팅의 수는 2009년 이후 크게 감소하였다. 마찬가지로, 비트 모임에 참석하는 사람들의 수는 2007년부터 2019년까지 약 70% 감소했다.

현재의 CAPS

2017년 미국 법무부가 시카고 경찰국을 인권침해 혐의로 수사할 때, 법무부는 "시카고의 지역사회 경찰활동은 각 구역의 경찰관과 민간인으로 구성된 소규모 단체로 격하되었다. CAPS는 일반적으로 각 구역마다 경사 1명, 경찰관 2명, 민간인 1명이 있어 지역사회 경찰활동을 조정한다. 경찰관들은 임무를 수행하는 방법에 대한 교육을 거의 받지 않으며, 순찰 경찰관이나 지휘관들이 지역사회 경찰활동을 계획하고 실행하는 데 거의 또는 전혀 관여하지 않았다."고 결론지었다.[72]

그러나 CAPS 프로그램은 여전히 운영 중이며 다시 번창하기 시작하고 있다. 2019년, 지역사회 경찰활동 자문단, 문제해결 방안, 지역사회 파트너십, 지역사회 경찰활동 훈련, 지역사회 경찰활동에 대한 지속적인 평가와 개선을 의무화한 연방법원 명령으로 인해 다시 활성화되었다.[73] 미래에 CAPS가 어떻게 될지 불분명하지만, 이것은 미국에서 가장 오래 지속된 지역사회의 경찰활동의 대표적인 예이다. 이것은 지역사회 경찰활동의 장점과 단점을 모두 보여준다.

▎지역사회 경찰활동: 문제점과 전망

지역사회 경찰활동이 경찰에 있어서 중요한 발전이지만, 이에 대한 해소되지 않은 많은 질문들이 남아있다.[74] 많은 옹호자들은 지역사회 경찰활동의 시대가 이미 도래했다고 주장한다.[75] 그러나 비평가들은 지역사회 경찰활동이 현시대의 경찰활동의 주류가 되었거나 장기적으로 성공적인 경찰활동이라고 주장하는 것은 시기상조라고 말한다. 지역사회 경찰활동에 관한 많은 핵심 질문들에 대하여 다루어져야 할 필요가 있다.

정당한 경찰 역할?

지역사회 경찰활동 논쟁의 한 가지 핵심 쟁점은 적절한 경찰 역할에 대한 문제이다. 경찰관들이 지역사회 조직자 역할을 하고, 주택문제와 공터 청소에 힘써야 하는가? 이것이 체포 권한을 가진 경찰에게 적절한 역할인가? 아니면 경찰관들은 심각한 범죄에 시간과 에너지를 써야 하는가?

⇨ 경찰 역할의 변화에 대한
   논의는 제2장 참조

이 질문에는 옳고 그른 답이 없다. 그것은 정책 선택의 문제이다. 어떤 지역사회는 지역사회 조직자로서 경찰의 역할을 정의할 수 있다. 다른 지역사회는 더 전통적인 경찰 역할을 선호할지도 모른다. 경찰의 역할이 여러 해 동안 하나의 방식으로 정의되었다는 사실이 다른 방식으로 정의될 수 없다는 것을 의미하지는 않는다. 변화는 불가능하지 않다. 경찰 역사가들이 지적하듯이, 오늘날 지배적인 범죄와의 전쟁 역할은 많은 사람들이 생각하는 것만큼 전통적이지 않다. 사실, 그것은 불과 지난 50년 동안 발전해온 개념이다.

분권화와 책임

지역사회 경찰활동의 기본 원칙들 중 하나는 분권화된 의사결정이다. 즉, 일선 경찰들에게 어떤 문제에 대하여 관여하고, 어떻게 그들의 시간을 사용할 것인지를 결정할 수 있는 더 많은 권한을 주는 것이다. 그러나 분권화는 경찰의 행동에 대한 통제력 상실의 문제를 야기하고, 이로 인해 권한남용이 발생하기도 한다. 허먼 골드스타인 (Herman Goldstein)이 말한 것처럼 "지역사회 경찰관들이 문제해결을

⇨ 부패 통제에 대한 논의는
   제13장 참조

위한 대안을 선택하기 위해 어느 정도 자유로워야 하는가?"[76]

　부패와 무력 사용을 포함한 경찰 비위행위를 통제하는 대부분의 이점들은 중앙집권적인 지휘와 통제를 통해 달성되었다. 한 가지 주요 장치는 행정규칙 제정이었다: 경찰관들에게 어떤 종류의 행동이 허용되지 않는지에 대한 서면 규칙을 제공하는 것이다.

　뉴욕시 순찰 지역사회 경찰관(New York City Community Police Officer on Patrol, C-POP) 프로그램을 평가한 결과, 순찰 경찰관을 감독하는 전통적인 방법이 지역사회 경찰활동에 부적절하다는 것이 밝혀졌다. 이러한 방법들은 성격상 관료주의적인 것으로서 경찰관들에게 그들의 시간 사용과 시민들과 접촉하는 것에 대해 책임지도록 하고 있고, 이는 주로 비위행동을 통제하기 위해 고안되었다. 뉴욕시에서는 경찰관들에게 너무 많은 재량권을 주는 것이 부서의 반복되는 문제인 부패로 이어질 것이라는 특별한 우려가 있었다. C-POP 프로그램은 팀장(sergeant)이 엄격하게 통제하는 역할보다는 관리자(manager) 역할을 더 많이 할 것을 요구하였다. 팀장은 문제해결에 있어 경찰관들을 도와야 했고, C-POP 부서를 대표하면서 나머지 부서(C-POP에 적의가 있었던 부서)에 대응하고, 지역사회에도 C-POP를 대표하여 대응했다.[77]

　조지 켈링(George Kelling)과 제임스 스튜어트(James Stewart)는 경찰관들이 지역 주민들에게 반응하도록 장려하는 데 내재된 위험에 대해 경고한다. 대다수의 거주자들은 불법적이거나 부적절한 것들을 요구할 수 있다. 켈링과 스튜어트는 "인종적으로 혼합된 지역사회에서 집을 소유하고 있는 백인들만으로 구성된 지역사회 방범단체"는 이 지역에서 인종 간의 갈등 수위를 증가시킬 뿐이라고 지적했다.[78] 지역사회 경찰활동을 비판하는 사람들은 윌슨과 켈링(Wilson and Kelling)의 "깨진 유리창(Broken Windows)"에 묘사된 "엉덩이 걷어차기(kick ass)" 경찰활동 스타일을 지적한다. 이 기사에서 시카고의 한 경찰관은 경찰이 어떻게 공공주택 프로젝트에서 갱 단원들을 쫓아 버렸는지 설명했다: "우리는 엉덩이를 걷어차 버렸다" 윌슨과 켈링은 이 접근법이 "적법절차와 공정한 대우(due process and fair treatment)라는 개념과는 전

⇨ 행정규칙 제정에 대한 논의는 제11장 참조

혀 맞지 않는다."고 지적했다.[79] 여기에서의 문제는 질서에 대한 지역
사회의 요구와 적법절차와 동등한 보호의 요구들 사이의 경쟁이다.

가난한 지역사회와 소수집단 지역사회에 대한 영향

닐 웹스데일(Neil Websdale)은 지역사회 경찰활동이 가난하고 소
수집단에 속하는 시민들의 삶을 특별히 침해한다고 지적하였다. 그는
지역사회 경찰활동이 공공 주택에 살고 있는 사람들에 대한 순찰을
강화하고 "삶의 질"을 침해하는 사소한 위반에 대한 강력한 단속을
실시하여 이러한 지역사회에 대한 감시가 증가되었다고 설명한다. 그
는 가난한 소수민족 지역사회에 대한 관심이 높아짐에 따라, 일부에
서는 환영을 받기도 하지만, 체포가 증가하고, 그 후에 수감된 사람
들의 수가 증가하여, 이로 인하여 지역사회에 소수의 남성들만 남게
되고, 그들이 교도소에서 석방되었을 때 범죄기록으로 인해 일자리를
찾을 가능성은 더 적어졌다고 주장한다.[80]

지역사회 이익과 갈등

지역사회와 협업하는 것이 이론상 좋은 것 같지만, 마이클 버거
(Michael Buerger)의 미니애폴리스(Minneapolis) RECAP 프로그램에 대
한 연구는 몇몇 사례에서 지역사회의 이익이 혁신적인 경찰 프로그
램의 목표와 상충된다는 사실을 발견하였다. 한 프로그램은 편의점에
서 물건을 훔치는 것을 해결하는 것을 목표로 삼았다. 그러나 회사
관계자들은 절도보다 고객들의 소송 가능성에 대해 더 우려한 것으
로 드러났는데, 그들은 편의점 절도피해를 정상적인 사업비용이라고
간주하는 경향이 있었다. 한편, 일부 편의점 주인들은 강력한 경찰의
존재가 그들의 좋은 고객들을 멀어지게 하고 겁을 줄 것을 우려했다.
통행금지* 이후 청소년을 편의점에서 나가도록 하자는 제안은 어린

* [역자 주] 미국은 지역에 따라 청소년 통행금지 조례를 제정하여 운영하고
  있음. 예를 들어, 마이애미 대드카운티는 17세 미만의 청소년이 주중에는

이들에게 안전한 피난처를 제공하기 위한 대기업 프로그램과 충돌했다. 경찰은 또한 집주인이 마약 거래상으로 의심되는 사람에게 임대하는 것을 저지하려고 했다. 하지만 많은 집주인들은 일부 마약상들을 선호했는데, 그들이 제때, 현금으로 집세를 냈고, 일반적으로 주목을 받지 않으려고 했기 때문이다. 요약하면, 충돌되는 이익들 — 특히 일부 지역 주민들의 경제적 이익들이 지역사회 문제를 해결하기 위한 창조적 프로그램들을 방해할 수 있다.[81]

그런데, 지역사회 경찰활동이 효과가 있나?

지역사회 경찰활동 서비스 사무국(The Office of Community Oriented Policing Services, COPS)은 지역사회 경찰활동의 효과성을 조사하는 여러 가지 연구를 의뢰했는데, 그중 가장 큰 것은 지홍 자오(Jihong Zhao)와 퀸트 서먼(Quint Thurman)에 의해 수행되었다. 연구자들은 6년 동안 6,100개의 도시를 조사하여 지역사회 경찰활동 채용 계획(COPS 사무국서 보조금을 지원한)이 범죄에 미치는 영향을 조사했다. 연구자들은 빌 클린턴 정부 하에서 시행된 지역사회 경찰활동 전략이 매우 효과적이라고 결론지었다. 이들은 "단위 주민당 혁신적 보조금 1달러의 증가는 인구 10만 명당 12.26건의 강력범죄와 43.85건의 재산범죄 감소에 기여했다고 지적했다."[82]

더 최근의 연구들은 또한 지역사회의 경찰활동을 지지하는 결과를 보고했다. 예를 들어, 최근에 샬럿 길(Charlotte Gill)과 그녀의 동료들이 지역사회 경찰활동이 범죄, 무질서, 두려움, 적법성, 그리고 경찰에 대한 만족도에 미친 영향에 대하여 수행한 방법론적으로 정교하게 진행된 25개의 연구를 메타분석한 연구를 수행하였다. 그들은 지역사회 경찰활동이 대중의 경찰에 대한 만족도에 있어서는 중대한 개선이 있었고 무질서에 대한 근심을 줄게 했지만, 경찰활동의 적법

밤 11시부터 다음날 새벽 6시 사이에, 금요일 밤부터 일요일 아침까지는 밤 12시부터 새벽 6시 사이에 청소년이 혼자 또는 여럿이서 공공장소에 걸어 다니거나, 모이는 행동을 할 수 없도록 하는 규정을 두고 있음.
출처: https://www.miamidade.gov/global/police/juvenile-curfew.page

성, 범죄, 범죄 두려움에는 효과가 없었다고 보고하였다.[83] 2019년 코네티컷주 뉴헤이븐에서 실시된 무작위 통제 실험에서, 긍정적이고 비강제적인 접촉을 강조하는 지역사회 경찰활동이 경찰에 대한 시민들의 인식에 미치는 영향을 조사했다. 이들은 제복을 입은 경찰관과의 한 번의 긍정적 만남이 최장 21일간 경찰에 대한 신뢰와 협조 의지를 높인다고 보고했다.[84]

▌문제지향 경찰활동의 뿌리

문제지향 경찰활동
(problem-oriented policing)

허먼 골드스타인은 **문제지향 경찰활동**이라는 개념을 가지고 1979년에 경찰 역할에 대한 새로운 접근법을 개척하였다.[85] 골드스타인은 1950년대에 전미변호사재단의 형사사법제도 조사연구(American Bar Foundation Survey of Criminal Justice)를 주도하면서 경찰 역할의 복잡성을 인식 시키는 데 핵심적인 역할을 하였다.[86] 그 후 그는 경찰의 다양한 역할 책임들을 강조한 전미변호사협회(American Bar Association, ABA)의 표준안을 제작하는 데 참여하였다.[87] 골드스타인은 1977년 저서 "자유사회에서의 경찰활동(Policing a Free Society)"에서 우리는 경찰을 넓은 범위의 다양한 서비스를 제공하는 정부기관으로 생각해야 한다고 주장했다.[88]

골드스타인의 문제지향 경찰활동에 관한 초기 논문에서 핵심적인 생각은 경찰이 전통적으로 그들의 역할을 모호하고 일반적인 범주로 규정했다는 것이다: 범죄와 질서 유지 그리고 서비스. 하지만 실제로는, 이 각각의 일반적인 범주들은 많은 다른 종류의 문제들을 포함하고 있었다. 예를 들어, 범죄의 범주에는 살인, 강도, 음주 운전이 포함되는데, 이것은 각각 매우 다른 종류의 사회적 사건이다. 무질서의 범주는 가정불화, 정신 건강 문제, 공공 음주 그리고 다른 많은 문제들을 포함한다. 골드스타인은 경찰이 이러한 범주들을 취해서 그것들을 개별적인 문제들로 분류한 다음, 각각에 대한 대응방안을 개발해야 한다고 주장하였다. 즉 이것이 문제지향 경찰활동이다.[89]

골드스타인은 또한 경찰 효과성에 대한 전통적인 측정방식이 유용하지 않다고 지적한다. 공식범죄통계인 전미범죄통계보고서(UCR) 시스템의 데이터는 매우 문제가 많을 뿐만 아니라, UCR 시스템은 모든 범죄들을 하나의 범주로 통합시켜 분류한다. 문제지향 접근법은 특정 문제에 대한 구체적인 효과성에 대한 측정이 필요하다.[90]

많은 전문가들과 함께 골드스타인은 경찰이 자기들의 통신 시스템에 갇힌 죄수들이라고 주장했다. 911 시스템은 경찰관들이 대부분의 자원을 신고 서비스 요청에 수동적으로 반응하는데 소요하도록 만드는 반응적인 역할(reactive role)을 하게 한다.[91] 이런 반응적 역할은 경찰이 고립된 사건(신고)적 시각으로 사고한다는 점을 의미한다. 골드스타인은 이것이 근본적인 문제에 대한 진지한 계획을 수립하는 것을 방해한다고 주장한다.

EXHIBIT 10-6은 전통적인 911 주도의 사건기반 경찰활동(incident-based policing)과 문제지향 경찰활동(problem-oriented policing)의 차이를 보여준다. 전통적인 접근법 하에서, 각각의 사건은 고립된 사건으로 다루어진다. 경찰관들은 각각의 사건마다 개별적으로 대응하는 것에만 관심을 두고 있다. 반대로, 문제지향 경찰활동은 문제에 대한 분석을 강조하고 그 문제에 대응하기 위해 적절한 해결책을 개발하는 것을 강조한다. 이러한 모델은 경찰 내부의 권한의 분산이 필요하기 때문에 일선 경찰관들이 문제를 찾아내는 역량뿐만 아니라 문제에 대하여 대응책을 실행하는 권한을 부여할 필요가 있다.[92]

문제지향 경찰활동은 종종 지역사회 경찰활동(community-oriented policing) 전략과 혼동되거나 경찰서의 지역사회 경찰활동 전략의 일부로서 시행되기도 한다. 하지만, 601쪽의 EXHIBIT 10-10에서 보듯이, 문제지향 경찰활동이 지역사회 경찰활동과 구별하게 하는 점은 그것이 경찰활동의 수단보다는 경찰활동의 궁극적인 결과물에 중점을 두는 점이다.[93] 에크와 맥과이어(Eck and Maguire)는 "간단히 얘기해서, 지역사회 경찰활동에서는 대중과 경찰 사이의 강한 긍정적인 관계를 형성하는 것이 목표라고 말한다. 문제를 해결하는 것은 부차적이다. 반면에 문제지향 경찰활동의 목표는 대중에게 근심을 야기하는 문제들을 줄이는 것이다. 지역사회와의 긴밀한 협력은 종종 문제를 해결하는 데 중요한 요소이지만, 그것이 최종 목표는 아니다."[94]

▌문제해결 과정

존 에크(John Eck)와 윌리엄 스펠만(William Spelman)은 문제지향
경찰활동이 일반적으로 **사라(SARA)**라고 알려진 4단계 과정을 통해
시행되고 있다고 지적한다: (1) 조사(scanning), (2) 분석(analysis), (3)
대응(response) 그리고 (4) 평가(assessment). (Exhibit 10−7 참조).

조사-분석-대응-평가(SARA)

EXHIBIT 10-6

전통적 경찰활동 대 문제지향 경찰활동

a. 사건-주도 경찰활동

b. 문제지향 경찰활동

출처: John Eck and William Spelman, *Problem Solving: Problem-Oriented Policing in Newport News* (Washington, DC: PERF, 1987). Figure 1, p. 4.

EXHIBIT 10-7

사라(SARA) 문제해결 모형

조사 단계의 요약

Step 1
- 잠재적 문제들에 대한 리스트 작성

Step 2
- 문제들 선정

Step 3
- 문제들에 대한 우선순위 지정

Step 4
- 구체적인 문제에 대한 기술
- 문제가 발생한 곳의 실제 예시들 작성
- 어떤 상황이 가장 큰 어려움을 야기하나?

분석을 위한 검토와 준비

가설
- 당신이 이미 알고 있는 것을 바탕으로 생각했을 때, 문제를 일으키는 원인이 무엇이라고 생각하나?
- 일반적 목표기술
- 데이터를 어떻게 수집하고 보고할 것인가?
- 데이터 수집은 언제 시작하나?

분석단계의 요약

Step 1
- 문제가 발생하기 전에 어떤 조건이나 사건이 선행하나?
- 어떤 조건 또는 사건이 문제와 동시에 발생하나?
- 문제의 결과는 무엇인가?
- 문제로 인한 피해는 무엇인가?

Step 2
- 문제가 얼마나 자주 발생하나?
- 이것이 문제가 된 지 얼마나 되었나?
- 각 문제가 발생하면 얼마동안 지속되나?

데이터가 수집되었으니 분석을 계속해야 합니까, 아니면 조사단계로 되돌아가서 문제를 다시 지정해야 하나?

Step 3

- 잠정 목표를 정의한다.
- 문제 해결에 도움이 될 수 있는 자원을 식별한다.
- 이 문제를 해결하기 위해 어떤 절차, 정책 또는 규칙이 수립되어 있는가?

대응 단계에 대한 요약

Step 1

- 가능한 개입들에 대한 브레인스토밍

Step 2

- 실현가능성을 고려하고 대안 중 하나를 선택한다.
- 계획이 실행되기 전에 해야 할 일은?
- 누가 예비 조치를 담당할 것인가?

Step 3

- 계획의 개요를 정하고 각 파트별 책임자를 지정한다.
- 이 계획은 목표의 전부 또는 일부를 달성할 것인가?
- 이 계획이 달성할 구체적인 목표를 명시한다.
- 데이터가 수집될 수 있는 몇 가지 방법은 무엇인가?

Step 4

- 현실적으로, 계획 실행에 있어 가장 발생할 가능성이 있는 문제는 무엇인가?
- 계획이 작동하지 않거나 정확하게 실행되지 않을 때 따를 수 있는 몇 가지 절차는 무엇인가?

계획의 실행

평가 단계에 대한 요약

Step 1

- 계획이 실행되었나?
- 대응방안에 명시된 목표는 무엇인가?
- 목표가 달성되었나?
- 목표가 달성되었는지 어떻게 알 수 있나?

Step 2

- 계획이 철회되면 어떤 일이 일어날 것인가?
- 계획이 유지되면 어떤 일이 일어날 것인가?

- 계획의 효과성을 증가시킬 새로운 전략들을 찾아라.
- 계획에 대한 모니터링은 어떻게 할 것인가?

Step 3
- 계획 실행이후의 계획
- 계획 수정
- 추적 평가

출처: Police Executive Research Forum, *SARA Problem Solving Model*, www.policeforum.org/sara.html.

조사

    SARA 모델의 첫 단계는 **조사**이다. 여러 가지 방법으로 조사를 할 수 있다. 예를 들어, 교대 근무를 하는 동안, 경찰관들은 그들의 순찰구역에 발생할 수 있는 문제들을 찾고 식별할 수 있다. 또 다른 전략은 경찰관들이 잠재적인 문제를 파악하기 위해 신고전화와 불만 사항에 대한 요구를 조사하는 것이다. 또 다른 조사 전략으로 경찰관들이 배치된 지역에 살거나 일하는 주민들과 상담을 하는 것이다. 하지만, SARA 모델 하에서 식별되어야 할 문제들은 서로 연관성이 없는 개별적 사건이 아니라, 오히려 근본적인 원인을 공유하는 문제들이다.

조사(scanning)

분석

    SARA 모델의 두 번째 단계는 **분석**이다. 이 단계는 경찰이 문제의 범위, 성격, 그리고 원인을 파악하기 위해 경찰관이 문제에 대한 정보를 수집할 것을 요구한다. 이것은 종종 경찰에게 "문제의 세 가지 범주: 행위자(피해자, 범죄자, 제3자), 사건(물리적 설정, 사회적 맥락, 사건들의 순서), 과거의 대응(지역사회와 그 기관들에 의한)에 초점을 맞춘다."[95]

분석(analysis)

대응

대응(response)

　　SARA 모델의 세 번째 단계는 **대응**이다. 분석 단계에서 수집된 데이터는 문제에 응답하고 대응책을 실행할 전략을 개발하는 데 사용된다. 그 대응책은 일반적으로 주민들, 경찰서 내의 다른 부서, 다른 정부 기관, 지역 사업체, 민간단체 또는 필요한 대응에 도움을 줄 수 있는 다른 사람이나 집단의 지원을 통합하여 대안적인 해결책을 사용하는 것을 포함한다. 문제지향 경찰활동은 대응이 전통적인 범죄 통제 전략을 뛰어넘어, 현상 자체(즉, 범죄와 무질서)에 단순히 반응하기보다 범죄와 무질서를 발생시키는 근본 조건에 영향을 미칠 전략과 전술을 사용해야 한다고 강조한다. 그런 전략은 경찰에게 사용할 수 있는 더 많은 도구를 제공하려고 시도한다.

평가

평가(assessment)

　　SARA 모델의 마지막 단계는 **평가**이다. 평가에는 대응의 효과성에 대한 평가가 포함된다. 성공이라는 인상적인 혹은 일화적인 증거를 넘어 경찰이 성공하지 못할 경우 대응책을 수정할 수 있도록 하는 엄격한 피드백을 얻기 위한 단계이다. 이 피드백은 또한 경찰이 이 문제를 정확히 확인했는지 여부를 재조사할 수 있게 한다. 왜냐하면 경찰은 매우 다양한 대응책들을 이용하기 때문에 - 그들이 다뤄야 하는 문제들이 너무나 다양하기 때문에 - 단일 유형의 평가만으로는 불가능하다. 이와 같이, 경찰은 종종 범죄의 변화를 측정하기 위해 서비스 요청 전화 같은 기존의 데이터 소스를 사용하는 것을 넘어서, 물리적 무질서의 변화를 측정하기 위해 사진과 같은 비전통적인 데이터를 수집하고 분석해야 한다.

▌문제지향 경찰활동의 효과성

　문제지향 경찰활동에 대한 평가는 일반적으로 지역사회 경찰활동에 대한 평가보다 더 긍정적이다. 이번 섹션에서는 가장 강력한 연구 설계를 사용했거나 전국적으로 많은 주목을 받았던 프로젝트들을 검토한다.

뉴포트뉴스의 문제지향 경찰활동

　문제지향 경찰활동에 대한 의미있는 실험이 버지니아주의 뉴포트뉴스시에서 처음으로 실시되었다. 몇 년 동안 경찰은 뉴브라이어필드(New Briarfield) 아파트 단지에서 높은 수준의 주거침입(Burglary)이 발생하는 것을 인지하고 있었다. 그 지역에 경찰력을 증가시키는 것이 60%의 주거침입을 낮추는 것으로 보고되었지만, 경찰이 다른 지역으로 배치되었을 때, 주거침입범죄율이 다시 증가하였다. 1984년까지 이 아파트 단지는 시내의 다른 어느 주거 지역보다 훨씬 더 많은 서비스 요청 신고전화를 발생시키고 있었다. 이 시점에서 경찰은 전통적 방법을 버리고 문제지향 경찰활동 실험을 추진하기로 했다.[96]

　그 프로젝트는 SARA 모델을 활용했다. 조사(Scanning) 단계는 그 지역의 범죄 패턴과 아파트 거주자들의 여론조사로 시작되었다. 그 조사는 건물의 물리적 쇠퇴가 주거침입에 기여한 정도를 밝히는 데 도움을 주었다. 뉴브라이어필드에 파견된 경찰 태스크포스는 아파트 건물들의 물리적 상태를 다루는 전술로 대응했다. 경찰은 또 주택사업에 어느 정도 책임이 있는 여러 정부기관 회의를 조직했다. Exhibit 10-8은 경찰이 접촉한 공공기관의 리스트를 나열한 것이다. 회의 목적은 아파트 단지 내 여건을 개선하기 위한 조율된 전략을 개발하기 위한 것이었다. 이 프로젝트에 배치된 한 경찰관은 세입자 그룹을 조직하는 데 도움을 주었고, 이것은 아파트 개선을 위해 시 공무원들에게 압력을 가하는 작용을 했다. 그러나 결국에는 아파트를 철거하고 주민들을 이주시키는 결정이 내려졌다.

공식적인 통계는 문제지향 경찰활동으로 인해 신고된 범죄가 감소했음을 보여준다. 더욱 중요한 것은, 경찰들의 활동이 문제지향 및 지역사회 경찰활동에서 경찰에게 새로운 역할을 제시했다는 것이다: 지역사회 문제를 파악하기 위해 여론조사를 하는 것. 아파트 단지 회의를 주도하면서, 경찰관들은 지역사회 조직자 역할 또는 정부 서비스의 브로커 역할을 했다.

EXHIBIT 10-8

뉴브라이어필드 주거침입 범죄문제에 대한 정보를 얻기 위해 접촉한 공공기관들

뉴포트뉴스시 기관들

사업자 등록 사무국(Office of Business Licenses) – 사업자 등록 기록(business license records)

법원 서기(Clerk of Courts) – 증서 기록(deed records)

규정 준수국(Department of Codes Compliance) – 건물 안전 정보(building safety information)

소방서(Fire Department) – 화제와 방화 데이터

기획국(Planning Department) – 토지 사용과 인구 데이터(land use and census data)

공공근로국(Department of Public Works) – 거리 청소 및 위생 정보(street cleaning and sanitation information)

재개발 주택 인가국(Redevelopment and Housing Authority) – 주택 보조금 프로그램 데이터

세무국(Tax Assessor's Office) – 재산 가치와 세액 납부(property values and tax payments)

주정부 기관들

버지니아기업위원회(Virginia Corporation Commission) – 기업 정보(corporate records)

캘리포니아기업위원회(California Corporation Commission) – 기업 정보(corporate records)

연방정부 기관들

연방수사국(Federal Bureau of Investigation, local office) – 사기 수사 문제(fraud investigation issues)

국세청(Internal Revenue Service) – 소유주 패턴(ownership patterns)

주택 도시 개발부(Department of Housing and Urban Development, Washington, DC, central office) – 주택 표준과 주택금융 채무불이행 데이터(housing standards and loan default data)

예산관리국(Office of Management and Budge) – 다세대 가구 주택문제와 HUD 지원 프로그램(multifamily housing problems and HUD assistance programs)

출처: John E. Eck and William Spelman, *Problem-Solving: Problem-Oriented Policing in Newport News* (Washington, DC: Police Executive Research Forum, 1987). table 9, p.70.

샌디에이고의 문제지향 경찰활동

샌디에이고 경찰서는 전 세계적으로 문제지향 경찰활동 선도자로 널리 인정받고 있다. 코드너는 샌디에이고에서 문제지향 경찰활동 실행에 대한 가장 철저한 평가 중 하나를 실시했는데, 이는 경찰서의 여덟 개 관할구역에서 320명의 경찰관을 인터뷰하고 경찰서 순찰 경찰관들과 그들의 팀장들의 약 1/4을 조사한 것이다.[97]

그는 문제지향 경찰활동이 샌디에이고에서 경찰활동이 행해지는 방식에 큰 영향을 미쳤다는 것을 발견했다. 예를 들어 약 70%의 경찰관들이 최근 문제지향 경찰활동 원칙을 최소한 일부 사용했다고 밝혔고, 거의 절반은 문제지향 경찰활동이 매우 중요하다고 말했다. 경찰관들은 또한 그들의 상관들이 지원적이며 문제지향 경찰활동 노력을 장려한다고 표현했다. 샌디에이고의 경찰관들이 종종 전통적인 치안유지 전략에 의존하는 한편, 다른 정부 기관들과 협력하고 지역 사회와 협력하여 특정한 문제를 해결하는 것과 같은 광범위한 대응 옵션들을 이용하는 것을 발견한 것이 흥미로웠다.

하지만, 코드너는 대부분의 문제지향 경찰활동 프로젝트가 "교과서 방식"으로 수행되지 않았다고 지적했다. 예를 들어, 대부분의 경찰관들은 정교한 형태의 조사 및 분석에 관여하지 않았다. 문제는 대부분 개인적인 관찰과 사람들과의 대화를 통해서 확인되었다. 어떤 형태로든 범죄분석은 거의 사용하지 않았다. 대부분의 경찰관들은 마약, 뜨네기/특수 인구, 공공질서 등과 연계된 소규모 문제에 집중했다. 경찰관 중 10퍼센트 미만이(마약 관련 문제 이외의) 범죄와 직접 관련된 문제에 대해 일했다.

샌디에이고에서 코드너의 연구는 거의 20년간 문제지향 경찰활동 정책을 시행한 후 경찰관들이 그 전략을 실행하는 것을 배웠지만 학자들과 정책입안자들이 요구한 것처럼 공식적으로나 완전하게 실천하지는 않았다는 결론을 내렸다.[98]

보스턴 총기 프로젝트: 발포중지작전

　　보스턴 총기 프로젝트는 보스턴 경찰서, 연방알코올·담배·총기 단속국(Bureau of Alcohol, Tobacco, and Firearms), 연방 및 카운티 검사, 카운티 보호관찰관과 순찰관, 보스턴 시립 봉사 노동자, 보스턴 학교 경찰 그리고 청소년 교정당국(youth corrections)이 관련된 문제 해결 프로젝트였다. 1990년대 초, 보스턴은 청소년 살인의 증가로 어쩔 줄 몰라 하고 있었다. 범죄분석 결과 1991년과 1995년 사이에 보스턴에서는 평균적으로 연간 43건의 청소년 살인이 발생했다. 하버드대 연구원들에 의한 철저한 분석 후에, 프로젝트 참가자들은 청소년들에게 총기를 공급하는 강력한 불법 총기 시장을 발견했다. 그들은 또한 살인 사건에 연루된 청소년들의 약 60%가 보스턴의 세 군데 지역에 사는 갱들과 관련이 있다는 것을 발견했다.

　　분석결과는 프로젝트 참가자들이 성공적인 대응을 위해서는 총기의 공급과 수요에 대한 대응이 모두 포함되어야 문제를 해결할 수 있다는 사실을 믿게 하는 데 도움을 주었다. 갱 단원들에게는 총격이 중단되지 않는 한, 갱 단원들이 법 집행 당국에 의해 철저하게 조사될 것이며 심각한 파장이 있을 것이라는 메시지가 전달되었다. "갱 단원들에게 마약시장이 폐쇄될 것이며, 영장이 발부될 것이며, 경찰관들(연방 경찰 포함)이 순찰을 강화할 것이며, 보호관찰 대상자들에 대한 침실 점검이 실시될 것이며, 가석방 감독관들이 방을 수색할 것이며, 등록되지 않은 차들은 압수될 것이며, 공공장소에서 술을 마시는 것과 같은 무질서 위반행위들에 대한 단속이 시작될 것이라고 경고하였다." 한 사례에서 폭력적인 갱 활동으로 여러 차례 체포된 한 갱 단원이 호주머니에 총알 한 발이 든 것을 확인하였다. 그의 중범죄 전과 때문에 그는 상습 범죄자로 기소되어 20년 형을 선고받았다.[99]

　　평가는 그 프로젝트가 범죄, 범죄에 대한 두려움, 그리고 경찰에 대한 거주자의 만족도에 영향을 미쳤다는 것을 보고했다. 이 작전이 시작된 지 2년 후 청소년 갱단의 살인은 70% 감소했다. 피해 지역에 거주하는 주민들 사이에서는 범죄에 대한 두려움이 21%나 줄었고, 범죄예방에 대하여 경찰을 신뢰하는 주민도 33%가량 늘었다.[100]

미국 연방정부는 보스턴 총기 프로젝트의 결과를 바탕으로 총기 난사에 대응하기 위해 미국 전역의 여러 지역에서 비슷한 프로젝트를 지원하고 있다.[101] 경찰활동에 있어서 이러한 구체적인 접근 방식은 **집중억제전략**, 또는 *지렛대 정책(pulling levers)*이라고 알려져 있다. 비록 집중 억제 전략이 문제지향 경찰활동의 틀 안에서 개념화된 것이기는 하지만, 이 전략은 문제지향 경찰활동 접근법을 초월하는 원칙들을 필요로 한다.[102] 하이디 보너(Heidi Bonner)와 동료들은 집중억제전략들은 "가장 위험한 범죄자들에게 형벌 부과의 위협을 강화하고 그 위협의 효과가 범죄자들의 행동에 미치는 영향을 극대화하기 위하여 의도적으로 고지하는 것"에 의존하고 있다고 설명한다.[103] 이 전략은 보통 세 가지 요소를 포함하고 있다. 첫째, 그것은 많은 양의 범죄를 저지르는 소수의 지역사회에 거주하는 소수의 범죄자들에게 경찰의 주의를 집중시킨다. 둘째, 이 전략은 경찰이 다양한 제재를 활용할 수 있도록 학교나 종교에 기반을 둔 지역사회 단체와 같은 다른 주요 이해당사자들뿐만 아니라 다른 형사사법기관들로 구성된 실무단을 설립할 것을 요구하고 있다. 세 번째로, 이 전략은 특정된 범죄자들이 경찰과 다른 유관기관 사람들과의 회의에 불려 나와서 폭력은 용납되지 않을 것이라고 경고하는 "콜인(call-ins: 회의참석요청)"을 사용한다. 그들은 만약 그들이 폭력에 연루된다면, 실무그룹이 정한 강화된 처벌의 대상이 될 것이라는 것을 잘 알게 된다. 이 전략은 이 범죄자들이 다른 범죄자들에게 그들의 경험과 그들이 어떻게 영향을 받을 수 있을지에 대해 알려줄 것이라는 것을 전제로 하고 있다.[104] 게다가, 범죄를 멈추기를 원하는 사람들에게 직업 훈련, 교육, 그리고 약물 치료와 같은 인센티브가 제공된다.[105] 경찰이 시행하는 집중억제전략의 핵심요소는 Exhibit 10-9에서 확인할 수 있다.

수년간의 연방 자금 지원과 기술적 지원 이후, 2019년에 몇몇 범죄가 많은 도시들이 집중억제전략을 시행했다. 전략을 검토하는

집중억제전략(focused deterrence strategy)

24개의 엄격한 연구에 대한 메타 분석은 전략이 효과적이며 다른 많은 경찰활동 전략보다 훨씬 더 큰 영향을 미친다고 보고했다.[106]

비록 이 전략이 효과가 있지만, 이것은 막대한 자원과 노력이 요구된다: (1) 다른 형사사법기관이 경찰과 협력할 것, (2) 정교한 범죄 분석, (3) 범죄자와 그 가족에게 메시지를 전달할 수 있는 커뮤니케이션 전문가, (4) 자발적이고 유능한 서비스 제공자를 요구한다. 모든 기관이 이러한 역량을 보유하고 있는 것은 아니다.[107]

EXHIBIT 10-9

집중억제전략의 핵심 요소들

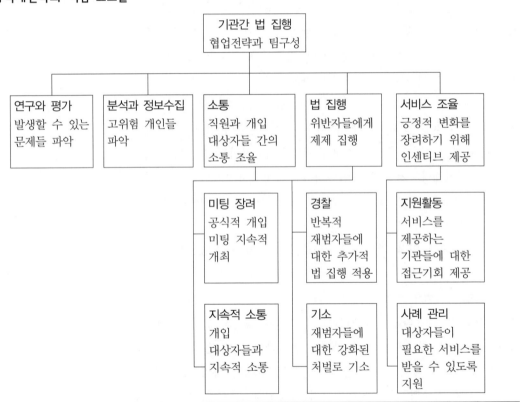

출처: Rand Corporation, *Focused Deterrence in Depth*, https://www.rand.org/pubs/tools/TL261/better-policing-toolkit/all-strategies/focused -deterrence/in-depth.html#step-3-provide-services-to-tho-.

문제지향 경찰활동의 미래

대게 범죄학자들과 정책입안자들은 문제지향 경찰활동의 미래가 밝다고 믿고 있다. 그 전략에 대한 상당히 정교한 많은 검증들에서 그것이 효과적이라는 것을 발견했다. 예를 들어, 와이스버드(Weisburd)와 그의 동료들은 5,500개 이상의 문제지향 경찰활동 평가를 검토했고 가장 정교한 연구 디자인을 사용한 평가들을 찾았다. 그들은 그 전략이 적절하게 시행되었을 때, 범죄와 무질서의 현저한 감소라는 결과를 가져왔다고 판단했다.

예를 들어, 그들의 분석의 한 부분으로, 그들은 사전/사후 연구 디자인을 적용한 45개의 연구를 조사했다. 그들은 평균적으로 문제지향 경찰활동의 사용이 범죄와 무질서의 44%를 감소시켰다는 것을 발견했다. 저자들은 문제지향 경찰활동은 상당한 가능성을 가지고 있으며, 광범위한 문제를 해결하기 위해 효과적으로 사용될 수 있는 방법이라고 결론지었다.[108]

▎무관용 경찰활동의 유형

국립과학원의 적극적 경찰활동에 대한 보고서는 적어도 두 가지 유형의 **무관용 경찰활동**이 있다고 언급했다. 이 두 가지의 무관용 경찰활동 형태는 지역사회 경찰활동이나 문제지향 경찰활동이 있든 없든 "전통적" 부서에 적용될 수 있다. 첫 번째 유형은 공동체 기반의 무관용 경찰활동 전략이다.[109] 이것은 질서유지 경찰활동, 삶의 질 경찰활동 또는 깨진 유리창 경찰활동 등으로 불리기도 한다. 공동체 기반 무관용 경찰활동은 이론적으로 깨진 유리창 가설을 기반으로 한다. 그런 만큼 경찰이 주로 무질서와 경범죄, 범죄의 외양에 초점을 맞추도록 요구하고 있다.[110] 형법과 경범죄 처벌법을 공격적으로 집행하고 지역사회 질서를 회복하기 위해 행해지는 개입이 특징이다. 무질서 퇴치를 위한 적극적인 법집행을 통해 주민들은 지역사회를

무관용 경찰활동
(zero-tolerance policing)

더 잘 돌볼 것이고, 이는 결과적으로 범죄에 대한 두려움을 감소시키고 궁극적으로 잠재적 범죄자들에게 법을 어기는 것을 용납하지 않을 것이라는 신호를 줄 것으로 생각된다.[111]

검문검색(stop, question, and frisk)

무관용 경찰활동의 두 번째 유형은 사람에 기반한 무관용 경찰활동 전략이다. 이것은 종종 **검문검색[SQF]**이라고 불린다. 그것은 이론적으로 억지 이론에 기초하고 있다. 일반적으로 범죄를 저질렀다는 합리적 의심을 바탕으로 수시로 차나 사람을 정지시키고 질문한 뒤 사람과 차량을 수색하는 방식이다. 범죄자들이 경찰에 의하여 검문과 몸수색을 당할 확률이 높다고 인식할 것이고 이는 마약이나 총기 범죄 등 일부 유형의 범죄에 가담할 가능성을 낮출 수 있다는 생각이다.[112]

▮무관용 경찰활동의 특성

Exhibit 10-10에 제시된 바와 같이, 무관용 경찰활동은 여러 가지 중요한 측면에 있어서 다른 경찰활동 전략과 차이가 난다. 첫째, 지역사회 경찰활동과 문제지향 경찰활동은 경찰이 범죄예방에 집중해야 한다는 개념에 기초를 두고 있으며, 무관용 경찰활동은 범죄-공격 모델에 초점을 맞추고 있다.[113] 잭 그린(Jack Greene)은 "무관용 경찰활동은 경찰활동의 진압적인 측면에 그 뿌리를 두고 있다고 지적하였다. 어떤 면에서는, 그것은 경찰을 법 집행에 대한 보다 전통적인 자세로 돌려놓는데, 그것은 많은 미국 경찰서에서 적극적인 지지를 받고 있는 방향이다."[114]

둘째, 이 전략은 경찰을 가장 필요로 하는 지역사회가 강력한 지역사회 사회적 기관들을 가지고 있을 가능성이 가장 적다는 가정에 기초한 것으로서 지역사회 경찰활동 전략과는 차별화된다. 따라서 비록 지역사회 경찰활동이 지역사회가 범죄 통제의 주요한 공동생산자라는 아이디어에 기반을 두고 있지만, 무관용 경찰활동은 지역사회가 범죄 통제 전략을 위해서 지원을 해주지 못할 수도 있다는 아이디어에 기반하고 있고 따라서 경찰이 범죄 통제를 위해 주요한 책임을 져야 한다는 것이다.[115]

EXHIBIT 10-10

다양한 경찰활동들의 사회적 상호작용과 구조적 구성요소에 대한 비교

사회적 상호작용 또는 구조적 구성요소	전통적 경찰활동	지역사회 경찰활동	문제지향 경찰활동	무관용 경찰활동
경찰활동의 초점	법 집행	범죄예방을 통하여 지역사회 만들기	법, 질서 그리고 두려움 문제	무질서 문제
개입의 형태	형법을 바탕으로 한 반응적 개입	형법, 민법, 행정법을 통한 적극적 개입	형법, 민법, 행정법을 바탕으로 한 혼합적 개입	형법, 민법, 행정법을 통한 적극적 개입
경찰활동의 범위	범죄에 초점을 둔 좁은 범위	범죄, 질서, 두려움, 삶의 질에 초점을 맞춘 넓은 범위	좁은 것에서 넓은 범위의 문제 초점	지역과 행동에 초점을 맞춘 좁은 범위
일선 경찰관의 재량권 수준	높은 재량, 낮은 책임	높은 재량, 지역사회와 지역 관리자에 대한 책임	높은 재량, 경찰 행정적 책임	낮은 재량, 경찰 행정적 책임
경찰 문화의 초점	내적, 지역사회 배제	외적, 파트너십 형성	문제에 따라서 혼합적, 분석 초점	내적, 목표문제에 대한 집중 공격
의사결정의 중심	경찰주도, 외부의 관여 최소화	지역사회－경찰 공동생산, 공동책임과 평가	다양함, 경찰이 문제를 파악하나 지역사회가 관여함	경찰주도, 필요할 때 다른 기관과 연계
의사소통의 흐름	경찰에서 지역사회로 하향식	경찰과 지역사회 수평식	경찰과 지역사회 수평식	경찰에서 지역사회로 하향식
지역사회 관여의 범위	낮고 수동적	높고 적극적	혼합, 문제의 성질에 따라	낮고 수동적
다른 기관과의 연계	저조, 가끔씩	전체 과정에서 참여하고 통합적	문제 상황에 따라 참여하고 통합적	중간정도, 가끔씩
조직의 형태와 통솔의 초점	중앙집권적, 명령과 통제	분권적, 지역사회와 연계된	분권적, 지역 관리자가 중앙 행정통제로부터 책임	중앙집권적 또는 분권적, 내부통제 초점
조직변화와 개발에 대한 시사점	없음, 환경과 분리된 정체된 조작	많음, 역동적 조직으로서 환경과 상호작용에 초점을 맞춤	다양함, 조직정보와 구조에서 문제해결에 초점을 둠,	없음, 전통적인 방법을 이용하여 문제에 초점을 맞춘 제한된 개입

성공에 대한 측정	체포와 범죄율, 특히 Part I 범죄	다양함, 범죄, 서비스 요청 전화, 두려움 감소, 공적공간 사용, 지역사회 연계, 안전한 지역사회	다양함, 문제 해결, 최소화, 전이	체포, 검문검색, 특정지역에서 특정범죄의 감소

출처: Jack R. Green. "Community Policing in America: Changing the Nature. Structure. and Function of the Police." in Julie Horney. ed., Policies, *Processes, and Decisions of the Criminal Justice System, Criminal Justice 2000*, vol. 3 (Washington, DC: Government Printing Office. 2000), p. 311.

셋째, 무관용 경찰활동은 문제를 주의 깊게 파악하거나 문제의 원인을 철저히 분석하려는 시도를 하지 않는다는 점에서 문제지향 경찰활동과 다르다.[116] 무관용 경찰활동은 구체적인 형태의 행위에 초점을 둔다. 경미한 범죄나 무질서 행위 - 공공장소에서 소변을 보는 것과 같은 사소한 범죄와 무임승차(개찰구를 점프하여 지하철에서 요금을 지불하지 않는 것), 매춘, (범죄목적으로)길거리 빈둥거리기, 공격적인 구걸, 낙서 그리고 "짜내기(squeegeeing)"(소년과 청소년들이 신호등에서 멈춘 차의 유리창을 닦고 돈을 요구하는 것) - 등이 주요 관심사이다.[117]

⇨ 핫스팟 경찰활동에 대한 심도 있는 논의는 제7장 참조

넷째, 무관용 경찰활동은 장소별 개입에 중점을 두는 것이 특징이다. 범죄 핫스팟을 조사한 이전 연구들은 소수의 주소들에서 굉장히 많은 양의 범죄와 무질서가 발생한다는 사실을 발견했다. 이에 따라 전국의 많은 경찰서들이 범죄 지도를 작성하기 시작했는데, 이것을 이용해 경찰이 핫스팟에서 무관용 경찰활동을 실시하였다.[118]

다섯째, 무관용 경찰활동은 문화적으로 그리고 조직적으로 기본으로 돌아가자는 전략을 나타내기 때문에 다른 경찰 발전 전략과는 차별화된다. 범죄와의 싸움 강조는 중앙집권적이고 내부적으로 집중된 군대형태의 조직구조를 만들었고 사실 이러한 조직 구조는 많은 경찰관들에게 익숙하고 편안해 하는 것이다. 또한, 지역사회 경찰활동 및 문제지향 경찰활동과는 달리, 적극적인 법 집행을 강조하기 때문에, 무관용 경찰활동은 경찰이 경찰문화에 근본적인 변화를 일으키도록 요구하지 않는다.[119]

▌뉴욕시의 무관용 경찰활동

아마도 뉴욕시에서 실시된 무관용 경찰활동이 가장 잘 알려진 것일 것이다. 깨진 유리창 이론을 바탕으로, 경찰청장 윌리엄 브래튼 (William Bratton)과 시장 루돌프 줄리아니(Rudolph Giuliani)는 1993년 무관용 경찰활동 전략을 도입했다. 이 시기 이전에 뉴욕시는 사회적 무질서(무허가 행상인, 노숙자, 길거리 마약 사용), 물리적 무질서(낙서), 범죄 등이 도시의 특징이었다. 도시가 통제 불능이라는 느낌이 팽배했었다.[120] 브래튼 경찰청장은 "내가 라과르디아 공항으로 비행기를 타고 와서 공항에서 고속도로를 타고 들어온 것을 기억한다. 거의 모든 고속도로 벽면에 그려진 낙서, 몇 년 동안 청소한 것 같지 않은 고무 타이어의 진흙, 불에 타서 방치된 차, 어디에서나 발견되는 쓰레기 등이 마치 미래 영화에 나오는 한 장면 같았다"고 말했다.[121]

이 문제를 해결하기 위해 뉴욕경찰(NYPD)은 공격적인 구걸행위, 공공기물파손(vandalism), 공공장소 주취행위, 노상방뇨, 매춘 등의 질서위반 행위에 대한 법 집행 노력에 초점을 맞춘 무관용 전략을 도입했다.[122] 그 전략은 경찰자원을 무질서와 사소한 범죄에 집중시킴으로써, 경찰은 질서를 회복할 수 있었고, 이것은 결국 범죄의 감소로 이어질 것이라는 생각에 바탕을 두고 있다. 범죄 데이터를 분석한 결과 경찰의 이러한 철학변화는 경찰관들의 행위에 즉각적이고 중대한 영향을 주었다는 사실을 보여 주었다. 예를 들어, 뉴욕에서의 경범죄 체포건수는 1993년부터 1996년까지 급증하여 133,446건에서 205,277 건으로 증가하였다.[123]

많은 관찰자들은 새로운 경찰활동 전략이 1990년대 중반에서 후반 사이에 뉴욕시의 중대 범죄 감소에 기여한 것으로 보고 있다. 1993년에 이 전략이 시행된 후, 전체 범죄율은 27%, 살인율은 40%, 강도율은 30%, 주거침입범죄률은 25% 감소했다. 이러한 범죄 감소는 전국 평균의 두 배였고, 이러한 결과는 많은 전문가들로 하여금 무관용 경찰활동이 다른 경찰 전략보다 더 효과적이라고 결론을 내리도록 하였다.[124]

⇨ SQF에 대한 추가 논의는
제12장 참조

시간이 흐르면서 뉴욕시의 무관용 경찰활동 전략은 검문검색 (stop, question and frisk, SQF)이라고 일컬어지는 전술로 변화되었다. SQF는 뉴욕경찰(NYPD) 경찰관들이 사소한 위반으로 보행자를 멈춰 세우고 개인에게 질문을 한 후 무기에 대한 "수색(frisking)"을 하였다.[125] 마이클 화이트(Michael White)와 헨리 프라델라(Henry Fradela)는 "질서 유지 경찰활동[OMP, order maintenance policing]과 '총기 지향 경찰활동(gun oriented policing)'의 결합이 사소한 위반 사항에 대하여 정지시켜 총기수색을 실시하여 범죄자가 총기를 휴대하는 것의 적발가능성을 높였기 때문에 총기 관련 범죄를 잠재적으로 억제하는 역할을 했다고 생각되어 진다"고 설명하였다.[126] 2003년과 2011년 사이에 SQF의 수는 약 16만 건에서 약 68만 5천 건으로 크게 증가했다.[127]

이 경찰 전략은 주요 범죄 통제 성공전략으로 환영 받았다. 뉴욕시의 범죄는 1990년과 2009년 사이에 크게 감소했다. 예를 들어, 살인은 82%, 강간은 77%, 자동차 절도는 94% 감소했다. 비록 미국 전역의 다른 주요 도시들에서 범죄율이 감소했지만, Exhibit 10-11에서 볼 수 있듯이, 일부 학자들은 뉴욕시에서의 감소가 더 두드러졌다고 지적했다.

그러나 무관용 경찰활동과 SQF가 이러한 성과에 대한 공로를 인정받아야 하는지에 대한 많은 논란이 남아있다. 이 정책을 시행한 윌리엄 브래튼 경찰청장과 범죄학자 조지 켈링은 무관용 경찰활동과 관련된 전술이 직접적인 성과요인이었다고 주장하지만,[128] 다른 학자들은 전략의 변화가 거의 영향을 미치지 않았다고 주장한다.

예를 들어, 리차드 로젠펠드(Richard Rosenfeld)와 그의 동료들은 뉴욕의 살인 추세를 미국의 가장 큰 도시 중 95곳과 비교하고 폭력 범죄와 관련된 요소들을 통제함으로써 뉴욕시의 공격적인 질서 유지 경찰활동 전략이 살인의 감소와 관련이 있는지 여부를 조사했다.

그들의 분석에 따르면 뉴욕시의 살인 추세가 무관용 경찰활동 시행 이전의 전국 평균과 크게 다르지 않았고, 시행 후 살인의 감소는 그 당시 다른 대도시에 비하여 "이례적"이 아니라는 것을 보여주었다.[129] 존 맥도널드(John MacDonald), 제프리 페이건(Jeffrey Fagan), 어맨다 겔러(Amanda Geller)는 2004년부터 2012년까지 뉴욕시에서 SQF의 구체적인 영향을 조사했지만, 또한 동시에 진행되고 있던 경찰 집중배치(즉, 핫스팟 경찰활동)의 효과를 통제했다. 그들은 "경찰력으로 범죄율이 높은 블록을 포화 순찰하는 것이 뉴욕시의 범죄를 줄이는데 도움이 되었다.... 많은 양의 수사방식의 [SQF] 검문검색은 범죄감소에 중요한 역할을 하지 못했다."라고 결론지었다.[130]

EXHIBIT 10-11

여섯개 도시에서의 범죄 패턴, 1990-2009

	살인	강간	강도	폭행	주거침입	자동차 절도	절도
뉴욕	−82%	−77%	−84%	−67%	−86%	−94%	−63%
로스앤젤레스	−71	−59	−69	−78	−68	−68	−58
휴스턴	−64	−56	−37	−20	−51	−74	−30
샌디에이고	−75	−39	−63	−57	−66	−67	−56
산호세	−36	−49	−19	−46	−47	−66	−54
포스턴	−68	−54	−65	−52	−73	−89	−52

출처: Michael White and Henry Fradella, *Stop and Frisk* (New York: New York University Press, 2016), 88.

무관용 경찰활동의 확산

뉴욕시에서의 성공은 무관용 경찰활동이 미국 전역의 경찰서에 정책이 확산되는 결과를 낳았다. 오늘날, 대형 경찰 조직의 약 80%가 어떤 형태로든 무관용 정책을 채택하고 있다.

공동체 기반 무관용 경찰활동의 두 가지 예는 애리조나주 챈들러(Chandler)와 캘리포니아주 로스앤젤레스(Los Angeles)에서 찾을 수 있다. 예를 들어, 챈들러에서 한 동네는 오랫동안 높은 범죄율, 길거리 수준의 마약 거래 그리고 매춘으로 악명높았다. 유리창이 깨진 주택과 쓰레기와 파편이 어수선하게 흩어져 있는 것도 특징이었다.

시는 지구규정 위반단속(zoning enforcement) 책임을 기획개발부에서 경찰내의 부서로 이전하는 것으로 대응했다. 경찰은 시규정 위반에 대한 법 집행을 함으로써 물리적 무질서를 감소시킬 책임이 부여되었다. 경찰은 또한 질서 유지법을 적극적으로 집행하기 위해 특별 부서를 설치했다. 이 두 부서는 힘을 합쳐서 해당 지역에 자원을 집중시켰다.[131] 로스앤젤레스에서, 경찰은 많은 양의 범죄와 폭력을 경험하고 있는 노숙자 캠프를 다루기 위해 이 전략을 사용했다. 경찰은 50명의 경찰관을 그 지역에 배치해서 경범죄 위반에 대하여 공격적으로 범칙금을 부과하고, 공공질서 위반에 대한 체포 그리고 강화된 순찰을 수행하도록 하였다.[132]

사람에 기반한, SQF, 즉 무관용 경찰활동 전략은 또한 뉴욕에서 사용된 후 인기가 많아졌다. 인디애나폴리스, 캔자스시티, 필라델피아, 피츠버그, 세인트루이스와 같은 많은 도시가 높은 폭력범죄가 발생하는 동네에서 총기 폭력에 대응하기 위해 SQF를 시행했다. 그 도시들은 총기 폭력의 핫스팟을 식별하기 위해 범죄분석을 처음 사용했다. 이들 지역은 폭력이 집중된 비교적 작은 동네인 경향이 있었다. 추가로 경찰관들이 이 핫스팟에 배치되어 도보순찰이나 차량 순찰에 투입되었다. 이 경찰관들은 범죄 행위의 합리적 의심을 바탕으로 사람과 차량을 공격적으로 멈춰 세우고 마약뿐만 아니라 총기를 수색하는 것에 집중하였다.[133] 자세한 논의는 제9장 530−531쪽의 캔자스시티 총기 실험을 참조하라.

무관용 경찰활동의 잠재적 문제점

무관용 경찰활동과 관련된 전략들이 인기 있는 경찰활동 전략이 되었지만, 많은 중요한 문제들이 남아있다. 비판가들은 그 전략이 범죄를 줄이는 데 효과적이라는 확실한 증거가 없다고 주장했고, 다른 사람들은 그 전략이 지역사회에 미칠 부정적인 영향에 대해 의문을 제기했다.

경찰과 대중 사이의 갈등

무관용 경찰활동은 경찰관들이 지나치게 공격적으로 행동하도록 부추겼다는 이유로 심하게 비난을 받아왔다. 일부는 경찰활동 전략을 "괴롭힘 경찰활동(harassment policing)"이라고 부르기까지 했다.[134] 예를 들어, 브루클린(Brooklyn)의 8블럭 지역에서만 경찰이 4년 동안 검문검색(SQF)을 52,000명을 대상으로 실시했다고 한다. 그 지역에는 14,000명의 사람들이 살고 있었는데, 이는 뉴욕경찰이 평균적으로 1년에 한 번씩 이 지역의 모든 사람을 대상으로 SQF를 했다는 것을 의미한다. 한 달 동안, 경찰은 8블록 지역에 하루 평균 60번 이상의 SQF를 실시했다.[135]

그 문제는 특히 젊은이들 사이에서 두드러졌다. 베라 연구소 (Vera Institute)는 범죄율이 높은 지역에 사는 18−25세의 약 500명의 주민들을 조사했다. 그들은 다음과 같은 내용을 보고하였다:

- 44%는 생전에 경찰로부터 9번 이상 제지당했다.
- 71%는 적어도 한 번 몸수색(frisk)을, 64%는 수색(search)을 당했다.
- 46%는 경찰의 손에 물리력을 경험했다고 말했다.
- 약 25%는 경찰관이 무기를 드러내놓은 상태에서 검문하는 상황을 경험했다고 말했다.
- 88%는 지역 사람들이 경찰을 신뢰하지 않는다고 말했다.
- 약 40%는 곤경에 처했을 때 경찰로부터 도움을 구하는 것을 편하게 느낄 것이라고 했다.
- 약 25%는 범죄를 저지른 사람을 신고할 것이라고 말했다.[136]

몇몇 관찰자들은 무관용 경찰활동 전략이 경찰과 대중들 사이의 갈등을 증가시키고, 경찰에 대한 지지를 줄이며, 장점이 있더라도 거의 없을 것이라고 믿는다.

이런 지적에 따라 일부 지방 경찰 기관들은 경찰관이 검문 이유를 검문 대상자에게 설명하도록 하는 지침을 시행하고 있다.[137] 이 기관들은 경찰관들이 경찰 검문의 정당성을 분명히 밝힌다면 경찰에 대한 대중의 인식이 부정적인 영향을 받지 않을 것으로 기대하고 있다.

장기적으로 수반되는 결과

무관용 경찰활동에 대한 많은 비판가들은 전략이 여러 부수적인 결과를 초래한다고 말한다.

예를 들어, 셔먼(Sherman)은 비록 무관용 경찰활동이 범죄감소에 단기적인 영향을 줄 수도 있지만, 장기적으로 심각한 범죄가 증가하는 결과를 초래할 수도 있다고 지적한다. 그는 체포 기록이 사람의 현재 직장과 앞으로의 고용에 중대한 영향을 미칠 수 있다고 주장한다. 게다가, 그는 사소한 범죄에 대한 체포는 사람을 더 화가 나고 더 반항적으로 만들어 더 심각한 범죄로 이어질 수 있다고 지적한다.[138] 경찰과의 접촉도 정신건강에 문제를 일으킬 수 있다. 연구자들은 뉴욕의 젊은 남성들을 대상으로 경찰과 SQF 전술에 대한 경험과 그들의 정신 건강에 대하여 조사하였다. 그들은 경찰에 의해 자주 제지된 남성들이 적게 제지된 남성들보다 훨씬 더 많은 불안을 경험했다고 보고했다.[139] 또한 체포 기록이 학자금 대출과 주택 제공 같은 정부 혜택 자격에 부정적인 영향을 미치고, 이것이 가족의 건강과 복지에 영향을 줄 수 있다는 것을 보여주는 많은 심도 있는 연구 결과가 있다.[140] 따라서 비판가들은 무관용 경찰활동의 이점이 경범죄로 체포된 사람들과 그 가족들에게 미치는 부수적인 결과보다 크다는 것이 명확하지 않다고 주장한다.

가난한 지역사회와 소수집단 지역사회에 대한 영향

많은 비판가들은 무관용 경찰활동 노력이 주로 가난한 사람들과 소수민족들에게 집중된다는 사실을 지적한다. 예를 들어, Exhibit 10-12에서 볼 수 있듯이 2011년에 NYPD에 의하여 정지당한 사람들의 88%는 흑인이거나 히스패닉이었다.[141] 하코트(Harcourt)는 무관용 경찰활동은 빈둥거림(loitering), 구걸행위, 공공주취와 같은 사소한 범죄에 초점을 맞추기 때문에, 그것은 주로 가난한 지역사회를 대상으로 하게 될 것이며, 이것은 결국 소수집단 지역사회들을 의미한다. 경범죄 체포 기록을 조사한 결과, 인구에서 소수집단이 차지하는 비율에 비해서 경범죄로 체포된 소수민족의 비율이 과도하게 높다는 것을 발견하였다. 이러한 추세는 특히 경찰관의 상당한 재량을 바탕으로 수상한 행동을 대상으로 체포하는 범죄에서 강하게 나타났다. 따라서 무관용 경찰활동은 경찰을 다시 한 번 소수집단이 보기에 정당성을 상실하는 길로 되돌리고 경찰이 소수집단의 눈에 점령군으로 비춰지도록 만들 수 있다.[142]

하코트는 극빈자, 소수집단 그리고 다른 "문화적 아웃사이더"들이 아마도 가장 큰 영향을 받을 것이라고 강조하였다. 그는 "경찰관과 일부 지역사회 구성원에게 일탈을 정의하는 비공식적 권한을 부여함으로 인하여, 우리는 민주주의 이론이나 헌법 원칙에 대한 우리의 개념과 상반되는 방법으로 정치적, 문화적, 성적 아웃사이더들에 대한 억압을 가능하도록 하였다."고 말한다.[143]

이러한 사례는 애리조나주 챈들러(Chandler)에서 볼 수 있는데, 이곳의 지역 사업가들은 사업에 방해가 된다는 이유로 길거리에서 일을 구하는 일당 노동자들(많은 이들이 불법 이민자들이었다)을 몰아내기를 원했다. 이에 대응하여 챈들러 경찰관 30명과 출입국 관리직원 6명은 5일 동안 불법 이민자에 대한 단속을 실시했다. 단속팀은 집들을 수색하고, 운전자들을 세워 검문했고, 보행자들을 억류했으며, 시민권을 조사하기 위해 학교 가는 길에 아이들을 심문했다. 총 432명의 이민자와 2명의 미국 시민이 추방되었다. 검거 후, 주 검찰총장은 여러 건의 수색이 불법으로 행해졌다는 것을 발견했고, 많은 주민들이 앞으로 나와 그들의 국적 때문에 경찰로부터 괴롭힘을 당하고 구타를 당했다고 항의했다. 공식적인 체포 기록에는 차별의 정도가 상세히 기록되어 있다. 체포를 정당화하는 한 이민국 요원은 자신의 보고서에 "그 대상자가 개인위생이 부족하고, 불법 이민자들은 대개 강한 악취가 난다는 사실을 즉시 알았다"고 기술하였다. 이 단속으로 법원에 3,500만 달러의 소송이 제기되었고, 추후 법원 밖에서 합의하였다.[144]

뉴욕, 보스턴, 뉴어크, 시카고, 필라델피아, 마이애미를 포함한 대도시 지역사회에서는 차별적인 SQF 관행에 연루된 경찰에 대한 조사 및/또는 소송을 제기하기 시작했다. 이러한 조사는 SQF 관행이 널리 퍼져 있고 가난한 소수민족 지역사회에 살고 있는 사람들에게 불공평하게 과도한 영향을 미친다는 것을 밝혀냈다. 예를 들어, 2013년 뉴어크(Newark) 경찰은 주민 1,000명 당 91번의 SQF를 실시했는데, 이는 뉴욕경찰(NYPD) 보다 11배나 높은 비율이었다. 뉴어크 인구의 52% 만이 흑인이었지만, 경찰에게 정지당한 사람 중 75%는 흑인이었다. 시카고와 필라델피아에서도 이와 유사한 패턴이 관찰되었다.[145]

뉴욕시에서 연방법원은 플로이드 대 뉴욕시(Floyd v. the City of New York, 2013) 판례에서 뉴욕경찰(NYPD)의 SQF 전술이 위헌이라는 판결을 내렸다. 그 결과, 법원은 정책, 훈련, 감독, 규율이 법원 명령에 따라 바뀌도록 하기 위해 감독관을 임명했고; SQF에 의해 가장 큰 영향을 받은 지역사회가 개혁 노력에 참여하도록 요구했고; 그리고 바디 카메라(body-worn cameras)에 대한 시범 테스트를 할 것을 명령했다. 항소를 통해 법원에서 여전히 최종 결정이 진행 중에 있었지만, SQF의 사용은 극적으로 감소하고 있다.[146] Exhibit 10-12에서 볼 수 있듯이, 뉴욕경찰은 2011년 약 685,000번과 비교하여 2019년 14,000번 미만의 검문검색을 기록했다. 그러나 경찰에 검문당한 소수 집단 비율은 크게 변하지 않았다.[147]

EXHIBIT 10-12

NYPD의 연도별 검문검색 숫자

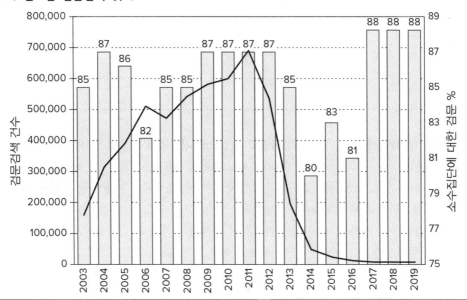

출처: New York Civil Liberties Union, *Stop-and-Frisk Data*, https://www.nyclu.org/en/Stop-and- Frisk-data.

그런데, 무관용 경찰활동이 효과가 있나?

여러 연구들이 무관용 경찰활동의 효과성을 조사했다. 미국 국립과학원은 무관용 경찰활동을 검토하면서 전략을 뒷받침하는 증거가 혼재되어 있으며 대부분 이행되는 무관용 경찰활동의 유형에 따라 달라진다고 결론 내렸다. 물리적 무질서를 줄이는 데 중점을 둔 공동체 기반 무관용 경찰활동 전략이 범죄예방에 큰 영향을 미치는 것으로 나타났다. 그러나, 사회적 무질서와 관련된 경범죄로 사람들을 체포하는 데 초점을 맞춘 공동체 기반의 무관용 경찰활동이 효과적인지 여부는 명확하지 않다. 추가적으로, 그들은 강력범죄 핫스팟에서 많은 수의 SQF를 수행하는 것에 의존하는 사람에 기반한 무관용 경찰활동이 범죄를 예방하는 데 효과적인 것으로 보인다고 보고했다. 그러나 이 전략이 관할구역 전체에서 사용될 때 증거는 혼재된다.[148] 다른 연구의 맥락에서 그들의 연구 결과는 일부 유형의 무관용 경찰활동이 유용할 수 있지만, 경찰과 가난한 소수 지역사회에 사는 사람들 사이에 정당성을 줄이고 갈등을 증가시키는 결과를 초래할 수 있음을 시사한다.[149]

사례연구

캘리포니아주 새크라멘토에서 지역사회 자경의 방법으로 가상형태의 소셜미디어 이용하기

　　새크라멘토 경찰서(Sacramento Police Department, SPD)는 최근 이웃들을 한데 모아 경찰이 지리적으로 한정된 인근 지역 주민들과 소통할 수 있는 플랫폼을 제공하는 소셜네트워크 애플리케이션인 넥스트도어(Nextdoor)를 실행했다. 경찰은 넥스트도어가 이웃들을 한데 모아 가상 지역사회 자경망을 구성하고, 이웃들이 협력하여 문제를 식별하고 대응할 수 있도록 하며, 이를 통해 경찰은 특정 이웃과 소통하는 것을 목표로 삼을 수 있다고 말했다. 일부 경찰기관에서는 소셜미디어 애플리케이션이 공공정보부서(public information office)를 통해 중앙에서 관리되지만, 넥스트도어는 이웃과 경찰관들이 서로 직접 의사소통을 할 수 있게 한다. 새크라멘토에서는 22,000명 이상의 이웃과 80명의 경찰관이 이 프로그램에 참여한다. 경찰서는 30일마다 약 4,000개의 게시물을 게재하고 지역사회로부터 약 10,000개의 댓글을 받는다. SPD는 넥스트도어가 아니었다면 일어나지 않았을 커뮤니티와의 상호작용이 14,000건이 넘었다고 명시하고 있다. SPD는 그 프로그램의 비용 효율성을 강조했다. 넥스트도어는 접속과 사용이 자유로우며, 동료 경찰관과 대중을 훈련시키고 기획, 실행하는 데 소수의 경찰관들이 약 100시간 정도의 작업만 필요했다. SPD는 넥스트도어가 지역사회 자경단체의 수를 183개로부터 338개로 증가시켰으며, 이 도시의 범죄율이 15% 감소한 데에 부분적으로 기여했다고 지적했다. 넥스트도어와 그 지역사회 경찰활동에 적용하는 방안에 대하여 배우고 싶으면 https://nextdoor.com 웹사이트 참조.

출처: Alliance for Innovation Case Study Application by the City of Sacramento. California. *Rebuilding and Reconnecting Making the Transition to Geographic Policing and Expanding Community Engagement through the Use of Social Media and Virtual Neighborhood Watch*, Case Study for 2015 Transforming Local Government Conference. tlgconference.org/modules/showdocument. aspx?documentid=494.

요약: 조각 합치기

많은 경찰관들에게 있어서, 지역사회 경찰활동, 문제지향 경찰활동 그리고 무관용 경찰활동은 전통적인 경찰활동 또는 많은 경찰관들이 수십 년 동안 수행해 온 경찰활동을 가리는 단순한 유행어 정도이다.[150] 그럼에도 불구하고, 지역사회 경찰활동, 문제지향 경찰활동, 무관용 경찰활동의 개념은 미국의 경찰활동에 있어서 눈에 띄는 발전을 가져왔다. 베일리는 20세기의 마지막 10년은 1829년에 현대적인 경찰관이 런던의 거리에 배치된 이래로 경찰활동에 있어서 가장 창조적인 시기였을지도 모른다고 결론지었다.[151]

마지막 사항으로 골드스타인과 스콜닉과 베일리는 모두 이러한 전략들의 효과성이 입증되지 않았다고 너무 성급하게 결론을 내려서는 안 된다고 지적하였다. 어느 누구도 대부분의 활동들을 "전통적" 경찰활동이라고 명명하지 않았다. 우리가 이미 학습했듯이, 순찰(제7장), 범죄 수사(제9장) 그리고 다른 활동들은 거의가 혹독한 평가를 거치지 않았고, 훨씬 더 적은 숫자의 평가들이 그들이 효과적이라고 보고하였다.[152]

핵심어

깨진 유리창(broken windows), 556
사회적 무질서(social disorder), 557
물리적 무질서(physical disorder), 557
지역사회 경찰활동(community policing), 557
범죄 통제의 공동생산자(coproducers of crime control), 560
지역사회 파트너십(community partnerships), 560
협의(consultation), 560
동원(mobilization), 562
문제해결(problem solving), 572

문제지향 경찰활동(problem-oriented policing), 586
조사-분석-대응-평가(SARA), 588
조사(scanning), 591
분석(analysis), 591
대응(response), 592
평가(assessment), 592
집중억제전략(focused deterrence strategy), 597
무관용 경찰활동(zero-tolerance policing), 599
검문검색(stop, question, and frisk), 600

토론

당신이 거주하는 곳의 경찰이 지역사회 경찰활동, 문제지향 경찰활동 또는 무관용 경찰활동을 하고 있습니까? 당신의 지역 경찰의 활동에 대해 논의하세요:

1. 프로그램의 이름은 무엇입니까?
2. 프로그램 내용(지역사회 회의, 강도 높은 마약 단속, 비형사사법 프로그램과의 협력활동)은 무엇입니까?

3. 프로그램이 경찰서 전체 수준 또는 특별부서 단위로 운영됩니까?

4. 평가를 받았습니까? 그리고 만약 그렇다면, 그 평가 결과는 무엇입니까?

5. 당신 지역의 경찰이 지역사회 경찰활동, 문제지향 경찰활동 또는 무관용 경찰활동에 관여하지 않는다면, 그 이유를 알아보십시오.

인터넷 연습

연습 1 애리조나 대학의 문제지향 경찰활동 센터 웹사이트(http://www.popcenter.asu.edu/content/herman−goldstein−interview/)를 방문하여 문제지향 경찰활동의 기원에 대해 더 자세히 알아보기 위해 허먼 골드스타인과 사무엘 워커 사이의 여덟 개의 인터뷰 중 하나를 봅니다.

연습 2 http://cops.usdoj.gov/html/dispatch/index.asp를 방문하고 지역사회 경찰활동 사무국의 가장 최신 버전의 온라인 잡지 Community Policing Dispatch를 클릭해서 중요하다고 여겨지는 지역사회 경찰활동 프로젝트에 대하여 알아보세

요. 하나의 프로젝트를 선택해서 그것이 오늘날 경찰활동에 어떠한 중요한 기여를 했는지 토론하세요.

연습 3 많은 경찰서들이 자신들의 지역사회 경찰활동, 문제지향 경찰활동, 무관용 경찰활동 프로그램을 웹에서 설명합니다. 당신이 거주하는 국가의 지역에 있는 여러 경찰서 웹사이트를 확인하십시오. 무엇을 배울 수 있나요? 그들은 당신에게 유용한 프로그램에 대한 자세한 사항을 묘사하나요?

NOTES

1. National Academy of Sciences, Engineering, and Medicine, *Proactive Policing: Effects on Crime and Communities* (Washington, DC: National Academies Press, 2018).

2. National Academy of Sciences, Engineering, and Medicine, *Proactive Policing*, page 30.

3. George L. Kelling and Mark H. Moore, "The Evolving Strategy of Policing," *Perspectives on Policing,* no. 4 (Washington, DC: U.S. Government Printing Office, 1988), 8. John P. Crank, "Watchman and Community: Myth and Institutionalization in Policing," *Law and Society Review* 28, no. 2 (1994): 325−351.

4. Wesley G. Skogan and George E. Antunes, "Information, Apprehension, and Deterrence: Exploring the Limits of Police Productivity," *Journal of Criminal Justice* 7 (Fall 1979): 232. James Frank, Steven G. Brandl, Robert E. Worden, and Timothy S. Bynum, "Citizen Involvement in the Coproduction of Police Outputs," *Journal of Crime and Justice* 19, no. 2 (1996): 1−30.

5. James Q. Wilson and George L. Kelling, "Broken Windows: The Police and

Neighborhood Safety," *Atlantic Monthly* 249 (March 1982): 29−38.

6. Wesley G. Skogan, *Disorder and Decline: Crime and the Spiral of Decay in American Neighborhoods* (New York: Free Press, 1990), 21−50.

7. Ibid.

8. Brian Reaves, *Local Police Departments, 2013: Personnel, Policies, and Practices* (Washington, DC: U.S. Bureau of Justice Statistics, 2015).

9. Mary Ann Wycoff, *Community Policing Strategies* (Washington, DC: National Institute of Justice, 1995).

10. Dennis Rosenbaum, ed., *The Challenge of Community Policing: Testing the Promises* (Thousand Oaks, CA: Sage, 1994).

11. David Bayley, *Policing in America: Assessment and Prospects* (Washington, DC: Police Foundation, 1998). Jerome Skolnick and David Bayley, "Theme and Variation in Community Policing," in Michael Tonry and Norval Morris, eds., *Crime and Justice: A Review of the Research* (Chicago: University of Chicago Press, 1988).

12. Stephen Mastrofski, "Community Policing as Reform: A Cautionary Tale," in Stephen Mastrofski and Jack Greene, eds., *Community Policing: Rhetoric or Reality* (New York: Praeger, 1988). The preceding section was taken from Edward Maguire and Charles Katz, "The Validity and Reliability of Police Agencies' Community Policing Claims," presented on November 22, 1997, at the annual meeting of the American Society of Criminology in San Diego, California.

13. Gary Cordner, "Community Policing: Elements

and Effects," in Roger Dunham and Geoffrey Alpert, eds., *Critical Issues in Policing* (Prospect Heights, IL: Waveland, 1997).

14. Community Policing Consortium, *Understanding Community Policing: A Framework for Action* (Washington, DC: U.S. Bureau of Justice Assistance, 1994).

15. Jerome Skolnick and David Bayley, *The New Blue Line: Police Innovation in Six American Cities* (New York: Free Press, 1986).

16. The preceding paragraph was taken from Maguire and Katz, "The Validity and Reliability of Police Agencies' Community Policing Claims."

17. David Bayley, *Police for the Future* (New York: Oxford Press, 1994).

18. *Law Enforcement Management and Administrative Statistics, 2007.* Author analysis. Data available at http://bjs.ojp.usdoj.gov/index.cfm?ty5dcdetail&iid5248.

19. Daniel W. Flynn, *Defining the "Community" in Community Policing* (Washington, DC: Police Executive Research Forum, 1998).

20. COPS Office, 2016. President's Task Force on 21st Century Policing: One−Year Progress Report, Washington, DC: Office of Community Oriented Policing Services.

21. Community Policing Consortium, *Understanding Community Policing: A Framework for Action.*

22. Jack Green, "Community Policing in America: Changing the Nature, Structure, and Function of the Police," in Julie Horney, ed., *Policies, Processes, and Decisions of the Criminal Justice System* (Washington, DC: National Institute of Justice, 2000).

23. David Carter, "Community Alliance," in Larry

Hoover, ed., *Police Management: Issues and Perspectives* (Washington, DC: Police Executive Research Forum, 1992).

24. Bayley, *Police for the Future*. The preceding paragraph was taken from Maguire and Katz, "The Validity and Reliability of Police Agencies' Community Policing Claims."

25. Green, "Community Policing in America."

26. E. J. Williams, "Enforcing Social Responsibility and the Expanding Domain of the Police: Notes from the Portland Experience," *Crime & Delinquency* 42, no. 2 (1996): 309–323.

27. Green, "Community Policing in America," 314.

28. The Police Foundation, *The Newark Foot Patrol Experiment* (Washington, DC: The Police Foundation, 1981).

29. James Q. Wilson and George L. Kelling, "Making Neighborhoods Safe," *Atlantic Monthly* 263 (1989): 46–53.

30. Craig Uchida, Brian Forst, and Sampson Annon, *Modern Policing and the Control of Illegal Drugs: Testing New Strategies in Two American Cities, Final Report* (Washington, DC: The Police Foundation, 1992).

31. Wesley Skogan, "The Impact of Community Policing on Neighborhood Residents: A Cross–Site Analysis," in Dennis Rosenbaum, ed., *The Challenge of Community Policing* (Thousand Oaks, CA: Sage, 1994), 167–181.

32. Jerry Ratcliff, Travis Taniguishi, Elizabeth Groff, and Jennifer Wood, "The Philadelphia Foot Patrol Experiment," *Criminology* 49, no. 3 (2011): 795–831.

33. David Kessler and Sheila Duncan, "The Impact of Community Policing in Four Houston Neighbor— hoods," *Evaluation Review* 20

(1996): 627–669.

34. Trevor Bennett, "Community Policing on the Ground: Developments in Britain," in Dennis Rosenbaum, ed., *The Challenge of Community Policing* (Thousand Oaks, CA: Sage, 1994), 240.

35. Ibid.

36. Hubert Williams and Patrick V. Murphy, "The Evolving Strategy of Police: A Minority View," *Perspectives on Policing* no. 13 (1990): 12.

37. University of Maryland, *Preventing Crime: What Works, What Doesn't, What's Promising— A Report to the Attorney General of the United States* (Washington, DC: U.S. Department of Justice, Office of Justice Programs, 1997), 8–1 to 8–58.

38. Skogan, *Disorder and Decline*, 95.

39. Ibid., 148.

40. Wesley G. Skogan, "Fear of Crime and Neighborhood Change," in Albert Reiss and Michael Tonry, eds., *Communities and Crime* (Chicago: University of Chicago Press, 1986), 222.

41. Wesley Skogan, Susan Hartnett, Jill DuBois, Jennifer Comey, Karla Twedt—Ball, and Erik Gudell, *Public Involvement: Community Policing in Chicago* (Washington, DC: National Institute of Justice, 2000).

42. John Eck and Edward Maguire, "Have Changes in Policing Reduced Violent Crime? An Assessment of the Evidence," in Alfred Blumstein and Joel Wallman, eds., *The Crime Drop in America* (Cambridge, UK: Cambridge University Press, 2000), 207–265.

43. Green, "Community Policing in America."

44. Jerome Skolnick and David Bayley, *Community*

Policing: Issues and Practices around the World (Washington, DC: National Institute of Justice, 1988). Bayley, *Police for the Future.*

45. Skolnick and Bayley, *Community Policing* 14.

46. Arthur Lurigio and Wesley Skogan, "Winning the Hearts and Minds of Police Officers," in Ronald Glensor, Mark Correia, and Kenneth Peak, eds., *Policing Communities* (Los Angeles: Roxbury Publishing, 2000).

47. Ibid.

48. Deb Weisel and John Eck, "Toward a Practical Approach to Organizational Change," in Ronald Glensor, Mark Correia, and Kenneth Peak, eds., *Policing Communities* (Los Angeles: Roxbury Publishing, 2000).

49. Stephen Mastrofski, Roger Parks, and Robert Worden, *Community Policing in Action: Lessons from an Observational Study* (Washington, DC: National Institute of Justice, 1998).

50. R. Trojanowicz and B. Bucqueroux, *Toward Development of Meaningful and Effective Performance Evaluations* (East Lansing, MI: National Center for Community Policing, 1992). Bayley, *Police for the Future.*

51. Dennis J. Stevens, *Case Studies in Community Policing* (Upper Saddle River, NJ: Prentice Hall, 2000−2001).

52. Edward Maguire, "Structural Change in Large Municipal Police Organizations during the Community Policing Era," *Justice Quarterly* 14, no. 3 (1997): 547−576.

53. Jihong Zhao, Nicholas Lovrich, and Hank Robinson, "Community Policing: Is It Changing the Basic Functions of Policing?" *Journal of Criminal Justice* 29 (2001): 373−400.

54. Wesley G. Skogan and Susan M. Hartnett, *Community Policing, Chicago Style* (New York: Oxford University Press, 1997).

55. Robert Kane, "Permanent Beat Assignment in Association with Community Policing: Assessing the Impact on Police Officers' Field Activity," *Justice Quarterly* 17, no. 2 (2000): 259−280.

56. Jihong Zhao, Ni He, and Nicholas Lovrich, "Value Change among Police Officers at a Time of Organizational Reform: A Follow−Up Study Using Rokeach Values," *Policing: An International Journal of Police Strategies and Management* 22, no. 2 (1999), 152−170.

57. Dennis Rosenbaum, Sandy Yeh, and Deanna Wilkinson, "Impact of Community Policing on Police Personnel: A Quasi−Experimental Test," *Crime and Delinquency* 40, no. 3 (1994): 331−353.

58. Gary Cordner, "Police Culture: Individual and Organizational Differences in Police Officer Perspectives," *Policing: An International Journal of Police Strategies and Management* 40, no. 1 (2017): 11−25.

59. Robin Haarr, "The Impact of Community Policing Training and Program Implementation on Police Personnel: A Final Report," presented to the National Institute of Justice, 2000.

60. Mastrofski, Parks, and Worden, *Community Policing in Action.*

61. Bureau of Justice Statistics, *Law Enforcement Management and Administrative Statistics, 2000* (Washington, DC: U.S. Government Printing Office, 2004).

62. Gary Cordner, "Problem−Oriented Policing vs. Zero Tolerance," in Tara O'Connor Shelly and Anne Grant, eds., *Problem Oriented*

Policing (Washington, DC: Police Executive Research Forum, 1998).

63. Edward Maguire and Charles Katz, "Community Policing Loose Coupling and Sensemaking in American Police Agencies," Justice Quarterly 19, no. 3, 501−534.

64. Skogan and Hartnett, Community Policing: Chicago Style.

65. Ibid., 67−68.

66. Ibid., 113.

67. Ibid., 114.

68. Susan Sadd and Randolph Grinc, "Innovative Neighborhood Policing: An Evaluation of Community Policing Programs in Eight Cities," in Dennis P. Rosenbaum, ed., The Challenge of Community Policing: Testing the Promises (Thousand Oaks, CA: Sage, 1994), 27−52.

69. Lisa M. Graziano, Dennis P. Rosenbaum, and Amie M. Schuck, "Building Group Capacity for Problem Solving and Police−Community Partnerships through Survey Feedback and Training: A Randomized Control Trial within Chicago's Community Policing Program," Journal of Experimental Criminology 10, no. 1 (2014): 79−103.

70. Lolly Bowean, "Chicago Police Look to Revamp CAPS," Chicago Tribune, February 25, 2013.

71. Ted Cox, "Chicago Police Department Shifts Community Policing Program to Districts," DNAinfo Chicago, January 8, 2013, www.dnainfo.com/chicago.

72. U.S. Department of Justice, "Investigation of the Chicago Police Department," (2017): 138, https://www.justice.gov/opa/file/925846/download.

73. State of Illinois v. City of Chicago, Case no. 17−cv−6260, Consent Decree, http://chicago policeconsentdecree.org/wp−content/uploads/2019/02/FINAL−CONSENT−DECREE−SIGNED−BY−JUDGE−DOW.pdf.

74. David Bayley, "Community Policing: A Report from the Devil's Advocate," in Jack R. Greene and Stephen D. Mastrofski, eds., Community Policing: Rhetoric or Reality (New York: Praeger, 1988), 225−237.

75. Kelling and Moore, "The Evolving Strategy of Policing."

76. Herman Goldstein, "Toward Community−Oriented Policing," Crime and Delinquency 33 (January 1987): 12.

77. Jerome McElroy, Colleen Cosgrove, and Susan Sadd, Community Policing: The CPOP in New York (Newbury Park, CA: Sage, 1993).

78. George L. Kelling and James K. Stewart, "Neighborhoods and Police: The Maintenance of Civil Authority," Perspectives on Policing 10 (1989): 4.

79. Wilson and Kelling, "Broken Windows."

80. Neil Websdale, Policing the Poor (Boston: Northeastern University, 2001).

81. Michael E. Buerger, "The Problems of Problem−Solving: Resistance, Interdependencies, and Conflicting Interests," American Journal of Police 13, no. 3 (1994), 1−36.

82. Jihong "Solomon" Zhao and Quint Thurman, A National Evaluation of the Effects of COPS Grants on Crime from 1994 to 1999 (Omaha: University of Nebraska at Omaha, December 2001), 2.

83. Charlotte Gill, David Weisburd, Cody W. Telep, Zoe Vitter, and Trevor Bennett,

"Community—Oriented Policing to Reduce Crime, Disorder, and Fear and Increase Satisfaction and Legitimacy among Citizens: A Systematic Review," *Journal of Experimental Criminology* 10, no. 4 (2014): 399—428.

84. Kyle Peyton, Michael Sierra—Arévalo, and David G. Rand, "A Field Experiment on Community Policing and Police Legitimacy," *Proceedings of the National Academy of Sciences* 116, no. 40 (2019): 19894—19898.

85. Herman Goldstein, "Improving Policing: A Problem—Oriented Approach," *Crime and Delinquency* 25 (1979): 236—258. Herman Goldstein, *Problem—Oriented Policing* (New York: McGraw—Hill, 1990).

86. Samuel Walker, "Origins of the Contemporary Criminal Justice Paradigm: The American Bar Foundation Survey, 1953—1969," *Justice Quarterly* 9 (March 1992): 47—76.

87. American Bar Association, *Standards Relating to the Urban Police Function,* 2nd ed. (Boston: Little, Brown, 1980), Standard 1—2.2.

88. Herman Goldstein, *Policing a Free Society* (Cambridge, MA: Ballinger, 1977).

89. Goldstein, "Improving Policing."

90. See the discussion in Geoffrey Alpert and Mark H. Moore, "Measuring Police Performance in the New Paradigm of Policing," in Department of Justice, *Performance Measures for the Criminal Justice System* (Washington, DC: U.S. Government Printing Office, 1993), 109—140.

91. Malcolm K. Sparrow, Mark H. Moore, and David M. Kennedy, *Beyond 911* (New York: Basic Books, 1990).

92. Green, "Community Policing in America."

93. John Eck and William Spelman, "Who Ya Gonna Call: The Police as Problem Busters," *Crime and Delinquency* 33 (1987): 31—52.

94. Eck and Maguire, "Have Changes in Policing Reduced Violent Crime?," 47—48.

95. John Eck and William Spelman, *Problem Solving: Problem—Oriented Policing in Newport News* (Washington, DC: Police Executive Research Forum, 1987), 47.

96. Ibid.

97. Gary Cordner and Elizabeth Perkins Biebel, "Problem—Oriented Policing in Practice," *Criminology and Public Policy* 4, no. 2 (2005), 155—180.

98. Ibid.

99. David Kennedy, *Juvenile Gun Violence and Gun Markets in Boston* (Washington, DC: National Institute of Justice, 1997).

100. *Operation Cease Fire* (Boston: Boston Police Department, 1998).

101. Ibid.

102. Edward Maguire, personal communication, March 23, 2012.

103. Heidi S. Bonner, Robert E. Worden, and Sarah J. McLean, *Focused Deterrence Initiatives: A Synopsis* (Albany, NY: Finn Institute, 2008).

104. Edmund McGarrell, Steven Chermak, Jeremy Wilson, and Nicholas Corsaro, "Reducing Homicide through a Lever Pulling Strategy," *Justice Quarterly* 23, no. 2 (2006): 214—231.

105. Rand Corporation, *Focused Deterrence In Depth*, https://www.rand.org/pubs/tools/ TL261/better—policing—toolkit/all—strategies /focused—deterrence/in—depth.html#step— 3—provide—services—to—tho—.

106. Anthony A. Braga, David Weisburd, and Brandon Turchan, "Focused Deterrence Strategies Effects on Crime: A Systematic Review," *Campbell Systematic Reviews* 15, no. 3 (2019): e1051.

107. Rand Corporation, *Focused Deterrence In Depth*.

108. David Weisburd, Cody Telep, Joshua Hinkle, and John Eck, "Is Problem—Oriented Policing Effective in Reducing Crime and Disorder?" *Criminology and Public Policy* 9, no. 1 (2010): 139—172.

109. National Academy of Sciences, Engineering, and Medicine, *Proactive Policing*.

110. Cordner, "Problem—Oriented Policing vs. Zero Tolerance."

111. Dorothy Roberts, "Forward: Race, Vagueness, and the Social Meaning of Order—Maintenance Policing," *Journal of Criminal Law & Criminology* 89, no. 3 (1992): 811.

112. National Academy of Sciences, Engineering, and Medicine, *Proactive Policing*.

113. Green, "Community Policing in America."

114. Ibid., 318.

115. Ibid.

116. Cordner, "Problem—Oriented Policing vs. Zero Tolerance."

117. George Kelling and Catherine Coles, *Fixing Broken Windows* (New York: Free Press, 1996).

118. Green, "Community Policing in America."

119. Ibid.

120. William Bratton, "Remark: New Strategies for Combating Crime in New York City," *Fordham Urban Journal* 23 (1996): 781—785.

121. Ibid.

122. Dan Kahn, "Social Influence, Social Meaning, and Deterrence," *Virginia Law Review* 83, (1997): 349—395.

123. Bernard Harcourt, "Reflecting on the Subject: A Critique of the Social Influence Conception of Deterrence, the Broken Windows Theory, and Order Maintenance Policing New York Style," *Michigan Law Review* 97 (1998): 291—389.

124. Kahn, "Social Influence, Social Meaning, and Deterrence."

125. Michael White and Henry Fradella, *Stop and Frisk* (New York: New York University Press, 2016).

126. Ibid.

127. Weston Morrow, *Examining the Potential for Racial/Ethnic Disparities in Use of Force During NYPD Stop and Frisk Activities* (PhD dissertation, Arizona State University, 2015).

128. William Bratton, *Turnaround: How America's Top Cop Reversed the Crime Epidemic* (New York: Random House, 1998).

129. Richard Rosenfeld, Robert Fornango, and Eric Baumer, "Did Cease Fire, COMPSTAT, and EXILE Reduce Homicide," *Criminology and Public Policy* 4, no. 3 (2005): 414—477.

130. John MacDonald, Jeffrey Fagan, and Amanda Geller, "The Effects of Local Police Surges on Crime and Arrests in New York City," *PLoS ONE* 11, no. 6 (2016): e0157223. doi:10.1371/journal.pone.0157223

131. Charles M. Katz, Vincent J. Webb, and David R. Schaefer, "An Assessment of the Impact of Quality—of—Life Policing on Crime and Disorder," *Justice Quarterly* 18, 4 (2001): 825—876.

132. Richard Berk and John MacDonald, *Criminology & Public Policy* (2010).

133. National Academy of Sciences, Engineering, and Medicine, *Proactive Policing*.

134. Robert Panzarella, "Bratton Reinvents 'Harassment Model' of Policing," *Law Enforcement News* (June 15−30, 1998): 13−15.

135. Ray Rivera et al., "A Few Blocks, 4 Years, 52,000 Police Stops," *New York Times*, July 12, 2010, A1.

136. Jennifer Fratello, Andrés F. Rengifo, and Jennifer Trone, *Coming of Age with Stop and Frisk: Experiences, Self−Perceptions, and Public Safety Implications* (New York: Vera Institute of Justice, 2013).

137. National Academy of Sciences, Engineering, and Medicine, *Proactive Policing*.

138. Lawrence Sherman, "Policing for Crime Prevention," *Preventing Crime: What Works, What Doesn't, What's Promising—A Report to the Attorney General of the United States*, 8−1 to 8−58.

139. Amanda Geller et al., "Aggressive Policing and the Mental Health of Young Urban Men," *American Journal of Public Health* 104, no. 12 (2014): 2321−2327.

140. National Academy of Sciences, Engineering, and Medicine, *Proactive Policing*.

141. NYCLU, Stop−and−Frisk Data, Annual Stop and frisk numbers, https://www.nyclu.org/en/Stop−and−Frisk−data.

142. Green, "Community Policing in America."

143. Harcourt, "Reflecting on the Subject," 48.

144. Christian Parenti, *Lockdown America: Police and Prisons in the Age of Crisis* (New York: Verso, 2000).

145. White and Fradella, *Stop and Frisk*.

146. Ibid.

147. NYCLU, Stop−and−Frisk Data..

148. National Academy of Sciences, Engineering, and Medicine, *Proactive Policing*.

149. Anthony A. Braga, Brandon C. Welsh, and Cory Schnell, "Can Policing Disorder Reduce Crime? A Systematic Review and Meta−Analysis," *Journal of Research in Crime and Delinquency* 52, no. 4 (2015): 567−588.

150. Ronald D. Hunter and Thomas Barker, "BS and Buzzwords: The New Police Operational Style," *American Journal of Police* 12, no. 3 (1993): 157−168.

151. Bayley, *Police for the Future*, 101.

152. Goldstein, "Toward Community−Oriented Policing," 27; Skolnick and Bayley, *The New Blue Line*.

IV

경찰활동의 문제

미 국의
경찰

Chapter
11
경찰 재량

경찰관은 근무를 하는 동안 일상적으로 재량을 행사한다. 그들은 시민들의 삶과 자유에 영향을 미치는 중대한 결정을 내린다: 차량을 멈출지 여부, 체포 여부 등. 본 장에서는 경찰 재량의 현상을 살펴보며, 재량의 근본적 이유, 재량이 어떻게 사용되는지, 잘못된 사용으로 인한 문제점, 재량을 통제하기 위한 전략들을 다룬다.

▎경찰 업무에서의 재량

도시 공원을 순찰하던 한 경찰관이 세 명의 젊은 남성이 함께 어울리는 것을 보고, 이들이 공공장소에서 맥주를 마시며 지역 조례를 위반한 모습을 발견한다. 이들 중 적어도 한두 명 정도는 미성년자일 수 있다. 경찰관은 맥주를 압수하고, 바닥에 쏟아 버린 뒤, 이들에게 공원에서 나가라고 말한다. 그는 소환장을 발부할 수도 있었지만, 재량껏 그렇게 하지 않았다. 이 사건은 대표적인 경찰 재량인데, 이 경우 경미한 법 위반은 집행하지 않기로 한다.

그 밖의 재량의 예는 다음과 같다:

- **가정폭력 체포**. 도널드 블랙(Donald Black)은 경찰이 가정폭력 상황에서 심각한 협박을 저지른 용의자들 중 58%만을 체포했다는 사실을 밝혀냈다.[1] 즉, 심각한 가정폭력을 저지른 용의자의 42%는 체포되지 않았으며, 즉각적으로 다시 피해자를 공격할 수 있는 위치에 놓였다.
- **정신 건강 치료 명령**. 린다 테플린(Linda Teplin)은 정신 질환자로 판단된 사람들의 11.8%만이 의료 시설로 보내졌다고 보고하였다.[2] 경찰은 정신 건강 위험이 있는 사람들을 자주 대한다. 그중 소수만이 체포되며, 경찰관이 단순히 질서를 회복함으로써 사태를 해결하는 경미한 사건들이 많다.
- **교통 단속**. 차량 검문은 경찰과 일반인 사이의 가장 흔한 접촉 형태이다. 2015년, 경찰관은 전체 차량 검문 중 12.7%에서 아무런 조치를 취하지 않았으며, 36.1%에서 경고를 내렸고, 거의 절반(48.8%)의 경우 교통 위반 딱지를 발부했다. 경찰관이 검문 시 수색이나 체포를 실시한 경우는 3.7%였다. 인종과 민족성 면에서는, 교통 위반 딱지를 받은 히스패닉계는 56.4%였으며, 흑인은 49.9%, 백인은 46.4%였다.[3]
- **총기**. 2015년, 무기를 소지하지 않고 경찰의 총격을 받고 사망한 사람들의 40%는 흑인이었었는데, 이는 명백한 인종 격차이다. 이것이 의미하는 바는 대략적으로 유사한 상황에서, 역시 무기를 소지하지 않은 많은 수의 백인들이 총격을 당하지 않았다는 것이다. 총기의 사용 결정은 경찰관이 내린 궁극적인 생사의 재량적 결정이다.[4]

⇨ 가정 분쟁의 경찰활동에 대한 전체 논의는 제8장 참조

▌경찰 관리의 혁명: 재량 통제

지난 반세기 동안, 미국 경찰 관리에 혁명이 일어났다. 1970년대 이전에는 경찰 재량에 대한 관심이 거의 없었다. 중요한 경찰 관리 문서에서도 경찰 재량에 대해 언급조차 하지 않았고, 하물며 재량 통

제의 필요성에 대한 논의는 더욱 없었다.[5] 그러나 1970년대 초부터, 경찰 재량을 통제하려는 움직임이 시작됐고, 그 이후 꾸준히 계속되고 있다. 오늘날 경찰서는 경찰관이 다양한 상황에서 할 수 있는 것과 할 수 없는 것, 그리고 재량을 행사할 때 고려해야 하는 요인들이 무엇인지를 구체화하는 서면 정책을 통해 재량을 통제한다. 또한 정책에 따라 경찰서는 해당 상황과 경찰이 한 조치를 상세히 기술한 각 사건 보고서를 작성해야 한다. 이러한 통제 방법은 행정규칙 제정이라 불리며, 오늘날 경찰 관리의 중심적인 수단이 되었다.

▌재량의 정의

재량(discretion)

이 주제에 관한 선구자적 연구에서, 법학 교수인 케네스 데이비스(Kenneth C. Davis)는 **재량**을 (1) 최선의 행동 방침에 대한 해당 개인의 판단을 근거로 (2) 형사 사법 경찰관이 내린 (3) 공식적 조치로 정의하였다.[6] 재량은 법이 명시하는 것과 아무런 조치를 취하지 않는 경찰관 사이의 격차 속에서 작용한다.

재량은 형사 사법 제도 전체를 지배한다. 웨인 라파브(Wayne LaFave)는 "형사 사법 제도 전체를 상호 연결된 일련의 재량적 선택들로 바라보는 것이 도움이 된다"고 주장한다.[7] 경찰관은 체포 여부를 결정한다. 체포는 팀장이 증거가 불충분하다고 생각하기 때문에 경찰서에서 기각된다. 판사는 피고가 구할 수 없을 정도로 매우 높은 $100,000의 보석금을 책정한다. 또 다른 판사는 헌법에 위배되는 수색 및 압수 때문에 증거를 배제한다. 한 판사는 폭행으로 유죄 판결을 받은 사람에게 집행유예를 선고하며, 또 다른 사람에게는 본질적으로 같은 죄임에도 징역형을 선고한다. 가석방 위원회는 한 수감자에게는 가석방 판결을 내리며, 대략 같은 범죄 이력이 있는 다른 수감자는 가석방하지 않는다. 마지막으로, 한 판사는 1급 살인을 저지른 일부 사람들에게는 사형을 선고하는 반면, 같은 범죄를 저지른 다른 사람들에게는 종신형을 선고한다.

Sidebar 11-1

재량권 폐지?

"경찰 재량은 절대적으로 중요하며, 없앨 수 없다."

출처: Kenneth Culp Davis, *Police Discretion*(St. Paul: West Publishing, 1975), 140.

▌경찰 재량 통제의 짧은 역사

경찰 재량에 대한 우리의 이해는 재량을 완전히 부정하는 시기부터, 오늘날 세부 정책을 통해 재량을 통제하는 복잡한 과정에 이르기까지, 여러 기간을 거쳤다. 경찰 재량 이해의 네 가지 시대는 다음과 같다:

부정의 시대(The Era of Denial): 1960년대 전부터 중반까지, 사실상 경찰관이 일상적으로 재량을 행사한다는 공식적인 인식이 없었다. **부정의 시대** 동안, 경찰관은 종종 자신들이 모든 법을 집행하지 않았음을 부인하였다. 사실, 일부 주에서는, 법을 집행하지 않는 것이 범죄였다. 경찰 수뇌부는 자신들이 왜 모든 법을 집행하지 않았는지, 정확히 무엇을 하고 있으며 왜 그러한지를 일반인에게 설명해야 하는 것을 원치 않았다.[8]

부정의 시대(era of denial)

재량 "발견"(The "Discovery" of Discretion): 형사 사법 제도에서의 재량은 1950년대 중반 형사 사법 기관의 직접적인 관찰에 기초한 연구에서, 미국변호사협회(American Bar Foundation)를 통해 "발견"되었다.[9] 흥미롭게도 이 프로젝트는 재량을 조사하기 위한 것이 아니었으며, 근무 중인 경찰관들의 현장 관찰을 통해, 이러한 경찰 재량이 일상적인 경찰활동에서 만연한 측면임을 발견하였다. 프로젝트에 참여했던 허먼 골드스타인(Herman Goldstein)은 이후, 1960년대와 1970년대에 재량을 통제하자는 주장을 펼친 초기 주창자가 되었고, 케네스 데이비스(Kenneth C. Davis)는 1975년, 이 주제에 관한 선구적인 첫 번째 저서인 <경찰 재량(Police Discretion)>을 출간했다. 데이비스는 "완전한 집행이라는 거짓된 진술 때문에, 집행 정책의 공식을

안내하는 어떠한 연구도 이뤄지지 않았다"고 결론을 내렸다.[10]

재량의 발견으로 많은 질문이 제기되었고, 이는 그 이후 경찰 연구와 개혁 노력의 주요한 원동력이 되었다. 경찰 재량은 정확히 얼마나 만연해 있는가? 재량의 기초가 되는 역학 관계는 무엇인가? 그 결과 어떠한 문제가 발생하는가? 재량은 통제할 수 있는가? 그렇다면 어떻게 통제하는가?

1967 대통령 범죄위원회(President's Crime Commission)는 "부서 차원에서 전반적인 법 집행 정책의 개발이 이뤄져야 하며, 개별 경찰관들에게도 전달해야 한다"고 권고한 최초의 권위 기관이었다. 또한 "재량이 부서 전체에 걸쳐 일관적으로 행사되어야 한다면, 필수적이다"라고 덧붙였다. 거의 모든 사람들에게 이 진술은 자명해 보인다. 그러나 1960년대 중반, 이러한 사상은 새롭고 급진적인 것이었다.[11]

초기 재량 통제의 시대(The Era of the Initial Controls of Discretion). 재량 문제를 전면적으로 다룬 최초의 인물은 1975년 선구적인 저서, <경찰 재량(Police Discretion)>을 집필한 케네스 데이비스였다.[12] 재량 통제를 위해, 그는 행정규칙 제정의 원칙을 채택해야 한다고 제안했는데, 이 원칙은 다른 정부 기관에서는 이미 확고하게 확립되어 있었다. 경찰에 적용되는 행정규칙 제정에는, 경찰관들이 총기사용, 고속 추격, 정신 건강 관련 911 호출 응답 등의 특정 사건을 어떻게 처리해야 하는지에 대한 구체적 지침을 제공하는, 경찰 업무의 여러 측면을 관리하는 명확한 서면 정책 개발 부서가 포함된다.[13]

행정규칙 제정 승리의 시대(The Triumph of Administrative Rulemaking Era). 1970년대 중반부터, 행정규칙 제정이 성공을 거두며 현대 경찰 관리의 주요 수단 중 하나가 되었다. 주요 전환점은 뉴욕시 경찰서에서 총기사용을 제한한 1972년 정책이었는데, 이러한 정책은 곧 미국 전역의 다른 부서에서도 차용하였다(물론 항상 전면적으로 차용한 것은 아니다).[14] NYPD의 총기사용 정책은 가정폭력 사건과 고속 차량 추격 사건 처리에 관한 정책에서도 빠르게 퍼져나갔다. 결국 다른 사안들에 대한 정책에서도 이어졌다. 정책은 경찰서 정책 매뉴얼(표준 운영 절차의 경우, "SOP 매뉴얼"이라고도 불린다)에서 수집되었다.[15]

⇨ 재량 행사와 관련된 경찰 훈련의 혁신에 관한 자세한 논의는 제5장 참조

Sidebar 11-2

일상적인 소동 신고에서 경찰 재량

1단계: "소동"에 대한 911 신고에 출동한 경찰관

경찰관 대응: 경찰관은 이 신고에 대해서 어떻게 준비해야 할까?

2단계: 경찰관이 현장에 도착하여, 정신적인 문제가 있는 사람이 소동을 일으키고 있음을 발견한다.

경찰관 대응: 경찰관이 어떠한 조치를 취해야 할까? 지원을 요청해야 할까? 상황을 혼자 처리해야 할까?

3단계: 정신적인 문제가 있는 사람이, 자신이 경찰관을 죽이겠다고 말한다.

경찰관 대응: 경찰관은 자신의 조치 계획을 바꾸어야 할까? 그렇다면, 어떤 식으로? 무기를 꺼내야 할까? (앞서 그렇게 하지 않았다면) 지원을 요청해야 할까? 대화로 단계적 안정(de-escalation)을 시도해야 할까?

4단계: 정신적 문제가 있는 사람이 야구 방망이를 집어 든다.

경찰관 대응: 경찰관은 어떻게 해야 할까? 그 사람에게 방망이를 내려 두라고 명령해야 할까? 총으로 쏜다고 위협한다면? 말로 단계적 안정을 시도해야 할까?

5단계: 정신적 문제가 있는 사람이, "계속 해, 날 쏴봐. 나 죽고 싶어"라고 말한다.

경찰관 대응: 경찰관은 이제 어떻게 해야 할까? 그를 쏴야 할까? 대화로 단계적 안정을 시도해봐야 할까?

6단계: 정신적 문제가 있는 자가 방망이를 멀리 던진다. (이제 방망이는 그와 안전한 거리를 유지하고 있다.)

경찰관 대응: 경찰관은 이제 어떻게 해야 할까? 그에게 땅에 엎드리라고 명령해야 할까? 체포하겠다고 위협해야 할까?

7단계: 정신적 문제가 있는 자가 땅에 주저앉아 운다.

경찰관 대응: 경찰관은 이제 어떻게 해야 할까?

마지막 단계: 사건을 종결시키기 위해서 경찰관은 어떻게 해야 할까?

재량의 잠재적 남용

통제되지 않은 경찰 재량은 많은 남용의 결과를 낳을 수 있다. 여기에는 다음의 사례가 포함된다.[16]

차별

재량 남용에는 흑인과 히스패닉계의 차별적 검문과 체포가 포함될 수 있다. 예를 들어, 뉴욕 경찰국의 공격적인 검문검색(stop and frisk) 프로그램은, 모든 검문 사례의 87%에(2011년에는 685,724건으로 최고치를 기록) 흑인과 히스패닉계 사람들이 포함되었기 때문에, 2013년 위헌 판결이 내려졌다. 연방법원은 이러한 관행이 미국 수정헌법 제14조의 평등보호조항을 위반했다고 판결했다.[17] 일부 성폭행 사건에서, 경찰관은 여성의 의복, 차림새, 언어 및 기타 요인 때문에 고발 여성의 "부도덕성"을 의심하여 강간범을 수색하지 않기도 한다.[18]

적법절차 거부

웨인 라파브는 경찰 체포 관행에 대한 선구적 연구에서, 52페이지를 할애하여 "기소 이외의 목적"에 대해 작성했고, 그는 이를 "흔한" 사건이라고 묘사했다. 근무 중인 순찰 경찰관을 대상으로 한 현장 관찰을 바탕으로, 그는 노숙자나 만취자, 매춘부, 정신 질환자, 복장 도착자, 도박 및 주류법 위반자 체포에 대해 상세히 논의했다. 그는 경찰관이 이들을 기소할 의도가 전혀 없음을 관찰했다. 라파브는 "경찰 자신의 안전을 위해 무기력한 만취자가 구금되는 것"을 보았다. 복장 도착자는 "골칫거리이기 때문에 체포될 수도 있다." 도박꾼은 일반적으로 괴롭힘(harassment)의 형태로 체포되었다.[19] 법을 위반하지 않은 사람들을 체포하거나, 이들을 괴롭히는 것은 법의 적법 절차를 위반한 것이다. 범죄학자 데이비드 케네디(David Kennedy)는 일부 부서에서 사용되는 괴롭힘 기법을 "모퉁이 비우기"로 묘사한다. 경찰관은 저소득층 동네의 번잡한 교차로에 가서 "모두 나가라고 명령한다." 모퉁이에 있는 젊은 흑인 남성들은 경찰관에 맞서 체포될 위험을 겪고 싶지 않기 때문에 보통 그렇게 한다. 골드스타인은 "형사 사법 제도가 효과적으로 작동하지 않으며" 괴롭힘은 비록 길거리에서 총을 치우고, 성매매를 소탕하고, 도박을 방해할 수 있는 일시적인 방법이지만, 신속한 방법이기도 하기 때문에, 일부 부서에서 괴롭힘 형태의 체포를 정당화했다고 지적했다.[20]

미 법무부가 지방 경찰청을 대상으로 하는 "패턴 혹은 관행" 조사의 주요 초점은, 경찰관들의 과도한 무력 사용이었다. 법무부가 이러한 문제에 대한 평판이 좋지 못한 부서들을 조사함으로써, 일관적으로 이들이 세 가지 핵심 사항에 대해 경찰관들의 재량을 통제하지 못한 것을 발견했다: 무력 사용에 대한 최신 정책을 확립하지 못함, 경찰관들에게 완전하고 정확한 무력 사용 보고서 작성을 요구하지 않음, 팀장들에게 경찰관의 무력 사용 보고서를 비판적으로 검토하도록 요구하지 않음. 동의 판결에서 의무화된 개혁안에는, 부서에서 이러한 세 가지 문제를 바로잡기 위해 세부 정책을 개발해야 한다는 요구안이 포함되었다.[21]

법의 조직적 과소집행

법의 조직적 과소집행은 미국 경찰 역사에서 일반적이었다. 데이비스는 1970년대 시카고 경찰국의 관행을 바탕으로 재량에 관한 저서를 집필하기 시작하며, "청소년이 음주하는 것을 발견한 순찰관이 음료를 쏟아버릴 가능성이 높지만, 청소년을 구금할 가능성은 낮을 것"이라고 설명했다.[22] 과소집행에는 또한 특정 동네에서 허용 영업시간 이후 클럽 운영을 용인하는 등의 조치가 포함되며, 이는 해당 지역의 삶의 질에 해를 끼칠 수 있다. 이러한 클럽은 종종 거리의 범죄와 낮은 부동산 가치를 동반하며, 이웃들에게도 나쁜 평판을 준다. 역사적으로, 경찰은 빈곤한 소수 인종들이 거주하는 지역에서 도박, 성매매, 허용 영업시간 이후의 클럽 운영 등을 용인해주었다. 최악의 과소집행 사례는 흑인 차별정책 시대에 남부동맹(Old Confederacy) 주에서 일어났으며, 이때 경찰서는 흑인을 상대로 백인과 흑인이 저지른 범죄를 기본적으로 묵살했다.[23]

법의 조직적 과잉집행

재량은 또한 조직적으로 법을 과잉집행하는 데에도 사용될 수 있다. 예를 들어, 범죄율이 높은 동네에서 마약을 단속하기 위해, 경찰관은 위에서 논의한 NYPD 프로그램과 같이, 공격적인 검문검색 패턴에 관여할 수 있다. 많은 경우, 검문에 대한 법적 정당성은 없다 (즉, 범죄 활동을 합리적으로 의심하는 것). 1960년대와 1970년대에, 일부 부서는 범죄율이 높은 지역에서 갱단, 총기 범죄, 마약 밀매를 "엄중 단속"했다. 많은 수의 경찰관들이 한 지역을 휩쓸어 길거리의 많은 사람들을 체포했지만, 보통 타당한 이유는 없었다. 경찰관이 이러한 엄중 단속에서 체포할 수 있는 재량은 완전히 통제되지 않았다. 또한 사실, 체포된 대부분의 사람들은 이후 기소되지 않고 풀려났다. 엄중 단속은 상당한 범죄 감소의 효과가 거의 없었고, 동네에서 사람들을 소외시키는 데만 성공을 거두었다.[24]

부적절한 범죄 보고서 변경

범죄 가능성에 대한 911 신고에 응답할 때, 경찰은 범죄가 발생했다는 명확한 증거가 없으면 범죄 보고서를 작성하지 않기로 결정할 수 있다. 이는 "사실무근" 범죄라 불린다.[25] 그러나 범죄의 증거가 있으며, 경찰관이 범죄 보고서 작성을 거부한다면, 이는 공식적으로 기록된 범죄가 되지 않는다. 많은 수의 범죄가 사실무근이라면, 이는 공식적인 범죄율을 낮추는 역할을 한다. 과거에도 경찰서에서 이런 식으로 범죄율을 조작하여 적발된 사례가 있었다. 2012년 밀워키에서 뉴스 매체는 범죄 수사팀의 경찰관이 범죄 보고서를 변경하여 흉악 범죄를 경범죄로 축소시켰고, 결국 이러한 범죄가 공식적인 범죄율에 영향을 미치지 않았다는 사실을 밝혀냈다.[26]

부실한 인사 관리

효과적인 감독을 위해서는 명확한 성과 기준이 필요하다. 가정 폭력이나 정신 질환과 관련된 신고를 처리하기 위한 명확한 지침이 없다면, 상관은 경찰관의 성과에 대해 정보에 입각한 판단을 내릴 수 없다. 제6장에서(343－347쪽) 우리는 경찰 성과평가 시스템의 심각한

문제점을 비판하는 1977년과 1997년의 보고서에 대해 논의하였다.[27]
본 장의 후반부에서 우리는 보행자를 검문하고 차량을 추격하는 등
의 조치에 대한 현재 부서 정책이, 경찰관의 성과평가를 위한 기초를
어떻게 제공하는지를 살펴볼 것이다.

일관성이 없는 공공 정책

예를 들어, 경찰관이 노숙자에게 어떻게 대응할지에 대한 지침
을 받지 못한다면, 이들은 일관성 있는 결정을 내리지 않을 것이다.
그 결과 예를 들어, 시장이 노숙자를 체포하지 않는다는 정책을 발표
하더라고, 이 문제에 대한 일관적인 도시 정책이 부족할 것이다.

⇨ 재량 남용으로 발생한
인종 및 민족 차별에 대한
전체 논의는 제12장 참조

▌재량의 긍정적 사용

재량이 모두 나쁜 것은 아니다. 경찰관이 최선의 판단을 사용하
여 좋은 결과를 얻을 수 있는 몇 가지 방법이 있다.

경찰관의 현명한 판단

한 순찰 경찰관이 새벽 1시에 강도 미수 신고로 출동하였다. 거
주자들은 잠을 자고 있었으며, 침입하는 소리를 들었다. 경찰관은 조
사를 하지만 침입 시도의 증거를 찾지 못한다(예를 들어, 문이나 창문
의 침입흔적이 없다). 그는 거주자들에게 다른 소리였을 것이라 말하
고, 범죄 보고를 완료하지 않고 떠난다. 경찰관은 증거 부족 때문에
재량을 사용하여 "특이사항이 없다"고 판단했다.[28]

희소한 경찰 자원의 효율적 사용

경찰은 모든 형법을 집행할 수는 없다. 법을 위반한 모든 사람들
을 체포할 수 있는 경찰관 수가 충분하지 않으며, 법원도 모든 사건

들을 처리할 수 없고, 지역 교도소와 주립 교도소도 모든 수감자를
처리할 수 없다.[29] 실질적인 경찰활동의 특징 중 하나는 심각한 범죄
(예를 들어, 강도)에 집중하고, 덜 심각한 사건들은 무시할 수 있도록
(예를 들어, 경범죄 폭행이 있었을 가능성이 있거나 또는 없는 소란 사건)
현명한 판단력으로 명확하고 합리적인 우선순위를 설정하는 것이다.
데이비스는 "형사법에서는 빈번히, 경찰관의 상식이 규칙제정의 과잉
보다 우세하다"고 주장한다.[30]

개별적 정의

재량의 적절한 사용을 통해 경찰관은 정의를 개인화하고, 특정한
사건에 대해 최선의 행동 방침을 선택할 수 있다. 청소년들은 사실 법
을 위반했을 수도 있지만, 비교적 경미한 범죄의 경우, 체포는 이러한
개인에게 최선의 대응이 아닐 수도 있다. 예를 들어, 대통령직속 21세
기 경찰활동 임시위원회(President's Task Force on 21st Century Policing)
에서는 "경찰서가 경미한 위반 행위에 대한 체포 대신, 전환(diversion)
프로그램이나 경고와 같이 '최소한의 해'를 주는 해결책을 모색하는
것을 우선적으로 도입할 것을 고려하라"고 권고했다.[31]

견고하고 일관적인 공공 정책

정치적 시위는 이 나라에서 흔한 행사이다. 일부 시위는 소수의
사람들만 참여하지만, 수천 명의 사람들이 참여하는 대규모 시위도
있다. 일부는 반대하는 단체의 반발 시위도 포함된다. 경찰은 관련자
수에 관계없이 시위에서 많은 문제에 직면한다. 이들은 시위자들의
수정헌법 제1조의 권리를 존중해야 하며; 일반인을 위해 거리와 인도
를 개방하는 등 공공 질서를 유지하고; 재산 파괴나 사람들을 대상으
로 하는 공격을 예방해야 하며; 경찰관에 대한 공격을 방지하고; 경
쟁 시위 단체들 간의 폭력적인 충돌을 막아야 한다. 이러한 모든 문
제에서, 경찰의 조치는 합법적이고, 공정하며, 일관적이어야 한다.[32]

⇨ 경찰과 시민의 만남에서
경찰관의 판단력을
개선하도록 고안된 경찰
훈련 혁신에 대한 논의는
제5장 참조

▌의사결정 단계와 의사 결정자

경찰 재량은 순찰 경찰관에게만 한정되는 것은 아니며, 체포 여부에 대한 결정에만 한정되는 것도 아니다. 서장부터 조직의 하급 직원까지, 모든 직급의 경찰관은 광범위한 조치들에 대한 결정에 재량을 행사한다. 다음 항목에서는 여러 임무에서 경찰관이 하는 주요한 재량적 결정들을 나열한다.[33]

순찰 경찰관의 결정

법 집행 상황과 관련된 순찰 경찰관의 재량적 결정에는 다음이 포함된다:

- 평소보다 해당 지역을 더 집중적으로 순찰한다.
- 고속 추격을 실시한다.
- 용의자를 멈춰 세우고, 심문하며, 수색한다.
- 체포를 한다.
- 물리력 또는 총기를 사용한다.

질서 유지 상황에서의 순찰 경찰관의 결정에는 다음이 포함된다:

- 체포를 하기 보다는 가정 불화를 중재한다.
- 무질서한 상황에서 체포하기 보다는 그곳에서 떠나라고 명령한다.
- 사회복지 기관에 의뢰한다(예를 들어, 알코올남용 치료).
- 정신 장애가 있는 사람을 정신건강 시설에 의뢰한다.

형사의 결정

범죄 수사와 관련된 형사들의 결정에는 다음이 포함된다:

- 좋은 단서가 부족하기 때문에 범죄 수사를 중단한다.
- 수색 영장을 신청한다.

- 잠복근무를 수행한다.
- 잠재적 용의자를 심문하거나 심문하지 않는다.

경찰 관리자의 결정

경찰서장 및 그 밖의 고위급 경찰관을 포함한 경찰 관리자들은 *법 집행 정책*과 우선순위에 관한 재량적 결정을 내린다. 여기에는 다음이 포함된다:

- 근린지역 경찰활동 또는 문제지향 경찰활동을 도입한다.
- 교통 법규 위반을 최우선시한다.
- 소량의 마리화나 소지와 같은 경미한 마약 범죄는 무시한다.
- 성매매를 일제단속한다.
- 사교적 도박의 우선순위는 낮게 둔다.

▌경찰 재량의 기본 출처

재량은 형법에 내재된 문제, 범죄로 규정되어야 하는 행위에 대한 상충하는 공공의 기대, 의학적 및 사회적 문제를 해결하기 위한 형법 적용, 경찰 조직의 업무 환경을 포함한 여러 요인들의 결과이다.

형법의 특성

흔히, 이 나라의 모든 법이 완전히 집행되었다면, 우리는 모두 교도소에 갔을 것이라는 말을 한다. 이 말에는 많은 진실이 있다. 미국에서는 **형법의 넓은 범위** 때문에, 경찰이 재량을 행사하여 처리하는 데 상당한 문제를 야기한다.

형법의 넓은 범위(broad scope of the criminal law)

다음의 예를 살펴보자. 두 명의 경찰관이 난동에 관한 신고로 술집에 출동한다. 이들은 도착하여 상황을 진정시키고, 두 사람 간의 적대적이며 위협적인 말들이 오가는 것을 듣는다. 이들 중 한 명은 아마도 다른 사람에게 "복수"하겠다는 어떠한 말을 했을 것이다. 이

러한 말이 공격의 협박이 되었는가? 그러한 말을 한 사람은 손에 당
구 큐대를 잡고 있었으며, 위협적으로 큐대를 옮겼을 수도 있다. 이
는 위험한 무기를 사용한 위협에 해당되는가? 이에 대응하는 경찰관
은 체포 여부를 결정해야 한다.

　　형법의 언어는 본질적으로 모호하다. 무엇이 "위협"으로 여겨지
는가? 경찰관은 특정 사건의 사실이 법의 조건에 부합하는지를 결정
하는 데 재량을 행사해야 한다. 무질서한 행동이나 공공 소란 행위와
같은 범죄는 특히 모호하며, 가장 많은 수준의 재량을 행사하거나,
재량을 남용할 여지를 남긴다. 법률학자들은 수년간 형법의 "지나친
간섭" 또는 "과도한 광범위함"에 대한 우려를 표하며, 이는 모호하게
정의된 행동들이 너무 많고, 경찰이 완전히 집행하는 것이 불가능하
다는 것을 의미한다.[34]

상충하는 공공의 기대

　　미국은 인종, 민족, 종교, 국적, 사회 계층, 문화적 가치 면에서
믿을 수 없을 정도로 다양한 사회이다. 좋은 사회가 무엇인가에 대한
기대는 집단마다 매우 다르다. 성매매가 죄인가 아니면 사회악인가?
도박이 사회악인가? 대부분의 미국인들은 헤로인이 파괴적인 사회악
이라는 데에는 동의하지만, 마리화나의 소유와 사용에 대해서는 동의
하지 않는다.

　　대규모 정치 시위에서 일부 단어는 종종 많은 사람들에게 모욕
적으로 사용되는 반면, 어떤 사람들은 이러한 단어가 수정헌법 제1조
에서 보호받는 권리라고 느낀다. 갈등에는 사회 계층도 포함된다. 기
업의 이익은 상권의 인도에서 범죄 및 무질서한 사람들을 없애고 싶
어하며, 종종 노숙자나 "바람직하지 않아" 보이는 사람들을 이러한
구역에서 몰아내도록 경찰에 압박한다. 또 다른 사람들은 가난이 행
위가 아닌 조건이며, 범죄로 규정되어서는 안 된다고 주장한다. 우리
역사에는 부랑자 단속법(vagrancy laws)을 시행하여, 다른 사람들이
원하지 않는 지역에, 가난한 사람들이나 실업자들이 들어오지 못하게

했던 오랜 전통이 있다.[35]

이 법은 많은 사람들이 용인되는 여가 활동으로 간주하는 많은 활동들을 범죄로 규정한다. 예를 들어, 도박, 음주, 특정 형태의 사적인 성행위 등이다. 최근 몇 십년간, 이 법은 이러한 이슈들 중 일부에 관해서 상당히 바뀌었다. 도박은 널리 합법화되었다. 대법원은 동성 간의 두 사람 간 성관계를 범죄로 규정한 소도미법(sodomy laws)을 위헌이라고 판결하였다. 한편, 점점 더 많은 주에서는 의학적 용도로의 마리화나 사용을 합법화했다.

위에서 논의된 모든 쟁점들은 과거에도, 또한 지금도 여전히 극심한 사회적 및 정치적 갈등의 문제이다. 한 가지 문제는 일반인의 태도는 바뀌지만, 법이 이를 따라잡는 속도는 더디다는 것이다. 경찰은 이러한 상충하는 공공의 기대 사이의 중간에서, 최선의 행동 방침에 대한 재량을 행사한다.[36]

사회적 및 의학적 문제

형법은 노숙, 만성 알코올남용, 정신건강 문제와 같은 사회적 및 의학적 문제들을 다루는 데 광범위하게 사용된다.[37] 이러한 문제는 경찰에게 딜레마를 초래할 수 있다. 노숙 자체는 범죄는 아니지만, 노숙자들의 일부 행동은 법을 위반한다: 노상방뇨, 인도 통행 방해, 공원에서 노숙. 경찰은 이러한 범죄로 체포 여부를, 또한 얼마나 자주 체포할지를 결정해야 한다. 경찰서는 이들의 행동을 지도할 명확한 정책이 필요하다. 정신건강과 관련된 위기를 겪고 있는 일부 사람들의 행동 또한 경찰에 어려운 선택을 제시한다. 이것은 공공 질서의 방해인가? 이 사람이 다른 사람들의 안전에 위협이 되는가? 이러한 문제에 대한 최선의 대응이 체포인가? 아니면 정신 건강 치료 시설에서 치료 감호하는 것이 최선의 선택인가? 경찰관이 이 문제의 결정을 내리기 위해서는 경찰서에 명확한 정책이 필요하다.

경찰활동의 근무 환경

경찰 재량은 경찰활동의 근무 환경에 의해 크게 영향을 받는다. 순찰관이 일반적으로 단독으로 또는 짝을 이루어 근무한다는 것은 기초적인 사실이다. 이들의 팀장은 일반적으로 심각한 범죄나 문제가 일어날 수 있는 소란이 발생한 경우에만 현장에 도착한다. 그러나 많은 상황에서 순찰 경찰관은 팀장이 도착하기 전에 가장 중요한 결정을 내린다.

911 상황실은 한 아파트의 소란 신고가 접수되어, 두 명의 순찰 경찰관이 현장으로 출동하였다. 이들은 도착하여 신체 공격에 대한 명확한 증거를 발견한다: 여성이 타박상을 입고 피를 흘리고 있다. 경찰서는 가정폭력 범죄가 발생하는 경우 경찰관이 체포하도록 지시하는 의무 체포 정책을 갖추고 있다. 그러나 근무 교대까지는 약 20분이 남았으며, 경찰관은 야간의 911 신고 폭주로 피곤해하며, 따라서 두 사람에게 구두 경고만 하고 떠나게 된다. 체포는 필요한 모든 문서 작업을 포함하면 한 시간 반 이상이 걸릴 수 있다. 경찰관은 교대 근무를 마치고 귀가하고 싶기 때문에, 부서의 의무 체포 정책의 기반을 약화시켰지만, 경찰활동의 근무 환경 때문에, 경찰관들은 이들의 업무를 감독해줄 팀장이나 기타 독립된 인원이 상주하지 않은 채 단독으로 일한다.

⇨ 경찰활동의 조직적 근무 환경에 대한 논의는 제6장 참조

제한된 경찰 자원

토요일 밤, 911 상황실로 신고전화가 폭주한다. 순찰 경찰관은 여기 저기 신고를 받고 뛰어다니며, 약 2시간 동안 출동을 대기하고 있는 여러 건의 신고가 있다. 한 신고 전화에서, 순찰 경찰관은 한 술집 밖에 위치한 주차장에서의 무질서 행위로 체포를 할 수 있었다. 그러나 다른 여러 건의 신고가 대기 중이며, 일부에는 더 심각한 사건이 포함되어 있어, 경찰관은 그 사람에게 엄중 경고를 내리며, 다

른 신고 건으로 넘어간다.

　　경찰서의 자원은 한정되어 있다: 경찰관들과 순찰차만 많을 뿐이다. 911 신고 전화나 큰 사건이 거의 없는 "한산한" 시기도 있지만, 갑자기 911 전화가 폭주하는 매우 바쁜 기간도 있다. 경찰은 모든 신고 전화와, 어떤 신고 전화가 최우선 순위인지에 대한 결정에 즉각적으로 대응할 수는 없다. 게다가, 휴가, 병가, 경찰관 부상 등으로 특정 지역이나 주어진 교대 근무 동안, 실제 근무 경찰 수가 줄어든다. 신고 전화 대응 우선순위에 대한 결정은 911 배치 담당자, 팀장, 순찰 경찰관을 포함한 재량적 결정의 조합을 통해 이뤄진다. 문제를 가중시키는 것은 체포가 시간이 많이 소요되는 사건이라는 단순한 사실이다. 용의자를 체포하고, 이송하고, 기록하는 데에만 1~3시간이 걸릴 수 있다. 게다가 일부 체포에는 한 명 이상의 경찰관이 포함될 수도 있다.[38]

정책입안자로서의 경찰관

　　위의 예는 경찰 업무에서 가장 중요한 측면 중 하나를 보여준다. 직급이 가장 낮은 직원들 – 순찰 경찰들 – 이 가장 많은 재량을 행사한다. 윌슨(James Q. Wilson)은 경찰활동에서 대부분의 조직과 달리, "재량은 조직 위계가 내려갈수록 증가한다"고 언급한다.[39] 이러한 이유로, 순찰 경찰관은 **일선 관료**라고 묘사되었다. 이들은 단순히 법 집행자가 아니다; 이들은 법을 만드는 자들이다.[40]

　　대부분의 조직에서, 중대한 결정은 조직의 최상단에서 이뤄진다. 전쟁 중에는 장군들이 언제, 어디를 공격할지를 결정한다. 보병들은 이들의 명령을 수행한다; 무엇을 할지 생각하는 것은 이들의 임무가 아니다. 기업의 CEO는 신제품 개발 여부 또는 기존의 제품 판매를 중단할지 여부, 제조 시설을 폐쇄할지 여부와 같은 기본적인 회사 정책을 만든다. 경찰활동은 매우 다르다. 많은 결정 중에서도, 체포 여부를 결정하여 법을 행동으로 바꾸는 결정을 내리는 것은 거리의 경찰관이다.

일선 관료
(street-level bureaucrats)

체포 여부에 대한 재량을 통해, 경찰관은 전체 형법 체계의 *문지기* 역할을 한다. 이들은 체계의 업무량을 결정한다. 체포하지 않는다면 체계의 나머지 부분에서 처리해야 할 사건도 없다. 요약하면, 경찰의 재량은 법에서 말하는 바, 또는 경찰서의 *공식적* 정책에서 말하는 바와는 다른, *실제* 공공 정책을 결정한다. 경찰관이 예를 들어 소량의 마리화나 소지에 대해서 조직적으로 체포하지 않는다면, 이들은 해당 범죄를 사실상 기소 대상에서 제외시키는 것이다.

가시성이 낮은 업무로서의 경찰활동

제롬 스콜닉(Jerome Skolnick)은 수년 전, "경찰 업무가 이미 고립된 사법 체계에서 가장 은밀한 부분을 구성하며, 따라서 독단적 행동을 할 수 있는 가장 큰 기회를 제공한다."는 점을 관찰하였다.[41] 그는 경찰의 재량에 관한 부정의 시대(Era of Denial) 동안 이러한 글을 썼다. 그 당시, 일반인은 경찰의 수색이나 심문의 세부 사항은 거의 알지 못했다. 이러한 주제는 공개적으로 논의되지도 않았고, 연구되지도 않았으며, 비밀에 싸여 있었다.

Sidebar 11-3

가시성이 낮은 vs. 가시성이 높은 업무

경찰활동은 "가시성이 낮은" 업무로 묘사된다. 다음의 업무 리스트를 고려해보고, 가시성이 낮은지 또는 높은지를 논의해보자. 논리에 대해 설명하라.

보험사 본사의 비서

자동차 조립 라인의 작업자

대학교 강의실의 교수

체인점 레스토랑 웨이터 또는 웨이트리스

대형 병원 이사

조경 정원사

경찰활동 업무 환경의 세 가지 측면이 재량 행사에 기여한다. 첫째, 이미 언급했듯이, 순찰 경찰관은 단독으로 또는 두 명이 짝을 지어 근무한다. 이웃 경찰활동 프로젝트(Project on Policing Neighborhoods)에서는 두 도시에서의 순찰업무를 관찰하였으며, 시민들과의 모든 접촉의 절반에서, 경찰이 단독 업무를 진행하였음을 발견하였다.[42] 둘째, 많은 중대한 사건에서는 팀장의 직접적인 감독이 없다(팀장은 중요한 결정이 내려진 이후에 도착한다). 셋째, 많은 경찰-시민 접촉은 사적인 공간에서 일어난다. 가정 불화 신고가 좋은 예이며, 다른 독립적 관찰자가 존재하지 않는다(즉, 관련자의 가족이나 친구가 아닌 사람).[43]

가시성이 낮은 업무
(low-visibility work)

이러한 모든 이유로, 경찰활동은 **가시성이 낮은 업무**로 묘사되었다.[44]

경찰과 일반인이 접촉하는 많은 경우, 어떤 일이 일어나는지를 관찰하고 잠재적 목격자가 될 수 있는 독립적 관찰자가 없다 - 팀장이나 다른 일반 시민. 보이지 않는 곳에서, 경찰관은 선호하는 행동 방침을 선택할 수 있는 기회가 많으며, 이러한 업무 환경은 재량을 사용하고 잠재적으로 남용할 수 있는 기회를 만들어낸다. 본 장 후반부에서 우리는 지난 40년간 일상적인 경찰 업무의 가시성을 고조시킨 발달에 대해 논의할 것이다: 무력 사용이나 그 밖의 중대 사건에 관한 경찰관 보고서 요구를 통해; 시민감시 형태(심의 위원회 및 경찰감사)로 경찰에 대한 외부 조사 강화를 통해; 경찰 대시보드 카메라, 신체 착용 카메라, 일반인들이 소지하는 디지털 카메라를 포함한 디지털 혁명을 통해.

▌순찰 경찰관의 재량을 제한하는 요인

단독으로 또는 짝을 이뤄 근무하는 순찰 경찰관은 매우 자유롭게 재량을 행사할 수 있음에도 불구하고, 원하는 일이라면 무엇이든 할 수 있을 정도로 완전하게 자유로운 것은 아니다. 순찰 경찰관의 재량은 제한적이며, 많은 요인들에 의해 통제된다.[45]

법적 요인

법은 경찰관의 조치에 상당한 제약을 가한다.

형법

형법은 범죄 요건을 규정하며, 경찰 체포 권한의 외부 한계를 정하고 있다. 경찰관은 어떠한 이유 없이 체포할 수 없다. 그러나, 물론 치안을 어지럽히거나 공적인 불법 방해를 저지르는 등의 범죄는, 경찰관이 이를 남용할 수 있을 정도로 매우 모호하다. 게다가 경찰관이 체포에 저항하거나 경찰관을 방해한 혐의로 기소한 역사가 오래되었는데, 사실 이때 기소된 사람은 어느 것도 저지르지 않았다. 이러한 체포는 경찰관이 무력 사용을 은폐하는 "위장(cover)" 혐의로 분류되었다. 한편, 법학 교수 크리스티 로페즈(Christy Lopez)는 경찰관들을 무시한 데 대한 보복으로 이뤄진 체포를 "경찰 모독"으로 인한 체포라고 묘사한다.[46] 그럼에도 불구하고, 형법의 경계를 통해, 경찰관이 항상 나쁜 체포를 저지르지 않도록 한다.

형사소송법

형사소송법은 수색, 압류, 심문에 대한 요건으로, 경찰 재량을 제한한다. 미국 대법원과 주법원은 이러한 법령을 구체화했으며, 가장 유명한 판결은 수색에 관한 맵 대 오하이오 판결(Mapp v. Ohio (1961)), 심문에 관한 미란다 대 애리조나 판결(Miranda v. Arizona (1966))이다. 공판전 심리 절차와 재판에서, 피고측 변호인은 이러한 결정에 따른 경찰관의 행동에 이의를 제기하며, 검찰은 증거나 자백이 배제되어, 사건에서 패소할 위험이 있다.[47]

경찰관은 암암리에 형사소송의 많은 요건들을 다룰 수 있다. 예를 들어, 신중하게 조사되었다면 수정헌법 제4조에 따라 위헌에 해당되는 수색을 수행할 수 있다. 그러나 이들은 그것이 잘못된 것이며, 너무 멀리 가거나, 이러한 일을 너무 자주 한다면, 잡힐 수도 있다는 것을 잘 알고 있다. 수색의 목격자가 없다면, 이들은 단순히 수색의 법적 근거를 만들어낼 수 있다. 법정에서는 이러한 근거가, 피의자의 말과 반대되는 경찰의 말이다. 경찰 심문 관행에 관한 획기적 연구에서, 리차드 레오(Richard A. Leo)는 형사들이 자백을 얻기 위해 다양한 형태의 조작과 노골적인 거짓말을 사용한다는 것을 발견했고, 사법의 당사자주의(adversary system)는 "확고하게 사기에 뿌리를 두고 있다"고 결론을 내렸다. 경찰관은 일반적으로 이러한 상황에서 자신이 이긴다는 것을 알고 있다. 많은 것들은, 부서 내 감독의 질과, 팀장이 이들의 잘못된 행동을 고의로 간과하는지 여부에 달려 있다.[48]

행정적 요인

부서 정책

⇨ 경찰서의 정책이 경찰관의 재량 행사에 미치는 영향에 대한 논의는 제14장 참조

　　부서 정책은 경찰관이 할 수 있는 일과 그렇지 않은 일에 대해서 기본적인 지침을 제공한다. 본 장 후반부에서 우리는 규칙 제정 과정이 서면 정책을 통해 경찰 재량을 어떻게 통제하는지를 자세히 논의할 것이다. 경찰 책무에 관한 제14장에서는 이러한 중요한 사안에 대한 추가 증거와 관점을 추가할 것이다.[49]

감독

　　부서 정책의 집행은 상관의 책임이다. 순찰 경찰관의 경우, 팀장이 모든 체포에 대해 승인하고, 무기 사용 보고서를 승인하며, 부서 정책을 위반한 경찰관에 대한 보고서를 작성할 권한이 있다는 의미이다. 거리의 팀장들은 업무 유형이 다르다; 일부는 엄격한 "규칙 집행자들"인 반면, 일부는 이들의 명령에 따르는 "경찰관"들의 친구처럼 행동하며, 종종 징계로부터 이들을 보호해주려 한다.[50] 감독의 질은 주로 *통제의 범위*, 즉 한 상관의 명령에 따르는 경찰관의 수에 달려 있다. 8대 1의 통제 범위가 일반적으로 권장되는 비율이다. 거리의 상관에게 8명 이상의 순찰 경찰관에 대한 책임이 있다면, 감독의 질은 약화되기 시작한다.[51]

　　진지하게 책임을 지는 팀장은 경찰관 보고서를 면밀히 조사하고, 예를 들어, 더 많은 정보가 필요하거나, 구체화해야 할 부분은 어디인지, 왜 경찰이 무력을 사용했는지에 대해 조사할 것이다. 이러한 조치는 장기적으로 경찰관의 행동의 질을 높일 것이다. 게다가 적극적인 팀장은 또한 자신의 명령 하의 경찰관들의 성과를 높이기 위해서, 이들에게 조언, 상담, 멘토링, 경고하는 시간을 가질 것이다. 안타깝게도, 무력 사용 문제 부서에 대한 법무부 조사에서는 팀장들이 경찰관 보고서를 제대로 검토하지 않았음을 밝혀냈다. 예를 들어, 시애틀의 2011 DOJ(법무부) 조사 보고서에 따르면, 경찰서의 정책에서는 팀장이 "무력 사용 사건 현장에 대응"하도록 요구했을 뿐이며, 현장에서 "감독 조사"를 요구하지는 않았다.[52]

조직적 문화 요인

경찰관 하위문화

　　제6장에서, 우리는 경찰관의 하위문화에 대해 논의하였다. 이는 재량 행사를 포함하여, 경찰관 수행에 강력한 비형식적 영향을 미친다. 경찰관이, 다른 경찰관이 상관에게 어떠한 위법행위를 보고하지 않을 것이라는 사실을 안다면, 이들의 위법행위는 계속될 것이다. 시카고에서, 2016 경찰 책무 태스크포스 보고서에 따르면, 시카고 경찰서에는 경찰관이 다른 경찰관의 위법 행위에 대해 보고하거나, 이야기하거나, 심지어는 증언하지 않는 "침묵 강령(code of scilence)"이 존재했으며, 이는 "잠재적 위법행위를 식별하는 데 있어, 없어져야 할" 큰 장벽이었다.[53]

　　기업 경영 세계에는 "문화가 정책을 능가한다"는 속담이 있으며, 이는 최근 경찰활동에도 적용되었다. 이 속담에는 경찰활동과 관련된 많은 진실이 있다.[54] 경찰서가 책임성과 관련된 변화 – 더 엄격한 무력 사용 정책, 무력 사용을 보고에 관한 더 인색한 요건, 강력한 "침묵 강령" 등 – 에 반대하는 경찰관 하위문화가 강력하다면, 이 경찰서는 과도한 무력 사건, 무력 사건에 대한 일반인 논쟁, 경찰의 위법행위에 대한 민사 소송 비율이 더 높을 것이다. 제14장에서, 우리는 책무성과 관련된 개혁이 어떻게 경찰관 하위문화에 이의를 제기하고 변화시키기 시작했는지에 대해 논의할 것이다.[55]

▌경찰 체포 결정에 영향을 미치는 요인

재량 행사는 당면한 상황과 관련된 많은 요인들에 의해 영향을 받는다. 가정 소란 신고 전화에서, 체포 결정에 관한 조사에서 인용한 다음의 예는, 다양한 상황적 요인이 어떻게 작용하는지를 보여준다.

상황적 요인

범죄의 심각성

범죄가 더 심각할수록, 경찰관은 체포를 할 가능성이 더 높다. 도널드 블랙은 경찰관이 가정폭력 신고 전화에서, 심각한 범죄 용의자들 중 58%를 체포했지만, 경범죄 용의자의 경우 44%만 체포하였음을 발견하였다. 그는 "체포 확률은 비교적 경미한 특성의 범죄보다, 법적으로 심각한 범죄 상황에서 더 높다"는 결론을 내렸다.[56] 한 사람의 행동의 심각성 또한 정신 질환 사건 처리에 영향을 미친다. 난동이 더 심각할수록, 다른 사람에게 범죄를 저지를 가능성이 높아지며, 체포 또는 의료 시설에 감호될 확률이 높아진다.[57]

공격의 심각성은 법적 요인이며, 결과적으로 경찰관이 재량을 행사할 때 고려해야 하는 타당한 요인이다. 그러나 블랙의 연구가 수행된 후, 심각한 폭행이 있었던 모든 상황에서 경찰이 체포해야 한다고 요구하는 전국적 운동이 일어났다. 이후 사실상 모든 경찰서에서 가정폭력 상황에서 심각한 폭행이 있는 경우 체포를 의무화하도록 정책을 수정했다.[58] 많은 주에서 동일하게 요구하는 법을 통과시켰다. 이는 일부 정책과 법이 경찰관 재량 통제를 위해 어떻게 고안되는지를 보여주는 전형적인 예이다.

증거의 강도

경찰은 범죄의 증거가 강력한 상황에서 체포할 가능성이 더 높다. 사람을 대상으로 한 범죄에서, 또한 많은 재산 범죄에서, 주요한 증거는, 피해자 또는 목격자의 증언이다. 이러한 유형의 증거 또는 증언이 존재하지 않을 때에는 체포를 하지 않을 가능성이 높다.[59]

증거의 강도는 체포 여부 결정에서 경찰관이 고려해야 할 합리적 요인이다. 증거가 약하다면, 기소 및 유죄 판결 가능성이 매우 낮다. 검찰은 일반적으로 이런 유형의 사건은 기각한다.

피해자의 선호도

두 명의 경찰관이 가정 소란 신고에 대응한다. 남성이 여성을 때렸다는 일부 증거가 있다. 경찰관 중 한 명이 여성에게 묻는다, "남성을 체포하길 원하는가?" 여성은 "아니오."라고 답한다. 다른 경찰관이 묻는다, "확실한가? 아시다시피, 체포할 수 있다." 여성이 다시 한 번 "아니오."라고 말한다. 경찰관이 남성에게 경고를 하고 떠난다.

형사법 제도에서 **피해자의 선호도**는 전형적으로 용의자의 체포 또는 기소 여부에 상당한 영향을 미친다. 특히 사람을 대상으로 한 범죄(성폭행, 가정폭력 사건)에서는 피해자의 증언이 매우 중요하다. 이는 많은 사례에서 최고의 증거이며, 범인에 대한 유일한 증거이다. 결과적으로 경찰은 검사가 용의자를 기소할 가능성이 낮으며, 사건이 거의 확실히 기각될 것을 알고 있다. 이러한 경우 경찰관은 비록 객관적으로는 체포를 해야 하지만, 체포를 한다면 어떤 일이 벌어질 것인지에 대해 합리적 예측을 한다.

많은 연구에 따르면, 피해자 또는 신고자가 체포를 원할 때, 체포 가능성이 더 높다. 반대로, 경찰은 피해자가 체포를 원하지 않음을 명백하게 나타낼 때 체포를 하지 않을 것이다. 블랙은 "체포 관행이 시민 신고자의 선호도를 뚜렷하게 반영한다"는 점을 발견하였다.[60]

피해자의 선호도(preference of the victim)

피해자와 용의자 사이의 관계

체포는 피해자와 공격자가 서로 모르는 사이일 때 더 자주 일어나며, 두 당사자가 결혼하거나 연인인 경우 거의 일어나지 않는다. 과거에, 경찰관은 가정폭력 사건을 사적인 문제로 여겼으며, 학대하는 남편들을 체포하지 않았다.[61] 이런 관행은 아내가 법적 권리가 없는 남편의 "재산"이라는 오래된 성차별주의 원칙을 대표했다. 최근 가정폭력 사건에서 의무적인 체포 정책에는, 두 당사자의 관계에 상관없이, 모든 심각한 협박 사건에서 확실히 체포를 하도록 명시되어 있다.

피해자와 용의자의 관계는 *법 외적인 요인*이며(법적 근거가 없다는 의미), 따라서 체포 여부에 관한 경찰관의 결정에 영향을 미치는 요인은 아니다. 가정폭력 사건에서 경찰이 조직적으로 남편을 체포하지 않는 것은 일종의 성차별이며, 법의 평등한 보호를 부인하는 것이기 때문이다.

용의자의 태도

용의자의 태도(demeanor of the suspect)

도널드 블랙 및 다른 저자들은 **용의자의 태도**가 체포 결정에서 중요한 요인임을 발견하였다: "체포와 경찰관의 무력 사용 확률은, 용의자가 경찰에게 무례할 때 더 올라간다."[62]

용의자의 태도 - 경찰관의 무례함 또는 언어적 결례 - 는 법 외적인 요인이며 따라서 경찰관이 체포 결정에서 고려해야 할 합당한 요인은 아니다. 물론 용의자가 경찰관을 공격하거나 위협하면, 이는 별도의 공격으로 여겨지며, 체포 결정에서 합리적 기초가 된다.

그러나 용의자의 태도는 극도로 복잡한 현상이다. 경찰과 시민의 만남에 관한 최근 연구에 따르면, 이러한 만남은 시간이 경과하면서 펼쳐지는 시나리오이며, 시나리오의 전개에 따라 두 당사자(경찰관과 일반인)의 행동이 종종 바뀔 수 있다. 게다가 각 당사자의 행동은 종종 상대방의 행동에 의해 영향을 받는다.

클링어(David A. Klinger)는 많은 상황에서 무례함은 체포 *이후에*

일어나며, 따라서 이는 체포의 결과이지 원인은 아니라고 주장한
다.[63] 동시에, 일부 사례에서, 몇 분간 시나리오가 펼쳐진 후, 시민의
적대성 또는 무례함은 경찰관의 태도 또는 조치에 의해 촉발될 수 있
다. 로저 던햄(Roger Dunham)과 제프리 앨퍼트(Geoffrey Alpert)가 일
련의 경찰-시민 상호작용에 있어서의 사건의 순서에 대해 연구한
것은 중요한 돌파구였다. 이들은 경찰관과 시민들의 태도가, 이들의
만남이 진행되면서 바뀌었음을 발견하였다. 경찰과 시민의 접촉의 약
1/4에서, 경찰관의 태도가 바뀌었다. 이러한 사건의 절반에서는, 경
찰관의 태도가 좋은 쪽으로 바뀌었으며(즉, 더 공손하게), 나머지 절반
에서는 나쁜 쪽으로 바뀌었다(즉, 덜 공손하게). 한편, 모든 접촉의 절
반이 약간 넘는 수치에서(52%), 시민의 태도가 개선된 반면, 나머지
48%에서는 악화되었다.[64] 요약하면, 경찰-시민의 만남은, 양 측의
태도와 행동이 종종 바뀌는 복잡한 유동적 사건이다.

　　또한 최근 연구에 따르면, 경찰관은 특정 만남이 어떻게 전개될
지를 형성할 수 있다. 경찰관이 개인에 대한 부정적 태도로 상황에
진입한다면, 그 사람은 적대감을 표하고 협조를 거부하는 식으로 대
응할 가능성이 높다. 데이비드 케네디는 저서 <쏘지 마시오(Don't
Shoot)>에서, 흑인 동네에서 경찰관과 젊은 흑인 남성이 자신의 신
념, 고정관념, 반대 측의 사람들과의 개인적 경험을 바탕으로 어떻게
정신적 "서사"를 접하게 되는지를 설명한다. 그 결과, 많은 경우에서
어느 한 쪽의 즉각적 행동에 기초하지 않은 서사는 충돌을 미리 결정
하게 된다.[65]

　　제5장에서 논의한 경찰 훈련의 가장 중요한 새로운 발전은, 만
남의 결과를 형성하는 경찰관들의 능력에 대한 인식을 바탕으로 한
다. 단계적 완화(De-escalation)에서는 만남 시 대상과의 충돌을 줄이
고 무력 사용 가능성을 줄이는 전술로 접근하도록 경찰관을 훈련시
키고자 한다. 이러한 전술에는 보디랭귀지, 적대적인 모습 무시하기,
주제를 바꾸려는 시도가 포함된다. 단계적 완화를 선택하는 것은 중
요한 재량적 결정이 되었다.[66] 단계적 완화를, 재량적 결정, 즉 경찰
관이 취하기로 한 조치로 여기는 것이 중요하다.

대부분의 경찰-시민 상호작용은 일상적이며 특별한 일이 없고, 어느 쪽도 상대방에게 무례함을 보이거나 무력을 사용하지 않는다. 스티븐 매스트로프스키(Stephen Mastrofski)와 그의 동료들은 경찰관이 시민(또는 시민들)에게 다음과 같이 요청하거나 무언가를 하라고 말했던 346건의 대화도록을 관찰함으로써, 시민들이 경찰관으로부터의 요청에 따르는 정도를 조사하였다: (1) 다른 사람 또는 사람들을 혼자 놔둔다, (2) 진정시키거나, 난동부리는 행동을 그만둔다, (3) 불법적인 행동을 그만둔다. 관찰된 사례 중 78%의 시민들은 경찰관의 요청에 따랐다. 이는 종종 노골적인 무례함, 공개적 저항, 체포와 무력 사용 가능성을 포함하여, 경찰관들에게 진짜 문제를 야기하는 것은, 바로 불응이다.[67]

사회적 및 정치적 요인

피해자의 특성

경찰관들의 일부 재량적 결정은, 관련자 중 한 명 이상의 특성을 기반으로 하며 편견이나 도덕적 판단이 반영된다.

개리 라프리(Gary LaFree)는 경찰관이, 옷차림, 몸치장, 거주지 등으로 나타나는 바와 같이, 생활방식이 일반적인 관행을 따르지 않았던 강간 피해자들의 주장을 무시하였다는 상당한 증거를 발견하였다.[68] 여기에는 전통적인 중산층의 여성 행동 기준에 부합하지 않았던 여성들도 포함되었다. 한편, 크리스티 비셔(Christy Visher)는 전통적인 성 역할 고정관념에 따르는 여성이, 동일 범죄로 의심되는 남성보다 더 관대한 대우를 받는 경우가 많음을 발견하였다. 그러나 성 역할 기대에 어긋난 여성들은 좋은 대우를 받지 못한다.[69]

Sidebar 11-4

토론: 경찰관 재량의 법적 및 법 외적 요인들

경찰 재량에 영향을 미치는 상황적 요인들은 법적 및 법 외적 요인 두 가지 범주로 나뉜다. 법적 요인들은 범죄의 심각성, 증거의 강도와 같이 포함된 행위의 적법성과 관련된 요인들이다. 법 외적 요인들은 범죄자와 피해자의 관계와 같이, 포함된 행위의 적법성과 관계가 없는 요인들이다.

- 대부분의 전문가들은 법적 요인들이, 경찰관이 고려하기에 적합하다고 주장한다. 당신도 동의하는가? 왜 그런지 또는 그렇지 않은지 설명하시오.
- 경찰관이 체포 여부를 결정할 때 범죄의 심각성을 고려하는 것이 적합할까? 왜 그런지 설명하라. 적합하지 않다고 생각한다면, 왜 그렇지 않은지 설명하라.
- 체포 여부를 결정할 때, 경찰관이 증거의 강도를 고려하는 것이 적합할까? 왜 그런지 설명하라. 적합하지 않다고 생각한다면, 왜 그렇지 않은지 설명하라.

범죄 피해자의 특성은 법 외적인 요인이며 따라서 경찰관이 체포 여부를 결정하는 데 있어서 합법적인 기준은 아니다. 일부 체포 결정이 인종 또는 민족 편견을 반영한다는 증거는 상당히 많다. 체포에 관한 40편의 연구 보고서 검토에 따르면, 인종은 중요하며, 관련된 그 밖의 변수들을 고려했음에도, 흑인이 백인보다 "체포될 가능성이 높다는 명확한 패턴의 증거"가 있다. 이와 같이, 피해자의 민족성은 체포와 관련된 것으로 드러났다.[70]

1999년 즈음 불거진 "흑인으로서 운전하기(driving while black)" 논쟁에는, 경찰관의 운전자 검문이 법 위반보다는 피부색 때문에 이뤄진다는 주장이 포함된다. "흑인으로서 운전하기"에 관한 선구적 연구를 수행한 법학 교수 데이비드 해리스(David Harris)는 미국 대법원의 Whren 판결이 경찰관의 재량을 억제하지 못하고, 상당한 인종 격차를 초래한 교통검문에서 경찰관의 "핑계"를 용인함으로써, 은밀한 인종 차별의 문을 열어 주었다고 날카롭게 비판했다. 예를 들어, 한 가지 핑계는 미등 고장과 같은 자동차의 상태였다. 해리스는 "[판결의] 함의가 명확하다: 모든 사람이 [검문을 받을 수 있는] 만만한 대상이며; 소수집단이 가장 큰 대가를 치를 것"이라고 주장했다. 메릴랜드와 뉴저지의 교통 집행 패턴 조사 데이터에 따르면, 주 경찰관은

주간(interstate) 고속도로에서 흑인 운전자들의 검문검색 수가 불균형적으로 많았다.[71]

또한 연구에 따르면, 체계적 데이터를 사용하여 범죄율이 높은 특정 지역(분쟁 지대)이나 범죄 활동(교통검문)을 대상으로 삼는 경찰 범죄예방 프로그램은 흑인이나 히스패닉계 차별을 초래할 가능성이 높다. 한 도시의 범죄 활동에 대한 체계적 조사를 활용하여, 분쟁 지대 프로그램에서는 범죄율이 높은 지역을 식별하여, 그곳에서 집행 활동을 집중한다. 미국 국립과학원은 분쟁 지대 프로그램이 "표적 위치에 인접한 지역으로 범죄를 이동시키지 않고, 단기적으로 범죄를 감소시키는 데" 효과적이었음을 발견했다. 그러나 이 보고서는 또한 "많은 사전 예방적 경찰활동 프로그램에서 흔히 볼 수 있듯이, 경찰이 고위험군이나 고위험 장소를 표적으로 할 때, 경찰-시민 만남의 양과 성격에서 인종적 격차가 클 가능성이 있다"며 강력하게 경고했다.[72] 경찰은 일부 입증된 범죄 퇴치 프로그램과 인종 평등을 조화시키는 데 있어 큰 딜레마에 직면한다.

대통령직속 21세기 경찰활동 임시위원회(President's Task Force on 21st Century Policing)는 "법 집행기관이 범죄 퇴치 전략을 시행할 때, 일반인의 신뢰를 잠재적으로 손상시킬 수 있음을 고려해야 한다"고 권고하며, 지역사회에 대한 피해가 영속적일 수 있다고 덧붙였다.[73]

인근 지역의 특성

여러 동네의 특성 또한 경찰 재량에 영향을 미친다. 제임스 파이프(James J. Fyfe)는 범죄율이 높은 지역에서 근무하는 경찰관이 범죄율이 낮은 지역에서 근무하는 경찰관보다 총기를 두 배 더 많이 발사하였음을 발견하였다.[74] 총기사용률이 더 높은 것은 "나쁜" 경찰관(속담에도 있는 "썩은 사과") 때문이 아니라, 이들이 배정된 환경에서 총기와 폭력 범죄 비율이 높기 때문이다. 이는 이해하기 쉽다. 범죄율이 더 높은 지역은 범죄율이 낮은 지역보다 무장강도 등의 심각한 범죄가 많아, 경찰관과 무장 범죄자들이 더 많이 마주치게 되어 총격 사건이 더 많이 발생한다.

개별 경찰관의 특성

많은 사람들은 각기 다른 유형의 경찰관이 거리에서 서로 다른 조치를 취하고, 특히 재량을 다른 방식으로 행사할 것이라고 믿는다. 1960년대에, 많은 경찰 개혁가들은 흑인 경찰관이 더 많이 고용되어야 하는데, 이들이 흑인들과 더 잘 연관될 수 있기 때문이라고 주장했다. 1960년대의 폭동 연구로 임명된 커너 위원회(Kerner Commission)는 1968년, "경찰서에서 흑인의 수가 증가한다면 흑인 지역사회와 필요한 의사소통 경로를 구축하는 데 도움이 될 것이며, 경찰이 지역사회 봉사 기능을 더 잘 수행할 수 있도록 해줄 것"이라 주장했다.[75] 마찬가지로, 일부 페미니스트 활동가들도 1970년대 초, 더 많은 여성 경찰관이 고용되어야 하는데, 이들이 대치 상황을 구두로 더 잘 해결할 수 있으며, 따라서 무력 사용 가능성이 낮아진다"고 주장했다. 그러나 제6장 331–332쪽에서 언급한 바와 같이, 연구에 따르면 인종, 민족성, 성별에 따른 경찰관 성과의 일관적인 차이는 없었다. 확인된 한 가지 차이점은, 무력 사용에 관한 소송과 관련된 경찰관 목록에서, 남성 경찰관이 거의 전적으로 더 많았다는 것이다.[76]

경찰관은 업무 유형이 서로 다르며, 이는 이들의 성과에 영향을 미친다. 로스앤젤레스 경찰관에 관한 관찰 연구에서, 범죄학자 스티브 허버트(Steve Herbert)는 일부 경찰관이 적극적이며, "책임을 떠맡고" 종종 공격적이었기 때문에, 동료들로부터 "하드-차저(hard charger, 험한 일을 맡는 사람)"라고 불렸음을 발견했다. 요약하면, 이러한 경찰관은 재량을 사용하여 더 활동적으로 근무한다. 다른 경찰관들은 일반 일반인과의 접촉을 줄였기 때문에, "스테이션 퀸(station queen)"이라 불렸다. 분명, 더 적극적이고 공격적인 경찰관일수록 무력을 사용하는 상황에 처할 가능성이 높고, 시민의 불만 접수를 받을 가능성이 높다.[77]

⇨ 여러 다른 상관의 업무 유형의 영향에 대한 논의는 제6장 참조

지역의 정치적 문화

경찰관의 재량은 또한 **지역의 정치적 문화**에도 영향을 받는다. 많

지역의 정치적 문화(local political culture)

은 주에서, 지역의 전통 문화에 따라, 제한 속도에 맞게 운전하기를 원하는 작은 마을들이 있다. 이러한 마을은 속도 위반으로 체포율이 높은 것으로 유명하다. 이 경우 속도 위반 딱지에 대한 벌금은 이 마을의 중요 수입원이다.

예를 들어 한 지역사회는, 교통 단속을 가장 중요시하며, 그 결과 경찰서가 공격적인 법 집행에 가담할 수 있으며, 또 다른 지역사회는 질서 유지를 가장 중요시할 수 있으며, 그 결과 경찰이 치안을 어지럽히거나, 배회하는 등의 행위에 공격적으로 법을 집행할 수 있다.[78] 지역의 정치적 문화는 비형식적으로 경찰서에 영향을 미치며 (예를 들어, 선출된 공무원이나 그 밖의 지역사회 지도자들과의 의사소통을 통해), 반드시 서면 정책을 통해서만 영향을 미치는 것은 아니다.[79]

경찰에 영향을 미친 가장 악명 높은 최근의 지역 정치 문화 사례에는 미주리주 퍼거슨 지역이 포함된다. 법무부 조사에 따르면, 현지 거주자들은 오래 전부터 알고 있는 내용이지만, 이 도시가 경찰서를 이용하여 교통 위반 딱지, 체포 벌금, 그 밖의 소송비를 통해 시 정부를 지원할 수 있도록 수익을 발생시켰다. 조사에서는, 시 공무원들이 경찰 서장에게 예산에 위기가 올 수 있으며 수익 창출 정책 활동을 높여야 할 필요가 있다는 이메일을 보냈다는 사실이 밝혀졌다. 이러한 압박의 결과 흑인 거주자들의 종종 정당하지 않은 체포 패턴이 나타나고 결과적으로 경찰에 대한 적대감이 높아졌다.[80] 유사하게, 많은 사람들은 미국의 다른 작은 마을들이, 오로지 시 정부를 지원하기 위한 수익 창출을 목적으로 경찰의 "과속 단속기"를 유지하고 있다고 믿는다.[81]

조직적 요인

부서 정책

공식적인 부서 정책은 경찰 재량에 강력한 영향을 미친다. 파이프의 선구적 연구에 따르면, 뉴욕 경찰서는 1972년 도입한 제한적인 "생명 보호" 총격 정책으로, 이후 3년 반 동안 총기 발포 비율이 30%

감소했다.[82] 1970년대에 멤피스 지역에서 비무장한 채 달아나는 흉악
범을 충격하는 일은, 이러한 유사한 제한적인 총격 정책의 도입 이후
사라졌다.[83] 고속 추격에 대한 제한적인 정책도 추격 수를 감소시킨
다. 앨퍼트는 제한적 정책을 도입한 후, 마이애미-데이드 경찰서에
서 추격이 82% 감소하였음을 발견하였다. 한편, 오마하에서는 허용
정책이 재도입된 후, 추격이 600% 증가하였다.[84]

　　우리는 본 장 후반에서, 경찰관 재량에 관한 부서 정책의 영향을
보다 상세히 논의할 것이다(658-668쪽).

⇨ 경찰 재량에 관한 부서의
서면 정책의 영향에 관한
더 자세한 논의는, 본 장
후반의 "재량 통제"
부분과 제14장 참조

비공식적 조직 문화

　　경찰서에는 또한 경찰관 재량에 영향을 미치는 자체적인 **비공식
적 조직 문화**가 있다. *경찰 행태의 다양성(Varieties of Police Behavior)*
에 관한 연구에서, 윌슨(Wilson)은 세 가지 조직적 유형의 경찰활동을
파악한다: 경비원, 법률 준수, 서비스.[85]

비공식적 조직 문화(informal organizational culture)

　　역사적으로, 로스앤젤레스 경찰서는 공격적인 범죄 소탕 전술들
이 포함된 법률 준수 유형이라는 평판이 있었다(예를 들어, 현장 심문
과 체포 비율이 높다). 그러나 시카고는 체포 활동을 훨씬 덜 강조하는
경비원 유형이었다. 소규모 경찰서나 교외 지역 경찰서는 봉사 유형
인 경우가 더 많았다.[86]

　　경찰서의 조직 문화는 꼭 서면 정책을 통해 확립되는 것은 아니
다. 이는 보통 경찰 서장의 가치와 목표의 결과이다. 비형식적인 조
직 문화가 발전하며, 이는 경찰관들 사이에서 비공식적으로 공유된
다. 6개 경찰서를 비교한 결과, 이웃 경찰활동 프로젝트(Project on
Policing Neighborhoods)에서는 경찰관이 시작하는 시민과의 접촉(911
신고 전화와 반대로) 비율이 일부 부서에서는 약 20%로 낮은 반면, 일
부는 50%로 높았다. 이러한 각기 다른 근무 활동 패턴은 분명, 경찰
이 시작하는 시민과의 접촉의 가치에 관한 서로 다른 비공식적 조직
문화를 반영한다.[87]

요약

결국, 증거에 따르면, 경찰관 재량은 경찰활동의 거의 모든 측면에 영향을 미치며, 많은 다른 요인들에 의해 영향을 받는, 극도로 복잡한 현상이다. 다음 절에서, 우리는 경찰관 재량 통제 전략에 대해 논의할 것이다.

▌재량의 통제

오늘날 모든 전문가들은 경찰 권위의 남용을 막기 위해서, 경찰 재량 통제의 필요성에 동의한다. 데이비스 케네스의 선구적 저서 외에도, 1960년대부터 1990년대까지 가장 영향력있는 경찰 전문가 중 한 명인 허먼 골드스타인은 행정규칙 제정 시스템을 통한 경찰 통제의 필요성을 적극적으로 옹호하였다. <자유사회 경찰활동(Policing a Free Society)>에서 그는 "재량은 구조화되어야 하며... 정책이 개발되고 명확히 표현되어야 하며... 책임성 체계가 확립되어야 하며... 통제의 형태가 도입되어야 한다"고 주장했다. 1977년 집필 중, 골드스타인은 앞으로 몇 년 동안 이 분야의 발전 개요를 본질적으로 설명했다.[88]

재량의 폐지?

1950년대 후반과 1960년대 초반 마침내 재량의 문제가 밝혀졌을 때, 몇몇 전문가들은 재량을 폐지해야 한다고 주장했다. 법학 교수 조세프 골드스타인(Joseph Goldstein)은 법을 집행하지 않기로 하는 경찰관의 재량은 불법이므로, 폐지되어야 한다는 결론을 내렸다.[89] 엄밀한 법적 의미로는 그가 옳았다. 연방법이나 주법 어디에서도, 경찰은 법을 집행하지 않을 권리가 없다. 그러나 이러한 주장은 설득력이 없었다. 오늘날 사실상 모든 전문가들은 재량을 폐지해야 한다는 개념을 거부하며, 재량이 불가피하고, 앞서 논의한 바와 같이 종종 유용한 목적을 수행할 수 있다고 주장한다. 데이비스는 이러한 문제를 직설적으로 밝혔다: "경찰 재량은 절대적으로 중요하다. 없앨 수 없다."[90]

경찰 재량 폐지에 관한 논쟁은, 형사 사법 제도의 다른 부분에서의 재량에 관한 논쟁과도 유사했다. 1973년 법무부는 5년 안에 유죄 협상을 폐지할 것을 권고했다. 한편, 1970년대의 몇몇 양형 개혁안들은 소위 "정기(flat-time)" 금고형을 통한 사법 양형 폐지를 권고했다. 이러한 개념은 많은 관심을 끌지 못했으며, 결코 채택되지 않았다. 사실 1987년 연방 양형 지침은 오늘날 경찰활동에 존재하는 행정 규칙 제정 제도와 기본적으로 유사한, 지침에 따른 양형 재량 제도를 구현하였다. 사법 제도의 다른 분야에서도, **재량을 폐지**하려는 시도가 원칙적으로 현명하지 못하며, 실제로도 불가능하다는 일반적인 합의가 있다. 서면 규칙을 통해 재량을 조절하고 통제하는 것이 최선의 대응책이라는 것이 이러한 합의이다.[91]

재량 폐지(abolish discretion)

전문적 판단력 향상

재량 문제에 대한 두 번째 대안은 법, 의학과 같은 다른 인정받는 직업의 예를 따라, 경찰관의 전문적 판단을 강화하는 것이었다.

걱정되는 어떠한 증상 때문에 병원에 간다면, 의사는 일련의 질문들을 하며, 진찰 후 몇 가지 검사를 한 뒤, 당신이 진짜로 아픈 것이 아닌지, 아니면 진짜 아픈 것인지를 결정한다. 의사는 약을 처방하거나 전문가에게 추가 검사를 의뢰할 수도 있다. 의사는 이러한 결정을 내릴 때 어떠한 엄격한 규정에 따르거나, 정책 매뉴얼을 참고하는 것도 아니며, 자신의 여러 경험과 전문적 판단에 의존한다.

과거 일부 경찰 전문가들은 경찰관의 전문적 판단력 향상을 통해 재량을 통제할 수 있다고 주장했다. 이들은 일련의 정교한 정책과 절차에 반대했다(물론 이러한 정책 및 절차는 현재까지 이어지고 있다). 이러한 접근법은 의학, 법학, 교육학에서 사용되는 전문 모형을 대표한다. 전문적 판단력은 지원자들을 심사하고, 신입 구성원을 훈련시키고, 이들을 전문직으로 사회화시키는 엄격한 과정을 거쳐 발달한

다. 예를 들어 의학 대학의 입학 기준은 매우 높다; 의학 대학의 훈련
은 길고 엄격하다; 훈련 과정은 장래의 의사들이 이 직업의 문화로
사회화하게 해주는 역할을 한다. 일단 의사 면허를 취득하면, 의사는
직접적인 감독 없이도 전문적 판단을 내릴 수 있다.[92]

⇨ 경찰관의 전문적 판단력을
향상시키기 위한 훈련
강화에 관한 논의는 제5장
참조

　　그러나 많은 경찰 전문가들은 전통적인 직업 모형이 경찰활동에
는 적합하지 않다고 주장한다. 첫째, 법학과 의학에 비해 모집 기준
이 낮다. 이러한 다른 직업에 비해서(법학 대학의 경우 3년) 사전훈련
기간이 매우 짧다(최고 부서에서도 단 6개월). 둘째, 경찰활동의 또래
문화는 종종 부적절한 행동조차 용인하고 심지어는 은폐해왔다.[93] 다
시 말해, 여기에는 실무를 통해 배운 일련의 기술들이 포함된다. 세
무 변호사나 심장 전문의가 갖고 있는 지식 체계에 준하는 어떠한 전
문화된 지식 체계가 없다(예를 들어, 가정폭력 상황을 정확히 어떻게 진
단할지). 경찰관은 스페셜리스트(specialist)라기보다는, 가장 사소한 것
부터 매우 위험한 것까지, 911 시스템을 통해 걸려오는 모든 신고 전
화에 대응하는, 제너럴리스트(generalist)이다. 이러한 모든 이유로, 제
임스 윌슨은 "경찰이 이러한 의미로는 전문가가 아니다"라고 주장한
다.[94]

　　위 단락의 주장은 경찰 훈련을 폄하하고자 함은 아니다. 사실,
제5장의 논의에서는 훈련의 내용과 지도 방법 측면에서 경찰 훈련
개선의 필요성을 상당히 강조한다. 게다가 제5장에서 설명한 가장 중
요한 혁신 중 일부는, 경찰이 대응해야 하는 사건들을 해결하는 데
있어, 경찰관의 판단력을 강화시키기 위함이다. 전술적 의사결정 훈
련은 사건이 전개됨에 따라 지속적으로 이를 평가하고 재평가하는
능력을 발달시키며, 상황 변화에 따라 전술을 바꿀 수 있도록 준비시
키는 것을 목적으로 한다.[95]

비공식적인 관료적 통제

　　제6장(335쪽)에서 논의한 바와 같이, 경찰 재량은 부분적으로는
경찰서와 형사 사법 제도의 관료적 성격에 의해 통제된다. 예를 들
어, 체포는 경찰관의 행동의 "가시성"을 높여준다. 체포는 경찰관의

상관에 의해, 이후에는, 검사, 피고측 변호인 및 한 명 이상의 판사에 의해 검토된다. 검사는 경찰관의 행동에 문제가 있어, 사건을 조기에 기각할 수도 있다. 유능한 피고측 변호인은 부적절하거나 불법적 행동에 이의를 제기할 것이며, 사건을 기각하도록 판사를 설득하는 데 성공할 수도 있다. 요약하면, 경찰관은 자신의 편견을 완전히 자유롭게 행동으로 옮길 수 있는 것은 아니다.

다른 경찰관들에 의한 일상적인 검토가 포함되는 관료적 절차는 경찰관의 행동을 제약하고, 어떤 점에서는 이들의 재량을 통제하지만, 모든 면에서 그런 것은 아니다. 그러나 경찰 전문가 사이에서는, 중요한 경찰 조치의 전체 범위를 포괄하는, 보다 구체적인 지침이 필요하다는 합의가 있다. 워커(Walker)와 아치볼드(Archbold)는 모든 "중대 사건"이 다뤄져야 하며, 중대 사건은 일반 국민의 생명, 자유, 안전을 포함하는 모든 경찰 조치로 정의된다고 주장한다.[96]

행정규칙 제정: 서면 정책을 통한 통제

발전한 재량 통제 방법은, 경찰관의 재량 행사를 안내하는 서면 정책을 사용하는 것이다. 이러한 접근법은 **행정규칙 제정**이라 불린다. 이는 현재 경찰 관리에 있어서 기본 접근법이며, 경찰서 SOP 매뉴얼 (또는 정책과 절차 매뉴얼)은 현대 경찰 관리의 기본 도구이다. 1970년대 초반과 1980년대 중반 및 1990년대 초반 사이, 경찰 수뇌부는 마침내 행정규칙 제정이라는 개념을 받아들였다. 정치학자 찰스 엡(Charles Epp)의 주장처럼, 이러한 개념이 받아들여진 것은, 10년간 활동주의 시민권 변호사와 관련된 사건들, 소송 증가와 다수의 중요한 법원 판결, 일부 경찰서와 경찰 내 일부 핵심 수뇌부의 혁신이 있은 후였다. 그 결과, 10년에서 15년이 넘는 기간 동안, 행정규칙 제정이라는 개념은 "가상의 이단에서 새로운 전문적 정설"로 바뀌었다.[97]

행정규칙 제정 과정을 통해, 경찰서는 다음을 규정하는 서면 정책을 개발한다: (1) 특정 상황에서 경찰관이 해야 할 일, (2) 이러한 상황에서 경찰관이 하지 말아야 할 일, (3) 경찰관이 행동 방침을 결

행정규칙 제정(administrative rulemaking)

정하는 과정에서 고려해야 할 요인들, (4) 경찰관이 자신이 취한 조치와 그 이유를 설명하는 사건 보고서를 작성하도록 의무화. 법집행기관인증위원회(CALEA)의 법 집행기관 인가 기준에서는, "서면 지침이 모든 해당 헌법 요건 준수를 보장하기 위한 절차를 지배해야 한다"고 요구한다.[98] Exhibit 11-1은 1973년 미국 변호사협회의, 행정규칙 제정을 통한 재량 통제 권고사항을 보여준다.[99]

행정규칙 제정의 예

- **총기**. 대부분의 총기 정책 모델은 1972년 뉴욕경찰국의 선구적인 정책에서 유래되었다. 이 정책은 영향력 있는 네 가지 중요한 요소를 구현하였다: (1) 총기사용을 위한 생명 방어 표준(기존의 "도망가는 흉악범" 표준을 대체); (2) 용의자에게 부상을 입히기 위한 총격, 용의자에게 경고하기 위한 총격, 이동 중인 차량을 향한 또는 차량으로부터의 총격 등에 관한 구체적인 금지 사항; (3) 경찰관에게 상황에 관계없이 각 총기 발사에 관한 보고서를 작성하도록 의무화(여기에는 위험한 동물을 죽이기 위한 총격이나 우발적 발사도 포함된다); (4) 경찰관의 총기사용 보고서를 고위급 경찰이 검토하도록 의무화. 전국 대부분의 경찰서에서는 몇 년 안에 NYPD 정책을 일부 수정하여 채택하였다. 그 이후 몇 년 간, 여러 부서에서 많은 중요한 새로운 요소들이 추가되었다.[100] (Exhibit 11-2는 미니애폴리스 경찰국의 총기사용에 관한 정책 발췌본을 제공한다.)
- **가정 소란 및 가정폭력**. 오늘날 가정 소란 및 가정폭력에 관한 부서 정책은 광범위한 상황을 포괄한다. 오늘날 대부분의 정책에서는 심각한 공격이 발생할 때마다 체포를 의무화한다. 뉴올리언스 경찰국의 새로운 가정폭력 정책(법무부의 동의 판결에 따라 개발됨)에는 다음의 추가 조항이 포함된다: "모든 NOPD 경찰관은 피해자와 협력하여야 한다;" 경찰관들은 신고 전화에 "대응하는 데 있어 선제적 접근 방식을 취해야 하며, 뚜렷한

공격자를 결정하고 그를 체포하려 시도하여야 한다;" "비상등
과 사이렌의 사용을 피하여, 범인에게 경찰관의 접근을 알리
지 않아야 한다;" "안전이 보장되는 한 모든 당사자와, 잘 보
이지 않고 들리지 않는 곳의 목격자들까지 면담하여야 한다."
(정책은 23페이지까지 이어진다).[101] 분명히 알 수 있듯이, 정책에
서 경찰관에게 제시하는 지침은 단지 체포/불체포 문제만이
아닌 그 이상을 다루고 있다.

- **차량 추격**. 고속 추격에 대한 경찰서 정책에서는, 경찰관에게
추격을 시작하기 전에, 의심되는 범죄의 심각성, 도로 상황,
보행자들의 존재, 그 밖의 잠재적 위험 요인들을 고려하도록
지시한다. 경범죄로 의심되는 많은 상황에서, 특히 눈이나 비
가 오는 위험한 상황이라면, 고속 추격에 포함되는 위험 요인
들이 추격의 위험을 정당화하지는 못한다.[102]
- **단계적 완화**. 경찰－시민 대치 상황을 해결하고 경찰관이 무력
을 사용할 가능성을 줄이기 위한 하나의 전술로서의 단계적
완화는 2014년의 비극적 사건 이후 매우 인기를 끌었으며, 많
은 경찰서에서 이를 빠르게 채택했다. 시애틀 경찰국의 정책
은 경찰관이 고려해야 할 전술에 대한 구체적 지침을 제공한
다: "동요하는 대상자를 진정시키기 위해", 구두 설득이 포함
되며, 부서의 LEED 정책(형평성과 존엄성으로, 경청하고 설명하
기)과 일관된 명확한 지침을 제공하는 의사소통; "상황을 진정
또는 안정시켜" 대안들을 고려할 수 있도록, 하나의 전략으로
서 추가 시간 확보; "전략적 이점을 극대화"하는 방법으로, 대
상자와의 거리 유지; "전략적 이점을 위한 위장, 은폐를 통해"
[경찰관으로서의 자신]을 보호.[103]

EXHIBIT 11-1

미국변호사협회 기준 1-4.3 행정규칙 제정

　　경찰 재량은 경찰 기관에 의한 행정규칙 제정 과정을 통해 가장 잘 구조화되고 통제된다. 따라서 경찰 관리자들은, 특히 선택적 집행, 심문 기법, 집행 방법 분야에서의 재량 행사를 지배하는 행정 규정 형성을 가장 우선시해야 한다.

출처: Excerpt from American Bar Association, *Standards on Urban Police Function*, http://www.americanbar.org/publications/criminal_justice_section_archive/crimjust_standards_urban police.html.

EXHIBIT 11-2

2016 미네소타, 미니애폴리스 경찰서, 총기사용 정책

5-305 허가된 총기사용(08/17/07)

　　미네소타 법률 §609.066 sub.2 − "직무 중 치안 경찰관의 총기사용은 필요한 때에만 정당화된다:

- 명백한 죽음이나 엄청난 신체적 피해로부터 치안 경찰관 또는 다른 사람을 보호한다;
- 치안 경찰관이, 총기사용이나 총기사용 위협을 포함하여, 심각한 범죄를 저지르려 하였거나, 저지른 것으로 알고 있는, 또한 이렇게 믿을 만한 합리적 근거가 있는 사람의 도피를 막거나, 이 자를 체포 또는 억류한다;
- 치안 경찰관이, 그 사람의 체포가 지연된다면, 사망이나 큰 신체적 피해를 초래할 것이라고 합리적으로 믿는다면, 심각한 범죄를 저지른 것으로 알고 있거나, 저지르려 하였다고 믿을 만한 합리적 근거가 있는 자의 도피를 막거나, 이 자를 체포 또는 억류한다;

[추가 조항]

- 국민의 안전을 위해, 경고 사격을 해서는 안 된다.
- 경찰관은 이동 중인 차량을 향해 또는 이동 중 차량으로부터 총기를 발사하는 것이 강력하게 금지된다.
- 경찰관은 상황을 안전하게 해결할 가능성을 극대화하기 위해, 대치 상황에서 합리성, 실질적인 전술, 가능한 선택안을 사용해야 한다.
- 근무 여부에 관계없이, 화기를 발사하는 직원은 직속 상관이나, 당직 지휘관 및 관할 구역에 가능한 빨리 직접 연락해야 한다.
- 상관은 근무 중에 직원이 총기를 발사한 모든 현장에 대응하여야 한다.

출처: Excerpt from Minneapolis Police Department, *Policy and Procedure Manual, Section 5-300 Use of Force*, http://www.ci.minneapolis.mn.us/police/policy/mpdpolicy_5-300_5-300.

상황을 진정시키고 시간을 벌기 위한 전술 사용, 지속적인 상황 재평가, 잠재적으로 위험한 상황에서 보호받는 위치에 자리 잡는 법 등에 대한 지침은 경찰활동에서 새로운 슬로건이 되었다. 정신 질환과 관련된 신고 전화 대응과 위험할 수 있는 집단을 다루는 데 있어 경찰활동에서도 유사한 지침이 나타난다. 목표는 경찰관이 스스로를 보호하고, 상황에 최선으로 대응할 수 있도록 결정할 수 있는 시간을 확보하는 것이다.[104]

행정규칙 제정의 원칙

데이비스는 재량 제한, 재량 구성, 재량 확인 측면에서 행정규칙 제정의 원칙을 설명한다.[105]

재량 제한

규정에서는 "경계를 정함으로써" 재량을 제한한다. 예를 들어, 총기사용에 관한 생명 보호 기준에서는, 경찰관들이 도주 중인 흉악범, 이동 중인 차량, 경고 사격으로 총기를 사용하지 않을 수 없는 상황을 명확하게 나타내어 경계를 정한다. 많은 가정폭력 정책에서는 심각한 공격이 일어난 경우, 체포를 요구함으로써 경계를 정한다. 한편, 미니애폴리스 경찰국 차량 추격 정책에서는 "추격이 경찰관, 일반 시민 또는 본의 아닌 참여자일 수도 있는, 추격을 당하는 차량의 승객들에게 불합리한 위험을 주는 경우, 경찰관이 추격을 개시하지 않거나 도중에 종료해야 한다"고 명시한다.[106]

재량 구성

재량은, 경찰관의 재량 행사를 안내할 수 있는 합리적인 체계가 있을 때 구성된다. 데이비스가 언급한 바와 같이, 구조화된 정책은 경찰관에게 다음과 같이 지시한다: "재량이 있는 영역 내에서, 이러한 목표 및 원칙에 따라 재량이 부여된다."[107] 예를 들어, 경찰의 고속 추격에 관해서, 부서 정책에서는 전형적으로 이웃 주거지와 학교

구역에서 추격을 금지하며, 비나 눈 때문에 도로가 미끄러울 때 추격을 금한다. 지역사회 구성원, 경찰관, 추격을 당하는 운전자의 안전과 생명을 보호하는 것이 기본 목표이다. 원칙은 이들의 생명이 도주하는 범죄 용의자의 체포보다 더 중요하다는 것이다.

재량 확인

재량 확인은 먼저 각 중대 사건 이후 경찰관이 보고서를 작성하게 하고, 다음으로 이러한 보고서를 고위급 지휘관이 검토한 후, 그러한 조치에 대해 경찰관에게 책임을 지게 하는 것이다. 확인 과정은 세 가지 단계로 구성된다.

첫 번째 단계는 경찰관이 각각의 중대 사건(총기사용, 차량 추격 등)에 대한 보고서를 작성하도록 의무화하는 것이다. 경찰관은 사건을 설명하고 특히, 덜 심각한 대안이 아닌 이러한 조치를 취한 이유를 설명해야 한다(예를 들어, 단계적 완화 시도보다는 일정 수준의 무력을 사용함). 보고 의무화로, 경찰관은 자신의 조치에 대해 책임이 있음을 통지한다.

두 번째 단계는 경찰관이 해당 사안에서 부서의 지침을 준수하고, 법을 위반하지 않았는지, 팀장이 각 경찰관의 보고서를 비판적으로 검토하게 하는 것이다. 팀장은 상세한 기술이 부족하거나, "저항한 사람"(저항이 실제로 무엇으로 구성되는지에 대한 설명 없이)과 같은 모호한 용어, 명백한 모순, 다른 증거(예를 들어, 사건의 목격자의 증거)와 모순되는 진술, 또는 단순히 말이 되지 않는 진술을 찾아야 한다. 비전문적인 경찰서의 경우, 팀장은 경찰관들의 보고서에 무비판적으로 서명하고, 지휘 계통으로 전송한다. 예를 들어, 클리브랜드 경찰서에 대한 법무부 조사 결과, 경찰관의 무력 사용 보고서에 대한 상관의 검토는 종종 "처음부터, 경찰관의 행동을 정당화하도록 설계된 것으로 보였다."[108]

세 번째 단계에는 고위급 지휘관의 검토가 포함된다. 무력 사용 보고서에서 점점 더 일반적인 한 가지 접근 방식은 무력 사용 검토위원회(UFRB)이다. 지휘관급 위원회는 부서의 무력 사용 정책, 훈련,

감독을 개선할 필요가 있음을 암시할 수 있는 반복적인 문제를 식별하기 위해, 모든 무력 사용 보고서를 체계적으로 검토한다. 클리브랜드 경찰서의 UFRB는 "무력 사용과 강제 조사에 대한 질 높은 통제 메커니즘"으로서의 기능을 한다.[109] UFRB는 부서의 문제점을 바로잡기 위해 사건들을 철저히 조사한다. 두 번째 지휘관급 검토는 조기 개입 시스템(EIS)이며, 경찰관의 행동을 체계적으로 검토하는 데 초점을 맞춘다. 조기 개입 시스템(EIS)은 부서 내 모든 경찰관에 대한, 5~25가지 성과 지표 데이터로 구성된 전산 데이터베이스이다. 데이터 분석을 통해, 동료 경찰관(즉, 임무가 유사한 경찰관)에 비해 행동에 문제가 있는 경찰관을 식별할 수 있다. 심각한 성과 문제가 있는 경찰관은 성과 문제를 바로잡을 수 있도록 설계된 중재 프로그램의 대상이 된다[110](EIS에 대해서는 제14장에서 전체적으로 논의된다).

서면 정책의 기여

핵심 경찰 조치에 관한 명확하고 실질적인 서면 정책 개발은 경찰서의 질과 경찰이 일반인에게 제공하는 서비스의 질에 몇 가지 긍정적인 기여를 한다.[111]

1. **경찰관 재량 지도**. 순찰 경찰관이, 절취된 것으로 보이는 차량을 보고, 섬광등을 켜 교통 단속을 하기 시작한다. 갑자기, 용의자의 차량이 명확히 도주하려는 시도로 속도를 올린다. 경찰관은 빠르게 결정을 내려야 한다: 추격을 할까 하지 말까? 그는 도로가 젖어 있고 미끄러워 위험하다는 것을 알고 있으며, 도주 차량이, 사람들과 아이들에게 위험이 높은 주거 지역 또는 스쿨존을 향하고 있음을 보고 있다. 경찰관은 경찰서의 고속 추격 정책에서, 도로 상황과 교통 수준이 무고한 행인들에게 위험을 가할 수 있을 때, 추격을 하지 말아야 한다고 조언한다는 것을 알고 있으며, 추격을 하지 않기로 결정한다. 대신, 경찰은 911 담당자에 도주 차량의 제조사와 모델, 그리고 차량 번호판의 일부를 신고한다.

이러한 예에서 경찰서의 정책은 지역사회 구성원, 경찰관, 추격을 당하는 대상의 부상이나 사고 위험을 줄이는 결정을 내리기 위해, 명확한 지침을 제공하였다.

경찰의 무력 사용에 대한 최초의 연구이자, 매우 영향력 있는 제임스 파이프의 연구에 따르면, 1972년 뉴욕 경찰국의 새로운 제한적 정책은 주간 평균 총기 발사 수를 거의 1/3까지(29.1%) 감소시켰다.[112] 한편, 고속 추격에 관한 앨퍼트의 연구에서는 제한 정책이 적용되었을 때, 추격, 사고, 경찰과 시민들의 부상 수가 감소하였음을 발견하였다.[113] 로스앤젤레스 보안관서(Los Angeles Sheriff's Department)에서는, 경찰견들을 어떻게 배치할 수 있는가에 대한 새로운 통제가 시행된 후, 경찰견에게 물린 시민의 수가 90%까지 감소하였다.[114]

2. **일관적인 경찰관 행동**. 또한 명확하고 일관적으로 집행되는 정책을 통해, 순찰 경찰관들의 조치는 경찰서 전체에 걸쳐 일관적일 수 있다. 이는 법의 평등한 집행을 보장하며, 결국 경찰과 지역사회 관계를 개선한다. 경찰관에게 어떠한 행인이 범죄를 저지르고 있거나, 범죄를 막 저지르려 한다는 합리적 의심이 있어야 한다고 요구하는 보행자 검문검색에 관한 명확한 정책은, 그 당시 범죄 활동에 관여하지 않은 사람을 검문하지 않을 수 있도록 도움을 준다.

3. **차별과 경찰관의 불법 행동 방지**. 특정 조치(e.g., 머리를 곤봉으로 때리는 행위)를 명확하게 금지함으로써, 무력 사용에 관한 좋은 정책은 부적절하며 불법일 수 있는, 또한 지역사회의 항의를 유발할 수 있는 경찰관의 행동을 없애준다. 경찰 연구에 대한 종합적 검토 후, 국립과학원은 "무력 사용에 관한 명확한 행정 지침과, 위법행위에 대한 일관적인 제재가, 과도한 무력의 발생을 감소시킨다"는 결론을 내렸다.[115]

4. **지역사회 안전과 경찰관의 안전 개선**. 경고 사격이나 주택가를 관통하는 고속 추격과 같은 무분별하고 위험한 경찰 행동을 금지함으로써, 정책을 통해 지역사회와 경찰관의 안전을 모

두 향상시킬 수 있다. 예를 들어, 고속 차량 추격은 추격을 당하는 운전자, 구경꾼, 경찰관에 부상 및 사고를 초래할 수 있다. 클리브랜드 경찰서에 대한 2014년 법무부 조사에서는, "경찰관이 무모하게 무기를 발사하여, 자신과 발사 대상, 또한 구경꾼들을 심각한 부상이나 사망의 부당한 위험에 처하게 하는" 많은 사례들을 발견했다. 예를 들어, 경찰관은 무기를 꺼내 용의자에게 겨누는 행동을 충분히 신중하게 고려하지 않았다.[116]

5. **경찰관에 대한 감독 강화**. 서면 정책은 또한 경찰관을 대상으로 하는 팀장이나 고위급 지휘관들의 감독을 개선한다. 예를 들어, 가정폭력 신고 처리에 관한 상세한 경찰관 보고서는, 경찰관이 부서 정책을 준수하는지 여부를 기록한다. 다음 성과 평가 시, 정책을 준수하지 않았다는 증거는, 팀장의 코칭 또는 불리한 평가 점수의 근거가 될 수 있다. 또한 상관의 부당한 평가로부터 경찰관들을 보호해준다.

6. **경찰관의 사기 향상**. 경찰관들은 부서의 규칙과 규정에 대해 자주 불평하지만, 사실 이러한 규칙과 규정은 경찰관의 업무를 훨씬 쉽게 만들어준다. 하지 말아야 할 행동에 대한 명확한 지침은(예를 들어, 도주하는 흉악범에게 총기 발사) 종종 내사, 낮은 성과평가, 범죄 수사와 같은 선호하는 부서로의 배정 또는 승진 기회 박탈 등을 초래하는, 나쁜 결정을 내리지 않게 해준다. 경찰관은 또한 명확하고, 실질적인 지침을 제공하며, 일관적으로 집행되는 규칙을 존중하고 준수할 가능성이 높다. 또한 부서 이외의 기관(예를 들어 법원)이 부과하는 것 보다는, 부서 자체에서 개발한 정책을 존중할 가능성이 더 높다. 마지막으로, 경찰관은 일반 경찰관의 참여로 개발된 정책을 더 존중할 것이다. 대통령직속 21세기 경찰활동 임시위원회(President's Task Force on 21st Century Policing)에서는, 경찰관이 부서 정책 개발에 참여한다면, 이러한 정책에 대한 주인의식을 가질 수 있다며 이를 제안하였다(Exhibit 11-3 참고).[117]

7. **경찰에 대한 공공의 신뢰와 확신 강화**. 경찰에 대한 공공의 신뢰와 확신은 일반 시민들이 이용할 수 있는 명확한 서면 정책으로 강화시킬 수 있다. 경찰활동의 전문가 시대(the Professional Era)(1900–1960년대; 제2장, 74–84쪽 참조)에, 경찰 조직은 내부 운영에 대해 가능한 세부 사항을 밝히지 않는 비밀유지 전통을 발전시켰다. 이러한 전통은 경찰–지역사회 관계를 심각하게 손상시켰다. 명확한 규칙을 갖추어 이를 공개한다면, 경찰활동과 경찰관 재량을 둘러싼 비밀을 없앨 수 있다. 일반인에게 경찰 운영에 대해 알릴 뿐 아니라, 지역사회에 어떠한 정책이 최선인지에 대해, 일반인들이 정보에 입각한 논쟁을 펼칠 수 있는 기회도 창출한다.[118]

8. **경찰에 대한 국가 표준 개발**. 2016 무력 사용 지침에서, 경찰최고위연구포럼(Police Executive Research Forum, PERF)은 "경찰 전문직이 기존의 [법원] 판례에서 요구되는 것보다 더 자세하고 더 엄격한 정책 및 관행을 채택할 수 있으며, 이러한 전문 기준이 때로 새로운 법적 기준으로 통합되기도 한다"고 주장했다. 또한 2분 동안 ECW(즉, 테이저)를 5회 사용하여, 기절하게 만든 것은 "위헌에 해당되는 과도한 무력"이었다는 제4순회 항소법원의 판결을 인용하였다. 이 판결에서는 PERF의 2011 보고서와, 법무부의 COPS Office를 모두 인용했다.[119]

EXHIBIT 11-3

경찰서 정책과 정책 매뉴얼에 관한, 대통령직속 21세기 경찰활동 임시위원회

2015 대통령직속 21세기 경찰활동 임시위원회는 경찰서 정책 및 정책 매뉴얼과 관련하여 세 가지를 권장하였다:

1. 조치 항목 1.3.1은 "법 집행기관이 모든 부서 정책에 대해 일반인이 검토할 수 있게 하여야 한다"고 권장한다.
2. 조치 항목 1.4.1은 내적 적법성을 얻기 위해서, 법 집행기관에 정책과 절차들을 개발하는 과정에 직원들을 포함시켜야 한다"고 권장한다.

3. 조치 항목 1.5.1은 "법 집행기관들이 정책과 절차를 개발하고 평가하는 과정에서 지역사회를 포함시켜야 한다"고 권장한다.

출처: President's Task Force on 21st Century Policing, *Final Report* (Washington, DC: Department of Justice, 2015), http://www.cops.usdoj.gov/pdf/taskforce/taskforce_finalreport.pdf.

부서 정책 개발: 전통적 관행

경찰서는 전통적으로 새로운 문제를 일으키는 경향이 있는 무계획적인 방식으로, 새로운 정책을 개발하고 오래된 정책을 수정했다.

위기관리

가장 흔한 정책에는 소위 말하는 "위기관리"가 포함되었다. 경찰관이 사건을 잘못 처리하면, 그 결과 지역사회의 항의, 부정적인 홍보, 소송의 가능성이 있다. 이러한 일이 다시 일어나지 않도록 하기 위해, 경찰서는 명확성이 부족한 부분이나 명백한 누락을 없애기 위해 정책을 수정한다. 그러나 정책 수정에서는 당시 논란의 여지가 있는 부분만을 다루고, 전면적인 수정에는 착수하지 않을 수 있다. 경찰학자 피터 매닝(Peter Manning)은 자신의 부서의 절차 매뉴얼이 "140년간 엉망이었다. 뭔가 잘못될 때마다 이들은 그에 대한 규칙을 만든다"는 한 영국 팀장의 말을 인용한다.[120]

차용

경찰서는 종종 단순한 차용 과정을 거쳐 정책을 수정한다. 지휘관은 전국 콘퍼런스에서, X 부서가 특정 주제에 대한 정책이 매우 좋다는 말을 듣고 돌아올 수도 있다. 이후 이 부서는 해당 부서에 연락하여 정책 사본을 요청하며, 이후 이를 약간 수정하여 자체 정책으로 채택한다. 차용은 더 나은 정책을 얻을 수 있는 효율적인 방법이지만, 정책의 전면적인 수정이 포함되지는 않는다. X 부서의 정책은 심각한 누락이 있었을지도 모른다. 이러한 두 가지 접근법의 문제는 부서의 SOP 매뉴얼(다음 절 참조)의 체계가 무너져, 중요한 사항에서 일관성이 없어질 수도 있다는 것이다. 우리는 나중에 체계적인 정책 개발에 대해 논의한다(672−674쪽).

표준 운영 절차(SOP) 매뉴얼

표준 운영 절차 매뉴얼
(standard operating
procedure manual)

서면 규칙과 정책은 정책 매뉴얼 또는 정책 및 절차 매뉴얼이라고도 불리는, 부서의 **표준 운영 절차 매뉴얼**(SOP 매뉴얼)로 수집 및 성문화된다. 오늘날 SOP 매뉴얼은 다른 규칙 및 규정과 함께, 다른 부서의 순찰 및 경찰관들에 의한 중대 활동을 지배하는 규칙 및 규정을 담고 있기 때문에, 현대 경찰 관리에서 중심적인 도구이다. 대도시 경찰서에서의 전형적인 SOP 매뉴얼은 몇 백 페이지나 된다. (1950년대와 1960년대 초에는, 많은 부서의 작은 노트에 부서 매뉴얼이 있었지만, 오늘날의 SOP 매뉴얼에서 발견되는 중요한 규칙은 하나도 없었다.)

많은 경찰서는 이제 웹사이트에 SOP 매뉴얼을 게시한다. 시애틀, 미니애폴리스, 샌프란시스코, 워싱턴 D.C. 경찰서가 그 예이다(Sidebar 11−5 참조). 대통령직속 21세기 경찰 태스크포스(The President's Task Force on 21st Century Policing) 조치 항목 14.1에서는, 경찰서가 지역사회의 신뢰와 경찰에 대한 확신을 구축하기 위한 방법으로, 정책 매뉴얼을 공표하도록 권고하였다.[121]

Sidebar 11-5

웹사이트의 SOP

점점 더 많은 경찰서에서 웹사이트에 각자의 정책 및 절차 매뉴얼을 게시하고 있다. 다음이 그 예이다:

- 시애틀경찰서: http://www.seattle.gov/police−manual
- 미니애폴리스경찰서: http://www.ci.minneapolis.mn.us/police/policy/index.htm
- 피닉스경찰서: http://www.phoenix.gov/policesite/Document
- 뉴올리언스경찰서: http://www.nola.gov/nopd/policies/

SOP 매뉴얼의 문제점

비록 오늘날의 SOP 매뉴얼은 기존에 존재했던 것보다 훨씬 우수하며, 경찰서 관리에 매우 중요하지만, 종종 몇 가지 문제를 겪는다.

첫째, 잘 관리되지 않는 부서에서, SOP 매뉴얼은 제대로 정리되어 있지 않아, 찾고 있는 중요한 정책을 신속히 찾기 어렵다. 둘째, SOP 매뉴얼에서 일부, 심지어 많은 정책은 시대에 뒤떨어지며, 경찰관들에게 좋지 않은, 불완전한, 시대에 뒤떨어진 정보를 제공한다. 셋째, 앞서 설명했듯이, SOP는 종종 무계획적인 "위기관리" 방식으로 변경된다. 한 가지 결과는, 특정 주제가 SOP 매뉴얼의 다수의 절에서 나타나며, 서로 일치하지 않는다는 것이다. 뉴욕시경찰청의 감찰관(Inspector General)은 2015년 부서의 무력 사용 정책을 조사하고, "현재의 무력 사용 정책이 모호하며 부정확하고, 개별 경찰관들에게 지침을 거의 제공하지 않으며;" 무력 사건을 문서화하고 보고하기 위한 절차가 많은 형태로 단편화되어 있으며;" 경찰관들이 종종 대치 상황의 세부 사항을 파악하지 못하는 포괄적 언어를 사용하거나; 그 밖의 여러 문제들을 발견하였다.[122] 넷째, 일부 부서에서 SOP는 불완전하며, 중요한 특정 주제를 다루지 않거나, 특정 주제와 관련된 중요한 쟁점들을 누락하고 있다.

이러한 문제를 바로잡기 위해서, 경찰서는 SOP 매뉴얼을 정기적으로 검토하여, 발생 가능한 문제점을 찾고, 특정 시점에서는 문서를 종합적으로 검토해 볼 필요가 있다.

⇨ 경찰의 무력 사용에 관한 서면 규칙의 영향에 대한 논의는 제14장 참조

SOP 매뉴얼을 부서 웹사이트에 게시하는 것은 몇 가지 긍정적 효과가 있다. 첫째, 이는 개방성과 투명성을 높이는 방향으로 나아가는 단계이다. 이를 통해 시민들은 경찰서의 정책이 무엇인지를 알 수 있다. 이는 일반인의 이해와 신뢰를 높여, 경찰 – 지역사회 관계를 개선한다. 둘째, 지역 경찰 관행에 대한 정보에 입각한 공개 토론의 기반을 제공하며, 개혁을 촉진한다. 시민과 지역의 전문가 단체는 특정 주제에 관하여 자신의 관할 경찰서의 정책을 비교할 수 있다. 또한

예를 들어 테이저건 사용과 같은 정책이 대부분의 다른 경찰서와 일치하지 않아 변경되어야 한다는 점을 발견할 수도 있다.

체계적인 정책 개발

경찰 재량에 관한 선도적인 전문가들은 항상 경찰이 체계적인 규정 제정에 참여해야 한다고 촉구하였다. 데이비스와 골드스타인은 체계적인 접근법을 통해 경찰이 위기를 맞기 전에 문제점을 예견할 수 있고, 계획에 있어 전문적인 접근을 할 수 있다고 주장한다. 그러나 이러한 권고에도 불구하고, 경찰서의 체계적인 정책 개발은 그리 흔하지 않다.[123]

법 집행 분야의 다수의 기관들이 체계적인 정책 개발을 장려해왔다. 법집행기관인증위원회(CALEA)는 지속적으로 업데이트되는 일련의 법 집행기관 표준을 개발했다. 그러나 표준은 일반적으로 매우 간략하며 몇 가지 일반 원칙을 제시하지만, 대부분의 경찰서 정책에 존재하는 중요한 세부 사항은 없다. 국제경찰청장협회(IACP, International Association of Chiefs of Police)는 특정 쟁점에 대한 모델 정책을 공표하는 전미법 집행정책센터(National Law Enforcement Policy Center)를 관리한다. 한편, 경찰최고위연구포럼(Police Executive Research Forum)은 다양한 중요 쟁점에 관한 일련의 보고서를 공표하며, 여기에는 질문과 권고 사항에 해당 쟁점에 대한 논의가 포함된다.

체계적인 규칙 제정
(systematic rulemaking)

워커와 아치볼드는 **체계적인 규칙 제정**에, 경찰 업무에서 모든 "중대한 사건"에 대한 문서화된 정책을 적극적으로 개발하는 일이 포함되어야 한다고 주장한다.[124] 그들은 중대한 사건을 시민들의 생명, 자유 또는 건강과 안전을 포함하는 모든 경찰로 정의한다. 과거에는 정책 결정이 너무 반응적이었으며, 경찰서의 기존의 정책의 한계나, 완전한 정책 결여를 폭로하였던 논란이 많은 사건에 대한 대응이었다.

체계적인 정책 개발을 위한 원칙

　종합적인 최신의 정책 및 독자 친화적 SOP 매뉴얼을 개발하고 유지하는 것은, 경찰서장과 지휘관 간부에게 중요한 과제이다. 이러한 주제에 대한 노력에 있어, 몇 가지 원칙에 따라야 한다.

지속적인 수정

　경찰서 SOP 매뉴얼 수정은 지속적인 과정이어야 한다. 이 과정은 고위급 지휘관에게 배정되고, SOP 개정위원회의 도움을 받아야 한다. 위원회는 특히 중요한 사안(예를 들어, 무력 사용)을 기한 내에 검토하기 위한 일정을 통해, 수정 계획을 개발 및 유지하여야 한다.

일반 경찰관의 참여

　대통령직속 21세기 경찰활동 임시위원회의 권고에 따라, 일반 경찰관들도 수정 과정에 직접 참여해야 한다.[125] 일부는 SOP 개정위원회의 대표자로 참여해야 하며, 일부는 자신의 특별한 경험과 직접 관련된 정책 논의 및 수정에 참여해야 한다. 오늘날 많은 부서에서는 이 같은 일이 이미 일어나고 있지만, 참여 범위가 일반 경찰관을 포함하는 수준까지 내려가는지는 확실하지 않다.

국가 전문가 투입

　수정 과정에서는 특정한 경찰 문제와 경찰활동에 관한 공인 국가 전문가의 투입과 관련 문서를 모색해야 한다. SOP 개정위원회는 또한 "모범 관행"으로 여겨지는 정책을 갖추고 있는 것으로 알려진 다른 경찰서의 정책과 관련된 권고사항도 모색해야 한다. 이러한 정책의 사본도 입수해야 한다. 위원회는 또한 IACP, PERF, NSA, COPS Office 및 기타 관련 민간 단체가 출간한 보고서와 권고 정책을 검토해야 한다.

지역사회의 참여

대통령직속 21세기 경찰활동 임시위원회는 또한 경찰서가 새 정책 개발과 기존 정책 수정 과정에, 지역사회 대표자들을 참여시켜야 한다고 권고했다. 참여에는 여러 형태가 있을 수 있다. 경찰서는 예를 들어, 가정폭력이나 노숙에 대해, 현지 및 국가 전문가들과 개별 면담을 할 수 있다. 또한 최소 한 번 이상의 공개 회의를 통해, 지역 사회 구성원들이 특별히 관심을 갖는 정책을 논의해야 한다. 골든스타인은 1977년 저서 <자유사회 경찰활동>에서, 새 정책 개발 또는 기존 정책 수정에 지역사회를 참여시켜야 한다고 강력하게 주장했다. 이러한 권고안은 38년 뒤, 대통령직속TF가 이러한 주장을 반복할 때까지 무시되었다.[126]

정책 준수 보장

결국, 행정규칙 제정과 모든 중요 사안에 대한 종합적인 정책 개발과 관련하여 가장 중요한 질문은, 경찰서가 경찰관들의 정책 준수를 보장할 것인가의 문제이다.

이는 일반인에게 전달되는 경찰서비스의 질에 직접 영향을 미치는 매우 중요한 질문이다. 경찰서는 전체 정책 범위를 채택할 수 있지만, 경찰관이 무력 사용 보고서를 부적절하게 제출하고, 팀장이 이를 비판적으로 검토하지 않으며, 지휘관이 이들의 조치를 검토하지 않으면, 행정규칙 제정을 통한 경찰 재량 통제의 전체 과정이 붕괴된다. 경찰서는 많은 과도한 무력 사건, 부정적 홍보, 시민의 불만사항, 소송, 지역사회 불신으로 고통을 겪을 것이다. 문제가 되는 경찰서에 대한 법무부의 신속한 검토에 따르면, 분명 이러한 결과는 발생할 수 있다. 예를 들어, 볼티모어 경찰서는 "효과적인 정책 및 훈련을 통해 경찰관의 활동을 지도"하지 못한 것을 포함하여, "경찰관들을 적절히 감독하지 못한"것으로 드러났다. 뉴올리언스, 클리브랜드, 뉴어크 및 다른 경찰서에서도 유사한 문제가 발견되었다.[127]

경찰 개혁을 지속하는 문제도 매우 중요하다. 주요 경찰 개혁이 지속되지 못하고 시들어 버리면, 엄청난 노력이 손실되며, 문제가 되는 경찰서도 개선되지 못한다. 안타깝게도, 우리는 지속적인 문제에 대해 거의 알지 못한다. 워커는 "개혁가들과 경찰학자들이 개혁이 지속되어 일반적인 경찰활동 또는 개별 경찰서의 영구적 부분이 될 수 있게 보장하는 문제에는 거의 관심을 기울이지 않았다"고 주장한다.[128] 안타깝게도, 미국 경찰서의 경찰활동에는 중요한 개혁을 지속적으로 유지하지 못하고, 단순히 사라져 버렸던 역사가 길다. 사실 증거에 따르면, 경찰서에서 공식적으로 프로그램이나 정책을 취소하는 경우는 거의 드물다; 단지 조용히 사라지도록 내버려둘 뿐이다.

가장 유명한 사례 중 하나는, 1970년대 중반, 뉴욕시경찰청이 경찰서의 조직적 부패에 경종을 울린 한 경찰관의 이름을 따서, Serpico 스캔들로 불리는 거대 부패 스캔들의 결과로 채택한 반부패 정책 사례이다. 경찰서장 패트릭 머피(Patrick V. Murphy)는 부서 전반의 반부패 프로그램을 수립하여 부패 행위를 통제할 책임을 분권화했다. 이 프로그램은 크게 홍보되어 찬사를 받았고 머피 국장은 1973년, 경찰재단의 수장이 되었다. 그러나 1990년대 초, NYPD에서 또 다른 대형 부패 스캔들이 터졌다. 이 스캔들을 조사하기 위해 임명된 Mollen 위원회는 머피의 프로그램이 붕괴되어 해당 경찰서에서 의미 있는 반부패 노력을 남기지 못했다고 결론을 내렸다.[129]

다행히도 지속가능성 문제에 대한 해법이 있다: 경찰의 외부 감독이며, 이제부터 논의할 것이다.

지속가능한 경찰 개혁에서 외부 감독의 역할

중요한 경찰 개혁을 지속시킬 수 있는 최선의 접근법은, 해당 시나 카운티에서, 지역 경찰이나 보안관의 경찰서를 위해, 외부 시민 감독 기관을 창설하는 것이다. 덴버, 로스앤젤레스, 시애틀, 시카고, 뉴욕시 및 기타 다른 도시와 카운티에 이러한 감독 기관이 존재한다. 이들은 명칭이 서로 다르지만 ─ 경찰감사관, 감찰관, 감시관 ─ 기능은 모두 같다. (제14장에서 더 자세히 논의한다.)

여기에서 논의된 감독 기관이 민간 심사위원회(이 또한 명칭이 다양하다)와 매우 다른 역할을 한다는 사실을 지적해야 한다. 심사위원회의 역할은 경찰에 대한 개별 시민의 불만사항을 조사하고, 이에 대한 조사 결과를 밝히며, 서장에게 권고하는 것이다. 반면, 경찰감사관, 감찰관, 감시관의 역할은 관할 구역의 법 집행 기관의 정책과 관행을 조사하고, 문제를 식별하며, 개선될 수 있게 권고하는 것이다.[130] 이러한 어떤 기관에도 경찰서에 개혁을 강요할 권한은 없지만, 기존의 문제점을 문서화하고 문제가 되는 경찰서, 선출된 경찰관, 언론, 일반 일반인에게 알릴 수 있도록 공공 보고서를 공표하여, 개혁을 자극하는 데 있어 매우 중요한 역할을 한다.[131]

운영 중인 외부 감독 기관의 예

로스앤젤레스 경찰위원회의 감찰관

로스앤젤레스 경찰서는 서장을 고용 및 해고하며, 부서 정책을 설정할 권한이 있는 경찰위원회가 관할한다. 감찰관은 경찰위원회의 부서에 속한다. 최근 감찰관은 위원회의 지시에 따라 많은 중요한 조사를 수행하고, 그 결과 보고서를 공표했다. 2014년에는, 경찰관 총격 사건의 재량적 조치에서, 경찰서가 총격 전 경찰관의 "전술적 결정과 조치"를 헌법에 따르는 것으로 고려할 수 있다는 최근 캘리포니아 대법원의 판결을 분석했다. 이 보고서에서는, LAPD가 법원의 결정을 단언할 수 있도록 정책을 개정해야 한다고 권고했다. 2016년에는, LAPD에서 10년간의 무력 사용 정책 개요를 완성했고, 몇 년 전 해당 부서가 무력 사용 정책을 완화했다는 사실을 강조하며, 더 엄격한 정책으로 복원되어야 한다고 권고했다.[132]

뉴욕시경찰청의 감찰관

NYPD의 감찰관은 독립적인 도시 기관이며, 중요한 것으로 여겨지는 사안들을 조사할 뿐 아니라, 이에 대한 공공 보고서를 공표한다. 초기의 한 보고서에서, IG(감찰관)는 NYPD의 무력 사용 정책과 관행을 조사했다. "NYPD의 현재 무력 사용 정책은 모호하고 부정확하여, 개별 경찰관들에게 무력 사용이 어떠한 조치인지를 명확히 안내하지 못하는" 것으로 드러났다. 게다가 이 경찰서의 "무력 사용 사건 문서화 및 보고 절차는 많은 형태로 단편화되어 있어," 무력 사용 보고의 "중앙집중적, 통일된" 시스템을 갖추고 있지 않았다. 이후에는 정신질환과 관련된 "위기 신고 전화"에 대한 NYPD의 처리 방식을 조사했다(하루 이러한 전화가 400통 걸려오는 경우도 있었다). IG는 NYPD가 CIT-훈련 경찰관을 위기 신고 전화로 배치하도록 보장하는 신고 배치 시스템을 갖추고 있지 않음을 발견했다. 또한 NYPD는 현재 CIT 훈련과 일치하도록 이 주제에 관한 정책을 업데이트하지 않았다.[133]

요약

뉴욕시 감찰관과 로스앤젤레스 경찰 위원회 감찰관의 사례는 외부 감독 기관이 어떻게 경찰서의 중요 정책을 계속해서 업데이트하도록 보장할 수 있는지를 보여준다. 여기에는 재량 통제와 관련된 정책 뿐 아니라, 시민의 생명, 자유, 복지에 영향을 미치는 중대한 경찰 운영과 관련된 모든 정책이 포함된다. 감찰관과 같은 외부 감독 기관의 특별한 강점은, 전문 인력 등, 독립적인 수사력이 있으며, 경찰서가 사실 특정 정책을 계속해서 시행하고 있는지 여부를 판단할 수 있다는 것이다.

⇨ 경찰의 시민 감독에 대한 자세한 논의는 제14장 참조

사례연구

보다 제한적인 정책이 전기 전도성 무기 사용에 미치는 영향

새로운, 보다 제한적인 정책이 전기 전도성(ECW) 무기(트레이드마크 명칭인 테이저(TASER)로 잘 알려져 있다) 사용에 미치는 영향에 대한 평가를 통해, 텍사스주 댈러스 지역의 경찰서는 이러한 정책이 무기 사용을 상당히 감소시켰다는 사실을 발견하였다. 연구 당시 댈러스는 인구 120만 명의 도시였으며, 정규 경찰관은 약 3,500명이었다.

2005년에 시행된 본래의 정책에서는, 경찰관이 방어적 저항의 경우 ECW를 사용할 수 있다고 명시했으며, 여기에는 경찰관에 대한 어떠한 신체적인 불응도 포함되었다. 예를 들어, 축 늘어지거나 태아와 같은 자세(fetal position)로 떨어진 사람에게도 적용될 것이다. 약 1년 후, 경찰서는 적극적인 공격의 경우에만 ECW 사용을 허용하도록 정책을 개정하였다.

이러한 평가에서는 399건의 ECW 배치 사례를 검토하였다: 본래의 정책 하의 292건과 새로운 정책 하의 107건. 본래의 정책이 시행되고 처음 5개월 동안은 ECW 배치 사례가 꾸준히 증가하였으며, 이후 나머지 3개월 동안은 급격하게 감소하였다. 불과 몇 달 동안의 변동이 지나고, ECW 배치는 새로운 정책 하에서 상당히 감소된 수준을 유지하였다. 이러한 평가의 저자들은 이러한 결과에 따르면, "경찰관은 ECW 배치를 안내하기 위한 정책 지침을 따를 것"이라는 결론을 내렸다.

출처: Stephen A. Bishop, David A. Klinger, and Robert G. Morris, "An Examination of the Effect of a Policy Change on Police Use of TASERs," *Criminal Justice Policy Review* 26, no. 7 (2015): 727-746.

요약: 조각 합치기

재량은 미국 경찰활동의 중심적인 부분이다. 경찰관은 시민들의 생명, 자유, 복지에 강력한 영향을 미치는 방식으로 이를 일상적으로 사용한다. 통제되지 않은 재량은, 적법절차 및 동등한 법의 보호의 부정을 포함한 심각한 문제를 초래한다. 오늘날 경찰 전문가들은 재량이 절대적으로 필요하다는 데 동의한다. 또한 행정 규칙 제정이 경찰 재량을 통제하기 위한 가장 효과적인 방식이라는 데 동의한다. 오늘날 대부분의 경찰서에는 경찰관이 일상적으로 접하는 대부분의 중대 사건을 다루는 정책이 있다.

그러나 많은 경찰서의 정책은 시대에 뒤떨어져, 심각한 경찰관 위법행위의 여지를 남긴다. 재량 통제와 관련된 주요한 문제점 중 하나는, 경찰서에서 중요한 요건을 생략하거나 절차를 무시하지 않고, 좋은 정책을 계속해서 완전히 시행할 수 있게 하는 것이다. 좋은 정책이 지속될 수 있게 하기 위해서는, 경찰서는 실질적인 내부 책임 프로그램을 갖추어야 하며, 또한 도시 또는 카운티에서는 발생할 수 있는 문제들을 조사할 수 있도록 외부 시민 감독이라는 효과적인 과정을 갖추어야 한다.

핵심어

토론

뉴헤이븐경찰서의 정책에 따르면, 경찰관은 재량을 행사하는 데 있어, 3단계의 과정을 사용해야 한다: (1) 교육하기, (2) 상기시키기, (3) 법집행. 수업 프로젝트로서, 다음의 단계에 따라 경찰 재량에 관한 경험과 인식들을 토론한다:

1. 수업 토론으로서, 경찰이 개입한 여러 질서유지 상황들을 확인해본다(예, 큰 소음이 있는 파티).

2. 각 학생에게 (a) 이러한 상황에 대한 1회 이상의 자신의 경험과 (b) 경찰 대응에 대한 경험/관찰(예, 경고, 체포, 설교)에 대한 익명의 보고서를 작성하게 하여, 수업 내에서 학생들의 경험을 조사한다.

3. 강사가 익명의 보고서들을 읽으면서, 수업 내에서 반응들을 토론해본다.

인터넷 연습

연습 1 웹사이트에 각각의 SOP 매뉴얼을 게시한 3개의 대도시 경찰서를 찾는다.

1. 이들의 무력 사용 정책을 비교한다. 세 경찰서 사이에 큰 차이가 있는가? 일부는 다른 부서보다 더 자세한가? 단계적 완화(de-escalation)에 관한 구체적 정책을 갖춘 경찰서가 있는가?

2. 고속 차량 추격 정책을 비교한다. 일부는 다른 부서보다 더 제한적인가? 정책에서 교통위반 용의자들(폭력이나 재산 범죄자가 아닌)

의 추격을 허용하는가 아니면 금지하는가?

3. 가정폭력 정책을 비교한다. 특정 상황에서 체포를 의무화하는 경찰서가 있는가? 어떠한 유형의 상황인가? 가정폭력 사건에서의 체포에 관한 정책을 갖추고 있지 않은 경찰서가 있는가?

연습 2 인종프로파일링(재량 남용) 혐의에 대한 대응으로, 많은 사법 기관들은 경찰관의 교통집행 활동을 통제하기 위한 새로운 정책 및 절차들을 도입하였다.

어떠한 경찰서가 이러한 조치를 취하였는가? 정확하게 이러한 정책과 절차에는 어떠한 내용이 포함되는가? 일부 정책에는 교통 단속에 관한 데이터 수집만이 포함된다. 그 밖에 어떠한 유형의 통제가 도입되었는가?

인종프로파일링에 관한 보고서 웹 검색을 실시한다. "인종프로파일링(racial profiling)" 또는 "흑인으로서 운전하기(driving while black)" 키워드로 검색해본다. 또한 www.officer.com에 들어가, 기관 보고서들을 찾아본다.

수업에서, 자신이 찾은 정책과 절차들이 무엇인지를 토론한다. 이들이 재량 통제에 효과적일 것이라고 생각하는가? 데이터 수집이 재량을 통제할 것인가? 다시 말해, 경찰관이 보고해야 한다는 사실을 안다면 문제시되는 행동을 피할 것인가? 아니면 데이터 수집이 이들로 하여금 어떠한 유형의 법 집행 조치를 단념하게 만들 것인가?

연습 3 경찰 재량의 한 가지 중요한 영역에는, 가정폭력 상황에 대한 대처가 포함된다. 많은 주에서는 경찰 재량을 통제하는 법을 집행함으로써 이러한 문제를 다루었다. 이들 중 일부는 "의무 체포" 법이다; 일부는 "체포 우선주의" 법이다.

자신의 주의 법을 연구해본다. 해당 주에 가정폭력과 관련된 법령이 있는가? 여기에서 경찰 재량도 다루는가? 의무 체포 법인가? 그렇지 않다면, 어떻게 특징지을 수 있는가? 이 법은 경찰관의 가정폭력 대처를 안내하는 지침을 제공하는가? 이러한 지침에서는 무엇을 말하고 있는가? 당신은 이 법이 경찰관에게 명확하고 효과적인 지침을 제공한다고 생각하는가?

당신의 주에 이러한 법이 없다면, 이러한 법이 있는 주를 찾고, 앞의 질문들과 관련하여 연구해본다.

주의 법령은 웹의 법률 출처 사이트를 통해 찾을 수 있다. 안내 사이트(www.refdesk.com)에서 찾는 것도 한 가지 방법이다. 가정폭력 법안을 갖춘 주를 찾을 수 있는 또 다른 방법은, 가정폭력 주제로 웹 검색을 하는 것이다. 이러한 사이트에 주의 법령에 관한 참고 자료가 있는지 찾아본다.

NOTES

1. Donald Black, "The Social Organization of Arrest," in D. Black, *The Manners and Customs of the Police* (New York: Academic Press, 1980), 90.

2. Linda Teplin, *Keeping the Peace: Parameters of Police Discretion in Relation to the Mentally Disordered* (Washington, DC: Government Printing Office, 1986).

3. Bureau of Justice Statistics, *Contacts between Police and the Public, 2015* (Washington, DC: Department of Justice, 2018), table 12.

4. Sandhya Somashekhar and Steven Rich, "Final

Tally: Police Shot and Killed 986 People in 2015," *Washington Post* (January 6, 2016), https://www.washingtonpost.com/national/final −tally−police−shot−and−killed−984−people −in−2015/2016/01/05/3ec7a404−b3c5−11e5 −a76a−0b5145e8679a_story.html.

5. O. W. Wilson and Roy C. McLaren, *Police Admin− istration*, 4th ed. (New York: McGraw −Hill, 1977).

6. Kenneth Culp Davis, *Discretionary Justice: A Preliminary Inquiry* (Urbana: University of Illinois Press, 1971), 4.

7. Wayne R. LaFave, *Arrest: The Decision to Take a Suspect into Custody* (Boston, Little, Brown, 1965), 9.

8. See Kenneth Culp Davis, *Police Discreti on* (St. Paul: West Publishing, 1975), ch. 3, "The Pervasive False Pretense of Full Enforcement," 52−78. Davis cites the Illinois full enforcement statute.

9. Samuel Walker, "Origins of the Contemporary Criminal Justice Paradigm: The American Bar Foundation Survey, 1953−1969," *Justice Quarterly* 9 (March 2002): 47−76.

10. Herman Goldstein, *Policing a Free Society* (Cambridge: Ballinger, 1977), available at https://papers.ssrn.com/sol3/papers.cfm?abstra ct_id=2596883. Davis, *Police Discretion* (1975), 53.

11. President's Commission on Law Enforcement and Administration of Justice, *Task Force Report: The Police* (Washington, DC: Government Printing Office, 1967), 19.

12. Davis, *Police Discretion*.

13. Samuel Walker and Carol Archbold, *The New World of Police Accountability*, 3rd ed. (Los Angeles: Sage, 2020), 66−137.

14. James J. Fyfe, "Administrative Interventions on Police Shooting Discretion: An Empirical Examination," *Journal of Criminal Justice* 7 (Winter 1979): 309−323.

15. Walker and Archbold, *The New World of Police Accountability*, 3rd ed., 70−75.

16. Discussion of abuses of discretion: Goldstein, *Policing a Free Society*, 103−106. La Fave, *Arrest*.

17. *Floyd et al., v. City of New York* (2013). Michael D. White and Henry F. Fradella, *Stop and Frisk: The Use and Abuse of a Controversial Policing Tactic* (New York: NYU Press, 2016).

18. Gary LaFree, *Rape and Criminal Justice* (Belmont, CA: Wadsworth, 1989), 76.

19. La Fave, *Arrest*, 437−489 (quotes, 437−438).

20. Goldstein, *Policing a Free Society*, 105−106. Davis, *Police Discretion*. David M. Kennedy, *Don't Shoot: One Man, A Street Fellowship, and the End of Violence in Inner−City America* (New York: Bloomsbury, 2011), 143.

21. U.S. Department of Justice, Civil Rights Division. Samuel Walker, "'Not Dead Yet': The National Police Crisis, A New Conversation about Policing and the Prospects for Accountability −related Police Reform," *University of Illinois Law Review*, no. 5 (2018): 1825−1829.

22. Davis, *Police Discretion*, 4.

23. Samuel Walker, *Popular Justice: A History of American Criminal Justice*, 2nd ed. (New York: Oxford University Press, 1998), 75−78.

24. Lawrence W. Sherman, "Crackdowns: Initial and Residual Deterrence," *Crime and Justice*, 12 (1990): 1−48.

25. Lawrence W. Sherman and Barry D. Glick, *The Quality of Police Arrest Statistics* (Washington, DC: The Police Foundation, 1984), http://pftest1.drupalgardens.com/sites/g/files/g798246/f/Sherman%20et%20al.%20(1984)%20‒%20The%20Quality%20of%20Police%20Arrest%20Statistics.pdf.

26. "Hundreds of Assault Cases Misreported by Milwaukee Police Department," *Milwaukee Journal‒Sentinel*, May 22, 2012, http://www.jsonline.com/watchdog/watchdogreports/hundreds‒of‒assault‒cases‒misreported‒by‒milwaukee‒police‒department‒v44ce4p‒152862135.html.

27. Frank J. Landy, *Performance Appraisal in Police Departments* (Washington, DC: The Police Foundation, 1977). Timothy N. Oettmeier and Mary Ann Wycoff, *Personnel Performance Evaluation in the Community Policing Context* (Washington, DC: PERF, 1997), http://www.policeforum.org/assets/docs/Free_Online_Documents/Community_Policing/personnel%20performance%20evaluations%20in%20the%20community%20policing%20context.pdf.

28. Sherman and Glick, *The Quality of Police Arrest Statistics*.

29. Goldstein, *Policing a Free Society*, 9.

30. Davis, *Police Discretion*, 62‒66.

31. President's Task Force on 21st Century Policing, *Final Report*, 43 (Action Item 4.1.1).

32. Police Executive Research Forum, *Handling Large, Preplanned Events: Recommendations from Preparations for the 2016 National Political Conventions* (Washington, DC: PERF, 2018).

33. Goldstein, *Policing a Free Society*, 94‒101; Albert J. Reiss Jr., "Consequences of Compliance and Deterrence Models of Law Enforcement for the Exercise of Discretion," *Law and Contemporary Problems* 47 (Autumn 1984): 88‒89.

34. Overreach of the criminal law in Norval Morris and Gordon Hawkins, *The Honest Politician's Guide to Crime Control* (Chicago: University of Chicago Press, 1970).

35. Eric H. Monkkonen, *Walking to Work: Tramps in America, 1790‒1935* (Lincoln: University of Nebraska Press, 1984).

36. LaFave, *Arrest*, 83‒101.

37. Raymond T. Nimmer, *Two Million Unnecessary Arrests* (Chicago: American Bar Foundation, 1971).

38. Goldstein, *Policing a Free Society*, 9. Davis, *Police Discretion*, 62‒66.

39. James Q. Wilson, *Varieties of Police Behavior* (New York: Atheneum, 1973), 21. See also Goldstein, *Policing a Free Society*, 101.

40. Michael Lipsky, *Street‒Level Bureaucracy: Dilemmas of the Individual in Public Services* (New York: Russell Sage, 1968).

41. Jerome Skolnick, *Justice without Trial*, 3rd ed. (New York: Macmillan, 1994), 13.

42. Albert Reiss, *The Police and the Public* (New Haven, CT: Yale University Press, 1971). Stephen D. Mastrofski, Roger B. Parks, Albert J. Reiss Jr., Robert E. Worden, Christina DeJong, Jeffrey B. Snipes, and William Terrill, *Systematic Observation of Public Police: Applying Field Research Methods to Policy Issues* (Washington, DC: Department of Justice, 1998), 25.

43. Herman Goldstein, "Administrative Problems in Controlling the Exercise of Police Authority," *Journal of Criminal Law, Criminology, and Police Science* 58, no. 2 (1997): 165.

44. Joseph Goldstein, "Police Discretion Not to Invoke the Criminal Process: Low Visibility Decisions in the Administration of Justice," *Yale Law Journal* 69, no. 4 (1960): 543−588.

45. Steve Herbert, "Police Subculture Reconsidered," *Criminology* 36 no. 2 (1998): 343−368.

46. Paul Chevigny, *Police Power: Police Abuse in New York City* (New York: Vintage Books, 1969), 136− 146 ("Force, Arrest, and Cover Charges"). Christopher Slobogin, "Testilying: Police Perjury and What to Do about It," *University of Colorado Law Review* 67 (Fall 1996): 1037−1060. Christy Lopez, *Disorderly (Mis)Conduct: The Problem with "Contempt of Cop" Arrests* (Washington, DC: American Constitution Society, 2010).

47. Impact on police: Walker, *Popular Justice*, 181−183.

48. Richard A. Leo, *Police Interrogation and American Justice* (Cambridge: Harvard University Press, 2008), 25.

49. Walker and Archbold, *The New World of Police Accountability*, 3rd ed., 66−101.

50. Robin S. Engel, *How Police Supervisory Styles Influence Patrol Officer Behavior* (Washington, DC: Department of Justice, 2003), https://www.ncjrs.gov/pdffiles1/nij/194078.pdf.

51. Police Executive Research Forum, *Promoting Excellence in First−Line Supervision: New Approaches to Selection, Training, and Leadership Development* (Washington, DC: PERF, 2018), 19 (span of control),

https://www.policeforum.org/assets/FirstLine Supervision.pdf.

52. U.S. Department of Justice, Civil Rights Division, *Investigation of the Seattle Police Department* (December 16, 2011), 17, https://www.justice.gov/sites/default/files/crt/legacy/2011/12/16/spd_findletter_12−16−11.pdf.

53. Chicago, *Police Accountability Task Force Report* (Chicago: Police Accountability Task Force, 2016), 69−70, https://chicagopatf.org/.

54. Chief Scott Thomas, quoted in Police Executive Research Forum, *An Integrated Approach to De− Escalation and Minimizing Use of Force* (Washington, DC: PERF, 2012), https://www.policeforum.org/assets/docs/Critical_Issues_Series/an%20integrated%20approach%20to%20de−escalation%20and%20minimizing%20use%20of%20 force%202012.pdf.

55. Walker, "'Not Dead Yet:," 1777−1839.

56. Black, "The Social Organization of Arrest."

57. Teplin, *Keeping the Peace.*

58. Lawrence W. Sherman et al., *Policing Domestic Violence: Experiments and Dilemmas* (New York: Free Press, 1992).

59. Black, "The Social Organization of Arrest."

60. Ibid., 101.

61. Ibid., 104.

62. Ibid., 107−8. Albert Reiss, "Police Brutality− Answers to Key Questions," *Transaction* 5 (July−August 1968): 10−19.

63. David A. Klinger, "Demeanor or Crime? Why 'Hostile' Citizens Are More Likely to Be Arrested," *Criminology* 32, no. 3 (1994): 475−493.

64. Roger G. Dunham and Geoffrey P. Alpert, "Officer and Suspect Demeanor: A Qualitative

Analysis of Change," *Police Quarterly* 12 (March 2009): 6−21.

65. Kennedy, *Don't Shoot*, 124−155 ("Across the Race Divide").

66. Police Executive Research Forum, *An Integrated Approach to De−Escalation and Minimizing Use of Force* (Washington, DC: Police Executive Research Forum, 2012), http://www.policeforum.org/assets/docs/Critical _Issues_Series/an%20integrated%20approach% 20to%20de−escalation%20and%20minimizing %20use%20of%20force%202012.pdf.

67. Stephen D. Mastrofski, Jeffrey B. Snipes, and Anne E. Supina, "Compliance on Demand: The Public's Response to Specific Police Requests," *Journal of Research in Crime and Delinquency* 33 (August 1996): 269−305.

68. LaFree, *Rape and Criminal Justice*, 76.

69. Christy A. Visher, "Gender, Police Arrest Decisions, and Notions of Chivalry," *Criminology* 21 (February 1983): 5−28.

70. Tammy Rinehart Kochel, David Wilson, and Stephen Mastrofski, "Effect of Suspect Race on Officers' Arrest Decisions," *Criminology* 49, no. 2 (2011): 473−512.

71. David A. Harris, "'Driving While Black' and All Other Traffic Offenses: The Supreme Court and Pretextual Traffic Stops," *Journal of Criminal Law and Criminology* 87, no. 2 (1997): 582. American Civil Liberties Union, *Driving While Black* (New York: ACLU, 1999), https://www.aclu.org/report/driving−while− black−racial−profiling−our−nations−highw ays.

72. National Academy of Sciences, Committee on Proactive Policing, *Proactive Policing: Effects on Crime and Communities* (Washington, DC: National Academies Press, 2018), 173, 301.

73. President's Task Force on 21st Century Policing, *Final Report*, 15 (Recommendation 1.6).

74. James J. Fyfe, "Who Shoots? A Look at Officer Race and Police Shooting," *Journal of Police Science and Administration* 9 (December 1981): 367−382.

75. National Advisory Commission on Civil Disorders, *Report* (New York: Bantam Books, 1968), 317.

76. National Institute of Justice, *Women in Policing* (Washington, DC: Department of Justice, 2019).

77. Herbert, "Police Subculture Reconsidered," 355−356.

78. John A. Gardiner, *Traffic and the Police: Variations in Law−Enforcement Policy* (Cambridge, MA: Harvard University Press, 1969).

79. Wilson, *Varieties of Police Behavior*.

80. *United States v. City of Ferguson, Investigation of the Ferguson Police Department* (March 4, 2015), https://www. justice.gov/sites/default/files/crt/legacy/2015/0 3/04/ferguson_findings_3−4−15.pdf

81. "7 Ways to Shut Down a Speed Trap," National Motorists Association Bog (October 30, 2007), https://www.motorists.org/blog/7 −ways−to−shut−down−a−speed−trap/.

82. Fyfe, "Administrative Interventions on Police Shooting Discretion.

83. Jerry R. Sparger and David J. Giacopassi, "Memphis Revisited: A Reexamination of Police Shootings after the Garner Decision,"

Justice Quarterly 9 (June 1992): 211−225.

84. Geoffrey P. Alpert, *Police Pursuit: Policies and Training* (Washington, DC: Department of Justice, 1997).

85. Wilson, *Varieties of Police Behavior.*

86. Lou Cannon, *Official Negligence: How Rodney King and the Riots Changed Los Angeles and the LAPD* (New York: Times Books, 1997), Ch. 3.

87. Mastrofski et al., *Systematic Observation of Public Police*, 25.

88. Goldstein, *Policing a Free Society*, 110 (full discussion of discretion at 93−130). Davis, *Police Discretion*, 70−78.

89. Joseph Goldstein, "Police Discretion Not to Invoke the Criminal Process." See also Goldstein, *Policing a Free Society*, 106−110.

90. Davis, *Police Discretion*, 140.

91. Walker, *Popular Justice*, 217−22 (sentencing reform and plea bargaining). Samuel Walker, *Taming the System: The Control of Discretion in Criminal Justice, 1950−1990* (New York: Oxford University Press, 1993).

92. Wilbert E. Moore, *The Professions: Roles and Rules* (New York: Russell Sage, 1970).

93. William A. Westley, *Violence and the Police: A Sociological Study of Law, Custom, and Morality* (Cambridge, MA: MIT Press, 1970).

94. Wilson, *Varieties of Police Behavior*, 20.

95. Los Angeles Police Commission, Office of the Inspector General, *Ten Year Overview of Categorical Use of Force Investigations, Policy, and Training* (Los Angeles: LAPD Inspector General, 2016).

96. Walker and Archbold, *The New World of Police Accountability*, 3rd ed., 73−75, 296−97.

97. Charles R. Epp, *Making Rights Real: Activists, Bureaucrats, and the Creation of the Legalistic State* (Chicago: University of Chicago Press, 2009), 93.

98. Commission on Accreditation for Law Enforcement Agencies, *Standards for Law Enforcement Agencies*, 4th ed. (Fairfax, VA: CALEA, 1999), Standard 1.2.2.

99. American Bar Association, *Standards Relating to the Urban Police Function*, 2nd ed. (Boston: Little, Brown, 1980).

100. Fyfe, "Administrative Interventions on Police Shooting Discretion." Police Executive Research Forum, *Guiding Principles on Use of Force* (Washington, DC: PERF, 2016).

101. New Orleans Police Department, *Policy Manual*, Chapter 42.4, Domestic Violence, https://www.nola.gov/getattachment/NOPD/NOPD−Consent−Decree/Chapter−42−4−Domestic−Violence.pdf/. Sherman et. al., *Policing Domestic Violence.*

102. Geoffrey P. Alpert and Roger D. Dunham, *Police Pursuit Driving: Controlling Responses to Emergency Situations* (New York: Greenwood, 1990).

103. Seattle Police Department, *Manual*, 13.031−Vehicle Eluding/Pursuits (March 1, 2020), https://www.seattle.gov/police−manual/title−13−−−vehicle−operations/13031−−−vehicle−eluding/pursuits.

104. Police Executive Research Forum, *An Integrated Approach to De−Escalation and Minimizing Use of Force* (Washington, DC: PERF, 2012).

105. Ibid.

106. Minneapolis Police Department, *Manual*, 13.031, Vehicle Eluding/Pursuits.

107. Davis, *Police Discretion*, p. 145.

108. U. S. Department of Justice, Civil Rights Division, *Investigation of the Cleveland Division of Police* (December 4, 2014), 5, https://www.justice.gov/sites/default/files/crt/legacy/2014/12/04/cleveland_findings_12−4 −14.pdf.

109. *United States v. City of Cleveland*, Consent Decree (2015), 31. Walker and Archbold, *The New World of Police Accountability*, 3rd ed., 22, 26.

110. Samuel Walker, *Early Intervention Systems for Law Enforcement Agencies: A Planning and Management Guide* (Washington, DC, Department of Justice, 2003), https://www.valorforblue.org/Documents/Clearinghouse/COPS_Early%20Intervention%20Systems%20for%20Law%20Enforcement%20 Agencies.pdf.

111. Walker and Archbold, *The New World of Police Accountability*, 3rd ed., 72−75.

112. Fyfe, "Administrative Interventions on Police Shooting Discretion." Influence of the Fyfe study: Walker and Archbold, *The New World of Police Accountability*, 3rd ed., 67−70.

113. Geoffrey P. Alpert, *Pursuit Policies and Training* (Washington, DC: U.S. Government Printing Office, 1997).

114. Merrick Bobb, *15th Semiannual Report* (Los Angeles: Police Assessment Resource Center, 2002), 99, http://www.parc.info/resources.

115. Wesley G. Skogan and Kathleen Frydl, *Fairness and Effectiveness in Policing: The Evidence* (Washington, DC: National Academies Press, 2014).

116. U.S. Department of Justice, Civil Rights Division, *Investigation of the Cleveland Division of Police* (December 4, 2014), 25−28, https://www.justice.gov/sites/default/files/opa/press−releases/attachments/2014/12/04/cleveland_division_of_police_findings_letter.pdf.

117. President's Task Force on 21st Century Policing, *Final Report*, 13.

118. Davis, *Police Discretion*. Herman Goldstein, *Policing a Free Society*, 119−120.

119. Police Executive Research Forum, *Guiding Principles on Use of Force* (Washington, DC: Police Executive Research Forum, 2016), 18−22.

120. Peter K. Manning, *Police Work* (Cambridge, MA: MIT Press, 1977), 165.

121. President's Task Force on 21st Century Policing, *Final Report*, 14 (Action Item 1.4.1).

122. Inspector General for the NYPD, *Police Use of Force in New York City: Findings and Recommendations on NYPD's Policies and Practices* (New York: Office of the Inspector General, 2015), 3.

123. Davis, *Police Discretion*, 32−33. Goldstein, *Policing a Free Society*.

124. Walker and Archbold, *The New World of Police Accountability*, 3rd ed., 73−75, 296−297.

125. President's Task Force on 21st Century Policing, *Final Report*, 14 (Action Item 1.4.1).

126. President's Task Force on 21st Century Policing, *Final Report*, 14 (Recommendation 1.5.1). Goldstein, *Policing a Free Society*, 120−122 ("Community Involvement").

127. U.S. Department of Justice, Civil Rights

Division, *Investigation of the Baltimore City Police Department* (August 10, 2016), 128, https://www.justice.gov/crt/file/883296/download. Walker, "'Not Dead Yet,'" 1825−1829.

128. Samuel Walker, "Institutionalizing Police Accountability Reforms: The Problem Sustaining," *St. Louis University Public Law Review* 32, no. 1 (2012): 57−92 (quote on p. 57).

129. Patrick V. Murphy, *Commissioner* (New York: Simon and Schuster, 1978). Lawrence W. Sherman, *Scandal and Reform: Controlling Police Corruption* (Berkeley: University of California Press, 1978), 218−222, 229−234, 236−240. Peter Maas, *Serpico* (New York: Bantam Books, 1973). New York City, *Commission to Investigate Allegations of Police Corruption and the Anti−Corruption Procedures of the Police Department* (New York: City of New York, 1994).

130. Samuel Walker, *Police Accountability: The Role of Citizen Oversight* (Belmont, CA: Wadsworth, 2001). See also Walker and Archbold, *The New World of Police Accountability*, 2nd ed., 65−103.

131. Walker and Archbold, *The New World of Police Accountability*, 3rd ed., 213−240.

132. Walker and Archbold, *The New World of Police Accountability*, 3rd ed., 223−226.

133. Inspector General for the NYPD, *Police Use of Force in New York City: Findings and Recommendations on NYPD's Policies and Practices.*

Chapter

12

정당성과 경찰 신뢰

▌경찰 정당성의 위기

미국 사회에서 경찰에 대한 신뢰는 심각하게 분열되어 있다. 2014년과 2020년에 발생한 경찰의 총기사용과 가혹행위(police shooting and brutality)는 경찰이 흑인에게 총격을 가하여 사망에 이르게 하였다는 점에 초점을 맞춘 전국적 경찰 위기를 불러왔다. 그리고 2020년 5월 미네소타주 경찰관에 의해 조지 플로이드(George Floyd)가 사망한 후 전국적 경찰 위기는 더욱 극심해졌다. 경찰활동을 둘러싼 인종문제는 **경찰–지역사회 관계의 문제**라고 전통적으로 명명되어왔다. 이 용어는 1960년대의 인종 소요 문제에서 비롯되었다(제2장 참조). 오늘날 경찰 전문가들은 비록 인종 문제가 정말로 심각한 문제임에도 불구하고 경찰의 *정당성(legitimacy)* 문제는 더욱 심각하다고 주장한다.

경찰–지역사회 관계
(police–community
relations)

정당성(legitimacy)

정당성은 지역사회의 구성원 중 일부로서 경찰이 적절하고 효과적으로 활동하고 있으며, 시민의 지지를 받을 자격이 있다는 믿음으로 정의된다. 정당성은 법률과 다르다. 법률은 사회적 구조의 일부분이자 사회질서 유지를 위한 기본적인 도구이다. 이와 대조적으로, 법학 교수인 톰 타일러(Tom Tyler)는 "정당성은 어떻게 법을 집행하고 사회질서를 유지할 것인가에 대하여 내리는 결정에 대한 경찰의 권위에 대하여 평범한 시민들이 내리는 *판단(judgement)*을 의미한다"고 설명하고 있다. **정당성**은 강제될 수 없으며, 때로는 시민에 의해 자유롭게 주어지는 것이다. 경찰 전문가들은 정당성은 일상적인 경찰활동의 절차적 정당성을 통해 구축될 수 있다고 주장하고 있다. 일상적인 경찰활동에서의 절차적 정의는 경찰관이 시민을 존중하고, 경찰관과 접촉하게 된 이유를 설명하며, 시민의 질문에 대답하는 것 등을 의미한다. 많은 연구에서 시민은 자신을 대하는 사람이나 기관이 자신을 존중할 때 해당인이나 해당 기관의 정당성을 인정하는 경향이 더욱 높으며(그리고 이는 경찰에게만 적용되는 것은 아니다), 협력 및 지원 의사가 더욱 높다는 점을 지적하고 있다. 경찰활동상 이는 시민들이 범죄와 이웃의 문제를 신고하고, 형사사건의 증인으로 출석하며, 그리고 경찰이 주도하는 지역사회 경찰활동 프로그램에 참여할 의사가 더욱 높다는 것을 의미한다.[1]

제12장은 특히 인종관계에서 비롯된 전국적 위기에 초점을 맞춰 정당성과 절차적 정의를 논하고자 한다. 경찰의 총기사용, 과도한 물리력 사용 사고, 차량 검문 등 전통적 경찰-지역사회 관계의 문제점을 정당성과 절차적 정의라는 새로운 강조점과 연계하여 다룰 것이다.

2014년부터 현재에 이르는 전국적 경찰위기

2014년 8월 9일 미주리주 세인트루이스시의 교외 지역인 퍼거슨에서 백인 경찰관이 흑인인 마이클 브라운(Michael Brown)에게 총격을 가해 사망에 이르게 하였다. 당시 브라운은 18세였으며, 비무장 상태였다. 경찰의 총기사용에 항의하는 시위는 즉각적으로 일어났다. 미주리주 당국이 점차 증가하는 시위에 대응하여 군사력을 동원하였을 때 시위대의 분노는 더욱 거세졌다. 결국 기물파손, 방화 등을 포함하는 폭력사태가 발생하였다. 케이블 방송국의 뉴스 프로그램들은 퍼거슨시 사태에 대한 실시간 중계를 시작하였고, 퍼거슨시 시위대에 동조하는 시위가 전국 각지에서 일어나게 되었다.[2]

경찰-지역사회 관계에 대한 전국적 위기가 발생하였다는 점은 곧 명백해졌다.[3] 퍼거슨시 사태는 2014년 7월 초에 발생한 불법 담배 판매상 흑인 에릭 가너(Eric Garner)의 사망사건 보도에 의해 더욱 악화되었다. 뉴욕시 경찰관들은 에릭 가너를 체포하기 위해 몸싸움을 벌이던 중 그의 몸 위에 올라타고 앉았으며, 숨을 쉴 수 없다는 가너의 간청에도 응하지 않았다. 가너의 사망 원인은 질식이었다. 해당 사건은 핸드폰 동영상으로 녹화되었고, 이 동영상은 전국 텔레비전 뉴스로 방영되었다. 그리고 2015년 4월 초 백인 경찰관이 50세의 흑인 월터 스콧(Walter Scott)을 등 뒤에서 총을 쏘아 사망에 이르게 하였다. 사건이 벌어졌을 당시 스콧은 도주 중이었다. 월터 스콧의 총격 사건 또한 핸드폰 동영상으로 녹화되었다. 일주일 후인 2015년 4월 12일 25세의 흑인 프레디 그레이(Freddie Gray)는 볼티모어시 경찰밴에서 목에 부상을 입어 사망하였다. 그레이의 사망은 시위를 촉발하였고, 연이어 볼티모어시의 방화와 약탈을 유발하였다.[4]

미국 내 총기폭력에 대한 권위자 중 한 명인 데이비드 케네디(David Kennedy)는 경찰과 흑인 지역사회 사이에는 심각한 인종적 갈등이 있다고 주장한다. 이러한 분열은 노상에서 발생하는 일상적인 경찰과 시민의 접촉에 영향을 미친다(707쪽 참조). 한편 캔자스시 도심지역의 차량 검문에 대한 연구에서 찰스 엡(Charles Epp)과 동료들은 시민의 차량 검문 경험에서 이와 유사한 "깊은 인종적 차이"가 있다는 점을 발견하였다.[5]

복잡성(Complexities). 요약하자면 전국적인 경찰 위기는 심각하며, 경찰 위기는 범죄척결전략에서부터 노상에서 접촉하게 되는 시민 대상 경찰활동까지 이르는 경찰활동의 모든 측면과 관계된다. 제12장의 후반부로 갈수록 두 가지 중요한 주제가 나타날 것이다. 첫째, 상당수의 연구가 미국 내 심각한 인종적 분열이 존재하고 있음을 입증하는 동안 이 문제가 고도로 복잡한 이슈라는 점을 지적하는 일부 증거도 제시되었다. 인종 분열 문제가 갖는 모든 복잡성에 대하여 제대로 인지할 필요가 있다. 둘째, 제12장은 흑인 지역사회에 부정적인 영향을 미치는 경찰활동의 일부 관행이 어떻게 경찰관 개인의 편견에 비롯된 결과가 아닌지를 설명한다. 그 대신 해당 관행은 제도화된

⇨ 1960년대 발생한
경찰–지역사회 위기에
대한 자세한 논의는 제2장
참조

경찰정책의 결과이자, 특히 체계적인 차별관행을 유발하는 범죄척결 전략임을 밝히고자 한다.[6]

▌정당성과 절차적 정의

정당성과 절차적 정의의 개념은 2014년 미주리주 퍼거슨시에서 발생한 비극적 사건 이후 경찰활동과 최근의 경찰위기에 대한 지배적인 사고방식이 되어왔다. 2015년 21세기 경찰활동에 관한 대통령직속TF 보고서는 최근의 사건이 "경찰과 경찰이 보호하고 서비스를 제공해야 하는 지역사회 간 관계의 균열을 노출하였다"고 선언함으로써 시작하고 있다. 동 태스크포스는 조심스럽게도 최근의 "균열"이 보이는 주된 특징인 경찰과 흑인 지역사회 사이에서 장기간 지속된 갈등에 대하여 언급하지 않았다.[7]

절차적 정의나 정당성 모두 새로운 개념은 아니다. 경찰 전문가들은 십수년간 절차적 정의에 대한 연구를 수행해왔으며, 절차적 정의를 옹호하여 왔다. 정당성의 개념은 사회학이나 정치학에서 훌륭히 정립되었으나, 경찰활동과 관련해서는 이제 막 논의가 시작되었을 뿐이다. 대통령직속TF의 공개적인 지지와 더불어 두 가지 개념 모두 광범위한 지지를 획득하였으며, 경찰 총수, 선출직 지방 공무원 및 지역사회 활동가 등과 같은 사람들은 이 개념들을 받아들이기 시작했다. 단계적 긴장완화(de-escalation), 절차적 정의, 정당성이라는 개념은 경찰과 경찰개혁에 대한 "새로운 대화"의 일부가 되었다.[8]

정당성

정당성은 경찰서의 선택에 따라 채택하거나 거부할 수 있는 프로그램이 아니다.[9] 정당성은 20세기 초 특히 민주주의 사회의 정부와 시민 사이의 관계에서 시작된 광범위한 개념이다. 시민이 자신의 정부와 사회적 제도를 적절한 것으로 인정하고, 법과 절차에 기꺼이 순응하고자 하며, 사회적 제도에 자발적으로 협력하고자 할 때 정부는 정당성을 향유할 수 있다. 예를 들어, 시민은 대다수의 경우 법을 준수하며, 세금을 납부하고, 선거권을 행사하며, 정부기관 특히 경찰에 협력한다. 정당성은 민주주의 사회의 특징이자 사실상 사회가 안정적으로 유지될 수 있도록 하는 역할을 한다. 시민은 정부가 시민의 안녕을 위하여 기능하고 있다는 점과 자신이 입법과정에 참여할 수 있는 기회를 가지고 있다는 점을 자유롭게 결정할 수 있다. 전체주의적이고 반민주주의적인 사회는 민주주의 사회와 대조된다. 시민은 자유롭게 정부를 비판할 수 없으며, 정부를 비판하는 사람들은 체포되어 처벌을 받는다. 정당이나 선거는 존재하지 않으며, 설령 선거가 있다 하더라도 정부가 선거결과를 통제하는 보여주기식일 뿐이다.

정당성의 개념은 경찰활동에 직접적으로 적용될 수 있다. 경찰은 치안서비스를 제공하는 시민의 신뢰를 누릴 수 있는 경우에만 직무를 다할 수 있다. 그리고 시민은 사실상 경찰이 치안서비스를 제공하고 있다고 믿을 수 있어야 한다.

미국의 경찰전문가들은 경찰이 직무를 효과적으로 수행하고자 한다면 시민에게 상당 부분을 의존할 수밖에 없다는 점을 여러 해 동안 인정해 왔다. 경찰은 일상적인 직무수행에서 평범한 시민의 협력이 필요하다. 이것은 지역사회 경찰활동 운동이 제시한 원래의 통찰력, 즉 경찰 혼자서 직무를 수행할 수는 없다는 것이다. 경찰은 범죄와 무질서를 감소시키기 위하여 경찰 프로그램에 적극적으로 참여하는 이웃 주민이 필요하다. 이러한 과정은 경찰서비스의 "공동생산"으로 불리기도 한다. 경찰은 발생한 범죄를 파악하기 위해서는 시민의 신고에 의존한다. 만약 범죄가 신고되지 않는다면, 경찰은 어떠한 용의자도 찾아나설 수 없을 것이다. 또한 경찰은 범죄로 의심되는 사안과 지역사회의 문제에 대하여 시민의 정보에 의존하고 있다. 경찰은 거주지역 내 마약판매상으로 의심되는 가구 또는 거주지역에서 반복적으로 발생하는 차량 과속사건에 대하여 말해줄 사람이 필요하다. 지역사회 경찰활동과 문제지향적 경찰활동 모두 지역사회에서 발생하는 주요 문제에 대한 아이디어를 얻고, 해당 문제를 해결하기 위한 전략을 개발하는 데 있어 시민의 협력을 구하기 위해 지역사회 주민과 단체들과 협력관계를 구축하는 데 경찰이 참여하도록 하고 있다. 경찰은 법정에서 범죄자에 대한 증언을 할 사람이 필요하다. 이는 오늘날 매우 중요한 문제인데, 범죄조직은 잠재적인 증인이 경찰 및 검찰과 협력하는 것을 방해하기 위해 증인을 상대로 협박을 가하기 때문이다. 형사사법과 관련된 이러한 모든 활동에 시민이 참여하는 것은 경찰서비스의 공동생산으로 불리고 있다. 대통령직속TF에서는 경찰이 "지역사회 주민과 협력하여 공공의 안전을 공동생산할 것"을 권고하였다.[10]

그러나 경찰의 위법행위는 경찰에 대한 신뢰를 약화시키며 나아가 시민이 경찰에 협력하지 않게 되는 결과를 가져온다. 범죄율이 높은 지역에 거주하는 흑인 청년 50명을 대상으로 실시한 인터뷰에서 로드 브런슨(Rod K. Brunson)과 브라이언 웨이드(Brian A. Wade)는 총격 사건 수사사례처럼 경찰에 협력하기를 거부하였다는 점을 발견하였다. 인터뷰 대상자 가운데 한 명은 다음과 같이 직설적으로 말하기도 하였다. "오 이런, 절대로 우리는 경찰과 말도 섞지 않죠."[11]

절차적 정의

절차적 정의는 정당성의 구축과 지역사회 구성원의 적극적 협조를 이끌어 내기 위한 핵심 요소 중 하나이다. 정당성이 광의의 사회학적 개념인 반면, 절차적 정당성은 조직이 직원, 고객, 학생, 환자 등 개인에 대한 존중을 바탕으로 운영되는 방식이며, 하나의 과정이라 할 수 있다.[12]

절차적 정의라는 아이디어는 사회심리학 분야에서 발전되었다. 기본적으로 절차적 정의는 대규모의 조직을 다룰 때 사람들은 접촉의 결과만큼이나 그들이 어떤 대우를 받는가에 상당한 관심을 보인다는 데 착안하고 있다. 예를 들어 해고된 사람은 "해고"라는 결과에는 불평할 수 있지만, 자신을 해고한 조직에 대한 의견은 그 해고 과정이 어떻게 이루어졌는가가 상당히 영향을 미친다는 것이다. 해고 사유에 대하여 전혀 듣지 못한 사람의 경우, 자신을 해고한 조직에

절차적 정의(procedural justice)

대하여 몹시 화를 낼 가능성이 높다. 만약 새로운 경쟁업체의 등장 등 이유로 판매실적이 떨어졌다던가 하는 이유로 해고된다는 설명을 듣게 될 경우, 해고되더라도 조직이 공정하게 대우하였다고 느낄 가능성이 더 높다. 다른 예를 들어보자. 과제로 낸 리포트에서 D를 받은 학생은 D학점을 받은 이유에 대해 아무런 설명을 듣지 못했다면, 과제를 낸 교수와 대학에 대해 굉장히 분노를 느끼게 될 것이다. 성적에 대한 설명, 예를 들어 중요한 정보의 누락, 엉망인 리포트 체계, 오탈자 및 문법 오류 등의 이유를 고지받게 될 경우에는 분노를 덜 느끼게 될 것이다. 요약하자면 과정은 적어도 결과만큼이나 중요하며, 많은 사람에게는 훨씬 더 중요하기도 하다.

절차적 정의가 어떻게 경찰활동에 적용되는가를 알아보기는 쉽다. 속도위반 범칙금이 가장 명확한 예이다. 범칙금 발부를 좋아할 사람은 없다. 그러나 만약 교통경찰관이 퉁명스러운 태도를 보이거나 운전자의 질문을 묵살할 경우, 운전자는 해당 경찰관, 경찰서, 그리고 "경찰" 모두에 대한 화를 내게 될 것이다. 반면에, 만약 경찰관이 자신을 어느 서 소속 누구로 소개를 하고, 위반한 교통법규와 해당 교통법규의 위반이 미치는 위험(예를 들어 스쿨존에서 과속 등)을 설명하고 운전자의 질문에 답변할 경우, 운전자는 앞선 경우처럼 큰 분노감 없이 자기 자신의 잘못을 받아들일 가능성이 더 높다. 게다가 절차적 정의를 다룬 연구 결과, 경찰이 시민을 절차적으로 정당한 태도로 대하고 있다고 인식한 사람일수록 경찰에 대해 긍정적인 태도를 개발하고, 향후 경찰에 협력 및 경찰의 활동이 정당하다고 인식하기가 더 쉽다는 점이 밝혀졌다. 요약하자면, 절차적 정의를 통한 공평한 대우는 중요한 결과를 가져온다는 것이다.[13]

절차적 정의의 요소

경찰 – 시민 접촉의 절차적 정의는 4가지 기본 요소로 구성되어 있다. 첫째, *시민 참여(Citizen Participation)*이다. 경찰관은 시민과의 접촉 시 시민의 참여를 허용할 필요가 있다. 운전자가 경찰관에게 자신의 차량을 검문하게 된 이유를 묻고, 경찰관은 운전자의 질문을 귀를 기울이고 대답하는 것이 이러한 예에 해당된다. 둘째, *중립성(Neutralitiy)*이다. 경찰관은 객관적이고, 법적인 기준에 따라 임무를 수행하는 것으로 보일 필요가 있으며, 경찰-시민 접촉의 이유를 설명할 필요가 있다. 셋째, *존엄성(Dignity)*이다. 경찰관은 경찰활동에 관계된 시민을 정중하게 대할 필요가 있다. 이는 접촉 초반, 경찰관 자신을 소개하고, 시민의 질문에 응답하며, 공격적인 언어를 사용하지 않는 것을 포함한다. 넷째, *신뢰할만한 동기(Trustworthy motives)*이다. 경찰관은 임무 수행시 행동이나 언어를 통해 시민에게 해당 접촉이 좋은 이유에서 비롯된 것이라는 점을 확신시킬 필요가 있다. 예를 들어, 접촉 대상자인 사람이나 지역에 대한 관심과 염려를 표현하는 것도 해당된다.[14]

연구 결과, 절차적 정의는 시민의 경찰에 대한 태도에 긍정적인 효과를 미친다는 점이 강조되고 있다. 지역사회의 시민들은 경찰관의 행동을 인지하고 있으며, 시민의 인지는 경찰관에 대한 태도에 영향을 미친다. 톰 타일러와 제프리 페이건(Jeffrey Fagan)은 2002년 뉴욕시 거주자 1,653명을 대상으로 설문조사를 실시하였다. 2002년의 조사대상 가운데 2004년에도 뉴욕시에 거주 중인 830명에게 다시 설문조사가 실시되었다. 2004년 설문조사 대상 830명 가운데 2002년 조사 이후 경찰관과 접촉이 최소 1번 이상 있었던 사람들은 255명이었다. 패널 설계라고 불리는 이러한 방법론은 1차 조사 이후 경찰관 접촉에 대한 거주자의 경험을 질문할 수 있도록 한다. 이 조사는 당시 뉴욕에서는 경찰의 공격적인 검문검색에 대한 논란이 한창이었던 시기여서 매우 적시적이었다. 뉴욕 경찰의 검문검색은 수많은 반대 시위와 소송을 유발하였으며, 2013년 결국 헌법에 위배되는 것으로 선언되었다.[15]

타일러와 페이건의 연구는 "응답자는 경찰관이 결정을 공평하게 내릴 경우 그리고 시민을 보다 공정하게 대우할 경우 경찰을 보다 정당하게 간주했다"는 점을 드러냈다. 1차 설문조사 후 경찰관과 "절차적으로 정당한" 접촉을 가졌던 응답자들은 경찰관과 전혀 접촉이 없었던 응답자와 비교했을 경우 2차 설문조사 시 경찰 정당성에 더 높은 점수를 부여한 것으로 나타났다. 반면 1차 설문조사 이후 경찰관과 "절차적으로 부당한" 접촉을 가진 경우에는 경찰관과 전혀 접촉이 없었던 응답자와 비교하여 "경찰 정당성에 대해 더 낮은 점수를 부여했던 것"으로 나타났다. 요약하자면, 시민이 인지하는 경찰 정당성 여부는 절차적으로 공정한 경찰활동에 달려 있다.

중요한 문제는 절차적 정당성이 경찰 개혁가와 학계 전문가들이 설정한 야심찬 목표를 체계적인 방식으로 달성할 수 있는가 여부이다. 화이트·와이스버드 & 와인(White, Weisburd & Wine)은 "절차적 정의의 기본 전제는 경찰관이 행동하는 방식과 시민을 대우하는 방식에 있으며", "경찰에 대한 시민의 인식에 영향을 미칠 수 있다"고 설명하고 있다. 우리는 제12장 후반부에서 절차적 정당성이 목표를 달성할 수 있을지 여부에 대하여 제시된 가장 중요한 증거들을 살펴볼 것이다.[16]

▌경찰-지역사회 관계 속 다양한 공동체

경찰과 흑인 지역사회의 관계는 일련의 도심 폭동이 전국적 위기를 촉발한 1960년대 이후 경찰활동의 중요한 주제였다. 그러나 "지역사회"라는 용어는 경찰활동의 맥락에서 무엇을 의미하는가? 사실 미국의 어느 도시나 마을에서도 단일한 지역사회는 없다. 미국은 정말로 다양한 인종과 집단이 모인 국가이다. 3억 6,000만에 달하는 미국 인구는 다양한 인종, 민족, 국적, 종교, 계층, 정치관, 문화적 가치, 영어 외 다른 언어 사용자, 그리고 미국 시민과 체류자를 포함하고 있다. 모든 도시와 마을의 경찰은 **다양한 공동체**를 위해 봉사하는 과제에 직면해 있다. 미국의 지역사회는 서로 다른 집단 모두를 대표하고 있다. 경찰 정당성 문제를 유발하는 특정한 주제에 집중하기 위해, 미국 사회의 놀라운 다양성을 빠르게 살펴볼 필요가 있다.

우선, '*소수자 집단(minority groups)*'이라는 용어를 사용하는 것은 적절치 않다. 먼저 "소수자"라는 표현은 다른 집단보다 수가 적다

다양한 공동체(many communities)

는 것을 제시하고 있기 때문에 부정적인 의미를 내포하고 있다. '소수자'는 단지 구성원의 수에만 해당하는 것이 아니다. 둘째, '소수자'라는 표현은 오늘날 미국의 도시와 카운티의 인구구성을 정확하게 기술하지 못하고 있다. 2019년 디트로이트 인구의 82%는 흑인이었으며, 엘파소의 82%는 히스패닉계였고, 마이애미의 인구 74%는 히스패닉이며 13%는 흑인, 그리고 11%는 비히스패닉계 백인이었다. 로스앤젤레스의 인구는 140개국 출신이 224개의 서로 다른 언어를 사용하고 있다. 위 도시와 같은 지역사회의 지역적 맥락에서는 인종적 또는 민족적 "소수자"로 간주되는 사람들은 사실상 다수에 해당된다. 경찰학 연구자들이 히스패닉 인구 문제를 소홀히 해 온 점을 지적한 연구에서, 로널드 와이쳐(Ronald Weitzer)는 만약 "소수자"가 다수가 되었을 때 해당 도시와 경찰서에서 어떠한 일이 일어나는지에 대하여 조사한 연구가 없다는 점을 지적했다. 경찰활동이 의미있는 방식으로 변화하는가? 경찰의 하위문화가 변화하는가? 이러한 질문은 향후 연구를 위해 중요한 질문이다.[17]

인종과 민족의 이해

먼저 인종과 민족의 범주를 설명하는 것부터 시작해보자. 인종과 민족 문제는 경찰, 법원, 교정기관이 체포·기소·구금된 인원의 인종과 민족을 보고하도록 되어 있기 때문에 형사사법에서는 극도로 중요한 문제이다.

인종은 세상 사람들을 생물학적으로 분류하여 정의하는 가장 전통적인 방법이다. 인종의 전통적인 범주에는 백인종(Caucasian), 흑인종(Negroid), 황인종(Mongoloid)가 해당된다. 그러나 오늘날 인류학자들은 이러한 범주들에 과학적 타당성은 없다고 믿고 있다. 피부색, 모발의 질감, 신체의 비율 등 관찰 가능한 외양의 차이가 사람들 사이의 근본적인 차이를 나타내지 않는다. 예를 들어 흑인들 사이에도 피부색은 매우 밝은 색에서 어두운 색에 이르기까지 다양한 톤이 존재한다. 한편 "백인"으로 불리는 사람들 또한 매우 밝은 색에서 올리

인종(race)

브색, 황갈색 등 피부색이 다양하다. 즉 피부색에 따라 세계 인구를 범주화하는 것은 무의미하며 비과학적이다. 1998년 전미인류학협회 (the American Anthropological Association)는 피부색, 모발의 질감 등 물리적 특징에 의해 구분 가능한 "인종"이라는 인류의 전통적 범주에는 어떠한 과학적 근거가 없다고 공식적으로 선언하였다. 또한 "관습적인 지정학적 '인종' 집단화는 단지 유전자의 6%에서만 서로 차이가 있을 뿐이다"라고 언급하였다.[18]

민족(ethnicity)

  민족은 언어, 종교, 가족의 형태, 식습관 등과 같은 문화적 차이를 의미한다. 민족은 하나의 범주로써 인종과 분리될 수 있다. 미국 인구조사국(U.S. Census) 역시 이러한 점을 인지하고 있다. (미국 인구조사는 자기보고식 조사라는 점을 명심해야 한다. 당신의 인종과 민족은 당신이 인구조사에 답하는 바에 따라 결정된다.) 2020년 인구조사에서 최초로 민족성(히스패닉, 비히스패닉)을 먼저 질문하고, 인종에 대한 질문이 뒤따랐다. 예를 들어 미국에 거주하는 한 사람은 민족적 측면에서는 히스패닉이지만, 인종적 측면에서는 ① 백인(White), ② 흑인(African American), ③ 아메리칸 인디언(American Indian)·알래스카 원주민(Alaska Native)·아메리칸 원주민(American Native), ④ 아시아인(Asian), ⑤ 하와이 원주민(Hawaii Native)·태평양 섬 주민(Pacific Islander)* 중 하나에 해당할 수 있다.[19] 미국에 거주하는 유럽국가 출신들은 인종적 측면에서는 모두 백인으로 구별된다. 북아프리카와 중동 출신의 미국인 역시 모두 백인으로 간주된다. 대다수는 민족적으로 비히스패닉계이지만, 일부는 가족의 출신에 따라 히스패닉계일 수 있다. 미국 백인은 언어, 지역, 문화 등 서로 구별되는 전통을 가진 다양한 국가 출신이다. 2020년 인구조사에서는 응답자의 출신 국가를 묻고 있다.

인종과 민족에 관한 공식 자료

  형사사법체계에서 인종과 민족의 유형은 중요하며, 정책 이슈에

---

* [역자 주] 태평양 일대의 섬 주민들을 말하며, 하와이 원주민, 사모아 원주민, 괌 원주민, 통가 원주민, 피지 원주민 및 마샬제도 원주민 등이 해당됨.

중대한 영향을 미치고 있다. 예를 들어 경찰에 의해 사살되었거나, 체포 및 차량검문을 받은 사람의 인종적·민족적 패턴을 인식하는 것은 중요하다. 교도소 인구의 인종적·민족적 구성을 파악하는 것도 중요하다. 그러나 [Exbition 12−1]에서 보여지는 것처럼 형사사법체계에서 라틴 인구에 대한 자료 부족은 경각심을 가져야 하는 부분이다.

　　미국의 형사사법기관은 미국 인구조사국의 인종과 민족의 범주를 사용하고 있다.[20] 그러나 형사사법체계의 공식자료는 각 주와 기관에서 인종과 민족을 동일한 방식이 아니라 서로 다르게 *공식적으로 기록하기* 때문에 문제가 대단히 크다. 가장 최근에는 2016년 출간된 도시연구소(the Urban Institute)에서는 「형사사법체계 내 라틴인구 자료 부족에 대한 우려(The Alarming Lack of Data on Latinos in the Criminal Justice System」라는 제목의 보고서를 출간하였다. 일부 기관은 여전히 "백인/흑인" 또는 "백인/비백인"이라는 시대에 한참 뒤떨어진 이분법적 표기를 사용하고 있다. FBI의 공식범죄통계상 체포자료는 지역 경찰서에서 제출한 공식자료를 기초로 만들어졌으나, 도시연구소의 연구 결과, 미국의 50개 주 가운데 단지 15개 주에서만 체포된 사람의 민족성을 기록하고 있음이 밝혀졌다. 따라서 공식범죄통계상 히스패닉인구에 대한 자료는 불완전하며 상당히 신뢰도가 떨어진다.[21] 전통적이나 신뢰도가 떨어진 패턴을 따르고 있는 일부 기관에서는 히스패닉 인구를 자동적으로 백인으로 분류하고 있다. 예를 들어 경찰관은 대상자가 히스패닉일 것이라고 생각하고 대상자에게 실제로 묻지도 않은 채 체포기록에는 백인으로 기입하는 것이다. 그 결과 형사사법체계 내 인종과 민족성을 연구하는 사람들이라면 누구나 직면하게 되는 모순, 혼동 및 실제로 문제가 발생하게 된다.

　　미국 내 인종과 민족에 대한 자료의 복잡성이 갖는 한 가지 측면을 설명하기 위해, 「정의는 어디에 있는가(Donde Esta la Justicia?)」보고서*는 '후아니타'라는 가상인물의 사례를 제공한다. 후아니타의 아

---

* [역자 주] 2003년 <오픈 소사이어티 재단(Open Society Foundation)>에서 발간한 보고서로, 미국 형사사법체계에서 과잉대표되는 히스패닉 청년층의 양형 차이 등을 주요 내용으로 다루고 있음.

버지는 푸에르토리코인이며 그녀의 어머니는 흑인이다. 보고서가 작성될 당시 기준으로 애리조나주에서 후아니타는 자신의 인종과 민족을 정의할 수 있다. 하지만 캘리포니아주에서 후아니타는 흑인으로 규정될 것이며, 오하이오주에서는 "혼혈(biracial)"로 등록될 것이다.[22]

EXHIBIT 12-1

「형사사법체계 내 라틴인구 자료 부족에 대한 우려(The Alarming Lack of Data on Latinos in the Criminal Justice System)」

도시연구소(the Urban Institute)는 2016년 다음과 같은 내용을 보고하였다:

각 주의 형사사법자료에 대한 조사 결과는 40개 주는 백인, 흑인, 기타 등으로 표기되는 인종을 체포기록에 기입하고 있으나, 단지 15개 주에서만 민족을 기입하고 있다.

...... 통합된 자료가 없다면, 정책결정자, 지역사회 구성원 및 지지자들은 대규모의 구금이 특히 라틴인구에게 어떤 영향을 미친다는 사실을 파악할 수 없으며, 인종적 차이 또한 정확하게 추적될 수 없다.

인종 구분을 "백인"과 "흑인"으로만 기입하는 주에서는 라틴 인구를 "백인"으로 구분할 가능성이 높으며, 이는 교도소에 수감된 "백인"의 수를 인위적으로 부풀려 형사사법체계 내 백인/흑인의 인종적 차이를 왜곡할 것이다.

출처: Urban Institute, *The Alarming Lack of Data on Latinos in the Criminal Justice System* (Washington, DC: Urban Institute, 2016), http://apps.urban.org/features/latino-criminal-justice-data/.

주요 인종 · 인종 집단

경찰-지역사회 관계의 역사적 관점에서 흑인 지역사회는 가장 오래된 차별과 갈등의 역사를 가지고 있다. 오늘날 경찰활동상 모든 이슈는 사실상 인종간 논쟁을 포함하고 있으며, 고용 관행, 검문, 체포, 경찰의 총기사용으로 인한 사망, 경찰관 대상 징계 조치, 임무 배정 및 승진 등이 해당된다. 제2장에서 설명되었듯이 대규모의 도심 폭력이 발생한 시기들이 있었다. 1960년대, 정확히는 1964년부터 1968년 사이 전국적으로 발생한 도심 폭동은 대부분 경찰관이 연루된 사건에서 촉발되었다. 경찰관에 의해 흑인이 사살되었거나(1964년 뉴욕) 또는 단순한 차량검문(1965년 로스앤젤레스)이었다. 그리고 앞서 기술하였던 바와 같이 2014년 전국적인 경찰위기 역시 백인 경찰관이 흑인시민을 사살한 사건이 연쇄적으로 발생한 것과 관련이 있다.[23]

최근 아프리카 출신 이민자들이 미국에 대거 입국하는 이주 양상을 보이고 있기 때문에 미국 내 흑인사회의 구성은 복잡해지고 있다. 아프리카 출신 이민자들은 기존 흑인 지역사회와는 사회적 및 문화적으로 별도의 공동체를 구성하며, 이민자들 역시 출신국, 종교, 문화적 관습에 따라 구분된다.[24]

미국 내 히스패닉 지역사회는 독특한 역사가 있다. 미국 내 히스패닉 공동체는 멕시코, 푸에르토리코, 중남미 등 출신국가와 체류자격 상태에 따라 다양하다. 히스패닉 공동체의 많은 구성원들은 미국에서 출생하였지만, 미국 영토가 아닌 곳에서 출생한 이민자들도 히스패닉 공동체를 구성하고 있다. 2018년 기준 히스패닉 인구는 미국인구의 18퍼센트를 차지하며, 이 중 약 2/3에 해당하는 64%는 멕시코계 히스패닉이며, 전체 히스패닉 인구 중 약 1/3에 해당하는 35%는 미국 영토가 아닌 곳에서 출생한 외국인이다. 히스패닉계 미국인과 아시아계 미국인은 미국에서 가장 빠르게 증가하고 있는 인종집단 또는 민족집단이다. 2019년, 전세계에서 입국한 불법체류자들은 약 1,050만 명에서 1,200만 명 사이에 달하는 것으로 추정되었으며, 이는 미국 전체 인구의 약 3.4%에 해당되었다.[25]

멕시코와 중남미 출신의 불법 체류자 문제는 수십년 간 미국의 중요한 정치적 논란거리였다. 2019년 PERF 보고서는 "각 주별에서 취해온 경찰의 역할에 대한 서로 다른 접근법과 함께 연방이민정책은 경찰과 지역사회 내 신뢰 구축을 어렵게 만들었으며, 특히 이민자 공동체의 경우 더욱 어렵게 만들었다"고 주장했다. PERF 보고서는 오로라(Aurora), 콜로라도, 매디슨, 위스콘신의 경찰이 수행한 성공적인 프로그램을 설명하였는데, 지역사회 경찰활동 모델에 기초하여 이민자 공동체와 긍정적인 관계를 구축한 프로그램이었다.[26]

아메리카 인디언들은 미국의 법 집행과 독특하고도 복잡한 관계에 있다. 아메리카 인디언 부족은 미국 정부와 공식 조약을 통한 독립국가라는 법적 지위를 가지고 있다(예를 들어, 주법으로 도박을 금지하고 있더라도 인디언 보호구역은 해당 법조항의 적용에 예외적이다). 아메리카 인디언은 도심지역과 인디언 보호구역 모두에 거주한다. 인디언 부족이 수립한 미국 내 독립국가는 314개 부족을 합산한 총 인구가 140만 명에 달하며, 560만 에이커에 달하는 영토를 점유하고 있다. 200개 이상의 아메리칸 인디언 부족은 독자적인 경찰력을 보유하고 있으며, 경찰력의 규모는 2명의 경찰관에서 300명 이상의 경찰관까지 다양하다. 나바호 부족의 경찰은 2002년 기준 321명의 경찰관을 보유하고 있었다.[27]

한 법무부 보고서는 인디언 보호구역의 범죄율이 일반적인 미국인의 거주지보다 훨씬 더 높다는 점을 밝히고 있다. 많은 인디언 부족경찰서(tribal police department)는 인력이 부족하며, 광활한 지역을 가로지르는 인디언 보호구역 내 적절한 경찰 보호 제공에 필요한 장비와 자원 또한 부족하다. 게다가 보호구역 내에서 앵글로 색슨계 미국인이 저지른 범죄에 대한 관할권과 관련하여 원주민 부족경찰과 지역 경찰, 보안관(sheriff) 사이의 관할권 문제가 종종 발생하기도 한다. 도심에 거주하는 아메리카 인디언은 흑인들의 경험과 동일한 경찰 관련 문제를 상당히 경험하게 된다.[28]

아시아계 미국인 지역사회 역시 다양한데, 아시아계 미국인들은 일본, 중국, 베트남, 라오스, 캄보디아 등 다양한 아시아 국가 출신의 구성원들이 포함된다. 출신 국가가 다양하다는 점 외에도 아시아계 미국인은 언어, 종교, 그리고 문화적 전통이 모두 다르다. 그 결과 국적에 따른 아시아 공동체(nationality groups)는 미국에서 장기간 거주해온 이민자 가정과 최근에 이주해온 이민자 가정으로 구분된다.

아랍계 미국인들 또한 서로 다른 여러 출신국, 종교, 언어, 문화적 전통으로 분류되는 극단적으로 다양한 집단이다. 아랍계 미국인 약 350만 명 가운데 1/3에 해당하는 30%는 레바논 출신이며, 이집트(12%), 시리아(9%) 출신이 뒤를 잇고 있다. 아랍계 미국인 대다수는 미국에서 출생하였기 때문에 아랍계 미국인 가운데 80% 이상이 미국 시민권자이다. 종교적 측면에서 무슬림이 다수이지만, 기독교와 기타 종교를 믿는 사람들도 있다. 미 인구조사국은 아랍계 미국인들은 백인(white or Caucasian)으로 구분하고 있다. 그러나 아랍계 미국인 인구에 대한 절대적인 추정치는 없다.[29]

아랍계 미국인 지역사회와 관계된 법 집행 문제는 주로 '테러와의 전쟁(war on terrorism)', 그리고 2001년 9/11 테러에 관련되어 있다. 많은 미국인은 모든 아랍인이 무슬림이며, 모든 무슬림은 테러범이라는 부정확한 가정에서 비롯된 부당한 고정관념을 가지고 있다. 그 결과 부정확한 가정에 기초한 아랍계 미국인에 대한 차별행위가 존재해오고 있다.

Sidebar 12-1

인종과 민족만이 아닌 젠더와 성적 취향의 문제

경찰-지역사회 관계 문제는 사회 내 다른 집단, 특히 여성, 게이, 레즈비언 및 트랜스 젠더와 관련되어 존재한다. 여성의 경우, 일부 경찰관들이 여성 운전자를 괴롭히기 위한 수단으로 차량을 정차하게 하는 구체적인 문제가 있다. 게이, 레즈비언, 트랜스 젠더의 경우, 문제는 무례함이나 물리적 폭력 중 하나이다.

출처: Amnesty International USA, *Stonewalled: Police Abuse and Misconduct Against Lesbian, Gay, and Transgendered People in the U.S.* (New York: Amnesty International USA, 2005).

▌경찰에 대한 다양한 여론

경찰과 시민(public) 관계를 이해하기 위한 좋은 출발점은 경찰에 대한 여론에서부터 시작한다. 시민은 경찰에 대하여 무슨 생각을 하는가? 시민은 경찰의 업무수행에 관하여 얼마나 우호적으로 평가하는가? 그러나 미국 사회가 대단히 복잡하다는 점을 고려한다면, 경찰과 시민의 관계라는 주제가 극도로 복잡한 주제라는 점은 전혀 놀랍지 않다. 계속해서 기술해 온 바와 같이, 미국에는 "단일한" 지역사회가 존재하지 않으며, 그 결과 "시민" 역시 **다양한 집단**으로 구성된다. 시민집단의 다양성은 매일 경찰관에게 중대한 과제를 제공하고 있다.

다양한 집단(many "publics")

경찰에 대한 시민의 태도
(public attitude toward the
police)

전국 및 지역 수준의 **경찰에 대한 시민의 태도** 설문조사는 1960
년대부터 실시되어 왔다. 사람들이 어떻게 지역 경찰에 대한 평가하
는가에 대한 기본 질문에 대해, 시민들의 태도는 놀라울 정도로 안정
적이었다.[30] 2017년 퓨(Pew) 리서치에서 실시한 경찰에 대한 시민의
태도를 묻는 설문조사에서 전체 미국인 중 63%는 경찰의 태도가 "온
화"하거나 또는 "다소 온화"하다고 응답하였으며, 백인 가운데 63%
가 이러한 응답율을 보였다. 반면 히스패닉 인구 가운데 동일한 응답
을 보인 비율은 55%에 그쳤으며, 흑인의 경우 단지 31%만 경찰의 태
도가 온화하다고 응답하였다. 1960년대 이후 실시된 모든 설문조사
에서 사실상 유사한 결과가 나타나고 있는데, 1960년대 중반 대통령
직속 범죄위원회(President's Crime Commission)의 보고서에서는 경찰
이 "매우 훌륭하다"고 응답한 흑인의 비율은 동일한 응답을 나타낸
백인 응답자의 절반 가량에 해당하며, 반대로 "훌륭하지 않다"라고
응답한 비율은 백인 응답자의 2배에 달한다는 점이 나타나 있다. 히
스패닉 인구의 경우 히스패닉이 아닌 백인 인구에 비해서는 긍정적
인 응답율이 낮은 편이나 흑인 인구에 비하면 훨씬 긍정적인 태도를
지속적으로 보이고 있다. 예를 들어 퓨 리서치의 설문조사는 흑인 인
구 가운데 38%가 경찰이 "냉정"하거나 또는 "다소 냉정"한 태도를
보였다고 여기고 있었지만, 이러한 응답은 백인의 경우 단지 14%만
이 동일한 응답율을 보이고 있으며, 히스패닉 인구의 경우 17%만이
해당된다.[31]

제12장 시작 부분에서 언급했지만, 분명한 모순점 중 하나는
2017년 실시된 퓨 리서치의 설문조사에서 흑인이 경찰에 완전히 적
대적이지 않다는 사실이다. 58%에 달하는 흑인 인구의 상당수는 경
찰의 태도가 "온화" 또는 "다소 온화"했던 것으로 느꼈거나 경찰에
대해 중립적인 태도를 취하는 것으로 나타났다. 이러한 결과는 전국
적인 경찰위기에 대한 생각과 대조되는 것으로 보인다. 그렇지만 지
난 수십년간 실시된 다른 설문조사에서도 유사한 결과가 나타났다.

이처럼 명확해 보이는 모순점을 어떻게 설명할 수 있을 것인가?
이 질문에 대한 해답은 설문조사에서 문항이 제시된 방식에서 대부

분 찾을 수 있다. 경찰을 어떻게 평가하는가에 대한 *포괄적인* 질문을 받는다면 사람들은 일반적으로 긍정적인 응답을 보여왔다. 그러나 만약 경찰의 물리력 사용에 관한 인식이나 주변인 가운데 경찰에 대한 불쾌한 경험이 있는 사람을 알고 있는가 여부에 관한 질문 등 *구체적인* 사항을 질문할 경우 흑인들의 평가는 백인들의 평가에 비해 훨씬 낮았다. 예를 들어보자. 2016년 설문조사에서 흑인 중 84%는 경찰이 "백인에 비해 흑인을 덜 공정하게 대우한다"는 문항에 동의하였다. 경찰에 대한 태도를 바라보는 유사한 인종적 차이는 경찰의 물리력 사용에 관한 문항에서도 나타난다. 제12장 후반부에서 설명하겠지만, 두 번째로 중요한 고려사항은 경찰의 위법행위가 범죄율이 높은 지역에 거주하는 젊은 흑인 남성에 집중되어 있다는 점이다. 몇 년 전, 범죄학자 앨버트 라이스(Albert Reiss)는 경찰의 물리력 사용은 흑인 저소득계층에 집중되어 있다는 점과 시간이 지날수록 점차 사용빈도가 누적되는 점을 지적하였는데, 이는 매년 사건이 지속되고 있으며 경찰의 적대적 태도가 지속된다는 점을 시사한다고 하였다. 이러한 사실은 경찰에 대한 완전히 부정적인 태도를 보이게 되는 지역사회의 집단적 기억에 영향을 미치게 된다.[32] 제12장 후반부에서 이 점을 보다 자세히 다루도록 한다.

경찰에 관한 여론의 영향요소

다양한 요소가 경찰에 관한 시민의 태도에 영향을 미친다. 가장 중요한 요소를 중점적으로 살펴보도록 하자.

인종과 민족

인종과 민족은 경찰에 대한 태도에 영향을 미치는 가장 중요한 요소이다. 1960년대 이후 설문조사들은 백인과 흑인들의 태도는 명확하게 차이가 난다는 점을 보여주고 있다. Exhibit 12-2은 경찰에 대한 신뢰를 "매우 낮음"으로 응답한 백인 인구에 비해 흑인 집단은 그 응답 비율이 약 2배에 이르는 것을 나타내고 있다. 한편 히스패닉 인구는 백인에 비해 훨씬 낮은 응답율을 보이고 있으나 흑인들만큼 낮은 응답율을 보이지는 않았다. 이러한 응답 양상은 여러 해 동안 놀라울 정도로 고정불변하게 나타나고 있다.

EXHIBIT 12-2

경찰에 대한 시민의 시각(2017년 9월)

	매우 냉정	다소 냉정	중립	다소 온화	온화
전체	10	8	16	19	45
백인	7	7	11	20	63
흑인	30	8	28	8	22
히스패닉	8	9	25	18	37
18 – 29	18	11	22	21	27
30 – 49	10	10	17	19	43
50 – 64	10	5	16	17	50
공화당 지지	3	2	7	12	74
민주당 지지	9	10	21	24	33
무소속	8	8	19	22	43

출처: Hannah Fingerhut, "Deep Racial, Partisan Divisions in Americans Views of Police Officers", Pewresearch.org (September 15, 2017), https://www.pewresearch.org/fact-tank/2017/09/15/deep-racial-partisan-divisions-in –americans-views-of-police-officers/.

경찰에 대한 흑인들의 태도가 덜 긍정적이라는 점은 이해하기 쉽다. 지역사회 대상 여러 설문조사는 흑인 사이 경찰의 위법행위에 대한 경험이 높은 수준이라는 점을 지속적으로 밝히고 있다. 신시내티시 거주자 대상 설문조사에 따르면 흑인 46.6%가 경찰이 개인적으로 "간섭(hassled)" 경험이 있는 것으로 나타났다. 백인의 경우 단지 9.6%였던 것과 대조적이다. 간섭(Hassled)은 "실제로 어떠한 잘못을 저지르지 않은 경우에도, 경찰관에 의해 제지받건 또는 면밀하게 감시받는 것"으로 정의된다. 추가적으로 흑인 66%는 경찰의 간섭을 받은 사람을 알고 있다고 응답하였으며, 이에 반해 백인은 단지 12.5%

만 알고 있다는 응답하였다.[33] 많은 흑인 가정에서 경찰에 대한 두려움은 상당하다. 많은 흑인 가정에서는 자녀와 함께 "대화를 나누는 (having the talk)" 전통이 있는데, 특히 아들과 함께 어떻게 경찰을 대할 것인가에 대한 대화를 주고받는다. 이러한 "대화(the talk)"는 경찰관에게 예의바른 태도를 보이는 것의 중요성을 강조하고, 도주하거나 대들지 말 것을 가르친다. 경찰관으로부터 도주하거나 경찰관을 불손하게 대하는 행동은 경찰관으로부터 구타 또는 체포를 당하거나, 경찰관의 총격을 받아 사망에까지 이르게 될 위험성을 유발하게 된다. 이와 같은 **"대화"**의 전통은 많은 흑인 가정 사이에 퍼져있는 경찰에 대한 두려움의 깊이를 나타내는 강력한 지표이다.[34]

대화("the talk")

경찰에 대한 여론을 묻는 사실상 모든 설문조사에서 히스패닉 인구는 백인과 흑인의 중간지점에 위치해 있는데, 백인에 비해서는 경찰에 대해 덜 우호적이지만 흑인에 비해서는 훨씬 우호적인 태도를 보이는 것이다. 히스패닉 공동체는 흑인 공동체보다 훨씬 더 다양하며, 최근의 히스패닉 이민 논쟁을 제외하면 경찰에 대한 경험이 흑인 공동체와는 매우 상이했기 때문이다.

연령

연령은 경찰에 대한 시민의 태도에 인종·민족성 다음으로 영향을 미치는 요소로 지속적으로 제시되어 왔다. Exhibit 12-2에서 나타나듯이, 18~29세 사이의 연령 집단 가운데 29%가 경찰관이 "냉정" 또는 "다소 냉정"한 태도를 보였다고 응답하였으며, 이는 50~64세 사이의 연령 집단에서는 단지 15%만이 동일한 응답율을 보인 것과 비교된다. 인비저블 인스티튜트(Invisible Institute)에서 실시한 시카고 고교생 대상 일련의 설문조사에서 한 학생은 "경찰이 연령에 따라 사람을 판단"하며, "모든 10대가 불량하다고 생각한다"고 주장하였다. 또다른 학생은 "경찰이 겉모습만 보고 사람을 판단한다"고 주장하였다. 한 백인 여고생은 "피부색이나 머리모양이 다르거나, 또는 이상한 옷을 입었다고 해서 반드시 범죄자라는 것은 아니다"고 덧붙였다.[35]

연령이 경찰에 대한 태도에 미치는 영향은 이해하기가 쉽다. 청년층은 나이든 사람, 특히 결혼해서 자녀가 있는 사람에 비해 집 밖이나 길거리에서 더 많은 시간을 보낸다. 그 결과 청년층은 경찰관과 훨씬 많이 접촉하게 된다. 범죄율이 높은 지역의 젊은 남성은 나이든 사람에 비해 경찰의 검문검색을 받을 가능성이 더 높으며, 젊은 남성과 경찰의 접촉 중 일부는 경찰 물리력의 사용과 체포 가능성이 연루되는 갈등으로 발전하기도 한다.

사회적 계층

사회적 계층 또한 경찰에 대한 태도에 중요한 영향을 미친다. 설문조사 결과, 75,000달러 이상의 소득 계층에 비해 20,000달러 미만의 소득 계층은 경찰에 대한 신뢰가 매우 낮다는 점을 나타내고 있다. 계층적 차이는 특히 흑인들 사이에서 강하게 나타나고 있다. 로널드 바이처(Ronald Weitzer)는 워싱턴 D.C.에 거주하는 169명을 인터뷰하였는데, 인터뷰 대상들은 각각 백인 중산층, 흑인 중산층, 그리고 흑인 저소득층을 대표하는 표본이었다. 워싱턴 D.C의 경우 백인 저소득층 집단을 대표하기에 충분한 표본 수가 존재하지 않아 백인 저소득층 표본은 구성할 수 없었다. 흑인 중 저소득 집단은 중산층 집단에 비해 경찰이 흑인 거주지역의 길거리에서 정당한 이유 없이 사람들은 제지한다고 응답한 비율이 7배나 더 높았으며, 백인 중산층 집단에 비해 3배 더 높은 것으로 나타났다. 또한 흑인 저소득 집단 중 절반 가량인 49%는 경찰이 자신의 거주지역에서 과도한 무력을 사용하는 것을 목격한 적이 있다고 응답하였으나, 백인 중산층 집단에서는 경찰의 과도한 물리력 사용 목격에 대한 응답자가 단 한 명도 나오지 않았다.[36] 이러한 자료는 흑인 공동체의 일부 구성원은 경찰관에 대해 매우 부정적인 태도를 보이는 반면, 소득이 높은 구성원의 경우 경찰관에 대한 부정적인 태도가 매우 낮게 나타나는 이유를 설명하고 있다.

거주지역의 삶의 질

소득과 사회적 계층의 기능을 의미하는 '거주지역 내 삶의 질'은 경찰에 대한 태도 형성에 중요한 역할을 한다. 빈곤한 지역은 범죄 발생율이 더 높으며, 빈곤한 지역에 거주하는 사람들은 범죄 발생을 부분적으로 경찰의 책임으로 돌리는 경향이 있다. 반면, 소득수준이 낮은 지역에 거주하는 중산층은 일반적으로 경찰이 범죄 통제에 효과적이라고 믿고 있으며, 이는 경찰에 대해 훨씬 더 긍정적인 태도로 반영된다.[37]

도시간 차이

흥미롭게도 경찰관에 대한 태도는 도시별로 차이가 있다. 사법통계국(Bureau of Justice Statistics)의 설문조사에서 샌디에이고시 거주자의 93%가 샌디에이고 경찰에 만족하고 있으며, 이는 시카고시 거주자의 80%, 워싱턴 D.C.의 78%와 대조되는 결과이다. 게다가, 백인과 흑인의 태도 역시 도시간 차이를 그대로 따르고 있다. 양 집단 모두 샌디에이고 경찰에 대하여 높게 평가하였으며, 시카고시와 워싱턴 D.C. 모두 상대적으로 낮게 평가하였다.[38]

이러한 자료는 지역 주민이 자신이 거주하는 도시 내 경찰활동의 질을 인식하고 있으며, 백인과 흑인 모두 자신이 거주하는 도시의 경찰서에 대하여 동일하게 인식한다는 점을 시사한다. 자료는 또한 경찰개혁이 경찰에 대한 시민의 태도에 긍정적인 영향을 미칠 수 있다는 점을 지적하고 있다. 만약 제11장에서 논의한 바와 같이 한 경찰서에서 경찰 물리력 사용을 줄이고 가정폭력신고전화 대응을 개선하는 정책을 시행한다면, 이러한 변화가 경찰서에 대하여 더욱 긍정적인 태도로 전환될 것이다.

논란이 되는 사건의 영향

조지 홀리데이(George Holliday)는 경찰 역사상 가장 유명한 영상을 촬영하게 되리라고 결코 예상하지 못하였을 것이다. 1991년 3월 31일 그는 아파트 발코니에 서서 로스앤젤레스 경찰관이 로드니 킹(Rodney King)을 반복적으로 구타하는 모습을 비디오로 촬영하였다.

그 테이프는 곧 전 세계 텔레비전을 통해 방영되었으며, 두 건의 형사 사건, 대규모의 폭동(1992), 로스앤젤레스 경찰의 자체 조사를 포함하는 일련의 극적인 사건들로 이어졌다. 이 사건은 경찰에 대한 로스앤젤레스, 미국 그리고 전세계 시민의 태도에 대하여 중대한 영향을 미쳤다.[39]

홀리데이의 비디오 테이프가 경찰관의 대시보드 카메라, 경찰관의 보디캠 및 휴대전화를 포함하는 디지털 혁명을 시작하였으며, 경찰의 책임에 대대적인 전환을 가져왔다는 사실은 주지해야 한다(이와 관련 자세한 논의는 제14장을 참조하라).

스티븐 턱(Steven Tuch)과 로날드 바이처는 로드니 킹 사건이 로스앤젤레스 경찰에 대한 태도에 극적인 단기 효과를 미쳤다는 점을 밝혀냈다. 해당 사건 이전에 백인들 가운데 70%는 지속적으로 로스앤젤레스 경찰이 업무를 수행하는 방식을 승인한다고 응답하였다. 1992년 5월에는 이러한 응답율은 40%까지로 추락하였다. 그러나 1993년이 되자, 백인의 응답율을 다시 70%대로 회복되었다. 로스앤젤레스 경찰을 인정하는 흑인의 응답은 1991년 3월 말에는 단지 14%만 해당하는 등 더욱 극적으로 추락하였다. 종래에는 이전 수준으로 회복되었으나 백인보다 훨씬 느린 속도로 회복되었다.[40]

태미 라인하트 코첼(Tammy Rinehart Kochel)은 미주리주 퍼거슨시에서 발생한 마이클 브라운의 총격 사건 이후 세인트 루이스시 도심에 거주하는 흑인의 절차적 정의, 경찰 정당성, 경찰에 협력하고자 하는 의지 등이 심각하게 감소한 반면, 흑인이 아닌 주민의 경우 그대로라는 사실을 밝혀냈다.[41] 경찰의 흑인 총격 사건이 각각 발생한 퍼거슨시, 볼티모어시, 노스 찰스턴시, 사우스 캐롤라이나주에서 경찰로 인한 시민의 사망사건을 다루는 뉴스 미디어 보도를 다루는 연구에서, 리 · 바이처와 마티네즈(Lee, Weitzer & Martinez)는 미디어가 해당 논란을 다루는 방식에서 중대한 전환이 있었음을 발견했다. 미디어는 과거에 비해 경찰의 문제라는 관점에서 경찰위기를 정의하고, 당면한 사건에 대해 집중하기 보다는 체계적 측면에서 경찰 위법행위의 원인에 대한 질문을 제기할 가능성이 더욱 높았다. 이 경우 경

찰 위법행위는 경찰폭력, 지역사회와 긴장관계, 경찰이 자신의 위법
행위에 대해 좀처럼 책임을 지려하지 않는 것으로 정의되는 "책임의
부족"이 해당된다. 연구의 저자들은 비교적 단기간 동안 "연쇄적으로
발생한 유명한 사건들에 의해 미디어가 영향을 받았다"고 결론내렸
다. 미디어가 경찰이 반드시 상대해야 하는 중요한 "대중"이라는 점
을 고려할 경우, 3건의 총격사건을 다루는 미디어의 보도내용 변화는
경찰의 "위법행위"를 "새롭게 조명"하는 동시에 일반 대중의 인식에
중대한 영향을 미쳤을 가능성이 매우 높다. 또다른 연구에서 와이저
(Weitzer)는 총격 사건이 빈발했던 가운데 한 가지 긍정적인 결과는
미디어가 "경찰활동 내 다수의 개혁에 대하여 계속해서 토론"하는 데
있다고 주장하였다. 또다른 세 번째 연구에서도 와이저(Weitzer)는
"많은 백인들"이 경찰관의 보디캠, 경찰의 비무장화, 시민불만 검토
위원회 등 경찰 개혁 내 "매우 광범위하게 다양한 이니셔티브"를 지
지하고 있다는 점을 언급하였다.[42]

경찰과 경찰의 "대중"에 대한 코멘트

이 시점에서 여론자료의 중요성에 대하여 언급하는 것이 적절할
것이다. 앞서 우리는 경찰관의 시점에서 단일한 "지역사회"나 "대중"
이 미국에서는 존재하지 않음을 논의하였다. 앞서 설명하였던 것처
럼, 인종, 민족, 사회적 계층, 정치관, 종교, 문화적 가치에 따라 구분
되는 다양한 지역사회와 대중이 실제로 존재한다. 경찰에 대한 시민
의 태도는 단일한 현상이 아니며, 미국 사회를 구성하는 다양한 모자
이크 중 어떤 지역사회나 대중에 속하느냐에 따라 달려 있다.

많은 수의 상이한 지역사회와 대중이 존재한다는 점은 경찰에게
는 중요한 과제를 부여한다. 경찰은 도시 내 수많은 지역사회 중 하
나 또는 셋 정도를 골라서 치안서비스를 제공하는 호사를 누리지 못
하며, 상이한 지역사회 전체를 대상으로 치안서비스를 제공할 직업적
의무를 가지고 있다. 경찰의 직업적 의무는 하나 혹은 나머지 중 일
부를 방임하거나 불쾌하게 만들지 않고도 모든 시민과 지역사회를

처리해야 함을 의미한다. 그러나 흑인의 경찰에 대한 태도를 나타내는 응답 양상은 경찰에 대한 태도와 관련해서는 선명하고도 지속되는 인종적 차이가 실제로 존재한다는 점을 확인할 뿐이다. 이러한 차이를 좁히는 것이 현재 미국 경찰활동의 진정한 과제이다.

▌미국 사회의 경찰에 대한 더욱 광범위한 시각

미국 경찰에 대한 더 깊게 이해하기 위해서, 미국 경찰을 미국 사회와 국제적 차원에서의 경찰활동이라는 더 광범위한 맥락에서 바라보는 것이 유용할 것이다.[43]

경찰과 기타 직업군

만약 여러분이 인터넷에서 "변호사 농담"을 검색한다면, 금방 많은 우스갯소리를 찾게 될 것이다. 이러한 농담들은 주로 변호사를 비윤리적이고 비도덕적인 데다가 탐욕스럽게 묘사하고 있다. 경찰에 대한 우스갯소리 또한 많은데, 상당수는 경찰이 길거리를 순찰하는 대신 도넛 가게에 앉아있는 것으로 묘사하고 있다. 여러 직종에 대한 농담은 문제가 되는 그 직종이나, 해당 직종에 대한 정확한 시민의 태도가 아닌 거의 대부분 부정적인 고정관념을 반영하고 있다.

EXHIBIT 12-3

미국의 기관별 신뢰(2019)

기관	신뢰한다는 응답 비율
군	73%
소규모 기업	68%
경찰	53%
교회 또는 종교기관	36%
의료계	36%
대법원	36%

금융계	30%
공립학교	29%
노동조합	29%
형사사법체계	24%
신문	23%
대기업	23%
텔레비전 뉴스	18%
의회	11%

출처: Justin McCarthy, "U.S. Confidence in Organized Religion Remains Low", Gallup.com, https://news.gallup.com/poll/259964/confidence-organized-religion-remains-low.aspx.

경찰은 항상 비판대상이 되며 시민에게서 적절한 존중을 받지 못한다고 보통 불평한다. 2014년 미주리주 퍼거슨시에서 발생한 비극적 사건들 이후 시위가 연이어 발생하자, 일부 경찰과 경찰 지지자들은 미국 전역에 "경찰과의 전쟁(war on cops)"이 벌어지고 있다고 주장했다.[44] 그러나 이러한 주장은 우리가 다뤘던 바와 같이 시민의 태도에 대한 증거를 통해 지지되지 않는데, 백인과 다수의 흑인이 경찰에 대한 신뢰를 보이고 있기 때문이다. 여론조사에서도 미국 사회 내 다른 기관보다 경찰이 매우 높은 평가를 받고 있다는 점이 지적된다. Exhibit 12-3에서 나타나듯이 2019년 시민은 경찰을 거의 모든 기관보다 더욱 신뢰하고 있으며, 이는 군(military) 및 소규모 기업에 이은 순위이다. 그리고 Exhibit 12-4에서 보여지듯이 경찰은 "정직과 윤리적 기준"과 관련하여 6위를 차지하는 것으로 나타났다. 이 조사에서는 간호사가 지속적으로 1위를 차지하고 있다. 요약하자면, 경찰을 둘러싼 대중적 논란에도 불구하고, 일반 대중을 경찰을 항상 높게 평가하고 있다는 것이다.

EXHIBIT 12-4

직업별 정직성 및 윤리 기준 평가(2019)

직업군	"매우 높음" 또는 "높음" 응답 비율
간호사	85%
엔지니어	66%
의사	65%
약사	64%
치과의사	61%
경찰	54%
성직자	40%
변호사	22%
의원	12%
자동차 판매인	9%

출처: R. J. Reinhart, "Nurses Continue to Rate Highest in Honesty and Ethics", Gallup.com, https://news.gallup.com/poll/274673/nurses-continue-rate-highest-honesty-ethics.aspx.

미국 경찰에 대한 국제적 시각

미국 경찰은 또한 다른 국가의 법 집행 기관과 비교되기도 한다. 산자 이브코비치(Sanja Ivkovici)는 국가별 비교연구를 통해 미국 경찰이 세계적으로 높은 수준의 시민 신뢰를 받고 있으며, 6위를 차지하는 것으로 제시하였다(Exhibit 12-5 참조).

EXHIBIT 12-5

경찰 신뢰 수준의 국제 비교

핀란드	85%
캐나다	84.1%
스웨덴	81.1%
뉴질랜드	79.0%
네덜란드	73.2%

미국	71.2%
스위스	68.6%
프랑스	66.5%
이탈리아	64.9%
스페인	62.1%
헝가리	50.6%
유고슬라비아	45.1%
우크라이나	37.5%
러시아	30.2%
리투아니아	20.1%

출처: Excerpts from Sanja Kutnjak Ivkovic, "A Comparative Study of Public Support for the Police", *International Criminal Justice Review* 18 (2008): 406-434.

다양한 시민에 대한 경찰의 인식

'**경찰의 시민에 대한 태도**'라는 경찰과 시민으로 구성된 방정식의 나머지 한 측면을 또한 살펴보는 것도 중요하다. 이 경우 미국의 어떤 도시라도 다양한 시민으로 구성된 "대중"이 실제로 있다는 점을 유념해야 한다. 경찰 하위문화에 대한 전통적인 관점에서 경찰이 시민을 바라볼 때 "우리 대(對) 그들"이라는 관점을 고수하고 있다. 경찰은 시민을 신뢰하지 않는 대신 적으로 간주하고 있고, 경찰을 에워싼 비밀이라는 장벽을 유지하는 것이다. 오늘날 경찰 하위문화에 대한 해석 중 일부 요소는 여전히 사실이지만 최근의 연구에서는 시민에 대한 경찰의 태도가 과거처럼 획일적이거나 적대적이지만은 않다는 점이 발견되고 있다. 제6장에서 다뤘던 것처럼, 범죄학자인 스티브 허버트(Steve Herbert)는 법, 경찰 관료제, 안전에 대한 우려를 포함하는 경찰 하위문화의 6가지 요소를 확인한 바 있다.[45]

경찰은 일반적으로 시민의 경찰에 대한 태도를 정확하게 알지 못한다. 최근 전국적인 경찰 위기 시기에 미국의 많은 경찰관들은 시민으로부터 지속적으로 공격을 받는 것처럼 느끼고 있었다. 제임스 윌슨(James Q. Wilson)은 경찰이 "시민의 적대감을 아마도 과장"하고

경찰의 시민에 대한 태도
(attitudes of police officers)

있을 것이라고 주장하였다.[46] 경찰의 하위문화에 관한 선구적인 연구를 통해 윌리엄 웨슬리(William A. Westley)는 경찰관 중 73%는 시민이 "경찰에 반대하거나 또는 경찰을 증오한다"라고 생각한다는 점을 밝혀냈다. 그러나 경찰에 대한 여론조사를 나타내는 Exhibit 12-2(710쪽)는 이러한 시각을 지지하지 않으며, 경찰에 대한 여론조사 결과는 수년 간 다른 설문조사 결과와 일치하고 있다.[47]

경찰의 "시민"에 대한 인식은 상당히 왜곡되어 있으며, 이는 종종 뉴스 미디어와 정치인과 관련되어 있다. 경찰은 경찰서에 대한 비판 또는 불쾌한 뉴스에 대단히 민감하며, 신문이나 텔레비전 모두 특히 총격과 같이 경찰 위법행위 사건이나 실수에만 주목하고 있다고 믿고 있다. 경찰은 뉴스 보도에 대해서는 상당히 정확하게 인식하고 있다. 좋은 뉴스는 미디어에게는 뉴스가 아니며, 총격사건이나 추격사건은 미디어에게는 뉴스로 여겨진다. 그러나 총격사건이나 추격사건 등에 대한 뉴스 미디어의 보도가 일반 대중의 태도를 나타낸다는 생각은 틀렸다. 일반 대중은 경찰을 상당히 지지하는 편이기 때문이다. 경찰은 또한 선출직 공무원인 정치인이나 후보가 경찰을 비판할 경우 반대하는 입장을 취하기도 한다. 그러나 정치인 한 명의 시각이 일반 대중의 시각을 대변한다는 생각 역시 틀렸다.[48]

⇨ 경찰 하위문화에 대한 자세한 논의는 제4장을 참조

선별적 접촉

선별적 접촉(selective contact)

시민의 태도에 대한 경찰의 오해를 설명하는 몇 가지 요소가 있다. 가장 중요한 것은 경찰과 시민 사이의 **선별적 접촉** 패턴이다. 경찰은 지역사회 전체를 정기적으로 접촉하는 것은 아니다. 경찰은 911 신고를 통해 문제 상황에 있는 사람들과 접촉하게 된다: 무질서 사고, 주거침입절도, 정신건강 문제가 있는 사람, 강도를 당하고 있는 사람 등. 이러한 상황에서조차 침착하고 차분할 수 있는 사람은 극히 드물 것이다. 심지어 주거침입절도 피해자가 평소 경찰을 존중하며, 법을 준수하는 사람이라 하더라도 절도로 인해 몹시 화가 나 있고, 절도피해에 대한 절망을 현장에 출동한 경찰관에게 드러낼 수 있다.

동전의 다른 한 면은 흑인 남성이 경찰과 접하는 불균형적인 접촉이 다.[49]

사건발생을 신고하는 전화가 지속된다는 것은 경찰이 최악의 인간성이 표출되는 순간을 보게 된다는 것이다. 경찰은 폭력범죄의 사망자, 수많은 살인사건의 용의자, 아동학대 용의자 또는 갱단이 쏜 총에 사망한 아들을 비통해하는 부모가 있는 현장에 최초로 응답하는 사람이다. 이러한 상황은 그 누구에게라도 일종의 심리적 대가를 치르게 한다. 경찰은 이러한 상황을 매달 그리고 매년 보게 된다. 제6장에서처럼, 감정적으로 불편함을 가져오는 신고전화는 경찰 스트레스에 기여한다. 일정 수준의 심리적 안정성을 유지하기 위하여 경찰은 자신이 다루는 비극과 자기 자신을 분리하고, 감정적으로 연루되지 않는 법을 배우게 된다. 이와 유사하게 응급실에서 근무하는 의사 역시 그들이 다루는 의료적으로 심각한 상황과 직업적 거리감을 유지하는 법을 배우게 된다. 불행히도 일부 경찰관들에게 "직업적 거리감"은 차가운 무관심으로 보일 수 있으며, 이러한 점이 경찰에 대한 부정적인 태도에 영향을 미치게 된다. 추가적으로 인간사에서 벌어지는 비극을 매일 보는 것은 보통 인간성에 대하여 냉소적인 시각을 가지게 한다. 경찰은 사람이 끔찍한 일을 저지를 수 있다고 여기게 되며, 이러한 측면에서 경찰은 모든 사람에 대한 고정관념을 쉽게 시작하게 될 수 있다.

⇨ 일상적 경찰 순찰활동에 대한 자세한 논의는 제7장 참조

불쾌한 사건에 대한 **선별적 기억** 역시 경찰의 태도를 형성한다. 비록 경찰과 시민의 모든 접촉 가운데 단지 2~5%만이 적대적이거나 갈등 상황이지만, 대다수의 사람처럼 경찰 역시 불쾌한 사건을 더욱 기억하는 경향을 보인다.[50] 도널드 블랙(Donald Black)은 흑인 청년층이 백인 청년층에 비해 경찰에 더욱 적대감을 표출한다는 점을 밝혔다. 그 결과 경찰관들은 젊은 흑인 남성을 제롬 스콜닉(Jerome Skolnick)의 지적처럼 "상징적 폭행범"과 추후 갈등의 원인으로 고정관념을 보이는 경향을 보인다. 데이비드 케네디는 그 결과 경찰이 젊은 흑인 남성에 대한 스테레오타입을 반영하는 "내러티브"와 마주하게 되며, 젊은 흑인 남성 역시 경찰에 대한 부정적인 경험 또는 경찰에 대해 보

선별적 기억(selective memory)

앉거나 들었던 부정적 내용에 대한 내러티브를 구성하게 된다고 설명하였다.[51]

▌경찰 정당성을 훼손하는 요소들

일상적인 경찰활동의 잘 알려진 몇 가지 특징이 어떻게 경찰에 대한 신뢰와 정당성을 훼손하며, 일부 지역사회나 시민에게서 특히 나타나는지를 검증할 경우 전국적인 경찰 정당성의 위기를 이해할 수 있다. 여기서 검토되는 증거들은 일상적인 경찰접촉에서 경찰이 시민을 보다 잘 대우하는 것이 신뢰와 정당성을 구축하는 데 충분한지 여부를 다루는 데 도움이 될 것이다.

거주지역의 경찰 보호 수준

흑인 공동체의 지도자들이 반복적으로 제기하는 주장은 경찰이 적절한 보호를 제공하는 데 실패하였다는 것이다. 이러한 측면에서 이들 역시 다른 미국인들과 다른 점이 하나도 없다. 바이처와 턱 (Weitzer & Tuch)은 백인, 흑인 및 히스패닉 인구 모두 범죄율이 높은 지역에 더 많은 경찰순찰과 감시를 강력하게 지지하고 있다는 점을 발견하였다. 그러나 사실상 경찰이 순찰 경찰관을 배치하는 기준이 신고된 범죄와 911 신고이기 때문에 저소득, 높은 범죄발생율, 백인이 아닌 인구가 거주하는 지역이 일반적으로 가장 순찰차량이 배치되는 결과를 가져온다.[52]

경찰 역사의 유산은 경찰이 소득수준이 낮거나 백인이 아닌 인구가 거주하는 지역에서 치안서비스를 덜 제공한다는 인식을 악화시키고 있다. 1960년대 대통령직속 범죄위원회(President's Crime Commission)와 커너위원회(Kerner Commission) 모두 남부지방 외 주요 도시에서 흑인 공동체 지도자들은 경찰이 범죄 신고 후 늑장 대응 등 적절한 경찰 보호를 제공하는 데 실패했다고 주장하는 것을 보고하였다. 미국 남부 지역사회는 여전히 인종적으로 분리되었기 때문에 경찰은 흑인 공동체를 거의 완벽하게 무시하였다.[53] 소수집단 거주지역 내 법 집행의 실패는 종종 도박, 퇴근 후 음주, 성매매, 마약 밀매 등 풍속범죄(crime of vice)와 연결된다. 이와 같은 범죄행위를 묵인하는 것은 저소득계층 및 흑인 거주지역에 몇 가지 측면에서 해로운 영향을 끼쳤다. 풍속범죄의 묵인은 경찰과 법에 대한 경시를 유발하며, 해당 지역에서 거주하는 법을 준수하는 시민들을 퇴근 후 음주, 도박, 마약 거래와 관련된 범죄인 강도나 총격 사건 등에 노출되게 하였다. 그리고 마지막으로 해당 지역의 환경을 악화시켜서 자산 가치를 실추시키고, 정직하게 노동하는 사람들이 떠나게 만들었다.[54]

911 신고 늑장 대응

경찰 업무에 대한 몇몇 연구들은 순찰 경찰관이 종종 의도적으로 경찰 신고에 늑장 대응하며, 특히 가정 내 분란을 신고한 경우에 그렇다는 점을 밝혀냈다.[55] 초기에 수행된 연구 가운데 프랭크 퍼어스텐부르크(Frank Furstenburg)와 찰스 웰포드(Charles Wellford)는 경찰 신고 경험이 있는 볼티모어시 시민들을 인터뷰한 결과, 흑인이 백인보다 경찰의 늑장 대응을 더 많이 경험한 적이 있음을 밝혔다. 백인은 5분 이내의 경찰 출동을 더 많이 응답하였으며, 경찰 출동이 15분 이상 걸렸던 적을 경험한 흑인의 응답은 동일한 경험을 한 백인의 응답 수보다 2배 가까이 되었다. 높은 범죄 발생율을 보이는 세인트루이스시 흑인 거주지역에 대한 최근의 연구는 "경찰활동에 대한 불평 중 대다수는 엉망인 경찰대응에 집중"되어 있음을 알아냈다. 이는 늑장 대응과 911 신고 대응의 완전한 실패를 포함하고 있었다.[56]

모순점: 지나치게 적은 경찰활동과 지나치게 많은 경찰활동

저소득 계층과 흑인 거주지역 내 경찰활동의 중심에는 근본적인 모순점이 존재하고 있다: 지나치게 적은 경찰활동과 지나치게 많은 경찰활동이 동시에 발생하고 있다는 점을 가리키는 증거가 있다. 빈곤한 흑인 거주지역에서 저녁근무 교대시간 동안 순찰 경찰관 한 명

지나치게 적은 경찰활동과 지나치게 많은 경찰활동 (too little and too much policing)

은 911 신고전화 대응을 지체할 수 있지만, 근처에서 근무하는 순찰 경찰관 두 명은 젊은 흑인 남성을 대상으로 검문검색을 몇 차례 실시할 수도 있다. 요약하자면 해당 지역은 지나치게 적은 경찰활동과 지나치게 많은 경찰활동을 동시에 받게 되는 것이다. 두 가지 유형 모두 부적절하며, 경찰에 대한 강한 부정적인 태도를 형성할 수 있다. 어떤 사람들은 더욱더 효과적인 경찰활동을 원할 수 있지만, 다른 사람들은 경찰의 활동은 줄어들더라도 보다 적법한 경찰활동을 원할 수 있다. 몹시 도발적인 연구를 제시한 로드 브런슨(Rod K. Brunson)과 브라이언 웨이드(Brian A. Wade)는 "과대 경찰활동과 과소 경찰활동의 부정적인 영향이 결합한 결과, 인종적 반감이 문제의 핵심이라는 흑인의 시각을 악화시키고 그 결과 경찰 정당성이 훼손된다"고 주장하였다.[57]

이제 미국 흑인 지역사회에서 경찰의 정당성을 훼손하는데 특히 강력한 영향을 미치는 경찰활동의 일상적 측면을 살펴보도록 하자.

▌경찰 정당성을 훼손하는 요소들

경찰의 총기사용

2014년 미주리주 퍼거슨시 마이클 브라운의 총격 사망은 성난 시위대를 건드려 결국 재물 파괴와 방화로 이어졌다. 2015년 11월 라칸 맥도날드(Laquan McDonald)의 등 뒤에서 총을 쏘아 사망케 한 시카고시 경찰 비디오 공개는 대규모의 시위와 시장의 사임을 요구하였다.[58] Exhibit 12-6은 2008년과 2015년 사이 시카고 경찰의 총기사용을 요약하고 있다.

EXHIBIT 12-6

시카고 경찰의 인종·민족별 총기사용(대상자 사망 포함, 2008-2015)

	총기사용 횟수 및 비율	도시 인구 구성비
흑인	299(74%)	32.9%
히스패닉	55(14%)	28.9%
백인	33(8%)	31.7%

합계	387	

출처: Police Accountability Task Force, *Recommendations for Reform: Restoring Trust between the Chicago Police and the Communities They Serve* (Chicago: Author, April 2016), 7, https://chicagopatf.org/wp-content/uploads/2016/04/PATF_Final_Report_4_13_16-1.pdf.

역사적으로 경찰이 흑인에게 총격을 가해 사망케 한 사건들은 경찰−지역사회 관계에서 가장 폭발적인 이슈였으며, 흑인들 사이에서 가장 큰 불만을 가져오는 원인이었다. 경찰 총격사건의 인종차별 양상은 수십년간 존재해 왔으며, Exhibit 12−6은 2008~2015년 사이 시카고 경찰의 총기사용으로 인해 사망한 인종적·민족적 차별을 나타내고 있다.

2014년 미주리주 퍼거슨시의 마이클 브라운 총격 사망사건 이후, 미국이 그동안 매년 경찰의 총기사용으로 인한 사망자 수를 집계한 신뢰성 있는 자료를 가지고 있지 않다는 점에 미국 사회의 모든 구성원들은 충격을 받았다. 총격 사건이 발생하고, 항의 시위가 열리기 시작했던 당시 제임스 코미(James Comey) FBI 국장은 경찰의 총격 사망자 가운데 흑인의 수를 부하 직원에게 물었다. 코미 국장은 "부하 직원은 정확한 수치를 제공할 수 없었다"는 사실을 알게 되었다. 포스트 퍼거슨 위기는 경찰관이 연루된 총격 사건에 대한 신뢰성 있는 전국 단위의 자료 개발에 대한 새로운 관심을 촉발하였다. 경찰 총격 자료에 대한 최종적인 연구에서, 법학 교수인 프랭클린 짐링(Franklin Zimring)은 "[총격 사건의] 전국적 패턴에 대한 신뢰성 있는 자료가 없다면, 이 문제가 미국 사회의 범죄와 폭력과 관련된 다른

측면과 비교하여 얼마나 중요한 문제인가를 추정하는 것은 불가능하다"고 언급하였다.[59]

이러한 문제 인식에 대한 대응으로 워싱턴 포스트(*the Washington Post*)와 가디언(*the Guardian*)에서는 2015년 발생한 경찰의 총격사건에 대한 완전한 목록을 취합하고자 팀을 꾸리게 되었다. 양대 신문사의 기자팀은 마침내 매년 경찰의 총격 사망사건 건수가 FBI가 최근 집계해왔던 건수에 비해 두 배 가량 더 많다는 사실을 발견하기에 이르렀다. 워싱턴 포스트 기자들은 경찰의 총기사용으로 인한 사망자 수(2015년 986명)가 연방수사국의 총기사용으로 인한 사망자 수(2014년 444명)의 약 2배에 해당한다는 점을 밝혔다(2014년은 당시 기준으로 입수 가능한 최신 자료였다). 연방수사국의 공식 데이터베이스는 경찰이 총기사용 자료를 반드시 보고하도록 하는 시스템이 아닌, 자발적인 신고 시스템이었다. 게다가 워싱턴 포스트지의 자료는 흑인이 백인에 비해 경찰의 총격을 받을 가능성이 3배 더 높다는 점을 지적하였다. 나아가 흑인들은 무기를 소지하지 않았음에도 불구하고, 경찰의 총격을 받아 사망한 사람들 가운데 40%를 차지하고 있었다. 추가적인 공식자료와 크라우스 소스(crowd-source) 자료를 이용하여, 짐 링 교수는 FBI의 자료에는 심각한 집계 누락이 있음을 확인하였다.[60] 경찰의 총기사용에 대한 완전하고 신뢰성 있는 자료가 부족하다는 사실은 폭발적인 관심을 불러일으키는 이슈에 대한 공식적인 무관심이라는 전통을 시사하는 바이기도 하다.

경찰의 총격 피해자와 경찰의 총기사용으로 인한 사망자의 수가 1970년대부터 감소해왔으며, 총격 피해자 및 사망자 가운데 백인과 흑인의 비율이 상당히 좁혀지고 있다는 사실을 언급하는 것은 중요하다. 게다가 1970년대 이전 및 1970년대부터 집계된 자료를 전적으로 신뢰할 수는 없는데, 이는 경찰서에서는 전문적 기준, 특히 자료 수집과 관련해서는 그 기준이 낮기 때문이다. 이로 인해 인종적 차이는 공식 자료에서 나타나는 것보다 훨씬 더 심각해왔던 문제일지도 모른다. 테네시 주 대 가너 사건(Tennessee v. Garner)을 심리한 1985년 대법원 판결(대법원은 멤피스시 경찰이 준수한 '도주 중범죄자 원칙'이

헌법에 위배되는 것으로 판단하였다)과 함께, 경찰관의 총기사용에 대한 더욱 엄격해진 정책의 발전과 경찰관 훈련의 개선이 경찰의 총격 사망으로 인한 사망자 가운데 백인 대비 흑인 피해자 수를 감소하기 위한 목적으로 이루어졌다. 당시 1960년대 후반 백인 대비 흑인 피해자는 8배 더 높았으며, 1970년대 초반에는 4배 더 높은 것으로 추정되었다.[61]

경찰의 총기사용과 관련된 중요한 문제 중 하나로, 경찰서 3곳에서 발생한 '화학 및 전력을 이용한 화기(보통 '테이저건'으로 알려진 특히 ECWs 화기)'가 사용된 3,340건에 대한 연구결과, 경찰의 화기 사용 정책이 "보다 관대한" 곳보다 "보다 엄격한" 경찰서 소속 경찰관들이 화기를 덜 기꺼이 사용하는 것으로 밝혀졌다. 이 연구의 저자들은 연구의 서문에 다음과 같은 질문을 던지면서 시작하고 있다. "(경찰)행정정책이 중요한가?" 그 대답은 명확하게도, 그렇다(yes)이다.[62]

지역사회 구성원들은 경찰 총기사용이 부정의(injustice)하다고 인식할 뿐만 아니라, 특히 비무장 상태의 흑인에게 총격을 가했을 경우 지역사회 구성원들은 총기사고에 대한 세부사항을 공개하지 않는 경찰서의 오랜 관행과 총격사망사고에 대한 독립된 수사 부족을 비판해왔다. 그 결과 2015년 대통령직속 태스크포스는 "경찰의 위법행위로 주장되는 사건들을 포함하여 중대한 사건이 발생할 경우, 해당 기관은 반드시 시민과 미디어를 대상으로 신속하고, 개방적으로 그리고 중립적으로 소통해야 하며 법령상 기밀을 준수해야 하는 부분은 존중하여야 한다"고 권고하였다. 과도한 물리력 또는 총기사용 사건에 대한 정보 부족은 루머와 가짜뉴스가 퍼져나가게끔 하였으며, 이미 긴장 상태인 지역사회 관계를 더욱 악화시켰다. 추가적으로 태스크포스는 "경찰의 물리력 사용으로 인한 사망자가 발생한 경우, 경찰이 연루된 총기사용이 부상이나 사망 또는 구금 중 사망 결과를 가져온 경우 외부의 독립적인 형사사건으로 조사"를 의무적으로 실시해야 함을 권고하였다. 다수의 시민은 특히 총기 사건의 경우 해당 경찰서가 실시하는 자체 조사를 불신하며, 이러한 경우 외부의 독립적 기관이 신뢰를 구축하는 역할을 담당하게 될 것이다.[63]

경찰의 총기사용과 정당성에 대한 코멘트

흑인 청년의 총격 사망사건은 흑인에게 가장 중요한 이슈이며, 경찰의 정당성에 대한 인식을 저해한다는 점은 분명하다. 따라서 경찰의 정당성과 신뢰를 구축하기 위해서, 경찰서는 총기사용에 따른 사망을 제한하기 위한 추가적인 노력을 기울일 필요가 뒤따르게 된다.

무의식적인 편견과 경찰의 총기사용

무의식적인 고정관념과 편견
(unconscious stereotypes and bias)

경찰의 총기사용에 있어 인종과 민족이 관련된 **무의식적인 고정관념과 편견**의 역할이 점차 인정되고 있다. 많은 미국인은 인종과 민족에 대한 고정관념을 가지고 있으며, 경찰관 역시 예외는 아니다. 고정관념에 관련된 편견의 뿌리는 너무나 깊은 나머지 사람들은 종종 그러한 편견을 인식조차 하지 못한다.[64]

경찰활동에 있어 가장 중요한 고정관념은 흑인 남성을 "위험"과 연관짓는 것이다. 이러한 믿음에 근거하여 행동할 경우, 경찰관들은 젊은 흑인 남성들이 갱단 조직원이거나 또는 무기를 소지한 범죄자라는 믿음에서 더욱 검문검색을 실시할 가능성이 높게 된다. 또 다른 흔한 고정관념은 히스패닉 인구를 이민자로 연관지어, 히스패닉 사람이 실제로 미국태생일지라도 이민자처럼 취급하는 것이다. 한편 남성은 여성보다 잠재적으로 더욱 위험한 존재로 고정관념화된다. <공정한 경찰활동 프로젝트(the Fair and Impartial Policing Project)>의 책임자인 로리 프리델(Lorie Fridell)은 얼마나 많은 경찰 신규임용자들이 훈련 상황에서 여성의 위험성을 과소평가하고, "여성을 위협으로 인식하지 않는 고정관념의 결과"로 여성의 등에 숨겨져 있던 총기를 수색하지 않는다는 점을 설명하였다.[65]

서로 다른 인종 및 민족별 경찰관과 용의자의 접촉을 다른 컴퓨터 시뮬레이션 연구에서 경찰의 총기사용은 인종과 민족에 대한 고정관념의 영향을 받는다는 점을 밝히고 있다. 그중 한 연구는 무장 및 비무장 상태의 백인과 흑인 남성에 대한 비디오게임 시뮬레이션 시나리오에 참가한 세 집단을 다루고 있다. 참가자 집단은 덴버시 경찰, 지역사회 거주자, 그리고 훈련 세미나에 참여 중이었던 다른 경찰 집단이었다. 참가자들에게는 무장 상태의 백인, 비무장 상태의 백인, 무장 상태의 흑인, 그리고 비무장 상태의 흑인이 나오는 25개의 영상을 보여주었다. 비무장 상태였던 사람들은 지갑이나 핸드폰과 같은 무기가 아닌 물체를 손에 들고 있었다. 참가자들은 "즉각적인 위협"으로 여겨지는 사람에게는 가능한 한 빨리 총기를 사용하도록, 그리고 즉각적인 위협을 제시하는 사람이 아닌 경우 "발사 금지" 버튼을 가능한 한 빨리 누르도록 지시를 받았다.[66]

실험 결과 가상의 무기에 대하여 경찰관과 경찰관이 아닌 사람이 발사한 속도에서 "견고한 인종적 편견"이 존재함을 발견하였다. 즉각적인 위협에 대한 정확한 평가 여부를 살펴보았을 때, 시민 참가자들은 경찰관에 비하여 정확성이 떨어지는 것으로 나타났다. 이는 시민이 실제 위협이 존재하지 않았더라도 흑인으로부터 즉각적인 위협이 있다고 여길 가능성이 더 높았다는 것을 의미한다. 이와 동일한 방식의 연구에서 참가자들은 보다 빠르게 의사결정을 내리도록 요구받았으며, 그 결과 오인율은 중대하게 높아졌다. 다른 연구들에서도 총기사용 결정 시 인종적 고정관념의 중요성을 확인한 바 있다. <공정한 경찰활동 프로젝트>는 경찰활동의 무의식적인 편견을 감소하기 위한 수단으로써 일선 경찰관들과 간부급 경찰관을 대상으로 무의식적인 편견에 대한 훈련을 실시하고 있다.[67]

제5장에서 다루었던 바와 같이, 무의식적인 편견에 대한 훈련은 경찰의 시민 접촉 시 편견을 줄이거나 완전히 없애는 데는 충분치 않을 수 있다. 이 주제에 대한 대표적인 권위자인 제니퍼 에버하르트(Jennifer L. Eberhardt) 교수는 자신의 저서에서 많은 주제에서 편견은 우리의 무의식 속에 너무나 뿌리깊게 자리잡고 있기 때문에 "사람들이 훈련의 힘에 대하여 지나치게 신뢰한다"는 점에 대하여 우려를 나타내고 있다. 그 대신 경찰의 무의식적인 편견 문제에 대한 더 나은 해결책은 단지 "경찰의 직무를 더 잘 하도록" 훈련하는 데 있다고 했

다. 에버하트 교수는 추가적 설명을 덧붙이지는 않았지만, 사실상 이것은 총기·물리력의 사용, 검문검색 및 기타 중요한 경찰 행위에 대한 엄격한 기준을 설정한 경찰서의 정책을 따르도록 경찰을 훈련하고 효과적으로 감독하는 것을 의미한다. 요약하자면, 우리가 제11장에서 언급한 행정적 규칙 만들기의 예이다.[68]

POLICE in FOCUS

피부색이 문제가 되는가?

사람의 피부색이 경찰활동에서 문제가 되는가? 피부색이 어두운 흑인이나 히스패닉 인구들이 밝은 피부색의 사람보다 검문받거나, 체포 또는 총에 맞을 가능성이 더욱 높은가?

칼레타 M. 화이트(Karletta M. White)의 선구적인 연구에서 피부색이 경찰의 검문에 미치는 영향을 조사하였다. <전국청소년건강종단연구>는 집에서 할 수 있는 설문조사를 사용하고 있다. 조사자는 응답자의 피부색을 검정, 어두운 갈색, 중간 갈색, 밝은 갈색, 흰색이라는 5점 척도로 기록하였다. 응답자들은 자신의 인종과 민족 및 경찰검문 경험을 응답하였다.

연구 결과, 흑인의 경우 "피부색은 경찰의 검문 또는 체포 가능성에 연관이 있는 것"으로 밝혀졌다. 특히 "검문 및 체포 확률은 피부색이 어두워질수록 상당히 증가"하는 것으로 나타났다. 그러나 히스패닉에 관한 연구 결과는 어두운 피부색을 지닌 히스패닉 인구의 수가 적었기 때문에 모호하다. 만약 경찰이 시민을 검문하고자 하는 의사결정에 영향을 미친다면, 경찰의 총기 또는 물리력 사용에도 피부색이 영향을 미치는가?

출처: Karletta M. White, "The Salience of Skin Tone: Effects on the Exercise of Police Enforcement Authority", *Ethnic and Racial Studies* 38, no. 6 (2015): 993-1010.

물리력의 사용

종종 "경찰의 가혹행위(police brutality)"로 언급되는 경찰의 과도한 물리력 사용은 경찰−지역사회 관계에 긴장을 가져오는 중요한 두 번째 원인이다. 경찰의 물리력 사용 문제에 대한 여론은 심각하게 분열되어 있다. 2016년 퓨(Pew) 리서치를 통해 미국의 백인과 흑인은 인종과 불평등에 대한 모든 이슈에서 "동떨어진 세계"나 마찬가지로 의견이 다르다는 점이 밝혀졌다. 동 설문조사에서 흑인 중 84%는 경찰이 백인에 비해 흑인을 덜 공정하게 대우한다는 문항에 동의하

였으며, 백인은 단지 50%만이 해당 문항에 동의하는 것으로 나타났
다. 과도한 물리력 문제는 중요하면서도 동시에 복잡하다. 경찰은 스
스로를 보호하거나, 체포에 영향을 주거나, 경찰에 대한 저항을 극복
하거나 위험한 상황에 대한 통제가 필요한 상황 등 특정한 상황에서
물리력을 사용하도록 각 경찰서별 정책에 따라 물리력 사용 권한을
부여받는다. 이와 관련된 문제가 바로 "과도한 물리력의 사용은 어디
서부터인가?"이다. 오늘날 대부분의 경찰서 정책에서는 경찰의 물리
력 사용이 적법한 경찰목표를 달성하는 데 필요한 수준 이상으로 사
용될 경우 과도한 것으로 간주하고 있다.[69]

　　사실 경찰은 어떠한 종류의 물리력이라도 상대적으로 사용 횟수
가 적다. 경찰의 순찰활동에 대한 직접적인 관찰을 실시한 연구에서
경찰의 모든 대민 접촉 가운데 단지 1-2%만이 물리력 사용과 관련
된다고 추정하고 있다. 나아가 물리력 사용 가운데 2/3 정도는 정당
화될 수 있으며 약 1/3만이 정당화되지 못하거나 과도한 것으로 추
정된다.[70] 2015년 경찰-시민 접촉 설문조사는 경찰관은 모든 시민
접촉 가운데 흑인 운전자의 3.3%만이, 그리고 히스패닉 운전자의
3.0%만이 경찰관의 물리력 사용에 대한 경고를 경험한 것으로 나타
났으며, 이는 백인 운전자 가운데 1.3%만이 경험한 것과 비교된다.[71]

　　경찰에 대한 비평가 중 일부는 경찰 물리력 사용 중 1-2%에 해
당하는 추정치가 지나치게 낮은 것으로 믿고 있다. 그러나 이러한 추
정치는 특정한 도시의 모든 경찰-시민 접촉을 측정하였을 경우 전
혀 다른 의미가 된다. 전체 인구가 약 40만 명이고, 정복 경찰관이
880명인 네브라스카주 오마하시 경우를 고려해보자. 오마하시의 경
찰서는 2018년에 911 신고 251,390건과 차량검문 40,627건 등 도합
292,017건의 경찰-시민 접촉이 있었다고 밝혔다. 만약 모든 경찰-
시민 접촉 가운데 1.5%에서 물리력이 사용되었다고 가정할 때, 경찰
은 물리력을 2018년에만 약 4,380번 사용한 것으로 추정할 수 있다
(이것은 단지 *추정치*이지 정확한 수치가 아니라는 점을 기억하라). 이러한
추정치 가운데 1/3은 1,445건의 과도한 물리력 사용이라고 추정할
수 있으며 또는 매일 3.95건에서 최대 4.0건의 과도한 물리력이 사용

된다는 것을 추정해낼 수 있다.[72] 당신이 거주하는 도시의 자료를 가지고 연습 삼아 분석해보길 바란다.

오마하시의 추정치는 우리가 앨버트 라이스가 1971년 지적한 내용을 고려할 때 더욱 더 큰 중요성을 가지게 된다. 그는 "소수자 시민들 중 상당수가 적어도 한 번 이상 경찰의 위법행위를 경험"한 결과 물리력 사용건은 시간을 두고 점차 증가하고 있다고 지적하였다. 게다가, 경찰의 물리력 사용에 대한 이야기는 지역사회에 회자되며, 경찰의 위법행위에 대한 집단적 기억을 만들어 낸다. 범죄학자인 태미 라인하트 코첼은 퍼거슨시의 마이클 브라운 총격 사건 전후 미주리주 세인트 루이스 카운티를 대상으로 실시한 인터뷰에 기초하여 동일한 내용을 2019년 지적하였다. 그녀는 절차적 정의와 신뢰, 경찰 정당성, 경찰에의 협력의사 등에 대한 이슈에서 흑인의 태도가 심각하게 감소했던 반면, 흑인이 아닌 인터뷰 대상자들은 사건 전후 태도가 비슷하게 유지되었던 사실을 밝혀냈다. 그녀는 흑인의 경우 마이클 브라운과 "사회적 정체성"을 공유하고 있기 때문에 총격 사건의 영향을 더 받기 쉽고, 마이클 브라운의 경험을 "내재화"하여 "총격 사건의 피해자가 '자신이 될 수도 있었다'고 생각"했다고 결론내렸다. 추가적으로, 흑인의 경우 총격 사건이 "과거 검문검색의 경험"과 경찰의 위법행위 사건에 더하여 누적된 효과를 가져왔기 때문에 더욱 중대한 영향을 받는다고 하였다.[73]

경찰 물리력 사용 양상

경찰은 무작위적으로 물리력을 사용하지 않는다. 연구결과 경찰의 물리력 사용에는 일정한 패턴이 있다는 점이 지속적으로 발견되고 있다. 경찰의 물리력 사용 가능성을 높이는 특정한 상황을 설명하는 요소가 있다. 경찰관들은 형사사건의 용의자(용의자 접촉의 약 4-6%에 해당), 남성 용의자, 흑인, 그리고 음주 상태이거나 경찰에 적대적인 사람을 대상으로 물리력을 사용할 가능성이 더 높다. 경찰에게 물리적으로 저항하거나 불손한 태도를 보일 경우, 물리력 사용

가능성이 상당히 증가하였다.[74]

게다가 물리력의 사용과 관련된 사건은 단순히 일방향적인 사건은 아니다. 경찰의 물리력 사용은 양측의 행동이 종종 변화하며, 일반적으로 상대방의 행동에 대응하면서 발생하게 되는 유동적인 접촉 상황이다. 제프리 앨버트(Geoffrey Alpert)는 시민의 행동과 관계된 경찰관의 행동을 검증하는 물리력 요소(force factor) 구조를 개발하였다. 만약 시민의 저항이나 위협이 없는 경우에도 경찰관이 물리력을 사용한다면, 이때의 물리력 사용은 과도한 것으로 여겨진다. 앨퍼트는 어느 한 경찰서의 경우 전체 사건 중 19%에서 시민 행동에서 나타나는 것보다 더 많은 물리력이 사용되었으며, 전체 사건 중 32%에서 시민 행동에서 보이는 것보다 더 낮은 수준의 무력이 사용되었다는 점을 알아냈다.[75] 앨퍼트의 연구는 경찰의 다양한 시민 접촉이 나타내는 복잡성을 밝히고 있다.

<경찰재단(Police Foundation)>에서 실시한 전국 경찰관 대상 설문조사에서 경찰의 물리력 사용에 대하여 상이한 시각이 나타났다. 많은 경찰관들이 다른 동료 경찰관들은 과도한 물리력을 사용한다고 인정하고 있다. 동 설문조사에서 전체 경찰관 중 21.7%가 자신이 근무하는 경찰관서의 경찰관이 때때로, 종종 또는 항상 용의자를 체포하는데 필요한 이상의 물리력을 사용하고 있다는 점에 동의하였다. 동 설문조사는 백인 경찰관과 흑인 경찰관 사이에 상당한 인식 차이가 있다는 점도 밝혀냈다. 흑인 경찰관 절반 이상인 57.1%가 '경찰관이 백인보다 흑인과 다른 소수집단에게 물리력을 더 많이 사용한다'는 데 동의하였다. 백인 경찰관 중 단지 5.1%만이 이러한 진술에 동의하였다. 또한 흑인 경찰관(54.4%)은 백인 경찰관(8.8%)보다 '경찰이 중산층보다 빈곤층을 대상으로 물리력을 사용할 가능성이 더 높다'는 데 동의하였다.[76]

물리력 사용과 정당성에 대한 코멘트

경찰의 물리력과 과도학 물리력 사용이 흑인에게 집중되어 있으며, 오랜 시간 이러한 사건들이 누적된 효과를 보이고 있다는 점은 분명 경찰에 대한 지역사회의 신뢰를 훼손하고, 정당성을 약화시키고 있다. 긴장 완화(de-escalation)정책의 성공적인 이행은 잠재적으로 경찰 신뢰와 정당성의 손상을 되돌리고, 신뢰를 구축할 수 있다.

검문검색

길거리의 검문과 검색은 전통적인 경찰 실무 중 하나이다. 경찰은 검문검색이 범죄 용의자를 확인하고 다른 잠재적인 범죄자에 대한 범죄 억제 메시지를 보내는 데 성공적이라고 믿고 있다.

그러나 경찰에게 누군가를 멈추게 할 법적 권리가 주어진 것은 아니다. 테리 대 오하이오주(Terry v. Ohio) 사건을 심리한 대법원에서 "검문을 위한 정지(체포는 아님)"는 만약 경찰관이 검문 대상자가 범죄를 저지르고 있거나 범죄를 저지르고자 한다는 **합리적인 의심**이 있을 경우 헌법에 위배되지 않는다고 결정을 내렸다. 게다가 오늘날의 경찰서는 경찰관이 각각의 검문검색에 대한 보고서를 작성하고, 검문 대상자에게 정지 이유(예를 들어 잠긴 문을 열려고 힘을 주는 모습을 경찰관이 목격했다던지와 같은)를 설명할 것을 요구하고 있다. 동 대법원은 또한 경찰관은 멈춰선 사람이 무기를 소지하였는지 파악하기 위하여 몸 위를 두드리는 "검색(수색에 비해 덜 침해적인)"을 할 수 있다고 결정하였다. 검색의 목적은 경찰관의 안전을 보장하는 데 있으며 금지품에 대한 증거를 수색하는 데 있지 않다.[77]

뉴욕시는 10년 이상 경찰의 공격적인 검문검색에 대한 중요한 논쟁에 휩쓸렸다. 지역사회는 검문검색이 흑인와 히스패닉을 대상으로 하고 있다며 반대하였음에도 불구하고, 검문검색의 횟수는 2002년 97,296건에서 2011년 685,724건으로 증가하였다. 검문을 위해 멈춰선 사람 중 절반 이상(55.7%)이 검색 또한 받았다. 비록 뉴욕시 인구 가운데 14-24세 사이 젊은 흑인 및 히스패닉 남성이 단지 4.7%만 차지하고 있음에도 불구하고, 2011년 검문 대상자의 41.6%를 차지하고 있다. 검색은 극도로 비생산적이었다. 모든 검색 건수 가운데

합리적인 의심(reasonable suspicion)

단지 1.9%만이 무기 소지를 확인할 수 있었다.[78] 모로우, 화이트 및 프라델라(Morrow, White and Fradella)의 검문검색을 다룬 연구에서 흑인과 히스패닉에게 "물리력이 사용될 가능성이 상당히 더 높은 것"으로 나타났다. 연구의 저자들은 검문과 물리력의 사용의 결합은 흑인과 히스패닉에게 "이중적 위험"의 형태를 나타낸다고 결론내렸다.[79]

경찰의 검문, 특히 검색을 경험한 경우 해당 시민은 자신의 권리가 대단히 침해되는 경험을 하게 된다. 해당 시민이 사실 범죄에 연루되지 않았거나, 범죄에 대한 의도도 없었을 경우 더욱 모욕적이 된다. 법적 정당화가 이루어지지 않는 검문은 헌법에 위배되며, 경찰서의 정책에도 위반된다. 개별적인 검문은 개인 한 사람에게 모욕을 주지만, 헌법에 위배되는 검문 양상은 경찰의 괴롭힘(polce harassment)이라는 분위기를 만들어내면서 지역사회에 대단히 파괴적인 영향을 미치게 된다.

검문검색과 정당성에 대한 코멘트

경찰의 검문검색으로 인한 권리가 침해되는 경험은 시민을 모욕하고, 경찰에 대한 신뢰를 훼손하며, 경찰의 정당성에 대한 인식이 발전되는 것을 저해한다는 데 의문의 여지가 없다. 검색은 단지 이러한 손상을 악화시킬 뿐이다. 화이트와 프라델라(White and Fradella)는 경찰의 검문검색이 미치는 사회적 위해를 "부차적인 결과"라고 특징지었는데, 이는 경찰의 검문검색이 범죄 통제 효과가 무엇이었던지 간에 그 효과를 의심의 여지 없이 뛰어넘는다는 것이다.[80]

체포

흑인은 전체 미국 인구 구성비에서 차지하는 비율에 비해 상대적으로 백인에 비해 더욱 체포되기 쉽다. 2018년 흑인은 전체 인구의 12%였으나, 전체 강도 체포건수 중 54.2%, 전체 침입절도 체포건수 가운데 29.2%, 마약 체포건수 가운데 27% 및 음주운전 체포건수 가운데 단지 14.8%를 차지하고 있었다. 이 자료는 범죄유형별 체포에서 인종적 분포의 상당한 차이가 있다는 점을 분명하게 지적하고 있다. 흑인은 강도로 더 체포되며, 음주운전은 압도적으로 백인이 체포되고 있다.[81] 그리고 간략히 말하자면 마약범죄로 인한 체포는 논쟁을 초래하는 이슈다. 도시 중심지역에 거주하는 젊은 흑인 남성들에게 체포는 극도로 흔한 경험이다. 2016년 <양형 프로젝트(the Sentencing Project)>는 2001년에 출생한 흑인 3명 중 1명은 평생 1번 이상 수감될 가능성이 있으며, 이는 같은 해 출생한 백인 17명 중 1명이 수감될 가능성과 비교된다. 게다가 체포에 따르는 중요한 부수적인 결과는 형사사법단계의 후반부(보석, 양형 등)에서 인종에 따라 다른 결정을 점차 증가시키는 경향이 있으며, 이는 형사사법체계 전반의 인종적 차이를 크게 나타내게 한다. <2015 양형 프로젝트 보고서>는 인종차별적인 체포는 "전체 형사사법체계 내 인종적 차이가 연속적으로 발생"되게 하며, 오늘날 "대규모의 수용(mass incarceration)"과 같은 조건을 이끌어냈다고 주장한다.[82]

경찰의 체포 관행을 관찰한 연구들은 경찰관의 체포결정 영향요인의 복잡한 패턴을 발견해왔다. 가장 중요한 상황적 요소는 범행의 심각성, 증거의 강력성, 피해자의 가해자 체포 희망 여부, 피해자-가해자 관계(만약 상호간 비면식관계의 경우 체포 가능성 증대), 용의자의 태도를 포함하고 있다. 인종이나 민족은 체포에 직접적인 원인으로 아직 규명된 바 없다. 그러나 이 중요한 문제는 인종이나 민족이 다른 요소들과 밀접하게 상호연관되어 있기 때문에 극도로 복잡하다. 일반적으로, 연구는 인종이 체포의 한 가지 요소라는 점을 지적하고 있다. 태미 라인하트 코첼과 동료들(Tammy Rinehart Kochel and colleagues)은 경찰 체포를 다룬 이용가능한 모든 연구들에 대하여 체계적 리뷰를 실시한 결과 "인종이 중요하다"는 점을 밝혔다. 다른 변수들을 통제하더라도, 백인에 비해 "소수민족과 흑인들의 체포확률이 더 높다"는 "명백한 패턴 증거"가 있다는 점이 나타났다. 평균적으로, 흑인의 체포 가능성은 백인에 비해 30% 더 높았다.[83]

⇨ 체포 및 경찰과 범죄의 다른 측면에 대한 논의는 제9장 참조

체포의 인종적 차이와 정당성에 대한 코멘트

　　체포의 인종적 차이 양상은 수감비율의 인종적 차이를 만들어내며, 경찰과 전체 형사사법체계에 대한 신뢰를 저해한다.

마약과의 전쟁

　　체포와 관련된 가장 큰 인종적 차이는 마약범죄와 관련되어 있다. 2014년 흑인들은 마약 관련 체포 건수의 30%를 차지하고 있었다. 그러나 2014년 <미래를 위한 모니터링(Monitoring the Future)>에서 마약사용에 대한 고등학생 대상 자기보고식 설문조사에서 백인(35.1%), 흑인(35.9), 히스패닉(37.1%)이 거의 동일한 수준으로 마리화나를 사용하였다고 응답하였다.[84] 마약사용 패턴에 대한 자료는 경찰이 마약 관련 법 집행 대상으로 흑인을 선정한다는 점을 제시하고 있다. 마약과의 전쟁은 미국 재소자 인구를 급증케 하였으며, 이를 일컬어 미셸 알렉산더(Michelle Alexander)는 "대규모 수용(mass incarceration)"이라 명명하였다.[85]

　　마약과의 전쟁에서 중요한 문제는 판매가 아닌, 마리화나 소지에 대한 체포와 관련되어 있다. 2013년 전미시민자유연합(American Civil Liberties Union) 보고서에서 2001년과 2010년 사이 전국적으로 8백만 건 이상의 마리화나 소지 체포가 있었으며, 이는 모든 마약 관련 체포의 절반을 차지하고 있으며 이러한 체포 건수는 매년 점차 증가하고 있었다는 점이 밝혀졌다. 흑인들은 마리화나 소지죄로 백인에 비해 체포될 가능성이 3.73배 더 높은 것으로 나타났다. 2020년 업데이트된 조사에서는 이러한 체포 양상이 지속되고 있음이 밝혀졌는데, 이는 심지어 많은 주에서 마리화나의 소량 소지는 비범죄화하였음에도 지속된 것이다. 마리화나 소지로 인한 체포에서 나타난 극심한 인종간 차이는 <미래를 위한 모니터링> 설문조사에서 보고된 마리화나 사용 패턴과 일치하지 않는다.[86]

마약과의 전쟁(war on drugs)

마약과의 전쟁과 정당성에 대한 코멘트

마리화나 소지혐의로 흑인의 높은 체포율, 그리고 그에 따른 교도소 수용 형기는 흑인 청년층 사이에서 흑인층에 대한 탄압이라는 강렬한 인상을 남기게 되었다. 말할 것도 없이 이는 경찰에 대한 신뢰를 저해하고, 정당성을 구축하겠다는 어떠한 희망 역시 손상시킬 뿐이다.

태도, 인종, 체포 사이의 복잡한 상호작용

용의자의 태도(demeanor of the suspect)

연구결과 **용의자의 태도**가 경찰관의 체포 결정에 중요한 영향을 미친다는 점이 지속적으로 알려지고 있다(sidebar 12-2 참조). 그러나 태도의 대상은 극도로 복잡하다.

초기 연구 중 하나인 도널드 블랙의 연구에서 흑인은 백인에 비해 경찰에 적대적이기 쉬우며, 그러한 이유로 체포될 가능성 또한 더욱 높다는 점이 밝혀졌다.[87] 블랙의 연구결과는 어떻게 경찰-시민 접촉 중 일부가 악순환을 낳게되는지를 지적하고 있다. 정당화할 수 없는 총기사용, 불법적인 검문검색, 과도한 물리력의 사용 등과 같은 경찰위법행위는 흑인 청년층을 점차 멀어지게 한다. 그 결과, 그들은 경찰과 접촉하는데 부정적인 태도를 형성하게 되며(이를 데이비드 케네디는 내러티브라고 칭했다), 경찰에게 불손한 태도를 보이게 되며 그 결과 체포가능성을 더욱 높이게 된다. 이 모든 것은 악순환을 지속한다.[88]

경찰연구의 선구자 중 한 명인 제롬 스콜닉은 경찰은 의심하도록, 경험상 시각적 단서에 기반하여 용의자에 대한 시각적 속기(shorthand)를 개발하도록 훈련된다고 수년 전 지적하였다. 스콜닉이 시각적 속기라 칭했던 것이 오늘날 우리가 "프로파일"이라고 부르는 것이며, 대부분의 경우 인종차별적인 프로파일이다. 다수의 사람들은 이를 고정관념, 즉 스테레오타입이라고 부르기도 한다. 스콜닉은 "고

정관념에 따르는 것은 경찰의 세계에서 필수적인 부분이다"고 기술
한 바 있다.[89]

Sidebar 12-2

경찰-시민의 태도의 복잡한 차원

시민과 경찰관의 태도 유형은 극도로 복잡하다. 던햄과 앨퍼트(Dunham & Alpert)는 거의 모든 연구가 한때 대상자의 행위를 측정하였음을 지적한다. 그러나 우리의 행동은 종종 다른 사람의 행동에 대한 반응이라는 점이 널리 상식으로 통용된다. 던햄과 앨퍼트는 이러한 상식을 조지아주 사바나시에서 경찰과 시민의 접촉 과정을 관찰한 경찰ー시민의 상호작용을 연구한 결과 확인하였다.

시민과 경찰의 태도는 모든 접촉 가운데 약 1/4에서 변화하였다. 경찰관과 시민 모두 태도가 절반 정도 개선되거나 또는 절반정도 악화되었다. 가장 중요한 것은 시민과 경찰관의 태도 모두 상대방의 태도 또는 행동에 대한 반응으로 변화하였다는 점이다.

던햄과 앨퍼트는 마지막 점이 경찰 훈련에 대한 상당한 시사점을 가지고 있다고 주장한다. 경찰관들은 자신의 행위가 어떻게 시민에게 영향을 미치며, 그리고 잠재적인 저항을 완화시키고 협력을 이끌어 낼 수 있는 기법들을 교육받을 필요가 있다(이러한 방법 중 하나는 언어적 유도이다). 이는 경찰의 물리력 사용건수와 시민의 불만을 감소시키게 될 것이다. 앞서 5장에서 논의하였듯이, 최근 이루어진 경찰훈련 개발안 가운데 가장 중요한 것 중 하나는 전술적 의사결정과 관련된 것이며, 이는 훈련을 받는 경찰관들이 지속적으로 상황을 재평가하고 상황 변화에 따라 자신들의 대응을 조정할 수 있도록 한다. 만약 용의자가 위협의 정도를 낮춘다면, 경찰관은 완화를 선택하고, 물리력 사용을 피할 수 있게 된다.

출처: Roger G. Dunham and Geoffrey P. Alpert, "Officer and Suspect Demeanor: A Qualitative Analysis of Change", *Police Quarterly* 12 (March 2009): 6-21. Police Executive Research Forum, *Re-Engineering Training on Police Use of Force* (Washington, DC: Police Executive Research Forum, 2015).

언어폭력과 비하적인 표현 그리고 인종 · 민족 비하발언

모욕적이고, 비하적이며, 공격적인 언어 그리고 특히 **인종과 민족에 대한 비하**는 미국의 경찰활동에서 유구하고도 비극적인 역사를 가지고 있다. 60년 전인 대통령직속 범죄위원회(the President's Crime Commission)에서는 모든 경찰ー시민 접촉의 15%에서 경찰관에 의한

인종 · 민족 비하발언(racial and ethnic slurs)

"무례한 언어 사용"이 일어났음을 보고하였다. 경찰의 모욕적인 언어 사용은 단지 인종과 민족에만 해당되는 것이 아니라, 젠더, 성적 취향, 사회적 계층 및 생활 양식과도 관련되었다. 그러나 이 주제에 대한 한 연구에서 경찰의 모욕적 언어 사용을 다루는 연구는 "사실상 존재하지 않는다"고 기술하였다.[90]

사무엘 워커(Samuel Walker)는 <21세기 경찰활동을 위한 대통령 직속 태스크포스(the President's Task Force on 21st Century Policing)> 에서 언어폭력은 몇 가지 해를 끼친다고 증언하였다. 첫째, 언어폭력은 그 표현을 듣는 사람에게 심리적 상해를 입힌다. 이러한 표현은 언어폭력을 듣는 사람이 정부 공무원으로부터 기본적인 존중 대상인, 사회의 완전한 구성원이 아니라는 메시지를 전달한다. 둘째, 무례한 언어 사용이 흑인 또는 히스패닉들에게 반복될 경우, 그들의 지역사회에서는 경찰에 대한 불신이 팽배해지게 된다. 셋째, 일부 경찰-시민 접촉에서 발생하는 공격적인 언어는 경찰에 대한 적대적 반응을 유발함, 그 결과 폭력적인 상황으로 점차 발전되어 경찰의 물리력 사용이 일어나게 된다. 넷째, 만약 경찰관의 공격적 언어가 소속 경찰서에서 처벌받지 않는다면 그 경찰서의 전문성에 대한 기준을 저해하게 된다. 경찰관들은 자신의 행위가 훈계 대상이 아니라는 점을 경험을 통해 파악하게 된다.[91]

대다수 경찰관서는 공격적인 언어 사용을 금지하는 공식적인 정책을 오랫동안 펼쳐왔다. 예를 들어 미니애폴리스시 경찰의 행동강령은 경찰관들이 "경찰 업무 수행 중 적절하지 않고, 비하적이거나 불필요하게 가혹한 언어를 사용해서는 안 된다"고 제시하고 있다.[92] 그러나 이러한 정책은 종종 집행되는 것은 아니다. 이러한 이유로 2015년 대통령직속 태스크포스에서 "공격적 또는 가혹한 언어적 표현은 경미한 상황을 악화시킬 수 있으므로, 법 집행기관은 반드시 사용되는 언어의 중요성을 강조하고 경찰관들이 시민 개개인을 존중하는 태도로 발언토록 하는 정책을 채택해야 한다"고 권고하고 있다.[93] 그러나 이러한 정책 집행은 어렵다. 만약 누군가가 무례하거나 모욕적인 언어에 대한 시민의 불만을 고소한다면 종종 해당 사건에 대한 독립적인 증인이 없기 때문에 고소가 인정되기가 사실상 불가능하다. 시민을 존중하는 자세로 대우할 것에 대한 강조와 함께 절차적 정의에 대한 훈련은 경찰관의 공격적 언어 사용을 직접적으로 다룰 수 있다.

경찰의 인종차별적 언어와 정당성에 대한 코멘트

경찰의 무례하고, 인종차별적이거나 모욕적인 언어 사용은 경찰의 신뢰와 정당성을 분명히 저해하고 있다.

차량 관련 법 집행과 인종프로파일링

차량 검문에 관한 일련의 유명한 사건들이 1999년 인종차별적인 차량 검문 문제를 전국적인 논란으로 떠오르게 하였다. 법률 위반 혐의가 아닌 운전자의 피부색에 기초하여 차량 검문을 실시한 경찰의 관행은 곧 **인종프로파일링** 또는 "**흑인으로서 운전하기**"로 알려지게 되었다. 인종프로파일링 논쟁은 모든 경찰-시민 접촉의 절반 가량을 차지하는 경찰의 교통법규 관련 법 집행에 대하여 알려진 사실이 거의 없다는 당황스러울 정도의 사실을 부각하였다. 이와 관련된 주요 연구는 1969년 출간된 『*교통과 경찰(Traffic and the Police)*』이라는 책이 유일하다.[94]

인종프로파일링 또는 흑인으로서 운전하기(racial profiling or "driving while Black")

미국 법무부는 경찰-시민 접촉 설문조사(Police-Public Contact Survey, PPCS)로 알려진 전국 규모의 교통 관련 법 집행조사를 시작하는 것으로 논란에 대응하였다. 경찰-시민 접촉 설문조사는 몇 년 단위로 경찰과 시민의 상호작용을 전국 규모로 조사하도록 되어 있었다. 설문조사 결과 경찰의 검문검색 또는 체포, 그리고 물리력의 사용에서 인종 및 민족적 차이가 나타나는 양상이 지속적으로 확인되었다. 예를 들어 2015년의 설문조사에서는 히스패닉 운전자가 범칙금 납부 통보서 발부 및 차량 수색이나 체포 대상이 될 가능성이 가장 높은 것으로 나타났다(Exhibit 12-7 참조). 흑인 운전자 역시 백인 운전자에 비해 범칙금 납부 통보서가 발부되거나 차량 수색 및 체포

대상이 될 가능성이 더 높은 것으로 나타났다.[95]

그러나 모든 차량 검문이 동일한 것은 아니며, 이는 특히 정지대상이 된 차량에 탑승한 사람들에게 미치는 영향을 고려하면 더욱 그렇다. 미주리주 캔자스시 도심 지역의 차량 검문에 대한 연구에서 정성적 방법과 정량적 방법을 모두 사용하여 찰스 엡과 동료들(Charles Epp and colleagues)은 상이한 패턴의 차량 검문에 기초한 "크나큰 인종적 차이"가 존재한다는 점을 발견하였다.[96]

경찰의 검문을 위한 차량 정지에는 크게 두 가지 기본 유형이 있었다. 첫째, 일반적으로 과속, 음주운전 의심 또는 교통법규 위반에 해당하는 교통안전을 위한 정지다. 그리고 불법무기 소지나 마약 소지 또는 수배대상 여부 확인 등 운전자와 탑승자의 형법 위반 여부를 조사하기 위한 **수사용 검문**이 있다. 교통안전을 위한 차량 검문의 대부분은 비재량적이었다. 예를 들어 정지 대상이었던 차량은 위험할 정도로 과속운전이었거나 난폭운전을 하고 있었다. 이러한 경우 경찰은 해당 차량을 정지시키는 것 외 선택의 여지가 없었다. 대조적으로 수사용 검문은 경찰의 운전자에 대한 의심에 기초한 경찰 재량에 따라 이루어졌다. 문제를 복잡하게 만드는 부분은 경찰이 차량 검문의 구실로 차량의 미등이 깨져 있거나, 만료된 번호판 등과 같은 핑계를 대고 운전자 또는 탑승자에 대한 범죄혐의를 의심하면서 수사를 원하는 데 있다. 이러한 이유로 차량 검문 대상이 된 사람들 중 일부는 경찰이 다른 의도가 있었던 것으로 의심할 가능성이 더욱 높았다.[97]

수사용 검문(investigatory stops)

EXHIBIT 12-7

인종·민족별 차량 검문 결과

운전자의 인종 · 민족	경찰관이 취한 행동			
	범칙금납부통보서 발부	경고	검색	아무 행동도 취하지 않음
전체 운전자	48%	39.0%	3.7%	12.7%
백인	46.4%	38.0%	3.3%	13.5%
흑인	49.9%	33.6%	4.4%	14.6%

| 히스패닉 | 56.4% | 32.9% | 5.0% | 7.7% |

출처: Bureau of Justice Statistics, *Contacts between Police and the Public, 2015* (Washington, DC: U.S. Department of Justice, 2018), table 12

엡과 동료들은 흑인 운전자들이 백인 운전자들에 비해 훨씬 더 많은 수사용 정지 대상이었기 때문에 수사용 정지가 인종차별 관행의 핵심에 있다고 주장한다. 첫째, 흑인 운전자가 백인 운전자에 비해 수사용 검문 대상이 될 가능성이 훨씬 더 높았다. 캔자스시 지역을 대상으로 한 연구에서 매년 25세 이하 흑인 운전자들 가운데 40%가 차량 검문 대상이 될 가능성이 더 높았다는 점이 나타났다. 이는 백인 운전자 가운데 단지 13%만이 정지 대상이 될 가능성이 있었다는 점에 대조된다. 사실 흑인 여성 운전자들(17%)은 백인 남성 운전자(13%)에 비해 차량 검문 대상이 될 가능성이 더 높았다. 둘째, 수사용 검문은 교통안전용 검문보다 훨씬 더 침해적이며 개인적으로 모욕적이며, 흑인들은 수사용 검문을 "몹시 분개"하는 것으로 나타났다. 이러한 검문에서 차량 운전이 문제가 되는 게 아니라, 경찰은 *운전자*의 범죄혐의를 의심하기 때문이다. 엡과 동료들은 흑인은 수사용 검문이 "매우 불공정"한 것으로 인식하고 있었으며, 수사용 검문이 경찰에 대한 신뢰를 상당히 저해하는 것을 발견하였다.[98]

물리력의 사용과 검문검색의 경우처럼, 차량 검문이 미치는 영향 또한 누적되는데 이는 흑인이 자신의 차량 검문 경험을 공유하기 때문이다. 엡과 동료들의 연구에서 조사 대상 흑인 가운데 37%가 경찰의 무례한 태도에 대한 이야기를 들었던 적이 있었던 반면, 백인 가운데 단지 15%만이 이러한 이야기를 들었던 적이 있는 것으로 나타났다. 흑인들의 전반적인 경험은 "현재 진행형인 흑인에 대한 만연한 감시"이며, 이는 직접적으로 경찰의 정당성을 잠식하게 된다.[99] 마지막으로 엡과 동료들은 수사용 검문이 "시민권과 평등에 대한 강력한 메시지를 제시"한다고 주장하였다. 바로 당신은 우리 사회의 완전한 구성원이 아니라는 것이다. 지속적으로 감시를 받는 느낌과 범죄혐의의 대상이 되는 기분은 강력한 소외 효과를 가져오게 된다.

일반적으로 수사용 검문은 경찰관 일부 개인이 가지는 편견의 산물이 아니다. 너무나 자주, 수사용 검문은 제도화된 경찰서의 관행(institutionalized departmental practice)이며, 범죄 통제 전략으로써 차량 검문을 이용하는 보다 광범위한 전략의 일부일 뿐이다. 요약하자면 이것은 못된 사람들이 나쁜 결정을 내리는 것이 아니다. 이는 범죄척결이라는 합당한 이유라고 믿었던 것을 위해 수립된 조직적 정책선택의 문제이다. 이는 바로 대통령직속 태스크포스에서 "법 집행기관은 범죄척결전략을 실시할 경우 시민의 신뢰에 미치는 손해를 반드시 고려해야만 한다"고 권고한 이유 중 하나이다. 경찰-지역사회 관계에 미친 손해는 범죄를 척결하기 위한 특정한 전략이 가질 수 있는 잠재적 이익을 훨씬 넘어선다. 한편 국립과학아카데미(National Academy of Science)는 "적극적인 경찰활동(Proactive Policing)"이라는 보고서를 통해 "검문 검색 및 적극적인 차량 검문에 노출"되는 경우 나타나는 부수적으로 부정적인 결과를 경고한 바 있다.[100]

수사용 차량 검문과 정당성에 대한 코멘트

특히 수사용 검문의 경우 개인적으로 몹시 거슬리는 느낌을 주기 때문에 차량 검문은 경찰의 신뢰를 상당히 저해하고, 경찰의 정당성 구축을 어렵게 만든다.

경찰활동상 차별 대 차이

사실상 차량 정차 및 검문에 대한 자료 중 거의 대부분은 검문 검색에서도 인종적·민족적 차이에 대한 증거를 제시하고 있다. 그러나 차이는 차별과 동일하지 않다. **차별 대 차이**라는 문제를 이해하는 것은 중요하다.

차별은 인종, 민족 또는 젠더와 같은 *법의 영역 밖의* 범주에 근거하여 상이한 *대우*를 받는 것으로 정의된다. 예를 들어, 특정한 인종이나 민족 집단에 속하기 때문에 그 사람을 고용하기를 거부한다면, 이는 차별적 행위를 나타내는 것이다. 이와 대조적으로 차이는

차별 대 차이(discrimination versus disparities)

반드시 차별적 대우로 인해 발생하는 것은 아닌 *상이한 결과*를 의미한다. 예를 들어 대부분 대학생의 나이는 18세에서 20대 초반이다. 이는 차별의 결과가 아니라, 보통 인생 경로상 고등학교를 졸업하고 대학에 입학하기 때문이다.

차량 검문의 차이는 반드시 차별과 관련된 것은 아니다. 개별적 검문 중 일부는 경찰의 차별일지도 모르나, 우리는 개별 검문보다 더 큰 범위에서 차량 검문의 패턴을 다루고자 한다. 특정한 집단이 다른 집단에 비해 더 많이 차량 검문 대상이 되는지를 설명하는 요소는 많다. 음주행위의 차이(예를 들자면, 흑인보다 백인 청년이 음주운전을 더 많이 한다) 또는 저소득층임을 나타내는 만료된 차량 번호판이나 깨진 헤드라이트 등과 같은 차량법규의 위반 등이 해당된다. 법적 소송에서 특정한 검문 행위가 인종 차별이라는 점을 증명하기 위해서 원고는 동 검문 행위가 적법한 비인종적 요소로 설명될 수 없다는 점을 증명하는 설득력 있는 증거를 제출하여야 한다.

다양한 형태와 수준의 차이와 차별이 있다. Sidebar 12-3은 사무엘 워커, 캐시아 스폰(Cassia Spohn), 미리엄 드론(Miriam DeLone)이 개발한 차별-차이의 차원이다.

Sidebar 12-3

차별-차이의 차원

체계적 차별	제도적 차별	맥락적 차별	개인적 차별행위	완전한 정의
정의				
체계적 차별	항상 어디서나 형사사법체계의 모든 단계에서 발생하는 차별			
제도적 차별	전과, 취업상태, 태도 등 인종적으로 무관한 요소를 적용한 결과 발생하는 인종적·민족적 차이			
맥락적 차별	특정한 범죄나 특별한 피해자-가해자 관계 상황와 같은 특정한 맥락이나 정황에서 발견되는 차별			
개인적 차별행위	기관 전체나 형사사법체계 전체의 특성 때문이 아닌 특정한 개인의 행위로 인해 발생하는 차별			

| 완전한 정의 | 인종적·민족적 차별이 전혀 없는 상태(존재하지 않는 것으로 알려진 상태) |

출처: Samuel Walker, Cassia Spohn, and Miriam DeLone, *The Color of Justice: Race, Ethnicity and Crime in America*, 6th ed. (Belmont, CA: Cengage, 2016).

경찰 업무상 인종과 민족의 정당한 이용

인종과 민족은 단지 제한적인 상황에서만 경찰 업무에서 합법적으로 이용될 수 있다. 경찰최고위연구포럼(Police Executive Research Forum, PERF)은 2001년 <인종적으로 편향된 경찰활동: 원칙적 대응(Racially Biased Policing: A Principled Response)>이라는 보고서를 발간하며, 인종 또는 민족이 사용될 수 있거나 또는 사용될 수 없는 상황에 대한 정책적 모델을 제시하였다.

먼저 경찰관은 *단지* 흑인이나 히스패닉과 같은 인종이나 민족에만 기반하여 특정한 사람을 검문하거나 체포*할 수 없다*. 이러한 경우의 검문은 수정헌법 제14조에서 보장하는 법의 평등한 보호의 원칙을 분명히 위반한다.

둘째, 경찰은 범죄 용의자의 *일반적 프로파일* 가운데 인종과 민족이 한 요소일 때 인종과 민족을 사용할 수 *없다*. 말하자면, 경찰은 일반적 프로파일을 이용하여 경찰관들에게 후드티를 입고 있는 흑인 남성 또는 젊은 히스패닉 남성을 수색하라는 명령을 내릴 수 없다는 것이다.

셋째, 경찰은 *범죄 용의자의 구체적 프로파일을 묘사하는 하나의 요소로써* 인종과 민족이 사용되었으며, 이러한 정보가 믿을만한 출처에서 신뢰할 수 있는 정보에 기초할 경우 이를 사용*할 수 있다*. 예를 들어 편의점 강도 사건에서, 경찰은 피해자로부터 용의자를 젊고 수염을 기른 체격이 다부진 남성이며, 범행 당시 파란색 야구모자를 쓴 흑인(또는 백인이나 히스패닉)이라는 정보를 받아 사용할 수 있다.

요약하자면 인종과 민족은 법 집행에서 사용될 수 있으나, 용의자를 구체화시킬 수 있는 혐의가 있는 경우에만 제한적으로 사용하도록 엄격히 통제되고 있다. 2013년 헌법에 위배되는 것으로 선언된 뉴욕시경찰청의 공격적인 압수수색은 이러한 프로그램이 인종과 민족을 사용하는 것에 대한 엄격한 통제를 가하지 않았고, 그 결과 검문 대상자 전체 가운데 흑인과 히스패닉이 87%를 차지하는 결과를 가져왔다.[101]

신뢰와 정당성과 관련된 기타 요소

우리는 경찰에 대한 신뢰와 정당성에 영향을 미치는 중요한 경찰 행위에 대하여 다루었다. 물론 다른 요소들도 상당수 존재한다. 다른 요소 중 일부를 다룬 연구 중 하나는 샤프와 존슨(Sharp & Johnson)이 시민의 인식에 영향을 미칠 가능성이 있는 8가지 "경찰활동 관련" 요소를 활용하여 33개 도시에서 지역사회의 경찰 불신을 다룬 조사이다. 8가지 요소에는 경찰력 가운데 흑인 경찰관의 비율, 흑인을 향한 총기사용, 흑인 경찰서장, 지역사회 범죄율, 이에 호응하는 경찰정책 및 기타 등이 해당되었다. 예상했던 대로, 흑인과 백인 사이에는 경찰 불신에 대한 "냉혹한 차이"가 존재한다는 사실을 발견할 수 있었다. 보다 흥미로운 점은 경찰과 관련된 이슈 중 몇 가지는 흑인에게는 중대한 영향을 미치지만 백인에게는 그렇지 않다는 점이었다. 흑인 경찰서장의 존재 유무는 설문조사 대상인 흑인에게 정말로 영향을 미치는 것으로 나타났다.[102] 요약하자면, 지역의 주민들은 자신이 거주하는 지역의 경찰서에 대한 중요한 점을 인지하고 있으며, 이것이 바로 차이를 가져왔다.

신뢰와 정당성으로 향하는 길

골칫거리에 해당하는 질문

오늘날 학자들 가운데 절차적 정의의 지도 원칙은 절차적 정의가 지역 경찰서에 대한 신뢰를 구축하는 역량이 있으며, 지역사회 주민에게 정당성을 개발할 수 있는 기초를 제공한다는 것이다. 그러나 이러한 목표를 달성하는 것은 쉬운 일이 아니다. 우리는 또한 경찰에 대한 신뢰를 저해하고, 정당성 구축에 장애가 되는 경찰 행위와 기타 요소를 자세히 다루었다.

화이트, 와이스버드 그리고 와인이 제시한 도발적인 연구에서는 흑인을 대상으로 했을 경우, 절차적 정의가 독자적으로 목표 달성이 가능한가에 대한 중요한 질문을 던지고 있다. 화이트, 와이스버드와 와인은 메릴랜드주 볼티모어시에서 직접 시민들을 만나서 의견을 묻는 여론조사를 두 차례 실시하였다. 두 차례의 설문조사는 2015년 프레디 그레이(Freddie Gray)가 경찰에 의해 사망한 사건이 발생하기 전과 후에 각각 이루어졌다. 설문조사는 경찰과 관련된 이슈 3가지를 다루었는데, 법준수의 의무, 신뢰, 그리고 절차적 정의가 해당되었다. 예를 들어 절차적 정의를 다루는 문항 중 하나는 "경찰은 시민을 공정하게 대우한다"였다. 예상과 다르게, 설문조사 결과 이 세 가지 이슈에서 나타난 "전반적인 변화"는 "사소하고 중요하지 않았"으며, 프레디 그레이 사망사건과 그에 따른 시위 및 폭력사건에 영향을 받지 않았던 것으로 나타났다. 이러한 사건들은 흑인의 태도에 부정적인 영향을 미쳤을 것이라고 가정되었지만, 실제로는 그러지 않았다. 사실 그레이의 사망사건은 경찰에 훨씬 더 긍정적인 태도를 보였던 사람들에게 부정적인 영향을 미쳤다.[103]

놀라운 조사결과를 돌아보면서, 화이트, 와이스버드, 그리고 와인은 흑인은 문화, 지역사회, 가족의 영향을 평생 축적하면서 살고 있기 때문에 경찰에 대한 태도가 쉽게 바뀌기 어려우며, 하나의 사건이나 사건들은 경찰에 대한 인식에 "거의 영향을 미치지 못할 것"이라는 네이긴과 텔레프(Nagin & Telep)의 주장을 인용하였다. 연구자들이 내린 결론은 정신이 번쩍 들게 하는 내용이었는데, "연구결과는 절차적 정의 '운동'의 핵심 아이디어와는 반대된다"는 것이었다. 사실, 연구자들은 조사대상인 흑인의 시각에서 프레디 그레이가 받은 대우는 이상한 일이 아닌 것으로 보였을 것이라고 제시하였다.[104]

우리가 제12장에서 신뢰와 정당성을 저해하는 경찰 관행을 검토한 결과 역시 절차적 정의가 단독으로 달성할 수 있는 목표가 무엇인가에 대한 화이트, 와이스버드와 와인의 회의적 시각을 지지한다. 신뢰와 정당성을 저해하는 경찰 관행은 수십년 동안 논쟁의 대상이었으며, 오늘날에도 여전히 지속되고 있다: 비무장상태의 흑인에 대한 총격, 과도한 물리력의 사용, 검문검색, 수사용 차량 검문, 모욕적인 언어 등. 화이트 등의 연구에서 내려진 결론은 경찰에 대한 흑인의 평가를 나타내는 여론조사가 60년도 넘게 변화하지 않았는가를 설명하는 데 도움이 된다. 해당 기간동안 실시된 많은 경찰활동의 개혁 및 개선조치 모두, 그리고 경찰활동의 모든 단계에서 취해진 많은 개혁조치는 시민은 경찰은 어떻게 평가하는가라는 기본적 질문에 대한 인종적 격차를 전혀 변화를 주지 못했다. 이것은 매우 냉정한 결론이지만, 경찰개혁을 진지하게 고려하는 사람이라면 심각하게 고려해볼 필요가 있는 내용이다.

가장 중요한 점은 최근 행해진 경찰개혁을 지나치게 성급하게 묵살해서는 안 된다는 것이다. 모든 개혁조치는 흑인 주거지역의 경찰활동에 직접적인 영향을 미치는 동시에 경찰활동에 의미있는 변화를 가져왔다: 1970년대 이후 총기사용에 대한 통제; 경찰의 물리력 사용에 대한 병행되는 통제; 물리력 사용을 감소하기 위한 공식적인 정책으로서 긴장 완화의 등장; 경사계급의 감독에 대한 세부적인 요구사항의 증가; 경찰훈련, 특히 현장훈련과 재직훈련의 개선; 흑인과 히스패닉의 경찰관 채용 및 경찰서장 임명 증가 등. 그러나 아직 경찰에 대한 시민의 태도에서 나타나는 인종간 격차는 변하지 않았다. 중요한 무엇인가를 빠뜨린 것처럼 보인다.

누락된 요소는 경찰과 지역사회의 의미있는 관여가 될 수 있다. 지역사회의 "의미있는" 관여는 지역사회의 대표가 경찰정책결정에 참여하고, 특정한 문제에 대한 불만을 표출하며, 그들이 제기한 의견이 경찰관행의 변화를 가져올 수 있는 실질적인 변화를 이끌어내는지 지켜보는 기회를 갖는 것을 의미한다. 우리가 이 주제를 다루기 전, 먼저 경찰 신뢰에 대한 다양한 차원을 면밀히 살펴보는 것이 필요하다. 대부분의 사람들이 깨닫는 것보다 훨씬 더 복잡한 문제이기 때문이다.

경찰에 대한 신뢰의 다양한 차원들

신뢰의 차원(dimensions of
trust and confidence)

새라 스타우트랜드(Sarah Stoutland)의 연구 결과는 경찰의 **신뢰**에 대한 다양한 **차원**을 집중 조명하는 분석을 제공하고 있다. 경찰이 주거지역의 마약밀매를 효과적으로 척결하고 있다는 신뢰처럼, 신뢰는 단일한 항목만을 포함하는 것은 아니다. 보통 사람은 몇 가지 다양한 관점에서 경찰을 생각하고 있으며, 종종 동시에 다양한 관점을 생각하고 있다. 따라서 "경찰을 얼마나 신뢰합니까?"라는 질문보다 "경찰활동의 어떠한 측면이 경찰에 대한 신뢰를 주며, 어떠한 측면이 신뢰를 주지 않습니까?"라는 질문이 되어야 한다.

Sidebar 12-4

스타우트랜드가 제시한 경찰 신뢰의 차원

신뢰차원 1: 우선순위(Priorities) 시민은 이웃에 대한 우려를 경찰이 공유하고 있다고 느끼는가? 스타우트랜드의 포커스 집단은 주민 중 상당수가 경찰이 자신의 우려점을 공유하고 있지 않다고 느끼고 있으며, 경찰은 삶의 질과 같은 광범위한 문제보다 단기적 범죄 감소와 같은 협소한 문제에만 집중하고 있다고 믿는 것으로 나타났다.

신뢰차원 2: 유능함(Competence) 시민은 경찰이 목표를 달성하기 위해 필요한 지식과 기술을 갖추고 있다고 느끼는가? 포커스 집단 중 경찰의 범죄척결노력이 증가했다고 인식한 시민의 대다수는 경찰의 노력이 마약류 범죄 발생을 감소시켰다고 느끼고 있었다.

신뢰차원 3: 신뢰성(Dependability) 시민은 경찰이 약속한 바를 달성하기 위해 경찰을 신뢰할 만 하다고 느끼는가? 마약류 범죄와 관련해서는, 포커스 집단 참가자 대다수는 범죄를 감소시키겠다는 경찰의 약속을 믿고 따를 만하다고 믿고 있었다.

신뢰차원 4: 존경(Respect) 시민은 경찰이 시민을 존중하는 태도를 보이고 있다고 느끼는가? 경찰의 시민 존중이 부족하다는 점은 포커스 집단에서 나타난 중요한 주제 중 하나였다. 많은 참가자들은 경찰이 시민을 대하는 방식에 대한 분노를 표출하였다. 경찰의 무례함에 더하여, 일부 참가자는 경찰이 자신의 이웃에서 발생한 사건 신고 대응에 실패하였다고 느끼고 있었다. 마지막으로, 다수의 참가자들은 경찰이 시민의 권리를 침해하였으며, 특히 청년층을 일부러 괴롭혔다고 느끼고 있다고 느끼고 있었다.

출처: Sara E. Stoutland, "The Multiple Dimension of Trust in Resident/Police Relations in Boston", *Joural of Research in Crime and Delinquency* 38 (August 2001): 226-256.

스타우트랜드(Stoutland)는 보스턴시의 범죄율이 높은 네 지역에 거주하는 청년층, 부모, 청소년 선도사업가들로 대상으로 포커스 집단 인터뷰와 개별 인터뷰를 통해 시민의 경찰에 대한 태도를 보다 심층적으로 조사하였다. 조사 결과 경찰 신뢰는 네 가지 차원으로 규명되었다(Sidebar 12-4). 조사에서 사용한 문항은 다음과 같았다: (1) 경찰은 우리의 우선순위나 동기를 공유하며 특히 주민들의 범죄에 대한 우려를 공유하는가? (2) 경찰은 유능한가? 즉 경찰이 과업을 달성하기 위한 "지식과 기술"이 있는가? (3) 경찰이 책임을 다할 것이라고 믿을만한가? 즉 경찰이 자신의 일을 잘 해내기 위해 필요한 자원을 가지고 있는가? (4) 경찰을 존중할 만한가? 즉 경찰은 시민과 "정중하고 공정한 상호작용을 하는가?"[105]

스타우트랜드의 연구결과에서 가장 중요한 부분은 조사대상 시민이 경찰의 업무의 다양한 측면을 이해하고 있으며, 이에 대한 의견도 가지고 있다는 점이었다. 많은 응답자들은 경찰이 지나치게 범죄 감소에만 초점을 맞추고 있으며, 주민이 염려하는 보다 광범위한 삶의 질 문제에 대해서는 불충분한 관심을 기울인다고 믿고 있었다. 일부 응답자들이 경찰이 청년층의 정신건강, 교육 및 서비스 프로그램과 관련된 보다 효과적인 자원을 개발하는 것과 관련될 "지속 가능한 안전"을 보장하기를 원했다. 많은 수의 응답자가 경찰이 단기적 범죄 감소의 측면에서 유능하며, 널리 알려진 <보스턴 총기 프로젝트(Boston Gun Project)>와 같은 최근의 노력들은 자신들이 거주하는 지역의 총기폭력을 감소시켰다고 믿고 있었다.[106]

그러나 존중을 받는가에 대한 질문에서 응답자들은 부정적 의견을 강하게 나타냈다. 많은 수의 응답자들이 부당한 대우를 받았던 구체적인 사례들을 언급하였다. 예를 들어, 한 어머니는 지역 경찰서의 경찰관들이 상대적으로 사소한 문제에 대한 불만을 제기하러 온 그녀를 비웃었다고 말했다. 다른 사람들은 경찰이 사건 신고에 대응하는데 실패하였다고 불평하였다. 일부 응답자들은 경찰이 총격전 신고 후 20분이 지날 때까지 대응하지 않았다고 답하였다. 경찰의 괴롭힘에 대한 이야기들은 인터뷰 대상자들에게는 너무나 "흔한" 사례들이었다. 일부 응답자들은 경찰서를 "도시의 가장 큰 갱집단"이라고도 언급하였다. 한 응답자는 담배를 피우며 길거리에 서 있었을 때, 경찰의 정지를 받은 후 검문을 받았으며, 땅에 내동댕이쳐진 적을 떠올리기도 했다. 그러나 동시에 일부 응답자들은 "항상 정중했던" 경찰관들을 구체적으로 언급하기도 하였다.

스타우트랜드의 관찰에서 특히 흥미로운 점은 많은 사람들이 범죄율이 높은 지역에서 범죄를 진압하기 위해서라면 예를 들어 노상검문을 실시하는 것과 같이 경찰이 거칠게 나갈 필요가 있다는 점을 이해하고 있다는 점이다. 하지만 범죄자가 아닌 사람들, 특히 경찰의 도움이 필요했던 사람들에게 보인 무례함에 분개하였다. 여기서 중요한 점은 연구 대상인 범죄율이 높은 지역 4곳에서 거주하거나 근무하는 사람들은 해당 지역에 법을 준수하는 시민들과 활동적인 범죄자들처럼 다양한 집단들이 존재한다는 점을 완전히 이해하고 있다는 것이다. 응답자의 기본적인 불만은 경찰이 범죄자를 대상으로 사용하는 "강력한" 관행들이 일종의 낙수효과처럼 평범한 자신들에게도 사용되고 있다는 점이었다. 응답자들이 보기에 경찰은 법을 준수하는 시민과 범죄자 사이의 차이점을 구분하지 못하는 것으로 나타났다.

결국, 스타우트랜드의 연구는 경찰서가 지역사회에 관여할 수 있는 기본적 프레임워크를 제공하였다. 평범한 사람은 경찰과 경찰관행에 대하여 알고 있으며, 경찰책임의 다양한 부분을 구별할 수 있다는 것이다. 그리고 경찰이 무엇을 할 수 있으며, 해야 하는가에 대한 잠재적으로 유용한 아이디어를 가지고 있었다.

지역사회의 의미있는 관여를 위한 과제

경찰에 대한 신뢰를 구축하고 결과적으로 정당성을 만들어내기 위해서, 2015년 <21세기 경찰활동을 위한 대통령직속 태스크포스>에서는 의미있는 **지역사회의 관여**를 개발해나가는 경찰서에 대하여 상당히 중요성을 부과하였다. 동 태스크포스의 보고서는 관여에 대한 수많은 권고안을 포함하고 있다: "경찰서의 모든 정책과 절차가 시민

지역사회의 관여(community engagement)

의 검토 대상이 되도록 할 것(Action Item 1.3.1)"; "정책과 절차의 개
발 및 평가과정에서 지역사회를 포함시킬 것(Action Item 1.5.1)"; "범
죄의 영향이 균등하지 않은 지역사회와 거주지역 내 정책 및 전략 개
발시 지역사회 구성권과 협력할 것(Recommendation 2.1)", 이 외에도
다양한 내용들이 포함되었다.[107]

태스크포스의 권고안 목록은 길면서도, 인상적이며 1960년대 이
래 대중적 논쟁이 된 주요 이슈들을 다루고 있다. 그러나 태스크포스
는 어떻게 관여와 관련된 행위를 의미있게 만들 것이며, 지역사회가
우려하는 이슈에 대하여 의미있는 방식으로 다루지 않는 공허한 절
차가 되지 않도록 할 것인가에 대한 구체적인 내용은 다루고 있지 않
았다.

지역사회 관여 또는 협력관계라는 개념은 새로운 것이 아니다.
이는 1980년대 초 지역사회 경찰과 문제지향적 경찰활동의 중요 요소
였다. 시카고 지역사회 경찰활동 프로그램(Chicago Community Policing
Program, CAPS)는 거주지역별 "분과 회의"를 정기적으로 개최하고,
지역 주민들과 이슈를 논의한다. 분과 회의는 보통 25명의 지역 주민
과 경찰관 5명으로 구성되며, 가장 많이 다뤄진 이슈들은 마약밀매,
청소년 문제, 교통법규 집행 및 시민을 대하는 경찰의 경시 문제였다
(그러나 CAPS 프로그램은 중범죄가 갑자기 급증한데서 온 정치적 압력에 따
라 해체되었다). 문제지향적 경찰활동 프로그램은 문제해결과정의 기
본적인 부분으로 지역 주민과의 협력관계를 포함하고 있다.[108]

스타우트랜드의 경찰 신뢰 차원에 대한 프레임워크는 정확히는
경찰의 지역사회 관여가 매우 민감한 주제를 건드린다는 이유로 어
떻게 경찰의 의미있는 지역사회 관여가 매우 어려울 수 있는지를 기
술하고 있다. 예를 들어, 스타우트랜드가 제시한 신뢰차원 1에서 지
역사회 범죄척결전략 문제는 다양한 전략에 대한 중요한 대화를 요
구하게 된다. 공격적인 검문검색정책은 특정한 지역사회 구성원들 사
이에 강한 반발감을 가져올 가능성이 높지만, 모든 구성원이 반발감
을 갖는 것은 아니다. 범죄율이 높은 지역의 일부 주민은 인종과 관
계없이 경찰이 해당 지역에서 "거칠게" 굴어야 할 필요가 있다고 인

정할 수도 있다. 요약하자면, 경찰은 두 가지 대조되는 관점 사이에 갇혀 있으며, 이는 범죄율이 높은 지역에서조차 그렇다. 경찰이 지역사회 주민을 정중하게 대하는가를 다루는 신뢰차원 4는 가장 민감하면서도 나머지 차원에 비해 폭발적이며 지역사회 주민과 경찰 사이에 갈등을 유발할 가능성이 있다. 이 이슈를 다루는 지역사회 포럼이 분노에 찬 소송과 이슈를 둘러싸고 욕설이 난무해지면서 끝나게 될 것이라고 상상하는 것은 어렵지 않다.

이러한 점을 염두에 두고, 지역사회의 의미있는 관여에 대한 중요한 시도는 경찰서는 반드시 서로 다른 해역을 항해해야 한다는 것을 의미한다. 지난 60년의 경찰 역사는 경찰이 지역사회, 특히 흑인 공동체의 목소리에 귀를 기울이도록 하는 다양한 시도를 포함하고 있다. 장기간 지속된 프로그램은 거의 없으며, 대부분은 성공을 거두지 못했다.[109] 762-764쪽에 소개된 1960년대의 노력이 어떻게 비참하게도 실패하였는지를 설명하는 사례연구를 살펴보라.

성공적인 경찰-지역사회 관여 문제에 대한 한 가지 접근법은 2015년 비영리기구가 설립하여 뉴욕대 법학 교수인 배리 프리드먼 (Barry Friedman)이 주도한 <경찰활동 프로젝트(Policing Project)>의 결과물에 있다. 2020년이 되자 이 프로젝트는 클리블랜드, 시카고, 내슈빌 및 다른 도시의 경찰서를 적극적으로 활동에 포함시키고 있으며 경찰기술규제 문제, 공공의 안녕 정책에 대한 재고, 지역사회 관여 등에 초점을 맞추고 있다. <경찰활동 프로젝트>의 보고서인 「대화를 너머(Beyond the Conversation)」에서는 경찰서가 지역사회 관여와 관련하여 현재 어떠한 활동을 하는지, 이러한 노력을 강화하기 위하여 어떠한 조치가 취해져야 하는지를 조사하였다. 보고서에서는 3가지 핵심 포인트를 지적하였다. 첫째, 보고서의 연구대상인 "프로젝트에 참여 중인 사실상 모든 경찰서"가 회의, 포럼, 소셜 미디어를 통해 "시민과 연결되기 위한 조치를 취하고" 있었다. 둘째, 그러나 이러한 노력들이 "지역사회와 관계 구축"을 목표로 하고 있었지만, "시민이 경찰 정책과 관행에 의견을 제공할 수 있도록 허용하지는 않았다." 셋째, 지역 주민은 "경찰서의 정책과 관행에 참여할 수 있는 기회를 원한다고 압도적으로 응답하였다." 그 결과, 경찰서는 "정당성과 신뢰를 구축할 수 있는 중대한 기회를 놓치고 있었다."[110] 프로젝트의 조사결과는 지역 주민이 거주 지역의 경찰 이슈를 우려하는 한편 충분히 인지하고 있으며, 경찰이 어떻게 다르게 작용할 수 있는지에 대한 아이디어를 가지고 있다는 점에서 스타우트랜드의 연구결과와 일치하였다.

새로운 <탬파 시민 검토 위원회>의 협력을 얻어 플로리다주 탬파시에 대한 <2018 경찰활동 프로젝트>는 성공적인 경찰-지역사회 관여를 위한 기회요인과 장애요인을 살펴보았다. 프로젝트를 위해 601명이 설문조사 대상으로 선정되었는데, 이 가운데 67%는 백인이었으며, 15%는 흑인, 그리고 12%는 히스패닉이었다. 대다수는 탬파 경찰서에 대하여 우호적인 코멘트를 하였는데, 탬파 경찰서의 업무수행을 인정한 응답자는 68%였으며, 단지 20%만이 탬파 경찰서의 업무수행을 인정하지 않았다. 주목할만 부분은 조사 결과 응답자들은 "과거 탬파 경찰서가 시민의 피드백과 의견을 독려하고 수렴하였던 것에 비하여 시민과 *함께* 커뮤니케이션하는 노력이 더 강화되었다고 느꼈다"는 것이다.[111]

동 보고서는 또한 응답자는 자신에게 가장 중요한 경찰관행이 무엇인지에 대한 분명한 생각을 가지고 있다는 점을 발견하였다. 해당 관행은 지역사회 경찰활동, 경찰관의 보디캠, 그리고 편견 훈련 순으로 나타났다. 탬파 경찰에 대한 부정적인 경험을 했던 응답자에게서는 중요한 경찰 관행은 경찰의 물리력 사용, 보디캠, 그리고 경찰관의 편견 철폐 훈련이었다. 탬파 경찰서의 지역사회 관여 노력에 관해서, 대다수는 경찰서가 "지역 주민과 관계"를 발전시키고, "시민과 소통하고자" 노력했다는 점을 동의하였다(각각 42%와 46%의 응답자가 해당 문항에 "매우 그렇다"고 답하였다). 그러나 "지역 주민이 의견을 제공하기가 용이하게 만들었다"라는 문항에 대해서는 훨씬 더 부정적인 태도를 보였는데, 이는 가장 낮게 평가한 문항이었다. 단지 29%의 응답자만이 의견을 제공할 기회가 있었냐는 문항에 "매우 그렇다"라고 응답하였는데, 이는 관련된 질문이 40% 이상의 동일한 응

답을 받았던 것과 비교되는 결과이다.[112]

탬파 경찰서에 대한 보고서는 경찰-지역사회 관여 노력에 대한 분명하고도 중요한 메시지를 제공하고 있다. 이 메시지는 <경찰활동 프로젝트>의 「대화를 넘어」에서 나타난 결과와 일치한다. 경찰이 지역사회 조직과 지도자를 찾아 나서고, 그들과 만나서 그들의 우려에 귀를 기울이는 것이 불충분하다는 것이다. 경찰은 지역 주민이 표출하는 우려에 대한 실질적인 토론에 적극적으로 참여하고, 경찰정책과 관행에 실제 변화를 가져오기 위한 제안을 적극적으로 받아들여야 한다.

지역사회의 관여가 제도화될 수 있는가?

핵심적인 질문은 지역사회 관여가 제도화될 수 있는가 여부이다. 지역사회의 관여가 지역사회 내 경찰서의 역할 중 영구적인 부분이 될 수 있는가? 지역사회 관여가 지역사회의 우려를 다루고, 시민에게 경찰서의 정책결정 및 수정에 의미있는 목소리를 부여하겠다는 맹세를 할 수 있는가?

경찰의 역사는 이러한 질문에 대하여 장려하는 입장을 나타내지는 않는다. 762-764쪽의 사례연구에서처럼, 1960년대 자문위원회는 경찰관행에 대하여 실제로 영향을 미치지 못했다. 1967년 대통령 직속 범죄 위원회는 조사 대상인 "현존 위원회"들은 "심각할 정도로 결함이 있다"고 결론내렸다.[113] 지역사회 경찰활동은 경찰과 지역사회 집단이 거주지역의 범죄와 무질서 문제에 함께 협력하기 위해 고안되었다. 그러나 이러한 협력관계가 지역 주민이 크게 염려하는 문제인 경찰의 총기사용, 과도할 정도로 공격적인 경찰활동 전략, 경찰의 무례한 행위 등 이슈에서 지역 주민을 참여하게 했다는 증거는 거의 없다. 시카고의 야심찬 지역사회 경찰활동 프로그램인 "분과회의"는 일부 성공을 거뒀으나, 전체 프로그램이 폐지되자 분과회의 역시 사라졌다. 대통령직속 태스크포스는 2015년이 되자 지역사회 경찰활동은 대부분 하나의 개념으로 존재하지만, 실질적인 지역사회의 관여

또는 진행 중인 관여는 없었던 것으로 결론을 내렸다.[114]

시작부터 문제지향적 경찰활동 프로그램의 중요한 부분을 차지해 온 협력관계는 성공적인 것으로 나타났다. 그러나 문제지향적 경찰활동 프로그램은 특정한 거주지역의 구체적인 문제에 초점을 맞추고, 선정된 문제를 해결하기 위한 전략을 개발하기 위해 지역 주민 집단과 협력관계를 발전시키는 데 중대한 차이점이 있다. 이러한 측면에서, 문제지향적 경찰활동 프로그램은 물리력의 사용, 경찰서의 범죄척결 정책, 경찰관 모집 및 채용 등과 같은 경찰 행위에 대한 문제에 초점을 맞추지 않는다. 이 문제들은 시 전역의 관여 프로그램의 관심사항이다.[115]

미국 법무부의 민권국은 제2세대 수사 및 동의 판결(consent decree)에서 지역사회 관여의 중요성을 인식하기 시작하였고, 동의 판결에서 공식적인 관여 요구를 포함시키기 시작하였다. 예를 들어 시애틀시의 동의 판결에서는 시민 경찰 위원회의 창설을 의무사항으로 규정하였는데, 시민 경찰 위원회는 창설된 후 2013년 시애틀시 위원회에 의해 영구적인 기관으로 전환되었다. 민권국은 "지역사회 관여는 경찰 개혁 전략의 필수적인 요소이다"라고 설명하였다. 개혁이 효과적이기 위해서는 지역사회 구성원이 현재 경찰 관행에 대한 문제를 제기하고, 정책결정에 의견을 제공할 수 있는 공식절차가 필요하다. 미국 법무부는 또한 클리블랜드, 볼티모어, 뉴올리언스, 그리고 앨버쿼크 동의 판결에서 지역사회 관여 프로그램 중 일부를 포함시켰다.[116]

2015년 클리블랜드시 경찰국에 대한 법무부의 동의판결은 지역사회 경찰위원회의 창설을 의무사항으로 규정하고 있으며, 클리블랜드시의 "수많은 다양한 공동체"를 대표하는 13명의 구성원으로 구성되어 있다. 클리블랜드시 지역사회 경찰위원회는 문제지향적 경찰활동에 관한 정책과 관행 및 기타 이슈에 대하여 경찰청장, 시장, 시 위원회에게 권고사항을 제시할 수 있다(이 경우 합의가 의무적으로 요구되고 있다). 또한 경찰관행에 대하여 지역사회와 협력하고, 경찰개혁에 대하여 "지역사회 전체"와 시 공무원들에게 보고하는 것도 포함된다.

구체적으로, 편견에서 자유로운 경찰활동, 경찰훈련, 경찰서의 지역사회 활동, 경찰서에 대한 감독, 물리력의 사용 및 압수수색에 대한 경찰서의 정책, 동의판결에 대한 경찰서의 순응에 대한 지역사회 피드백의 수렴 등이 지시되었다. 게다가 시 전역에 구역별 경찰 위원회가 있도록 지시하고 있다. 이와 같은 요구사항을 포함시켜 본다면, 법무부의 제1세대 동의 판결에서는 어떠한 유사한 공식적 관여 절차가 포함되어 있지는 않았다. 지역사회 관여의 중요성은 훗날에 이르기까지 인정되지 않았던 것이다.[117]

클리블랜드시 지역사회 경찰위원회는 경찰서와 시를 위한 지역사회와 문제지향적 경찰활동 계획(Community and Problem-Oriented Policing Plan, CPOP)을 발전시키는데 핵심적인 역할을 담당하고 있다. 2020년 지역사회와 문제지향적 경찰활동 계획은 사실상 경찰활동의 모든 측면을 다루었는데, 화해조정의 합의 감독 및 기타 이슈를 포함하고 있다. 동 계획은 문제지향적 경찰활동을 시 전역에서 이행하도록 요청하였으며(시의 특정한 한 지역의 특별한 문제를 문제를 다루는 것에는 반대된다), 그리고 경찰서가 치안서비스를 제공할 수 있도록 완전한 재조직화와 효과적으로 관련되었다. 재조직화의 사례 중 주목할 만한 부분은 경찰관들이 평균적으로 근무시간의 20%를 CPOP 활동에 소비하도록 기대되었다는 점이다. 다른 중요한 이니셔티브들은 정책과 훈련의 수정, 경찰 채용의 변화, 경찰 운용 중 일부의 분산화, 주민 거주지역의 구역화와 새로운 지역사회관계부서의 설립 등이 해당된다.[118]

아마도 가장 중요한 점은 원대한 CPOP 계획이 2017년부터 60차례의 실무진 회의, 21차례의 타운 홀과 시민 포럼 등을 통해 발전되었다는 점이다. 이는 어마어마한 지역사회의 관여가 이루어졌으며, CPOP 계획에 제시한 의견 또한 상당히 이루어졌다는 것을 나타내고 있다. 문제는 이러한 프로그램이 클리블랜드시에서 지속적이고, 제도화된 관행이 될 것인가의 여부이다. 그리고 약속된 (경찰)개혁이 확고히 자리를 잡고, 경찰서의 관행 중 일부분으로 통합될 것인가? 지역사회 관여는 클리블랜드 경찰서에 제공하는 경찰활동의 질에 중대한 개선을 가져오도록 이끌 것인가? 아직 이를 단언하기에는 단계적으로 지나치게 이르다. 문제는 클리블랜드시와 경찰서에 관계된 것이 아니라, 미국 전역에서 유사한 경찰 개혁 프로젝트의 성공에 달려 있다.

절차적 정의가 정당성에 미치는 영향에 대한 질문

이 시점에서 중요한 질문은 절차적 정의가 효과가 있는지 여부이다. 시민은 경찰의 절차적으로 정당한 행위를 인식하고 있으며, 경찰의 절차적으로 정당한 행위는 경찰에 대한 태도를 긍정적인 방향으로 이끌어낼 수 있는가? 이 질문에 대하여 많은 연구들은 그렇다고 결론을 내리고 있다. 시민은 경찰이 그들을 어떻게 대우하고 있는지 인식하고 있으며, 이는 시민의 경찰에 대한 태도에 영향을 미치고 있다.

검문검색에 대한 논란이 한창이던 가운데, 뉴욕시 경찰의 노상검문을 다룬 연구에서 톰 타일러, 제프리 페이건 그리고 어맨다 겔러(Amanda Geller)는 뉴욕의 다양한 지역에 거주하는 18세~26세 사이의 청년 1,261명을 대상으로 인터뷰를 실시하였다. 흥미롭게도, 인터뷰 대상자 가운데 82.9%가 살면서 한 번은 경찰의 검문을 받은 적이 있다고 응답하였으며 43.5%는 인터뷰가 시행되기 직전 해에 차량 또는 노상 검문을 받은 적이 있다고 의미하였다. 이 수치는 뉴욕경찰의 프로그램이 대규모라는 점을 나타내고 있다. 개인이 검문을 받은 횟수는 경찰 정당성에 태도에 중요한 영향을 미치지 않는 것으로 나타났으며, 검문의 "모욕성"이 중요한 영향을 미치고 있었다. 모욕성(Intrusiveness)은 경찰관이 실제로 물리력을 사용하거나, 물리력 사용을 위협하거나 또는 검문 대상자를 모욕적이고 무례한 태도로 대하는 것을 의미한다. 경찰행위의 영향이 경찰의 정당성에 대한 인식에 미치는 점과 관련하여, 경찰 정당성을 낮게 인식하는 응답자 가운데 30%는 범죄행위에 연루된 적이 있다고 응답하였다. 이는 경찰 정당성을 높게 인식하는 집단에서는 15%만이 연루되었던 것과 대조된다. 요약하자면, 연구자들은 "정당성이 중요하다"고 결론내렸다.[119]

중요한 실무적 시사점과 관련하여 이와 동등하게 중요한 질문은 절차적 정의가 경찰관에게 학습될 수 있는가의 여부이다. 습관적으로 시민에게 관등성명을 제시하지도, 경찰 접촉에 대한 이유를 시민에게 설명하지도, 시민의 질문에 귀를 기울이고 이에 응답하지도, 앞으로 경찰이 어떠한 행동을 취할 것인지 설명하지도 않는 베테랑 경찰관이 다르게 행동하도록 훈련될 수 있는가?

제5장의 경찰 훈련에 대한 논의는 낙관적인 전망에 대한 일부 근거를 제시하고 있다. 적어도 일부 경찰서에서는 경찰관이 물리력의 사용을 감소시킬 수 있도록 긴장완화에 참여하도록 성공적으로 훈련을 진행했다는 증거를 제시하고 있다. 이러한 경찰서에서는 또한 경찰관이 총기사용에 대한 엄격한 정책에 순응하도록 훈련시켰다. 이 주제에 대한 최고의 연구는 한 경찰서에서 특수훈련에 무작의로 배정된 경찰관 집단이 유사한 상황의 경찰관처럼 지역사회에 관여하며, 시민과의 접촉을 해결하기 위하여 체포를 수단으로 선택할 가능성이 더 낮으며, 물리력을 사용할 가능성 역시 또한 더 낮은 것으로 나타났다. 주목할만한 점은 실험이 특수훈련을 받은 경찰에 대한 "상대적으로 사소한 감독적 개입"과 관련되었다는 점이다. 이는 경찰은 상급자에 의해 강력한 개입을 받을 경우, 절차적 전술을 선뜻 학습 및 사용하려고 했다는 점을 시사한다.[120]

따라서 우리는 경찰관이 절차적 정의 전술을 시행하도록 훈련될 수 있다고 가정할 수 있다. 요약하자면, 전통적인 경찰 하위문화에서 비롯된 습관은 변화하지 않는다. 경찰관은 훈련을 통해 보다 절차적으로 공정한 태도로 행동하도록 유도될 수 있다.

한 가지 더 근본적인 질문은 절차적 정의가 시간이 지나면 가장 소외되고 있으며, 거주지역 내 경찰활동을 불신하는 사람들의 의식 속에 경찰의 정당성을 구축할 수 있는가에 있다. 말하자면, 흑인 지역사회가 해당된다. 우리는 제12장에서 미국에서 경찰과 흑인 지역사회 사이에 존재하는 "심각한 인종적 분열", "인종적 협곡(chasm)", 그리고 "두 개의 서로 다른 세계"와 같이 전문가들이 인상적인 용어들의 나열을 사용한 결론을 몇 차례 언급하였다. 전문가들의 목록은

다음과 같다: 앨버트 라이스; 데이비드 케네디; 클레어 화이트(Clair White), 데이비드 와이스버드(David Weisburd)와 션 와인(Sean Wine); 다니엘 네이긴(Daniel Nagin)과 코디 텔러프(Cody Telep); 찰스 엡과 동료들; 태미 라인하트 코첼; 그리고 마크 페플리(Mark Peffley)와 존 후르비츠(John Hurwitz). 이들은 경찰의 위법 행위가 흑인의 생활과 거주지역에서 지속적인 특징으로 존재해왔으며, 너무나 오랜 기간 존재해왔기 때문에 경찰에 대한 부정적인 태도 역시 깊이 자리잡았다고 주장하였다. 게다가 과거의 위법행위는 매년 새로운 사건이 발생할 때마다 강화되며, 그 결과 경찰의 위법행위에 대한 집단적 기억이 존재하게 되는 결과를 가져온다. 다양한 방식으로, 이 전문가들은 단기간의 경찰개혁 또는 외부로 드러난 사건이 시민의 태도 또는 거주지역에서 발생한 경찰 위법행위에 대한 씁쓸한 기억과 이러한 위법행위에 대한 집단적 기억에 변화를 가져올 수 있는지에 의문을 제기하고 있다.[121]

데이비드 베일리(David Bayley)가 1969년 발간한 저서를 통해 지난 50년에 대한 유사한 관찰을 했다는 점은 주목할 만하다.[122] 물론 우리의 경찰이 훈련을 이수하고, 시민과 상호작용을 통해 절차적 정의를 실무적으로 실행하면 더 좋을 것이다. 우리는 절차적 정의에 대한 현재 진행 중인 위대한 실험을 내팽개쳐서는 안 된다. 그러나 절차적 정의 그 자체가 현재 존재하는 심각한 인종적 분열을 극복할 수 있는 것은 아니라는 점 역시 언급할 수 있다. 제12장은 상당 부분 경찰에 대한 신뢰와 경찰의 정당성을 저해하는 경찰활동을 다루고 있다. 이러한 문제는 오늘날에도 지속되고 있으며, 경찰에게 주어진 진정한 과제는 정당화될 수 없는 총기사용, 과도한 물리력의 사용, 불법적인 검문검색과 기타 나머지 문제가 발생하는 사건들을 감소시키기 위하여 더욱더 진전을 이루는 데 있다.

절차적 정의와 정당성에 관한 권위자인 톰 타일러 교수가 2006년 개정하여 발간한 유명한 저서인 「왜 사람들은 법을 준수하는가(Why People Obey the Law)」에서 언급한 내용과 이러한 우려의 원인이 연계된다. 책의 Afterword에서 타일러 교수는 사회과학자들이 미국 사회의 "갈등이론"을 주장하면서 자신의 책에 비판을 제기하였음을 인정하고 있다. 타일러 교수의 설명대로라면, 이러한 관점은 "정당화의 과정은 한 사회 내 다른 집단에 비해 지배 집단을 더 우선한다는 주장"을 지지하는 것이다. 경찰의 총기사용, 다른 유형의 위법 행위, 경찰에 대한 여론에서 보이는 인종적 심각한 분열에 대한 증거는 차고도 넘치는 것처럼 보인다. 그리고 앞서 지적했던 바와 같이, 다양한 여론 조사에서 나타나는 인종적 분열은 1960년대 이후 변한 바가 거의 없다(704-714쪽). 타일러 교수는 갈등이론가들에게 "정당성의 핵심이 되는 경험적 전제는 이미 충분히 지지되고 있다"고 주장하는 자신의 연구를 통해 대응하고 있다.[123] 경찰서장과 경찰전문가 사이에서 이 문제를 다루는 논의는 훨씬 더 큰 관심을 끌 필요가 있다. 문제는 우리가 하나의 사회로서 어떻게 인종적 분열을 극복하고 보다 전문적이고, 적법하며, 공평한 형태의 경찰활동을 미국사회에 구축하는가에 있다.

사례연구

실패한 노력 - 1960년대 경찰-지역사회 프로그램

경찰이 지역사회에 관여하도록 고안된 오늘날의 프로그램에 대한 유용한 관점을 확보하기 위해서, 1960년대의 경찰-지역사회 프로그램을 살펴보는 것은 유용하다. 경찰-지역사회 프로그램은 1964~1968년 사이 연쇄적으로 발생한 도심폭동사건에 대응하기 위하여 신속히 만들어진 프로그램들이다. 솔직히 말하자면, 이 프로그램들은 모두 실패하였기 때문에 그 이유를 확인해보는 것은 교훈을 제공할 것이다.

제12장에서 학습한 내용을 바탕으로, 사례연구에서 다루고 있는 프로그램이 실패한 이유는 무엇인지 확인하고 토의하라.

최초의, 그리고 가장 중요한 프로그램은 경찰서 내 특별 경찰-지역사회 관계(PCR) 부서 창설이었다. PCR 부서에서는 학교와 지역사회 집단과 소통하는 데 대부분의 시간을 할애하였다. 소통의 목표는 경찰작용을 설명하고, 왜 경찰관이 그러한 행동을 취했는가를 설명함으로써 시민의 경찰에 대한 이해를 증진하는 데 있었다. PCR 부서의 근본적인 문제는 순찰, 교통, 범죄 수사와 같은 기본적인 경찰작용과 분리되어 있으며 과거 경찰과 지역사회 간 긴장의 원인이었던 총격으로 인한 사망, 과도한 물리력의 사용, 무례함, 모욕적인 검문검색 등 흑인 지역사회의 가장 큰 우려가 되는 경찰행위에 어떠한 영향도 미치지 못했다. 그 결과 대부분의 PCR 부서는 1970년대 초반 사라졌다.[124]

두 번째 유명한 프로그램은 오늘날 상당수의 경찰서에서 여전히 유지 중인 <시민 합동 순찰 프로그램(Ride-along Program)>이다. 시민 합동 순찰 프로그램은 비번인 순찰 경찰관의 경찰차에 시민이 함께 몇 시간 동안 탑승하여 경찰의 업무를 직접 관찰하는 프로그램이다. 이 프로그램의 약점은 예나 지금이나 경찰에 비판적인 태도를 가진 사람보다 이미 경찰에 긍정적인 태도를 가진 시민이 참여한다는 점이다. 시민 합동 순찰 프로그램은 경찰의 총기사용, 물리력 사용 및 체포 정책에 대해 비판적인 시민의 관심을 끌지 못한다. 따라서 시민 합동 순찰 프로그램은 본질적으로 "다 알고 있는 것을 가르치는 것(preaching to the choir)"이다. 또한 PCR 부서와 마찬가지로 합동 순찰 역시 지역사회와 긴장 발생 원인이 되는 경찰작용에 어떠한 영향을 미치지 못한다는 점이다.[125]

세 번째 프로그램은 단지 일부 도시에서만 시행되었는데, 지역사회 주민들이 보다 편리하게 접근할 수 있도록 해당 지역사회 내 상점 앞에 PCR 부서 경찰관들이 근무하는 사무소를 개설하였다. 이러한 시도는 지역사회 주민이 제기하는 질문에 대한 대답을 듣거나 불만을 접수할 수 있도록 편리한 장소를 제공하고자 하는 데 목적이 있었다. 경찰서 본부는 종종 많은 시민들, 특히 불만을 가진 사람의 접근을 금지하고 있으며, 일반적으로 접근하기가 매우 불편하다. 특히 버스를 통해서만 경찰서에 접근할 수 있는 저소득층 사람들에게 더욱 불편하다. 그러나 지역사회에 설치된 사무소는 운영에 들어가는 비용이 비싸며, 다른 PCR 프로그램과 마찬가지로 경찰-지역사회 사이의 긴장을 초래하는 경찰 운용에 대한 의미있는 논의를 제공하도록 설계되지는 않았다.[126]

마지막으로 많은 경찰서장들은 지역사회 지도자들로 구성된 자문위원회를 조직하여 경찰과 관련된 이슈에 대한 조언을 구하고자 하였다. 그러나 실제로 자문위원회의 위원들은 경찰서장에 의해 선정되었기 때문에 지역사회 주민들의 신뢰는 사실상 없었다. 또한 위원들은 경찰활동에 대한 특별한 전문지식이 없었으며, 결과적으로 경찰활동의 세부사항에 대하여 이해하거나 건설적인 권고안을 제시할 수 없었다. 대통령직속 범죄위원회는 현존 자문위원회가 비효과적이라고 결론내렸다.[127]

결국 특별 PCR 프로그램은 효과적이지 않은 것으로 판명되었다. 대통령직속 범죄위원회는 흑인 지역사회 지도자들이 PCR 프로그램을 "대민 관계용 뺑튀기"나 "정교하게 짜고 치는 게임"으로 간주하고 있다는 점을 밝히고 있다. 법무부 보고서 중 하나는 PCR 프로그램은 순찰이나 범죄 수사활동에 극히 일부 연관 또는 관계가 거의 없는, "경찰운용의 주변부적인" 위치라는 점을 나타내고 있다.[128] 이러한 경험에서 비롯된 교훈은 오늘날의 지역사회 관여 노력에 시사하는 바는 분명하다. 1960년대 PCR 프로그램은 지역사회가 경찰을 비난하게 되는 일상적인 경찰행위로부터 분리되어 있었다. 게다가, 이 프로그램들 중 어떠한 것도 경찰과 지역사회의 비판 사이의 의미있는 대화를 촉진하기 위해 고안되지도 않았다.

제12장에서 학습한 내용을 바탕으로, 제12장에서 언급한 프로그램들이 개선되고 효과적인 경찰−지역사회 관계 프로그램으로서 회복되기 위한 방안은 무엇인가?

요약: 조각 합치기

제12장에서는 미국 경찰과 정당성의 위기 문제를 검토하였다. 미국인 대다수에게 이는 심각한 문제가 전혀 아니라는 것을 나타내는 증거가 있지만, 흑인 지역사회에게는 심각한 문제이다. 백인은 경찰에 대한 태도가 몹시 우호적인 반면, 흑인은 부정적인 태도를 보인다는 여론 조사 결과는 60년 동안 거의 변화가 없었다. 또한 흑인의 경찰에 대한 신뢰에 부정적 영향을 미칠뿐더러 경찰 정당성에 대한 인식 발달을 저해하는 가장 중요한 경찰행위들을 역시 제12장에서 다루었다. 경찰활동에 대한 인종적 격차를 줄이기(bridge) 위해서는 경찰서는 가장 중요한 영향을 미치는 경찰 위법행위를 억제할 필요가 있다는 것은 명백해 보인다. 절차적으로 공정한 전술이 그 자체만으로 인종적 격차를 줄일 수 있는지에 대한 의문이 있다. 이 장은 경찰서와 경찰이 치안서비스를 제공하는 지역사회 사이에 경찰에 대한 신뢰와 경찰의 정당성을 개발할 수 있는 가능한 수단으로써 의미있는 지역사회 관여에 대한 논의를 다루면서 마무리되고 있다. 이러한 맥락에서 현재 경찰 개혁의 성공 여부를 이야기하는 것은 지나치게 이른 감이 있다.

핵심어

경찰−지역사회 관계(police−community relations), 692
정당성(legitimacy), 692
절차적 정의(procedural justice), 697
다양한 공동체(many communities), 700
인종(race), 701
민족(ethnicity), 702
다양한 집단(many "publics"), 707

경찰에 대한 시민의 태도(public attitude toward the police), 708
대화("the talk"), 711
경찰의 시민에 대한 태도(attitudes of police officers), 719
선별적 접촉(selective contact), 720
선별적 기억(selective memory), 721

토론

1. 여러분의 지역사회에서 인종프로파일링이 발생한다고 생각하는가? 인종프로파일링이 경찰과 지역사회의 관계를 어떻게 영향을 미치는가에 대하여 논의하라.

2. (전체 토론) 인종 또는 민족에 따라 경찰관을 배치하는 것과 관련된 문제를 논의하라.

3. (수강생을 소규모의 집단 몇 개로 나눈다). 각 집단은 경찰서장이 되었을 경우, 자신의 기관에서 인종프로파일링을 다루기 위해 취할 조치에 대하여 논의한다.

인터넷 연습

연습문제 1. 합리적 선별 절차에 따라 경찰관서 네 곳을 선정한다. 예를 들자면, 지리적 위치에 따라 네 군데, 경찰관서의 규모에 따라 네 군데 또는 한 주의 경찰관서 네 군데 등이 기준이 될 수 있다. 해당 경찰관서의 홈페이지를 방문한다. 홈페이지에서 다음의 내용을 확인하기 위한 검색을 실시한다: (1) 해당 서는 특별한 PCR 프로그램이나 부서를 갖추고 있는가? (2) 만약 그렇지 않다면, 오래된 PCR 프로그램을 다루는 지역사회 경찰활동 또는 문제해결 프로그램을 갖추고 있는가? (3) 지역사회로 유입되는 신규 이민자를 다루기 위한 특수 프로그램이 있는

가? (4) 경찰에 대한 신뢰와 정당성을 구축하기 위한 노력과 관계된 특별보고서나 정보를 제공하는가?

여러분이 찾을 수 있는 정보를 비교해보라. 여러분은 각각의 경찰관서에 대한 순위를 어떻게 매길 것인가? 경찰관서 가운데 다른 서에 비하여 해당 질문에 대한 업무를 훌륭히 수행하는 곳이 있는가? 특정한 한 경찰관서가 다른 서에 비해 두드러지게 뛰어나는가?

여러분이 찾은 결과물을 전체 수강생과 공유하라. (반 전체의 조사 결과를 통해) 얼마나 많은 경찰관서가 이와 같은 프로그램을 가지고 있는

가? 이러한 프로그램의 구성요소는 무엇인가? (예를 들어 시민의 태도 설문조사, 시민 합동 순찰 프로그램, 시민 경찰 학교 등)

연습문제 2. www.nij.gov/multimedia/presenter /presenter-tyler/를 방문, 톰 타일러(Tom Tyler)

가 발표한 다음의 영상을 시청하라: Legitimacy and Community Cooperation with Law Enforcement 수강생 전체와 함께 어떻게 경찰과 시민의 상호작용이 경찰 정당성에 영향을 미치는지 토의하라.

NOTES

1. Tom Tyler quote: Police Executive Research Forum, *Legitimacy and Procedural Justice: A New Element of Police Leadership: A Report by the Police Executive Research Forum (PERF)* (Washington, DC: PERF, 2014), 11, https://www.policeforum.org/assets/docs/Free_Online_Documents/Leadership/legitimacy%20and%20procedural%20justice%20-%20a%20new%20element%20of%20police%20leadership.pdf.

2. U.S. Department of Justice, Civil Rights Division, *Investigation of the Ferguson Police Department* (2015), https://www.justice.gov/sites/default/files/opa/press-releases/attachments/2015/03/04/ferguson_police_department_report.pdf. Wesley Lowery, *They Can't Kill Us All: Ferguson, Baltimore, and a New Era in America's Racial Justice Movement* (New York: Little, Brown, 2106), 132-134, 163-167 (Freddie Gray); 114-117, 126-127 (Walter Scott).

3. Samuel Walker, "'Not Dead Yet'": The National Police Crisis, A New Conversation about Policing and the Prospects for Accountability-Related Police Reforms", *University of Illinois Law Review*, 2018, no. 5 (2018): 1777.

4. Matt Taibbi, "*I Can't Breathe": A Killing on Bay Street* (New York: Spiegel and Grau, 2017).

Lowery, *They Can't Kill Us All*, 114-117, 126-127.

5. David M. Kennedy, *Don't Shoot: One Man, A Street Fellowship, and the End of Violence in Inner-City America* (New York: Bloomsbury, 2011), 124-155 ("Across the Racial Divide"). Charles R. Epp, Steven Maynard-Moody, and Donald Haider-Markel, *Pulled Over: How Police Stops Define Race and Citizenship* (Chicago: University of Chicago Press, 2014).

6. National Academy of Sciences, *Proactive Policing: Effects on Crime and Communities* (Washington, DC: National Academies Press, 2018). Samuel Walker, Cassia Spohn, Miriam De Lone, *The Color of Justice: Race, Ethnicity, and Crime in America*, 6th ed. (Boston: Cengage, 2016).

7. President's Task Force on 21st Century Policing, *Final Report* (Washington, DC: Department of Justice, 2015), 4, https://cops.usdoj.gov/pdf/taskforce/taskforce_finalreport.pdf.

8. Walker, "'Not Dead Yet,'" 1790-1799.

9. Tom Tyler, "What Are Legitimacy and Procedural Justice in Policing", Police Executive Research Forum, *Legitimacy and Procedural Justice: A New Element of Police Leadership* (Washington, DC: PERF, 2014),14, https://www.policeforum.

org/assets/docs/Free_Online_Documents/Leader
ship/legitimacy%20and%20procedural%20justice
%20 – %20a%20new%20element%20of%20police
%20 leadership.pdf.

10. President's Task Force on 21st Century Policing, *Final Report,* 45 (Recommendation 4.5). Tom R. Tyler and Jeffrey Fagan, "Legitimacy and Cooperation: Why Do People Help the Police Fight Crime in the Communities?" *Ohio State Journal of Criminal Law* 6 (2008): 231 – 275.

11. Rod K. Brunson and Brian A. Wade, "'Oh Hell No, We Don't Talk to Police': Insights on the Lack of Cooperation in Police Investigations of Urban Gun Violence", *Criminology and Public Policy* 18 (2019): 634 – 637.

12. Tom Tyler, *Why People Obey the Law,* rev. ed. (Princeton: Princeton University Press, 2006).

13. Lorraine Mazerolle et al., *Legitimacy in Policing: A Systematic Review,* Campbell Systematic Reviews (2013), https://onlinelibrary.wiley.com/doi/full/10.4073/csr.2013.1.

14. Stephen D. Tal Jonathan – Zamir and Shomron Moyal, "Measuring Procedural Justice in Police – Citizen Encounters", *Justice Quarterly* 32, no. 5 (2015): 848. Tom Tyler, "Enhancing Police Legitimacy", *Annals* 593 (May 2004): 94 – 95.

15. Tyler and Fagan, "Legitimacy and Cooperation."

16. Clair White, David Weisburd, and Sean Wire, "Examining the Impact of the Freddie Gray Unrest on Perceptions of the Police", *Criminology and Public Policy* 17 No. 4 (2018): 832.

17. Ronald Weitzer, "The Puzzling Neglect of

Hispanic Americans in Research on Police – Citizen Relations", *Ethnic and Racial Studies* 37, no. 11 (2014): 1995 – 2013.

18. American Anthropological Association, *Statement on Race* (May 17, 1998), available at www.aaanet.org.

19. Definitions of race and ethnicity are discussed in Walker, Spohn, and DeLone, *The Color of Justice: Race, Ethnicity, and Crime in America,* 8 – 22.

20. Census categories, race and ethnicity: NOT – OD – 15 – 089, https://grants.nih.gov/grants/guide/notice – files/not – od – 15 – 089.html.

21. See Federal Bureau of Investigation, *Crime in the United States, 2018.* Urban Institute, *The Alarming Lack of Data on Latinos in the Criminal Justice System* (Washington, DC: Urban Institute, 2016), http://apps.urban.org/features/latino – criminal – justice – data/.

22. Francisco A. Villarruel and Nancy E. Walker, *Donde esta la justicia?* (Washington, DC: Building Blocks for Youth, 2002), 46, https://www.opensocietyfoundations.org/publi cations/donde – esta – la – justicia – call – action – behalf – latino – and – latina – youth – us – justice – system.

23. National Advisory Commission on Civil Disorders, *Report* (New York: Bantam Books, 1968), 35 – 108.

24. Monica Anderson, *A Rising Share of the U.S. Black Population is Foreign Born* (Washington, DC: Pew Research Center, 2015).

25. Elaine Kamarck and Christine Stenghen, *How Many Undocumented Immigrants Are There in the United States and Who Are They?* (Washington, DC: Brookings, November 12,

2019), https://www.brookings.edu/policy2020/votervital/how−many−undocumented−immigrants−are−in−the−united−states−and−who−are−they/. See the discussion in Walker, Spohn, and DeLone, *The Color of Justice*, 11−13, 22−27.

26. Police Executive Research Forum, *Community Policing in Immigrant Neighborhoods: Stories of Success* (Washington, DC: PERF, 2019), 3.

27. Bureau of Justice Statistics, *Census of Tribal Justice Agencies in Indian Country, 2002* (Washington, DC: Department of Justice, 2005).

28. Marianne O. Nielsen and Robert A. Silverman, eds., *Native Americans, Crime, and Justice* (Boulder, CO: Westview, 1996).

29. Arab American Institute, at www.aaiusa.org.

30. Steven A. Tuch and Ronald Weitzer, "Racial Differences in Attitudes toward the Police", *Public Opinion Quarterly* 61 (1997): 642−663.

31. Ronald Weitzer and Steven A. Tuch, *Race and Policing in America: Conflict and Reform* (New York: Cambridge University Press, 2006), 41. President's Commission on Law Enforcement and Administration of Justice, *Task Force Report: The Police* (Washington, DC: U.S. Government Printing Office, 1967), 145−149.

32. Pew Research Center, *On Views of Race and Inequality Blacks and Whites Are Worlds Apart* (Washington, DC: Pew Research Center, June 27, 2016). Albert Reiss, *The Police and the Public* (New Haven, CT: Yale University Press, 1971), 151.

33. Sandra Lee Browning, Francis T. Cullen, Liqun Cao, Renee Kopache, and Thomas J. Stevenson, "Race and Getting Hassled by the Police: A Research Note", *Police Studies* 17, no. 1 (1994): 1−11.

34. "From Some Parents, Warnings about Police", *New York Times,* October 23, 1997, A18.

35. Invisible Institute, *Videos from the Youth/ Police Conference,* http://invisible.institute/news/videos−from−the−youthpolice−conference.

36. Ronald Weitzer, "Citizens' Perceptions of Police Misconduct: Race and Neighborhood Context", *Justice Quarterly* 16 (December 1999): 1101−1128. Public opinion data by income: 2012 Gallup Poll in *Sourcebook of Criminal Justice Statistics* (Washington, DC: Bureau of Justice Statistics, 2012), table 2.12.

37. Weitzer and Tuch, *Race and Policing in America: Conflict and Reform*, 45.

38. Bureau of Justice Statistics, *Criminal Victimization and Perceptions of Community Safety in 12 Cities* (Washington, DC: U.S. Government Printing Office, 1998), http://www.bjs.gov/content/pub/pdf/cvpcs98.pdf.

39. The events of March 3, 1991, described in Jerome H. Skolnick and James J. Fyfe, *Above the Law* (New York: Free Press, 1993), 1−3. Christopher Commission, *Report of the Independent Commission on the Los Angeles Police Department* (Los Angeles: Christopher Commission, 1991).

40. Tuch and Weitzer, "Racial Differences in Attitudes Toward the Police", 647−649.

41. Tammy Rinehart Kochel, "Explaining Racial Differences in Ferguson's Impact on Local Residents' Trust and Perceived Legitimacy: Policy Implications for Police", *Criminal Justice Policy Review* 30, no. 3 (2019): 374−405.

42. Angela S. Lee, Ronald Weitzer, and Daniel E.

Martinez, "Recent Police Killings in the United States: A Three-City Comparison", *Police Quarterly* 21, no. 2 (2017): 196-222. Ronald Weitzer, "American Policing Under Fire: Misconduct and Reform, *Social Science and Public Policy* 52 (2015): 478. Ronald Weitzer, "Theorizing Racial Discord over Policing Before and After Ferguson", *Justice Quarterly* 34, no. 7 (2017): 1143.

43. Stan L. Albrecht and Miles Green, "Attitudes toward the Police and the Larger Attitude Complex", *Criminology* 15 (May 1977): 67-86.

44. Heather Mac Donald, *The War on Cops: How the New Attack on Law and Order Makes Everyone Less Safe* (New York: Encounter Books, 2016).

45. Steve Herbert, "Police Officer Subculture Reconsidered", *Criminology* 36, no. 2 (1998): 343-368.

46. James Q. Wilson, *Varieties of Police Behavior* (New York: Atheneum, 1973), 28.

47. William A. Westley, *Violence and the Police* (Cambridge, MA: MIT Press, 1970), 93.

48. Westley, *Violence and the Police*.

49. Reiss, *The Police and the Public*, 151.

50. Robert E. Worden, "The 'Causes' of Police Brutality: Theory and Evidence", in W. A. Geller and H. Toch, eds., *And Justice for All* (Washington, DC: Police Executive Research Forum, 1995), 44. John A. Groeger, *Memory and Remembering: Everyday Memory in Context* (New York: Addison Wesley, 1997), 189-196.

51. Donald Black, "The Social Organization of Arrest", in Donald Black, *The Manners and Customs of the Police* (New York: Academic Press, 1980), 85-108. Kennedy, *Don't Shoot,* 124-155. David Kennedy, "Drugs, Race and Common Ground: Reflections on the High Point Intervention", *NIJ Journal* 262 (March 2009): 12-17.

52. Weitzer and Tuch, *Race and Policing in America,* 150-152.

53. National Advisory Commission on Civil Disorders, *Report* (New York: Bantam Books, 1968), 307-309. President's Commission on Law Enforcement and Administration of Justice, *Task Force Report: The Police,* 178-193.

54. National Advisory Commission on Civil Disorders, *Report*, 307-308.

55. Black, *The Manners and Customs of the Police*, 117. Richard J. Lundman, "Domestic Police-Citizen Encounters", *Journal of Police Science and Administration* 2 (March 1974): 25.

56. Frank Furstenburg and Charles Wellford, "Calling the Police: The Evaluation of Police Service", *Law and Society Review* 7 (Spring 1973): 402. Carolyn M. Ward, "Policing in the Hyde Park Neighborhood, St. Louis: Racial Bias, Political Pressure, and Community Policing", *Crime, Law, and Social Change,* 26, no. 2 (1996): 169. Sara E. Stoutland, "The Multiple Dimensions of Trust in Resident/ Police Relations in Boston", *Journal of Research in Crime and Delinquency* 38 (August 2001): 226-256.

57. Brunson and Wade, "'Oh Hell No, We Don't Talk to Police:'", 628.

58. U.S. Department of Justice, Civil Rights Division, *Investigation of the Ferguson Police Department* (2015). Police Accountability Task

Force, *Recommendations for Reform: Restoring Trust between the Chicago Police and the Communities They Serve* (Chicago: City of Chicago, April 2016), https://chicagopatf.org/.

59. James Comey, "Hard Truths", speech, 2015, quoted in Geoffrey P. Alpert, "Toward a National Database of Officer Involved Shootings: A Long and Winding Road", *Criminology and Public Policy* 15, no. 1(2051): 239. Franklin E. Zimring, *When Police Kill* (Cambridge, MA: Harvard University Press, 2017), 23.

60. "Final Tally: Police Shot and Killed 986 People in 2015", *Washington Post,* January 6, 2015, https://www.washingtonpost.com/national/final−tally−police−shot−and−killed−984−people−in−2015/2016/01/05/3ec7a404−b3c5−11e5−a76a−0b5145e8679a_story. html. Federal Bureau of Investigation, *Crime in the United States, 2014, Expanded Homicide Data,* table 14, https://www.fbi.gov/about−us/cjis/ucr/crime−in−the−u.s/2014/crime−in−the−u.s.−2014/tables/expanded−homicide−data/expanded_homicide_data_table_14_justifiable_homicide_by_weapon_law_enforcement_2010−2014.xls. Zimring, *When Police Kill,* 35 (figure 2.4).

61. William A. Geller and Michael Scott, *Deadly Force: What We Know: A Practitioner's Desk Reference on Police−Involved Shootings* (Washington, DC: Police Executive Research Forum, 1992), 248−257. James J. Fyfe, "Blind Justice: Police Shootings in Memphis", *Journal of Criminal Law and Criminology* 73, no. 2 (1982): 707−722. *Tennessee v. Garner,* 471 U.S. 1 (1985).

62. William Terrill and Eugene A. Paoline III, "Police Use of Less Lethal Force: Does Administrative Policy Matter?" *Justice Quarterly* 34, no. 2 (2017): 193−216.

63. President's Task Force on 21st Century Policing, *Final Report,* 13 (Action Item 1.3.2); 21 (Action Item 2.2.2).

64. Jennifer L. Eberhardt, *Biased: Uncovering the Hidden Prejudice That Shapes What We See, Think, and Do* (New York: Viking, 2019), 50, 68.

65. Lorie Fridell, quoted in Police Executive Research Forum, *Re−Engineering Training on Police Use of Force* (Washington, DC: Author, 2015), 37−38, http://www.policeforum.org/assets/reengineeringtraining1.pdf.

66. Joshua Correll, Bernadette Park, Charles M. Judd, Bernd Wittenbrink, Melody S. Sadler, and Tracie Keesee, "Across the Thin Blue Line: Police Officers and Racial Bias in the Decision to Shoot", *Journal of Personality and Social Psychology* 92, no. 6 (2007): 1006−1023. The article and other publications on unconscious bias are available on the Fair and Impartial Policing Project website at http://www.fairimpartialpolicing.com/.

67. Fair and Impartial Policing Project website at https://fipolicing.com/services/.

68. Eberhardt, *Biased,* 50, 68.

69. Pew Research Center, *On Views of Race and Inequality, Blacks and Whites Are Worlds Apart* (Washington, DC: Pew Research Center, June 27, 2016). See also Geoffrey P. Alpert and Roger G. Dunham, *Understanding Police Use of Force: Officers, Suspects, and Reciprocity* (New York: Cambridge University

Press, 2004).

70. Kenneth Adams, "Measuring the Prevalence of Police Abuse of Force", in W. A. Geller and H. Toch, eds., *And Justice for All* (Washington, DC: Police Executive Research Forum, 1995), 61−97. Reiss, *The Police and the Public*, 142.

71. Bureau of Justice Statistics, *Contacts between Police and the Public, 2015* (Washington, DC: U.S. Department of Justice, 2018), table 18, http://www.bjs.gov/content/pub/pdf/pbtss11.pdf.

72. Omaha Police Department, *Annual Report 2018,* "911 Calls for Police Service", 11, https://police.cityofomaha.org/images/Annual_Reports/2018_Annual_Report_FINAL3.pdf.

73. Reiss, *The Police and the Public*, 151. Kochel, "Explaining Racial Differences in Ferguson's Impact on Local Residents' Trust and Perceived Legitimacy", 394−395.

74. Worden, "The 'Causes' of Police Brutality: Theory and Evidence on Police Use of Force", 52.

75. Geoffrey P. Alpert, "The Force Factor: Measuring and Assessing Police Use of Force and Suspect Resistance", in Bureau of Justice Statistics, *Use of Force by Police: Overview of National and Local Data* (Washington, DC: Department of Justice, 1999), 45−60, https://www.ncjrs.gov/pdffiles1/nij/176330−1.pdf.

76. David Weisburd and Rosann Greenspan, *Police Attitudes toward Abuse of Authority: Findings from a National Study* (Washington, DC: The Police Foundation, 2001), http://www.policefoundation.org/wp−content/uploads/2015/06/Weisburd−et−al.−2001−T he−Abuse−of−Police−Authority.pdf.

77. *Terry v. Ohio* 392 U.S. 1 (1968).

78. New York Civil Liberties Union, *Stop and Frisk in the de Blasio Era* (New York: NYCLU, 2019), https://www.nyclu.org/sites/default/files/field_documents/20190314_nyclu_stopfrisk_singles.pdf. Michael D. White and Henry F. Fradella, *Stop and Frisk: The Use and Abuse of a Controversial Policing Tactic* (New York: NYU Press, 2016), 81−115 ("Crime Control Benefits and Collateral Consequences").

79. Weston J. Morrow, Michael D. White, and Henry F. Fradella, "After the Stop: Exploring Racial/ Ethnic Disparities in Police Use of Force during Terry Stops", *Police Quarterly* 20, no. 4 (2017): 367−396.

80. White and Fradella, *Stop and Frisk*, 81−115 ("Crime Control Benefits and Collateral Consequences").

81. Federal Bureau of Investigation, *Crime in the United States 2018*, table 43, Arrests by Race and Ethnicity, https://ucr.fbi.gov/crime−in−the−u.s/2018/crime−in−the−u.s.−2018/topic−pages/tables/table−43.

82. Nazgol Ghandnoosh, *Black Lives Matter: Eliminating Racial Inequity in the Criminal Justice System* (Washington, DC: The Sentencing Project, 2015), http://www.sentencingproject.org/publications/black−lives−matter−eliminating−racial−inequity−in−the−criminal−justice−system/. See also Robert Tillman, "The Size of the 'Criminal Population': The Prevalence and Incidence of Adult Arrest", *Criminology* 25 (August 1987): 561−579. Kimberly Kempf Leonard, "Minority Youths and Juvenile Justice: Disproportionate Minority

Contact after Nearly 20 Years of Reform Efforts", *Youth Violence and Juvenile Justice* 5 (January 2007): 80.

83. Tammy Rinehart Kochel, David B. Wilson, and Stephen D. Mastrofski, "Effects of Suspect Race on Officers' Arrest Decisions", *Criminology* 49, no. 2 (2011): 473–511.

84. Federal Bureau of Investigation, *Crime in the United States, 2014,* "Arrests", table 43. Richard A. Miech, Lloyd D. Johnston, Patrick O'Malley, Jerald Bachman, and John E. Schulenberg, *National Survey Results on Drug Use 1975–2014,* vol. 1 (Ann Arbor, MI: Monitoring the Future, 2014), table 4–6, http://www.monitoringthefuture.org/pubs/monographs/mtf–vol1_2014.pdf.

85. Michelle Alexander, *The New Jim Crow: Mass Incarceration in the Age of Colorblindness,* rev. ed (Washington, DC: The New Press, 2020).

86. American Civil Liberties Union, *The War on Marijuana in Black and White* (New York: ACLU, 2013), https://www.aclu.org/report/war–marijuana–black–and–white. Updated: American Civil Liberties Union, *A Tale of Two Countries: Racially Targeted Arrests in the Era of Marijuana Reform* (New York: ACLU, 2020), https://www.aclu.org/sites/default/files/field_document/042020–marijuanareport.pdf.

87. Black, "The Social Organization of Arrest." David Klinger, "Demeanor or Crime? Why 'Hostile' Citizens Are More Likely to Be Arrested", *Criminology* 32, no. 3 (1994): 475–493.

88. Kennedy, *Don't Shoot,* 124–155.

89. Jerome Skolnick, *The Police and the Urban Ghetto* (Chicago: American Bar Foundation, 1968).

90. President's Commission on Law Enforcement and the Administration of Justice, *Task Force Report: The Police,* 181–182. Christina Patton, Michael Asken, William J. Fremouw, and Robert Dennis, "The Influence of Police Profanity on Public Perception of Excessive Force", *Journal of Police Criminal Psychology* 32 (2017): 342.

91. Samuel Walker, Testimony, President's Task Force on 21st Century Policing, *Final Report,* 45 (Action Item 4.4.1).

92. Minneapolis Police Department, *Policy and Procedure Manual,* Section 5–105, "Professional Code of Conduct" (December 1, 2008).

93. Walker, Testimony, President's Task Force on 21st Century Policing, *Final Report,* 45 (Action Item 4.4.1).

94. ACLU, *Driving While Black: Racial Profiling on Our Nation's Highways* (New York: Author, 1999), https://www.aclu.org/report/driving–while–black–racial–profiling–our–nations–highways. David Harris*, Profiles in Injustice: Why Racial Profiling Cannot Work* (New York: The New Press, 2002). John A. Gardiner, *Traffic and the Police: Variations in Law–Enforcement Policy* (Cambridge, MA: Harvard University Press, 1969).

95. Bureau of Justice Studies, *Contacts between Police and the Public, 2015* (Washington, DC: Department of Justice, 2018), table 12.

96. Epp, Maynard–Moody, and Haider–Markel, *Pulled Over,* 71.

97. Harris, *Profiles in Injustice.*

98. Ibid.

99. Epp, Maynard−Moody, and Haider−Markel, *Pulled Over,* 120−133, 139−151.

100. President's Task Force on 21st Century Policing, *Final Report,* 16 (Recommendation 1.6). National Academy of Sciences, *Proactive Policing,* 210 (Conclusion 5−4).

101. *Floyd v. City of New York* (2013). White and Fradella, *Stop and Frisk,* 81−115.

102. Elaine B. Sharp and Paul E. Johnson, "Accounting for Variation in Distrust of Local Police", *Justice Quarterly* 26 (March 2009): 173.

103. Clair White, David Weisburd, and Sean Wine, "Examining the Impact of the Freddie Gray Unrest on Perceptions of the Police", *Criminology and Public Policy* 17, no. 4 (2018): 843, 845.

104. Ibid., 845. Daniel Nagin and Cody W. Telep, "Procedural Justice and Legal Compliance", *Annual Review of Law and Social Science* 13 (2017): 1:1−1:24, https://www.annualreviews.org/doi/pdf/10.1146/annurev−lawsocsci−11 0316−113310.

105. Stoutland, "The Multiple Dimensions of Trust in Resident/Police Relations in Boston."

106. National Institute of Justice, *Reducing Gun Violence: The Boston Gun Project's Operation Ceasefire* (Washington, DC: Department of Justice, 2001), https://www.ncjrs.gov/pdffiles1/nij/188741.pdf.

107. President's Task Force on 21st Century Policing, *Final Report,* 85−98, (Appendix E, summary of all recommendations).

108. Wesley G. Skogan and Susan M. Hartnett, *Community Policing, Chicago Style* (New York: Oxford University Press, 1999), 113−

114. Michael S. Scott, *Problem−Oriented Policing: Reflections on the First 20 Years* (Washington, DC: Department of Justice, 2000).

109. Walker, *Popular Justice,* 197−199.

110. The Policing Project, *Beyond the Conversation: Ensuring Meaningful Police−Community Engagement,* (New York: The Policing Project, n.d.), 5, https://www.policingproject.org/beyond−the−conversation−report.

111. The Policing Project, *Report to the Tampa Citizens Review Board Summarizing Public Feedback on Tampa Police Department Policies and Practices,* updated ed. (New York: The Policing Project, March 2018), 4, https://static1.squarespace.com/static/58a33e8 81b631bc60d4f8b31/t/5ae0e19788251b6ca60b 20a1/1524687257328/Tampa+CRB+Survey+ Report_APRIL+UPDATE_vf.pdf.

112. Ibid., 8.

113. President's Commission on Law Enforcement and Administration of Justice, *Task Force Report: The Police,* 156.

114. Skogan and Hartnett, *Community Policing, Chicago Style,* 339−342. Wesley G. Skogan, personal communication to author Walker.

115. Michael S. Scott, *Problem−Oriented Policing: Reflections on the First 20 Years* (Washington, DC: Department of Justice, 2000), https://popcenter.asu.edu/sites/default/files/library/reading/pdfs/reflectionsfull.pdf.

116. Samuel Walker, "The Community Voice in Policing: Old Issues, New Evidence", *Criminal Justice Policy Review* 27, no. 5 (2016): 537−552. U.S. Department of Justice, Civil Rights Division, *The Civil Rights Division's*

Pattern and Practice Police Reform Work:
1994－Present (Washington, DC: Department
of Justice, 2017), 29－30, https://www.justice
.gov/crt/file/922421/download.

117. *U.S. Department of Justice v. City of*
     Cleveland, Settlement Agreement (2015),
     4－7. U.S. Department of Justice, Civil Rights
     Division, *The Civil Rights Division's Pattern*
     and Practice Police Reform Work: 1994－
     Present, 29－30.

118. Cleveland Division of Police, *2019*
     Community and Problem－Oriented Policing
     Plan (Cleveland: Cleveland Police Department,
     2019), https://static1.squarespace.com/static/
     58a33e881b631bc60d4f8b31/t/5c6c64fc15fcc00
     6885690b1/1550607613358/CDP＋Community
     ＋and＋Problem－Oriented＋Policing＋Plan.
     pdf.

119. Tom R. Tyler, Jeffrey Fagan, and Amanda
     Geller, "Street Stops and Police Legitimacy:
     Teachable Moments in Young Men's Legal
     Socialization", *Journal of Empirical Legal*
     Studies 11 (December 2014), 751－785.

120. Emily Owens, David Weisburd, Karen L
     Amendola, and Geoffrey Alpert, "Can You
     Build a Better Cop? Experimental Evidence
     on Supervision, Training, and Policing in the
     Community", *Criminology and Public Policy*
     17 (February 2018): 41－87.

121. Reiss, *The Police and the Public*, 151. David
     Kennedy, *Don't Shoot*, 124－155. White,
     Weisburd, and Wine, "Examining the Impact
     of the Freddie Gray Unrest on Perceptions of

the Police", 833－834. Nagin and Telep,
"Procedural Justice andLegal Compliance."
Epp et al., *Pulled Over*, 71. Kochel,
"Explaining Racial Differences in Ferguson's
Impact on Local Residents' Trust and
Perceived Legitimacy", 394－395. Mark Peffley
and Jon Hurwitz, *Justice in America: The*
Separate Realities of Blacks and Whites
(New York: Cambridge University Press,
2010), 188.

122. Bayley, *Minorities and the Police*.

123. Tyler, *Why People Obey the Law*, rev. ed.,
     283－284.

124. Fred A. Klyman and Joanna Kruckenberg, "A
     National Survey of Police－Community
     Relations Units", *Journal of Police Science*
     and Administration 7 (March 1979): 74.
     Charles E. Reasons and Bernard A. Wirth,
     "Police－Community Relations Units: A
     National Survey", *Journal of Social Issues* 31
     (Winter 1975): 27－34.

125. Reasons and Wirth, "*Police* Community
     Relations Units."

126. Ibid.

127. President's Commission on Law Enforcement
     and Administration of Justice, *Task Force*
     Report: The Police (Washington, DC: U.S.
     Government Printing Office, 1967), 200－205.

128. U.S. Department of Justice, *Improving*
     Police/Community Relations (Washington,
     DC: U.S. Government Printing Office, 1973),
     3－4.

Chapter

13 경찰부패

로렌스 셔먼(Lawrence Sherman)이 관찰한 바에 따르면, "경찰이 존재했던 기간 동안 경찰부패는 존재했다".[1] 부패는 미국 경찰의 가장 오래되었으며 지속적인 문제 중 하나이다. 역사가들은 식민지 시대 초기의 미국에서도 뇌물이 있었다는 증거를 발견했다. 최근 들어 많은 경찰관서들이 부패 문제를 상당히 감소시켰음에도 불구하고, 몇몇 경찰관서에서 부패는 여전히 중요한 문제가 되고 있다. 예를 들어, 1990년대에 몰렌위원회(the Mollen Commission)는 뉴욕시경찰청에서 심각한 부패 문제를 발견했다. 마약상들의 회계장부에서 경찰관들의 이름이 발견되었으며, 이들은 일주일에 최대 4,000불까지 받은 것으로 나타났다.[2] 2000년도 초반, 로스앤젤레스시 경찰청에 대한 조사에서도 심각한 부패 문제가 발견되었다. 로스앤젤레스시 경찰의 램파트 지역대(Rampart Division)에 소속된 경찰관들이 마약 절도, 은행 강도, 불법 감금 등에 연루되었으며, 가짜 증거를 심고, 용의자를 구타하는 등의 문제가 발견되었다.[3] 유사하게, 2019년도의 로스앤젤레스 카운티 보안관(LASD)에 대한 조사는 로스앤젤레스 동부관서에서 근무하는 대원들의 심각한 부패문제를 발견하였다. 고유한 문신을 통해 식별이 가능한 일부 대원들이 "보안관 대원 갱(deputy gang)"으로서 고발당했으며, 이들은 범죄에 가담하고, 다른 경찰관들과 싸웠으며, 조직원들을 보호하기 위하여 시민들을 위협했다. 더불어, LASD는 과도한 강제력 등의 "갱문화"를 장려하였고 특히 소수자들이 피해의 대상이 되었는데, 이로 인하여 LASD는 30건 이상의 연방 민권 소

송(federal civil lawsuit)을 제기 당했다.[4]

　본 장에서는 경찰부패의 특성, 부패의 원인, 부패 통제 전략에 대해 검토한다.

경찰부패의 정의

　허먼 골드스타인(Herman Goldstein)은 **경찰부패**를 "경찰관이 자신 혹은 다른 사람들의 사익을 위해 경찰의 권한을 오용하는 행동방식"이라고 정의한다.[5] 여기서 두 가지 중요한 요소는 (1) 권한의 오용과 (2) 사익이다.

경찰부패(police corruption)

　부패는 경찰관들이 저지를 수 있는 여러 가지 비위(misconduct)나 일탈 행위(deviant behavior)의 한 종류에 불과하다. 바커와 카터의 경찰 일탈행위에 대한 유형론에 따르면 직업적 일탈(occupational deviance)과 권한의 남용(abuse of authority)은 구분되는 개념이다. **직업적 일탈**은 "일상적인 업무 활동 중에 행해지거나 혹은 경찰관의 권한을 구실로 행해지는" 범죄행위 혹은 범죄는 아닌(noncriminal) 행동이다. 여기에는 업무시간에 잠을 자는 등의 불법은 아니지만 부적절한 행동도 포함된다. **권한의 남용**은 "시민들의 고유한 법적 권리를 침해하거나 인간의 존엄성에 상처를 입히고, 이를 모욕하며 침해하려하는" 경찰관의 행동을 의미한다.[6] 불법 체포 혹은 과도한 물리력 사용은 잘못된 것이기는 하지만 개인의 사익과 관련은 없을 수 있다. 한편, 경찰관이 저지르는 몇몇 불법 행위는 직업적 일탈은 아닐 수도 있다. 경찰관이 업무 이후에 친구나 가족에게 폭력을 가하는 것은 사적인 행동이다.

직업적 일탈(occupational deviance)

권한의 남용(abuse of authority)

EXHIBIT 13-1

규칙 및 규제, 피닉스 경찰서
운영규정 3.13(Operations Order 3.13)
선물 및 보상의 수수
(1) 직원들은 경찰서비스나 업무에 따른 보상 혹은 사례를 직·간접적으로 요청하거나 수수할 수

없다. 또한, 자신들의 지위를 이용하여 어떤 종류의 청탁도 구해서는 안 된다. 예를 들어,
- 상업 시설로부터 일반인들에게 제공되는 것과는 다른 유형의 할인이나 무료 음식을 제공받는 행위
- 일반인들에게 제공되는 것과 다른 종류의 할인된 혹은 무료 숙박을 제공받는 행위
- 피해자, 용의자, 증인 또는 사업체의 의무 없는 해위

(2) 직원들은 경찰에 구금되어 있는 사람과 어떠한 사업적 거래에도 연루되어서는 안 된다.

(3) 직원들은 뇌물수수나 강탈행위에 연루되어서는 안 된다.

출처: Phoenix Police Department, "Operations Orders". Operations Order 3.13 page 2.[Revised 06/14]

마지막으로, 어떤 행위들은 현명하지 못한 것일 수는 있으나, 불법은 아닐 수도 있다. 예를 들어, 일부 경찰관서는 경찰관들이 식당에서 무료 식사를 받는 것을 허용하지 않는다. 무료 음식을 받는 것은 경찰관서 규칙을 위반하는 것이지만 범죄로 성립되지는 않는다. Exhibit 13−1은 피닉스 경찰서(Phoenix Police Department)의 복무기준 중 금지된 행동과 관련한 일부 내용을 발췌한 것이다.

▌경찰부패의 비용

부패는 경찰, 형사사법시스템, 그리고 사회에 큰 비용을 전가한다. 첫째, 경찰관의 부패행위는 범죄행위일 수 있다. 경찰관의 범죄행위는 법 집행이 갖추어야 할 기본적인 청렴성(integrity)을 저해한다.

둘째, 부패는 종종 다른 범죄 행위를 보호한다. 역사적으로 부패된 경찰은 조직 범죄의 주요 수입원인 도박 신디케이트를 보호해왔다. 최근에는 경찰부패가 마약 밀매와 연결되기도 한다. 미국 회계감사원(The Government Accounting Office; GAO)의 보고에 따르면, FBI가 주도한 부패 수사에서 유죄판결을 받은 경찰관들의 절반 가량은 마약과 관련하여 유죄판결을 받았다.[7]

셋째, 경찰부패는 형사사법시스템의 효과를 저해한다. 뉴욕시 경찰부패대응위원회(New York City Commission to Combat Police Corruption)에 따르면, "경찰관들의 정직성과 청렴성은 형사사법시스템의 작동에

필수적이다."[8] 경찰관들은 일상적으로 법정에 나와 증언하는데 만약 그들이 정직하지 않다는 평판을 가지고 있다면, 형사사건에서 경찰관들의 신뢰도는 상처를 입게 된다. 예를 들어, 메릴랜드주 볼티모어시의 경찰관들은 증거 조작을 위해 가짜 보디카메라 영상을 제출하고, 거주자들의 재산을 강탈하고, 기록을 조작하는 등의 행위를 하였으며, 2017년도의 경우, 이로 인해 형사사건의 유죄판결이 무효화되거나(convictions were vacated) 형사절차가 중단된 사례가 대략 300건 정도 되었다.[9]

넷째, 부패는 경찰관서의 전문성을 저해한다. 경찰간부들이 부패했고 그들의 명령을 받는 경찰관들이 부패에 노출될 위험이 있다면, 효과적인 규율은 불가능해진다. 경찰관들은 다른 경찰관을 보호하려하기 때문에 부패는 경찰관들의 거짓말을 장려하게 된다. 자기 자신 혹은 동료 경찰관을 보호하고자 하는 거짓말은 과도한 물리력 행사에 대한 은폐와 같이 경찰활동에서 부패 외의 다른 영역으로까지 확장된다.[10]

다섯째, 뉴욕타임스(The New York Times)의 前기자 데이비드 번햄(David Burnham)은 부패에 대하여 뉴욕시민들에게 부과되는 "일년에 수백만 달러에 달하는 숨겨진 세금"이라고 주장한다.[11] 경찰이 사업자들로부터 뇌물을 뜯어내는 경우와 같이 일부 사례에서 부패는 실제로 직접적인 세금과도 같다.

여섯째, 부패는 대중의 경찰에 대한 신뢰를 훼손한다. 어떤 경찰관서가 부패했다는 인식은 경찰관들에 대한 존경을 훼손하고 전체 경찰관서에 대한 대중의 지지를 저해한다. 이것은 경찰-지역사회 관계에 악영향을 끼친다. 불법적 풍속 범죄*(illegal vice activities)는 일반적으로 저소득의 인종적 소수자가 많은 지역사회로 몰려서 발생한다. 로날드 바이처(Ronald Weitzer)와 스티븐 틱(Steven Tuch)이 미국 전역을 대상으로 한 경찰 비위에 대한 연구에서 확인한 바에 따르면, (인종적/민족적) 소수자들은 백인들에 비하여 자신들이 사는 도시의 경찰관들이 부패에 연루되어 있는 경우가 매우 흔하거나 상당히

---

* [역자 주] 마약밀매, 성매매 등 풍속 범죄에 대한 단속은 뇌물 등 경찰부패로 이어질 가능성이 있음.

흔한(very common or fairly common) 일이라고 믿고 있다(Exhibit 13-2 참조).[12]

몰렌위원회의 뉴욕시 경찰부패에 대한 보고서는 이러한 문제를 간접적으로 다루었다. 보고서가 기록하기를, 경찰부패 및 야만성과 관련한 최악의 사례는 "범죄가 많이 발생하며, 마약이 들끓는 경찰관 할구역, 보통 (인종적/민족적) 소수자가 많은 지역사회에서 특히" 발생 한다.[13] 하지만 그 보고서는 이러한 지역의 경찰관들이 그 지역 거주 자들이 정치적으로 무력하기 때문에 만연해 있는 부패와 야만성에 연루된다는 점을 지적하지는 않았다.

긍정적인 측면은, 정직성과 청렴성에 대한 여론조사에서 다른 직업과 비교할 때 경찰은 상대적으로 높은 순위를 차지한다는 점이 다. 예를 들어, 2018년도 갤럽(Gallup) 여론조사에서 경찰은 21개 직 업들 중 5등을 차지했는데, 이것은 성직자보다 한 단계 높은 것이었 으며, 국회의원, 은행원, 사업체 임원들보다는 훨씬 높은 순위였다.[14]

경찰의 정직성과 윤리 수준을 "높다" 혹은 "매우 높다"라고 평가 한 백인 미국인들은 1977년부터 2001년 사이 증가하였으나, 그 이후 2015년까지는 다시 그 비율이 감소하다가, 2016년도에 다시 반등한 이후 일정한 수준을 유지하고 있다. 대부분의 기간 동안 유색인종의 평가는 일관적으로 백인들의 평가보다 부정적이었다.[15]

EXHIBIT 13-2

당신이 거주하는 도시의 경찰서에서 (뇌물수수, 마약 거래에 연루 등의) 부패가 얼마나 자주 발생할까요?

	백인	흑인	히스패닉
매우 자주	6%	22%	9%
꽤 자주	11	26	20
자주 발생하지 않음	50	41	47
전혀 자주 발생하지 않음	33	11	24
응답자 수	613	555	592

출처: Ronald Weitzer and Steven Tuch, *Rethinking Minority Attitudes toward the Police: Final Technical Report* (Washington, DC: National Institute of Justice, June 26, 2004).

▌부패의 유형

부패는 다양한 형태로 존재한다. 어떠한 부패는 다른 유형의 부패보다 훨씬 심각하다. 공짜 음식을 대접받는 등의 특정 행동들은 이것이 부패로 규정되어야 하는지에 대한 논란도 존재한다. 부패 행위는 유형별로 다른 원인을 가지고 있으며 차별적인 통제 전략이 요구된다.[16]

사소한 호의

가장 일반적인 형태의 경찰부패는 무료 식사, 무료 드라이클리닝 혹은 다른 상품이나 서비스를 구입할 때 받는 할인 등 **사소한 호의**이다. 일부 경찰관서는 사소한 호의를 금지하기도 한다. 한 연구 결과에 따르면, 모든 경찰관서들 중에 겨우 절반만이 무료 식사에 대한 규칙을 가지고 있으며, 그중에서도 이러한 행태를 분명하게 금지하는 것은 일부에 불과하다.[17]

사소한 호의(gratuities)

사업자들이 호의를 제공하는 것은 복합적인 동기에서 비롯된다. 어떤 경우, 호의는 경찰관들이 지역사회를 보호하기 위해 위험한 일을 하고 있음에 대한 진정한 감사를 표현하는 것이다. 한편, 호의는 경찰차가 상점 근처에 주차되어 있다면 강절도를 억제할 수 있을 것이라는 믿음이나 혹은 경찰이 호의에 대한 보상으로 그 지역을 추가적으로 순찰할 것이라는 기대와 같은 이기심을 반영한 것이기도 하다. 예를 들어, 네바다주 리노시(Reno)에서 수행된 조사에 따르면, 경찰관에게 커피나 음식 등의 선물을 제공한 사람들의 약 33%는 경찰이 보상으로 특별한 호의를 보일 것이라고 응답했다.[18]

경찰관들이 사소한 호의조차 받는 것을 절대 금지해야 한다고 생각하는 사람들은 호의를 수용하는 것이 더욱 심각한 새로운 형태의 부패로 가는 문을 여는 것이라고 주장한다.[19] 사소한 호의는 경찰관들로 하여금 자신들이 특혜를 받을 만한 자격이 있다고 믿게끔 하며, 이러한 특혜를 요구하도록 만들 수 있다. 1970년대 초기 뉴욕시

수동적 경찰관(grass eaters)
적극적 경찰관(meat eaters)

의 부패를 조사했던 냅위원회(The Knapp Commission)는 **소극적 경찰관***과 **적극적 경찰관****을 구분하였다.[20]

노스캐롤라이나주 거주자들에 대한 조사에 따르면, 경찰이 사소한 호의를 제공 받는 것에 대한 의견은 매우 다양했다. 36%의 응답자만이 경찰이 근무 중에 간헐적으로 무료 커피, 비알코올 음료 혹은 식사 할인 등을 받는 것이 부적절하다고 응답했다. 하지만, 동시에 경찰관들이 비번일 때 음식을 받는 것이 적절하다고 응답한 응답자 역시 23%에 불과했다.[21]

뇌물

뇌물(bribes)

법 집행을 하지 않는 대가로 **뇌물**을 받는 것은 훨씬 더 심각한 형태의 부패이다. 경찰관이 돈을 받고 범칙금납부통고서를 작성하지 않는 등의 일부 뇌물수수는 다른 부패와는 분리된 개별적인 행동으로 볼 수 있다. 하지만 마약유통을 보호하기 위한 정기적인 뇌물수수 등 다른 형태의 뇌물은 좀 더 조직적이기도 하다. 역사적으로, 가장 심각한 형태의 경찰부패는 성매매, 영업금지시간 이후의 술 판매 혹은 마약 등 불법 활동을 보호하며 정기적인 대가를 지불받는 것과 관련이 있다. 뉴욕시의 경우, 이러한 정기적인 대가는 "패드(the pad)"라고 지칭되었다. 패드를 받는 뉴욕시 경찰관들은 한 명의 마약상을 보호하며 한 달에 최대 850불까지 받는 것으로 확인되었다.[22] 최근에도 조지아 주의 경찰관 9명이 마약거래를 보호해 준 대가로 현금을 수수하여 유죄판결을 받았다.[23]

⌐ **POLICE in FOCUS** ─────────────────────────────────

공짜는 얼마인가? 경찰부패의 실제 비용
　　뉴올리언즈 경찰서에서 경사(police sergeant)

로 은퇴하고 교수가 된 짐 루이즈(Jim Ruiz)는 그가 받았던 사소한 호의들을 솔직하며 잘 설

---

* [역자 주] 수동적으로 자신들에게 제공되는 것만 받는 경찰관들
** [역자 주] 적극적으로 호의를 요구하는 경찰관들

계된 분석 방법을 활용하여 회고하였다. 그가 지적하는 바에 따르면, 경찰이 받는 사소한 호의와 관련된 대부분의 학술적 논의들은 공짜 커피, 음료 혹은 무료/할인된 식사에 초점을 두고 있으며, 그것들이 경찰관의 수입에 어느 정도 비중을 차지하는지 혹은 매년 누적하여 어느 정도의 사소한 호의를 받게 되는지에 대한 분석은 없었다. 루이즈의 경험과 관찰에 따르면, 보수적으로 집계한다고 하더라도 경찰관들은 대략 한 해에 8,713달러에 달하는 사소한 호의를 받으며, 이 "선물"에 세금이 부과된다면 총액은 훨씬 더 많을 것이다. 그는 정책입안자들과 학계가 경찰관들이 매해 누적해서 받게 되는 사소한 호의의 총량이 상당하다는 점과 사소한 호의는 경찰관들의 한 해 수입의 상당 부분을 차지한다(최대 경찰관 수입의 30%에서 40% 가량을 차지함)는 점을 간과해서는 안 된다고 주장한다.

수업시간에, 당신이 경찰서가 사소한 호의에 대한 정책을 가져야 한다고 생각하는지 그리고 그 정책이 무엇이어야 하는지에 대해 토론 해 보라. 만약 경찰관서의 정책이 사소한 호의 수수를 통제하기 위해 필요하다고 믿는다면, 이 문제를 해결하기 위해 어떤 전략이 활용될 수 있을지 논의해보라.

일상적인 사소한 호의의 비용

사소한 호의	연간 비용
커피/음료	$494.00
도넛	444.60
점심식사	1,482.00
담배	2,002.00
술	2,496.00
세탁비용	962.50
극장비용	832.00
연간 총액	$8,713.10

출처: Jim Ruiz and Christine Bono, "At What Price a 'Freebie'? The Real Cost of Police Gratuities," *Criminal Justice Ethics* 23, no. 1 (2004): 44-54.

부패 경찰관들은 체포 전 혹은 후에 수사 정보를 주고 뇌물을 받을 수도 있다. 수사와 관련한 정보는 마약상들이 체포를 피하도록 도울 수 있다. 1978년도에 로버트 데일리(Robert Daley)는 뉴욕시 수사관들이 변호사들에게 계류중인 사건(pending case) 정보를 일상적으로 팔아왔다는 사실을 보고했다. 또한 경찰관들은 돈을 받고 자신의 증언을 변경하기도 하였으며, 증인으로서 중요한 사실들을 "잊어버리기"도 하였으며, 증거를 파손하거나 기소된 사건에 대한 중요한 정보를 유출하기도 하였다.[24] 민사 사건을 진행 중인 사람은 경찰관에게 뇌물을 주고 그에 대한 경찰서 기록을 지워달라고 부탁할 수도 있다. 과거 보석제도와 관련한 개혁이 있기 전에는 경찰관들은 체포된 사람들을 특정 보석 보증인(bail bondsman)이나 변호사에게 보내고 대가를 받기도 했다.

뇌물은 합법적인 사업과 관련이 있기도 하지만, 어떤 뇌물은 불법활동을 보호하기 위한 것이기도 하다. 데이비드 번햄(David Burnham)에 따르면, 뉴욕시 빌딩 계약자들은 이중 주차 혹은 불법 도로 점용 등의 위반에 대한 단속을 피하기 위하여 경찰관들에게 매주 50불씩 정기적으로 뇌물을 제공했다.[25] 2016년도에 FBI가 파악한 바에 따르면, 면허부서에 배치된 뉴욕시 경찰 몇 명이 금품을 받고 총기 면허 신청 처리 과정에 개입했다.[26]

뇌물은 여전히 미국 전역의 많은 경찰관서에서 문제가 되고 있지만, 미국의 경찰관들은 다른 국가의 경찰관들보다는 드물게 뇌물을 요구한다는 점 또한 중요한 사실이다. 경찰관들이 뇌물을 요구한 적이 있는지를 질문한 지금까지 가장 종합적인 국제 조사에 따르면, 미국은 41개 국가들 중 17위임이 확인되었다. 이는 다수의 선진국들 바로 아래 혹은 제3세계 및 후진국의 바로 위 정도에 해당한다.[27]

절도와 침입절도 및 그 밖의 재산범죄

근무 중인 경찰관에 의한 절도, 침입절도 혹은 그 밖의 재산범죄는 특히 심각한 형태의 부패이다. 또한 이러한 부패는 가장 흔한 유형 중 하나이기도 하다. 최근의 전국 규모 연구에 따르면, 경제적인 동기를 가진 범죄로 체포된 1,600여 명의 경찰관 중 50% 이상이 절도, 강도, 침입절도 등의 범죄를 저질렀다. 반면, 뇌물수수는 3.5%에 불과했으며 강요(extortion)나 협박(blackmail)은 5.3%를 차지하는데 그쳤다.[28]

이러한 부패의 한 가지 유형은 경찰관들이 주취로 인해 체포된 사람들의 돈을 훔치는 경우이다. 피해자는 보통 자신이 얼마나 많은 돈을 가지고 있었는지 기억하는 데 어려움을 겪으며, 경찰관이 돈을 훔쳤다는 것을 어느 누구에게도 납득시키기는 어렵다. 또 다른 유형으로는 경찰관들이 경찰관서의 증거실에서 타인의 소유물, 돈, 마약

등을 훔치는 사례이다. 1990년대 뉴올리언즈의 경찰관 40명은 은행 강도, 자동차 절도 및 다른 불법행위로 체포되기도 하였다. 그 후에도 범죄 행위로 인하여 추가적으로 200명의 경찰관들이 견책이나 해고를 당하거나 퇴직을 하였다.[29] 유사하게, 몰렌위원회는 뉴욕시의 부패한 경찰관들이 마약상으로부터 마약, 현금, 및 총기를 가로챘다는 것을 확인하였다. 어떤 경찰관은 한 번의 절도로 32,000달러에 상당하는 금품을 취하기도 하였다. 어떤 경우는 경찰관들이 가짜로 911 신고를 하고 사업장에 들어가 물건을 훔치기도 하였다.[30]

특히 마약범 체포는 절도의 유혹이 되기도 한다. 마약 관련 현장 급습을 통해 경찰관들은 다량의 마약과 현금을 발견한다. 2017년도의 경우, 볼티모어 총기사건 추적 TF팀(Gun Trace Task Force)은 다수의 경찰관들이 마약 유통에 연루된 마약상들로부터 마약과 수십만 달러의 현금을 빼앗았다는 것을 밝혀냈다. 결국, 9명의 경찰관들이 체포되고, 유죄확정되어 복역하게 되었다.[31]

또 다른 사례로, 2019년도에 디트로이트 경찰서 마약반 경찰관들에 의해 발생한 부패사건에서 경찰관들은 마약상으로부터 돈을 빼앗고, 정보원들을 위한 부서 자금을 횡령한 혐의로 기소되었다. 수사관들은 정보원의 지문과 서명이 있는 바우처 50장을 발견했는데, 이는 경찰관들이 정보원을 위한 돈을 지급받았다는 것을 의미한다. 이 마약반 경찰관들이 제출한 바우처 금액과 그들이 정보원에게 지불한 금액에는 차이가 있는데, 이 차액을 경찰관들이 유용한 것이다. 디트로이트 경찰서는 1970년대 22명의 경찰관들이 헤로인 밀매로 고발당했을 때부터 이러한 문제들로 곤욕을 겪어왔다.

성 비위

경찰에 의한 **성 비위**는 가장 일반적인 형태의 경찰 비위인 동시에 거의 논의되지 않고 있는 비위이기도 하다. 미디어 보도를 분석한 연구에 따르면, 경찰 비위의 약 13%는 성 비위와 관련이 있다.[33] 국제경찰기관장협회(IACP)는 성 비위를 "경찰관이 성행위(sexual act)를 하

성 비위
(sexual misconduct)

거나, 다른 사람과 성적 접촉을 시작하거나, 혹은 다른 사람으로부터 성적 유혹을 받고 이에 반응하기 위해 법 집행에서의 경찰관 지위에 따른 경찰의 권한과 (물리력을 포함한) 통제력을 남용하는 행위"로 정의한다.[34]

IACP에 따르면, 성 비위에는 다음과 같은 유형이 있다.

1. 강간과 성폭력을 포함한 성적 접촉(sexual contact)
2. 체포를 하지 않는 조건으로 경찰관이 성접대를 받는 등의 성적 갈취(sexual shakedown)
3. 부적절한 몸수색과 같은 불필요한 물리적 접촉(gratuitous physical contact)
4. 근무 중 경찰관 혹은 시민이 주도한 성행위. 여기에는 서로 동의한 경우도 포함됨(sexual contact or behavior while on duty).
5. 동료에 대한 성희롱(sexual harassment of colleagues)
6. 성적 동기에 의해 범죄의 증인이나 피해자를 부르는 등 불필요한 접촉(unnecessary contact)
7. 성적 동기에 의해 창문 너머를 훔쳐보는 등의 관음적 행위(voyeuristic action)[35]

몇몇 보고서는 경찰에 의한 성 비위가 흔히 생각하는 것보다 빈번할 것이라는 단서를 제공한다. 미국연합통신(The Associated Press)은 41개 주의 법 집행 면허(law enforcement license) 기록을 검토하여 2009년부터 2014년 사이 1,000명 가량의 법 집행 요원들이 성 비위 혹은 성범죄로 인해 자격을 잃었음을 확인했다.[36] 필립 스틴슨(Philip Stinson)과 동료들은 구글 뉴스검색 엔진을 활용하여 이 주제에 대해 조사하였다. 그들은 연구 기간 3년 동안 경찰관이 저지른 548건의 성 관련 범죄를 확인하였다. 이들 중 약 73%는 경찰관들이 청소년에게 가해하여 체포된 사건이었다. 이러한 발견은 미디어에 의해 확인된 사건들만을 대표한다는 점에서 심각한 형태의 비위 사건을 반영하는 등의 왜곡 가능성이 있지만, 이러한 결과는 경찰관의 성 비위를 이해하기 위한 추가적인 연구가 필요하다는 점을 시사한다.[37] 지난 몇 년간

카토연구소(Cato Institute)의 경찰비위 보고 프로젝트(National Police Misconduct Reporting Project)는 미국 전역의 경찰 비위를 추적해 왔다. 카토연구소는 6,613명의 경찰관과 6,826명의 피해자가 연루된 4,861건의 경찰 비위를 확인했다. Exhibit 13-3에서 확인할 수 있듯이, 이 프로젝트는 성 비위가 경찰 비위 중 두 번째로 빈번하다는 점을 보여준다. 이 프로젝트는 비위 관련 소송 및 보상에 346,512,800 달러가 지출된 것으로 추산한다.[38]

경찰의 성 비위와 관련하여, 네 가지 주요한 설명이 있다. 첫째는 교육훈련과 규칙의 부재이다. 경찰서장들은 그들의 경찰관들이 성 비위와 관련한 공식적인 교육훈련 혹은 지도를 거의 받지 않는다고 보고한다. 결과적으로, 경찰관들은 성 비위와 관련하여 거의 이해하지 못하고 있으며 그러한 행위에 연루되었다가 적발되었을 때 어떠한 일을 겪게 되는지에 대해서도 잘 알고 있지 못하다. 둘째, 경찰관의 성 비위에 피해를 입은 피해자들은 경찰서에 고발을 하지 않는다. 이는 피해자들이 고발에 따른 보복을 두려워한다든지, 고발을 하더라도 경찰관서에서 심각하게 처리하지 않을 것이라는 두려움에 따른 것이다. 셋째, 경찰의 업무는 경찰관들에게 성 비위에 연루될 수 있는 수많은 기회를 제공한다. 경찰관들은 상시적으로 감독을 받지 않는 업무 환경에 있으며(unsupervised work environment), 특정 상황에서 특정 사람들에 대한 경찰권을 가지고 있다는 점에서 성 비위의 기회를 충분히 제공한다. 또한 (종종 "경찰 팬(cop groupies)"으로 불리는) 어떤 사람들은 경찰관들을 좋아하기도 하며, 이는 경찰관들에게 빈번한 유혹이 될 수 있다. 마지막으로, 경찰관들은 성 비위와 같은 동료들의 비위에 침묵을 지키는 등의 경찰문화를 가지고 있는데, 이러한 경찰문화는 경찰관들의 성 비위에 대한 보호막이 될 수 있다.[39]

거짓말과 부정직

1963년 *Brady v. Maryland* 판결에서, 미국 연방대법원은 검사들이 모든 증거를 범죄 피고인과 공유해야 한다고 판결했으며, 이러한 증거*들은 사건 결과에 영향을 미칠 수가 있다.[40] 이후의 판결들에서는 연방대법원은 증거를 피고인 측이 요청했는지 여부에 관계없이 검사는 피고인 측에게 이러한 증거들을 제출해야 한다고 판결했으며,[41] 경찰은 *Brady* 원칙에 따라 검사에게 자신들이 알게 된 모든 증거를 알리도록 요구받았다.[42]

브래디 리스트(Brady lists; 비위에 연루된 경찰관 명단)

이러한 법률적 요구 사항을 충족시키기 위해 일부 검찰청에서는 경찰의 인사 서류를 검토하고 비위에 연루된 것으로 밝혀진 경찰관들을 **브래디 리스트**에 수집하기 시작했다.[43] 심각한 비위에 연루된 것으로 밝혀진 경찰관은 종종 해고되지만 덜 심각한 형태의 비위에 가담한 것으로 밝혀진 경찰관은 해고되지 않는다. 후자의 비위에는 거짓말과 부정직과 관련된 것들이 포함된다.

거짓증언, 허위 보고 및 다른 형태의 부정직과 같은 비위는 큰 문제가 될 수 있다. 이러한 형태의 비위는 경찰관의 청렴성에 대한 의문을 제기하게 하며, Brady 원칙에 따라 경찰관들의 비위는 피고인 측에 의하여 법정에서 경찰관의 증언을 반박하는 데 사용할 수 있다. 국제경찰기관장협회는 만일 어떤 경찰관이 신뢰할만하지 못한 것으로 판명된다면 이것은 그 경찰관이 효과적인 증인이 될 수 있는지에 대한 의문으로 이어지며, 이것은 또한 그 경찰관이 경찰관서에서 유용한 직원인지에 대한 의문으로도 이어질 수 있으므로 경찰 지도자들은 거짓말과 부정직을 심각하게 여겨야 한다고 주장했다.[44]

---

* [역자 주] 피고인에게 유리한 증거들을 포함함.

EXHIBIT 13-3

유형별 비위 현황

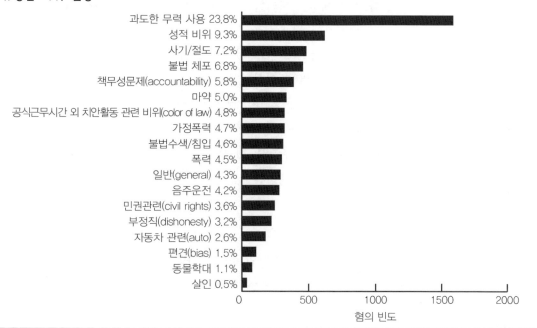

출처: Adapted from Cato Institute's National Police Misconduct Reporting Project, 2010.

경찰의 거짓말과 부정직의 정도는 비교적 알려지지 않았으며, 대체로 언론을 통해서만 대중이 인지할 수 있다. 로스앤젤레스 보안 관서 요원들의 비위 정보가 담긴 Brady 리스트는 약 300명의 요원들을 포함하고 있다. 이 300명의 요원들은 2000년에서 2014년도 사이에 6만 건 이상의 중범죄 사건의 잠재적 증인(potential witness)으로 밝혀졌다. 하지만 이 리스트는 한 언론인에게 전달되기 전까지 검사들과 대중에게 알려지지 않았다.[45]

경찰관의 거짓말과 불신과 관련된 최근의 사건 중 하나는 로스앤젤레스 경찰청에서 발생했다. 한 어머니는 자신의 아들이 갱단원으로 잘못 기록됐다고 경찰에 신고했다. 해당 경찰관의 상관이 관련 사건의 보디 카메라 영상을 검토한 결과 청소년이 실제로 갱단원으로 부정확하게 기록되었음을 발견했다. 이 사건으로 인해 부서는 최소

10명의 경찰관이 검문검색 보고서를 위조하고 증거가 없음에도 개인을 갱단원으로 기록한 것을 발견했으며, 이는 더 큰 수사로 이어졌다. 일부에서는 이러한 사건이 경찰이 경찰관들에게 실적을 높이도록 압력을 가했기 때문에 발생했다고 주장하기도 한다.[46]

한 전국 규모의 조사에서 전국 경찰서에 브래디 리스트를 요청한 결과, 1,200명 이상의 경찰관이 거짓말이나 기타 비위 이력이 있고 261명이 직무상 부정직으로 징계를 받았다는 공식 기록이 있는 것으로 밝혀졌다. 약 10%의 검찰 조직만이 기자들에게 브래디 리스트를 공유했기 때문에, 이러한 추정치는 상당히 과소평가 된 것일 가능성이 크다.[47]

Sidebar 13-1

1963년도부터 2017년도 사이 자격박탈에 이르게 한 경찰 비위의 유형

대부분의 주는 경찰관을 자격을 박탈하는(decertification) 절차를 가지고 있다. 캘리포니아, 뉴저지, 로드아일랜드, 매사추세츠주의 경우는 그렇지 않다. 경찰자격박탈(decertification)과 관련한 내용은 6장을 참조하라. USA TODAY는 정보공개청구를 통해 44개 주에서 자격을 박탈당한 경찰관들의 정보를 수집하였다. 이에 따르면 1963년도부터 2017년 사이 30,000명 이상의 경찰관들이 자격을 박탈당했다. 자격을 박탈당한 경찰관들은 다음과 같은 유형의 비위를 저질렀다.

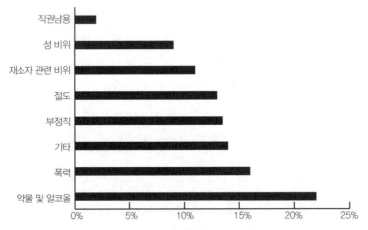

출처: https://www.usatoday.com/in-depth/news/investigations/2019/04/24/usa-today-revealing-misconduct-records-police-cops/3223984002/

내부적 부패

매우 부패한 경찰관서에서는 승진이나 선호하는 업무배치를 위해 뇌물을 사용해야 한다. 19세기 뉴욕시경찰청에서는 승진에 따른 비용지불이 매우 체계적이었으며, 각 계급에 따른 "가격표"가 존재하기도 했다. 냅위원회는 당시에 경찰관들이 선호하는 업무배치를 위하여 다른 경찰관들에게 뇌물을 주는 행위가 만연하였음을 밝혀냈다. 형사 업무에 배치되기 위해서는 500~2000달러의 뇌물이 필요했다는 루머도 있다.[49]

부패와 야만성

몰렌위원회는 1980년대와 1990년대에 부패와 야만성이 결합한 새로운 형태의 부패가 생겨났다고 주장한다. 경찰관들은 야만적으로 마약상들을 구타했고, 그들의 마약과 돈을 편취했으며, 다른 마약상이나 경찰관들에게 팔아 넘겼다. 모든 부패가 야만성과 결합한 것은 아닌 것처럼, 경찰관서 내의 모든 야만성이 부패와 관련이 있는 것도 아니다. 그럼에도 불구하고, 이 둘은 밀접한 관련이 있다. 경찰관들이 야만성을 다른 형태의 비위로 나아가는 "통과의례(rite of initiation)"라고 증언한 것은 특히나 우려스럽다: "선을 넘었음에도 처벌을 받지 않는 것을 경험했다면, 부패를 포함하여 다른 방식들로 경찰의 권한을 남용하는 것은 더욱 쉬워진다".[50]

오늘날까지 가장 악명 높은 사건은 로스앤젤레스 경찰서 램파트 지역대의 경찰관들이 "심각한(hard core)" 범죄 행위에 연루된 것이다. 갱단에 대응하는 엘리트 부대로 알려져 있던 램파트 클래시 부대(Rampart CLASH Unit)의 경찰관들이 갱단원들을 적극적으로 공격하고 무고한 개인들을 범죄의 혐의가 있다고 거짓 고발하였다는 것이 밝혀졌다. 이 스캔들에 대한 조사에 따르면, 경찰관들은 사람들에게 겁을 주려는 목적만으로 목을 조르고 주먹질을 하였다. 한 사건에서는 경찰관이 용의자를 "인간 망치"로 사용하여 용의자의 얼굴을 계속해서 벽에 밀쳤다. 다른 몇 몇 사례의 경우, 경찰관들은 용의자에게 마약을 몰래 숨겨두고 체포를 하기도 하였다. 램파트 클래시 부대의 부패한 경사(sergeants)들은 비행행위에 대해 보상(award)을 함으로써 이러한 활동들을 장려하기도 하였다. 어떤 경찰관은 무장을 하지 않은 무고한 사람에게 사격을 하고 보상을 받기도 했다.[51]

▌부패의 수준

부패의 수준은 경찰관서마다 다르다. 어떤 경우, 부패행위는 단지 일부 일탈적인 경찰관에게만 국한된 문제이다. 다른 경우에, 부패는 경찰관서 전체에 체계적으로 퍼져있을 수도 있다. 로렌스 셔먼은 왜 경찰관서마다 다른 종류와 다른 수준의 경찰부패가 존재하며, 왜 같은 지역사회에서도 역사적인 시점에 따라 다른 종류와 다른 수준의 경찰부패가 존재하는지는 대답할 가치가 있는 질문이라고 주장한다.[52]

부패의 수준을 측정하는 것은 매우 어려운 일이다. 당연히 이것은 숨겨진 범죄이다. 일반적으로, 부패는 경찰관과 경찰관에게 뇌물을 제공하는 사람 모두가 범죄의 책임이 있기 때문에, 신고를 할 피해자가 없다. 한 조사에 따르면, 경찰관이 뇌물을 요구한 사람들의 5%만이 이러한 사실을 경찰관서에 신고한다.[53] 결과적으로, 경찰부패에 대한 신뢰할만한 자료는 거의 없다. 대부분의 가용가능한 자료들은 부패 스캔들로부터 폭로된 것 및 주요 부패 스캔들에 대한 조사로부터 나왔다. 물론 일부 연구자들은 이러한 문제를 분석하기 위해 대중 및 경찰들을 대상으로 설문조사를 하기도 하였다. 하지만 대부분의 연구들은 체계적이지 못했으며, 일반적으로 경찰부패에 대한 연루를 묻지 않고 이에 대한 인식만을 질문했다는 한계가 있다.[54]

이와 관련한 중요한 연구가 로버트 케인(Robert Kane)과 마이크 화이트(Mike White)에 의하여 수행되었다. 그들은 1975년부터 1996년까지 뉴욕시경찰청으로부터 비자발적으로 이직한(involuntarily separated)

경찰관 전수에 대한 생애 및 경력 분석을 수행하였다. 그들은 매우
적은 수의 경찰관만이 부패나 다른 유형의 경찰비위에 연루되었다는
사실을 확인하였다. 그들의 자료에 따르면, 이 시기에 고용되어 있었
던 78,000명의 경찰관들 중 1,543명의 경찰관들이 경찰로서의 경력
단절을 야기한 비위(career-ending misconduct)를 저질렀으며, 이것은
같은 시기 고용되어 있던 경찰관들의 약 2%에 해당하는 것이다.[55]

　　Exhibit 13-4에서 확인할 수 있듯이, 1,543명의 경찰관들은
2,465건의 문제를 일으켰다. 대부분의 징계사유는 행정적인 성격을
가지고 있으며, 이를 이어 마약 범죄(예를 들어, 판매 및 소지), 금전동
기 범죄(profit-motivated crime), 근무시간 외의 대인 범죄, 사법방해
(obstruction of justice), 근무시간 외의 공공질서 관련 범죄, 근무 시의
권한남용, 수습기간 동안의 품행문제(conduct on probation) 순으로 나
타났다. 즉, 저자들은 부패로 인해 징계받은 경찰관들이 매우 적다는
사실을 확인하였다.

　　이와 더불어, 케인과 화이트는 뉴욕시경찰청에서 발생한 경력
단절을 야기한 경찰 비위와 관련된 위험 및 보호 요인을 분석했다.
그들은 흑인, 범죄경력자, 전 직장에서 문제가 있었던 경찰관들이 심
각한 비위로 경찰서를 떠날 가능성이 가장 높다고 결론 내렸다. 반대
로, 준학사 및 학사 학위가 있는 경찰관 및 경찰학교에서 좋은 성적
을 거두었던 경찰관들은 경력 단절을 야기한 비위에 연루될 가능성
이 통계적으로 유의하게 낮은 것으로 나타났다.

EXHIBIT 13-4

뉴욕시경 경찰관들에 대한 징계 현황, 1975-1996

징계 내용	%(빈도)
행정적/지시미이행	30.1%(742)
마약	19.0(468)
수익 동기 범죄	15.7(387)
근무시간 외 대인 범죄	11.6(286)

사법방해	10.8(226)
근무시간 외 공공질서 위반 범죄	5.8(144)
근무 중 권한남용	4.8(119)
수습기간 중 품행문제	2.2(53)
합계	100.0(2,465)

경찰관서의 부패 확산 정도

셔먼은 "부패의 확산 정도(the pervasiveness of corruption), 부패의 조직화, 뇌물의 출처"를 기준으로 세 가지 유형으로 부패의 수준을 구분하였다.[56]

유형 1: 썩은 사과와 썩은 포켓

썩은 사과(rotten apple)
썩은 포켓(rotten pocket)

가장 심각하지 않은 형태의 부패는 약간의 경찰관들이 각자 부패에 연루된 경우이다. **썩은 사과** 이론은 약간의 경찰관들이 독립적으로 부패 행위에 연루된 상황을 설명하는 것이다. **썩은 포켓**은 몇 몇의 부패한 경찰관들이 상호 협력을 할 때 발생한다. 썩은 포켓의 사례로 마약부서의 경찰관 집단이 마약 단속을 하며 돈이나 마약을 훔치는 경우를 들 수 있다. 예를 들어, 마약반 팀들 중 하나의 팀이 마약 단속 과정에서 현금이나 마약을 강탈한다면 이는 썩은 포켓이라 할 수 있다. 몰렌위원회도 이러한 부패를 확인하였다. 일례로, 뉴욕시경찰청의 13번 구역에서 3~5명의 경찰관들이 반독립적(semi-independently)으로 활동하면서 서로를 보호하고 돕는 경우가 있었다.[57]

유형 2: 만연하지만 비조직적인 부패

만연하지만 비조직적인 부패
(pervasive unorganized corruption)

"대부분의 경찰관들이 부패했지만, 상호 간에 거의 관계가 없는 경우" 부패는 더 심각한 단계에 진입하게 된다.[58] 많은 경찰관들이 교통위반 딱지를 발부하지 않고 뇌물을 받지만, 경찰관 상호간에 적극적으로 협력을 하지는 않는 경우가 있을 수 있다. 이러한 경우, 부패는 만연하지만 조직적이지는 않다.

유형 3: 만연한 조직적 부패

가장 심각한 형태의 부패는 경찰서의 고위층까지 침투한 조직적 인 형태이다. 예를 들어, 불법행위를 보호하며 조직적으로 보상을 받 는 경우가 있는데, 보상이 해당 부서의 전체 경찰관들과 그들의 상관 에게까지 공유되는 경우이다. 미국 서부의 한 도시에 관한 윌리엄 챔 블리스(William Chambliss)의 연구에 따르면, 한 명의 식당 주인이 해 당 관할 구역의 경찰관들에게 매달 200불씩 지급했으며(전체 뇌물은 경찰관들에게 균등하게 배분됨), 더 높은 계급의 경찰관들에게 매달 250 불씩 지급(마찬가지로 복수의 경찰관들이 나누어 가짐)했다는 점을 확인 했다. 뇌물을 주지 않는다는 것은 식당 사장이 건축물 관련 법 위반 으로 잦은 단속을 당할 것을 의미한다.[59] 냅위원회는 뉴욕시에서 새 로 배치된 사복 형사는 약 두 달간 그가 신뢰할만한 사람인지 확인을 받으며 뇌물을 나누어 받지 못하였다. 이 기간 동안 받지 못한 뇌물 은 그 경찰관이 해당 부서를 떠날 때 두 달치 뇌물에 해당하는 "전별 금"의 형태로 보상받았다.[60]

만연하며 조직적 부패
(pervasive organized corruption)

▎경찰부패에 관한 이론들

경찰부패에 관한 이론은 개별 경찰관, 사회 구조, 지역사회, 경 찰 업무의 성격, 경찰 조직, 경찰 하위문화 중 어떤 것에 초점을 두었 는지에 따라 6가지 유형으로 나눠질 수 있다.

개별 경찰관에 대한 설명

경찰부패와 관련하여 가장 일반적인 설명은 썩은 사과 이론이 다. 이 설명이 매력적인 이유는 이 이론은 한 명 혹은 그 이상의 개 인들의 도덕적 일탈을 강조하며, 간편하게 희생양을 만들어내며, 더 어려운 문제들을 회피할 수 있게 하기 때문이다. 이 이론은 부패에 대한 손쉬운 처리 방안을 제안한다.

경찰관료들은 썩은 사과 이론을 선호하는데, 그 이유는 일부 개인들을 비난할 수 있게 함으로써, 경찰관서에 존재하는 더 큰 문제에 대한 조사를 회피할 수 있기 때문이다. 일반 시민들 또한 복잡한 법적 혹은 조직내의 문제들보다는 개인의 부패를 이해하는 것이 쉽기 때문에, 썩은 사과 이론은 시민들에게도 매력적이다. 더욱이, 썩은 사과 이론은 시민들이 경찰부패가 경찰관 개인의 불법 행위에 대한 선호에 얼마만큼이나 영향을 받는지에 대해 생각하는 것을 회피할 수 있게 해준다.

하지만 다수의 전문가들은 썩은 사과 이론이 대부분의 경찰부패를 적절하게 설명하지 못한다고 믿는다. 이 이론은 특정 경찰 관서에 만성적으로 존재하거나 만연해 있는 부패에 대해 설명하지 못한다. 어떻게 특정 조직에만 수많은 "나쁜" 사람들이 모여있을 수 있는가? 또한 이 이론은 정직한 사람들이 왜 부패하게 되는지도 설명하지 못한다. 경찰 채용과 관련한 연구에 따르면, 경찰을 지망하는 대부분의 사람들은 도덕적으로 열등하지 않다. 그들은 평균적인 사람들이며, 다른 사람들이 각자의 직업을 선택하는 것과 같은 이유들 때문에 경찰을 선호한다.[61] 마지막으로, 썩은 사과 이론은 다른 경찰서들이 상대적으로 부패로부터 자유로움에도 특정 경찰서에서는 장기간 동안 부패가 이어지고 있는지를 설명하지 못한다. 냅위원회의 결론에 따르면, "썩은 사과라는 신조(doctrine)는 여러 가지 방식으로 의미있는 개혁에 대한 기본적인 방해물이 되어 왔다".[62]

사회 구조적 설명

대부분의 전문가들은 경찰부패를 미국의 사회 구조와 관련하여 설명한다. 그들의 관점에 따르면, 형사법, 문화적 갈등, 정치 사이의 밀접한 관계는 부패를 장려하고 유지시킨다.[63]

형사법

　　형사법은 경찰부패의 주요 원인 중 하나이다. 주법과 연방법은 사람들이 정당한 여가 혹은 사적인 문제라고 생각하는 행동들을 금지하거나 규제하고 있다. 예를 들어, 도박, 알코올, 마약, 다양한 성적 행위들이 여기에 포함된다. 이러한 행동들에는 문화 및 생활유형 (lifestyle)과 관련된 갈등이라는 기본적인 문제가 존재한다. 어떤 사람들은 이러한 행위들이 부도덕하고 해롭다고 생각하는 반면, 다른 사람들은 이러한 행위가 용납될 만하고 다른 사람들에게 해를 끼치지 않는다고 믿는다.[64]

　　1920년대의 금주령은 불법화된 재화 혹은 서비스를 공급하는 산업이 나타나는 것을 보여주는 완벽한 사례이다. 불법 재화 및 서비스의 공급자들은 그들의 산업을 유지하고자 하는 이기심을 가지고 있다. 세금이 붙지 않는 기업을 운영하며 얻어지는 수익은 필요에 따라 경찰, 검사, 판사들에게 뇌물을 제공하는 등 사법행정을 부패하게 만들 수 있는 충분한 잉여자금을 공급한다. 그들의 기업을 지속할 수 있도록 보장하는 "보험 정책(insurance policy)"으로써, 경찰의 부패는 사업의 고정비용이 된다. 이러한 불법적인 활동들은 시간이 지남에 따라 감소하기는 하였으나 미국 경제의 주요한 일부였다. 1932년에 추산하기로, 금주령 기간 동안 약 미국 국내총생산(GDP)의 4%가 불법적인 활동과 관련이 되어 있었는데, 이러한 비율은 현재 약 1%에 불과하다. 불법적인 활동 중 가장 큰 이윤은 마약유통에서 창출된다고 알려져 있다. 불법 약물만 해도 연간 약 1,110억 달러 가량이 된다. 성매매는 약 100억 달러 가량으로 추산된다.[65] 범죄조직은 선거의 후보자들을 지원할 수 있는 충분한 자원을 가지고 있으며, 자신들의 권력을 활용하여 특정 범죄행위에 대한 수사를 방해하는 등 사법행정에 영향을 미칠 수 있다. 1935년에 V. O. 키(V. O. Key)는 부도덕한 서비스의 공급(delivery of vice services)이 좀 더 조직화되고 범죄조직이 합법적인 대규모의 사업을 운영함에 따라 경찰부패의 성격도 변화했다.[66]

형사법은 많은 규제적인 법률을 포함하고 있으며, 이는 경찰부패에 영향을 미쳤다. 예를 들어, 법률은 교통의 흐름을 원활하게 하기 위하여 이중주차를 금지하는데, 일부 사업주들은 이중주차에 대한 강력한 단속이 고객들을 떠나게 할까봐 걱정한다. 특히 혼잡한 중심 상업지구를 가지고 있는 도시들에서는 경찰관들이 특정 교통 위반에 대한 단속을 하지 않고 이에 대한 보상을 받기도 한다.

규제적인 법률과 관련된 전술한 사례는 부패 유형분류의 중요성을 보여준다. 일부 부패 형태는 일탈적인 방법을 사용하여 또 다른 일탈적 목표를 달성하고자 한다. 예를 들어, 불법마약 판매를 보호하기 위한 뇌물과 같은 경우가 있다. 다른 형태의 부패는 합법적인 목표를 달성하기 위해 일탈적인 방법을 사용하는 것이다. 수익성 있는 사업을 지속하기 위한 뇌물을 예로 들 수 있다.

윌리엄 챔블리스는 법률, 정치구조, 경찰 그리고 범죄 사이의 긴밀한 관계를 강조한다. 그는 "조직 범죄는 법률과 정부 밖에 존재하는 무엇인가가 아니라 법률과 정부가 창조한 것이 되고 있다"라고 주장한다. 챔블리스는 "미국 도시들에 부도덕한 서비스를 공급하는 범죄조직을 운영하고 있는 사람들은 범죄세계의 일원일 뿐만 아니라 산업, 정치, 법 집행 분야의 구성원이기도 하다"고 덧붙였다.[67]

문화적 갈등

형사법은 미국 사회의 문화적 다양성을 반영한다. 다양한 집단들은 자신들의 가치를 공격하는 행동들을 금지하는 데 법률을 활용한다. 하지만, 다른 집단들은 이러한 행동들을 정당하다고 여길 수 있다. 맥뮬렌(McMullen)은 법제도의 목표에 대한 갈등은 부패를 만들어내는 전제조건이라고 주장한다: "심각한 수준의 부패는 정부의 태도, 목적, 수단 그리고 이것들이 작동하는 사회의 태도, 목적, 수단들이 수렴되지 않고 발산하는 데서부터 기인한다."[68]

지역의 정치 문화

어떠한 경찰관서의 부패 수준은 지역의 정치 문화에 상당한 영향을 받는다. 셔먼은 "공익지향정신(public-regarding ethos)이 있는 지역사회"에서 부패가 적을 것이라고 주장한다. 어떤 지역사회는 효율적이고 투명한 공공서비스의 전통을 세운 반면, 다른 지역사회는 이기적이거나 "사익지향적(private-regarding)"인 관습이 있으며 이는 부패를 촉진할 수 있다.[69] 경찰부패는 뉴욕시와 뉴올리언즈에 만연해 있는데 이것은 정부의 다른 부분에서도 부패가 만연했기 때문이다. 반면에 노스 캐롤라이나주의 샬럿시(Charlotte)나 오리건주의 포틀랜드시(Portland)와 같은 도시들에서는 경찰부패가 많이 사라졌고, 이것은 지역의 정치 문화가 훌륭한 정부를 강조하기 때문이다.

정치 문화는 중요한 요인임에도 불구하고, 분명하게 정의되거나 조사되지는 않았다. 왜 특정 도시들은 다른 형태의 정치 문화를 가지고 있는지, 혹은 이것이 어떻게 법 집행에 영향을 미치는지는 불분명하다.

지역사회 수준의 설명

로버트 케인은 부패가 일부 개인들에 의해 저질러지며, 일부 조직에서 만연하기 때문에 특정 지역사회가 그 지역에 배치된 경찰관들의 일탈 패턴에 영향을 미친다고 주장했다. 그는 연구자들이 1930년대부터 범죄와 일탈이 지역사회의 사회적 해체와 밀접한 관련이 있다는 사실을 알고 있었다고 지적한다(예를 들어, 빈곤율, 인구이동률, 인종적 다양성이 높고, 비공식 사회통제가 낮은 수준인 경우). 케인에 따르면, 사회적으로 해체된 지역은 많은 문제들을 가지고 있고 이는 범죄에 영향을 미치는데, 사회적으로 해체된 지역사회에서 근무하는 경찰관들의 비위 또한 이러한 요인들에 노출되어 있다는 것으로 설명할 수 있다.

이러한 문제를 분석하기 위하여, 그는 1975년에서 1996년 사이 뉴욕시경찰청에서 면직되거나 해임된 경찰관 숫자에 대한 자료를 수집했다. 그는 경찰관들의 해임이나 면직이 부패 또는 비위와 관련이 있는지를 확인하고, 경찰관들의 해임이나 면직을 야기한 사건이 발생한 지역과 해임된 경찰관 숫자를 분석하였다. 케인은 부패는 인구 이동률, 빈곤, 실업률, 외국출생 주민 비율이 높고, 교육수준이 낮은 지역에서 유의미하게 많이 발생한다는 것을 밝혀냈다.[70]

경찰 업무의 성격

토마스 베이커(Thomas Baker)는 경찰 업무의 "직업적 세팅이 경찰관들에게 다양한 비위 행동들을 저지를 수 있는 충분한 기회를 제공한다"고 주장한다.[71] 경찰 업무의 세 가지 측면이 경찰부패에 기여한다. 첫째, 경찰의 업무는 경찰관들을 부패의 기회에 노출시킨다. 경찰은 법률을 집행하는데 어떤 사람들은 뇌물을 제공하고 처벌을 면하려고 시도한다. 따라서 경찰관들은 자신들을 부패하도록 만들려는 사람들로부터의 유혹을 지속적으로 맞이하게 된다. 특히 범죄조직은 가용 가능한 엄청난 금전적 자원을 가지고 있다. 이것은 부패가 일반적으로 도덕범죄(vice)나 마약 담당 경찰관들 사이에서 만연한 이유로 볼 수 있다.

가시성 낮은 업무
(low-visibility work)

둘째, 경찰활동은 **가시성이 낮다.**[72] 경찰관들은 혼자 혹은 두 명이서 근무하며, 직접적인 감독을 받지 않는다. 비위가 적발될 위험성은 매우 낮은 편이다. 심지어 형사들은 순찰 경찰관들보다도 직접적인 감독을 덜 받는다. 따라서 그들은 가장 큰 유혹을 받는 동시에 적발 가능성은 가장 낮다.

셋째, 경찰 업무가 경찰관들의 태도에 미치는 영향 또한 부패에 간접적으로 기여한다. 허먼 골드스타인에 따르면, "(특히 대도시의) 평균적인 경찰관들은 인간성의 가장 어두운 면을 본다. 경찰관들은 지속적으로 불법이나 부도덕에 노출된다. 경찰관들은 사람들이 다른 사람들을 약탈하는 방식에 친숙해진다." 결과적으로, 경찰관들은 사람들에 대한 냉소적인 태도를 형성하기 쉽다. 불법이나 부도덕에 대한 지속적인 노출은 "다들 그렇게 한다"라는 믿음으로 이어질 수 있다.[73]

경찰 조직

몇몇 경찰관서들은 다른 관서들에 비해 부패가 심각한 반면, 일부 경찰관서들은 부패를 줄이는 데 성공적이기도 하다. 조직 수준의 변수들 중 가장 중요한 것은 관리 및 감독의 질을 결정하는 리더십이다. 부패는 그것을 용납하는 경찰관서에 만연하다. 부패에 대한 유혹 혹은 "초청"이 어느 지역사회에서나 만연해 있다고 가정한다면, 자신들의 부패행위가 적발되지 않을 것이라고 믿거나 적발되더라도 처벌이 심각하지 않을 것이라고 믿는 경찰관들이 부패에 굴복할 가능성이 높을 것이다.

칼 클로카스(Carl Klockars)와 동료들은 미국에 있는 30개 경찰관서를 대상으로 조직 문화가 부패에 미치는 영향을 분석하였다. 연구 결과에 따르면, 경찰관들은 근무하는 경찰서와는 무관하게 각 부패 유형의 심각성을 유사하게 평가하였다. 다만, 기관 청렴성이 낮은 경찰서의 경찰관들에 비하여, 기관 청렴성이 높은 경찰관서의 경찰관들은 부패가 적발되었을 때 강한 징계를 받을 것이라고 예측했다. 더불어, 기관 청렴성이 높은 경찰관서의 경찰관들은 비위 행위에 연루된 경찰관들은 강력하게 징계받아야 된다고 믿고 있었다.[74] 이러한 결과는 경찰관들은 부패의 각 유형별 심각성은 유사하게 생각하고 있지만, 부패를 용납하지 않는 조직의 경찰관들이 부패행위에 연루될 가능성이 낮을 것임을 시사한다.

로빈 하르(Robin Haarr)는 조직 몰입의 중요성 및 조직 몰입과 경찰 일탈과의 관계를 강조한다. 미국 중서부 한 경찰관서의 순찰 경찰관들에 대한 연구 결과, 조직 몰입이 낮은 경찰관서의 경찰관들이 성매매 여성과의 성관계나 불필요한 공권력 사용과 같은 경찰 비위나 업무회피(work avoidance)에 연루될 가능성이 높다. 반면, 조직 몰입 수준이 높은 경찰관서의 경찰관들은 업무 생산성을 높이기 위해 체포 보고를 조작하거나 공판에서 거짓 증언을 하는 등 조직을 위한 일탈에 연루될 가능성이 높았다.[75]

경찰 하위문화

경찰의 직업 하위문화는 경찰관들이 부패 행위를 시작하게 하는 등 경찰부패의 발생원인이자 다른 경찰관들의 부패 행위를 덮어주는 등 경찰부패의 지속 원인이기도 하다.

Sidebar 13-2

경찰은 부패와 관련된 내부 조사 및 연구에 참여할 의무가 있는가?

경찰 기관에서 발생하는 부패의 성격과 수준을 이해하는 것은 부패에 대한 대응 이전에 필요한 첫 번째 단계다. 하지만, 많은 경찰관서들에서, 부패는 금기시된 주제이다. 경찰 관료들은 부패에 대해 말하는 것이 대중에 노출되어 스캔들화 될까봐 두려움을 느낀다. 한편 경찰관들은 동료 경찰관들에 대한 충성심을 지키기 위하여 경찰비위에 대해 침묵해야 한다는 엄격한 경찰 하위문화를 따르고자 한다. 마지막으로, 많은 경찰관서의 노동조합은 조합원들을 보호한다는 명목으로 부패에 관한 연구에 조합원들이 참여하는 것을 허락하지 않는다.

수업에서, 부패와 관련한 내부 조사 및 연구에 참여해야 할 경찰서의 "도덕적 의무"에 대해 어떻게 생각하는지를 논의하라. 경찰관들은 소속 관서의 부패와 관련된 문제에 대해 내부자 또는 외부인에게 좀 더 개방적이어야 하는가? 그래야 한다면, 경찰관료들과 경찰관들에게 어떤 결과가 초래될까?

출처: Sanja Kutnjak Ivkovich, "To Serve and Collect: Measuring Police Corruption," *Journal of Criminal Law and Criminology* 93 (2003): 593-649.

1970년도에 발표한 윌리엄 웨슬리(William Westley)의 대표적인 경찰 하위문화 연구에 따르면, 경찰관들은 다른 경찰관들이 저지른 불법 행위를 덮기 위해 기꺼이 거짓말할 수 있었다.[76] 좀 더 최근의 연구들은 지난 30년 동안 거의 변화가 없었다는 점을 보여준다. 데이비드 와이스버드(David Weisburd)와 동료들이 수행한 121개 경찰관서의 경찰관 925명에 대한 조사 결과, 52.4%의 경찰관들이 다른 경찰관들의 부적절한 행동에 눈 감는 것은 이상한 일이 아니라고 생각한다고 응답하였으며, 단지 39%의 경찰관들만이 일반적으로 경찰관들은 동료 경찰관들의 권한 남용이 관계된 심각한 형법 위반을 신고할

것이라고 응답했다.[77] 이러한 결과는 대체로 경찰관들에 사이에서 특히 강력한 동료 압박(peer pressure)의 결과로 볼 수 있다. 경찰 하위문화는 충성심과 집단의 연대(group solidarity)에 높은 가치를 둔다. 경찰관들은 비난에도 불구하고 동료 경찰관들을 옹호하는데 이것은 자신의 동료들도 자신들을 도울 것이라고 기대하기 때문이다. 하지만 이러한 형태의 집단 연대는 거짓과 은폐를 조장한다.[78] 다른 경찰관들에 대한 충성심을 보이지 않는 경찰관들은 경찰서에서 배척당하기도 한다. 한 전국적인 조사 결과에 따르면, 67%의 경찰관들이 동료 경찰관의 비위를 고발한 경찰관은 동료 경찰관들에 의해 냉대받을 것이라고 응답하였다.

▌부패 과정

개별 경찰관들의 도덕적 경력

일부 예외적인 경우를 제외한다면, 경찰관들은 그들의 경력 초반에는 순수하다. 일부 예외는 범죄 경력이 있음에도 채용 과정에서 불합격되지 않은 경우이다. 몰렌위원회는 "대부분의 부패 경찰관들도 처음에는 순수하고 이상적이었다"는 점을 발견했다. 실제로 "[뉴욕시 경찰청의] 가장 악명높은 부패 경찰관들도 서류상으로는 한때 이상적인 신임경찰이었다."[79] 부패하게 되는 경찰관들은 일반적으로 부패 행위에 연루되는 것에 대해 용납하지 못하다가 점차 용납하게 되는 일련의 과정을 거치게 된다. 셔먼은 이러한 과정을 **경찰관들의 "도덕적 경력"**이라고 묘사한다.[80]

경찰관들의 "도덕적 경력"
("moral career" of a police officer)

부패 경찰관들의 도덕적 경력은 상대적으로 경미한 사소한 호의(gratuities)를 수용하는 것으로부터 시작된다. 경찰관들은 일상적인 업무의 일부로서 공짜 식사를 받아들인다. 이러한 첫 번째 단계에서 동료들의 압박은 매우 중요한 요인이다. 신임 경찰관은 베테랑 경찰관에 의해 부패 행위를 전수받는다. 셔먼은 "이러한 부수입(perks)을 받아들이는 도덕적 경험은 신규 임용자의 근무 첫 날 발생하며, 이러한 부수입을 받아들이게 하는 동료들의 압박은 엄청나다."[81] 몰렌위원회에 따르면, 뉴욕의 경우 경찰관들의 과잉 무력 사용이 처벌받지 않을 때 많은 경찰관들이 부패를 비롯한 다양한 유형의 비위를 시작하는 계기가 된다.[82]

동시에 경찰관들은 시민들이 뇌물을 공여하고자 하는 압박을 받기도 한다. 경찰관들은 자신들이 계산을 할 의사가 충분히 있음에도 어쩔 수 없이 공짜 식사를 대접받은 사례들은 무수히 많다.

셔먼에 따르면, 부패로 나아가는 두 번째와 세 번째 단계는 규제를 받고 있는 행위와 관련되어 있다. 경찰관들은 술집(bar) 사장에게 공짜 술 한 잔을 대접받고 술집이 법정 종료 시간 이후까지 영업하도록 허용하기도 하며, 과속을 한 운전자로부터 뇌물을 받기도 한다. 만약 어떤 경찰관이 다른 경찰관들이 일상적으로 같은 행위를 하고 있다는 것을 알고 있다면, 동료 압박은 큰 영향을 미칠 수 있다. 이러한 단계까지는 개별 경찰관들은 이러한 제안들을 수동적으로 받아들인다.

특정 시점에서 경찰관들은 소극적 경찰관(grass eaters)에서 뇌물을 요구하는 적극적 경찰관(meat eaters)으로 변모한다.[83] 부패 행위는 좀 더 심각한 법률 위반을 동반하며, 좀 더 체계적으로 변화하고, 다량의 돈과 관련되기도 한다. 즉, 경찰관들이 부패 행위에 스스로 착수하는 것이다. 셔먼의 가설 모형에 따르면, 4, 5, 6번째 단계는 성매매나 마약유통 등의 행위를 보호하고 정기적인 뇌물을 받는 것이다. 셔먼은 "어떤 경찰관들에게나 마약과 관련된 부정이득을 취하는 것은 도덕적으로 매우 어려운 경험이다."라고 지적한다. 불법적이거나 파괴적이라고 알고 있는 마약을 판매하고 유통하는 일을 자신들이 적극적으로 돕고 있다는 사실을 받아들이기 위해서 경찰관들은 반드시 자신들의 자아상(self-image)을 변화시켜야 한다. 이 시점에서 경찰관들의 도덕적 경력은 마지막에 다다른다. 경찰관들은 불법과 부정한 행위들을 단순히 받아들이는 것에서 나아가 적극적으로 실행하는 단계에 도달한다.

부패 조직

조직의 경우도 유사한 단계를 거쳐 경미한 부패에서 심각한 부패로 진행된다. 경찰관서의 "도덕적 경력"은 셔먼이 제시한 여러 단계들을 거친다고 볼 수 있다. 처음에는 개별 경찰관들 혹은 소수의 독립된 집단들이 부패에 연루된다. 실질적으로 모든 경찰관들이 부패 행위에 연루될 때, 두 번째와 세 번째 단계에 도달한다. 마지막 단계는 "조직에 부패가 만연한 상태(pervasive organized corruption)"이며, 실질적으로 모든 경찰관들이 범죄적인 요소들과 체계적으로 결탁해 있는 단계이다. 이러한 단계에서는 경찰관서의 리더십이 적극적으로 부패와 싸우지 않기 때문에, 경찰관서는 점진적으로 부패의 길로 나아간다.

▌부패 통제하기

경찰부패를 통제하는 것은 매우 어려운 일이다. 경찰의 역사는 매우 성공적으로 보였던 개혁 노력도 일시적인 것에 불과했다는 점을 보여준다. 허먼 골드스타인에 따르면, "개혁의 역사는 경찰의 부정을 제거하기 위한 노력과 더불어 이러한 노력이 순식간에 뒤집히며 기존 행태로 돌아가는 많은 사례들을 제시한다."[84] 예를 들어 뉴욕시의 경우, 1890년대 이후 1990년대에 이르기까지 20년 주기로 부패 스캔들과 이에 대한 특별 조사가 반복되어 왔다. 각각의 조사에서 개혁과 관련한 권고를 제시하였으나, 부패는 곧 다시 만연해졌다.

하지만 비슷한 시기에 경찰관서가 성공적으로 부패를 감소시킨 사례도 존재한다. 예를 들어, 1950년대 로스앤젤레스와 오클랜드 사례가 있다. 셔먼은 당시의 오클랜드 경찰서의 개혁을 "미국 경찰 관서에서 가장 오래 지속된" 개혁이라고 칭한다.[85]

부패 통제는 두 가지 방식이 있다. 첫째는, 부패가 처음부터 발생하지 않도록 예방하는 것이다. 두 번째는 부패가 존재할 경우 이를 줄이고 제거하는 것이다. 부패 통제는 두 가지 접근방식이 있다. 첫 번째 접근 방식은 경찰관서에 의한 내부적인 접근이다. 다른 방식은 외부적인 접근방식으로써 경찰관서 외부에 기구를 설치하는 방법 등이 포함된다.

▌부패 통제 전략 – 내부적 접근

경찰관서 내부에서의 효과적인 부패 통제 프로그램 수행을 위한 몇 가지 요소들을 소개한다.

경찰서장의 태도

전문가들은 성공적인 경찰부패 통제는 경찰서장의 태도로부터 시작된다는 점에 동의한다. 경찰관서의 장은 부패가 용납되지 않을 것이라는 점을 명확하게 해야 한다. 몰렌위원회에 따르면, "청렴함에 대한 헌신(commitment to integrity)은 단지 추상적인 가치에 머무는 것이 아니다. 청렴함은 경찰 책임자와 관서의 최고 지휘관, 일선경찰 관들의 태도를 좌우하는 현장 지휘관들의 말 속에 반영되어야 할 뿐만 아니라, 그들의 행동으로도 나타나야 한다."[86] 성공적인 부패 통제와 관련해 알려져 있는 사례 전부에서 경찰서장의 강력한 행동이 있었을을 확인할 수 있다: 로스앤젤레스의 윌리엄 파커(William Parker), 오클랜드의 와이먼 버논(Wyman Vernon), 캔자스시티의 클래런스 켈리(Clarence Kelley), 뉴욕시의 패트릭 V. 머피(Patrick V. Murphy).

경찰서장은 부패에 대한 대중의 강력한 요구를 수용하기가 쉽지 않다. 부패와 관련한 공개적인 논의는 현재 존재하거나 있을 수도 있는 경찰의 잘못을 인정하는 것이 된다. 몰렌위원회가 확인한 바에 따르면, 뉴욕시의 반부패 기능이 실패한 이유 중 하나는 뉴욕시 경찰 관료들이 경찰에 대한 나쁜 평판이 나는 것을 원하지 않았기 때문이었다. 따라서 부패 혐의들은 수사되지 않았다.[87]

규칙 및 규제

부패 통제의 두 번째 단계는 어떤 행위들이 용납되지 않는지를 명확하게 규정하는 것이다. 명확한 선을 만드는 한 가지 방법은 금기된 행동을 규정하는 문서화된 정책(written policies)을 만드는 것이다. 문서화된 정책의 활용 혹은 행정규칙 제정(administrative rulemaking)은 경찰 재량을 통제하고 경찰의 책임성을 강화하는 데에도 활용될 수 있다. 카터와 바커에 따르면, 부패에 대한 행정규칙은 6가지 기본 목적을 가지고 있다: "1) 경찰관들에게 기대되는 행동 기준을 고지, 2) 지역사회에 이러한 기준들을 고지, 3) 경찰 운용의 일관성을 위한 근거 성립, 4) 일탈 경찰관들을 징계하고 상담하는 근거를 제공, 5) 경찰관 감독을 위한 기준 제공, 6) 경찰 교육훈련을 위한 방향성 제공.[88]

몇몇 사례의 경우, 어떤 행위에 선을 그어야 할지에 대한 의견 불일치가 존재한다.[89] 예컨대, 모든 경찰 관료들이 공짜 식사 혹은 할인을 금지해야 한다고 생각하지는 않는다. 경찰재단(Police Foundation)의 조사에 따르면, 오리건주의 경찰관들 중 62%는 특정 할인이 여러 유형의 손님들에게 제공된다고 하더라도 경찰관들이 할인을 받는 것이 적절하다고 생각하지 않는데 반하여, 20%의 경찰관들은 이러한 행위가 문제없다고 생각한다.[90]

한편, 어떤 경찰 지휘관들은 모든 유형의 사소한 호의를 반드시 금지해야 한다고 주장한다. 패트릭 V. 머피는 휘하 경찰관들에게 "봉급 외에 깨끗한 돈은 어디에도 없다"라고 말했다.[91] 로스앤젤레스의 윌리엄 파커와 시카고의 O. W. 윌슨(O. W. Wilson)은 단지 한 잔의 공짜 커피도 경찰관의 청렴성에 흠결을 준다고 믿었다. 모든 사소한 호의를 거부해야 한다는 주장은 작은 사소한 호의 하나가 더 큰 부패로 나아가는 분위기를 조성할 수 있다는 점에 근거한다. 하지만 다른 전문가들은 반부패 노력은 심각한 부패 행위에 초점을 두어야 한다고 주장하기도 한다.

반부패 조사에 대한 관리

부패를 효과적으로 통제하기 위해서는 부패 혐의에 대해 해당 관서자체에서 실질적인 조사를 실시해야 한다. 일반적으로 이러한 업무는 감찰과(internal affairs unit; IAU) 혹은 청문감사관실(office of professional standards; OPS*)에서 담당한다(Exhibit 13-5 참조).

EXHIBIT 13-5

털사 경찰서 감찰과

털사 경찰서에 대한 시민의 신뢰를 유지하고 우리 조직에 대한 지속적인 신뢰를 보장하기 위해 감찰과는 다음과 같은 기능을 수행한다.

- 감찰과는 경찰서장의 지시에 따라 관련 경찰 직원의 비위와 정책 및 절차 위반 혐의를 조사한다.
- 감찰과 수사관은 경찰관이 연루된 충격 사건에 대응하고 행정적으로 조사한다.
- 감찰과는 경찰 관련 불법 행위 고발에 대해 시의 법무 사무를 지원한다.
- 감찰과는 법원의 소환장 처리를 지원한다.
- 감찰과는 털사 경찰서의 법집행기관인증위원회(Commission on Accreditation for Law Enforcement Agencies; CALEA) 인증 상태를 유지하는 데 필요한 감사, 검사 및 필요한 증거를 수행한다.
- 조사 중 직원의 권리를 보호하는 것도 감찰과의 책임이다.

시민의 불만을 처리하는 감찰과의 주요 기능은 철저하고 편견 없이 수행되며, 조사 완료 시 검토 및 권고를 위해 직원의 지휘계통을 통해 전달된다. 감찰과 직원은 검토 및 고충 처리 과정에서 해당 직원의 소명을 받을 수 있지만, 비위 혐의에 대한 최종 판결은 직원의 지휘계통과 궁극적으로 경찰서장에게

---

* [역자 주] Office of Professional Standards(OPS)는 경찰관들의 비위 및 위법행위 등과 관련한 주민들의 신고를 처리함. 예컨대, 클리블랜드 OPS 는 민간인으로 구성되어 있으며, 범죄행위는 아니지만 경찰관들의 문제행위가 신고될 경우 OPS에서 처리. OPS의 형태는 다양함. 클리블랜드와 같이 민간인으로 구성된 곳도 있고, 경찰관들로 구성된 곳도 있으며, Internal Affairs Unit과 병행 운영하는 경우도 있고, 기존의 Internal Affairs Unit을 OPS로 개편한 경우도 있음.

달려 있다.

출처: Tulsa Police Department Intenal Affairs 2018 Annual Report.

　성공적인 반부패 대응은 몇 가지 요소를 필요로 한다. 우선적으로, 전술한 바와 같이 최고지휘관의 강력한 지지가 필요하다. 국제경찰기관장협회(IACP)에 따르면, 징계의 가장 궁극적인 책임을 가지고 있는 것은 경찰관서장이기 때문에, 부서장(unit commander)은 "반드시 관서장에게 직접적으로 보고하거나 관서장과 정기적으로 접촉 할 수 있어야 한다."[92] 하지만, 몰렌위원회가 뉴욕시의 한 사건에서 확인한 바에 따르면, 뉴욕시 경찰의 지휘관들은 부패 수사관들에게 부패 사건을 적극적으로 다루지 말라는 분명한 메시지를 보냈다. 실제로 이 사건에서 가장 악명높았던 경찰관인 마이클 도드(Michael Dowd)는 뉴욕시 경찰이 아닌 인근 지역의 써포크카운티경찰(Suffolk County Police)에 의하여 마약 관련 혐의로 체포되었다.[93]

　둘째, 감찰과(IAU)는 부패 수사 업무량을 감당하기 위해 상당한 인력을 필요로 한다. 패트리 V. 머피는 뉴욕시 경찰의 감찰국(Internal Affairs Division; IAD)의 규모를 증가시켜, IAD 수사관과 일선 경찰관과의 비율을 1:533에서 1:64로 감소시켰다. 셔먼은 다른 두 곳의 경찰관서에서 수사관−경찰관 비율이 각각 1:110과 1:216이었다는 것을 확인한 바가 있다.[*94] 머피는 또한 현장감찰과 네트워크(network of field internal affairs units; FIAUs)를 구축하여, 반부패 대응을 분권화했다. 하지만 몰렌위원회가 확인한 바에 따르면, 20년 후 IAD는 소수의 부패 혐의만 다루게 되었으며, FIAUs가 대부분의 사건을 위임받아 처리하게 되었는데 FIAUs의 업무량이 지나치게 많아 효과적인 수사를 하기 어려운 지경에 이르렀다.[95] 문제는 부패에 대한 대응의 구조에 있었던 것이 아니라 효과적으로 업무를 수행할 수 있도록 돕는 행정적인 노력의 부족에 있었다.

　특정 관서 안에서 반부패 노력이 중앙집권적으로 이루어져야 하

---

* [역자 주] 따라서 패트릭 V. 머피가 증원한 뉴욕시 경찰의 IAD 인력 규모는 상당하다는 점을 알 수 있음.

는지 혹은 분권화된 구조를 통해 수행되어야 하는지에 대해서는 다양한 의견이 존재한다. 대부분의 경찰관서는 경찰서장에게 직보할 수 있는 IAU 부서장에게 부패 관련 수사에 대한 관리를 집중시킨다. 하지만 뉴욕시와 같은 몇몇 도시의 경찰관서에서는 다른 기관들과는 달리 부패에 대한 대응을 분권화하고 있다.[96]

　　IAU 인력의 구성 방식은 많은 경찰관서에서 논란이 된다. 경찰관들은 일반적으로 IAU 부서를 싫어하고 IAU 근무자들을 "밀고자들(snitches)"이라고 여기기 때문에, 이 부서로 발령받는 것을 원하지 않는다. 미국 서남부 지역의 전현직 IAU 근무자들을 조사한 결과, 내부 감찰 업무와 관련된 다양한 낙인 사례들을 확인할 수 있었다. 예를 들어, 한 경찰관은 친구로부터 "너 미쳤구나. 도대체 그곳에서 근무하기를 원하는 이유가 뭐야?"라는 말을 들었으며, 다른 경찰관은 "나는 네가 그것보다는 낫다고 생각했어."라는 말을 듣기도 했다.[97]

개리티 판결(*Garrity* ruling)

　　일반적인 경찰관들의 관점에서, 내부 감찰은 집단 결속(group solidarity)이라는 경찰관들의 규범을 위배한다. 또한 많은 경찰관들은 내부 감찰을 범죄조사를 받는 것보다 거슬려한다. ***개리티* 판결***과 관련하여, 경찰관들은 내부 감찰 조사 관련 질문에 응답하는 것을 거부한다는 이유로 징계를 받거나 심지어 해임될 수도 있다(다만, 경찰관들이 대답한 내용은 형사 기소시 당사자에 대한 불리한 증거로 사용될 수 없다). 마지막으로, 많은 경찰관들은 내부 감찰은 왜곡되어 있으며 특정 경찰관들을 괴롭히려는 것으로 생각한다.[98]

　　경찰 노조와의 계약에 따라 몇 몇 경찰관서에서는 관서장이 IAU에 누구를 배치할 것인지에 대한 권한을 가지고 있지 않는다. 상식적으로 생각해 볼 때, IAU 업무 배치를 원하지 않거나 성과평가에 문제가 있는 경찰관들은 적극적인 반부패 수사관이 되지 않을 가능성이 크다. 반대로 다른 경찰관서에서는 경찰관서장이 IAU 배치에 대한 전권을 가지고 있으며, IAU는 승진을 할 수 있는 주요 부서가 되기도

---

* [역자 주] Garrity 판결에 따르면, 경찰관이 내사 혹은 수사를 받을 때 일반인들과 같이 자기부죄 거부의 특권을 주장할 수 있으며 강요된 자백은 형사 고발에 사용될 수 없음. 다만, 경찰관이 묵비권을 행사하려는 경우, 소속기관에 의하여 징계받거나 해임될 수도 있음.

한다.

수사 전략

부패 수사에서 맞이하는 가장 커다란 장애물은 신뢰할 만한 증거를 획득하는 것으로, 일반적으로 수사관들이 맞이하는 상황과 동일하다. 부패 사건은 종종 신고자가 없는 피해자없는 범죄인 경우가 많다. 수사관들은 일반적으로 신고 없이 스스로 수사를 개시해야 한다. 부패한 경찰관서에서는 동료 경찰관들이 부패 경찰관들에 대한 증언을 거부하는 "블루 커튼(blue curtain)"이 항상 큰 문제가 되곤 한다. 심지어 정직한 경찰관들도 자신의 동료들에 대한 증언하는 것을 꺼려한다.

성공적인 수사는 수사에 협조하기로 결정한 일부 부패 경찰관들에게 의존하게 되는 경우가 많다. 일례로 1970년대 뉴욕시 스캔들(New York City scandal)에서는 로버트 로이치(Robert Leuci)가 매우 중요한 증거를 제공했다. 하지만, 그 경찰관은 개인적으로 경찰관서에서 따돌림을 당하거나 심지어 생명을 위협하는 협박을 받는 등 엄청난 비용을 지불해야 했다. 로스앤젤레스의 램파트 스캔들(Rampart Scandal)의 경우 또한 유사하게, 라파엘 페레즈(Rafael Perez)가 차량절도, 위조, 코카인 판매로 체포되어 낮은 형량을 제안 받고 수사관들에게 부패 사건 정보를 제공하는 것으로 램파트 스캔들의 전모가 드러나기 시작했다.[99]

"블루 커튼" 제거하기

동료 경찰관에 대한 증언을 거부하는 **침묵의 블루 커튼**은 경찰부패를 보호하는 주요 요인 중 하나이다. 로스앤젤레스와 뉴욕시의 경우, 위증을 한 경찰관들을 적발하고 처벌하기 위한 프로그램이 실시되었다. 1990년대 후반 로스앤젤레스의 경찰 위원회 위원장(inspector general for the Police Commission)은 수사 과정에서 "거짓 증언 및 오해를 일

침묵의 블루 커튼(blue curtain of silence)

으키는 증언(false and misleading testimony)"을 하는 경찰관들을 적발하기 위한 새로운 프로그램을 추진하였다.[100] 한편, 몰렌위원회 조사를 계기로 설치된 경찰반부패위원회(The Commission to Combat Police Corruption)는 경찰관서들의 위증 사건 처리를 조사한 이후 "위증에 대한 처벌이 불충분하다"라고 결론지었다. 위원회는 위증을 한 경찰관들은 특별한 사정이 없는 한 자동적으로 해임되어야 한다고 권고하였다.[101]

일부 경찰관서에서는 전술한 것과 같은 반부패 정책이 침묵의 코드(code of silence)를 오히려 강화시키는 것으로 밝혀졌다. 로스앤젤레스의 램파트 스캔들 독립 검토 패널(Rampart Independent Review Panel)이 보고한 내용을 예로 들자면, 경찰관들이 즉각적으로 사건을 신고하지 않는 데에는 우정, 충성심, 복수에 대한 두려움 등 다양한 이유가 존재한다. 하지만, 램파트 스캔들 독립 검토 패널에 따르면, 경찰관들은 자신들이 신고하지 않기로 한 결정을 재고하기도 하며, 특히 같은 동료 경찰관이 반복적으로 비위행위 하는 것을 목격할 경우가 그렇다. 비위행위를 신고하지 않은 경찰관을 처벌하는 정책은 차후 발생하는 비위에 대한 경찰관들의 신고 의욕을 상실시키며, 이러한 정책은 오히려 장기적으로 경찰관들의 비밀유지 하위문화 필요성을 강화한다.[102]

사전예방적 청렴성 검사

청렴성 검사는 경찰관서에서 부패 경찰관들을 적발하기 위한 또 다른 전략이 될 수 있다. 이 전략은 빈번하게 활용되는 것은 아니지만 경찰관들이 부패 상황에 연루될 수 있는 상황을 활용하여 경찰관들을 시험하는 것이며, 지정 청렴성 검사(directed integrity test)라고도 불리는 특정 의심 경찰관을 대상으로 한 조사와 무작위 청렴성 검사(random integrity test)라고 불리는 무작위 선정에 의한 청렴성 검사의 형태가 있다. 예를 들어, 대상 경찰관은 주거침입절도 현장으로 출동을 지시받게 된다. 청렴성 시험의 일부로서, 범죄현장에는 아무도 없으며 보석이나 현금이 노출되어 있다. 그 장소가 주거침입절도 현장이라는 점에서, 대상 경찰관은 보석 혹은 현금을 절취하고 용의자를 "비난(blame)"하려고 할 수 있다.

실제로 1970년대 냅위원회와 1990년대 몰렌위원회의 여파로 뉴욕시에서는 청렴성 검사가 활용되기도 하였다. 1970년대 청렴성 검사의 경우 청렴성 입증에 실패한 경찰관은 경찰구역(district)에 따라 12~34%에 달했다. 1995년과 1996년에는 대략 2,500명의 경찰관들이 청렴성 검사 대상이 되었으며, 1% 미만만이 청렴성 입증에 실패했다. 뉴욕경찰은 이러한 결과는 자신들의 반부패 노력이 성공적이라는 것을 보여준다고 여기고 있다.[103]

유사하게 뉴올리언즈 경찰서도 일련의 부패 스캔들에 대한 대응으로 1990년대 중반 공공청렴분과(Public Integrity Division)를 설치하였다. 이 부서에서는 부패를 적발하기 위해 경찰관들을 대상으로 청렴성 검사를 실시하였다. 청렴성 검사가 실시된 가장 마지막 해에 대한 공식보고자료에 따르면, 48명의 대상 경찰관들은 모두 검사에 통과하였다.[104] 다만 최근에는 매우 소수의 경찰관서에서 청렴성 검사를 실시하고 있다. 2020년도의 경우, 두 명의 경찰관이 청렴성 검사 이후 4,000달러 이상의 현금을 절취한 혐의로 고발되었다. 그 현금은 뉴욕경찰청 감찰과가 꾸민 음주운전 단속 세팅에서의 청렴성 검사 과정에서 도난당한 것으로 알려졌다.[105]

효과적인 감독

청렴성을 유지하기 위해서는 일상적 경찰관 행동(routine officer behavior)에 대한 효과적인 감독이 필요하다. 허먼 골드스타인에 따르면, "부패는 권한의 경계가 모호하고 지도감독이 최소한으로 이루어지는 등 형편없이 운영되는 조직에서 만연하게 발생한다."[106] 만약 경찰관들이 자신들의 일상 활동이 모니터링되지 않는다거나 혹은 과업에 대한 사소한 태만행위가 징계되지 않는다는 것을 경험할 때, 경찰관들은 부패 행위가 발각되지 않을 것이라고 결론지을 수 있다. 역사적으로, 부패가 만연하다는 평판을 가지고 있는 경찰관서들은 일반적인 경찰 업무 또한 비효율적으로 이루어진다는 평판을 함께 가지고 있는 경우가 많다. 2015년도에 미국 연방 법무부가 샌디에이고 경찰서의 비위사건을 조사한 결과에 따르면, 예산 삭감은 일선 감독자(first-line supervisors)들의 숫자를 감소시킬 뿐만 아니라, 일선 감독자들은 자신의 과업과 관련한 적절한 교육훈련 또한 받지 못했고, 경찰관서의 규정으로 인하여 관서의 조기 경보 시스템에 대한 접근이 불가능하기도 하였다.[107]

경찰관들 스스로가 말하기를, 훌륭한 일선 감독자는 경찰 비위를 통제하는 최고의 수단이다. 한 미국의 조사 결과를 예로 들자면, "거의 90%의 경찰관들이 응답하기를 훌륭한 일선 감독자의 존재는 경찰관들의 권한 남용을 방지하는데 효과적인 수단이다." 심층 면접 결과에 따르면, 감독자들은 자신들이 관리하는 경찰관들의 롤 모델이 되며 멘토링을 제공하는 등의 방법을 통해 경찰 비위를 예방할 수 있다는 점에 동의했다.[108]

감독의 질을 향상할 수 있는 방법과 관련하여, IACP와 미국법무부 경찰 청렴성 회의체(the Justice Department's police integrity conference)는 고질적인 문제를 가지고 있는 경찰관들을 적발하는 조기 경보 시스템(early warning system)을 추천한다. 조기 경보 시스템은 단순히 경찰관들을 처벌하는 것을 넘어 "경찰 비위의 초기 단계에 문제를 다루고 해결하고자 하는" 목적을 가지고 있다.[109]

Sidebar 13-3

미국에서 가장 악명 높은 부패 경찰관들

1. **루이스 에포리토(Louis Eppolito)와 스티븐 캐라파카(Stephen Caracappa).** 루이스 에포리토와 스티븐 캐라파카는 뉴욕시경찰청에서 근무했으며 이전 동료였다. 뉴욕시 경찰관으로 근무하는 동안 그들은 동시에 루체스(Lucchese) 범죄 조직의 암살자와 스파이로 일했다. 2006년에 두 사람은 모두 8건의 살인과 공갈, 사법 방해, 갈취, 음모 혐의로 유죄 판결을 받았다.

2. **조셉 미에지아노프스키(Joseph Miedzianowski).** 조셉 미에지아노프스키는 시카고 경찰이자 마약 밀매업자였다. 20년이 넘는 기간 동안 그는 시카고 갱전담반을 운영하고 자신의 지위를 활용하여 얻은 정보를 사용해 마약 딜러들을 쥐락펴락했다. 2001년 미에지아노프스키는 마약 음모 및 공갈 혐의로 유죄 판결을 받았다.

3. **데이비드 맥(David Mack)과 라파엘 페레즈(Rafael Perez).** 데이비드 맥과 라파엘 페레즈는 함께 로스앤젤레스 경찰청 램파트 부서에 배정된 경찰관이었고 힙합 레이블인 데스로 레코드(Death Row Records)에 고용되었으며 블러드 스트리트(Bloods Street) 갱단의 일원이었다. 1990년대 후반에 두 경찰관은 다수의 폭력 범죄에 연루되었다. 맥은 마약상을 살해하고 노토리어스 BIG(Notorious BIG) 살해와 관련이 있으며 은행 강도 혐의로 유죄 판결을 받았다. 페레즈는 증거로 압수된 8파운드의 코카인을 훔쳤으며 비무장 갱단원을 사살하고 누명을 씌웠다.

4. **존 버지(Jon Burge).** 1972년과 1991년에 시카고 경찰 수사관 존 버지는 자백을 받기 위해 수백 명의 흑인 남성들을 고문한 것으로 밝혀졌다. 그는 용의자들을 담배와 라디에이터로 태우고 고환에 연결된 장치로 감전시켜 고문했다. 버지는 공소시효로 인해 이러한 범죄로 유죄 판결을 받은 적이 없지만 자신의 범죄에 대해 거짓말을 한 혐의로 유죄 판결을 받았다.

5. **로버트 기세비우스(Robert Gisevius), 케네스 보웬(Kenneth Bowen), 안소니 빌라바소(Anthony Villavaso).** 2005년 허리케인 카트리나가 발생했을 때 경찰관 로버트 기세비우스, 케네스 보웬 및 안소니 빌라바소는 뉴올리언스 경찰서에서 근무했다. 이들은 허리케인으로부터 대피할 안전한 장소를 찾고 있던 무장하지 않은 17세의 제임스 브리셋(James Brissette)과 마주쳤다. 경찰과 대면하는 동안 브리셋은 총에 맞아 사망했다. 경찰관들은 허위 보고, 음모, 1급 살인 혐의로 기소됐다.

출처: Excerpt from "The Top 5 Most Corrupt U.S. Police Officers of All-Time," http://newstalkcleveland.com/discussion-2/were/the-top-5-most-corrupt-u-s-police-officers-of-all-time/.

훌륭한 경찰관에 대한 보상

경찰부패 전문가들은 경찰관서에서 정직한 경찰관들을 보상하는 것에 실패했기 때문에 부패가 만연할 수 있다고 주장한다. 허먼 골드스타인이 지적한 바에 따르면, "유능한 경찰관들 다수는 자신들이 부패 보고를 한 번이라도 한다면 그것이 자신들의 경력에 지속적인 문제를 일으킨다는 점을 발견한다."[110] 몰렌위원회에 따르면, "개혁은 정직한 경찰관들이 자신의 동료 경찰관들을 정직하게 유지시키고 부패한 경찰관들을 제거할 책임이 있다고 느끼게 만드는 데 중점을 두어야 한다." 다만 안타깝게도 정직한 경찰관들은 "전술한 행동을 하는 데 있어 종종 낙담하곤 한다." 경찰관들은 부패에 대해 보고하지 말라는 말을 듣기도 하며, 경찰관들의 부패를 보고할 경우 그러한 보고는 무시되곤 한다.[111]

채용

채용과정에서 지원자에 대한 효과적인 선별(screening)은 부패 통제를 위한 중요한 요소 중 하나이다. 하지만 안타깝게도 채용 단계에서 잠재적인 부패 경찰관을 선별하는 것은 쉽지 않다. 몰렌위원회에 따르면, 가장 부패한 경찰관들의 일부는 가장 이상적인 후보자들이었다.[102]

마이애미, 워싱턴 D.C. 및 로스앤젤레스 경찰서의 경우, 범죄와 마약 관련 전력이 있는 경찰관들을 고용한 결과로 엄청난 부패 스캔들을 경험하였다. 문제는 이들 경찰서들은 경찰관을 증원하라는 정치적인 압력을 받고 있었으며, 정상적인 배경조사(background checks)를 실시하지 않았다.[113] 예를 들어, 로스앤젤레스의 램파트 스캔들에 연루된 경찰관들은 범죄 경력이 있거나, 경제적인 문제를 가지고 있거나, 폭력 행동 전력이나 마약 문제를 가지고 있는 것으로 확인되었다. 추가적인 조사 결과, 이들 경찰관들은 전부 1980년대 후반이나 1990년대 초반에 채용된 것으로 나타났으며, 이 시기는 로스앤젤레스 경찰서가 인력을 신속하게 증원하기 위하여 정상적인 채용 절차를 지키지 않았을 때이다.[114]

오늘날의 경우 신임 경찰관 선발 방식의 일환으로 대규모 법 집행 기관 중에는 99.9%가 범죄경력을 조회하며, 99.6%가 배경조사를 실시하고, 82.2%가 신용조회를 실시한다.[115] 지원자들에 대한 배경조사는 효과적인 부패 대응 수단으로 여겨진다. 경험적으로 볼 때, 유

죄확정이 나지 않았더라도 체포 전력이 있거나, 특히 마약과 관련한
전력이 있는 사람들은 경찰관으로 입직했을 때 부패에 연루될 위험
성이 매우 높다.

경찰 지원자들이 범죄 혹은 마약 전력을 가지고 있을 경우 자동
적으로 임용에서 제외시켜야 할지는 경찰관서들 사이에서 논란이 있
다. 중범죄 전력이 있을 경우 사실상 모든 경찰관서에서 고용을 거부
한다. 마약과 관련해서는 IACP가 주장하기를 이상적인 기준은 "어떤
종류의 마약이든 전력이 있어서는 안 된다."는 것이다.[116] 하지만 현
대 사회에서 사람들이 마약을 사용하는 정도를 고려해 볼 때, 이러한
절대적인 기준을 세우는 것은 지원자의 상당수를 배제해야 한다는
것을 의미한다. 일반적으로 대부분의 경찰관서들은 호기심으로 마약
을 한 경우(experimentation), 일반적 사용(use), 남용(abuse)을 구분하
여, 지원자들이 약간의 마약 전력을 가지고 있을 경우에도 채용하곤
한다. 몇몇 주에서 의학용 및 오락용 대마초 사용이 합법화되고 있기
때문에 일부 경찰관서는 얼마만큼의 대마초 사용 전력이 문제가 되
는 것인지에 대해 재고하고 있다.

많은 경찰관서에서 경찰 지원자와 현직 경찰관들 중 마약에 연
루된 자들을 적발하기 위한 마약 검사 프로그램을 실시하고 있다. 경
찰관서를 대상으로 한 조사결과에 따르면, 모든 경찰관서 중 93%에
서 경찰 지원자를 대상으로 마약 스크린 시험을 하는 것으로 나타났
다.[117] 또 다른 조사의 경우, 마약 검사 프로그램을 실시하는 경찰관
서들 중에는 현직 경찰관이나 "민감한" 보직(내사, 도덕범죄전담부서,
마약 수사대)으로 옮기려는 경찰관들을 대상으로 마약 검사를 실시하
는 곳도 있다. 경찰관들이 마약을 하는 것으로 적발되었을 경우 자동
적으로 해임되는 것은 아니다. 많은 경찰관서들은 적발된 경찰관들에
게 상담을 제공하는 것을 선호한다.[118]

현장훈련

현장훈련은 신임 경찰관들이 장래에 비위에 연루되는 것에 중대

한 영향을 미치는 것으로 여겨진다. 현장실무교육관(Field training officer; FTO)은 훈련생들이 직장에서의 규범, 태도, 가치, 및 행동에 최초 노출되는 것과 관련한 책임을 가지고 있다. 훈련생들이 표출하는 태도와 행동들은 공식적 혹은 비공식적 보상과 처벌을 통해 강화되며, 훈련생들의 경찰관으로서의 경력에 지속적인 영향을 미치게 된다. 댈러스 경찰서의 현장실무교육관들이 훈련생들의 장래 비위에 미치는 영향을 분석한 최근의 연구에 따르면, 교육훈련 이후에 발생하는 비위에 연루되거나 혹은 연루되지 않는 행위의 약 25% 정도를 현장실무교육관들의 영향으로 볼 수 있다.[119] 이러한 연구결과는 현장실무교육관들이 경찰 비위를 예방하는 중요한 역할을 수행한다는 점을 보여준다.

▌부패 통제 전략 – 외부적 접근

경찰관서에 부패가 발생하였을 경우, 이것을 제거하는 것은 매우 어려운 일이다. 부패에 대한 내부 통제 기제는 종종 작동하지 않거나, 경찰관서 전반에 부패가 만연하였을 경우 내부 기제가 부패 통제 업무를 수행하는 것은 부적절하다. 이러한 상황에서는 외부적인 부패 통제 전략이 필요하다.

특별 조사

부패에 대한 수사는 어려움이 따르기 때문에 특별 조사 위원회(special investigation commissions)가 활용되기도 한다. 냅위원회는 1970년대 초반 뉴욕시 경찰을 조사하였으며, 몰렌위원회는 1990년대에 또 다른 조사를 실시하였다. 유사하게 크리스토퍼 위원회(The Christopher Commission)는 1990년대에 로스앤젤레스의 경찰권 남용 혐의를 조사하였다. 2016년도의 경우, 시카고 경찰책임성태스크포스(Chicago Police Accountability Task Force)는 시카고 경찰서의 야만적인 행태, 인종차별 그리고 비위에 대해 조사하였다.

　　뉴올리언즈의 경우 부패와 비위에 대응하기 위한 노력의 하나로 특별 조사와 관련된 최소 두 가지의 외부 부패 통제 전략을 활용하였다. 첫째는 2011년도에 두 명의 FBI 요원들이 뉴올리언즈 경찰서에 상근 배치되었던 것이다. 이들 FBI 요원들은 공공청렴국(Public Integrity Bureau)과 함께 부패 혐의에 대해 수사하였으며, 지역 경찰관들의 보수교육훈련을 돕기도 하였다.[120] 두 번째 사례는 뉴올리언즈시에서 미 연방 법무부의 민권국에 의뢰하여 반복적이고 조직적인 반헌법적 행태에 대해 독립적으로 수사할 수 있도록 한 것이다.[121]

　　특별 위원회는 경찰관서로부터 독립적일 수 있다는 장점을 가지고 있다. 하지만, 위원들은 경찰관서 내부의 일상적 활동에 대한 상세한 지식이 없을 수 있다. 또한, 외부 조사는 일선 경찰관들의 적개심을 유발할 수 있으며, 경찰관들끼리 결속하며 협력을 거부하려는 경향성을 조장할 수 있다.

형사 기소

　　경찰부패는 형법을 위반하는 행위인 경우가 많기 때문에, 주법(state law)에 근거하여 기소하는 것은 부패에 대한 한 가지 대응 방식이 될 수 있다. 형법은 부패 관련 범죄, 절도, 마약 소지 및 판매, 위증 등과 같은 가해 행위를 범죄로 규정하고 있다.

　　부패로 인해 기소당한 미 전역의 경찰관 숫자에 대한 자료는 확인되지 않지만, 체포되거나 유죄가 확정되었거나 구금된 경찰관 자료를 분석하는 것은 형사사법 시스템의 부패 경찰관 처벌 능력을 확인시켜 줄 수 있다. 미국 법무부의 지원을 받은 한 보고서는 2005년부터 2011년 사이에 보도된 경제적 동기에 의한 경찰 범죄 뉴스기사를 분석하였는데, 6,724명의 경찰관들이 체포되었으며, 그들 중 대략 57%가 기소되었다.[122] 하지만, 산자 이브코비치(Sanja Ivkovich)의 형사 기소 전략의 효과성에 대한 분석에 따르면, 부패로 인하여 소수의 경찰관들만이 엄중하게 처벌받는다. 예를 들어, 냅위원회의 조사 과정 동안에, 137건의 부패 사건이 검찰에게로 송치되었고, 피고인들

중 2/3가 유죄확정되거나 유죄인정합의(pled guilty) 되었다. 이들 중
에 대략 61%가 선고유예(suspended sentence)를 받거나 풀려났으며
(released), 다섯 명의 경찰관만이 1년 이상의 징역 형을 선고 받았다.[123]

부패에 대한 또 다른 대응방법은 연방 법률에 근거하여 지역 경
찰의 부패 사건을 기소하는 것이다. 연방 검사들은 지역의 형사사법
관료들과 유대가 깊지 않기 때문에 독립적인 수사를 하는 것이 용이
하다. 캐더린 맬리(Kathryn Malee)와 존 가디너(John Gardiner)의 연구
는 부패 사건의 기소에 대해 가장 심도깊게 연구한 것으로 알려져 있
다. 이들은 시카고와 쿡 카운티에서 1970년부터 1987년 사이에 기소
된 모든 부패 사건 자료를 취합하였다. 16년 간 114건의 부패 사건이
확인되었다. 맬리와 가디너에 따르면, 연방 검사들은 카운티 검사들
과 비교하여 특정 사건을 기소하는 경향이 10배가량 더 높은 것으로
나타났다.[124]

부패 혐의에 대한 형사 기소는 경찰의 과잉 물리력 사용에 대한
고발 사건보다 처리가 용이한 편이다. 우선 부패 사건은 증명도 쉬울
수 있다. 예를 들어, 어떤 경찰관이 뇌물을 받았고 뇌물 수수의 의도
가 있었다는 것을 증명하는 것은 어떤 경찰관이 법 집행 과정에서 용
의자 등을 구타할 의도가 있었다는 것을 증명하는 것보다는 쉬울 수
있다. 그럼에도 불구하고, 형사 기소 자체가 경찰부패에 대한 장기적
인 대응 수단으로써 효과가 있는지에 대해서는 의문이 남는다. 뉴욕
시 경찰의 경우, 거의 모든 경찰부패 사건 수사에서 경찰관들이 기소
되고 유죄판결을 받아왔다. 하지만 부패는 지속되고 있다. 여기서 얻
을 수 있는 교훈은 형사 기소는 부패한 개별 경찰관을 제거할 수는
있지만, 부패의 원인을 제거하지는 못한다는 것이다.

여론 조성하기

전문가 다수가 주장하는 바에 따르면, 경찰부패는 일부 경찰관
서에서 만연하게 되는데 이는 부패를 용인하는 지역 정치 문화 때문
일 수 있다. 따라서 부패를 통제하기 위해서는 여론을 동원해야 한

다. 언론은 부패와 관련한 여론을 형성하는 데 중요한 역할을 한다. 언론은 종종 부패의 존재를 보도하며 개혁을 촉발하기도 한다. 예를 들어, 뉴욕타임스의 기자 데이빗 던햄은 1970년대 뉴욕시 경찰의 부패를 노출시키는 데 중요한 역할을 했다. 1970년 4월 25일자 1면 기사에서 다루어진 경찰부패에 관한 그의 기사는 냅위원회의 조사로 이어졌다.[125]

뉴욕타임스지가 부패 이슈를 제기한 것이 뉴욕시 시장 및 뉴욕시 경찰의 고위 관료가 경관 프랭크 서피코(Frank Serpico)와 데이빗 덜크(David Durk)를 통해 제기된 부패 혐의에 대해 후속조치를 거부한 이후라는 점은 주목할 만하다.

더욱 최근에 밀워키의 언론사 센티넬저널(Journal Sentinel)의 지나 바톤(Gina Barton)이 보도한 바에 따르면, 밀워키 경찰서의 93명의 경찰관들은 불법행위로 인해 징계를 받았으며, 이는 밀워키 경찰서 전체 경찰관의 약 5%에 달하는 것이다. 그녀의 보도에 따르면, 성폭력, 가정폭력, 음주운전, 상점절도 등에 연루된 경찰관의 상당수는 기소되거나 징계된 바가 전혀 없다. 그녀는 93명의 경찰관에 대한 기록을 요청하였으며, 기록을 받기까지 2년이라는 시간 및 정보공개를 위한 비용으로 7,500달러를 지불하였다. 또한 그녀는 거주자들이 비위에 연루된 경찰관들 및 이들이 경찰서와 형사 기소에 의하여 받은 처분을 확인할 수 있는 인터넷 사용자들이 참여 가능한(interactive) 웹사이트를 개설하였다(http://archive.jsonline.com/watchdog/131554703.html/). 지나 바톤의 이야기 및 웹사이트는 새로운 과학기술이 경찰 비위와 관련한 여론을 조성하는데 강력한 역할을 할 수 있다는 것을 보여준다.[126]

하지만 언론에 의지하는 것은 명백한 한계가 존재한다. 언론이 생산해 낸 스캔들은 짧은 기간 동안 소비되곤 한다. 언론과 대중 모두는 매우 짧은 시간동안만 특정 사안에 대해 집중하며, 이내 다른 재난들로 관심을 옮겨간다. 또한, 언론은 특정 스캔들의 가장 자극적인 부분만을 다루는 경향이 있으며, 일반적으로 희생양이 된 개인들에 집중하는 경향이 있다. 부패 기저에 있는 원인은 복잡하며 기사로서의 자극성이 없는 경우가 많다. 마지막으로, 스캔들은 특정 경찰관

들을 해임시키거나 다른 곳으로 발령을 내는 등 극적인 양상으로 전
개되지만, 부패 이면에 있는 문제를 다루지는 않는 경향이 있다. 경
찰서는 종종 스캔들에 대한 대응으로 경찰관들을 재배치하는 경우가
있다. 앨런 콘블룸(Allan Kornblum)에 따르면, 뉴욕시의 대규모 인사
이동은 부패한 경찰관들 뿐만 아니라 정직한 경찰관들에게까지 영향
을 미쳤으며, 부패 기저에 있는 진짜 원인을 다루는데는 실패했다.[127]

외부 환경 변화시키기

셔먼이 주장하는 바에 따르면, 경찰서는 외부의 정치 환경으로
부터 자유롭지 않다. 셔먼은 1950년대 오클랜드의 사례를 제시한다.
당시 개혁 성향을 가지고 있던 경찰서장은 도박과 다른 불법 행위에
연루되어 있던 정치인들을 체포하겠다고 위협하여 정치 환경에 영향
을 미쳤다. 이러한 위협은 경찰서와 도시 전체의 부패를 감소시키는
데 도움이 되었으며, 결과적으로 부패에 대해 덜 우호적인 새로운 정
치 환경이 조성되었다.[128]

부패 대응 노력의 한계

프랭크 아네키아리코(Frank Anechiarico)와 제임스 제이콥스(James
B. Jacobs)가 주장하는 바에 따르면, 반부패 노력은 효과적이지 못했
을 뿐만 아니라, 반부패 노력은 정부 조직 스스로를 비효율적으로 만
들기도 한다. 그들의 관점에 따르면, 부패를 예방하기 위해 만들어진
규칙과 규제는 정부조직이 자신들의 기본 임무를 창의적이고 유연하
게 수행해 나갈 수 없게 한다.[129]

아네키아리코와 제이콥스의 주장은 논쟁적이기는 하다. 그들이
지적한 바와 같이, 1890년대부터 대략 20년 주기로 특별 조사가 실
시되었음에도 뉴욕시 경찰에는 부패가 만연해왔다. 그럼에도 불구하
고, 그들의 주장은 두 가지 결함을 가지고 있다. 무엇보다도 이들의
주장은 뉴욕시에만 들어맞는 것이다. 다른 도시들의 경우 뉴욕시 수

준의 부패 문제를 가지고 있지 않으며, 다른 도시의 경찰서들은 부패를 성공적으로 감소시키기도 하였다.[130]

사례연구

시카고 경찰청의 부패문제와 연결된 대량 무죄방면

2012년 로널드 와츠 경사(Ronald Watts)와 캘랫 모하메드 경관(Kallatt Mohammed)은 정보원으로부터 뇌물을 받은 혐의로 연방법원에 기소되었으며 유죄를 인정하였다. 와츠와 그의 팀은 "보호 라켓(protection racket)*"을 10년 이상 운영하였으며, 사우스사이드(Southside) 거주자들을 상대로 가짜 증거를 심고 허위 고발을 하는 동시에 자신들의 마약 및 총기 밀매 사업을 추진하였다. 일리노이 항소법원은 와츠와 그의 팀을 "부패 경찰관들", 위증자들, 그리고 "범죄자들"이라고 칭했으며, 최근에는 부패가 발생했던 십 년간 "범죄자들을 제지하기 위해(to slow down the criminal)" 아무것도 하지 않은 시 경찰 징계 감독 기관을 꾸짖었다. 2019년까지 63명의 개인들이 선고받은 82건의 유죄판결이 와츠와 그의 팀이 연루된 것으로 판명되 무죄방면 되었으며, 일리노이주 청구법원장은 이에 대해 "시카고시의 역사상 가장 놀라운 경찰부패 사건 중 하나"라고 언급하였다. 대량 무죄방면의 여파로 와츠의 팀에 연루되었던 시카고 경찰관 15명은 사무직(desk duty)으로 전보되었다. 쿡카운티 주 검찰청은 더 이상 와츠와 관련된 경찰관들의 증언을 사용하지 않을 것이라고 밝혔다.

출처: https://www.exonerationproject.org/blog/sixteen-more-convictions-tied-to-corrupt-sgt-ronald
watts-and-his-team-to-be-dismissed-at-hearings-this-week/.

요약: 조각 합치기

경찰의 부패는 지금까지도 치안 유지에 있어 가장 심각한 문제들 중 하나이다. 그것은 오랜 역사를 가지고 있을 뿐만 아니라, 현재의 마약 문제는 그것을 더욱 악화시킬 수 우려도 있다. 부패를 다스리는 것은 극히 어려운 일이다. 부패는 단순히 몇 명의 썩은 사과(a few bad apples)의 결과물이 아니라 미국 사회와 형법의 본질에 깊이 뿌리박고 있으며, 경찰관이 근무하는 지역사회와 그가 배치되는 부서와 같은 요인으로부터 영향을 받는다. 이러한 문제들에도 불구하고, 몇몇 경찰서들은 효과적인 통제 기법을 통해 부패를 줄이거나 제거하는 데 성공했다.

---

* [역자 주] 보호 라켓은 일반적으로 조직폭력단 등이 지역 업소 등을 대상으로 보호비 명목의 금전을 갈취하는 행위를 의미함.

핵심어

경찰부패(police corruption), 777

직업적 일탈(occupational deviance), 777

권한의 남용(abuse of authority), 777

사소한 호의(gratuities), 781

수동적 경찰관(grass eaters), 782

적극적 경찰관(meat eaters), 782

뇌물(bribes), 782

성 비위(sexual misconduct), 785

브래디 리스트(Brady lists), 788

썩은 사과(rotten apple), 794

썩은 포켓(rotten pocket), 794

만연하지만 비조직적인 부패(pervasive unorganized corruption), 794

만연하며 조직적 부패(pervasive organized corruption), 795

가시성 낮은 업무 (low-visibility work), 800

경찰관들의 "도덕적 경력"("moral career" of a police officer), 803

개리티 판결(Garrity ruling), 810

침묵의 블루 커튼(blue curtain of silence), 811

토론

1. 부패의 비용에는 어떤 것들이 있는가?

2. 부패의 다섯 종류는 무엇인가? 각각의 예를 들라.

3. 경찰부패와 관련하여 소극적 경찰관(Grass eaters)과 적극적 경찰관(Meat eaters)은 무엇을 의미하는가? 어떤 종류의 경찰관이 지역사회에 가장 큰 피해를 입히는가?

4. 부패의 3단계에 대해 설명하고, 각각의 예를 들어 보자.

5. 경찰의 부패에 대한 여섯 가지 다른 이론/설명을 제시하라. 부패의 원인으로서 당신이 가장 지지하는 이론을 설명하시오.

인터넷 연습

연습 1. www.policeabuse에 방문하라. 경찰서에 근무하는 경찰관에 대해 일반인이 홈페이지에 등록한 불만내용 중 하나를 선정하여 그 질적 평가를 시도하라. 민원인은 무엇에 초점을 맞췄는가? 민원인이 꼭 다루어야 할 내용 중 빠뜨린 것은 없었나? 수업시간에 민원제기의 장단점을 논하라.

연습 2. 지역 신문사 웹사이트를 방문하여 지방경찰서의 부패에 대해 조사하라. 부패 스캔들이 얼마나 자주 일어났는가? 어떤 패턴(예: 마약, 매춘, 도박)이 있었는가? 그 경찰서는 일반적으로 어떻게 문제를 처리했는가? 그 경찰서는 일반적으로 그 문제들을 몇몇 "나쁜 사과" 탓으로 돌렸는가, 아니면 문제의 근본 원인을 다루려고 노력했는가?

연습 3. 경찰 비위와 관련한 전국적 데이터베이스는 여러 형태가 있으나 잘 업데이트되지는 않고 있다. 헨리 A. 월레스의 경찰 범죄 데이터베이스(Henry A. Wallace Police Crime Database) 를 방문해 보라(https://policecrime.bgsu.edu/). 이 사이트는 2005년에서 2014년 사이 발생한 범죄 자 체포 정보가 10,000건 이상 포함되어 있다. 이 사이트에서 자료 수집 방법 및 당신이 거주 하는 지역의 범죄 사건 등을 검토해 보라. 수업 시간을 통해, 자료를 업데이트하기 위해 필요 한 조건, 업데이트와 관련한 책임 그리고 당신 이 거주하는 지역에서 이러한 사이트를 운영하 는 것의 장단점을 논의하라.

NOTES

1. Lawrence W. Sherman, ed., *Police Corruption: A Sociological Perspective* (Garden City, NY: Anchor Books, 1974), 1.

2. Mollen Commission to Investigate Allegations of Police Corruption, *Commission Report* (New York: Author, 1994).

3. Bernard Parks, *Rampart Area Corruption Incident: Public Report* (Los Angeles: Los Angeles Police Department, 2000).

4. P. R. Lockhart, "A New Lawsuit Describes a Violent Gang in La County. Its Members Are Deputy Sheriffs," Vox (October 11, 2019), https://www.vox.com/identities/2019/10/11/209 10315/banditos−los−angeles−sheriff−depart ment−lawsuit−gangs.

5. Herman Goldstein, *Police Corruption: A Perspective on Its Nature and Control* (Washington, DC: The Police Foundation, 1975), 3.

6. Thomas Barker and David L. Carter, "A Typology of Police Deviance," in T. Barker and D. L. Carter, eds., *Police Deviance,* 2nd ed. (Cincinnati, OH: Anderson, 1991), 3−12.

7. Government Accounting Office, *Report to the Honorable Charles B. Rangel, House of Representatives, Law Enforcement: Information on Drug−Related Police Corruption* (Washington, DC: U.S. Government Printing Office, 1998), 35.

8. New York City Commission to Combat Police Corruption, *The New York City Police Department's Disciplinary System* (New York: The Commission, 1996), 10.

9. "Baltimore Drops Nearly 300 Cases Over Alleged Police Misconduct," CBS News, September 27, 2017, https://www.cbsnews. com/news/baltimore−drops−nearly−300− cases−over−alleged−police−misconduct/.

10. William A. Westley, *Violence and the Police* (Cambridge, MA: MIT Press, 1970), 109−152.

11. David Burnham, "How Police Corruption Is Built into the System−And a Few Ideas for What to Do about It," in Lawrence W. Sherman, ed., *Police Corruption: A Sociological Perspective* (Garden City, NY: Anchor Books, 1974), 305.

12. Ronald Weitzer and Steven Tuch, *Rethinking Minority Attitudes toward the Police: Final Technical Report* (Washington, DC: National Institute of Justice, June 26, 2004).

13. Mollen Commission, *Commission Report,* 45.

14. The Gallup Organization, "Honesty/Ethics in Professions," Gallup Poll (December 20, 2018), https://news.gallup.com/poll/245597/nurses−

again－outpace－professions－honesty－ethics
.aspx

15. The Gallup Organization, "Confidence in Police Back at Historical Average," Gallup Poll (July 10, 2017), https://news.gallup.com/poll/213869/confidence－police－back－historical－average.aspx?version＝print

16. Goldstein, *Police Corruption,* 16－22.

17. Tom Barker and Robert O. Wells, "Police Administrators' Attitudes toward the Definition and Control of Police Deviance," *Law Enforcement Bulletin,* March 1982, 11.

18. Robert Sigler and Timothy Dees, "Public Perception of Petty Corruption in Law Enforcement," *Journal of Police Science and Administration* 14 (1988): 18.

19. Richard Kania, "Should We Tell the Police to Say 'Yes' to Gratuities?" *Criminal Justice Ethics* 7, no. 2 (1982): 37－49.

20. Knapp Commission, *Report on Police Corruption* (New York: George Braziller, 1973), 4.

21. Mark Jones, "Police Gratuities and Public Opinion," *Police Forum* (October 1997), 6－11.

22. Victor Kappeler, Richard Sluder, and Geoffrey Alpert, *Forces of Deviance: Understanding the Dark Side of Policing* (Prospect Heights, IL: Waveland, 1994).

23. Federal Bureau of Investigation, "Nine Law Enforcement Officers Sentenced for Protecting Drug Dealers" (August 6, 2014), https://www.fbi.gov/atlanta/press－releases/2014/nine－law－enforcement－officers－sentenced－for－protecting－drug－dealers.

24. Robert Daley, *Prince of the City* (Boston: Houghton Mifflin, 1978).

25. Burnham, "How Police Corruption Is Built into the System－And a Few Ideas for What to Do about It," 305.

26. Lia Eustachewich, Larry Celona, and Bruce Golding, "Orthodox Jewish Leader Alelgedly Bragged about NYPD Bribes for Pistol Permits," *New York Post* (April 18, 2016), http://nypost.com/2016/04/18/shomrim－leader－busted－amid－nypd－corruption－probe/.

27. Sanja Kutnjak Ivkovich, "To Serve and Collect: Measuring Police Corruption," *Journal of Criminal Law and Criminology* 93 (2003): 593－649.

28. Philip Stinson, John Liederbacch, Michael Buerger, and Steven Brewer, "To Protect and Collect: A Nationwide Study of Profit－Motivated Police Crime," *Criminal Justice Studies* 31 (2018): 310－331.

29. Kappeler, Sluder, and Alpert, *Forces of Deviance: Understanding the Dark Side of Policing.*

30. Mollen Commission, *Commission Report,* 22－31.

31. Jessica Anderson, "Gun Trace Task Force Overview" *The Baltimore Sun,* http://data.baltimoresun.com/news/gun－trace－overview/.

32. George Hunter, "Detriot Police Probe Yields Allegations of Widespread Corruption in Drug Unit," *The Detroit News,* https://www.detroitnews.com/story/news/local/detroit－city/2019/12/11/detroit－police－probe－uncovers－widespread－alleged－corruption－drug－unit/4398321002/.

33. *NPMSRP 2009 Semi－Annual Police Misconduct Statistics Report,* http://www.ucimc.org/content/national－police－misconduct－statistics－rele

ased.

34. International Association of Chiefs of Police, *Addressing Sexual Offenses and Misconduct by Law Enforcement* (Alexandria, VA: Author, 2011).

35. Ibid.

36. Matt Sedensky and Nomaan Merchant, "AP: Hundreds of Officers Lose Licenses Over Sex Misconduct," Associated Press (November 1, 2015), http://bigstory.ap.org/article/fd1d4d05e 561462a85abe50e7eaed4ec/ap − hundreds − offi cers − lose − licenses − over − sex − misconduct.

37. Philip Matthew Stinson, John Liederbach, Steven L. Brewer, and Brooke E. Mathna, "Police Sexual Misconduct: A National Scale Study of Arrested Officers," *Criminal Justice Policy Review* 26, no. 7 (2015): 665 − 690.

38. Cato Institute, *The Cato Institute's National Police Misconduct Reporting Project, 2010 Annual Report,* http://www.policemisconduct. net/statistics/2010 − annual − report/#Summary.

39. Timothy Maher, "Police Chiefs' Views on Police Sexual Misconduct," *Police Practice and Research* 9, no. 3 (2008): 239 − 250.

40. *Brady v. Maryland,* 373 U.S. 83, 87 (1963).

41. *United States v. Agurs,* 427 U.S. 97, 111 − 12 (1976).

42. *Kyles v. Whitley,* 514 U.S. 419, 437 (1995).

43. Steve Reilly and Mark Nichols, "Hundreds of Police Officers Have Been Labeled Liars. Some Still Help Send People to Prison," *USA Today* (October 17, 2019), https://www.usatoday .com/in − depth/news/investigations/2019/10/1 4/brady − lists − police − officers − dishonest − corrupt − still − testify − investigation − database /2233386001/.

44. Brady Disclosure Requirements: Concepts and Issues Paper, International Law Enforcement Policy Center: IACP (August 2008).

45. Maya Lau, Ben Poston, and Corina Knoll, "Inside a Secret 2014 List of Hundreds of L.A. Deputies with Histories of Misconduct" *LA Times* (December 8, 2017), https://www. latimes.com/local/la − me − sheriff − brady − list − 20171208 − htmlstory.html.

46. Mark Puente and Richard Winton, "LAPD Scandal Over Alleged Gang Framing Expands; Chief Sees A 'Criminal Aspect,'" *LA Times* (January 14, 2020), https://www.latimes.com/ california/story/2020 − 01 − 14/lapd − scandal − lapd − gangs.

47. Reilly and Nichols, "Hundreds of Police Officers have been Labeled Liars."

48. Jay Stuart Berman, *Police Administration and Progressive Reform: Theodore Roosevelt as Police Commissioner of New York* (New York: Greenwood Press, 1987).

49. Knapp Commission, *Report on Police Corruption,* 3, 167 − 168.

50. Mollen Commission, *Commission Report,* 47.

51. "Testimony: Alleged Corrupt LAPD Cops Gave Each Other Awards," CNN.com (February 10, 2000), www.cnn.com/2000/us/02/10/lapd. scandal/. "Outside Probe of LAPD Corruption Scandal Demanded," CNN.com (February 16, 2000), www.cnn.com/2000/us/02/16/lapd. scandal/.

52. Sherman, ed., *Police Corruption,* 3.

53. Ivkovich, "To Serve and Collect."

54. See the attempt to resolve this problem in Lawrence W. Sherman, *Scandal and Reform: Controlling Police Corruption* (Berkeley:

University of California Press, 1978).

55. Robert J. Kane and Mike White, "Bad Cops: A Study of Career—Ending Misconduct among New York City Police Officers." *Criminology & Public Policy* 8, no 4 (2009): 737−768.

56. Sherman, ed., *Police Corruption,* 7.

57. Mollen Commission, *Commission Report,* 17.

58. Sherman, ed., *Police Corruption,* 9.

59. William Chambliss, "The Police and Organized Vice in a Western City," in Lawrence W. Sherman, ed., *Police Corruption: A Sociological Perspective* (Garden City, NY: Anchor Books, 1974), 153−170.

60. Knapp Commission, *Report on Police Corruption,* 74.

61. David H. Bayley and Harold Mendelsohn, *Minorities and the Police* (New York: Free Press, 1969), 1−33.

62. Knapp Commission, *Report on Police Corruption,* 7.

63. Goldstein, *Police Corruption,* 32−38.

64. Robert F. Meier and Gilbert Geis, *Victimless Crime?* (Los Angeles: Roxbury, 1997).

65. Rachel Soloveichik "Illegal Acivity in the U.S. National Economic Accounts, " Bureau of Economic Analysis, U.S. Department of Commerce (2019), https://www.bea.gov/system/files/papers/WP2019−4_4.pdf.

66. V. O. Key, "Police Graft," *American Journal of Sociology* 40 (March 1935): 624−636.

67. Chambliss, "The Police and Organized Vice," 154.

68. M. McMullen, "A Theory of Corruption," *Sociological Review* 9 (June 1961): 184−185.

69. Sherman, ed., *Police Corruption,* 16−17.

70. Robert Kane, "The Social Ecology of Police Misconduct," *Criminology* 40, no. 4 (2002): 867−896.

71. Thomas Barker, "Peer Group Support for Police Occupational Deviance," *Criminology* 15 (November 1977): 353−366.

72. Joseph Goldstein, "Police Discretion Not to Invoke the Criminal Process: Low−Visibility Decisions in the Administration of Justice," *Yale Law Journal* 69, no. 4 (1960): 543−588.

73. Goldstein, *Police Corruption,* 25.

74. Carl Klockars, Sanja Ivkovich, William Harver, and Maria Haberfeld, *The Measurement of Police Integrity* (Washington, DC: National Institute of Justice, 2000).

75. Robin Haarr, "They're Making a Bad Name for the Department: Exploring the Link between Organizational Commitment and Police Occupational Deviance in a Police Patrol Bureau," *Policing: An International Journal of Police Strategy and Management* 20, no. 4 (1997): 786−817.

76. Westley, *Violence and the Police.*

77. David Weisburd and Rosann Greenspan, *Police Attitudes toward Abuse of Authority: Findings from a National Study* (Washington, DC: National Institute of Justice, 2000).

78. Westley, *Violence and the Police.*

79. Mollen Commission, *Commission Report,* 5, 20.

80. Lawrence W. Sherman, "Becoming Bent: Moral Careers of Corrupt Policemen," in Lawrence W. Sherman, ed., *Police Corruption: A Sociological Perspective* (Garden City, NY: Anchor Books, 1974), 191−208.

81. Ibid., 199.

82. Mollen Commission, *Commission Report,* 47.

83. Knapp Commission, *Report on Police*

Corruption, 4.

84. Goldstein, *Police Corruption,* 37.

85. Sherman, *Scandal and Reform: Controlling Police Corruption,* xxxiv.

86. Mollen Commission, *Commission Report,* 112.

87. Ibid., 70－109.

88. David L. Carter and Thomas Barker, "Administrative Guidance and Control of Police Officer Behavior: Policies, Procedures, and Rules," in T. Barker and D. L. Carter, eds., *Police Deviance,* 2nd ed. (Cincinnati, OH: Anderson, 1991), 22－23.

89. Kania, "Should We Tell the Police to Say 'Yes' to Gratuities?"

90. Karen Amendola, *Assessing Law Enforcement Ethics: A Summary Report Based on the Study Conducted with the Oregon Department of State Police* (Washington, DC: The Police Foundation, 1996), 12.

91. Goldstein, *Police Corruption,* 29.

92. International Association of Chiefs of Police, *Building Integrity and Reducing Drug Corruption in Police Departments* (Washington, DC: Office of Justice Programs, U.S. Department of Justice, September 1989), 68.

93. Mollen Commission, *Commission Report.*

94. Sherman, ed., *Police Corruption,* 10.

95. Mollen Commission, *Commission Report,* 85－90.

96. Sherman, ed., *Police Corruption,* 8.

97. Aogán Mulcahy, "'Headhunter' or 'Real Cop': Identity in the World of Internal Affairs Officers," *Journal of Contemporary Ethnography* 24 (April 1995): 99－130.

98. Ibid. *Garrity v. New Jersey,* 385 U.S. 493 (1967).

99. Parks, *Rampart Area Corruption Incident.*

100. Inspector General, *First Annual Report* (Los Angeles: Los Angeles Police Commission, 1997).

101. New York Commission to Combat Police Corruption, *The New York City Police Department's Disciplinary System: How the Department Disciplines Members Who Make False Statements* (August 1998), 32, 39.

102. Richard Drooyan, *Report of the Rampart Independent Review Panel* (Los Angeles: November 16, 2000).

103. Ivkovich, "To Serve and Collect," 593－649.

104. New Orleans Police Department, *2003 Annual Report* (New Orleans: City of New Orleans, 2004).

105. Tina Moore, Elizabeth Rosner, and Vincent Barone," Cop Suing NYPD Arrested after Internal Affairs Sting," *New York Post* (January 28, 2020), https://nypost.com/2020/01/28/cop－suing－nypd－arrested－after－internal－affairs－sting/

106. Goldstein, *Police Corruption,* 42.

107. Police Executive Research Forum, *Critical Response Technical Assessment Review: Police Accountability－Findings and National Implications of an Assessment of the San Diego Police Department* (Washington, DC: Office of Community Oriented Policing Services, 2015).

108. Weisburd and Greenspan, *Police Attitudes toward Abuse of Authority: Findings from a National Study,* 6.

109. Department of Justice, *Police Integrity* (Washington, DC: U.S. Government Printing Office, 1997).

110. Goldstein, *Police Corruption,* 50−51.

111. Mollen Commission, *Commission Report,* 5.

112. Ibid., 20.

113. "D.C. Police Force Still Paying for Two−Year Hiring Spree," *Washington Post* (August 28, 1994), p. 1. Parks, *Rampart Area Corruption Incident.*

114. Parks, *Rampart Area Corruption Incident.*

115. Bureau of Justice Statistics, Hiring and Retention of State and Local Law Enforcement Officers, 2008−Statistical Tables (Washington, DC: Bureau of Justice Statistics, 2012).

116. International Association of Chiefs of Police, *Building Integrity and Reducing Drug Corruption in Police Departments,* 26.

117. Bureau of Justice Statistics, Hiring and Retention of State and Local Law Enforcement Officers, 2008.

118. J. Thomas McEwen, Barbara Manili, and Edward Connors, *Employee Drug−Testing Policies in Police Departments* (Washington, DC: U.S. Government Printing Office, 1986).

119. Ryan M. Getty, John L. Worrall, and Robert G. Morris, "How Far from the Tree Does the Apple Fall? Field Training Officers, Their Trainees, and Allegations of Misconduct," *Crime & Delinquency* 62, no. 6 (2016): 821−839.

120. Brendan McCarthy, "FBI to Assign Two Agents to Work in New Orleans Police Department's Internal Affairs Unit," *The Times−Picayune* (September 12, 2011), www.nola.com/crime/index.ssf/2011/09/fbi_ two_assign_two_agents_to_w.html.

121. Department of Justice, *Investigation of the New Orleans Police Department* (Washington, DC: Author, 2011).

122. Philip Stinson, John Liederbach, Steven Lab, and Steven Brewer, *Police Integrity Lost: A Study of Law Enforcement Officers Arrested. Final Technical Report* (Washington DC: Department of Justice, April, 2016).

123. Ivkovich, "To Serve and Collect," 593−649.

124. Kathryn Malee and John Gardiner, "Measurement Issues in the Study of Official Corruption: A Chicago Example," *Corruption and Reform* 2 (1987): 267−278.

125. David Burnham, *The Role of the Media in Controlling Corruption* (New York: John Jay College, 1977).

126. Gina Barton, "At Least 93 Milwaukee Police Officers Have Been Disciplined for Violating Law," *Journal Sentinel* (October 23, 2011), www.jsonline.com/watchdog/watchdogreports/ at−least−93−milwaukee−police−officers− have−been−disciplined−for−violating−law −132268408.html.

127. Allan Kornblum, *The Moral Hazards* (Lexington, MA: D. C. Heath, 1976), 58−59.

128. Sherman, ed., *Scandal and Reform,* 140−145.

129. Frank Anechiarico and James B. Jacobs, *The Pursuit of Absolute Integrity* (Chicago: University of Chicago Press, 1996).

130. Comments, Samuel Walker, "Author Meets Critics," American Society of Criminology, Annual Meeting, 1997.

Chapter

14 경찰의 책무

개관

경찰의 책무

경찰의 책무는 미국 민주주의에서 핵심적인 요소이다. 경찰은 무엇을 해야 하는지, 어떻게 해야 하는지에 대한 답을 할 것으로 기대되고 있다. 오직 비민주적인 전체주의 사회에서 시민들은 공공정책이나 공공기관에 대한 통제에 있어서 그들의 목소리를 내지 못한다.

불행하게도, 우리의 대부분의 역사에서 우리는 진정한 경찰책무를 이루는 데 실패를 하였다. 사실, 많은 공무원들, 시장들, 시의회들은 미국 민주주의의 가치와 상반되게 경찰을 통제하여 왔다. 그들은 경찰을 가난한 사람과 실업자들, 이민자들, 그들이 싫어하는 정치적 집단을 억압하는 데 이용하였다. 우리가 제2장에서 배운 것처럼, 그들은 부패를 위해서 경찰을 이용하였다. 그들의 지지자들을 경찰로 임명하였으며, 술집주인이나 도박장의 주인, 포주들에게서 뇌물을 수수하였다. 가장 심각한 경찰의 오용은 남동부의 노예제도를 운영하는 주들에서 발생하였다. 남북전쟁 이전에 경찰은 노예제도를 지탱하였다. 전쟁이 끝나고 노예들이 해방되고 난 이후에 경찰은 짐 크로우라

고 하는 흑인 차별정책을 지지하였다.[1]

1960년대 초반에 경찰책무에 대한 의미있는 진전들은 시민운동, 대법원의 결정, 경찰전문가의 새로운 세대의 출현으로 이어졌다. 지난 100년간 방치되어 있던 것을 감안하더라도 이것은 중대한 도전이었다.[2] 그간 많은 발전이 이루어졌지만, 아직도 이루어야 할 것이 많다.

▌경찰 책무는 무슨 의미인가?

경찰 책무는 무엇을 의미하는가? 일반적으로, **책무**란 당신의 행동에 대한 대답을 해야 하는 것을 의미한다. 경찰에서 책무에는 **두 가지 차원**이 있다. 첫 번째 차원은 법 집행 기관은 범죄, 무질서, 대중에 대한 봉사에 있어서 그들이 하는 것에 대해 대답을 하는 것이다. 기관들은 그들을 만들고 예산을 제공하는 입법부에 대답해야 한다. 그리고 시장, 주지사, 대통령 등에게도 대답을 해야 한다. 그들을 통하여 대중에게 대답을 하는 것이다. 두 번째 책무의 차원은 법 집행 기관이 그들의 업무를 어떻게 수행하며, 개개 경찰관의 행동은 어떤지에 대해 대답을 하는 것이다. 이것은 법과 법적 절차에 책무를 지는 것을 포함한다.

국립과학원(National Academy of Sciences)은 미국의 경찰이 효과와 공정이라는 이중의 권한을 가지고 있다고 주장한다.[3] 책무의 이 두 분야에서 최근 몇 년간 엄청난 변화와 개혁이 있었다. 이 장은 가장 중요한 개혁에 대해 고찰한다.

책무(accountability)

두 가지 차원
(two dimensions)

민주주의에서 경찰활동의 딜레마

민주사회의 원칙들은 경찰 책무를 달성하는데 매우 중대한 도전들을 야기한다. 대중은 경찰에서 비합법적인 일들을 자주 요구한다. 백인 거주지역의 주민들은 젊은 흑인들이 지역에 들어오는 것을 싫어하기 때문에 경찰에게 지역의 안전을 유지하기 위해 "무엇인가"를 하기를 요구한다. 이에 대한 대응으로 경찰은 자주 공격적인 검문검색이나 범죄행위에 대한 아무런 의심이 없는 사람을 세우기도 한다. 사뮤엘 워커는 이러한 행위들을 소수의 비용으로 다수를 위해 일을 하는 것이라고 하였다. 흑인 거주지역에서 살고 있는 자녀들이 있는 중산층의 흑인 가족들은 그들의 지역에서 마약과 갱의 활동에 걱정을 한다. 경찰은 이들 지역에서도 역시 공격적인 검문 검색을 실시한다.[4] 제롬 스콜닉(Jerome Skolnick)이 그의 대표적인 저서인 '재판 없는 정의'에서 주장했듯이 효과적인 범죄 통제에 대한 요구는 종종 법의 요건과 상충된다.[5] 이러한 맥락에서, "수상하게 보이는 것"은 보통 다른 인종이나 민족을 지칭하는 은어이다.

의미있는 책무가 성립되기 위해서는 오랜 시간이 소요되었다. 1960년대 중반 이전 로스앤젤레스 경찰청(LAPD)에서는 "경찰관이 부서 차량을 파손할 때마다 자동으로 조사하는 행위"가 있었지만, 1965년이 되어서야 경찰관이 "사람에게 상처를 입혔다"는 증거가 있을 경우에만 조사가 이루어졌다. 경찰관서에서 엄격한 치명적 무력의 사용에 대한 정책은 1972년 뉴욕시 경찰국에서 처음으로 도입되었다. 그 이전까지는 경찰이 언제 무기를 사용해야 하는지에 대한 통제가 없었다.[6]

▎경찰 행동에 대한 책무

경찰 효과성을 측정하기 위한 전통적인 접근법

경찰의 역할은 크게 세 가지 활동이라고 할 수 있다; 법 집행, 질서유지, 지역에 대한 봉사. 그러나 전통적으로 경찰의 업무 수행은 거의 전적으로 범죄 발생률의 관점에서 측정되었으며, 질서유지와 경찰의 서비스 역할은 무시되었다.[7]

전통적인 경찰효율성의 측정은 FBI의 공식적인 범죄통계인 전미 범죄통계보고서(UCR)에 기반한 **범죄율**이었다. 그러나 UCR은 실제적인 범죄 활동을 측정하기에는 적합하지 않다. 첫째, 공식적인 범죄 색인은 8개 지표범죄로 제한되며 지능 범죄, 조직범죄, 마약범죄 등에 대한 자료가 없다. 또한, 범죄통계 보고서 프로그램은 오직 신고

범죄율(crime rate)

⇨ 범죄에 대한 경찰데이터에 대한 논의는 제9장 참조

된 범죄만을 대상으로 한다. 전미범죄피해자조사(NCVS)에서 알게 된 바와 같이 전체 범죄의 3분의 2가 경찰에 신고되지 않는다. 2018년 전체 폭행 신고 건수는 43%에 불과했고 절도 신고 건수도 34%에 그쳤다.[8] 게다가 경찰이 모르는 범죄를 해결할 책무를 물을 수 없다는 것이다. 결과적으로 이러한 사건은 공식적인 범죄율에 포함되지 않는다. 우리가 제11장에서 논의한 것처럼 경찰은 미발견된 사건에 대해 합리적인 조치를 취하기 어렵다. 또한, 일부 범죄 보고서는 분실되거나, 경미한 범죄로 변경 (강도를 절도로 변경) 하기도 하며, 이러한 사항들은 범죄율에 영향을 미치게 된다. 경찰 역사를 통틀어 경찰이 범죄 자료를 고의로 조작하다 적발된 스캔들이 있었다. 일례로 밀워키에서는 2012년 밀워키 저널－센티넬의 조사 결과, 경찰서에서 '수백 건'의 폭행 사건의 심각성을 격하한 것으로 밝혀져 도시의 강력범죄율을 낮추는 효과가 있었다.[9] 경찰서별로 그들의 범죄를 기록하는 시스템이 다르기 때문에 범죄통계보고서가 경찰서별 성과를 측정하는데 크게 도움이 되지 않는다. 결국, 범죄통계보고서 자료들은 전문적인 성과측정의 도구로서 독립적으로 사용하기는 어렵다.

이와 같은 이유들로 인하여 UCR은 경찰서의 효과성을 평가하는데 신뢰할 수 있는 성과 측정지표가 아니다.

사건 종결률을 계산하기 위한 자료인 공식 체포 자료 또한 신뢰성이 부족하다. 로렌스 셔먼(Lawrence Sherman)과 배리 글릭(Barry Glick)은 경찰관서들이 체포를 기록하는 데 있어서 큰 차이가 있음을 발견했다. 어떤 경찰서들은 용의자가 입건되었을 때 체포 보고서를 작성하는 반면, 다른 경찰서들은 용의자가 구금되고 심문을 받을 때에 보고서를 작성한다. 이러한 이유들로 인하여 체포자료와 이에 따른 사건 종결률을 통해서 경찰서들을 비교하는 것은 신뢰하기 어렵다.[10]

사건 종결률은 신고된 범죄에 대해 경찰이 해결한 비율이며, 이것이 경찰의 성과를 측정하는데 신뢰할만한 도구가 되지 못한다. 예를 들면, 그 분모, 즉 강도의 공식 숫자는 믿을 수 없다. 많은 강도에 대응한 경찰관들은 그들을 폭행으로 기록했을지도 모른다. (이것은 합법적인 방법으로 강도는 "경미한 범죄"를 포함하는 범죄이기 때문이다. 즉,

강도를 범행하는 과정에서 범죄자는 폭행도 저지르는 것이다.) 체포 건수는 쉽게 조작될 수 있는데, 예를 들면, 다른 미해결 범죄 몇 건을 방금 체포한 사람에게 귀속시킴으로써 말이다.

그러나 가장 중요한 것은 범죄율과 사건 종결률이 경찰의 질서 유지 및 경찰의 서비스 활동을 측정하지 않는다는 점인데, 이는 전체 경찰 업무의 70~80%에 해당한다. 예를 들어 가정폭력 사건이나 정신질환자가 관련된 상황 등 무질서 상황에 대한 경찰의 대처에 관한 자료는 없다. 일부 경찰서는 그러한 상황을 훨씬 더 잘 처리할 수도 있지만, 그것을 측정할 만한 자료는 없다.

측정의 대안과 그들의 한계

NCVS(전미 범죄 피해자 조사)

전미 범죄 피해자 조사는 경찰에 신고되지 않은 사건들까지 포함하여 범죄활동을 측정하는데 신뢰할 수 있는 측정지표이다. 그러나 불행하게도 이것은 전국적인 조사이며, 각 특정지역의 수치를 집계하지는 않는다. 이 조사는 많은 연구 프로젝트의 평가에 사용되어 왔으나, 이들은 특정 시점에서의 조사들이다.

민원

사람들은 민원은 경찰서의 성과를 측정할 수 있는 방법이 될 수 있다고 믿고 있으며, 특히 경찰의 비리를 측정하는 데 도움이 될 것으로 믿는다. 이는 다른 경찰서에 비해 높은 민원을 받은 경찰서는 경찰의 위법행위가 높다는 가정에 기반하고 있다. 그러나 공식적인 민원 자료에는 여러 가지 문제가 있다. 첫째, 경찰에 대한 불미스러운 경험이 있는 소수의 사람들만이 공식적인 민원을 제기한다. 대부분의 사람들은 그것이 노력의 가치가 없다고 생각하거나 그들의 불평으로 어떤 것도 이루어질 것으로 생각하지 않는다.[11] 즉, 공식적인 민원 데이터는 경찰관 행동의 매우 적은 부분들을 대표할 뿐이다.

둘째, 공식 민원율(공무원 100명당, 또는 지역 주민 1000명당 민원건

수)은 전혀 다른 두 가지 중 하나를 의미할 수 있다. 높은 민원율은 경찰관의 위법행위가 많다는 것을 의미할 수 있다. 하지만 그것은 사람들이 민원 제도에 대한 깊은 신뢰가 있음을 보여주는 것이기도 한다. 유사하게, 낮은 민원율은 경찰의 위법행위가 낮을 수도 있지만, 사람들이 민원 제도에 대한 신뢰가 없음을 의미할 수도 있다.[12]

　　마지막으로 경찰서의 데이터는 전국적으로 비교가 불가능하다. 어떤 경찰서는 민원과 내부 보고(부하의 규율 위반에 대한 감독자의 보고)를 합치기도 한다. 이 두 가지는 같이 비교가 될 수 없는 것이다. 게다가, 경찰서의 민원에 대한 각기 다른 분류체계는 전국적인 비교를 불가능하게 만든다.

민사소송

　　2017년 시카고시는 경찰서에 대한 경찰의 과잉진압 사건들에 대한 대응을 위하여 2억 2,500만 달러의 기금을 마련하였다. 그러나 이것은 전체 비용의 일부분에 지나지 않는다. 지난 12년 반 동안 기금에 대한 이자가 8,000만 달러여서 총액은 3억 500만 달러였다. 기금은 경찰과 관련된 소송의 조정에만 사용된다. 경찰 과잉진압 기금 보고서에 따르면 경찰의 비위에 대한 조정에도 기금은 관습적으로 사용되고 있다.[13]

　　일부 경찰의 비판가들은 경찰관서에 대한 소송에 들어가는 비용은 전국적으로 어느 경찰관서가 최악인지를 판별할 수 있다고 주장한다. 민사소송이나 원고에게 주는 손해배상도 경찰 성과 측정의 하나의 수단이 될 수 있으나 여러 문제가 있다. 한 도시가 경찰이 관련된 소송으로 수백만 달러를 지불한다는 사실이 적은 돈을 지불하는 다른 도시들보다 부정행위가 많다는 것을 의미하지는 않는다. 일부 도시에서는 시 법률부서가 재판에 가지 않고 사건을 많이 해결한다는 방침을 세우고 있다. 그들은 단지 재판으로 인한 시간의 소비, 갈등, 불확실성을 피하고 싶을 뿐이다. 그러나 이러한 정책은 변호사들에게 보다 많은 소송을 부추길 수 있다.

　　불법행위 사건과 합의 또는 재판 판결 사이에는 항상 시차가 있기 때문에, 경찰 업무 수행의 척도로써 지급액 또한 문제가 된다. 심각한 위법행위의 경우 위법행위의 시점과 배상에 몇 년이 소요될 수 있다. 그 결과 2015년에 발생한 사건에 대한 2020년의 총 지급액이 2020년의 경찰서의 성과를 측정하는 도구로 사용되기는 어렵다.[14]

여론 조사

여론 조사를 하는 것은 경찰서가 어떻게 하고 있는지에 대한 지역사회의 인식, 특히 이웃, 인종, 연령, 지난 1년간 경찰관과의 접촉에 대한 경험을 측정하는데 유용한 도구가 될 수 있다. 시간 경과에 따른 정기 조사도 대중의 태도에 있어 중요한 변화를 추적할 수 있다. 안타깝게도, 여론 조사는 비용이 많이 들고, 좀 더 광범위하고 기본적인 여러 조사들을 할 수 있는 예산을 가지고 있는 경찰서는 거의 없다. 전미 범죄피해자 조사와 경찰과 시민 접촉 설문조사는 도시별로 분류가 되지 않는 전국적인 조사이기 때문에 유용한 도구가 되기 어렵다.

로날드 서패스의 지휘하에 있는 뉴올리언스 경찰서는 911을 통해 경찰에 도움을 요청한 5,000명 이상의 사람들에 대해 콜백(callback)을 실시하였다. 사람들은 경찰관의 행동이나 전문성, 경찰서 정책의 순응과 절차 등에 대한 질문을 받았다. 2009년부터 2013년까지 이 제도가 시행되는 동안 뉴올리언스 경찰서에 대한 시민만족도는 33퍼센트에서 58 퍼센트로 향상되었으며, 경찰서의 혁신에도 긍정적인 영향을 미쳤다.[15]

요약

결국 우리는 경찰서의 성과에 대한 유용한 측정 도구를 가지고 있지 않으며, 경찰서 간의 비교를 제대로 하기도 어렵다. 결과적으로 경찰서들은 여론의 집중을 받는 특정한 사건들이나 경찰 홍보 등을 통해서 대중들의 평가를 받을 수밖에 없다. 1950년대 로스앤젤레스 경찰서의 윌리엄 파커 서장은 유명한 텔레비전 쇼인 Dragnet을 활용하여 공격적인 경찰홍보를 실시하였다. 그러나 경찰서의 공격적인 법 집행이나 흑인 사회에 대한 적대적인 이미지를 바꾸지는 못하였다.

▌경찰의 업무 수행 방법에 대한 책무

책무의 또 다른 중요한 영역은 경찰이 그들의 일을 어떻게 하는 지를 포함한다.

이것은 특히 경찰관이 시민들과의 접촉에서 행하는 행위를 가리킨다. 그들은 일반적으로 과도한 물리력을 사용하는가? 만일 그렇다면 그들은 부서에서 철저하고 공정하게 수사를 받고 있는가? 만약 과도한 물리력이 지속적으로 사용된다면, 그 경찰관은 적절한 징계를 받았는가? 경찰서는 검문검색, 차량 검문, 물리력의 사용, 차량 추격 등 특정 행위를 체계적으로 검토하는 절차를 마련하였는가? 예를 들어, 경찰서는 의심스러운 물리력 사용 사건에서 얻은 "교훈"을 식별하고 부서 정책, 교육 또는 감독에 대한 가능한 개정에 대한 피드백을 제공하는 절차를 가지고 있는가?

▌책무의 내부 메커니즘

경찰관들에게 그들의 행동에 대한 책임를 묻는 주된 책무는 경찰서에 있다. 허먼 골드스타인(Herman Goldstein)은 "경찰 기능의 본질은 경찰 행동 통제를 위한 일차적인 의존성이 내부 통제 시스템에 계속 의존해야 하는 것과 같다"고 주장한다.[17]

경찰책무의 내부 체계는 여러 개의 다른 절차로 이루어져 있으며, 이러한 절차들은 복잡한 체계를 갖추고 있다.

경찰의 내부 책무 시스템을 이해하는 편리한 방법은 **PTSR 체계**를 이해하는 것이다(Sidebar 14-1을 참조). PTSR은 정책(P), 훈련(T), 감독(S), 검토(R)을 의미하는 것이다. 핵심은 4가지 요소가 모두 포괄적 책무 프로세스를 위해 필요하다는 점이다. 예를 들면, 경찰의 물리력 사용을 통제하기 위해 경찰서는 최신의 물리력 사용정책을 가지고 있어야 한다. 그러나 이것만으로는 충분하지 않다. 경찰서는 훈

PTSR 체계
(PTSR Framework)

련 프로그램을 가지고 있어야 하며, 이것은 전국적으로 일관성이 있어야 하며, 물리력 사용정책과도 부합하여야 한다. 만일 순찰팀장이 자신의 팀원을 제대로 감독을 하지 못한다면 훌륭한 정책과 프로그램도 제대로 작동할 수 없다. 마지막으로 경찰서는 효과적인 검토체계를 구축하여야 한다. 이것은 치명적인 물리력 사용, 차량 추격 등에서는 가장 중요하다고 할 수 있다. 이것은 지휘관 수준에서의 '물리력 사용 검토 위원회(UFRB)'에서 이루어진다.

내부 책무에서 PTSR과는 다른 중요한 사항이 있는데, 이것은 바로 징계이다. 만일 경찰관이 경찰관의 물리력 사용정책을 위반해도 징계를 받지 않는다면 좋은 정책, 좋은 훈련, 좋은 감독도 의미를 잃게 된다.[18]

Sidebar 14-1

PTSR 체계: 종합적인 경찰 내부 책무의 모델

정책

경찰서는 치명적인 무력의 사용, 물리력의 사용, 감정의 완화, 가정폭력 사건 처리 등에 관한 최신 정책을 가지고 있다.

훈련

경찰서의 훈련 부서는 최고의 새로운 훈련 방법(역할 연기, 컴퓨터 시뮬레이션; 5장 참조)을 사용하여 각 정책의 정확한 의미를 경찰관에게 훈련시킨다.

감독

팀장들은 경찰관들을 밀접하게 감독하며, 경찰서의 정책과 훈련들에 대한 책임를 진다(밀접한 감독에 대한 논의는 Sidebar 14−2를 참조).

검토

경찰서는 부서 내 과거의 주요 사건 (치명적인 무력의 사용, 고속 차량 추격 등)의 패턴을 검토하는 과정이 있으며, 경찰서의 정책, 훈련, 감독 등을 향상시키기 위하여 여러 문제점을 확인하고 이를 개선할 필요가 있다.

출처: Samuel Walker and Carol Archbold, *The New World of Police Accountability*, 3rd ed. (Los Angeles: Sage, 2020), 13-22.

순찰경찰관의 일상적 감독

경찰최고위연구포럼(PERF)에서는 2018년에 "순찰팀장이 효과적인 경찰활동의 핵심"이라고 하였다. 그러나 경찰서장이나 경찰전문가들은 순찰팀장의 중요한 역할을 인식하고 있음에도 순찰팀장이 무엇을 어떻게 해야 하는지에 대한 연구나 검토는 부족한 상황이다. 여기에는 순찰팀장을 어떻게 선발하며 순찰 경찰관들 중 누구를 순찰팀장으로 승진시켜야 하는지, 그들을 어떻게 훈련해야 하며, 그들의 성과를 어떻게 평가해야 하는지 등이 포함되어 있다.[19]

Sidebar 14-2

순찰팀장의 심각한 물리력 사용에서의 책임

(시애틀 경찰서의 물리력 사용정책에서 인용)

1. 현장에 대응
2. 부상자들이 치료를 받았는지 확인
3. 근무 중인 부서장에게 보고
4. 현장상황 통제를 유지
5. 사건에 대한 기본적인 정보를 획득
6. 물리력 사용 보고서 작성
7. 관련 경찰관이 사건에 대하여 다른 사람과 대화하는 것을 금지
8. 관련 경찰관이 식사, 전화사용, 노조 대표와의 연락을 허용
9. 관련 경찰관이 순찰차의 뒷좌석에 앉는 것을 금지
10. 관련 경찰관을 용의자로 취급하지 말 것
11. 경찰관을 관련 경찰관과 같이 있도록 함
12. 민간인 증인을 확보
13. 조사팀에게 사건 현장을 인계
14. 규칙 위반이 있었는지를 확인하고 위반이 있을 경우 보고

순찰팀장의 많은 역할들

순찰팀장은 경찰서에서 핵심적인 역할을 수행한다. 그들은 85% 의 경찰관들을 감독하며, 경찰서의 문화를 형성한다. 사실, 순찰팀장은 경찰서에서 매우 다른 역할들을 수행한다.[20]

그들의 핵심적인 역할은 그들의 지휘하에 있는 경찰관들을 관리하고, 심각한 911 전화에 대응하고, 필요할 경우 현장을 지휘하고, 경찰관의 보고서를 검토하며, 경찰관의 성과를 평가하는 것이다. 그러나 이러한 역할들은 시작에 불과한 것이다.

경찰관을 감독하는 것은 많은 것들을 포함하고 있다. 순찰팀장은 충고, 상담, 멘토 역할을 담당한다. 이것은 경찰관들에게 어떻게 하면 사건들을 효과적으로 다룰 수 있는지 충고를 하며, 시민과의 만남에 있어서 부적절한 언행을 하는 문제가 발생하였을 때 상담을 한다. 멘토링은 어려운 상황에서 어떻게 해결을 해야 하고, 경찰서의 좋은 점 등에 대해 알려 주는 것을 의미한다. 이외에도 순찰팀장은 그들의 경찰관들을 선도하며, 경찰에 충실하며, 훌륭한 성과를 낼 수 있도록 도와준다.

순찰팀장은 경찰서의 정책들을 거리에서 구현하는데 핵심적인 역할을 수행한다. 경찰최고위 연구포럼에서 말한 것처럼, 그들은 새로운 정책을 만들거나 폐기할 수 있다. 캄덴 경찰서장인 스콧 탐슨은 경찰서장들은 새로운 정책들에 초점을 맞추는 반면 일선 감독자들이 순찰경찰관들을 훈련시키고 업무를 잘 수행하도록 하는 것은 잘 잊어버리는 경향이 있다고 하였다. 또 다른 지휘관은 여기에 덧붙여서 만일 순찰팀장이 위원회에 참여한다면 조직을 바꿀 수 있다고 하였다. 이러한 관점에서 순찰팀장은 PTSR 체계의 핵심이라고 할 수 있다. 게다가 순찰팀장은 경찰서장 및 지휘관의 눈과 귀이며 경찰의 활동에서 비공식적이지만 매우 중요한 정보들을 제공한다. 큰 조직에서 최고 책무자는 위기에 대해서는 가장 나중에 알게 된다는 속담이 있다. 이것은 경찰서에도 적용될 수 있다.[21]

순찰팀장의 효과적인 감독에 있어서 중요한 것은 **통솔범위**이며, 경찰관 팀원에 대한 팀장의 비율을 통솔범위라고 한다. 통솔범위에 있어서 가장 최적의 범위에 대한 공식적인 규칙은 없으나, 일반적으로 팀장 1명당 7−8명이라고 할 수 있다. 순찰팀장의 많은 역할들을 감안하면, 8명 이상일 경우 정상적인 감독이 불가능할 것이다. 만일 순찰범위가 1:4로 줄어든다면 너무 많은 비용이 들 것이다.

통솔범위(span of control)

예산이나 여러 이유들로 많은 경찰서들이 통솔범위를 증가시키고 있다. 1990년대 중반, 로스앤젤레스 보안관서에서 센추리 역에 소속된 경찰관들이 관련된 여러 건의 총격 사건이 발생하였다. 팀장이 20명에서 25명의 경찰관들을 감독하고 있다는 것을 발견했는데, 이것은 부서 자체의 기준인 8대 1을 훨씬 초과하는 비율이었다. 외부 조사관은 문제의 원인은 적지 않은 '나쁜 사과'가 아니라 잘못된 관리였다는 사실이 밝혀졌다. 경찰관 성추행 사건이 잇따른 데 이어 2015년 수사 결과 샌디에이고 경찰청이 예산 삭감으로 인해 공식적으로 승진하지 못한 임시 팀장의 활용도가 높았는데, 이들은 감독 등에 대한 정식 교육을 받지 못한 것으로 드러났다. 2018년의 경찰최고위 연구포럼의 설문에 의하면 일부 경찰서는 통솔범위가 15:1인 경우도 있었다.[22]

순찰팀장의 증가하는 책임들

순찰팀장의 책임은 최근 들어 증가하고 있다. 증가의 주요 원인은 책임의 강조 및 총기사건, 가정폭력, 차량 추격 등에서 경찰서의 보다 상세한 정책에 기인한다.

Sidebar 14−2는 시애틀 경찰서의 정책에서 인용된 것인데, 레벨 3에서의 순찰팀장의 많은 의무를 포함하고 있다. 레벨 3은 물리력 사용에서 가장 심각한 단계이나 치명적 물리력은 포함하지 않는다. 경찰서의 정책은 레벨 1, 2, 3으로 분류되는데 이는 물리력 사용, 치명적 물리력, 상황의 완화, 테이저건의 사용, 가스총의 사용 등이 있다.

Sidebar 14−2에는 여러 의무들을 설명하고 있다. 당직 부서장에게 보고를 하는 것은 경찰서의 지휘부가 사건을 신속하게 알게 하기 위한 것이다. 관련 경찰관이 다른 경찰관과의 대화를 금지하는 것은 알리바이 조작 등을 방지하기 위한 것이다. 증인을 확보하는 것은 향후 필요 시 바로 조사하기 위함이다. 증인들은 사건에 있어서 가장 중요한 정보원이다. 최근 가장 중요한 발전은 순찰팀장이 경찰관의 물리력 사용 보고서를 검토하게끔 하는 것이다. 오랫동안 경찰서에서는 순찰팀장은 물리력 보고서에 형식적인 사인만하고 이를 경찰지휘부에 상신하였다. Sidebar 14-2에서 순찰팀장은 사건을 물리력 조사팀(FIT)에 넘기게 되는데 많은 경찰서에서 물리력 조사팀을 운영하고 있다. 물리력 조사팀은 관련 경찰관과 직접적인 관계가 없으며 조사 경험이 많은 경찰관들도 구성된다.

순찰팀장의 업무 스타일

로빈 엥겔(Robin Engel)은 감독관의 업무 방식을 분석하여 감독 및 훈육에 대한 네 가지 접근법을 찾아냈다. **지원 감독관**은 지휘관의 "비판과 규율"로부터 그들의 지휘 하에 있는 경찰관들을 보호하는 측면에서 그들의 역할을 정의한다. 반면에 **전통적인 감독관**은 다른 감독관들보다 "공격적인 집행을 기대한다"거나 "순찰 경찰관들을 처벌할 가능성이 더 높다"고 말했다. **혁신적 감독관**은 "일반적으로 경찰관들이 새로운 철학과 치안 유지 방법을 수용하도록 장려한다"고 말했다. 마지막으로, **활동적인 감독관**은 모범을 보이며 "순찰대원들의 행동을 통제하면서 부하 직원들과 함께 현장에 많이 관여한다."[23]

혁신적인 감독관(innovative supervisors)

순찰팀장의 업무 스타일은 책무에 중요한 영향을 미친다. 로빈 엥겔이 2018 콘퍼런스에서 이야기한 것처럼, 경찰관들의 행동은 그들의 팀장을 반영하는 것이다.[24] 이러한 방식으로 팀장은 경찰 문화의 형성과 유지에도 중요한 영향을 미친다. 감독 방식은 경찰서의 전반적인 질에 변화를 줄 수 있다. 대부분의 팀장들이 지원스타일이라면 비위행위들이 처벌받지 않을 것이며, 그 결과 대중들은 고통받을 것이다. 반면에 혁신적인 감독관들은 절차적 정의 등 중요한 새로운 발전을 성공적으로 이루어 낼 것이다.

팀장의 증가하는 책임은 그들에게 많은 역할을 부여하고 있다. 경찰관의 보고서를 검토하고, 자신들의 보고서를 작성하고, 다른 여러 업무들을 처리하다 보면 쉽게 초과근무를 하게 된다. 경찰최고위 연구포럼의 콘퍼런스에서 한 팀장은 그의 과장은 10%의 시간을 행정적인 업무에 사용하고 나머지 시간은 현장에서 근무하고 다른 경찰관을 감독하고 협업하기를 원한다고 하였다. 경찰최고위 연구포럼은 보고서에서 팀장에게 경찰관을 현장에서 감독하고 그들과 근무할 수 있는 충분한 시간을 부여하여야 한다고 하였다.[25]

피츠버그 경찰서가 법무부와 1997년에 합의안을 작성할 때 물리력 사용에 있어서 많은 요구사항들이 있었으며, 이것은 팀장들이 그들의 업무에 있어서 많은 변화를 경험하게 되었다. 많은 경찰관들은 증가되는 서류작업으로 인하여 그들이 현장에서 보내는 시간이 감소하는 것에 대해 불만을 표시하였다. 이들 팀장들은 합의안에서 핵심 요소가 서류작업이며, 새로운 책무의 핵심 기준이라는 것을 이해하지 못하였다. 순찰경찰관들은 시민과의 교류가 적어지며, 불평등한 법 집행이 나타날 수 있다고 하였다. 물리력 사용과 관련하여 경찰서들은 팀장과 경찰관들이 서류업무를 할 수 있는 시스템을 갖추지 못하고 있다. 클리브랜드 경찰서가 합의안을 시행할 때 제대로 컴퓨터 시스템을 갖추지 못하여 경찰관들은 자신의 휴대폰을 사용하여 감독관과 통화하면서 번호판이나 용의자를 확인하였다. 보고서에 대한 서류 시스템은 불충분하며, 시간낭비적이며, 에러가 많이 발생하였다. 컴퓨터 시스템의 구축은 팀장과 경찰관의 시간을 보다 효율적으로 이용할 수 있는 방법이다.[26]

경찰활동의 질은 팀장들이 자신들의 휘하에 있는 경찰관들에게 효과적인 감독을 행사하지 못할 때 문제가 발생한다. 2014년 오하이오주 클리브랜드 경찰서에 대한 법무부(DOJ) 조사는 팀장들이 기본적 직무수행을 하지 못하는 패턴이 드러나는 장면을 제공했다. 예를 들면, 법무부 보고서는 "최근까지 무력사건이 발생했을 때 현장에 있던 각 담당자는 사건을 문서화하는 보고서를 작성할 필요가 없었다."

고 밝혔다. 게다가, 팀장은 전형적으로 "경찰의 비교적 덜 치명적인 무력을 사용하는 것에 대해 불충분한 검토를 한다."고 한다. 특히 이들은 "사용된 힘의 수준과 정당성 여부를 판단하기 위한 노력은 거의 하지 않았다."고 말했다. 더 심각한 것은, 어떤 경우에는 팀장들이 "비합리적인 무력의 사용을 정당화하려고" 노력했다는 것이다. 법무부 조사관들은 팀장들이 무력 사용이 비합리적이었다고 보고한 사례를 거의 발견하지 못했다.[27]

순찰팀장의 시정 조치: 비공식 및 공식

감독관이 해야 할 중요한 업무 중 하나는 지휘하는 경찰관들의 업무 수행 능력을 향상시키기 위한 시정 조치를 취하는 것이다. 이 행동들 중 일부는 비공식적일 수 있다. 예를 들어, 경찰－시민과의 만남이 끝난 후, 팀장은 직원에게 직원이 무려한 행동을 한 것을 지적하거나 현장에서 직원 자신을 위험에 빠뜨릴 수 있는 행동을 한 것에 대해 이야기할 수 있다. 팀장은 다른 팀원이 마음에 걸리는 일이 많거나 적대적인 기분에 젖어 있는 것 같은 것을 알아차릴 수 있을 것이다. 다른 직종의 직원들과 마찬가지로 경찰관들도 가족 문제에 의해 영향을 받는 경우가 많다. 이 경우 팀장은 해당직원과 상황을 상의하거나 상담 프로그램에 의뢰할 것을 제안할 수도 있다.[28]

많은 부서들이 경찰관의 성과 향상을 위한 공식적인 프로그램을 가지고 있다. 팀장은 예를 들어 경찰관들에게 차량검문이나 물리력 사용에 대한 재교육을 받을 것을 제안할 수 있다. 로스앤젤레스 경찰국은 공식적인 동료 경찰관 지원 프로그램을 가지고 있다. 이것은 40시간의 훈련을 받은 경찰관들로 구성되며, 극비리에 다른 경찰관들과 대화할 수 있다. 앞서 언급했듯이 대부분의 부서도 공식적인 직원 지원 프로그램에 참여하는데, 여기서 경찰관은 우울증, 가족 문제, 약물남용과 관련된 전문적인 상담을 받을 수 있다.[29]

순찰팀장의 선발과 훈련

최근의 미국 경찰에서 많은 변화가 있었음에도 팀장의 선발과 훈련은 거의 변하지 않았다. 경찰최고위 연구포럼 보고서는 "일부 도시에서는 새로운 팀장 선출 과정이 수십 년 동안 거의 또는 전혀 변하지 않았으며, 업무의 복잡성이 증가하는 것을 반영하지 못하고 있다."고 결론지었다.[30]

팀장으로 진급하기 위한 다양한 형태의 시험들이 전국적으로 사용된다. 필기시험만 사용하는 경찰서가 있는가 하면 필기시험과 구술시험을 병행하는 경찰서가 있는가 하면, 경찰서의 통제 범위 밖에 있는 민간위원회에서 시행하기도 한다. 로빈 엔젤은 법 집행기관이 "시간을 끌거나 시험 과정과 훈련 프로그램이 작동하는지 체계적으로 시험하려는 노력을 기울이지 않았다."고 지적했다.[31]

팀장으로 진급하기 위한 필기시험의 주요 문제점 중 하나는 스콧 톰슨의 표현처럼 이 과정이 "무형의 리더십 자질을 검토하지 않는다."는 것이다. 교과서를 얼마나 잘 외울 수 있는지 테스트만 할 뿐이다. 대신 많은 경찰서들은 후보자들이 감독자로서 어떻게 해야 하는지에 대한 보고서를 작성해야 하는 평가 센터 프로세스에 의존한다. 대립하는 시위 단체들이 참여하는 대규모 정치 시위와 같은 가상의 상황을 다루어야 한다. 한편 사우스캐롤라이나주 그린빌 경찰서는 승진 지원자들에게 "중요한 업무 경험/성과", "팀워크와 협력", "신뢰성과 규율"의 세 가지 문제를 논의하는 서면 전문 이력 포트폴리오를 작성하도록 요구하고 있다. 지원자들은 자신의 업무 경험, 성취도 그리고 "그들이 조직의 목표를 달성에 어떻게 도왔는지"에 대해 설명해야 한다.

새로 진급한 팀장들의 훈련은 최근 몇 가지 변화를 보이고 있다. 팀장으로 진급하는 것은 단지 다른 직업뿐만 아니라 많은 문제에 대한 완전히 새로운 역할과 새로운 관점을 수반한다. 많은 주에서 새로 진급하는 팀장들을 위한 특별 훈련을 요구하고 있지만, 시간은 다양하다. 캘리포니아 P.O.S.T. 시스템(평화 경찰관 표준 및 훈련)은 80시간의 감독 과정을 가지고 있다. 그러나 많은 경찰서가 여러 문제에 부딪히고 있다. 한 가지 문제는 새로 승진한 팀장은 승진 후 몇 주 또는 심지어 몇 달 동안 주 훈련 과정에 참석할 수 없다. 이것은 그들이 본질적으로 그 기간 동안 직업에 대해 배우고 있다는 것을 의미한다. 치명적인 물리력 사고나 고속 추격과 같은 고위험 사고의 관리에 대한 훈련이 특히 중요하다. 가장 중요한 이슈는 팀장들에 대한 역할 변화이다. 캘리포니아 오클랜드 경찰서장은 경찰최고위 연구포럼 콘퍼런스에서 "저는 제 경찰관들이 감독하는 법을 배울 필요가 있습니다."라고 말했다. 순찰경찰관은 팀장리더십을 경험하지만, 리더 역할을 하지 않습니다. 신임경찰의 훈련(제5장 참고)에 있어서 새로운 팀장들에 대한 강의 위주의 전통적인 훈련보다 시나리오 기반 훈련이 새롭게 강조되고 있다.

물리력 사건에 대한 지휘관 수준의 검토

경찰관의 행동에 대한 책무를 묻는 것은 팀장들에게만 그치지 않는다. 경찰서에서는 무력 사용 검토 위원회와 조기 개입 시스템의 형태로 물리력 사건 또는 기타 중요한 사고에 대한 **지휘관 수준의 검토**를 점점 더 많이 추가하고 있다.

지휘관 수준의 검토
(command-level review)

물리력 사용 검토 위원회
(use-of-force review board)

물리력 사용 검토 위원회(UFRB)는 지휘관 수준의 위원회로 보통 부서장이 의장을 맡는 경우가 많으며, 중요부서의 대표들을 포함한다. 뉴올리언스 경찰국의 물리력 사용 검토 위원회에는 비투표권 구성원으로 훈련과 위험 관리 지휘관이 포함되어 있다. 물리력 사용 검토 위원회는 몇 가지 목적을 위해 정기적으로 물리력 사건을 검토한다. 첫째, 물리력 사용이 부서방침을 위반했는지 여부를 결정하고, 만일 그렇다면 징계를 위해 감찰에 사건을 넘긴다. 둘째, 특히 중요한 것은 사건이 정책이나 훈련 장비, 전술적인 우려(뉴 올리언스 합의안의 용어처럼)를 야기할 수 있는지를 검토한다.[34] 만약 그렇다면, 물리력 사용 검토위원회는 그 문제를 부서의 적절한 부서에 회부한다. 우리가 5장에서 알게 된 것처럼, 경찰의 물리력 사용을 통제하는 것에 대한 새로운 생각은 물리력을 사용할 가능성이 더 높거나 또는 물리력이 필요하지 않은 사건의 해결로 이어질 수 있는 경찰관의 결정에 초점을 맞추고 있다. 물리력 사용 검토위원회는 특정 사례에서 경찰관의 행위에 문제가 있음을 발견할 경우, 경찰관이 물리력 사용에 보다 합리적인 선택에 더욱 중점을 둘 수 있는 내용의 훈련을 권고할 수 있다. 또한, 물리력 사용 검토위원회가 예들 들면 정신질환자에 대한 경찰서의 정책이 어떤 지점에서는 명확하지 않은 사항들을 발견할 수 있다. 그럴 경우 정책의 재검토와 수정을 경찰서장에게 요구할 수 있다.

과거의 사건을 검토하는 것은 어떤 선택을 했는지, 어떤 대안이 더 나은 선택이었는지를 이해하는 귀중한 방법이다. 과거의 물리력 사용 사건을 검토하고 이를 통해 학습한 교훈을 정책, 훈련 및 감독을 개선하기 위해 사용하는 것이 윌리엄 겔러(William Geller)가 제시한 경찰서가 '학습 조직'으로 변화는 과정이다.[35]

⇨ 조기 개입 시스템에 대한 논의는 이 장의 후반부를 참조

두 번째 지휘관 수준의 물리력 사건에 대한 검토는 조기개입을 포함하며 이것은 이번 장의 뒷부분에서 논의된다.

성과평가

소속 경찰관에 대한 정기적인 **수행평가**서를 작성하는 것은 팀장에게는 중요한 일이다. 직속상관의 연간(또는 더 빈번한) 평가는 우수하거나, 허용되거나, 부적절한 성과 영역을 식별하여 직원에게 피드백을 제공하도록 설계된다. 부적절한 수행 영역을 식별하는 것은 담당자에게 피드백을 제공하여 담당자가 개선할 수 있는 기회를 갖도록 하기 위함이다. 성과평가는 경찰관들이 진급을 할 때도 활용된다.

제6장에서 논의한 바와 같이 경찰서의 표준 수행평가는 여러 가지 심각한 문제를 안고 있다. 경찰최고위 연구포럼(PERF) 보고서는 "현재 경찰이 사용하고 있는 대부분의 성과평가는 경찰관들이 하는 일을 반영하지 못한다."고 밝혔다.[39]

성과평가(performance evaluations)

⇨ 성과평가에 대한 보다 자세한 논의는 제6장을 참조

▌감찰/감사 부서

감찰(internal affairs unit)

감찰(IA) 또는 감사 부서는 경찰관들의 비위 의혹을 수사할 책무가 있다. 조사에는 민원이나 공식 보고에 대한 소극적 대응의 차원이거나 해당 부서가 공무원의 위법행위에 대한 증거를 가지고 있을 때 적극적인 대응이 있다. '감찰 기준 및 가이드라인' 보고서는 "감찰은 다른 기능으로부터 소외된 기관이 아니다."라고 주장한다. 그것은 기관 내의 실체들 사이의 더 복잡한 상호관계에 필수적이다. 요컨대 감찰은 단순히 징계만을 다루는 것이 아니라 조직 전체의 운영에 중요한 영향을 끼친다.[37]

감찰관은 경찰 부서 내에서 어려운 지위를 차지하고 있다. 다른 경찰관들을 조사하기 때문에 일선경찰관들의 적개심에 직면한다. 감찰부에 소속된 경찰관들은 종종 서장에게는 "밀고자"로 간주된다. 남서부 지방의 도시지역에 있는 감찰부서를 대상으로 한 연구는 감찰부 경위의 말을 인용해 "이들은 헤드헌터 무리인데, 경찰서장의 헤드헌터"라고 전했다. 많은 경찰관들은 친구를 조사해야 할지도 모르기 때문에 감찰에 복무하기를 원하지 않는다. 이 임무를 요청한 한 경찰관은 그의 친구들이 그에 대해 "너는 멍청이다."라고 생각한다고 이야기하였다.[38]

감찰부의 효과는 몇 가지 요인에 따라 달라진다. 가장 중요한 것은 서장의 태도와 행동이다. 사실상 모든 치안 전문가들은 최고 책무자가 비위행위가 용인되지 않을 것이라는 것을 경찰관들에게 전달하고, 그리고 실제로 유죄로 판명된 경찰관들에 대한 적절한 규율을 따라야 한다는 데 동의한다.[39] 경찰서장이 메시지를 효과적으로 전달하는 가장 중요한 방법중의 하나는 어떻게 감찰부를 구성하고 인사를 하는 것이다. 만일 부서의 장이 서장에게 직접적으로 보고를 한다면 이것은 서장이 매우 심각하게 받아들인다는 의미이다. 서장은 경찰서 내에서 성실하고 경험많은 경찰관을 부서장으로 지명하는 것에 의하여 자신의 의지를 강화시킬 수 있다. 감찰부 또한 충분한 자원을 필요로 한다. 부서 규모에 따라 충분한 조사관을 둬야 효율적으로 업무를 처리할 수 있다. 그러나 적절한 인력을 확보하지 못하면 경찰권 남용 사태가 증가할 수밖에 없다. 뉴욕시에서는 1970년대 초 머피 청장이 제정한 반부패 개혁안이 쇠퇴하였으며, 그 결과 1980년대 중반에 또 다른 주요 부패 스캔들이 부서에서 터져 나왔다.⁴⁰

2009년과 2012년 사이, 지역 치안 유지와 다른 문제들에 대한 헌신으로 오랫동안 국가적인 명성을 가지고 있던 샌디에이고 경찰서는 경찰관들에 의한 성적 학대와 관련된 일련의 스캔들이 발생하였다. 한 경찰관은 근무 중 여성을 성폭행한 혐의로 유죄판결을 받고 실형을 선고받았다. 경찰서의 검토결과 감찰부서에 근무하는 경찰관의 수가 감소한 것이 기여 요인 중 하나라고 결론내렸다.⁴¹

감찰부 근무자를 선발하는 것은 몇 가지 어려운 문제를 제시한다. 많은 경찰관들은 동료 경찰관을 조사하는 것에 대한 오명 때문에 감찰부에 근무하기를 원하지 않는다. 뉴욕 경찰국은 경찰관이 근무를 원하지 않더라도 2년간 의무적으로 근무할 것을 명하는 제도를 시행하기 시작했다. 이 조치에 대한 평가는 "거기에 근무하고 싶지 않은 사람들로" 감찰에 대한 의문을 제기했다. 그렇게 되면 실적이 저조할 것인가. 평가 결과 일부 사기의 문제(야근 기회 상실 등 이슈와 관련된 문제)는 발견됐지만 심각한 실적 문제는 발견되지 않았다.⁴²

또 다른 쟁점은 경찰관들이 감찰에 장기간 복무할 수 있도록 하는 것이다. 한편으로는 동료 경찰관들을 조사하는 어려운 업무에서 귀중한 경험을 얻기도 한다. 그러나 반면에, 그들은 결국 임무 수행에 너무 편안해지고 너무 많은 경우에 경찰관들에게 혜택을 줄 수도 있다.

감찰관들을 위한 훈련이 중요하다. 많은 부서들은 민원이나 부패 의혹을 조사하기 위해 특별한 훈련을 제공하지 않는다. 1992년의 중서부 경찰서에 대한 경찰최고위 연구 포럼의 평가에 의하면 "신임 감찰관을 위한 정식 교육은 없으며, 모든 것이 현장에서 이루어진다."고 하였다.⁴³ 대부분의 감찰관은 범죄 수사 경험이 있지만, 동료 경찰관을 수사하는 것은 범죄자를 수사하는 것과는 매우 다르다. 샌프란시스코 시민민원실 직원 제이슨 웨히터의 보고서는 민원을 조사하는 것이 특히 어렵다고 주장한다. 그는 "경찰의 위법행위는 감정적으로 고발된다."면서 "민원인들은 자신들의 권리가 심히 침해당했다고 느낄 수 있으며, 감찰관이 정의를 구현할 것으로 기대한다."고 주장했다. 감찰관들은 민원인에게 공정하게 대하되 부서에도 충실하라는 상반된 요구에 직면해 있다. 모든 조직은 외부의 비판에도 불구하고 자기 방어를 하는 경향이 있다. 감찰관들은 당연히 시민보다는 경찰관을 믿는 경향이 있다.[44]

경찰서는 또한 민원을 공정하고 전문적으로 조사하기 위해 민원조사에 대한 성문의 규칙을 필요로 한다. 동일한 기준이 시민감독위원회가 민원을 조사할 수 있도록 적용된다. 몇 년 전에 COPS에서 발간된 민원조사 보고서보다 더 나은 규칙은 현재까지 없다. 몇 가지 중요한 규칙이 Exhibit 14-1에 제시되고 있다.

EXHIBIT 14-1

COPS로부터의 선별된 추천기준: 감찰부의 기준과 가이드라인

규칙 1.4: 민원 양식의 이용가능성 또는 민원 제기의 방법들

- 민원 양식은 모든 부서 및 지구대, 파출소에서 이용이 가능하여야 하며, 어떻게 민원을 제기하여야 하는지에 대한 정보들이 제공되어야 하며, 이것은 경찰서의 홈페이지에도 게시되어야 한다.

규칙 1.5: 민원에 대한 논의

- 경찰서의 누구도 민원 제기에 대해 위협하거나 설득하는 등의 일체의 행위를 해서는 안 된다.

규칙 3.6: 시간제한에 대한 권고

- 민원은 가급적 180일 이내에 처리해야 한다.

규칙 3.8: 조사의 녹음

- 모든 조사는 전자적으로 녹음되어 불필요한 오해를 방지한다.

규칙 4.4: 결정의 기준

- 증거는 우월함이 증명되어야 하며, 합리적인 의심이 없어야 한다.

출처: U.S. Department of Justice, Office of Community Oriented Policing Services, *Standards and Guidelines for Internal Affairs: Recommendations from a Community of Practice* (Washington, DC: Department of Justice, n.d.), https://cops.usdoj.gov/ric/Publications/cops-p164-pub.pdf.

징계 절차

경찰서의 정책을 위반하거나 법을 어기거나 전문성이 없는 행동을 한 것으로 드러난 경찰관들의 징계는 경찰 책무제도의 초석이다. 경찰서 규칙 위반으로 경찰관을 징계하지 않으면 경찰서 정책과 전문성 기준을 훼손하고 경찰관들의 업무수행에 있어서 심각한 문제를 야기하는 경우가 많다.

존경받는 샬롯-멕클렌버그 전 경찰서장 대릴 스티븐스의 '경찰 징계: 변화를 위한 사건'은 경찰의 징계 절차와 방향 전환과 관련된 오랜 문제들에 대한 가장 사려 깊은 논의 중 하나이다. 첫 번째 쟁점은 앞서 논의한 현장에서의 효과적인 감독의 필요성이다. 한 가지 큰 문제는 이 징계제도의 초점이 "행동변화가 아니라 주로 처벌"에 맞추어져 있다는 점이다.[45] 과도한 물리력의 사용으로 하루나 이틀의 정직 처분을 받은 경찰관은 향후 과도한 물리력 행사를 예방할 수 있는 적절한 물리력 사용에 대해 학습하지 못한채 징계에 대한 불만만을 가진채 업무에 복귀하게 된다. 조기 개입 시스템의 사용(이 장 뒷부분에서 설명됨)은 문제가 있는 행동 패턴을 가진 경찰관들을 식별한 다음, 징계없이 경찰관의 업무수행 능력을 향상시키기 위해 설계된 재교육을 제공함으로써 그러한 문제를 해결한다.

스테펜(Stephens)이 지적한 것처럼 징계절차는 너무 오래 걸리며, 경찰관의 시각에서는 공정하지 못한 것으로 보인다.[46] 예를 들어, 산호세 경찰감사관은 2014년에 주법이 요구하는 300일 안에 처리하지 못한 민원이 26%가 넘었다. 2015년에는 수사 속도가 빨라져 300일 기한 초과 비율은 15%에 불과했다.[47] '지연된 정의는 정의가 부정된다'는 격언은 경찰징계에도 적용이 될 수 있다. 조사를 완료하는데 수개월이 걸리면, 민원인은 지연된 정의를 경험하게 되고, 해당경찰관은 자신의 상황에 대한 불확실성을 갖게 된다. 이런 맥락에서 절차적 정의는 지휘관이 경찰관에게 어떠한 행위가 위법이며, 어떠한 규정을 위반한 것이며, 경찰서의 정책은 무엇인지에 대한 설명을 포함하는 것이다.

적절한 수준의 징계

경찰관에 대한 징계는 비밀로 둘러싸인 대상이다. 경찰 당국은 논란이 되고 있는 과잉진압 사건으로 경찰관이 어떤 징계를 받았는지에 대한 정보를 공개하지 않고 있다. 이러한 비밀은 비위행위를 저지른 경찰관이 가벼운 징계나 아예 징계를 받지 않는다는 공동체 구성원들 사이의 불신을 야기하고 경찰과 지역사회 사이의 문제를 일으키는 주요 원인이다. 이 비밀은 지역사회에서 회자되고 이러한 루머를 불식시킬 수 없게 만든다. 또한 경찰관서별로 비교가 불가능하고, 경찰의 비위행위에 대해 어떤 처벌을 받았는지, 관대한 처분을 받았는지 파악할 수가 없다.

공정하고 일관된 규율은 입증된 위법행위에 대해 부과되는 징계의 수준이 비슷한 사례에 대략적으로 적절하고 동일한 규율이 적용되어야 한다. 필라델피아 시민감시위원회의 2003년 보고서에 따르면 2000년부터 2003년 사이에 감찰과로부터 혐의가 입증된 경찰관들 중 거의 절반은 "공식적으로 징계를 받은 적이 없다."고 밝혔다. 로스앤젤레스 경찰국의 보고서에 의하면 모든 경미한 징계 사건의 약 절반에서, 경찰관들은 요구사항(예를 들어 약물 남용 상담이나 분노 관리 수업에 참석하는 것 같은)을 이수하지 않았다.[48]

징계를 둘러싼 비밀은 징계에 있어서 인종이나 성별에 의한 차별이 있다는 의문을 해결하지 못한다. 불공평하고 일관성 없는 징계 문제를 해결하기 위해 일부 경찰서는 **징계 매트릭스**를 채택하여 징계를 구조화했다. 본질적으로, 징계 매트릭스는 법정에서 사용되는 양형 지침과 유사하다. 매트릭스의 한 축은 경찰관의 위법성의 심각성(예: 언어폭력, 부상 없는 과도한 물리력의 사용, 부상을 야기한 과도한 물리력의 사용)을 명시한다. 다른 축은 경찰관의 징계 이력을 명시한다(예: 견책, 1일 정직, 5일 정직). 매트릭스는 일반적으로 (대부분의 양형 지침과 마찬가지로) 최소 또는 최대 징계를 지정함으로써 어느 정도 재량

징계 매트릭스(discipline matrix)

권을 허용한다. 캘리포니아주 오클랜드 경찰서에 대한 조정안은 경찰
서에 매트릭스를 개발하도록 요구하였다. 스티븐스 대변인은 징계 매
트릭스가 "직원들이 어떤 규율을 예상할지 미리 알 수 있을 뿐 아니
라 제재가 공정하고 일관되도록 하는 데 도움이 될 것"이라고 설명했
다. 스티븐스는 공무원들이 부서별 제재에 대한 명확한 이해를 제공
하기 때문에 징계 매트릭스를 선호한다고 믿는다. 그는 또한 매트릭
스가 있을 경우 경찰관이 위법행위를 하면 징계수준도 명확하기 때
문에 경찰관의 시간과 경찰서의 시간 및 예산을 절약할 수가 있다고
하였다.[49]

경찰의 징계를 둘러싼 비밀은 경찰에 대한 불신의 근원이 되고
있는데, 이는 경찰이 결코 경찰관을 징계하지 않는다는 공동체의 의
심을 불러일으키기 때문이다. 스티븐 잰스버그와 파멜라 캄포스는 적
어도 경찰 감찰서류들의 공개에 대해 "공익추방"이 있다고 주장한다.
경찰관들은 사생활에 대한 권리가 있고, 그들은 인정하며, 공개되어
서는 안 되는 사건에 대한 많은 정보가 수사 파일에 있다. 그러나 이
들은 "조사결과 및 징계가 이루어졌는지, 어떤 징계가 부과되었는
지" 등을 포함하는 서류들은 공개가 되어야 한다고 주장하고 있다.[50]

"침묵의 코드"

시카고시는 2015년 말 경찰이 1년여 전 라쿠안 맥도날드(Laquan
McDonald)를 뒤에서 총격을 가하는 장면이 담긴 경찰 영상이 공개되
면서 혼란에 빠졌다. 램 엠마누엘(Rahm Emanuel) 시카고 시장은 2015
년 12월 "짧은 대답은 그렇다."라며 "시카고 경찰서에 '**침묵의 코드**'가   침묵의 코드(code of silence)
있다."고 깜짝 발언을 했다. 이것은 시장이나 경찰 고위직 공무원이
경찰의 위법행위에 대해 비밀과 거짓말의 패턴이 있다고 인정한 최
초의 사례였다.[51] 경찰의 위법행위를 다루는 시카고의 행동주의 단체
인 '투명사회 연구소'는 시카고 경찰국의 침묵의 코드에 관한 4부작
의 기사를 제공했다. 마약 밀매에 종사하는 부패 경찰관을 보호하는
데뿐만 아니라 부패를 폭로하기 위한 노력으로 그 침묵의 코드를 어

긴 경찰관에 대해 어떻게 보복하는지를 자세하게 기재하였다.[52]

침묵의 코드("블루 커튼"으로도 알려져 있는)는 경찰관들이 동료 경찰관의 비위를 신고하기를 꺼리는 것으로 정의된다. 경우에 따라서는 그저 아무 말도 하지 않는 경우도 있다. 그러나 다른 경우에는 공문이나 재판의 증언대에 일부러 거짓 증언을 하는 경우도 있다. 물론 선서를 하고 거짓말을 하는 것은 위증, 즉 형사범죄에 해당된다. 경찰 전문가들은 오랫동안 침묵이 경찰의 책무에 가장 큰 장벽 중 하나라고 주장해 왔다. 경찰이 개입된 총격 사건이나 과도한 무력사건에서 목격자들의 증언이 결정적인 증거로 활용되었다.

침묵의 코드는 경찰 조직 문화의 주요 구성 요소이다(제6장 참조). 윌리엄 웨슬리(Wiliiam Westley)는 경찰 하위문화에 대한 그의 선구적인 연구에서 침묵의 코드를 정의하였다.[53] 크리스토퍼 위원회는 침묵의 코드가 로스앤젤레스 경찰관의 과도한 무력 사용을 보호하는 주요 요소라는 것을 발견했다.[54] 1990년대 경찰재단의 경찰관을 대상으로 한 전국 조사에서 절반 이상의 경찰관(52.4%)이 '경찰관이 다른 경찰관의 부적절한 행위를 외면하는 것은 일반적이다.'라고 응답하였다.[55] 부패한 뉴욕시 경찰관은 침묵의 코드를 생생한 언어로 정의하였다. 1990년대 초 부패를 수사하는 몰렌 위원회는 "동료 경찰관 중에서 자신을 고발하는 것에 대해 두려운 적이 있었나"라는 질문에 그는 "절대 없었다."고 답했다. "왜 걱정이 안 되는지?"라고 위원회 조사관들이 물었다. "왜냐하면 침묵의 코드가 있으니까. 경찰관들은 다른 경찰관에 대해 말을 하지 않는다." 그의 부패한 행위를 고발할 수 있는 사람은 누구든지 "쥐"라는 딱지가 붙을 것이다.[56]

자신이나 다른 경찰관들을 보호하기 위해 법정에서 거짓말하는 경찰관들은 "거짓증언"이라는 용어가 있을 정도로 흔한 것으로 여겨지고 있다.[57] 익명성이 보장된 조사에서 경찰관들은 스스럼없이 침묵의 코드의 존재를 인정한다. 국립윤리연구소가 1999년부터 2000년까지 42개 주 출신의 경찰관과 경찰학교 교육생 3,714명을 대상으로 침묵의 코드에 대해 조사했다. 이 조사는 이 코드가 널리 존재한다는 것을 확인시켜주었다: 79퍼센트의 교육생들은 침묵의 코드가 전국에 존재한다고 말했다. 52퍼센트는 침묵의 코드가 그들을 괴롭히지 않는다고 말했다. 그리고 46퍼센트는 근무 중 성관계를 가진 다른 경찰관을 신고하지 않을 것이라고 말했다. 동료 경찰관의 비위행위를 신고하면 어떻게 될 것으로 생각하느냐는 질문에 경찰관들은 '왕따'(1157명 중 177명); 경찰관이 해고(88명); 신고한 자신이 해고(73명); 신고한 자신이 배척(59명)당할 것이라고 답했다.[58]

　　최근 몇 년 사이 경찰관들이 경찰서 정책이나 법률을 위반하는 다른 경찰관을 개입시켜 제지한 뒤 감독자에게 사건을 보고하도록 하는 '개입 의무'와 '신고 의무' 정책을 채택하는 경찰서가 증가하고 있다.[59] 샌디에이고 경찰서는 경찰관들에게 동료경찰관의 비위에 대해 신고하는 의무를 부과하고 있다. 정책 9.33에 따르면, "경찰서의 누구라도 다른 구성원의 비위를 알고 있다면 이를 제지하여야 하며, 가능한 빨리 감독자에게 보고하여야 한다."라고 규정하고 있다.[60]

　　이 분야에서 가장 야심찬 혁신은 뉴올리언스 경찰서의 EPIC(윤리적 경찰은 용기) 프로그램이다. EPIC는 경찰관들에게 다른 경찰관들이 경찰서 정책을 위반하거나 비위에 연관되었을 때 이를 제지하는 의무를 부과하고 있다. 게다가 물리력 사용 보고에 있어서 경찰서의 정책은 경찰관들은 물리력 사용을 목격하고 이를 보고하지 않을 경우 최대 해임까지의 징계를 받는다고 규정하고 있다. 훈련 프로그램은 경찰관들이 문제가 발생하기 전이나 상황이 악화되기 전에 개입할 수 있는 능력을 배양하는 것을 목표로 하고 있으며, 경찰관들이 올바르게 직무 수행을 할 수 있도록 하는 것이다. 경찰국은 EPIC가 경찰들의 전통적인 "침묵의 코드"에 직접적으로 도전하면서 치안 유지에 있어 "문화적 변화"를 일으키는 것은 분명하다고 주장한다.[61] EPIC는 상당한 국가적 명성을 얻었고 다른 경찰서에 의해 채택되었다. 만약 EPIC 스타일의 프로그램이 전국의 경찰서에서 보편화된다면, 그것은 경찰관 하위 문화의 큰 변화를 의미할 것이다.

▍조기 개입 시스템

업무 수행에 문제가 있는 경찰관에 대한 대응

1991년 로드니 킹 구타 사건 이후 크리스토퍼 위원회의 LA경찰에 대한 조사에서 크리스토퍼위원회는 44명의 "문제있는" 경찰관들을 확인했다. 같은 기간 동안 문제있는 경찰관에 대한 과도한 물리력이나 부적절한 방식에 대한 민원은 평균 7.6건인 반면, 다른 경찰관의 민원은 0.6건에 불과했다.[62]

크리스토퍼 위원회의 발견은 경찰서가 업무수행에 문제가 있으며, 높은 비율의 물리력을 사용하거나, 다수의 민원을 야기하거나, 기타 다른 문제들을 일으키는 경찰관에 어떻게 대응하는지에 대한 전국적인 관심을 불러일으켰다.[63] 캔자스시티에서는 전체 시민 민원의 50%가 2% 경찰관에게 집중되었다. 보스턴 경찰서의 두 명의 경찰관들은 1981년부터 1990년 사이에 각각 24건의 시민 민원을 야기했다. 경찰관 한 명에게는 3건의 민원이 인정되었지만, 다른 한 명에게는 24건의 민원이 하나도 인정되지 않았다. 전체적으로 보스턴 경찰관의 11%가 전체 불만사항의 62%를 차지했다. 사무엘 워커에 따르면 수십 년 동안 소수의 경찰관들이 같은 문제를 반복했다는 것은 경찰활동에서 "더러운 작은 비밀"이었다. 허먼 골드스타인은 1977년까지 관찰한 바와 같이, "그런 경찰관들은 그들의 상관들, 최고 관리자들, 동료들, 그리고 그들이 일하는 지역의 주민들에게 잘 알려져 있다." 상급 지휘관들을 포함한 경찰관들은 이 사실을 알고 있었지만, 1990년대까지 그것에 대해 아무것도 하지 않았다.[64] 1990년대에, **조기 개입 시스템**(EIS)이 주요한 경찰 책무 도구로 등장하면서, "문제" 경찰관을 식별할 수 있는 능력을 갖추었다.

조기 개입 시스템(early intervention systems)

조기 개입 시스템의 속성과 목적

EIS는 경찰관의 성과에 대한 다수의 지표를 컴퓨터화한 것이다. 데이터의 분석은 물리력 사용, 시민 불만 또는 기타 행동의 비율이 높은 경찰들을 식별할 수 있다. 이 시스템에 의해 파악된 경찰관은 직속상관의 상담, 업무 수행 문제의 원인을 해결하기 위한 특별 재교육, 약물 남용, 가족 문제 또는 기타 영향을 미치는 문제에 대한 전문적 상담을 받게 된다.[65]

EIS는 징계제도의 일부가 아니다. 경찰관은 EIS에 의해 문제의 원인이 확인되었기 때문에 징계할 수 없으며(그러나 EIS 데이터베이스에 포함된 사건의 일부는 감찰에 의해 징계할 수 있다), EIS에 참여하는 것은 경찰관 징계 기록에 기록되지 않는다. 또한 EIS는 예측 가능한 도구가 아니다. 즉, 경찰관들의 성과를 예측하기 위해 고안된 것이 아니다. EIS의 목적은 과거의 성과를 검토한 다음 업무수행 문제를 파악하여 경찰관들의 역량을 향상할 수 있도록 돕는 것이다(따라서, 조기 개입이라고 불리는 것이다). 경찰 지휘관들은 EIS의 목적을 경찰 경력을 계속 유지하는 것이라고 한다. EIS는 법무부의 합의안과 조정안에 항상 포함되었다.[66]

성능 지표 및 임곗값

EIS에서의 성과 지표의 수는 다양하다. 어떤 시스템은 크기가 크고, 15개 이상의 지표가 있는 반면, 다른 시스템은 5개의 지표만 있는 작은 시스템이다. 2015년 법무부와 오하이오주 클리블랜드 경찰국 간의 합의안은 16개의 성과지표를 가진 경찰관 개입 프로그램을 의무화했다(Exhibit 14-2 참조).

EXHIBIT 14-2

오하이오주 클리브랜드 경찰서의 EIS 성과 지표들
  a. 모든 물리력의 사용
  b. 모든 전기 전도성 무기의 사용 및 이와 관련된 사건
  c. 구금된 사람의 상해 및 사망
  d. 모든 치명적인 무기의 사용
  e. 사람에게 직접적인 무기를 사용한 사건

f. 최루탄 사용 횟수

g. 경찰견 활용

h. 차량 추격 및 경찰차 추돌

i. 경찰서나 시청에 접수된 민원

j. 단순 일시적인 금전적인 문제가 아닌 사법절차의 대상이 된 사례

k. 보디 캠의 녹화가 실패된 사례

l. 법원에서 경찰서에 신용불량 등을 통지한 사례

m. 경찰관에 대한 모든 징계 조치

n. 경찰관에게 부과된 비징계적인 시정 조치

o. 병가 사용, 특히 비번과 공휴일과 함께 사용

p. 경찰관에 대한 모든 형사소송 및 경찰관의 행위로 인한 경찰서 또는 시를 대상으로 한 민
　사소송

출처: *United States v. City of Cleveland, Consent Decree* (2015), Para. 328, p. 76,
　　https://www.justice.gov/sites/default/files/crt/legacy/2015/05/27/cleveland_agreement_5-26-15.pdf.

지표가 많은 EIS(15개 또는 그 이상)는 경찰관의 업무수행에 대한 보다 완벽한 그림을 제공할 수 있다. 경찰 책무에 관한 주요 전문가 중 한 명인 메릭 밥은 "자신의 프로필이 길어질수록 경찰관의 경력에서 언제 어떻게 문제를 발생하는지에 대한 정보를 제공하는 금광"이라고 주장하였다. 그러나 대규모 시스템은 시기적절하고 정확한 데이터를 입력한다는 측면에서 관리가 더 어렵다. 소규모 시스템은 관리가 더 쉽지만, 담당자의 전체적인 모습은 포착하지 못한다.[67]

EIS 수행 데이터의 분석은 각 경찰서에서 설정한 임곗값 세트를 기반으로 한다. 일반적으로 Y개월 동안의 X회 무력 사용 또는 특정 기간 동안 여러 지표에 대한 Z회 보고서 조합의 임곗값을 설정한다.[68] 임곗값이 있는 일반적인 "모범 사례"는 동료 경찰관과 비교하여 경찰관의 성과를 평가해야 한다는 것인데, 이는 예를 들어, 같은 교대조에서 동일하거나 유사한 영역에 배정된 경찰관을 의미한다. Y개월 동안의 X건의 불만 건수와 같은 부서 전체의 공식은 서로 다른 과제에서 작업량의 큰 차이를 고려하지 않는다. 범죄율이 높은 지역에서 일하는 경찰관이 범죄율이 낮은 중산층 지역에서 일하는 경찰

관보다 무력을 사용할 가능성이 훨씬 더 높다.[69] 현 시점에서 임곗값 공식에 대한 "모범 사례"에 대한 전국적인 합의는 없다.

EIS 수행 데이터는 개입이 필요할 수 있는 경찰관들을 식별한다. 로스앤젤레스 경찰서에서는 지휘관 위원회에서 이들 경찰관들을 심사하고 이중 일부에 대한 개입과 대상 경찰관을 선정하는데 이를 성과 검토라고 한다. 위원회는 이용 가능한 모든 증거를 검토하고 개입을 위해 성과 검토를 실시한다. 예를 들어, 경찰관들이 물리력을 많이 사용하는 정당한 이유(높은 수준의 갱 활동과 그에 따른 관할 구역에서의 체포)를 고려한다. 결국 일부 경찰관만이 개입을 위해 회부된다. 예를 들어 1996년부터 2002년 사이에 로스앤젤레스 경찰서에서 EIS는 1,213명의 개입 가능성을 식별했지만, 235명(19%)만이 대상자로 선정되었다.[70]

경찰관들을 위한 개입

EIS는 일반적으로 경찰관의 업무를 바로잡기 위하여 여러 다른 비징계적 개입을 제공한다. 경찰관의 직속 상사에 의한 상담은 많은 경우에 널리 사용된다. 많은 경찰관들은 어떤 뿌리 깊은 행동 문제도 가지고 있지 않고 단지 나쁜 습관에 빠져들었을 뿐이다. 팀장과의 상담은 경찰관들에게 경종을 울리는 역할을 하는 경우가 많다. 더 심각한 업무 수행 문제를 가진 경찰관들의 경우, 개입은 특정 문제에 대한 재교육이나 약물 남용, 가정 문제 또는 재정적 스트레스에 대한 전문적인 상담에 대한 의뢰를 포함할 수 있다.

EIS의 장점은 경찰관들의 업무의 문제점의 본질적인 문제들을 정확하게 집어내고 가장 적절한 개입을 제공할 수 있다는 것이다. 많은 EIS들은 또한 팀장들에게 그들의 지휘하에 있는 경찰관들에 대한 자료를 정기적으로 검토하도록 요구한다. 이를 통해 업무수행의 문제점을 발견하고 비공식적으로 대화할 수 있는 것이다.

EIS는 다양한 대상에 따라서 관련된 여러 목표를 가지고 있다. 첫 번째로 가장 분명하게 EIS는 주로 시민들을 효과적으로 다루는 데

문제가 있다는 것을 나타내는 경찰관들의 실적을 향상시키기 위해
고안되었다. EIS는 경찰관들을 도와 문제있는 행동을 끝내게 함으로
써 향후 발생할 징계나 처벌 등을 방지할 수 있는 것이다.

둘째, EIS는 감독자에게 소속 경찰관들에 대한 정보를 지속적으
로 제공하여 그들을 관리하는 데 큰 도움을 준다. 팀장이 소속 경찰
관들을 상담할 필요가 있을 때, 물리력 사용이나 민원 등 관련 자료
들을 구할 수 있다. 셋째, EIS는 물리력 사용 경향이나 민원을 문서화
함으로써 경찰서 전체를 개선할 수 있는 능력을 가지고 있다. 그것은
신임 경찰관들이 시스템에 의해 더 식별되기 쉽다는 것을 문서화 할
수 있으며, 채용이나 훈련 문제를 제안할 수 있다.

Sidebar 14-3

조기 개입 시스템의 구성요소

식별
>성과지표
>데이터 분석
>업무 수행에 문제가 있는 경찰관의 식별

선택
>식별된 경찰관의 평가
>개입을 위한 경찰관 선발

개입
>경찰관 업무수행 개선을 위한 노력
>감독자 상담
>특수훈련
>전문상담소 의뢰

후속 조치
>경찰관의 모니터 및 사후 개입

출처: Samuel Walker, *Early Intervention Systems for Law Enforcement Agencies: A Planning and Management Guide* (Washington, DC: U.S. Department of Justice, 2003).

EIS의 효과성

미국 남동부의 한 대규모 경찰서의 한 경찰관이 많은 수의 물리력 사용 사건에 연루되었다. 그녀가 경찰서의 EIS에 의해 식별이 된 후, 업무 수행평가는 그녀가 얼굴을 맞고 흉터가 생길까 하는 특별한 두려움을 가지고 있다는 것을 발견했다. 그녀는 갈등 상황에서 적극적인 통제력을 행사하지 않아서 자주 공격을 받았고 그 결과 경찰봉을 사용해야 했다. EIS의 개입은 그녀가 보호받고 있다고 느끼면서도 상황을 통제할 수 있는 전술에 대한 특별한 훈련을 포함시켰다. 그 결과, 그녀의 업무 수행 능력은 상당히 향상되었다.[71]

여기서 설명한 사건은 초기 개입 시스템의 성공에 대한 일화라고 할 수 있다. 다른 보다 체계적인 연구는 EIS가 경찰관들의 물리력 사용과 민원을 줄이는 데 성공했다는 것을 보여준다. EIS에 대한 미국 사법연구원의 평가 결과 업무 수행에 문제가 있는 경찰관들을 식별하고 수행능력을 교정하는 데 효과가 있는 것으로 나타났다. 미니애폴리스에서는 개입 대상이었던 경찰관들에 대한 시민불만 건수가 1년 만에 평균 67% 감소했다. 마이애미-데이드 경찰서에서, 개입을 위해 선발된 경찰관들 중 오직 4%만이 개입하기 전에 물리력 사용을 하지 않았는데, 개입 이후 50%가 물리력 사용을 하지 않았다.[72]

EIS 경험이 있는 경찰 관리자들을 대상으로 한 조사에서 경찰 시스템에 대한 긍정적인 평가가 나왔다. 관리자들은 그들의 관리방식을 개선했다고 압도적으로 보고했다. 65%는 긍정적인 효과를 보고했고, 21%는 "혼합" 효과를 보고했으며, 가장 중요한 것은 단지 2%만이 EIS가 경찰관 관리에 부정적인 영향을 끼친다고 말했으며, 12%는 의견이 없었다. 단지 6%의 관리자만이 EIS가 경찰관들의 사기에 부정적인 영향을 미친다고 보고했다. 팀장들은 팀원을 만나기 전에 그들의 장점과 단점을 평가할 수 있었다고 하였다. 지휘관들은 이제 징계가 필요한 위법 행위가 발생하기 전에 도움을 받아 개입할 수 있게 되었다고 말했다.[73]

그러나 EIS는 완벽과는 거리가 멀다. 사실, 그들의 복잡성은 많은 문제를 야기한다. EIS를 구축하려면 각 부서에서 최대 25개의 성능 문제에 대한 데이터 세트를 확보해야 한다. 그러나 많은 부서들이 일부 문제에 대해 좋은 기록을 가지고 있지 않다. 그리고 몇몇 비전문적인 부서들은 전산화된 기록을 가지고 있지 않으며, 서류에 의존하고 있다. 전산화된 데이터 파일도 정확해야 하고 적시에 EIS에 입력할 수 있어야 한다. 로스앤젤레스 경찰서에는 시 예산 위기로 사무직 직원과 데이터 입력 직원을 해고했으며, 이는 EIS의 기능을 크게 손상시켰다.[74]

실제로 많은 경찰서는 시스템을 완전히 가동시키고 유지하는 데 심각한 문제를 겪어왔다. 조사 결과 샌디에이고(2015년)와 시카고(2016년)의 EIS가 거의 작동하지 않는 것으로 나타났다. 시카고 경찰 책무 태스크포스(TF)는 경찰서의 행동개입 시스템(BIS)이 "불완전한 데이터 수집과 제한된 분석"으로 어려움을 겪고 있다며 "정식 개입 프로그램이 제대로 활용되지 못하고 있다."고 보고했다.[75]

위험 관리 및 경찰 법률 고문

위험 관리(risk management)

위험 관리는 민간 업계와 의료기관에서 소송과 관련된 비용을 줄이기 위해 광범위하게 사용되는 과정이다. 위험관리의 기본원칙은 소송비용에 대한 체계적인 자료를 수집해 소송의 원인을 분석하고, 그 원인을 줄이거나 제거하는 조치를 취하는 것이다. 예를 들어, 경찰이 영장을 집행하는 동안 문을 부수고 들어갈 때 경찰서가 종종 재산 피해로 고소되는 경우, 그 경찰서는 경찰관들에게 이 문제에 대한 교육을 제공하거나 재산 피해를 줄이기 위한 서면 정책을 개발할 수 있다.[76]

캐롤 아치볼드(Carol Archbold)는 위험 관리 프로그램의 5가지 기본 구성요소를 개략적으로 설명한다: (1) 위험(예: 고속 추격), 발생 빈도 및 심각한 손실 발생의 확인; (2) 각 위험에 대한 노출을 관리하고 통제하는 방법 탐색; (3) 각 위험을 관리·통제하기 위한 적절하고 효

과적인 대응의 선택 ; (4) 대응 실행; (5) 선택한 반응의 효과 평가.[77]

그러나 위험 관리는 미국 경찰에서 널리 채택되지는 않고 있다. 아치볼드(Archbold)의 경찰 법률고문과 위험관리부서를 대상으로 한 조사에서 354개 법 집행 기관 중 어느 곳도 경찰서 내부에 위험관리자나 위험관리 부서를 설치한 곳은 없었다. 대신, 그 프로그램들은 지방 정부의 다른 기관에 위치했다. 또한 위험 관리 프로그램이나 경찰 법률 고문이 있는 부서 중 그들의 노력이 소송 비용에 미치는 영향에 대한 데이터를 수집하여 발표한 경찰서는 거의 없었다. 아치볼드는 2020년에 저술한 저서에서 경찰활동에서 위험 관리의 잠재적 기여도에 대해서는 낙관적이지만, 현재 상태에 대해서는 비관적이라고 하였다. "위험 관리 원칙과 관행을 일상 업무에서 수행하는 부서"는 거의 없으며, 2014년과 2020년 사이에 "위험 관리 및 치안 유지에 대한 심층 연구"를 발견하지 못하였다고 하였다.[78]

이와 관련된 책무에 대한 접근방식은 **경찰 법률 고문**이다. 이들은 경찰서에 고용된 변호사 또는 그 팀이다. 경찰 법률고문의 목적은 법을 위반하거나 시민에게 해를 끼치거나 소송을 제기할 우려가 있는 행위를 방지하기 위한 경찰의 정책과 활동을 검토하는 것이다.

경찰 법적 조언자(police legal advisor)

노스캐롤라이나주 샬럿-멕클렌버그 경찰서에는 경찰서장에게 직접적으로 보고하는 경찰변호사가 있는데, 2016년에는 변호사 5명과 법률 보조원 2명이 근무했다. 과거에, 경찰에 영향을 미치는 최근의 법원 결정들을 다른 관련 법률 정보와 함께 요약하여 '경찰법 게시판'을 운영하였다.[79]

▌법 집행기관에 대한 인증

인증의 특성

인증은 전문적인 자율규제의 과정으로, 사실상 모든 직업, 즉 법률, 의학, 교육 등에서 사용되고 있다. 1979년에 법 집행을 위한 인증 과정이 만들어졌다. 선도적인 전문 협회의 연합을 기반으로 법집행기

승인(accreditation)

관인증위원회(Commission on Accreditation on Law Executive Agency, CALEA)가 만들어졌다. 당초 이 단체에는 국제경찰기관장협의회, 전국 경찰서장 협회, 보안관협회, 전국 흑인 법 집행기관 기관장 협회, PERF 등의 대표들이 포함됐다. CALEA는 1983년에 사법기관에 대한 첫 번째 기준을 발표했고 1984년에 첫 경찰서를 인증했다. 2009년까지 750개 이상의 기관이 인증되었다.[80]

　　CALEA는 모든 법 집행기관을 위한 최소 표준을 제정한다. 어떤 표준은 의무적이며, 다른 표준은 권장되지만 선택적이다. 대규모 법 집행기관의 경우 일부 기준이 의무화되지만, 소규모 법 집행기관의 경우 의무화되지 않는다. 이 표준의 가장 최신판에는 445개 이상의 특정 표준이 포함되어 있다. 예를 들어, 인증된 부서는 물리력 사용과 치명적인 물리력 사용에 관한 서면 정책, 모든 규칙과 규정에 대한 서면 지침 시스템, 적극적 행동 계획, 시민 불만 처리 시스템 등을 갖추어야 한다.[81]

　　인증 옹호자들은 그것이 전문적인 지위를 열망하는 모든 직업의 필수적인 측면이라고 주장한다. 그들은 자율 규제가 외부 집단에 의한 규제와 통제보다 더 바람직하다고 주장한다. 왜냐하면 그 직업의 구성원들은 그 분야를 가장 잘 알기 때문이다.[82] CALEA는 인증의 다음과 같은 이점을 인용한다: 치안 유지를 개선하기 위해 "법 집행기관과 시민이 함께 협력하는" 공개 포럼을 통한 "지역사회 옹호"; 인증이 기관의 우수성을 객관적인 증거로 제시하여 정부로부터 지원을 받음; 좋은 정책들이 경찰서로 하여금 소송에 잘 대응할 수 있게 만들고 이로 인하여 소송에 대해 강력하게 방어할 수 있음; 이와 같은 이유로 위험과 비용을 감소시킬 수 있음. 마지막으로 더 나은 정책, "건전한 교육" 및 "명확히 정의된 권한 범위"를 통해 "기관 내에서 더 큰 책무"를 보장한다.[83]

　　그러나 인증에는 심각한 한계가 있다. 첫째, 자발적인 과정이다. 경찰서는 인증을 받지 못해도 아무런 불이익이 없다. 교육에서 인증 미달은 학생의 학점이나 학위가 다른 기관에서 인정되지 않을 수 있고, 연방 교육 기금에 해당되지 않을 수 있다는 것을 의미한다. 둘째

로, 일부 비평가들은 인증 과정이 최소한의 표준만 정하고 우수성의
최적의 표준을 정의하지 않는다고 주장한다. 즉, 그들은 "바닥"을 정
의하지만 "천장"은 정의하지 않는다. 예를 들어, CALEA 표준의 대부
분은 경찰서가 특정 문제에 대해 서면 정책을 갖도록 요구한다. 그러
나 물리력 사용과 그 밖의 몇 가지를 제외하고, CALEA 표준은 그 정
책이 무엇이 되어야 하는지를 명시하지 못한다. 셋째, 다수의 사법 당
국자들은 인증 과정이 너무 비싸고 시간이 많이 걸린다고 생각한다.

▌책무의 외부 메커니즘

정치 절차를 통한 경찰의 감독

이번 장의 시작부분에서 언급한 것처럼, 미국 정치 시스템에서
법 집행기관의 통제에 대한 일차적인 책임은 지방 시, 카운티 및 주
정부에 있다. 새뮤얼 워커는 많은 경찰 비평가들이 비난하듯이 미국
경찰이 "통제할 수 없는" 것은 아니라고 주장한다. 경찰서는 지방 공
무원들의 직할을 받고 있다. 그러나 핵심적인 문제는 '민주적 통제의
부족'이 아니라 잘못된 가치를 추구하는 민주적 통치가 오히려 잘 작
동되기 때문에 문제가 발생하는 것이다. 즉, 존중과 헌법에 따른 치
안유지보다는 어떤 대가를 치르더라도 범죄를 통제하고, 동등한 보호
보다는 인종적 우월성을 강조하는 것이다.[84]

법원과 경찰

연방대법관은 미국 대통령이 임명하고, 주법관과 지방법관은 임
명 또는 선출되기 때문에 법정은 정부 정치체제의 한 부분으로 볼 수
있다. 지난 수십 년 동안의 많은 경찰 문제들은, 적어도 부분적으로,
경찰에 대한 헌법적 기준을 확립하는 중요한 대법원 결정을 포함한
일련의 주요 개혁 노력에 의해 극복되었다.[85]

정부에서의 사법파트는 중요하지만 정치 과정의 간접적인 부분
이다. 정부의 모든 단계에서 법원은 경찰에 책무를 지우는 데 어느

정도 역할을 한다. 보석 설정, 예심, 재판에서 지방법원 판사들은 미국의 견제와 균형 원칙에 부합하는 경찰에 대한 견제의 역할을 하는 방식으로 많은 사안을 판결한다. **대법원**은 그 결정이 국가의 모든 사법기관에 적용되기 때문에 가장 큰 영향을 미친다.[86]

대법원(Supreme Court)

대법원과 경찰

미국 대법원이 결정한 가장 유명한 사건 중 하나는 다음과 같다. 클리블랜드 경찰관은 1957년 5월 23일 돌리 맵의 집에 들이닥쳐 수색영장이라는 말을 하면서 이를 흔들어댔다. 그들은 이전에 그곳에 숨어 있다고 생각되는 용의자를 찾아 그 집에 간 적이 있었다. 그들은 용의자를 찾지 못하자, 집에 음란물을 소지한 혐의로 맵을 체포했다. 맵은 유죄 판결을 받았지만 항소했고 결국 그녀의 사건은 대법원으로 올라갔다. 압수수색 영장의 사본은 경찰 자료나 어느 법원에서도 발견되지 않았으며, 경찰이 실제로 영장을 가지고 있지 않았다는 강한 의혹이 있었다. 미국 대법원은 맵의 유죄 판결을 뒤집었다.[87]

맵 대 오하이오 판결(Mapp v. Ohio)

맵 대 오하이오 사건(1961년)의 결정은 여전히 대법원 역사상 가장 논란이 많은 판결 중 하나이다. 법원은 맵에 대한 증거가 불법적으로 획득되어 수정헌법 제4조인 "불합리한 압수 수색"으로부터의 보호에 위배되었다고 판결하였다. 법원은 **위법수집 증거 배제의 법칙**을 적용하였는데 이것은 헌법에 위배한 압수수색에 의하여 수집된 모든 증거는 법원에서 사용될 수 없다는 것이다. 법원은 앞서 1914년(웍스 대 연방정부) 연방 형사소송에서 위법수집 증거 배제의 법칙을 적용한 바 있다. 맵은 어떤 주정부도 시민의 정당한 법 절차를 박탈할 수 없다는 헌법 수정 제14조를 통해 주와 지방 경찰에 위법수집 증거 배제의 법칙을 적용했다. 따라서 법원은 모든 경찰 기관에 대한 국가 기준을 정하고 지방 경찰의 치안유지 역할을 설정하였다.[88]

위법수집 증거 배제의 법칙 (exclusionary rule)

대법원 판결의 영향

대법원의 주요 판결은 경찰에게 엄청나고 지속적인 영향을 미쳐 경찰관들의 채용과 훈련을 개선하고 경찰관들의 재량권을 지도하기 위한 정책을 개발하라는 압력을 경찰관서에 가하고 있다. 그러나 대법원에 대한 비판론자들은 대법원의 결정이 치안 유지의 현실에 너무 복잡한 규칙을 만들어 냄으로써, 범죄를 통제하려는 경찰의 일상적인 노력에 "수갑을 채우고" 있다고 주장한다. 대법원과 경찰을 둘러싼 논쟁이 60년이 넘도록 이어져 왔고 오늘도 계속되고 있다.[89]

폴 캐설(Paul Cassell) 법대 교수는 단독으로 2000년 미란다 원판결을 뒤엎어달라는 소송을 연방대법원에 제기하였다. 캐설의 연구는 미란다 판결이 사회의 범죄 퇴치 능력에 심각한 손실을 입혔다고 추정했다. 그러나 캐설은 성공하지 못했다. 미국 대 디커슨(2000년) 사건에서 연방대법원은 그의 주장을 기각하고 미란다 원칙을 7 대 2의 결정으로 재확인했다. 캐설의 노력은 대법원이 경찰에 미치는 영향에 대한 오랜 논쟁의 일부였다. 이 경우 자신의 증거가 그의 결론을 뒷받침하지 못했다. 그는 미란다가 전체 형사 사건의 3.8%에 불과한 유죄 판결의 순손실을 초래한다고 추정했다. 많은 사람들은 이것이 중대한 영향을 끼친다고 생각하지 않았다. 그리고 실제로 자신의 연구에 참여한 용의자의 84%가 자발적으로 미란다 권리를 포기하고 자백했다.[90]

리차드 레오(Richard Leo)는 웨스트 코스트의 한 경찰서에서 심문(그리고 다른 사람들의 심문 비디오테이프를 관찰)을 관찰한 결과 78%의 용의자가 미란다 권리를 포기하고 경찰과 대화를 나눴다는 것을 발견하였다. 그러나 그는 또 30%의 사건에서 경찰이 공범으로부터 자백을 받거나 다른 혐의를 입증할 만한 증거가 있다고 속여 피의자에게 거짓말을 한 사실도 밝혀냈다. 한마디로 경찰은 다양한 장치를 통해 미란다 원칙의 구체적인 의도를 회피할 수 있는 방법을 찾아냈다. 그리고 그들은 또한 위법수집 증거 배제의 법칙과 같은 다른 대법원 판결의 요건을 회피할 수 있는 방법을 찾아냈다. 요컨대 대법원 판결은 자기강제성이 아니며, 경찰관의 자발적인 협조가 필요하다 (Sidebar 14−4 참조).

Sidebar 14-4

대법원 결정의 장기적 영향: 레오의 논쟁

미란다 규칙이 심문에 미치는 영향에 대한 관찰적 연구를 바탕으로, 리차드 레오는 그 결정이 네 가지 "장기적인" 영향을 미쳤다고 주장한다.

첫째, "미란다는 취조실 안에서 경찰의 행동에 문명화적인 영향을 끼쳤다." 이 결정은 1931년 경찰의 보고서에 기록된 자백을 받기 위해 사용된 잔인한 방법들을 없애는 데 도움이 되었다.

둘째, 미란다 규칙은 심문을 실시할 때 항상 경찰관들이 염두에 두고 있어야 할 도덕적, 법적 기준을 규정하면서 치안 문화를 바꾸고 변화시키는 데 일조해 왔다.

셋째, 미란다 규칙 및 다른 대법원 판결은 헌법적 권리에 대한 대중의 인식을 높였다. 한편, 시민들이 경찰의 권리에 대해 아는 것은 부당한 경찰관 행동에 도전할 수 있는 권한이 있다는 것을 인식하는 것이기 때문에 경찰의 행동에 대한 견제 역할을 한다.

넷째, 미란다 규칙은 경찰에게 더욱 정교한 심문 기법을 개발하도록 자극을 주었다. 경찰이 강압적이거나 잔혹한 수법을 포기했기 때문에 어떤 면에서는 이것은 좋은 발전이었다. 그러나 동시에 레오의 연구가 분명히 밝혀내듯이, 새로운 기술들 중에는 미란다 규칙의 정신과 의도를 훼손하는 미묘한 속임수를 수반하는 것도 있다.

출처: Adapted from Richard A. Leo and George C. Thomas III, *The Miranda Debate: Law, Justice, and Policing* (Boston: Northeastern University Press, 1998), 217-219.

맵 대 오하이오 판결에 대한 비판에도 불구하고, 오하이오주에서는, 위법수집 증거 배제의 법칙이 경찰의 범죄 퇴치 능력을 제한하지 않는다는 연구 결과가 나왔다. 이 규칙은 주로 경찰이 마약과 무기 밀매 사건에서 어떻게 증거를 입수했는지에 대한 문제에 국한되어 있다. 셸던 크란츠(Sheldon Krantz)는 보스턴의 형사 사건을 검토하면서 "증거를 억압하려는 움직임은 거의 없고, 이 중 극히 일부만 허가된다."고 밝혔다.

증거탄핵 청원은 지방법원 512건 중 48건(9.4%)에 불과했고 48건 중 10건만 허가됐다. 따라서 피고는 20.8퍼센트의 청원만 성공적이었으며, 전체 사건에서는 1.9퍼센트에 불과하다. 일반회계사무국(GAO) 조사 결과 변호인단이 제기한 증거탄핵 청원은 2,804건 중 11%에 불과하였다. 20퍼센트 미만의 청원이 성공하였으며, 전체 성공률은 2.2%를 기록했다.

경찰에 대한 대법원 판결 지지자들은 세 가지 긍정적인 효과가 있었다고 주장한다. 첫째, 법원은 적법한 절차의 기본 원칙을 정의했다. 둘째, 맵 및 미란다와 같은 결정은 경찰의 위법행위에 대한 벌칙을 만들었다(증거나 자백은 제외). 이것은 책무의 기본 메커니즘으로 작용했다. 셋째, 이 결정은 채용, 훈련, 감독 개선 등 경찰 개혁을 유도하였다.

마이런 오필드(Myron Orfield)가 시카고 마약사범들과 인터뷰를 한 결과, 위법수집 증거 배제의 법칙의 몇 가지 긍정적인 효과를 발견했다. 맵의 결정은 검찰의 영장 검토를 더 철저히 하는 등 경찰관들의 더 나은 훈련으로 이어졌다. 형사들도 충동적인 영장 없는 수색을 하기보다는 영장을 사용할 가능성이 높았다. 많은 경찰관들은 배제 법칙이 높은 수준의 전문성을 유지하는 데 도움이 되는 좋은 것이라고 지적했다.[93]

대법원 판결은 또한 경찰 절차의 세부사항에 대한 대중의 인식을 증가시켰다. 이러한 지식과 그에 따른 시민의 권리 요구는 경찰을 압박하여 많은 권한 남용을 방지한다. 개인의 권리에 대한 인식이 높아지면 경찰 성과에 대한 국민적 기대감도 높아지고 지속적인 경찰 개혁에 대한 압력도 생긴다.

대법원에 대해서도 경찰 책무의 메커니즘으로 상당한 한계가 있다. 첫째, 법원은 일상적인 경찰 운영을 감독할 수 없으며 경찰관들이 그 결정을 준수하고 있는지 확인할 수 없다.[94] 둘째, 대부분의 업무는 체포를 수반하지 않기 때문에 경찰관들은 법원 앞에 결코 오지 않는다. 개인은 체포되어 유죄판결을 받아야만 구제책이 있다. 셋째, 경찰관은 어떤 사건들에 대해서는 법원의 결정을 통지 받지 못하는 경우도 있다. 스티븐 와스비는 매사추세츠와 일리노이 주의 소도시 경찰이 1970년대에 법원 결정에 대한 정보를 체계적으로 받지 못했다는 것을 발견했다. 네번째, 일부 비평가들은 법원이 부과한 규칙이 경찰관들에 의해 회피나 거짓말을 조장할 뿐이라고 주장한다. 마지막으로, 권리 행사는 거의 진정한 의미가 없는 공허한 형식이 될 수도 있다. 예를 들어, 캐셀과 리오 둘 다 대부분의 용의자들이 침묵할 권

리를 포기하고 경찰의 심문을 받는데 동의한다는 것을 발견했다.[95]

경찰을 상대로 한 민사소송

손해배상(damage awards)

　　2004년과 2014년 사이에 시카고시는 경찰의 위법행위에 대해 약 6억 6천 2백만 달러의 **손해 배상금**을 지급했는데, 이는 한 해 평균 약 6천만 달러의 보상금이다. 한 사건에는 자백을 강요한 시카고 경찰관의 고문 끝에 26년간 수감생활을 한 남성에게 1,025만 달러의 보상금이 지급되었다. 경찰의 위법행위에 대한 비용은 점점 커져서 시카고시는 경찰과잉진압 기금을 만들었다. 2017년에 시는 7억 300만 달러의 기금을 경찰 위법행위에 지출하였는데, 이는 기금 보유자에게는 10억 달러, 세금 납부자에게는 17억 1,000만 달러에 대한 이자로 지출된 것이다.

　　볼티모어시는 2010년에서 2015년 중반 사이에 1,200만 달러의 손해 보상금을 지급했다. 뉴욕시는 에릭 가너의 가족에게 600만 달러를 지불했는데, 그의 죽음은 이 장의 첫머리에서 논의되었다.[96]

　　전국적으로, 시·군은 경찰권 남용 사건에서 막대한 합의금을 계속 지불하고 있다. 그러나 지방세 납세자들 사이에 반란은 없다. 경찰 당국은 이러한 조정으로 이어지는 경찰관의 행동을 종식시키기 위해 어떠한 조치도 취하지 않는다. 시장과 시의원들은 필요한 경찰개혁을 요구하지 않는다.

　　많은 인권 운동가들과 변호사들은 경찰권 남용에 대한 경찰서를 상대로 한 민사 소송이 개혁을 가져올 것이라고 믿는다. 그들의 가정은 경찰의 위법행위로 인한 재정적인 비용을 증가시키는 것은 시와 군이 정책과 감독을 개선함으로써 그들의 부서를 개혁하도록 강제하고 결국 경찰권 남용과 그에 따른 소송과 손해 배상금이 줄어들 것이라는 것이었다. 소송과 지급이 계속된다는 사실은 그 가정에 결함이 있다는 것을 암시한다. 문제의 핵심은 지방정부가 특히 경찰에 대해 무책무하고 합리적이고 재정적으로 책무감 있는 행동을 하지 않는다는 점이다. 대부분 지방정부의 한 기관이 남용을 저지르고, 두 번째 기관이 법정에서 도시를 방어하고, 세 번째 기관이 원고에게 수표를 작성해 주는 것이 현실이다. 피드백도 없고 실수로부터 배우고 적절한 시정조치를 취하는 과정도 없다. 에드워드 리틀존이 1970년대까지 디트로이트에서 경찰의 위법행위 소송을 연구한 결과, 소송이 개혁을 이끌어내지 못했다는 사실이 밝혀졌다.[97]

법학 교수 조안나 슈워츠는 소송의 또 다른 장점은 경찰관 위법행위에 대해 "가장 많은 정보"를 발생시키는 점이라고 하였다. 그러나 "작지만 증가하고 있는" 소수의 경찰서만이 "인사 및 정책 문제를 식별하기 위해" 정보를 이용하려고 노력한다.[98] 소송 정보를 체계적으로 사용하는 것은 매우 가치 있는 책무 메커니즘이 될 가능성이 있다.

찰스 엡(Charles Epp)은 자신의 책 '권리 실현'에서 민사소송이 경찰 개혁에 미치는 영향에 대해 보다 긍정적인 견해를 제시하고 있다. 그는 1960년대 이후 경찰의 위법행위에 대한 소송이 경찰의 책무에 지대한 영향을 미쳤다고 주장한다. 대법원 판결에 자극받은 경찰당국은 11장에서 논의한 경찰관들의 행동을 통제하고 직권남용을 줄이기 위한 정책 개발에 착수했다.

엡은 1960년대에 서면 규칙을 통해 경찰관들의 행동을 통제한다는 생각은 소수의 경찰서장을 제외한 모든 경찰서장들 사이에서 "강제적"이었다고 주장한다. 그러나 1960년대 후반부터, 민권 변호사의 일, 뉴스 미디어, 법원 판결 그리고 몇몇 사람들의 일이 시작되었다. 개혁적인 경찰 전문가들은 지배적인 견해를 바꾸는 데 성공했다. 1980년대 중반과 1990년대 초까지 경찰관의 재량권을 통제하고 경찰에 대한 소송을 최소화하기 위한 행정규칙 제정이 새로운 원칙이 되었다. 각급 법원은 광범위한 경찰활동에 대한 법적 기준을 확립하는 결정을 내렸다. 즉, 여러 다른 세력이 경찰이 배상하지 않으려는 경찰의 위법행위에 대해 시청이나 군청이 비용을 지불하도록 결합한 것이다.[99]

공무원 비위행위에 대한 민사소송 비용이 증가함에 따라 일부 시군은 비위행위를 줄이기 위한 적극적인 조치를 취하게 되었다. 로스앤젤레스에서는 로드니 킹 사건 이후, 로스앤젤레스 카운티 감독

위원회가 로스앤젤레스 경찰국을 연구하기 위해 콜츠 위원회를 창설했다. 위원회는 높은 금액의 민사 소송 보상금뿐만 아니라 높은 비위행위의 실적을 가진 소수의 경찰관들을 발견했다. 그 결과 카운티 의회는 1993년 LA 경찰국 특별검사를 상설 시민 감독기구로 만들어 정기적으로 경찰국을 감사하게 되었다. 한편 로스앤젤레스 경찰국은 업무상 문제가 있는 경찰관들의 문제를 해결하기 위해 조기 개입 시스템을 만들었다. 그 결과는 그 부서의 여러 분야에서 개선되었다. 특히, 과도한 물리력 소송은 1992－1993 회계연도와 1993－1994 회계연도의 평균 300건에서 2002년과 2004년 사이에 약 63건으로 감소했다.[100]

법무부의 소송 유형과 실행 조사

합의안(consent decree)

　　1997년 피츠버그 경찰서에 대한 **합의안**은 관리와 책무 절차에 전면적인 변경을 명령했다. 법령에 따라 부서에 모든 경찰관의 물리력의 사용(그것이 가지고 있지 않은 것)에 대한 데이터 시스템을 개발하고, 조기 개입 시스템을 만들고, 경찰관이 보행자와 자동차 운전자를 포함한 심문을 위해 정차한 모든 사람의 인종과 민족성을 기록하도록 명령했다.[101]

권한남용의 패턴 또는 실행
(pattern or practice of abuse)

　　피츠버그 합의안은 미국 법무부의 민권국에 의하여 제기된 소송의 30개의 조정합의안 중 첫 번째 것이었다. 1994년 폭력범죄 통제법은 법무부가 '**권한의 남용의 패턴과 실제 행위**'가 있는 법 집행기관을 상대로 민사소송을 제기할 수 있도록 허가했다(Exhibit 14－3 참조). 법무부는 경찰행위의 패턴과 실행은 간헐적 나쁜 사건 또는 가끔 저질러지는 나쁜 경찰관에 의한 위법이라고 정의하고 있다. 다른 합의안들은 로스앤젤레스, 신시내티, 뉴올리언즈, 시애틀, 클리브랜드 경찰서 등이 개혁을 의무화하도록 하였다.[102]

　　워커는 "법무부의 패턴이나 실행 프로그램은 미국 치안유지 역사상 전례가 없는 사건"이라고 주장하였다. 법무부가 지역 경찰관서의 운영에 이처럼 직접 개입하고 기본적인 경찰활동에 대한 전면적인 개혁을 지시한 적은 없었다. 20년 동안 이 프로그램은 미국 치안 유지에 심오하고 지속적인 영향을 끼쳤다. (그러나 트럼프 행정부는 2017년 3월 "패턴 또는 실행" 프로그램을 중단했다.)[103]

EXHIBIT 14-3

14141 섹션, 1994 폭력범죄 통제법

헌법이나 미국의 법령에 의하여 보호되는 인권이나 특권에 반하여 청소년 범죄자를 투옥하거나 소년 교정행위의 위법 행위를 법 집행기관을 위해 자행하는 경찰관이나 어떤 법 집행기관 근무자도 모두 불법이라 할 것이다.

합의안이나 합의각서(MOA) 또는 수사결과 서면을 통해 해결된다. 합의안이나 합의각서는 책무와 관련된 의무적인 개혁을 포함하며 연방 판사의 감독을 받는다. 판사는 법원이 명령한 개혁안의 이행을 감독하기 위해 감독관(실제적으로 팀)을 임명한다. 감독관들은 여러 기능을 수행한다; 법원의 명령한 개혁안의 실행에 대한 감독; 진행상황에 대해 판사에게 보고; 물리력 사용정책과 기타 정책들에 대한 경찰서의 이행에 대한 자문; 적정하게 진행하지 않는 경찰서에 이행을 촉구. 예를 들면, 워싱턴 DC의 감독관은 2002년 6월에 지난 몇 달간의 노력에도 불구하고 정해진 기간 내에 이행해야 할 양해 각서 내용을 제대로 수행하는 데 실패하였다고 보고하였다.[104]

합의안 개혁

1997년부터 2001년 사이 초기의 합의안 그룹 (1세대 합의안이라고 명명)은 경찰의 내부 채임과 관련한 일련의 개혁에 대한 기준을 마련하였다: (1) 최신의 물리력 사용정책; (2) 모든 물리력 사용에 대한 보고 및 팀장의 보고서에 대한 검토와 관련한 자세한 규정; (3) 조기 개입 시스템; (4) 개선된 민원 처리절차; (5) 개선된 물리력 사용 및 다른 훈련.[105]

신시내티 경찰국에 대한 연방 조사에 따른 조정안은 경찰서에 대한 여러 건의 인종차별 소송과 별로도 분리되어 진행되었기 때문에 독특했다. 법무부 조정은 다른 도시와 유사한 책무 관련 개혁을 명령했다. '협력적 동의안'이라고 이름 붙여진 이 민간 소송의 해결은 경찰서에 문제 지향적 경찰활동을 채택하고 범죄와 무질서를 해결하기 위한 새로운 전략을 개발하는데 있어 지역사회 단체들과 긴밀히 협력할 것을 명령했다. 신시내티 협력적 동의안은 경찰서의 치안 유지 전략을 바꾸도록 명령한 유일한 조정안이다.[106]

신시내티 협력적 동의안은 매우 영향력 있는 것으로 입증되었는데, 이는 법무부가 시애틀, 클리블랜드 및 기타 도시의 조정안에 지역사회 참여 모델을 포함하기 시작했기 때문이다. 한편 뉴욕시의 연방판사는 검문검색에 대한 사건에서 뉴욕경찰청에 대해 새로운 검문검색과 정책, 훈련, 감독 등을 개발하기 위한 협력적 절차를 지시했다.[107]

합의안의 "2세대"는 의미 있는 경찰 개혁을 보장하기 위해 무엇이 필요한지에 대한 훨씬 더 넓은 비전을 나타내었다. 지역사회에 경찰의 문제를 교육하고 동의서 개혁에 대한 신뢰를 쌓기 위해 이후 사례에는 경찰의 문제점과 도시 내 경찰-공동체 관계 문제의 역사에 대한 설명이 포함됐다. 몇몇 법령에는 지역사회에서 경찰의 참여에 대한 공식적인 요구 사항이 포함되어 있었다. 예를 들어, 시애틀에서, 지역 경찰 위원회(CPC)는 시애틀 경찰국의 새로운 물리력 사용정책을 개발하고, 상황완화 노력을 하도록 촉구하였다. 2015년 시애틀 시의회는 CPC를 상설 기관으로 만드는 조례를 통과시켰다. CPC는 여전히 대담한 실험이지만, 워커는 합의안을 통한 CPC의 창설은 경찰의 주요 개혁을 촉진하는 법무부의 역할과 관련하여 "진정한 역사적" 사건이었다고 주장한다. 우리가 12장에서 배웠듯이, 경찰과 지역사회 참여는 경찰 개혁의 필수 요소로 떠올랐다. 또한, 이후 일부 법령에는 지역사회 참여 과정에 경찰 노조가 참여할 수 있는 조항이 포함되었다.[108]

합의안의 영향

합의안 및 합의각서가 의도한 결과를 달성하였는가? 법원이 명령한 개혁이 실제로 시행되고 있고, 그 결과로 부서가 더 책무감 있게 되었는가? 경찰관이 개혁의 결과로 물리력 사용을 감소시켰는가?

2008년 8월 신시내티의 감독관은 "현재 신시내티시는 2002년과 매우 다른 상황에 처해 있다. 양해각서의 5년, 그리고 협력적 동의안의 6년 동안, 시는 정책방식에 상당한 변화를 주었다. 신시내티 경찰서는 훈련, 정책과 절차, 물리력 사용 및 민원 조사, 위험 관리 및 책무성을 개선했다."고 밝혔다.[109] 그러나 감독관의 보고서는 해당 부서가 이전의 비전문적인 방식으로 되돌아간다면 해당 부서의 개혁이 지속될 것인가 아니면 단순히 사라질 것인가에 대한 문제를 다루지 않았다.

현재까지 가장 철저한 평가는 합의안에 따른 2009년 하버드대의 LAPD에 대한 평가이다. 그 평가는 로스앤젤레스 경찰관들이 더 열심히, 더 똑똑하게 일하고 있다는 결론을 내렸다. "우리는 LAPD가 8년 전과는 많이 달라졌다는 것을 발견했다."고 보고했다. 국민의 83%가 경찰서가 현재 "잘 하고 있다."고 답하는 등 대중의 만족도가 높아졌다. 특별히 중요한 사항은 "심각한 물리력의 사용 빈도가 2004년 이후 매년 감소하고 있다."는 점이다. 일부 경찰관들은 합의안의 요건이 법 집행 활동을 억제한다고 느끼지만, "이른바 '경찰활동의 저하'(경찰관이 징계를 받을 것을 우려해 집행 활동을 축소한다는 생각)의 객관적 징후는 없다."는 것이다. 실제로 합의안이 발효된 이후 2002년 이후 보행자 검문과 차량 검문이 모두 두 배 증가했지만, 특히 중요한 1년 동안 검문으로 인한 체포가 늘었다는 것이다. 이는 인종이나 민족성에 근거한 불법적인 검문이 아닌 합법적인 법적 이유에 근거한 "좋은 검문"이었음을 시사한다. 간단히 말해서, 이러한 평가는 독립된 감사자의 지지를 받는 법원 명령의 개혁이 이전에 문제가 되었던 대규모 경찰서에 상당한 변화를 가져올 수 있음을 보여준다. 새뮤얼 워커와 모건 맥도날드는 연방정부의 개입은 법무부의 개입 이전에 스스로 개혁할 능력이 없어 보였던 경찰부서에 대해 "문제화된" 효과적이고 필요한 대응이라고 주장한다.[110]

피츠버그, 워싱턴 D.C., 신시내티 등 3개주의 합의안에 대한 연구에서 조슈아 차닌(Joshua Chanin)은 신시내티에서 치안 유지의 몇 가지 핵심 분야에서 상당한 개선이 이루어졌다는 것을 발견하였으며, 워싱턴 D.C.에서는 물리력 사용과 민사소송에서의 의미있는 변화가 있었음을 발견하였고, 피츠버그에서는 예산의 위기 및 경찰개혁에 대한 지지의 감소 등으로 인하여 책무의 감소를 발견하였다. "패턴 또는 실행" 프로그램에 대한 증거의 더 넓은 개요에서, 법학과 교수 스테펜 러신(Stephen Rushin)은 대부분의 경우 그들이 명시된 목표를 달성하는데 성공했다고 결론지었다.[111]

연방정부의 소송에 대한 보다 많은 긍정적인 영향의 증거는 이를 경험한 경찰서장 및 지휘관들로부터 나온다. 워싱턴 경찰서장인 찰스 람시는 실제로 법무부의 조사를 요청하였다. 그는 '결과적으로 매우 성공적이었다. 총격사건은 80% 감소하였으며, 이것이 유지되고 있다'고 하였다. 또한 '이것은 대중들에게 신뢰를 주었다'고 하였다. LAPD 지휘관은 '합의안이 결과적으로 1,500만 달러의 비용이 들었지만 그 돈은 미래의 소송을 방지하고 대중으로부터의 신뢰를 얻는 데 유용하게 사용되었다'고 하였다.[112]

합의안에 대한 등한시된 영향력

법무부 합의안에 대한 발표된 평가는 한 가지 중요한 한계를 가지고 있다: 그것들은 주로 경찰관들의 물리력 사용, 시민 불만, 민사소송의 패턴과 같은 계량 가능한 결과에 좁게 초점을 맞추고 있다. 합의안에 대한 뉴스 미디어의 평가도 동일하게 좁게 초점이 맞춰져 왔다.[113]

법무부의 '패턴 또는 실행' 프로그램은 경찰 개혁과 치안 유지 개선을 어떻게 해야 하는지에 대한 많은 중요한 기여를 했다. 첫째, 합의안은 헌법적 치안 유지, 특히 최첨단 물리력 사용정책, 팀장 및 상급 지휘관의 의무적이고 철저한 물리력 사용 보고서에 대한 검토, 조기 개입 시스템 등을 규정했다. 둘째, 그들은 합의안의 기본 목표를 조직의 변화로 정의했다. 23년간의 소송에 대한 2017년 시민권익분과의 보고서는 합의안이 '헌법·효력 등에 필요한 정책지도·훈련·

장비 및 기타 자원'을 개발하며 공무원 감독제도 개선과 위법행위 책무 추궁 등 제도개혁을 강조했다고 설명했다. 경찰활동에 대한 필요한 "데이터 시스템"을 만들고, 마지막으로 "지역사회에 대한 참여와 책무를 규범화"하였다. 이전에 경찰 개혁 노력은 일반적으로 물리력 사용, 검문검색, 가정폭력 신고 처리 등 개별적인 문제에 초점을 맞추었다. 경찰의 위법행위에 대한 법원의 판결은 비슷하게 좁은 관점을 가지고 있다. 법무부는 목표는 총격이나 검문검색 같은 비위행위에 대해 경찰의 책무, 채용, 훈련 감독 등을 고려 하지 않고 개별적으로 대응할 수 없다는 가정에 근거하고 있다.[114]

셋째, 합의안의 길이는 1997년 피츠버그 합의안(단 83개 단락) 이후 매우 증가하게 되었다. 예를 들어, 2013년 뉴올리언스 합의안은 492개의 별도 단락으로 구성되었고, 2017년 볼티모어 합의안은 515개로 구성되었다. 이러한 증가는 경찰서를 수사하는 데 관여하는 변호사와 수사관들의 입장에서 중요한 '학습 곡선'을 반영했다. 시간이 지남에 따라 그들은 조직 변화라는 목표를 효과적으로 달성하기 위해 무엇이 필요한지 더 깊이 이해하게 되었다.[115]

넷째, 법무부 직원은 경찰의 위법 행위, 특히 성폭행과 가정폭력에 대해 경찰청이 지역사회복무기관과 효과적인 협력관계를 발전시킬 필요가 있음을 인식했다. 이 아이디어는 뉴올리언스 합의안에서 지역 성폭행 및 가정폭력 기관과 파트너십을 구축해야 한다는 요구 사항을 뒷받침했다. 다섯째, 법무부 직원들은 2세대까지 합의안 개혁에 대한 대중의 지지를 구축하고 그것이 미래에도 유지될 수 있도록 하는 것이 경찰서에 대한 지역사회 참여를 위한 공식적인 절차의 개발이 필요하다는 것을 인식했다. 이러한 생각은 시애틀과 클리블랜드의 민간 경찰 위원회의 요구로 이어졌다. 여섯째, 마지막 합의안 그룹은 이전의 경찰개혁에 의해 일반경찰관이 소홀하게 다루어졌음을 인식하였으며, 그 결과 경찰관 복지 프로그램과 경찰 노조가 개혁 과정에 참여할 수 있는 구체적인 역할을 모두 포함하였다.[116]

▎ 물리력 사용에 대한 통제와 경찰 하위문화의 대립

일견 법무부 조사와 합의안의 주요 초점은 경찰의 물리력 사용을 통제하려는 노력이었다. 이를 위해 합의안에는 최신 물리력 사용 정책, 물리력 사용 시마다 상세히 보고해야 하는 엄격한 요구 사항, 팀장이 경찰관 보고서를 "비판적으로" 검토하는 동일한 엄격한 정책, 마지막으로 무력 사용에 대한 명령 수준의 검토가 요구되었다. 그러나 사실상 합의안에 대한 모든 논평은 이러한 요구사항의 가장 중요한 영향인 **경찰관 하위문화**와의 대립을 완전히 무시했다.

경찰관 하위문화(police officer subculture)

전국적으로 가장 심각한 문제를 겪고 있는 부서에서는 순찰 경찰관들이 왜 그들이 조치를 취했는지, 즉 책무를 물어야 하는지를 설명해야만 하는 사고에 대한 상세한 보고서를 작성하는 데 익숙하다. 그러나 그들은 팀장들이 보고서를 비판적으로 검토하는 것에 익숙하지 않았으며, 왜 비판적 검토가 필요한 것인지에 대한 인식도 없었다. 이러한 결과는 전통적인 경찰 하위문화와 새로운 책무문화가 충돌하였기 때문이다. 법무부의 뉴올리언스, 클리블랜드, 볼티모어 경찰서에 대한 수사보고는 매우 충격적이었는데, 경찰관들의 규칙적인 불법적이고 무모하며 위험한 행동과 경찰관 보고서를 비판적으로 검토하고 이러한 행위를 감찰에 보고하지 못한 팀장의 완전한 실패에 대한 것이었다. 볼티모어 경찰들의 공격성 예를 들어, "민간인과 마주칠 때의 전술"은 상황을 일시적으로 증대시키고 비합리적인 무력의 체계적 사용에 기여한다.[117]

피츠버그와 로스앤젤레스의 합의안에 대한 평가는 문화의 충돌을 극단적으로 드러내고 있다.

인터뷰와 포커스 그룹에서 두 경찰서의 경찰관들은 새로운 요구사항에 대해 불평했고, 일부는 심지어 기강이나 시민 불만(일반적으로 "탈경찰"이라고 불림)을 피하기 위해 현장에서의 집행 노력을 줄였다고 주장했다. 하지만, 로스앤젤레스의 데이터는 경찰관 법 집행 노력이 합의안에 따라 실제로 증가했다는 것을 발견했다. 이 합의안의 평가는 경찰관들이 더 열심히 그리고 더 똑똑하게 일하고 있다는 결론을 내렸으며, "8년 전과 지난 4년 또는 5년 동안 LAPD가 훨씬 더 많이 바뀌었다는 것을 발견했다. 주민 83%가 LAPD가 잘하고 있거나 훌륭하다고 답하는 등 국민 만족도가 높아지고 있으며, 2004년 이후 매년 심각한 물리력 사용 빈도가 떨어지고 있다." 합의안 요건에 대한 그들의 불만에도 불구하고, 경찰관들은 대체로 새로운 규칙을 준수하고 그들의 일을 성실하게 수행하고 있다. 이 문제는 상세하게 평가되지 않았지만, 그것은 다음을 시사한다. 합의안 개혁은 전통적인 경찰 하위 문화를 변화시키는 가장 효과적인 방법이 될 수 있다. 한편 피츠버그에서도 경찰관들이 합의안의 부담스러운 요건에 대해 불만을 토로했지만 실제 탈경찰 증거는 없었다.[118]

경찰 하위문화에 관한 LA와 피츠버그의 동의 합의안의 경험에 대한 증거는 제한적이지만, 그럼에도 불구하고 하위문화를 변화시키고 일선경찰관들의 책무 의식을 높인 것은 분명하다.

경찰의 위법행위의 패턴을 막기 위한 명령

1960년대와 1970년대에 시민권을 조직적으로 침해하는 경찰 관행에 대해 일부 시민권 단체들이 법원에 경찰서에 대해 이와 관련된 업무를 중단할 것을 명령하여 줄 것을 요청했다. 예를 들어, 만약 경찰관들이 조직적으로 지역사회의 모든 흑인 남성들에 대해 합리적인 이유 없이 검문검색을 실시한다면, 그 집단의 구성원들은 그 관행의 중단을 명령하는 가처분 신청을 낼 수 있다. 그러나 법원의 명령은 경찰의 위법 행위에 대한 효과적인 해결책이 되지 못했다.

그러나 리조 대 구데 사건(1976년)에서, 미국 대법원은 원고들이 경찰서장과 다른 시 공무원들이 경찰의 위법행위에 직접적으로 책무가 있다는 것을 증명하지 못했고, 원고들 자신이 향후 이러한 위법행위의 대상이 될 가능성이 있다는 것을 증명하지 못했다고 판결했다. 즉, 법원의 명령은 경찰이 책무에 대한 효과적인 도구가 되지 못하였다. 정치학자 찰스 엡에 따르면, 이 결정으로, 시민권 변호사들이 치료법으로서의 가처분 명령에 대한 관심은 "붕괴"되었다고 한다.[119]

경찰관 형사 기소

2014년 미주리주 퍼거슨에서 마이클 브라운의 치명적인 총격으로 논란이 된 가운데, 마이클 브라운을 쏜 경찰관에 대한 지방 대배심이 기소하지 않은 것은 대중의 분노와 항의를 더욱 불러일으켰다. 사실 경찰관들에 대한 형사 기소는 극히 드물다. 전국적으로 2005~2019년 사이 104명의 경찰관들이 근무 중 살인이나 과실치사 혐의로 기소되었으며, 단지 35명이 유죄판결을 받았다.[120]

형사 기소(criminal prosecution)

경찰관에 대한 성공적인 **형사 고소**는 매우 어렵다. 첫째로, 지방 검사들은 일상적으로 경찰과 긴밀히 협력하고 있고 그들을 형사 기소하는 것을 꺼린다. 미 법무부의 형사국은 극히 규모가 작고 경찰관 범죄뿐만 아니라 그 밖의 많은 유형의 범죄 행위에 대한 책무를 지고 있다.[121] 둘째, 경찰의 과잉진압 혐의의 경우, 경찰관이 범죄 의도를 가졌다는 것을 입증하기 어려운 경우가 많다. 경찰관은 항상 자신의 행동이 그 상황에서 경찰의 정당한 권한 행사였다고 생각할 수 있다 (예를 들어, 그 사람이 폭력적으로 저항한 경우). 로드니 킹 구타 사건에 연루된 세 명의 LA 경찰관에 대한 연방정부의 기소로 1993년 유죄판결이 난 것은 비교적 드문 예외였다(그리고 그것은 그 해가 지나기 전에 주 범죄 혐의에 대한 사면이 이어졌다). 유죄 판결은 강제력이 있는 사건보다 사실에 대한 모호성이 적은 부패 사건에서 훨씬 얻기가 쉽다. 셋째, 베라 연구소의 보고서에 따르면 배심원들은 종종 경찰관들에게 동정심을 가지고 있고, 경찰의 학대에 대해 "피해자들을 의심" 하기 때문에 유죄 판결을 받기가 어렵다.[122] 모든 요소들을 고려하면 경찰관에 대한 형사 기소는 단순히 경찰서에서의 책무를 확립하는데 효과적인 수단이 아니다.

▌경찰에 대한 시민감시

1960년대 이후, 시민 인권 단체들은 경찰서에 대한 시민감시를 요구해왔다. 그들은 경찰서가 민원을 철저히 혹은 공정하게 조사하지 않고, 결과적으로 경찰의 위법행위는 처벌받지 않는다고 주장한다. 그 대안으로, 시민 권리 단체들은 경찰에 대한 시민감시(외부 감시 또는 민간인 감시라고도 한다)의 창설을 요구해 왔다. 시민감시는 경찰관이 아닌 사람들이 경찰관이나 경찰서 정책 및 관행에 대한 민원 심사에 어떤 식으로든 관여하는 과정으로 정의된다. 시민의 감시는 경찰 하위문화 때문에 경찰관이 동료 경찰관에 대한 불만을 객관적으로 수사할 수 없다는 가정에 있다.

경찰에 대한 **시민감시**(외부 감독 또는 시민감독으로도 불린다)의 요구는 1960년대와 1970년대에 이루어졌는데 거의 성공하지 못하였다. 경찰서는 이들 요구에 대해 과격하게 저항하였다. 1960년대에 대통령직속 범죄위원회는 많은 경찰서가 민원처리 절차가 없음을 발견하였으며, 커너위원회는 밀워키 및 다른 도시들에서 경찰서장들은 모든 민원 절차를 거절하고 있는 것을 발견하였다. 감시에 대한 운동은 1970년대와 1980년대에 지지를 받기 시작하였으며, 마침내 전국적인 운동이 되었다. 거의 모든 대도시에는 현재 일종의 감시 기관이 있으며, 2016년에는 전국적으로 144개의 시민감시 기구가 있다. 1997년에 시민감시 기구 직원과 이사들로 구성된 전국적인 협회인 '전국 법집행 감시 협회(NACOLE)'가 만들어졌다.[123]

시민감시(citizen oversight)

시민감시에 대한 두 가지 모델

현재 경찰에 대한 시민감시 모델은 민간 감시위원회와 경찰감사관/감찰관 등 2가지로 나뉘며, 경찰 개혁 모델에 따라 각기 다른 임무를 수행한다(Exhibit 14-4 참조).[124]

민간 감시위원회는 경찰에 대한 민원을 심사할 책임 있는 경찰서의 독립된 기관이다. 민원 검토 후 경찰서장에게 민원에 대해 수용, 기각, 근거없음, 무혐의 등의 의견을 제시한다. 그러나 이러한 의견은 구속력은 없다.

민간 감시위원회(civilian review board)

EXHIBIT 14-4

시민감시에 대한 두 가지 모델

	민간 감시위원회	경찰감사관/감찰관
주요 활동	민원의 검토	경찰서의 정책과 실행에 대한 조사
결과물	민원의 가치 발견	업무 향상을 위한 제언을 담은 경찰의 문제점에 대한 보고서
목표	민원의 철저하고 공정한 조사와 적절한 징계의 제시	조직의 향상

민간 감시위원회는 다양하다. 샌프란시스코 시민민원실, 뉴욕 시민 민원심사위원회(CCRB), 워싱턴DC 경찰민원실은 민원에 대한 독립적인 관할권을 갖고 있어 모든 민원에 대한 조사를 실시할 수 있다. 다른 감시 위원회는 감찰 조사 파일들을 검토하기도 한다. 그들은 감찰조사에 대해 동의하거나 동의하지 않을 권한이 있다. 일부에서는 조사가 충분하지 않다고 판단될 경우 사건 파일을 감찰에 다시 보낼 수 있는 권한을 갖고 있다.[125]

민간 감시 위원회는 복합적이다. 전반적으로, 그들은 그들이 검토하는 모든 불만사항의 10%정도만 수용을 한다. 샌프란시스코 시민민원실은 2018년 1,524건(659건에서 증가)에 대해 조사를 하였으며, 이중 116건, 7.6%를 수용하였다.[126] 대부분의 감시 위원회는 제한된 조사 권한을 가지고 있다. 대부분은 소환권이 없으며 민원이 제기된 경찰관이나 목격자의 증언을 강요할 수 없다. 또한 대부분의 감시위원회는 민원에 대한 추가 정보를 조사하고 찾아 낼 수 있는 전담 직원이 없다.

경찰감사관 또는 감찰관
(police auditor or inspector general)

두 번째 시민감시 형태는 **경찰감사관 또는 감찰관**이다. 이들 기관은 개별 민원을 조사하지 않는다. 대신 이들의 역할은 경찰서의 정책과 관행을 감사, 수사 또는 감시하는 것이다. 여기에는 민원처리 절차, 물리력 사용정책 및 기타 이와 관련된 절차, 차량 검문, 도보 추적, 경찰서에 대한 대한 민사소송 또는 경찰서의 기타 정책 등이 포함된다. 감사관/감찰관은 조사 대상의 측면에서 제한 없는 권한을 갖는다. 어떤 사안을 검토한 후, 그들은 권고사항과 함께 보고서를 발행한다. 그들은 권고안을 채택하도록 강제할 힘은 없지만, 그들의 보고서는 특정 경찰 관행에 대한 상세한 사실 기반 정보를 제공하면서 투명성에 중요한 역할을 한다. 이 정보는 특히 대중, 선출된 공무원 그리고 언론 매체에게 가치가 있다. 그 과정을 정책 검토라고 부르기도 한다. 산호세 독립 경찰감사관은 2016년과 2017년에 18건의 정책 권고안을 내놨다. 경찰서는 10건을 수용하였고, 2건은 기각, 1건은 수용불가, 나머지는 검토 중에 있다.[127]

뉴욕시는 2013년에 감찰관을 창설했고, 경찰서에 대한 소송, 물리력 사용정책들과 신체 작용 카메라 등에 대한 일련의 보고서들을 발간하였다. 예를 들어, 소송에 관한 보고서는 지난 10년 동안 소송으로 인해 시가 2억 2백만 달러가 넘는 비용이 발생했다는 것을 발견했고, 경찰서와 시 감사관실 그리고 법무부는 소송 자료를 수집하고 분석하며, 치안 유지의 질을 향상시키기 위한 방법을 찾을 수 있었다.[128] 시애틀과 시카고는 최근에 경찰 감독관을 창설하였다.

민간 감시위원회와 경찰감사관/감찰관은 다른 목표들을 가지고 있다. 감시위원회는 경찰관의 시민 학대 및 경찰서 규정 위반 여부를 판단할 목적으로 개별 민원에 초점을 맞춘다. 기본적인 목표는 개별적인 사건에서 정의를 보장하는 것이다. 민원에 대한 독립적인 검토를 통해 공무원들에 대한 징계 조치를 실시하고 결국 징계 조치가 감찰조사 등 내부 통제보다 미래의 비위행위를 더욱 방지할 수 있을 것이다. 반면 경찰감사관들은 조직 변화를 가져올 목적으로 조직에 초점을 맞춘다. (이런 점에서 경찰감사관은 법무부의 소송과 같은 목표를 가지고 있다.) 장기적인 목표는 미래의 위법행위를 방지하는 변화를 유발하는 것이다.[129]

지역사회 홍보활동은 감시위원회와 경찰감사관들이 대중의 이해를 증진시키기 위해 노력하는 활동이다. 홍보 활동에는 동네 모임, 특정 이슈나 논란에 대한 공개 토론회, 경찰 운영과 민원 처리 과정을 설명하는 브로슈어 발간, 관심 이슈에 대한 보고서 발간 등이 포함된다. 덴버의 감독관은 지역 참여 프로그램을 적극적으로 운영하고 있다. 2019년에 지역연합회, 지역 대표그룹들과의 182회의 지역 모임을 포함하여 260건의 발표를 개최하였다.[130] 그러나 많은 감시 기구들은 지역사회의 지지 부족 등으로 실패하고 시 의회가 폐지를 하기도 한다.

시민감시 기구의 효과성

시민감시 기관에 대한 연구는 놀라울 정도로 거의 없었고, 그 효과에 대한 엄격한 평가를 수행한 연구는 없었다. 시민감시 기관을 평가하는 것은 여러 목표가 있기 때문에 어렵다. 민원인과 경찰관 모두에게 더 만족스러운 민원 검토 절차 제공, 철저하고 공정한 민원 조사 수행, 경찰 감찰보다 더 많은 민원 수용, 과거보다 더 많은 경찰관 징계 지원, 향후 경찰관 비위 방지, 경찰에 대한 대중적 태도 개선. 한 연구에서 그 모든 목표를 평가하는 것은 엄청난 일이 될 것이다. 너무 자주, 공개 토론에서, 지역사회 구성원들과 뉴스 미디어는 전적으로 "지속률"에 초점을 맞추었다. 민원인에게 유리한 상태로 유지되는 인정 비율은 기껏해야 시민 검토 위원회의 목표와 활동의 극히 일부에 불과하다.[131]

경찰감사관, 감찰국장이 더 쉽게 평가받을 수 있다. 기관이 제시한 권고사항을 파악하고, 기관의 조사 품질을 평가하며, 해당 기관이 채택한 권고사항이 얼마나 되는지 파악할 수 있다.

경찰국 시민감시 분야 현황에 대한 2016년 NACOLE 보고서는 "현재 현장에서 조직성과를 어떻게 측정할지에 대한 합의가 이뤄지지 않았다."고 결론 내렸다.[132] 한마디로 시민감독기관의 실효성에 대한 연구가 많이 필요하다.

▌블루리본 위원회

2016년 4월, 시카고 경찰 책무 태스크포스는 시카고 경찰서의 문제에 대해 신랄한 보고서를 발표했다. 직설적으로, 보고서는 특히 시민들에 대한 치명적인 총격과 관련하여 경찰관들에 의한 인종 차별의 오랜 역사를 언급했다. 또한 기존 경찰 책무 메커니즘이 내부 감찰시스템과 외부 독립적인 경찰감시 위원회를 모두 포함하여 효과적으로 작동하지 않는 것으로 나타났다. 이 보고서는 개혁을 위한 광범위한 권고사항으로 마무리되었다.[133]

2016년 시카고 경찰 책무 태스크포스와 2015년 21세기 경찰에 관한 대통령직속 태스크포스는 미국에서 경찰을 조사해 온 "블루리본" 위원회의 가장 최신 판이라고 할 수 있다. **블루리본 위원회**는 문제들을 조사하고 변화를 위한 제언들을 담은 보고서를 발간하는 일회성의 특별한 그룹이다. 그간 경찰에 대한 국가 및 지역의 위원회가 있었다. 국가위원회는 이 분야의 선도적인 전문가들을 모아 경찰에 대한 최소한의 기준을 규정하는데, 이 기준은 지역의 경찰서를 향상하는 데 유용하게 사용될 수 있다.[134]

초기의 블루리본 위원회는 1931년 위커셤 위원회를 출범시켰는데, 위커셤위원회는 용의자들로부터 "자백을 받아 내기 위해 신체적, 정신적 고통을 주는 가혹행위"를 폭로하였다.[135] 대통령직속 범죄위원회(1965~1967)는 경찰에 대한 중요한 연구를 후원했으며, 특별히 이책에서 여러 번 언급되었던 앨버트 라이스(Albert Reiss)와 도널드 블랙(Donald Black)의 연구를 후원하였다.[136] 1968년 커너 위원회는 1960년대 폭동의 원인을 조사했다. 1991년 크리스토퍼 위원회는 그해 초 로드니 킹의 구타 이후 LAPD의 문제점들을 조사했다. 그러나 블루리본 위원회의 큰 약점은 최종 보고서를 낸 뒤 해산하는 임시 기관이라는 점이다. 결과적으로, 그들은 권고사항을 이행할 강제력이 없고, 후속 조치를 취하고 권고사항이 이행되는지 여부를 감시할 능력이 없다. 대통령직속 21세기 치안 대책 위원회는 별도의 이행 지침을 발표함으로써 이 문제를 극복하려고 시도했다. 사무엘 워커는 이 장의 앞부분에서 설명한 새로운 경찰 감사 기관 또는 감찰 기관에서 이러한 한계를 극복했다고 주장한다.[137]

블루리본 위원회(blue-ribbon commissions)

▌디지털 혁명과 경찰 책무

2015년 4월 4일 휴대폰 카메라를 든 누군가가 사우스캐롤라이나주 노스찰스턴에서 경찰관이 도망가던 50대 월터 스콧(Walter Scott)을 총으로 쏴 죽이는 것을 촬영하였다. 스콧은 비무장 상태였고, 경찰관에게 어떤 종류의 위협도 없었다. 이 휴대전화 동영상은 전국에 방영되면서 미주리주 퍼거슨에서 2014년 8월 시작된 경찰 총격 사건에 기름을 붓는 격이 되었다. 그것은 퍼거슨과 함께 시작된 논란이 되는 시기에 발생한 일련의 경찰 총격 사건이나 과도한 물리력 행사 사건 중의 하나였다.[138]

디지털 혁명은 경찰의 책무에 혁명을 일으키고 있다. 휴대전화 카메라는 어디에나 있고, 현장에 있는 경찰관들을 빠르고 저렴하게 기록할 수 있다. 노스찰스턴 사건에서와 마찬가지로, 사람들은 경찰의 위법행위에 대한 사건들을 직접 볼 수 있다. 혁명은 1991년 3월 3일 조지 홀리데이가 로스앤젤레스 경찰관의 로드니 킹 구타 장면을 비디오테이프에 녹화하면서 시작됐다.[139] 미국의 많은 사람들은 한때 완전히 정당하지 못한 경찰 총격 사건은 발생하지 않을 것이라고 믿었다. 이제 그들은 저녁 뉴스에서 그런 것들을 볼 수 있다. 우리는 아직 디지털 혁명의 완전한 영향을 알지 못하지만, 그것은 분명 심오할 것이다.[140]

휴대전화 영상(cell phone videos)

휴대폰 카메라는 혁명의 한 부분일 뿐이다. 아마도 더 심각한 영향은 경찰이 착용한 보디 카메라일 것이다. 보디 카메라는 많은 경찰서에서 활용을 하고 있으며, 모든 종류의 경찰활동, 특히 심각한 상황을 기록하고 있다. 이것은 우리가 겪게 될 경찰과의 대면상황에 대한 최고의 기록이라고 할 수 있다. 그렇다고 해서 녹화가 무슨 일이 일어나는지 완벽하게 기록한 것은 아니다. 어떤 중요한 일들은 경찰관이 녹화를 시작하기 전에 일어날 수 있다. 그리고 카메라는 렌즈의 밖에 있는 것들을 기록하지 않는다. 그럼에도 불구하고, 그 녹화 파일은 경찰관이나 관련자의 증언보다 훨씬 더 포괄적이며 객관적이다.[141]

현시점에서 우리는 보디 카메라와 다른 신기술이 어떤 영향을 미칠지 정확히 알지 못한다. 또한 우리는 가까운 미래에 어떤 신기술이 개발될지 모른다. 우리가 확신할 수 있는 유일한 것은 어떤 기술이 발전하든지 경찰의 책무에 영향을 미칠 것이라는 것이다.

▌경찰 책무 메커니즘으로서의 언론

미주리주 퍼거슨에서 발생한 마이클 브라운의 총격 사건은 경찰 총격에 대한 전국적인 논란을 불러일으켰다. 취재진이 이 주제를 파고들면서 매년 경찰에 의해 총에 맞아 숨진 사람의 수를 집계하는 공식자료가 없는 것으로 나타났다. 워싱턴포스트(WP) 취재팀은 2015년부터 가능한 모든 출처(공식 보도, 현지 언론계정, 소셜미디어 등)를 활용해 모든 총격 사건을 체계적으로 집계하기 시작했다. 2016년 1월 '최종 집계'는 경찰이 2015년 986명을 사살했다고 보도했다. 충격적인 부분은 이 수치가 FBI가 매년 보고해온 수치(예를 들어 2014년 444명)의 약 2배 수준이라는 점이었다.[142]

경찰 총격에 대한 보도는 뉴스 미디어가 경찰의 책무의 한 형태로 어떻게 기능하는지 보여주는 가장 최근의 사례이다. 조사하고, 사실을 수집하고, 사례를 보도하는 것은 경찰활동에 대한 대중의 지식에 상당한 영향을 미치고 있다. 과거에도 비슷한 사례가 많았다. 뉴욕타임스 데이비드 번햄(David Burnham) 기자는 1970년 4월 25일자 1면 기사에서 NYPD 역사상 가장 큰 부패 스캔들 중 하나를 단독으로 폭로했다. 이 스캔들은 종종 "세르피코"라는 이름으로 언급되는데, 뉴욕 경찰청의 프랭크 세르피코(Frank Serpico) 경관이 부패한 경찰관들에게 불리한 증언을 한 것이다. 번햄의 폭로에 따라 뉴욕 시장은 NYPD의 부패를 조사하기 위해 냅(Knapp) 위원회를 구성하였다. 많은 경찰관들이 부패행위로 유죄판결을 받았고, 시장은 경찰청을 쇄신하기 위하여 패트릭 머피를 청장으로 임명하였다.[143]

정치학자 찰스 엡(Charles Epp)은 경찰의 재량권(법적 책무)를 통제하는 행정규칙 제정의 상승에 관한 책에서 1970년대 초부터 1980

년대 중반까지 대중들에게 경찰의 위법 행위에 대해 교육하는 데 언론이 주요한 역할을 했다고 주장한다. 불법적인 경찰활동과 개혁의 필요성 (11장에서 논의한) 경찰관 행동에 대한 체계적 규칙에 대한 아이디어는 경찰 지도자들 사이의 "강제"에서 새로운 정통으로 바뀌었다.[144]

시카고에서는 '투명 연구소'의 활동가 기자와 변호사들이 시민경찰 데이터 프로젝트를 만들었고, 다년간의 노력 끝에 2015년 말 시카고 경찰 8,500여 명이 참여한 5만 6,000여 건의 위법행위 민원 기록을 공개하는 데 성공했다. 2016년 10월 시카고 양대 일간지의 공개 기록 요청은 1967년부터 12만 5,180건의 민원 기록을 공개하는 데 성공했다. 두 문서 세트는 모두 경찰관 비위 혐의와 시카고 경찰국이 민원에 어떻게 대응했는지에 대한 전례 없는 관점을 제공했다.[145]

언론은 경찰의 책무에 중요한 역할을 한다.[146] 매일매일, 언론은 경찰이 무엇을 하고 있는지에 대한 보도를 한다. 아이의 생명을 구하는 경찰서의 이야기부터 과도한 물리력을 행사하는 경찰관의 비위까지 모든 이야기를 포함한다. 언론은 대중과 선출된 공무원들에게 정보를 제공하고, 그것이 그들이 치안 유지와 관련된 현명한 정치적 선택을 하는 데 도움이 되기를 바란다. 동시에, 언론은 종종 경찰 문제를 야기하기도 한다. 첫째로, 그들은 선정적인 이야기, 특히 폭력적인 범죄를 강조하는 경향이 있고, 주로 드라마틱하지 않은 일상적인 경찰활동에 대해 균형 잡힌 보도를 제공하지 않는다. 그 결과 언론은 주로 범죄와의 싸움에 초점을 맞추면서 경찰의 일그러진 모습을 제시한다. 언론은 치안 유지의 부정적인 측면을 강조하는 경향이 있다. 예를 들어, 그들은 경찰관의 의심스러운 총격에 대해 상당한 취재를 할 것이지만, 총격 사건이 없는 기간이 길다는 사실은 다루지 않을 것이다. 언론의 불문율 중 하나는 좋은 소식은 뉴스가 아니라는 것이다.

▌공익 단체 및 책무

헌법 권리 센터는 뉴욕 경찰국의 공격적인 검문검색 프로그램이

부당한 검문검색을 금지하는 수정헌법 제4조와 법의 동등한 보호를
보장하는 수정헌법 제14조를 위반하였다 하면서 소송을 제기하였다.
이 사건은 10년 이상 지속되었고, 2013년 연방지방법원이 NYPD의
정책, 훈련, 감독에 대한 개혁을 명령하였다.[147]

뉴욕 검문검색 사례는 **공익 단체**가 경찰 책무에 있어 해왔던 역
할의 한 예라고 할 수 있다. 역사적으로, 전국 또는 지역 수준에서의
인권과 시민 자유 단체들은 경찰의 권한 남용과 위헌적 활동에 이의
를 제기하여 왔다. 1999년에, 미국시민자유연합(ACLU)은 교통단속에
서 인종 차별 법 집행 관한 최초의 국가 보고서인 '흑인으로 운전하
는 것'을 발행하였다.[148] 45년 전, 오하이오 주의 ACLU는 위법수집
증거 배제의 법칙에 대한 대법원의 역사적인 결정인 맵과 오하이오
사건에 대한 의견서를 제출하였다.[149]

ACLU는 민간 비영리 공익 단체다. 민간 단체들은 경찰의 책무
에 중요한 역할을 한다. 대부분의 경우, 그들은 경찰의 위법 행위를
공격하는 데 관여해왔다. 1909년에 설립된 전국유색인종 선진화협회
(NAACP)는 흑인들을 대상으로 한 경찰의 과잉진압에 맞서 싸운 오랜
기록을 가지고 있다. ACLU는 경찰과 관련된 가장 중요한 대법원 사
건들 중 일부에 관여하였다. 예를 들어 ACLU 의견서는 획기적인 사
건인 맵과 미란다 사건에서 법원의 결정을 위한 기초가 되었다.
ACLU는 뉴욕시, 로스앤젤레스 그리고 많은 다른 도시들에서 경찰의
시민감시를 주도적으로 옹호해 왔다. 동시에, ACLU는 예를 들어, 경
찰 비위 의혹의 기준과 경찰서 조사와 관련된 사건에서 경찰관들의
권리를 옹호해왔다. ACLU는 경찰관들의 권리에 관한 책인 '경찰관의
권리'를 발간하였다.

공익 단체(public interest groups)

▮ 책무와 범죄 통제: 균형?

전통적으로, 많은 사람들은 책무와 효과적인 범죄 통제 사이에
균형이 존재한다고 주장해왔다. 예를 들어 1960년대에는 불법적으로
범죄사건을 입수한 증거를 배제한 위법수집 증거 배제 법칙(맵 대 오

하이오)과 범죄 용의자의 묵비권을 보장한 미란다 법칙(미란다 대 애리
조나)이 경찰의 범죄 퇴치 노력을 방해했다고 주장하기도 했다.[150] 최
근 법무부의 시민 권리에 대한 조사로 인한 동의안에 대한 비평가들
은 경찰관의 물리력 사용에 대한 엄격한 정책과 보고요건이 경찰활
동을 방해한다고 주장하였다.

책무와 범죄 통제 사이의 긴장은 허버트 패커(Herbert Packe)의
고전적인 에세이 "형사절차의 두 모델(Two Models of the Criminal
Process)"에서 가장 잘 설명되고 있다. 범죄 통제 모델은 효과적인 범
죄 통제를 위해 (경찰만이 아니라) 형사 사법 공무원들에 대한 공식적
인 제한을 줄이는 것을 목표로 하고 있다. 적법한 절차 모델은 국민
의 권리 보호를 목적으로 형사 사법 공무원들을 통치하는 엄격한 절
차 규칙을 구상하고 있다.

그러나 책무-범죄 통제 이분법이 허위라는 점을 시사하는 증거
가 많아지고 있다. 데이비드 베일리(David Bayley)는 (공식적 적법 절차
요건 포함) 책무와 범죄 통제 사이의 갈등은 잘못된 이분법이라고 강
력하게 주장한다.[151] 최근의 여러 연구는 엄격한 책무가 효과적인 범
죄 통제를 방해하지 않는다는 주장을 뒷받침한다. 이러한 연구에는
다음이 포함된다.

연방 합의안에 따른 LAPD에 대한 하버드 대학교의 평가 결과,
경찰관들의 물리력 사용과 범죄율은 모두 합의안에 따라 감소하였다.
또 이 기간 동안 경찰의 단속 활동(교통 및 노상 검문)도 증가했다.[152]
뉴욕시에서는 경찰서에서 검문검색을 급격히 늘리기 전에 범죄율이
감소하기 시작했으며, 범죄는 감소되고 있으며, 검문검색을 대폭 줄
인 후에도 낮은 상태를 유지했다.[153] 시카고에서는 검문검색에 관한
새로운 정책이 검문검색의 급격한 감소를 가져왔다. 즉 2015년초의
157,346건에서 2016년 초에는 20,908건으로 감소하였다. 다만, 87%
의 검문검색 검색의 감소에도 압수된 총기들은 6.9%의 감소(1,413개
에서 1,315개로 감소)가 있었다.[154] 2016년 초에 시카고에서는 총기폭
력의 급격한 증가가 있었으며, 일부는 경찰의 검문검색에 대한 제한
때문이라며 비판하였다. 그러나 사실 새로운 정책시행 전보다 총기

압수 건수에는 큰 변화가 없었다.[155]

증거들은 로스앤젤레스, 뉴욕시, 시카고 등에서 경찰은 보다 스마트하게 업무를 수행하고 있음을 보여주고 있다. 그들은 인권보호와 관련된 법령, 법원의 결정, 정책들에 순응하고 있으며, 그들의 범죄퇴치 활동에 부정적인 영향을 미치고 있지 않았다. 새뮤얼 워커는 합법적이고 합리적인 경찰활동이 범죄의 퇴치에 보다 효과적이라고 주장한다. 만일 경찰관들이 인종이나 합리적인 사유 없이 사람들을 검문한다면 그들은 인권을 침해할 뿐만 아니라 범죄에 관련이 없는 사람들과 함께 소중한 경찰의 시간을 낭비하는 것이다. 권한의 남용이 중단될 경우 경찰관들은 범죄퇴치 활동에 보다 많은 시간을 사용할 수 있을 것이다.[156]

사례연구

합의안에 따른 로스앤젤레스 치안 유지: LAPD에서 역동적인 변화: 요약

로스앤젤레스 경찰국은 오늘 미국의 도시에서 시도된 경찰 개혁에서 가장 야심찬 실험 중 하나를 완성할 예정이다. 1991년 로드니 킹의 구타로 시작해 1999년 램파트 경찰 비리 사건으로 절정에 달했던 10년간의 치안유지 위기 이후, 미 법무부는 2000년 5월 로스앤젤레스시를 대상으로 소송을 제기할 수 있을 만큼의 충분한 경찰의 위법행위 증거를 축적하였다고 발표했다. 그 해 말, 시 정부는 연방법원의 감독 하에 다수의 개혁 조치들을 채택할 것을 약속하는 '합의안'을 시행하기로 하였다. 로스앤젤레스 경찰개혁 실험은 법무부의 개입에 의해 만들어진 합의안과 2002년 이후 범죄 감소와 사기 개선, 그리고 합의안을 완전히 준수하는 데 경찰국의 주의를 동시에 집중시킨 윌리엄 브래튼 국장의 리더십 등 두 가지 요소가 있다. 로스앤젤레스에서의 경험이 합의안에 따른 치안 유지에 대해 무엇을 밝혀냈는가? 합의안이 그 목적을 달성했는가? 로스앤젤레스 경찰국은 물리력을 사용하는 것을 어떻게 통제하고 있는가? 경찰과 지역사회 관계의 상태는 어떠한가? LAPD에 대한 관리 및 감독은 얼마나 엄격한가? 그리고 그 부서의 문화는 어떻게 변하고 있는가? 가장 중요한 것은, LAPD가 합의안에 명시된 정책과 관행을 자체 운영과 관리에 포함시켰기 때문에, 경찰국은 범죄를 줄이고 범죄자들을 법의 심판을 받는 동시에 대중의 신뢰와 신뢰를 얻었는가?

그러한 질문에 답하기 위해, 우리는 여러 연구 방법을 사용하여 LAPD를 검토했다. 우리는 순찰에서부터 지휘부까지 수백 시간 동안 참가자들의 관찰에 착수했다. 우리는 범죄, 체포, 검문, 민원, 경찰 인력, 물리력 사용에 관한 행정 데이터를 분석하였다. 우리는 지난 10년 동안 LA의 경찰관들과 주민들에 대한 조사를 취합한 다음, 우리 자신의 주민들, 한 명의 주민들, 또 다른 LAPD 경찰관들, 그리고 최근에 LAPD에 의해 체포된 수감자들의 3분의 1에 대한 조사를 실시했다. 마지막으로 일련의 공식 포커스 그룹과 경찰, 공무원, 로스앤젤레스 거주자 등을 대상으로 체계적인 인터뷰를 진행했다. 일부 의문점들은 풀리지 않고 있지만, 이것은 위기 상황 밖에서 경찰국에 대해 행해진 가장 포괄적인 평가들 중 하나이다.

우리는 LAPD가 8년 전부터 많은 변화가 있었으며, 최근 4-5년간은 더욱 큰 변화가 있음을 발견하였다. 시민만족도는 상승하였는데, 83퍼센트의 주민들이 LAPD가 업무를 잘하고 있다고 답변하였으며, 2004년 이래로 치명적인 물리력의 사용은 매년 감소하고 있다. 일부 경찰관의 합의안이 경찰활동을 제한한다는 시각에도 불구하고 2002년 이래 소위 '경찰활동의 위축'을 보여주는 객관적인 증거는 없다. 사실 우리는 법 집행 활동의 양적 질적으로 발전하고 있음을 발견하였다. 2002년 이래 보행자 검문과 차량 검문이 두 배 양적으로 증가하였으며, 질적인 측면에서는 검문을 통해 보다 많은 체포를 하였으며, 체포의 질을 보면 중범죄자의 체포가 많았다.

우리의 분석은 다른 사람들이 이전에 보고한 것을 확인시켜주었다: 같은 기간 동안 로스앤젤레스에서 심각한 범죄가 상당히 감소했다는 것이다. 실제로, 범죄는 도시의 모든 경찰 부서에서 감소하고 있다. 로스앤젤레스 주민 대다수가 범죄를 더 이상 큰 문제로 평가하지 않고 있으며 이는 흑인, 히스패닉계뿐 아니라 백인, 아시아계 주민들 사이에서도 사실이다.

우리는 주민들에게 LAPD가 법의 테두리 내에서 인권을 존중하면서 경찰활동을 효과적으로 하고 있다고 생각하는지에 대해 물어보았다. 업무가 향상되었다고 응답한 비율이 제대로 하지 못한다고 생각하는 사람들의 두 배 이상이었으며, 주요 인종단체들은 이러한 경찰활동이 일상화될 것이라고 생각하였다.

LAPD의 관리자들은 동의안에 따라서 보다 나은 변화를 이끌었다. Teams Ⅱ로 알려진 경찰관 추적 시스템은 감독관들에게 그들의 동료들보다 더 많은 민원이 제기되거나 더 빈번한 물리력을 사용하는 경찰관들에게 주의를 기울이는 의무를 부과하고 있다. COMPSTAT으로 알려진 관리 도구는 경찰국의 부서장들을 전략적인 지휘관으로 변화시켰으며, 경찰에 대한 주민이 신뢰를 구축하면서 범죄의 감소를 가져오는 등 합의안이 요구하는 사항을 뛰어넘는 성과를 보였다. 관리의 측면에서 경찰국장과 감찰관은 경찰국의 물리력 사용과 이와 관련된 민원에 대한 조사를 강화하였다.

우리는 LA의 히스패닉 거주자들과 흑인 거주자들의 경찰 경험에 있어서 지속적인 차이를 발견했다. 히스패닉과 흑인 거주자의 3분의 2 이상이 LAPD가 현재 하고 있는 일에 대해 좋게 생각하고 있으며, LAPD가 훌륭하거나 훌륭하다고 평가하지만, 이들 각 그룹 내의 상당수의 소수 인종은 여전히 경찰에 만족하지 못하고 있으며, 흑인 거주자의 10퍼센트는 그들이 만나는 LA경찰관들 중 거의 아무도 그들과 그들의 친구들 또는 가족들을 존중해주지 않는다고 하였다. 우리는

3년 뒤를 전망할 때 로스앤젤레스의 흑인 거주자들이 경찰국에 대해 가장 희망적인 사람들 중 하나라는 것을 발견하였다.

요약하면 여기의 증거들은 강력한 경찰 리더십과 강력한 경찰 감시가 효과적인 경찰활동을 가져오는 것임을 보여주고 있다. LAPD는 여전히 공격적이며, 자긍심을 가지고 있는 반면, 지역사회의 참여와 파트너십은 경찰국의 주요 문화가 되었다. 경찰국은 범죄와 무질서에 치명적인 물리력으로 대응하는 반면, 물리력이 적정하게 사용되었는지 철저하게 조사를 진행한다. 합의안이 종료되더라도 관리와 감시의 향상은 이루어질 것인가? 관리와 감시가 보다 강력해질 것인가? 우리가 이 질문에 미리 대답할 수가 없지만, LAPD는 준비가 된 것으로 보인다.

출처: Christopher Stone, Todd Foglesong, and Christine M. Cole, "Executive Summary," *Policing Los Angeles under a Consent Decree: The Dynamics of Change at the LAPD* (Cambridge, MA: Harvard Kennedy School, 2009), www.hks.harvard.edu/var/ezp_site/storage/fckeditor/file/pdfs/centers-programs/programs/criminal-justice/Harvard_LAPD_Report.pdf.

요약: 조각 합치기

경찰책무에 대한 최선의 단일 접근법은 없다. 오늘날 미국의 상황은 경찰책무에 대해 복합적인 접근이 필요함을 보여주고 있다. 내부와 외부 메커니즘의 혼합이 필요하다. 이것은 견제와 균형의 개념을 반영하고 이것은 미국 민주주의의 핵심적인 원칙들이라고 할 수 있다. 선출된 공무원들은 경찰서에 대한 중요한 통제권을 가지고 있으나 완전한 통제는 아니다. 경찰 행정가들은 많은 자율성을 가지고 있으나 완전한 자율성은 아니다. 법원은 경찰활동에 대해 영향을 미칠 수 있으나 제한적인 영역에 머물러 있다. 시민들은 경찰에 요구를 할 수 있으나 경활동에 대한 직접적인 감독은 하지 못한다. 역사적인 관점에서 본다면, 책무가 형태에 있어서 내부와 외부의 혼재된 이동이 있어 왔다. 경찰활동에 대한 직접적인 정치적인 영향력은 직업주의의 성립에 따라 감소하여 왔다. 법원과 시민감시의 외부적인 책무의 형태는 최근 수십 년간 증가하여 왔다. 동시에 내부 책무도 성장하여 왔으며, 일상적인 경찰활동에 대한 감독과 비위에 대한 통제가 발전한 것에 기인한다.

핵심어

인터넷 연습

연습 1 30여 개 법 집행기관이 시민의 권리를 남용하는 '패턴이나 관행'으로 소송을 당했고, 합의안이나 합의각서, 조정안에 의한 조사로 이를 해결하였다. 이들 경찰서에 대한 원본의 서한을 분석해보시오. 이들 경찰서의 모습은 어떠한가? 조사결과에 따르면 경찰의 비위가 얼마나 나쁜 것인가? 당신은 그 증거가 연방정부의 개입과 법원이 명령한 일련의 개혁을 정당화하는 데 설득력이 있다고 생각하는가? 예를 들어, 뉴올리언즈 경찰서에 대한 의견서를 분석해보세요. (https://www.justice.gov/sites/default /files/crt/legacy/2011/03/17/nopd_report.pdf) 클리브랜드 경찰서는 아래 사이트를 참고하세요. (https://www.justice.gov/sites/default/files/crt/lega cy/2014/12/04/cleveland_findings_12-4-14. pdf); 미주리주 퍼거슨 경찰서는 아래 사이트를 참고하세요. (https://www.justice.gov/sites/default/files /crt/legacy/2015/03/04/ferguson_findings_3-4-1 5.pdf)

연습 2 산호세 독립 경찰감사관(IPA)은 중요한 시민 감독 기관이다. IPA의 웹사이트를 찾아 1993년부터 현재까지의 연간 보고서를 검토해

보시오. 산호세 IPA는 지난 몇 년 동안 무엇을 했는가? 가장 중요한 성과라고 주장하는 것은 무엇인가? 당신은 이것이 경찰 책무에 대한 가치 있는 기여라고 믿는가? IPA의 활동이 산호세 경찰서의 업무수행에 방해가 된다고 생각하십니까? 그렇다면 어떤 활동을 방해를 하는가? 왜 이러한 활동이 전문적인 경찰활동에 방해가 된다고 생각하는지 토론해 보자.

NOTES

1. Samuel Walker, "Governing the American Police: Wrestling with the Problems of Democracy," *University of Chicago Legal Forum,* 2016, 2016−660. Samuel Walker, *Popular Justice: A History of the American Police*, 2nd ed (New York: Oxford University Press, 1998), 50−69, 131−137, 180−183, 193−201.

2. Walker, *Popular Justice*, 193−201, 232−236.

3. National Academy of Sciences, *Fairness and Effectiveness in Policing: The Evidence* (Washington, DC: National Academies Press, 2004).

4. Walker, "Governing the American Police," 625.

5. Jerome H. Skolnick, *Justice without Trial: Law Enforcement in Democratic Society*, 3rd ed. (New York: Macmillan, 1994).

6. Paul Jacobs, *Prelude to Riot: A View of American from the Bottom* (New York: Vintage Books, 1968), 38. James J. Fyfe, "Administrative Interventions on Police Shooting Discretion: An Empirical Examination," *Journal of Criminal Justice* 7 (Winter 1979): 309−323.

7. Geoffrey P. Alpert and Mark H. Moore, "Measuring Police Performance in the New Paradigm of Policing," in Bureau of Justice Statistics, *Performance Measures for the Criminal Justice System* (Washington, DC: U.S. Government Printing Office, 1993), 109−42, http://www.bjs.gov/content/pub/pdf/pmcjs.pdf.

8. National Crime Victimization Survey, *Criminal Victimization, 2018* (Washington, DC: U.S. Department of Justice, 2019), table 5, https://www.bjs.gov/content/pub/pdf/cv18.pdf.

9. "Hundreds of Assault Cases Misreported by Milwaukee Police Department," *Milwaukee Journal−Sentinel,* May 22, 2012, http://www.jsonline.com/watchdog/watchdogreports/hundreds−of−assault−cases−misreported−by−milwaukee−police−department−v44ce4p−152862135.html.

10. Lawrence W. Sherman and Barry G. Glick, *The Quality of Police Arrest Statistics* (Washington, DC: The Police Foundation, 1984), http://pftest1.drupalgardens.com/sites/g/files/g798246/f/Sherman%20et%20al.%20(1984)%20−%20The%20Quality%20of%20Police%20Arrest%20Statistics.pdf.

11. Samuel Walker, *Police Accountability: The Role of Citizen Oversight* (Belmont, CA: Wadsworth, 2001), 121−142.

12. Ibid., 120−127.

13. Alyxandra Goodwin, Whitney Shepard, and Carrie Sloan, *Police Brutality Bonds: How Wall Street Profits from Police Violence* (Acre Action Center, 2018), https://static1.squarespace

.com/static/58d8a1bb3a041137d463d64f/t/5b33
0815562fa7d3babc1fd4/1530071089421/Police
+Brutality+Bonds+－+Jun+2018.pdf.

14. These issues are discussed in Samuel Walker
and Carol A. Archbold, *The New World of
Police Accountability,* 3rd ed. (Los Angeles:
Sage, 2020), 45－48.

15. Police Executive Research Forum, *Legitimacy
and Procedural Justice: The New Orleans
Case Study* (Washington, DC: PERF, March
2014), 26－27.

16. *Dragnet:* Walker, *Popular Justice,* 174, 207.

17. Herman Goldstein, "Administrative Problems
in Controlling the Exercise of Police Authority,"
*Journal of Criminal Law, Criminology, and
Police Science* 58, no. 2 (1967): 171.

18. Walker and Archbold, *The New World of
Police Accountability*, 3rd ed., 13－22.

19. Police Executive Research Forum, *Promoting
Excellence in First－Line Supervision: New
Approaches to Selection, Training, and
Leadership Development* (Washington, DC:
PERF, 2018), 3.

20. Ibid.

21. Ibid., 3, 4.

22. Special Counsel Merrick Bobb, *9th Semiannual
Report* (Los Angeles: Police Assessment
Resource Center, 1998), 22－23, available at
www.parc.info. Critical Response Technical
Assessment Review, *Police Accountability－
Findings and National Implications of the San
Diego Police Department* (Washington, DC:
U.S. Department of Justice, 2015), 61,
https://www.sandiego.gov/sites/default/files/
legacy/police/pdf/perfrpt.pdf.Police Executive
Research Forum, *Promoting Excellence*, 19.

23. Robin Shepard Engel, *How Police Supervisory
Styles Influence Patrol Officer Behavior*
(Washington, DC: U.S. Department of Justice,
2003), https://www.ncjrs.gov/pdffiles1/nij/
194078.pdf.

24. Engel, quoted in Police Executive Research
Forum, *Promoting Excellence*, 24.

25. Police Executive Research Forum, *Promoting
Excellence*, 18.

26. U.S. Department of Justice, Civil Rights
Division, *Investigation of the Cleveland
Division of Police* (2014), 56. Robert C. Davis,
Nicole J. Henderson, and Christopher Ortiz,
*Can Federal Intervention Bring Lasting
Improvement in Local Policing? The Pittsburgh
Consent Decree* (New York: Vera Institute,
2005), 20－21, https://www.vera.org/publications/
can－federal－intervention－bring－lasting－
improvement－in－local－policing－the－pitts
burgh－consent－decree.

27. U.S. Department of Justice, Civil Rights
Division *Investigation of the Cleveland
Division of Police,* 29, 31, https://www.justice
.gov/sites/default/files/crt/legacy/2014/12/04/
cleveland_findings_12－4－14.pdf.

28. Samuel Walker, Stacy Osnick Milligan, and
Anna Berke, *Strategies for Intervening with
Officers through Early Intervention Systems: A
Guide for Front－Line Supervisors* (Washington,
DC: Police Executive Research Forum, 2006),
http://www.cops.usdoj.gov/pdf/publications/
e01060004.pdf.

29. Ibid.

30. PERF, *Promoting Excellence*, 42.

31. Ibid., 27, 28.

32. Thomson quoted in Ibid., 29; see also 32.

33. Chief quoted, ibid., 49; see also, 50.

34. *United States v. City of New Orleans*, Consent Decree Regarding the New Orleans Police Department (January 11, 2013), 32－33. New Orleans Police Department, *Policy Manual*, Chapter 1.3.7, Use of Force Review Board (December 15, 2015).

35. William A. Geller, "Suppose We Were Really Serious about Police Departments Becoming 'Learning Organizations,'" *National Institute of Justice Journal* (December 1997): 2－8, https://www. ncjrs.gov/pdffiles/jr000234.pdf.

36. Timothy N. Oettmeier and Mary Ann Wycoff, *Personnel Performance Evaluations in the Community Policing Context* (Washington, DC: Police Executive Research Forum, 1997), 5, http://www.policeforum.org/assets/docs/ Free_Online_Documents/Community_Policing/ personnel%20performance%20evaluations%20i n%20the%20community%20policing%20context .pdf.

37. Office of Community Oriented Policing, *Standards and Guidelines for Internal Affairs: Recommendations from a Community of Practice* (Washington, DC: Department of Justice, n.d.), https://static1.squarespace.com/ static/5498b74ce4b01fe317ef2575/t/54affb83e4 b066a5a28ad527/1420819331714/cops－p164－ pub.pdf.

38. Aogan Mulcahy, "'Headhunter' or 'Real Cop'? Identity in the World of Internal Affairs Officers," *Journal of Contemporary Ethnography* 24 (April 1995): 106, 108.

39. Herman Goldstein, *Police Corruption* (Washington, DC: The Police Foundation, 1975), 40－41.

40. Delays: Walker, *Police Accountability*, 77－78.

41. Critical Response Technical Assessment Review, *Police Accountability Findings and National Implications of the San Diego Police Department.*

42. New York City, Commission to Combat Police Corruption, *The New York City Police Department's Internal Affairs Bureau: A Survey of Former IAB Members* (March 2000), 3, http://www.nyc.gov/html/ccpc/assets/downloads /pdf/The－NYPDs－Internal－Affairs－Bureau －A－Survey－of－Former－IAB－Members－ March－2000.pdf.

43. Police Executive Research Forum, *Organization Evaluation of the Omaha Police Division* (Washington DC: PERF, 1992), 75.

44. Jayson Wechter, "Executive Summary," *Investigating Citizen Complaints Is Different: The Special Challenges of Investigating Citizen Complaints Against Police Officers* (Omaha: University of Nebraska at Omaha, 2004), http://samuelwalker.net/wp－content/uploads/ 2010/06/ICCID.pdf.

45. Darrel W. Stephens, *Police Discipline: A Case for Change* (Washington DC: National Institute of Justice and the Harvard Kennedy School, 2011), 6, https://www.ncjrs.gov/pdffiles1/nij/ 234052.pdf.

46. Ibid., 7.

47. San Jose Independent Police Auditor, *2015 IPA Year End Report* (San Jose: Office of the Independent Police Auditor, 2016), 17, http://www.sanjoseca.gov/DocumentCenter/ View/55841.

48. Philadelphia Police Department, Integrity and Accountability Office, *Disciplinary System*

(Philadelphia: Author, 2003). Los Angeles Sheriff's Department, Office of Independent Review, *Second Annual Report* (Los Angeles: Sheriff's Department 2003), 63.

49. Stephens, *Police Discipline: A Case for Change,* 10.

50. Steven D. Zansberg and Pamela Campos, "Sunshine on the Thin Blue Line: Public Access to Police Internal Affairs Files," *Communications Lawyer* 22 (Fall 2004): 34, http://heinonline.org/HOL/Page?handle=hein. journals/comlaw22&div=27&g_sent=1&collec tion=journals.

51. Chicago Police Accountability Task Force, *Recommendations for Reform: Restoring Trust between the Chicago Police and the Communities They Serve, Report* (Chicago: City of Chicago, 2016), 69, https://chicagopatf.org/wp−content/ uploads/2016/04/PATF_Final_Report_4_13_16 −1.pdf.

52. Jamie Kalven, *Code of Silence* (Chicago: Invisible Institute, October 6, 2016), http://invisible.institute/codeofsilence.

53. William Westley, *Violence and the Police* (Cambridge, MA: MIT Press, 1970).

54. Christopher Commission, *Report of the Independent Commission on the Los Angeles Police Department* (Loos Angeles: Christopher Commission, 1991), 168−171.

55. David Weisburd et al., *The Abuse of Police Authority: A National Study of Police Officers' Attitudes* (Washington, DC: The Police Foundation, 2001), http://www.policefoundation.org/wp−content /uploads/2015/06/Weisburd−et−al.−2001− The−Abuse−of−Police−Authority.pdf.

56. City of New York, Commission to Investigate Allegations of Police Corruption and the Anti−Corruption Procedures of the Police Department, *Report* (New York: City of New York, 1994), 53.

57. Christopher Slobogin, "Testilying: Police Perjury and What to Do about It," *University of Colorado Law Review* 67 (Fall 1996), http://www.constitution.org/lrev/slobogin_testi lying.htm.

58. Neal Trautman, Director, National Institute of Ethics, *Police Code of Silence Facts Revealed*, International Association of Chiefs of Police, Annual Conference 2000, available at http://www.aele.org/loscode2000.html.

59. Public Advocate for the City of New York, *Disciplining Police: Solving the Problems of Police Misconduct* (New York: Office of the Public Advocate 2000), 31−36.

60. Critical Response Technical Assessment Review, *Police Accountability: Findings and National Implications of the San Diego Police Department,* 11.

61. New Orleans Police Department, *EPIC: Ethical Policing Is Courageous*, http://epic.nola.gov/ home/. New Orleans Police Department, *Operations Manual*, Chapter 1.3.6, Reporting Use of Force.

62. Christopher Commission, *Report of the Independent Commission*, 38−48.

63. "Kansas City Police Go after Their 'Bad Boys,'" *New York Times,* September 10, 1991.

64. Walker and Archbold, *The New World of Police Accountability*, 3rd ed., 178−180. Herman Goldstein, *Policing a Free Society* (Cambridge, MA: Ballinger, 1977), 171−172.

Walker, *Early Intervention Systems for Law Enforcement Agencies: A Planning and Management Guide* (Washington, DC: Department of Justice, 2003). U.S. Commission on Civil Rights, *Who Is Guarding the Guardians? A Report on Police Practices* (Washington, DC: U.S. Government Printing Office, 1981), finding 3.5, 81−86, https://babel.hathitrust.org/cgi/pt?id=ucl.3210601521 9253; view=1up;seq=4.

65. Walker, *Early Intervention Systems for Law Enforcement Agencies*.

66. U.S. Department of Justice, Civil Rights Division, *The Civil Rights Division's Pattern and Practice Police Reform Work: 1994−Present* (Washington DC: Department of Justice, 2017), https://www.justice.gov/crt/file/922421/download.

67. Special Counsel Merrick Bobb, *15th Semiannual Report* (Los Angeles: Police Assessment Resource Center, 2002), 50. Walker, *Early Intervention Systems for Law Enforcement Agencies*.

68. Bobb, *15th Semiannual Report*, 41.

69. Walker, *Early Intervention Systems for Law Enforcement Agencies*, 30−33.

70. Bobb, *15th Semiannual Report*, 39−41.

71. Anecdote, field notes for Walker, *Early Intervention Systems for Law Enforcement Agencies*.

72. Samuel Walker, Geoffrey P. Alpert, and Dennis J. Kenney, *Early Warning Systems: Responding to the Problem Police Officer* (Washington, DC: U.S. Department of Justice, 2001), https://www.ncjrs.gov/pdffiles1/nij/188565.pdf.

73. Walker, *Early Intervention Systems for Law Enforcement Agencies*. Criticisms: Stephen James, Lois James, and Liz Dotson, "Evaluating the Effectiveness of a Police Department's Early Intervention System," *Journal of Experimental Criminology*, published online February 7, 2020.

74. Bobb, *15th Semiannual Report* (Los Angeles: Police Assessment Resource Center, 2002), 37−65, https://static1.squarespace.com/static/5498b74ce4b01fe317ef2575/t/54fc7241e4b0179 2f1e96e86/1425830465117/15th+Semiannual+Report.pdf.

75. Critical Response Technical Assessment Review, *Police Accountability: Findings and National Implications of the San Diego Police Department*. Chicago Police Accountability Task Force, *Recommendations for Reform* (Chicago: Office of the Mayor, 2016), 101, 103, https://www.google.com/search?client=firefox−b−1−d&q=chicago+police+accountability+task+force+report+pdf.

76. Carol A. Archbold, *Police Accountability, Risk Management, and Legal Advising* (New York: LFB Scholarly Publishing, 2004).

77. Walker and Archbold, *The New World of Police Accountability*, 3rd ed., 244; see the complete discussion, 242−273.

78. Walker and Archbold, *The New World of Police Accountability*, 3rd ed., 265. Archbold, *Police Accountability, Risk Management, and Legal Advising*.

79. Charlotte−Mecklenburg Police Department, Police Attorney's Office, https://charlottenc.gov/CMPD/Organization/Pages/OfcoftheChief/PoliceAttorney.aspx.

80. Commission on the Accreditation of Law

Enforcement Agencies website at www.calea.org.

81. Commission on Accreditation for Law Enforcement Agencies, *Standards for Law Enforcement.*

82. Jack Pearson, "National Accreditation: A Valuable Management Tool," in James J. Fyfe, ed., *Police Management Today* (Washington, DC: ICMA, 1985).

83. CALEA website: www.calea.org.

84. Walker, "Governing the Police: Wrestling with the Problems of Democracy," 615−660. Walker, *Popular Justice*, 54−64.

85. Walker, *Popular Justice*, 181−183.

86. Herman Goldstein, "Trial Judges and the Police," *Crime and Delinquency* 14 (January 1968): 14−25.

87. *Mapp v. Ohio*, 367 U.S. 643 (1961). Carolyn Long, *Mapp v. Ohio: Guarding against Unreasonable Searches and Seizures* (Lawrence: University Press of Kansas, 2006).

88. Ibid.

89. Walker, *Popular Justice*, 181−183. *Miranda v. Arizona*, 383 U.S. 436 (1966). Liva Baker, *Miranda: Crime, Law, and Politics* (New York: Atheneum, 1983). Richard A. Leo, *Police Interrogation and American Justice* (Cambridge: Harvard University Press, 2008).

90. Paul G. Cassell and Bret S. Hayman, "Police Interrogation in the 1990s: An Empirical Study of the Effects of Miranda," *UCLA Law Review* 43 (February 1996): 860. Baker, *Miranda: Crime, Law, and Politics.* Richard A. Leo, *Police Interrogations and American Justice* (Cambridge, MA: Harvard University Press, 2008).

91. Leo, *Police Interrogation and American Justice,* 321−322.

92. Walker, *Popular Justice*, 181−183.

93. Myron W. Orfield Jr., "The Exclusionary Rule and Deterrence: An Empirical Study of Chicago Narcotics Officers," *University of Chicago Law Review* 54 (Summer 1987): 1016−1055 (quote on p. 1017).

94. Goldstein, *Policing a Free Society*, ch. 7, "Controlling and Reviewing Police−Citizen Contacts," 157−186. Carl McGowan, "Rulemaking and the Police," *Michigan Law Review* 70 (March 1972): 659−694.

95. Leo, *Police Interrogation and American Justice.*

96. Alyxandra Goodwin, Whitney Shepard, and Carrie Sloan, *Police Brutality Bonds: How Wall Street Profits from Police Violence* (Acre Action Center, 2016). "Baltimore Paid $4.4 Million for Claims against Police Officers in 2010," *Baltimore Sun,* July 25, 2015, http://www.baltimoresun.com/news/maryland/investigations/bs−md−sun−investigates−0726−lawsuits−20150725−story.html.

97. Edward J. Littlejohn, "Civil Liability and the Police Officer: The Need for New Deterrents to Police Misconduct," *University of Detroit Journal of Urban Law* 58 (1981): 365−431.

98. Joanna C. Schwartz, "What Police Learn from Lawsuits," *Cardozo Law Review* 22, no. 3 (2010): 852.

99. Charles Epp, *Making Rights Real: Activists, Bureaucrats, and the Creation of the Legalistic State* (Chicago: University of Chicago Press, 2009), 59− 91 ("Liability's Triumph"), 93−114 ("Policing's Epiphany"), quote on p. 93.

100. Special Counsel James G. Kolts et al., *The Los Angeles County Sheriff's Department* (Los Angeles: Kolts Commission, 1992), 25−73, 157−167, http://www.clearinghouse.net/chDocs/public/PN−CA−0001−0023.pdf. Merrick J. Bobb, *1st Semiannual Report.*

101. *United States v. City of Pittsburgh,* Consent Decree (1997), https://www.justice.gov/crt/united−states−district−court−western−district−pennsylvania−united−states−america−plaintiff−v−0.

102. U.S. Department of Justice, Civil Rights Division, *The Civil Rights Division's Pattern and Practice Police Reform Work.*

103. Walker, "'Not Dead Yet,'" 1781, 1799.

104. U.S. Department of Justice, Civil Rights Division, *The Civil Rights Division's Pattern and Practice Police Reform Work,* 21−23 (role of monitors). Michael R. Bromwich, *Special Report of the Independent Monitor for the Metropolitan Police Department* (Washington, DC: Special Monitor, June 2002).

105. U.S. Department of Justice, Civil Rights Division, *The Civil Rights Division's Pattern and Practice Police Reform Work,* 23 (re: first and second generation consent decrees). Walker, "'Not Dead Yet,'" 1807−1808.

106. *In re Cincinnati* (2002), https://www.cincinnati−oh.gov/police/linkservid/27A205F1−69E9−4446−BC18BD146CB73DF2/showMeta/0/. Walker, "'Not Dead Yet,'" 1811−1812. Department of Justice, Civil Rights Division, *The Civil Rights Division's Pattern and Practice Police Reform Work,* 13−14, 29−30.

107. *Floyd v. City of New York* (2013); Monitor's website, http://nypdmonitor.org/overview/. Impact of the Cincinnati settlements: Walker "'Not Dead Yet,'" 1809−1804. Michael D. White and Henry F. Fradella, *Stop and Frisk: The Use and Abuse of a Controversial Policing Tactic* (New York: NYU Press, 2016).

108. Samuel Walker, "The Community Voice in Policing: Old Issues, New Evidence," *Criminal Justice Policy Review* 27, no. 5 (2016): 537−552 (quote on p. 549). *United States v. Cleveland, Consent Decree* (2015), 4−7. U.S. Department of Justice, Civil Rights Division, *The Work of the Cvil Rights Division's Pattern and Practice Work,* 29−30.

109. City of Cincinnati, *Independent Monitor's Final Report* (December 2008), 37, https://www.cincinnati−oh.gov/police/linkservid/97D9709F−F1C1−4A75−804C07D9873DC70F/showMeta/0/.

110. Christopher Stone, Todd Foglesong, and Christine M. Cole, *Policing Los Angeles under a Consent Decree: The Dynamics of Change at the LAPD* (Cambridge: Kennedy School of Government, 2009). Walker, "'Not Dead Yet,'" 1803−1804.

111. Joshua Chanin, "Examining the Sustainability of Pattern or Practice Police Misconduct Reform," *Police Quarterly* 18 (2015). Stephen Rushin, "Structural Reform Litigation in American Police Departments, *Minnesota Law Review* 99 (2015): 1422. Walker, "'Not Dead Yet,'" 1801−1807.

112. Police Executive Research Forum, *Civil Rights Investigations of Local Police: Lessons Learned*

(Washington, DC: PERF, 2013), 34, http://www.policeforum.org/assets/docs/Critical_Issues_Series/civil%20rights%20investigations%20of%20local%20police%20－%20lessons%20learned%202013.pdf.

113. Walker, "'Not Dead Yet,'" 1807－1833.

114. U.S. Department of Justice, Civil Rights Division, *The Work of the Civil Rights Division's Pattern and Practice Work*, 2. Walker, "'Not Dead Yet,'" 1799－1837.

115. *United States v. City of Pittsburgh*, Consent Decree (1997). *United States v. City of New Orleans*, Consent Decree Regarding the New Orleans Police Department (January 11, 2013). *United States v. Police Department of Baltimore City*, Consent Decree (January 12, 2017).

116. Walker, "'Not Dead Yet,'" 1807－1825.

117. U.S. Department of Justice, Civil Rights Division, *Investigation of the Baltimore City Police Department* (August 10, 2016), 76.

118. Stone et al., *Policing Los Angeles under a Consent Decree*, ii－iii. Walker, "'Not Dead Yet,'" 1833－1836.

119. Monrad G. Paulson, "Securing Police Compliance with Constitutional Limitations," National Commission on the Causes and Prevention of Violence, *Law and Order Reconsidered* (New York: Bantam Books, 1970), 402－405. *Rizzo v. Goode*, 423 U.S. 362 (1976), https://policecrime.bgsu.edu/.Epp, *Making Rights Real*, 69.

120. Philip M. Stinson and Chloe Wentzloff, *Research Brief One Sheet—No. 9: On－Duty Shootings: Police Officers Charged with Murder or Manslaughter, 2005－2019* (Bowling Green, OH: BGSU Scholarworks@BGSU, 2019), https://scholarworks.bgsu.edu/crim_just_pub/101/.

121. Vera Institute of Justice, *Prosecuting Police Misconduct* (New York: Vera Institute, 1998), http://www.vera.org/sites/default/files/resources/downloads/misconduct.pdf.

122. Ibid.

123. Walker, *Police Accountability*, 19－49. President's Commission on Law Enforcement and Administration of Justice, *Task Force Report: The Police*, 195. National Advisory Commission on Civil Disorders, *Report*, 310. De Angelis et al., *Civilian Oversight of Law Enforcement: Assessing the Evidence*, 7. See NACOLE website at www.nacole.org.

124. Joseph De Angelis, Richard Rosenthal, and Brian Buchner, *Citizen Oversight of Law Enforcement: A Review of the Strengths and Weaknesses of Various Models* (Washington, DC: Department of Justice, 2016).

125. Walker, *Police Accountability,* Ch 3, Ch 4.

126. San Francisco, Department of Police Accountability, *Annual Report 2018*, 5, https://sfgov.org/dpa/sites/default/files/DPA_2018.pdf.

127. De Angelis et al., *Civilian Oversight of Law Enforcement: Assessing the Evidence*, 29－23. Walker, *Police Accountability*, 86－116, 146－178. San Jose Independent Police Auditor, *2017 IPA Year－End Report*, 107－115, https://www.sanjoseca.gov/Home/ShowDocument?id＝10723.

128. New York City, Office of the Inspector General for the NYPD, *Using Data from Lawsuits and Legal Claims Involving NYPD to Improve*

Policing (New York: Author, 2015), http://www1.nyc.gov/assets/oignypd/downloads/pdf/2015−04−20−litigation−data−report.pdf.

129. Denver Office of the Independent Monitor, *2019 Annual Report* (Denver: OIM, 2020), 4, https://www.denvergov.org/content/dam/denvergov/Portals/374/documents/2019AnnualReport_OIM.pdf.

130. Ibid.

131. Walker, *Police Accountability*, 119−145.

132. Ibid., 146−178. De Angelis, Rosenthal, and Buchner, *Civilian Oversight of Law Enforcement: Assessing the Evidence,* 45.

133. Chicago Police Accountability Task Force, *Recommendations for Reform: Recommendations for Reform. Executive Summary* (Chicago: City of Chicago, April 2016), 7, https://chicagopatf.org/wp−content/uploads/2016/04/PATF_Final_Report_Executive_Summary_4_13_16−1.pdf.

134. Samuel Walker, "Setting the Standards: The Efforts and Impacts of Blue−Ribbon Commissions on the Police," in W. A. Geller, ed., *Police Leadership in America: Crisis and Opportunity* (New York: Praeger, 1985), 354−370.

135. National Commission on Law Observance and Enforcement, *The Third Degree* (1931; reprinted: New York: Arno Press, 1969), 153.

136. Walker, "Setting the Standards: The Efforts and Impacts of Blue−Ribbon Commissions on the Police," 354−370.

137. President's Commission on Law Enforcement and Administration of Justice, *Task Force Report: The Police* (Washington, DC:

Government Printing Office, 1967). National Advisory Commission on Civil Disorders, *Report*, 1. President's Task Force on 21st Century Policing, *Final Report,* 5−6.

138. "Video Shows Fatal Police Shooting," *New York Times* (April 7, 2015). Wesley Lowery, *They Can't Kill Us All: Ferguson, Baltimore, and a New Era in America's Racial Justice Movement* (New York: Little, Brown, 2016), 114−117, 121−122 (Scott shooting).

139. Lou Cannon, *Official Negligence: How Rodney King and the Riots Changed Los Angeles and the LAPD* (New York: Times Books, 1997).

140. Bridgette Wessels, *Inside the Digital Revolution: Policing and Changing Communication with the Public* (Burlington: Ashgate, 2007).

141. Bureau of Justice Statistics, *Body−Worn Cameras in Law Enforcement Agencies, 2016* (Washington, DC: Department of Justice, 2018), https://www.bjs.gov/content/pub/pdf/bwclea16.pdf.

142. "Final Tally," *Washington Post,* January 6, 2016, https://www.washingtonpost.com/national/final−tally−police−shot−and−killed−984−people−in−2015/2016/01/05/3ec7a404−b3c5−11e5−a76a−0b5145e8679a_story.html.

143. David Burnham, *The Role of the Media in Controlling Corruption* (New York: John Jay College, 1977).

144. Epp, *Making Rights Real*, ch. 5 ("Policing's Epiphany"), 93−114 (quote on p. 93).

145. Invisible Institute, Citizens Police Data Project. http://invisible.institute/police−data/.

"Over 125K Complaints against More Than 25K Chicago Cops," *Chicago Tribune*, October 14, 2016, http://www.chicagotribune.com/news/watchdog/.

146. See the contributions in "The Chief and the Media," in W. A. Geller, ed., *Police Leadership in America: Crisis and Opportunity* (New York: Praeger, 1985), 99–146.

147. *Floyd, et al., v. City of New York* (2013); information about the case is available at the Center for Constitutional Rights website at www.ccrjustice.org.

148. ACLU, *Driving While Black: Racial Profiling on Our Nation's Highways* (New York: ACLU, 1999), https://www.aclu.org/report/driving–while–black–racial–profiling–our–nations–highways.

149. Long, *Mapp v. Ohio*. On the history of the ACLU and police misconduct, see Samuel Walker, *In Defense of American Liberties: A History of the ACLU* (New York: Oxford University Press, 1990).

150. Walker, *Popular Justice*, 180–193.

151. David Bayley, "Law Enforcement and the Rule of Law: Is There a Tradeoff?" *Criminology and Public Policy* 2 (November 2002): 133–154.

152. Stone, Foglesong, and Cole, *Policing Los Angeles under a Consent Decree.*

153. New York Civil Liberties Union, *Stop and Frisk 2011: NYCLU Briefing* (New York: NYCLU, 2012), http://www.nyclu.org/files/publications/NYCLU_2011_Stop–and–Frisk_Report.pdf. See also New York Civil Liberties Union, *NYC: Stop–and–Frisk Down, Safety Up* (New York: Author, 2015), http://www.nyclu.org/files/publications/stopfrisk_briefer_FINAL_20151210.pdf.

154. "Violence Surges in Chicago Even as Policing Debate Rages On," *New York Times*, March 28, 2016, http://www.nytimes.com/2016/03/29/us/violence–surges–in–chicago–even–as–policing–debate–rages–on.html?_r=0.

155. ACLU of Illinois, *The Consultant's First Semiannual Report on the Investigatory Stop and Protective Pat Down Agreement for the Period January 1, 2016–June 30, 2016* (Chicago: ACLU of Illinois, 2017), https://www.aclu–il.org/sites/default/files/wysiwyg/the–consultants–first–semiannual–report–3–23–17.pdf.

156. Samuel Walker, "The Consent Decree Does Not Hamper Crime Fighting," *East Bay Express*, September 26, 2012, http://samuelwalker.net/wp–content/uploads/2013/02/constitutional policing.pdf.

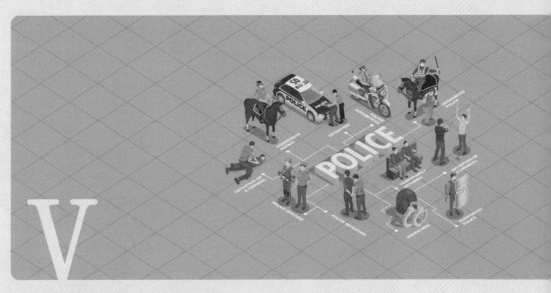

V

새로운 세기의
도전

미 국의
경찰

Chapter
15
미국 경찰활동의 미래

개관

이전 장에서는 미국 전역의 수많은 경찰기관에서 시행된 다양한 혁신과 개혁에 대해 다루었다. 이번 장에서 우리는 에드워드 맥과이어(Edward Maguire)와 윌리엄 킹(William King)이 언급한 거시적 규모(large-scale)의 대규모 추세(macro-level trends)에 대해 논의하고자 한다. 이러한 변화들은 미래 경찰활동의 판도(landscape of policing)를 바꿀 수 있는 잠재력을 지니고 있다.[1] 앞에서 본 것처럼 오늘날의 경찰활동에 대해서도 아직 배워야 할 것이 많이 있다. 그럼에도 만약 우리가 경찰활동의 미래에 대해 예측할 수 있다면 배워야 할 것들은 훨씬 더 많아질 것이다. 이런 사항을 염두에 두고 우리가 미래 경찰기관에 영향을 미칠 것이라고 생각하는 오늘날의 영역을 선택해 보면 다음과 같은 5가지 경찰활동으로 축약된다.:

(1) 경찰 기술, (2) 범죄분석, (3) 법 집행 분야의 고용 전망, (4) 경찰연구, (5) 테러와의 전쟁.

▌경찰 기술

오늘날 경찰활동에 있어 가장 큰 영향을 미치는 변화 중 하나는 정보기술과 관련된 것이다. 많은 경찰기관들이 인터넷을 사용하여 대중에게 정보를 전달하고, 휴대전화를 사용하여 현장에서 다른 사람들과 의사소통하며, 모바일 컴퓨터를 사용하여 즉시 정보를 검색한다. 그러나 이것은 단지 시작에 불과하며, 정보기술의 발전이 향후 경찰활동에 광범위하고 강력한 영향을 미칠 것이라는 것은 분명하다. 국제경찰기관장협회(International Association of Chiefs of Police), 법 집행 정보관리과(Law Enforcement Information Managers Section) 설립자인 톰 스틸(Tom Steele)에 따르면,

우리는 지금 일어나고 있는 일의 중요성을 이제 막 깨닫기 시작했다. 손대지 않았을 법 집행문화의 어느 영역도 반복해서 나타나지 않는다. 그럼에도 불구하고 변하지 않고 유지

될 법 집행문화의 영역은 단 한 곳도 없다. 우리가 비즈니스를 수행하는 방법의 본질은 더 큰 커뮤니케이션과 정보 공유를 통해 이루어진다. 향후 15년에서 20년 동안 당신은 로버트 필 경(Sir Robert Peel)과 메트로폴리탄 경찰 이래 가장 큰 경찰활동의 방향전환과 조직개편 및 수정을 보게 될 것이다.[2]

주요 기술 플랫폼

지난 20년 동안 경찰은 대중에게 제공하는 치안서비스의 질을 높이고 비용을 절감하기 위한 목적으로 기본적인 기술 플랫폼을 구현하는 데 발전을 이루었다. 발전을 이루었음에도 경찰은 기술에 대한 조직적 투자, 기술 인프라 온보딩* 및 유지관리에 전념하는 전문인력, 첨단 기술 채택 등에서 여전히 민간 부문에 한참 뒤처져 있다. 지난 20년 동안, 경찰은 크게 네 가지 주요 기술 플랫폼((1) 데이터베이스 및 정보기술, (2) 컴퓨터지령 시스템(computer-aided dispatch), (3) 기록관리 시스템(records management systems) 그리고 (4) 모바일 컴퓨팅)을 채택하는 데 집중해 왔다.[3] 오늘날 경찰이 채택하고 있는 혁신기술과 미래의 경찰이 채택할 혁신기술에 대한 논의에 앞서 이러한 플랫폼들은 현재 기술이 전개되고 있는 기반 역할을 하고 있기 때문에 경찰기관들 간의 기술 배치 현황을 이해하는 것이 필요하다.

데이터베이스 및 정보기술

오래전 경찰기관은 성명, 생년월일, 사건번호, 전과 등과 같이 피의자에 대한 기본 정보가 담긴 카드파일 색인에 의존하였다. 이 시스템은 범죄가 발생한 지역에서 잠재적 용의자를 식별하는 데 용이한 강도, 위조, 성범죄와 같은 특수 부서에 특히 도움이 되었다.

오늘날 많은 경찰부서들이 관계형 데이터베이스(relational databases)**

---

* [역자 주] (비즈니스 용어) 조직 내 새로 합류한 사람이 빠르게 조직의 문화를 익히고 적응하도록 돕는 과정. 신입직원교육, 신규인사교육 과정을 의미.
** [역자 주] 관계형 데이터베이스는 일련의 정형화된 테이블로 구성된 데이터 항목들의 집합체로서, 그 데이터들은 데이터베이스 테이블을 재구성하

를 이미 개발했거나 개발하고 있다. 컴퓨터화된 관계형 데이터베이스는 카드 파일 인덱스와 매우 유사하게 작동하지만 훨씬 강력하다. 이를 통해 경찰은 다양한 출처에서 얻은 대량의 정보를 저장하고 검색할 수 있게 되었다. 예를 들어, 만약 경찰이 범죄 용의자를 수사하고 있다면, 관계형 데이터베이스를 이용하여 부서의 범죄전과기록시스템(criminal history records system), 갱단 정보 시스템(the gang unit's intelligence system) 그리고 주정부의 자동차 부서로부터 한 번에 정보를 수집할 수 있다.

관계형 데이터베이스는 용의자와 범죄자에 대한 정보를 수집하고 저장할 뿐만 아니라 관리 목적으로도 유용하다. 관계형 데이터베이스는 더 높은 수준의 경찰서비스가 필요한 지역을 식별할 수 있고, 특정 상황에서 범죄 활동에 대한 동향 정보를 제공할 수 있다. 또한 관계형 데이터베이스는 개별 경찰관들의 체포 횟수, 체포 유형 및 이에 대한 불만 건수 등을 추적하여 직원들을 평가하는 데도 사용될 수 있다.[4]

컴퓨터지령 시스템

컴퓨터지령 시스템
(computer-aided dispatch)

컴퓨터지령 시스템은 대중의 서비스 요청을 보다 효율적으로 관리하는 방법으로 1970년대에 처음 사용되었다. 이 서비스 전달 체계는 많은 이점을 가지고 있는데, 첫째, 경찰부서에 현장의 경찰관들과 보다 빠르고 효과적으로 의사소통하는 방법을 제공했다. 인스턴트 문자 메시지와 마찬가지로 컴퓨터지령 시스템을 통해 신고센터 지령요원(dispatcher)은 시스템에 관련 정보를 입력하고, 이를 경찰관들의 모바일 컴퓨터로 즉시 전송할 수 있게 되었다. 무선 지령방식(radio dispatch)과 달리 그래픽 디스플레이*의 균일성과 선명도는 현장경찰

지 않더라도 다양한 방법으로 접근하거나 조합될 수 있음. 관계형 데이터베이스는 이용하기 쉽고, 무엇보다도 확장이 용이하다는 장점을 가지고 있음. 또한 처음 데이터베이스를 만든 후 응용 프로그램들을 변경하지 않고도, 새로운 데이터 항목을 데이터베이스에 추가할 수 있음. (출처: 매일경제용어사전 재구성)

* [역자 주] 브라운관에 문자나 기호, 도형 따위의 컴퓨터 출력 정보를 표시

관들의 혼동을 줄여주었다. 둘째, 컴퓨터지령 시스템은 현장경찰관의 상태를 모니터링하여 안전성을 향상시킨다. 현장경찰관이 전화에 응답한 후 "현장 상태(field status)"를 업데이트하지 않으면 컴퓨터지령 시스템은 자동으로 운영자에게 연락하여 안전을 확인하도록 한다. 셋째, 컴퓨터지령 시스템은 신고센터 지령요원과 현장경찰관이 서비스 요청의 우선순위를 결정할 수 있도록 도와준다. 심각성에 따라 다양한 유형의 전화가 선행되며 신고센터 지령요원과 경찰관이 적절한 조치를 취할 수 있도록 안내한다.

기록관리 시스템

과거에는 경찰기관이 가장 많은 시간을 소요하는 활동 중 하나가 서류작업 관리였다. 대규모 경찰 조직에서는 종종 정보 손실을 초래하기도 했다. 이것은 주로 종이보고서를 수집, 정리, 저장 및 배포하는 복잡한 프로세스의 결과였다. 조직에서 발생하는 모든 서류작업 관리(paper-shuffling)는 "서류 손실"을 너무나도 많이 초래하였고, 관리자와 경찰관이 관련된 모든 관련 정보를 마음대로 사용하는 경우는 거의 없었다. 기록관리 시스템(RMS)의 등장은 "종이 호랑이(paper tiger)*"와 관련된 많은 문제를 해결하였다. 기록관리 시스템은 접근하기 쉬운 하나의 방법으로, 다양한 유형의 보고서로부터 정보를 입력하고 정리하는데 사용된다. 예를 들어, 이 기술을 채택한 기관에서 일하는 경찰관들은 서면 보고서를 제출할 필요가 없게 되었다. 대신, 모든 정보는 모바일 단말기에 입력되어 해당 직원에게 전송된다. 이

하는 장치. 텔레비전과 같이 영상으로 표시됨. 특수한 입력 장치와 연동하면 상호 접속에 의하여 내용 수정이 가능하게 됨. [출처: 정보통신 용어사전]

* [역자 주] '종이로 만든 호랑'이라는 뜻으로 겉보기에는 힘이 셀 것 같으나 사실은 아주 약한 것을 빗대어 이르는 말로 중국어(纸老虎/紙老虎)를 문자 그대로 영어로 번역한 것임. 이 표현은 중화인민공화국의 지도자 마오쩌둥이 정적들, 특히 미국 정부를 상대로 사용한 구호로 국제적으로 잘 알려지게 되었음. 여기에서는 경찰의 권한을 종이호랑이에 빗대어 겉은 멀쩡하나 실제로는 아무런 기능과 효과를 나타내지 못해 아무도 무서워하지 않는 경찰권을 비판적인 의미로 사용하고 있음. 비슷한 의미로 허수아비 경찰이 있음.

처럼 기록관리 시스템은 경찰관이 서류 작업에 소비하는 시간을 줄였을 뿐만 아니라 수집한 정보의 정확성 또한 향상시켰다. 모바일 단말기에 설치된 컴퓨터 프로그램에는 경찰관들에게 특정 유형의 정보를 요구하는 품질관리기능이 있으며, 이는 포함된 데이터가 일관되고 정확하도록 관리하는 역할을 한다.

기록관리 시스템(records management systems)

또한 **기록관리 시스템** 프로그램을 사용하면 정보에 쉽게 접근할 수 있다. 일부 기록관리 시스템 프로그램은 범죄 보고서(crime reports), 현장 인터뷰 연락처, 교통 범칙금, 입건 기록, 범죄기록 보고서 및 수사 보고서와 같은 수많은 유형의 보고서를 언제든지 모든 컴퓨터 단말기에 표시하여 정보에 더 빠르고 쉽게 접근할 수 있게 한다.[5]

모바일 컴퓨팅

⇨ 초기 기술혁신의 영향 (전화, 양방향 무전기, 순찰차)에 대한 논의는 제2장을 참조

1980년대 초 이전에는 감독자(supervisor)나 신고센터 지령요원이 현장경찰관과 통신할 수 있는 유일한 방법이 비상전화(call box)나 무전기(mobile radio)였다. 시민들이 현장에 있는 경찰관과 연락하는 것은 이보다 훨씬 더 어려웠다. 오늘날에는 경찰관과 연락할 수 있는 다양한 방법들이 있으며(Exhibit 15-1 참조), 각각의 방법들은 각기 장단점을 가지고 있고, 앞으로도 새로운 방법들이 개발될 것으로 예상된다.

1877년에 처음 설치된 비상전화(call box)는 오늘날의 통신 장비에 비해 비효율적이고 비효과적이었다. 경찰관들은 특정 위치에서만 비상전화(call box)에 접근할 수 있었고, 접근한다 하더라도 문제가 발생한 위치나 지원의 필요성과 같은 특정 유형의 정보만 얻거나 전달할 수 있었다. 1930년대에 대중화된 무전기는 거의 모든 지역에서 경찰관들과 통신할 수 있도록 해주었고, 뿐만 아니라 거의 모든 시간에 경찰관, 감독자, 신고센터 지령요원들 간 통신 역시 가능하게 하였다. 휴대전화(cellular phones)는 양방향 무전기(two-way radio)를 이용할 수 없는 경찰서 외부 사람들과 의사소통하는 능력을 더욱 강화시켰다. 예를 들어, 특정 지역을 담당하거나 기업체 또는 이웃단체(neighborhood groups)들과 긴밀히 협력하는 경찰관들은 이제 지역사

회의 구성원들과 쉽게 의사소통 할 수 있게 되었다. 비상전화에서 양
방향 무전기 및 휴대전화로 발전하면서 경찰관이 서로 및 지역사회
와 통신할 수 있는 능력은 실질적으로 향상되었다. 하지만 이러한 형
식의 매체를 통해 교환되는 정보의 내용이 약간 변경되었을 뿐, 여전
히 특정 사건이나 특정 정보에 국한되어 있었다.

EXHIBIT 15-1

(경찰)통신 장비

	시의성	정보접근성
비상전화	없음	좋지 않음
무전기	있음	좋지 않음
휴대전화	있음	좋지 않음
차량정보단말기	가능	좋음
모바일 워크스테이션	가능	매우 좋음

출처: Jim Chu, *Low Enforcement Information Technology* (New York: CRC Press, 2001). 148

모바일 컴퓨터와 워크스테이션은 순찰경찰관이 처리할 수 있는
정보의 유형과 양에 혁명을 일으켰다. 기술적으로 진보된 일부 경찰
서에서 모바일 컴퓨터와 워크스테이션은 경찰관들이 정보를 입수하
고 접근하기 위해 사용하는 주요 메커니즘이다. 예를 들어, 경찰관들
은 이전에 서면으로 작성하였던 정보를 이제는 컴퓨터에 직접 입력
할 수 있다. 이것은 보고서 작성으로 인해 사용되는 종이를 줄일 뿐
만 아니라 모든 경찰관들이 거의 즉각적으로 정보를 이용할 수 있도
록 하였다. 또한 모바일 컴퓨팅을 통해 언제 어디서나 부서의 컴퓨터
지령 시스템 및 기록관리 시스템에 접근할 수 있도록 하였는데, 이것
은 경찰관들의 검문검색과 범죄현장조사에 도움을 주었다. 예를 들어
교통법규 위반으로 용의자를 입건하는 즉시 모바일 컴퓨터로 부서
컴퓨터지령 시스템과 기록관리 시스템에 접속해 입건자 정보를 조회
할 수 있다. 또한 경찰관들은 운전자의 전과 기록을 확인하고, 운전
자가 차주인지, 그 사람에게 미결된 체포영장이 있는지 확인할 수 있

다. 또한 모바일 컴퓨터는 경찰관이 현장에 있을 때 필요한 정보를 온라인 텍스트로 검색할 수 있도록 하여 조사와 정보 수집을 용이하게 한다.[6]

경찰 업무 효율을 높이는 기술 사례

경찰이 사용하는 기술의 대부분은 범죄자들을 체포하는 능력과 사건 해결률(clearance rates)을 높이고, 주요 범죄를 저지르는 사람들에게 희소한 자원을 집중하는 능력을 높이는 데 중점을 두고 있다. 경찰의 업무 효율성을 높이기 위해 사용되는 다음의 세 가지 사례가 있다.

번호판 판독기

전국의 지역 경찰기관들은 번호판 판독기(License Plate Readers, LPR) 또는 태그 리더기(tag readers)로 알려진 자동 번호판 판독기를 모바일 컴퓨터와 함께 사용하고 있다. 번호판 판독기는 경찰차와 교차로 및 고속도로 출입구와 같은 고정된 장소에 설치되어 있다. 이는 1990년대 영국군이 아일랜드 공화군(북아일랜드 민족주의자의 반영(反英) 조직; IRA)의 공격을 막기 위해 사용한 전략으로 인기를 끌었다. 이후 미국은 도난 차량과 불법 주차 차량을 식별하기 위해 번호판 판독기를 채택했다.[7] 예를 들어, 애리조나주 메사(Mesa)에서 번호판 판독기를 순찰차와 길모퉁이에 배치해 도난 차량으로 확인되면 즉시 순찰경관에게 알리도록 되어 있다. 현재 번호판 판독기는 다음의 5가지 용도로 사용된다.

(1) 범죄분석,

(2) 경보 및 주요 용의자 목록(alerts and hot lists),

(3) 개인 추적(tracking individuals),

(4) 이전에 발견되지 않은 범죄 식별,

(5) 수익 창출(revenue generation).

일부 경찰서에서는 전술적 범죄분석(tactical crime analysis)을 위해 번호판 판독기를 사용하고 있다(이 장의 뒷부분에서 설명). 예를 들어, 어떤 기관은 지역 은행 근처에 강도가 침입했을 때 그 지역에 있던 차량을 식별하는 데 도움을 주는 번호판 판독기를 가지고 있다. 또한, 경찰기관은 번호판 판독기를 사용하여 관심 있는 사람이나 법 집행에 위협이 되는 사람이 소유한 차량을 식별할 수 있다. 이러한 목록을 "주요 용의자 목록(hot lists*)"이라고 한다. 주요 용의자 목록은 순찰 경찰관, 국립보험범죄국(the National Insurance Crime Bureau), 국토안보부, 국립범죄정보센터(the National Crime Information Center), 앰버 경보(Amber Alerts) 등 다양한 정보원을 생성할 수 있다.

번호판 판독기는 주요 용의자 목록에 있는 번호판이 관찰되면 경찰관에게 적절한 조치를 취할 수 있도록 한다. 또한, 번호판 판독기는 개인을 추적하는 데 사용된다. 일부 관할구역에서는 마약 밀수업자, 갱단, 도망자 및 가석방 또는 보호관찰 대상자의 움직임을 추적하는 데 선택적으로 사용할 수 있다. 국토안보부는 이 정보를 통해 테러리스트 감시자 명단에 오른 사람들의 움직임을 추적할 수 있고, 지역 경찰서는 등록된 성범죄자의 (차량)번호판이 학교나 보육센터 주차장에 들어갔는지 확인할 수 있다. 또한, 번호판 판독기는 경찰이 이전에 발견하지 못했던 범죄를 감지하는 데도 사용된다. 예를 들어, 많은 주에서 무보험 운전자로 판명되면 면허를 정지시킬 수 있다. 그러나 이러한 위반은 다른 이유로 차를 세워 놓지 않는 한 경찰에 의해 거의 발견되지 않는다. 적절한 데이터 공유 계약이 체결되면, 번호판 판독기는 무보험 차량을 감지하고, 면허가 정지된 사람과 관련된 차량을 식별하는 데 사용될 수 있다. 이와 관련하여 일부 주에서는 운전자들이 벌금을 내지 않거나 세금을 납부하지 않을 시 번호판과 운전면허증이 취소되게도 한다. 이처럼 번호판 판독기는 세금미납자들을 경찰의 관심에 끌어들이기 위해 사용되기도 한다.[8]

번호판 판독기의 효과를 조사하기 위한 새로운 연구 기관이 생겨나고 있다. 번호판 판독기 기술에 대한 최초의 연구 중 하나는 애

---

* [역자 주] hot list, 경찰기관 등에서 관심을 두고 있는 용의자 목록.

리조나주 메사(Mesa)에서 수행되었다. 지역 경찰은 순찰차 4대에 번호판 판독기를 설치했다. 각 번호판 판독기에는 도난 차량의 회수, 자동차 절도범 체포, 차량 절도 감소 등을 목적으로 주요 용의 차량을 인식할 수 있는 정보가 두 번씩 교대로 탑재되었다. 연구자들은 과거 번호판 판독 방식과 비교하여 이 기술을 활용한 정보시스템은 판독하는 번호판의 수가 약 8배 높은 것으로 보고하였다. 결과적으로 (1) 자동차 절도 관련 차량에 대한 "적중 횟수(hits)"가 크게 증가했으며, (2) 도난 번호판 적중률, (3) 차량 절도 혐의 체포율, (4) 도난 차량에 대한 회수율도 크게 증가했다. 그러나 번호판 판독기는 지역사회의 차량 절도 수준에는 영향을 미치지 않는 것으로 밝혀졌다.[9]

경찰 관계자들은 번호판 판독기 기술의 전망에 기대하고 있지만, 일부 비평가들은 사용에 의문을 제기하고 있다. 미국시민자유연합(the American Civil Liberties Union, ACLU)은 최근 300개의 경찰기관을 대상으로 한 조사에서 번호판 판독기가 수배 차량을 경찰관들에게 거의 경고하지 않았다는 연구결과를 발표했다. 예를 들어, 메릴랜드의 경우, 자동차 번호판 100만 개당 2,000개의 경보가 울리고 있는데, "그중 47개만이 도난 차량 또는 도난 번호판, 지명 수배자, 폭력 조직 등과 같은 심각한 범죄와 관련되어 있었다"고 한다. 보고서의 일부에서 ACLU는 데이터 보존과 사생활 침해에 대한 심각한 문제도 제기했다. 번호판 판독기 프로그램의 일환으로, 법 집행기관은 번호판을 통해 사람의 위치에 대한 수백만 건의 기록을 수집하고 보관하며, 나중에 정보를 다시 분석하여 번호판이 마지막으로 관측된 위치 또는 가장 자주 관측된 지역을 확인할 수 있다.[10]

국립 통합 탄도 정보네트워크

1999년 주류담배화기및폭발물단속국(ATF)은 법 집행기관에 자동화된 탄도 영상 정보 네트워크를 제공하는 국립 통합 탄도 정보네트워크(National Integrated Ballistic Information Network, NIBIN) 프로그램을 설립했다. 범죄 현장에서 탄흔(cartridge casings)과 같은 탄도 증거가 수집되면, 이 증거의 전자 이미지를 통합 탄도 식별 시스템

(Integrated Ballistic Identification System, IBIS)을 사용하여 이전 사건에서 수집된 탄도 증거와 비교할 수 있다. 많은 사람들이 모르는 것은 총이 발사될 때 총기의 공이가 탄피를 치면서 뒤쪽에 고유한 표시를 남긴다는 것이다. 공이가 남긴 이러한 고유한 표시는 개별 총기마다 고유하다는 점에서 지문과 유사하다. 이는 한 범죄 현장의 탄흔을 다른 사건의 탄흔과 비교하여 범죄에 동일한 총기가 사용되었는지 여부를 판단할 수 있음을 의미한다. 법의학자가 탄도 증거분석을 통해 두 개 이상의 범죄현장에서 같은 총기가 사용됐다고 판단하는 경우 이를 '명중(hit)'이라고 한다. NIBIN은 특히 범죄자나 범죄자 집단이 반복적으로 총기 폭력에 연루되었을 때 범죄 발생을 파악하는 데 유용하다. 그 정보는 둘 이상의 범죄를 연결하는 데 사용될 수 있으며, 현재와 과거의 수사에서 잠재적인 용의자에 대해 수사관에게 알려줄 수 있다. 또한 이 기술은 기소를 돕기 위해 법정에서 증거로 사용될 수도 있다.[11] Exhibit 15－2는 통합 탄도 식별 시스템의 운영방식에 대한 설명이다.

　　NIBIN 프로그램은 수년간 추진력을 얻기 위해 고군분투했다. 이는 부분적으로 프로그램 운영에 필요한 재정적 비용과 인력 때문이었다. 그러나 더 큰 문제는 많은 경찰기관이 형사들에게 수사 단서를 제공하는 기술의 잠재력을 충분히 이해하지 못했다는 것이다. NIBIN은 최근 법무부가 범죄총기정보센터(Crime Gun Intelligence Centers)의 형태로 몇몇 "우수 센터"에 자금을 지원했기 때문에 관심을 받고 있다. 이 센터들은 소수의 기관들도 NIBIN을 완벽히 활용할 수 있도록 연방 자금을 받도록 허용하였다. 이 기금은 또한 각 센터가 기술을 적절하게 구축하는 방법을 더 잘 이해할 수 있도록 기술 지원 및 교육을 제공한다.[12] 향후 몇 년 동안 NIBIN에 대한 엄격한 평가를 통해 NIBIN이 비용 대비 가치가 있는지 여부를 결정할 수 있는 충분한 증거를 제시해야 할 것이다.

EXHIBIT 15-2

통합 탄도 식별 시스템(IBIS)의 운영방식
총과 발사된 탄피와 총알을 추적하여 증거 확보

발사된 총알과 그와 관련된 탄피는 탄환과 탄피에 남아 있는 고유한 표시를 통해 발사된 총에 연결할 수 있다. 많은 경우 이를 활용해 총을 판매한 사람까지 거슬러 올라갈 수 있다.

통합 탄도 식별 시스템(IBIS)

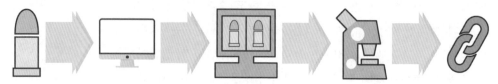

1. 기술자가 IBIS® TRAX™ 단말기에 탄피나 발사된 총알의 디지털 이미지를 입력.

2. 디지털 이미지는 데이터베이스의 다른 디지털 이미지와 전자적으로 비교하여 일치 또는 근접 일치 여부를 확인.

3. 훈련된 법의학자는 디지털 이미지를 검사하여 일치하는 항목이 있는지 여부를 확인하기 위해 잠재적인 일치 항목을 검토.

4. 법의학자가 일치하는 점을 찾는다면, 그들은 "동일 총기 사용 여부(hit)"를 확인하기 위해 현미경을 사용하여 물리적인 증거를 조사하여 일치 여부를 확인.

5. 이 과정을 통해 일치된 모든 탄도 증거에는 고유 식별 번호가 부여되어 향후 증거가 이전 '동일 총기 사용 여부(hit)' 와 더 쉽게 연결될 수 있음.

전자추적장치(ETrace, Electronic Tracing System)

1. 경찰은 사건 발생 시 총기를 회수하거나 시민이 경찰에 자발적으로 처분을 맡김.

2. 경찰은 ATF 국립추적 센터에 화기의 제조사, 모델, 일련번호를 전자적으로 제출.

3. ATF는 해당 정보를 검토하여 총기 제조사 및 총기 판매업체에서 제공한 정보와 비교.

4. ATF는 정보를 요청한 경찰기관에 총기의 마지막 법적 소유자에 대한 정보를 제공.

출처: John Agar, "Making the Rounds: Single Gun Is Responsible for 1 Dead, 3 Wounded and 2 Close Calls," April 3, 2019, https://www.mlive.com/news/ grand-rapids/2010/12/making_the_rounds_single_gun_i.html. Michigan State Police: Bureau of Alcohol, Tobacco, Firearms, ad Explosives.

빅데이터를 통한 범죄자 표적화

지난 20년 동안 경찰은 컴퓨터 지령/기록관리 시스템(CAD/RMS)과 다른 수많은 관계형 데이터베이스를 통해 데이터를 수집해 왔다. 이러한 데이터는 현재 경찰에게 엄청난 양의 정보를 제공하고 있으며, 더욱 고도화된 컴퓨터의 등장으로 경찰은 빅데이터 분석의 형태로 대량의 정보들을 분석할 수 있게 되었다. **빅데이터** 분석이란 "다양한 출처로부터 얻어진 대용량 데이터 세트를 통합하여 이러한 데이터에서 새롭고 유용한 통찰력을 제공하는 일반적인 아이디어에 관한 대략적인 설명"이다.[13]

빅데이터(big data)

오늘날 몇몇 경찰서는 빅데이터를 이용하여 누가 가장 범죄를 저지를 가능성이 높고, 누가 더 심각한 범죄에 가담할 가능성이 높으며, 범죄가 어디서 그리고 언제 일어날 가능성이 가장 높은지를 예측하기 시작했다. 배럭 아리엘(Barak Ariel)은 오늘날의 경찰이 주관적이고 임상적인 예측에서 벗어나 빅데이터의 도움으로 통계적이고 수학적인 예측으로 나아가기 시작했다고 지적한다. 그는 이러한 통계적 접근법이 더 저렴하고, 정확하며, 더 빠르다고 주장한다.[14] 또한, 통계적 접근법은 단일 사건이 발생한 후 이에 대응하는 경찰운영보다 불균형한 수의 문제를 일으키는 사람들과 장소들을 적극적으로 다룰 수 있는 기회를 제공하고 있다.

하지만 아직 해결되지 않고 있는 빅데이터 분석을 기반으로 한 대응에 대해서는 여러 가지 우려가 존재한다. 첫째, 빅데이터 분석에 의해 결정된 반응은 데이터 그 자체에 불과하다. 데이터가 신뢰할 수 없거나 정확하지 않으면 잘못된 사람과 장소가 표적이 될 수 있다. 신뢰할 수 있고 정확한 데이터로 간주되어야 하는 지침을 설정하려면 많은 작업이 필요하다. 둘째, 대상 목록에 누가 포함되는지 결정하는 알고리즘과 방법이 공개되지 않는 경우가 많다. 비평가들은 이런 정보를 공개해야 경찰관이 아닌 사람들이 그 방법이 적절한지 평가할 수 있다고 주장한다. 이와 관련하여 비평가들은 알고리즘의 합헌성에 대해 여전히 검토가 필요하다고 주장한다. 그들은 빅데이터 분석이 다른 이웃이나 민족 배경의 사람들에게 차등적으로 영향을 미칠 수 있고, 이러한 일이 발생하지 않도록 보호 장치를 마련해야 할 수도 있다고 우려하고 있다. 셋째, 대상 목록에 잘못 추가된 사람들은 일반적으로 목록에서 자신을 제거할 수 있는 방법과 능력이 없다. 이로 인해 경찰과 계속해서 부당하고 원치 않는 접촉을 일으켜 실제 체포될 가능성을 높일 수 있다.[15]

책무를 강화한 기술 사례

오늘날 가장 혁신적인 경찰부서 중 일부는 책무를 강화하기 위해 기술을 사용하기 시작했다. 이러한 노력은 기술의 힘을 활용하여 경찰지휘관과 일선 경찰관에게 그들의 결정과 행동에 대해 책임을 지도록 하는 것을 목표로 하고 있다. 그 중 일부는 경찰의 효율성을 증가시키는 결과를 가져오기도 했다.

컴스탯

⇨ 컴스탯에 대한 논의는 제4장 참조

경찰의 범죄척결(crime fighting)에서 가장 중요한 혁신 중 하나는 컴스탯이다. 컴스탯은 컴퓨터화된 데이터 관리(computerized data management)를 이용하여 범죄와 무질서에 대한 CAD/RMS 데이터를 동네별로 적절한 시기에 제공한다. 대부분의 프로그램에서 경찰지휘관들이 매주 또는 매월 만나 데이터를 분석하고 토론한다. 이 회의에서 관할지구대장들은 CAD/RMS 데이터를 분석하고, 문제점을 파악하여, 관할지역에서 새롭게 발생하거나 변화하는 범죄와 무질서의 패턴(예를 들어, 한 블록에서 발생하는 일련의 주거침입강도; 한 지역에서 급증하는 마약체포)을 해결할 수 있는 대응책을 개발한다.[16]

컴스탯은 이제 경찰서장이 할당된 책무 영역 내에서 문제를 식별하고 해결할 수 있는 책임을 지휘관에게 부여할 수 있게 하였다. 우선 컴스탯은 24시간 단위로 데이터를 제공하여 최신 데이터를 활용할 수 있게 해 주었다. 둘째, 컴퓨터 기술을 통하여 범죄와 무질서의 동향 및 변화에 대한 분석을 용이하게 하였다. 셋째, 이 시스템은 범죄지도의 제작을 용이하게 하여 특정 지역이나 심지어 노상에서 발생하는 범죄까지 대응할 수 있게 하였다. 넷째, 이 시스템은 경찰 서장이 문제에 적절히 대응하지 못하는 관할지구대장을 식별하고, 필요한 경우 관할지구대장을 교체할 수 있도록 투명성을 높여주었다.

경찰 조기 개입 시스템

조기 개입 시스템(Early Intervention Systems, EIS)은 경찰관의 책무를 높이기 위해 인사기록관리(personnel records management)를 적용한 것이다. 조기 개입 시스템은 개별 경찰관에 대한 성과 데이터가 있는 컴퓨터화된 데이터베이스이다. 시스템은 다양하지만 대부분 경찰관의 물리력 사용, 민원, 상훈 및 경찰서를 상대로 한 민사소송에 관여하는 경찰관과 관련된 데이터를 포함하고 있다. 일부 조기 개입 시스템에는 무려 18~20개의 성과지표가 들어 있다.[17] 이 데이터를 통해 지휘관들은 경찰관들의 업무수행능력을 분석하고 업무수행에 문제가 있는 것으로 보이는 경찰관들을 식별한다. 그런 다음 부서는 그들의 업무수행 문제를 해결하기 위해 고안된 비공식적인 상담, 재교육, 전문적인 상담 등을 통해 개입한다.[18]

⇨ 경찰책무에 대한 자세한 내용은 제14장 참조

보디캠*

보디캠은 지역사회 구성원(예를 들어, 일반 시민, 용의자, 피해자)과 경찰관 간에 일어나는 사건 및 상호작용을 기록한다. 보디캠은 경찰관의 시선과 같은 방향으로 경찰관의 몸이나 머리 등 여러 곳에 착용할 수 있다. 보디캠으로 녹화된 영상물을 활용하여 경찰은 진술, 관찰, 행동, 기타 증거를 문서화할 수 있으며 동시에 경찰과 시민 모두의 비전문적, 불법적, 부적절한 행동을 예방하고 저지하는 데 사용한다. 이에 따라 이 기술은 중요한 사건의 기록을 보존함으로써 분쟁 해결과 지역사회와의 신뢰 구축에 활용될 수 있다.[19]

경찰은 보디캠 기술을 주로 두 가지 목적으로 사용한다. 첫째, 경찰의 책무(police accountability)를 높이기 위해 사용한다. 이 기술은

---

* [역자 주] '신체부착 영상촬영장치'라는 용어로도 사용되고 있음.

부정행위, 물리력 사용, 기타 문제 행동 또는 비전문적 행위를 기록할 수 있다. 반대로, 경찰관은 잘못된 행동의 혐의를 입증하기 위해 사용함으로서 경찰과 지역사회 구성원 사이의 잠재적인 폭력적 상호작용을 완화시킬 수 있다. 게다가, 이 기술은 경찰관들이 비전문적인 행동에 관여하는 것을 단념시킬 수도 있다. 그 결과, 몇몇 관찰자들은 이 기술이 국민과 경찰 사이의 책임감을 높이고, 시민 불만을 감소시키며, 경찰활동에 대한 합법성, 신뢰 그리고 대중의 만족도를 증가시키는 결과를 가져온다고 믿는다. 또 다른 이점은 경찰의 위법 행위나 허위 주장으로 인해 발생할 수 있는 부상이나 피해를 방지함으로써 경찰에 대한 민사 재판을 줄일 수 있다는 것이다.

둘째, 보디캠 기술은 범죄에 대한 경찰의 대응 효과를 높일 수 있다. 경찰관이 녹화한 사건의 현장 보고서를 작성하고 이후 법원 소송을 진행하는 동안 사건에 대한 회상 수준이 향상될 것으로 예상된다. 또한, 이 비디오는 체포, 입건, 기소, 유죄판결(arrest, charging, prosecution and conviction)로 이어질 가능성이 있는 사건의 추가 증거가 될 수 있다.[20]

몇몇 연구는 보디캠의 영향에 대해 연구하였다. 이러한 연구들은 보디캠이 경찰관들의 물리력 사용 감소뿐만 아니라 경찰에 대한 불만 감소와도 관련이 있다는 것을 비교적 일관되게 보여주고 있다. 예를 들어, 캘리포니아 리알토(Rialto)에서 보디캠 시행 12개월 전 28건이었던 불만신고가 보디캠이 배포된 후 3건으로 89% 감소되었다. 마찬가지로 경찰의 물리력 사용도 보디캠 사용 이전의 61건에서 25건으로 59% 감소하였다.[21] 보디캠은 또한 가해자를 기소하는 데 도움을 주고 있는데, 피닉스의 가정폭력 사건 처리에 대한 보디캠 증거의 영향 연구는 보디캠이 사용된 사건들이 체포, 고발, 사건을 무마, 유죄판결, 재판에서 유죄판결로 이어질 가능성이 더 높다는 것을 보여주었다. 또한, 이와 관련한 보디캠 증거의 영향 연구에 따르면 보디캠이 있었던 사건의 경우 가해자의 체포, 고발 및 사건의 개선, 유죄인정, 재판에서의 유죄평결 가능성이 더 높게 나타났다.[22]

하지만 보디캠에도 문제가 없는 것은 아니다. 보디캠은 공무원들이 서류작업에 소비하는 시간을 늘이고 실행하는 데도 많은 비용이 드는 것으로 밝혀졌다. 예를 들어, 캔자스주 위치타(Wichita)에서, 시당국은 첫 해에 경찰관들에게 보디캠을 배포하는 데 92만 7,200달러가 소요되고, 향후 10년 동안 이 프로그램은 6백만 달러 이상이 들 것이라고 추정하였다.[23]

시민사용 기술

경찰이 업무성과 향상을 위해 기술을 도입하는 사례가 늘고 있는 가운데 일반시민들도 빠르게 기술을 도입하고 있다. 그중 일부는 공공의 경찰 감독에 극적인 영향을 미쳤고, 다른 일부는 경찰과 일반 대중 간의 의사소통을 증진시키는 데 사용되었다.

구경꾼 비디오(제보영상)

일부 형태의 기술은 대중들 사이에 매우 널리 퍼져 있어서 경찰의 새로운 책무의 형태로 부상했다. 사람들은 오디오와 비디오 기능을 모두 갖춘 비디오 카메라와 휴대전화를 가지고 있다. 이 새로운 기술을 사용한 가장 유명한 사건은 1991년 로스앤젤레스 경찰관들이 로드니 킹(Rodney King)을 구타한 사건이다. 구타 장면이 담긴 시민의 비디오테이프는 오늘날의 언어로 "유포(went viral)"됐고 엄청난 논란을 불러일으켰다. 이 사건은 틀림없이 대부분의 사람들이 경찰의 과도한 물리력 사용을 처음으로 본 사건이었다. 시카고(Chicago)와 뉴욕시(New York City) 그리고 사우스캐롤라이나주 노스 찰스턴(North Charleston, South Carolina)에서 과도한 물리력 사용으로 인해 용의자가 사망한 비디오가 공개된 후 유사한 사건들과 대중의 항의가 발생했다. 2020년, 조지 플로이드(George Floyd)의 죽음이 포착되었다. 미네아폴리스(Minneapolis) 경찰이 수갑을 차고 누워 숨을 헐떡이는 플로이드의 목에 약 9분간 무릎을 대고 있는 모습이 유포되면서 미국은 물론 전 세계적으로 시위를 촉발했다. 사건이 담긴 휴대전화 영상은 구경꾼이었던 고교 3학년생(17세)이 포착했다.

이와 관련하여 기술은 경찰의 행동에 대한 논쟁을 변화시켰다. 과거에는 비위의혹이 어느 쪽이든 지지할 객관적인 증거가 없는 양측 간의 "욕설 공방(swearing contests)"인 경우가 많았다. 시각적 또는 청각적 증거가 이를 변경시켰다. 확실히 비디오 또는 오디오 녹음은 전체 에피소드를 캡처하지 못하는 경우가 많기 때문에 확실하지 않았다. 이들은 종종 사건의 초기 부분이나 카메라나 오디오 레코더의 범위를 벗어나 일어나는 일을 기록하지 않는다. 그럼에도 불구하고, 구경꾼들이 광범위하게 소유하고 빈번하게 유포되는 이러한 형태의 기술은 경찰이 아닌 일반시민의 통제 하에 있는 경찰 행동을 조사하는 새로운 방법을 제공했다.

소셜 미디어

오늘날 법 집행기관의 약 96%가 소셜 미디어를 사용하고 있다. 경찰은 범죄 수사, 긴급 정보 제공, 지역사회 홍보, 범죄예방, 채용, 취업 지원자의 신원 확인 등 다양한 용도로 소셜 미디어를 활용하고 있으며, 주로 페이스북, 트위터, 유튜브 등을 사용한다.[24]

보스턴 경찰서(Boston Police Department)는 특히 2013년 보스턴 마라톤 폭탄 테러 이후 소셜 미디어 이용의 모범 사례로 자주 언급되어왔다. 먼저 경찰서는 소셜 미디어를 활용해 사건 발생 즉시 사실을 국민에게 알리고, 기자회견이나 교통상황, 경찰 업무 등 거의 실시간 정보를 제공했다. 둘째, 경찰서는 소셜 미디어를 사용하여 대중에게 정확하고 시의적절한 정보를 제공했다. 셋째, 소셜 미디어를 이용해 1차 용의자를 특정하고, 그의 소재 파악에 대해 대중의 도움을 요청했다.[25]

하지만 법 집행기관의 소셜 미디어 사용에도 몇 가지 과제가 있다. 하나는 많은 기관들이 소셜 미디어를 통해 일반 국민들을 참여시키는 어려움을 겪고 있다는 점이다. 소셜 미디어를 사용하는 23개 규모가 큰 경찰기관의 페이스북 사용에 대한 연구에서 한 기관당 평균 약 2,600명의 팔로워를 가지고 있었는데, 이는 관할 지역 주민의 매우 낮은 비율만 참여하고 있다는 것을 나타낸다.[26] 또 다른 하나는

소속 기관에 대한 관심과 이미지에 영향을 미칠 수 있는 개인들의
SNS 이용을 통제하기 어렵다는 점이다. 예를 들어, 피고인들은 경찰
들이 자신의 개인 SNS에 올린 정보(생각 및 의견)를 그들의 체포와 관
련된 신뢰를 떨어뜨리기 위해 이용하기도 한다.[27]

경찰 정보기술의 미래

2001년 9월 11일 테러 공격 이후, 법 집행기관들은 서로 정보를
공유하는데 필요한 인프라를 구축하는 것에 우선순위가 높아졌다. 오
늘날 대부분의 기관에서 경찰은 정보를 공유할 수 있는 제한된 능력
을 가지고 있다. 몇 안 되는 예외 중 하나는 FBI가 운영하는 국립범
죄정보센터(National Crime Information Center)다. 국립범죄정보센터는
전산화된 데이터베이스다. 이는 범죄경력, 도주자, 도난당한 재산, 실
종자 등과 관하여 제한된 양의 정보를 FBI에 보고하고, 다른 기관에
서 그 정보를 요청하면 제공하는 전산 데이터베이스 사업이다.[28] 이
프로그램은 경찰이 중요하게 생각하지만 제한된 양의 정보만 공유할
수 있었는데, 이에 따라 전국 소수의 경찰기관이 보다 자세한 정보를
공유할 수 있는 기술을 개발하기 시작하였다.

글로벌 사법 XML 데이터 모델(Global Justice XML Data Model,
GJXDM)로 시작하여 오늘날 국립정보교환모델(National Information
Exchange Model, NIEM)이라고 하게 된 주요 혁신 중 하나는 형사사법
기관이 정보를 표준화된 언어로 유지하여 형사사법분야의 파트너와
일관된 형식으로 데이터를 공유할 수 있는 기회를 증가시켰다는 점
이다. 하지만 불행하게도, 정보 공유 정책은 일반적으로 복잡하여 실
패할 위험 역시 크게 증가하였다. 문제는 많은 경찰기관이 데이터 통
합 및 정보 공유 프로젝트를 촉진하는 데 필요한 기술을 갖춘 인력을
보유하고 있지 않다는 점이다. 이를 위해 경찰은 정보 공유 기능을
개발하고 구현할 수 있는 외부 컨설턴트를 고용하여 경찰이 보유하
지 않은 상당한 재정 자원을 소비해야 한다. 또 다른 문제는 이러한
프로젝트가 높은 신뢰와 공유 의지를 요구한다는 것이다. 경찰기관은

고도로 분열된 조직으로, 서로 잘 통하지 않는 경우가 많고, '담당구역(turf)'에서 수집된 정보를 보호하려고 한다. 마지막으로, 잘 알려진 정보 공유 전문 회사(현재 IBM 소유)인 칩링크(COPLNK)의 연구자들은 기관들이 정보 공유에 대한 동기를 얻기 위해서는 즉각적인 이득이나 이익을 보아야 한다고 주장했다. 하지만 정보 공유 사업은 일반적으로 계획과 시행에만 수년이 걸리기 때문에 경찰기관에 대한 즉각적인 보상이 거의 없다.[29]

그럼에도 불구하고 정보 공유를 구현하기는 어렵지만 경찰에게 주어지는 혜택이 존재한다는 증거가 있다. 그에 대한 예로 마틴 자워스키(Martin Zaworski)는 자동화된 지역사법정보시스템(Automated Regional Justice Information System, ARJIS)이 샌디에이고 보안관서(San Diego Sheriff's Department)의 임원 및 수사관의 성과에 미치는 영향을 조사하였다. 그 결과, 정보 공유 기술은 일반적으로 효율성과 업무성과를 향상시키는 것으로 나타났다. 좀 더 구체적으로, 자워스키는 정보 공유 기술이 순찰경찰관의 체포율을 높이고 형사들의 사건 종결률 또한 향상시켰다고 보고했다. 또한, 보고서에 따르면 경찰관들은 그들의 업무 수행을 위해 이용할 수 있는 데이터에 더 만족하고 있었고, 관련 분야에 대한 지식이 증가하여 경찰관의 안전이 향상되었다.[30]

기술적으로 진보된 무기

경찰은 위험한 용의자를 제압하기 위해 기술적으로 진보된 형태의 비살상 무기를 개발하고 있다. 아마도 이 분야에서 가장 잘 알려진 기술은 토마스 A. 스위프트 전기총(Thomas A. Swift Electric Rifle (TASER))일 것이다. **테이저**는 2개의 전극침(metal prongs)을 발사하는 배터리로 구동되는 전자 근육 장치로, 5만 볼트가 넘는 약 26와트의 전기를 전달하는 전선에 부착되어 있다. 이 전기는 상당한 근육통을 유발하며 용의자를 움직이지 못하게 한다. 전하가 중단된 후 얼마 지나지 않아 탐침(probes)이 있던 곳에 자극 외에 지속되는 효과는 거의 없다.[31] (참고: "Taser"라는 단어는 TASER International의 상표이다.)

테이저건(Taser)

오늘날 약 12,000개의 경찰기관이 테이저건이나 다른 유사한 제품을 구입했으며, 260,000개가 법 집행관에게 발급되었다.[32] 이 기술은 체포에 저항하는 범죄자를 제압하는 데 도움이 되고, 경찰에게 보다 치명적인 형태의 물리력에 대한 대안을 제공했다.[33]

테이저건 사용에 대한 연구에 따르면 테이저건 수가 가장 많은 피닉스 경찰서의 경우 테이저건을 구비하고 사용하는 것이 용의자와 경찰관의 부상을 성공적으로 줄인다고 보고한다. 피닉스 경찰서는 1년 동안 테이저건 사용이 요구되었던 475건의 사건 중에서 실제로 사용된 것은 128회에 불과하였다고 한다. 테이저건을 사용한 사건에서 부상을 입은 용의자는 9%에 불과하였던 반면, 테이저건을 이용하지 않은 사건에서는 용의자의 33%가 부상을 입었다. 마찬가지로 테이저건을 사용한 경찰관의 2%만이 부상을 입은 반면, 사용하지 않은 경찰관의 9%가 부상을 입었다.[34]

그러나 몇몇 단체들은 테이저건의 사용을 비난한다. 그들은 테이저건이 경찰이 인정하거나 알고 있는 것보다 더 위험하다고 주장한다. 한 보고서에 따르면 테이저건은 회사 관계자의 주장보다 39배 더 강력하다는 것이 밝혀졌으며, 이는 제조업체가 지정한 26와트에 비해 704와트의 전력을 더 발생시킨 것이었다. 또 다른 보고서에 따르면 미국에서 일주일에 한 명 정도가 테이저건 관련 사고로 사망한다고 한다.[35] 불행히도, 현재까지 대부분의 연구는 테이저건 사용의 의학적인 영향을 조사하지 않았다. 그러나 테이저건 사용을 조사한 독립된 연구에서는 관련된 사건 중 0.3%만이 뼈가 부러지거나 눈과 머리가 심하게 손상되는 등 중간정도의 상해나 중상을 입는다고 밝혀냈다.[36]

▎범죄분석

기술 이용의 변화와 관련된 것은 경찰서의 범죄분석(crime analysis) 사용이다. 범죄분석을 통해 경찰기관은 추측보다는 증거를 기반으로 조직적이고 전략적인 결정을 내린다. 그것은 기관들이 자원 배분과 미래의 범죄 활동 예측에 관하여 데이터 중심으로 의사 결정을 할 수 있도록 하고, 순찰 경찰관과 수사관의 기술적 결정을 지원해 준다.

티모시 오셔(Timothy O'Shea)와 케이스 니콜스(Keith Nicholls)는 범죄분석은 세 가지 기능으로 구성되어 있다고 말한다.

1. 자원을 효율적이고 효과적으로 배분하고, 인력을 배치하기 위하여 범죄의 성격, 범위, 분포를 평가한다.
2. 범죄와 관련된 의심스러운 상관관계를 파악하여 수사에 도움을 준다.
3. 정책입안자가 예방접근법에 대해 정보에 근거한 결정을 내릴 수 있도록 범죄와 소란을 촉진하는 상황을 식별한다.[37]

이러한 기능을 수행하기 위해 범죄분석가는 범죄 관련 데이터의 수집, 분석 및 배포와 관련된 여러 활동을 담당한다. 첫째, 범죄분석가는 경찰에 제공되는 정보를 수집하고 때로는 정보를 입력한다. 이 정보는 일반적으로 범죄 보고서, 서비스 요청, 체포 보고서 및 현장 인터뷰 카드를 통해 수집된다. 둘째, 범죄분석가는 범죄의 패턴과 추세를 파악하기 위해 자료를 분석한다. 이것은 종종 데이터베이스, 복잡한 통계 패키지 및 사용을 위해 상당한 교육이 필요한 매핑 소프트웨어를 통하여 이루어진다. 셋째, 범죄분석가가 패턴을 파악한 후, 해당 정보를 적절한 담당자에게 제시하면 담당자는 이를 사용하여 대응책을 개발한다.[38]

오늘날 100명 이상의 정규 경찰관이 근무하고 있는 약 75%의 경찰서에서 적어도 한 명 이상의 범죄분석가를 배정하도록 하고 있다. 범죄분석가는 대체로 경찰이 아닌 민간인으로 구성되는 경우가 많다. 왜냐하면 범죄분석가는 임무수행를 위해 전문적 훈련이 필요하고, 정규 경찰관에 비해 민간인을 고용하는 비용이 적게 들기 때문이다. 범죄분석가가 있는 기관의 약 72%는 그들을 별도의 부서에 배치하여 운영하고 있다. 이 부서는 일반적으로 행정부서(44%)에 속하지만 형사부서(27%) 또는 순찰부서(8%)에 속해 있는 경우도 있다.[39]

범죄분석의 유형

데보라 오스본(Deborah Osborne)과 수전 베르니케(Susan Wernicke)는 경찰기관이 사용하거나 잠재적으로 이용할 수 있는 가장 일반적인 범죄분석의 세 가지 유형으로 전술적, 전략적, 행정적 유형을 설명했다.[40]

전술적 범죄분석

전술적 범죄분석에는 일반적으로 특정 지역의 특정 범죄문제를 식별하는 것이 포함된다. 이러한 유형의 분석은 순찰경찰관과 형사에게 현재 발생하고 있는 범죄에 대응할 수 있는 정보를 적시에 제공하는 것이 목적이다. 예를 들어, 범죄분석가는 범죄행위의 일반적인 장소, 시간 및 날짜를 결정하여 자동차 절도의 추세를 파악할 수 있다. 이 정보는 순찰경찰관에게 순찰활동을 지시할 위치와 범죄자를 잡거나 저지하는데 가장 효과적일 수 있는 시간에 대한 정보를 제공한다.

전술적 범죄분석(tactical crime analysis)

전략적 범죄분석

전략적 범죄분석은 장기적인 범죄 동향에 중점을 두고 있다. 이 정보는 전략적 범죄분석을 통해 특정 문제를 해결하기 위한 전략적 계획을 수립한다. 전략적 범죄분석은 장기적 계획과 더 크고 복잡한 프로젝트에 중점을 둔다는 점에서 전술적 범죄분석과 차이가 있다. 애리조나주 스코츠데일(Scottsdale)에서 진행된 프로젝트가 그 예를 보여주는데, 스코츠데일 경찰서 범죄분석팀(the Scottsdale Police Department Crime Analysis Unit)은 수년에 걸쳐 차고문이 열려있는 경우(open-garage-door) 절도가 증가한다는 것을 발견했다. 범죄분석가는 순찰대원, 지역사회 자경단체(community watch groups) 및 인근 근린조직(neighborhood associations)과 협력하여 열려있는 차고문을 통한 절도를 방지하기 위해 전략적 계획을 수립했다. 이러한 계획은 시행되었고, 채택된 전략은 몇 년에 걸쳐 반복되었다.

전략적 범죄분석(strategic crime analysis)

행정적 범죄분석

행정적 범죄분석
(administrative crime
analysis)

행정적 범죄분석은 경찰관리자(police managers)에게 요약 통계 및 자료를 제공하는 데 중점을 두고 있다. 이 정보는 경찰관리자가 범죄 및 무질서 문제를 더 잘 이해하기 위해 자주 사용된다. 예를 들어, 경찰서장은 기관이 수집한 전미범죄통계보고(Uniform Crime Reporting) 데이터를 사용하여 해당 지역사회의 범죄발생량과 유사한 관할 구역의 범죄발생량을 비교할 수 있다. 마찬가지로, 관할지구대장(district commander)은 관할지역에서 발생한 범죄와 관련하여 더 나은 정보를 얻을 수 있도록 발생하는 범죄의 양과 유형을 조사하기 위하여 일일 범죄 보고서(daily crime reports)를 요청할 수 있다.

범죄지도

⇨ 범죄다발지역에 대한
   자세한 논의는 제7장 참조

범죄지도(crime mapping)

1980년대 후반 이후 경찰 전문가들은 일부 지역이 다른 지역보다 범죄가 더 많이 발생한다는 것을 인식하게 되었다. 이 지역은 범죄다발지역(hot spot)으로 알려져 있는데, 이로 인해 일부 경찰서의 범죄분석가들은 **범죄지도**라고 알려진 것을 전문적으로 다루게 되었다. 범죄지도를 통해 분석가는 다양한 유형의 범죄에 대한 공간 패턴과 범죄다발지역을 식별할 수 있다. 현재 약 13%의 경찰서가 전산화된 범죄지도 작성에 참여하고 있다. 대규모 경찰서의 약 3분의 1(100명 이상의 정규 경찰관)이 전산화된 범죄지도를 사용하고 있고, 규모가 작은 경찰서 중에서도 3%가 이를 사용하고 있다. 애리조나의 한 연구에 따르면 범죄지도를 사용하는 경찰서 중에서도 절반의 범죄분석가만이 이를 능숙하게 사용하고 있다는 것을 발견했다.[41] 따라서 전산화된 범죄지도의 사용은 아직 초기 단계이며 전국의 경찰기관 내에서 완전히 제도화되기까지는 다소 시간이 걸릴 것으로 예상된다.

현재 법무부(the Department of Justice)는 경찰기관이 범죄지도를 채택할 수 있도록 실질적인 자원을 지원하고 있다.[42] 이는 범죄지도를 통해 범죄가 가장 많은 지역에 경찰이 자원을 배분할 수 있기 때문이다. 과거에는 각 지역에서 발생하는 범죄의 수를 간단히 계산하여 관할 구역 및 순찰 구역이 정해졌다. 그러나 범죄지도를 통해 경찰은 특정 주소, 거리 모퉁이 및 블록에 자원을 할당할 수 있게 되었다. 뿐만 아니라 범죄지도는 다른 목적으로도 다양하게 사용되는데, 예를 들어, 인구조사자료, 학교경계자료 및 재산평가자료와 같은 다른 자료 출처와 결합하여 경찰이 지리적 영역, 범죄 및 지역사회 수준 특성 간의 관계를 이해하도록 돕는다.[43] 일부 경찰기관은 또한 경찰관에게 순찰 구역에서 범죄가 발생하고 있는 곳을 최신의 상태로 유지하기 위해 범죄지도를 제공하는데, 이러한 경우 서비스 요청에 응답하지 못할 때 예방 위주의 법 집행 노력(proactive enforcement efforts)을 할 수 있다. 마찬가지로, 범죄지도를 지역사회에 공유함으로써 사람들에게 인근 지역의 범죄에 대해 교육할 수 있다.[44]

국립사법연구소(National Institute of Justice)가 후원한 연구에 따르면 전산화된 범죄지도를 사용하는 기관의 94%가 경찰관 및 수사관에게 범죄 위치를 알리는 데 사용하고, 56%는 이를 자원 할당 결정에 사용하고, 49%는 개입 여부를 평가하는 데 사용하고, 47%는 지역사회의 범죄활동 및 변화에 대해 주민에게 알리는 데 사용하고, 44%는 반복적인 서비스 요청이 있는 주소를 식별하는 데 사용하고 있었다.[45]

범죄지도의 예를 보기 위해 Exhibit 15-3을 참조하라.

EXHIBIT 15-3

앨러게니 카운티(Allegheny County) 살인사건

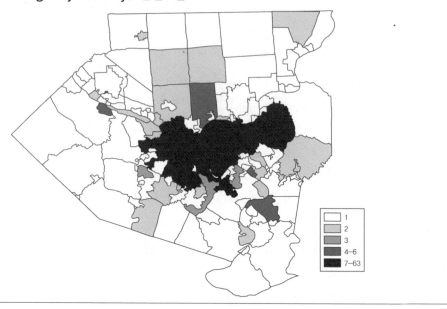

1	
2	
3	
4-6	
7-63	

출처: Erin Dalton, "Violence in Pittsburgh: An Analysis," unpublished manuscript, 2005.

▌경찰 고용 전망

법 집행에 관심이 있는 사람들의 고용 전망은 밝아 보인다. 범죄와 비행에 대한 더 큰 우려, 국토안보에 대한 위협의 증가, 베이비 붐세대 경찰관 퇴직에 따른 인력충원의 필요성은 앞으로 몇 년 동안 지속되어야 할 법 집행관에 대한 수요를 증가시키고 있다. 예를 들어 노동통계국(Bureau of Labor Statistics)은 2028년까지 경찰관에 대한 수요가 5% 증가할 것으로 예상된다고 보고했다.[46]

지역, 카운티 및 주 법 집행기관의 고용기회

법 집행기관에서 구할 수 있는 대부분의 일자리는 시(city), 카운티(county) 및 주(state) 정부기관에 있다. 그러나 시 경찰관(city police officer), 카운티 보안관(county sheriff) 또는 고속도로 순찰대(highway patrol officer)라는 직업만이 유일하게 이용 가능한 선택권은 아니다. 당신이 더 흥미로워 하거나 당신에게 생각하지도 못한 경험을 제공할 수 있는 많은 일자리가 있다. 이러한 직업들은 당신에게 항상 원했던 법 집행 경력을 얻는 데 도움이 되는 경험과 연줄뿐만 아니라, 평생의 경력을 제공할 수도 있다.

경찰활동에서 가장 간과되는 직업들 중 일부는 민간에서 보유하고 있는 직업들이다. 현재 지방정부, 카운티 및 주의 법 집행기관에서 고용한 전체 직원의 약 3분의 2는 민간인 신분이다. 많은 경찰기관이 민간인을 고용하여 지역사회의 물리적 무질서를 단속하고, 범죄예방을 촉진하며 증거를 수집하고 있다. 민간인은 범죄분석가, 전략기획자 및 각종 기술자로도 활용된다.

또한 개인에게 다양한 규제 기능을 수행할 수 있는 경찰권을 부여하는 주정부 기관도 적지 않다. 이 직업들은 도박과 관련된 법률 시행부터 환경오염 물질을 과도하게 배출하는 공장 단속, 가축 및 다른 농장 동물 규제에 이르기까지 다양하다. 예를 들어, 치안정책뿐만 아니라 야외 활동에도 관심이 있는 개인은 주 농무부(state department of agriculture), 주립 공원 및 여가시설국(state department of parks and recreation), 주 수렵관리부(state department of fish and game)* 등 야생 동물을 보호하는 주정부 기관에서 일하는 것을 고려할 수 있다. 거의 모든 사람의 관심사에 맞는 기관들이 하나 이상은 존재하는데 예를 들어, Exhibit 15−4에는 고용한 직원에게 경찰권을 부여하는 캘리포니아 내 다양한 주정부 기관이 나열되어 있다.

---

* [역자 주] 어류자원 보호 목적으로 낚시 라이센서 발급 등 산림 및 야생동 물보호국과 동일한 성격의 부서.

EXHIBIT 15-4

경찰권을 부여하는 캘리포니아주 정부 기관

총기단속국
Bureau of Firearms
	주류 통제부
	Department of Alcoholic
	    Beverage Control
		건강관리서비스국
		Department of Health Care
		    Services

과학수사국 Bureau of Forensic Services	소비자보호부 Department of Consumer Affairs	보건복지부 Department of Health and Human Services Agency
도박통제국 Bureau of Gambling Control	교정 및 갱생지원부 Department of Corrections and Rehabilitation	공중보건부 Department of Public Health
범죄 수사국 Bureau of Investigation	어류 및 야생동국 보호부 Department of Fish & Wildlife	독성물질관리부 Department of Toxic Substances Control

의료지원, 사기 및 노인학대
    단속국
Bureau of Medi-Cal, Fraud
    & Elder Abuse
	산림소방부
	Department of Forestry and
	    Fire Protection
		세무부
		Franchise Tax Board,
		    Investigations Bureau

켈리포니아 주립공원 경찰관 California State Parks Peace Officer		고속도로 순찰대 Highway Patrol

지역, 카운티 및 주 기관의 급여

경찰관 평균 연봉은 2019년에 약 65,170달러로 2020년까지 동일하게 지급되었다. 형사는 순찰경찰관보다 더 많은 연봉을 받고 있다.[47] 또한 경찰관들은 많은 고용주들이 직원들에게 제공하지 않는 유급 휴가, 병가, 의료 및 생명 보험 혜택을 받고 있다. 이들은 연금이 보장되어 있기 때문에 보통 20년에서 25년 복무한 후 급여가 반으로 줄어들 때(half-pay) 퇴직하고 있다.[48]

연방법 집행기관의 고용기회

특히 국토안보부(Department of Homeland Security)가 설립된 이래 연방법 집행기관에서 경력을 쌓고 싶어하는 개인들에게도 충분한 기회가 생겼다. 주 법 집행기관의 변형과 유사하게, 범죄 수사, 정보 수집 및 법 집행을 담당하는 기관뿐만 아니라 규정 준수 및 보안 기능 등 수많은 역할을 수행하는 연방기관이 있다.[49]

⇨ 캔자스시 예방순찰실험에 대한 논의는 제7장 참조

이들 기관의 대부분은 지원자가 학사 학위를 소지하고 있을 것을 요구한다. 수사 기능을 수행하는 기관은 종종 법률 교육이나 세금 및 금융 지식 등과 같은 전문적 기술이 필요한 경우가 많기 때문이다. 예를 들어, 마약단속국(the Drug Enforcement Agency)은 약국에서 일한 경력이 있는 사람*을, 국경순찰대(the Border Patrol)는 스페인어를 사용하는 사람을 찾는다.[50]

연방법 집행기관에서 일하는 것에 관심이 있는 사람은 다른 지역으로의 이동을 기대한다. 첫째, 연방법 집행기관에 고용된 사람은 조지아주 글린코(Glynco)의 연방법 집행 훈련센터로 보내질 가능성이 높다. 둘째, 비록 대부분의 기관들이 그들의 관심 지역으로 신입 직원을 재배치하려고 하지만, 그들이 살면서 일할 도시나 주는 보장되어 있지 않다.[51]

연방기관의 급여

연방법 집행 수사관 약 75%의 급여는 일반직 보수표(General Schedule, GS) 임금체계에 따라 결정된다. GS 임금체계는 GS-1에서 GS-15까지 15개 등급으로 구성되는데, 각 등급별로 10단계의 급여 범위가 있다. 이 밖에도, 연방법 집행 수사관이 받는 초봉은 기관별

---

* [역자 주] 원서에는 약국에서 일한 사람이라고 되어 있으나, 통상적으로 미국의 약국업무는 약사 또는 준약사 이상의 자격을 갖춘 약학 관련 전문 지식을 가진 사람들을 의미함.

로도 차이가 있다. 그러나 일부 연방요원 및 경찰감찰관은 급여가 25% 인상된 경찰고용안정수당(Law Enforcement Availability Pay, LEAP)을 받는데 이는 이들이 근무할 것으로 예상되는 상당한 초과 근무량 때문이다.

　　FBI에서 근무하는 개인은 훈련을 시작할 때부터 평균적으로 약 68,000달러의 급여로 시작하는데, 관리직으로 승진하지 않은 요원이라도 몇 년 후 연간 133,000달러를 벌 수 있다는 것이다. 다른 법 집행기관과 마찬가지로 연방 요원 역시 유급 휴가, 병가, 의료 보험 및 생명 보험 등 우수한 혜택을 받는다.[52]

▌경찰연구의 미래

　　한 세대 전만 해도 우리는 경찰활동에 대해 거의 알지 못했다. 우리는 순찰경찰관들이 8시간의 교대 근무 동안 무엇을 하는지, 그들이 누구를 체포했는지, 왜 어떤 사람들을 체포하지 않았는지 몰랐다. 대부분의 사람들은 순찰이 범죄를 억제한다고 했지만, 그런 믿음을 뒷받침할 과학적 증거 역시 없었다. 또한, 우리는 범죄를 예방하는데 있어서 어떤 전술이 더 효과적인지도 알지 못했다.

　　오늘날, 우리는 그 질문들과 관련된 많은 정보를 가지고 있다. 1960년대 후반 이후, "연구 혁명(research revolution)"은 우리의 지식 기반을 크게 확장시켰다. 국립과학원(National Academy of Sciences)은 "어떠한 나라도 사회과학의 엄격함을 경찰활동 연구에 활용하기 위해 더 많은 공동의 노력을 기울이지 않았다."고 언급한 바 있다.[53] 이 책의 이전 장에서 자세히 설명했듯이, 경찰활동과 관련하여 무엇이 효과가 있고 없는지에 대한 정보를 제공할 수 있다. 그러나 이러한 지식은 결코 쉽고 저렴하게 만들어진 것이 아니다. 경찰활동에 대한 연구혁명은 과학연구에 많은 자금을 투자한 결과물이다. 이 기금의 주요 출처는 연방정부이지만 일부 추가 연구기금은 포드 재단 및 로라 앤 존 아놀드 재단과 같은 민간 재단에서 지원한 것이다. 형사사법연구에 대한 연방정부의 상당한 자금지원은 1968년 법 집행지원국

(the Law Enforcement Assistance Administration) 설립과 함께 시작되었다. 오늘날 연방정부는 주로 국립사법연구소(National Institute of Justice)를 통해 형사사법연구를 지원한다. 추가적인 연구는 국립과학재단(the National Science Foundation), 미국 법무부 COPS 사무국 및 미국 국토안보부에서 지원하고 있다.

연구가 도움이 되는가?

많은 사람들이 연구가 도움이 되느냐고 묻는다. 연구를 수행한 교수와 수업 시간에 공부한 학생들을 빼면 이런 연구들을 실제로 읽은 사람이 있을까? 연구가 정책에 어떤 영향을 미쳤는가? 경찰활동에 관한 사회과학 연구에 우리의 돈을 투자할 가치가 있는가?

이러한 질문에 대한 답은 '그렇다'이다. 사람들이 연구보고서를 읽기도 하고, 많은 사례를 통해 연구가 경찰 정책에 어떤 영향을 주었는지를 보여주기도 한다. 그러나 그 영향은 자동적이거나 직접적인 것이 아니다. 일부 연구는 전혀 영향을 미치지 않은 것도 있다. 어떤 경우에는 연구의 영향이 수년 동안 지연된 것도 있는 반면, 결함이 있는 연구가 심각한 영향을 준 경우도 있다.[54]

연구가 정책에 미치는 영향의 가장 좋은 사례 중 하나는 지역사회 경찰활동(community policing)의 발전이다. 종종 경찰활동에 대한 "새로운 패러다임"으로 여겨진 지역사회 경찰활동은 연구결과 전통적인 전문경찰 모델의 가정에 대한 불신에서 등장했다.

- 캔자스시 예방순찰실험(Kansas City Preventive Patrol Experiment)에 따르면 순찰 수준을 높였다고 해서 기존보다 범죄를 더 효과적으로 억제하지는 못하였다.
- 여러 연구 결과, 서비스 요청에 대한 응답 시간이 단축되었다고 해서 더 많은 체포로 이어지는 것은 아니었다.
- 범죄 수사절차에 대한 랜드연구소(RAND Corporation)의 연구에 따르면 전통적인 형사 업무는 해결된 범죄의 수를 증가시

키지 않았다.

다른 연구와 함께, 이러한 연구들은 정책 입안자들이 경찰의 역할과 기본적인 경찰 운영의 목표를 재고하도록 했다. 이러한 노력의 일환으로, 그들은 다음과 같은 중요한 연구 결과를 기반으로 하였다.

- 뉴어크 도보순찰 실험(Newark Foot Patrol Study)에 따르면 도보순찰 경찰관의 수가 증가하면서 (범죄는 실제로 내려가지 않았음에도 불구하고) 시민들의 범죄에 대한 두려움이 줄어드는 것으로 나타났다.
- 여러 연구 결과, 경찰은 범죄를 신고하고 범죄 및 기타 문제에 대한 정보를 제공하는 데 있어 시민들에게 크게 의존하고 있는 것으로 나타났다.

경찰 전문가들이 중요한 발견의 의미를 고려함에 따라 이러한 연구들이 영향을 미치기까지 몇 년이 걸렸다. 이러한 결과를 종합하여 연구자들과 정책입안자는 (1) 전통적인 경찰 운영의 효과가 입증되지 않았고, (2) 경찰이 스스로 범죄와 무질서에 효과적으로 대응할 수는 없지만 시민들과의 좋은 관계와 긴밀한 협조가 필요하다는 연구를 바탕으로 이를 지역사회 경찰활동과 같은 아이디어로 발전시켰다.

정치와 연구

정치적 요인은 연구에 상당한 영향을 미친다. 이것은 특히 일반 국민들에게 정치적 감정을 격렬하게 불러일으키는 주제들에 해당된다. 이에 대한 가장 좋은 예는 경찰활동 분야 밖에서 나온 것인데 사형이 범죄를 저지하는지, 총기소지법이 범죄를 증가 또는 감소시키는지 그리고 더 강화된 양형이 범죄를 억제하는지에 대한 많은 논란이 있다. 세 가지 주제 모두 양쪽을 지원하는 연구가 있다. 이 주제들은 정치적 문제에 대한 뜨거운 논쟁을 불러일으키고 있으며, 이때 정치는 연구(특히 방법론의 선택)와 그에 대한 반응 모두에 영향을 미친다.

경찰 실무자와 연구자의 관계

1990년대 이후 다양한 전문가와 정책입안자들은 경찰실무자와 연구자 사이의 관계 강화를 요구해 왔다. 그들은 두 그룹 간의 지식 전달이 각각의 업무수행능력을 향상시킬 것이라고 주장한다. 예를 들어, 연구자들과 파트너 관계를 맺고 있는 경찰기관은 첨단정보에 대한 접근성을 높이고, 범죄학적 문제를 이해하도록 도와줄 수 있는 사람들과 이러한 문제에 대한 반응을 평가할 수 있는 사람들과 협력 기회를 갖는다. 마찬가지로, 연구자들은 지역사회에 보다 사회적으로 소속될 수 있는 기회를 얻고, 그들의 연구를 위한 데이터에 접근하며 범죄 및 그에 대한 반응에 영향을 줄 수 있는 기회도 얻게 된다.

최근 법무부(Department of Justice)의 한 조사에서 경찰실무자와 연구자의 파트너십 실태와 특성을 조사하였다. 대규모 기관의 약 50%가 지난 5년간 연구 파트너와 협력했다고 보고한 데 비해 소규모 기관은 25% 미만이 협력했다고 응답했다. 연구 파트너와 협력한 기관의 80% 이상은 파트너십이 성공적이었다고 밝혔다. Exhibit 15-5에서 볼 수 있듯이, 지난 5년 동안 연구 파트너십에 참여하지 않은 대부분의 기관들은 '자금조달이 되지 않았거나', '연구자가 접근하지 않았거나', '그들과의 제휴가 큰 도움이 될 것이라고 생각하지 않았기' 때문에 '그렇게 하지 않았다'고 응답했다.[55]

EXHIBIT 15-5

파트너십에 참여하지 않은 기관 사유(n=591)

파트너십에 참여할 자금/자원(예. 직원 등)이 없음	56%
연구자가 접근한 적이 없었음	27
연구자와 제휴하는 것이 기관에 큰 도움이 될 거라고 생각하지 않음	15

기관과 파트너를 희망하는 연구자의 동기나 의도를 신 뢰하지 않음	2
연구자와 파트너십에 부정적인 경험을 가진 다른 기관 들에 대해 들은 적이 있음	2
기타	16

Note: 기관사유는 한개 이상 중복하여 응답.

출처: Jeff Rojek, Hayden P. Smith, and Geoffrey P. Alpert, "The Prevalence and Characteristics of Police Practitioner-Researcher Relationships," *Police Quarterly*, published online April 11, 2012, DOI: 10.1177/1098611112440698.

법무부(Department of Justice) 연구의 저자들은 경찰 실무자—연구자 파트너십이 상당히 흔하지만 자금 부족이 경찰기관들과 연구자들의 파트너 관계를 맺는 데 있어 주요 장애물이라고 주장했다. 그들은 또한 모든 기관 중에서도 특히 중소규모 기관과 함께 일하기에는 자격을 갖춘 연구자가 너무 적다는 것을 인정했는데, 몇몇 주요 경찰 연구자들은 지역 경찰기관과 협력할 수 있는 연구센터를 설립함으로써 실무자와 연구자의 관계 강화를 요구해왔다.[56]

연방정부의 연구지원에 대한 미래

⇨ 인종프로파일링에 대한
  논의는 제12장 참조

사회과학 연구가 경찰활동 이해와 연방기금에 대한 연구의 의존성에 엄청나게 기여한 것을 감안할 때, 경찰연구에 대한 연방지원의 미래를 고려하는 것이 중요하다. 연구에 대한 연방정부 지원의 미래는 불확실하지만, 국립과학원(National Academy of Sciences)은 과거에도 매년 연구지원 수준이 상당히 달랐다는 것을 발견했다. 이로 인해 안정적이고 집중적인 연구의제를 개발하기가 어렵게 됐는데, 더욱 심각한 것은 연방 정부의 예산문제로 인해 국립사법연구소(National Institute of Justice)를 통한 연구지원이 기준보다 더 줄어들 수도 있다는 것이다. 과거 연구의 중요한 기여를 감안할 때, 이것은 미국 경찰의 미래에 잠재적으로 심각한 문제이다.

▌테러와의 전쟁이 미친 영향

2001년 9월 11일 세계무역센터(the World Trade Center)와 펜타곤
(the Pentagon)에 대한 테러공격은 미국 사회에 급격한 변화를 가져왔
다. 공항, 정부 건물 및 기타 장소 모두가 새로운 보안 조치의 대상이
되었다. 또한 연방정부의 테러와의 전쟁은 주 및 지역 경찰기관을 통
해 국내 정책에 심대한 영향을 미치고 있다.

역할 확장

연방정부와 함께 주 및 지역 법 집행기관은 테러활동에 대해 점
점 더 관심 갖기 시작했다. 여기에는 (1) 테러 용의자 조사; (2) 건물
폭파 등 특정 테러 행위에 대한 대비 및 대응; (3) 화학 및 생물학 무
기를 포함한 대량살상무기(Weapons of Mass Destruction, WMD)와 관
련된 테러 행위에 대한 대비 등이 포함된다.

이러한 주 및 지역 경찰기관의 역할은 크게 확장되었다. 새로운
역할이 추가되면 인력과 노력이 현재의 일상적 치안 책무에서 멀어
지게 될 위험이 있다. 이러한 새로운 책무도 비용이 많이 드는데, 모
든 형태의 훈련에 비용이 따르는 것처럼, 발생 가능한 테러 행위를
위한 훈련 역시 마찬가지다. 대테러반의 조정에 책임이 있는 특수 부
대나 지휘관을 유지한다는 것은 경찰관들을 추가로 고용하거나 현재
임무에서 전환시켜야 한다는 것을 의미한다.[57]

인종 및 민족 프로파일링

테러와의 전쟁은 일부 사람들의 마음 속에 아랍계 미국인에 대
한 고정관념을 증가시키는 결과를 가져왔다. 아랍계 미국인 차별금지
협회(The Arab American Anti-Discrimination Association)는 아랍인에
대한 차별행위가 증가했다고 보고했다. 이 행위 중 일부는 아프리카
계 흑인이 경험한 인종 차별행위와 유사하였다. 인권과 시민에 대한

리더십 콘퍼런스(The Leadership Conference on Civil and Human Rights)
는 아랍계 미국인에 대한 불법적인 차별행위에 관한 보고서 "그때 틀
렸고, 지금도 틀리다(Wrong Then, Wrong Now)"를 발표했다.[58] 이러
한 문제들 중 일부를 해결하기 위해, 법무부는 지역 및 연방법 집행
수사관을 대상으로 아랍 및 무슬림 문화와 관습에 관한 4시간짜리
문화역량과정을 개설하여 교육하였다.

인사 문제

9/11 사태 이후, 지역 경찰기관은 몇 가지 인사 문제에 직면했다.
첫째, 아프가니스탄과 이라크의 침공으로 방위군과 민병대(National
Guard) 동원을 초래했다. 그 결과, 거의 대부분의 경찰서에서 군복무
를 위해 일부 직원들이 떠나가는 사태가 발생했다. 이는 규모가 큰
경찰기관에는 단순한 인력부족 문제로 그치는 반면 규모가 작은 곳
에서는 이로 인한 심각한 상황이 초래될 수도 있었다. 경찰관이 3명
또는 4명만 있는 작은 농촌 경찰서는 이들 중 한 명을 잃을 여유도
없었는데, 그럼에도 일부에 한하지만 경찰서장이 군복무를 위해 동원
된 경우도 있었다.

둘째, 지역 경찰기관은 국토안보(homeland security)와 관련된 요
구사항을 충족시켜야 한다는 요청이 증가했다. 예를 들어, 많은 관할
구역의 직원들이 전통적인 순찰 및 수사 활동에서 벗어나 공공 건물,
원자력 시설, 댐 및 교량과 같은 중요한 기반 시설을 보호하는 데 이
용되고 있다. 또한 그들은 정보 태스크포스의 역할을 수행하고 있으
며 항구 및 공항에 보안을 제공하는 연방기관을 지원하고 있다. 랜드
연구소(RAND Corporation)는 9/11 사태 이후 롱비치(Long Beach) 경
찰서에서 자신에게 부여된 서비스 수요 변화에 어떻게 적응했는 지
에 대한 연구를 실시했고, 그 변화가 상당했다고 보고했다. 연구결과
의 예는 Exhibit 15-6에 나와 있다.

EXHIBIT 15-6

9/11 사태 이후 롱비치(Long Beach) 경찰서의 서비스 대응 사례

- 대테러 부대 창설
- 테러리스트 연락 담당자를 신설
- 항만, 공항 및 정수처리 시설과 같은 중요 기반 시설을 평가하고 보호하기 위해 경찰관을 재배치
- 대량살상무기(WMD) 대응 및 테러 징후와 같은 새로운 훈련을 받을 수 있도록 경찰관을 파견
- 소형 보트를 갖춘 항만경찰 설립
- 인구 증가율이 높은 지역에 대응하기 위해 경찰관 재배치
- 대부분의 경찰관을 2인 순찰에서 1인 순찰로 전환하여 가시성 및 대응 시간 향상
- 약물 오남용 예방교육(D.A.R.E) 및 지역사회 대응 부서와 같은 우선순위가 낮은 프로그램의 인력 감축
- 마약 부서 직원 감소
- 도보순찰 감소
- 지역적 필요에 대한 시와 국가적 필요에 대한 정부의 부가적인 수요를 충족하기 위한 추가 자원 요청

출처: Barbara Raymond, Laura J. Hickman, Laura Miller, and Jennifer S. Wong, *Police Personnel Challenges After September 11: Anticipating Expanded Duties and a Changing Labor Pool*, RAND Corporation Occasional Paper (Santa Monica, CA: RAND Corporation, 2005).

역할 변화

일부 정책 입안자와 학자들은 9/11의 결과로 새로운 경찰활동의 시대가 도래되었다고 주장하면서, 정보 주도형 경찰활동(intelligence-led policing, ILP) 또는 예측적 경찰활동(predictive policing)이라고 불렀다. 영국에서 개발된 ILP는 지역사회 경찰활동만으로는 일부 문제를 해결할 수 없으며, 범죄 및 보안 위협에 대응하기 위해 강화된 정보능력이 필요하다는 판단에 따른 것이다.[59] 이와 같이 ILP는 문제가 있는 사람들을 식별하고 체포 확률을 높이기 위한 목적으로 데이터 수집과 분석을 강조한다. 이것의 핵심은 경찰 임무를 법 집행으로 좁

히고, 체포 및 무력화를 선호한다는 것이다. 개입은 정보에 의해 이루어지고 관심을 둔 사람에게 집중된다. ILP가 실효성을 거두기 위해서는 경찰조직이 고도로 구조화되고 하향식 관리 스타일을 유지해야 한다.[60]

오늘날 미국의 경찰기관에서 ILP의 실태에 대해 알려진 것은 없다. 최근 법무부는 일부 경찰서에 시드머니*를 제공하여 전략의 효과를 테스트하기 위한 시범지역을 운영했다. 이 시범지역에는 로스앤젤레스 경찰서, 워싱턴 D.C. 경찰서, 시카고 경찰서, 뉴욕 경찰서, 보스턴 경찰서, 루이지애나 시리브포트 경찰서, 메릴랜드주 경찰서가 포함되었다.[61] 시리브포트(Shreveport)와 시카고 사이트는 평가 결과를 공개했으며 ILP의 시행이 범죄에 영향을 미치지 않는다고 보고하였다.[62] 향후 ILP가 강력한 치안 정책으로 부상할 지 여부는 확실하지 않지만, 경찰활동에 있어서 역할을 수행하기 위해서는 경찰기관이 정보수집, 유지 및 배포 능력을 향상시켜야 하는 것은 분명하다.

▌시위가 경찰활동에 미친 영향

확실히, 미국은 오랜 시위의 역사를 가지고 있고 최근까지 시위에 대한 경찰의 대응은 거의 변하지 않았다. 1960년대에 많은 경찰서에서 **물리력 강화**라고 알려진 시위 진압 전략을 사용했다. 시위 진압 경찰에 대한 물리력 강화 접근법은 거의 독점적으로 체포와 사소한 법위반에도 물리적 강제력에 의존하여 대응하였다. 이 접근법은 당시 유행했던 군국주의적 치안방식에 뿌리를 두고 있으며, 경찰은 시위활동을 제한하거나 해산시키기 위해 상당한 강제력을 통해 자신의 힘을 보여주었다.[63] 물리력 강화 전략으로 인해 경찰은 일반적으로 헬멧, 방패 및 경찰봉을 포함한 진압 장비를 갖춘 다수의 경찰을 배치해야 했다. 이러한 접근법은 평화로운 시위를 노골적으로 진압하고

물리력 강화(escalating force)

---

* [역자 주] 시드머니란 부실기업을 살리기 위하여 금융 기관에서 새로이 융자하여 주는 자금을 의미하나 여기서는 경찰의 정해진 예산 외에 추가 예산을 지급하여 정보 주도형 경찰활동(ILP) 운영을 유인하는 자금을 의미.

경찰의 불필요한 물리력을 행사하며 경찰의 정당성을 상실하게 했다.[64]

1980년대에 이르러 많은 경찰 지도자들은 물리력 강화 전략에만 의존하는 것이 비효율적이고 위헌적이라는 것을 인식하기 시작했다. 이때 경찰은 **협상 관리**라는 새로운 전략으로 전환했다. 이 접근법은 경찰과 시위대가 폭력을 피하고 언론의 자유를 보호하며 체포 및 물리력 사용을 제한한다는 공통의 목표를 가지고 서로 협력하는 것이 중요하다는 점을 강조했다.[65] 소울(Soule)과 데이븐포트(Davenport)는 정책 변화가 시위 진압 경찰활동에 미치는 영향을 조사하였고, 실제로 경찰이 접근방식을 변경했으며 많은 경우 체포 및 물리력 사용이 감소했다고 보고했다. 그러나 그들은 시위가 대규모일 때는 급진적인 목표를 달성하기 위해 노력했고, 시위가 폭동과 관련이 있을 때는 경찰이 물리력을 사용하여 대응할 가능성이 높다고 보고했다. 그럼에도 협상 관리는 여전히 시위가 있을 때 경찰이 취하는 주요 접근 방식이다.[66]

앞에서 언급한 바와 같이 2020년 5월 25일 미네아폴리스 경찰이 조지 플로이드를 살해하는 장면이 비디오로 포착되었다. 이 영상은 즉시 입소문을 탔고 다음날 미네아폴리스에서 집회, 시위, 폭동이 시작되었다. 경찰은 시위를 진압하기 위해 최루탄을 사용했다. 약 2주 동안 140개 이상의 도시에서 시위가 벌어졌다. 이 도시들 중 많은 곳에서 시위와 관련된 약탈, 방화, 낙서(graffiti) 및 다른 범죄 활동이 있었다. 이에 대응하여 많은 주지사들이 통행금지령을 내리고 주방위군을 소집하였다. 동시에 경찰이 시위대에게 과잉대응하는 장면이 찍힌 영상이 나오기 시작했다. 버팔로(Buffalo)에서는 75세의 평화시위자를 폭행한 혐의로 경찰관 2명이 기소되었으며, 켄터키주(Kentucky) 루이빌(Louisville) 경찰서장은 경찰과 주방위군이 시위대에게 발포해 지역 식당 주인이 사망한 후 해고되었다.[67]

경찰을 비판하는 사람들은 경찰 개혁이 실패했다고 주장하기 시작했고, 보다 급진적인 조치를 요구했다. 그들은 경찰의 예산을 삭감하고 경찰의 많은 권한을 다른 기관으로 이관할 것을 촉구했다. 얼마

협상 관리(negotiated management)

지나지 않아 에릭 가세티(Eric Garcetti) 로스앤젤레스 시장은 경찰 예산에서 1억 달러를 삭감하겠다고 발표했다. 뉴욕시의 빌 드 블라지오(Bill de Blasio) 시장도 경찰 예산을 삭감할 것이라고 밝혔다. 지역교육청(school districts)은 경찰을 위해 따로 마련한 기금을 다른 용도로 사용할 것이라고 발표했다.[68] 미니애폴리스 시의회는 경찰을 "지역사회 주도의 공공 안전 모델(community led-public safety model)"로 교체한다는 결의안을 만장일치로 통과시켰다.[69]

　　이 장이 쓰여진 시점에서 미국 경찰의 미래가 어떤 모습일지 말하기에는 너무 이르지만 우리는 이미 급진적인 변화의 시기에 들어서고 있을지 모른다. 이번 시위는 코로나19(COVID-19)로 인한 자택격리령이 전국적으로 확산되면서 시작됐다. 바이러스와 그에 따른 경제적 영향이 미국 전체에 영향을 미쳤지만 특히 아프리카계 미국인 공동체에 큰 타격을 주었다. 크고 작은 도시에서 시위가 광범위하게 일어나고 있다. 그들은 다양한 인종 및 경제적 배경을 가진 시위자들을 지지하고 참여시켜 왔다. 이번에는 전국의 경찰 관계자들이 목소리를 높여 조지 플로이드의 죽음을 비난하였다. 시위는 미국 밖에서도 탄력을 받고 있다. 인종 평등과 책무를 촉구하는 시위가 영국, 프랑스, 호주, 한국 등 멀리서 일어났다. 경찰에 대한 시위의 결과는 분명하지 않지만, 확실히 경찰활동은 과거에 비해 발전하였고, 앞으로도 계속 발전해 나갈 것이다.

사례연구

보디캠 기술로 진화: 워싱턴 DC, 경찰청

　　워싱턴 DC 경찰서는 2013년 보디캠(BWC) 연구를 시작했으며 2015년 BJA(사법지원국) 보디캠 정책 및 실행 프로그램(PIP) 보조금을 받아 보디캠 프로그램을 시행하기 시작했다. 이 기관은 약 4,500명의 직원을 고용하고 있으며 그중 3,200명이 보디캠에 할당되어 있다. 보디캠 계획 중에 DC 메트로는 이전 기술 구현과 비교하여 이 기술을 구현하는 다른 접근 방식을 취하기로 결정했다. 부서는 서로 다른 데이터 저장소의 수를 최소화하고 보디캠 프로그램의 지속 가능성, 실현 가능성 및 유용성을 지원하기 위해 사일로(silo) 대신 다른 기술 시스템과 통합된 방식으로 보디캠을 구현하기로 결정했다. 위에서 언급한 접근 방식은 프로그램, 기관, 주 검찰청 및 미국 연방 검찰청에 상당한 이익이 되는 것으로 입증되었다.

게다가 DC 메트로는 계획하는 동안 프로그램을 시행하는 초기 비용과 프로그램을 유지에 드는 연간 비용을 모두 고려했다. 초기에 DC 메트로는 보디캠 프로그램을 시행하기 위해 약 550만 달러를 지출했다. 이후 매년 시행 한 후, 연간 유지 관리 비용으로 300만 달러를 할당했다. 이 예산에는 기술 및 저장 비용뿐만 아니라 보디캠 영상을 검토 및 편집하고 프로그램을 운영에 필요한 인건비 등을 포함하고 있다. 프로그램이 지속 가능하도록 하려면 해당 부서에서 이러한 비용과 지출을 사전에 철저히 설명하고 프로그램에 전념하는 데 필요한 적절한 인원을 결정하는 것이 중요했다. DC 메트로 보디캠 직원에는 프로그램의 관리, 감독 및 교육을 담당하는 12명의 정규 인력이 포함되어 있다.

보디캠 지방법규(local BWC laws)가 학습한 내용을 기반으로 개정됨에 따라 DC 메트로는 보디캠 영상의 공개를 재평가해야 했다.

왜냐하면 보디캠 공개법(BWC release laws)이 공개에서 다소 제한적인 법으로 바뀌었기 때문에 DC 메트로는 영상 공개 절차를 변경했다. 실제 영상 공개가 아닌 보디캠 영상을 비공개로 보는 것이 프로그램의 지속가능성에 도움이 되는 편집 요구 사항을 대폭 줄여주는 것으로 현재 많은 요청을 받고 있다.

프로그램이 시작된 이후로 DC 메트로는 이 분야의 선두주자가 되었다. 그들은 잘 알려진 공급업체와 협력하여 현재 많은 기관에서 사용하는 사전 녹음 버퍼를 30초에서 2분으로 확장했다. DC 메트로는 또한 비디오 분석 및 편집 기술을 향상시키기 위해 여러 공급업체와 협력하고 있다. 또한 DC 메트로는 고가의 자동 트리거를 구매하는 대신 경찰관이 중요하고 일상적인 만남 중에 보디캠을 활성화할 수 있도록 여러 디스패처 알림기능을 구현하기로 결정했다. 많은 기관에서도 이 모델을 채택하고 있다.

DC 메트로의 프로그램이 계속 발전함에 따라 이 부서는 이제 영상 편집 기능과 기술을 향상시키기 위해 노력하고 있다. DC 메트로는 또한 디지털 증거 관리 및 기술 시스템을 전체적으로 통합하는 방안을 모색하고 있다. 이러한 노력 등으로 DC 메트로는 성공적이고 지속 가능한 보디캠 프로그램을 구현했을 뿐만 아니라 이 분야의 선두주자로 자리매김하고 있다.

출처: BWC TTA Team, *In View from the Field–Washington, DC Metropolitan Police Department, Evolving with BWC Technology* (Washington, DC Metropolitan Police Department, February 2020), https://www.bwctta.com/resources/commentary/view-field-washington-dc-metropolitan-police-department.

요약: 조각 합치기

미국 경찰은 앞으로 많은 도전에 직면해 있다. 기술, 범죄분석, 경제 상황, 테러와의 전쟁, 대규모 시위 등은 경찰에 많은 변화를 가져올 것이다. 이런 도전과 외부 변화에 경찰이 어떻게 대응할 지는 아직 명확하지 않다. 하지만 단 한 가지 확실한 것은 10년 후 미국의 치안 유지 활동이 오늘날과 다를 것이라는 점이다.

핵심어

컴퓨터지령 시스템(computer-aided dispatch), 912
기록관리 시스템(records management systems), 914
빅데이터(big data), 921
테이저건(Taser), 928
전술적 범죄분석(tactical crime analysis), 931

전략적 범죄분석(strategic crime analysis), 931
행정적 범죄분석(administrative crime analysis), 932
범죄지도(crime mapping), 932
물리력 강화(escalating force), 946
협상 관리(negotiated management), 947

토론

1. 그룹을 만들어 현재 치안 유지에 있어 (과학) 기술의 장·단점에 대해 논의하시오. (과학) 기술이 경찰관, 경찰기관, 시민들에게 미치는 영향에 대해 토론해보시오.

2. 수업 시간에, 경찰관들의 임금과 관련하여 너무 적게 받는다고 생각하는지 아니면 너무 많이 받는다고 생각하는지에 대해 토론해보시오. 경찰관들은 유사한 직업군에 비해 더 많은 돈을 받는가. 아니면 덜 받는가? 더 많은 돈을 받아야 한다면 왜 그런지 이유에 대해 설명하시오.

3. 수업 시간에, 연구자들이 경찰 조직에서 어떤 역할을 해야 하는지에 대해 논의하시오.

4. 경찰 예산 지원의 결과에 대해 토론하시오. 경찰 권한 중 무엇을 타 기관이나 지역사회 주도 조직에게 이관할 수 있을까?

인터넷 연습

연습 1 가장 좋아하는 소셜 미디어 사이트를 방문하여 지역 경찰기관이 이 응용 프로그램을 어떻게 사용하는지 확인하시오. 지역 경찰기관이 이를 유용하게 사용하고 있다고 생각하십니까? 소셜 미디어 사이트에서 경찰의 존재감을 향상시킬 수 있는 방법들을 검토해보고 검토한 내용을 바탕으로 경찰의 소셜 미디어 활용방안을 말해보시오.

연습 2 지역 경찰서 웹 사이트를 방문하여 경찰관 자격 요건을 설명하는 페이지를 찾아본 후, 당신이 그 기준에 적합한 자격을 가지고 있는지 판단해 보시오.

연습 3 www.officer.com을 방문하여 전국의 경찰기관에서 일할 수 있는 다양한 직업에 대해 알아보시오. 당신이 다른 지역에 위치한 경찰기관에서 일하는 것에 관심이 있는지, 어떤 요인들이 당신의 결정에 영향을 미쳤는지 생각해 보시오.

연습 4 국제범죄분석가협회(International Association of Crime Analysts) 웹사이트 (www.iaca.net)를 방문해 보시오. 이 사이트는 범죄분석가가 되는 방법에 대한 정보를 제공하고 있다.

NOTES

1. Edward Maguire and William King, "Trends in Policing," unpublished manuscript, Manassas, VA, 2004.

2. As quoted in Jim Chu, *Law Enforcement Information Technology* (New York: CRC Press, 2001), 3.

3. Ibid.

4. Ibid.

5. Ibid.

6. Ibid.

7. Mary Beth Sheridan, "License Plate Readers to Be Used in D.C. Area," *Washington Post*, August 17, 2008, C1.

8. International Association of Chiefs of Police, *Law Enforcement Information Management Section, Issue Identification: Privacy Issues Concerning the Utilization of Automated License Plate Readers*, Draft (Washington DC: Author, March 2009).

9. Bruce Taylor, Christopher Koper, and Daniel Woods, "Combating Vehicle Theft in Arizona," *Criminal Justice Review* 37, no. 1 (2012): 24–50.

10. American Civil Liberties Union, "You Are Being Tracked: How License Plate Readers Are Being Used to Record Americans' Movements," 2013, https://www.aclu.org/technology−and−liberty/you−arebeing−tracked−how−license−plate−readers−are−being−usedrecord.

11. Bureau of Alcohol, Tobacco, Firearms and Explosives, https://www.atf.gov/firearms/national−integrated−ballistic−information−network−nibin, on June 16, 2020.

12. William King et al., *Opening the Black Box of NIBIN: A Descriptive Process and Outcome Evaluation of the Use of NIBIN and Its Effects on Criminal Investigations* (Washington, DC: U.S. Department of Justice, National Institute of Justice, 2013).

13. Greg Ridgeway, "Policing in the Era of Big Data," *Annual Review of Criminology* 1 (2018): 401–419.

14. Ariel Barak "Technology in Policing," *Police Innovation: Contrasting Perspectives* (2019) 485–512.

15. Andrew Guthrie Ferguson, *The rise of Big Data Policing: Surveillance, Race, and the*

Future of Law Enforcement (New York: NYU Press, 2019).

16. James J. Willis, Stephen D. Mastrofski, and David Weisburd, "COMPSTAT and Bureaucracy: A Case Study of Challenges and Opportunities for Change," *Justice Quarterly* 21 (September 2004): 463−496.

17. Samuel Walker, *Early Intervention Systems for Law Enforcement Agencies: A Planning and Management Guide* (Washington, DC: U.S. Department of Justice, 2003).

18. Samuel Walker, Stacy Osnick Milligan, and Anna Berke, *Strategies for Intervening with Officers through Early Intervention Systems: A Guide for Front−Line Supervisors* (Washington, DC: Police Executive Research Forum, 2006).

19. Charles M. Katz, "Monitoring and Evaluation Plan for the PPD On−Officer Video Camera Project," unpublished document, Arizona State University, Phoenix, AZ.

20. Ibid.

21. Barak Ariel, William A. Farrar, and Alex Sutherland, "The Effect of Police Body−Worn Cameras on Use of Force and Citizens' Complaints against the Police: A Randomized Controlled Trial," *Journal of Quantitative Criminology* 31, no. 3 (2015): 509−535.

22. Weston Morrow, Charles M. Katz, and David E. Choate, "Assessing the Impact of Police Body−Worn Cameras on Arresting, Prosecuting, and Convicting Suspects of Intimate Partner Violence," *Police Quarterly*, in press.

23. City of Wichita, "Police Body Worn Cameras," December 2014, https://lintvksnw.files.word press.com/2014/12/police−body−worn−camera−report.pdf.

24. International Association of Chiefs of Police, "2015 Social Media Survey Results," http://www.iacpsocialmedia.org/Portals/1/doc uments/ FULL%202015%20Social%20Media%20 Survey%20Results.pdf.

25. Edward F. Davis, Alejandro A. Alves, and David Alan Sklansky, "Social Media and Police Leadership: Lessons from Boston," *New Perspectives in Policing* (March 2014): 10.

26. Joel D. Lieberman, Deborah Koetzle, and Mari Sakiyama, "Police Departments' Use of Facebook: Patterns and Policy Issues," *Police Quarterly* (2013). doi:1098611113495049.

27. Michael T. Pettry, "Social Media: Legal Challenges and Pitfalls for Law Enforcement Agencies," *FBI Law Enforcement Bulletin* (December 2014), https://leb.fbi.gov/2014/ december/legal−digest−social−media−legal −challenges−and−pitfalls−for−law− enforcement.

28. Accessed at https://www.fbi.gov/services /cjis/ncic.

29. M. Chau, H. Atabakhsh, D. Zeng, and H. Chen, "Building an Infrastructure for Law Enforcement Information Sharing and Collaboration: Design Issues and Challenges," presented at the National Conference on Digital Government, Los Angeles, May 21−23, 2001.

30. Martin J. Zaworski, "Assessing an Automated, Information Sharing Technology in the Post '9−11' Era—Do Local Law Enforcement Officers Think It Meets Their Needs?," February 2005, www.ncjrs.gov/pdffiles1/nij/grants/ 208757.pdf.

31. C. Uchida, "Outcomes of Police Use of Force:

Evaluating the Use of Tasers in the U.S.," unpublished manuscript (Silver Spring, MD: Justice & Security Strategies, 2005), 2. Jim Weiss and Mickey Davis, "The Latest TASER Technology," *Law and Order* (September 2003): 1−5.

32. National Institute of Justice, *Study of Deaths Following Electro Muscular Disruption*, NIJ Special Report (Washington, DC: National Institute of Justice, 2011).

33. Ibid.

34. C. Moss, "Less Than Lethal Weapons," www.iejs.com/TechnologyandCrime/Law_ Enforcement_ Technology/less_than_lethal_ weapons.htm.

35. Cheryl W. Thompson and Mark Berman, "Improper Techniques, Increased Risk," *Washington Post*, November 26, 2015, http://www.washingtonpost.com/sf/ investigative/2015/11/26/improper−techniques −increased−risks/.

36. William Bozeman, William E. Hauda, Joseph J. Heck, Derrel D. Graham, Brian P. Martin, and James E. Winslow, "Safety and Injury Profile of Conducted Electrical Weapons Used by Law Enforcement Officers Against Criminal Suspects," *Annals of Emergency Medicine* 53, no. 4 (2009): 480−489.

37. Timothy O'Shea and Keith Nicholls, *Crime Analysis in America* (Mobile, AL: Center for Public Policy at the University of South Alabama, March 2002).

38. See International Association of Crime Analysts' website at www.iaca.net.

39. O'Shea and Nicholls, *Crime Analysis in America*.

40. Deborah Osborne and Susan Wernicke, *Introduction to Crime Analysis* (New York: Hayworth Press, 2003).

41. Arizona Criminal Justice Commission, *Crime Mapping in Arizona Report* (Phoenix, AZ: Statistical Analysis Center, 2002).

42. See the National Institute of Justice's MAPS program at www.ojp.usdoj.gov/nij/maps.

43. Arizona Criminal Justice Commission, *Crime Mapping in Arizona Report*.

44. Jenni Bergal, "Touting Prevention, Police Put Crime Info Online," Pew Charitable Trust. STATELINE, January 20, 2015, Access at: http://www.pewtrusts.org/en/research−ad− analysis/blogs/stateline/2015/1/20/touting− prevention−police−put−crime−info−online.

45. Cynthia Mamalian and Nancy La Vigne, *The Use of Computerized Crime Mapping by Law Enforcement: Survey Results* (Washington, DC: National Institute of Justice, 1999).

46. U.S. Department of Labor, Bureau of Labor Statistics, "Police and Detectives," https://www.bls.gov/ooh/protective−service/ police−and−detectives.htm.

47. U.S. Department of Labor, Bureau of Labor Statistics, "Occupational Employment and Wages," June 2020, https://www.bls.gov/ OOH/protective−service/police−and− detectives.htm.

48. Ibid.

49. Thomas Ackerman, *Guide to Careers in Federal Law Enforcement* (Traverse City, MI: Sage Creek Press, 1999).

50. James Stinchcomb, *Opportunities in Law Enforcement and Criminal Justice Careers* (Chicago: VGM Career Books, 2003).

51. Law Enforcement Career Starter, www.netlibrary.com/nlreader.dll?bookid528378&filename5page_3.html.

52. Office of Personnel Management, "Pay & Leave: Salary and Wages, 2020 Law Enforcement Officer (LEO) Salary Calculator," https://www.opm.gov/policy−data−oversight/pay−leave/salaries−wages/2020/law−enforcement−officer−salary−calculator/.

53. National Academy of Sciences, *Fairness and Effectiveness in Policing: The Evidence* (Washington, DC: National Academies Press, 2004), 34.

54. This issue is discussed in Samuel Walker, "Science and Politics in Police Research: Reflections on Their Tangled Relationship," *Annals of the American Academy of Political and Social Science* 5, no. 593 (May 2004): 1−20.

55. Jeff Rojek, Hayden P. Smith, and Geoffrey P. Alpert, "The Prevalence and Characteristics of Police Practitioner−Researcher Relationships," *Police Quarterly* 15, no. 3 (2012): 241−261.

56. Ibid.

57. U.S. Department of Justice, *Office of Community Oriented Policing Services, Local Law Enforcement Responds to Terrorism: Lessons in Prevention and Preparedness* (Washington, DC: U.S. Justice Department, 2003), available at www.cops.usdoj.gov.

58. Leadership Conference on Civil Rights, *Wrong Then, Wrong Now: Racial Profiling before and after September 11* (Washington, DC: Leadership Conference of Civil Rights, 2003).

59. Gregory Treverton, Matt Williams, Elizabeth Wilke, and Deborah Lai, *Moving toward the Future of Policing* (Santa Monica, CA: RAND Corporation, 2011).

60. Ibid.

61. National Institute of Justice, Predictive Policing, http://www.nij.gov/topics/law−enforcement/strategies/predictive−policing/Pages/welcome.aspx.

62. Priscillia Hunt, Jessica Saunders, and John S. Hollywood, *Evaluation of the Shreveport Predictive Policing Experiment*, (Santa Monica, CA: RAND Corporation, 2014), http://www.rand.org/pubs/research_reports/RR531.html. Jessica Saunders, Priscillia Hunt, and John S. Hollywood, "Predictions Put into Practice: A Quasi− Experimental Evaluation of Chicago's Predictive Policing Pilot," *Journal of Experimental Criminology* 12, Issue 3 (September 2016): 347−371.

63. Clark McPhail, David Schweingruber, and John McCarthy, "Policing Protest in the United States: 1960−1995," *Policing Protest: The Control of Mass Demonstrations in Western Democracies* 6 (1998): 49−69. Monica Brasted, "Framing Protest: The Chicago Tribune and the New York Times during the 1968 Democratic Convention," *Atlantic Journal of Communication* 13, no. 1 (2005): 1−25.

64. Sarah Soule and Christian Davenport, "Velvet Glove, Iron Fist, or Even Hand? Protest Policing in the United States, 1960−1990," *Mobilization: An International Quarterly* 14, no. 1 (2009): 1−22.

65. Alex S. Vitale, "From Negotiated Management to Command and Control: How the New York Police Department Polices Protests," *Policing & Society* 15, no. 3 (2005): 283−304.

66. Soule and Davenport, "Velvet Glove, Iron Fist, or Even Hand?"

67. Derrick Bryson Taylor, "George Floyd Protests: A Timeline" (June 9, 2020), https://www.nytimes.com/article/george−floyd−protests−timeline.html.

68. Peter Beinart, "Cities May Have No Choice but to Defund the Police," *The Atlantic*, https://www.theatlantic.com/ideas/archive/2020/06/how−mitch−mcconnell−defunding−police/612856/.

69. Reuters, "Minneapolis City Council Resolves to Replace Police with Community−Led Model" (June 10, 2020), https://www.reuters.com/article/us−minneapolis−police−protests−reform/minneapolis−city−council−resolves−to−replace−police−with−community−led−model−idUSKBN23J2W5.

용어 이해
(comprehensive glossary)

1964년 민권법 제7조(Title VII of the 1964 Civil Rights Act) 인종, 피부색, 종교, 성별 또는 출신 국가에 따라 고용과 관련하여 개인을 차별하는 것을 불법으로 규정

21세기 경찰활동에 관한 대통령직속 태스크포스 (President's Task Force on 21st Century Policing) 2014년 오바마 대통령에 의해 만들어진 것으로 경찰과 시민 사이의 문제를 해결하며 변화를 권고하기 위한 대책 위원회

911 상황실(911 communication center) 시민의 신고 전화를 받고, 이러한 신고를 어떻게 처리할지에 대한 일련의 재량적 결정을 하며, 사건 현장에 순찰차를 출동시킴

(ㄱ)

가시성 낮은 업무(low-visibility work) 대부분의 경찰관이 시민을 만날 때 직접적으로 관리·감독을 받지 않으며 많은 경우에서 개별적 목격자들에 의해 관찰되지 않음

가정 내 소란(domestic disturbance) 결혼 여부와 관계없이 친밀한 관계에 있는 두 사람 사이의 분쟁으로, 질서를 회복하기 위해 경찰의 대응이 요구되며, 필요한 경우 경찰의 체포가 필요함

감독(supervison) 부하직원에 대한 지속적인 평가 및 모니터링

감시(oversight) 민원심사위원회, 감사관, 조사관 등 외부기관이 경찰부서를 심사하고 개선권고를 할 수 있는 권한을 가진 경찰에 대한 책임 형태

감찰과(internal affairs unit) 경찰의 위법 행위를 조사할 책임을 가진 부서로써 전문표준사무국이라고도 불리움

감찰관(inspector general) 감찰관이 경찰서의 정책과 관행을 검토하고 개선을 위한 권고를 하는 경찰서의 외부 감독의 한 형태

강제력(coercive force) 누군가의 목숨을 빼앗는 힘 (치명적인 물리력), 물리적인 힘의 사용, 그리고 체포를 통해 사람들의 자유를 박탈하는 힘을 포함

강화된 물리력(escalating force) 경찰관이 사람에 대하여 수준을 높인 물리력을 사용한 경우

개리티 판결(Garrity ruling) Garrity v. State of New Jersey에 근거한 Garrity 판결에 따르면 경찰관은 내부정보 관련 질문에 대한 답변을 거부한 경우 징계를 받고 해고될 수도 있지만 공개된 정보는 형사 기소 과정에서 그에게 불리하게 사용될 수 없음

개입 의무(duty to intervene) 타 경찰관의 부적절하거나 위법적인 물리력 사용에 대하여 경찰관이 개입하고 중단시킬 수 있는 경찰서의 정책

거주 요건(residency requirements) 일부 경찰 부서에서 요구하는 사항으로 경찰관이 자신이 고용된 시 또는 자치주 내에 거주해야 함

검문검색(stop, question, and frisk (SQF)) 경찰이 사소한 위반으로 보행자를 제지하거나, 합리적인 의심을 바탕으로 보행자를 심문하고, 그들에게서 무기를 찾기 위해 신체를 수색하는 전술

검시관(coroner) 자연사라고 여겨지지 않는 사망을 조사함으로써 범죄 수사를 보조할 책임이 있는 의료 조사관

경력 조망(career perspective) 경찰관들을 채용에서 은퇴까지 전체적인 경력의 관점에서 보는 것

경력채용(lateral entry) 한 경찰서에서 다른 경찰서

로 같은 계급 또는 더 높은 계급으로 이직

경력 개발(career development) 자신의 재능을 활용하고 특정 분야에서 전문성을 계발할 수 있는 기회를 포함

경찰 법률 고문(police legal advisor) 경찰서에 고용된 변호사 또는 변호사팀

경찰부패(police corruption) 경찰관의 직권남용을 수반하는 행위로서 본인 또는 타인을 위하여 사적 이익을 창출하는 행위

경찰의 가혹행위(police brutality) 경찰관에 의한 과도한 무력 사용

경찰 전문화(police professionalism) 전문화, 계층화, 명확한 권한, 문서화된 정책 규칙을 포함하는 초기 경찰 개혁안

경찰 조력자(police aides) 우선순위가 낮은 신고와 일상적인 업무를 처리하기 위해 경찰 부서에서 투입하는 선서하지 않은 직원으로 선서한 경찰관들을 보다 중요한 업무에 집중하게 함

경찰 주도적 활동(officer-initiated activity) 수상한 시민의 멈춤, 검문검색, 몸수색, 준법시민과의 비공식 접촉, 위반 가능성이 있는 차량의 정지, 교통위반 딱지 발부, 수상한 사건의 점검, 체포 등이 포함됨

경찰 하위문화(police subculture) 경찰 사회에서 상급 경찰관과 일반직 경찰관들 사이의 주된 사회 규범

경찰 협력자(police buffs) 경찰관을 매우 지지하는 사람들

경찰감사관(police auditor) 경찰청의 외부 감독 형태로 경찰 부서의 정책과 절차를 검토하고 개선안을 권고함

경찰견 부서(canine unit) 위험한 상황에서 수색에 나서는 훈련된 개와 조련사로서의 훈련된 경찰관을 포함한 전문적인 경찰 부서

경찰관(police officer) 비군인으로서 정부 기관에 고용된 자로 보안관의 법적 지위를 가짐

경찰관 요청 신고(service calls) 응급 상황, 복지 점검 및 일반 지원을 포함한 사건에 대한 대응

경찰관의 "도덕적 경력"("moral career" of a police officer) 부패 용인에 대해 내성이 낮은 단계에서 더

높은 단계로 이동하는 일련의 과정

경찰권리장전(Police Officer Bill of Rights) 경찰관의 수정헌법 제1조와 정당한 절차적 권리를 규정한 주법

경찰 노동조합(police union) 고용주와 단체교섭에서 경찰관을 대표할 수 있는 법적 권한을 가진 조직으로 1960년대 대법원의 판결, 민권단체의 비판, 박봉, 복리후생 등으로 경찰관들이 분노하고 소외된 뒤 급속히 확산됨

경찰에 대한 고정관념(stereotypes about cops) 경찰이 어떤 사람들이고, 무엇을 믿고, 어떻게 행동하느냐에 대한 대중적 이미지에 큰 영향을 미침

경찰의 책임에 대한 혼합적 접근법(mixed approach to police accountability) 내부 및 외부 책임 절차의 혼합

경찰-인구 비율(police-population ratio) 지역사회에서 경찰 보호력을 측정하는 전통적인 척도로써 보통 인구 1,000명당 경찰관 수로 계산됨

경찰지식모델(police knowledge model) 비범죄 신고를 통해 경찰관은 지역사회에 더 많이 노출되며 그 결과로써 범죄해결에 도움이 되는 지식을 얻을 수 있다고 주장하는 모델

경찰-지역사회 관계(police-community relations) 경찰과 인종 또는 소수민족 공동체 사이의 관계

경찰-지역사회 관계에서의 갈등(police-community relations crisis) 경찰과 지역사회 내 특정 단체들 사이에 공공연한 갈등이 있는 상황

경찰-지역사회 부서(police-community relations(PCR) units) 소수민족 공동체와의 관계를 개선하기 위해 고안된 프로그램

경찰학교(police academy) 경찰 신입 직원들이 선서한 경찰이 되기 전에 제공받는 훈련

경찰활동 업무환경(work environment of policing) 경찰관이 재량권을 행사하는 데 영향을 미치는 조직문화, 대중의 행동, 대중의 태도 및 직무 책임과 같은 요소를 포함

경찰활동의 주축(backbone of policing) 경찰활동의 주축은 경찰 작용의 중요한 요소인 순찰임

계급계층(rank hierarchy) 경찰관의 계급에 따른 서열

계약 서비스(contract services) 한 정부 부서에서 다른 정부 부서에 경찰 서비스를 위해 돈을 지불하는 것

고속 추격(high-speed pursuit) 용의자가 의도적으로 도망치는 상황에서 경찰관이 도주 차량을 정지시키기 위해 빠른 속도로 추격하는 상황

고속도로순찰대(highway patrol) 주의 관할구역 내 전반에서 교통법규를 집행하고 비교통 법규위반자에 대하여 체포할 수 있는 권한을 가진 기관

고용기회균등 지수(equal employment opportunity (EEO) index) 경찰서가 봉사하는 지역사회를 반영하는 정도를 측정

고용기회평등법(Law of Equal Employment Opportunity) 인종, 민족, 피부색, 종교 또는 성별을 이유로 누구에게나 고용을 거부, 퇴원 또는 거부하는 것을 불법으로 만들어 고용 차별을 없애기 위해 고안됨

고용차별(employment discrimination) 기관 규정이나 주 또는 연방법에서 금지하고 있음에도 불구하고 구직자의 배경이나 행동에 따라 고용 관련 결정을 내리는 것

고정관념 형성(stereotyping) 훈련, 경험, 문화, 정책이 누적된 믿음과 인식으로, 경찰관들은 이를 통해 시각적 단서에 기초하여 용의자들에 대한 일종의 시각적 속기(visual shorthand)를 개발

골드스타인, 허먼(Goldstein, Herman) 문제지향 경찰활동의 창시자

공공안전 통합(public safety consolidation) 같은 관할구역 내의 경찰, 소방, 응급의료 등 공공안전서비스의 합병

공급 감소 전략(supply reduction strategy) 잠재적 판매자와 사용자가 사용할 수 있는 약물의 공급을 줄이려고 시도하는 것

공무원 제도(civil service system) 정부 기관의 인사상 의사결정을 지배하는 거의 보편적인 공식적이고 법적 구속력 있는 절차로, 그러한 결정이 편파, 편향 또는 정치적 영향력이 아닌 객관적인 기준에 근거하도록 보장함

공식적 체포(officially arrested) 경찰이 공식적인 체포 보고를 할 때만 발생함

공익 단체(public interest groups) 경찰 부서를 감시하고 공공 보고서를 발행하는 적극적 역할을 하는 민간 비영리 단체로 경우에 따라서 특정 불법 또는 비전문적 관행을 종식시키기 위해 소송을 제기하기도 함

구술 면접(oral interviews) 대부분의 경찰서가 경찰관 채용의 일환으로 실시하고 있으며, 경찰 업무에 적합하지 않은 사람을 찾아내기 위한 절차

공유 서비스(shared services) 특정 활동이나 목표를 달성하기 위해 둘 이상의 기관이 자원을 결합하는 경우

관료제(bureaucracy) 업무가 별도의 국 또는 부서로 묶여 있고 정보가 수직 계층적 구조에 따라 상부에서 하부로 전달되는 피라미드형 정부 행정 모델. 분산된 권한, 분명하게 나뉘는 업무, 그리고 확고한 운영규칙으로 특징지어짐. 각 직원은 한 명의 관리자의 명령을 따르며 단일화된 명백한 명령체계를 구성함

교섭 경영(negotiated management) 이 접근법은 경찰과 시위자들이 폭력을 피하고, 언론의 자유를 보호하며, 체포와 무력 사용을 제한하는 공동의 목표를 가지고 서로 협력하는 것의 중요성을 강조함

국내 테러(domestic terrorism) 미국 영토에서 미국인에 의해 계획되고 자행되는 테러

국외 테러리즘(foreign terrorism) 외국 사람이나 국가가 조직하고 영속화하여 미국에 대항하는 테러

권한의 남용(abuse of authority) 경찰관의 권한을 가장하여 시민에게 상처를 주거나, 인권을 침해하며, 생래적 시민권을 침해하는 경찰관의 행위

그레이트(G.R.E.A.T.) 두문자를 딴 것으로, 가장 유명한 경찰주도의 갱 예방 프로그램으로 갱 저항 교육 및 훈련(G.R.E.A.T.)으로 불리워짐

금지명령(injunctions) 경찰서에 특정 행동 방침을 중단하도록 지시하는 법원의 명령

기관 소송(pattern or practice suits) 지방 사법 기관에 의해 제기되는 경찰 비리 행위를 규탄하는 소송

기능 전문화(functional specialization) 직원들이 자신의 전문 분야에 따라 특정 직무를 할당 받음으로써 상대적으로 덜 중요한 업무를 보조 전문인력에게 위임할 수 있는 조직 구조의 한 형태

기록 관리 시스템(records management systems)
다양한 유형의 보고서 정보를 접근이 용이한 하나의
형식으로 입력 및 정리하기 위해 사용되는 체계
긴장완화(de-escalation) 경찰과 시민의 만남을 언
어적 전술로 해결하고, 무력 사용을 피하기 위한 방
법으로 상대방의 무례한 행동에 대응하지 않는 경찰
기법
길거리 성판매자(streetwalker) 매춘의 사회적, 경제
적 하층계를 대표하는 사람으로 길거리에서 호객행위
를 함으로써 경찰과 일반 대중 모두에게 쉽게 발견됨
깨진 유리창(broken windows) 제임스 윌슨(James
Q. Wilson)과 조지 켈링(George L. Kelling)이 발전
시킨 이론으로, 경찰이 범죄에 대한 두려움을 유발하
고 그로 인해 지역사회의 붕괴를 초래하는 무질서 문
제들을 해결하는데 집중해야 한다고 주장함

(ㄴ)

내부 벤치마킹(internal benchmarking) 개별 경찰관
의 성과를 동료와 비교함
네 가지 사법체계(four systems of justice) 예를 들
어, 백인의 백인대상 범죄, 흑인의 흑인대상 범죄, 백
인의 흑인대상 범죄 또는 흑인의 백인대상 범죄와 같
은 범죄의 인종적 역동성을 포함하는 인종 차별적인
사법시스템
뇌물(bribe) 개인의 견해나 행동에 영향을 미치기를
바라며 제의하거나 주어지는 것. 경찰의 뇌물에는 불
법적인 활동을 보호, 범죄 수사에 대한 정보 제공, 범
죄 파일 제거 또는 법정에서의 증언을 변경시키기 위
한 금전적 대가가 포함됨
뉴스 매체(news media) 기자들이 좋은 활동과 나쁜
활동 모두를 포함한 다양한 경찰 활동을 조사하고 보
도하면서 실시하는 감독의 유형
**뉴어크 도보순찰 실험(Newark Foot Patrol
Experiment)** 뉴어크 도보순찰 실험은 1978년부터
1979년까지 도보순찰이 범죄와 대중의 인식에 미치
는 영향을 알아보기 위해 실시되었으며, 추가적인 도
보순찰이 심각한 범죄에 영향을 미치지 않지만, 경찰
에 대한 대중의 인식에 긍정적인 영향을 미친다는 결

론을 내림

(ㄷ)

단체교섭(collective bargaining) 다음 원칙에 따라
양자협상을 통해 고용 조건을 결정하는 방법: 피고용
인은 노동조합을 형성할 법적 권리가 있음; 고용주는
반드시 피고용인의 노동조합을 인정해야 함; 피고용
인들은 근무조건에 대한 협상에 참여할 권리를 가짐;
그리고 고용주는 노동조합에서 정한 대표자들과 협상
에 임해야 함
대가형 정보원(mercenary informants) 돈을 받는 대
가로 경찰에 정보를 제공하는 사람들
대응(response) 분석 단계에서 수집된 데이터를 사
용하여 문제를 해결하고 궁극적으로 대응을 구현하는
문제지향 경찰활동 모델인 SARA의 세 번째 단계
대응시간(response time) 범죄를 저지른 후 경찰관
이 현장에 도착하는 순간까지의 총 시간
**대통령직속 범죄위원회(President's Crime
Commission)** 1965년부터 1967년까지 진행된 전체
형사사법제도에 대한 포괄적인 연구
"대화"("the talk") 많은 미국 흑인 가정이 그들의 자
녀들, 특히 아들과 나누는 경찰을 대하는 방법에 대
한 논의
도보순찰(foot patrol) 경찰관들이 관할지역 내를 도보
로 돌아다니는 도보순찰은 비용이 매우 많이 들고 제
한된 지역만을 담당하게 되지만, 경찰-지역 간의 관
계 증진에 효과가 있음
자치경찰(municipal police) 도시 경찰로도 알려진
시 경찰은 미국 법 집행의 가장 중요한 구성 요소임.
대표적인 모든 법 집행기관과 정규경찰, 지방경찰은
심각한 범죄, 어려운 질서 유지 문제, 그리고 광범위
한 긴급 서비스를 처리할 책임을 가지고 있음
도주하는 중죄인 규칙(fleeing-felon rule) 1985년 대
법원에서 위헌 판결을 받은 이 판결(Tennessee v.
Garner)은 경찰이 탈출을 시도하는 흉악범을 체포하
는 데 치명적인 무력을 사용할 수 있는 법적 권리를
허용함
독립적인 검토(independent monitor) 합의 법령의

결과로 법원에 의해 임명; 법원 명령 개혁의 이행을 감독; 부서가 개혁을 시행하도록 도움; 시행 진행 상황에 대한 보고서를 발행함

동원(mobilization) 지역사회는 범죄와 무질서를 예방하는 것을 돕기 위해 '이웃 감시원'과 '범죄 예방원'과 같은 프로그램에 동원됨

(ㄹ)

런던광역경찰청(London metropolitan police) 1829년에 창설된 런던광역경찰청은 효율적이고 적극적인 경찰력의 첫 번째 예이며 범죄예방의 임무, 예방 순찰의 전략, 그리고 군대와 유사한 조직 구조 등 세 가지 중요한 경찰 요소를 도입함

로버트 필 경(Peel, Robert) 현대 경찰의 아버지로 인정받고, 법 집행의 기본 구조를 개선하기 위해 싸웠으며, 1829년 영국 의회가 런던 광역 경찰청을 설립하도록 설득함

로텐버그 개정안(Lautenberg Amendment) 1996년에 통과된 연방법으로, 가정 폭력의 유죄 판결을 받은 사람의 총기소유를 금지하는 법

루즈벨트, 시어도어(Roosevelt, Theodore) 1895년부터 1897년까지 뉴욕시의 경찰국장을 지냈으며, 이후 미국 대통령을 역임함

(ㅁ)

마약과의 전쟁(war on drugs) 마약법의 공격적인 시행과 마약 범죄로 체포된 사람들에 대한 처벌을 강조하는 형사사법정책을 설명하는 데 사용되는 용어

마약 남용 저지 교육(D.A.R.E., Drug Abuse Resistance education) 가장 인기 많은 수요 감소 전략은 마약 남용 저지 교육으로 알려진 약물 교육 프로그램

만연한 조직적 부패(pervasive organized corruption) 가장 심각한 형태의 부패로서 부서 고위층을 관통하는 조직적인 수준에서 존재함

만연하지만 비조직적인 부패(pervasive unorganized corruption) 한 기관의 직원 대다수가 부패했지만 상호간 거의 관계가 없는 경우

맵 대 오하이오 판결(Mapp v. Ohio) 경찰의 부당한 수색 및 압수수색에 대한 수정 헌법 제4조의 보호를 확립한 논란의 여지가 있는 대법원 판결

명목상의 업무량(nominal caseload) 경찰관에게 맡겨진 모든 사건

몸수색(frisk) 일반적인 수색보다 적은 침해를 하는 경찰의 전술로, 특정인이 무기를 소지하고 있는지의 여부를 결정하기 위해 겉옷의 외부를 두드리며 검색하는 것(pat-down)을 포함함

무관용 경찰활동(zero-tolerance policing) 무질서와 싸우는 법을 적극적으로 집행하는 것이 거주자들에게 그들의 지역사회를 더 잘 돌보도록 동기를 부여할 것이라는 믿음에 기초; 무관용 경찰활동은 경찰이 주로 무질서 및 경미한 범죄에 초점을 맞출 것을 요구하는 정책으로, 형법과 민법을 강력하게 집행하는 개입을 통해 지역사회의 질서를 회복하기 위한 목적으로 시행됨

무력(physical force) 경찰관이 사람과 상황을 통제하기 위해 강압적인 힘을 사용하는 것

무의식적 또는 암묵적 편향(unconscious or implicit bias) 인종이나 민족성에 대한 가정에 뿌리를 둔 의식 수준 이하의 편견 또는 선입견

문제지향 경찰활동(problem-oriented policing) 특정 범죄 및 무질서 문제에 대한 계획된 대응을 강조하는 치안 유지 모델

문제해결(problem solving) 문제 자체에 대한 반응보다는 문제의 근본 원인을 파악하고자 하는 대응 방법

물리력 사용 검토 위원회(use of force review board) 경찰의 물리력 사용 사건의 조사 결과와 권고 사항을 검토하고 경찰기관장에게 보고함

물리력 요소(force factor) 경찰관의 행위가 합리적인지를 판단하기 위해 시민의 행위와 연관지어 경찰관의 물리력 사용을 조사하기 위한 프레임워크

물리적 무질서(physical disorder) 물리적 무질서로 인한 사회 방임의 한 형태; 예로는 공공 기물 파손, 황폐화, 폐허가 된 건물, 쓰레기 투기 등

미네아폴리스 가정폭력 실험(Minneapolis Domestic Violence Experiment) 경범죄 가정폭력 사건에서 체

포, 조정, 분리의 상대적 억제 효과를 결정하기 위해 1981년부터 1982년까지 수행된 연구로, 체포는 분리나 조정보다 반복적인 폭력의 비율이 낮았음이 확인됨

미란다 대 애리조나 판결(*Miranda v. Arizona*) 경찰이 사람들을 체포할 때 그들의 권리에 대해 고지해야 함을 판시한 대법원 판결

민간 감시위원회(civilian review boards) 민원을 처리하는 외부 또는 시민 감독 기관

민간인(civilians) 민간인 삶을 영위하고 정규경찰관이나 공무원으로 고용되지 않은 사람

민사소송(civil suits) 경찰서 또는 해당 서의 경찰이 저지른 위해에 대해 금전적 손해를 만회하거나 관할 경찰서의 변화를 주기 위해 경찰서에 대해 행하는 법적 조치

민족(ethnicity) 언어, 종교, 가족 구성방식 등과 같은 문화적 특성을 갖은 사람들의 집단

(ㅂ)

반격(counterpunching) 누군가가 자신의 행동으로부터 주의를 돌리기 위해 다른 사람에 행동에 대해 경찰에 신고할 때 발생

발견시간(discovery time) 범죄의 발생과 그 발견 사이의 시간적 간격

방관자 유형(watchman style) 공격적인 법 집행 없이 평화 유지를 강조하는 경찰기관에서 사용되는 조직 스타일이며, 경찰관에 대한 통제도 거의 없음

배경조사(background investigation) 지원자 적격성을 결정하기 위해 이전 경력, 전과, 학력, 그리고 재정 상태를 조사함

버지니아주 뉴포트 뉴스(Newport News) 1980년대 문제 중심의 치안 유지에 대한 첫 번째 실험이 있었던 버지니아의 도시

발견되지 않은 범죄(unfounding a crime) 시민이 범죄를 신고하였음에도 경찰관이 공식적인 범죄보고서를 완결하지 않음. 신고된 범죄가 사법당국의 수사를 받아 허위 또는 근거 없다고 판단되면 'unfounded crime'으로 처리

범죄 통제의 공동생산자(coproducers of police services) 지역사회 구성원들이 범죄행위나 활동중인 범죄자에 대한 정보를 제공하는 등 경찰이 범죄에 보다 효과적으로 대응할 수 있게 적극적으로 돕는 지역사회와 경찰 간의 업무적 관계

범죄다발지역 혹은 핫스팟(hot spot) 경찰에 신고가 불균형적으로 많이 접수되거나 범죄율이 매우 높은 지역

범죄예방(crime prevention) 범죄를 예방하는 것이 범죄발생 이후에 대응보다 나은 것이라는 공리주의적 발상

범죄예방모델(crime prophylactic model) 경찰의 개입이 잠재적인 폭력 상황을 완화시키고 폭력범죄로 확대되는 것을 막을 수 있다는 주장

범죄와의 전쟁(war on crime) 공격적인 법 집행과 강력한 처벌을 강조하는 형사 사법 정책을 묘사하는 데 사용되는 용어

범죄율(crime rate) 범죄 활동의 척도로 대개 인구 10만명 당 범죄의 수로 나타냄

범죄지도(crime mapping) 분석가가 다양한 유형의 범죄에 대한 공간패턴과 범죄 집중 지역을 구별할 수 있도록 하는 범죄분석

범죄척결자 이미지(crime-fighter image) 경찰이 범죄와의 전쟁을 치르는 "법의 방어벽"이라는 발상

법과학 분류(Forensic index) NDIS(National DNA Indexing System)의 일부로 FBI가 수집한 두 가지 유형의 데이터 중 하나임. 법과학 분류 데이터에는 범죄 현장에서 수집된 유전적 증거의 DNA 프로필이 포함되어 있음

법과학(criminalistics) 범죄로부터 물리적 증거를 발견하고, 수집하고, 분석하는 과학적인 방법

법적으로 체포된(legally arrested) 개인이 법적 권한에 의해 자유를 박탈당하고 체포되거나 단순 구금에 이를 때 발생함. 경찰은 체포 의도가 있어야 하며, 그 의도를 상대방에게 전달해야 하며, 실제로 그 사람을 구금해야 함

벤치마크(benchmark) 기준점. 패턴 또는 관행이 존재하는지 아닌지를 결정하기 위해 사용되는 척도

보상계층(rewards hierarchy) 일반적으로 경찰기관 내에서 경찰관 계급과 연공서열과 부합

보스턴 경찰파업(Boston police strike) 1919년 1,117 명의 경찰관이 파업에 들어가고 약 20년간 봉급이 인상되지 않아 경찰조합을 설립하며 발생. 보스턴 전역에서 폭력과 무질서 상황이 일어난 후 파업은 빠르게 중단되었고 파업에 동참한 경찰관들은 해고됨

보안관(sheriff) 형사사법시스템의 세 가지 구성 요소, 즉 법 집행, 법원 및 교정기관을 모두 책임지는 선출된 카운티 공무원. 보통 시 경찰 수장이 하지 않는 방식으로 당파 정치에 직접 관여함

복수심에 불타는 제보자(vengeful informants) 누군가에게 복수하기 위한 목적으로 경찰에게 정보의 원천 역할을 함

볼머, 어거스트(Vollmer, August) 1905년부터 1932 년까지 캘리포니아주 버클리의 경찰기관장으로 경찰관을 위한 고등 교육을 옹호하고 경찰기관 내의 조직 개혁을 촉진함. 경찰 직업 전문화의 아버지로 알려져 있음

부업(outside employment) 사법기관 밖에서 일하며 보충 수입을 얻는 상당수의 경찰 인력

부족경찰(tribal police) 인디언 부족을 위한 일반적인 법 집행 서비스를 제공하는 것이 주된 임무인 기관들

부패(corruption) 경찰관들이 본인이나 타인을 위해 개인적 이익을 창출하기 위해 고안된 방식으로 권한을 남용하는 잘못된 행동 또는 일탈 행동의 한 형태

분권화(decentralize) 지역사회에서 일선 경찰관들에게 더 큰 의사결정 책임을 부여하고 지역사회 주민들에게 보다 많은 반응을 보임

분석(analysis) 경찰이 문제의 범위, 성격 그리고 원인을 파악하기 위해 문제에 대한 정보를 수집하는 SARA모델의 두 번째 단계

분절된(fragmented) 분리되고 분산된 부분으로 세분화됨

불균형(disparity) 차등적인 일처리로 인해 나타나는 불필요한 차이 또는 불평등

브래디 리스트(Brady list) 신뢰성에 문제가 있는 것으로 밝혀진 경찰관들의 이름이 들어 있는 검찰이 보유한 명단으로 이는 피고인 측에게 공개되어야 함. 이것은 경찰관들의 증언의 신빙성을 떨어트리는 데 사용됨

블루리본 위원회(blue-ribbon commissions) 광범위한 경찰 문제를 해결하고 지역 경찰서 향상을 위해 선도적인 전문가들을 모으는, 경찰 행위에 대한 대외적 책임성으로서 기능을 하는 위원회

비공식적 조직 문화(informal organizational culture) 경찰관들 사이에 비공식적으로 전해지는 가치와 전통

비정형화(deformalize) 경찰조직 내에서 문제해결을 위한 창의성과 문제해결을 방해하는 많은 규정과 정책을 제거

빅데이터(big data) 다양한 출처로부터 얻어진 대용량 데이터 세트를 통합하여 이러한 데이터에서 새롭고 유용한 통찰력을 제공하는 일반적인 아이디어에 대한 대략적인 표현

(ㅅ)

사건 종결률(clearance rate) 검거에 의해 사건을 해결한 비율에 기반하는 경찰 기관의 전통적인 범죄 수사 성공의 척도

사건 해결 요소들(case solvability factors) 과거에 나타났던 요소들이 범죄가 해결될 수 있는 확률과 관련이 있음

사라(SARA) 두문자를 딴 것으로, 문제지향 경찰활동은 일반적으로 SARA로 알려진 4단계 프로세스(조사, 분석, 대응 및 평가)를 통해 구현됨

사소한 호의(gratuities) 경찰부패의 가장 흔한 형태로서 경찰관에게 선물이나 호의를 베푸는 것. 때로는 경찰관에게 진심으로 감사를 표현하는 방법이기도 하지만, 더 나은 경찰서비스를 기대하기도 함

사전예방적 경찰활동(proactive policing) 시민의 서비스 요청과는 상대적인 개념으로 경찰이 시작하는 범죄예방 전략

사회 통제(social control) 일탈과 사회적으로 문제가 있는 행동에 대한 조직적이고 계획적인 대응

사회사업 모델(social work model) 경찰의 잠재된 강제력이 잠재적인 법 위반자들을 법을 준수하는 행

동으로 유도하는 데 도움이 될 수 있다고 주장함

사회적 무질서(social disorder) 공공 음주, 길거리 갱단, 길거리 괴롭힘, 길거리 수준의 마약 판매 및 사용, 시끄러운 이웃, 상업적인 성행위를 포함한 사회 문제

사후대응적 범죄 전략(reactive crime strategies) 경찰이 시민의 서비스 요청에 응할 때 사용하는 범죄예방 전략

상황 요인(situational factors) 사건 당시 경찰관 행동에 영향을 미칠 수 있는 상황 및 요인

상황실 신고접수자(communications center operators) 시민들의 신고를 받고 이를 공식적인 기관의 대응으로 전환하는 정보 매개자들

상황적합이론(contingency theory) 경찰조직이 범죄통제와 같은 특정한 목표를 달성하기 위해 만들어지고 조직되며 환경적 우발상황에 적응할 수 없을 경우 궁극적으로 실패할 것이라는 것을 전제조건으로 하는, 경찰조직의 구조와 관행을 이해하기 위한 이론적 틀

생명방어 표준(defense-of-life standard) 경찰관이 자신이나 다른 사람의 생명이 위험한 상황에 국한하여 치명적인 물리력을 사용할 수 있음을 명시

서비스 스타일(service style) 지역사회의 기대에 대한 대응력을 강조하는 경찰활동 스타일로로, 일반적으로 교외의 지역사회에서 발견됨

선발 시험(selection tests) 가장 자격이 있는 지원자를 선택하기 위해 고안된 시험

선별적 접촉(selective contact) 경찰에 대한 대중의 태도에 대한 경찰관의 오해로 이어지는 경찰관과 지역사회 사이의 접촉과 소통의 부족

선의 재량(positive use of discretion) 경찰관이 효과적이고 효율적인 경찰 업무를 촉진하기 위해 사용하는 것

선택적 인식 및 기억(selective perception and memory) 비록 시민과의 접촉 중 2-5% 만이 적대감이나 갈등과 관련 있지만, 경찰관들이 시민과의 트라우마나 불쾌한 사건들을 기억할 가능성

선호되는 임무("coveted" assignments) 일선 경찰관들에게 굉장히 선호되는 것으로 여겨지는 임무

성과 측정(performance measures) 범죄율과 같은 다양한 지표들로 경찰 부서의 성과를 측정하는데 사용됨

성과평가(performance evaluations) 경찰관이 개선할 수 있는 기회를 가질 수 있도록 피드백을 제공하기 위해 고안된 채용 검토 방안

성 비위(sexual misconduct) 경찰관이 경찰관의 지위를 이용하여 성적 행위를 저지르고, 타인과 성적 접촉을 시작하거나, 타인으로부터의 인지된 성적 신호(미묘한 제안에서 노골적인 행동까지)에 반응하기 위해 권한과 권력을 남용하는 행위

성적 인신매매(sex trafficking) 강제적으로 상업적인 성행위를 한 자가 만 18세 미만인 경우이거나 강제·사기·강요에 의해 유도된 상업적 성행위를 목적으로 사람을 모집·은닉·운반·제공 또는 취득하는 것

성희롱(sex harassment) 원치 않는 성적인 접근, 불쾌한 성 관련 행동 또는 업무 또는 승진에서의 차별

소극적 경찰관(grass eater) 사례적 뇌물을 수동적으로 받아들이는 경찰관

손해배상(damage awards) 부상이나 다른 피해를 겪은 사람들에게 보상금으로 제공되는 금전 또는 그 밖의 이익

수사용 검문(investigatory stops) 경찰관이 범죄행위에 대한 합리적인 의심을 기반으로 개인을 잠시 구금하는 경우

수요 감소 전략(demand reduction strategy) 잠재적 마약 사용자의 수요를 줄이고자 함

수정헌법 제4조(Fourth Amendment) 헌법에서 보장하는 불합리한 수색 및 압수에 대한 보호

수정헌법 제14조(Fourteenth Amendment) 미국에서 태어나거나 귀화한 모든 사람은 미국의 시민임을 명시함으로써 법에 따른 동등한 보호를 보장하며, 어떠한 주에서도 적법한 법 절차 없이 시민의 생명, 자유 또는 재산을 박탈하는 법률을 제정하거나 시행하여서는 아니 되며, 관할 구역 내의 모든 사람에게도 법의 동등한 보호를 거부할 수 없음

수직적 파벌(vertical cliques) 하급 경찰관과 상급 경찰관 사이에 형성된 비공식적인 네트워크

수평적 파벌(horizontal cliques) 유사한 계급의 경찰관들 사이에 형성된 비공식적 네트워크

수호자 대 전사(guardians versus warriors) 경찰은 치안 유지에 대한 군사적 접근을 강조하는 전사 정신보다는 대중에 대한 봉사를 강조하는 수호자 정신을 채택하여야 한다는 생각

순찰의 기능(functions of patrol) 순찰은 범죄를 억제하고, 공공의 안전을 증진시키며, 경찰관의 서비스가 가능하도록 하기 위해 사용됨

스미스, 브루스(Smith, Bruce) 표준 범죄 보고서(UCR) 시스템을 구축하기 위한 노력을 주도한 초기 경찰학자로서, 그의 연구는 경찰 개혁 시대로의 전환을 촉진

승진(promotion) 직급이나 책임의 상승은 대개 공적에 기초하지만, 때로는 개인적인 편애의 결과임

시나리오 기반 훈련(scenario-based training) 현장에서 발생할 수 있는 잠재적인 실제 사건을 해결하기위해 학생들이 교실 훈련을 사용하는 시뮬레이션 이벤트에 의존하는 교육 방법

시민 민원(citizen complaint) 경찰관의 행동에 대한 시민의 공식적인 항의

시민감시(citizen oversight) 시민의 민원을 독립적으로 검토하고, 민원처리 과정을 모니터링하고, 일반 경찰의 행동을 면밀히 조사하고, 부서의 정책을 검토하고, 정책변경을 권고하며, 민원조사의 질을 감사하는 기관을 통해 경찰에게 접수된 민원에 대해 독립적인 시민 의견을 제공하기 위해 고안된 접근방식

시민들의 적개심(hostility from citizens) 한 명 이상의 주민에 의해 표출되는 경찰 또는 경찰관에 대한 분노 또는 무례

시민 합동 순찰 프로그램(ride-along programs) 시민들이 몇 시간 동안 경찰관과 순찰차를 동승할 수 있도록 허용하는 프로그램

시보기간(probationary period) 경찰관이 이유 없이 해임될 수 있는 훈련 이후 통상 1년 간의 기간

시정조치(corrective action) 재교육이나 상담 등의 경찰관의 업무 수행 능력을 향상시키기 위한 경찰의 비징계 조치

신임 교육(preservice training) 경찰관으로서 일을 시작하기 전에 필요하며, 경찰학교에 출석하고 현장 훈련을 이수하는 것을 포함함

신체부착 카메라 혹은 보디캠(body-worn cameras) 시민들과 마주치는 경찰관을 녹화하는 경찰들이 착용하는 소형 디지털 카메라

실제 업무량(actual caseload) 실제로 형사들에 의해 처리되는 사건들

썩은 사과(rotten apple) 공무원이 독립적으로 부패 행위에 관여하는 상황을 설명하는 이론

썩은 포켓(rotten pocket) 여러 부패한 경찰관들이 서로 협력할 때 존재

(ㅇ)

야경단(the watch) 화재, 범죄, 무질서로부터 보호하기 위해 식민지 시대 미국에서 도시를 순찰한 집단

억제(containment) 노숙자 문제를 지역사회의 한 구역으로 제한하여 무질서를 최소화함과 동시에 노숙자들을 대중의 시야에 들어오지 못하게 경찰이 사용하는 전략

언어 폭력(verbal abuse) 경찰관들에 의한 부적절한 언어, 특히 인종적, 민족적 비방

업소 소속 성판매자(brothel prostitutes) 합법적인 성매매 업소, 불법 마사지업소, 에스코트 서비스에서 일하는 매춘부들

여론(public opinion) 지역 주민들이 경찰서를 평가하는 척도

역차별(reverse discrimination) 1964년 민권법과 수정헌법 제14조의 평등한 보호 조항을 위반하여 백인 및/또는 남성에게 초점을 맞춘 차별

연공서열계층(seniority hierarchy) 경찰관이 한 기관의 경찰관으로 고용된 근속 연수에 따라 위계질서를 갖는 형태

연공서열제(seniority system) 근무 연수가 많은 경찰관이 임무를 요청할 때 우선권을 갖는 인사 시스템

영국의 유산(English heritage) 식민지 개척자들에 의하여 전해졌으며, 영국의 관습법, 개인의 권리에 대한 높은 가치, 법원 제도, 처벌의 형태, 다양한 경찰의 형태 등을 포함하고 있음

온건주의자(moderates) 원칙적으로 여성 경찰관이라는 개념을 받아들였지만 순찰 근무하는 여성에 대해 불만을 품은 남성 경찰관

용의자의 태도(demeanor of the suspect) 적대감과 무례함을 포함하지만, 이에 국한되지 않는 피의자의 신체적, 언어적 행동

운용 가능 업무량(workable caseload) 충분한 단서가 있어 해결을 시도할 가치가 있는 사건을 포함

웰스, 앨리스 스테빈스(Wells, Alice Stebbins) 여성 경찰 운동의 지도자. 웰스는 1915년에 국제여성경찰협회(International Association of Policewomen)를 조직함

위법수집 증거 배제의 법칙(exclusionary rule) 헌법을 위반한 수색 및 압수에 의해 얻은 모든 증거는 동일한 효력에 의해 주 법원에서 받아들여지지 않음

위커셤위원회(Wickersham Commission) 1929년 허버트 후버 대통령에 의해 미국 형사사법제도에 대한 최초의 국가적 연구를 위해 설립되었음. 공식적으로 국가 법률 준수 및 집행위원회(National Commission on Law Observance and Enforcement)로 알려짐

위험 관리(risk management) 조직을 상대로 한 소송과 관련된 비용을 줄이는 데 사용되는 프로세스

윌슨, O. W.(Wilson, O. W.) 1930년대 후반부터 1960년대 말까지 경찰 직업 전문화 운동의 지도자임. 신고된 범죄와 서비스 요청이 반영된 업무량 공식을 바탕으로 효율적인 순찰 경찰관 배치에 도움이 되는 인력관리 공식을 개발함

유죄 확정자 분류(convicted offender index) FBI가 NDIS의 일부로 수집한 두 가지 유형의 데이터 중 하나임. 유죄 확정자 분류에는 유전자 유형을 위해 혈액 샘플을 제공해야 하는 범죄자에 대한 유전정보가 포함됨

유흥업소 종업원(bar girl) 술집이나 다른 유흥업소에서 일하는 매춘부

이직(turnover) 특정 기간 직장을 떠난 근로자를 대체하기 위해 회사나 기관에서 고용한 직원 수

인사 기준(personnel standards) 직원 업무 수행에 대한 기대치를 정의하는 정책

인종(race) 전통적으로 세계인의 주요 생물학적 구분을 지칭하는 것으로 정의됨

인종적 차이(racial divide) 공공 정책에 대한 인종 간의 의견 차이

인종적/민족적 비속어(racial and ethnic slurs) 인종 또는 민족에 대한 모욕, 욕설, 불경스러운 언사

인종프로파일링(racial profiling) 경찰이 범죄 행동이 아닌 특정인의 인종이나 민족성에 근거해서 정차하게 만드는 관행

인증(accreditation) 치안유지에 있어 최소한의 국가 표준을 확립하기 위해 접근할 수 있는 역할을 하는 자발적인 전문적 자기규제의 과정

일반적인 법 집행기관 서비스(general service law enforcement agencies) (1) 범죄예방, (2) 범죄 수사 및 범죄자 체포, (3) 질서 유지, (4) 기타 기타 서비스 제공에 정기적으로 종사하는 사람들

일상적인 감독(routine supervision) 경찰 관리의 핵심 업무 중 하나로서, 이 책임은 주로 경사에게 있음

일선관료(street-level bureaucrats) 순찰 경찰관들이 시민들에게 영향을 미치는 실제적 경찰 정책을 만들어 내는 결정을 내리기 때문에 순찰 경찰관들에게 붙여진 이름

(ㅈ)

자격박탈(decertification) 정해진 주에서 일하는 경찰관의 자격을 철회하는 절차; 한 경찰서에서 위법 행위로 해고된 경찰관이 다른 경찰서에 고용되는 것에 대한 문제를 다루지만 해고된 경찰관이 다른 주에서 고용되는 것을 막지는 않음

자발적 정보원(hammered informants) 체포와 관련된 스트레스 때문에 정보 제공자가 되기로 동의한 개인

자애로운 입소(mercy booking) 정신질환자를 가벼운 범죄로 체포하여 자치 주 교도소에 수감하고 필요한 정신 건강관리를 받도록 하는 것

자원의존이론(resource dependency theory) 경찰 조직의 구조와 관행을 이해하기 위한 이론적 틀로서, 한 조직이 생존하기 위해서는 자원을 획득해야 하며, 그러한 자원을 획득하기 위해서는 자신의 환경에서

다른 조직들과 교류해야 한다는 것을 전제로 함

잔차억제(residual deterrence) 유령 효과라고도 불리며, 경찰이 지역을 순찰하고 있다고 가정하는 것을 포함함

재량(discretion) 경찰관이 특정 상황에 최선의 대응을 위한 판단, 훈련 및 경험을 적용할 수 있는 권한

재량 제한(confining discretion) 특정 정책에 따라 경찰관이 해야 할 일과 하지 말아야 하는 일을 명확히 나타내어 경찰관 재량의 경계를 정함

적극적 경찰관(meat eater) 적극적이고 공격적으로 사례금을 요구하는 경찰관

전략적 범죄분석(strategic crime analysis) 장기적인 범죄 경향에 초점을 맞춰 특정 문제를 해결하기 위한 전략적 계획을 수립

전문화 운동(professionalization movement) 경찰을 비당파적 기반에서 지역사회 전체에 봉사할 의무를 지닌 직업으로 정의하는 개혁의 구체적인 의제를 개발하였으며 경찰에 대한 정치의 영향을 제거하는 방안을 모색함

전술적 범죄분석(tactical crime analysis) 일반적으로 특정 지역에서의 특정 범죄 문제에 대한 식별을 포함함

전통적 경찰관(traditionals) 경찰활동이 공격적인 행동과 체력이 있어야 하는 위험한 일이라는 이미지에 헌신한 남성 경찰관

절차적 정의(procedural justice) 조직 내 사람들의 반응은 상황의 결과보다는 그들이 어떻게 대우받는지에 따라 결정된다는 사회심리학 이론

정당성(legitimacy) 경찰에게 정당성은 경찰이 그들의 권한을 행사할 권리가 있다는 시민들의 신뢰임

정보 주도형 경찰활동(intelligence-led policing) 범죄 및 기타 문제 행동을 줄이고 문제가 있는 개인을 식별하고 체포할 확률을 높이기 위해 양상된 정보 능력이 필요하다고 믿는 치안 모델

정실주의(patronage) 현지 정치가가 경찰의 인력을 이용해 지인에게 이익을 줌

정원(authorized strength) 법 집행기관이 고용할 수 있는 정규경찰관의 최대 수

정직한 법 집행(honest law enforcement) 경찰관의 이웃 순찰, 신고 응대, 문제 상황 개입, 범죄자 체포 시도 등의 활동이 지속되고 있음에도, 경찰이 범죄예방 활동을 소홀히 하고 있다는 주장을 하지 않을 것이라고 하는 법 집행에 대한 낮은 기대치를 나타내는 접근법

정치 시기/시대(political era) 미국 역사상 경찰이 정치적 후원을 통해 합법성과 권위의 상당 부분을 얻었던 시기

정치적 이권(political patronage) 정치인이 공적이 아닌 사적 친분에 따라 정부 관리 또는 정치적 직책을 임명하는 관행

제도이론(institutional theory) 경찰 조직은 외부의 사회적, 정치적 환경과의 관계 속에서 작용되는 사회적 기관이라는 전제에 기반한 조직이라는 경찰의 구조와 관행을 이해하기 위한 이론적 틀

조기 개입 시스템(early intervention system) 경찰관의 문제행동, 시민 불만, 무력사용신고 및 기타 지표 등에 대한 데이터를 체계적으로 수집 및 분석하여 반복적인 업무 수행의 문제가 있는 경찰관을 식별하는 관리정보시스템

조사(scanning) 문제지향 경찰활동 모델인 SARA의 첫 번째 단계로서, 경찰관들은 가능한 문제를 식별하고 그들의 근본적인 원인을 드러내기 위한 조치를 함

주 정부에 의한 경찰기관/주경찰(state police) 교통 규제와 범죄 수사에 대한 주 전체의 경찰 권한을 가진 기관

주관적으로 체포된(subjectively arrested) 경찰과 조우한 사람이 자유롭게 떠날 수 없다고 판단했을 때 발생하며, 자신이 체포되었다고 인식하는 것

준군사적 스타일(quasi-military style) 경찰이 제복을 입고, 군 계급과 유사한 지휘구조를 갖추었으며, 권위주의적 조직방식을 채택하고, 무기를 휴대하며, 치명적인 무력과 물리력, 체포의 법적 권한을 갖는 등 군과 유사한 조직임을 시사하는 것

증오 범죄(hate crime) 인종, 종교, 장애, 민족/국적 또는 성적 취향에 대한 범죄자의 편견에 의해 전체 또는 부분적으로 동기가 부여되어 사람 또는 재산을

대상으로 행해지는 형사 범죄

지방화(regionalization) 여러 관할권의 사법기관이 연계하여 지리적 서비스를 제공하는 경우

지역 합병/통합(local merger/consolidation) 둘 이상의 경찰관서가 하나의 경찰관서로 합병됨

지역모임(beat meetings) 특정 동네를 책임지는 경찰관이 지역 주민들과 만나 문제를 논의하는 모임

지역사회 경찰활동(community policing) 경찰이 지역사회에 더욱 통합되고 시민들이 범죄 통제와 예방에 적극적인 역할을 맡는 지역사회와 경찰의 양방향 소통 관계를 강조하는 경찰활동의 모델

지역사회 파트너십(community partnership) 경찰이 지역사회의 요구에 더 잘 대응하고 지역사회의 부패와 무질서를 줄이기 위해 경찰과 대중 사이의 상호작용를 강조하는 협력적 파트너십

지역사회 협력모델(community cooperation model) 비범죄 신고에 대한 효과적인 대응이 경찰과 시민 간에 더 큰 신뢰관계를 구축하도록 돕는다고 봄

지역의 정치 문화(local political culture) 특정 부서, 마을 또는 지역사회에서 비공식적으로 전달되는 가치와 전통으로써 해당 지역의 경찰 및 장교 재량권의 조직 구조에 영향을 미침

지역의 정치 통제(local political control) 식민지 시대 영국에서 물려받은 전통으로 시와 카운티 지방 정부의 공공보호에 대한 주요 책임을 지고 있음

지위계층(status hierarchy) 경찰관들의 경찰 기관 내의 임무나 역할에 따른 위계질서

지정 순찰(directed patrol) 특정인이나 특정 범죄유형을 찾기 위해 또는 특정 지역을 집중적으로 순찰하도록 지시함

직무 만족(job satisfaction) 경찰관들 사이의 자부심, 즐거움 및 행복에 대한 감정

직무교육(in-service training) 경찰관의 전문 기술을 향상시키기 위해 제공되는 훈련

직무스트레스(job stress) 정신적 또는 육체적으로 가혹한 업무 환경과 관련된 조건; 직무 만족도 하락의 주요 원인

직무스트레스 대처 메커니즘(job stress coping mechanisms) 의료 전문가 및/또는 동료 지원 그룹을 활용하여 직원들이 개인 또는 업무 관련 문제에 대처할 수 있도록 지원하는 기밀 지원 프로그램

직업 안정성(job security) 공무원 규정과 경찰 노조 계약으로 인해 범죄행위 이외의 사유로 경찰관을 해고하는 것은 매우 어려움

직업적 일탈(occupational deviance) 경찰관이 정상적인 업무 활동을 하는 과정에서 저지른 부적절한 행위 또는 범죄

질서유지(order maintenance) 사소한 싸움과 소란, 가정 사건, 공공장소에서의 성가신 일에 대한 치안 유지 활동

진정직업자격(bona fide occupational qualifications, BFOQs) 특정 직업의 정상적인 운영을 위해 합리적으로 필요한 자격

질서유지 신고(order maintenance calls) 사소한 싸움과 소란, 가정 사건, 공공장소에서의 성가신 일에 대한 치안 유지 활동 요청

집단결속력(group solidarity) 공유 업무 환경에서 도출되는 경찰관들 사이의 강한 동료 의식

집중억제전략(focused deterrence strategies) 고위험 범죄자가 가까운 미래에 범죄를 저지르는 것을 억제하기 위한 목적으로 제제와 대화를 통하여 범죄자에게 위협을 주는 문제지향적 경찰활동 중 한 형태임

징계 매트릭스(discipline matrix) 각기 다른 유형의 위법행위에 대해 취해야 할 추정적 조치와 경찰관의 과거 징계 기록을 기반으로 하는 조정을 모두 포함하여 명시한 징계조치의 공식 일정

(ㅊ)

차별(discrimination) 인종, 민족 또는 성별과 같은 법외적 범주를 기반으로 한 차별대우

차별시정조치(affirmative action) 1965년에 시작되어, 연방 기금을 받는 민간 고용주 또는 정부기관을 위해 소수민족과 여성의 고용을 위한 구체적인 목표와 시간표를 설정하는 프로그램

차별적 대응(differential response) 경찰이 911 응급

전화를 선별하여 상황과 심각성에 따라 적절한 응대를 제공

채용기준(recruitment standards) 교육수준, 시험성적, 성숙도 등 경찰청이 신입 선발에 사용하는 각종 지표

책무성(accountability) 자신의 행동에 책임을 짐. 경찰조직과 개별 경찰관 모두 대중들과 선출직 공무원, 그리고 법원에게 그들이 얼마나 범죄를 잘 통제하고, 질서를 유지하며, 법을 준수하며 그들의 업무를 수행하는지 설명할 의무가 있음

책임의 내부 메커니즘(internal mechanisms of accountability) 경찰서 내의 책임절차

책임의 외부 메커니즘(external mechanisms of accountability) 경찰 기관 외부의 개인, 조직 및 타 정부 부서에 의한 책임 절차

체계적 편향(systemic bias) 조직 내 특정 집단의 구성원에 대한 광범위한 차별 패턴

초동수사(preliminary investigation) 범죄수사의 1단계는 용의자 확인 및 검거, 의료 진료가 필요한 피해자에 대한 지원, 증거인멸 방지를 위한 범죄현장 확보, 관련 물적 증거 수집, 예비보고서 작성 등 5단계로 구성됨

최소 연령 수준(minimum age level) 대부분의 지역사회에서 경찰이 되기 위한 최소 연령인 21세를 말하는 것

치명적인 물리력(deadly force) 생명 방어 상황에 놓였을 때 살인의 의도로 무력을 사용할 수 있는 경찰의 법적 권리

친밀한 파트너 폭력(intimate partner violence) 실제적 또는 위협적인 폭력 수준으로 확대되는 친밀한 관계에 있는 두 명 이상의 소동

침묵의 블루 커튼(blue curtain of silence) 경찰관들이 부패한 경찰관에 대한 증언을 거부함으로써 경찰 행동에 대한 비밀의 베일을 만드는 경찰관 사이의 침묵의 코드

침묵의 코드(code of silence) 블루 커튼이라고도 불리며 경찰관들이 부패한 동료에 대한 증언을 거부하는 경찰관들 사이에서는 명예의 코드로서 경찰 행동

에 대한 비밀의 베일을 만듦

(ㅋ)

카운티경찰(county police) 시경찰 없이 카운티 단위로 운영되는 경찰기관

캔자스시 예방순찰실험(Kansas City Preventive Patrol Experiment) 1972년부터 1973년까지 진행된 이 실험은 다양한 수준의 순찰이 범죄 활동, 지역 사회 인식, 경찰관 행동 및 경찰서 관행에 미치는 영향을 측정하면서 순찰의 효과를 측정하기 위한 최초의 독립적이고 객관적인 실험(과학 연구의 최소 기준을 충족)임

캔자스시 총기실험(Kansas City Gun Experiment) 캔자스시의 고범죄 구역의 거리에서 총기를 제거하여 총기 관련 범죄를 줄이기 위해 설계함. 문제 지향적인 치안(특정 문제에 초점을 맞춤으로써)과 "핫스팟"(높은 범죄 활동의 특정 영역에 집중함으로써)의 조합으로 나타남

커너위원회(Kerner Commission) 인종 관계의 문제를 연구하기 위해 1967년에 창립됨. 경찰과 게토 공동체 사이의 적대감이 장애의 주요 원인이라는 것은 발견. 공식적으로 시민 장애에 대한 국가 자문회의로 알려짐

컨스터블(constable) 영장을 집행할 권한이 있지만 보안관보다 관할지역이 작은 법집행관

컴스탯(COMPSTAT) 1994년 뉴욕시 경찰에 의해 처음 시행된 조직적 모델로 경찰청이 시기적절한 정보와 효과적인 전술, 신속한 인력의 배치, 그리고 가차 없는 대응과 평가를 시행

컴퓨터지령 시스템(computer-aided dispatch) CAD로도 알려진 효과적이고 효율적인 기술은 기관들이 대중의 서비스 요청을 관리할 수 있도록 함

콜걸(call girls) 성매매의 경제적 척도의 상위에 위치하는 성 노동자

(ㅌ)

탈계층화(delayerize) 일선 경찰관과 경찰서장 사이의 사회적, 행정적 거리를 줄이기 위함

탈전문화(despecialize) 전문 경찰 부서를 이웃이 직면한 문제에 대해 더 잘 알고 있는 이웃 경찰관으로 교체

태스크포스(task forces) 계급이 아닌 능력에 따라 선발되는 서로 다른 계급의 경찰관들로 구성된 경찰기관 내의 조직 단위

테러리즘(terrorism) 정치적 또는 사회적 목적 달성을 위해 개인 또는 재산에 대한 불법적인 무력 또는 폭력을 사용하여 정부, 민간인 또는 그 일부분을 위협하거나 강제하는 행위

테이저(Taser) Thomas A. Swift Electric Rifle(TASER), 즉 테이저는 전기를 전달하는 전선에 부착된 두 개의 금속 갈고리를 발사하여 용의자를 움직이지 못하게 하는 배터리 구동 전기－근육 장치

통솔범위(span of control) 통솔범위 이론은 감독관이 제한된 수의 사람만을 효과적으로 감독할 수 있다고 가정하며, 일반적으로 경찰관에 대한 경사의 비율로 측정함

통신의 디지털 혁명(digital revolution in communications) 특히 휴대전화 카메라와 경찰이 착용한 보디캠 등의 디지털 기술이 경찰활동에 미치는 영향

통합(consolidation) 두 개 이상의 법 집행기관이 하나의 법 집행기관으로 합치는 경우

투명성(transparency) 경찰 조직이 경찰활동에 대해 대중에게 좀 더 개방적이어야 한다는 개념

투약 목적 성거래자(skeezers) 크랙 코카인을 성관계와 교환하는 여자

특별구역경찰(special district police) 특정 정부 기관에만 봉사하도록 설계된 경찰기관. 로스앤젤레스 학군 경찰대와 워싱턴 D.C. 지하철의 메트로폴리탄 트랜싯 경찰대가 그 예임

팀 경찰활동(team policing) 지역의 경계선을 따라 경찰 운영을 재구성하고 의사결정 권한을 분산시키는 것과 관련된 1970년대의 급진적인 혁신

(ㅍ)

평가(assessment) 대응책이 성공하지 못할 경우 이를 수정할 수 있도록 하는 엄격한 피드백을 통해 대응의 효과성을 평가하는 문제지향 경찰활동의 SARA 모델 네 번째 단계

평가센터(assessment center) 승진을 통해 일을 처리할 수 있는 지원자의 능력을 평가하기 위해 경찰청에서 사용되는 기술

평화관(peace officer) 일반 시민에게는 없는 권한을 가지고 있어 특정한 법적 보호를 제공하는 개인에게 부여된 지위로서 경찰, 보호관찰관, 가석방관, 교정관이 이에 해당됨

표준 운영 절차 매뉴얼(standard operating procedure manual) 한 부서에서 문서화 된 규칙 및 정책

풍속범죄(crimes of vice) 피해자가 없는 범죄로, 성매매, 포르노그래피, 주류법 그리고 기타 성지향적 사업 등의 공중도덕과 관련된 활동들

프로파일링(profiling) 인종프로파일(racial profiling)을 참조

피해자 없는 범죄(victimless crime) 불평하는 당사자가 없고 종종 많은 사람이 합법적이라고 여기는 행동을 수반하며, 법이 얼마나 강력하게 시행되어야 하는지에 대한 대중의 태도가 충돌하는 범죄

피해자―용의자 관계(victim–suspect relationship) 피해자와 용의자 사이의 사회적 거리

피해자의 선호도(preference of the victim) 민원 사항을 반영하기 위한 경찰 행동

(ㅎ)

합리적인 의심(reasonable suspicion) 사람이 범죄를 저지르거나 저지르려고 한다는 믿음

합법적 유형(legalistic style) 공격적인 범죄에 대응하는 것을 강조하고, 규칙을 결합한 "책별(by－the－book)" 행정 접근방식을 통하여 경찰관의 행동을 통제하려는 경찰관서에서 사용되는 조직 형태

합의안(consent decree) 필요한 개혁을 이행하지 않을 경우 경찰을 처벌할 수 있는 연방 판사의 감독을 받는, 연방 소송에서 나온 경찰개혁

행동적으로 체포된(behaviorally arrested) 용의자를

구금할 때 발생하며, 정지(경찰관이 개인에게 떠나지 말라고 말하는 것), "체포한다"라는 구두의 성명 또는 사람에 대한 신체적 구속과 같은 여러 다른 행동들을 포함

행정규칙 제정(administrative rulemaking) 서면에 의한 부서 정책을 통해 재량권을 통제하는 과정에 대한 법적 개념

행정적 범죄분석(administrative crime analysis) 범죄와 무질서 문제를 더욱 잘 이해할 수 있도록 요약 통계 및 데이터를 경찰 관리자에게 제공하는데 중점을 둠

허먼 골드스타인 상(Herman Goldstein Award) 경찰기관에 의해 시행된 가장 혁신적이고 성공적인 문제지향적인 경찰 프로젝트를 발굴하여 경찰간부회의에서 발표함

현대주의자(moderns) 상대적으로 여성 경찰관을 쉽게 받아들인 남성 경찰관들로 경찰 업무가 체력을 거의 필요로 하지 않는다는 점을 인식하고 개인의 공로를 바탕으로 누구에게나 취업 기회가 열려야 한다는 생각을 받아들임

현실충격(reality shock) 신입 경찰관이 대중과 형사사법제도 그리고 부서에서 마주치는 불쾌한 면들을 직면했을 때 경험하는 근무 첫 몇 주와 몇 달 동안의 놀라움

현업 경찰관(active officers) 시민들과 더 많이 접촉하고, 신고출동에 대해 경찰관들을 뒤에서 지원하고, 시민과의 상황에서 통제력을 발휘하고, 검거를 더 잘하는 경찰관

현장실무훈련관(field training officer(FTO)) 현장 훈련 중 신임 경찰관을 감독하기 위해 배치된 경험 많은 경찰관

현장훈련(field training) 경찰학교를 마치고 현장실습 상황에서 교관의 감독하에 현장실무경험을 하는 신임 경찰관 대상 교육

협력적 개선(collaborative reform) 중요한 시민 기본권 문제를 해결하기 위한 기술적 지원을 제공하기 위해 법무부가 지역 법 집행기관과 협력함

협의(consultation) 시민과 경찰이 서로 정보를 공유할 수 있도록 경찰과 지역사회 간에 이루어지는 회의

형사 기소(criminal prosecution) 한 가지 또는 그 이상의 범죄로 사람을 기소하는 것

형사사법체계 내부인사(insiders) 시스템이 어떻게 작용하는가에 대하여 직접 경험하는 경찰관들

형사사법체계의 내부자(criminal justice system insiders) 정기적으로 범죄 사건에 대한 중요한 결정을 내리는 경찰, 검사, 변호인 그리고 판사와 같은 전문가들

후버, 에드가(Hoover, J. Edgar) 1924년부터 1972년까지 연방수사국 국장. 후버는 역량의 규모와 범위를 확장하였지만, 그는 조직적인 권력 남용과 연방수사국의 효율성을 과장한 것으로 가장 잘 알려져 있음

휴대전화영상(cell phone videos) 소셜미디어를 통해 유포될 수 있는 스마트폰 캡쳐 비디오

흑인 운전자 검문(driving while Black) 경찰이 범죄행위가 의심되는 것이 아니라 인종이나 민족을 근거로 교통 정지를 위해 아프리카계 미국인 또는 히스패닉 운전자를 지목한다는 주장

인명색인

주제어색인

역자 소개(번역한 장 순서에 따름)

박준휘(한국형사 · 법무정책연구원)

조윤오(동국대학교 경찰행정학부)

박현호(용인대학교 경찰행정학과)

문준섭(가톨릭관동대학교 경찰행정학부)

강소영(건국대학교 경찰학과)

이주락(중앙대학교 산업보안학과)

강용길(경찰대학 치안정책연구소)

한민경(경찰대학 행정학과)

김면기(경찰대학 법학과)

장현석(경기대학교 경찰행정학과)

이도선(한남대학교 경찰학과)

박보라(국가안보전략연구원)

라광현(동아대학교 경찰 · 소방학과)

강 욱(경찰대학 행정학과)

김도우(경남대학교 경찰학부)